中国造纸年鉴

ALMANAC OF CHINA PAPER INDUSTRY

2020

中国造纸学会　编

Edited by China Technical Association of Paper Industry

中国轻工业出版社

图书在版编目（CIP）数据

中国造纸年鉴. 2020/中国造纸学会编. —北京：
中国轻工业出版社，2020. 10
ISBN 978 -7 -5184 -3157 -1

Ⅰ. ①中… Ⅱ. ①中… Ⅲ. ①造纸工业 - 中国 -
2020 - 年鉴 Ⅳ. ①F426. 83 -54

中国版本图书馆 CIP 数据核字（2020）第 160465 号

责任编辑：杜宇芳　　责任终审：滕炎福
策划编辑：林　媛　杜宇芳　　责任校对：吴大鹏　　责任监印：张　可

出版发行：中国轻工业出版社（北京东长安街 6 号，邮编：100740）
印　　刷：三河市万龙印装有限公司
经　　销：各地新华书店
版　　次：2020 年 10 月第 1 版第 1 次印刷
开　　本：787 ×1092　1/16　　印张：47. 75
字　　数：1600 千字　　插页：48
书　　号：ISBN 978 -7 -5184 -3157 -1　　定价：300. 00 元
邮购电话：010 -65241695
发行电话：010 -85119835　传真：010 -85113293
网　　址：http：//www. chlip. com. cn，http：//www. ctapi. org. cn
邮　　箱：club@ chlip. com. cn，123123@ ctapi. org. cn
如发现图书残缺请与我社邮购联系调换
200700K4X101HBW

《中国造纸年鉴2020》编辑委员会

本卷《年鉴》正文用纸选用
芬欧汇川（中国）有限公司
“UPM丽印®”70克/米² 双胶纸印刷

《中国造纸年鉴 2020》编辑部

对本书有关的各项业务与意见均请与编辑部直接联系

地址：北京市朝阳区望京启阳路 4 号中轻大厦 B 座 10 层

邮编：100102

电话：010－64778768，64778767，64778766

传真：010－64778769

网址：www. ctapi. org. cn

邮箱：123123@ ctapi. org. cn

Any Business refers to this book，please contact editorial board

Address：10th floor，Block B，Sino-light Plaza，No. 4 Qiyang Rd.，Wangjing，Chaoyang District，Beijing 100102，China

Tel：010－64778768，64778767，64778766

Fax：010－64778769

Http：//www. ctapi. org. cn

E-mail：123123@ ctapi. org. cn

编 辑 说 明

《中国造纸年鉴》是由中国造纸学会编纂的专业性年鉴，是目前我国唯一逐年辑录的有关中国造纸工业的资料性工具书。自1986年创刊以来，伴随着中国造纸工业的发展，《中国造纸年鉴》已陆续出版发行23卷，本卷《中国造纸年鉴2020》为第24卷。

《中国造纸年鉴2020》的12个栏目分别是：1. 综述；2. 发展现状；3. 产品与市场；4. 纤维原料；5. 装备与器材；6. 科技 教育 出版；7. 大事记；8. 地方造纸工业；9. 重点企业介绍；10. 社团工作；11. 附录；12. 企业名录。

本卷年鉴在编写过程中，得到各有关部门、企事业单位和有关人士的大力支持、指导和积极配合，在此谨表谢意。并诚请广大读者对本卷年鉴编辑、出版中的不足之处给予批评指正。

《中国造纸年鉴》编辑部

2020年9月

彩色广告目录

前插彩页

正文彩页

后插彩页

KĀDANT

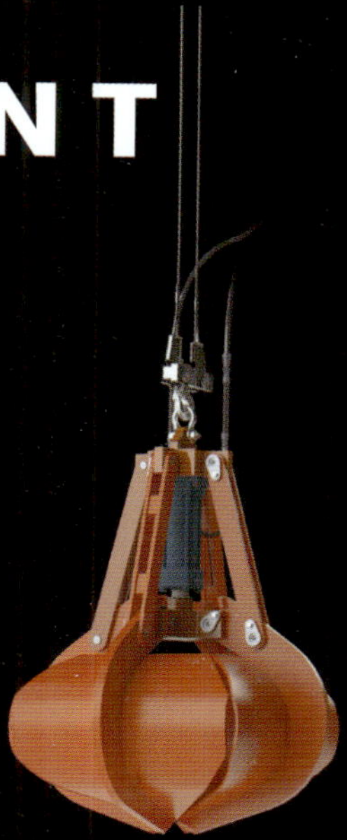

凯登 - 废纸浆处理技术

Fiber Processing

Innovative solutions for stock pulp preparation including wastepaper recycling, deinking, virgin fiber, and approach flow processing. Complete systems and service for pulping, detrashing, cleaning, screening, and other processes based on your requirements for quality, energy efficiency, and maximum fiber recovery.

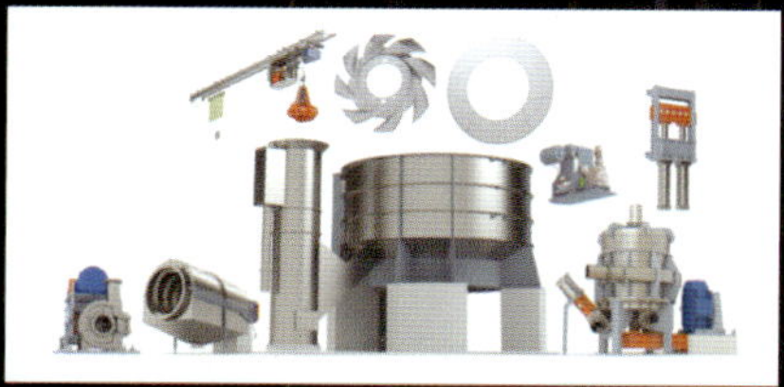

KADANT
凯登制浆
CERTIFIED
GENUINE
PARTS

DCS、QCS、PLC控制系统的理想执行器

利普 LIPU

ZSLDC系列
气动插板阀

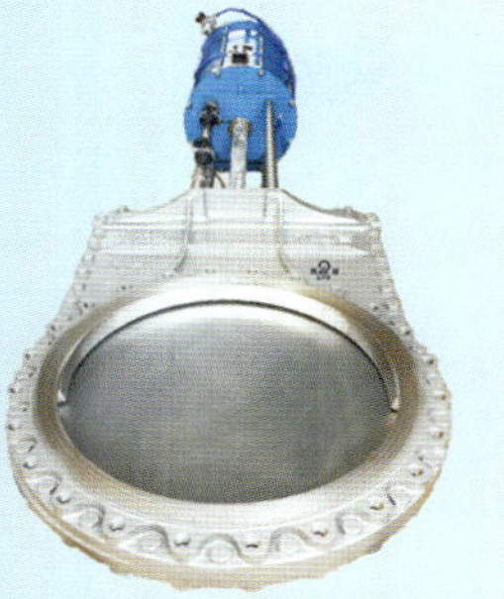

主要技术参数与性能

- 公称压力：1.0、1.6MPa
- 使用温度：-20℃~150℃
- 材质：CF8、CF8M、CF3M不锈钢
- 公称通径：DN80~800mm
- 泄漏量：GB/T4213-2008IV
- 控制电压：1、24VDC
  2、220VAC
- 感应式阀位行程开关
- 气源压力：0.4~0.6MPa

ZSLDSF系列
气动插板阀(排渣阀)

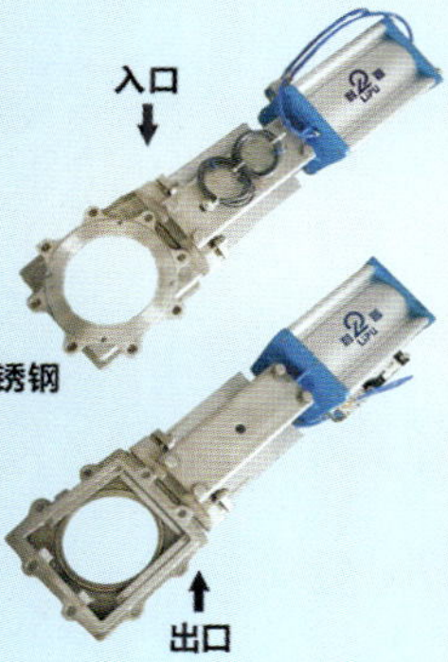

主要技术参数与性能

- 公称压力：1.0、1.6MPa
- 使用温度：-20℃~150℃
- 公称通径：DN50~800mm
- 材质：CF8、CF8M、CF3M不锈钢
- 泄漏量：GB/T4213-2008IV
- 控制电压：1.24VDC
  2.220VAC
- 感应式阀位行程开关
- 气源压力：0.4~0.6MPa

ZSLDSS系列
气动双刀闸板阀

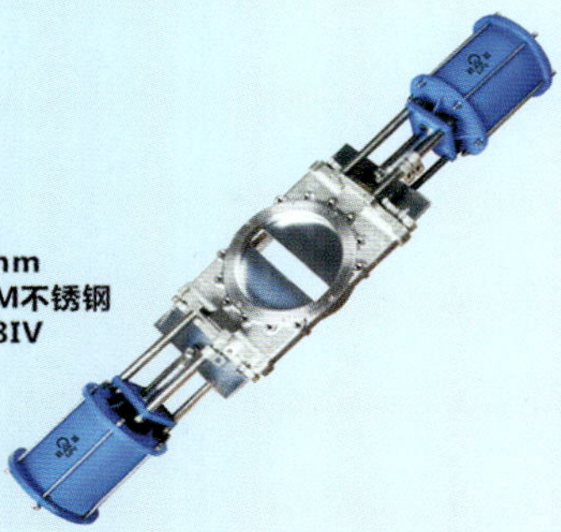

主要技术参数与性能

- 公称压力：1.0、1.6MPa
- 使用温度：-20℃~150℃
- 公称通径：DN100~800mm
- 材质：CF8、CF8M、CF3M不锈钢
- 泄漏量：GB/T4213-2008IV
- 控制电压：1.24VDC
  2.220VAC
- 感应式阀位行程开关
- 气源压力：0.4~0.6MPa

ZSLDSA系列
气动插板阀

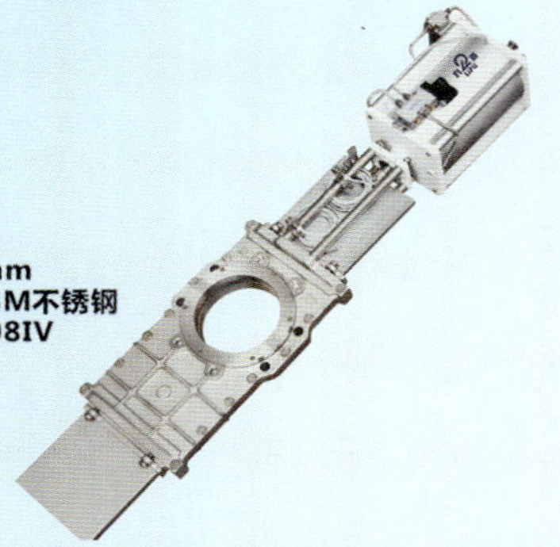

主要技术参数与性能

- 公称压力：1.0、1.6MPa
- 使用温度：-20℃~150℃
- 公称通径：DN80~800mm
- 材质：CF8、CF8M、CF3M不锈钢
- 泄漏量：GB/T4213-2008IV
- 控制电压：1、24VDC
  2、220VAC
- 感应式阀位行程开关
- 气源压力：0.4~0.6MPa

ZSSR-ED系列
气动双作用O型切断球阀

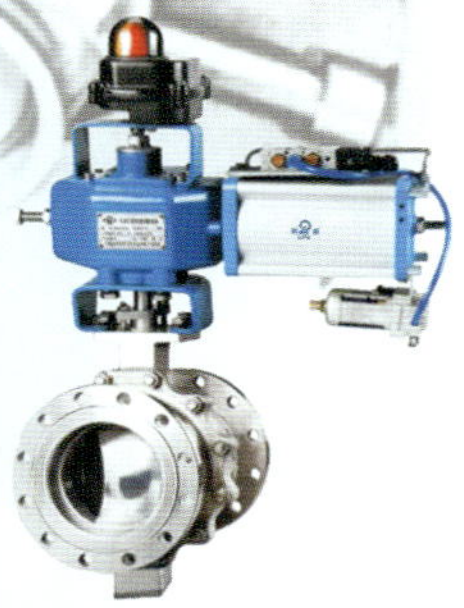

主要技术参数与性能

- 公称压力：1.6、2.5、4.0MPa
- 使用温度：-20℃~150℃~300℃
- 公称通径：DN15~500mm
- 材质：CF8、CF8M、CF3M不锈钢
- 泄漏量：1.GB/T4213-2008IV
  2.不漏
- 控制电压：1、24VDC
  2、220VAC
- 密封形式:1.可动硬密封 2.软密封
- 执行机构型式：双作用
- 气源压力：0.4~0.6MPa

ZSSV-TD
系列气动双作用V型调节球阀

主要技术参数与性能

- 公称压力：1.6、2.5、4.0MPa
- 使用温度：-20℃~150℃~300℃
- 公称通径：DN15~600mm
- 流量系数:Kv值18~19290
- 材质：CF8、CF8M、CF3M不锈钢
- 泄漏量：GB/T4213-2008IV
- 输入信号:4-20mADC
- 密封形式:1.可动硬密封 2.软密封
- 执行机构型式：双作用
- 气源压力：0.4~0.6MPa

ZSSW-TD系列
气动双作用调节蝶阀

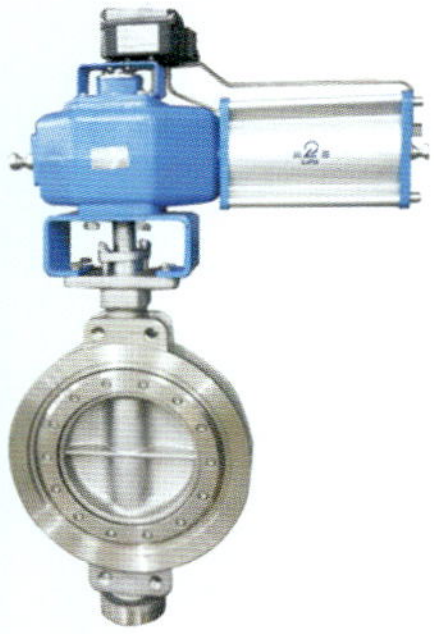

主要技术参数与性能

- 公称压力：1.0、1.6、2.5MPa
- 使用温度：-20℃~150℃~300℃
- 公称通径：DN50~800mm
- 材质：CF8、CF8M、CF3M不锈钢
- 泄漏量：GB/T4213-2008IV
- 输入信号：4-20mADC
- 结构特征：三偏心
- 密封形式:1.多层次密封 2.软密封
- 执行机构型式：双作用
- 气源压力：0.4~0.6MPa

ZSHQR-EDL/T系列
气动O型三通切换球阀

主要技术参数与性能

- 公称压力：1.6、2.5、4.0MPa
- 使用温度：-20℃~150℃~300℃
- 公称通径：DN15~400mm
- 材质：CF8、CF8M、CF3M不锈钢
- 泄漏量：GB/T4213-2008IV
- 控制电压：1.24VDC
  2.220VAC
- 阀门作用方式:1.L型 2.T型
- 密封形式:1硬密封 2.软密封
- 执行机构型式：双作用
  气源压力：0.4~0.6MPa

温州市利普自控设备有限公司

公司地址：浙江省温州市炬光园中路125号

法人代表：李琯新　　手机：13906651052

电话：0577-88608601 0577-88608605

传真：0577-88608602

邮编：325000

网址：www.wzlipu.com

邮箱：wzlipu@163.com

关于 APP(中国)

APP(中国)全称为金光纸业(中国)投资有限公司及其在中国大陆投资的公司。自 1992 年进入中国以来，始终秉持可持续发展战略，以可持续造纸的“林浆纸一体化”理念，努力践行绿色循环。目前，APP(中国)旗下拥有林务事业部、纸浆事业部、大纸事业部(包括工业用纸和文化用纸)、生活用纸事业部等。

此外，APP(中国)及其母公司金光集团也正着手于推动企业可持续发展的城市综合体及科技园项目，以实现资源多元化配置。如今，已经在上海开发了 4 个大型城市综合体项目，包括：上海白玉兰广场、上海金光外滩中心、上海金虹桥

国际中心和上海星荟中心。

截至 2019 年底，APP(中国)拥有 30 多家全资和控股浆纸企业，以及 18 家林业公司，总资产约 1914 亿元人民币，年加工生产能力约 1178 万吨，2019 年在华销售额约 651 亿元人民币，拥有全职员工逾 2.6 万名。APP(中国)致力于从多方面大力发展，提升人们的生活质量。

www.app.com.cn

山东信和
SHANDONGXINHE

玖龍紙業(控股)有限公司

NINE DRAGONS PAPER (HOLDINGS) LIMITED

集团总部

玖龙纸业成立于1995年，总部位于广东省东莞市，在各级政府的关心和支持下已成长为全球产能排名第二的造纸集团和中国造纸的龙头企业。玖龙纸业（控股）有限公司于2006年在香港成功上市，目前已在东莞、太仓、重庆、天津、泉州、沈阳、唐山、乐山设立造纸基地，并刚刚与湖北荆州正式签约，建设一个新的浆纸基地。玖龙纸业积极响应“一带一路”倡议，在越南建立造纸基地。玖龙积极强化全产业链，2018年收购了四家位于美国的浆纸厂，2019年收购了位于马来西亚的浆纸厂，并收购玖龙包装，为用户提供包装纸及纸板/箱的“智能化、一站式”服务。玖龙纸业是中国首个年产能过千万吨的造纸集团（2019年集团年产能超过1600万吨，年总产值600多亿元），连续多年蝉联中国造纸行业榜首，2019年名列中国民营企业500强第100位（中国民营企业制造业500强第50位）以及“中国企业500强”第309位、“中国制造业企业500强”第140位。

玖龙纸业引进国际领先的技术和设备并不断创新，代表着中国包装纸的最高水平。玖龙纸业高度重视系统化管理，应用先进的SAP系统管理平台，促进信息化与工业化“两化”深度融合，不断提升企业的科学管理水平，被评为“外商投资先进技术企业”、“高新技术企业”和国家首批“信息化和工业化融合管理体系贯标试点企业”。

集团主要生产各类牛卡纸、高强瓦楞纸、涂布灰底白板纸、涂布牛卡纸、环保型文化用纸等产品，为客户提供多元化产品系列，占据行业龙头地位，引领纸包装行业往绿色低碳方向发展。“玖龙”商标被国家工商总局商标局评为“中国驰名商标”。

玖龙纸业积极践行“绿水青山就是金山银山”的生态文明思想，一贯秉承“没有环保，就没有造纸”的企业理念，视环保为企业生命，致力于环境保护和节能减排，倡导可持续发展的循环经济。不仅使用可以回收循环利用的废纸作原料，还与时俱进，不断加大环保投入，使玖龙纸业各项环保和能耗指标都做到优于国家标准，是资源节约型和环境友好型企业的典范。玖龙率先在行业建设环保焚烧炉，将造纸产生的固废全部转化为清洁能源，不对外排放，还帮助地方政府处理一部分工业固废，为创建“无废城市”作出贡献。除获ISO14001环境管理认证和清洁生产认证外，生产基地多年被当地环保部门评为“环保诚信企业”，并被评为“绿色工厂”、“中国造纸工业环境友好企业”，荣获“全国造纸行业

节能减排达标竞赛优胜企业”，被授予“全国五一劳动奖状”。

玖龙纸业实行以人为本，民主、智慧加科学相结合的管理模式，不断提升员工的福利待遇，做到在行业内领先，形成了“尊重关爱员工、细化创新管理、传承百年品牌、弘扬拼搏精神”的具有玖龙特色的企业文化。玖龙纸业积极开展形式丰富的员工培训，从安全教育、专业技能、管理水平、企业文化等各个方面不断提升员工素质。还定期开展各种文化、体育活动，在丰富员工精神文化生活的同时，弘扬“爱国、爱家、爱企业”的积极向上和团结奋斗的正能量。

玖龙纸业自1998年7月第一条生产线顺利建成投产至今，在增加税收、带动上下游产业链的升级、促进地方经济发展、创造就业机会（国内员工总人数1.7万余人）、共建和谐社会等方面，为国家和地方的经济建设做出了突出的贡献。玖龙纸业一向积极履行社会责任，近年来在各种公益活动中投入4亿多元。玖龙积极支持国家抗击新冠疫情，捐赠现金3100万元，并在海外多方筹集约240万元紧缺医疗物资运回国内，由员工组成的驰援湖北运输队将物资运送至武汉。玖龙长期坚持精准扶贫，持续参加“广东扶贫济困日”活动，累计捐款超过2.3亿元，重点支持了贫困地区的“教育、产业扶贫、救助贫困弱势群体、完善农村基础设施、改善村民生活环境” 等方面，惠及粤西、粤北等多个欠发达地区。玖龙长期坚持开办“玖龙班”（迄今已培养学员1000多人），通过职业教育扶贫，资助偏远山区贫困学生学习深造并提供就业机会，给这些贫困家庭的孩子提供一个好的平台，鼓励他们通过自己的努力改变自己和家庭的命运，为国家和行业培养具有可持续发展的意识和技能、而且对社会心存感恩和博爱之心的新时代产业工人。玖龙建立了多个爱心基地，关爱贫困山区留守儿童等；捐款700多万元，支持中华慈善总会“一张纸献爱心”活动，在积极倡导废纸回收的同时救助先心病患儿；积极开展少数民族贫困地区的扶贫工作，为甘孜雅江呷拉中学捐款500万元，改善办学条件，支持侨爱工程“点亮藏区生活计划”，捐款100万元；多次为受灾地区捐建“侨心居”；第一时间向汶川、玉树和雅安地震灾区捐赠了1500万元、1000万元和1200万元，支援灾区人民抗震救灾，重建家园。积极支持国家办好北京冬奥会，捐款2000万元援建“华侨冬奥冰雪博物馆”。在香港，通过新家园协会、团结香港基金、香港侨界社团联会等捐款超过8200万港元，为社会奉献爱心。被授予“中华慈善奖”、“全国脱贫攻坚奖”、全国“万企帮万村”先进民营企业、“华商贡献奖”、“广东扶贫济困红棉杯金杯及突出贡献企业”等多项荣誉。

制造业是GDP的基石，未来，玖龙纸业将以实现“六化”、打造企业工业4.0为目标，继续朝着环保、节能型、智能化管理的企业目标迈进，巩固行业龙头地位，奠定企业百年基业。

各种纸及纸板	2009	2010	2011	2012	2013	2014	2015	2016	2017	2018	2019 年
消费量	8569	9173	9752	10048	9782	10071	10352	10419	10897	10439	10704
生产量	8640	9270	9930	10250	10110	10470	10710	10855	11130	10435	10765
进口量	334	336	331	311	283	282	287	297	466	622	625
出口量	405	433	509	513	611	681	645	733	699	618	686

注：数据来源中国造纸工业历年年报统计

纸用磨片
History on Paper
书写历史
Segment For Paper
QUA
JINQUAN 磨片
REFINER PLATE
1984
金泉 磨片
Golden Spring JINQUAN Refiner Plate

浙江力诺
股票代码：300838
让工业流体控制更稳定、更精准 提高工业自动化水平
信息互联
智能制造
浙江力诺是一家致力于流体控制设备的研发、设计、生产、销售为一体的国家高新技术企业，于2020年6月8日在深交所创业板上市（证券简称：浙江力诺；证券代码：300838）。
浙江力诺流体控制科技股份有限公司
ZHEJIANG LINUO FLOW CONTROL TECHNOLOGY CO., LTD.

目　　录

1　综　述

2　发展现状

3　产品与市场

4　纤维原料

5　装备与器材

6　科技　教育　出版

7 大事记

8 地方造纸工业

9 重点企业介绍

10 社团工作

11 附 录

12 企业名录

CONTENTS

1. GENERAL TOPICS

2. CURRENT STATUS OF DEVELOPMENT

3. PRODUCTS AND MARKET

4. FIBROUS MATERIALS

5. EQUIPMENT & DEVICES

6. SCIENCE AND TECHNOLOGY, EDUCATION AND PUBLICATION

7. EVENTS

8. LOCAL PAPER INDUSTRY

9. KEY ENTERPRISES INTRODUCTION

10. ASSOCIATION AFFAIRS

11. APPENDIXES

12. ENTERPRISES LIST

中国造纸学会活动纪实

中国造纸学会第八次全国代表大会

第二届纳米纤维素材料国际会议

第四届中国造纸装备发展论坛

2019国际造纸技术报告会

2019年纸史和手工纸研讨会现场

2019中国制浆造纸自动化技术与
智能制造研讨会

链板输送机

散包机

转鼓碎浆机

D型碎浆机

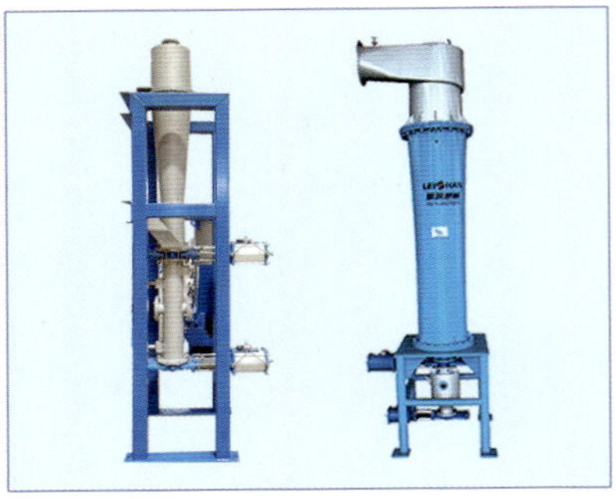
高浓除渣机

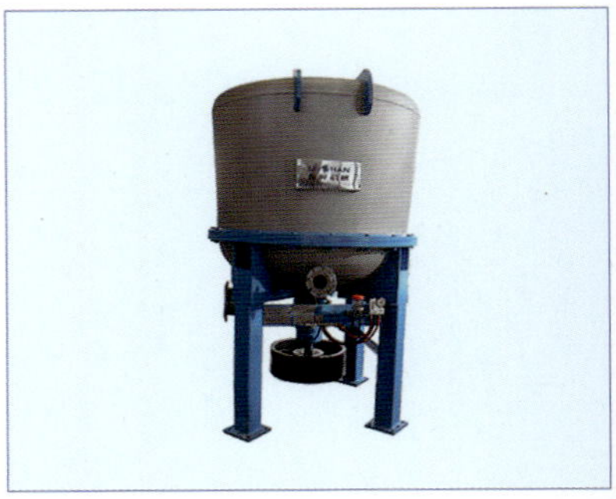
浮选清渣机

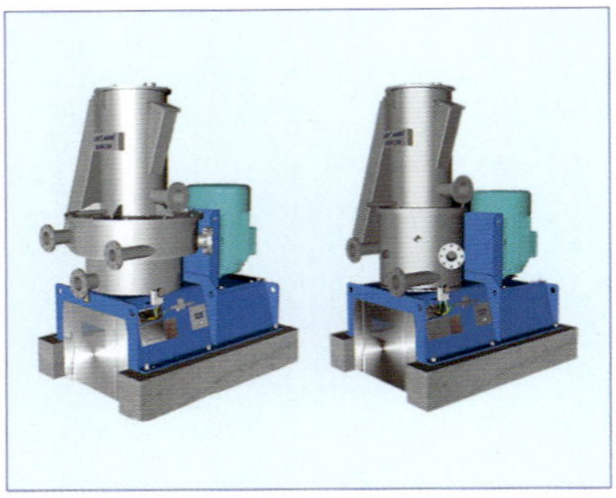
粗、精筛尾渣筛

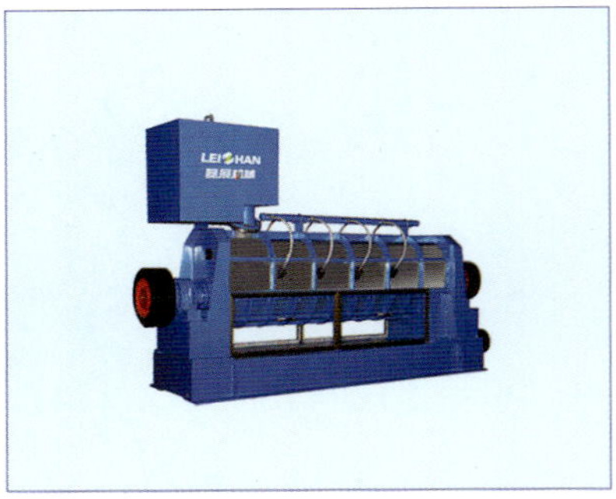
排渣分离机

中浓压力筛

内流式压力筛

双盘磨浆机

搅拌器

联系我们

常务副总经理：孟建喜 13598015189
华南区负责人：刘亚兵 13592588751
华北区负责人：周超杰 13889107951
海外负责人：刘建坡 13598887598
华东区负责人：朱东辉 13733813882
西北区负责人：高晓亮 13598449222
西南区负责人：寇书军 13803851750
售后服务：侯富六 13592466951

晨鸣集团
CHENMING GROUP

晨鸣集团是中国造纸行业龙头企业，中国企业500强，集团总资产1000多亿元，年浆纸产能1100多万吨，在全国拥有多个生产基地，企业经济效益主要指标连续20多年在全国同行业保持领先地位。

晨鸣集团是一家A、B、H三支股票上市公司，是中国上市公司百强企业、中国十佳明星企业，被评为中国最具竞争力的50家蓝筹公司之一，荣获全国五一劳动奖状、全国精神文明建设先进单位、轻工业全国十佳企业、中国企业管理杰出贡献奖等省级以上荣誉称号200余项。

晨鸣集团经过60多年发展，创造了自己的品牌，培育了自己的核心竞争力，通过加快新旧动能转换步伐，聚焦主业，逐步形成了以下几个方面的优势：

浆纸一体化优势。晨鸣拥有湛江、黄冈、寿光3条制浆生产线，木浆产能超过470万吨，是全国实现制浆和造纸完全平衡的大型浆纸一体化企业。

产业布局优势。晨鸣在山东、广东、湖北、江西、吉林等地建有6个生产基地，全部产品实现近距离销售，配送服务快捷，大大降低了运输成本。

规模优势。晨鸣集团主要产品市场占有率均位于全国前列，其中晨鸣文化纸市场占有率达30%以上；铜版纸和白卡纸市场占有率都位于全国前三的位置。

品牌优势。晨鸣集团依靠严格的管理、一流的装备、一流的技术，不断提升品牌的自身价值，品牌效益越来越明显。

公司坚定不移地实施浆纸一体化战略，引进国际上先进的制浆造纸技术和装备，产品涵盖高档胶版纸、白卡纸、铜版纸、轻涂纸、生活纸、静电复印纸、热敏纸等系列。企业拥有国家企业技术中心、博士后科研工作站、国家认可CNAS浆纸检测中心等科研机构，获得国家专利授权260项，其中发明专利20项，获得国家新产品7项，省级以上科技进步奖15项，承担国家科技项目5项、省技术创新项目62项。在全国同行业率先通过ISO9001质量体系认证、ISO14001环保体系认证和FSC-COC体系认证。

跨入新时代，晨鸣集团将大力弘扬“学习、超越、领先”的企业精神，全面提升企业管理水平和运行质量，努力建成具有全球竞争力的世界一流企业集团。

打造千亿企业 铸就百年晨鸣

70 万亩林业基地

纸浆生产线

下线产品

水处理系统

先进的造纸生产线

微信公众号

山东晨鸣纸业集团股份有限公司

地址：山东省潍坊市寿光市农圣东街 2199 号
网址：http://www.chenmingpaper.com/
电话：0536-2158000
传真：0536-2156111

POWER-GENEX®
中国总代理

COSMIC ROC
柯 斯 米

SS2系列
普通/本安型智能定位器

EI系列
角行程电动执行器

NEP系列
机械式定位器

MEI系列
多回转电动执行器

Ex NEPSI　IECEx　Ex　CE　KCs　PROFI BUS　Fieldbus　HART FIELD COMMUNICATIONS PROTOCOL　SIL3

上海柯斯米自控工程有限公司

电话：021－54351660　网址：www.cosmicroc.com.cn

地址：上海市闵行区沪闵公路3088号E栋208室

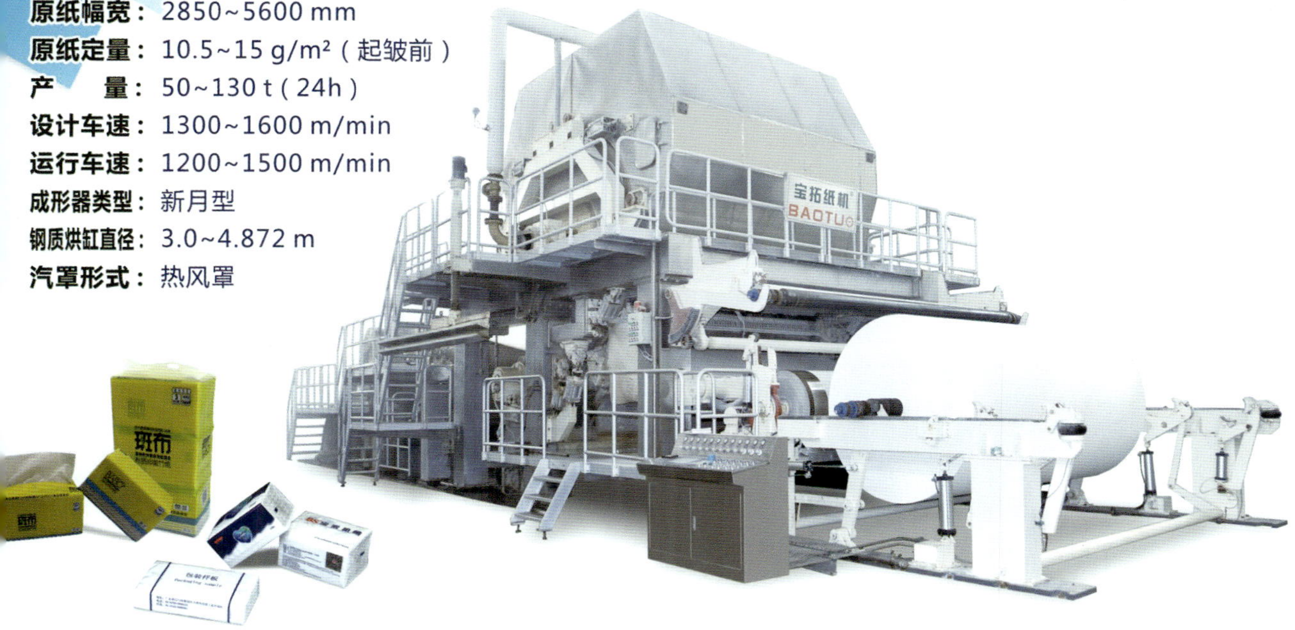
宝拓纸机
BAOTUO

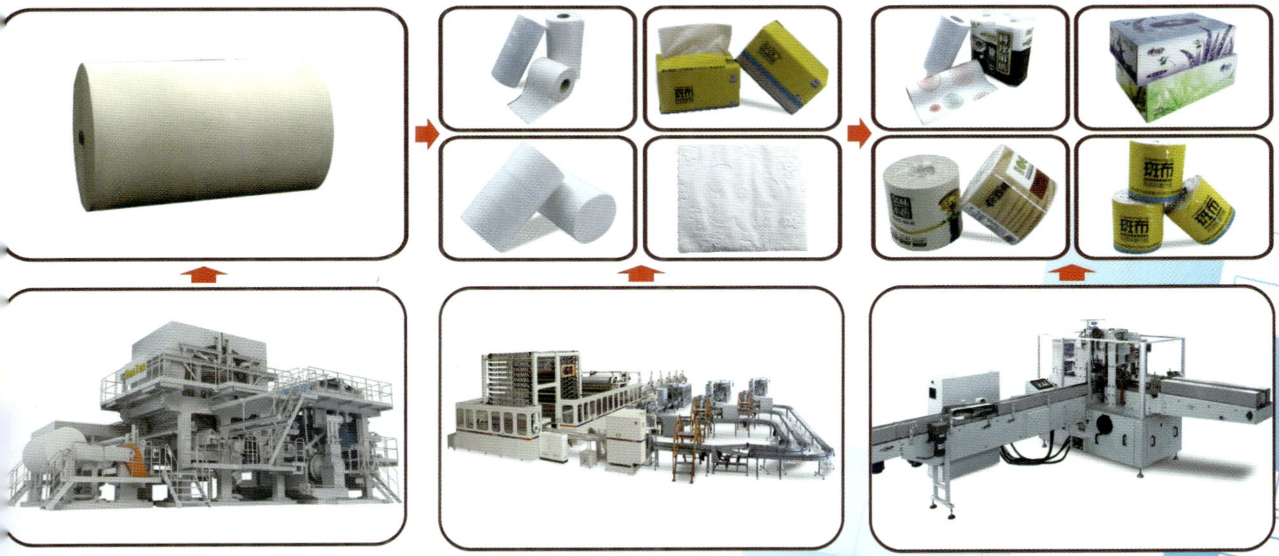

企业简介
Corporate profil

武汉武锅能源工程有限公司（武锅能源）前身是始建于“一五”期间的武汉锅炉厂，是国内专业生产电站锅炉、各类特种锅炉和电站阀门的骨干企业。武锅能源设有武锅研究院、总师办等八个职能部门，下辖碱回收锅炉、清洁焚烧、动力锅炉、锅炉制造和节能环保五个事业部，以及全资子公司武汉锅炉集团阀门有限责任公司。武锅能源注册资本金3亿元，现有员工751人，技术人员151人，继承了老武锅雄厚的技术力量、市场资源和人力资本优势。

专业技术
Professional Technology

武锅能源公司以专业技术为依托，为用户提供核心锅炉产品和总承包业务，并提供可持续能源系统解决方案及技改优化等增值服务，具体业务领域包括：

废液焚烧技术：包括碱回收锅炉，化工废液焚烧锅炉和各类型高盐有机废水焚烧炉等；

废气及燃气燃烧技术：臭气及VOC收集清洁焚烧处理，天然气锅炉，生产工艺尾气焚烧炉等；

生物质资源利用技术：生物质直燃锅炉，生物质CFB气化炉，多燃料锅炉等；

洁净煤燃烧技术：各容量煤粉锅炉，循环流化床，水煤浆锅炉，旋风炉等；

烟气治理技术：SDS脱硫，SNCR和高、低温SCR，粉尘治理、烟气消白等；

高端电站阀门：各类型安全阀，闸阀，调节阀，堵阀等。

武锅能源公司秉承老“武锅”“激情燃烧，承压奋进”的精神，坚持“采众长、树独帜、献碧水蓝天”的价值观，引领绿色节能环保锅炉的研发制造，用更加高效节能、更洁净环保的技术和产品守护碧水蓝天！

特别说明：根据武汉国企改革要求，武汉锅炉集团有限公司和武汉锅炉集团工程技术有限公司（原武汉特锅公司）不对外开展经营业务，武锅能源公司是唯一市场主体。

地址：武汉市江夏区大桥新区何家湖街与工业二路交界处
邮箱：jingyingbu@whtzgl.com
电话：027-87655091　027-87655092
网址：www.wgjt.com.cn
传真：027-87655494
邮编：430220

潍坊华普化学股份有限公司

潍坊华普公司厂区

企业愿景

打造中国造纸化学品一流品牌。

经营理念

诚信为本，技术创新，追求品质，服务共赢。

车间一角

服务宗旨

为客户提供定制化品牌产品、服务。

产品名称

PAE湿强剂、MF湿强剂、干强剂、阳离子型松香乳液、阴离子型松香乳液、AKD乳液、蜡乳液、硬脂酸钙乳液、高效消泡剂。

研发团队

普林集团
PULIN GROUP

公司地址：山东省安丘市新材料产业园
联系方式：0536-4331198；13805367518
公司网址：www.huapuchem.cn

中国轻工业成都设计工程有限公司

Chengdu Engineering Co.,Ltd of China Light Industry

设计项目

APP 苏州年产 12 万吨生活用纸项目

东莞顺裕纸业有限公司（制浆、造纸、热电站）

四川天竹竹资源有限公司 12 万吨年竹纤维项目

中顺洁柔纸业股份有限公司高档生活用纸项目

四川省犍为凤生纸业有限责任公司 12 万吨年生活用纸及配套项目

国富包装材料有限公司年产 150 万吨包装纸一期项目

云南中烟再造烟叶有限责任公司易地技术改造项目

泰盛集团生活纸项目

中轻成都公司始建于 1958 年，2002 年改制为国有控股公司，现为保利集团下属中国轻工集团控股的中国海诚工程科技股份有限公司（深市代码 002116）全资子公司，是提供工程咨询、设计、监理、工程总承包的科技服务型企业。

公司持有轻纺、农林、建筑、商物粮、电力、环境工程、化工石化医药、市政等行业的工程设计资质证书、工程造价咨询企业甲级资质证书、工程监理综合资质证书、压力管道设计许可证，并通过了质量、环境、职业健康安全“三标”管理体系认证。

从建院起，制浆造纸一直是公司的传统优势行业，多年来在工程技术咨询及设计、项目管理、工程总承包领域取得了丰富的实践经验。完成项目涉及的原料有木材、竹子、废纸、芦苇、棉短绒等，产品有竹木浆（纤维）、生活用纸、包装纸、文化用纸、浆粕、特种纸等。完成的工程项目由于采用的工艺成熟可靠、设备选型先进合理、总体布局合理而受到用户的好评。中顺洁柔、泰盛集团、APP、山鹰国际、理文纸业、宜宾纸业、华泰纸业、顺裕纸业、银鸽纸业、云南中烟、凤生纸业等业主经过多方比较，先后选择成都公司作为其工程项目设计（总承包）合作伙伴并建立了良好的长期合作关系。做为专业的制浆造纸工程咨询及设计单位，在完成大量的技术咨询及工程设计工作的同时，及时掌握国内外科技发展动态和行业发展方向、国家及行业各部门关于制浆造纸方面的政策法规，如清洁生产、节水节能、降耗、减污等法规，在设计中采用成熟可靠、先进合理的工艺技术的同时，注重节约投资、降低生产运行成本、减污增效等。精心的设计、优质的服务使我们赢得了业主的普遍赞誉。

近年来，公司制浆造纸事业部更是大力发展工程总承包业务，已先后承接并顺利完成交付了宜宾纸业股份有限公司整体搬迁技改项目一期工程化学制浆线 EPC、宜宾纸业股份有限公司 10 万吨 / 年生活用纸项目及后加工 EPC、四川蜀邦实业有限责任公司生活用纸项目 EPC、四川省西龙纸业有限公司造纸废水处理项目 EPC、四川省金福纸品 EPC 等多项总承包工程。

总承包项目

宜宾纸业股份有限公司
整体搬迁技改项目一期工程化学制浆线设备采购、安装及调试工程

宜宾纸业股份有限公司
10 万吨年生活用纸项目设备采购、安装与调试总承包工程

宜宾纸业股份有限公司 10 万吨年生活用纸项目后加工辅助设备采购、安装与调试总承包工程项目

四川蜀邦实业有限责任公司
生活用纸项目

四川省西龙纸业有限公司
造纸废水处理项目

四川省金福纸品
生活用纸项目

地址：成都市少城路 9 号
邮编：610015
电话：86-28-86630940
传真：86-28-86643706
E-Mail：qrsj@qrsj.com
网址：www.qrsj.com

ADD: No.9 Shaocheng Street,Chengdu,P.R.China
P.C: 610015
Tel: 86-28-86630940
Fax: 86-28-86643706
E-Mail: qrsj@qrsj.com
Http: www.qrsj.com

中国海诚工程科技股份有限公司
CHINA HAISUM ENGINEERING CO.,LTD.

地址：上海市宝庆路21号
电话：86-21-64370093
E-mail：info@haisum.com
网址：www.haisum.com
邮编：200031
传真：86-21-64334045
Zip Code: 200031
Fax: 86-21-64334050
ADD: NO.21 Baoqing Road,Shanghai,China
Tel: 86-21-64370093
E-mail: info@haisum.com
Web: www.haisum.com

设计项目

UPM(常熟)有限公司(1号机，2号机，3号机)

金东纸业(江苏)有限公司(1号机，2号机，3号机)

宁波亚洲纸业有限公司年产75万吨涂布白纸板工程

制浆造纸是中国海诚最主要的工程服务领域之一，历史悠久。1953年成立的中央轻工业部基本建设局设计院（后经多次改制更名为中国海诚）是新中国成立时建立的专业设计院之一，六十多年来在国内外已完成六百多项制浆造纸工程的咨询、设计、监理、工程管理和EPC总承包项目，多年的耕耘积累了大量宝贵经验，2015年发布实施的中华人民共和国国家标准《制浆造纸厂设计规范》（GB51092-2015）是由我公司主持编制出版。我公司在为国内外客户提供优质服务的同时，也为造纸技术更新换代、造纸企业的健康蓬勃发展做出了应有的贡献。

中国海诚拥有一支专业服务团队，涵盖制浆造纸工艺、机械管道、动力、总图、建筑、结构、电气、仪表、暖通、给排水、设备监造管理、 现场施工管理、 开机培训等专业， 现拥有造纸行业设计大师2名，教授级高工24名，高级工程师70名，技术力量雄厚，竭诚为国内外新老客户提供项目前期咨询、设计、监理、工程管理、EPC总承包等项目全过程优质专业服务。

山东亚太森博浆纸有限公司
年产100万吨包装纸板工程项目

理文集团项目

斯道拉恩索(北海)浆纸一体化项目

海南金海纸业有限公司

总承包项目

近年来，以设计为先导的工程EPC交钥匙总承包服务成为中国海诚股份主要业务，公司先后承担了广东森叶纸业有限公司自备电站、芬欧汇川纸业（常熟）有限公司二期工程纸加工车间、 越南安化年产13万吨漂白化学木浆项目、 孟加拉KPM漂白车间项目、 重庆理文造纸有限公司湿浆改造、江苏王子制纸有限公司年产71.4万吨漂白化学阔叶木浆生产线及其配套工程、泰国SKIC16PM项目、越南理文年产40万吨包装纸生产线项目、SCG公司越南二号机项目、 广东森叶纸业有限公司一号纸机二号纸机提产改造项目、SCG公司菲律宾项目提产改造、正隆平阳造纸废水处理工程、越南KOA箱板纸项目等。

泰国SCG公司越南项目

泰国SKIC16PM项目

越南KOA箱板纸项目

越南理文年产40万吨包装纸生产线项目

江苏王子制纸有限公司KP项目

越南安化年产13万吨
漂白化学木浆项目

正隆平阳造纸废水处理工程

灵新风机
LING XIN

复卷机、切纸机纸边收集、打包、除尘系统

复卷机、切纸机纸边收集、打包、除尘系统

纸边处理系统由碎纸风机通过安装在复卷机、切纸机，纵切刀下的两个吸口将纸边切断后输送至板式分离器,纸边下落至水力碎浆机或打包机，含尘空气可用布袋除尘或水除尘处理。

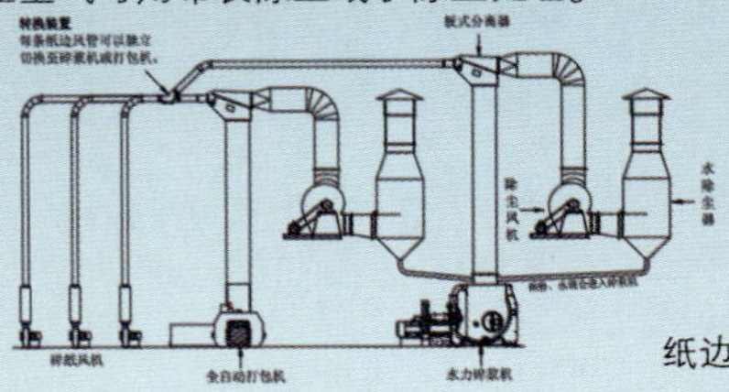

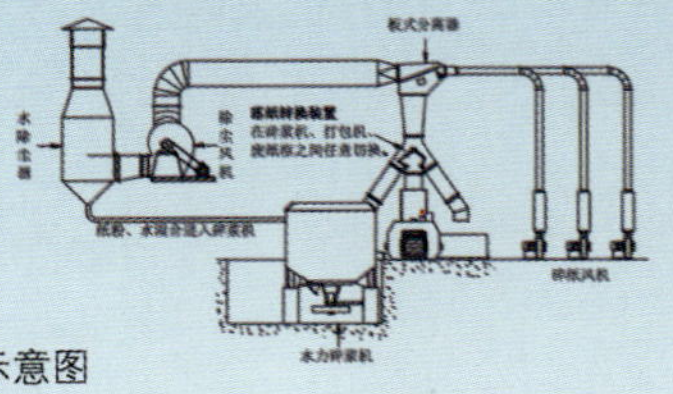

纸边系统流程示意图

大型造纸厂整理车间有多台平板切纸机、复卷机。纸边从板式分离器下来可有三个通路：

垂直向下进打包机，向左进碎浆机，向右进废纸收集框。针对有些纸厂切纸机和复卷机会加工不同品种的纸，纸边不能混合。我司设计了在每根纸边管道加转换器，可根据实际使用工况将纸边切换至碎浆机或打包机。

整套系统实现自动化运行。在板式分离器上安装压力检测装置，由PLC实时运算指令变频器改变除尘风机频率，使系统压力平衡。避免打包机或碎浆机内正压或负压太大，出现粉尘向外喷或纸边悬浮在分离器内造成系统堵塞。

纸机、复卷机除尘系统

纸机、压光机刮刀除尘系统—由除尘风机，通过安装在刮刀上部的铝制吸口将含粉尘空气送入除尘系统。

复卷机纸面除尘系统—由吸纸毛风机，通过安装在复卷机纸的正反两面的吹、吸组合式吸口将含纸毛空气送入除尘系统。

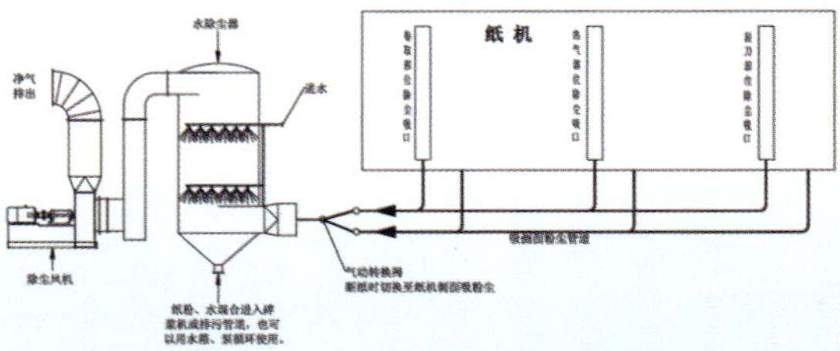

卫生纸纸机除尘系统示意图

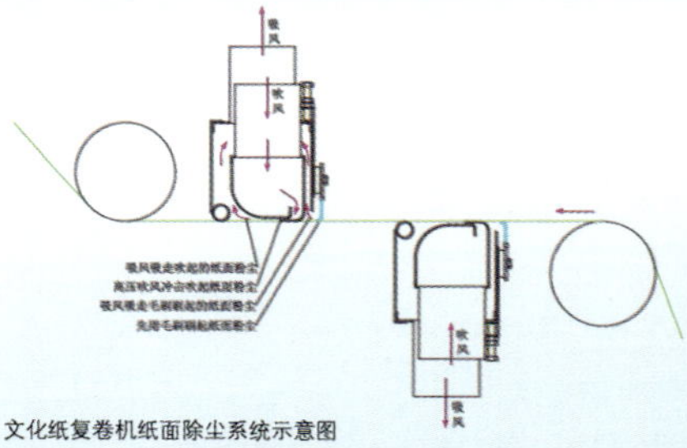

文化纸复卷机纸面除尘系统示意图

除尘系统可分为水除尘和布袋除尘。

水除尘系统：吸尘风机将粉尘送入水除尘器，粉尘和水充份混合经除尘器排水管排出，也可使用循环水，净气排出。

布袋除尘系统：吸尘风机将含纸毛、粉尘空气经管道吸进布袋除尘器，粉尘粘附在布袋上经脉冲清灰装置将粉尘清理至收集箱，由操作工定期清除，净气排出室外。

卫生纸除尘系统

卫生纸在造纸、复卷、分切、卫卷过程中产生大量粉尘严重地影响了品质，危害了职工的身心健康，污染了环境。公司经多次实践开发了卫生纸除尘系统，极大地改善了生产环境，达到国家环保标准。

销售业绩：

金东纸业（江苏）股份有限公司	宁波亚洲浆纸业有限公司
广西金桂浆纸业有限公司	亚太森博（广东）纸业有限公司
山东太阳纸业股份有限公司	牡丹江恒丰纸业股份有限公司
安徽山鹰纸业股份有限公司	岳阳纸业股份有限公司
平湖荣成环保科技有限公司	东莞玖龙纸业有限公司
山东亚太森博浆纸有限公司	齐峰新材料股份有限公司
广东、江苏理文造纸有限公司	玖龙纸业（天津）有限公司
浙江夏王纸业有限公司	浙江仙鹤特种纸有限公司
玖龙纸业（河北）有限公司	金红叶纸业（湖北）有限公司

扬中市灵新风机氟塑有限公司
Yangzhong Lingxin Turbo Fan & Plastic Fluorine Manufacturing Co.,Ltd
总经理:朱新　手机:13905286627
地址：江苏省扬中市江洲广场北(扬高汽渡旁)　邮编:212200
电话:0511-88362458　传真:0511-88362478
http://www.lingxin.cn
E-mail:zhuxin@lingxin.cn

西安隆华环保技术有限公司

Xi'an Longhua Environmental Protection Technology Co., Ltd.

陕西科技大学造纸环保研究所

Institute of Papermaking Environmental Protection of SUST

隆华环保 LONGHUA ENVIRONMENTAL

科大环保 SUST Environment

公司简介 Company Profile

陕西科技大学造纸环保研究所成立于2001年，张安龙教授担任所长。研究所下设技术开发部、分析实验室中心、综合办、咸阳得林环保设备有限公司及西安隆华环保技术有限公司。2013年研究所获批为陕西省技术转移示范机构，2015年获批为陕西省研究生联合培养示范工作站，2019年隆华公司与陕西科技大学环境科学工程学院联合获批成立中国轻工业水污染控制工程技术研究中心。

隆华公司以环保实用技术为基础，提供专业环保服务，致力于为广大用户量身定制废水处理、清洁生产、资源综合利用等解决方案。主要业务包括工程设计、技术咨询、BOT及EPC项目、专业设备生产制造与安装、工程调试及化学品供应等。目前已在造纸、市政、化工、食品、饮料及发酵等多个行业完成180余项环保处理工程项目，项目覆盖全国26个省、市、自治区，并扩展到马来西亚、伊朗、文莱等海外市场。

隆华公司坚持以客户为中心，以一流的技术、产品和服务，努力为客户创造更高的价值。

核心技术 Core Technologies 我司专有专利技术产品

1.废水厌氧生物处理技术——HSASB高速厌氧污泥床反应器

- 立式罐体，反应器尺寸规格齐全
- 可靠的自调节内循环系统
- 两层三相分离器
- 出水水质稳定
- 抗冲击负荷强
- 沼气产量充分、稳定
- 耐低温、防钙化
- 快速的生物启动

2.废水好氧生物处理技术——供气式低压射流曝气生物处理系统

- 有机物去除效率高
- 可预防污泥膨胀
- 氧转移效率高，动力消耗低
- 无阻塞、无密封，安装维护方便
- 节能高效，长期运行零故障
- 投资省，运行费用低
- 可设计各种尺寸
- 满足不同客户需求

3.废水深度处理技术——多相射流循环Fenton高级氧化系统

- 立式罐体，反应器尺寸规格齐全
- 降解较彻底，出水效果好
- 同相及异相催化反应
- 反应传质速度快
- 污泥形成结晶，铁污泥减量
- 操作简单、运行费用低
- 对环境友好，无二次污染

地址：陕西省西安市经济技术开发区凤城十二路凯瑞B座704-705
座机/传真：029- 89600026
E-mail：susthbs@126.com
网址：www.susthbs.cn

公司 简介

INTRODUCTION

新乡新亚纸业集团股份有限公司是以制浆造纸为主，集热电联产、医药化工、物流商贸、机械制造、林基地开发、环保综合治理于一体的股份制企业集团。公司占地 175 公顷，下设 18 个生产单位与子公司，拥有各种型号的造纸生产线 23 条，总资产 60 亿元，现有员工 3800 多名，年制浆能力 70 万吨，造纸生产能力 123 万吨。产品通过了国家 IS09001 质量体系认证和 IS014001 环境体系认证，是中国质量管理达标企业，中国企业改革示范单位、中国制浆造纸研究院试验基地。河南省制浆造纸龙头企业、河南省百户重点企业、河南省转型升级试点企业、河南省综合效益先进企业、河南省优秀民营企业、河南省农业、林业产业化重点龙头企业。新乡市利税大户、新乡市重点保护企业、新乡县域经济支柱企业。

公司拥有两个省级技术中心--河南省企业技术中心和河南省造纸污染治理工程技术研究中心，拥有 30 多名由知名专家、工程师和技术骨干组成的研发队伍。近年来，在制浆造纸工艺、资源循环利用、环保综合治理等领域取得科技成果 20 余项，其中麦草半化学浆黑液碱回收技术荣获全国节能减排技术二等奖。

公司主营产品为包装用纸、文化用纸、生活用纸三大系列。主要品种有涂布白卡纸、食品液包纸、瓦楞原纸、箱板纸、胶版印刷纸、静电复印纸、电脑打印纸、双面书写纸、中高档生活纸。“新亚”、“新辉煌”、“新锦绣”等系列品牌荣获河南省十大驰名品牌著名商标。

公司累计投资 6 亿多元建立了完善的污染物治理和资源循环利用工程，成为河南省造纸行业的典范和标杆。分别获得了河南省污染防治优秀企业、新乡市环保十大诚信企业、全国首届践行生态文明优秀示范企业和河南省科技环保优秀企业等荣誉称号。

2020 年，公司新建的 40 万吨食品卡纸生产线配套建设的杨木化机浆生产线、热电联产生产线已投入生产，热电联产项目除满足企业自身用热外，结合企业原有热源，余热可为郑新一体化提供能源支撑，实现多元化经营，企业整体将迈上一个新的台阶。

25 万吨白卡纸生产线

40 万吨食品卡纸生产线

10 万吨高档文化用纸生产线

高强度瓦楞原纸生产线

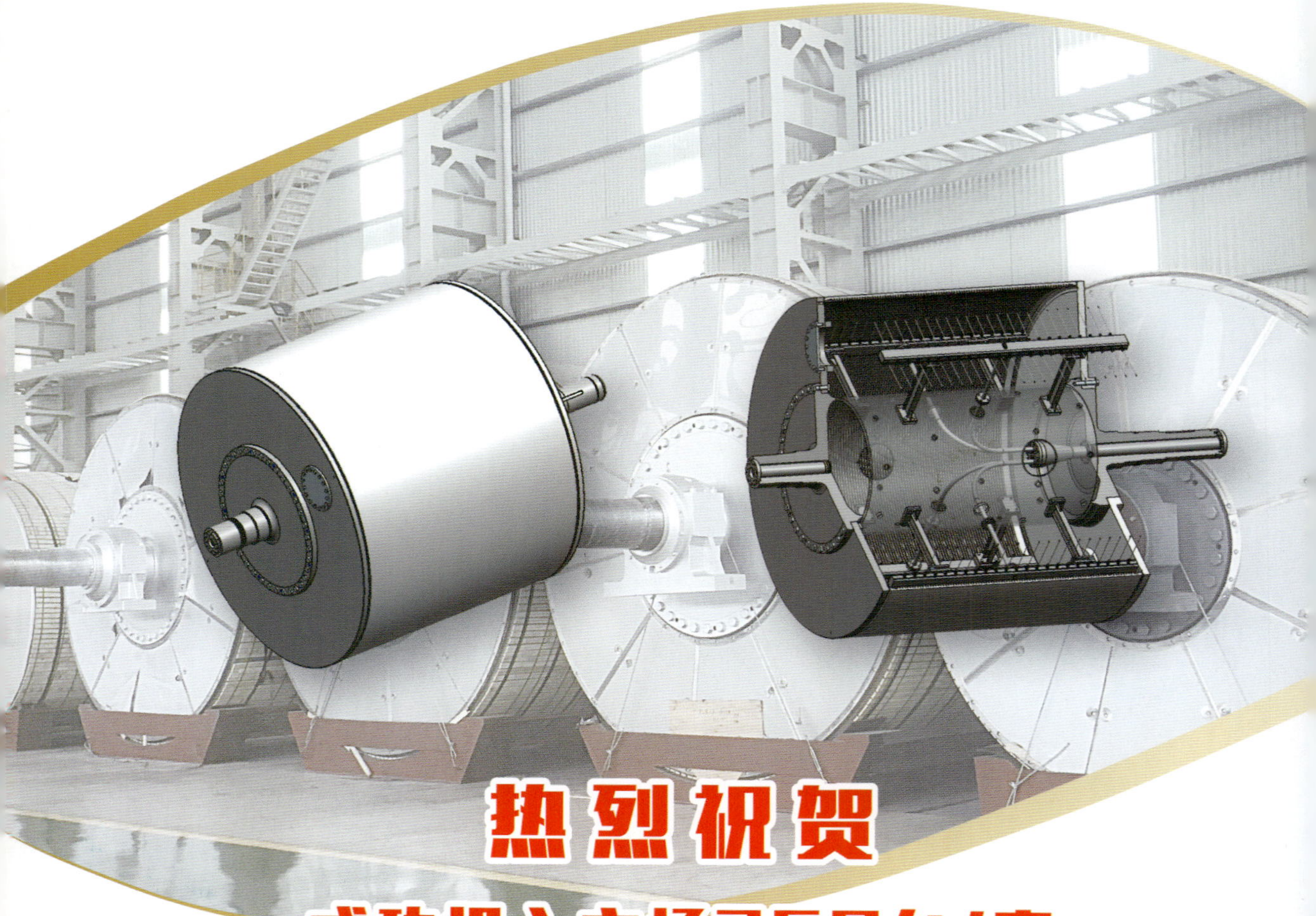

18 ft

22 ft

客户
中顺洁柔

所在地点
中国

11台全新的Intelli-Tissue® 1600 EcoEc Premium 高端环保经济型卫生纸机

纸种
高端卫生纸

类型
新纸机

开机年份
第一台纸机开机于2017年

卷纸幅宽
3500 mm

最大操作车速
1600 m/min

纸机参数

- 纸种：高端卫生纸
- 原料：原生纤维
- 最大操作车速：1600 m/min
- 定量：卷纸定量为12.5~31.3 g/m²
- 卷纸幅宽：3500mm
- 最大产能：35000 t/年（基于最大定量）
- 扬克缸：16英尺钢制缸
- 气罩：抽气式气罩

介质消耗水平

介质	成果	担保值
蒸汽 [t/t]	1.74	≤ 1.8
电 [kW.h/t]	359	≤ 468
水 [m³/t]	2.4	≤ 5

卷纸定量为15.5 g/m²的介质消耗水平

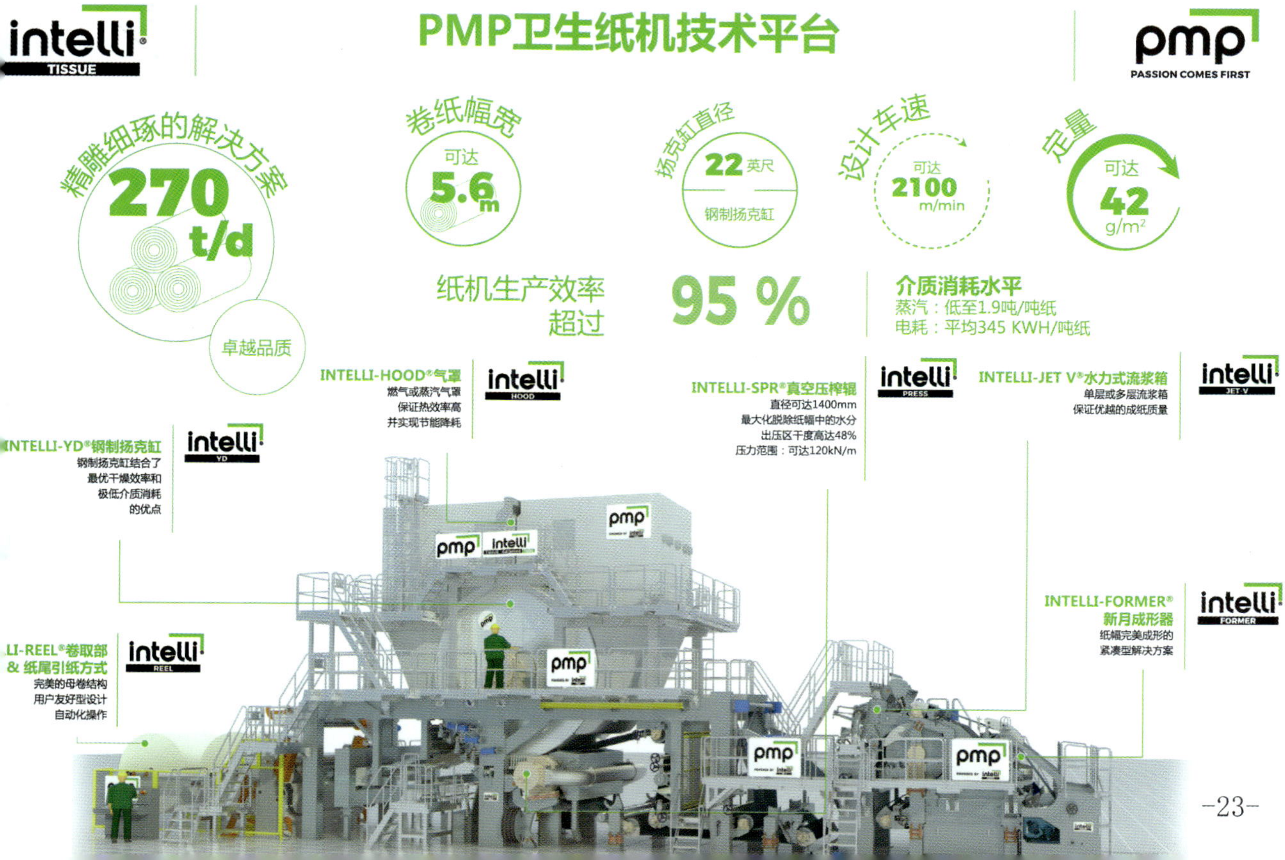

四川环龙技术织物有限公司
上海金熊造纸网毯有限公司

Gobear 专业·彰显品质

VANOV 环龙

—以技术和服务为稳定和提升高速造纸机运行效率创造价值

稳定和提升高速造纸机运行效率的服务平台

四川环龙技术织物有限公司，是造纸网毯集研发、生产与销售为一体的专业服务商，公司三十多年来一直坚持以技术研发为先导，把“权威精到的产品设计、细致入微的贴身服务”作为企业经营方向和工作宗旨，拥有“GOBEAR”“环龙”两大知名品牌，并通过了ISO 9001: 2015国际质量体系认证，建有成都、上海两大产业基地。

随着造纸行业的高速发展、经济形势的不断变化以及新技术的不断涌现和应用，“节能降耗、提质增效”已成为造纸企业的新需求。面对行业的新挑战和造纸企业的新需求，公司继续以产品研发为先导，在加大技术投入与合作力度的同时，以“稳定和提升高速造纸机运行效率”为目标，建立了环龙“稳定和提升高速纸机运行效率服务平台”，为纸业同行提供交流平台，实现快速协同，用互联网思维赋能纸机，打造共享智慧库，与造纸行业实现共享、共荣、共发展。

纸机运行效率系统码　　公众号

地址：四川省成都市温江区海峡两岸产业开发园新华路西段519号
电话：028-82782930 传真：028-82782615

地址：上海市金山区枫泾镇兴塔建安路78号2栋
电话：021-67361070 传真：021-67361071 网址：www.vanov.cn

维杰科技
WITCHER TECHNOLOGY

空气利用专家

诚信为本 求实创新 品质兼优 服务至上

湖南维杰环保科技有限公司成立于2007年，是一家集科研开发、设计、生产、销售和服务于一体的节能环保型高新技术企业。

公司自创立以来，一直从事新能源、新领域方面高效节能产品的研制开发，并在造纸通风节能环保领域取得了一定成绩。现专业从事造纸通风设备包括密闭气罩袋区通风及余热回收设备、高速热风扬克气罩、各种换热器、空气加热器、涂布热风干燥系统、纸幅除尘设备等环保产品的设计与制造。公司董事长赵立新从事造纸、车间通风行业十五年，拥有丰富的行业经验，他带领公司团队钻研并引进国内外先进技术，主持循环密闭式气罩的研发与制作，经过多年的探索和实践积累，已先后为几十家造纸企业和纸机公司成功设计、制作、安装了循环密闭式气罩及通风系统，交付使用后得到了用户的一致好评。

湖南维杰环保科技有限公司本着“诚信为本、求实创新、品质兼优、服务至上”的企业宗旨，“品质决定成败，细节铸就未来”的经营理念，通过先进的技术、优质的设备、优惠的价格和全体员工坚持不懈的努力，创出了一条以节能环保为目标，以市场为导向，以质量求生存的发展道路。

湖南维杰环保科技有限公司

地址：湖南省长沙市雨花区树木岭015号第007栋
联系人：赵立新 13974963356 李明 13548551863
公司官网：www.hnwjkj.com

湖南维杰新环保设备有限公司

地址：湖南省湘潭市岳塘区东方金谷工业园C9栋
联系人：赵立新 13974963356 李明 13548551863
公司官网：www.hnwjkj.com

LV QUAN

绿泉环保：关注每一滴水！

——造纸废水处理综合解决方案供应商

山东绿泉环保科技股份有限公司（证券简称：绿泉环保；股票代码：872171）成立于2001年，是一家以水处理、环保节能技术和装备为核心集研发设计、施工制造、环保设施运营、技术服务于一体的高科技企业。拥有国家环境工程设计资质，环保工程专业承包贰级资质、市政公用工程总承包叁级资质和安全生产许可证，通过了ISO9001、ISO14001和OHSAS18001管理体系的认证，是山东省高新技术企业、AAA级信用等级企业、中国环保产业协会理事单位、一带一路环境科技与产业联盟首批会员单位。

目前，公司拥有国家发明专利三项和实用新型专利十多项，是国家环境保护实用技术企业。自成立以来，公司在处理中高浓度制浆造纸、食品淀粉、啤酒饮料、制药化工等行业废水处理领域承揽了150多项环保工程。公司已成功的为山东世纪阳光纸业、山东华泰纸业、汇胜集团、辽宁荣耀纸业、江苏利民纸业、秦皇岛金茂源纸业、山东天和纸业、山东德派克纸业、华润集团、中粮集团、北京汇源集团、青岛啤酒集团等几十家国内知名企业提供过出色的产品和优质的工程技术服务。

三十年技术积淀　十九年工程实践

高层次专业技术团队　教授级高工技术把关

为您提供先进、专业、节能、高效的造纸废水治理系统解决方案！

BELLMER

自1842年开始传承

车间

我们为造纸和纸浆领域以及固液分离领域设计制造安装高质量的设备以及成套系统。自1842年开始累计178年以上的技术诀窍和不断的研发创新，让我们的客户受益不断。

一切都从1842年Carl Bellmer 先生在德国尼芬收购了一个造纸厂开始，今天奔马已经成为了全球最古老的造纸设备生产厂家之一，而且是一个已经传承六代的家族企业！目前奔马家族全球有600多名员工，还在稳定的增长着。

生态经济&环境技术

奔马是生态经济的先锋企业。我们非常理解如何减小造纸生产工艺对环境的影响的重要性。纸本身也是可全部回收使用的产品。因此我们始终都贯彻生态经济的理念。在造纸设备领域，我们的专家支持我们的用户生产含纤维产品的各式设备。我可以提供全套或单个造纸，板纸或其它特殊纤维产品的生产设备。

造纸技术领域专家

生产线进行升级改造。归功于我们的优秀专家和大量的创新技术，Bellmer 造纸技术代表着准时开机和高效、优化的性能。凭着良好的情感，专业的技术以及对项目成功和使客户的满意的执着，我们共同应对并战胜任何挑战。

奔马（中国子公司）－拜玛机械制造（上海）有限公司

电话：021-57850940、021-57850941

邮箱：sales@bellmer.com.cn

网址：www.bellmer.com

地址：上海市松江区昆港公路1088号3-a座（光塑科技园内）

》TURBOFILMSIZER 膜转移施胶机

操作简便的膜转移施胶机保证了最佳质量的纸张施胶或者预涂布工艺。

》TURBOPRESS 靴式压榨装置

无论是用于复合压榨部还是串联式压榨部，靴式压榨装置均能使纸机生产出最高干度和松厚度的纸张产品。

》TURBOCALENDER 压光机

硬压光机或软压光机保证纸页能达到最好的平滑度、厚度均匀性和松厚度。

》TURBOREELER & TRANSPORTER 卷纸机及其输送系统

中心传动卷纸机全自动母卷输送及铁芯回送可完美满足用户需求。

》TURBOCOATER & CURTAIN 涂布机

刮刀式和帘式涂布机可为任何纸张产品进行均匀优质的涂布加工处理。

》TURBOWINDER & SPLICER 复卷机及其拼接系统

模块化全自动复卷机及其自动拼接系统可满足所有的用户需求。

》TURBOSHAKER 胸棍摇振器

高速胸棍摇振器以其精确的参数设置对浆料中的纤维进行重排，形成优异的纸张匀度。

》TURBOJETTER 流浆箱

高品质流浆箱系统可以优化即使是当今最高车速的造纸机生产的任何纸张产品。

》TURBOFORMER 顶网成型器

复合式成型器改善纸张匀度并提高网部脱水能力。

华西能源 WESTERN POWER

让天更蓝、水更清、人们生活更美好！

华西能源环保锅炉装备

制浆造纸企业“三废”

- 废液
- 废气
- 固废

→ 碱回收锅炉 / 制浆废渣固废锅炉 / 循环流化床锅炉 → 废物无害化处理 企业经济效益

碱回收锅炉部分业绩

华泰纸业1150tds/d碱炉

宜宾纸业900tds/d碱炉

广西金桂400tds/d-APMP碱炉

太阳纸业1000tds/d碱炉

凤凰纸业667tds/d碱炉

青山纸业500tds/d碱炉

冠桂360tds/d碱炉

地址：四川省自贡市高新工业园荣川路66号　　网址：www.cwpc.com.cn
电话：0813-6666666　028-65252188　　邮箱：cwpc@cwpc.com.cn

山东明源智能装备科技有限公司

Shandong Mingyuan Intelligent Equipment Technology Co., Ltd.

明源装备 Mingyuan Equipment　　中德合资｜品质铸就　　PREMIER MACHINERY DESIGN·MANUFACTURE·INNOVATE

无冲击高频摇网器

国家发明专利号：

ZL201410079638.9

适用纸机：长网、叠网

适用车速：150～800m/min

振动频率：最高500r/min

振动幅度：最大25mm

可控中高压光机

线压力	300N/mm
热辊温度	260° C
纸幅宽度	6.5m
操作车速	1500m/min

牡丹江恒丰2800/500

岳阳林纸3300/800

仙鹤股份3800/400

齐峰新材料4500/300

韩国大林制纸4500/1200

造纸关键设备专业供应商，为造纸企业提供完善的高性能产品和高品质服务。

山东明源智能装备科技有限公司

Shandong Mingyuan Intelligent Equipment Co.,Ltd

地　　址：山东台儿庄经济开发区

联 系 人：0086-13869458966

电话/传真：0086-632-6715888

E-mail：mingyuan_jx@163.com

http://www.mingyuansd.com/

中德合资·普瑞米尔（常州）机械制造有限公司

Premier (Changzhou) Machinery Manufacturing Co., Ltd

地　址：江苏省常州市新北区宝塔山路106号

联系人：0086-13869459768

电　话：0086-519-85787688

传　真：0086-519-85782188

E-mail：info@premiermachinery.cn

斑布BABO®
本色纸选斑布
通过皮肤刺激性测试
母婴适用
不漂白 无荧光
对大肠杆菌
抑菌率
99%
Antibacterial Rate
本色纸·选斑布
不漂白
无荧光
本色湿巾
斑布 BABO
本色竹柔巾
Natural Bamboo Fiber Dry Wipes
babo
UNBLEACHED PREMIUM TISSUE
SUSTAINABLE · DURABLE · ECO-FRIENDLY · NON-TOXIC
针对大肠杆菌抑菌率99%数据来源于广东省微生物分析检测中心

滕州市润升辊业有限公司

Rusun Roller Industry

Paper machine guard

润升辊业始于1996年，拥有辊子覆层研发、生产、制造的技术与经验。旗下拥有润升辊业江西有限公司、润升辊业江苏有限公司、润升辊业秦皇岛有限公司。可为您提供直径2000mm、长度12000mm、重量60t的辊子包覆聚氨酯、橡胶、复合材料等，同时可提供辊子维修及现场服务。润升辊业团队致力于为每一台纸机提供高效、优质、快捷的服务，时刻为造纸保驾护航。

复合聚氨酯覆层

应用：
盲孔压榨辊
真空压榨辊
真空托辊

复合材料覆层

应用：
软压光辊
中心辊
高速导辊

高性能橡胶覆层

应用：
压榨辊
施胶辊
非功能辊

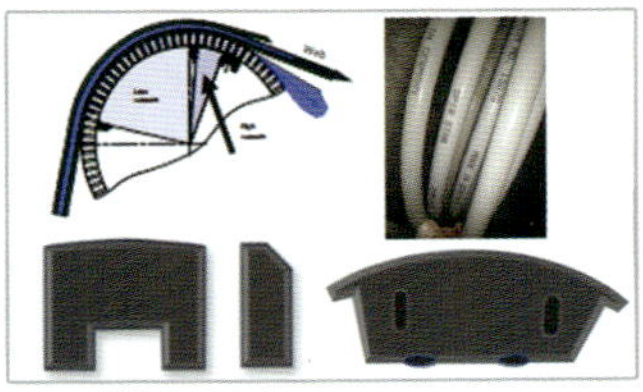

石墨密封条

应用：
真空压榨辊
真空托辊
真空吸移辊

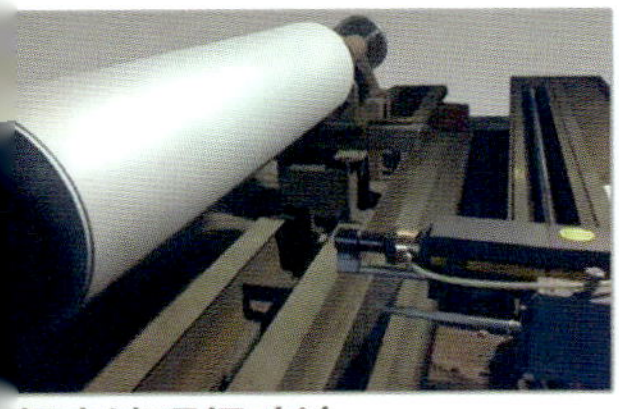

超音速现场喷涂

应用：
复卷机底辊
烘缸
热辊

辊子研磨

应用：
造纸功能辊
风电转子
重型精密机械

高端维修

应用：
靴压辊
可控中高辊
真空辊

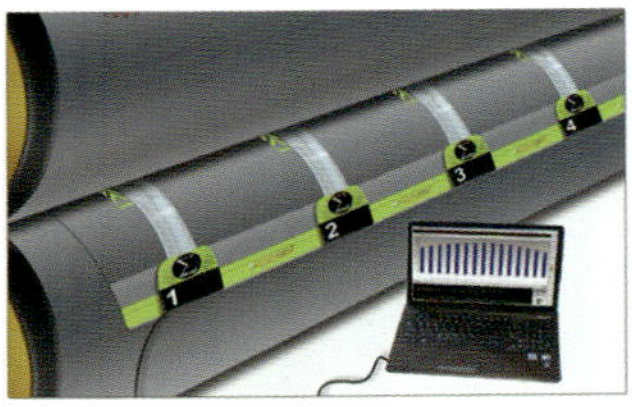

现场品质服务

应用：
电子压区测试
热成像检测
辊轴动态测试

滕州市润升辊业有限公司

地址：山东·滕州市龙园大道南200米
电话：0632-5918799　13863270007　13963270007
传真：0632-5915884　网址：www.tzrsgy.1688.com

山东金蔡伦集团

Shandong Goldencailun Group

山东金蔡伦集团坐落于打虎英雄武松的故乡——阳谷县境内，是一家集造纸、热电、印刷、玻璃加工、人造板、新型建材、城区供暖、水质净化于一体的综合性现代化循环经济企业。集团涵盖文化、能源、新型建材、民生四大板块，十一家子公司，各公司之间相互关联、相互依存，构建起一个链条闭合、互动共生、协调推进的循环经济发展格局。集团现有员工1600人。

山东金蔡伦纸业有限公司隶属于山东金蔡伦集团，始建于1987年，现有员工750余人，年产轻型印刷纸15万吨，是一家轻型印刷纸专业生产厂。2001年在国内率先研制开发出了轻型印刷纸，填补了国内空白。产品具有绿色环保、保护视力、纸质松厚、不透明度高、色泽柔和、儒雅含蓄等特点，被业内及印刷界誉为“精品”和“王牌”，参与了轻型印刷纸国家标准（GB/T 26705-2011）的起草制定。山东金蔡伦纸业有限公司严抓质量管理，持之以恒，敬终如始，在历次中国出版材料工作委员会、中国制浆造纸研究院、国家纸张质量监督检验中心、中国印刷技术协会联合举办的纸张及其印刷适性检测评比中名列前茅，始终处于行业领跑者地位。

山东金蔡伦纸业有限公司积极推进管理创新，企业现代化管理显著提升，2016年“金蔡伦”被评为山东省著名商标，先后荣获“全国重合同守信用企业”“全国模范职工之家”“母亲河奖-绿色贡献奖”“省级环保优秀企业”“省最具发展潜力企业”“国家二级安全标准化企业（轻工）”等多个荣誉称号，并先后通过了ISO9001、ISO14001、OHSAS18001、FSC体系认证，中国环境标志（Ⅱ型）产品认证，2018年荣获第八届“聊城市市长质量奖”。2020年，作为同时承接领袖文选专项用纸生产供给和书籍印制的企业，光荣承接了《习近平谈治国理政》第三卷部分印制任务。

金蔡伦将秉承“以质量求生存永不满足，以客户为至尊诚信经营”的经营理念，发扬“品立天下，诚信致远，自强不息，追求卓越”的企业精神，继续以科学严谨的管理、求真务实的态度、优质高效的服务，与社会各界朋友携手共进，共创未来！

岳阳林纸
YUEYANG FOREST & PAPER

纸制品使生活更美好！

PAPER PRODUCTS MAKE LIFE BETTER!

岳阳林纸股份有限公司，2004年5月在上海证券交易所上市，股票代码600963，
公司控股股东泰格林纸集团股份有限公司是中国诚通控股集团有限公司旗下
中国纸业投资有限公司的控股公司。
中国诚通控股集团有限公司是国务院国资委管理的大型企业集团，
也是国务院国资委国有资本运营平台试点公司，
同时还是国务院国资委确定的以“林浆纸”为主业的中央企业。

岳阳林纸股份有限公司
YUEYANG FOREST & PAPER CO.,LTD.

岳阳林纸
YUEYANG FOREST & PAPER

文化用纸

天岳	全木浆胶版纸 全木浆纯质纸 天岳书纸 天岳彩画纸
山岳	全木浆胶版纸 山岳书纸 山岳彩画纸
湖岳	全木浆胶版纸 湖岳书纸
岳阳楼	胶印书刊纸 胶版印刷纸 复合胶版纸 亮白高松胶版纸
泰格颂	精制轻量涂布纸
泰格雅	轻型胶版纸 簿本纸

包装用纸

伸性纸袋纸 高强纸袋纸 精品纸袋纸 精品牛皮纸 本色牛皮纸 精品复合原纸	山岳

食品用纸

泰格颂	食品包装纸

工业用纸

天岳	电商原纸
泰格颂	离型原纸
泰格雅	离型原纸
泰格风	离型原纸

办公用纸

天岳	天岳
岳阳楼	岳阳楼至尊 岳阳楼经典 岳阳楼精品
泰格	泰格风范 泰格风致 泰格风韵
岳至尚	岳至尚 · 尊 岳至尚 · 典 岳至尚 · 品
岳美达	岳美达
岳美意	岳美意

公司地址：湖南省岳阳市城陵矶
销售电话：0730 8591889
客服电话：0730 8590315
公司网址：www.yypaper.com

Address：Chenglingji Yueyang Hunan
Sales Tele：0730 8591889
Customer：0730 8590315
Company Website：www.yypaper.com

stock pump expert
Beijing WANFPOWER Tech., Ltd.
a name for quality pumpin
WANFPOWER
远销50多个国家
买泵，当然得用靠谱的！
WANFPOWER
Think Pumping，Think WANFPOWER
www.wanfpower.com
Tel: +86 10 6763 0569 Fax: +86 10 6763 5869 Email:nfo@wanfpower.com
北京丰台南方庄一号院717室 100079
北京万丰力技术有限公司

ACelli
ACelli
E-WIND®

综　　述

GENERAL TOPICS

1

《2019 中国造纸产业竞争力报告》（节选）

The Competitiveness Report of China's Paper Industry in 2019（Excerpt）

当今时代是创新的时代。科技决定国力，创新改变国运。为了在竞争中赢得先机、掌握主动，依靠科技创新提升综合国力和核心竞争力，建立国家创新体系，走创新型国家之路，已成为世界许多国家政府的共同选择。习近平总书记强调："科技创新作为提高社会生产力、提升国际竞争力、增强综合国力、保障国家安全的战略支撑，必须摆在国家发展全局的核心位置。"

创新驱动是世界大势所趋。全球新一轮科技革命、产业变革加速演进，正在引发国际产业分工重大调整，重塑世界竞争格局、改变国家力量对比。创新驱动成为许多国家谋求竞争优势的核心战略。我国很早提出"科技是第一生产力"，党的十九大提出"创新是第一动力"，从顶层设计上将创新驱动发展战略上升为国家战略。

进入新时代，我国经济正在由要素驱动、效率驱动转向创新驱动。习近平总书记强调，我们现在制造业规模是世界上最大的，但要继续攀登，靠创新驱动来实现转型升级，通过技术创新、产业创新，在产业链上不断由中低端迈向中高端。以科技创新支撑引领产业发展，必须建设实体经济、科技创新、现代金融、人力资源协同发展的现代化产业体系。科技经济深度融合是供给侧结构性改革的重要着力点。

产业可持续发展迫切需要科技创新提供强大动力，深度融合是创造发展新优势的必由之路。《国家创新驱动发展战略纲要》提出，要加快工业化和信息化深度融合，推进各领域新兴技术跨界创新，构建具有国际竞争力的现代产业技术体系，推进产业质量升级。融合创新将创新主体、创新投资者和创新受益者有机地集成在一起，打破利益团体之间的壁垒，形成创新的体制机制和集体行动，为产业发展和转型升级提供了新思路。

《2019 中国造纸产业竞争力报告》是中国制浆造纸研究院有限公司发布的第 4 份年度报告，研究团队持续坚持创新研究的基本原则，延续了前 3 份报告的传统风格，增加了新的数据和分析角度。2019 年的报告按传统分为 6 个部分，分别从国内外宏观经济环境、我国造纸产业发展现状、全球造纸产业发展走势、造纸原料新动向、国际贸易新问题，以及全球和我国科技创新竞争力 6 个方面进行深入分析研究，通过大量的详实数据，透视全球及我国造纸产业发展中的问题及机遇。

一、造纸产业竞争力综合分析

2019 年是新中国成立 70 周年，总体分析认为，造纸产业现阶段需要以高质量发展融入新时代大局，本章主要分析了全球经济发展的一些现状和面临的问题。例如全球经济稳步发展势头正深受贸易战影响，这已经造成和任何一个行业都脱离不开的影响，很多国家被迫深陷其中。同时，我国造纸产业开始进入一个新的发展时期。我们一直说新时代、新转折、新时期，从报告中的数据分析可以明显看到这一点。产业的发展有规律性、类同性，虽然受不同时期经济环境的影响，但从我国和欧美一些造纸发达国家的历史发展曲线和产业发展规律来看，我国造纸产业整体正在面临和欧美国家二三十年前相似的发展状况，开始进入一个相对平缓或者说成熟的缓慢增长期。

但是我国造纸又有自己的独特性，由于巨大的市场和需求，在未来的 15～20 年，仍然会走出一条缓慢而有所波动的增长曲线。因此可以说造纸产业未来仍然有不错的发展空间，当然在这个过程中波动是难以避免的，甚至可能受到国内外时代环境的影响越来越明显，比如 2018 年造纸行业就因为外部环境的巨变而受到了非常大的影响，数据表现出来的现象就是生产量明显下降、利润显著降低。

二、我国造纸产业竞争力分析

造纸行业在过去的一年，面对和经历的变化异常复杂，总体来说全行业延续向好态势，各项主要指标保持稳定增长，并不乏亮点。造纸产业结构调整持续推进，积极适应产业升级，呈现平稳运行、提质增效的良好势头。但也要看到，我国造纸业虽然总量很大，但竞争力并不均衡，除了市场巨大是最大的优势之外，原料、装备、工艺和创新等各方面仍有众多短板。

本章主要分析了国内造纸产业的发展特点，包括不同区域和不同品种的迥异前景等。目前阶段下，造纸行业还存在一些长期的问题，例如产业转移、提质增效，虽然造纸产业正在持续调整，未来如何进行高质量发展正是整个行业、每个企业共同面临而又迫切需要解决的问题。

环保高压和原料危机是当前造纸企业遭遇到的最严峻的考验，从长远来看，环保措施的积极实施，可以很大程度上推进造纸产业绿色转型升级，实现淘汰落后产能和培育壮大优势企业的目标，助推造纸工业新旧动能转换，推动造纸产业实现高质量发展。但进口废纸原料的限制，将深刻影响造纸产业的整体走向，未来造纸行业需要以更积极的行动解决原料问题。

三、全球造纸产业竞争力分析

当前世界经济格局深刻调整，经济全球化遭遇波折，造纸产业深受经济影响，特别是全球贸易的疲弱，成为拖累造纸产业增长的最大因素之一。根据 WTO 最新预测，2019 年全球货物贸易增速将回落至 2. 6%，较 2018 年 9 月预测值下调 1. 1 个百分点。更为糟糕的是，这一趋势还将持续。

本章通过丰富的数据，多元的角度对纸浆、废纸、造纸做了全面分析。从全球范围看，造纸产业增长趋于成熟，或者说发展非常缓慢，甚至一定程度上有所停滞，未来发展空间遇到了天花板。但区域性的变化非常明显，欧美持续放缓，亚洲保持增长，南美洲也有较快增长。其中，我国在这些年不仅是世界工厂，同时也成为世界市场，但现阶段，我国又遇到了新的影响因素，未来与其他区域的发展特点可能有所不同。

在经济下行周期，真正考验的是企业自身的实力。造纸企业面临着两个“转变”的战略选择：一是从高速增长向高质量发展转变；二是从“做大做强”向“做强做优”。面对前所未有的复杂局面，造纸企业需要加倍警醒，要从长远经营发展战略层面眺望世界格局，要求企业家要坚守自我，升级企业，随机应变。

四、全球造纸原料竞争力分析

我国正在处于向高质量发展的过程之中，能否保证我国造纸企业基本生存需要，造纸资源的有效供应是至关重要的因素。由于纸浆价格和废纸政策的影响，掌握纸浆和废纸资源越来越成为企业关注的焦点。特别是 2018 年的全球造纸原料价格上涨，虽然 2019 年以来有所下降，但造纸企业生存面临的不确定性仍未减少。

我国是造纸原料消费大国，其巨大的纸浆和废纸需求市场，给全球纸浆企业提供了足够的市场空间。木浆和废纸的进口依存度一直较高，这为我国造纸行业发展埋下了“风险”。因为我国造纸一直受困于原料匮乏，如果禁止进口废纸政策彻底实施，造纸企业面临的问题将更加严峻。而随着我国及亚洲更多国家开始收紧废纸进口，废纸原料也将出现短缺。掌控林地资源的企业具有配置价值的优势，而严重依赖进口纸浆和废纸的企业难免受到市场冲击。遭受众多不确定性因素影响的造纸产业链，还需要经历较长时间的重构过程，而这个过程中，也将使得原材料的供需格局发生变化。

五、造纸产业国际贸易竞争力分析

改革开放以来，我国迅速融入国际产业链、供应链和价值链，推动了产业升级换代。造纸业正是伴随着改革开放快速发展壮大，并成为全球第一大造纸生产国和消费国。在造纸产业发展的过程中，我国造纸产业和技术实力也不断增强，更多的我国造纸企业，以及装备企业、化学品企业逐步走出国门，开展海外业务，发展自主品牌，提升了我国造纸产业在全球价值链和产业链中的地位和影响。

造纸国际贸易的重要组成要素还是废纸和纸浆等造纸原料。目前全球纸浆贸易正在调整，不同地区和浆种供求均有变化。我国纸浆需求受市场影响，增速有所下滑，纸张贸易虽然整体变化不大，但地区进出口格局有所调整。

与此同时，我国巨大的市场和增长空间也为全球纸浆、造纸、装备、化学品生产商和出口商带来了机遇，在全球造纸贸易中，我国成为重要的组成部分。目前，我国积极倡导“一带一路”国际战略，“引进来”和“走出去”齐头并进，形成了全方位、多层次、宽领域的全面开放新格局。在新的国际贸易格局中，我国造纸行业也需要以更加开放的心态、更加自信的步伐融入全球造纸产业链中。

六、全球造纸科技创新竞争力分析

我们持续研究观察全球造纸领域进行的科技创新，对比我国造纸科技创新方向，通过基础科学研究、前沿技术应用等不同层面，对国家、地区及机构进行分析。

今年本章在往年研究了 1900 年至今一百多年的全球造纸科学与技术发展历程基础上，缩短研究分析时间线，集中在 2001—2018 年的时间段，以及 2017—2018 年时间点，通过分析近年来和最新 2 年的造纸科技前沿热点，探寻我国与国际科技创新研究的异同，寻找造纸产业未来发展方向，为我国造纸行业的创新之路提供决策参考。

从科技创新的角度来分析，整个造纸行业都在进步，论文和专利数量均保持较快的增长。从全球国家创新指数排名来看，我国造纸科技创新能力大幅提升，并领先其他国家。特别是在论文规模和学术影响力，专利的申请量和授权量等数据方面，由于我国造纸行业的快速壮大，近 10 多年我国造纸都远远超过了其他造纸发达国家。例如，2018 年我国发表 SCI 论文数量达到 602 篇，远高于美国和日本等国家，他们的论文数量最多为 100 多篇。专利数量方面也是如此，我国在 2017 年和 2018 年专利数量均在 5000 件上下，而排名第二位的日本还不到 500 件。

正是我国造纸科技的不断进步，有力地支撑着我国造纸行业进入高质量发展的进程，这正是对我国造纸行业通过创新发展，能够继续创造新的伟大成就的信心所在。企业是科技和经济紧密结合的重要力量，期待我国造纸企业充分调动积极性和创造性，加快科技成果转化应用，提高全要素生产率，在新一轮全球科技竞争中赢得先机。

七、总结与展望

制造业是孕育科技创新的根据地，是重构国际产业分工的主战场。当前，全球新一轮科技革命和产业变革正在孕育兴起，信息技术发展日新月异并加速与各领域技术深度融合，引发了经济社会发展的深刻变革，带来新的发展机遇。根据 2019 年的报告对全球造纸领域的综合竞争力评价可以看出，不管是 2001—2018 年的长周期，还是在 2018 年的表现，我国的综合评分均是最高，其中 2018 年最高分达 121. 18 分，再次位居全球首位，表明经过近 20 年的不断攀登，我国造纸科技创新已经具有较强的竞争力。

虽然从数据上看，我国造纸科技创新能力比较突出，但我们还必须要正视存在的差距。我国已成为全球最大的造纸生产国和消费国，但大而不强的短板时刻可能会对行业和企业造成巨大影响。我们的纸浆和废纸原料长期依赖进口，我们的下游产业需求和国际贸易不断受到贸易摩擦的打击，我们的装备技术水平还落后国际企业很多等。我们必须要看到，我国造纸产业仍处于全球价值链的中低端，在核心技术、原料供应、产品附加值、产品质量、生产效率、能源资源利用和环境保护等方面，还存在很大的差距。

挑战与机遇并存。以创新引领发展，我国正面临赶超跨越的难得历史机遇。从制造业大国走向制造业强国，我国需要一场创新驱动的“品质革命”。我国造纸产业要抓住新技术变革的历史机遇，以更加开放的视野、更加主动的姿态，融入全球创新网络，在更高层次上构建开放创新机制，开辟新的增长源泉，以高质量的新产品和新服务满足人民群众日益增长的美好生活需要。

（周在峰）

发展现状

CURRENT STATUS OF DEVELOPMENT

中国造纸工业2019年度报告
2019年我国造纸上市公司概况
统计数据：
国家统计局数据：2019年全国造纸及纸制品行业主要经济指标
国家统计局数据：2019年全国造纸及纸制品行业分地区产品生产量
历年我国纸浆、纸及纸板生产量(1949—2019)
历年我国纸及纸板、纸浆及废纸进出口概况(1996—2019)
历年我国与世界纸浆、纸及纸板的生产量与消费量(1996—2019)
历年我国纸及纸板生产量、进出口量、消费量及消费结构(2001—2019)
2019年国内市场部分纸张价格
2019年中国造纸协会纸浆指数分析
2018—2019年全球分地区和种类纸浆需求量
2018—2019年全球分地区和种类纸及纸板需求量

2

中国造纸工业 2019 年度报告

Annual Report of China's Paper Industry in 2019

一、纸及纸板生产和消费情况

（一）纸及纸板生产量和消费量

据中国造纸协会调查资料，2019 年全国纸及纸板生产企业约 2700 家，全国纸及纸板生产量 10765 万吨，同比增长 3.16%。消费量 10704 万吨，同比增长 2.54%，人均年消费量为 75 千克（14.00 亿人）。2010—2019 年，纸及纸板生产量年均增长率 1.68%，消费量年均增长率 1.73%（见图 1 ~ 图 3、表 1）。

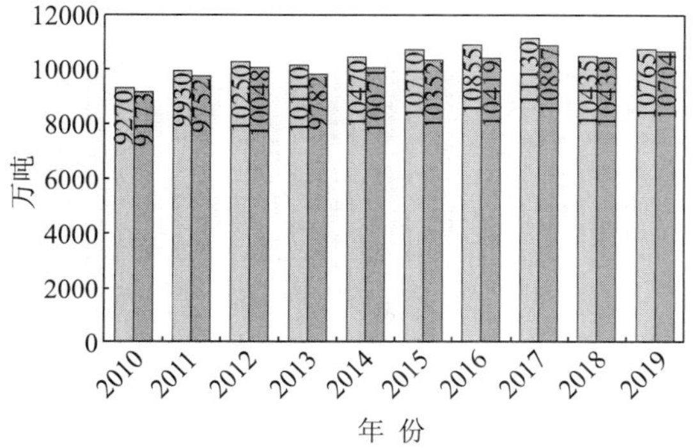

图1　2010—2019年纸及纸板生产和消费情况

▫生产量　▫消费量

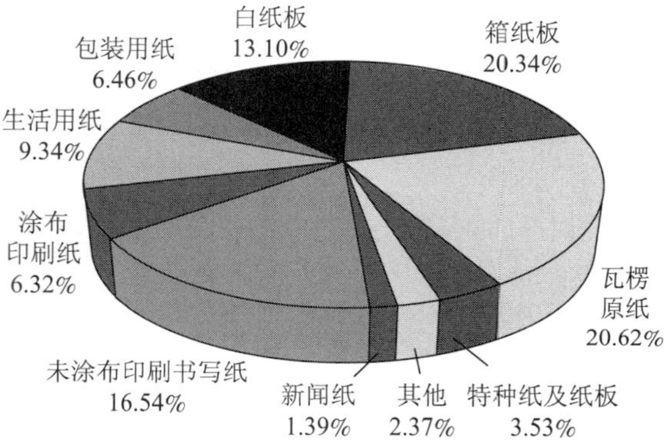

图2　2019年纸及纸板各品种生产量占总生产量的比例

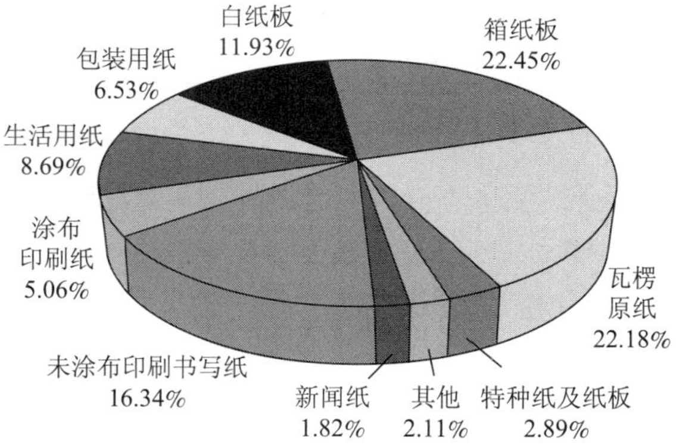

图3　2019年纸及纸板各品种消费量占总消费量的比例

表 1　　**2019 年纸及纸板生产和消费情况**　　单位：万吨

品　种	生产量		同比/%	消费量		同比/%
	2018 年	2019 年		2018 年	2019 年	
总量	10435	10765	3.16	10439	10704	2.54
1. 新闻纸	190	150	-21.05	237	195	-17.72
2. 未涂布印刷书写纸	1750	1780	1.71	1751	1749	-0.11
3. 涂布印刷纸	705	680	-3.55	604	542	-10.26
其中：铜版纸	655	630	-3.82	581	535	-7.92

续表

品　种	生产量		同比/%	消费量		同比/%
	2018 年	2019 年		2018 年	2019 年	
4. 生活用纸	970	1005	3.61	901	930	3.22
5. 包装用纸	690	695	0.72	701	699	-0.29
6. 白纸板	1335	1410	5.62	1219	1277	4.76
其中：涂布白纸板	1275	1350	5.88	1158	1216	5.01
7. 箱纸板	2145	2190	2.10	2345	2403	2.47
8. 瓦楞原纸	2105	2220	5.46	2213	2374	7.28
9. 特种纸及纸板	320	380	18.75	261	309	18.39
10. 其他纸及纸板	225	255	13.33	207	226	9.18

（二）纸及纸板主要产品生产和消费情况

1. 新闻纸

2019 年新闻纸生产量 150 万吨，同比下降 21.05%；消费量 195 万吨，同比下降 17.72%（见图 4）。2010—2019 年新闻纸生产量年均递减 11.04%，消费量年均递减 8.24%。

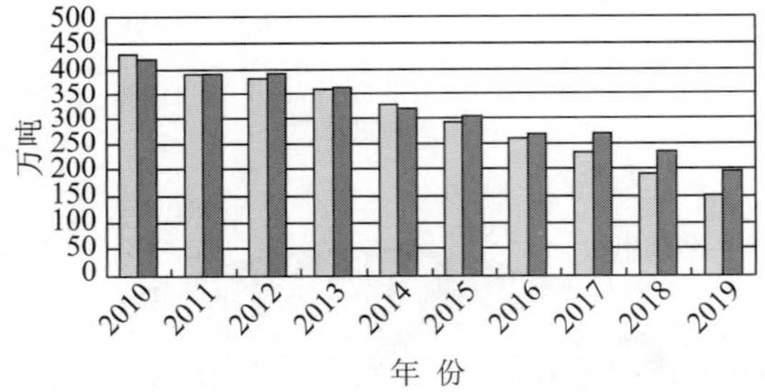

图4　2010—2019年新闻纸生产量和消费量

▫生产量　▪消费量

2. 未涂布印刷书写纸

2019 年未涂布印刷书写纸生产量 1780 万吨，同比增长 1.71%；消费量 1749 万吨，同比下降 0.11%（见图 5）。2010—2019 年生产量年均递增 1.05%，消费量年均递增 1.06%。

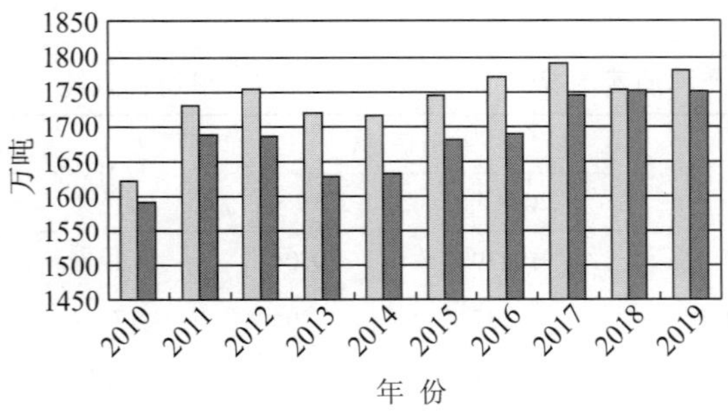

图5　2010—2019年未涂布印刷书写纸生产量和消费量

▫生产量　▪消费量

3. 涂布印刷纸

2019 年涂布印刷纸生产量 680 万吨，同比下降 3.55%；消费量 542 万吨，同比下降 10.26%（见图 6）。其中：铜版纸生产量 630 万吨，同比下降 3.82%；消费量 535 万吨，同比下降 7.92%（见图 7）。2010—2019 年涂布印刷纸生产量年均递增 0.68%，消费量年均递减 0.14%。2010—2019 年铜版纸生产量年均递增 1.42%，消费量年均递增 1.21%。

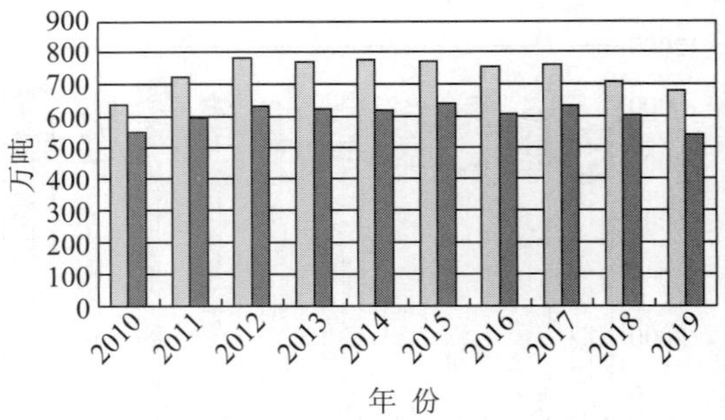

图6　2010—2019年涂布印刷纸生产量和消费量

▫生产量　▪消费量

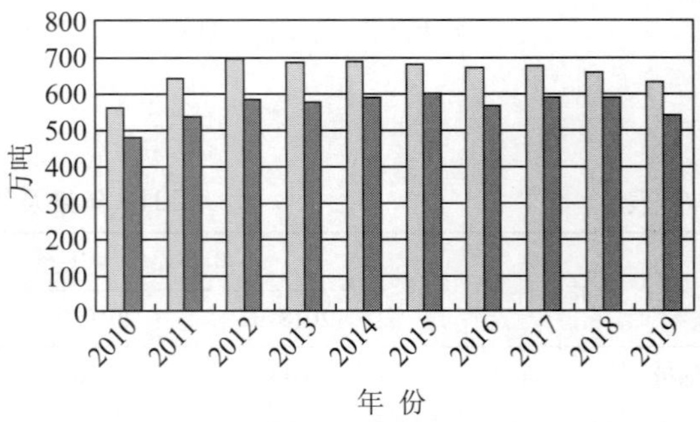

图7　2010—2019年铜版纸生产量和消费量

▫生产量　▪消费量

4. 生活用纸

2019 年生活用纸生产量 1005 万吨，同比增长

3. 61%；消费量 930 万吨，同比增长 3. 22%（见图 8）。2010—2019 年生产量年均递增 5. 51%，消费量年均递增 5. 65%。

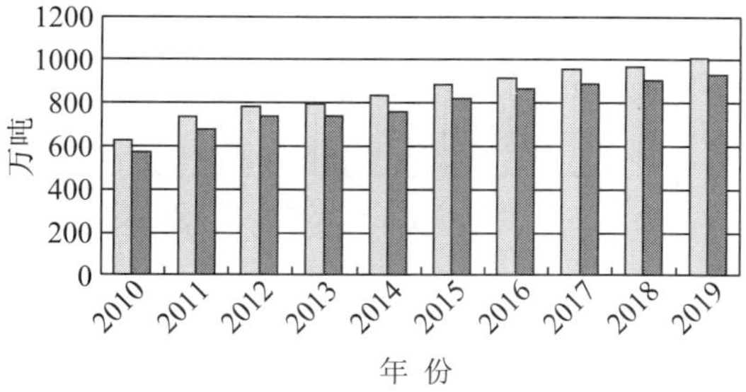

图8　2010—2019年生活用纸生产量和消费量

▫生产量　▪消费量

5. 包装用纸

2019 年包装用纸生产量 695 万吨，同比增长 0. 72%；消费量 699 万吨，同比下降 0. 29%（见图 9）。2010—2019 年包装用纸生产量年均递增 1. 65%，消费量年均递增 1. 49%。

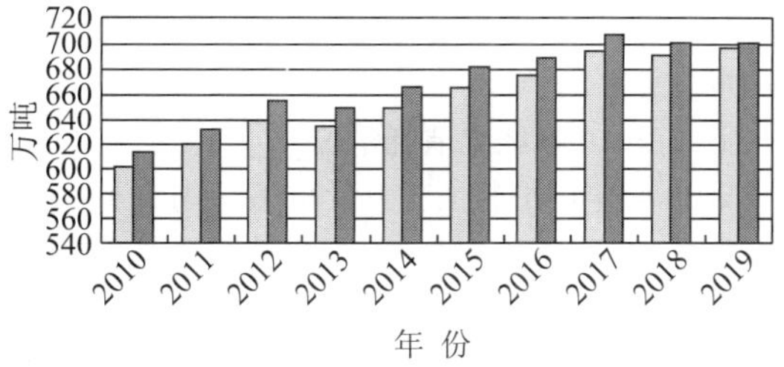

图9　2010—2019年包装用纸生产量和消费量

▫生产量　▪消费量

6. 白纸板

2019 年白纸板生产量 1410 万吨，同比增长 5. 62%；消费量 1277 万吨，同比增长 4. 76%（见图 10）。其中：涂布白纸板生产量 1350 万吨，同比增长 5. 88%；消费量 1216 万吨，同比增长 5. 01%（见图 11）。2010—2019 年生产量年均增长率 1. 32%，消费量年均增长率 0. 11%。2010—2019 年白纸板生产量年均递增 1. 35%，消费量年均递增 0. 20%。

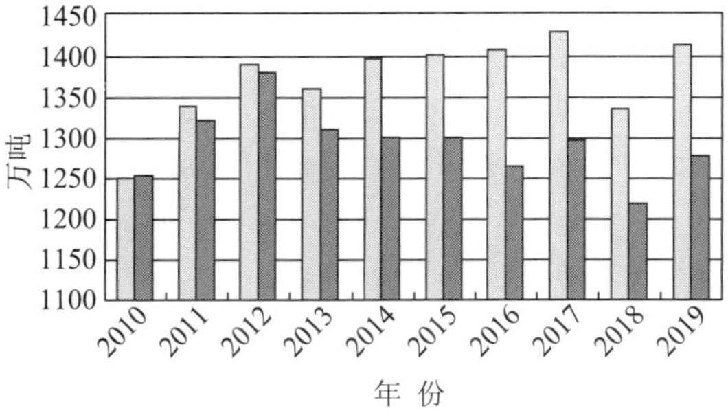

图10　2010—2019年白纸板生产量和消费量

▫生产量　▪消费量

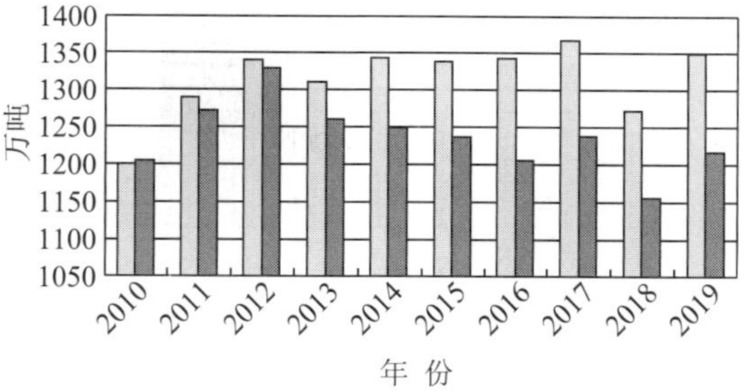

图11　2010—2019年涂布白纸板年生产量和消费量

▫生产量　▪消费量

7. 箱纸板

2019 年箱纸板生产量 2190 万吨，同比增长 2. 10%；消费量 2403 万吨，同比增长 2. 47%（见图 12）。2010—2019 年生产量年均递增 1. 71%，消费量年均递增 2. 37%。

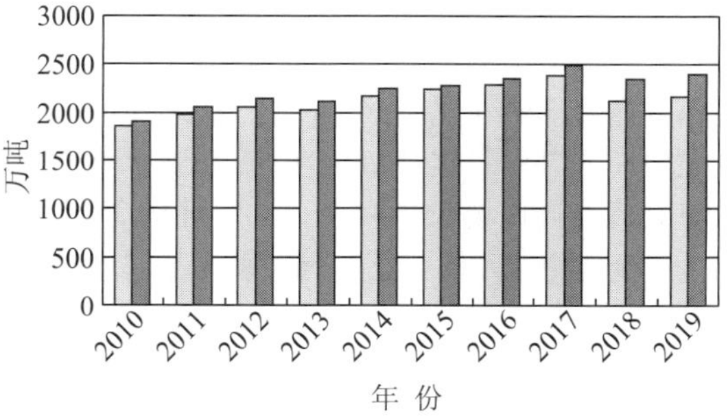

图12　2010—2019年箱纸板生产量和消费量

▫生产量　▪消费量

8. 瓦楞原纸

2019 年瓦楞原纸生产量 2220 万吨，同比增长 5. 46%；消费量 2374 万吨，同比增长 7. 28%（见图 13）。2010—2019 年瓦楞原纸生产量年均递增 1. 92%，消费量年均递增 2. 57%。

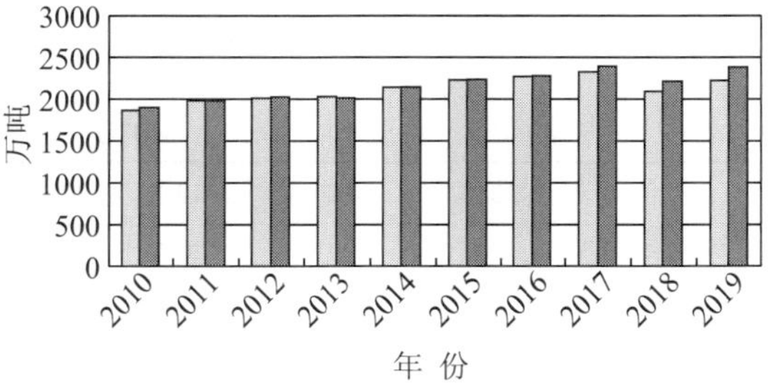

图13　2010—2019年瓦楞原纸生产量和消费量

▫生产量　▪消费量

9. 特种纸及纸板

2019 年特种纸及纸板生产量 380 万吨，同比增长 18. 75%；消费量 309 万吨，同比增长 18. 39%（见图 14）。2010—2019 年生产量年均递增 8. 66%，消费量年均递增 7. 29%。

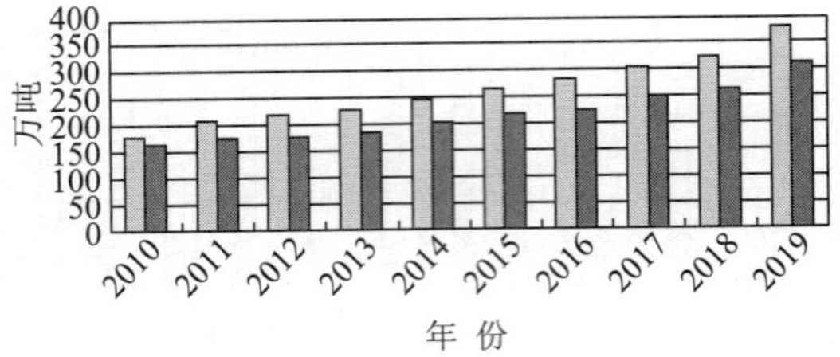

图14 2010—2019年特种纸及纸板生产量和消费量
▫生产量 ▪消费量

二、纸及纸板生产企业经济指标完成情况

据国家统计局统计，2019 年 1—12 月规模以上造纸生产企业 2524 家；主营业务收入 7650 亿元（见图 15）；工业增加值增速 4. 80%；产成品存货 303 亿元，同比下降 18. 88%；利润总额 359 亿元，同比下降21. 06%（见图 16）；资产总计 10489 亿元，同比增长 1. 78%；资产负债率 59. 59%；负债总额 6250 亿元，同比增长 2. 16%；在统计的 2524 家造纸生产企业中，亏损企业有 560 家，占 22. 19%。

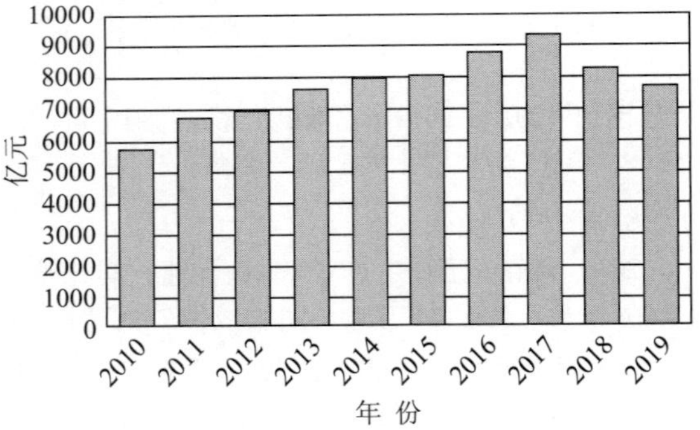

图15 2010—2019年主营业务收入

注：2010年主营业务收入数据为中国造纸协会数据。

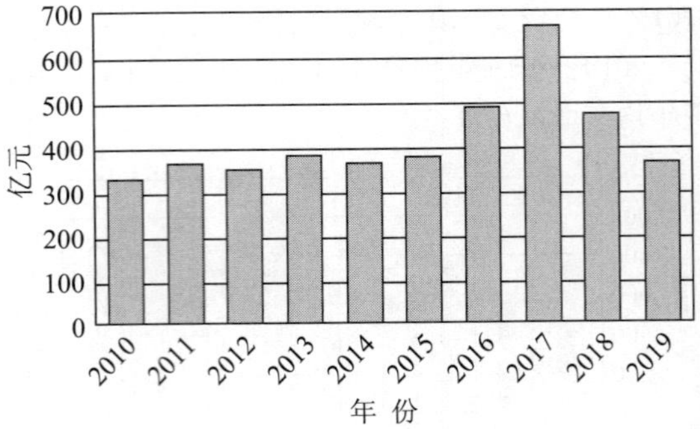

图16 2010—2019年利润总额

注：2010年利润总额数据为中国造纸协会数据。

三、纸浆生产和消耗情况

(一) 2019 年纸浆生产情况

据中国造纸协会调查资料，2019 年全国纸浆生产总量 7207 万吨，同比增长 0. 08%。其中：木浆 1268 万吨，同比增长 10. 55%；废纸浆 5351 万吨，同比下降 1. 71%；非木材浆 588 万吨，同比下降 3. 61%（见表 2）。

(二) 2019 年纸浆消耗情况

2019 年全国纸浆消耗总量 9609 万吨，同比增长 2. 36%。木浆 3581 万吨，占纸浆消耗总量 37%，其中：进口木浆占 24%、国产木浆占 13%；废纸浆 5443 万吨，占纸浆消耗总量 57%，其中：用进口废纸制浆占 10%，用国内废纸制浆占 46%；非木材浆 585 万吨，占纸浆消耗总量 6%（见表 3、图 17 ~ 图 18）。

(三) 2019 年废纸利用情况

2019 年全国废纸回收总量 5244 万吨，同比增长 5. 64%，废纸回收率 49. 0%，废纸利用率 58. 3%。2010—2019 年废纸回收总量年均递增 3. 01%（见表 4、图 19）。

表 2 2010—2019 年纸浆生产情况 单位：万吨

品种	2010 年	2011 年	2012 年	2013 年	2014 年	2015 年	2016 年	2017 年	2018 年	2019 年
纸浆合计	7318	7723	7867	7651	7906	7984	7925	7949	7201	7207
1. 木浆	716	823	810	882	962	966	1005	1050	1147	1268
2. 废纸浆	5305	5660	5983	5940	6189	6338	6329	6302	5444	5351
3. 非木材浆	1297	1240	1074	829	755	680	591	597	610	588
苇浆	156	158	143	126	113	100	68	69	49	51
蔗渣浆	117	121	90	97	111	96	90	86	90	70
竹浆	194	192	175	137	154	143	157	165	191	209
稻麦草浆	719	660	592	401	336	303	244	246	250	222
其他浆	111	109	74	68	41	38	32	31	30	36

表 3　　2019 年纸浆消耗情况

品种	2018 年		2019 年		同比/%
	消耗量/万吨	占比/%	消耗量/万吨	占比/%	
总量	9387	100	9609	100	2.36
木浆	3303	35	3581	37	8.42
1. 进口木浆	2166 *1	23	2317 *2	24	6.97
2. 国产木浆	1137	12	1264	13	11.17
废纸浆	5474	58	5443	57	-0.57
1. 进口废纸浆	30	-	92	1	206.67
2. 国产废纸浆	5444	58	5351	56	-1.71
其中：进口废纸制浆	1457	16	930	10	-36.17
国内废纸制浆	3987	42	4421	46	10.89
非木材浆	610	7	585	6	-4.10

注：1. 2018 年进口纸浆 2479 万吨，扣除非造纸用浆和非木材浆，实际木浆消耗量 2166 万吨；
2. 2019 年进口纸浆 2720 万吨，扣除非造纸用浆和非木材浆，实际木浆消耗量 2317 万吨。

表 4　　2010—2019 年国内废纸利用情况

年份	国内废纸回收量/万吨	废纸净进口量/万吨	废纸浆消费量/万吨	废纸回收率/%	废纸利用率/%
2010	4017	2435	5305	43.8	69.6
2011	4347	2728	5660	44.6	71.2
2012	4473	3007	5983	44.5	73.0
2013	4377	2924	5940	44.7	72.2
2014	4841	2752	6189	48.1	72.5
2015	4832	2928	6338	46.7	72.5
2016	4963	2850	6329	47.6	72.0
2017	5285	2572	6303	48.5	70.6
2018	4964	1703	5474	47.6	63.9
2019	5244	1036	5443	49.0	58.3

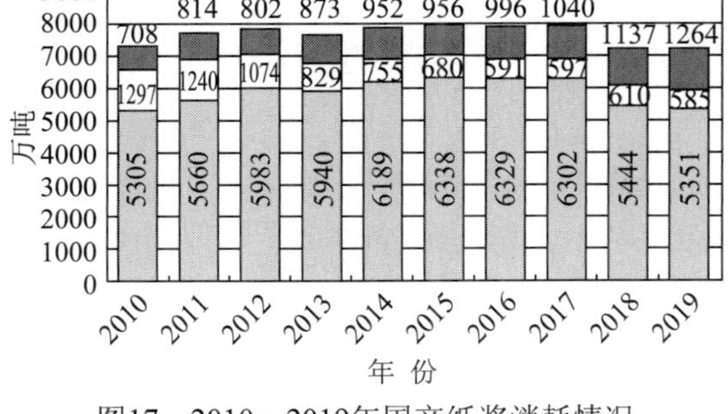

图17　2010—2019年国产纸浆消耗情况

▫废纸浆　▫非木材浆　▪木浆

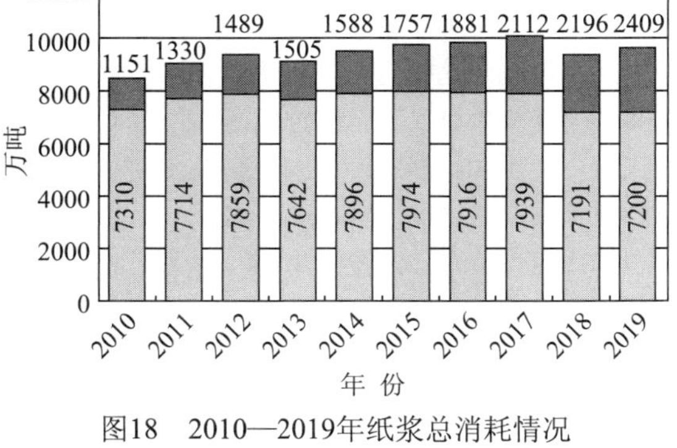

图18　2010—2019年纸浆总消耗情况

▫国产纸浆消耗量　▪进口纸浆消耗量

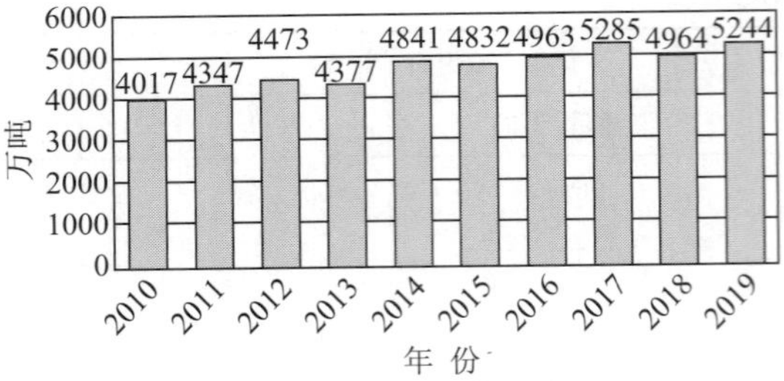

图19　2010—2019年全国废纸回收总量

四、纸制品生产和消费情况

根据国家统计局数据，2019 年全国规模以上纸制品生产企业 4119 家，生产量 7219 万吨，同比增长 29. 42%；消费量 6886 万吨，同比增长 30. 59%；进口量 12 万吨；出口量 345 万吨。2010—2019 年纸制品生产量年均递增 4. 53%，消费量年均递增 4. 49%（见图 20）。

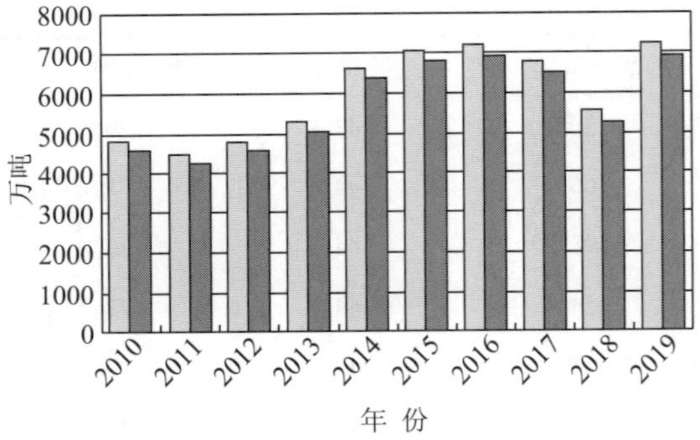

图20　2010—2019年纸制品生产和消费情况

▫生产量　▪消费量

注：数据来源于国家统计局（规模以上企业统计）

五、纸及纸板、纸浆、废纸及纸制品进出口情况

（一）纸及纸板、纸浆、废纸及纸制品进口情况

2019 年纸及纸板进口量 625 万吨，同比增长 0. 48%；纸浆进口量 2720 万吨，同比增长 9. 72%；废纸进口量 1036 万吨，同比下降 39. 17%；纸制品进口量 12 万吨，同比下降 33. 33%。

2019 年进口纸及纸板、纸浆、废纸、纸制品合计 4393 万吨，同比下降 8. 90%，用汇 243. 28 亿美元，同比下降 19. 48%。进口纸及纸板平均价格为 750. 51 美元/吨，同比下降 15. 58%；进口纸浆平均价格为 629. 46 美元/吨，同比下降 20. 85%；进口废纸平均价格为 187. 51 美元/吨，同比下降 25. 60%（见表 5）。2019 年纸及纸板各品种进口量占总进口量的比例见图 21。

表 5　2019 年我国纸浆、废纸、纸及纸板、纸制品进口情况　单位：万吨

品种	进口量		同比/%
	2018 年	2019 年	
一、纸浆	2479	2720	9. 72
二、废纸	1703	1036	-39. 17
三、纸及纸板	622	625	0. 48
1. 新闻纸	48	46	-4. 17
2. 未涂布印刷书写纸	85	63	-25. 88
3. 涂布印刷纸	49	32	-34. 69
其中：铜版纸	32	22	-31. 25
4. 包装用纸	21	20	-4. 76
5. 箱纸板	207	220	6. 28
6. 白纸板	54	52	-3. 70
其中：涂布白纸板	53	51	-3. 77
7. 生活用纸	5	3	-40. 00
8. 瓦楞原纸	111	156	40. 54
9. 特种纸及纸板	30	24	-20. 00
10. 其他纸及纸板	12	9	-25. 00
四、纸制品	18	12	-33. 33
总计	4822	4393	-8. 90

注：数据来源于海关总署。

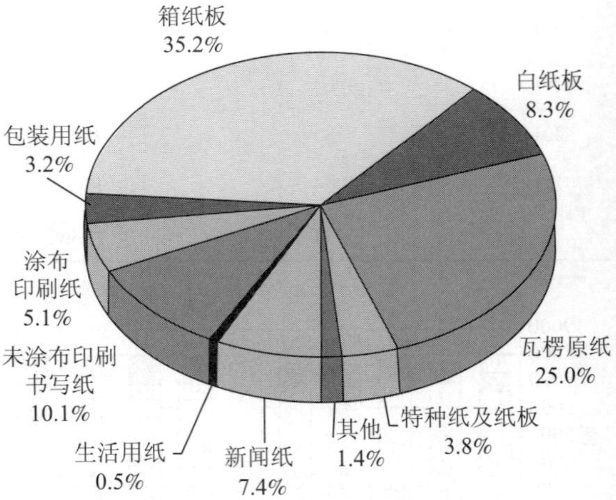

图21　2019年纸及纸板各品种进口量占总进口量的比例

（二）纸及纸板、纸浆、废纸及纸制品出口情况

2019 年纸及纸板出口量 686 万吨，同比增长 11. 00%；纸浆出口量 11. 60 万吨，同比增长 16. 12%；废纸出口 0. 08 万吨，同比增长 33. 33%；纸制品出口量 345 万吨，同比增长 6. 81%。

2019 年出口纸及纸板、纸浆、废纸、纸制品合计 1042.68 万吨，同比增长 9.63%；创汇 220.03 亿美元，同比增长 14.19%。出口纸及纸板平均价格为 1497.09 美元/吨，同比增长 6.28%；出口纸浆平均价格为 1151.20 美元/吨，同比下降 12.21%（见表 6）。2019 年纸及纸板各品种出口量占总出口量的比例见图 22。

表 6　2019 年我国纸浆、废纸、纸及纸板、纸制品出口情况　单位：万吨

品种	出口量		同比/%
	2018 年	2019 年	
一、纸浆	9.99	11.60	16.12
二、废纸	0.06	0.08	33.33
三、纸及纸板	618	686	11.00
1. 新闻纸	1	1	0.00
2. 未涂布印刷书写纸	84	94	11.90
3. 涂布印刷纸	150	170	13.33
其中：铜版纸	106	117	10.38
4. 包装用纸	10	16	60.00
5. 箱纸板	7	7	0.00
6. 白纸板	170	185	8.82
其中：涂布白纸板	170	185	8.82
7. 生活用纸	74	78	5.41
8. 瓦楞原纸	3	2	-33.33
9. 特种纸及纸板	89	95	6.74
10. 其他纸及纸板	30	38	26.67
四、纸制品	323	345	6.81
总计	951.05	1042.68	9.63

注：数据来源于海关总署。

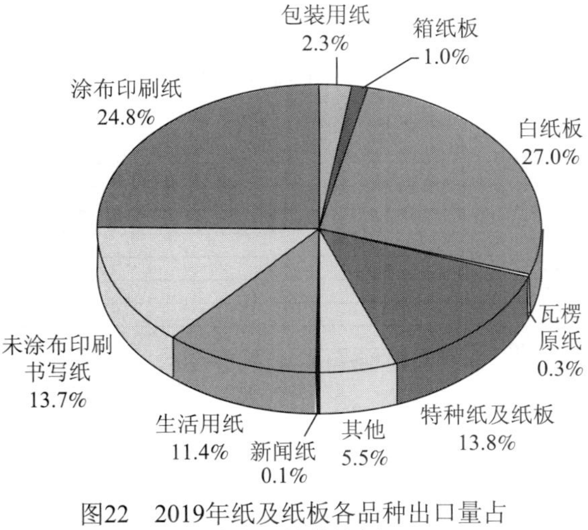

图22　2019年纸及纸板各品种出口量占总出口量的比例

（三）纸及纸板主要产品 2010—2019 年进出口情况

1. 新闻纸

2019 年新闻纸进口量大于出口量，净进口量 45 万吨。2010—2019 年新闻纸进口量及出口量见图 23。

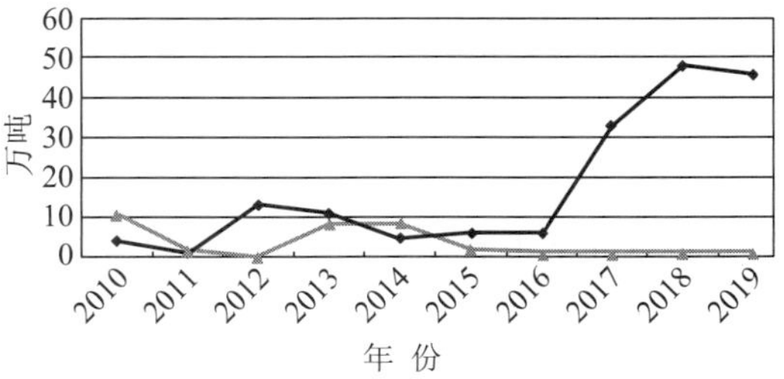

图23　2010—2019年新闻纸进口量及出口量

—◆—进口量　—▲—出口量

2. 未涂布印刷书写纸

2019 年未涂布印刷书写纸出口量大于进口量，净出口量 31 万吨。2010—2019 年未涂布印刷书写纸进口量及出口量见图 24。

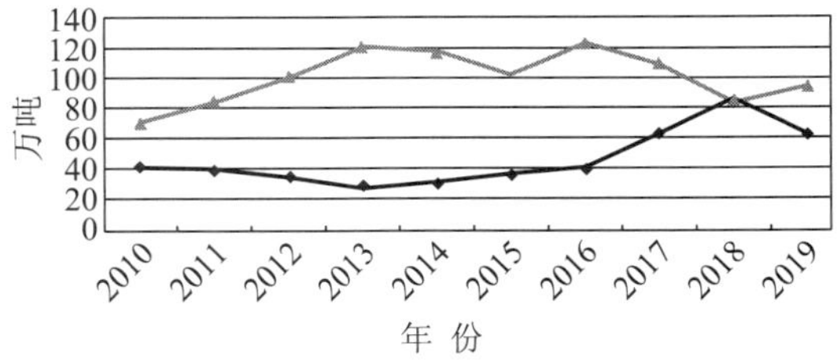

图24　2010—2019年未涂布印刷书写纸进口量及出口量

—◆—进口量　—▲—出口量

3. 涂布印刷纸

2019 年涂布印刷纸出口量大于进口量，净出口量 138 万吨。其中：铜版纸出口量大于进口量，净出口量 95 万吨。2010—2019 年涂布印刷纸进口量及出口量见图 25。2010—2019 年铜版纸进口量及出口量见图 26。

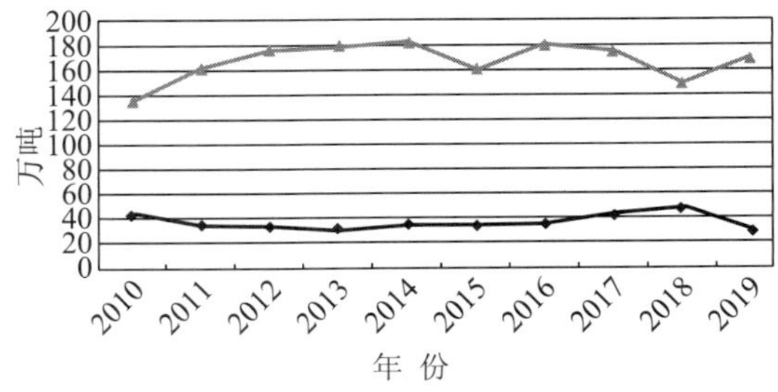

图25　2010—2019年涂布印刷纸进口量及出口量

—◆—进口量　—▲—出口量

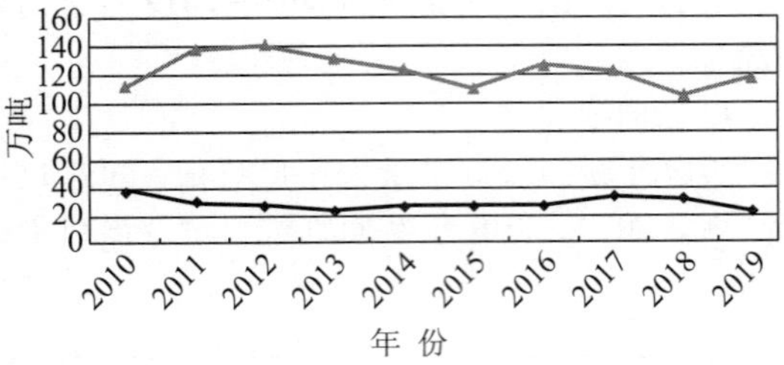

图26　2010—2019年铜版纸进口量及出口量

进口量　出口量

4. 生活用纸

2019 年生活用纸出口量大于进口量，净出口量 75 万吨。2010—2019 年生活用纸进口量及出口量见图 27。

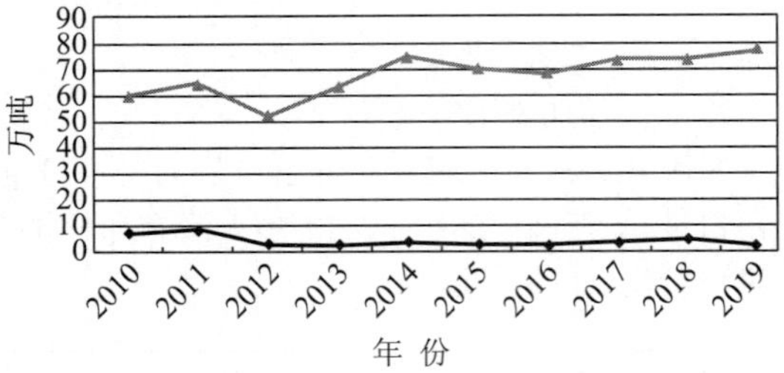

图27　2010—2019年生活用纸进口量及出口量

进口量　出口量

5. 包装用纸

2019 年包装用纸进口量大于出口量，净进口量 4 万吨。2010—2019 年包装用纸进口量及出口量见图 28。

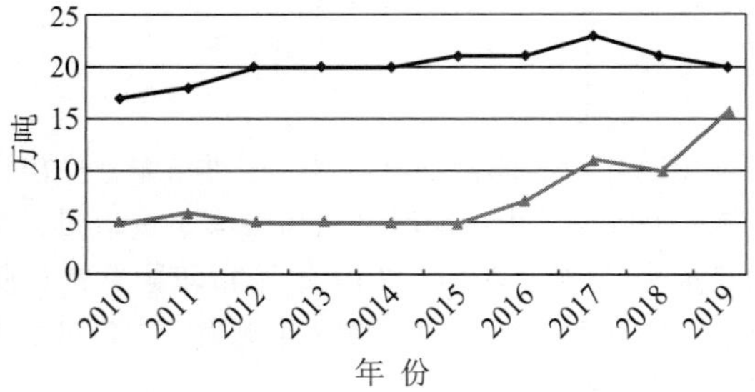

图28　2010—2019年包装用纸进口量及出口量

进口量　出口量

6. 白纸板

2019 年白纸板出口量大于进口量，净出口量 133 万吨。其中：2019 年涂布白纸板进口量小于出口量，净出口量 134 万吨。

7. 箱纸板

2019 年箱纸板进口量大于出口量，净进口量 213 万吨。2010—2019 年箱纸板进口量及出口量见图 31。

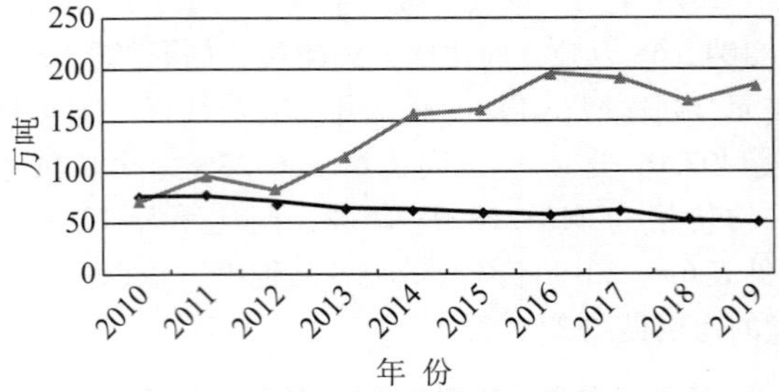

图29　2010—2019年白纸板进口量及出口量

进口量　出口量

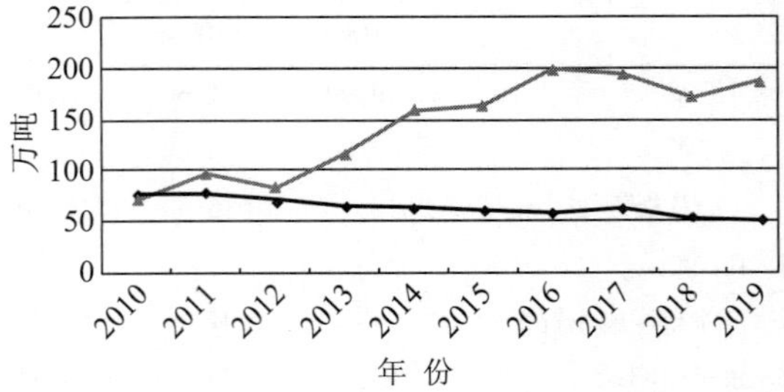

图30　2010—2019年涂布白纸板年进口量及出口量

进口量　出口量

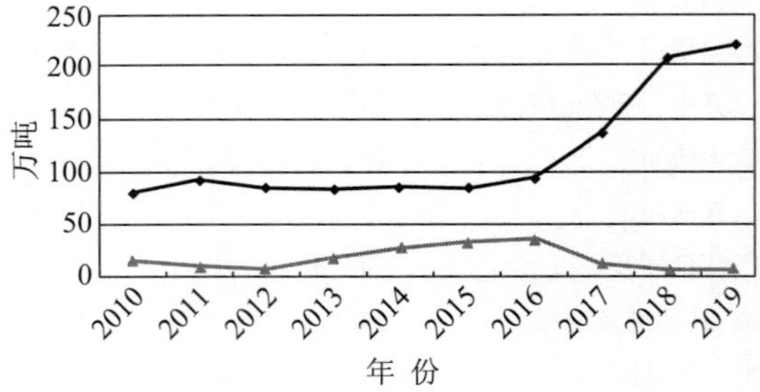

图31　2010—2019年箱纸板进口量及出口量

进口量　出口量

8. 瓦楞原纸

2019 年瓦楞原纸进口量大于出口量，净进口量 154 万吨。2010—2019 年瓦楞原纸进口量及出口量见图 32。

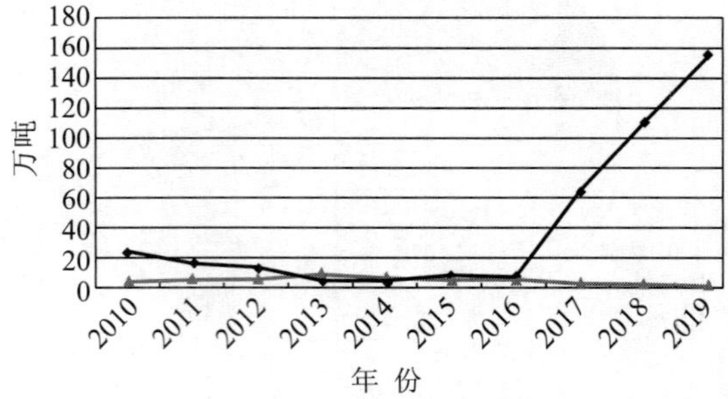

图32　2010—2019年瓦楞原纸进口量及出口量

进口量　出口量

9. 特种纸及纸板

2019 年特种纸及纸板出口量大于进口量，净出口量 71 万吨。2010—2019 年特种纸及纸板进口量及出口量见图 33。

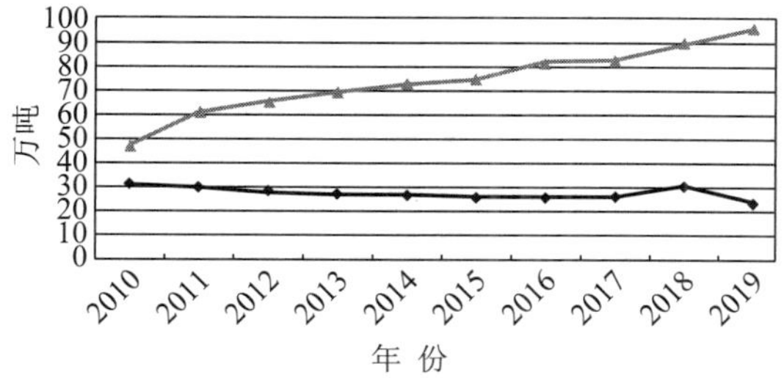

图33　2010—2019年特种纸及纸板进口量及出口量

进口量　出口量

（四）纸制品进出口情况

（1）2019 年纸制品进口量 12 万吨，比 2018 年减少 6 万吨，同比下降 33. 33%。2010—2019 年纸制品进口情况见图 34。

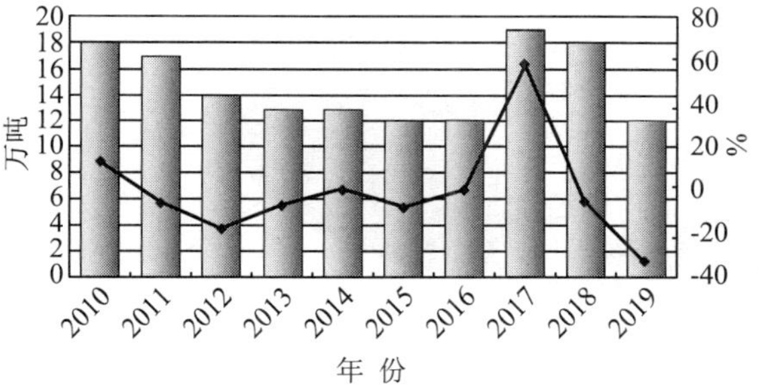

图34　2010—2019年纸制品进口情况

进口量　同比增长

（2）2019 年纸制品出口量 345 万吨，较 2018 年增加 22 万吨，同比增长 6. 81%。2010—2019 年纸制品出口情况见图 35。

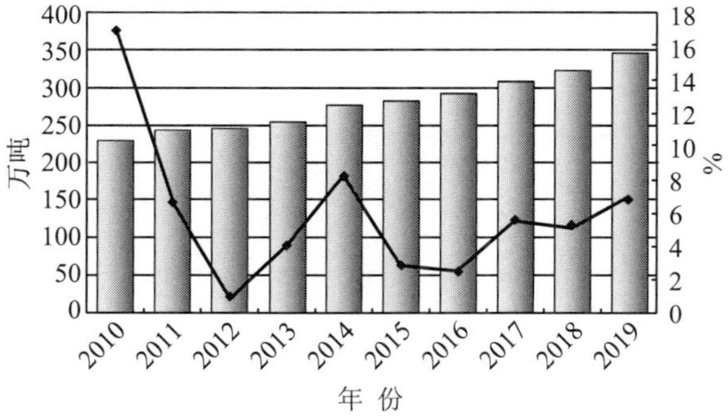

图35　2010—2019年纸制品出口情况

进口量　同比增长

六、纸及纸板生产布局与集中度

根据中国造纸协会调查资料，2019 年我国东部地区 11 个省（区、市），纸及纸板生产量占全国纸及纸板总产量比例为 74. 3%；中部地区 8 个省（区）占 16. 3%；西部地区 12 个省（区、市）占 9. 4%（见表 7、图 36）。

表 7　2019 年纸及纸板生产量区域布局变化

	2018 年		2019 年	
	生产量/万吨	占比/%	生产量/万吨	占比/%
纸及纸板生产量	10435	100	10765	100
其中：东部地区	7742	74. 2	7997	74. 3
中部地区	1697	16. 3	1756	16. 3
西部地区	996	9. 5	1012	9. 4

注：据中国造纸协会调查资料。

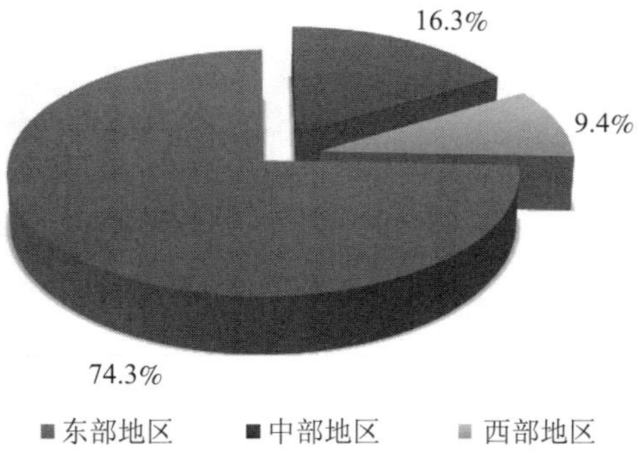

图36　2019年纸及纸板生产量区域布局图

2019 年广东、山东、浙江、江苏、福建、河南、湖北、安徽、重庆、四川、广西、河北、江西、湖南、天津、海南和辽宁 17 个省（区、市）纸及纸板生产量超过 100 万吨，生产量合计 10412 万吨，占全国纸及纸板总生产量的 96. 72%（见表 8、图 37）。

七、结　语

2019 年，面对复杂多变的国内外经济形势，造纸行业克服了风险和挑战明显上升、营业收入和利润下滑、生产运行困难增多、竞争加剧等不利因素。通过加大创新，拓宽纤维原料来源渠道，降低运营成本，顺应趋势，调整结构，保障了市场供给，使造纸行业的整体生产和运行保持了基本稳定。

表8 2019年纸及纸板生产量100万吨以上的省(区、市) 单位：万吨

省(区、市)	生产量		同比 /%
	2018年	2019年	
广东省	1815	1864	2.70
山东省	1810	1830	1.10
浙江省	1510	1429	-5.36
江苏省	1141	1312	14.99
福建省	750	784	4.53
河南省	490	498	1.63
湖北省	325	355	9.23
安徽省	305	325	6.56
重庆市	288	301	4.51
四川省	245	260	6.12
广西壮族自治区	240	245	2.08
河北省	205	240	17.07
江西省	200	235	17.50
湖南省	235	217	-7.66
天津市	220	210	-4.55
海南省	166	175	5.42
辽宁省	102	132	29.41
合计	10047	10412	3.63

注：据中国造纸协会调查资料。

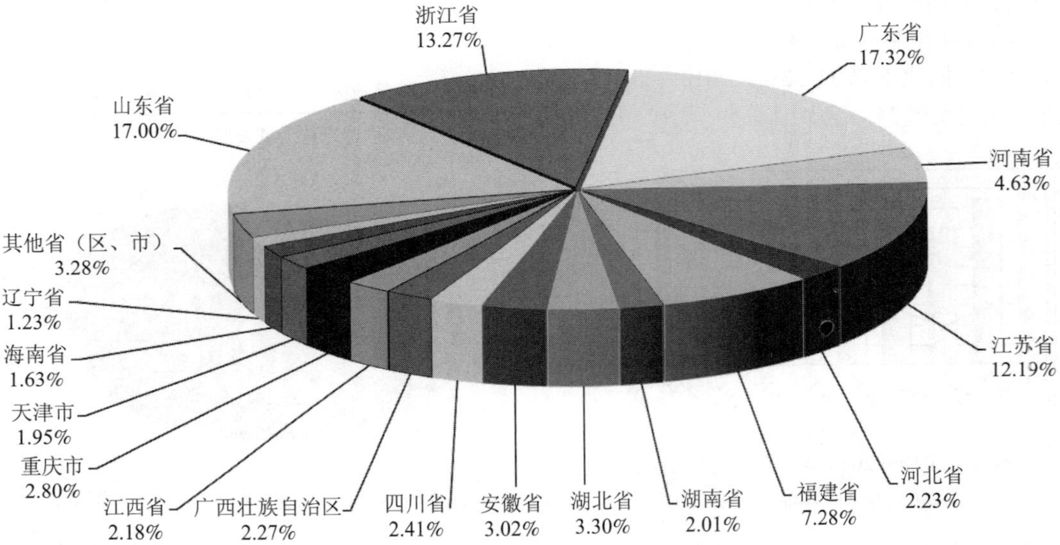

图37 2019年主要省（区、市）纸及纸板生产量占全国纸及纸板总生产量的比例

注：据中国造纸协会调查资料。

附表：2019年重点造纸企业生产量前30名企业

序号	单位名称	生产量/万吨		同比 /%
		2018年	2019年	
1	玖龙纸业(控股)有限公司	1394.00	1502.00	7.75
2	理文造纸有限公司	563.17	593.00	5.30
3	山东晨鸣纸业集团股份有限公司	456.72	515.00	12.76
4	山东太阳控股集团有限公司	459.73	499.40	8.63
5	山鹰国际控股股份公司	463.21	473.59	2.24
6	华泰集团有限公司	313.64	307.70	-1.89
7	中国纸业投资有限公司	290.00	277.50	-4.31
8	宁波中华纸业有限公司(含宁波亚洲浆纸业有限公司)	252.11	261.86	3.87
9	江苏荣成环保科技股份有限公司	220.97	252.00	14.04

续表

序号	单位名称	生产量/万吨		同比/%
		2018 年	2019 年	
10	山东博汇集团有限公司	175.22	235.26	34.27
11	福建联盛纸业有限责任公司	182.00	203.00	11.54
12	金东纸业(江苏)股份有限公司	191.00	199.07	4.23
13	亚太森博中国控股有限公司	152.90	156.40	2.29
14	东莞金洲纸业有限公司	85.21	154.09	80.84
15	东莞建晖纸业有限公司	150.71	147.22	-2.32
16	金红叶纸业集团有限公司	146.00	144.00	-1.37
17	浙江景兴纸业股份有限公司	138.72	143.71	3.60
18	武汉金凤凰纸业有限公司	104.19	136.39	30.91
19	广西金桂浆纸业有限公司	109.10	135.00	23.74
20	山东世纪阳光纸业集团有限公司	124.50	126.00	1.20
21	维达国际控股有限公司	122.00	125.00	2.46
22	恒安国际集团有限公司	102.83	121.00	17.67
23	海南金海浆纸业有限公司	103.78	114.00	9.85
24	芬欧汇川(中国)有限公司	87.00	89.50	2.87
25	新乡新亚纸业集团股份有限公司	82.35	82.86	0.62
26	河南省龙源纸业股份有限公司	58.39	78.97	35.25
27	永丰余造纸(扬州)有限公司	65.40	77.80	18.96
28	大河纸业有限公司	62.95	63.01	0.10
29	东莞金田纸业有限公司	54.50	61.67	13.16
30	金华盛纸业(苏州工业园区)有限公司	59.03	60.69	2.81

注：按已收集到的数据排列。

2019 年我国造纸上市公司概况

Overview of Shenzhen and Shanghai Listed Paper Companies in 2019

一、造纸工业整体运行环境概述

据中国造纸协会调查资料，2019 年全国纸及纸板生产企业约 2700 家，全国纸及纸板生产量 10765 万吨，较 2018 年增长 3.16%。消费量 10704 万吨，较 2018 年增长 2.54%，人均年消费量为 75 千克（14.00 亿人）。2010—2019 年，纸及纸板生产量年均增长率 1.68%，消费量年均增长率 1.73%。据国家统计局统计的 2524 家造纸生产企业，2019 年 1—12 月主营业务收入 7650 亿元；工业增加值增速 4.80%；产成品存货 303 亿元，同比下降 18.88%；利润总额 359 亿元，同比下降 21.06%；资产总计 10489 亿元，同比增长 1.78%；资产负债率 59.59%；负债总额 6250 亿元，同比增长 2.16%；在统计的 2524 家造纸生产企业中，亏损企业有 560 家，占 22.19%。

2019 年，我国经济运行总体平稳，主要宏观经济指标仍保持在合理区间。但在复杂多变的国内外经济形势背景下，造纸行业经历了较为严峻的挑战，既受国内宏观经济增速放缓及中美贸易争端加剧影响，市场需求较往年萎缩明显；同时在环保持续趋严和原料供给端扩张与需求端收缩的双重压力之下，造纸行业利润普遍缩水。

从造纸行业长远可持续发展角度来看，环保、绿色也将成为造纸行业发展的重点及机遇。2019 年《绿色包装评价方法与准则》新国标发布，通过“绿色包装评价”这一技术杠杆，将倒逼企业更新产品，推动我国包装产业向绿色模式转变，而环保设施齐全且具有明显规模效应的包装纸企业将成为这一政策下的真正受益者。

特别是经过 10 多年的潜心钻研，中国工程院陈克复院士与山东太阳纸业有限公司、山东华泰纸业股份有限公司等企业共同完成的“制浆造纸清洁生产与水污染全过程控制关键技术及产业化”技术成果，获得了 2019 年国家科技进步一等奖。这是中国造纸行业 20 多年来获得的唯一一个国家科技进步一等奖。

二、上市公司总体概述

截至 2019 年年底，在深沪两市正常运作的含有制浆造纸和纸制品业务的上市公司为 27 家。本年度整个板块盈利指标有所下滑，但总体运行情况保持基本平稳态势，绿色环保发展理念获得持续增强，对提升造纸工业在社会公众形象起到了良好效果。

1. 龙头企业凸显优势，整体经营状况持续稳定发展

各公司面对复杂环境，克服诸多困难，除个别企业出现经营不善外，总体业绩持续稳定。27 家上市公司总股本数 3090850 万股（其中无限售流通股 2755093 万股）；总资产 3036 亿元，比 2018 年净增约 47 亿元，同比增长 1.56%；净资产达 1300 亿元，比 2018 年净增 74 亿元，同比增长 6.03%；主营业务收入 1585 亿元，比 2018 年净减 123 亿元，同比下降 7.19%；实现净利润 84.22 亿元，比 2018 年减少 19.32 亿元，同比下降 18.66%。资产负债率有效控制在 60% 以下合理水平，2019 年平均资产负债率 57.18%，比 2018 年下降 1.81 个百分点。2019 年平均销售净利润 5.31%，比 2018 年下降 0.75 个百分点；2019 平均总资产收益率 2.77%，比 2018 年下降 0.69 个百分点。特别是重点企业继续承担了这一板块的盈利责任，净利润超过 3 亿元有山东晨鸣纸业集团股份有限公司、山东太阳纸业股份有限公司、安徽山鹰纸业股份有限公司、山东华泰纸业股份有限公司、岳阳林纸股份有限公司、美盈森集团有限公司、中顺洁柔纸业股份有限公司

等7家企业，与2018年企业数相同。7家合计净利润74亿元，比2018年98亿元减少24亿元，下降幅度24%，盈利能力虽有下滑，但仍约占总盈利的88%，起到中流砥柱的作用。山东太阳纸业股份有限公司跃居盈利首位，占总净利润约26%。

2. 包装类产品核心作用支撑明显，是行业最重要的盈利来源

随着近年来电商业务飞速增长，我国快递业务蓬勃发展，加之禁塑令的实施，对造纸包装产业将是一个难得的发展机遇，纸质包装将在未来的一段时间内成为塑料的重要替代品。因此，未来行业内资源禀赋的包装纸板类龙头企业有望取得更大的竞争优势。

本年度以高强瓦楞原纸、牛卡纸、白卡纸为主的包装纸板企业获利能力最大，围绕现代运输包装用的高档瓦楞纸箱、纸板及缓冲包装材料为主的绿色环保产品，不仅实现保护商品、便于仓储、装卸运输的功能，还起到美化商品、宣传商品的作用，同时能够减少损耗及包装空间。因以其优越的使用性能和良好的加工性能，逐渐取代了传统的木箱等运输包装容器，成为现代包装运输的主要载体，发展空间较大，业绩斐然。以围绕新型卷烟、电子商务和新型建材等行业配套的工业用纸、卷烟纸、热敏纸和壁纸为主的特种纸盈利能力基本平稳；生活用纸属于快消品，直接面对消费者，品牌效益逐步凸显，也作为主要防疫物质之一，盈利能力保持较高水平。以双胶纸、复印纸、铜版纸为主的文化用纸类因产能增量较大，市场供需出现失衡，盈利能力有所下降。从近年糖纸一体化发展进程看，受蔗渣来源和制品规模较小的严重约束，纸品业务的持续萎缩，步履艰难，已不再是糖业公司的核心业务。

3. 强化合法合规运行，切实履行一个公众公司的社会责任

2019年本版块27家公司年度报告审计结果除了银鸽投资被出具了无法表示意见的审计报告外，其余26家均是无保留意见的审计报告，本年度拟有18家企业进行利润分配预案，业绩持续稳定的龙头企业起到了主导作用。

各公司坚持倡导“循环经济、绿色制造”的发展理念，在年报里大篇幅披露企业环保治理达标排放情况，践行生态绿色发展的可持续目标计划和行动。

许多企业积极响应国家到2020年实现小康社会的目标，切实实施“精准扶贫”计划，履行社会责任情况。如福建青山纸业股份有限公司积极开展捐资贫困户子女助学活动和助建道路设施，共捐赠55.50万元。

4. 创新驱动渐强，有力推动高质量发展

绝大部分企业已建立起现代化企业制度和形象，持续提升创新驱动和技术进步的效应，已成为造纸工业可持续发展的重要抓手。生态化竞争方兴未艾，智慧经营时代已经到来。谁掌握技术创新，谁掌握智能制造，谁就能把握未来竞争的主动权。

随着区块链、人工智能、物联网、大数据、5G等新兴技术的发展，今后在生产方式上一定会迎来一场大变革，主要的就是在人工智能方面。各公司要依托既定的发展规划，结合行业的发展趋势，研发工作的重心放在产品结构调整和原材料结构调整等方面，研发投入集中在全要素成本节约上，围绕成本领先战略展开。推进一批智能化、自动化项目，加快智慧工厂建设步伐。加强信息化管理建设，广泛应用OA办公系统、物资需求计划请购系统等智能化管理系统，为企业职能管理、投资决策提供精准、快速服务，在提高风险管控方面取得显著成绩。

安徽山鹰纸业股份有限公司作为国内唯一一家集回收造纸包装一体化的龙头企业，全力推进山鹰数字化建设。打造的云印产业互联网平台秉承“数字创造价值，科技赋能纸业”的理念，通过数字化产品的“单厂提效，多厂协作”深度服务合作企业，构建行业联盟生态。公司在华中山鹰纸业股份有限公司率先落地工业4.0，全力打造现代化的智慧工厂，已在东莞市、六安市、长沙市及成都市基地均拥有智慧工厂，公司因不断创新而荣膺首届2019年中国民企卓越管理公司(BMC)殊荣。

厦门合兴包装印刷股份有限公司继续发挥包装产业链云平台(PSCP)在包装行业整合的关键性作用，用轻资产的拓展方式及线上线下互动模式，为包装产业链上下游企业和客户提供订单匹配、集中采购、产业链支持、信息交流等服务，整合包装产业链，优化各个环节，加强产业协同，打造一个健康的生态圈。

美盈森集团股份有限公司作为包装一体化服务供应商，充分发挥“价值增值共享”服务模式优势，在行业内率先采用“包装一体化”的服务模式，从降低成本、提高效率、增加价值3方面，为客户提供包装产品与服务。

5. 政府补助创历史新高，而修身自强才是发展之本

由于近些年国民经济脱实向虚发展凸显，中美

贸易战渐趋紧张和全球贸易保护主义抬头风险剧增，工业制造业实体受到严重冲击，各地政府纷纷向本区域的骨干企业输血扶持。2019 年上市公司共获得各种政府补助 17.95 亿元，超过 2018 年 13.05 亿元成为历史以来最高的一年。山东晨鸣纸业集团股份有限公司、南宁糖业股份有限公司、广西贵糖集团股份有限公司、山东太阳纸业股份有限公司、岳阳林纸股份有限公司等企业获得政府补助金额位居前 5，合计所占比例为总补助额的 80%；或是骨干龙头企业或是经营波动性较大的糖纸企业的补助导向表明了政府对骨干企业做强做大的强烈期待，或是不得已输入资金拯救一方传统产业。但政府补助一直只是因为实体经济受到总体经济增长减速或国际环境复杂等因素极大冲击下的一种非常规的临时救助措施，不应成为企业发展的依赖源或稳定器。所以企业要修身自强，提升核心业务盈利能力，才有持续的供血保障，方可在丛林法则中生存。

6. 资金固化严重，去库存压力大

本年度国家严加环保政策，加快了落后产能淘汰进程，促使许多小企业停产，大量落后产能退出，纸业景气度较好。在极大改善造纸行业整体效益的同时，也极大刺激企业技改或扩产的欲望，特别是包装类产品，受电商快递业的持续高涨推动，许多企业投资欲望膨胀，供需失衡风险剧增，价格竞争带来的市场剧烈波动重复上演，应引起足够警惕。但受上游纤维原料价格攀升、废纸进口限制和下游印刷包装的盈利能力被严重削弱等因素影响，库存周期持续高位态势，总计应收账款、应收票据、应收款项融资、存货和在建工程等项下资金占用项高达 793 亿元，再创历史新高，如果遇到市场需求低迷，资金链不畅，造纸企业势必会陷入困境。为此各企业要时刻警惕资金风险，尽快健全风险预警和对策机制，有效化解这一风险。如近年来个别骨干企业相继成立财务公司，优化资金管理，取得不错效果。本年度有 21 家企业增设应收款项融资渠道，透过应收账款增加营运周转金，提高了资金的周转速度，强化财务调度能力。

7. 精心布局，全球扩展、向产业链一体化方向发展

造纸业是大进大出的规模型产业，谁掌握原材料，谁就掌握市场主动权。2017 年以来，外废配额收紧、贸易摩擦影响纸浆进口等因素导致造纸原材料供应紧张，造纸成本大幅攀升，存在较大的原材料海外依赖性。为了改变这一现状，造纸企业纷纷通过向上下游的延伸，加速海外产能布局，解决原材料供应核心问题，以实现从源头控制原材料降低成本。如山东、广西、老挝项目三大生产基地高质量建设将让山东太阳纸业股份有限公司的产业实现“一带一路”经济带和“四三三”发展战略，补齐了工厂布局战略位置上的短板，保障公司整体经营业绩的稳定和提升。随着黄冈晨鸣浆纸有限公司和寿光美伦纸业有限责任公司化学木浆项目的投产，山东晨鸣纸业集团股份有限公司拥有湛江、黄冈、寿光三大浆厂，已经成为国内首家浆纸产能完全匹配的造纸企业，有望在成本端方面拥有竞争优势。安徽山鹰纸业股份有限公司在 2018 年收购荷兰废纸收购企业 WPT，完善废纸—原纸—包装—废纸的产业链闭环，为企业做优做强赢得先机。厦门合兴包装印刷股份有限公司专注于纸箱包装行业 20 多年，从原有的 4 家工厂，发展到现在在全国拥有近 50 家生产基地，业绩斐然。

多年来部分重点企业为拉近了与客户的距离，降低了运输成本，提高了运输效率，提升与市场的对接能力，不断在全国布局生产加工基地，继而设立全国全覆盖销售网络，通过互联网 +，打造完整的销售平台。中顺洁柔纸业股份有限公司基于消费者对健康生活理念不断加强，对品牌的关注与选择也在不断提高，行业内产品质量的关注依然突出。该公司以敏锐的战略眼光和科学的市场布局，不断的建立与完善的营销网络。从 2015 年前单一的经销商渠道拓展为目前 GT（传统经销商渠道）、KA（大型连锁卖场渠道）、AFH（商用消费品渠道）、EC（电商渠道）、RC（新零售渠道）、SC（母婴渠道）六大渠道齐头并进的发展模式，搭建的营销网络覆盖全国绝大部分地（县）级城市，提高了公司的盈利水平。

三、2020 年发展前景初探

造纸行业作为重要基础原材料产业，对宏观政策的变化较为敏感。一是国家财政、货币政策变化以及利率调整直接影响公司生产、投资、融资成本，对企业经营影响加大；二是国家修订《固体废物污染环境防治法》，加之陆续推行的环保督查、排污许可证等制度，使得企业环保投入资金加大，环保成本进一步增加；三是随着国家“禁废令”的实施，废纸进口逐步被限制，将带来原材料的极度紧张；四是“十九大”报告提出要加快生态文明体制改革，建设美丽中国，再次确立了“绿水青山就是金

山银山”的两山理论，将建设生态文明列为中华民族永续发展的千年大计，国家生态建设规划的实施将引导造纸工业走上绿色环保发展的快速道。

2017 年以来，进口废纸减量正在按生态环境部计划目标推进，2020 年进口数量还将继续减少，国内生产企业对造纸原料的需求量将会趋紧，会增加对国内回收废纸和商品纸浆的需求。随着限废政策的深度推进，会加大部分造纸企业走出去的决心，特别是在境外规模化建设以废纸为原料的浆厂成为纸企解决原料来源的一个重要选项。

《产业结构调整指导目录(2019 年本)》发布实施，明确造纸行业鼓励限制淘汰条目，各省份据此正在加快制定产业转移“负面清单”，加大了产业结构的调整力度，将对造纸产业结构及市场格局带来改变，同时对部分造纸企业生产运行造成影响。

2020 年，是国家决胜全面建成小康社会第一个百年奋斗目标的收官年，需要造纸行业各界继续发挥自身优势，聚焦“三区三州”等深度贫困地区，在产业扶贫、就业扶贫、消费扶贫、教育扶贫和医疗扶贫等方面发力，以助力更多的贫困人员实现脱贫，为实现脱贫攻坚目标作出应有贡献。

近年来，供给侧改革不断加大造纸行业淘汰落后产能的力度，再加上行业新建、扩建产能准入门槛的提升，以及环保政策的加强，中小企业环保成本提升，经营压力增大。在这一背景下，疫情的出现无疑将加剧行业淘汰速度，很多中小纸企正经历着“生死战”。

由于疫情的不确定性，海外国家可能会限制我国纸品出口，将对整个行业形成负面影响；而“绿色包装评价”和限塑令的稳步推进将是推动造纸行业发展的主要抓手。

坚持“绿色纸业”的方向，通过供给侧结构性改革，增强创新能力，提升品牌效益，挖掘新动能；同时有效控制新增产能，拓宽国内经济大循环圈需求空间，助力造纸行业在 2020 年度保持总体相对平稳过渡的态势。

表 1　2019 年造纸板块财务指标一览表

序号	代码	上市公司	总资产/万元		所有者权益/万元		总股本/万股		主营业务收入/万元		净利润/万元		每股收益元/股		加权平均净资产收益率/%	
			2019 年	2018 年	2019 年	2018 年	总股本	其中无限售	2019 年	2018 年	2019 年	2018 年	2019 年	2018 年	2019 年	2018 年
	一、包装纸和纸板		11612061	10627801	4894005	4443137	1271807	1115411	7087213	7033778	431742	679464				
1	600103	青山纸业	559164	510738	384935	369417	230582	138039	267026	286051	14497	17655	0.055	0.087	3.630	4.580
2	600567	山鹰纸业	4254454	3590637	1489351	1353547	458472	458472	2324095	2436654	135213	343670	0.300	0.700	9.950	27.550
3	200986	粤华包 B	542637	579469	353492	352345	50543	17193	393063	368300	2418	-5698	0.070	-0.010	1.800	-0.140
4	002067	景兴纸业	566016	637868	452781	435765	111120	97358	525110	593813	20329	35775	0.170	0.300	4.400	8.330
5	600966	博汇纸业	1936898	1848825	527197	513828	133684	133684	973980	833944	13377	25600	0.100	0.192	2.560	5.050
6	002078	太阳纸业	3229517	2952314	1469988	1262835	259141	255700	2276270	2176840	219756	224219	0.840	0.860	16.120	19.540
7	600793	宜宾纸业	329602	364599	69957	32017	10530	10530	160119	129280	1235	17446	0.105	1.657	2.290	74.900
8	603165	荣晟环保	193773	143351	146304	123383	17735	4435	167550	208896	24917	20797	1.400	1.170	18.740	18.240
	二、文化纸系列		13490786	14196001	4639989	4594052	778899	742384	4191822	5453590	215133	305427				
9	600308	华泰纸业	1370197	1407287	839430	789460	116756	116756	135388	1476335	68324	17998	0.583	0.616	8.600	9.713
10	000488	晨鸣纸业	9795891	10531873	2633977	2587169	290461	289403	3039543	2887576	175330	256474	0.330	0.510	5.570	8.510
11	600069	银鸽投资	440842	460329	126605	191803	162383	162383	201919	283517	-65020	-10119	-0.393	-0.055	-37.520	-4.290
12	000815	美利云	328900	310054	211786	206611	69526	69526	104378	104868	5175	4487	0.070	0.060	2.470	2.200
13	600963	岳阳纸业	1554956	1486458	828191	819009	139773	104316	710594	701294	31324	36587	0.230	0.260	3.790	0.540
	三、特种浆纸		2532881	2488807	1663652	1579583	461749	428433	1630125	1671004	39950	61244				
14	600235	民丰特纸	217366	218081	129776	128684	35120	35120	139878	151789	1280	8846	0.040	0.030	0.990	0.780
15	600356	恒丰纸业	293577	273193	219833	213027	29873	29873	175605	161093	8837	6451	0.300	0.220	4.170	3.160
16	600433	冠豪高新	394097	397078	266576	263077	127132	119028	259477	255016	16681	10700	0.130	0.090	6.400	4.230
17	002012	凯恩股份	184165	186261	140322	133642	46763	46654	115231	112832	6885	3860	0.100	0.050	3.690	2.030
18	300057	万顺新材	691908	617238	344571	275834	67376	49754	321281	416879	12321	14158	0.213	0.277	4.280	4.820
19	002521	齐峰新材	446055	435962	348314	337613	49469	42394	445216	367909	13271	5835	0.270	0.120	3.870	1.730
20	002565	顺灏股份	305713	360994	214260	227706	106016	105610	173437	205486	-19325	11394	-0.188	0.140	-9.900	4.300

续表

序号	代码	上市公司	总资产/万元		所有者权益/万元		总股本/万股		主营业务收入/万元		净利润/万元		每股收益元/股		加权平均净资产收益率/%	
			2019 年	2018 年	2019 年	2018 年	总股本	其中无限售	2019 年	2018 年	2019 年	2018 年	2019 年	2018 年	2019 年	2018 年
		四、纸制品	1688897	1672495	1104066	1041527	348258	280912	1564643	1679540	87468	78473				
21	002235	安妮股份	225556	252186	185620	218643	58174	52386	47275	71487	2396	7559	0.039	0.121	1.080	3.420
22	002228	合兴包装	651231	701360	329198	302388	116952	116545	1109678	1216613	29037	28537	0.230	0.200	9.320	8.790
23	002303	美盈森	726943	636991	525370	458763	153132	91981	339213	324895	53060	39246	0.350	0.261	11.720	9.160
24	603022	新通联	85167	81958	63878	61733	20000	20000	68477	66545	2975	3131	0.150	0.160	4.740	5.180
		五、卫生用纸	602627	514591	407700	331124	130889	126513	663491	567852	60383	40699				
25	002511	中顺洁柔	602627	514591	407700	331124	130889	126513	663491	567852	60383	40699	0.470	0.320	16.420	12.670
		六、糖纸类	437518	399427	292025	272927	99248	61440	716494	676642	7475	-129907				
26	000833	贵糖股份	437518	399427	277372	269596	66840	29032	350199	316817	5647	8330	0.124	0.132	3.000	3.240
27	000911	ST 南糖	534196	581622	14653	3331	32408	32408	366295	359825	1828	-138237	0.100	-4.210	59.020	-189.440
		总计	30364770	29899122	13001437	12262350	3090850	2755093	15853788	17082406	842151	1035400				

表 2　2019 年造纸板块个股一览表

序号	代码	上市公司	2020 年利润分配预案	2019 年已利润分配	主要投资情况	主要信息披露	备注
	一、包装纸和纸板						
1	600103	青山纸业	不分配不转增	以资本公积金向全体股东每 10 股转增 3 股	控股子公司深圳市恒宝通光电子股份有限公司拟在东莞成立子公司建设光电产品生产制造基地	子公司水仙药业以现金方式收购福建新武夷制药股份有限公司 90% 股份；参股设立福建海峡军民融合产业发展有限公司等	标准无保留审计意见
2	600567	山鹰纸业	不分配不转增	不分配不转增	继续推进华中基地建设，PM21 于年底试生产，PM22 和 PM23 的建设也进入收尾阶段，3 条纸机将于 2020 年中正式投产	公司成功募集 18.6 亿元可转债，用于建设安徽马鞍山、浙江海盐和湖北荆州 3 个综合资源利用项目。公司受让云印技术股权并向云印技术增资。境外资产约 64 亿元，占总资产的比例为 15.02%；担保总额约 103 亿元，占净资产 71%	标准无保留审计意见

续表

序号	代码	上市公司	2020 年利润分配预案	2019 年已利润分配	主要投资情况	主要信息披露	备注
3	200986	粤华包 B	每 10 股派现 0.15 元（含税）	不分配不转增		担保总额约 18 亿元，占净资产 89.54%	标准无保留审计意见
4	002067	景兴纸业	每 10 股派现 0.35 元（含税）	每 10 股派现 0.20 元（含税）		公司拟通过发行可转换公司债券的方式募集资金用于建设马来西亚年产 80 万吨废纸浆板项目	标准无保留审计意见
5	600966	博汇纸业	每 10 股派现 0.17 元（含税）	每 10 股派现 0.17 元（含税）	江苏博汇建设二期年产 75 万吨高档包装用纸项目、建设年产 50 万吨高档牛皮箱纸板项目和年产 50 万吨高强瓦楞原纸项目相继投产。45 万吨高档信息用纸项目在建	2020 年 1 月 6 日，公司实际控制人杨延良先生及其配偶李秀荣女士与金光纸业签署《股权转让协议》，拟转让其持有的公司控股股东博汇集团 100% 股权。对外担保约 54 亿元，占净资产 103.17%	标准无保留审计意见
6	002078	太阳纸业	每 10 股派发现金 1.0 元(含税)	每 10 股派发现金 1.0 元(含税)	老挝 120 万吨造纸项目中的 40 万吨再生纤维浆板生产线投产运行；持续推进老挝 120 万吨造纸项目、广西北海“林浆纸一体化”项目、兖州本部45 万吨特色文化用纸项目	公司已经完成山东、老挝、广西这三大基地的战略布局。公司与中国工程院陈克复院士共同完成的“制浆造纸清洁生产与水污染全过程控制关键技术及产业化”技术成果，获得了2019 年国家科技进步一等奖，这是中国造纸行业 20 多年来获得的唯一一个国家科技进步一等奖	标准无保留审计意见
7	600793	宜宾纸业	不分配不转增	不分配不转增	10 万吨/年生活用纸项目于本期结束试生产	本年度公司完成了非公开发行股份新增投资者四川省铁路产业投资集团有限责任公司的股权登记工作，公司的股本由 105300000 股变更为 126360000 股	标准无保留审计意见
8	603165	荣晟环保	每 10 股派发现金 4.3 元（含税）转增 4 股	每 10 股派发现金 4.7 元(含税)	年产 3 亿米^2 新型智能包装材料建设项目实施和开展“绿色节能升级改造项目”	公开发行 330 万张转换公司债券，募集资金总额为人民币 3.30 亿元	
	二、文化用纸系列						
9	600308	华泰纸业	每 10 股派发现金 1.75 元(含税)	每 10 股派发现金 1.85 元(含税)	日照华泰浆纸项目在建	2020 年 3 月华泰集团财务有限公司获山东银保监局开业批复	标准无保留审计意见

续表

序号	代码	上市公司	2020 年利润分配预案	2019 年已利润分配	主要投资情况	主要信息披露	备注
10	000488	晨鸣纸业	普通股每 10 股派发 1.5 元现金、优先股每 10 股派发 1.5 元现金	普通股每 10 股派发 2.4 元现金、优先股每 10 股派发 6.2 元现金	公司新增广东南粤银行股份有限公司 16.62% 股权、寿光美特环保科技有限公司 49% 股权、潍坊晨融新旧动能转换股权投资基金合伙企业(有限合伙) 44.45% 股权和金信期货有限公司 35.43% 股权。持续压缩融资租赁业务规模，净回收 59 亿元，融资租赁规模降至 136 亿元	公司投资建设的寿光美伦 51 万吨高档文化用纸项目、寿光本部文化用纸改造项目、寿光美伦 100 万吨化学浆项目、黄冈晨鸣化学浆项目等，在 2 季度陆续投产并正常运转。公司出售海城海鸣矿业有限责任公司 60% 股权、北京晨鸣美伦科技有限公司 100% 股权、无锡松岭纸业有限公司 100% 股权，公司对外提供担保约 129 万元，占净资产的比例为 51.3%	标准无保留审计意见
11	600069	银鸽投资	不分配不转增	不分配不转增		公司出现最近 2 个会计年度经审计的净利润连续为负值的情况，根据《上海证券交易所股票上市规则》的有关规定，公司股票将在 2019 年年度报告披露后被实施退市风险警示	出具了无法表示意见的审计报告
12	000815	美利云	不分配不转增	不分配不转增	誉成云创数据中心项目在建		标准无保留审计意见
13	600963	岳阳纸业	每 10 股派发现金 0.47 元(含税)，以资本公积金向全体股东每 10 股转增，3 股	每 10 股派发现金 0.27 元(含税)	诚通凯胜增加注册资本至 10 亿元，积极开拓市场，建设规划设计平台与咨询平台	公司正在以挂牌转让方式转让湘江纸业 100% 股权	标准无保留审计意见
	三、特种浆纸						
14	600235	民丰特纸	每 10 股派 0.05 元(含税)	每 10 股派 0.05 元(含税)			标准无保留审计意见
15	600356	恒丰纸业	每 10 股派 0.9 元(含税)	每 10 股派 0.68 元(含税)	年产 5 万吨食品包装用纸项目完工已投入使用；年产 2 万吨食品包装用纸项目在建；6000 吨麻浆连续蒸煮系统改造成功填补国内空白；行业首创智能包装生产线在 12、14、16、18 号机投入使用		标准无保留审计意见

续表

序号	代码	上市公司	2020 年利润分配预案	2019 年已利润分配	主要投资情况	主要信息披露	备注
16	600433	冠豪高新	每 10 股派 0.28 元（含税）	每 10 股派 0.26 元（含税）			标准无保留审计意见
17	002012	凯恩股份	每 10 股派 0.21 元（含税）	每 10 股派 0.05 元（含税）	公司转让了所持参股公司深圳市爱能森科技有限公司、青海爱能森新材料科技有限公司和青岛乾运高科新材料股份有限公司的全部股权		标准无保留审计意见
18	300057	万顺新材	每 10 股派 0.5 元（含税）	每 10 股派 1.0 元（含税），以资本公积金向全体股东每 10 股转增 2 股	年产 240 万米^2 节能膜生产线建设项目（含收购汕头市东通光电材料有限公司股权）	公司对外提供担保约 24 万元，占净资产的比例为 70.22%	标准无保留审计意见
19	002521	齐峰新材	每 10 股派现金 1 元（含税）	每 10 股派现金 0.5 元（含税）	年产 6.8 万吨高性能环保装饰板材饰面材料工程和热电联产等在建		标准无保留意见的审计报告
20	002565	顺灏股份	不分配不转增	以资本公积金向全体股东每 10 股转增 5 股	公司全资子公司云南绿新开展工业大麻加工建设项目		标准无保留意见的审计报告
	四、纸制品						
21	002235	安妮股份	不分配不转增	不分配不转增			标准无保留审计意见
22	002228	合兴包装	每 10 股派现金 1.0 元（含税）	每 10 股派现金 0.5 元（含税）	2019 年 8 月向社会公开发行面值总额 59575 万元可转换公司债券。本次募集资金将用于环保包装工业 4.0 智能工厂项目和青岛合兴包装有限公司纸箱生产建设项目		标准无保留审计意见
23	002303	美盈森	每 10 股派发现金 3.33 元（含税）	每 10 股派发现金 2.0 元（含税）	公司与云南古耕农业科技开发有限公司共同设立文麻生物于文山州投资实施美盈森集团工业大麻产业发展项目。包装印刷工业 4.0 智慧型工厂（3 个基地）项目逐步投入生产		标准无保留审计意见
24	603022	新通联	不分配不转增	每 10 股派发现金 0.47 元（含税）	将“绿色重型包装材料建设项目”变更为“重庆璧山县笔电包装项目”		标准无保留审计意见

续表

序号	代码	上市公司	2020 年利润分配预案	2019 年已利润分配	主要投资情况	主要信息披露	备注
	五、卫生用纸						
25	002511	中顺洁柔	每 10 股派发现金 0.75 元(含税)	每 10 股派发现金 0.23 元(含税)	湖北中顺新建高档生活用纸项目第一期工程 10 万吨/年完成了竣工验收工作并陆续投入使用；拟投资建设 30 万吨竹浆纸一体化项目		标准无保留审计意见
	六、糖纸类						
26	000833	贵糖股份	每 10 股派现金 0.15 元(含税)	每 10 股派现金 0.15 元(含税)	继续全力推进粤桂整体搬迁改造项目		标准无保留审计意见
27	000911	ST 南糖	不分配不转增	不分配不转增	子公司侨虹新材引进一条美国 EG 公司孖纺技术生产线，生产新型复合非织造材料	2019 年度收到各类政府补助 4.86 亿元，其中特别的重大政府补助有重点糖业发展项目补助资金 2.27 亿元和兼并重组贷款贴息 1 亿元．实际担保总额 2 亿元，占公司净资产的比例 281.73%	标准无保留审计意见

（陈奇志）

统计数据

Statistical Data

国家统计局数据：2019年全国造纸及纸制品行业主要经济指标

Data from National Statistics Bureau: Key Economical Indexes of National Paper and Paper Products Industry in 2019

2019年造纸及纸制品行业主要经济指标 单位：千元、%

指标名称	汇总企业个数	亏损企业个数	同比	主营业务收入	同比	利润总额	同比
造纸及纸制品业	6688	1151	13.51	1337008644	-3.00	68190054	-9.05
1. 纸浆制造	45	16	60.00	15315928	-3.14	-176522	-113.78
木竹浆制造	35	12	71.43	12628465	-4.68	-174202	-113.85
非木竹浆制造	10	4	33.33	2687463	4.80	-2320	-109.89
2. 造纸	2524	560	10.45	764961723	-5.09	35901067	-21.06
机制纸及纸板制造	2146	499	9.91	714982995	-5.39	34242298	-21.50
手工纸制造	67	10	-16.67	8914733	-4.34	313281	-29.84
加工纸制造	311	51	24.39	41063995	0.32	1345488	-4.42
3. 纸制品制造	4119	575	15.69	556730993	0.02	32465509	15.05
纸和纸板容器	2452	351	26.71	289717156	-3.15	13890954	-4.95
其他纸制品制造	1667	224	1.82	267013837	3.71	18574555	36.53

注：1. 资料来源：国家统计局。
2. "规模以上"是指年主营业务收入2000万元及以上全部工业法人企业。

（郭永新）

国家统计局数据：2019 年全国造纸及纸制品行业分地区产品生产量

Data from National Statistics Bureau: Production of National Paper and Paper Products Industry by Region in 2019

2019 年造纸及纸制品行业分地区产品生产量

单位：吨

地区	一、纸浆（原生浆及废纸浆）	同比/%	二、机制纸及纸板（外购原纸加工纸除外）	同比/%	其中：1. 未涂布印刷书写用纸	同比/%	其中：新闻纸	同比/%	2. 涂布类印刷用纸	同比/%	3. 卫生用纸原纸	同比/%	4. 箱纸板	同比/%	三、纸制品	同比/%	其中：瓦楞纸箱	同比/%
全国	**13061788**	**7.88**	**125152969**	**3.50**	**5443504**	**-0.20**	**1088572**	**-22.06**	**7197582**	**0.29**	**4785465**	**11.27**	**13015609**	**6.62**	**72191591**	**1.96**	**34210481**	**-2.22**
北京	0	0.00	41895	-3.76	0	0.00	0	0.00	0	0.00	41895	-3.76	0	0.00	357717	-0.02	120675	-5.75
天津	0	0.00	2619684	-6.48	19538	43.06	0	0.00	7947	15.65	0	0.00	90532	-45.15	1421668	-3.09	830108	-5.00
河北	460309	-1.19	3227350	11.33	266195	-11.09	259933	-10.75	61764	-21.96	42427	28.65	1483422	47.28	1712301	-1.20	844708	-4.30
山西	39852	41.73	608967	13.54	3728	-5.91	0	0.00	0	0.00	0	0.00	0	0.00	294195	11.51	178049	-10.77
内蒙古	0	0.00	78979	-32.74	0	0.00	0	0.00	0	0.00	0	0.00	26862	-50.29	455376	9.24	242219	10.47
辽宁	66980	8.99	1341733	19.29	103586	3.66	0	0.00	0	0.00	0	0.00	302592	16.03	779883	2.09	360097	-5.91
吉林	3288	-62.43	515901	-24.13	147591	529.31	0	0.00	0	0.00	0	0.00	0	0.00	361490	-7.01	260877	-10.82
黑龙江	0	0.00	343758	-15.73	0	0.00	0	0.00	0	0.00	8996	0.40	0	0.00	395482	-53.77	306316	-60.44
上海	0	0.00	504029	-7.14	0	0.00	0	0.00	19394	-10.12	114211	1.94	19028	-31.37	1633755	-14.69	921003	-15.16
江苏	771295	24.82	14715698	9.69	817199	0.29	0	0.00	2678457	4.18	542544	56.32	347354	7.28	5085207	-0.97	2463725	2.78

续表

地区	一、纸浆（原生浆及废纸浆）	同比/%	二、机制纸及纸板（外购原纸加工纸除外）	同比/%	其中：1. 未涂布印刷书写用纸	同比/%	其中：新闻纸	同比/%	2. 涂布类印刷用纸	同比/%	3. 卫生用纸原纸	同比/%	4. 箱纸板	同比/%	三、纸制品	同比/%	其中：瓦楞纸箱	同比/%
浙江	7630	-86.65	17684049	-7.78	15582	-39.26	15582	-39.26	38723	-75.21	75362	2.02	1380091	-8.30	7735874	-4.16	3274846	-4.81
安徽	53762	97.10	4159071	12.75	267830	-9.34	174828	-8.63	2501	4.34	229718	8.21	2183000	9.10	1589184	5.64	813871	20.21
福建	440378	5.17	8051297	3.69	218569	-22.52	0	0.00	119254	14.69	511191	56.82	2098276	5.36	6305298	8.64	2701915	8.29
江西	168939	7.16	2762382	11.47	0	0.00	0	0.00	67615	14.17	19635	0.00	52687	157.56	1569681	3.62	976439	-0.09
山东	3556914	2.21	20753644	3.30	1196223	30.03	238551	-48.24	1117761	-3.34	53093	-9.09	1370733	-4.51	2454454	-10.56	1147089	-11.83
河南	499668	2.30	3868306	-0.12	110187	42.46	63379	81.40	134581	-8.66	68449	-16.67	215361	-7.17	4501424	-7.25	3476632	-7.30
湖北	338240	2312.73	4158252	19.21	407464	3.09	5872	-39.46	0	0.00	85850	7.10	52179	-10.91	5706389	5.38	2172506	2.47
湖南	649752	5.31	3312665	-7.95	72464	-81.55	320	-86.87	501246	20.96	225075	-27.39	641894	24.08	3478851	11.87	1324283	-0.97
广东	1067668	0.66	22230942	5.49	1441166	-2.01	330107	-13.27	1302773	10.10	348196	14.17	1649295	4.48	12546214	3.01	5083617	-2.45
广西	1409119	-3.97	3238354	7.97	24198	24.02	0	0.00	0	0.00	392203	-21.85	66937	1.36	1685201	-1.97	1154634	-8.95
海南	1846801	7.04	1787794	7.45	0	0.00	0	0.00	1144833	10.32	580465	3.47	0	0.00	9390	-4.15	9390	-4.15
重庆	434401	96.17	3613516	14.81	0	0.00	0	0.00	0	0.00	574038	6.26	152590	23.05	3342934	54.67	996114	10.66
四川	595359	0.77	3324060	5.62	163420	3.66	0	0.00	0	0.00	425002	41.06	738237	10.79	4924325	8.98	2411247	3.90
贵州	279879	-0.54	237575	25.77	0	0.00	0	0.00	0	0.00	165786	28.51	0	0.00	790943	16.97	354439	19.72
云南	371554	23.08	852606	4.60	0	0.00	0	0.00	733	-11.79	53579	7.91	92096	4.20	783224	4.72	549292	3.19
西藏	0	0.00	0	0.00	0	0.00	0	0.00	0	0.00	0	0.00	0	0.00	6066	-22.93	5925	-21.47
陕西	0	0.00	669701	-4.99	0	0.00	0	0.00	0	0.00	222378	9.40	52204	-11.18	1651748	-10.68	862549	21.69
甘肃	0	0.00	55327	13.40	0	0.00	0	0.00	0	0.00	5374	-23.38	0	0.00	230777	8.08	70000	-18.19
青海	0	0.00	0	0.00	0	0.00	0	0.00	0	0.00	0	0.00	0	0.00	372	23.74	372	23.74
宁夏	0	0.00	218898	-7.79	168565	3.36	0	0.00	0	0.00	0	0.00	239	-97.36	153702	-2.00	117457	-3.54
新疆	0	0.00	176537	13.29	0	0.00	0	0.00	0	0.00	0	0.00	0	0.00	228466	-9.51	180087	-5.39

注：1. 资料来源：国家统计局。

2. “规模以上”是指年主营业务收入2000万元及以上全部工业法人企业。

（郭永新）

历年我国纸浆、纸及纸板生产量(1949—2019)

Productions of Pulp, Paper and Paperboard in China(1949 - 2019)

历年我国纸浆、纸及纸板生产量　单位：万吨

年份	机制纸浆		纸及纸板			
	生产能力	生产量	机制纸及纸板		手工纸生产量	生产量合计
			生产能力	生产量		
1949		3. 5		10. 8	12. 0	22. 8
1952		24. 3		37. 2	23. 1	60. 3
1957		80. 1		91. 3	31. 4	122. 7
1978	452. 8	345. 5	499. 4	438. 7	27. 5	466. 2
1979	489. 5	392. 9	541. 6	492. 8	25. 7	518. 5
1980	533. 1	426. 3	593. 8	543. 6	28. 0	562. 6
1981	563. 9	406. 3	563. 9	540. 2	29. 1	569. 3
1982	579. 3	421. 1	685. 7	589. 0	24. 8	613. 8
1983	619. 7	458. 9	728. 9	661. 3	22. 6	683. 9
1984	664. 8	514. 6	780. 5	755. 9	20. 6	776. 5
1985	720. 4	615. 3	886. 8	911. 2	19. 6	930. 8
1986	875. 15	679. 15	805. 87	998. 57	17. 8	1016. 4
1987	969. 51	694. 5	1225. 76	1141. 05	23. 4	1164. 5
1988	1097. 85	872. 59	1396. 34	1270	20. 0	1290
1989	1198. 08	868. 56	1493. 99	1333	20. 0	1353
1990	1240. 17	834. 96	1595. 62	1371. 87	20. 0	1391. 87
1991	1345. 02	1075	1688. 34	1478. 69	20. 0	1498. 69
1992	1448. 59	1199	1847. 51	1725. 07	20. 0	1745. 07
1993	1362. 24	1529	2001. 05	1867. 87		1867. 87
1994	1534. 94	1705	2269. 90	2138. 27		2138. 27
1995	1425. 11	1862	4420. 35	2812. 30		2812. 30
1996	1896. 94	1900	3335. 06	2643. 94	24. 76	2668. 70
1997	1874. 60	1738	3509. 87	2733. 19	23. 98	2757. 17
1998		2384		2800. 00	24. 00	2824. 00
1999		2443		2900		2900
2000		2501		3050		3050

续表

年 份	机制纸浆		纸及纸板			
	生产能力	生产量	机制纸及纸板		手工纸生产量	生产量合计
			生产能力	生产量		
2001		2490		3200		3200
2002		2944		3780		3780
2003		3309		4300		4300
2004		3723		4950		4950
2005		4446		5600		5600
2006		5204		6500		6500
2007		5935		7350		7350
2008		6415		7980		7980
2009		6732		8640		8640
2010		7318		9270		9270
2011		7723		9930		9930
2012		7867		10250		10250
2013		7651		10110		10110
2014		7906		10470		10470
2015		7984		10710		10710
2016		7925		10855		10855
2017		7949		11130		11130
2018		7201		10435		10435
2019		7207		10765		10765

注：1. 各年纸浆生产量及生产能力统计数据，估计统计不全，仅供参考。

2. 1985—1986 年纸及纸板实际生产量大于生产能力是由于前者是全国生产量而后者仅指轻工系统内企业统计数据。

3. 1995 年数据系依据 1995 年全国工业普查统计资料，包括了乡镇、村及私人等造纸企业。比一般年度数据偏高。

4. 1998 年生产量按 1997 年统计口径估计机制纸板为 2800 万吨、手工纸为 24 万吨。

5. 1999 年以后纸及纸板生产量为全部国有和年产品销售收入 500 万元及以上非国有工业企业生产的产品生产量，手工纸未统计。

6. 2009 年机制纸浆生产量为中国造纸协会 2010 年修正数据。

（邱江惠）

历年我国纸及纸板、纸浆及废纸进出口概况(1996—2019)

Imports and Exports of Paper and Paperboard, Pulp and Waste Paper in China(1996 - 2019)

表 1　　历年我国纸及纸板进出口量(1996—2019)　　单位：万吨

年　份	纸及纸板		纸制品	
	进口量	出口量	进口量	出口量
1996	499. 49	23. 31	66. 15	58. 20
1997	552. 43	28. 27	67. 14	70. 50
1998	577. 20	30. 35	50. 74	64. 58
1999	652. 30	13. 44	39. 01	62. 63
2000	597. 14	71. 83	34. 04	74. 47
2001	562. 24	79. 95	24. 50	73. 32
2002	636. 94	85. 47	23. 89	88. 28
2003	634. 71	129. 09	22. 61	106. 65
2004	614	124. 78	16	95. 97
2005	524	193. 90	15	123. 76
2006	441	341	17	143
2007	401	461	19	156
2008	358	403	18	211
2009	334	405	16	195
2010	336	433	18	228
2011	331	509	17	243
2012	311	513	14	245
2013	283	611	13	255
2014	282	681	13	276
2015	287	645	12	284
2016	297	733	12	291
2017	466	699	19	307
2018	622	618	18	323
2019	625	686	12	345

表 2 **历年我国纸浆及废纸进口量(1996—2019)**

年 份	纸 浆		废 纸	
	进口量/万吨	金额/亿美元	进口量/万吨	金额/亿美元
1996	146.80	7.75	137.18	1.93
1997	154.16	7.47	161.82	1.76
1998	219.93	9.23	191.47	1.71
1999	309.7		251.6	2.45
2000	334.51	21.21	371.36	5.57
2001	490.38	20.76	641.91	6.59
2002	526.49	21.68	678.26	7.32
2003	603.40	26.60	938.18	12.3
2004	732	35.67	1230	17.26
2005	759	37.25	1703	
2006	796	43.92	1962	
2007	845		2256	
2008	952		2421	
2009	1367		2750	
2010	1137		2435	
2011	1445		2728	
2012	1647		3007	
2013	1685		2924	
2014	1797		2752	
2015	1984		2928	
2016	2106		2850	
2017	2372		2572	
2018	2479		1703	
2019	2720		1036	

表 3 **历年纸浆及废纸出口量(1996—2019)**

年 份	纸 浆		废 纸	
	出口量/万吨	金额/亿美元	出口量/万吨	金额/亿美元
1996	1.68		0.53	
1997	2.20		0.35	
1998	1.98	0.09	0.08	0.01
1999				
2000	2.55	0.10	0.46	0.004
2001	1.26	0.083	0.09	0.0008
2002	1.92	0.16	0.07	0.0007
2003	2.51	0.21	0.11	0.0018
2004	1.75		0.07	

续表

年份	纸浆		废纸	
	出口量/万吨	金额/亿美元	出口量/万吨	金额/亿美元
2005	4.70		0.01	
2006	7.47		0.01	
2007	11.16		0.05	
2008	7.23		0.002	
2009	8.70		0.03	
2010	8.10		0.08	
2011	9.91		0.36	
2012	7.99		0.24	
2013	8.31		0.10	
2014	9.75		0.07	
2015	10.2		0.07	
2016	9.57		0.23	
2017	9.87		0.15	
2018	9.99		0.06	
2019	11.60		0.08	

资料来源：历年《中国造纸协会年度报告》，历年《中国造纸年鉴》。

（邱江惠）

历年我国与世界纸浆、纸及纸板的生产量与消费量(1996—2019)

Productions and Consumptions of Pulp, Paper and Paperboard in China and the World(1996 - 2019)

历年我国与世界纸浆、纸及纸板的生产量与消费量 单位：万吨

年 份	全世界					我国				
	纸浆生产量	纸浆消费量	纸及纸板生产量	纸及纸板消费量	纸及纸板人均年消费量/千克	纸浆生产量	纸浆消费量	纸及纸板生产量	纸及纸板消费量	纸及纸板人均年消费量/千克
1996	17404	17294	28197	27940	48.5	1900	2045	2600	3028	24.7
1997	17820	17900	29904	29690	50.8	1738	1890	2744	3270	26.5
1998	17553	17511	30101	29852	50.4	2384	2604	2800	3347	26.8
1999	17913	18007	31571	31439	52.8	2443	2752	2900	3525	27.8
2000	18868	18901	32329	32338	53.8	2501	2834	3050	3575	28.0
2001	17937	18257	31815	31802	51.8	2490	2980	3200	3683	29
2002	18200	18265	33070	33076	53.7	2944	3470	3780	4332	33
2003	18516.5	18442.3	33881.5	33912.5	51.7	3309	3910	4300	4806	37
2004	18849.6	18775.4	35959.9	35752.7	55.6	3723	4455	4950	5439	42.0
2005	18320	18843.9	36702.5	36639.8	56.3	4446	5200	5600	5930	45.0
2006	18660	19230	38200	38176	70.8	5204	5992	6500	6600	50.0
2007	18835	19619	39430	39418	59.2	5935	6769	7350	7290	55
2008	19240	19302	39090	39133	57.8	6415	7360	7980	7935	60
2009	17796	17900	37069	37074	57.5	6732	7980	8640	8569	64
2010	18560	18500	39390	39500	57.0	7318	8461	9270	9173	68
2011	18380	18380	39898	39900	56.8	7723	9044	9930	9752	73
2012	18120	18170	39999	40150	57.2	7867	9348	10250	10048	74
2013	17936	18064	40260	40364	56.9	7651	9147	10110	9782	72
2014	17850	17962	40645	40752	56.8	7906	9484	10470	10071	74
2015	17877	17937	40760	41070	56.6	7984	9731	10710	10352	75
2016	18055	18061	41088	41358	56.5	7925	9797	10855	10419	75
2017	18441	18399	41969	42329	57.2	7949	10051	11130	10897	78
2018	18720	18660	41972	42188	56.2	7201	9387	10435	10439	75
2019						7207	9609	10765	10704	75

注：2009 年中国纸浆总产量为中国造纸协会 2010 年修正数据。

（邱江惠）

历年我国纸及纸板生产量、进出口量、消费量及消费结构（2001—2019）

Productions, Imports and Exports, Consumptions and Consumption Structures of Paper and Paperboard in China（2001－2019）

历年纸及纸板生产量、进出口量、消费量及消费结构（2001—2019）

单位：万吨、%

年份	项目	总量	新闻纸	未涂布印刷书写纸	其中：书刊印刷纸	书写纸	涂布纸	其中：铜版纸	生活用纸	包装用纸	白纸板	其中：涂布白纸板	箱纸板	瓦楞原纸	其中：高强瓦楞原纸	特种纸及纸板	其他纸及纸板
2001 年	生产量	3200	173	670	300	140	130	110	270	400	300	250	460	600	180	65	132
	进口量	562. 24	15. 37	25. 78			99. 44	97. 03	2. 95	27. 80	97. 78	82. 55	126. 48	117. 87		38. 28	9. 13
	出口量	79. 95	1. 85	30. 50			17. 59	12. 48	12. 19	2. 61	2. 50	2. 42	1. 25	3. 14		7. 43	0. 39
	消费量	3683	186	665	296	140	212	195	261	466	396	338	545	715	295	85	152
	消费比例	100. 00	5. 05	18. 06	8. 04	3. 80	5. 76	5. 29	7. 09	12. 65	10. 75	9. 18	14. 8	19. 41	8. 01	2. 31	4. 13
2002 年	生产量	3780	185	920	420	180	180	160	310	400	460	430	600	600	190	70	55
	进口量	636. 94	19. 92	36. 50			121. 77	61. 48	3. 32	31. 37	81. 48	79. 58	125. 44	133. 48		48. 07	34. 51
	出口量	85. 47	0. 60	19. 51			25. 18	18. 67	15. 88	2. 63	5. 51	5. 51	0. 67	3. 26		9. 60	1. 94
	消费量	4332	204	937	436	180	276	203	297	429	536	504	725	730	320	108	90
	消费比例	100. 00	4. 71	21. 63	10. 06	4. 16	6. 37	4. 69	6. 86	9. 90	12. 37	11. 63	16. 74	16. 85	7. 39	2. 49	2. 08
2003 年	生产量	4300	207	960	520	520	240	210	347	480	550	510	680	670	230	80	86
	进口量	635	35	40			101	52	4	28	104	103	117. 2	135		44	26
	出口量	129. 09	1. 19	25. 93			43. 31	35. 30	22. 98	3. 80	9. 95	9. 94	1. 71	3. 02		14. 92	1. 31
	消费量	4806	241	973	534	250	298	227	328	504	645	603	796	802	362	109	110
	消费比例	100. 00	5. 01	20. 25	11. 11	5. 20	6. 20	4. 72	6. 82	10. 49	13. 42	12. 55	16. 56	16. 69	7. 53	2. 27	2. 29

续表

		总量	新闻纸	未涂布印刷书写纸	其中：书刊印刷纸	书写纸	涂布纸	其中：铜版纸	生活用纸	包装用纸	白纸板	其中：涂布白纸板	箱纸板	瓦楞原纸	其中：高强瓦楞原纸	特种纸及纸板	其他纸及纸板
2004 年	生产量	4950	300	1020	550	280	300	250	384	470	670	630	830	810	27	85	81
	进口量	614	12	47			102	63	5	8	108	107	150	114		41	27
	出口量	124.78	1.74	21.73			44.24	38.40	27.58	3.93	6.44	6.43	1.53	2.76		12.41	2.42
	消费量	5439	310	1045	575	280	358	274	361	474	772	931	978	921	381	114	106
	消费比例	100.00	5.70	19.21	10.57	5.15	6.58	5.04	6.64	8.71	14.19	13.44	17.98	16.93	7.00	2.10	1.95
2005 年	生产量	5600	319	1070	570	300	365	300	436	510	790	755	980	950	410	90	90
	进口量	524	14	43			73	52	5	9	91	90	138	88		40	23
	出口量	193.90	1.98	34.38			78.66	62.85	31.41	2.89	18.27	18.27	2.71	3.31		16.02	4.27
	消费量	5930	331	1079	579	300	359	289	409	516	863	827	1115	1035	495	114	109
	消费比例	100.00	5.58	18.20	9.76	5.06	6.05	4.89	6.90	8.70	14.55	13.95	18.80	17.45	8.35	1.92	1.84
2006 年	生产量	6500	375	1220			460	380	470	520	940	900	1150	1130		110	125
	进口量	441	1	45			61	45	5	10	73	72	114	71		44	17
	出口量	341	32	54			121	93	38	2	41	41	14	8		23	8
	消费量	6600	344	1211			400	332	436	528	972	931	1250	1193		131	135
	消费比例	100.00	5.21	18.35			6.06	5.03	6.61	8.00	14.73	14.11	18.94	18.08		1.98	2.05
2007 年	生产量	7350	450	1340			510	420	520	530	1050	1000	1360	1340		120	130
	进口量	401	2	45			56	40	4	10	70	70	103	53		43	15
	出口量	461	59	53			140	93	48	3	58	58	25	39		27	9
	消费量	7290	393	1332			426	367	476	537	1062	1012	1438	1352		136	136
	消费比例	100.0	5.4	18.3			5.8	5.0	6.5	7.4	14.5	13.9	19.7	18.6		1.9	1.9
2008 年	生产量	7980	460	1400			550	460	550	560	1120	1070	1530	1520		140	150
	进口量	358	2	39			54	38	5	12	64	64	88	45		38	11
	出口量	403	36	54			137	97	52	3	53	53	13	13		34	8
	消费量	7935	426	1385			467	401	503	569	1131	1081	1605	1552		144	153
	消费比例	100.0	5.4	17.5			5.9	5.0	6.3	7.2	14.3		20.2	19.6		1.8	1.9
2009 年	生产量	8640	480	1510			590	500	580	575	1150	1100	1730	1715		150	160
	进口量	334	2	38			36	31	5	15	71	71	86	46		27	8
	出口量	405	21	51			163	132	56	3	61	61	7	3		33	7
	消费量	8569	461	1497			463	399	529	587	1160	1110	1809	1758		144	161
	消费比例	100.0	5.4	17.5			5.4	4.6	6.2	6.9	13.5	13.0	21.1	20.5		1.7	1.9

续表

		总量	新闻纸	未涂布印刷书写纸	其中：书刊印刷纸	书写纸	涂布纸	其中：铜版纸	生活用纸	包装用纸	白纸板	其中：涂布白纸板	箱纸板	瓦楞原纸	其中：高强瓦楞原纸	特种纸及纸板	其他纸及纸板
	生产量	9270	430	1620			640	555	620	600	1250	1200	1880	1870		180	180
	进口量	336	4	41			45	38	8	17	77	77	80	24		31	9
2010 年	出口量	433	11	71			136	113	61	5	73	73	14	5		47	10
	消费量	9173	423	1590			549	480	567	612	1254	1204	1946	1889		164	179
	消费比例	100.0	4.6	17.3			6.0	5.2	6.2	6.7	13.7	13.1	21.2	20.6		1.8	1.9
	生产量	9930	390	1730			725	640	730	620	1340	1290	1990	1980		210	215
	进口量	331	1	40			37	30	9	18	79	79	93	17		30	7
2011 年	出口量	509	2	83			163	138	65	6	97	97	10	6		61	16
	消费量	9752	389	1687			599	532	674	632	1322	1272	2073	1991		179	206
	消费比例	100.0	3.99	17.3			6.1	5.5	6.9	6.5	13.56	13.0	21.3	20.4		1.8	2.1
	生产量	10250	380	1750			780	695	780	640	1390	1340	2080	2020		220	210
	进口量	311	13	35			35	27	4	20	72	72	84	14		28	6
2012 年	出口量	513	0	101			177	141	53	5	83	83	7	7		65	15
	消费量	10048	393	1684			638	581	731	655	1379	1329	2157	2027		183	201
	消费比例	100.00	3.91	16.76			6.35	5.78	7.28	6.52	13.72	13.23	21.47	20.17		1.82	2.00
	生产量	10110	360	1720			770	685	795	635	1360	1310	2040	2015		230	185
	进口量	283	11	28			32	24	3	20	66	65	83	7		27	6
2013 年	出口量	611	9	121			179	132	64	5	116	116	17	9		69	22
	消费量	9782	362	1627			623	577	734	650	1310	1259	2106	2013		188	169
	消费比例	100.00	3.70	16.63			6.37	5.90	7.50	6.64	13.39	12.87	21.53	20.58		1.92	1.73
	生产量	10470	325	1715			775	685	830	650	1395	1345	2180	2155		250	195
	进口量	282	5	31			34	26	4	20	64	64	86	5		27	6
2014 年	出口量	681	9	117			184	124	75	5	158	158	26	8		72	27
	消费量	10071	321	1629			625	587	759	665	1301	1251	2240	2152		205	174
	消费比例	100.00	3.19	16.18			6.21	5.83	7.54	6.60	12.92	12.42	22.24	21.37		2.04	1.73
	生产量	10710	295	1745			770	680	885	665	1400	1340	2245	2225		265	215
	进口量	287	6	37			34	26	3	21	61	60	84	9		26	6
2015 年	出口量	645	2	102			162	110	71	5	162	162	32	6		74	29
	消费量	10352	299	1680			642	596	817	681	1299	1238	2297	2228		217	192
	消费比例	100.00	2.89	16.23			6.20	5.76	7.89	6.58	12.55	11.96	22.19	21.52		2.10	1.85

续表

		总量	新闻纸	未涂布印刷书写纸	其中：书刊印刷纸	书写纸	涂布纸	其中：铜版纸	生活用纸	包装用纸	白纸板	其中：涂布白纸板	箱纸板	瓦楞原纸	其中：高强瓦楞原纸	特种纸及纸板	其他纸及纸板
2016 年	生产量	10855	260	1770			755	665	920	675	1405	1345	2305	2270		265	215
	进口量	297	6	41			35	26	3	21	58	57	94	8		26	5
	出口量	733	1	122			181	126	69	7	198	197	35	7		81	32
	消费量	10419	265	1689			609	565	854	689	1265	1205	2364	2271		225	188
	消费比例	100.00	2.54	16.21			5.85	5.42	8.20	6.61	12.14	11.57	22.69	21.80		2.16	1.8
2017 年	生产量	11130	235	1790			765	675	960	695	1430	1370	2385	2335		305	230
	进口量	466	33	63			45	33	4	23	62	61	137	65		26	8
	出口量	699	1	109			176	123	74	11	193	193	12	4		82	37
	消费量	10897	267	1744			634	585	890	707	1299	1238	2510	2396		249	201
	消费比例	100.00	2.45	16.00			5.82	5.37	8.17	6.49	11.92	11.36	23.03	21.99		2.29	1.84
2018 年	生产量	10435	190	1750			705	655	970	690	1335	1275	2145	2105		320	230
	进口量	622	48	85			49	32	5	21	54	53	207	111		30	12
	出口量	618	1	84			150	106	74	10	170	170	7	3		89	30
	消费量	10439	237	1751			604	581	901	701	1219	1158	2345	2213		261	207
	消费比例	100.00	2.27	16.77			5.79	5.57	8.63	6.72	11.68	11.09	23.46	21.20		2.5	1.98
2019 年	生产量	10765	150	1780			680	630	1005	695	1410	1350	2190	2220		380	255
	进口量	625	46	63			32	22	3	20	52	51	220	156		24	9
	出口量	686	1	94			170	117	78	16	185	185	7	2		95	38
	消费量	10704	195	1749			542	535	930	699	1277	1216	2403	2374		309	226
	消费比例	100.00	1.82	16.34			5.06	5.00	8.69	6.53	11.93	11.36	22.45	22.18		2.89	2.11

（邱江惠）

2019 年国内市场部分纸张价格

Prices of Partial Paper and Paperboard Grades in Domestic Market in 2019

2019 年国内市场部分纸张价格（仅供参考，以供应商实际报价为准）

产品名称	品牌/厂家	定量/（克/米^2）	价格/（元/吨）											
			1 月	2 月	3 月	4 月	5 月	6 月	7 月	8 月	9 月	10 月	11 月	12 月
铜版纸	华夏	64（A3）	7200	7200	7200									
		70（A3）	7000	7000	7000	7300	7400	7400	7400	7400	7400	7500	7500	7600
		80（A3/A2）	6700/6800	6700/6800	6700/6800	7000/6900	7100/7000	7100/7000	7100/7000	7100/7000	7100/7000	7200/7100	7200/7100	7200/7000
		90（A3/A2）	6500/6600	6500/6600	6500/6600	6800/6700	6900/6800	6900/6800	6900/6800	6900/6800	6900/6800	7000/6900	7000/6900	7000/6800
		100（A3/A2）	6300/6400	6300/6400	6300/6400	6600/6500	6700/6600	6700/6600	6700/6600	6700/6600	6700/6600	6800/6700	6800/6700	6800
		105（A3/A2）	6300/6400	6300/6400	6300/6400	6600/6500	6700/6600	6700/6600	6700/6600	6700/6600	6700/6600	6800/6700	6800/6700	6600
		120～250	6200	6200	6200	6400	6500	6500	6500	6500	6500	6600	6600	6300
	天阳	128～230	6000	6000	6000	6200	6300	6300	6300	6300	6300	6400	6400	6400
	九州太阳	110	5800	5800	5800	6000	6100	6100	6100	6100	6100	6200	6200	6200
	金东	100～105（双铜）	5820	5870	6070	6270	6220	6320	6370	6500	6700	6700	6800	6850
	东帆	120～200（双铜）	5620	5670	5870	6070	6020	6120	6170	6300	6500	6500	6600	6650

续表

产品名称	品牌/厂家	定量/（克/米^2）	价格/（元/吨）											
			1月	2月	3月	4月	5月	6月	7月	8月	9月	10月	11月	12月
铜版纸	金东长鹤	100～105（双铜）	5620	5670	5870	6070	6020	6120	6170	6300	6500	6500	6600	6650
		120～200（双铜）	5420	5470	5670	5870	5820	5920	5970	6100	6300	6300	6400	6450
	紫兴	128～200（双铜）	5620	5620	5820	6020	5920	5820	5870	5900	6100	6100	6250	6300
		230～300（双铜）	5420	5420	5620	5820	5720	5620	5670	5700	5900	5900	6050	6100
	华泰牡丹	97～105（双铜）	5420	5470	5620	5820	5820	5720	5770	5950	6150	6150	6250	6300
		115～200（双铜）	5120	5170	5320	5520	5520	5420	5470	5650	5850	5850	5950	6000
	金海鲸王	150（双铜）	5460	5460	5660	5860	5960	5860	5910	6010	6110	6110	6160	6210
		200～250（双铜）	5260	5260	5460	5660	5760	5660	5710	5810	6010	6010	6060	6010
	晨鸣雪兔	120～200（双铜）	5010	5110	5210	5310	5410	5310	5370	5470	5700	5700	5750	5800
	晨鸣雪鹰	120～200（双铜）	5310	5410	5510	5710	5710	5610	5670	5770	6000	6000	6050	6100
	太空梭	128～200（哑光）	5620	5620	5820	6020	6020	5920	5970	6300	6500	6500	6600	6650
	金海鲸王	150～200（哑光）	5260	5260	5460	5660	5760	5660	5710	5810	6010	6010	6060	6110
	紫兴	128～200（哑光）	5620	5620	5820	6020	6020	5920	5970	6000	6200	6200	6300	6300
		230～300（哑光）	5420	5420	5620	5820	5820	5720	5770	5800	6000	6000	6100	6100

续表

产品名称	品牌/厂家	定量/（克/米^2）	价格/（元/吨）											
			1月	2月	3月	4月	5月	6月	7月	8月	9月	10月	11月	12月
铜版纸	UV2 宁波	230～320（双铜,高松）	7020	7020	7020	7020	7020	7020	7020	7020	7020	7020	7020	7020
	宁波酋长	250～400	5310	5310	5410	5510	5610	5610	5510	5510	5510	5710	5710	5810
	宁波酋长	230～320（高松）	5610	5610	5710	5710	5810	5810	5810	5810	5810	5960	6010	6010
	金太阳	190～400	8410～8610	8410～8610	8410～8610	8410～8610	8410～8610	8410～8610	8410～8610	8410～8610	8410～8610	8410～8610	8410～8610	8410～8610
	万国骄阳	170～350	5410～5810	5610～6010	5710～6310	5710～6310	5910～6510	5910～6510	5910～6510	5910～6510	5910～6510	6010～6610	6210～6810	6310～6910
食品卡纸	金太阳	250～350（白芯）	9410	9410	9410	9410	9410	9410	9410	9410	9410	9410	9410	9410
		250～350（黄芯）	9210	9210	9210	9210	9210	9210	9210	9210	9210	9210	9210	9210
胶版纸	华夏	60	6900	6900	6900	6900	7000	7000	7000	7000	7000	7100	7100	7000
		70～120	6700	6700	6700	6700	6800	6800	6800	6800	6800	6900	6900	6800
	金太阳	60	7100	7100	7100	7100	7200	7200	7200	7200	7200	7300	7300	7200
		70～120	6900	6900	6900	6900	7000	7000	7000	7000	7000	7100	7100	7000
	天阳本白	60	6600	6600	6600	6600	6700	6700	6700	6700	6700	6800	6800	6700
	天阳高白	70～120	6500	6500	6500	6500	6600	6600	6600	6600	6600	6700	6700	6600
涂布白卡纸	华夏太阳	190～400	6710～7110	6910～7310	7210～7510	7210～7510	7210～7510	7210～7510	7210～7510	7210～7510	7210～7510	7210～7510	7210～7510	7210～7510
	金太阳	190～360（高松）	8710～9010	8710～9010	8710～9010	8710～9010	8710～9010	8710～9010	8710～9010	8710～9010	8710～9010	8710～9010	8710～9010	8710～9010
	万国骄阳	170～400	5410～5810	5610～6010	5710～6310	5710～6310	5910～6510	5910～6510	5910～6510	5910～6510	5910～6510	6010～6610	6210～6810	6310～6910
	红梅	190～230	7250～7400	7250～7400	7300～7450	7300～7450	7200～7300	7200～7300	7200～7300	7250～7350	7250～7350	7300～7400	7300～7400	7300～7400

续表

产品名称	品牌/厂家	定量/（克/米²）	价格/（元/吨）											
			1月	2月	3月	4月	5月	6月	7月	8月	9月	10月	11月	12月
涂布白卡纸	宁波金丽	250～400	5210	5210	5310	5310	5410	5260	5160	5260	5260	5610	5810	5910
	金桂金蝶兰	250～350	5210	5210	5310	5310	5410	5260	5160	5260	5260	5610	5810	5810
	金桂富桂	235～365	5310	5310	5410	5410	5510	5360	5260	5360	5360	5810	5910	5910
	博汇	235～365（高松）	4410	4510	5110	5210	5160	5060	5110	5210	5410	5410	5560	5660
	晨鸣丽致	235～365	4510	4610	5110	5210	5160	4960	5010	5110	5310	5310	5610	5760
涂布白纸板	海龙	250	4510	4560	4410	4410	4310	4310	4210	4310	4210	4210	4310	4410
		300	4360	4410	4260	4260	4160	4160	4060	4160	4060	4060	4160	4260
		350～400	4260	4310	4160	4160	4060	4060	3960	4060	3960	3960	4060	4160
	地龙	250	4410	4460	4310	4310	4210	4210	4110	4210	4110	4110	4210	4310
		300	4310	4360	4210	4210	4110	4110	4010	4110	4010	4010	4110	4210
		350～400	4210	4260	4110	4110	4010	4010	3910	4010	3910	3910	4010	4110
复印纸	Double A（泰国）	80（B）	13600	13800	13900	14000	14200	14000	14200	14300	14300	14500	14500	14600
	绿叶/蔡伦纸业	80（C）	12000	12200	12400	12600	12800	12600	12500	12600	12600	12800	12800	12900
	太阳/广东太阳纸业	80（C）	11800	12000	12200	12400	12600	12500	12300	12500	12500	12600	12600	12700
	百旺/亚太森博（广东）	80（B）	12000	12200	12400	12600	12800	12600	12500	12600	12600	12800	12800	12900

续表

产品名称	品牌/厂家	定量/（克/米^2）	价格/（元/吨）											
			1 月	2 月	3 月	4 月	5 月	6 月	7 月	8 月	9 月	10 月	11 月	12 月
复印纸	云雀/互益纸业	70/80（C）	11800	12000	12200	12400	12600	12500	12300	12500	12500	12700	12500	12600
	羚羊/互益纸业	70/80（C）	10700	10900	11100	11300	11500	11400	11300	11500	11500	11700	11500	11600
	银羊/互益纸业	70/80（C）	10500	10700	10900	11000	11200	11100	11000	11200	11200	11500	11300	11400
	小钢炮/APP	80（C）	12000	12200	12400	12600	12800	12600	12500	12600	12600	12800	12800	12900
	金丝雀/APP	80（C）	13600	13800	13900	14000	14100	14000	14200	14300	14300	14500	14500	14600

注：A3 表示单面涂布量在 15 克/米^2 以内，A2 表示单面涂布量在 20 克/米^2 以内；B 表示 5 包/箱，500 张/包；C 表示 10 包/箱，500 张/包。

（邹　怡）

2019 年中国造纸协会纸浆指数分析

China Paper Association Pulp Index(CPAPI) in 2019

2019 年年初，国内纸浆市场需求疲软，受春节假期影响，1 月，纸浆市场成交量有所下滑，纸浆价格略有下降。2 月，元宵节过后，纸浆市场逐步恢复正常交易，纸浆价格小幅探涨。3 月，纸浆市场成交量有明显改善，但由于下游市场整体需求表现一般，总体行情仍不乐观，纸浆价格小幅回落。4 月，纸浆市场行情依旧偏弱，受增值税下调和下游市场需求不足影响，纸浆价格延续下滑趋势。5—6 月，纸浆市场供过于求，纸浆价格大幅下滑。7 月，纸浆市场成交略有增加，纸浆价格继续承压下行。8 月，受市场需求不振的影响，纸浆市场成交有限，纸浆价格持续下行。9 月，纸浆市场成交量有所增加，表现基本维持平稳，纸浆价格上涨空间受限。10—11 月，纸浆市场行情依旧不温不火，成交整体偏弱，纸浆价格呈下行走势，业者多持谨慎观望态度。12 月，纸浆市场交易气氛不高，多维持刚需交易为主，纸浆价格维持窄幅下行趋势，纸浆价格总指数环比下滑 0.97%，物量总指数环比增长 1.01%。2018—2019 年中国造纸协会纸浆价格、物量总指数及分类别纸浆价格和物量指数(包括定基指数和环比指数)如图 1 ~ 图 6 所示。

分类来看，漂白硫酸盐针叶木浆方面，1 月市场整体表现为弱势反弹，现货价格出现提涨现象，

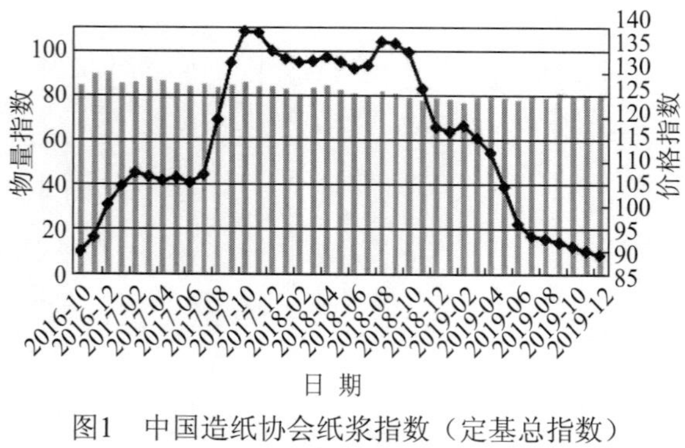

图1 中国造纸协会纸浆指数（定基总指数）

物量 价格

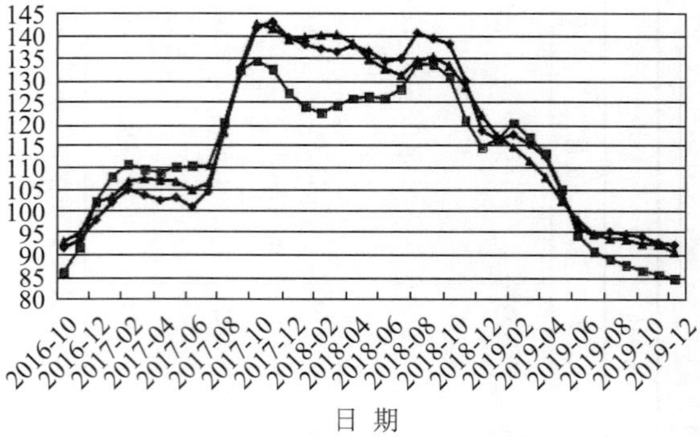

图2 中国造纸协会纸浆指数（分类价格定基指数）

漂白针叶木浆 漂白阔叶木浆 本色浆

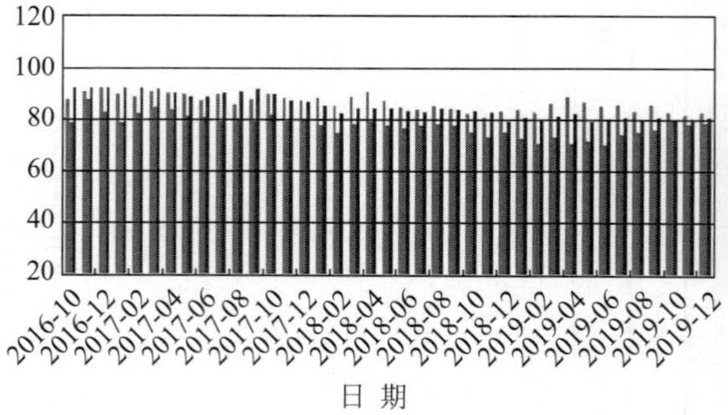

图3 中国造纸协会纸浆指数（分类物量定基指数）

漂白针叶木浆 漂白阔叶木浆 本色浆

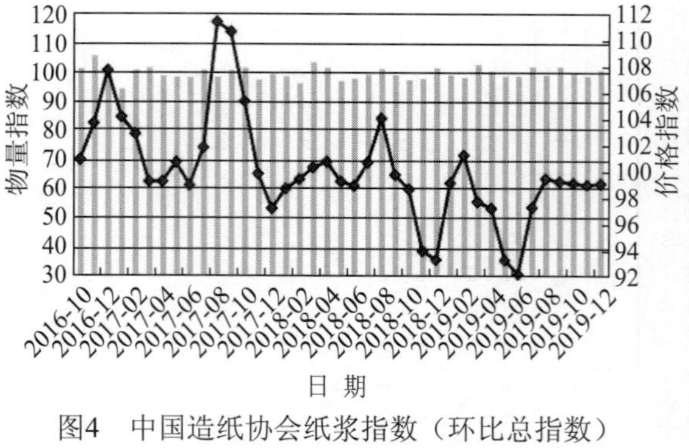

图4 中国造纸协会纸浆指数（环比总指数）

物量 价格

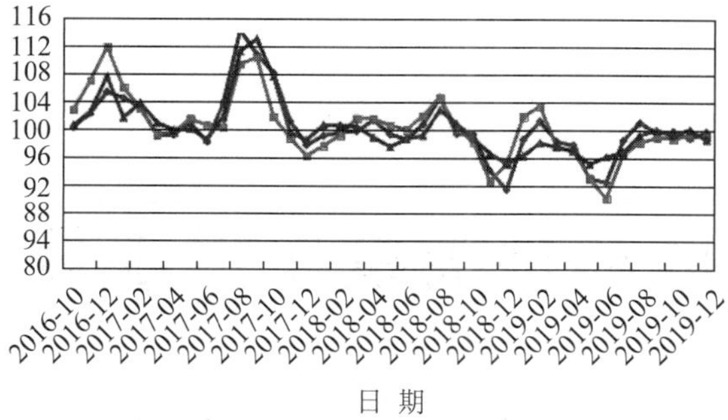

图5　中国造纸协会纸浆指数（分类价格环比指数）

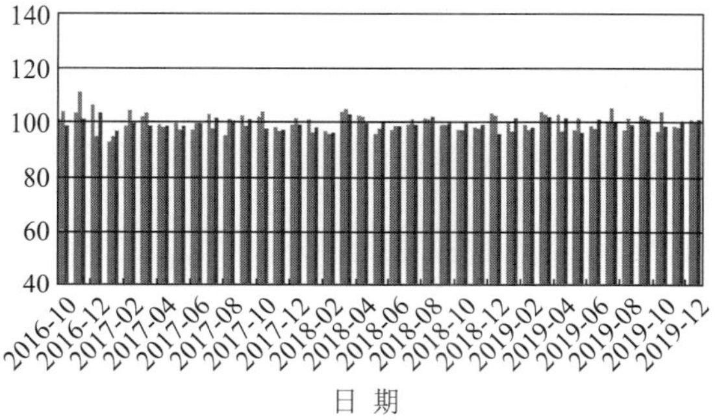

图6　中国造纸协会纸浆指数（分类物量环比指数）

涨幅在 200 元/吨左右。2—3 月，市场行情表现略显平稳，下游市场刚需采购，受 4 月 1 日增值税下调影响，3 月下旬漂白硫酸盐针叶木浆价格下滑明显。4 月，市场需求延续刚需模式，浆市成交不旺，浆价小幅下滑。5—6 月，市场行情低迷，市场成交量价齐跌。7 月，市场行情趋于平稳，以刚需交易为主，浆价先扬后抑。8 月，受人民币汇率下滑、中美贸易摩擦加剧、进口木浆外盘价格上涨等多重因素的影响，漂白硫酸盐针叶木浆现货价格小幅上涨，整体上调 50～100 元/吨。9 月，受文化用纸市场旺季需求影响，现货市场成交量有所增加。10—11 月，现货市场延续刚需交易为主，供应量较为充裕。12 月，现货市场行情以窄幅整理为主，成交量有所增加，库存量小幅下降，受期货盘面价格上扬影响，漂白硫酸盐针叶木浆现货价格小幅报涨，但涨幅有限。

漂白硫酸盐阔叶木浆方面，1 月，市场交投氛围略显清淡，浆价止跌回升，整体涨幅 200 元/吨左右。2 月，市场行情表现趋于平淡，受外盘带动的影响，阔叶浆价格呈小幅上行趋势，受春节假期休市影响，成交量下滑明显。3 月，市场交投气氛略显平淡，下游纸厂按需补库，需求增长乏力，上旬纸浆价格开始缓慢下行，直至月底整体跌幅在 200 元/吨左右。4 月，市场行情延续低迷走势，浆价向下承压明显，整体跌幅在 200 元/吨左右。5 月，漂白硫酸盐阔叶木浆月内到港量增加，市场整体供过于求，浆价大幅下行，降幅在 300～400 元/吨左右。6 月，漂白硫酸盐阔叶木浆需求进一步下滑，港口库存不减反增，市场供过于求高压态势加剧，漂白硫酸盐阔叶木浆现货价格下滑较漂白硫酸盐针叶木浆更快，降幅在 500～600 元/吨左右。7 月，漂白硫酸盐阔叶木浆价格持续下滑，月内整体降幅在 200～250 元/吨左右。8 月，漂白硫酸盐阔叶木浆库存压力并未得到明显改善，浆价呈小幅下跌走势，月内整体降幅在 50～100 元/吨左右。9—10 月，市场成交均量增价减。11 月，市场刚需交易为主，需求持续低迷，随着库存的不断消耗，港口库存量逐步下滑。12 月，现货市场成交情况一般，浆价延续下行趋势，受国外浆厂计划性减产等利好因素影响，港口木浆总库存量有明显下滑。

本色浆方面，1 月，市场行情表现一般，春节前期，受下游市场备货增加影响，本色浆市场成交量有所增加，现货价格延续 2018 年 12 月下跌行情，跌幅在 400 元/吨左右。2－6 月，市场交投氛围清淡，成交量与纸浆价格均呈下行趋势。4 月以来我国本色浆进口量有明显增长，因此 6 月本色浆受纸浆市场整体疲软影响，价格继续下滑但市场成交企稳，且制浆价格降幅明显小于漂白硫酸盐针叶木浆及漂白硫酸盐阔叶木浆。7 月，现货市场无明显起色，由于下游需求有限，纸浆价格维持下跌趋势，月内整体跌幅 250 元/吨左右。8 月，市场成交量价齐降。9—10 月，现货市场行情维持刚需交易，纸浆价格整体波动不大。11 月，市场成交量有所增加，纸浆价格维持稳定。12 月，现货市场行情整体变化不大，供需较为平稳，下游客户延续刚需采购为主，纸浆价格呈窄幅下调整理趋势。

（王　斌）

2018—2019年全球分地区和种类纸浆需求量

Global Pulp Demand by Region and Grade in 2018 - 2019

表1 2018—2019年全球不同地区化学浆需求量 单位：千吨

地区	2018年	2019年	同比/%
北美	7424	7479	0.7
西欧	15578	14383	-7.7
东欧	2649	2735	3.3
拉丁美洲	3465	3495	0.8
日本	2237	2201	-1.6
中国	20489	23978	17.0
其他亚洲地区	8259	8728	5.7
大洋洲	340	394	15.6
非洲	740	946	27.9
全球	61180	64339	5.2

表2 2018—2019年1—12月全球化学浆需求量 单位：千吨

月份	2018年	2019年
1月	4880	4559
2月	4791	4629
3月	5622	5580
4月	4912	5049
5月	5174	5150
6月	5431	5282
7月	5022	5553
8月	5412	5716
9月	5549	5713
10月	4821	5439
11月	4613	5551
12月	4952	6116
合计		

表 3　　2018—2019 年全球不同浆种需求量　　单位：千吨

浆种	2018 年	2019 年	同比/%
化学浆	61181	64340	5.2
亚硫酸盐浆	104	85	-18.5
漂白硫酸盐针叶木浆	24845	26392	6.2
其中：北方松	14777	15933	7.8
其他	10067	10459	3.9
漂白硫酸盐阔叶木浆	34066	35741	4.9
其中：桉木浆	24666	25458	3.2
其他	9400	10283	9.4
未漂硫酸盐浆	2166	2122	-2.0
高得率浆	4292	4250	-1.0
合计	65473	68590	4.8

注：数据来源于纸浆纸张产品理事会（PPPC）。

（曹凯月　李荔平）

2018—2019 年全球分地区和种类纸及纸板需求量

Global Paper and Paperboard Demand by Region and Grade in 2018 - 2019

表 1 2018—2019 年全球不同地区纸及纸板需求量 单位：千吨

地区	印刷用纸			纸箱用纸板			生活用纸		
	2018 年	2019 年	同比/%	2018 年	2019 年	同比/%	2018 年	2019 年	同比/%
北美	18788	16462	-12.4	32326	31471	-2.6	8243	8281	0.5
西欧	21683	19745	-8.9	24277	24361	0.3	6748	6821	1.1
东欧	5436	5185	-4.6	9110	9228	1.3	2277	2361	3.7
拉丁美洲	5616	4944	-12.0	13205	13159	-0.3	4093	4270	4.3
日本	10495	10268	-2.2	9277	9237	-0.4	1962	2014	2.7
中国	14933	13911	-6.8	43117	41689	-3.3	8568	8829	3.0
其他亚洲地区	18912	17925	-5.2	27613	27978	1.3	4002	4187	4.6
大洋洲	1299	1168	-10.1	1948	1952	0.2	471	474	0.6
非洲	2735	2839	3.8	3286	3385	3.0	853	921	7.9
全球	99897	92448	-7.5	164160	162463	-1.0	37217	38159	2.5

表 2 2018—2019 年 1—12 月全球纸及纸板需求量 单位：千吨

月份	印刷用纸		纸箱用纸板		生活用纸	
	2018 年	2019 年	2018 年	2019 年	2018 年	2019 年
1 月	8510	7971	13808	13574	3138	3238
2 月	7851	7258	12401	12183	2803	2872
3 月	8922	8172	13909	13613	3189	3267
4 月	8255	7739	13633	13491	3068	3119
5 月	8363	7807	14031	13941	3136	3191
6 月	8300	7403	13747	13395	3069	3142
7 月	8226	7769	14066	13937	3154	3245
8 月	8485	7627	13812	13598	3141	3234
9 月	8193	7653	13574	13477	3090	3172
10 月	8664	7991	14013	14066	3185	3268
11 月	8219	7609	13708	13630	3086	3184
12 月	7910	7450	13456	13558	3157	3228
合计	99898	92449	164158	162463	37216	38160

表3　　2018—2019 年全球不同纸种需求量　　单位：千吨

纸种	2018 年	2019 年	同比/%
印刷用纸			
新闻纸	19358	16831	-13.1
未涂布机械浆纸	10109	9011	-10.9
涂布机械浆纸	10280	9247	-10.1
未涂布不含磨木浆纸	39961	39010	-2.4
涂布不含磨木浆纸	20189	18350	-9.1
纸箱用纸板			
牛皮纸板	34506	33065	-4.2
半化学浆瓦楞原纸	9351	9158	-2.1
挂面箱纸板	67369	67113	-0.4
废纸瓦楞原纸	52933	53128	0.4

注：数据来源于纸浆纸张产品理事会（PPPC）。

（曹凯月　李荔平）

产品与市场

PRODUCTS AND MARKET

2019 年我国造纸工业生产运行情况
2019 年我国浆纸市场分析
2019 年我国废纸回收利用及废纸、废纸浆进出口概况
2018 年我国出版印刷用纸市场综述
2019 年我国生活用纸行业概况和展望
2019 年我国一次性卫生用品行业概况和展望
2019 年我国包装纸板发展概况
2019 年我国特种纸产业发展现状
2019 年溶解浆市场回顾与展望
2018 年全球包装用纸及纸板生产及消费概况

3

2019 年我国造纸工业生产运行情况

Analysis of Production and Sale Situation of China's Paper Industry in 2019

一、2019 年我国造纸工业生产完成情况

据中国造纸协会调查资料，2019 年全国纸及纸板生产企业约 2700 家，全国纸及纸板生产量 10765 万吨，较 2018 年增长 3.16%。消费量 10704 万吨，较 2018 年增长 2.54%，人均年消费量为 75 千克（14.00 亿人）。

二、主要经济指标完成情况

据国家统计局统计数据，2019 年 1—12 月规模以上制浆造纸及纸制品业企业主要经济指标完成情况如下。

1. 主营业务收入

全行业累计完成 13370.09 亿元，同比下降 3.00%。其中：纸浆制造业累计完成 153.16 亿元，同比下降 3.14%；造纸业累计完成 7649.62 亿元，同比下降 5.09%；纸制品制造业累计完成 5567.31 亿元，同比增长 0.02%。

2. 利润总额

全行业累计 681.90 亿元，同比下降 9.05%。其中：纸浆制造业累计 -1.77 亿元，同比下降 113.78%；造纸业累计 359.01 亿元，同比下降 21.06%；纸制品制造业累计 324.66 亿元，同比增长 15.05%。

3. 亏损企业亏损额

全行业累计 104.94 亿元，同比增长 26.78%。其中：纸浆制造业累计 8.02 亿元，同比增长 220.58%；造纸业累计 73.57 亿元，同比增长 29.65%；纸制品制造业累计 23.34 亿元，同比下降 0.74%。

根据统计快报数据分析，2019 年全行业整体生产情况基本稳定，经济指标完成情况不如 2018 年。

三、商品纸浆和废纸进口及原生纸浆生产情况

1. 商品纸浆进口情况分析

2019 年国内进口各类商品纸浆 2719.58 万吨，比 2018 年同期增加 240.54 万吨，同比增长 9.70%。出口纸浆 11.60 万吨，同比增长 16.12%。

2019 年进口的商品木浆种类：漂白针叶木浆进口 890.97 吨，同比增长 12.13%；漂白阔叶木浆进口 1178.10 万吨，同比增长 4.45%；未漂白木浆进口 85.79 万吨，同比增长 6.15%；半化学浆、机械浆合计进口 160.33 万吨，同比增长 4.03%；溶解级木浆进口 306.34 万吨，同比增长 7.95%；废纸浆进口 92.11 万吨，同比增长 147.94%。

2. 废纸进口及废纸浆生产情况分析

2019 年累计进口各类废纸 1036.27 万吨，比 2018 年同期减少 667.01 万吨，同比下降 39.16%。

2018 年进口废纸的品种：进口废旧瓦楞纸板箱 795.70 万吨，同比下降 38.50%；进口废旧新闻纸和废旧杂志纸 205.69 万吨，同比下降 39.13%；进口办公废纸 34.88 万吨，同比下降 50.20%。

2019 年在环保许可和进口质量标准约束下，废纸进口量还在继续减少，由于受可回收总量的制约，国内废纸回收量将比 2018 年有下降，但生产企业对采购质量要求都有提高，会弥补部分总量。

四、纸及纸板主要品种生产消费分析

1. 新闻纸

2019 年新闻纸生产量为 150 万吨，同比下降

21.05%，进口 46 万吨，出口 1 万吨，消费量为 195 万吨，同比下降 17.72%。

目前国内还在生产新闻纸的生产企业已不是很多，年产超过 10 万吨的主要生产企业还有 3 家，产能不到 200 万吨/年。受需求和废纸等原辅材料成本及进口等因素影响，2019 年国内新闻纸生产和销售量仍然呈下降态势。

2. 印刷书写用纸

2019 年未涂布书写印刷用纸生产量为 1780 万吨，同比增长 1.71%，进口 63 万吨，出口 94 万吨，消费量 1749 万吨，同比下降 0.11%。

3. 铜版纸

2019 年铜版纸国内生产量为 630 万吨，同比下降 3.82%，进口 22 万吨，出口 117 万吨，消费量为 535 万吨，同比下降 7.92%。

4. 生活用纸

2019 年国内生活用纸生产量为 1005 万吨，同比增长 3.61%；进口 3 万吨，出口 78 万吨，消费量为 930 万吨，同比增长 3.22%。

5. 白纸板

2019 年国内白纸板生产量为 1410 万吨，同比增长 5.62%；进口量 52 万吨，出口量 185 万吨；全年消费量 1277 万吨，同比增长 4.76%。

6. 箱纸板和瓦楞原纸

2019 年国内箱纸板生产量为 2190 万吨，同比增长 2.10%；进口量 220 万吨，出口量 7 万吨，全年消费量 2403 万吨，同比增长 2.47%。瓦楞原纸生产量 2220 万吨，同比增长 5.46%；进口量 156 万吨，出口量 2 万吨，全年消费量 2374 万吨，同比增长 7.28%。

五、2019 年国内造纸行业生产和市场总体走势

2019 年国际经济贸易增长放缓，外部环境更趋复杂严峻，我国经济下行压力的迹象也较为明显，但随着国家一系列大力度减税降费政策的出台，效果在不断显现。从前 3 季度主要经济指标来看，经济运行总体平稳，主要的宏观经济指标仍然保持在合理区间。在这个大势背景下，作为原材料产业同时产品又具有消费品功能的造纸工业，整体经济运行与全国运行形势基本保持了一致。

根据 2019 年造纸生产和市场走势分析，我们认为 2019 年国内造纸工业生产和市场有以下态势：

(1)造纸生产和运行呈现先低后高态势，整体保持平稳。全年纸及纸板生产总量与 2018 年基本持平，产销基本保持平衡。

(2)受市场大势和信心不足等因素影响，造纸行业全年主营业务收入和利润等主要经济指标同比下滑较大，亏损企业数量增多。

(3)受商品纸浆价格低迷的影响及环保监察力度等因素，国内原生纸浆生产积极性受挫，国内原生非木浆生产量继续减量。

(4)虽然市场对纸张品种需求结构发生了一些变化，但总量需求基本稳定，由于国内原生纸浆增量不大，加上废纸进口的减量，造纸生产企业对进口商品纸浆需求还会增加。

(5)由于市场对纸张品种需求的变化，加上原材料来源成本差异及市场竞争等因素，部分产品和生产企业表现出了分化。

(6)由于受废纸的总量和质量及商业利益等因素影响，包装纸板会形成进口量增加，出口量减少局面。

六、2020 年国内造纸工业生产和市场总体态势

当前国内外经济形势依然复杂严峻，经济面临较大下行压力。从一些先行指标和国际机构的预测都不太乐观，世界经济大概率还会延续放缓趋势，但从国内情况看，有力的支撑因素还比较多。党中央、国务院坚持稳中求进，坚持高质量发展的一系列决策部署必将会保持中国经济平稳运行。因此，我们对 2020 年国内造纸产业走势判断：

(1)国家会继续坚持稳中求进的总基调，实施积极的财政政策和稳健的货币政策，使经济继续保持在合理区间运行，在此大的背景下，作为众多产业配套的原材料产业，在总需求的拉动下，造纸行业整体运行仍会继续保持平稳，市场需求可能是逐步回升向好。

(2)随着供给侧结构性改革不断深入和高质量发展的推动及人民美好生活的追求，使得消费结构和市场格局产生变化，将促使造纸行业加快、加大对产业、产品、资源、区域等结构调整力度。部分造纸企业会因此受到影响。

(3)从目前情况看，进口废纸正在按生态环境部计划目标推进，2020 年进口数量还将继续减量。由于受国内废纸可回收总量和质量的制约，由此国内生产企业对造纸原料的需求量将会趋紧，会增加对国内回收废纸和商品纸浆的需求。

(4)废纸原料进口政策的实施和推进，会加大部分造纸企业走出去的决心，尤其是建设以废纸为原料的浆厂。这里需要提醒有投资意愿的厂家，要做好前期的调研工作，尤其是投资地和我国的环保及进出口政策变化。

(5)商品漂白针叶木浆期货在上海期货交易所挂牌上市后，既有利于企业发现价格，也给企业增加了一个套期保值的融资渠道，但金融资本参与度增加，尤其要避免市场投机力量对政策和现象的影响过分放大，给商品纸浆市场带来影响和波动。

(6)国际国内贸易形势仍然严峻，不确定因素依然较多，将给造纸产品的生产及消费预测带来一些影响。

七、结束语

纵观2019年造纸工业的生产及运行情况，尽管外部环境复杂严峻，下行压力较大，但行业通过调整结构，狠抓节能减排，开发纤维原料来源渠道，降低成本等办法，克服了市场需求不旺，竞争加剧，利润下降等困难，基本保障了市场供给，使造纸行业今年的整体生产和运行保持了基本稳定。

展望2020年造纸工业形势，虽然外部环境还存在诸多不确定因素，会给我们造纸行业生产和消费预测带来一些影响，但从近期中央发布的提振经济发展的政策看，中国经济仍然会继续保持在合理区间运行。在这个大背景下，结合造纸产业定位和作用，仍将会给造纸产业带来发展空间。

只要我们坚持“绿色纸业”的方向，通过供给侧结构性改革，增强创新能力，增加新动能，并有效控制新增产能，可以预见明年会更好。

以上为国内造纸工业的一些情况及本人对这些问题的认识，不当之处请指正。

（赵　伟）

2019 年我国浆纸市场分析

Analysis of China's Pulp and Paper Marketing Situation in 2019

在经历了 10 年来首次的纸及纸板产消双双下跌的 2018 年之后，2019 年，我国造纸行业重新恢复平稳增长的态势，纸及纸板生产量和销售量同比增长分别为 3.16% 和 2.54%，虽然产销水平依然不及如火如荼的 2017 年的历史高位，但是在宏观经济放缓、中美贸易摩擦加剧、环保日趋严格等国内外风险挑战明显上升的复杂局面下，在供给端扩张和需求端收缩的双重压力下，2019 年我国造纸行业能够保持整体增长已实属不易。

2019 年，我国造纸行业又有大量新增产能投入使用，尤其是包装用纸及生活用纸两个领域。这使得原本就已处于阶段性产能过剩的造纸行业，供大于求的矛盾更加突出。虽然国家环保政策与要求更加严格，但通过前几年的治理，大量的中小企业及落后产能已基本完成了关停或改造，因此，在 2019 年大量新增产能释放的背景下，只有较少的老产能可供淘汰，净增的产能数量依然较为庞大。

2019 年，由于需求低迷等众多因素而引发了进口商品木浆市场价格全年持续走低，国内现货市场平均价格比 2018 年低 1500 ~ 2000 元/吨，甚至更多，这对于以商品木浆为主要原料的部分纸厂如同雪中送炭一般，尤其是文化用纸、白卡纸和生活用纸等“白纸”生产商，进口商品木浆降价带来的利润空间，成为其 2019 年的主要盈利增长点。但是，从中也反映出一个非常严酷的现实：我国造纸行业对进口原料的依赖程度已经为行业发展带来很大的隐患，盈利能力主要“仰仗”于进口原料的价格高低，这对于大量的以商品木浆为主要原料的国内造纸企业来说，并不是一条健康发展之路。

一、2019 年我国纸张市场情况回顾

1. 文化用纸

2019 年是文化用纸价格理性回归、纸厂扭转盈亏的 1 年。相比于其他纸种，文化用纸市场在 2019 年更加平稳有序，且价格稳步上行。

从图 1 可以看出，长期来看，文化用纸的纸价和商品木浆价格的趋势基本保持一致，但是在 2019 年，两者出现了分歧，纸价走高、浆价走低，两者的价差从每吨几百元增加至 2000 元/吨以上。虽然这个价差不能直接说是纸厂的利润，但却可以反映出纸厂的盈利能力得到了很好的修复。

（1）新闻纸

2019 年，新闻纸生产量 150 万吨，同比下降 21.05%，消费量 195 万吨，同比下降 17.72%。新闻纸继续延续生产量和消费量双双大幅下跌的态势。在所有纸种中，受电子媒体冲击最为严重的印刷出版用纸就是新闻纸，近些年新闻纸的产销量每年都是以超过 10% 的速度在下降，2019 年下降尤为严重，降幅超过了 20%。这与全球的变化趋势基本一致。受此大趋势影响，国内外大部分新闻纸纸机已经改造转产其他纸种。

目前，新闻纸纸厂仅剩 4 家在生产，而其用户也主要集中在一些规模较大的党报党刊，产销双方都相对集中，因此，新闻纸市场价格变化幅度较其他纸种更加平缓。然而，目前国家关于禁止固体废物进口的截止时间日益临近，如果 2021 年起停止废纸进口，对于完全以废纸为原料的新闻纸行业，未来的原料供给问题将充满不确定性。

（2）双胶纸

2019 年，未涂布印刷书写纸生产量 1780 万吨，同比增长 1.71%；消费量 1749 万吨，同比下降 0.11%。2019 年对于双胶纸企业来说，是轻松愉快的 1 年。需求回暖，主要原材料价格大幅下跌，企业利润大幅增长。

最近几年来，我国双胶纸市场走势可谓是大起大落跌宕起伏。从 2016 年 4 季度起的纸业“牛市”开始，双胶纸价格一路上行，到 2018 年年初时价

格达到了历史高峰，但随后价格开始大幅跳水。然而，伴随着纸价上行的同时，其主要原材料进口商品木浆价格也快速上涨，大幅挤占双胶纸企业利润。而且令人遗憾的是，2018 年，随着纸价下跌，木浆价格并未随之跟进，而是持续坚挺，高成本、低售价，双胶纸企业苦不堪言，多数都是微利运行。但是进入 2019 年之后，情况有了大幅反转。自 2018 年年底开始，由于需求低迷等诸多因素影响，进口商品木浆无论是国外浆厂还是国内港口，都是库存高企。巨大的库存压力下，2019 年商品木浆价格一路下行，整体价格比 2018 年低了 200 美元/吨以上，这部分差价在 2019 年大部分都转化为文化用纸生产企业的利润。

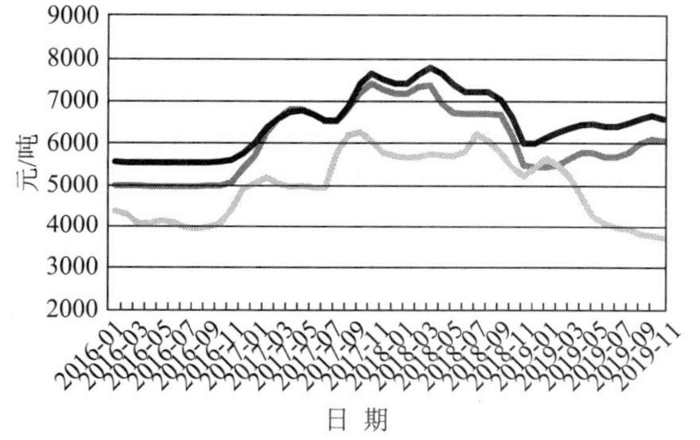

图1　2016—2019年文化用纸与阔叶木浆价格走势

铜版纸（157克/米²）　　阔叶木浆
全木浆双胶纸（70~100克/米²）

注：数据来源于纸业联讯。

2019 年国内双胶纸市场行情与铜版纸类似，价格持续稳步上行，但整体走势更加坚挺。截至 2019 年 12 月，全木浆双胶纸平均价格比 2018 年同期上涨 600 元/吨左右，纸厂的盈利能力得到了很好的修复。

由图 1 可知，2019 年 1 月，双胶纸价格成功转变了 2018 年底的下行趋势，止跌企稳，成交情况好转。2 月开始价格一路稳步上行，一直持续到 6 月。进入下半年，市场价格在 7—8 月淡季经历小幅盘整后，从 9 月开始稳步上行，直到 12 月出现小幅回落。整体来看，2019 年双胶纸市场心态逐步改善，上游协同性也逐步增强，加上建国 70 周年党建类主题出版印刷的需求，及教材改版出版量增加等因素的刺激，需求量回升，使得市场价格整体稳步上行。其次，纸厂库存和经销商库存多数保持在合理水平，整体供应渠道没有太大库存压力，有利于价格推涨。再次是由于出口增加，市场供应减少，有效缓解国内供需矛盾。

(3)铜版纸

2019 年铜版纸生产量 630 万吨，同比下降 3.82%；消费量 535 万吨，同比下降 7.92%，是为数不多的产销同比都下降的纸种，尤其是消费量下滑更为严重。

铜版纸的下游需求主要是杂志、商务印刷等领域，如产品目录、说明书、高档画册等，这部分市场受宏观经济影响以及电子媒体的冲击较大，整体需求逐年下滑。

2019 年双胶纸市场行情较好，有部分铜版纸产能转产双胶纸，加之 2019 年铜版纸出口量大幅增加，因此，2019 年铜版纸市场供需趋于平衡。同时，铜版纸生产集中度非常高，整体控制库存与价格的能力相对较强，因此，尽管 2019 年消费量降幅较大，但价格依然呈稳步上升趋势(见图 1)。

2019 年伊始，铜版纸市场没有延续 2018 年的颓势，价格止跌企稳，交投有所恢复；3 月开始出现抬头迹象，进入 4 月后，铜版纸价格顺利上行，直到 6 月淡季来临，从 8 月中下旬开始恢复，价格一路上行，直至 12 月小幅回落。截至 2019 年 12 月，铜版纸的平均价格比 2018 年同期上涨 600 元/吨左右，纸厂盈利能力得到了较好修复。

2019 年铜版纸市场价格整体趋稳并呈上行趋势，主要是受以下因素支撑：其一，需求回暖。尤其是下半年的“金九银十”是铜版纸的传统旺季；其二，供应收紧。主要生产商积极采取转产其他纸种及加大出口力度等多种措施来调整供应，市场供需基本平衡。其三，纸厂控制库存、经销商库存相应减少，供应链渠道库存均为低位。

2. 生活用纸

(1)整体情况

根据中国造纸协会生活用纸专业委员会的统计，2019 年生活用纸总产能达到 1445 万吨，总生产量约 1040.4 万吨(见表 1)，行业设备平均利用率为 72%，销售量 1035.4 万吨，消费量约 960.7 万吨，我国已跃居为仅次于北美的全球第二大生活用纸消费市场，人均年消费量约 6.9 千克，已明显超过 2019 年全球人均 5.3 千克(RISI 数据)的消费水平。

表 1　2019 年中国生活用纸行业的总规模

年份	2019 年	2018 年	同比增长/%
产能/万吨	1445.0	1310.0	10.3
生产量/万吨	1040.4	956.3	8.8
销售量/万吨	1035.4	958.4	8.0
消费量/万吨	960.7	889.6	8.0
国内市场规模/亿元	1198.9	1168.0	2.6

2019 年生活用纸出口量为 77.91 万吨，同比增长 5.59%，出口量约占总销售量的 7.5%；出口的生活用纸中，仍然是以生活用纸成品为主，其中，卫生纸份额最大，占总出口量的 34.97%。

2019 年生活用纸进口量只有 3.17 万吨，仅占国内总销售量的约 0.3%。说明国产生活用纸已能充分满足消费者的需求。进口生活用纸中，仍然主要是原纸（主要为吸水衬纸），占进口总量的 70.59%。

数据显示，出口产品平均价格高于进口产品，同时也高于国内的平均出厂价，说明我国生活用纸产品已拥有一定的国际竞争力。

2019 年，我国生活用纸市场继续保持增长，但增速明显放缓，市场总规模达到 1198.9 亿元（见表 1），同比增长 2.6%（2018 年增速为 5.6%）。然而，整个行业呈现阶段性产能过剩，市场竞争异常激烈，加之政府环保督查力度持续增强，对部分区域的阶段性限产、停产等因素影响，使全行业的平均设备利用率仅为 72%。得益于 2019 年商品浆价格一直维持在较低水平，减少了企业生产成本。但产能过剩，市场竞争激烈仍使行业平均纸价回落。近 1/3 的产能属于过剩状态。

2019 年生活用纸新增产能约 165 万吨，根据相关统计，2020 年计划投产的项目将有 260 多万吨的产能，假设同时会有 30 万吨的落后产能被淘汰，届时，生活用纸市场供大于求的矛盾将更加突出，阶段性产能过剩更加严重。

（2）市场价格走势

生活用纸除投资成本外的生产总成本中，纸浆成本约占 75% 左右，因此产品成本受国际纸浆市场价格波动的影响较大。自 2018 年 4 季度起，进口商品木浆价格持续回落并维持在低位，其中，漂白阔叶木浆最大跌幅达 1500 元/吨，漂白针叶木浆每吨降幅也在 1000 元以上。大幅度下跌的浆价，大部分变成了生活用纸企业的利润。但产能过剩、市场竞争激烈仍使行业出厂均价以及市场零售均价回落。

据生活用纸委员会统计，受竞争激烈及主要原料木浆价格回落等因素影响，2019 年，生活用纸原纸价格全年呈下行趋势，且降幅较大，国内 4 个主要省份的生活用纸原纸出厂报价走势见图 2。原纸价格下跌带动生活用纸成品纸价格随之下行，2019 年行业总体产品全年出厂平均价格为 9600 元/吨，比 2018 年的 10100 元/吨下降了 5.0%，结束了自 2016 年以来的上行趋势。

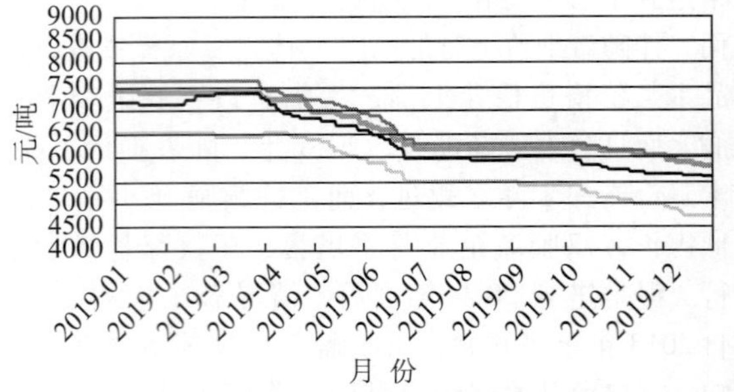

图2　2019年4个主要省份生活用纸原纸出厂价格

注：数据来源于卓创资讯。

3. 包装纸板

从行业生产者的角度，包装纸板主要是指白纸板、箱纸板和瓦楞原纸；但是按照下游行业的习惯，一般将包装纸板分为箱纸板及瓦楞原纸、白面牛卡纸和轻涂白面牛卡纸、白纸板（包括灰底白纸板和白卡纸）三大类。

2019 年我国包装纸板的三大主要纸种——白纸板、箱纸板及瓦楞原纸的生产量和消费量都比 2018 年有所增长（见表 2），转变了 2018 年包装纸板行业负增长的趋势。在需求增长乏力、原料供给受限、中美贸易摩擦持续等大环境下，2019 年包装纸板行业竞争更加激烈，虽然产销总量基本保持平稳，但产品价格下降，叠加废纸原料价格上涨，整个行业盈利水平降幅较大。

表 2　2017—2019 年包装纸板的生产量、消费量及进出口量　　单位：万吨

	产品名称	2017 年	2018 年	2019 年	2019 年同比/%
生产量	箱纸板	2385	2145	2190	2.10
	瓦楞原纸	2335	2105	2220	5.46
	白纸板	1430	1335	1410	5.62
消费量	箱纸板	2510	2345	2403	2.47
	瓦楞原纸	2396	2213	2374	7.28
	白纸板	1299	1219	1277	4.76
进口量	箱纸板	137	207	220	6.28
	瓦楞原纸	65	111	156	40.55
	白纸板	62	54	52	-3.70
出口量	箱纸板	12	7	7	0
	瓦楞原纸	4	3	2	-33.3
	白纸板	193	170	185	8.82

（1）箱纸板及瓦楞原纸

①整体情况

2019 年，箱纸板生产量 2190 万吨，同比增长 2.10%，消费量 2403 万吨，同比增长 2.47%；瓦楞原纸生产量 2220 万吨，同比增长 5.46%，消费量 2374 万吨，同比增长 7.28%。

供给端：根据公开资料统计，2019 年年产 20 万吨以上的箱纸板及瓦楞原纸主要生产企业合计拥有 5392 万吨/年产能，同比增长 19.27%；同期全国箱纸板及瓦楞原纸合计生产量 4410 万吨，目前箱纸板及瓦楞原纸的生产能力远超实际生产量（超出 22%），阶段性产能过剩已经较为严重。此外，预计 2020—2021 年将有 1240 万吨/年的新增产能释放，其中，确定释放的产能约 920 万吨/年。届时，年产 20 万吨以上箱纸板及瓦楞原纸企业将拥有至少 6300 万吨/年以上的产能。今后几年市场将供过于求的趋势将更为明显。但好的一面是，新建项目规模较大，产能不断向龙头企业集中，加上废纸原料的限制，未来几年，箱纸板及瓦楞原纸行业的中小落后产能将加速淘汰。

近几年来，由于国家环保治理力度越来越大以及禁废令颁布后进口废纸逐年大幅减少，导致箱纸板和瓦楞原纸进口量大幅增长。2019 年我国箱纸板和瓦楞原纸进口量分别为 220 万吨和 156 万吨，同比分别增长 6.28% 和 40.54%。同时，部分大型包装纸板企业鉴于原料问题，而纷纷选择远赴海外建厂，目前已建成投产的箱纸板及瓦楞原纸产能约 205 万吨/年，在建和计划建设项目产能约 730 万吨/年，预计今后进口包装纸板的总量还将继续增长。

需求端：在蓬勃发展的电子商务的大力推动下，我国快递业务量大幅增加。据国家邮政局公布数据，2019 年全国快递服务企业业务量累计完成 635.2 亿件，同比增长 25.3%。未来几年中，随着青年一代消费观念的快速转变和环保意识的不断增强，以及限塑令的逐步落实与实施，纸质快递包装材料的占比将继续扩大，箱纸板及瓦楞原纸的需求将继续增大，这也将是包装纸板市场未来发展中为数不多的亮点之一。

②2019 年市场行情

2019 年箱纸板及瓦楞原纸市场先抑后扬，价格先跌后涨（见图 3），但整体涨跌幅度均较为缓和。根据公开数据显示，与 2018 年相比，2019 年包装纸板价格整体降低，其中，箱纸板均价 4182 元/吨，同比下降 16.33%；瓦楞原纸均价 3329 元/吨，同比下降 22.69%。

2019 年箱纸板及瓦楞原纸价格明显表现出调价频次密集、单轮调价幅度较小的趋势。这主要是因为宏观经济增速放缓、国内供应过剩、进口纸冲击、贸易战反复的状况下，市场心态不断发生变化，纸厂对于调价更加谨慎。

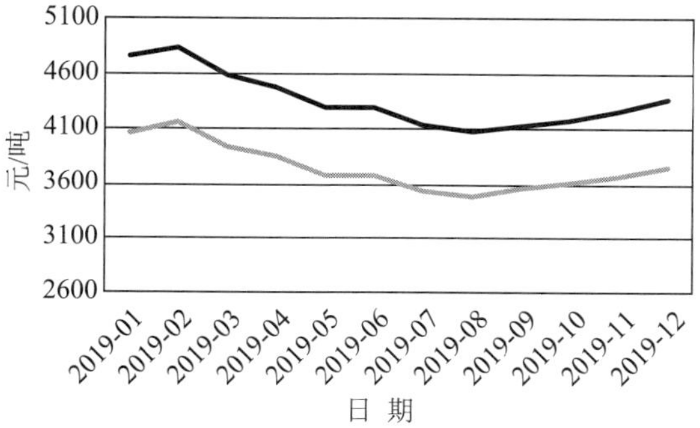

图3　2019年箱纸板及瓦楞原纸价格走势

瓦楞原纸　箱纸板

注：数据来源于RISI。

（2）白面牛卡纸、轻涂白面牛卡纸

在所有包装纸板中，白面牛卡纸和轻涂白面牛卡纸总量较小，需求也相对小众，下游主要为牛奶、啤酒、饮料、方便面等产品，需求相对稳定。另一方面，白面牛卡纸以及轻涂白面牛卡纸生产企业较少，产能相对集中，纸企的话语权较重，更容易维持价格稳定。因此，这两个纸种的市场供需相对平稳，很少大起大落。

2019 年白面牛卡纸和轻涂白面牛卡纸市场走势与箱纸板及瓦楞原纸基本相同（见图 4），但价格涨跌幅度明显更小。上半年，受需求低迷制约，白面牛卡纸与轻涂白面牛卡纸价格逐渐走低，7 月起逐渐企稳，年底价格小幅走高。价格走高主要受消费提升和原料成本上涨支撑。而在双十一、元旦、春节等主要消费旺季，商业促销等活动直接拉动像牛奶、啤酒、饮料等相关消费品的消费增长，白面牛卡纸及轻涂白面牛卡纸需求也相应增加。

（3）白纸板

2019 年，白纸板生产量 1410 万吨，同比增长 5.62%；消费量 1277 万吨，同比增长 4.76%。其中，灰底白板纸产能逐年下降，白卡纸产能逐年上升，2019 年，白卡纸产能已达约 1170 万吨/年。

据公开资料统计，2019 年我国年产 20 万吨以上的白纸板主要生产企业合计拥有约 1792 万吨产能（其中白卡纸年产能约为 1170 万吨），远远超过了白纸板实际生产量（1410 万吨）。

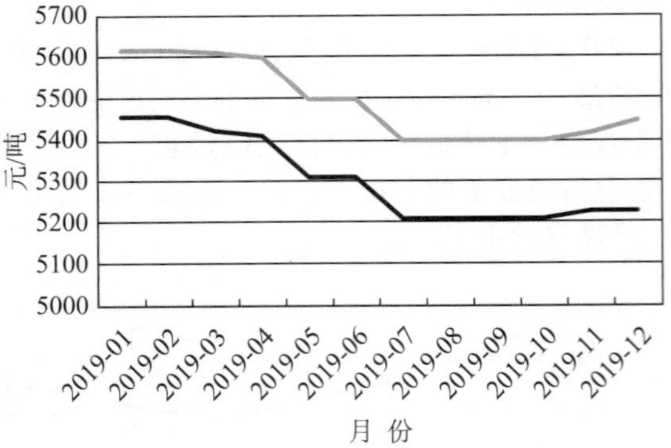

图4 2019年白面牛卡纸、轻涂白面牛卡纸价格走势

——轻涂白面牛卡纸 ——白面牛卡纸

注：数据来源RISI。

预计2020—2021年还将有395万吨的新产能投放市场，扣除受政策影响将关停的约300万吨产能，预计年产20万吨以上的白纸板企业总产能将达1887万吨。同时，未来还有约300万吨的计划投资产能，如果这些项目如期投产，白纸板行业供大于求的形势将非常严峻。

2020年1月，新版限塑令将发布，这对造纸行业，尤其是白卡纸领域是个较大的利好。随着食品包装需求的增加、餐饮外卖行业的快速成长以及限塑令的逐步推进落实，能够替代塑料包装的食品卡纸、口杯纸、液体包装用纸等食品用白卡纸的需求将稳步增加。

①灰底白纸板

曾经全国最大的白纸板生产基地——浙江省富阳地区，在先后经过至少6轮的行业整治之后，2019年又淘汰掉约492.5万吨的产能(主要为灰底白纸板)，目前剩下的约200多万吨产能也将在2020年年底前全部退出。而国内其他地区的中小型灰底白纸板企业，也多因环保要求日益严格而逐渐被淘汰。同时，生产量大幅增加的白卡纸因产能过剩而持续价格低迷，替代了一部分灰底白纸板市场需求。

2019年灰底白纸板均价4314元/吨，同比下降6.68%，全年价格走势表现为探底回升(见图5)。2019年年初，灰底白纸板价格连续两月微涨，随后在3—9月价格连续下探，直至10月企稳回升，累计降幅约400元/吨。一方面是包装用纸需求表现疲软，另一方面是因为白卡纸价格低位徘徊以及新产能释放预期，对灰底白纸板的替代影响不可忽视。同时，灰底白纸板降价也是希望放缓下游向白卡纸转换的速度。10月起传统包装旺季到来，灰底白纸板价格底部回升。下游节日订单及备货需求，加之市场对纸厂春节停机以及富阳地区白纸板产能

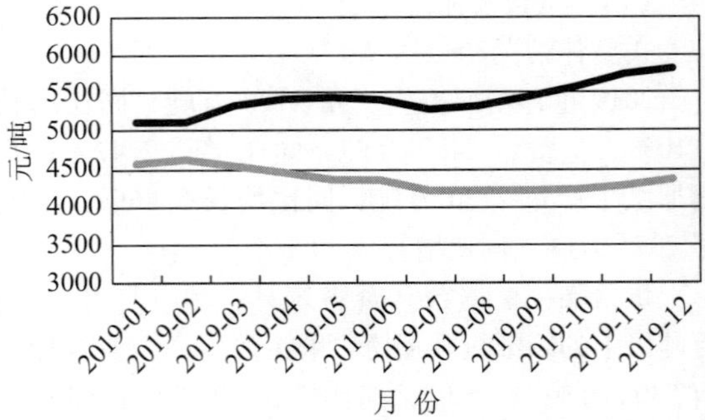

图5 2019年灰底白纸板与白卡纸价格走势

——灰底白纸板 ——白卡纸

注：数据来源RISI。

进一步清退有减产预期，对涨价形成了有力支撑。

②白卡纸

2019年灰底白纸板生产量大幅下滑，白卡纸替代了其部分市场。同时新上项目以大型白卡纸生产线为主，产能年均增速5%~7%。因此，白纸板市场已形成以白卡纸为主、灰底白纸板为辅的格局。

2019年，江苏博汇纸业有限公司的年产120万吨白卡纸项目顺利投产，市场竞争更加激烈，而且，据初步统计，目前尚有395万吨的新产能正在建设或规划中，预计将在2020—2021年投产。如果这些计划产能都能如期释放，使本就阶段性产能过剩的白卡纸行业又面临更大的挑战。但值得庆幸的是，白卡纸是我国生产集中度最高的纸种，其前4家生产企业合计产能占白卡纸总产能的近80%，行业整体的市场控价能力以及调控库存能力相对较强。

原料是困扰白卡纸企业的另一重要问题，白卡纸生产的主要原料为木浆，其中漂白化学木浆约占所需木浆总量的1/2左右，大部分需要进口，白卡纸企业的盈利能力很大程度上受制于进口商品木浆市场的风云变幻。2019年，进口商品木浆价格全年持续下行，并维持在低位，市场平均价格比2018年低1500元/吨左右，甚至更多。原料成本的减少，不仅使白卡纸企业的利润增加，也让参与市场价格竞争的各方更加游刃有余。

2019年，白卡纸全年均价5609元/吨，比2018年的5975元/吨下降6.13%。全年市场价格先低位震荡，后稳步爬升，全年整体呈上升趋势(见图5)。年初，白卡纸价格延续前期跌势，3—5月价格连续上涨，6—7月窄幅回调，8—12月价格转势向上进入上行通道。价格上涨的主要原因是：吸收部分灰底白纸板转化替代需求；食品卡纸、烟卡纸等白卡纸细分品类需求依然保持稳定或增长态势；通过加大出口、转产特制白卡纸等行为，纸厂库存基

本维持合理数量，执行限量接单政策，二级经销商及终端用户则多维持低库存运行，整个供应链库存分布十分合理，有利于价格上行。

二、2019 年我国纸浆市场分析

(一)2019 年我国纸浆生产与消耗概况

1. 2019 年纸浆生产情况

据中国造纸协会调查资料，2019 年全国纸浆生产总量 7207 万吨，同比增长 0.08%。其中：木浆 1268 万吨，同比增长 10.55%；废纸浆 5351 万吨，同比下降 1.71%；非木材浆 588 万吨，同比下降 3.61%(见表 3)。木浆生产量增加，主要原因是有部分中小规模的化学机械浆生产线等新产能投产、现有制浆产能开工率提高以及少量新增溶解浆产能释放。

2. 2019 年纸浆消耗情况

2019 年全国纸浆消耗总量 9609 万吨，同比增长 2.36%(见表 4)，其中，木浆 3581 万吨，占纸浆消耗总量的 37%(其中，进口木浆 2317 万吨，占 24%，比 2018 年增加了 1 个百分点，国产木浆 1264 万吨，占 13%，比 2018 年增加 1 个百分点)；废纸浆 5443 万吨，占纸浆消耗总量的 57%，比 2018 年 58% 的占比略有减少，其中用进口废纸制浆占 10%、用国产废纸制浆占 46%；非木材浆 585 万吨，同比减少 3.61%，占纸浆消耗总量的 6%。

在纸浆消耗中，不得不提的是废纸浆。2019 年进口废纸制浆 930 万吨，相比 2018 进口废纸制浆量 1457 万吨，减少 527 万吨，同比下降 36.17%。近几年进口废纸制浆量不断减少，主要原因是进口政策越来越严，2019 年进口废纸额度审批核准总量为 1075.19 万吨，仅为 2018 年全年核准总量的 59.22%，下降幅度相当大。此外，受进口政策影响，近几年多家以进口废纸为主要原料的包装用纸企业纷纷在境外设厂，将废纸加工成废纸浆再进口到国内，从 2018 年起，这些产能已陆续投放，因此，2019 年进口废纸浆 92 万吨，同比增加 206.67%，预计今后还会逐年大幅增加。

表 3　2011—2019 年我国纸浆生产情况　单位：万吨

年份	2011	2012	2013	2014	2015	2016	2017	2018	2019	2019 同比/%
纸浆合计	7723	7867	7651	7906	7984	7925	7949	7201	7207	0.08
其中：1. 木浆	823	810	882	962	966	1005	1050	1147	1268	10.55
2. 废纸浆	5660	5983	5940	6189	6338	6329	6302	5444	5351	-1.71
3. 非木材浆	1240	1074	829	755	680	591	597	610	588	-3.61

注：数据来源于中国造纸协会。

表 4　2019 年我国纸浆消耗情况

品　种	2018 年		2019 年		同比/%
	消耗量/万吨	占比/%	消耗量/万吨	占比/%	
总量	9387	100	9609	100	2.36
木浆	3303	35	3581	37	8.42
1. 进口木浆	2166 *1	23	2317 *2	24	6.97
2. 国产木浆	1137	12	1264	13	11.17
废纸浆	5474	58	5443	57	-0.57
1. 进口废纸浆	30	-	92	1	206.67
2. 国产废纸浆	5444	58	5351	56	-1.71
其中：进口废纸制浆	1457	16	930	10	-36.17
国内废纸制浆	3987	42	4421	46	10.89
非木浆	610	7	585	6	-4.10

注：1. 2018 年进口纸浆 2479 万吨，扣除非造纸用浆和非木材浆，实际木浆消耗量 2166 万吨。

2. 2019 年进口纸浆 2720 万吨，扣除非造纸用浆和非木材浆，实际木浆消耗量 2317 万吨。

3. 数据来源于中国造纸协会。

(二)2019 年我国主要木浆生产情况

受需求影响，2019 年进口木浆价格持续下滑。国内没有大型木浆产能投产，仅有日照华泰纸业有限公司 20 万吨/年本色浆生产线及另外几条化学机械浆改扩建项目完工投产，其余均为原有浆线正常运转。

1. 针叶木浆

我国可用于制浆造纸的针叶木材资源严重匮乏，国产针叶木浆生产成本过高。多年来一直没有新的针叶木浆项目建设。而进口针叶木片成本偏高，国内较少进口。因此，国内针叶木浆生产企业都是历史沿袭下来的，主要分布在云南省、福建省等地，多以当地的马尾松、思茅松等为主要原料，生产的针叶木浆多为自用，或是生产附加值更高的溶解浆。黄冈晨鸣浆纸有限公司的 35 万吨/年项目于 2018 年 11 月底投产，该项目以针叶木为原料，主要产品为溶解浆。

2. 阔叶木浆

2018 年山东太阳纸业股份有限公司位于老挝的阔叶木浆项目和寿光晨鸣纸业有限公司的漂白阔叶木浆项目竣工投产，为国内制浆行业新增了一抹亮色后，2019 年我国在自制浆的领域又趋于平静，没有新增的阔叶木浆产能。

目前，国内主要阔叶木浆生产企业为亚太森博(山东)浆纸有限公司、海南金海浆纸业有限公司、山东晨鸣纸业集团股份有限公司、江苏王子制纸有限公司及山东太阳纸业股份有限公司。这 5 家企业阔叶木浆总产能接近 600 万吨，其中作为商品浆的数量总计仅 200 万吨/年左右，不足进口商品木浆的 1/10。

这一局面迫使更多的大纸企调整战略，以海外布局等多种方式解决原料困境，比如在森林资源发达国家建立浆厂，入股或并购国外浆厂等，从而生产原生木浆或废纸浆运回国内，以缓解造纸原料受制于人的困境。目前，像玖龙纸业(控股)有限公司、山东太阳纸业股份有限公司、山鹰国际控股股份有限公司、理文造纸有限公司等部分先行的大型纸企在这方面已经取得了较大进展。

(三)2019 年商品木浆进口情况分析

1. 进口木浆数量

2019 年，我国共进口木浆 2719.8 万吨(漂白针叶木浆、漂白阔叶木浆、本色浆、机械浆、溶解浆)，同比增长 9.7%，2010—2019 年我国进口木浆数量见图 6，木浆分品种进口量见表 5。

图 6 可以看出，2010—2019 年这 10 年间，我国进口商品木浆每年增长量基本都在 200 万吨以上，相当于全世界每年都要专门为中国新建一座年生产量至少 200 万吨以上的浆厂，如此规模需求的增长，这在造纸行业的历史上是从来没有的。

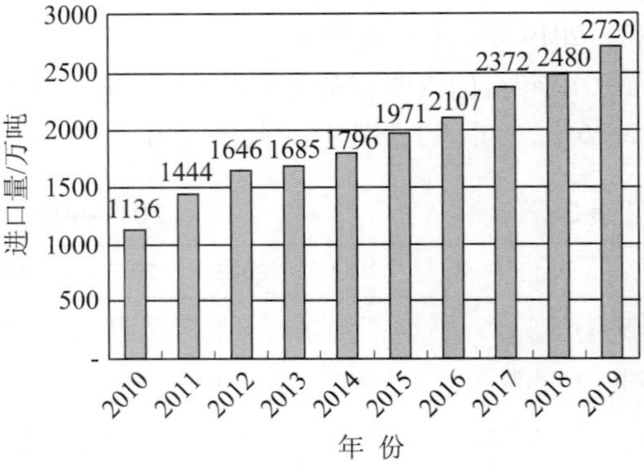

图6 2010—2019年我国进口木浆数量

注：数据来源于海关总署。

2. 进口木浆进口来源分布

(1)漂白针叶木浆

2019 年我国共进口漂白针叶木浆 891 万吨，与 2018 年的 795 万吨相比增长 12.1%。由图 7、图 8 可以看到，加拿大一直是我国漂白针叶木浆最大的进口来源国，2019 年进口量为 259.6 万吨，占漂白

表 5 2019 年进口木浆分品种数量

木浆种类及税号	进口量/万吨		同比/%	2019 年进口量占全年进口量比例/%
	2018	2019		
漂白硫酸盐针叶木浆(BSKP)(47032100)	794.6538	891.1211	12.14	32.76
漂白硫酸盐阔叶木浆(BHKP)(47032900)	1128.3240	1178.0690	4.41	43.31
未漂硫酸盐针叶木浆(USKP)(47031100)	78.0871	81.3875	4.23	2.99
溶解浆(47020000)	283.7908	306.3862	7.96	11.26
全年进口总量	2480.2037	2719.8804	9.66	100.0

注：1. 数据来源于海关总署。

2. 2018 年、2019 年海关总署部分数据未公布，故分品种进口量中部分品种数据暂无。

针叶木浆总进口量的 29%，紧随其后的是芬兰、智利、美国、俄罗斯。2018 年 8 月起中美贸易摩擦升级，来自于美国的漂白针叶木浆在 2018 年及 2019 年均出现下降，2017 年进口美国针叶浆 159.8 万吨，2018 年是 146.1 万吨，2019 年是 139.7 万吨。此外，我国漂白针叶木浆进口结构也发生了一定变化，来自于芬兰的进口量持续增加。2019 年自芬兰进口的漂白针叶木浆为 151.4 万吨，由 2016 年以前的第 6 位跃居 2019 年的第 2 位。

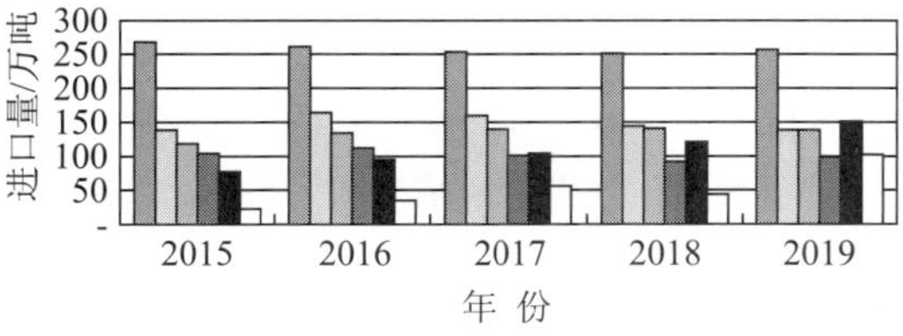

图7　2015—2019年漂白针叶木浆前五大进口来源国的进口数量

■加拿大 □美国 ■智利 ■俄罗斯 ■芬兰 □其他

注：数据来源于海关总署。

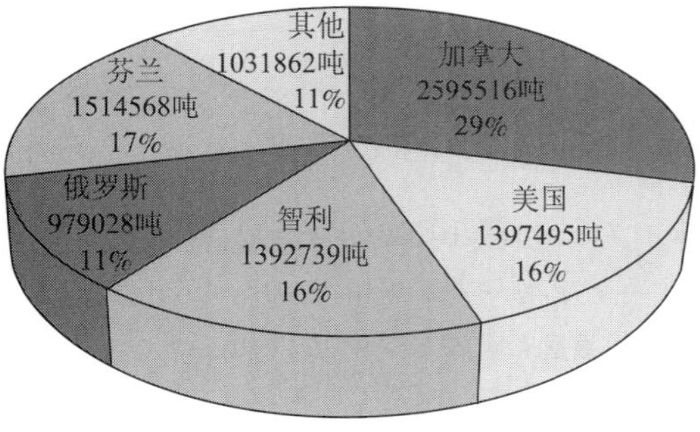

图8　2019年漂白针叶木浆前五大进口来源国的进口量及其占比

注：数据来源于海关总署。

(2)漂白阔叶木浆

2019 年我国漂白阔叶木浆进口量为 1178 万吨，同比增长 4.4%，进口量占全年纸浆总进口量的 43.3%。漂白阔叶木浆前五大进口来源国为巴西、印度尼西亚、乌拉圭、智利和美国(见图 9、图 10)。

2019 年进口漂白阔叶木浆市场整体平稳，但从主要来源国的进口数量略有波动，巴西虽然依然稳居漂白阔叶木浆进口来源国第 1 位，但是来自巴西的纸浆数量却比 2018 年有所减少，虽然减少数量不多(约 9 万吨)，但却改变了来自巴西的漂白阔叶木浆多年来一直快速稳步增长的势头。出现这种情况的主要原因是，2019 年年初，全球的两大商品桉木浆巨头——巴西 Fibre 和 Suzano 两家公司正式合并，合并后的 Suzano 公司的漂白阔叶木浆产能达 1100 万吨/年以上，成为真正的全球老大。

然而，合并后的 Suzano 公司的漂白硫酸盐桉木浆对外报价一直不肯调整，短期内(2019 年 1—4 月期间)浆价始终居高不下，对我国市场的报价比其他漂白阔叶木浆供应商高 100 美元/吨以上，因此，该公司销售受到巨大影响，也导致来自巴西的漂白阔叶木浆的进口量大幅减少。而同期印度尼西亚的纸浆乘虚而入，对我国的出口量大幅增加。这就导致漂白阔叶木浆进口来源国中数量居第 2 位的印度尼西亚，在 2019 年出口到我国的阔叶木浆数量大幅增加。同时，这也是造成 2019 年我国及全球市场漂白阔叶木浆库存达到创纪录高度的主要原因。

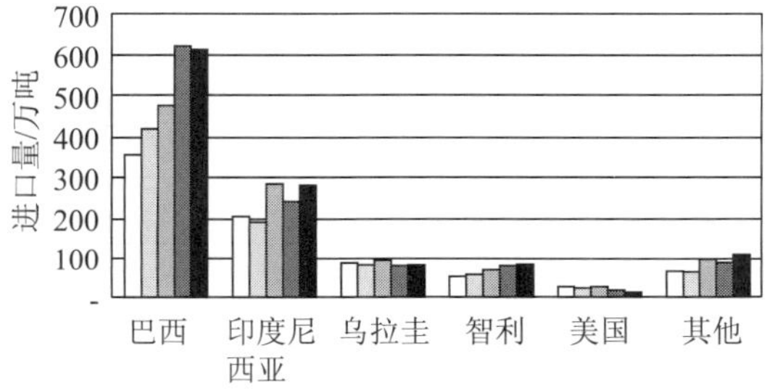

图9　2015—2019年漂白阔叶木浆前五大进口来源国的进口数量

□2015 □2016 ■2017 ■2018 ■2019

注：数据来源于海关总署。

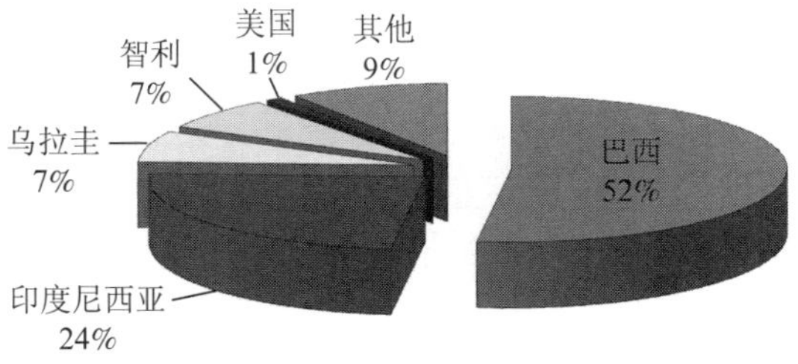

图10　2019年漂白阔叶木浆前五大进口来源国的进口量及其占比

注：数据来源于海关总署。

(四)2019 年我国木浆市场价格行情回顾

2019 年，我国整体经济增速放缓，需求释放不及预期，中美贸易争端持续升级，多重因素影响下，造纸市场需求低迷，年初时国内港口进口木浆库存处于历史高位。受此拖累，加之全球经济增长不及预期，国外木浆生产商库存水平也是居高不下。库存高位迫使国内纸浆市场价格持续下挫，截至 2019 年 12 月，国内进口漂白针叶木浆、漂白阔叶木浆价格较年初分别下滑 1112 元/吨、1614 元/吨，跌幅分别为 19.94%、30.22%。

1. 库存高企

库存作为反映供需平衡的蓄水池，一般情况下，能够很好地体现供需两方博弈的力量，同时，也会对纸浆价格产生重要影响。

2018 年 4 季度开始，全球纸浆供需格局快速恶化，库存创历史新高。全球生产商的木浆、针叶木浆以及阔叶木浆库存天数从此前的 37、32 以及 41 天，最高涨至 2019 年年中的 53、43 以及 65 天(见图 11)。

国内港口的木浆库存同样高企，截至 2019 年 6 月底，国内港口木浆库存高达 178 万吨，同比增加 80%(见图 12)。

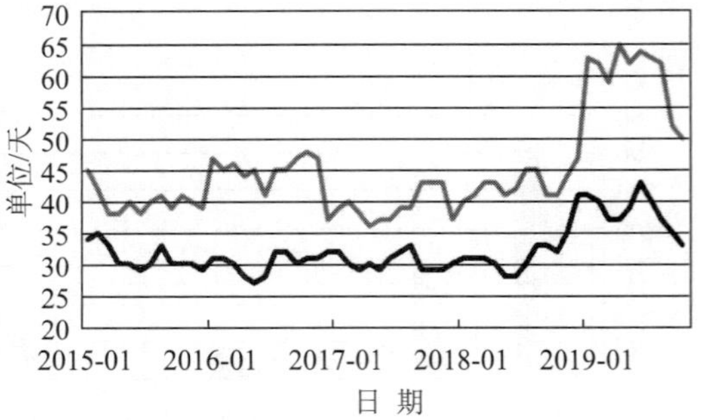

图11 近年来全球针叶木浆及阔叶木浆生产商库存天数

库存天数：针叶木浆：全球生产商

库存天数：阔叶木浆：全球生产商

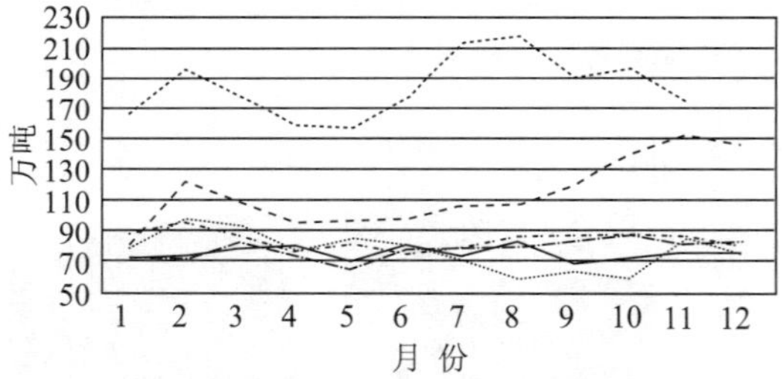

图12 青岛市、常熟市、保定市国内三大地区木浆库存量

—2014 --2015 ---2016 ······2017 - - 2018 ····2019

在严重的库存压力下，全球市场被迫进入主动去库阶段。经过努力，海外浆厂生产商库存天数有了实质性的下降，但下降的真正原因是国外供应商低价甩货去库存，而非下游主动补库或者消费回暖。而国内和欧洲地区港口库存依旧维持历史高位，库存压力依旧没有得到有效改善，这也会持续对现货端形成明显压制，给下游纸厂维持低库存运行思路提供调节，进而也会对木浆价格弹性形成一定制约。

2. 全年价格持续下滑

(1)漂白针叶木浆

2019 年国内针叶木浆现货价格全年持续下跌(见图 13)。1—2 月，受中美贸易谈判乐观预期叠加我国财政、货币刺激政策加码等综合影响，针叶木浆现货价格暂时中止了 2018 年年底的断崖式下跌的行情，呈现小幅走高的态势。3—6 月，针叶木浆现货价格整体下行。3 季度现货价格基本走平，并有小幅回暖；4 季度针叶木浆价格再度走低。其中，支持浆价下行的因素有：增值税下调使贸易商成本下降；文化用纸和生活用纸的传统淡季时，对纸浆需求减少；来自欧洲的针叶木浆的价格优势拖累主流品牌价格下挫；库存高位，供应链压力过大。支持浆价回暖的主要原因：纸浆期货主力合约价格整体上涨；海外浆厂减产检修；人民币兑美元汇率持续贬值造成进口成本上升；旺季时需求回暖。

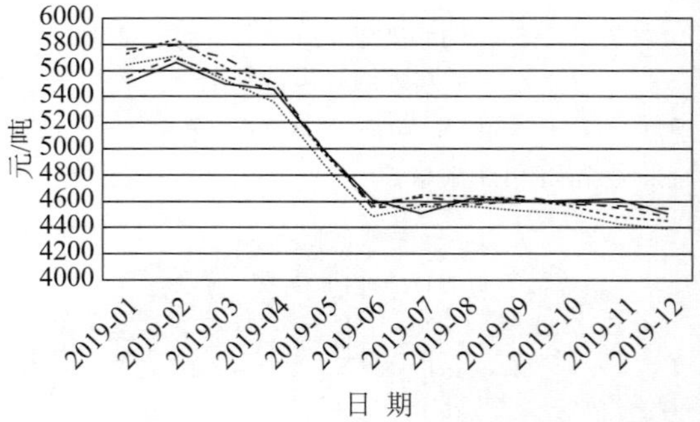

图13 2019年国内针叶木浆现货价格趋势图

— 辽宁 --- 京津冀 ······ 江浙沪 ······ 山东 - - 广东

注：数据来源于RISI。

(2)漂白阔叶木浆

2019 年国内漂白阔叶木浆现货行情与针叶木浆相似，整体下行，下降幅度更大(见图 14)。1—2 月漂白阔叶木浆现货价格走高。全球最大的商品漂白桉木浆生产商巴西 Suzano 公司(金鱼公司)价格坚挺，且南美浆厂集中检修，引发业内对价格上涨的恐慌；3—6 月，漂白阔叶木浆现货价格下探，一是增值税下调后贸易商销售成本降低，二是 3 月起巴西漂白阔叶木浆对华出口量大幅增加，巴西 Suzano 公司 1 季度末纸浆库存达 300 万吨，引发看空情绪。7—12 月，漂白阔叶木浆价格持续走低，但跌幅略有收窄。部分买家批量订购阔叶木浆船货影响了现货需求，同时，伴随人民币对美元汇率贬值，进口成本上升。

(3)本色浆

2019 年国内本色浆现货市场价格整体下探，与针叶木浆和阔叶木浆整体相似，但幅度偏弱(见图 15)。1 月本色浆价格走低，2 月价格基本持稳，伴随漂白浆价格上涨，与本色浆的价差逐步缩小，本

图14　2019年巴西金鱼牌桉木浆现货市场价格趋势

注：数据来源于资料整理。

色浆市场信心增强。3—8 月本色浆价格下滑，部分包装用纸企业库存较大，中美贸易冲突加剧，市场信心下挫。同时，日照华泰纸业有限公司 20 万吨/年化学浆生产线于 7 月投产，抑制部分进口本色浆需求。9 月，包装用纸市场转好，人民币对美元汇率持续贬值，加之消费旺季到来需求增加，现货价格止跌企稳。10—12 月本色浆供应充足，现货价格整体走软。

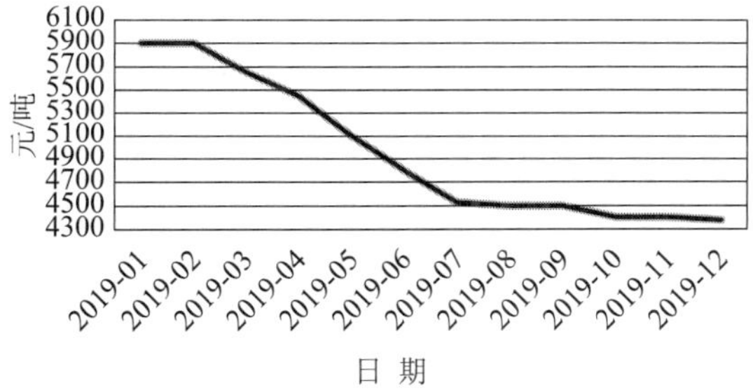

图15　2019年国内本色浆现货价格

—江浙沪　—山东

注：数据来源于RISI。

（4）化学机械浆

2019 年国内化学机械浆现货市场价格先抑后扬（见图 16）。1—2 月，化学机械浆现货价格止跌企稳；3—7 月，价格持续下行。下游需求平平，且化学浆价格持续下滑，增值税下调后贸易商销售成本下降都是主要原因；8—11 月价格逐渐小幅上行，市场上化学机械浆货源不多、人民币汇率贬值导致进口成本增加以及下游传统旺季需求向好，都对价格形成有力支撑。12 月，中冶纸业银河有限公司、岳阳林纸股份有限公司化学机械浆生产线重启，加之进口数量增加，市场供应缓解，价格小幅回落。

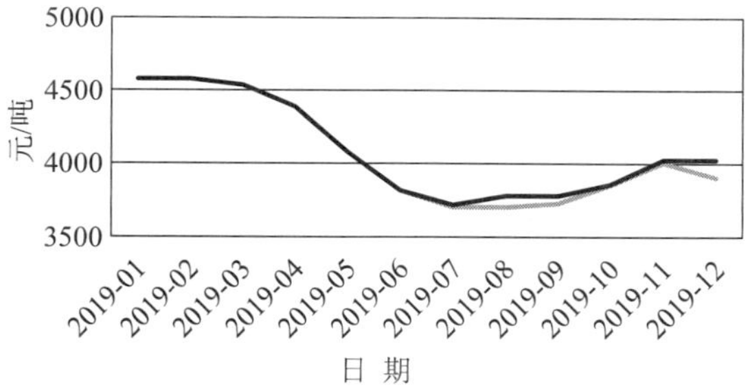

图16　2019年国内针叶木化机浆现货价格

—江浙沪　—山东

三、2020 年纸浆市场展望

2020 年全球化学浆新增产能较少，未来几年产能增长也相对平稳。同时，国内的新增造纸产能对纸浆消耗具有一定的托底作用，需求刚性明显。

从 2018 年 8 月开始的中美贸易摩擦对中美间纸浆及废纸贸易造成一定影响，但随着时间的推移，中美贸易战的影响已经逐步边缘化。然而，2020 年之后，中美之间各种纷争不断加剧，两国间未来的贸易走向充满不确定性。这种前景不明的贸易关系也将会造成国内针叶木浆市场进口结构发生变化，但是影响力的强弱尚无法预期。

2019 年，纸浆价格底部盘整了将近 6 个月的时间，已基本筑底企稳，继续下行的空间有限。下半年，进口漂白针叶木浆价格一直徘徊在 550 ~ 590 美元/吨。如果按照我国市场上的主要进口针叶木浆品牌的现金成本进行计算，低成本品牌的银星、依利姆品牌的成本大约在 350 美元/吨元左右，芬宝为 400 ~ 450 美元/吨，月亮、芬欧等品牌为 450 ~ 500 美元/吨，而北木、凯利普、狮牌等品牌成本接近 550 美元/吨。所以加上运费及财务成本后，2019 年下半年进口针叶木浆的到岸价格已接近高成本品牌的现金成本——浆价已无下跌空间。

（王　岩　王　锐）

2019 年我国废纸回收利用及废纸、废纸浆进出口概况

Recycling and Utilization of Waste Paper, Imports and Exports of Waste Paper and Recycled Pulp in China in 2019

一、我国废纸回收和利用情况

1. 废纸回收率与废纸利用率

从表 1 可以看出：2019 年我国废纸回收量为 5244 万吨，比 2018 年增长 5.64%。2019 年我国废纸回收率为 49.0%，较 2018 年度增加了 1.4 个百分点，创历史新高。在废纸利用方面，2019 年我国废纸消耗量大幅减少，为 6280 万吨，比 2018 年的 6667 万吨再次下降 5.80%。2019 年我国废纸利用率为 58.3%，比 2018 年再次下降 5.6 个百分点。我国的废纸利用率较高，达到世界较高水平，最高时在 2009 年达到 74.4%，但近几年逐年呈下降趋势。

表 1 近年来我国废纸回收与利用情况

年份	纸及纸板消费量/万吨	废纸回收量/万吨	废纸回收率/%	纸及纸板生产量/万吨	废纸消耗量/万吨	废纸利用率/%
2006	6600	2263	34.3	6500	4225	65.0
2007	7290	2765	37.9	7350	5021	68.3
2008	7935	3128	39.4	7980	5549	69.5
2009	8569	3676	42.9	8640	6426	74.4
2010	9173	4017	43.8	9270	6452	69.6
2011	9752	4347	44.6	9930	7075	71.2
2012	10048	4473	44.5	10250	7479	73.0
2013	9782	4377	44.7	10110	7301	72.2
2014	10071	4841	48.1	10470	7593	72.5
2015	10352	4832	46.7	10710	7760	72.5
2016	10419	4963	47.6	10855	7813	72.0
2017	10897	5285	48.5	11130	7857	70.6
2018	10439	4964	47.6	10435	6667	63.9
2019	10704	5244	49.0	10765	6280	58.3

注：废纸回收率 = 废纸回收量/国内纸和纸板消费总量；废纸利用率 = 废纸消耗量/国内纸和纸板生产总量。

近年来，随着《废纸分类等级规范》《资源综合利用产品和劳务增值税优惠目录》《关于推进再生资源回收行业转型升级的意见》《关于加快推进再生资源产业发展的指导意见》等废纸回收及资源化综合利用政策的出台，以及十九大报告指出的推进资源全面节约和循环利用，实现生产系统和生活系统循环链接的引导下，有力推动了我国废纸回收利用行业的规范与整合，推动行业技术装备水平的提升。

尤其是在废纸进口限制后，在普遍提高国内废纸采购品质标准，玖龙纸业(控股)有限公司、安徽山鹰纸业股份有限公司等国内造纸企业不断调整废纸采购策略，部分企业还与一些废纸分拣加工企业合作，这使我国的废纸回收质量总体上在不断提高。

2. 废纸浆使用率

近年来废纸一直是支撑我国造纸工业发展的重要纤维原料，随着我国造纸原料结构的不断调整，虽然废纸浆使用率在 2014 年以后逐年下降，与 2018 年相比，2019 年再次下降了 2.6 个百分点，但仍达 55.7%，见表 2。

表 2　近年来我国废纸浆使用率变化情况

年份	纸浆总消耗量/万吨	废纸浆消耗量/万吨	废纸浆使用率/%
2006	5992	3380	56.4
2007	6769	4017	59.3
2008	7360	4439	60.3
2009	7980	4997	62.6
2010	8461	5305	62.7
2011	9044	5660	62.6
2012	9348	5983	64.0
2013	9147	5940	64.9
2014	9484	6189	65.3
2015	9731	6338	65.1
2016	9797	6329	64.6
2017	10051	6302	62.7
2018	9387	5474	58.3
2019	9609	5351	55.7

注：废纸浆使用率 = 废纸浆消耗量/国内纸浆总消耗量。

3. 以废纸为主要原料纸种的生产量与消费量

2019 年全国纸及纸板生产量 10765 万吨，较 2018 年增长 3.16%。消费量 10704 万吨，较 2018 年增长 2.54%。其中，我国以废纸为主要原料的纸及纸板产品主要有箱纸板、瓦楞原纸、包装用纸、新闻纸及部分的白纸板(主要是灰底白纸板)、未涂布印刷书写纸、厕用卫生纸。近两年由于废纸进口受限，废纸原料供应趋紧且价格大幅上涨，部分产品原料结构中的废纸比例在不断减少或被其他产品所代替。以白纸板中的灰底白纸板为例，其主要原料是混合废纸，伴随着 2018 年 1 月起我国全面禁止混合废纸进口及大量位于富阳地区、东莞地区的中小型灰底白纸板等涂布白纸板生产企业关停，使我国灰底白纸板生产量大幅下滑，部分被白卡纸产品所替代。

由于近两年白纸板原料结构变化较大，废纸原料占比不断减小，在表 3 中仅对以废纸为主要原料的新闻纸、包装用纸、箱纸板和瓦楞原纸 4 个品种生产量及消费量进行统计。2019 年这 4 种产品的生产量合计为 5255 万吨，较 2018 年增长 2.44%，占 2019 年纸及纸板总生产量的 48.82%。2019 年这 4 种产品的消费量合计为 5671 万吨，比 2018 年增长 2.54%，占 2019 年纸及纸板总消费量的 52.98%。

表 3　近年来我国以废纸为主要原料纸种生产量与消费量

年份	生产量/万吨					消费量/万吨				
	2016	2017	2018	2019	同比/%	2016	2017	2018	2019	同比/%
新闻纸	260	235	190	150	-21.05	265	267	237	195	-17.72
包装用纸	675	695	690	695	0.72	689	707	701	699	-0.29
箱纸板	2305	2385	2145	2190	2.10	2364	2510	2345	2403	2.47
瓦楞原纸	2270	2335	2105	2220	5.46	2271	2396	2213	2374	7.28
合计	5510	5650	5130	5255	2.44	5589	5880	5496	5671	3.18
当年总量	10855	11130	10435	10765	3.16	10419	10897	10439	10704	2.54
占比/%	50.76	50.76	49.16	48.82		53.64	53.96	52.65	52.98	

从表 3 可以看出，2019 年我国以废纸为主要原料的 4 个品种的合计生产量和合计消费量同比都有所增长，占纸及纸板总生产量及总消费量的比例与 2018 年相比变化都不大，不足 0.5 个百分点。

4. 近年废纸相关项目建设情况

近年来，以废纸为主要原料的新建项目和计划新建项目较多，规模也较大。其中，包装用纸、瓦楞原纸、箱纸板等成为这几年我国产能增量较大的产品。近两年由于我国限制废纸进口政策、国际及国内经济形势的不断变化，一些计划新建项目出现延期或更改等情况，也有很多大型造纸企业投资海外。如以玖龙纸业(控股)有限公司、山东太阳纸业股份有限公司、安徽山鹰纸业股份有限公司、理文造纸有限公司等大型造纸企业为代表的我国造纸企业正在国外投建废纸浆、包装用纸及纸板生产线，充分利用国际废纸资源。其中，一部分废纸浆产品以浆板形式进口到国内，另一部分将直接加工成包装用纸及纸板，投放我国或国际市场。根据公开资料显示，理文造纸有限公司已在马来西亚、越南投产 125 万吨/年箱纸板和瓦楞原纸、95 万吨/年再生浆产能；玖龙纸业(控股)有限公司已在越南、美国分别投产 50 万吨/年箱纸板和瓦楞原纸、22 万吨/年再生浆产能；安徽山鹰纸业股份有限公司已在东南亚、美国投产了 42 万吨/年再生浆产能；台湾正隆纸业有限公司已在越南投产了 30 万吨/年箱纸板和瓦楞原纸产能。由此可见，以往以进口废纸形式存在的废纸原料一部分将改变供货模式，以废纸浆板或者成品纸及纸板的形式进口至国内，但从长远来看，以废纸浆进口的供货模式的经济性、实用性等还有待验证。

此外，据不完全统计，2019 年以来国内市场实际投放的以废纸为原料的新产能超过 1000 万吨以上。表 4 列出了近年我国部分废纸相关新建扩建项目的跟踪情况。

表 4　近年我国部分废纸相关新建扩建项目

企业名称	项目内容	年产能力/万吨	建设地点	备注
浙江景兴纸业股份有限公司	高强瓦楞原纸	30	浙江	2016 年上半年投产
玖龙纸业(控股)有限公司	牛皮箱纸板	35	辽宁沈阳	2016 年投产
	箱纸板	60		2019 年 7 月底试车
	高档牛卡纸	200	福建泉州	一期 65 万吨 2014 年投产，二期 65 万吨 2019 年投产)，三期 50 万吨已经进入前期工作程序
	箱纸板	50	河北滦南	2020 年投产
	箱纸板	35	重庆江津	2018 年 4 季度投产
	高强瓦楞原纸	55	重庆江津	2019 年 1 月投产
	箱纸板	60	广东东莞	预计 2020 年投产
理文造纸有限公司	高档包装纸板	45	江西九江	2016 年底投产
福建联盛纸业有限责任公司	高档箱纸板	45	福建漳州	2017 年 12 月投产
	高档再生白纸板	60	福建漳州	正在调试，预计 2020 年 8 月初投产，可能改产高档白面牛卡纸和优质牛卡纸
广丰县芦林纸业有限公司	高强低定量瓦楞原纸	30	江西广丰	计划 2020 年 11 月份完工
	牛皮箱纸板	40		
四川迅源纸业有限公司	高强瓦楞原纸	30	四川大邑	建设中(一期 15 万吨已于 2014 年投产)
云南东晟纸业有限公司	高档包装用纸	30	云南宜良	首期已于 2016 年投产
湖北荣成纸业有限公司	瓦楞原纸、箱纸板	85	湖北松滋	2017 年投产
	高档瓦楞原纸	65	湖北松滋	2019 年 5 月投产 1 条 30 万吨生产线；另 1 条 35 万吨生产线筹备建设中
湖北鑫物再生纸业有限公司	高强瓦楞原纸	20	湖北枝江	项目暂缓
浙江荣成纸业有限公司	高强瓦楞原纸	18	浙江嘉兴	2016 年投产
山东太阳宏河纸业有限公司	高档牛皮箱纸板	50	山东邹城	2016 年投产
	高档纸板	80	山东邹城	2018 年投产

续表

企业名称	项目内容	年产能力/万吨	建设地点	备注
浙江荣晟环保纸业股份有限公司	高强瓦楞原纸	20	浙江嘉兴	2016年8月投产
四川金田纸业有限公司	高强瓦楞原纸	30	四川泸州	2016年投产
	箱纸板	30	四川合江	2016年2月投产
	高强瓦楞原纸	30	四川合江	2017年投产
浙江台州森林纸业有限公司	高强包装用纸	10	浙江温岭	2016年投产
江西柯美纸业有限公司	高强瓦楞原纸	30	江西萍乡	2017年投产
秦楚纸业有限公司	瓦楞原纸	10	湖北荆州	2017年投产
河南省龙源纸业股份有限公司	瓦楞原纸	20	河南周口	2016年投产
	高档箱纸板	30	河南周口	2019年投产
运城闻喜县东方新闻纸业有限公司	再生纸	10	山西运城	2016年投产
武汉金凤凰纸业有限公司	高强瓦楞原纸	40	湖北金口	2016年7月投产
		60	湖北孝感	2017年12月投产
		60	湖北孝感	在建
	纸管原纸	10	湖北孝感	投产调试中
		10	湖北金口	2019年投产
湖北荣成再生科技有限公司	高档箱纸板	150	湖北松滋	至2019年全部投产
湖北盛大纸业有限公司	高强瓦楞原纸	20	湖北仙桃	2019年11投产
江苏上善纸业有限公司	高强瓦楞原纸	20	江苏宿迁	2017年1月投产
杭州丰收纸业有限公司	高强瓦楞原纸	20	浙江杭州	2017年1月投产
元氏县金鹏纸业有限责任公司	高强瓦楞原纸	15	河北石家庄	2017年6月投产
河南顺捷科技环保有限公司	瓦楞原纸	15	河南济源	2017年投产
吉林白山琦祥纸业股份有限公司	包装用纸	20	吉林白山	2017年投产
	瓦楞原纸	50		2018年投产
郑州浦发纸业有限公司	箱纸板	30	河南新密	在建
东华(河南)环保纸业有限公司	瓦楞原纸	30	河南周口	在建
河南银鸽集团箱纸板项目	箱纸板	80	河南漯河	在建
河南中峰集团纸业有限公司	箱纸板	15	河南平顶山	在建
禄丰县永兴纸业有限公司	高强瓦楞原纸	10	云南禄丰	2017年投产
湖北祥兴纸业科技有限公司	高档包装用纸	100	湖北荆州	分3期建设，一期项目30万吨于2017年7月投产
德州泰鼎新材料科技有限公司	高强瓦楞原纸	15	山东德州	2017年10月投产
保山鑫盛泰纸业有限公司	箱纸板、T纸和高强瓦楞原纸	20	云南保山	2017年试生产(在原12万吨高强瓦楞原纸生产线基础上改造)
江苏丰凯纸业有限公司	瓦楞原纸	10	江苏淮安	2018年6月投产
黑龙江龙兴纸业有限公司	高档箱纸板	50	黑龙江佳木斯	前期准备

续表

企业名称	项目内容	年产能力/万吨	建设地点	备注
山东美洁纸业有限公司	包装材料	90	山东兰陵	2017年6月开工建设。一期40万吨，其中15万吨高强瓦楞原纸生产线2018年投产，25万吨箱纸板或T纸生产线在建；二期50万吨，10万吨纱管纸生产线在建；拟建2条20万吨瓦楞原纸生产线(已通过环评)
湖北秦楚纸业有限公司	瓦楞原纸	10.5	湖北荆州	2018年投产
云南云泓纸业有限公司	包装用纸	20	云南武定	2018年10月底试生产
浙江和泓环保纸业有限公司	高强瓦楞原纸	20	浙江舟山	2019年投产
辽宁兴东纸业有限公司	箱纸板	30	辽宁铁岭	2018年投产
湖北鑫物再生纸业有限公司	瓦楞原纸	20	湖北枝江	2018年投产
湖北金庄科技再生资源有限公司	高强瓦楞原纸	20	湖北当阳	2018年投产
山东世纪阳光纸业集团有限公司	高级瓦楞原纸	80	山东昌乐	2018年底投产
	高级瓦楞原纸	80	山东潍坊(华迈纸业)	2020年3月投产
昆明红星荣和纸业有限公司	再生纸	50	云南宜良	分2期建设。一期30万吨仿牛卡纸和T纸；二期20万吨高强瓦楞原纸
山东博汇集团有限公司	高档包装纸板	150	山东淄博	分2期建设。一期项目50万吨高档牛皮箱纸板及50万吨高强瓦楞原纸，2019年投产
	高档包装纸板	75	江苏盐城	2018年12月投产
	高档包装纸板	75		2019年9月投产
山鹰华中纸业有限公司	高档包装用纸	220	湖北荆州	2017年7月开始奠基，分2期建设。2019年12月首条生产线投产，产能55万吨；2020年5月第2条生产线投产，产能50万吨；2020年8月底第3条生产线计划试运行
山鹰纸业(广东)有限公司	高档箱纸板	100	广东肇庆	2020年初开工建设，计划2021年建成投产
福建利树股份有限公司	箱纸板	15	福建建瓯	2019年投产
	白色木浆挂面纸	30		土建完成，准备安装设备
福建菩尔新材料科技有限公司	瓦楞原纸	20	福建南平	预计2020年全部投产
江苏利民再生资源有限公司	高强瓦楞原纸	25	江苏连云港	2019年6月投产
贵州盛世荣创再生科技有限公司	瓦楞原纸	20	贵州瓮安	2019年6月开工，分2期建设
	牛卡纸	30		
广西金桂浆纸业有限公司	高档纸板	180	广西钦州	2019年9月开工
安徽省萧县林平纸业有限公司	箱纸板、瓦楞原纸	50	安徽萧县	2019年12月投产
浙江华川实业集团有限公司	高强瓦楞原纸	40	浙江义乌	2019年11月投产
浙江金励环保纸业有限公司	再生高档包装纸	100	浙江衢州	分2期建设；一期的30万吨高强单面灰纸板生产线正在安装调试，20万吨低定量瓦楞原纸生产线在建

续表

企业名称	项目内容	年产能力/万吨	建设地点	备注
广东汇洲纸业有限公司	瓦楞原纸	20	广东湛江	已环评公示
	箱纸板	30		

二、2019 年我国废纸、废纸浆进出口情况

1. 废纸进出口情况

(1)数量与金额

据海关总署统计，2019 年，我国进口废纸总量 1036 万吨，同比下降 39.1%；用汇金额 19.4 亿美元，同比下降 54.8%；进口废纸的平均价格为 187.51 美元/吨，同比下降 25.9%。我国出口废纸总量 774 吨，同比增长 31.2%；创汇金额 27.1 万美元，同比增长 21.5%；出口废纸的平均价格为 350.6 美元/吨，同比下降 7.4%。

表 5　近年来我国废纸进出口情况

年份	进口			出口		
	进口量/万吨	金额/亿美元	均价/(美元/吨)	出口量/吨	金额/万美元	均价/(美元/吨)
2006	1962	27.5	140.1	100	2.0	203.5
2007	2256	40.4	179.2	500	8.4	168.3
2008	2421	55.6	229.6	20	0.4	203.0
2009	2750	38.0	138.0	270	5.9	218.8
2010	2435	53.5	219.8	796	15.3	191.8
2011	2728	69.7	255.4	3600	77.7	215.8
2012	3007	62.6	208.6	2432	81.2	334.2
2013	2924	59.3	202.8	1049	47.5	452.8
2014	2752	53.5	194.4	742	29.8	401.6
2015	2928	52.8	180.3	701	31.1	443.7
2016	2850	49.8	175.1	2328	53.8	230.9
2017	2572	58.7	228.4	1515	41.9	276.3
2018	1703	42.9	253.0	590	22.3	378.6
2019	1036	19.4	187.5	774	27.1	350.6

由表 5 可见，根据《关于禁止洋垃圾入境推进固体废物进口管理制度改革实施方案》公布的全面禁止固体废物的时间表，在其要求的力争在 2020 年年底前基本实现固体废物零进口的总背景下，2019 年我国废纸进口量继续大幅下降，这也是国家近几年加大废纸进口审批管控力度的结果(见图 1)。截至 2020 年 7 月底，根据固废中心公布的数据显示，共审批了 10 批次进口废物许可，废纸核定进口总量为 574.53 万吨，预计 2020 年我国废纸进口量仍将继续大幅减少，幅度仍达 30% 以上。

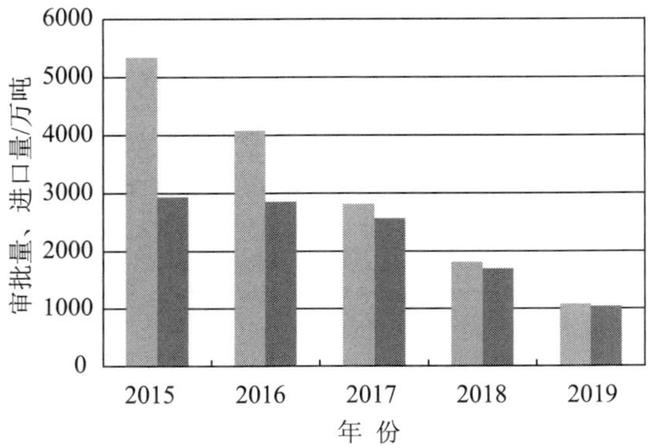

图1　2015—2019年我国废纸进口审批量和进口量变化情况

■审批量　■进口量

(2)进口废纸种类、数量、金额及单价

2019 年，我国进口废纸中，旧箱纸板类进口量 795.7 万吨，同比下降 38.5%，占废纸总进口量的

76.8%；进口用汇金额14.2亿美元，同比下降56.3%，进口单价178.78美元/吨，同比下降28.9%；办公室废杂纸类合计进口量34.9万吨，同比下降50.1%，占废纸总进口量的3.4%；进口用汇金额0.9亿美元，同比下降57.1%，进口单价246.91美元/吨，同比下降18.3%；废旧报纸类进口总量205.7万吨，同比下降39.1%，占废纸总进口量的19.8%；进口用汇金额4.3亿美元，同比下降48.2%，进口单价211.21美元/吨，同比下降13.8%。

2019年进口废纸具体种类、数量及单价情况见表6。主要废纸品种月度进口情况及进口单价变化情况如图2～图3所示。在废纸进口单价方面，由图3可见，旧箱纸板、办公室废杂纸及废旧报纸类的进口单价全年逐月一路走低，12月均价分别为139.02美元/吨、201.16美元/吨、143.34美元/吨，较1月均价分别下降了46.9%、38.9%及49.0%。

表6 2019年我国废纸进口主要品种、数量

废纸类别	进口量			进口用汇金额		进口单价	
	数量/万吨	占比/%	同比增长/%	金额/亿美元	同比增长/%	单价/(美元/吨)	同比增长/%
进口总量	1036.3	100	-39.1	19.4	-54.8	187.51	-25.9
旧箱纸板类	795.7	76.8	-38.5	14.2	-56.3	178.78	-28.9
办公室废杂纸类	34.9	3.4	-50.1	0.9	-57.1	246.91	-18.3
废旧报纸类	205.7	19.8	-39.1	4.3	-48.2	211.21	-13.8

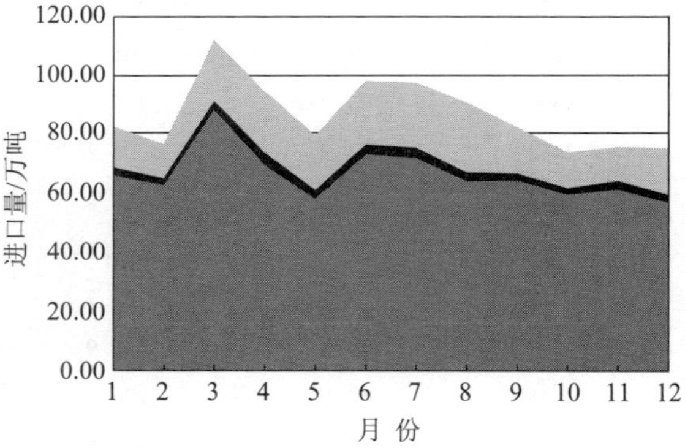

图2 2019年我国废纸月度进口情况

■废旧报纸类 ■办公室废杂纸类 ■旧箱纸板类

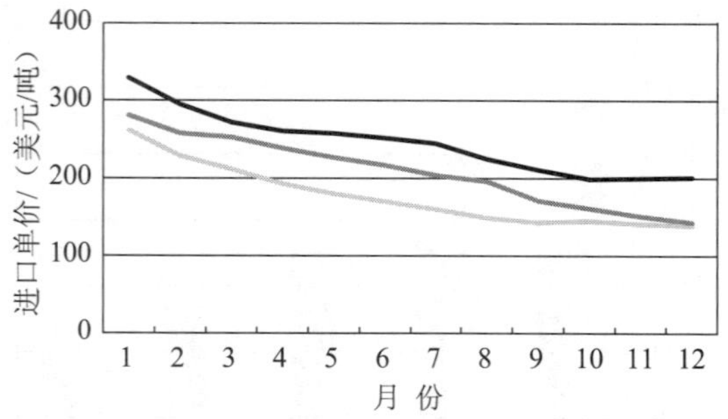

图3 2019年我国主要进口废纸品种进口单价月度变化情况

—旧箱纸板类 —办公室废杂纸类 —废旧报纸类

图3在一定程度上反映出，我国废纸进口政策已影响到全球废纸贸易格局，导致美国、欧洲等主要废纸供应地区本土废纸价格下降调整。据RISI数据显示，以美国为例，2019年OCC均价跌至41美元/吨，较2017年下降74%。

（3）进口废纸来源情况

我国进口的废纸一直主要来自美国、欧洲和日本3个地区，其中，美国、日本、英国一直是我国最大的3个进口废纸来源国。2019年我国自美国、日本和英国的废纸进口量分别为461.0万吨、164.5万吨和137.2万吨，分别占我国总废纸进口量的44.5%、15.9%和13.2%（见图4）。

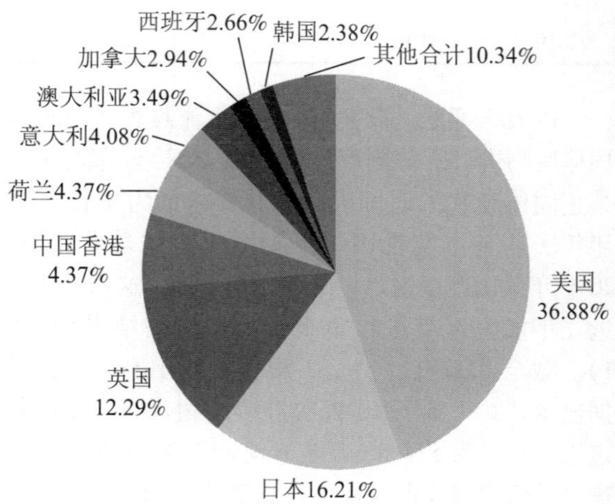

图4 2019年我国废纸进口的主要来源国按进口量占比情况

2. 废纸浆进出口情况

(1)数量、金额及单价

2019 年，我国直接从海外进口废纸浆的总量 90.9 万吨，为 2018 年的 3.08 倍；进口用汇总额 2.95 亿美元，为 2018 年的 2.42 倍；进口单价 324.61 美元/吨，同比下降 21.59%(见表 7)。2018—2019 年我国废纸浆月度进口量及进口单价变化情况如图 5 ~ 图 6 所示，进口数量与进口单价呈现一增一减变化趋势。2019 年，我国废纸浆出口量为 392.5 吨，出口单价为 802.7 美元/吨。

表 7　2019 年我国废纸浆进口情况

废纸类别	进口总量		进口用汇金额		进口单价	
	数量/万吨	同比增长/%	金额/亿美元	同比增长/%	单价/(美元/吨)	同比增长/%
2018 年	29.43	2371	1.22	1934	413.98	−17.69
2019 年	90.87	208.8	2.95	142.1	324.61	−21.59

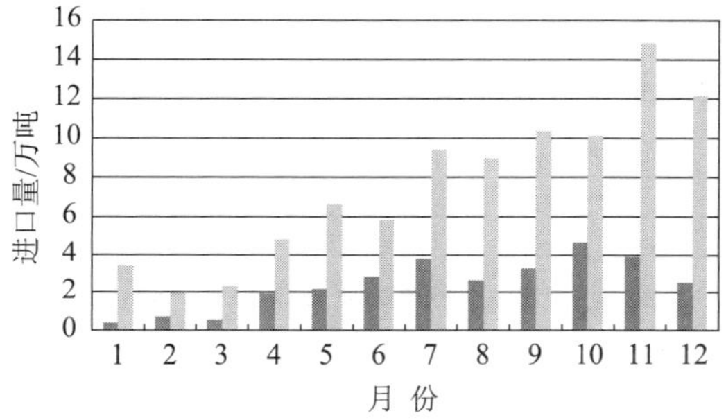

图5　2018—2019年我国废纸浆月度进口量

■2018年　■2019年

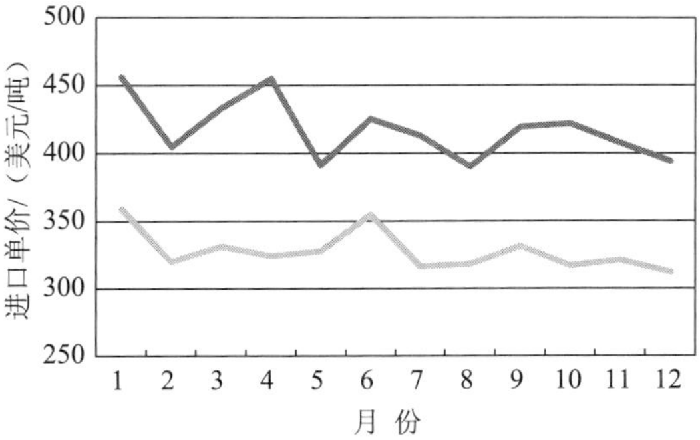

图6　2018—2019年我国废纸浆月度进口单价

—2018年　—2019年

(2)进口废纸浆来源情况

我国进口的废纸浆主要来自中国台湾、老挝、美国、越南、马来西亚 5 个地区及国家，从这个 5 个地区及国家的废纸浆进口量达 80.3 万吨，占我国总废纸浆进口量的 88%(见图 7)。

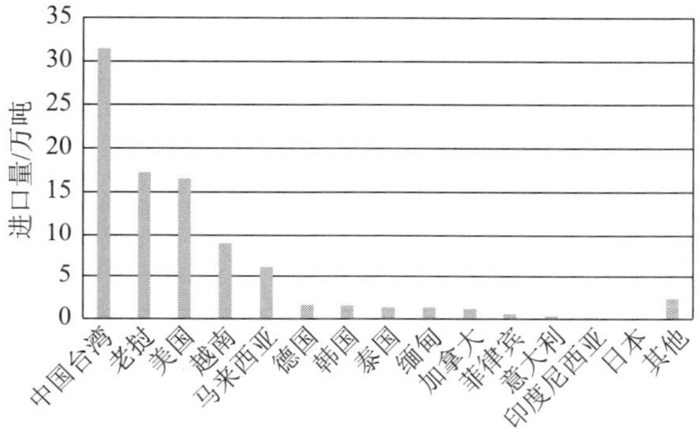

图7　2019年我国废纸浆进口的主要来源国及其进口量情况

3. 外废废纸浆占原料比例变化

2019 年我国废纸浆消耗量为 5443 万吨，其中外废废纸浆消耗量 1022 万吨，占废纸浆总消耗量的 18.8%，占纸浆总消耗量的 10.6%。由表 8 可以看出，我国国废废纸浆消耗量在废纸浆消耗总量中占主要地位，且比重逐年上升，2019 年达到 81.2%，较 2018 年增加了 8.4 个百分点。

三、结语

根据生态环境部通报的持续推进固体废物进口管理制度改革工作进展，指出生态环境部将继续会同有关部门和地区坚定不移抓好禁止洋垃圾进口这一生态文明建设标志性举措，坚持方向不变、力度不减，扎实推进各项改革任务，确保到 2020 年年底基本实现固体废物零进口。由此可见，受国家固废政策影响，至 2020 年年底我国可能基本实现废纸零进口这一背景下，我国国内造纸纤维原料供需矛盾将进一步加剧，未来原料供应仍将是造纸企业亟需解决的问题。在原料方面，大型纸企更具优势，已在海内外积极布局，但对于中小型企业来说，原料将成为其生存发展的瓶颈。

另一方面，虽然废纸进口受限，但随着国家促进国内再生资源回收利用体系建设的系列政策的实施，全国地级及以上城市基本建成生活垃圾分类处理系统必将不断完善，我国的废纸回收质量及回收利用能力也将有所提升。

表 8　近年来我国废纸浆原料结构变化情况

年份	2006	2007	2008	2009	2010	2011	2012	2013	2014	2015	2016	2017	2018	2019
纸浆总消耗量/万吨	5992	6769	7360	7980	8461	9044	9348	9147	9484	9731	9797	***10051***	***9387***	***9609***
废纸浆消耗量/万吨	3380	4017	4439	4997	5305	5660	5983	5940	6189	6338	6329	6303	5474	5443
外废废纸浆[1]消耗量/万吨	1570	1805	1936	2056	2092	2182	2405	2379	2243	2392	2308	2064	1487	1022
占废纸浆比例/%	46.4	44.9	43.6	41.1	39.4	38.6	40.2	40.1	36.2	37.7	36.5	32.7	27.2	18.8
占总浆量比例/%	26.2	26.7	26.3	25.8	24.7	24.1	25.7	26.0	23.7	24.6	23.6	20.5	15.8	10.6
其中：进口	0	0	0	0	0	0	0	0	0	0	0	1	30	92
国废废纸浆[2]消耗量/万吨	1810	2212	2503	2941	3213	3478	3578	3561	3946	3946	4021	4239	3987	4421
占废纸浆比例/%	53.6	55.1	56.4	58.9	60.6	61.4	59.8	59.9	63.8	62.3	63.5	67.3	72.8	81.2
占总浆量比例/%	30.2	32.7	34.0	36.9	38.0	38.5	38.3	38.9	41.6	40.6	41.0	42.2	42.5	46.0

注：1. 外废废纸浆包括进口废纸制得的纸浆及直接进口废纸浆；

2. 国废废纸浆为国产废纸制得的纸浆。

（郭彩云）

2018 年我国出版印刷用纸市场综述

Market Review of Book Paper in China in 2018

一、行业概况

我国的印刷业在国民经济分类上称为“印刷复制业”。根据国家统计局发布的《文化及相关产业分类(2018)》，“印刷复制服务”类归属于“文化辅助生产和中介服务”大类，包括“书、报刊印刷”“本册印制”“包装装潢及其他印刷”“装订及印刷相关服务”“记录媒介复制”“摄影扩印服务”6 项小类。印刷复制业包括了出版物印刷、包装装潢印刷、其他印刷品印刷、专项印刷、打字复印、复制和印刷物资供销等。

2018 年，我国印刷复制业(包括出版物印刷、包装装潢印刷、其他印刷品印刷、专项印刷、印刷物资供销和复制)实现营业收入 13727.56 亿元，较 2017 年增长 4.34%；利润总额 835.23 亿元，下降 1.74%。出版物印刷(含专项印刷)营业收入 1711.51 亿元，增长 2.46%；利润总额 110.12 亿元，下降 6.35%。包装装潢印刷营业收入 10686.45 亿元，增长 5.05%；利润总额 637.09 亿元，下降 0.16%。其他印刷品营业收入 1120.75 亿元，增长 2.29%；利润总额 87.95 亿元，下降 5.63%。

出版物印刷仅是印刷复制业的一个分支，它主要包含了书报刊印刷和专项印刷。

2018 年，全国出版物印刷企业(含专项印刷)共有 8923 家，与 2017 年相比增长 1.94%；职工年末平均人数 42.98 万人，与 2017 年相比下降 4.85%。

2018 年出版物印刷企业生产量(含专项印刷)为：图书、报纸、期刊及其他印刷品黑白印刷生产量 27760.33 万令，彩色印刷生产量 116387.94 万对开色令。与 2017 年同口径相比，黑白印刷生产量和彩色印刷生产量均基本持平。装订生产量 33357.92 万令，较 2017 年同口径增长 4.66%。印刷用纸量(包含平版纸和卷筒纸)55951.23 万令，与 2017 年同口径相比，基本持平。

2018 年，全国共出版图书、期刊、报纸、音像制品和电子出版物 465.27 亿册(份、盒、张)，较 2017 年下降 4.11%。其中，出版图书 100.09 亿册(张)，增长 8.28%，占全部数量的 21.51%；期刊 22.92 亿册，下降 8.03%，占全部数量的 4.93%；报纸 337.26 亿份，下降 6.96%，占全部数量的 72.49%；音像制品 2.41 亿盒(张)，下降 5.74%，占全部数量的 0.52%；电子出版物 2.59 亿张，下降 7.99%，占全部数量的 0.56%。全国出版图书、期刊、报纸总印张为 1937.18 亿印张，与 2017 年相比，下降 4.14%。2018 年出版物印刷基本数据见表 1。

表 1　　2017 年出版物印刷基本数据

	种类		总印数		总印张	
	新版	重版	亿册/张、份	同比/%	亿印张	同比/%
图书	247108	272142	100.09	8.28	882.52	9.22
期刊	10139		22.92	-8.03	126.75	-7.25
报纸	1871		337.26	-6.96	927.91	-13.78
合计					1937.18	

二、书报刊印刷行业基本概况

1. 图书出版总量

2018 年全国共出版图书 519250 种，总印数 100.09 亿册(张)，增长 8.28%，总印张 882.52 亿印张，定价总金额 2002.9 亿元。与 2017 年相比，总印数增长 8.98%，总印张增长 9.22%。其中：全国出版新版图书 247108 种，总印数 25.17 亿册(张)，总印张 259.48 亿印张，定价总金额 827.17 亿元；与 2017 年相比，品种减少 3.14%，总印数增长 10.69%，总印张增长 12.79%，定价总金额增长 19.81%。重印图书 272142 种，总印数 57.74 亿册(张)，总印张 498.72 亿印张，定价总金额 1043.73 亿元；与 2017 年相比，品种增长 5.74%，总印数增长 7.18%，总印张增长 7.42%，定价总金额增长 13.63%。租型图书总印数 17.18 亿册，总印张 124.32 亿印张，定价总金额 132.00 亿元；与上年相比，总印数增长 8.57%，总印张增长 9.32%，定价总金额增长 7.93%。

图书主要包括书籍、课本、图片和附录类：

(1)书籍新版 225940 种、重印 210111 种，合计 436051 种，总印数 65.05 亿册，总印张 606.98 亿印张，定价总金额 1610.61 亿元。与 2017 年相比，新版品种减少 2.26%，重印品种增长 8.06%，品种合计增长 2.45%，总印数增长 8.98%，总印张增长 10.56%，定价总金额增长 17.55%。

(2)课本新版 21066 种、重印 61796 种，合计 82862 种，总印数 34.81 亿册(张)，总印张 274.58 亿印张，定价总金额 386.88 亿元。与 2017 年相比，新版品种减少 11.40%，重印品种降低 1.62%，品种合计减少 4.31%，总印数增长 6.91%，总印张增长 6.35%，定价总金额增长 8.50%。

(3)图片新版 102 种、重印 235 种，合计 337 种，总印数 0.02 亿册(张)，总印张 0.07 亿印张，定价总金额 0.36 亿元。与 2017 年相比，新版品种减少 35.03%，重印品种增长 91.06%，品种合计增长 20.36%，总印数降低 15.94%，总印张增长 1.61%，定价总金额降低 29.48%。

(4)附录总印数 0.22 亿册(张)，总印张 0.90 亿印张，定价总金额 5.06 亿元。

2. 期刊

2018 年，全国共出版期刊 10139 种，平均期印数 12331 万册，每种平均期印数 1.25 万册，总印数 22.92 亿册，总印张 126.75 亿印张，定价总金额 217.92 亿元。与 2017 年相比，品种增长 0.09%，平均期印数降低 5.76%，每种平均期印数降低 7.30%，总印数降低 8.03%，总印张降低 7.25%，定价总金额降低 2.67%。

各类期刊的出版数量、所占比例及与 2017 年相比增减百分比如下：

(1)哲学、社会科学类期刊 2678 种，平均期印数 6609 万册，总印数 114607 万册，总印张 5896301 千印张；占期刊总品种的 26.41%，总印数的 50.00%，总印张的 46.52%。与 2017 年相比，品种增长 0.07%，平均期印数降低 0.62%，总印数降低 4.22%，总印张降低 2.74%。

(2)文化、教育类期刊 1399 种，平均期印数 2260 万册，总印数 53311 万册，总印张 2582696 千印张；占期刊总品种的 13.80%，总印数的 23.26%，总印张的 20.38%。与 2017 年相比，品种增长 0.14%，平均期印数降低 9.77%，总印数降低 9.21%，总印张降低 11.87%。

(3)文学、艺术类期刊 663 种，平均期印数 718 万册，总印数 16516 万册，总印张 899321 千印张；占期刊总品种的 6.54%，总印数的 7.21%，总印张的 7.10%。与 2017 年相比，品种降低 0.30%，平均期印数降低 14.46%，总印数降低 20.65%，总印张降低 22.50%。

(4)自然科学、技术类期刊 5037 种，平均期印数 2047 万册，总印数 29821 万册，总印张 2487022 千印张；占期刊总品种的 49.68%，总印数的 13.01%，总印张的 19.62%。与 2017 年相比，品种增长 0.20%，平均期印数降低 10.91%，总印数降低 10.58%，总印张降低 5.11%。

(5)综合类期刊 362 种，平均期印数 696 万册，总印数 14951 万册，总印张 809351 千印张；占期刊总品种的 3.57%，总印数的 6.52%，总印张的 6.39%。与 2017 年相比，品种降低 0.82%，平均期印数降低 12.11%，总印数降低 10.36%，总印张降低 9.23%。

2018 年全国共出版少年儿童期刊 207 种，平均期印数 1448 万册，总印数 39719 万册，总印张 1235861 千印张；占期刊总品种的 2.04%，总印数的 17.33%，总印张的 9.75%。与 2017 年相比，品种降低 1.90%，平均期印数降低 9.30%，总印数降低 10.97%，总印张降低 15.58%。

2018 年全国共出版画刊(不含面向少年儿童的画刊)55 种，平均期印数 48 万册，总印数 715 万册，总印张 54431 千印张；占期刊总品种的

0.54%，总印数的0.31%，总印张的0.43%。与2017年相比，品种持平，平均期印数降低15.35%，总印数降低14.38%，总印张降低24.43%。

2018年全国共出版动漫期刊34种，平均期印数116万册，总印数3570万册，总印张180432千印张；占期刊总品种的0.34%，总印数的1.56%，总印张的1.42%。与2017年相比，品种降低8.11%，平均期印数降低27.86%，总印数降低30.98%，总印张降低41.22%。

3. 报纸

2018年，全国共出版报纸1871种，平均期印数17584.84万份，每种平均期印数9.40万份，总印数337.26亿份，总印张927.91亿印张，定价总金额393.45亿元，折合用纸量213.42万吨。与2017年相比，品种减少0.69%，平均期印数降低5.81%，每种平均期印数降低5.15%，总印数降低6.96%，总印张降低13.78%，定价总金额降低1.35%。

从总体趋势看，报纸印刷总量下滑的态势已有所趋缓，2018年党报和时政类报纸印刷总量继续保持稳定，都市类报纸仍在减量、减版，停刊的也有发生。

(1)以各级报纸分类来分析

报纸根据地域层级划分为全国性报纸、省级报纸、地市级报纸和县级报纸4类。

全国性和省级报纸977种，平均期印数13561.95万份，总印数230.29亿份，总印张625.56亿印张。占报纸总品种的52.22%，总印数的68.28%，总印张的67.42%。与2017年相比，品种减少0.41%，平均期印数降低4.02%，总印数降低5.94%，总印张降低11.53%。其中：

全国性报纸213种，平均期印数2928.13万份，总印数78.26亿份，总印张218.95亿印张；占报纸总品种的11.38%，总印数的23.20%，总印张的23.60%。与2017年相比，品种减少0.93%，平均期印数降低2.16%，总印数增长0.15%，总印张降低2.51%。

省级报纸764种，平均期印数10633.82万份，总印数152.02亿份，总印张406.60亿印张；占报纸总品种的40.83%，总印数的45.08%，总印张的43.82%。与2017年相比，品种减少0.26%，平均期印数降低4.52%，总印数降低8.80%，总印张降低15.73%。

地、市级报纸875种，平均期印数3987.69万份，总印数105.94亿份，总印张300.60亿印张；占报纸总品种的46.77%，总印数的31.41%，总印张的32.40%。与2017年相比，品种减少1.02%，平均期印数降低11.59%，总印数降低9.35%，总印张降低18.28%。

县级报纸19种，平均期印数35.21万份，总印数1.03亿份，总印张1.74亿印张；占报纸总品种的1.02%，总印数的0.31%，总印张的0.19%。与2017年相比，品种持平，平均期印数增长22.05%，总印数增长28.65%，总印张增长36.13%。

(2)以报纸内容来分析

报纸根据内容划分为综合、专业、生活服务、读者对象和文摘五大类。

综合报纸848种，平均期印数6331.59万份，总印数210.37亿份，总印张709.30亿印张；占报纸总品种的45.32%，总印数的62.38%，总印张的76.44%。与2017年相比，品种减少0.47%，平均期印数降低8.84%，总印数降低8.16%，总印张降低14.43%。

专业报纸690种，平均期印数8878.96万份，总印数100.01亿份，总印张167.81亿印张；占报纸总品种的36.88%，总印数的29.65%，总印张的18.09%。与2017年相比，品种减少0.43%，平均期印数降低1.98%，总印数降低3.26%，总印张降低10.36%。

生活服务报纸208种，平均期印数913.58万份，总印数7.95亿份，总印张24.24亿印张；占报纸总品种的11.12%，总印数的2.36%，总印张的2.61%。与2017年相比，品种减少2.80%，平均期印数降低16.29%，总印数降低18.03%，总印张降低21.20%。

读者对象报纸103种，平均期印数1209.50万份，总印数15.53亿份，总印张22.00亿印张；占报纸总品种的5.51%，总印数的4.61%，总印张的2.37%。与2017年相比，品种持平，平均期印数降低2.70%，总印数降低2.94%，总印张降低5.31%。

文摘报纸22种，平均期印数251.22万份，总印数3.39亿份，总印张4.54亿印张；占报纸总品种的1.18%，总印数的1.01%，总印张的0.49%。与2017年相比，品种持平，平均期印数降低24.25%，总印数降低22.23%，总印张降低25.61%。

上述是2018年我国出版印刷的基本情况，就印刷行业而言，纸及纸板的消费大户仍是包装装潢印刷，出版物印刷仅占可用于书报刊印刷用纸(含新闻纸)消费量的 20% 左右。

随着数字化、网络化进程加快的冲击，以及环保对印刷行业压力的增大，我国印刷行业正面临一系列不利因素，信息传播的方式、载体都发生了巨大变化，使人们的阅读习惯逐步发生了改变，以纸为媒体的传播模式正在逐步衰退，就目前情况看，亟需寻求转型突围新路径。纵观全行业，报纸近几年一直是以超过 10% 的跌幅持续下滑，2018 年报纸印刷总量下滑的态势虽有所趋缓，但总趋势仍在持续下滑，期刊次之，图书有所增长。

（高英凯）

2019 年我国生活用纸行业概况和展望

Overview and Outlook of Household Paper Industry in China in 2019

2019 年，中国经济运行总体平稳，发展水平迈上新台阶，发展质量稳步提升，GDP 总量达到 99.1 万亿元，比 2018 年增长 6.1%。内需持续扩大，社会消费品零售总额 411649 亿元，比 2018 年增长 8.0%。

我国生活用纸市场在此大背景下继续保持增长，但增速放缓，总规模比 2018 年增长 2.6%，达到 1198.9 亿元；其他指标包括产能、生产量、销售量、消费量、人均消费量等均比 2018 年增长；在市场竞争的推动下，行业落后产能继续淘汰，落后产能占比进一步减少。表现在 2019 年已投产的项目和新宣布投资项目中，中小型企业的纸机新增和更新换代项目数量持续大幅增加。

整个行业现阶段产能过剩，市场竞争异常激烈，且 2019 年的新增产能中很多是于下半年或年底投产的，加之政府环保督查力度持续增强，对部分区域的阶段性限产、停产等因素影响，使全行业的平均设备利用率延续下降趋势。2019 年第 4 季度起，商品浆价持续回落，2019 年商品浆维持在低价水平，减少了企业生产成本，但产能过剩，市场竞争激烈仍使行业平均纸价回落。生产企业通过积极调整产品结构和创新产品，提升高附加值产品比例等措施，使成品纸价格下降幅度明显小于原纸，虽然行业产品平均出厂价格同比下降，但企业毛利率得到有效提升。虽然 2019 年新增现代化产能达到约 165 万吨，但这些新增产能主要集中在已有的企业，无新进入行业的大企业；另外仍有不少已宣布的投资项目延期。

一、市场规模

根据中国造纸协会生活用纸专业委员会（以下简称“生活用纸委员会”）的统计，2019 年生活用纸总产能达到 1445 万吨，总生产量约 1040.4 万吨，行业设备平均利用率为 72%；销售量约 1035.4 万吨，消费量约 960.7 万吨，我国已跃居全球第二大生活用纸消费市场，仅次于北美市场；人均年消费量约 6.9 千克，已明显超过 FASTMARKETS RISI 统计的 2019 年全球人均 5.3 千克的消费量水平。国内市场规模约 1198.9 亿元，比 2018 年增长 2.6%；全行业的平均零售价 12480 元/吨（见表 1）。

表 1　2019 年我国生活用纸行业的总规模

	2019 年	2018 年	同比/%
产能/万吨	1445.0	1310.0	10.3
生产量/万吨	1040.4	956.3	8.8
销售量/万吨	1035.4	958.4	8.0
消费量/万吨	960.7	889.6	8.0
人均消费量/千克	6.9	6.4	7.8
出厂均价/(元/吨)	9600.0	10100.0	-5.0
工厂销售总额/亿元	994.0	968.0	2.7
市场零售均价/(元/吨)	12480.0	13130.0	-5.0
国内市场规模/亿元	1198.9	1168.0	2.6

注：根据国家统计局资料，2019 年年底总人口 14.00 亿人，2018 年年底总人口 13.95 亿人；2019 年、2018 年市场零售均价按出厂均价加价率 30% 计。

二、行业优化升级加速

近几年来，随着国家实施节能减排和强制淘汰落后产能政策，以及市场的竞争和调整，行业落后产能的淘汰步伐加快，促使我国生活用纸行业现代化产能的比例持续提高（见表 2）。2019 年，现代化产能总计为 1411.2 万吨，开机中的现代化产能约为 1330.5 万吨，占行业总产能的 92.1%。2019 年，以河北省地区企业为代表的行业扩产升级持续进行，当地企业淘汰落后产能工作基本结束，同时，新增现代化产能继续集中投产，并正在进行全国新建生产基地的战略布局。河北省保定市2019年投产产能63.3万吨，2020年计划新增产能40.1万吨。2019年在全国新增约165万吨的现代化产能中，以现有企业扩产项目为主，也进一步推动了行业的优化升级。

引进先进卫生纸生产线提高了生活用纸行业现代化产能比例，据生活用纸委员会统计，截至2019年年底，我国已投产的进口新月型成形器卫生纸机累计达175台，产能合计700.6万吨/年；真空圆网型卫生纸机累计达101台，产能合计143.6万吨/年；斜网卫生纸机1台，产能1万吨/年。以上进口卫生纸机产能总计为845.2万吨/年，约占2019年生活用纸总产能的58.5%。

2019年，新项目投产的国产卫生纸机中，全部为中高速的新月型或真空圆网型纸机，这也推动了行业现代化产能占比的提升。

随着产品差异化需求的增加，单台6万吨/年的大型纸机改变品种的灵活性和成本消耗不具备优势，因此2019年内未有6万吨/年纸机投产项目。截至2019年年底，我国已投产大型纸机共71台，合计产能427万吨/年，约占行业总产能的近30%，预计未来6万吨/年纸机仍将以极少数的大企业投资为主(见表3)。

表2 2010—2021年新增现代化产能情况

年份	2010	2011	2012	2013	2014	2015	2016	2017	2018	2019	2020年计划	2021年及之后计划
新增产能/万吨	40.35	57.4	110.5	83.15	124.3	107.12	134.29	220.28	183.2	164.7	266.2	97.3

表3 2010—2021年新增单机产能为6万吨/年及以上的卫生纸机数量

年份	2010	2011	2012	2013	2014	2015	2016	2017	2018	2019	2020年计划	2021年及之后计划
数量/台	3	4	12	3	9	7	7	8	10	0	6	3

三、进出口情况

2019年生活用纸出口量为77.91万吨，同比增长5.59%，出口量约占总销售量的7.5%；出口金额为260156万美元(按1∶6.8985汇率，约合179.47亿元)，比2018年上升26.07%，出口额占工厂销售总额的18.1%。

出口生活用纸中，仍然是以生活用纸成品为主，原纸只占24.98%，其中卫生纸份额最大，占总出口量的34.97%。

数据显示，出口产品平均价格比2018年上升，而且出口产品平均价格高于进口产品平均价格，同时也高于国内的平均出厂价。

近几年来，美国一直是我国生活用纸出口量排名第一的国家，2018年出口到美国的生活用纸量占总出口量的21%。中美贸易战以来，美国于2018年9月和2019年5月对从我国进口的生活用纸增加2次关税，关税税率已达25%，使我国出口到美国的生活用纸量出现下滑。2019年，出口到美国的生活用纸量比2018年减少了约33808吨，出口量排名下降到第三位。出口到美国的生活用纸量占总出口量的比例为15.6%，同比下降5.45%。

根据海关总署的统计数据，2019年按出口量排序，出口目的地国家和地区的总计前10位分别为日本、中国香港、美国、澳大利亚、马来西亚、越南、英国、新加坡、中国澳门、新西兰。出口到这前10位国家和地区的总量合计为59.42万吨，约占出口总量的76.3%，同比下降2.7%。我国生活用纸是出口型行业，从2011年开始，进口量基本是持续降低的趋势，2017年和2018年进口量虽然出现回升，但总量较小，2018年进口量仅有5.04万吨。2019年进口量又大幅下滑，全年只有3.17万吨，比2018年减少1.87万吨，呈现量减价升的趋势，进口量和进口额分别比2018年下降37.05%和增长14.60%。2019年进口量仅占总销售量的0.3%，说明国产生活用纸已能充分满足消费者的需求。

进口生活用纸中，仍然主要是原纸，占进口总量的70.59%，主要以吸水衬纸为主。

四、过度投资，导致现阶段产能过剩

虽然2019年新增的产能主要集中在已有的企

业，但中小企业的设备升级大部分是在原产能基础上扩大产能；新进入者投资大、产能高，所以整个行业目前产能明显过剩，因此，部分投资项目在原计划基础上延期，整个行业市场竞争激烈。

继理文造纸有限公司和上海泰盛制浆(集团)有限公司之后，新进入生活用纸行业的有下列大型企业。

2017 年，宜宾纸业股份有限公司启动生活用纸项目。该项目位于四川省宜宾市南溪区裴石轻工业园区。项目签订的 5 台意大利亚赛利新月型卫生纸机，合计产能 12.5 万吨/年，已于 2018 年 9—12 月投产了 3 台，2019 年 1 月、3 月投产了 2 台。

2018 年和 2019 年，生活用纸行业没有新进入的国内大型企业。但是，日本纸企开始加速对中国等海外市场的开发力度。位于南通市经济技术开发区的江苏王子制纸有限公司年产 36 万吨生活用纸原纸扩建项目正在建设中。据该项目环评公示显示，项目总投资 24 亿元，分 3 期建设，建设周期 60 个月。其中，一期建设 2 条 6 万吨/年生活用纸原纸生产线及将现有 47 万吨/年制浆生产线配套扩容至 70 万吨/年，建设期为 24 个月；二期建设 2 条 6 万吨/年生活用纸原纸生产线，建设期为 18 个月；三期建设 2 条 6 万吨/年生活用纸原纸生产线，建设期为 18 个月。该项目一期工程已签订 2 台安德里茨 6 万吨/年新月型卫生纸机，计划于 2020 年投产。

日本大王制纸株式会社也于 2018 年开始在中国市场试销在日本卫生卷纸销量第一的生活用纸品牌爱璐儿(elleair)，定位高端市场。随着以中国为中心的高档产品市场需求增长，2019 年，日本大王制纸株式会社宣布将对日本国内两个生产厂投资 200 亿日元，增加面巾纸、卫生纸、厨房纸巾等生活用纸生产加工设备，以加强对中国等市场的出口业务，预计该扩产项目将于 2021 年 9 月投产运行。

2020 年，福建省最大的包装用纸生产企业——福建联盛纸业有限公司宣布进入生活用纸行业，并于 3 月 30 日签约 390 万吨/年林浆纸一体化项目。该项目总投资约 220 亿元，位于福建省漳州市漳浦县赤湖镇。项目分两期建设，一期建设 12 万吨/年生活用纸、100 万吨/年白卡纸、120 万吨/年木浆生产线(配套碱回收工程)，以及动力车间、环保设施、原料堆场、仓储、码头、办公生活区等配套设施，计划投资 130 亿元，建设期限 2 年。二期建设 18 万吨/年生活用纸、100 万吨/年白卡纸(配套 50 万吨/年化学机械浆生产线)、40 万吨/年文化用纸生产线等其他配套设施，计划投资 90 亿元，建设期限 3 年。

项目延期：从统计的 2020 年计划投产的项目中可以看出，有一些是本应在 2019 年及之前投产的项目，由于各种原因推迟投产(见表 4)。2020 年即使按照销售量同比增长 10% 左右，预计新增的市场容量(国内外市场)约为 100 万吨，假设淘汰落后产能 30 万吨，则可消化约 130 万吨的新增产能，所以吸纳 2020 年计划新增的 260 多万吨产能还是太多。估计有些项目还会后延，或不能达产。

表 4　2014—2019 年计划投产和实际投产的新增现代化产能

年份	2014 年	2015 年	2016 年	2017 年	2018 年	2019 年
计划新增产能/万吨	244.6	213.4	182.3	307.5	315.5	208.4
实际新增产能/万吨	124.3	107.12	134.29	220.28	183.2	164.7

五、主要竞争者

据生活用纸委员会最新调查统计，我国生活用纸原纸生产企业由 2013 年的 426 家左右，迅速减少到 2019 年的 220 家左右。原纸企业大多数为年产 5 万吨以下的中小企业。2019 年年产 5 万吨以上(含 5 万吨)的企业数量为 66 家(见表 5)。全国性的四大品牌是心相印、维达、清风、洁柔。

表 5　年产 5 万吨以上(含 5 万吨)的企业数量分布情况

产能/(万吨/年)	>100	50(不含)~100(含)	10(不含)~50(含)	5(含)~10(含)
企业数量/家	3	3	15	45

恒安国际集团有限公司(以下简称“恒安集团”)是居我国第 1 位的生活用纸生产商，也是目前我国生活用纸行业生产量最大的生产商。2019 年在福建晋江基地增加 1 条 2 万吨/年擦手纸生产线，总产能达到 148.2 万吨。根据恒安集团年报，2019 年恒安集团生活用纸业务销售额为 114.9 亿元，同比增长约 12.3%，生活用纸业务占集团总销售额的约 51.1%(2018 年为 49.9%)。由于商品木浆价格于 2019 年上半年起回落，原料成本下跌所带来的效益在 2019 年下半年逐渐显现，使毛利率显著改善。生活用纸产品毛利率由 2019 年上半年的约

25.0%大幅改善至下半年的约30.1%，2019年内，生活用纸业务的毛利率回升至约27.7%（2018年为22.5%）。恒安集团在芬兰的120万吨/年"北方漂白针叶木硫酸盐浆"（NBSKP）及其他生物制品项目于2019年12月19日被芬兰最高行政法院（KHO）否决了该项目的环境许可证。该决定是基于拟建的制浆工厂对其所在位置非常接近的卡拉维斯湖（Kallavesi）造成长远不确定影响。该决定为最终决定，不得上诉。

维达纸业（中国）有限公司是我国最早的生活用纸专业生产商之一，多年来保持平稳发展的领先地位，目前是居我国第2位的生活用纸生产商。2019年，维达纸业（中国）有限公司在湖北孝感工厂增加了2条3万吨/年的生产线，增加产能6万吨，并淘汰了1台广东新会工厂的产能3万吨/年的高能耗旧纸机，总产能增加到125万吨。根据维达国际控股有限公司年报，2019年公司生活用纸业务实现营业收入132.54亿港元，同比增长9.4%，按固定汇率换算的同比增长13.3%，占集团总销售额的82%；生活用纸业务的毛利率及业绩溢利率分别为31.4%及11.6%。

金红叶纸业集团有限公司是APP在我国的生活用纸集团，是位居我国第3位的生活用纸生产商。2019年没有新增产能，总产能还是166万吨，目前为我国生活用纸行业产能最大的生产商。2019年3月，金红叶纸业集团有限公司湖北孝感基地三期年产12万吨生活用纸项目正式开工建设。该项目已签订2台维美德公司6万吨/年新月型卫生纸机，计划于2020年投产。

中顺洁柔纸业股份有限公司目前是居我国第4位的生活用纸生产商。2019年，中顺洁柔纸业股份有限公司在湖北孝感的工厂新增了4条2.5万吨/年生产线，增加产能10万吨，总产能已经增加到76万吨。根据中顺洁柔纸业股份有限公司业绩快报，2019年公司营业总收入（主要为生活用纸业务销售额）达66.35亿元，同比增长16.84%；净利润为6.07亿元，同比增长49.12%。2019年公司业绩上升的主要原因为：国际商品木浆价格下跌，公司生产成本降低，有效提升产品毛利率，促进盈利增长；优化产品结构，开发高端产品，提升产品毛利率；公司加强内部管理，提高经营效率，降低经营成本；产能有效释放，渠道建设进一步完善，销售额增加。

位居我国第5名的是东顺集团股份有限公司，2018年10月22日，东顺集团股份有限公司成功赴港借壳上市。2019年产能40.8万吨，目前有2个原纸生产基地（分别位于山东省东平县、黑龙江省肇东市）。位于湖南省湘西土家族苗族自治州的第3个原纸生产基地原计划于2019年投产首台纸机，新增产能1.6万吨/年，延期到2020年；位于浙江的第4个原纸生产基地正在建设中（规划年产能15万吨）。

理文造纸有限公司是2014年投产进入到生活用纸领域的大型企业，以自身原料（自制竹浆）、能源等成本优势，生产竹浆原纸（包括本色纸）。以"产业链条集群发展"的思路，创造新的运营模式，即在重庆理文工业园区，理文造纸有限公司负责配套厂房、水电气及原纸供应，面向全国生活用纸加工企业招商。目前已有多家生活用纸加工企业和包材等配套企业签约入驻，这种运营模式使得公司的生活用纸产能迅速扩张。2019年理文造纸有限公司在江西生产基地投产了6台佛山市南海区宝拓造纸设备有限公司卫生纸机，合计增加产能10万吨，到2019年底，理文造纸有限公司生活用纸总产能达到96.5万吨。2019年6月，广东理文造纸有限公司高档生活用纸（二期）项目正式开工。项目主要生产和销售生活用纸原纸及成品、纸尿片、纸尿裤、湿巾等，投资规模达6亿元，预计2021年完工。2019年9月21日，广西壮族自治区崇左市人民政府与理文造纸有限公司正式签署"广西（崇左）年产能100万吨浆纸（生活成品纸）电商智慧物流全产业链项目"协议，项目计划总投资约110亿元。

永丰余家品（昆山）有限公司是永丰余投资控股股份有限公司在中国大陆的生活用纸企业，目前总产能为17万吨，比2018年减少3万吨，原因是永丰余投资控股股份有限公司原位于江苏昆山的原纸生产基地，纸机已停产待拆迁。目前，永丰余投资控股股份有限公司在大陆有3个原纸生产基地，分别在江苏省扬州市、北京市、广东省肇庆市。

保定港兴纸业有限公司（隶属于丽邦集团有限公司）是河北省保定市满城地区代表性企业，2019年总产能达到了15万吨，包括6台日本川之江造机株式会社BF纸机、1台川之江造机株式会社与维美德公司合作制造的新月型卫生纸机，以及1台于2019年12月投产的佛山市南海区宝拓造纸设备有限公司新月型纸机（产能2.5万吨/年）。保定港兴纸业有限公司是保定地区最早淘汰落后产能、更新换代设备的企业。2018年8月开工建设的保定之外的第2个生产基地——丽邦集团有限公司湖北丽邦纸业有限公司，位于湖北省孝感市孝南区，目前正在加紧建设中，计划2020年年底前建成投产。

上海泰盛制浆(集团)有限公司是2015年进入生活用纸行业的，公司通过收购、兼并和新建生产基地等方式，迅速扩张。目前已拥有重庆市(收购维尔美纸业(重庆)有限公司)、贵州省赤水市(收购贵州赤天化股份有限公司)、江西省九江市(新建)、四川省乐山市、湖北省荆州市5个生产基地，其中四川省乐山市的永丰纸业股份有限公司、湖北省荆州市的湖北真诚纸业有限公司两个生产基地是2019年收购的。2019年集团生活用纸总产能增加到51万吨。2019年7月5日，南平市泰盛纸业有限公司浆纸项目进行了首次环评信息公示。根据公示的信息，上海泰盛制浆(集团)有限公司将在福建省南平市建设年产能45万吨漂白硫酸盐竹浆生产线，配套20万吨/年高档文化用纸原纸生产线、19.42万吨/年高档文化用纸加工生产线、30万吨/年生活用纸原纸生产线、15万吨/年卫生卷纸加工生产线、5万吨/年盒抽面巾纸加工生产线以及8.9855万吨/年软抽面巾纸加工生产线。2020年3月18日，该项目在福建省南平市工业园区陈坑组团正式开工。项目规划用地约120公顷，计划总投资约65亿元，预计年可消耗竹资源约180万吨。项目依托闽北丰富的竹资源优势，实现当地竹资源的高附加值开发利用与生态发展。2019年12月17日，上海泰盛制浆(集团)有限公司年产能30万吨竹浆纸一体化项目在四川省雅安市签约。这是上海泰盛制浆(集团)有限公司收购永丰纸业股份有限公司后，在四川省投资建设的第2个生产基地。

六、产品结构

根据生活用纸委员会对2019年企业样本调查推算，国内消费的生活用纸产品中，卫生纸占主导地位，约占53.5%的市场份额，比2018年继续下降。其他产品的具体市场份额见表6，总体趋势是产品结构不断向发达国家和地区水平接近。

2019年中国卫生纸所占份额比2018年下降0.8个百分点，已达到发达国家和地区水平，但是擦拭纸类产品(厨房纸巾和擦手纸)的消费量，特别是厨房纸巾的消费量仍然远低于发达国家和地区水平。发达国家和地区由于使用习惯、产品分类标准以及公共场所配备生活用纸等情况的不同，因此卫生纸的占比也有明显区别。根据FASTMARKETS RISI数据，2018年北美、西欧和日本的生活用纸产品结构(消费量)见表7。从各生产商的产品结构来看，一般领先企业的产品结构中，卫生纸的份额低于平均水平；此外，由于竹浆纸生产企业多年来对竹浆产品特别是本色竹浆纸的有效宣传，促进了四川省竹浆纸产品不断发展，产品结构进一步优化，目前竹浆纸产品中，软抽纸、手帕纸等高附加值产品比例约占50%。而多数中小企业，或使用其他非木材浆、废纸原料的企业，卫生纸的份额则高于平均水平，有些甚至达90%以上。

表6　2019年生活用纸的产品结构及与2018年对比

产品	2019年		2018年	
	消费量/万吨	市场份额/%	消费量/万吨	市场份额/%
卫生纸	514.4	53.5	482.8	54.3
面巾纸	277.3	28.9	251.0	28.2
手帕纸	56.3	5.9	57.7	6.5
餐巾纸	44.5	4.6	39.2	4.4
厨房纸巾	10.7	1.1	8.0	0.9
擦手纸	46.4	4.8	42.2	4.7
卫生用品用吸水衬纸	11.1	1.2	8.6	1.0
生活用纸合计	960.7	100.0	889.6	100.0

2019年面巾纸在生活用纸中的份额继续提高，这是由于面巾纸产品进一步向三、四线城市和农村市场普及，销售量有较大的提高；由软抽纸主导的面巾纸类产品逐步代替从前承载了过多使用功能的厕用卫生纸，另外，软抽纸也被消费者更多地用于居家擦拭，替代了部分擦拭纸，所以占比逐年提升；“随身包”型小规格尺寸包装面巾纸的出现，及公共场所卫生纸和擦手纸的配给量增加，使手帕纸的消费量增长乏力，从2016年起占比逐年下降，2019年占比与2018年相比，减少0.6个百分点。此外，2019年公共场所卫生间配备擦手纸的情况进一步普及，擦手纸占比提高；厨房纸巾市场在持续推广中呈现积极向好态势，2019年消费量有较为明显的增长，大企业逐步扩大生产，并涌现出多家加工型企业推出的自有品牌及OEM产品。此外，2020年初以来，突发的新冠肺炎疫情也进一步推动了厨房纸巾的市场增长，预计2020年厨房纸巾的消费量将进一步提升。

另外，随着NTT、QRT、TEX等国外新型卫生纸机的推广，这些型号的卫生纸机生产的产品蓬松、柔软、吸水性高，主要用于生产的厨房纸巾、擦手纸、卫生纸等产品比 TAD 卫生纸机生产的产品，其能耗和成本更低，具有更高的性价比，这也将会推动厨房纸巾消费量的增长。

表7 美国、西欧、日本的生活用纸产品结构(2018 年)

产品	日本	产品	美国	西欧
卫生纸 Toilet tissue	58%	卫生纸 Toilet tissue	45%	56%
面巾纸(含手帕纸、餐巾纸) Facial tissue	27%	面巾纸/手帕纸 Facial/Hankies	5%	6%
擦拭纸(擦手纸、厨房纸巾) Toweling	11%	擦拭纸(擦手纸、厨房纸巾) Toweling	38%	29%
		餐巾纸 Napkins	11%	8%
卫生用品用吸水衬纸及其他 Sanitary and other	4%	卫生用品用吸水衬纸及其他 Sanitary and other	1%	2%

七、原料结构

2019 年，生活用纸委员会对 210 多家卫生纸原纸生产企业所使用的纤维原料种类进行了调查，生产量覆盖率 95% 以上，由调查结果推算出生活用纸行业使用纤维原料的结构及与 2018 年的对比情况见表 8。

表 8 2019 年生活用纸纤维原料结构及与 2018 年对比

纤维原料	比例/%	
	2019 年	2018 年
木浆	83.3	82.3
竹浆	10.5	10.5
蔗渣浆	3.9	4.7
苇浆 + 麦草浆	1.1	1.2
废纸浆	1.2	1.2

生活用纸使用木浆原料的比例远高于造纸行业平均水平(35%)。2019 年与 2018 年相比，生活用纸使用木浆原料的比例继续提高(2018 年为 82.3%)；2019 年，由于木浆价格大幅下降，给非木材浆生产企业造成较大压力。四川省部分竹浆纸企业开工率下降，但在理文造纸有限公司、上海泰盛制浆(集团)有限公司等大企业的推动下，竹浆纸总生产量仍略有提升，市场份额维持 2018 年水平；蔗渣浆、麦草浆的落后产能已逐步被淘汰，现有产品在市场推广方面仍未有明显改善，市场份额进一步萎缩。随着新疆中泰兴苇科技有限公司在 2019 年复产苇浆并开始生产苇浆生活用纸，使苇浆的用量有所提高，但仍属于非常小的品类。

基于成本与环保的压力，以及在《一次性生活用纸生产加工企业监督整治规定》中明确规定，纸巾纸(包括面巾纸、餐巾纸、手帕纸等)不得使用回收纤维作为原料，所以脱墨废纸浆在生活用纸生产中的使用量继续下降。目前，国内有包括广东省东莞达林纸业有限公司在内的为数不多的生活用纸企业以脱墨废纸浆为原料。2019 年，使用食品包装卡纸废纸、印刷厂纸边等为原料的非脱墨类废纸浆量略有提升，使废纸浆总体市场份额维持 2018 年水平。而在美国、欧洲、日本等发达国家，有着成熟的废纸分类回收和利用技术，能够利用回收纤维原料生产高品质的各种生活用纸产品，废纸浆已成为经济、环保的生活用纸主要纤维原料之一。从长期发展的角度来看，我国生活用纸行业有待进一步优化原料结构，特别是在厕用卫生纸、擦手纸生产中，应加大回收纤维特别是非脱墨类回收纤维的使用比例，这有利于资源的循环利用和行业的可持续发展。因此需要国内有条件的大型生活用纸企业引起重视，引领行业提高废纸浆在卫生纸、擦手纸原料中的使用比例。

八、技术进展

(一)继续引进先进卫生纸机

随着生活用纸新项目的设备引进和投产，我国生活用纸行业的技术装备水平大大提高。新建大项目和部分企业新增产能引进高速宽幅卫生纸机，技术起点与世界先进水平同步，生产出高质量的产品。卫生纸机单机最大年产能达到 7 万吨，最大车速达到 2400 米/分。采用的最新技术包括双层流浆箱、靴式压榨、钢制烘缸、热能回收系统、短程流送供浆系统、流浆箱喷射能量回收系统、新型陶瓷起皱刮刀、高效托辊双刮刀系统、自动化和智能化控制系统等，2019 年钢制烘缸的应用进一步得到普及。

（二）生产设备的国产化

1. 国产纸机技术进步明显

2019 年，佛山市南海区宝拓造纸设备有限公司、山东信和造纸工程股份有限公司、上海轻良实业有限公司、潍坊凯信机械有限公司、陕西炳智机械有限公司、贵州恒瑞辰科技股份有限公司、山东华林机械有限公司、金顺重机（江苏）有限公司、西安维亚造纸机械有限公司、天津天轻造纸机械有限公司、绵阳同成智能装备股份有限公司、诸城市大正机械有限公司、江西欧克科技有限公司、保定市维拓造纸机械有限公司、保定市昌达造纸机械有限公司、江苏信诺轨道科技有限公司等国内有关设备研究制造企业继续加紧新月型、真空圆网型现代化中高速卫生纸机的研发制造工作，提高设备制造水平，国产纸机在新项目中的占比持续高于进口纸机。高速卫生纸机的流浆箱、钢制扬克缸、压榨辊等核心部件已实现国产化。

2019 年，国产卫生纸机同时在大幅宽、高车速两个方面加速发展，不断提升单机产能，已实现最大幅宽 4200 毫米，最高设计车速 1600 米/分。2019 年国产（含中外合作）卫生纸机制造商合计在我国大陆投产中高速卫生纸机 76 台，合计产能 143.7 万吨/年，占大陆全年投产现代化总产能 164.7 万吨的 87.25%。其中表现突出的包括：佛山市南海区宝拓造纸设备有限公司 26 台、山东信和造纸工程股份有限公司 9 台、上海轻良实业有限公司 9 台、西安维亚造纸机械有限公司 9 台、陕西炳智机械有限公司 7 台等。

（1）宝索集团依托佛山市南海区宝拓造纸设备有限公司、宝索机械制造有限公司、广东宝进科技有限公司一体化服务优势，提供一站式原纸生产、后加工、包装生产线，提升了集团的市场竞争力，实现快速发展。2017 年 3 月底，广东宝拓科技股份公司（由佛山市南海区宝拓造纸设备有限公司、辽阳慧盛造纸设备有限公司、溧阳市江南烘缸制造有限公司共同出资组建）全资并购辽阳慧盛造纸机械有限公司，辽阳慧盛造纸设备有限公司（包括辽阳慧丰造纸技术研究所）将造纸机整机业务并入广东宝拓科技股份有限公司，不再从事造纸机整机业务，并购后的宝索集团整合了佛山市南海区宝拓造纸设备有限公司在真空圆网卫生纸机和辽阳慧盛造纸机械有限公司（辽阳慧丰造纸技术研究所）在新月型卫生纸机上的技术和市场优势，进一步深入拓展国内及全球中高速卫生纸机市场，近几年取得良好业绩。

（2）山东信和造纸工程股份有限公司自 2010 年与欧盟的先进造纸机械制造商进行技术引进与合作以来，已经研发制造出直径 3000～6000 毫米的钢制扬克缸。2018 年，公司制造的钢制扬克缸的工作车速已达 1700 米/分。2019 年，公司开展了卫生纸机独立式靴压技术的研发试验，并即将推向市场。目前，公司已完全具备流浆箱、钢制扬克缸、压榨辊、气罩等新月型纸机核心部件的自主制造能力，并已开始制造全部国产化的幅宽 5600 毫米、车速 1300 米/分的新月型卫生纸机和幅宽 5600 毫米、车速 800 米/分的短长网型擦手纸机。

2019 年，中高速卫生纸机的钢制烘缸制造及烘缸喷涂国产化进程加速，国内专业配套企业取得以下丰硕成果。

（1）溧阳市江南烘缸制造有限公司（以下简称“江南烘缸”）钢制扬克缸业绩显著。江南烘缸专业设计研发、制造用于生活用纸、特种纸、纸板行业的钢制扬克缸、MG 钢制扬克缸、钢制烘缸。截至 2019 年年底，公司与 PMP 集团、维美德公司、意大利亚赛利公司、川之江造纸机械（嘉兴）有限公司、APP 公司、宝索集团、上海轻良实业有限公司、西安维亚造纸机械有限公司、江苏信诺轨道科技有限公司、诸城市大正机械有限公司、维达国际控股有限公司、玖龙纸业（控股）有限公司、中顺洁柔纸业股份有限公司、山东太阳纸业股份有限公司、理文造纸有限公司、保定雨森卫生用品有限公司等多家知名卫生纸机制造商及生活用纸、特种纸生产企业达成长期合作协议，已完成或签约配套钢制扬克缸 350 多台/套。2018 年至 2019 年年初，江南烘缸成功向欧洲知名企业提供多台大尺寸钢制扬克缸，包括首台国产 18 英尺钢制扬克缸已投入使用；并签约直接出口欧洲的大直径钢制扬克缸订单。2019 年 7 月，公司首台 22 英尺（直径 6706 毫米，幅宽 5800 毫米，质量达 190 吨，可承受靴压 150 千牛/米，属亚洲首创）的 MG 钢制扬克缸交付国内客户。江南烘缸致力于高质量发展路线，坚持创新升级，正在全力打造全球一流的“钢制扬克缸、钢制烘缸生产基地”。

（2）东莞神点纳米喷涂科技有限公司已与多家纸机制造企业建立合作。东莞神点纳米喷涂科技有限公司已经与国内多家纸机制造企业建立了合作关系，包括佛山市南海区宝拓造纸设备有限公司、山东华林机械有限公司、山东信和造纸工程股份有限公司、杭州大路实业有限公司、东莞美捷造纸技术有限公司、西安维亚造纸机械有限公司、绵阳同成智能装备股份有限公司、保定市维拓造纸机械有限公司等，并先后为广东信达纸业有限公司、维达国际控股有限公司、中顺洁柔纸业股份有限公司、马来西亚启顺纸业公司、宜宾纸业股份有限公司、柳州两面针纸业有限公司、四川省犍为凤生纸业有限责任公司、沐川禾丰纸业有限责任公司等企业的扬克缸进行表面喷涂、表面修复、表面研磨服务。迄今为止，已经为国内外客户的 100 多台/套高速卫生纸机的扬克缸提供缸面喷涂服务。

2. 国产现代化卫生纸机出口增长

近年来，国产纸机的技术进步和优良的性价比推动现代化纸机出口业务的发展。据生活用纸委员会统计，截至 2020 年 1 月，以佛山市南海区宝拓造纸设备有限公司、山东信和造纸工程股份有限公司、潍坊凯信机械有限公司、上海轻良实业有限公司、山东华林机械有限公司、金顺重机（江苏）有限公司、陕西炳智机械有限公司、诸城市大正机械有限公司、山东方源众和机械有限公司等为代表的国内知名纸机制造商出口海外的新月型及真空圆网型卫生纸机共 34 台，产能合计约 62 万吨/年，出口地区为亚洲、非洲、欧洲。

3. 进口纸机供应商积极推动本土化进程并推广最新技术

（1）2019 年，维美德公司面向纸浆、纸和板纸、生活用纸及能源的生产商推出一种新型全方位数字驱动式工业互联网方案——Valmet Industrial Internet（维美德工业互联网），该方案将先进的远程监控与预测技术、高级过程控制（APC）系统、动态过程模拟以及由维美德大数据运行中心提供的远程服务融为一体，有助于客户降低设备能耗，提高化学品利用率和环境效益，优化浆纸质量，强化工艺可靠性，保持最高生产量，同时对设备进行有效管理，大幅提升客户的效益。

2020 年 4 月，维美德公司中国地区总部在上海市正式设立。此次维美德集团对中国业务的重新整合后，维美德（中国）有限公司作为业务模式集中调整后的载体，将充分发掘和运用我国巨大的市场潜力，并将更大程度发挥地区总部的地理优势和人才聚集优势。

（2）2019 年，安德里茨公司推出创新塑纹型纸机 PrimeLine TEX，该纸机幅宽为 5600 毫米或 2800 毫米，适用于生产高品质的擦拭纸和个人卫生用纸。此卫生纸机与普通干法起皱型纸机相比，可节省高达 25% 的纤维；与 TAD 纸机相比，可节省高达 50% 的能耗。目前已于其卫生纸技术创新与应用中心运行和测试中。

2019 年，安德里茨公司的钢制烘缸再次打破世界纪录，其应用于特种纸领域的钢制扬克缸，直径为 Φ7315 毫米、质量为 196 吨，已从安德里茨公司在匈牙利的工厂运抵奥地利的客户企业，并完成安装，这是目前世界上最大的高精度单光纸焊接钢制扬克缸。

（3）2019 年 12 月 1 日，福伊特公司成功完成了对 BTG 公司的收购交易。此次强强联合，将扩大福伊特公司在产品组合上的优势，有助于其提升在造纸行业的耗材、仪器、服务和软件领域整线供应商的竞争力。

2019 年 12 月 20 日，福伊特集团与拓斯克公司签订协议，福伊特集团收购拓斯克公司 90% 的股份。拓斯克公司首席执行官 Alessandro Mennucci 先生将保留 10% 的股份。此次被福伊特集团收购以后，拓斯克公司将继续提供其自身系列的产品和服务并在其现有场所运营。此次收购须获得所有监管机构批准并满足交割条件后，预计将在 2020 年上半年完成。

（4）拓斯克公司十分重视中国市场，并不断拓展其业务范围。截止到 2019 年，拓斯克公司在我国大陆市场已经销售了 42 台新月型卫生纸机。

2019 年，拓斯克公司在全球累计销售了超过 220 台钢制扬克缸，其中，在亚洲市场销售的钢制扬克缸超过 110 台。2019 年，拓斯克公司推出了拓斯克钢制扬克缸的第 3 代设计。在该产品中，在内部结构的肋的高度、宽度和间距以及壳体的壁厚都达到了最佳的几何形状，从而在不影响安全性或使用寿命的情况下最大化了传热效率。拓斯克公司还研发推出 Defender® 新技术，通过对烘缸内部表面处理，提高其抗腐蚀能力。

2019 年，拓斯克公司以交钥匙工程方式提供给 Essity 爱生雅集团最新的 TADVISION® 热风穿透干燥卫生纸机。该 TAD 纸机为生产超高品质产品和优越能源效率而设计，配备了拓斯克钢制扬克缸，这是该技术的一项成功的先驱创新。新的 TADVISION®卫生纸机是非常先进的技术，为高效的热风穿透干燥而设计，其在能耗方面远领先于同类纸机。

(5)PMP 集团位于江苏省常州市的艾博(常州)机械科技有限公司，是整个集团的“卫生纸机卓越中心”。自 2007 年成立以来，培养了成熟的本土设计、生产、采购、销售、服务团队，始终顺应国内政策和市场需求，为客户量身定制最具性价比的卫生纸机解决方案。PMP Intelli-Tissue® EcoEc Premium 高端环保经济型卫生纸机自 2017 年推出市场，已经在亚洲市场收获了 35 台的整机订单(其中我国市场 31 台)，用户涵盖国内领先的造纸企业。目前已有多台 Premium 卫生纸机已经投入运行并通过验收，在保证一流的纸品质量的前提下，吨纸汽耗低至 1.8 吨左右，电耗低至 400 千瓦时以内(流送 + 纸机主体 + 真空系统)，证实了 PMP Premium 卫生纸机节能环保与高品质相结合的独特优势。

2019 年年底，PMP 集团推出了 Intelli-Tissue® Ultra“超级卫生纸机”系列，该解决方案结合了 PMP 双层水力式流浆箱、靴式压榨、蒸汽加热气罩、大直径扬克缸等一系列的技术理念，为客户获得优越的纸品质量、超低的能耗提供了更多的可能。

(6)意大利亚赛利公司(以下简称“亚赛利”)在上海市的工厂，也已实现卫生纸机非关键部件的本土化生产。2019 年，亚赛利在佛山设立分公司——亚赛利(佛山)贸易有限公司，这是亚赛利在上海市设立分公司 20 年来，在我国设立的第 2 家分公司，将为全国尤其是华南区域客户提供商业协助、售后服务、技术支持等服务。

此外，亚赛利高速复卷机处于国际领先水平。2019 年年底，金光集团向亚赛利订购了 3 台 E-WIND® T200S 型无轴卫生纸复卷机，将安装于金红叶纸业集团有限公司在我国湖北省孝感市的工厂。其中 2 台复卷机配备 4 个退纸架，另 1 台配备 3 个退纸架，原纸直径 3000 毫米，幅宽 5630 毫米，设计车速 1100 米/分；2018 年 9 月 3 月，亚赛利在宜宾纸业股份有限公司共投产 5 台新月型卫生纸机，设计车速 1600 米/分，幅宽 2850 毫米，采用 100% 湿竹浆原料。

(7)日本川之江造机株式会社(以下简称“川之江”)在浙江省嘉兴市的工厂于 2013 年起与维美德公司展开在中国市场新月型卫生纸机技术方面的合作，负责对 Advantage DCT40 和 60 型卫生纸机实施制造、销售及安装。作为川之江供货的一部分，维美德公司提供包括 OptiFlo II TIS 流浆箱、扬克缸以及真空压辊在内的关键部件。由川之江和维美德公司合作制造的首批 2 台 DCT60 新月型卫生纸机于 2015 年 10 月在山东东顺集团有限公司正式投产。2020 年，山东东顺集团有限公司还计划投产另 2 台同型纸机。2017 年初，保定港兴纸业签约引进 1 台 DCT60 新月型卫生纸机，该纸机于 2017 年 11 月投产。

(三)国产加工和包装设备升级，大规模替代进口

根据国家统计局数据，2019 年大陆地区 16 岁 ~ 59 岁劳动年龄人口为 89640 万人，相比 2018 年的 89729 万人减少了 89 万人，延续了 2018 年下降的趋势，意味着用工人数减少和劳动力成本将继续上升。因此企业对全自动化加工设备和包装设备的需求增加，及加强加工生产线智能化、远程操控等方面的研发创新，已成为国内企业发展的大势所趋。

2019 年，国内后加工设备企业加大研发力度，设备不断升级，车速和效率以及设备运行稳定性等大幅提高，设备的智能化成为了技术发展的新趋势，普遍满足国内市场需求并大规模替代进口。

(1)2019 年宝索机械制造有限公司采用物联网与大数据云平台服务，可以 24 小时远程服务(远程维修)，平台服务可以有效支撑生产计划安排，随时掌握产品的种类和数量。设备预警，提前预知设备亚健康；设备运行保障，降低故障率，保障生产的连续性、减少故障停机导致的生产损失。公司还推出了 YD-PL450C 有芯/无芯高速集成复卷生产线，该生产线采用无胶复合与定位压花技术相结合，实现完全不需要胶水将 3 或 4 层纸粘合起来，手感松厚，同时具有环保、节能的特点，能有效降低成本。设备可以实现定位压花，纵向打孔与横向切纸的位置完美匹配花型，实现每节纸就是一个独立完整的花型，美观大方。

(2)佛山德昌誉机械制造有限公司推出 450X-PRO 全自动高速卷纸生产线。该生产线专门针对无芯扁卷产品的生产进行技术革新，与上一代机型相比有以下特点：生产速度达 400 米/分或 40 条/分，采用无胶封尾；产品最小直径为 45 毫米；该生产线的起卷方式实现突破，起卷皱纹长度≤0.3 ~ 0.8 米，且纸卷切头尾损耗≤15 毫米；配备封尾角度定向器，保证卷纸进入中袋包装，纸尾方向位于内侧，避免了封尾处松脱，使产品整体外观更加美观。公司还联合中国联通为客户推出远程维护系统，目前公司新生产线均可安装远程维护模块，售后团队可通过物联网了解到设备的运行情况，第一时间为客户提供设备运行情况分析，设备维护、调整建议等服务。

(3)2019年，江西欧克科技有限公司推出的高速软抽纸自动生产线幅宽3600毫米，车速为200米/分或15条/分，通过不断优化，突破各项瓶颈，推出原纸自动接纸机构、四通道大回旋分切，日产能突破50吨。同时推出的设备还有高精度钢对钢压花单元、自动接膜全伺服抽纸单包机、视觉质量检测系统及机外自动分纸七排折叠机等。公司推出的餐巾纸生产线，既可生产1/4折的餐巾纸，也可生产1/6折的手帕纸。生产线采用伺服传动，计数控制精准，可生产20~50片的单包产品，也可根据客户的要求订制。中包装采用带多层码垛功能的预制袋中包机，可满足线上线下不同销售途径多样化的中包装要求，同时可配套江西欧克科技有限公司自动装箱机，整线操作简单、灵活方便。江西欧克科技有限公司工厂三期建设项目计划将于2020年上半年投产，届时可容纳超过50条软抽纸折叠生产线。

(4)上海松川峰冠包装自动化有限公司(以下简称“松川”)可提供从生活用纸单包到中包、大包、装箱、码垛等各环节设备及整线解决方案，并正向包装设备在线自动检测、物联、远程监控及维修等智能化方向发展。特别是随着电商的蓬勃兴起，松川针对性地研发了适合电商渠道的软抽纸、卫生卷纸装箱机等设备。并最新开发了使用“拷贝”纸包装的卫生纸单包机、升级版的高速软抽全伺服单粒包装机，以及棉柔巾、乳霜纸单包机等多款高端产品的包装设备。松川推出的ZB290全自动超薄抽取式乳霜面巾纸包装机，设计车速达120包/分，采用具有松川自主知识产权的控制系统，整机具有扭力限制保护功能，对整机卡纸起到超扭保护作用。平置走膜设计，包装膜运行平稳，不抖动，打码更清晰。包装规格兼容性高，可实现超薄产品的包装(成品最小宽度70毫米，最小高度20毫米)，规格换型简单方便，只需调节，无需更换设备模具。

(5)佛山市南海毅创设备公司推出的自动分叠折叠机，采用全新的思路进行折叠设计，通过真空转换实现分叠，双通道交替出纸，折叠分叠的效率更高。同时，该自动分叠折叠机主要是对现有技术的整合，采用成熟的结构和技术，设备稳定性更好，维护更方便。

(四)进口加工设备推动智能化发展

国外后加工设备供应商加大向我国市场推广力度，在提升生产速度的同时，积极推动加工生产线的智能化发展，其推出的智能化等最新技术包括：

(1)2019年7月，意大利宝丽斯(Pulsar)上海公司成立，以推动宝丽斯公司在生活用纸加工领域新技术、新设备在中国市场的应用。最新技术包括Quatis系列质量检测器、Reds System协调器、Polaris装袋机以及PLS动态三维生产线模拟软件及各种输送系统等，目前以设备组装为主，并逐步提高设备本土化制造比例。

(2)百利怡公司2019年在我国推出了全新的X-FIT全自动折叠机。X-FIT全自动折叠机是百利怡旗下MTC公司专门为我国和亚洲市场开发的产品，配备由MTC开发并使用多年的真空折叠技术，确保达到最高生产力和生产效率。得益于最新开发的先进电子及机械技术，X-FIT折叠机不仅能够确保成品始终具有最佳品质，并且能保证生产线产能、可靠性和效率最大化。同时，X-FIT全自动折叠机整体结构紧凑，占地面积小，有效节省空间，降低成本。运行速度稳定，车速达到150米/分以上，可加工幅宽1800~3600毫米的原纸，适用性广。整体采用西门子电控系统，传感控制高，安全性好。百利怡公司通过配合使用智能软件和智能控制器，管理整条生产线运行，直接收集机器的生产数据，并以此为依据提前制定设备维护计划，减少计划之外的被动性维护，确保生产连续性，提升生产线在使用周期内的效率。另外，百利怡ALL IN ONE整线操作系统能够整合后加工生产线和包装生产线进行管理监控，保证生产线速度的平衡和最大化。

(3)Gambini公司推出AirMill预压设备，是1台安装在退纸架和压花机之间的独立预压设备，可使普通的双层平纹原纸经AirMill的钢辊与胶辊组合预压复合后，呈现与TAD型纸机生产的结构化产品类似的立体结构和性能。

(4)TMC公司推出DNA-MAP数据收集和处理平台，实现了通过电脑、平板或者智能手机实时监控公司生产网络下任何1台设备的运行状态和生产数据，为生产管理人员日常统计提供便利，并通过后台的数据分析处理，向企业提供有效的改善方案和措施。

(5)意大利亚赛利公司的原纸自动打包输送和自动仓储系统均已达到高智能化水平。R-WAY®原纸自动打包输送系统采用模块化灵活设计，与上游生产线和工厂ERP管理系统整合，自动高效处理纸机生产下来的原纸纸卷；自动仓储系统采用iREEL®数据传输分析，将自动打包好的原纸分配到立体仓库的合适位置，并使用安装电子标签识别器的 AGVS 自动导向搬运车，将选定纸卷运送到指定位置，达到高效、准确的要求，大大提高了生产效率和安全性。

（6）Futura 公司介绍了压花水复合技术，用水替代胶对纸页进行复合。产品更环保，具有可持续性，生产过程不使用胶，更加安全可靠，降低了设备的维护成本，具有经济效益。该技术可在原有设备的基础上改造，整条生产线经多次测试，技术成熟可靠。

（五）产品创新

生活用纸企业产品创新和开发差异化产品，更加聚焦产品的功能性，关注消费者需求。主要表现在两个方面：

一是通过纸机、加工设备的特殊设计及添加香精和乳霜等表面处理剂，使产品气味清香或具有更好的护肤性等功能性及特色包装的产品。

2019 年，乳霜纸、棉柔巾、易冲散型卫生纸等突出使用功能性和具有个性化包装的产品市场进一步增长，主要包括：

（1）乳霜纸　2019 年，浙江弘安纸业有限公司升级产品，推出创新乳霜纸新品——“可心柔 Co-Rou V9 润 + 抑菌系列保湿纸”。该产品集健康环保、柔润触感、长效抑菌等优点于一身，主要面向婴童渠道销售，以及京东、淘宝、拼多多等线上渠道以及微商渠道销售。此外，金红叶纸业集团有限公司、中顺洁柔纸业股份有限公司、东顺集团股份有限公司、理文造纸有限公司、保定港兴纸业有限公司、绍兴唯尔福妇幼用品有限公司、漯河银鸽实业集团有限公司、四川石化雅诗纸业有限公司、宜宾纸业股份有限公司、苏州亚青纸业股份有限公司、埃肯国际贸易（上海）有限公司等多家企业也推了的乳霜面巾纸、手帕纸新产品，均添加保湿成分，触感湿润、柔软，适合婴儿等敏感肌肤人群使用，主要面向母婴、化妆品店等渠道销售。

（2）棉柔巾　棉柔巾主要是以棉纤维、粘胶纤维为原料生产的水刺非织造布，属于跨界产品，满足市场需求。维达纸业（中国）有限公司推出颐和园洁面棉柔巾，产品以优质棉花为原料，干湿两用，还可替代毛巾做洗面巾。恒安国际集团有限公司推出“若颜初”品牌，为女性提供天然、柔软、易用的肌肤护理产品，目前已经上市的有棉柔巾、化妆棉、面膜、棉签等 4 个系列、9 个单品。金红叶纸业集团有限公司推出清风棉柔巾，产品采用 100% 纯棉水刺非织造布生产，用于洁面、卸妆等，可干湿两用。四川石化雅诗纸业有限公司首创的竹柔巾，产品采用 100% 竹浆粘胶纤维生产，可干湿两用，柔软亲肤，并具有吸水、吸油性好等优点，可替代毛巾，也特别适合女士卸妆使用。同时，公司还新推出竹浆粘胶纤维浴巾、压缩毛巾等新产品。此外，中顺洁柔纸业股份有限公司、保定港兴纸业有限公司、绍兴唯尔福妇幼用品有限公司、河北金博士集团有限公司等企业推出的棉柔巾产品也在进一步市场推广中。

（3）易冲散型卫生纸　河南护理佳纸业有限公司推出“溶品”可溶解卫生纸、小盘纸，上海东冠纸业有限公司推出洁云 4D 溶 + 可厕冲卫生纸等，冲入水中可迅速分散，不堵下水道，有助于改善卫生间环境，引导消费者的使用习惯，取得了良好的销售成绩。

（4）祛菌纸巾　上海东冠纸业有限公司开发推出“洁云健康”系列祛菌纸巾，使用日本 ELETEN® 安全祛菌技术及其纳米微胶囊产品，在原纸生产环节加入纳米胶囊，使纸巾产品具有类似湿巾的祛菌效果。祛菌系列已推出软抽面巾纸、手帕纸、厨房纸巾等多款产品。

（5）个性化包装　恒安国际集团有限公司针对年轻消费者创新推出心相印“会唱歌的纸巾 2.0”和“会告白的纸巾 2.0”，可通过手机扫描产品包装上的二维码，收听青春歌曲，生成专属歌单，或收看告白故事视频，生成专属告白海报，成功提升了产品的趣味性和与消费者的沟通互动。金红叶纸业集团有限公司推出清风“城市热爱”系列生活用纸，每款产品包装都突出 1 个中国城市的特色，向城市中奋斗的人们致敬。维达纸业（中国）有限公司推出与颐和园联名款手帕纸、面巾纸、厨房纸巾系列产品，该产品外观设计源自颐和园的美景、御膳典故等元素，顺应当今消费者个性化消费需求。中顺洁柔纸业股份有限公司推出了新包装黑养生特别版 Face 手帕纸，并携手故宫宫廷文化推出“清宫十二美人纸巾”。四川望风青苹果纸业有限公司推出国内首创“艺术纸巾”软抽纸，产品定位高端，中包袋采用特制包材，呈现出闪亮的立体效果。纸巾采用麦纹图案的立体压花，4 层无胶复合，并率先在面巾纸中采用手帕纸四周压花的方式，有效避免分层，且更加美观，手感柔软、舒适，一经推出，深受市场青睐。

二是以健康环保和可持续发展的理念，开发差异化的本色生活用纸产品的企业也继续不断涌现，成为更多企业的“标配”产品。包括金红叶纸业集团有限公司、中顺洁柔纸业股份有限公司、东顺集团股份有限公司、山东晨鸣纸业集团股份有限公司、山东太阳纸业股份有限公司等的木浆本色纸，恒安国际集团有限公司、理文造纸有限公司、永丰余造纸股份有限公司、上海东冠纸业有限公司、漯河银鸽实业集团有限公司、上海泰盛制浆(集团)有限公司、保定港兴纸业有限公司、绍兴唯尔福妇幼用品有限公司、四川环龙新材料有限公司、宜宾纸业股份有限公司、四川省犍为凤生纸业有限责任公司、四川石化雅诗纸业有限公司、韶能集团韶关南雄珠玑纸业有限公司、河南护理佳纸业有限公司、保定雨森卫生用品有限公司、河北金博士集团有限公司、浙江弘安纸业有限公司等的竹浆本色纸，永丰余造纸股份有限公司、胜达集团江苏开胜纸业有限公司、新疆中泰兴苇生物科技有限公司等的麦草浆、苇浆本色纸系列产品都在积极推广中。但由于受到上游本色浆(主要为竹浆)的生产量限制，本色纸生产量增长依然有限，仍属于小众产品，据生活用纸委员会统计，2019 年本色纸生产量约占行业总生产量的 1/10。

(六)营销创新

由于生活用纸产品的特点，现代渠道、传统渠道依然是目前行业主流的营销模式，但随着互联网的发展，2019 年企业针对网络渠道的营销创新加速，网络渠道销售份额稳步增加。

2019 年，维达纸业(中国)有限公司电商渠道的销售收入占总收入的 29%，比 2018 年增加 4 个百分点，电商的收益取得超过 30% 的自然增长(按固定汇率的同比增长)。

恒安国际集团有限公司的电商销售取得快速增长，恒安集团主要业务卫生巾、生活用纸、及纸尿裤的电商销售保持良好增长动力，恒安集团在电商渠道的市场份额持续提升，电商渠道营业额(包括新零售销售和微商销售)超过约 44 亿元，较 2018 年增长超过 50%。电商对恒安集团整体销售额贡献亦增长至 19.8%(2018 年为 14.4%)。

(七)生产企业注重研发和创新，加强与科研院所的合作

面对行业激烈的竞争，2019 年生产企业通过与行业科研院所进一步加强技术研发合作，加速开发差异化产品，并在生产全流程中深度挖潜，降本增效。

维达纸业(中国)有限公司与中国制浆造纸研究院有限公司签署技术服务包协议，双方将在未来 3 年在先进技术研发、分析检验、标准和配套仪器研制、纸及纸制品质量标准数据平台构建、技术人员培训等方面，形成技术服务包模式的全方位、多角度合作。

中顺洁柔纸业股份有限公司也正在与中国制浆造纸研究院有限公司紧密合作，提高工艺技术，开发创新产品，走差异化道路。

2020 年 1 月 17 日，中国制浆造纸研究院有限公司与恒安国际集团有限公司签署技术服务包合作意向书，中国制浆造纸研究院有限公司将为恒安国际集团有限公司提供纸及纸制品质量标准数据平台构建、先进技术研发、检测设备、造纸化学品、技术人员培训等多方位的技术服务。

四川环龙新材料有限公司与芬兰国家技术研究中心签约中芬合作“竹材生物质精炼和竹材全价利用研发项目”，在竹材生物质精炼、竹资源全价利用领域开展合作，推进竹子材料科研及产业化发展。

九、产品标准

生活用纸产品的标准不断完善，对推动生活用纸行业高质量发展具有重要的指导作用。

(一)2018 年发布并在 2019 年开始实施的标准

《GB/T 20810—2018 卫生纸(含卫生纸原纸)》，代替 GB/T 20810—2006，2018 年 6 月 7 日发布，2019 年 7 月 1 日起实施。与 GB/T 20810—2006 相比，新修订的标准主要技术变化包括：调整了产品分类；增加了灰分、可迁移性荧光物质、重金属含量、球形耐破度、可分散性、掉粉率指标及相关测试方法；调整了亮度、抗张指数、柔软度、尘埃度、偏差指标要求；修改完善了定量、抗张指数、柔软度、微生物、偏差测试方法。

《GB/T 36420—2018 生活用纸和纸制品化学品及原料安全评价管理体系》，2018 年 6 月 7 日发布，2019 年 1 月 1 日起实施。

(二)2019 年发布的标准

《GB/T 37859—2019 纸、纸板和纸制品　丙烯酰胺的测定》，2019 年 8 月 30 日发布，2020 年 3 月 1 日起实施。《GB/T 37860—2019 纸、纸板和纸制品　邻苯二甲酸酯的测定》，2019 年 8 月 30 日发布，2020 年 3 月 1 日起实施。

(三)正在修订的标准

《卫生纸及其制品测试方法系列标准》。

(四)正在起草的标准

《卫生纸和擦手纸　回用纤维使用规范》《本色

浆》《生活用纸　生产过程质量安全状态监测与评价指南》。

（五）计划修订的标准

《擦手纸》《厨房纸巾》。

十、市场展望

1. 行业继续增长，增速放缓

我国生活用纸人均消费量与 Fastmarkets RISI 统计的美国（26 千克以上）、西欧和日本（16 千克以上）等发达国家和地区的人均消费量相比，仍然较低。生活用纸具有刚性和持续需求特征、经济增长和城市化进程加快、人口增长、产品品类结构继续优化、落后产能加速淘汰等因素，都将推动行业继续增长。

受经济下行压力影响，近几年的快速增长形成的过剩产能以及整个行业产能基数加大，使得行业增速放缓；生活用纸行业已走过了高速增长时代，进入中高速增长，但增长速度仍会高于全球平均水平。我国仍将是全球生活用纸市场增长的最大驱动力，是全球增长量最高的地区。

2. 竞争更加激烈，加速整合，向高质量发展转型

新增产能依然大于新增市场容量，所以预测未来市场竞争会更加激烈，估计有些项目还会后延，或者不能达产；整个行业的平均开工率依然会较低；企业为争取市场份额，会选择低价促销，从而有可能引发价格战。

纸企升级换代及扩产项目继续增加，未来落后产能及不具备规模优势的中小型原纸生产企业的淘汰会加速，落后产能将会在近几年内淘汰完毕，原纸的生产集中度会进一步提升，行业结构将继续优化，行业从高速增长向高质量发展转型。

随着行业增速放缓，生活用纸生产商竞争加剧，价格战压力已波及到上游的设备供应商，尤其是资金实力相对较弱的部分国产设备供应商面临被淘汰出局的风险。设备行业将重新洗牌和整合，企业间兼并重组、优势互补、合作共赢的发展趋势明显增强。

区域性抱团发展趋势逐渐明显，如河北省、川渝等区域内生产企业通过龙头带动、兼并重组、资源共享等有效措施，实现集中化、规模化发展。

我国生活用纸行业主要原材料纸浆依靠进口程度高，企业仍面临着浆价波动及汇率波动的成本压力风险。非木材浆纸企业受进口木浆价格波动的影响较大，现阶段的经营风险增大。

本色纸市场增长趋于平稳，目前仍属于差异化型产品，但与白色产品的价格差距正在逐渐缩小，未来仍将有新增产能释放，本色纸竞争日趋激烈，将面临价格战风险。

3. 发展主题

随着生产技术、设备的不断成熟，行业面临着同质化问题，企业应提升市场营销能力特别是销售渠道建设；加强品牌的培育；注重新产品开发特别是功能性设计；以新的生产和设备技术开发差异化擦拭产品。

加强内部管理，实施精细化的生产、运营管理；另外通过能量回收、自动化、智能化等新技术、新设备的应用，达到设备的高效利用，降低单位产品能源和物料的消耗，以此来降低生产成本，推动企业的高质量发展，提升产品的市场竞争力，这是企业发展的核心和行业发展的主题。

4. 规模和容量预测

基于比较保守的预测，到 2020 年，产能在 2019 年 1445 万吨的基础上新增 130 万吨，淘汰和停产产能 50 万吨，总产能达到 1525 万吨。按行业设备平均利用率 72% 计，2020 年生产量达到 1100 万吨，销售量 1085 万吨，净出口量 75 万吨，消费量 1010 万吨（按同比增长约 5% 计），年人均消费量 7.2 千克。

（周　杨　郭凯原　张玉兰）

2019 年我国一次性卫生用品行业概况和展望

Overview and Outlook of Disposable Hygienic Products Industry in China in 2019

2019 年，我国面对国内外风险挑战明显上升的复杂局面，经济运行总体仍保持平稳，发展水平迈上新台阶，发展质量稳步提升。国内生产总值增长 6.1%，总量达 99.1 万亿元。全年社会消费品零售总额 411649 亿元，比 2018 年增长 8.0%。全年全国居民人均可支配收入 30733 元，比 2018 年增长 8.9%，扣除价格因素，实际增长 5.8%。

国内一次性卫生用品（包括吸收性卫生用品和擦拭巾）市场继续增长。经期裤、婴儿纸尿裤、成人失禁用品的消费量比 2018 年显著增长。卫生护垫和婴儿纸尿片消费量继续下降。2019 年吸收性卫生用品的市场规模（市场总销售额）达到约 1165.3 亿元，比 2018 年增长 3.4%（2018 年市场规模重新计算后为 1127.0 亿元）。

在吸收性卫生用品（包括女性卫生用品、婴儿纸尿裤、片和成人失禁用品）市场总规模中，女性卫生用品（包括卫生巾、经期裤和卫生护垫）占 49.1%，婴儿纸尿裤、片占 42.8%，成人失禁用品（包括成人纸尿裤、片和护理垫）占 8.1%。相比 2018 年，女性卫生用品和婴儿纸尿裤、片占比稍有下降，成人失禁用品占比继续提升（见表 1 和图 1）。

2014—2019 年，吸收性卫生用品的市场规模和消费量复合年均增长率见表 2 和图 2。

表 1 2014—2019 年吸收性卫生用品市场规模中各类产品占比 单位：%

产品	2019 年	2018 年	2017 年	2016 年	2015 年	2014 年
女性卫生用品	49.1	50.0	46.3	48.9	49.7	52.0
婴儿纸尿裤/片	42.8	43.8	48.2	46.4	44.0	41.2
成人失禁用品	8.1	6.2	5.5	4.7	6.3	6.8

表 2 2014—2019 年吸收性卫生用品的市场规模和消费量及复合年均增长率

项目	年份	女性卫生用品	婴儿纸尿裤/片	成人失禁用品	总计
市场规模/亿元	2019	572.4	499.0	93.9	1165.3
	2018	563.0	493.7	70.3	1127.0
	2017	527.4	548.6	62.9	1138.9
	2016	507.7	480.9	48.8	1037.4
	2015	397.7	352.4	50.7	800.8
	2014	348.5	276.6	45.6	670.7
复合年均增长率/%		10.4	12.5	15.5	11.7
消费量/亿片	2019	1199.0	393.6	53.5	
	2018	1193.4	378.7	44.1	
	2017	1200.1	381.8	44.9	
	2016	1186.1	349.1	33.1	
	2015	1147.4	314.6	29.2	
	2014	1028.2	258.0	26.0	
复合年均增长率/%		3.1	8.8	15.5	

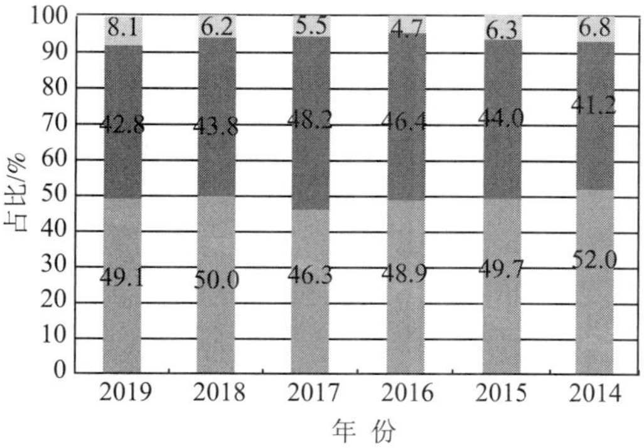

图1　2014—2019年吸收性卫生用品市场规模中各类产品占比

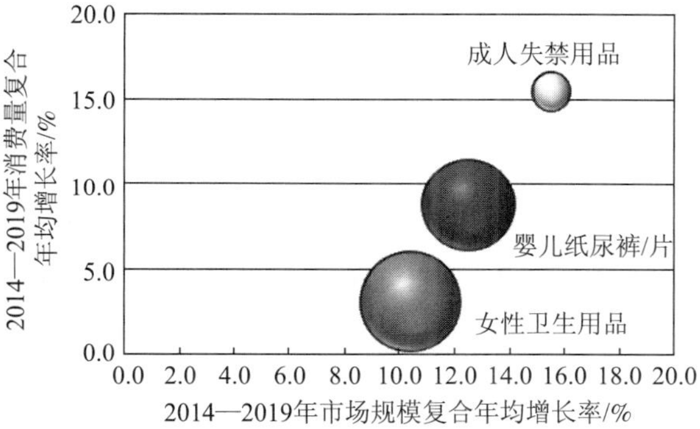

图2　2014—2019年吸收性卫生用品的市场规模和消费量的增长情况（CAGR）

注：2017年起擦拭巾以非织造布用量为依据进行统计，与前几年的数据无可比性，因此本图未包括擦拭巾产品。

一、市场规模

1. 女性卫生用品

2019 年，女性卫生用品市场规模与 2018 年相比下降 1.0%。根据中国造纸协会生活用纸专业委员会(以下简称“生活用纸委员会”)统计，卫生巾的生产量约 929.3 亿片，比 2018 年增加 1.0%，工厂销售量约 927.3 亿片，工厂销售额约 290.2 亿元，消费量约 870.5 亿片。参加统计的企业中，经期裤生产量约 5.7 亿片，工厂销售量约 4.6 亿片，工厂销售额约 8.2 亿元。卫生巾和经期裤合计市场规模约 512.9 亿元，比 2018 年增长 2.5%。卫生护垫生产量约 371.1 亿片，工厂销售量约 352.3 亿片，工厂销售额约 35.9 亿元，消费量约 323.9 亿片，市场规模约 59.5 亿元，比 2018 年下降 4.6%。女性卫生用品合计市场规模 572.4 亿元，比 2018 年增长 1.7%。

2019 年，适龄女性(15～49 岁)人口继续减少，卫生棉条、经期裤等细分产品为消费者提供了更多选择，是传统卫生巾产品的有益补充。同时，由于女性消费者卫生意识提高，更换频次增加，使消费量略有增长。部分夜用卫生巾被经期裤替代，加上迷你卫生巾受到消费者青睐，使得卫生巾的平均出厂价下降，导致工厂销售额下降。卫生巾高端化趋势仍在继续，进口卫生巾的数量、金额都以两位数的速度增长，但平均价格有所下降。

卫生护垫延续了 2018 年的趋势，生产量、工厂销售量、消费量、市场规模都出现不同程度的下降，而且 2019 年平均出厂价也出现下降，导致工厂销售额下降约 11.5%。消费者用迷你卫生巾取代部分卫生护垫，作为经期前后使用的卫生用品，是卫生护垫市场萎缩的重要因素。

2. 婴儿纸尿裤、片

2019 年，婴儿纸尿裤、片整体市场继续保持低速增长。根据生活用纸委员会统计，婴儿纸尿裤、片总生产量约 407.6 亿片，工厂总销售量约 404.2 亿片，总消费量约 393.6 亿片，比 2018 年增长 3.9%。婴儿纸尿裤、片的工厂销售额合计约 320.6 亿元；市场规模达到 499.0 亿元，比 2018 年增长 1.1%。市场渗透率由 2018 年的 63.9% 上升到 72.2%，增加了 8.3 个百分点。需要说明的一点是，经对相关生产企业进行调查数据的分析发现，婴儿纸尿裤产品的利润率比卫生巾产品低，产能过剩、竞争加剧，导致从工厂端到零售端的加价率平均约为 60%。

由于市场竞争激烈，在同质化产品类别中普遍存在价格战，特别是在婴儿纸尿裤外贸市场由净进口转为净出口的过程中，未出国门就已经出现白热化的价格战，导致婴儿纸尿裤的平均出厂价下降，使销售额增长低于销售量的增长。另一方面，健康和高品质生活仍然是国内消费者的热切追求，希望摆脱产品同质化和低端价格战的生产企业不断加强自身建设，加强研发投入，推出创新升级产品，高端产品和拉拉裤产品占比继续提高。

3. 成人失禁用品

2019 年，成人失禁用品市场规模继续保持两位数的高速增长，其中成人纸尿裤、片的消费量和市场规模都有显著增长，而护理垫的消费量虽然增长但因平均出厂价格下降导致市场规模下降，其中大部分护理垫产品出口海外市场。成人纸尿裤平均出厂价格提高，使工厂销售额增长高于销售量的增长，市场规模增长高于消费量增长。根据生活用纸委员会统计，成人纸尿裤生产量约 52.8 亿片，工厂销售量约 53.1 亿片，工厂销售额约 79.6 亿元。成人纸尿片生产量约 9.9 亿片，工厂销售量约 7.6 亿片，工厂销售额约 4.8 亿元。护理垫的生产量约 23.4 亿片，工厂销售量约 18.8 亿片，工厂销售额约 13.7 亿元。成人失禁用品合计的工厂销售额约 98.1 亿元，市场规模约 93.9 亿元，比 2018 年增长 33.6%。

成人失禁用品在按片计的总消费量中，纸尿裤占 69.5%，比 2018 年增加 2.6 个百分点，纸尿片占 10.8%，比 2018 年减少 0.8 个百分点，护理垫占 19.6%，比 2018 年减少 1.9 个百分点。单纯以价格为导向的消费观念正在发生变化，成人失禁用品市场进入发展的快车道。

4. 擦拭巾

从 2017 年度开始，生活用纸委员会以非织造布用量为依据对擦拭巾的生产情况进行统计。擦拭巾包括干巾和湿巾，根据企业填报数据分析推算，2019 年擦拭巾行业总计消耗非织造布约 41.0 万吨，擦拭巾工厂销售额总计约 164.0 亿元，市场规模约为 192.9 亿元。

二、主要生产商和品牌

1. 女性卫生用品

经过多年的发展，女性卫生用品市场已基本饱和，没有大型企业进入。2019 年，生活用纸委员会统计在册的卫生巾、卫生护垫生产企业约 615 家，比 2018 年减少 35 家，但总体集中度仍然较低，市场竞争者仍由多个生产商组成。领先生产商分布在北京、天津、上海、江苏、浙江、福建、河南、湖北、广东、广西、重庆、云南等地，本土生产商主要有：恒安国际集团有限公司、浙江景兴纸业股份有限公司、重庆百亚卫生用品股份有限公司、佛山啟盛卫生用品有限公司、香港丝宝集团公司、中山佳健生活用品有限公司。本土品牌主要有：倍舒特、美洁、洁伶、清逸堂、舒莱、护理佳、可悦、恒利、全棉时代、广东川田、康那香、小护士、余宏、杭州川田等。国际生产商主要有：宝洁公司、尤妮佳公司、金佰利公司、花王公司。高端市场的品牌集中度很高，国际性品牌有苏菲、护舒宝、高洁丝、乐而雅等；本土企业全国性品牌有七度空间、ABC、安尔乐等；区域性品牌有洁婷、U 适、小妮、自由点、佳期、倍舒特、美洁、洁伶、日子、舒莱、护理佳、月满好、好舒爽、奈丝公主、康乃馨、小护士、安琦等。

2019 年，适龄女性（15～49 岁）人口持续减少，女性卫生用品的消费人群基数继续缩小。同时，进口卫生巾（海关商品编号 96190020 下的进口商品）数量继续保持两位数增长。在国内设厂的国际品牌为了迎合中国消费者追求进口产品的心理，从国外的生产工厂引进高端产品；互联网品牌卫生巾多以高端形象示人，纯棉、药物等主打健康牌的高附加值产品也参与到高端卫生巾市场的竞争中，更年轻的消费群体成为各品牌争夺的对象。国内领先品牌和国际品牌在竞争中占有优势，获得稳定增长。区域性品牌凭借在当地的深厚积累、及时对产品进行更新换代和尝试多渠道出击，稳步发展。还有一些企业发挥在生产制造方面的特长，专注 OEM 代工，把精力集中到产品研发和生产管理上，在行业中赢得重要的一席之地。

恒安国际集团有限公司卫生巾业务销售额减少 1.6% 至 64.87 亿元，占集团收入约 28.8%（2018 年为 32.1%），卫生巾业务的毛利率增长至约 70.3%（2018 年为 69.4%）。2019 年，恒安国际集团有限公司加大力度改革传统销售渠道，加强与新零售销售模式的合作以扩大终端门店的覆盖比例，促进精准销售能力，持续推出升级和高档产品，进一步拓展高档和高品质市场，并且积极优化产品组合，对产品的包装、材质及功能进行升级。一系列的措施使得集团在日趋激烈的市场竞争中，仍能有效提升卫生巾产品的利润水平。

维达国际控股有限公司个人护理业务（含女性护理和成人失禁护理）收益增长 1.9% 至 28.2 亿港元，增幅按固定汇率换算为 4.4%，占集团总收益的 18%（2018 年为 19%），毛利率为 29.1%。女性护理方面，“Libresse 轻曲线”品牌继续维持在马来西亚的领导地位，年内推出的“Libresse 轻曲线 CurveFit”大受市场欢迎。除了在我国市场重新推出“Libresse 轻曲线”外，集团已实行本地化生产，既节省成本，又能更快回应市场诉求。

宝洁公司在发展中地区（编者注：包括我国市场）的女性护理用品业务（含成人失禁用品）销售量获得了 1 位数的增长，主要得益于其产品创新。在大中华区，宝洁的女性护理用品业务有机销售额实现了 10% 的增长 。

金佰利公司在发展中地区和新兴市场的个人护理用品总销售额下降了 1%。下降的主要影响因素有：一是汇率变化使销售额下降 9%，主要是拉丁美洲市场和我国市场；二是净销售价格的提高和产品组合的改进使销售额分别增长 7% 和 2%，净销售价格的提高是在拉丁美洲市场、我国市场和东欧市场，产品组合的改进主要是在我国市场。

花王乐而雅高附加值卫生巾产品在中国市场的销售额获得增长，主要得益于进入更多的零售店以及电商渠道的发展等因素。

尤妮佳公司富有设计感的高品质苏菲女性卫生用品仍然深受中国年轻一代消费者的欢迎，在这种形势下，公司坚持努力扩大销售区域和门店数量以满足市场需求。

女性卫生用品销售额增长显著的其他企业主要有：婴舒宝(中国)有限公司增长 1 倍多，康那香企业(上海)有限公司增长 67.8%，东莞天正纸业有限公司增长 52.4%，浙江珍琦护理用品有限公司增长 42%，保定雨森卫生用品有限公司增长 41%，泉州市嘉华卫生用品有限公司增长 30%，杭州淑洁卫生用品有限公司增长 29.9%，杭州可靠护理用品有限公司增长 14.6%，重庆百亚卫生用品股份有限公司增长 14.5%，河南舒莱卫生用品有限公司增长 13.9%，桂林洁伶工业有限公司增长 12.3%，盐城市恒利卫生用品有限公司增长 11.6%，杭州川田卫生用品有限公司增长 11.6%，中山佳健生活用品有限公司增长 11.5%，福建莆田佳通纸制品有限公司增长 10.8%，云南清逸堂实业有限公司增长 10%，上海月月舒妇女用品有限公司增长 9.6%，倍舒特卫生用品有限公司增长 9.4%。另一方面，行业竞争形势严峻，有些区域性品牌业绩出现明显下滑，经营压力加大。

2. 婴儿纸尿裤、片

婴儿纸尿裤、片行业仍处于调整期，市场竞争激烈。2019 年，生活用纸委员会统计在册的婴儿纸尿裤、片生产企业 651 家，比 2018 年减少 50 家，市场竞争者仍由多个生产商组成。领先生产商主要集中在天津、上海、江苏、浙江、安徽、福建、湖南、广东、贵州等地，本土生产商包括：恒安国际集团有限公司、广东昱升卫生用品实业有限公司、杭州千芝雅卫生用品有限公司、爹地宝贝股份有限公司、福建利澳纸业有限公司、凯儿得乐(深圳)科技发展有限公司、杭州豪悦实业有限公司、杭州可靠护理用品股份有限公司、湖南舒比奇生活用品有限公司、贵州卡布国际卫生用品有限公司、东莞市常兴纸业有限公司、广东茵茵股份有限公司、婴舒宝(中国)有限公司、雀氏(福建)实业发展有限公司、泉州市嘉华卫生用品有限公司等。国际生产商：宝洁公司、尤妮佳公司、金佰利公司、花王公司、大王公司等。高端市场的品牌集中度很高，国际性品牌有帮宝适、妈咪宝贝、Moony、好奇、妙而舒、GOO. N 等；全国性品牌有安儿乐；区域性品牌有吉氏、名人宝宝、爹地宝贝、乐贝、凯儿得乐、希望宝宝、酷特适、舒比奇、卡比布、一片爽、茵茵、婴舒宝、雀氏、宜婴等。

2019 年，阶段性的产能过剩、价格竞争、消费高端化以及渠道碎片化带来的挑战，是婴儿纸尿裤、片行业最突出的问题。不少区域性品牌甚至是国内、国际领先品牌的业绩都出现了不同程度的下滑，但是也有很多区域性品牌通过多点布局、扩充设备、扩大规模效益、产品升级、渠道优化等措施获得了显著的增长。

恒安国际集团有限公司纸尿裤业务收入下降约 6.3% 至约 14.39 亿元(含成人纸尿裤 2.23 亿元)，约占集团整体收入的 6.4%(2018 年为 7.5%)，毛利率增长至约 40.5%(2018 年为 39.2%)。2019 年，电商布局有效带动销售增长，集团电商纸尿裤销售占纸尿裤整体销售超过 40%，电商渠道的销售同比增长超过 10%，有助于缓解集团纸尿裤整体销售额的跌幅。同时，集团深入发展高档产品市场，将资源及产品开发重点投放在优质高档品牌上，持续升级高档纸尿裤系列“Q · MO”及“安儿乐”升级版产品“小轻芯”。2019 年“Q · MO”以及“小轻芯”的销售增幅分别超过 70% 及 10%，占整体纸尿裤销售约 10.8% 及 20.0%。

宝洁公司婴儿护理用品销售量在发展中地区市场(编者注：包括我国市场)出现 1 位数的下降，主要是由于市场竞争造成的。在某些市场，由于货币贬值导致产品价格上涨，使某些品类销售量减少。

由于从日本购买纸尿裤到我国再销售的需求大幅减少，花王公司妙而舒 Merries 婴儿纸尿裤在日本的销售出现下降。同时，花王公司的纸尿裤在我国市场的销售额(包括跨境电商在内)进入复苏的轨道，但仍低于 2018 年。

尤妮佳公司积极主动地通过电商渠道销售日本进口的高附加值 Moony 系列产品，满足消费者对安全性和高品质的需求。使得公司在我国市场的婴儿纸尿裤业务得以适度恢复，但是，由于经济环境和消费价值观发生改变，我国市场对日本制造产品的需求增长并不如预期的那么多。

婴儿纸尿裤、片销售额有明显增长的企业有：广东佰分爱卫生用品有限公司增长 1 倍多，广东欧比个人护理有限公司增长 42.3%，广东贝禧护理用品有限公司增长 36.6%，杭州可靠护理用品股份有限公司增长 31.1%，泉州嘉华卫生用品有限公司增长 30%，杭州千芝雅卫生用品有限公司增长 24.5%，湖南爽洁卫生用品有限公司增长 21.3%，广东昱升个人护理用品有限公司增长 17.4%，杭州淑洁增长 16.8%，新亿发增长 15.7%，美佳爽增长 13.6%，莆田佳通增长 11.2%，东莞天正增长 10.5%。

3. 成人失禁用品

2019 年，生活用纸委员会统计在册的成人失禁用品生产商 413 家，比 2018 年减少 35 家，领先企业主要分布在北京、河北、辽宁、上海、江苏、浙江、福建、山东等地。本土领先生产商主要有：杭州可靠护理用品股份有限公司、恒安国际集团有限公司、杭州千芝雅卫生用品有限公司、杭州珍琦卫生用品有限公司、杭州淑洁卫生用品有限公司、杭州豪悦实业有限公司、北京倍舒特妇幼用品有限公司、苏宁控股集团有限公司、上海亿维实业有限公司、山东爱舒乐卫生用品有限公司、上海唯尔福集团股份有限公司、辽宁汇英般舟医用材料有限公司、永福康卫生用品科技有限公司、莆田荔城纸业有限公司、宁波金洁日用品厂等。国际生产商有：维达国际控股有限公司、金佰利公司、尤妮佳公司等。国际性品牌有：添宁、得伴、乐互宜等；全国性品牌有：安而康；区域性品牌有：可靠、千芝雅、自由生活、益年康、汇泉、捷护佳、安帕、宝莱、爱舒乐、唯尔福、会好、永福康、佳爽爱康、一把手等。

成人失禁用品市场进入上升通道，多年来的宣传教育和市场培育初见成效。多个国内领先品牌和区域性品牌获得增长，同时，外贸出口业务也实现了快速增长。

2019 年，恒安国际集团有限公司的成人纸尿裤业务收入约 2.23 亿元(2018 年为 1.75 亿元)，同比增长约 27.2%，占纸尿裤销售收入约 15.5%（2018 年为 11.4%）。成人纸尿裤产品在国内市场份额持续增加，并成功进入马来西亚市场。

2019 年，维达国际控股有限公司在我国的失禁护理用品业务获得令人满意的增长，电商及传统经销商渠道都取得理想的增长。

成人失禁用品销售额增长较多的企业有：北京倍舒特妇幼用品有限公司增长 93.4%，辽宁汇英般舟医用材料有限公司增长 36.5%，爹地宝贝股份有限公司增长 32.9%，杭州淑洁卫生用品有限公司增长 31.7%，杭州千芝雅卫生用品有限公司增长 30%，杭州可靠护理用品股份有限公司增长 24.5%，江苏永福康卫生用品科技有限公司增长 23.5%，雀氏（福建）实业发展有限公司增长 23.6%，山东云豪卫生用品股份有限公司增长 22.2%，东莞市常兴纸业有限公司增长 20.9%，广东茵茵股份有限公司增长 17.8%，天津依依卫生用品有限公司增长 12.5%。

4. 宠物卫生用品

2019 年，生活用纸委员会统计在册的宠物卫生用品生产企业共 61 家，比 2018 年减少 3 家，主要分布在天津、河北、辽宁、上海、江苏、浙江、安徽、福建、江西、山东、河南、广东等省市。

5. 擦拭巾

2019 年，生活用纸委员会统计在册的擦拭巾（包括干巾、湿巾）生产企业 670 家，比 2018 年减少 101 家，主要分布在北京、天津、河北、辽宁、吉林、上海、江苏、浙江、安徽、福建、江西、山东、河南、湖北、湖南、广西、广东、重庆、四川、云南、陕西等地，但全国性品牌不多。有很多企业给其他国内企业或零售商做贴牌或给国外企业生产 OEM 产品。

据生活用纸委员会统计，婴儿专用湿巾和通用型湿巾仍是占比最大的类别，其他类别的湿巾占比较小。厨房清洁湿巾和厕用湿巾（湿厕纸）占比基本与 2018 年持平，并未出现明显增长。干巾受到更多消费者的青睐，尤其是年轻女性，用干巾作为洗脸巾代替毛巾，更方便，更卫生。作为婴儿使用的干巾，由于没有湿巾液的添加，消费者认为更安全，因此带动干巾市场销售量的增长。各品类擦拭巾的生产量的比例见图 3。

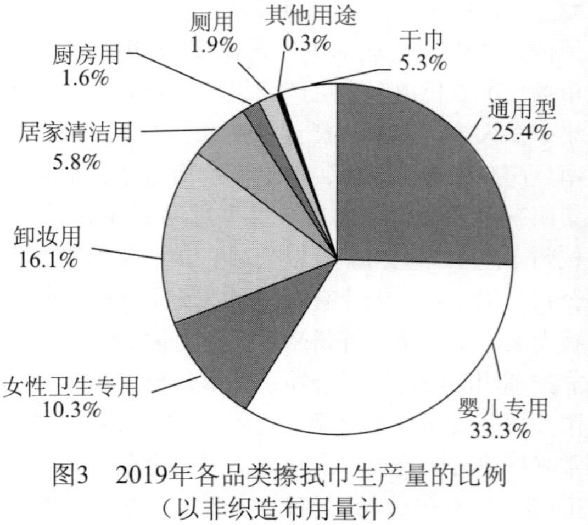

图3 2019年各品类擦拭巾生产量的比例
（以非织造布用量计）

三、进出口情况

1. 出口显著增长

一次性卫生用品行业出口贸易继续保持活跃，且增幅明显加大，尤其是婴儿纸尿裤产品，2019年已经从净进口转变为净出口。国家政策鼓励企业出口创汇，现行的卫生用品出口退税率为13%，2019年4月增值税税率降为13%后，相当于把出口产品征收的税费全部退还企业，这也是推动出口增长的有利因素之一。出口的吸收性卫生用品占行业总体工厂销售额的22.9%（2018年为20.7%），湿巾占擦拭巾行业总体工厂销售额的16.8%（2018年重新计算后为13.5%）。据海关总署统计数据（见表3），2019年吸收性卫生用品的出口量比2018年增长16.85%（2018年比2017年增长14.62%），出口额增长14.89%（2018年比2017年增长13.79%），出口产品中婴儿纸尿裤和成人失禁用品占比最大，以金额计分别占40.6%和40.7%。吸收性卫生用品出口平均价格延续了自2014年以来持续下降的趋势，湿巾产品出口平均价格小幅增长。

表3　2019年一次性卫生用品出口情况

商品编码	商品名称	金额/美元	数量/吨	平均价格/(美元/吨)	同比/%		
					金额	数量	平均价格
吸收性卫生用品合计		2495505831	879800.016	2836.45	14.89	16.85	-1.67
48189000	纸浆、纸等制的其他家庭、卫生或医院用品	409634511	204573.986	2002.38	9.54	10.74	-1.09
96190011	供婴儿使用的尿裤及尿布，任何材料制	1012260313	308605.681	3280.11	19.25	21.09	-1.52
96190019	其他任何材料制的尿裤及尿布	348820021	157644.093	2212.71	24.11	26.74	-2.07
96190020	任何材料制的卫生巾（护垫）及止血塞	466436173	105802.255	4408.57	5.06	5.50	-0.41
96190090	任何材料制的尿布衬里及本品目所列货品的类似品	258354813	103174.001	2504.07	15.20	16.32	-0.96
湿巾		398860868	247727.144	1610.08	27.08	23.18	3.16
34011990	湿巾	398860868	247727.144	1610.08	27.08	23.18	3.16

卫生巾、卫生护垫出口量增长较多的企业有：康那香企业（上海）有限公司增长91.4%，杭州小姐妹卫生用品有限公司增长77.6%，婴舒宝（中国）有限公司增长35.7%，福建莆田佳通纸制品有限公司增长32.5%，浙江珍琦护理用品有限公司增长23.1%，福建恒利纸业有限公司增长17.9%，上海唯尔福集团股份有限公司增长16.3%。

婴儿纸尿裤、片出口量增长较多的企业有：福建新亿发集团有限公司增长2倍多，重庆百亚卫生用品股份有限公司增长1倍多，百润中国有限公司增长72.6%，汉氏卫生用品有限公司增长51.3%，莆田佳通纸制品有限公司增长25.1%，美佳爽（中国）有限公司增长16.4%，杭州可靠护理用品股份有限公司增长9.0%，雀氏（福建）实业发展有限公司增长7.2%，杭州千芝雅卫生用品有限公司增长5%。

成人失禁用品出口量增长较多的企业有：苏宁卫生用品有限公司床垫增长4倍多，北京倍舒特妇幼用品有限公司增长95.5%，福建新亿发集团有限公司增长56.6%，杭州可靠护理用品有限公司增长13.8%。另外，天津依依卫生用品有限公司的宠物卫生用品出口量较大，且有8.5%的增长。

海关总署数据显示，2019年我国吸收性卫生用品出口量排名前10位的出口目的地国家依次为：美国、菲律宾、日本、韩国、俄罗斯、澳大利亚、印度、英国、尼日利亚、南非。出口量排名前5位的省市分别为江苏、天津、浙江、福建、山东。

2019年，湿巾出口贸易保持高速增长，且出口金额增速高于2018年，出口量增速微降，出口湿巾产品平均价格上涨。“商品编号34011990（湿巾）”1项，出口量比2018年增长23.18%（2018年比2017年增长25.15%），出口金额增长27.08%（2018年比2017年增长20.5%）。湿巾出口量排名前10位的出口目的地国家是：美国、澳大利亚、日本、智利、英国、菲律宾、加拿大、秘鲁、新西兰、哥伦比亚。湿巾出口量排名前 5 位的省市分别为浙江、江苏、广东、安徽、上海。自 2018 年中美贸易战以来，中美两国互加关税，卫生用品行业关税清单见表 4。

美国仍然是我国吸收性卫生用品和湿巾的第一大出口目的国，中美贸易战对外贸出口业务会带来不利影响，但由于美国对从我国进口的卫生用品加征关税是从 2019 年 9 月开始的，因此影响还未显现，2019 年出口到美国的吸收性卫生用品依然保持增长，出口数量和金额分别比 2018 年增长 35.31% 和 34.56%。

2. 进口明显减少

2019 年，吸收性卫生用品进口延续 2018 年的趋势，继续减少(见表 5)，占行业工厂总销售额的 9.9%(2018 年为 12.0%)，进口量和进口额分别下降 11.1% 和 14.14%。其中婴儿纸尿裤进口量和进口额仍然保持两位数下降，进口平均价格也出现下降，但仍是进口量最大的产品，占比略有下降，其进口量和进口额分别占吸收性卫生用品进口总量的 89.7% 和 82.0%(2018 年分别为 91.4% 和 86.3%)。进口婴儿纸尿裤产地主要还是日本，主要来自花王、大王、尤妮佳、宝洁等公司的产品，来自日本的婴儿纸尿裤的进口量和进口额分别占婴儿纸尿裤总进口量和总进口额的 98.2% 和 97.9%(2018 年为 96.7% 和 96.5%)，比 2018 年有所提高。

表 4　　中美贸易战互加关税的清单(卫生用品)

商品编号	商品名称	中国对美国			美国对中国		
		2018 年 9 月	2019 年 6 月	2019 年 12 月 15 日(未执行)	2018 年 9 月	2019 年 5 月	2019 年 9 月 1 日
48189000	纸浆、纸等制的其他家庭、卫生或医院用品(其他 1)	5%	5%	10%			15%
96190011	供婴儿使用的尿裤及尿布，任何材料制(婴儿纸尿布)	5%	10%	15%			15%
96190019	其他任何材料制的尿裤及尿布(成人失禁用品)	5%	10%	20%			15%
96190020	任何材料制的卫生巾(护垫)及止血塞(女性卫生用品)	5%	10%	10%			15%
96190090	任何材料制的尿布衬里及本品目所列货品的类似品(其他 2)	5%	10%	15%			15%
34011990	湿巾	10%	20%	20%			15%

表 5　　2019 年一次性卫生用品进口情况

商品编号		金额/美元	数量/吨	平均价格/(美元/吨)	同比/%		
					金额	数量	平均价格
吸收性卫生用品合计		1080370571	188719.146	5724.75	-14.14	-11.10	-3.42
48189000	纸浆、纸等制的其他家庭、卫生或医院用品	17720017	4713.085	3759.75	29.43	13.95	13.59
96190011	供婴儿使用的尿裤及尿布，任何材料制	885474167	169286.838	5230.61	-18.47	-12.76	-6.54
96190019	其他任何材料制的尿裤及尿布	3145310	990.437	3175.68	-37.20	-64.85	78.69
96190020	任何材料制的卫生巾(护垫)及止血塞	166673818	12537.884	13293.62	13.45	23.63	-8.23
96190090	任何材料制的尿布衬里及本品目所列货品的类似品	7357259	1190.902	6177.89	9.07	5.23	3.65
湿巾		19182626	7942.931	2415.06	9.17	-4.91	14.81
34011990	湿巾	19182626	7942.931	2415.06	9.17	-4.91	14.81

卫生巾类(含卫生棉条)产品进口增速仍保持在两位数，其在进口吸收性卫生用品中占比仍较小，但份额有所提升，进口量和进口额分别占6.6%和15.4%(2018年为4.8%和11.7%)。进口的卫生巾类(含卫生棉条)产品主要来自日本、匈牙利、加拿大、韩国、美国等国家，其中从日本进口最多，进口量和进口额占比分别为39.6%和33.5%。

进口的湿巾占擦拭巾行业工厂总销售额的0.81%(2018年重新计算后占比为0.76%)。主要来自印度尼西亚、日本、波兰、韩国、美国、西班牙、台澎金马关税区、澳大利亚、马来西亚和德国。

我国从美国进口的吸收性卫生用品总量本来就少，2019年进口量只有2016.72吨，比2018年减少19.34%，进口额1323.71万美元，比2018年增长19.86%，平均价格增长48.59%，总体受中美贸易战的影响较小。

四、市场变化和发展特征

我国卫生用品行业已逐步进入从量的积累向质的转型和飞跃期，也面临着产能过剩、产品同质化、渠道多样化的激烈竞争局面，卫生用品企业调整发展思路，加快产业升级步伐，加大研发创新力度，以高端化、差异化、细分化产品引领消费市场，积极尝试线上线下结合的新零售模式，寻找新的增长点，找到新形势下适合自己的发展途径。

1. 国内领先企业积极开拓海外市场，并在国内持续扩产，获得规模效益

根据设备供应商提供的情况，2019年国内市场新增卫生用品和湿巾生产线(设备)共计513条(台)，其中卫生巾、经期裤生产线91条，婴儿纸尿裤、片生产线116条，成人纸尿裤、片、护理垫生产线77条，湿巾设备229台。

恒安国际集团有限公司通过马来西亚皇城集团公司把恒安品牌产品销售到马来西亚及其他东南亚市场，并在印度尼西亚设立销售处，其在俄罗斯投资的纸尿裤工厂也已于2019年6月投产；维达国际控股有限公司在马来西亚设立东南亚新总部及我国境外首个维达创新中心，布局东南亚市场并辐射亚太市场；重庆百亚卫生用品股份有限公司旗下FREEMORE隐形卫生巾参加由天猫与Bonjour Brand共同发起的2019“Bonjour Tmall”活动，亮相法国巴黎蓬皮杜艺术中心，面向全球消费者正式首发新品。

生活用纸巨头加码卫生用品行业：2019年6月，中顺洁柔纸业股份有限公司正式进军卫生巾领域，并在四川设立全资子公司中顺洁柔(达州)纸业有限公司，从事生活用纸、纸巾盒、卫生用品、非织造布制品等的研发、生产、加工、销售；维达集团增加浙江及湖北两大生产基地的个人护理用品产能，并实现Libresse薇尔新品卫生巾及添宁护理裤的本地化生产。

国内领先的卫生用品企业新建生产基地，全面布局。广东昱升个人护理用品股份有限公司在浙江湖州和湖南长沙的两个新生产基地建成投产，其中浙江生产基地共安装6条全自动婴儿纸尿裤生产线，湖南生产基地安装4条纸尿裤生产线；千芝雅(湖北)卫生用品有限公司在湖北孝感开工建设，计划安装30条先进的生产线，千芝雅全球研发中心及智能制造产业基地在杭州市桐庐县开工，计划安装全伺服智能生产线10条；天津依依卫生用品有限公司的第3个生产基地建成，并在河北黄骅投资建设20万米^{2}的现代化工厂；东莞市天正纸业有限公司投资兴建的安徽天航母婴产业园开工建设，主要从事妇婴卫生用品及成人失禁用品等的研发、生产及营销，预计2020年全部建成投产。杭州余宏卫生用品有限公司第3期项目投产，进一步扩大卫生巾产能。

领先企业继续提升装备水平，加快升级步伐。广东昱升卫生用品实业有限公司引进第17条日本进口生产线——瑞光拉拉裤生产线；东顺集团股份有限公司山东永芳日用品有限公司投产，引进日本、意大利智能制造高速卫生巾生产线12台套；凯儿得乐(深圳)科技发展有限公司苏氏生产基地引进新的日本瑞光生产线和奥普蒂玛包装设备，瑞光生产线总计达到6条；武汉洁伶卫生用品有限公司二期项目新上21条生产线。

2. 加强与科研机构的产学研合作，提升研发创新能力

杭州可靠护理用品有限公司与华东医药股份有限公司、上海护理佳实业有限公司与东华大学、杭州可靠护理用品有限公司和维达国际控股有限公司与中国制浆造纸研究院有限公司等达成战略合作，共同研发产品，布局市场。

3. 高端化、细分化、安全性引领卫生用品发展方向

领先企业推出高端化增值产品，摆脱低端同质化竞争，带动消费升级。恒安国际集团有限公司将七度空间甜睡裤升级为超薄萌睡裤，提高Space7高

端卫生巾产品的市场份额，并持续升级 Q · MO 系列以及安儿乐小轻芯高档纸尿裤；维达国际控股有限公司重新将 Libresse 定位为高端卫生巾品牌，推出 Libresse 进口、Libresse 薇尔舒适 V 感及 Libresse 薇尔贴芯系列产品；中顺洁柔纸业股份有限公司朵蕾蜜（dolemi）卫生巾面层采用 100% 进口棉材料及 5D 极薄超能吸专利芯体，目标针对追求更高生活品质的女性消费者；爹地宝贝股份有限公司与汪汪队立大功（PAW patrol）动漫 IP 联盟，推出天然茉莉婴儿纸尿裤、男婴训练裤和女婴训练裤 3 款高端产品。

跨国公司洞察到我国市场高端化的需求，将全球最新产品引进我国市场同步上市。宝洁公司从北美进口护舒宝纯棉表层液体卫生巾，从日本进口一级帮 Plus、纯净帮系列婴儿纸尿裤等高端产品；金佰利公司从澳大利亚进口高洁丝纯棉“爪心包”卫生巾，从韩国进口好奇铂金装婴儿纸尿裤；花王公司从日本进口乐而雅“F 系列”“零触感”系列卫生巾和“妙而舒宠爱拥抱”系列高端婴儿纸尿裤；尤妮佳公司从日本进口“美金”系列轻薄柔棉卫生巾和 Moony“极上通气”婴儿纸尿裤。

针对不同的消费人群推出细分化产品是企业应对产品同质化的手段之一，针对特定人群推出特殊功能的产品，如湖北丝宝股份有限公司专为初经女孩定制开发全新洁婷 1013 + 卫生巾；花王公司推出了 3 款日本原装进口的男士净肤洁面湿巾等。

产品安全性受到消费者越来越多的重视，天然原料、少添加的产品满足消费者对安全、健康的需求。宝洁公司纯净帮纸尿裤采用符合 USP 美国药典标准的天然棉材料，不含 26 种欧盟标准过敏源，并通过了严苛的 HRIPT 皮肤刺激性测试。为避免湿巾添加成分可能对宝宝皮肤造成的伤害，众多湿巾生产商推出了少添加或无添加的婴儿湿巾产品。清风、洁柔、洁云等品牌推出了“EDI 纯水”湿巾，维达的儿童超迷你湿巾新品主要添加成分为：RO 纯水、木糖醇等天然成分。

棉、竹、玉米等天然纤维材料广泛应用于卫生巾面层和湿巾基材。康那香企业（上海）有限公司的“康乃馨”就爱纯棉卫生巾、上海唯尔福（集团）有限公司的“美丽约会”消毒级卫生巾、江苏三笑集团有限公司的“一点点”卫生巾、深圳全棉时代科技有限公司的“奈丝公主”卫生巾、江苏嘉萱智慧健康品有限公司的“完美呵护”卫生巾、杭州余宏卫生用品有限公司的“布知布觉”卫生巾都使用了纯棉非织造布面层。云南白药清逸堂实业有限公司的“益小小”卫生巾采用玉米等天然植物制成的聚乳酸纤维面层。佛山啟盛卫生用品有限公司的 U 适卫生巾使用了竹纤维面层。杭州国光旅游用品有限公司的湿巾产品采用了全棉及竹纤维基材。御品坊日用品有限公司则推出了大豆纤维湿巾和竹纤维湿巾。杭州邦怡日用品科技有限公司推出 seazons® 小植家丝棉柔巾，采用兰精维绎丝™ 莱赛尔纤维和优质棉纤维制成。

4. 婴儿拉拉裤（内裤式纸尿裤）市场高速增长

2019 年，婴儿拉拉裤市场份额继续扩大，在统计涵盖的企业中，婴儿纸尿裤的销售量中拉拉裤占比达到 30.2%，比 2018 年增长 3 个百分点，且增长率远高于纸尿裤行业平均增长水平。婴儿拉拉裤的主要生产企业集中在广东、福建、浙江和湖南等地区。

5. 电商渠道规模持续扩大，新零售多种形式共存

据国家统计局数据，2019 年实物商品网上零售额 85239 亿元，按可比口径计算，比 2018 年增长 19.5%，占社会消费品零售总额的比重为 20.7%，比 2018 年提高 2.3 个百分点。

卫生用品企业继续加强与各大电商平台的合作，共同开拓线上线下销售渠道。恒安国际集团有限公司、维达国际控股有限公司、宝洁公司、金佰利公司、花王公司、大王公司、爹地宝贝股份有限公司、东顺集团股份有限公司等行业企业纷纷与天猫、京东、苏宁、网易考拉等电商平台达成战略合作协议，在渠道拓展、运营规划、产品定制等方面深度合作，线上、线下门店多渠道发力，并在 618、双十一、聚划算欢聚日、超级品牌日等电商促销节点，设计适合品牌的定制化活动，通过拼购、推客等营销工具，全方位提升销售。

“90 后”正在成为消费支柱，他们的线下社交能力比起上两代人有着明显的“退化”，而对应的是线上社交能力的提升。“90 后”社会新人每天花在社交 APP 上的时间为 1 ~ 3 小时，超过 80% 有自己特定的交流圈子。KOL（Key Opinion Leader）对“90 后”的影响力正在下降，但“90 后”女性从 KOL 脱粉后，开始成为电视剧周边产品的消费主力，而“90 后”男性新人的心头好主要围绕在动漫周边。

为了吸引这些消费新人，行业企业纷纷推出年轻化的营销方案。心相印超迷你湿巾创造出“迷弟”的卡通形象，并喊出“超迷你随身带，迷弟无处不在”的宣传语，用年轻人的话语体系去讲品牌故事，

传达心相印湿巾的新品发布信息；洁婷卫生巾在2019年提出全新透气概念，并与优酷热门综艺《这！就是原创》合作，通过原创音乐与年轻人深度沟通；护舒宝通过“少女掌心包”的上市营销，打造时尚、年轻、聚“少女心”的欢聚日，全方位深耕年轻人群；七度空间通过冠名赞助“乐队的夏天”节目，与WUCG电竞赛事开展战略合作，签约火箭少女101-杨超越为新代言人等一系列操作拉近与年轻消费者的距离。

2019年，电商产业显示出三大趋势：下沉市场释放潜力、跨境电商成为新风口、线上线下融合加速。下沉市场的潜力开始释放。1—11月，全国农村网络零售额达15229亿元，同比增长19%，比全国增长率高出2.4个百分点。淘宝、拼多多、京东、苏宁等大型电商对下沉市场的争夺进入白热化，农村市场对网购的需求得到了拓展，带动了销售额的大幅增长，农村网络销售额占全国网络销售额的16%。

跨境电商成为新风口。2019年前3季度，重点电商零售进口平台跨境电商零售进口额同比增长超过30%。从产地国看，自日本、美国、韩国进口额排名前3，占比分别为20.5%、14.9%和10.8%。从品类看，化妆品、粮油食品和日用品进口额排名前3，占比分别为34.6%、27.6%和13.8%。市场需求不断扩大，相关政策也开始顺应趋势，《电商法》提到将促进跨境电商发展，支持企业从事跨境电商。海关总署、商务部都很重视跨境电商的发展，不仅是进口跨境电商，还有出口跨境电商，要大力发展“丝路电商”，助企业“走出去”。

线上线下融合加速。在电商流量见顶的大背景下，线上、线下的融合开始加速，线上与实体的融合向着贴近消费者、提升运营效率的方向发展。原本专注于线上销售的电商平台开始注重与线下实体店的融合，以求突破流量困局。原先坚守线下的企业也开始加大布局线上，拓展线上资源。

同时，新零售也出现了很多新的形式，如社交电商、直播带货和社区团购等，渠道碎片化、零售场景碎片化已成为大趋势。

五、绒毛浆和高吸收性树脂的供应情况

1. 绒毛浆

我国吸收性卫生用品行业使用的绒毛浆绝大部分一直是进口，进口国主要是美国，美国国际纸业公司是目前全球最大的绒毛浆供应商。全球绒毛浆主要供应商见表6。

表6　全球绒毛浆的主要生产商及品牌

国家	序号	公司名称	品牌
美国	1	美国国际纸业公司(International Paper)	超柔(Supersoft)
	2	乔治亚-太平洋公司(GP Cellulose)	金岛(Golden Isles)
	3	灯塔亚洲有限公司(Domtar)	灯塔(Domtar)
	4	WestRock Company 公司	石头(Stone)
	5	美国 Resolute Forest Products 公司	宝水(Bowater)
	6	瑞安先进材料有限公司(Rayonier)	白玉(Rayfloc)
芬兰	7	芬兰斯道拉恩索公司(Stora Enso)	女神(Stora Prime)
巴西	8	巴西 Klabin 公司	原料：南方松
	9	巴西 Suzano 公司	桉木绒毛浆(硫酸盐浆)
中国	10	福建腾荣达纸业有限公司	杉木 BCTMP 绒毛浆

由于我国缺少南方松木材原料的原因，所以国产绒毛浆的数量非常少，只有福建腾荣达制浆有限公司以杉木为原料，生产BCTMP(漂白化学热磨机械浆)绒毛浆，生产能力4万吨/年。

巴西Suzano公司生产的Eucafluff绒毛浆是全球唯一在销售的桉木绒毛浆，2018年底以来，在欧洲、亚洲和美国市场上有销售。Eucafluff桉木绒毛浆是Suzano公司历经11年研发出来的，也是全球第1个桉木漂白硫酸盐绒毛浆。据悉桉木纤维具有较大的可压缩性，可有效缩小包装尺寸、减少运输和储存成本，或将成为卫生用品行业新的绒毛浆货源。

2018年9月24日开始，中美贸易战导致原产于美国的绒毛浆(关税编码47032100)关税由0增加

到5%，加上汇率的变化、人民币贬值，使我国卫生用品行业从美国进口的绒毛浆价格上涨，使得本已处于行业产能过剩、市场竞争激烈境遇的生产企业，承受着更大的成本压力。但 2019 年，受商品浆市场大环境的影响，绒毛浆价格跟随造纸浆价格大幅下跌，到年底价格降幅约 30%，为最近几年的低位，在一定程度上缓解了企业的成本压力。

2020 年 2 月 21 日，国务院关税税则委员会发布了关于第 2 批对美加征关税商品第 1 次排除清单的公告(税委会公告〔2020〕3 号)，对第 2 批对美加征关税商品，第 1 次排除其中部分商品，分 2 个清单实施排除措施。对清单 1 所列商品，自 2020 年 2 月 28 日至 2021 年 2 月 27 日(1 年)，不再加征我国为反制美国 301 措施所加征的关税，对已加征的关税税款予以退还。清单 1 包含税则号为 47032100 的其他漂白针叶木碱法木浆或硫酸盐法木浆(包括半漂白的，溶解级的除外)，与卫生用品行业有关的美国绒毛浆属于这个税则号，给卫生用品带来利好。

2. 高吸收性树脂

2019 年，生活用纸委员会统计到的我国大陆包括外商独资企业在内的高吸收性树脂生产商共 17 家，生产能力约为 128.7 万吨/年。整个行业的产能利用率不高，存在产能过剩问题，价格竞争导致全年平均价格基本维持在 1.1 万元/吨左右。同时，高吸收性树脂生产企业积极寻求出口市场和工业、农业等其他用途市场，宜兴丹森科技有限公司、台湾塑料工业股份公司约有 50% 产品出口，浙江卫星新材料有限公司约有 40% 出口，山东省博兴县博亚新材料有限公司约有 30% 出口，三大雅精细化学品(南通)有限公司约有 20% 出口，诺尔生物科技有限公司约有 15% 出口等。

2019 年，山东诺尔生物科技有限公司新增产能 6 万吨/年，总产能达到 20 万吨/年。上海华谊丙烯酸有限公司新厂建设的产能 3 万吨/年 SAP 生产线已于年底进入试生产阶段。浙江卫星新材料有限公司原计划 2019 年投产的 2 条 SAP 生产线，延期到 2020 年投产，届时将新增产能 6 万吨/年。

六、国家标准体系不断完善，相关标准的制、修订有利于规范产品生产，推动行业进步，提升行业水平

1. 已发布实施的标准

《GB/T 8939—2018 卫生巾(护垫)》代替《GB/T 8939—2008 卫生巾(含卫生护垫)》，新标准与原标准相比，主要变化如下：修改了标准名称；删除了产品分类；用吸收速度代替渗入量指标，并增加了吸收速度测定方法；修改了偏差要求，水分改为交货水分；增加了甲醛含量、可迁移性荧光物质指标及相应测定方法；背胶粘合强度改为背胶剥离强度，并由参考指标改为考核指标，同时调整了测定方法；修改了全长偏差、条质量偏差、pH 值的测定方法；增加了对原材料及保质期的要求。

《GB/T 22875—2018 纸尿裤和卫生巾用高吸收性树脂》是对《GB/T 22875—2008 卫生巾高吸收性树脂》和《GB/T 22905—2008 纸尿裤高吸收性树脂》的整合修订。主要变化如下：修改了标准名称；增加了产品分类；调整了残留单体(丙烯酸)指标要求和测定方法；调整了挥发物含量的测定方法；调整了吸收速度指标要求；调整了加压吸收量测试装置的尺寸；增加了返黄值、可萃取物含量指标及测定方法；增加了取样要求。

2. 正在制定的新标准

《一次性卫生棉条》《一次性纸制卫生用品降解性能 评价方法》《吸收性卫生用纸制品 生产过程质量安全状态监测与评价指南》。

3. 正在修订的标准

《纸尿裤第一部分：婴儿纸尿裤》《纸尿裤第二部分：成人纸尿裤》《湿巾》《婴童湿巾》《一次性卫生用品用面层》《绒毛浆》。

4. 计划修订的标准

《卫生用品吸水衬纸》。

七、智能化成为卫生用品设备创新的焦点

“中国制造 2025”国家战略实施以来，政府出台了许多相关政策，以扶持制造企业进行产业升级和转型。智能制造作为制造业转型的核心，成为重中之重。

近年来，国产卫生用品设备在车速、稳定性、自动化水平和生产效率等方面得到显著提升，当前形势下，智能化的生产线是技术创新的热点。

模块化、少人化、数字化、实时通讯、远程控制成为高端设备的标配。超声波粘合技术应用更加成熟，在高速生产线、难粘材料方面的应用取得突破，达到先进水平。

八、设备制造水平提高，推动出口

国产卫生用品设备和湿巾设备在国际市场上的

竞争力不断提高，除亚洲市场外，还远销到欧洲、非洲、北美洲、南美洲的众多国家和地区。其中“一带一路”国家成为重要的出口市场，主要包括：马来西亚、印度尼西亚、泰国、柬埔寨、越南、菲律宾、伊朗、土耳其、阿联酋、埃及、印度、巴基斯坦、孟加拉、斯里兰卡、尼泊尔、乌兹别克斯坦、俄罗斯、乌克兰等。2019 年统计到的设备企业共出口卫生用品生产线(设备)276 条(台)，其中卫生巾、护垫生产线 41 条，婴儿纸尿裤、片生产线 80 条，成人失禁用品生产线 25 条，湿巾设备 130 台。

九、市场展望

1. 女性卫生用品

一直以来，卫生巾的市场渗透率都是以 15 ~ 49 岁女性人口数作为基数计算的，市场已经基本饱和。但有研究显示，过去几十年，我国青少年女性平均月经初潮年龄一直呈现下降趋势，到 2017 年已经降低到 12.7 岁，且平均行经年限有所增加，目前女性平均自然绝经年龄为 51(51.34 ± 3.20)岁，卫生巾的使用适龄年龄段向两端延伸。

初经的低龄化以及行经时间的延长，为卫生巾市场容量扩充提供了空间，而产品的细分化、高端化、个性化也将驱动卫生巾市场的发展。卫生棉条、经期裤、迷你巾等差异化产品将为女性消费者提供更多经期护理解决方案。

2. 婴儿纸尿裤、片

根据国家统计局发布数据，2019 年人口出生率继续下降，至 10.48‰，为 1952 年以来最低，但与 2018 年相比降幅有所减少(2018 年 10.94‰，2017 年 12.43‰)，其中全面放开二孩政策起到较大作用，2019 年二孩占出生人口比例达 57%。

2019 年，0 ~ 2 岁婴儿人数比 2018 年减少 258 万人(2018 年比 2017 年减少 263 万人)，且预计未来几年，育龄女性人数下降以及出生人口减少的趋势仍将延续，这对婴儿纸尿裤、片市场是一个非常不利的因素。但另一方面，城镇化进程加快，农村居民人均可支配收入不断提高，又为市场的增长提供了可能性。未来，市场增长将主要依赖于人均使用量的增加、偏远地区的渗透以及整体的消费升级。

目前婴儿纸尿裤、片行业存在阶段性产能过剩，产品同质化导致的低端价格战问题仍然严峻，市场竞争白热化必将导致行业重新洗牌。企业的竞争将回归到产品本身，更依赖于创新、更注重产品技术和质量、更突显规模效益以及供应链管理能力。

3. 成人失禁用品

2019 年，我国人均 GDP 达到 70892 元(约合 10274 美元)，完全满足形成相当规模的失禁用品消费群体的必要条件，即人均 GDP 达到 8000 ~ 10000 美元。同时，成人失禁用品市场已经表现出快速增长的势头。

统计公报显示，2019 年，我国 60 周岁及以上人口 25388 万人，占总人口的 18.1%，比 2018 年年末增长了 0.2 个百分点。其中，65 周岁及以上人口 17603 万人，占总人口的 12.6%，比 2018 年年末增长了 0.7 个百分点。我国人口老龄化的形势日趋严峻。

老龄人口是成人失禁用品的主力消费人群，同时，在非老龄人群中，由于疾病或生育等原因造成的尿失禁也是一个不容忽视的问题。在全球范围内，尿失禁已成为继肿瘤、糖尿病、高血压、骨质疏松后的第五大疾病。早在 2009 年，国际尿控协会(ICS)就将每年 6 月最后一周定为世界尿失禁周，呼吁在世界范围内提高尿失禁防治的健康意识。

国内外研究表明，45% 的女性人群中存在不同程度的尿失禁，高达 87% 的前列腺手术患者在术后有短暂的尿失禁。尿失禁严重影响了人们的生活质量，甚至使人出现焦虑、抑郁等不良情绪，严重影响工作和社会活动，因此尿失禁又被称为“社交癌”。

目前，国内成人失禁用品市场的主流产品是纸尿裤、片、拉拉裤和护理垫，针对尿失禁人群需求开发的轻度失禁用品还比较少，这对生产企业来说是一个值得关注的点。同时，也应该看到目前存在着大多数轻度尿失禁人群羞于讨论他们的病症、也不会主动寻找失禁用品的心理状况，因此行业企业要加强宣传和引导。另一方面要从产品设计出发，研发轻薄、吸收性好、穿戴无感的失禁用品，并针对男女不同的需求开发区分性别的产品。

4. 擦拭巾

国内湿巾市场仍以婴儿用湿巾、通用型湿巾为主，但女性卫生湿巾和卸妆湿巾增长较快，消费者使用习惯有所改善，更注重湿巾的细分用途、功能性。厕用湿巾、厨房湿巾、清洁湿巾等功能性专用湿巾具有很大的增长潜力，特别是经历过各种疫情之后，酒精消毒湿巾成为家庭和出行必备的防护用品。

2019 年，干巾市场出现大幅增长，除婴儿干巾外，新开发的女性一次性洗脸巾受到年轻女孩儿的追捧，非织造布的材质透气、柔韧、质轻、无毒无刺激性、色彩丰富、价格低廉、方便携带，出差旅游都可以用得上，而且擦完脸可以用来再擦拭地板和桌子，重复利用。随着人们消费理念的转变，干巾和湿巾产品会持续形成对常规毛巾产品的替代。

正因为看到良好的市场前景，很多企业跨界进入这个市场，如美妆品牌、母婴品牌、纸类品牌等开始布局一次性洗脸巾市场。

家居用品中，除了洗脸毛巾，更应该被替代的是厨房抹布，它容易滋生细菌，对人体健康造成潜在的威胁。目前，在厨房应用场景中，已有厨房湿巾、厨房纸巾可供选择，预测非织造布厨房抹布也会像一次性洗脸巾一样，替代传统抹布，成为下一个增长点。

（孙 静 邢婉娜 王 娟 曹宝萍 张玉兰）

2019 年我国包装纸板发展概况

Development Overview of Packaging Paperboard Industry in China in 2019

2019 年我国包装纸板三大纸种，白纸板、箱纸板和瓦楞原纸的生产量和消费量都比 2018 年度有所增长，转变了 2018 年包装纸板行业出现负增长的局面。2019 年包装纸板的行业集中度进一步提高，有利于行业的健康发展。2019 年包装纸板行业受到国内外经济形势的影响，竞争更加激烈，在原料供给受限的大环境下，基本保持产销总量平稳。2019 年包装纸板行业产品价格下降，主要原料价格上涨，使包装纸板行业毛利率及盈利水平降幅较大。

一、包装纸板市场现状

1. 包装纸板的生产量和消费量

据中国造纸协会《中国造纸工业 2019 年度报告》资料，近 10 年我国包装纸板（白纸板、箱纸板和瓦楞原纸）的生产量、消费量及进出口量见表 1 所示。

表 1　2010—2019 年包装纸板的生产量、消费量及进出口量　单位：万吨

产品名称		2010 年	2011 年	2012 年	2013 年	2014 年	2015 年	2016 年	2017 年	2018 年	2019 年
生产量	箱纸板	1880	1990	2080	2040	2180	2245	2305	2385	2145	2190
	瓦楞原纸	1870	1980	2020	2015	2155	2225	2270	2335	2105	2220
	白纸板	1250	1340	1390	1360	1395	1400	1405	1430	1335	1410
消费量	箱纸板	1946	2073	2157	2106	2240	2297	2364	2510	2345	2403
	瓦楞原纸	1889	1991	2027	2013	2152	2228	2271	2396	2213	2374
	白纸板	1254	1322	1379	1310	1301	1299	1265	1299	1219	1277
进口量	箱纸板	80	93	84	83	86	84	94	137	207	220
	瓦楞原纸	24	17	14	7	5	9	8	65	111	156
	白纸板	77	79	72	66	64	61	58	62	54	52
出口量	箱纸板	14	10	7	17	26	32	35	12	7	7
	瓦楞原纸	5	6	7	9	8	6	7	4	3	2
	白纸板	73	97	83	116	158	162	198	193	170	185

2. 包装纸板的比例

包装纸板的生产量和消费量占纸及纸板总生产量及总消费量的比例见表 2。2019 年包装纸板的生产量和消费量占纸及纸板总生产量及总消费量的比例为 54.07% 和 56.56%，如果加上包装用纸则占比为 60.52% 和 63.09%。包装纸板的生产量和消费量占纸及纸板总生产量及总消费量的比例比 2018 年分别增长了 0.55% 和 1.22%。

二、包装纸板主要生产企业产能和行业集中度

据中国造纸协会调查资料，2019 年全国规模以上纸及纸板生产企业约 2700 家，重点造纸企业生产量前 30 名企业总生产量约 7336.69 万吨，占 2019 年全国总生产量 10765 万吨的 68.15%，比

2018 年的 65% 提高了 3%。近 10 年造纸企业行业集中度见表 3 和图 1，可见造纸行业集中度 CR4 从 2009 年的 17.78% 提高到 2019 年的 28.88%，CR8 从 2009 年的 25.13% 提高到 2019 年的 41.15%，呈现的是完整的直线上升趋势。行业集中度逐年上升，为行业的健康发展奠定了良好的基础。

表 2　包装纸板的生产量和消费量占纸及纸板总产量及总消费量的比例　单位：万吨

年份	生产量		占比/%	消费量		占比/%
	纸及纸板总量	包装纸板		纸及纸板总量	包装纸板	
2010	9270	5000	53.94	9173	5089	55.48
2011	9930	5310	53.47	9752	5386	55.23
2012	10250	5490	53.56	10048	5563	55.36
2013	10110	5415	53.56	9782	5429	55.50
2014	10470	5730	54.73	10071	5693	56.53
2015	10710	5870	54.80	10352	5824	56.26
2016	10855	5980	55.09	10419	5900	56.63
2017	11130	6150	55.26	10897	6205	56.94
2018	10435	5585	53.52	10439	5777	55.34
2019	10765	5820	54.07	10704	6054	56.56

表 3　造纸企业行业集中度

序号	2009 年生产量比例/%		2012 年生产量比例/%		2015 年生产量比例/%		2018 年生产量比例/%		2019 年生产量比例/%	
1	玖龙纸业	7.55	玖龙纸业	10.2	玖龙纸业	11.8	玖龙纸业	13.36	玖龙纸业	13.95
2	理文纸业	4.11	理文纸业	4.04	理文纸业	4.85	理文纸业	5.4	理文纸业	5.51
3	晨鸣纸业	3.47	晨鸣纸业	3.88	晨鸣纸业	3.9	山鹰纸业	4.42	晨鸣纸业	4.78
4	金东纸业	2.65	华泰纸业	2.63	太阳纸业	2.93	太阳纸业	4.41	太阳纸业	4.64
5	太阳纸业	2.55	太阳纸业	2.62	华泰纸业	2.88	晨鸣纸业	4.38	山鹰纸业	4.40
6	华泰纸业	1.79	金东纸业	1.99	山鹰纸业	2.75	华泰纸业	3.01	华泰纸业	2.86
7	宁波中华	1.71	中国纸业	1.9	联盛纸业	2.27	中国纸业	2.78	中国纸业	2.58
8	金海浆纸	1.3	宁波中华	1.52	金东纸业	1.9	宁波中华	2.42	宁波中华	2.43
9	中冶纸业	1.16	吉安纸业	1.28	宁波中华	1.86	荣成纸业	2.12	荣成纸业	2.34
10	泰格林纸	1.09	荣成纸业	1.08	中国纸业	1.64	金东纸业	1.83	博汇纸业	2.19
CR4	17.78		20.75		23.48		27.59		28.88	
CR8	25.13		28.78		33.28		40.18		41.15	

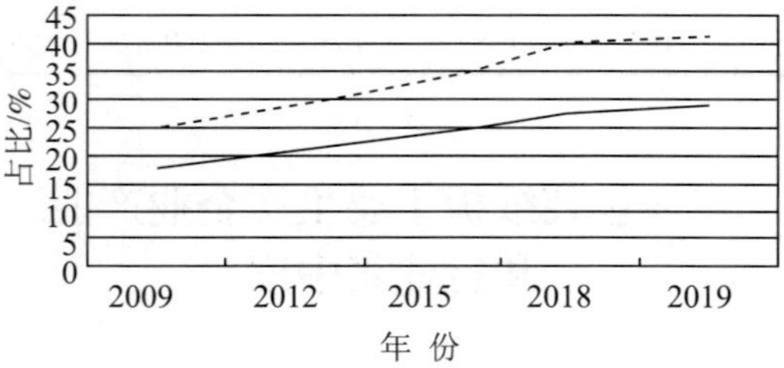

图1　造纸企业行业集中度

— CR4　- - - CR8

在包装纸板行业，从表 4 和表 5 主要生产企业的产能可以看出包装纸板排名前 3 的生产企业〔玖龙纸业（控股）有限公司、理文造纸有限公司、安徽山鹰纸业股份有限公司〕生产量约 2607 万吨，占全国包装纸板生产量 5820 万吨的 45%，比 2018 年的 43% 提高了 2%。通过环保去产能和不断淘汰中小落后产能后，包装纸板企业产能的集中度在不断提高，而随着包装纸板行业主要生产企业产能的扩大，集中度有望进一步提升。

1. 白纸板（主要为涂布白纸板、白卡纸）

涂布白纸板、白卡纸主要生产企业的产能和项目建设情况见表 4。

表 4　**涂布白纸板、白卡纸主要生产企业的产能和项目建设情况**　单位：万吨/年

序号	生产企业	2019 年涂布白纸板/白卡纸实际产能	2020—2021 年增加设计产能
1	玖龙纸业（东莞）有限公司	260	-
2	宁波中华纸业有限公司	233	-
3	博汇纸业股份有限公司	290	-
4	山东晨鸣纸业集团股份有限公司	205	-
5	山东太阳纸业有限公司	140	90
6	广西金桂浆纸业有限公司	100	180
7	东莞建晖纸业有限公司	66	-
8	广东理文造纸有限公司（洪梅）	65	-
9	珠海经济特区红塔仁恒纸业有限公司	60	-
10	联盛纸业（龙海）有限公司	60	-
11	亚太森博（山东）浆纸有限公司	53	-
12	斯道拉恩索（广西）浆纸有限公司	45	-
13	佛山华丰纸业有限公司	30	-
14	新乡新亚纸业集团股份有限公司	20	40
15	四川宜宾纸业股份有限公司	30	-
16	江门星辉造纸有限公司	30	-
17	山东远通纸业有限公司	20	-
18	商丘新浩纸业有限公司	20	-
19	汕头市曜德纸业有限公司	25	-
20	安徽正华再生纸业有限公司	-	30
21	湖北骏马纸业有限公司	20	-
22	江西五星纸业有限公司	20	-
23	浙江华天再生资源有限公司	-	20
24	山东华金集团有限公司	-	35
	合计	1792	395

表 4 中年产 20 万吨以上的涂布白纸板和白卡纸的主要生产企业拥有约 1792 万吨产能（其中白卡纸产能约为 1170 万吨），超过了全国白纸板 1410 万吨的总生产量。加上 2020—2021 年增加设计产能 395 万吨，和受政策影响 2020 年白卡纸和白纸板将关停约 300 万吨产能，年产 20 万吨以上涂布白纸板和白卡纸的企业将拥有 1887 万吨的产能。未来还有计划投资白卡纸的产能约 300 万吨。

从表 4 中可见我国涂布白纸板和白卡纸前 4 家生产企业的产能为 988 万吨，占总产能的 55.32%；前 8 家生产企业的产能为 1359 万吨，占总产能的 76.09%。我国涂布白纸板和白卡纸是集中度较高的纸种，特别是其中的白卡纸前 4 家生产企业的产能占白卡纸总产能近 80%，成为集中度最高的纸种。

2. 箱纸板和瓦楞原纸

箱纸板和瓦楞原纸主要生产企业的产能和项目建设情况见表 5。

表 5 中年产 20 万吨以上的箱纸板和瓦楞原纸主要生产企业拥有 5392 万吨产能，比 2018 年 4521 万吨产能增加了 871 万吨，同比增长 19.27%，超过了全国箱纸板和瓦楞原纸合计 4410 万吨的总生产量。在 5392 万吨产能外还有约 120 万吨的产能在 2019 年转产文化用纸，如果未来市场发生变化还可生产箱纸板和瓦楞原纸。加上 2020—2021 年增加设计产能的 1240 万吨，年产 20 万吨以上箱纸板和瓦楞原纸的主要生产企业将拥有 6632 万吨的产能。在新增加的 1240 万吨产能中约 320 万吨产能已于

2020年上半年投产或即将投产，2020年全年确定将增加至少600万吨的产能。

中国企业在海外的投资中(见表6)，已投产箱纸板和瓦楞原纸205万吨，计划建设产能730万吨，合计产能约935万吨，在海外的产能大部分产品也是回到国内销售。所以，包装纸板主要生产企业的产能已超过了全国包装纸板总生产量，市场将呈现供过于求的状态。包装纸板的龙头企业产能不断集中，新建工程规模较大，会加速中小落后产能的淘汰。

表5　主要生产箱纸板和瓦楞原纸的企业和项目建设情况　单位：万吨/年

序号	生产企业	实际产能	2020—2021年增加设计产能
1	玖龙纸业(控股)有限公司	1250	110(预计2020-06投产)
2	理文造纸有限公司	535	-
3	安徽山鹰纸业股份有限公司	497	190(90万吨预计2020-06和100万吨预计2020-12投产)
4	荣成纸业股份有限公司	295	60
5	浙江景兴纸业股份有限公司	136	30
6	金凤凰纸业(孝感)有限公司	160	-
7	山东昌乐世纪阳光纸业有限公司	135	80(2020-03已投产)
8	山东太阳宏河纸业有限公司	120	部分产能转产文化用纸
9	联盛纸业(龙海)有限公司	100	100
10	广州万利达纸业有限公司	100	-
11	永丰余造纸有限公司	95	-
12	山东博汇纸业股份有限公司	90	部分产能转产文化用纸
13	山东邹平天地缘纸业有限公司	75	-
14	东莞市金田纸业有限公司	60	-
15	东莞金洲纸业有限公司	80	-
16	东莞建晖纸业有限公司	40	-
17	白山市琦祥纸业有限公司	60	50
18	河北冀腾纸业公司	50	-
19	山东华泰纸业股份有限公司	75	-
20	江苏长丰造纸有限公司	30	-
21	福建省青山纸业股份有限公司	30	-
22	山东晨鸣纸业集团股份有限公司	35	-
23	河南省龙源纸业股份有限公司	65	-
24	正业国际控股有限公司(中山联合鸿兴造纸有限公司+中山永发纸业有限公司)	80	-
25	山东德州泰鼎新材料科技有限公司	38	-
26	湖北盛大纸业有限公司	40	-
27	浙江杭州富亨纸业有限公司	20	-
28	黑龙江龙兴纸业有限公司	50	-
29	富力包装公司有限公司	-	20
30	云南东晟纸业有限责任公司	20	-
31	上饶市芦林纸业有限公司	-	30(预计2020-12投产)
32	江苏上善纸业有限公司	20	-
33	新疆东盛祥纸业有限责任公司	20	-
34	江苏誉凯实业有限公司	30	-

续表

序号	生产企业	实际产能	2020—2021 年增加设计产能
35	湖北祥兴纸业科技有限公司	100	–
36	浙江和泓环保纸业有限公司	20	–
37	浙江杭州丰收纸业有限公司	20	–
38	甘肃鸿安纸业有限公司	30	–
39	内蒙古天浩纸业有限公司	35	–
40	山东永泰纸业有限公司	–	20
41	安徽泽生包装材料有限公司	–	50
42	河北省唐山市玉田县顺发实业有限公司	45	–
43	湖北金装科技再生资源有限公司	30	–
44	佳木斯市龙德纸业有限公司	45	–
45	湖北鑫物再生纸业有限公司	–	20
46	山东仁丰特种材料股份有限公司	–	30
47	贵州鹏昇（集团）纸业集团有限公司	–	60
48	辽宁兴东纸业有限公司	40	–
49	福建德兴纸业有限公司	–	20
50	山东丰源集团股份有限公司	25	–
51	远通纸业（山东）有限公司	40	30
52	兰州红安纸业有限公司	15	20
53	东莞骏业纸业有限公司	50	–
54	辽宁荣耀纸业科技有限公司	–	50
55	河北永新纸业有限公司	50	–
56	安徽萧县林平纸业有限公司	95	–
57	浙江台州森林造纸有限公司	40	–
58	浙江金龙纸业有限公司（子公司金励纸业）	30	–
59	江苏利民再生资源有限公司	50	30
60	江西柯美纸业有限公司	30	20
61	徐州市中兴纸业有限公司	26	20（2020-04 已投产）
62	山东美洁纸业有限公司	20	20
63	潮州市合丰特造纸有限公司	–	20（2020-04 已投产）
64	浙江华川集团有限公司（义南纸业）	65	–
65	贵州盛世荣创再生科技有限公司	–	25
66	山东临沂华星纸业有限公司	–	20
67	盐城市风程纸业有限公司	–	20
68	山西外贸平温包装印刷集团有限公司	30	–
69	云南宜良红星兄弟纸业有限公司	–	20
70	西安惠宁纸业有限公司	–	30
71	四川新津晨龙纸业有限公司	–	30
72	鞍山永安包装工业有限公司	30	15
	合计	5392	1240

三、包装纸板的市场行情

1. 包装纸板的价格趋势

根据公开数据整理，2019 年包装纸板的均价走势见图 2 ~ 图 5。从图中可见 2019 年包装纸板价格大幅降低，涂布白纸板均价 4314 元/吨，同比下降 6.68%；涂布白卡纸均价 5609 元/吨，同比下降 6.13%；箱纸板均价 4182 元/吨，同比下降 16.33%；瓦楞原纸均价 3329 元/吨，同比下降 22.69%。

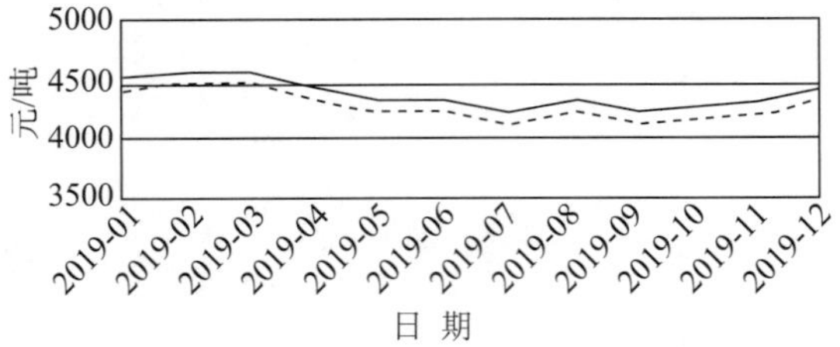

图2 2019年涂布白纸板主要生产商的产品销售价格走势

— 玖龙海龙250克/米²卷筒 - - · 玖龙地龙250克/米²卷筒

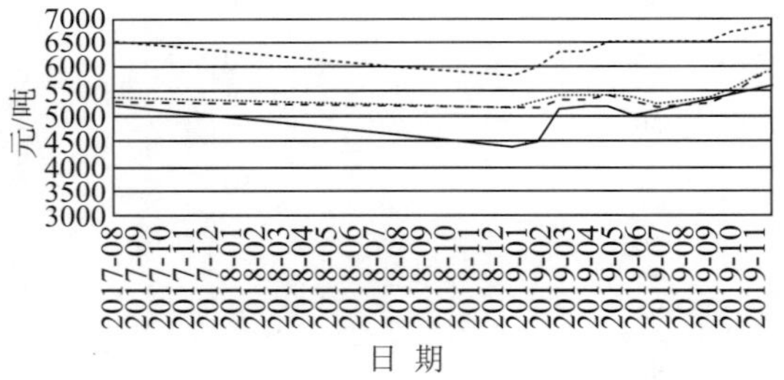

图3 2019年涂布白卡纸主要生产商的产品销售价格走势

— 博汇纸业山东250克/米²卷筒

…… 太阳纸业山东250克/米²卷筒

- - - 宁波中华浙江250克/米²卷筒

…… 广西金桂广西250克/米²卷筒

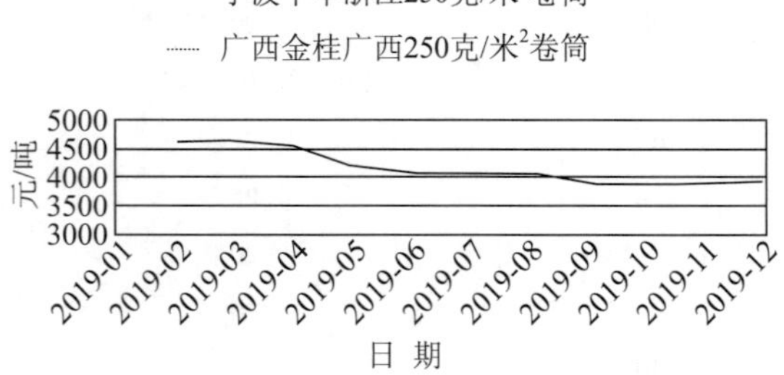

图4 2019年箱纸板均价走势

2. 包装纸板的市场行情

据国家统计局统计的 2524 家造纸企业显示，2019 年造纸行业主营业务收入 7650 亿元，工业增加值增长 4.8%；但利润总额 359 亿元，同比下降 21.06%；亏损 560 家，占 22.19%。

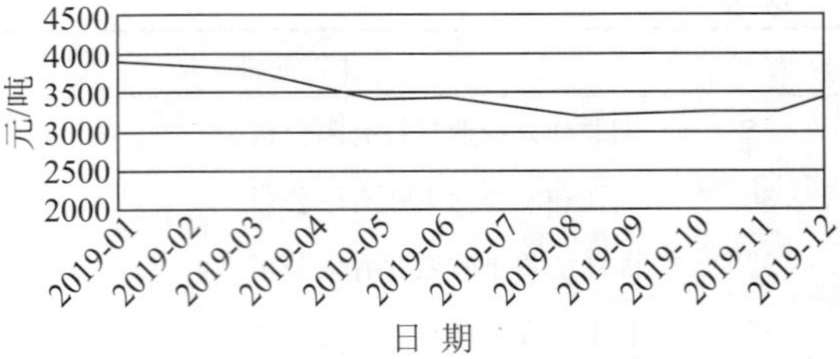

图5 2019年瓦楞原纸均价走势

2019 年我国白纸板（主要为涂布白纸板和涂布白卡纸）生产量约 1410 万吨，同比增长 5.62%；箱纸板生产量约 2190 万吨，同比增长 2.1%；瓦楞原纸生产量约 2220 万吨，同比增长 5.46%；包装纸板行业扭转了 2018 年生产量出现负增长的局面。但产品价格下降，主要原料价格上涨，使包装纸板行业毛利率及盈利水平降幅较大。

（1）涂布白纸板、白卡纸

曾经的“中国白纸板之乡”，浙江省富阳地区，先后经过了至少 6 轮造纸行业整治。2019 年关停拆除造纸企业 70 余家，淘汰产能约 492.50 万吨。剩下的不到 29 家造纸企业，涉及产能约 214.94 万吨。

由于废纸原料进口受限，加上环保因素，各地关停了大量中小涂布白纸板企业，使 2019 年涂布白纸板生产量大幅下滑，白卡纸替代了部分涂布白纸板的市场。同时新建工程以大型白卡纸项目为主，新建白卡纸产能年均增速约为 5% ~ 7%。因此，白纸板市场由原来的以涂布白纸板为主、涂布白卡纸为辅的组成结构，转变为以涂布白卡纸为主、涂布白纸板为辅的格局。

2019 年 12 月 30 日，山东博汇纸业股份有限公司与金光纸业（中国）投资有限公司签署《股权转让意向书》，拟协议转让其所持山东博汇集团有限公司 100% 的股权。若本次股权转让实施完成，将使白纸板市场集中度更高，对市场的议价能力更强。

可见，随着中小涂布白纸板产能的淘汰，国家禁塑令的影响，集中度的进一步提升，白纸板市场已形成涂布白卡纸为主、涂布白纸板为辅的格局。产能呈现大型化、装备现代化、控制智能化，产品质量提升，环保控制有力的良好市场环境。同时市场竞争更加激烈，产能过剩需要时间逐步消化。

（2）箱纸板和瓦楞原纸

据国家邮政局公布数据显示，2019 年全国快递服务企业业务量累计完成 635.2 亿件，同比增长 25.3%；业务收入累计完成 7497.8 亿元，同比增长 24.2%。我国快递包装以瓦楞纸箱和塑料袋为主，2018 年，我国共消耗纸质类快递包装材料 856.05

万吨，占快递包装材料的90.95%，塑料类包装材料85.18万吨，占快递包装材料的9.05%。受国家禁塑令的影响，快递塑料包装被禁止将增加箱纸板和瓦楞原纸的需求。

2019年我国箱纸板和瓦楞原纸进口量分别达到220万吨和156万吨，比2018年进口量207万吨和111万吨，同比增长6.28%和40.54%，近10年我国箱纸板和瓦楞原纸进口量见图6。从2017年开始，由于原料供给受限和环保趋严等因素影响，箱纸板和瓦楞原纸进口量大幅增长。

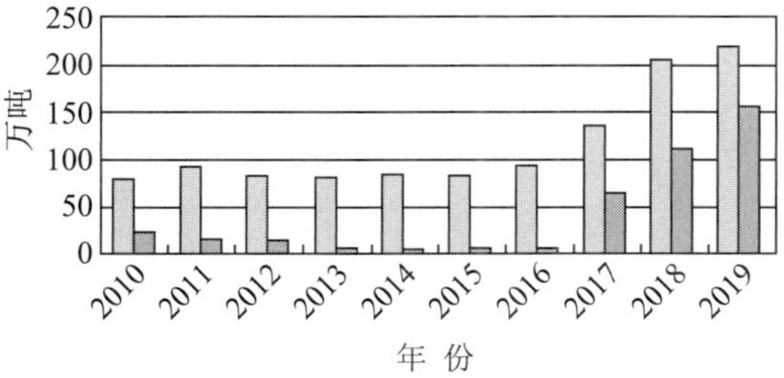

图6　近10年我国箱纸板瓦楞原纸进口量

▫箱纸板　▫瓦楞原纸

2019年我国箱纸板和瓦楞原纸新建项目投产时间都有所延后，也有项目取消，部分项目投产时间延至2020年上半年，2020年全年确定将投产至少600万吨的产能。值得关注的还有2019年由于市场原因，部分瓦楞原纸生产线转产文化用纸，随着市场的变化也可以转回生产瓦楞原纸。

可见，随着快递包装的快速增长、国家禁塑令的影响、原料受限、海外箱纸板和瓦楞原纸工程的逐步建成投产，我国箱纸板和瓦楞原纸市场将会加速落后产能的淘汰，市场供需基本平稳。

四、包装纸板行业发展趋势及对策

1. 原料仍是制约包装纸板行业发展的首要问题

2019年，生态环境部固体废物与化学品管理技术中心共发布15批废纸进口许可证，获批造纸企业共79家，共核定废纸进口量约1075万吨，同比下降40.78%。同时根据海关总署数据统计，2019年实际进口废纸总量1036万吨，同比下降39.15%。预计2020年废纸进口审批额度将大幅缩减，从2020年前6批次来看，合计450.97万吨，同比下降43.51%。随着2020年固体废物零进口的逐步实施，原料成为制约包装纸板行业发展的首要问题，供求矛盾将在2020年突出显现。

对外废原材料的替代主要来自两个方面，分别是提高国废回收利用量和进口再生浆。在提高国废回收利用量方面，主要包装纸板企业通过建立自己的废纸回收体系掌握原料主动权，同时国家有关垃圾分类工作逐步常态化也有助于国内废纸回收体系的正规化建设，国内废纸回收利用量将逐步提升。

从进口再生浆方面，我国包装纸板主导企业加快了海外布局，根据公开报道显示，以玖龙纸业(控股)有限公司、理文造纸有限公司、山东太阳纸业股份有限公司、安徽山鹰纸业股份有限公司等为主的包装纸板企业先后宣布在马来西亚、越南、美国、老挝、印度尼西亚、缅甸、印度、柬埔寨等地建设再生浆生产基地，如表6所示。已建成投产和协议采购再生浆产能约353.2万吨，计划建设再生浆产能约236万吨，合计再生浆产能约589.2万吨。还有部分企业目前还没有确定规模的再生浆产能的投资计划。

表6　主要包装纸板生产企业海外投资的包装纸板和再生浆项目建设情况　单位：万吨/年

序号	生产企业	投资国家和地区	箱纸板和瓦楞原纸		再生浆		涂布白纸板		备注
			已投产	计划	已投产	计划	已投产	计划	
1	理文造纸有限公司	马来西亚	70	120	95				
		越南	55	55					
		缅甸			34				
					34				在缅甸采购再生浆
2	玖龙纸业（控股）有限公司	马来西亚		55	48				
		越南	50	120					
		美国			21.8	56			
		印度							造纸基地
3	浙江新胜大控股集团有限公司	马来西亚						210	一期70

续表

序号	生产企业	投资国家和地区	箱纸板和瓦楞原纸		再生浆		涂布白纸板		备注
			已投产	计划	已投产	计划	已投产	计划	
4	山东太阳纸业股份有限公司	老挝		80	40				
5	浙江景兴纸业股份有限公司	马来西亚		60		80			80 万吨再生浆预计 2021-12 投产
6	安徽山鹰纸业股份有限公司				38.4				协议采购
		马来西亚		200					或再生浆
		东南亚			30	100			合作再生浆，其中 40 万吨 2020-07 投产，60 万吨 2020-12 投产。
		美国			12				2020-07 投产
7	浙江春胜控股集团有限公司	柬埔寨						20	
8	东莞金田	泰国							灰纸板
9	浙江和泓环保纸业有限公司	印度							再生浆板基地
10	东莞建晖纸业有限公司	马来西亚							再生浆
11	台湾正隆股份有限公司	越南	30	40					
12	台湾永丰余投资控股股份有限公司	泰国 印度尼西亚							
	合计		205	730	353.2	236	0	230	

在海外建设再生浆新建工程受当地工程投资环境的影响，需要时间来实现。也有通过采用收购、合作、租赁当地设备生产再生浆的方式，尽快形成产能，来有效补充国内废纸原料的短缺。

随着我国废纸进口量的减少，我国包装纸板企业加大了再生浆的进口量。据海关总署统计数据显示，2019 年我国再生浆进口量 92 万吨，比 2018 年的 30.3 万吨，同比增长了 204.00%。

然而，尽管我国造纸行业在提高国废回收利用量和进口废纸浆等方面都做了很多努力，但短期内数量上还是不能完全补充外废原料的缺口。在未来几年的时间里，原料短缺仍将是制约包装纸板行业发展的首要问题。

2. 绿色环保仍将是行业发展的主旋律

2019 年 9 月中央深化改革委员会第十次会议审议通过的《关于进一步加强塑料污染治理的意见》对有力有序有效治理塑料污染作了部署。第一，关于过度包装治理。第二，关于塑料污染治理。国家明确依法禁止、限制生产、销售和使用不可降解塑料袋等一次性塑料制品。推广应用可循环、易回收、可降解的替代产品。

2015 年 5 月 8 日，国务院印发《中国制造 2025》，实施制造业强国战略，全面推行绿色制造。“绿色工厂”是国家针对符合绿色发展倡导的企业给出的认定，目的是加快构建绿色制造体系，发挥典型的示范带动作用，从而实现产业全面升级和优化。

绿色发展是行业发展的大趋势，绿色制造是我国生态文明建设的重要内容，推进生态文明建设，要求构建科技含量高、资源消耗低、环境污染少的绿色制造体系，加快推动生产方式绿色化，有效降低发展的资源环境代价。

包装纸板行业在对废水、废气、废渣进行综合治理满足环境容量的同时，进行回收利用，形成生产系统的内部循环，充分减少废弃物的产生，向清洁化、减量化方向发展。在达到严格的污染排放标准和能源消耗标准的基础上，实现产品对能源资源消耗最低化、生态环境影响最小化、可再生率最大化。

3. 包装纸板的市场需求基本保持稳定

根据科尔尼公司预测数据，2020 年中国包装行业市场规模将突破 1900 亿美元。其中纸质包装为 721 亿美元，从 2019 年的 685 亿美元到 2023 年的 837 亿美元，年平均增速为 5.2%。见图 7。

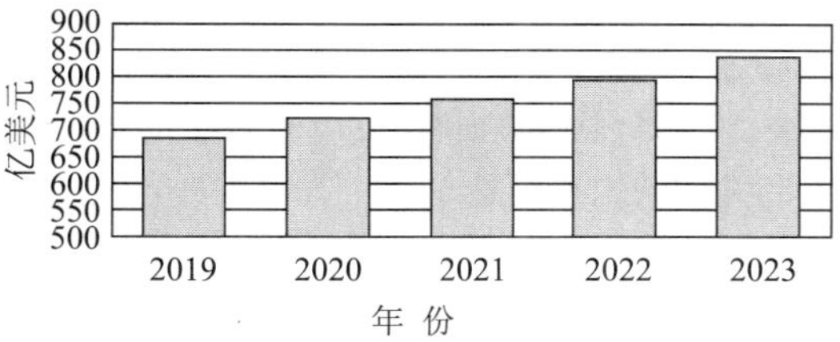

图7　2019—2023年预测中国纸质包装行业市场规模

据调查数据预测，未来国内包装工业市场仍可保持 5% ~6% 年均增速。各个子行业产值对包装工业的贡献率基本保持相对稳定，其中贡献率最大的子行业即为纸质包装业，约占包装行业总产值 40% ~45%。预计我国纸包装行业在未来 2 ~3 年内将继续保持高于包装行业整体的 8% ~10% 增速。

随着电商和快递业的发展，中国纸包装业务收入在 3 种主流包装形式(纸包装、塑料包装、金属包装)中一枝独秀，呈现出增长的态势。在电商快递业飞速发展的环境下，包装行业飞速发展，而占据包装行业半壁江山的纸质包装，也充满着发展的机遇。

随着我国环保意识的提高和国家禁塑令的影响，人们对塑料的需求大幅减少，转而对纸质产品需求大幅增长。纸制品具备环保、轻量化且成本较低的优势，将可替代日用塑料制品。如快递塑料包装被禁止将增加箱纸板和瓦楞原纸包装的需求；外卖行业快速成长，将增加食品卡纸、口杯纸、液体包装用纸等食品用纸的需求等。

可见在市场需求方面，随着行业结构调整的深入，国家环保政策的持续推进，包装纸板会基本保持稳定。

4. 全产业链发展

2019 年我国造纸行业主营业务收入增速 4.8%，但行业利润同比下降 21.06%。包装纸板行业在生产量增长的同时产品价格大幅下降，使企业毛利率及盈利水平大幅下降。面对市场变化，包装纸板企业积极寻求产业链上下游优质资源的布局与整合，提升公司的竞争优势和行业地位。

向上游延伸解决原料问题，通过在国外建立废纸浆厂、在国内各区域布局建立回收基地、回收中转站等以保证原料供应。

向下游延伸开展包装印刷业务，目前我国纸质包装市场总规模约 3000 亿元，但集中度极低，竞争力普遍较弱。通过整合提高运营水平，降本提效，推动包装市场的进步和发展。

包装纸板行业通过产业链上下游整合，形成“原料收集、制浆造纸、包装印刷”于一体的完整产业链，提升整体化、创新化、网络化水平，使产品更好满足终端客户的需求。在强化全产业链一体化的运营中也能增强企业的盈利空间，提升行业的竞争优势。

5. 个性化市场需求，要求产品不断创新

包装纸板面向的是商业包装和工业包装，商业包装又称消费者包装、内包装或销售包装，是面向最终消费者的产品包装；工业包装又称运输包装或外包装，是面向企业客户或中间消费者的产品包装。

在差异化市场需求下，面对最终消费者的个性化市场需求，对产品创新提出了更高的要求，如黑卡纸、镀陶纸、全彩强韧牛卡纸等。面对人们环保意识的提高，可自然降解、可循环、可持续的纸质产品得到消费者的认可，如无塑涂布食品包装用纸、食品级无涂布牛卡纸、纸瓶包装、高松厚度面碗、淋膜原纸等。

在市场需求的导向下，只有持续加大技术和产品研发创新力度，积极开发高档、高附加值的新产品，走差异化发展道路，才能不断焕发新的生机。

6. 加大智能制造已成为行业的共识

在中国制造业向自动化、智能化、数字化的转型大环境下，包装纸板行业认知到工业 4.0 的真正意义，勇于创新求变，不断在技术创新、生产管理、远程服务、安全管理、产品销售等方面进行了更多的探索。

在生产过程中广泛采用集散控制、在线监测检验装置、智能化控制系统、质量检测控制系统等智能控制方式，使生产系统达到满足产品质量和稳定生产效率的目的。

在产品生产后采用自动包装及运输系统、智能化仓储及发货管理等先进的技术。使产品包装适于运输贮存、仓储合理、节约场地、实现每件产品都可追踪，同时实现过程的无人或少人化管理。

在企业管理中从订单开始制定生产计划、调整生产过程、产品质量管理到产品跟踪，达到生产管理全过程的智能制造，实现效率更高、成本更低。

在先进技术的采用及重大问题解决中采用先进的监控与预测技术、高级过程控制系统、动态过程模拟以及大数据运行中心提供的远程服务融为一体，通过网络远程专家可以对现场开机和优化工作提供更深入的后台技术分析和技术支持，达到快速解决生产过程中的疑难问题的目的。

在设备或系统维护方面采用预防性维护行动(定期大修)和预测性维护，确保预防性维护量在最佳的范围之间，提高设备或系统在规定的性能标准中运行的可靠性，且能保持不发生功能失效或故障。并在维护设备或系统的过程中，通过诊断工具，预估设备剩余可用的周期，和生产、安全、工艺等方面及时协调，做好停机期间的计划管理和执行。使维护总成本最低、设备运行状态最佳，实现最大化的提高设备在全生命周期中的使用寿命。

为了提高自身竞争力，通过进行内部数字化建设，加大对自动化、智能化、数字化方面的投入，以实现业务网络化、生产数字化、运营平台化，使提高效率、降低成本和快速反应的精细化管理理念成为行业的共识和发展方向。

（樊　燕）

2019 年我国特种纸产业发展现状

Development Status and Analysis of Specialty Paper Industry in China in 2019

一、我国特种纸产业发展概况

(一)特种纸产业产销形势

2019 年我国特种纸及纸板总生产量为 709 万吨，同比增长 2.01%，增长放缓。特种纸及纸板生产量占全国纸及纸板总生产量的 6.59%。2007—2019 年我国特种纸及纸板生产量占全国纸及纸板总生产量的比例见图 1。

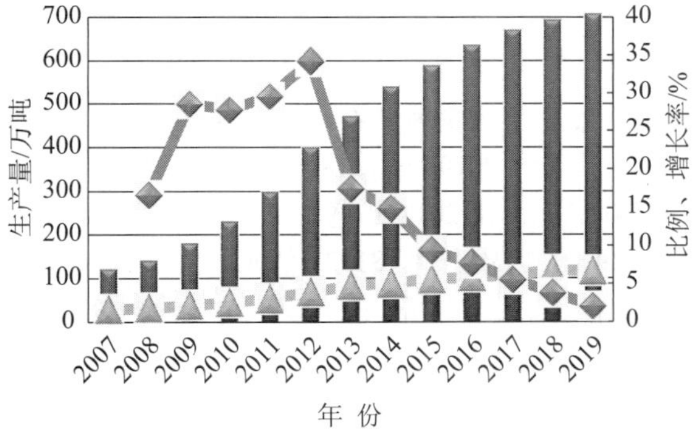

图1　2007—2019年我国特种纸及纸板生产量及占全国纸及纸板总生产量的比例

全国特种纸和纸板的生产量（万吨）
特种纸和纸板占纸及纸板总生产量的比（%）
特种纸及纸板年均增长率（%）

2019 年我国特种纸企业的总体开工率为 83.45%，产销率为 98.44%。开工率有所下降，产销率略有增长。2013—2019 年我国部分特种纸企业的开工率和产销率见图 2。

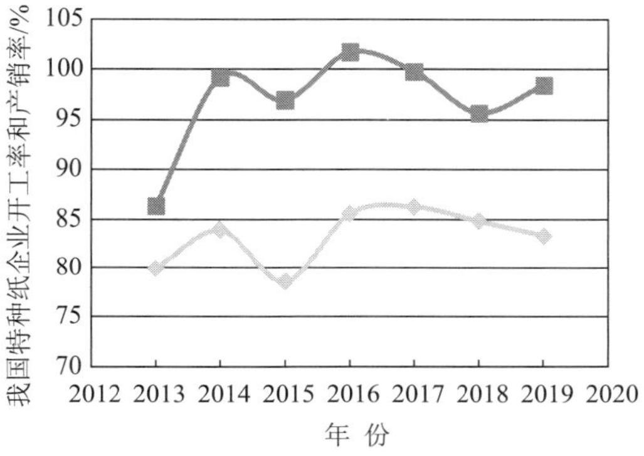

图2　2013—2019年我国部分特种纸企业的开工率和产销率

开工率/%　产销率/%

(二)特种纸产业进出口情况

1. 我国特种纸进出口情况

2019 年我国特种纸进口量 32.16 万吨，同比下降 9.28%，出口量 120.46 万吨，同比增长 14.22%。2009—2019 年我国特种纸进出口情况见图 3。

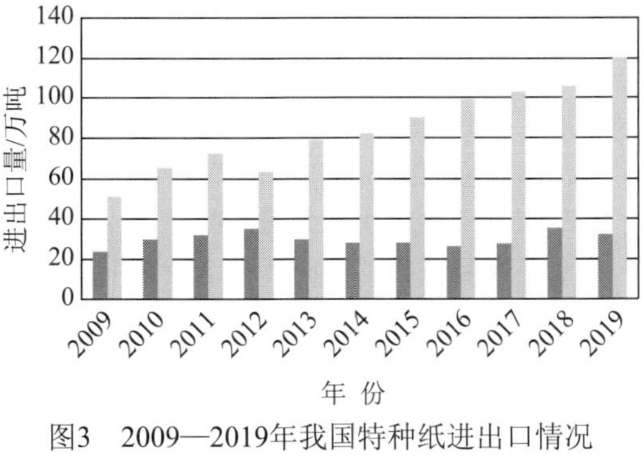

图3　2009—2019年我国特种纸进出口情况

进口量　出口量

2019 年我国特种纸进口总额 7.54 亿美元，同比下降 6.69%，进口单价 2349 美元/吨，同比增长 2.85%。2019 年我国特种纸出口总额 30.75 亿美元，同比增长 19.32%，出口单价 2553 美元/吨，同比增长 4.49%。2009—2019 年我国特种纸进出口总额见图 4，2009—2019 年我国特种纸进出口价格见图 5。

2. 主要纸种近几年进出口量及进出口价格

2019 年，植物羊皮纸的进出口量略有上涨，价格保持平稳；壁纸原纸进口量持续下降，出口量持

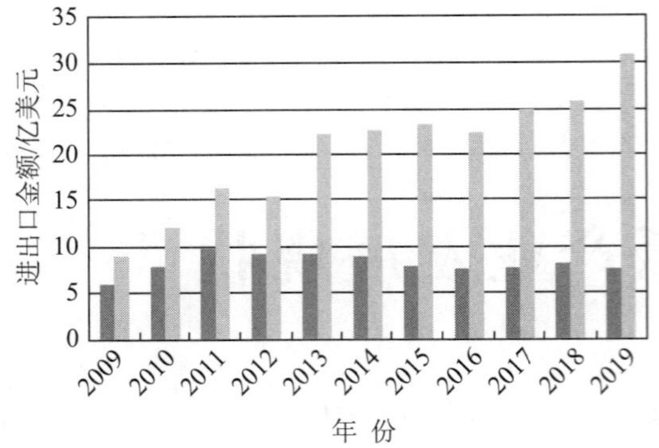

图4 2009—2019年我国特种纸进出口总额

■进口总额 ■出口总额

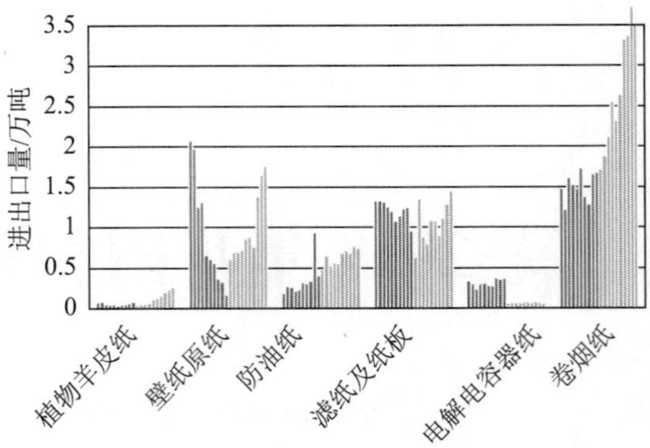

图6 2010—2019年我国主要特种纸进出口量

进口量 出口量

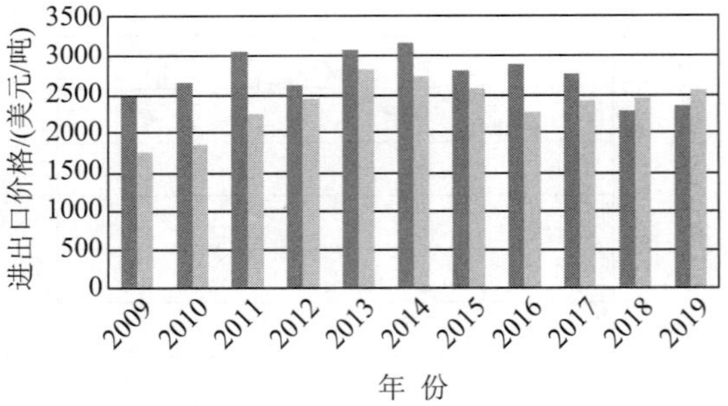

图5 2009—2019年我国特种纸进出口价格

■进口价格 ■出口价格

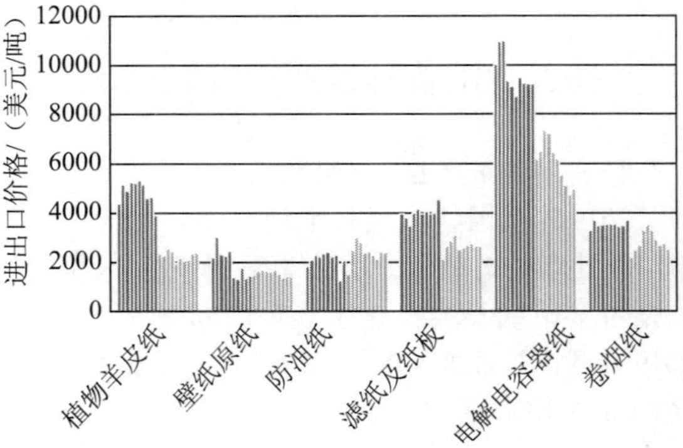

图7 2010—2019年我国主要特种纸进出口价格

进口价格 出口价格

续上升，进出口价格相差不大；防油纸进口量回归平稳，出口量略有下降；滤纸及纸板进口量大幅下降，出口量略有增长；电解电容器纸进口量仍远高于出口量，进口价格平稳，出口价格下降，进口价格远高于出口价格；卷烟纸进口量和进出口价格均保持平稳。2010—2019 年我国主要特种纸进出口量、进出口价格见图 6 和图 7。

（三）特种纸企业上市公司概况

由于 4 家新三板上市的特种纸企业于 2019 年停牌，截至目前我国共有特种纸上市公司 18 家，如表 1 所示。2019 年这 18 家企业的资产总额为 285.00 亿元，比 2018 年增加 24.23 亿元，同比上涨 9.29%；净资产达 181.23 亿元，比 2018 年净增 10.94 亿元，同比增长 6.43%；主营业务收入 188.32 亿元，比 2018 年增加 7.43 亿元，同比增长 4.11%；实现净利润 12.29 亿元，比 2018 年净增加 3.74 亿元，同比增长 43.77%。

表 1　　2019 年我国特种纸产业上市公司

企业名称	主营业务	2018 年净利润/元	2019 年净利润/元
主板			
齐峰新材料股份有限公司	装饰原纸	58353535.53	132712247.97
民丰特种纸股份有限公司	烟草系列用纸、格拉辛系列用纸、涂布类用纸、热升华数码转印纸以及透明纸等	10024021.02	12797365.91
浙江凯恩特种材料股份有限公司	工业配套用纸、特种食品包装用纸、过滤纸等	24807907.93	46392584.94
广东冠豪高新技术股份有限公司	无碳纸、热敏纸、不干胶标签材料	109215647.43	170325142.70
牡丹江恒丰纸业股份有限公司	卷烟配套用纸、铝箔衬纸、薄型印刷纸	66794562.41	89422515.50
2015 年新增			
重庆再升科技股份有限公司	玻璃纤维棉，玻璃纤维滤纸，PTFE 滤材，熔喷有机纤维滤材，无机真空绝热板芯材，新能源电池隔膜	158956535.10	170937571.47

续表

企业名称	主营业务	2018 年净利润/元	2019 年净利润/元
2016 年新增			
东莞金太阳研磨股份有限公司	砂纸	53603510.34	60936979.84
2018 年新增			
仙鹤股份有限公司	烟草行业用纸、家居装饰用纸、商务交流及防伪用纸、食品与医疗包装用纸、标签离型用纸、电气及工业用纸、热转印用纸、低定量出版印刷用纸、特种浆	292406837.49	418863999.44
新三板			
2015 年新增			
万邦特种材料股份有限公司	卷烟用纸、电池用纸、食品包装用纸三大系列	3847449.06	3699135.09
华邦特西诺采新材料股份有限公司	装饰原纸	-31327564.27	-27298122.38
浙江恒达新材料股份有限公司	医疗包装原纸系列、食品包装原纸系列、卷烟配套原纸系列、工业特种纸原纸系列	27846905.85	32410073.32
浙江凯丰新材料股份有限公司	烟用接装原纸、不锈钢垫纸、离型原纸、医用包装纸、热敏原纸、美纹原纸	31956113.94	47431218.78
浙江金昌特种纸股份有限公司	转移印花系列、装饰材料系列、绿色包装系列	2702390.70	18499226.48
浙江特美新材料股份有限公司	水松纸及其他纸制品	12349714.56	16640971.10
烟台民士达特种纸业股份有限公司	芳纶纸及其衍生产品	16357060.69	20808666.84
2016 年新增			
江苏福泰涂布科技股份有限公司	离型纸	4367445.59	6938442.69
杭州富士达特种材料股份有限公司	低温绝热纸	3368746.98	停牌
福建东南艺术纸品股份有限公司	彩色餐巾纸、彩色食品纸容器、薄页纸、其他纸制品	3270899.18	停牌
丽水兴昌新材料科技股份有限公司	热封型茶叶滤纸、非热封型茶叶滤纸、热封型咖啡滤纸、蓄电池涂板纸、干燥剂包装纸、口罩纸、灯笼纸、双面胶带原纸、工艺礼品纸	-4993398.55	停牌
广东通力定造股份有限公司	特种彩色包装用纸	48119179.17	停牌
2017 年新增			
深圳市万极科技股份有限公司	水转印纸、皮革离型浆	9111204.05	5534801.03
2018 年新增			
天津广大纸业股份有限公司	医用记录纸（心电图纸、脑电图纸、胎儿监护仪纸及其他医用记录纸）、商业票据记录纸、仪表记录纸、特种记录纸、不干胶标签	3858396.88	2492426.96

2019 年齐峰新材料股份有限公司、民丰特种纸股份有限公司、浙江凯恩特种材料股份有限公司、广东冠豪高新技术股份有限公司和牡丹江恒丰纸业股份有限公司这 5 家主板上市的特种纸企业，资产总额为 152.33 亿元，比 2018 年净增 1.27 亿元，同比增长 0.84%；净资产达 109.06 亿元，比 2018 年净增 2.70 亿元，同比增长 2.54%；主营业务收入 101.52 亿元，比 2018 年减少 3.34 亿元，同比下降 3.19%；实现净利润 4.52 亿元，比 2018 年净增 1.83 亿元，同比增长 68.03%。5 家主板上市公司

近 10 年利润变化情况见图 8。

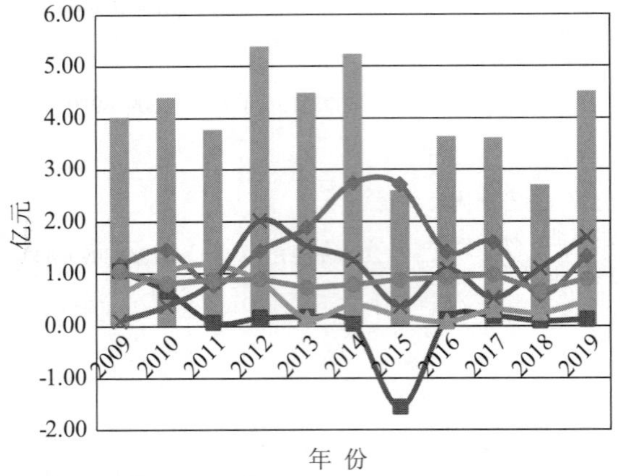

图8　5家主板上市公司近10年利润变化情况

利润总额　齐峰新材　民丰特纸
凯恩股份　冠豪高新　恒丰纸业

2019 年这 5 家企业的总资产保持平稳，主营业务收入略有下降，但 5 个企业均实现了盈利，净利润同比增长了 68%。5 家主板上市公司近几年利润、主营业务收入和总资产变化情况见图 9。

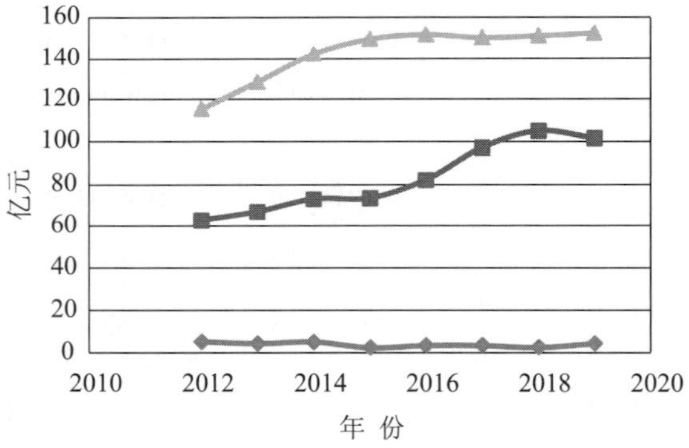

图9　5家主板上市公司近几年利润、主营业务收入和总资产变化情况

净利润　主营业务收入　总资产

2019 年年底在深沪两市含有制浆造纸和纸制品业务的上市公司为 27 家，实现净利润 84.22 亿元，比 2018 年减少 19.32 亿元，减少 18.66%，其中特种纸企业利润占 5.36%。5 家主板上市公司的利润与沪深两市所有造纸上市公司的利润对比见图 10。

我国主要特种纸上市公司近几年的主营业务收入整体保持上涨趋势，但净利润差异较大，整体净利润有下降趋势，如图 11、图 12 所示。

（四）特种纸产业投资情况

2019 年我国特种产业先后释放了超过 50 万吨产能，涉及食品包装用纸、装饰纸、热升华转印纸、壁纸原纸等多个纸种。2019 年新建未投产的项

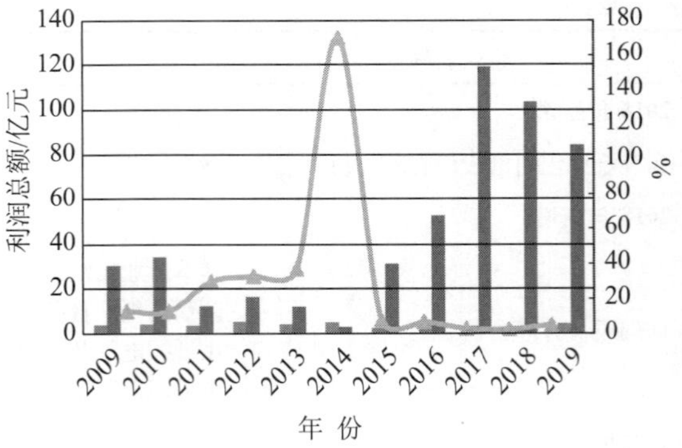

图10　特种纸上市公司的利润与沪深两市所有造纸上市公司的利润对比

特种纸企业　造纸企业　特种纸企业利润占比

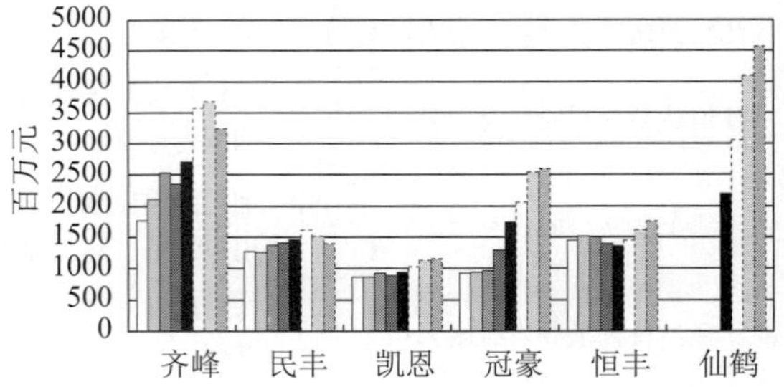

图11　我国主要特种纸上市公司主营业务收入变化情况

2012　2013　2014　2015
2016　2017　2018　2019

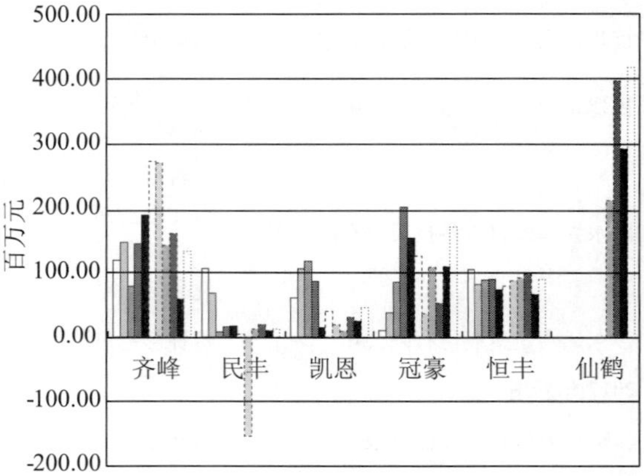

图12　我国主要特种纸上市公司净利润情况

2009　2010　2011　2012　2013　2014
2015　2016　2017　2018　2019

目预计 50 万吨，投资纸种有食品包装用纸、格拉辛纸、热升华转印纸、育果袋纸等。

2019 年部分我国特种纸产业的投资情况如下。

1. 国一制纸（张家港）有限公司举行了年产 10 万吨（三期）特种纸生产项目　该项目总投资为 4700 万美元，年产 10 万吨特种纸项目，项目于

2019 年 8 月份开工，计划于 2020 年 12 月投入生产。

2. 牡丹江恒丰纸业股份有限公司拟新建年产 2 万吨食品包装用纸项目　该项目投资总额约为 2.05 亿元，预计建设期为 1.5 年。

3. 牡丹江恒丰纸业股份有限公司年产 5 万吨食品包装用纸项目　该项目总投资约为 2.77 亿元。达产后，预计年均增加销售收入 3.2 亿元，年均实现利润 3200 万元。项目于 2019 年 4 月开工，12 月 19 日，举办投产剪彩仪式。其中，幅宽 4800 毫米纸机、幅宽 3800 毫米纸机生产线各 1 条。

4. 河南广源纸业有限公司年产 10 万吨特种纸项目　2019 年 11 月 8 日，河南广源纸业有限公司年产 10 万吨高档特种纸项目一期工程 NEW PM1 顺利开机投入运行，成纸质量达到预期效果。该机台设计车速 650 米/分，每年可生产 5 万吨高档特种纸。

5. 江西五星纸业有限公司项目　该项目是江西省九江市湖口县重点工业项目，总投资 50 亿元，7 号纸可实现年产 20 万吨液体包装用特种纸。8 号机 2019 年年底开机，9 号机预计 2020 年投产。该项目主要生产液体包装用纸、装饰原纸和热转移纸等多种特种纸。其中一期投资 28 亿元，主要建设 1 条年产 20 万吨液体包装用纸生产线，1 条年产 15 万吨装饰原纸生产线，1 条年产 15 万吨格拉辛纸生产线；二期投资 22 亿元，主要建设 1 条年产 60 万吨废纸脱墨再生浆生产线，4 条年产 15 万吨再生纸生产线。

6. 山东恒联投资集团有限公司年产 10 万吨特种纸项目　该项目计划：一期(2020-02 至 2021-02)新建幅宽 3950 毫米、车速 500 米/分抄纸车间 1 个，产品为热升华转印原纸等，年产 5 万吨；二期(2021-02 至 2022-02)新建幅宽 2640 毫米、车速 220 米/分抄纸车间 1 个(2 台纸机)，产品为果袋纸等，年产 2 万吨；新建幅宽 2400 毫米、车速 400 米/分抄纸车间 1 个，产品为黄色防粘原纸等，年产 3 万吨。8 月，项目正式动工，新项目建设将进一步提升恒联费县工业园整体规模和效益。年产 5000 吨生物质纤维素肠衣项目：新建纤维素肠衣纸生产线 2 条，已基本完成，2020 年将继续扩建纤维素肠衣纸生产线 2 条。

7. 仙鹤股份有限公司　2019 年，公司多条生产线投产，新增产能 10 万吨。目前，仙鹤共 44 条生产线。2020 年预计新增 5 条生产线，新增产能十几万吨。2019 年 5 月仙鹤股份有限公司收购艾科赛仑有限公司。

8. 烟台泰和新材集团有限公司高分子新材料产业园　2019 年 3 月 12 日上午，公司高分子新材料产业园开工仪式在山东省烟台市开发区化工园区举行。高分子新材料产业园计划总投资 60 亿元，形成年产间位芳纶 1.2 万吨、对位芳纶 1.2 万吨、氨纶 3 万吨、芳纶纸 3000 吨的生产能力，争取用 3～5 年时间项目全部达产。届时，间位芳纶、芳纶纸产能将保持全球前 2 位，对位芳纶产能将跻身全球前 3 位，氨纶产能将保持全球前 5 位，预计可实现年销售收入约 60 亿元，利润总额约 12 亿元。该项目的建成，将大大提升我国高分子新材料产业技术水平和核心竞争力。

9. 上海马克热敏纸品有限公司在江苏省盐城市颜单镇的热敏纸项目　该项目是江苏省盐城市颜单镇“接轨上海”的成果之一。该项目总投资 1.5 亿元，主要生产和开发热敏纸及高级热敏纸产品印刷加工，产品以高档三防热敏纸、磁性票纸、热敏合成纸为主，主要用于彩票、火车票、航空登机牌及行李标签、医用显像材料等。去年 7 月，该公司产业由上海市转移至颜单镇，利用原江苏省明耀照明电器有限公司闲置土地 2.2 万$米^2$，对原有厂房和办公用房进行改造，新建 6 条热敏纸涂布生产线，其中 1 条生产线已正式投产。目前正加快推进西侧 5000 $米^2$ 新厂房建设，再新建 2 条生产线，力争全年实现开票销售 8000 万元、税收 500 万元。

10. 山东仁丰特种材料股份有限公司材膜转移施胶机及附属设备成功投产　河南大指造纸装备集成工程有限公司为山东仁丰特种材料股份有限公司提供的 Integra-Sizer 膜转移施胶机及附属设备成功投产，设计车速 700 米/分，净纸宽度 2880 毫米，主要生产特种纸。这是继之前的 2 套 Integra-Jet 水力式稀释水流浆箱、1 套 Integra-Sizer 膜转移施胶机及附属设备之后，河南大指造纸装备集成工程有限公司的第 4 套设备在公司成功投运。

11. 山东太阳纸业股份有限公司新材料产业园开工仪式举行　8 月 23 日上午，山东太阳纸业股份有限公司新材料产业园开工仪式在山东省济宁市兖州区颜店镇举行。新材料产业园一期项目总投资 45 亿元，主要包括年产 45 万吨特色文化用纸、年产 7 万吨特种纸、年产 18 万吨化学机械浆，以及城市垃圾处理和废水处理提升改造等。项目建成投产后，预计年可新增销售收入 45 亿元、利税 7 亿元，新增就业 800 余人。

12. 衢州市东大特种纸有限公司年产3万吨热升华转印原纸、壁纸原纸、食品包装原纸等特种纸项目。

13. 浙江弘伦纸业有限公司年产2万吨高档特种纸生产线项目 公司成立于2018年2月11日，决定投资12000万元，采用腾笼换鸟方式整体受让位于浙江龙游经济开发区北斗大道25号的原浙江新风光电子有限公司的厂房及土地，用于特种纸(汽车三滤纸、吸尘袋外纸、引线纱纸、茶叶滤纸、双面胶带纸、口罩纸)的生产、销售。购置1092型圆网纸机、1880型圆网纸机、1880斜网多缸生产线等设备，形成年产2万吨高档特种纸(汽车三滤纸、吸尘袋外纸、引线纱纸、茶叶滤纸、双面胶带纸、口罩纸)的生产能力。该项目于2018年6月开始施工，2019年10月12号线已全部投产。

14. 华邦古楼新材料有限公司年产12.5万吨高档环保型特种纸项目 公司拟投资8亿元，建设年产12.5万吨高档环保型特种纸项目。该项目于2018年4月开工。新建项目主要包括生产车间，辅助生产车间及公用工程。项目计划建设2条生产线，产能分别为5.5万吨/年和7万吨/年，2019年5.5万吨已投产。

15. 浙江龙游太平纸业有限公司计划投资15000万元，实施年产5万吨特种纸和1万吨纸制品生产线项目，主要设2条造纸生产线和1条涂布深加工生产线及其他配套设备。

(五)装饰原纸市场概况

1. 装饰原纸销量情况

据中国林产工业协会装饰纸专业委员会统计报告，2019年我国具有一定规模的人造板饰面专用原纸企业总销量约114.98万吨，同比增长2.48%。其中：装饰原纸销售108.52万吨，同比增长2.86%；含素色纸31.04万吨，同比下降10.29%；印刷用原纸77.48万吨，同比增长9.44%；平衡纸销售5.06万吨，同比增长涨1.20%；表层纸销售1.40万吨，同比下降17.65%。2012—2019年我国装饰原纸的销售量见图13。

2. 下游地板行业销量情况

根据中国林产工业协会不完全统计，2019年中国具有一定规模的地板企业年总销量约8.91亿米^2，其中，木竹地板约4.25亿米^2，同比增长约1.68%，石木塑地板约3.96亿米^2，同比增长10.00%，木塑地板约0.70亿米^2，同比增长5.00%。

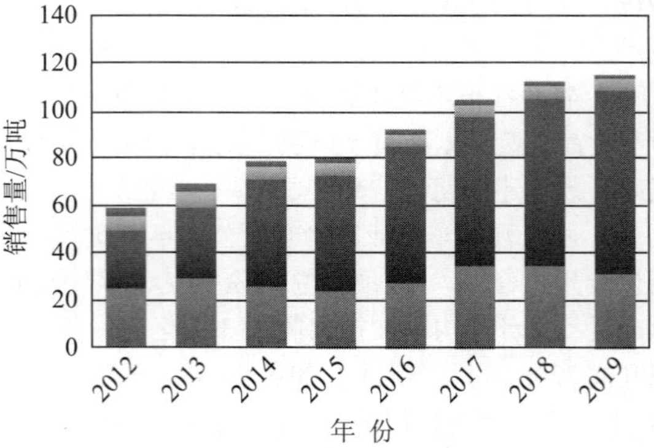

图13 2012—2019年我国装饰原纸的销售量

■表层纸 ■平衡纸 ■印刷装饰原纸 ■素色装饰原纸

注：数据来源于中国林产工业协会装饰纸专业委员会。

二、特种纸产业信息

1. 行业信息

(1)6月11日，中国固废化管理网发布2019年第8批次核定进口废纸总量为16782吨。本批次共3家纸企获批，其中，莱阳鲁通特种纸业有限公司主要产品有果袋纸、工艺纸等。广东通力定造股份有限公司主要从事特种彩色纸的研发、制造与销售。

(2)11月27日，工业和信息化部、中国工业经济联合会发布第4批制造业单项冠军企业名单，齐峰新材料股份有限公司榜上有名。

(3)工业和信息化部第4批绿色制造名单公示，浙江夏王纸业有限公司、玖龙浆纸(乐山)有限公司、云南红塔蓝鹰纸业有限公司等3家特种纸企业入选。

(4)证监会官网披露杭州华旺新材料科技股份有限公司“首次公开发行A股股票招股说明书”。

(5)全国中小企业股份转让系统有限责任公司收到广东通力定造股份有限公司提交的终止股票挂牌的申请，决定自2019年6月14日起终止其股票挂牌。

(6)4月17日，商务部网站发布《关于对原产于日本的进口电解电容器纸反倾销措施期终复审裁定的公告》。公告中显示，自2019年4月18日起，对原产于日本的进口电解电容器纸继续征收反倾销税，实施期限5年。

2. 中国造纸学会特种纸专业委员会主要活动

(1)3月22日，由中国造纸学会特种纸专业委员会(下简称“特纸委”)主办，仙鹤股份有限公司承办，衢州市特种纸行业协会协办的“2019 年特种纸产业市场形势和发展战略研讨会”在浙江省衢州市衢江区成功召开，来自国内 45 家特种纸生产企业的 70 多位代表参加了会议。

（2）第八届越南国际造纸展览会及会议于 6 月 26—28 日在胡志明市召开。中国造纸学会特种纸专业委员会首次组织国内 10 余家企业赴越南参展交流。

（3）10 月 14—18 日，由中国造纸学会等单位主办，中国造纸学会特种纸专业委员会等单位承办的“全国特种纸技术交流会暨特种纸委员会第十四届年会”和“中国国际特种纸展览会（简称展会）”在浙江省衢州市成功举办。本次会议包括会员大会、特种纸成果发布会、特种纸产业创新先进表彰仪式、特种纸技术交流会、特种纸产业发展高峰论坛、特种纸展览会等 6 个专题会议，展会期间还推出了特种纸产品展示区和国际贸易洽谈会等特色板块，由特纸委汇编的《中国特种纸企业名录》和《中国特种纸产品名录》首次在展会期间亮相。参会代表 300 余人，参展企业 110 家。钱学仁、陈港、赵传山等 10 人获评“特种纸产业创新突出贡献个人”。奎明红、吴安波、赵天君等 16 人获评“特种纸产业创新先进个人”。

3. 浙江省内行业信息

（1）2019 年 1 月，浙江省科技厅发布第 2 批产业创新服务综合体创建与培育名单，龙游特种纸产业创新服务综合体榜上有名。5 月 25 日，龙游县依托创新服务综合体筹建全国首个（省级）特种纸检测机构，建成后将成为国内唯一一家集“检验检测、科技研发、标准制定、公共服务”功能为一体的省级特种纸检测机构。

（2）3 月 28 日，浙江省品牌建设联合会发布了 2019 年第 1 批“浙江制造”标准制定计划，包括医用透析纸，非热封型茶叶滤纸，一次性纸质饮用吸管等特种纸产品。9 月 26 日，浙江省品牌建设联合会发布了《2019 年第三批“浙江制造”标准制定计划》，包括各类标准共 156 项。其中涉及各类纸及纸板产品标准 4 项，分别为普通滤棒成形纸，吸管纸，喷墨打印 PP 合成纸，高戳穿复合瓦楞纸板。

（3）2 月 12 日，仙鹤股份有限公司、浙江夏王纸业有限公司、浙江凯丰新材料股份有限公司期满复评延续衢州市人民政府质量奖（组织）。对于 2018 年度衢州市市长特别奖奖项，浙江五星纸业有限公司获得亩产效益奖二等奖，仙鹤股份有限公司获得企业招商引资信息奖。

（4）民丰特种纸股份有限公司将在浙江省嘉兴市海盐县沈荡镇工业园区设立全资子公司“浙江嘉丰纸制品有限公司”，注册资本人民币 1500 万元。新公司主要从事纸制品的生产和销售，进一步延伸产业链。公司拟对全资子公司浙江民丰山打士纸业有限公司予以吸收合并，注销其法人资格，整体资产并入公司后进行规范管理。

（5）仙鹤股份有限公司收购艾科赛仑有限公司现有的土地、厂房、设备等全部固定资产。

（6）轻工业杭州机电设计研究院有限公司供货广东冠豪公司高新技术股份有限公司的幅宽 1760 毫米、车速 1000 米/分三防热敏纸涂布机升级改造项目（冠豪进口 BMB3 号机）完成质保验收。

（7）5 月 18 日，位于浙江省台州市黄岩区富山乡半山村的半岭堂古法造纸博物馆举行揭牌仪式，正式开馆。据悉，这是目前台州市唯一完整保留着的“活着”的古法造纸遗址。

（8）5 月 22 日，浙江恒达新材料股份有限公司与加拿大工程院院士肖惠宁成功签约院士专家工作站。

（9）11 月 8 日，南京林业大学·华邦古楼博士后工作站授牌暨开题报告会在华邦古楼新材料有限公司内举行。

4. 山东省内行业信息

（1）7 月 30 日，山东太阳纸业股份有限公司新品发布会在公司总部召开。新一代食品包装用纸产品——“无塑涂布食品包装用纸”亮相。

（2）山东恒联投资集团有限公司顺利完成“省科技重大专项”综合绩效评价工作。恒联集团牵头或参与的 3 个山东省科技重大专项顺利通过综合绩效评价，其中该集团牵头承担的“再生纤维素膜（玻璃纸）清洁生产新工艺与产业化示范”项目评价结果为良好，该集团参与的“生物基高性能纤维材料产品的研发”和“造纸新型酶微生物制造关键技术及节能减排集成应用与示范”项目评价结果为优秀。

（3）由济南润易集团有限公司投资建设山东润诚特种纸业有限公司，于 2017 年 5 月落户山东省德州市齐河县潘店镇纸产业园。该项目分两期建设，总投资 15 亿元，占地面积 24 万米^2，设计生产线 10 条，预计年产量 12 万吨，年产值 15 亿元。目前，3 条羊皮纸生产线已投产。

（4）山东华泰纸业股份有限公司在山东省日照市莒县化工浆纸基地 3560 食品包装用纸纸机于 6 月 14 号顺利投产。

5. 其他行业信息

(1)APP 集团推出新的标签纸张，新的 Acadia 2000 是一种优质的单面涂布纸，具有较好的蓬松感和出色的平滑性。当暴露在水或其他水分聚集情况下时，湿强标签可防止崩解和破裂，这使其适合代替塑料标签。

(2)芬欧汇川(中国)有限公司特种纸业亚太区高级副总裁柏特利表示，在特种包装价值链上，公司将于2020 年再投资第 2 台超压机，预计新增格拉辛纸产能约 4 万吨/年。

(3)12 月 23 日，安徽山鹰纸业股份有限公司发布公告称公司审议通过了所属公司 NordicPaper Holding AB 在纳斯达克 OMX 斯德哥尔摩交易所上市的议案。

(4)漯河银鸽实业集团有限公司特种纸公司顺利通过河南省技术监督局审核组的现场审核，正式获得河南省漯河市市场监管局颁发的食品纸生产许可证。这标志着公司以蛋托纸、防油纸、糖果纸、挂面纸等为主的系列特种纸包装产品将正式生产。

(5)9 月 3 日，2019 河南省民营企业百强发布会在河南省郑州市举行，河南江河纸业股份有限公司蝉联“2019 河南民营企业 100 强”“2019 河南民营企业制造业 100 强”“2019 河南民营企业现代农业 100 强”3 项荣誉。

(刘 文 曾慧均 李 政 贾程瑛)

2019 年溶解浆市场回顾与展望

Review and Outlook of Dissolving Pulp Market in 2019

一、全球溶解浆产能产量状况

2019 年全球溶解浆生产量约在 750 万吨，其中，我国溶解浆生产量约为 158 万吨（含棉浆与溶解浆），国外溶解浆生产量约为 592 万吨。与 2018 年的 707 万吨生产量相比，2019 年溶解浆生产量同比增长 6.1%。从溶解浆的产能分布情况看，主要生产地区为美洲、亚洲、欧洲、非洲。其中美洲占比 37%，亚洲占比 39%，欧洲占比 14%，非洲占比 10%，全球溶解浆主要场地集中在美洲与亚洲，两地合计占全球溶解浆产能 76%。将四大主产地细化后，其分布比例为：美洲部分，美国占比 19%，加拿大占比 9%，巴西占比 9%。非洲主要是南非，占比 10%。欧洲以挪威、瑞典、捷克、芬兰、法国、奥地利等国家为主，占比 14%。亚洲主要以印度尼西亚、印度占比 7%，日本、泰国占比 7%，我国占比 25%。从细化角度看，美国、我国、欧洲为主要溶解浆生产基地，仅从设备产能分析，不算达产的情况下，我国的溶解浆产能全球第一。全球溶解浆具体产能分布详见图 1。

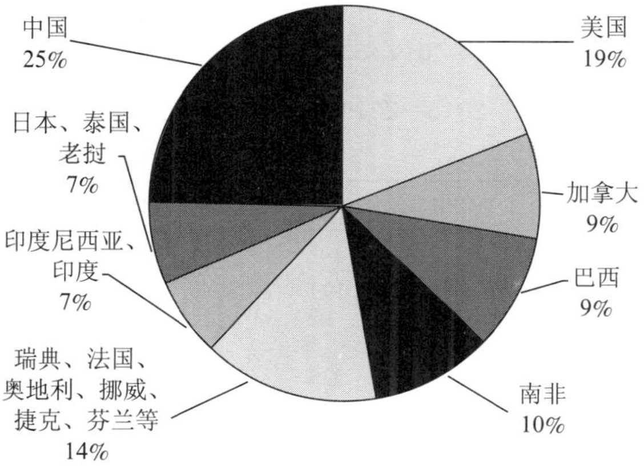

图1　全球溶解浆主要产地所占比例

（一）国外溶解浆生产状况

2019 年全球溶解浆的生产量增加主要集中在亚洲地区，涉及国家为老挝与印度尼西亚。其中，老挝溶解浆生产量增加主要来源于太阳纸业控股老挝有限责任公司的 30 万吨溶解浆项目在 2019 年除 4 月有过短暂检修外，其余时间均保持稳定生产。根据相关口径统计，该工厂 2019 年生产量在 28 万吨附近。印度尼西亚溶解浆生产量的增加，主要来源于新加坡金鹰国际集团有限公司旗下的溶解浆企业需要保证印度尼西亚与我国黏胶短纤工厂的原料供应，提升了印度尼西亚溶解浆工厂生产的负荷所致。

2019 年全球溶解浆的生产量减少主要集中在美洲。其中南美洲巴西溶解浆生产工厂 Jari 公司在 2019 年 7 月中旬宣布进入破产程序后，其溶解浆工厂开始进入停产状态。加拿大的 Fortress 工厂于温哥华时间 10 月 7 日发布公告称，将对位于魁北克市的溶解浆厂进行停工，停工的主要原因是持续的中美贸易争端以及我国国内纺织品和服装消费的疲软，动摇了溶解纸浆的需求，并导致价格大幅下跌。因此，该公司将部署 1 个临时的市场缩减策略，以保留一旦价格反弹，重启工厂的选择，目前关于停工期限并不明确。至 2019 年年底，上述 2 家工厂均保持停产状态，设备暂无启动迹象。

（二）我国溶解浆生产状况

2019 年我国溶解浆产能为 260 万吨，实际产能仍与 2018 年保持一致，为 110 万吨。主要原因是黄冈晨鸣浆纸有限公司与亚太森博（山东）浆纸有限公司虽然拥有 150 万吨/年溶解浆生产能力，但除了亚太森博有 1 条小生产线转产溶解浆外，其余产能均没有实际投产溶解浆，而是生产纸浆。2019 年我国溶解浆产能分布情况详见表 1。

2019 年国内溶解浆总生产量约为 158 万吨，比 2018 年增加 2 万吨，该数据包含木溶解浆、棉浆、改性浆。从国内溶解浆总生产量数据分析，2016 年

199 万吨溶解浆生产量仍为近 5 年来最大值；2017 年开始，国内溶解浆总生产量在 158 万吨左右徘徊。其主要影响因素有：①国内的环保法律执行力度越来越严格，一些棉浆企业陆续关停；②造纸行业景气度高，带动了纸浆价格的上涨，从而让改性浆优势减弱，导致改性浆生产量减少；③国内黏胶短纤对于原料的使用标准随着其规模化增加后，有所提高，白度、强力等指标制约了棉浆与改性浆的使用量；④2018—2019 年，黏胶短纤市场行情较为低迷，客观上制约了溶解浆、棉浆、改性浆等企业的生产积极性。

表 1　2019 年中国溶解浆产能分布情况

企业	所在地	产能 /(万吨/年)
吉林延边石砚白麓纸业股份有限公司	吉林省延边市	10
福建省青山纸业股份有限公司	福建省青州市	10
安徽华泰林浆纸有限公司	安徽省安庆市	10
湖南骏泰浆纸有限责任公司	湖南省怀化市	30
黄冈晨鸣浆纸有限公司	湖北省黄冈市	30
山东太阳纸业股份有限公司	山东省济宁市	50
亚太森博(山东)浆纸有限公司	山东省日照市	120
合计		260

2019 年，国内溶解浆企业开工率较 2018 年有所下降，主要表现在国内溶解浆企业的检修特别频繁，且检修、转产的企业数量与 2018 年相比有所增加。根据相关机构的统计，2019 年我国溶解浆企业的开工率大约为 80%。2019 年，湖南骏泰浆纸有限责任公司在 1—2 月、7—8 月、12 月均有检修或者轮检；山东太阳纸业股份有限公司在 2019 年 4 月对旗下的邹城、兖州、老挝 3 家工厂进行了轮检，9 月又对兖州工厂进行了为期 1 个月的检修；安徽华泰林浆纸有限公司有将近 1 个季度的时间停车；其余国内溶解浆工厂，也均在 2019 年进行了不同时间长度的检修。2019 年我国溶解浆行业之所以出现如此大规模的检修，主要是由于下游的黏胶短纤市场行情低迷，黏胶短纤的价格在 2019 年处于单边下行的状态，从而导致溶解浆市场跟着单边下跌，因为长期的利润有限，最终引发溶解浆企业转产纸浆或者停产，以求稳定市场价格，保护行业的利润。

二、全球溶解浆市场状况

(一)溶解浆下游市场分布

溶解浆的应用市场领域，根据不同的生产工艺处理后，大致可以分为如下几类：①纤维素醚，其主要是螯合剂、洗涤剂、墙体腻子粉、食品添加剂等原料；②军工用产品，比如硝酸纤维是炸药的主要原料之一；③纤维素纤维，主要包括黏胶纤维、醋酸纤维、铜氨纤维以及莱赛尔纤维等。

其中，纤维素醚、硝酸纤维、醋酸纤维、铜氨纤维所用溶解浆数量大约在 150 万 ~ 170 万吨，占全年全球生产量 20% ~ 23%。2019 年，我国的莱赛尔纤维产能为 7.5 万吨，实际生产量约 5 万吨；再生纤维素膜产业生产量有所增加，全球生产量约 7 万吨，我国莱赛尔纤维与再生纤维素膜总体生产量为 12 万吨左右，占全年全球产能的 1.5%。2019 年黏胶短纤消耗溶解浆的比例为 75% 左右，较 2018 年的占比 80% 下降 5%；这也说明溶解浆的下游品种正在丰富，同时比例结构也正在进行调整。尽管如此，占据 75% 消耗量的黏胶短纤产业在 2019 年仍影响着溶解浆的市场走势，而我国黏胶短纤占世界黏胶短纤产业的 78% 左右，故下文主要以我国黏胶短纤产业作为溶解浆的下游市场进行分析。

(二)我国溶解浆供应量情况

2019 年我国溶解浆总表观消费量在 468 万吨左右，用于黏胶短纤生产的溶解浆量在 403 万吨，与 2018 年相比增长 4.13%。其中，国内溶解浆总生产量为 158 万吨，较 2018 年增加 2 万吨；溶解浆进口量为 306 万吨，较 2018 年增加 22 万吨。由于 2019 年棉浆、改性浆 2 个产业变化较大，故不再单独列出生产量数据，而是将其纳入到国内溶解浆总生产量之内。2015—2019 年我国浆粕供应情况见表 2。

表 2　2015—2019 年国内浆粕供应情况

单位：万吨

	2015 年	2016 年	2017 年	2018 年	2019 年
国内溶解浆生产量（含棉浆、改性浆）	122	199	160	156	158
溶解浆进口量	225	225	262	284	306
黏胶纤维领域用量(进口)	208	174	201	231	255
黏胶短纤用浆量	330	373	361	387	403

纵观 2015—2019 年国内溶解浆供应情况，其供应量主要是随着黏胶短纤的生产量增加而增加。但是，如果从国内溶解浆生产量与溶解浆进口量两个指标分开看，进口溶解浆的数量自 2016 年以后开始出现逐年增长的趋势，而国产溶解浆的数量自 2016 年以后则回落至 158 万吨左右。出现这种现象的主要因素为：2016 年以后国内黏胶短纤新产能投产后，为了保持产品质量的稳定性，以及将新设备效率最大化，国内黏胶短纤新产能的设备均采用了全木溶解浆作为主要原料，客观上减少了对棉浆以及改性浆的需求。而国内溶解浆产能能够均衡保持在 158 万吨左右，主要来源于棉浆与改性浆的生产量减少以及国内木溶解浆生产量增加所致。在两者一增一减的过程中，总体数量变化不大，但是结构已经有了较大的改变。截至 2019 年，我国溶解浆主要以木材溶解浆为主，棉浆与改性浆的总量已经减少至 60 万吨以内。

（三）2019 年溶解浆市场价格走势回顾

2019 年溶解浆市场价格表现出全年单边下跌的格局，而且这个过程中，没有形成一次像样的反弹，全年度下跌幅度在 27% ~31%。其中，国产溶解浆市场价格由 7500 元/吨下跌至 5400 元/吨，下跌幅度为 28%；进口阔叶木溶解浆市场价格由 905 美元/吨下跌至 630 美元/吨，下跌幅度为 30.37%；进口针叶木溶解浆市场价格由 930 美元/吨下跌至 670 美元/吨，下跌幅度为 27.96%。

2019 年溶解浆的主要下游产品黏胶短纤市场价格由 13550 元/吨下跌至 9400 元/吨，下跌幅度为 30.63%。从溶解浆与黏胶短纤的下跌幅度可以看出，两者下跌幅度均在 30% 左右。从该数据分析，2019 年的溶解浆市场价格主导因素仍然以黏胶短纤市场为主体。从 2019 年国产溶解浆与黏胶短纤市场价格走势对比（见图 2）可以看出：①2019 年黏胶短纤与溶解浆市场价格走势大致相同，除了在 2019 年 6—7 月，黏胶短纤表现出短暂的小幅反弹，溶解浆价格平稳且微弱下跌外，其余多数时间内，两者均表现出同步下跌的情况；②2019 年 6—7 月黏胶短纤与溶解浆市场价格走势不同步，是因为黏胶短纤在这 2 个月内，开工率有所下降，减少了溶解浆的使用量，从而表现出黏胶短纤价格上涨但溶解浆价格下跌的现象；③同一时间段内，黏胶短纤市场价格先于国产溶解浆市场价格下跌，这充分说明了，溶解浆下游市场目前仍是以黏胶短纤产业为主。总体来说，溶解浆市场价格下跌幅度达 30%，在近 10 年来的市场运行中较为罕见。

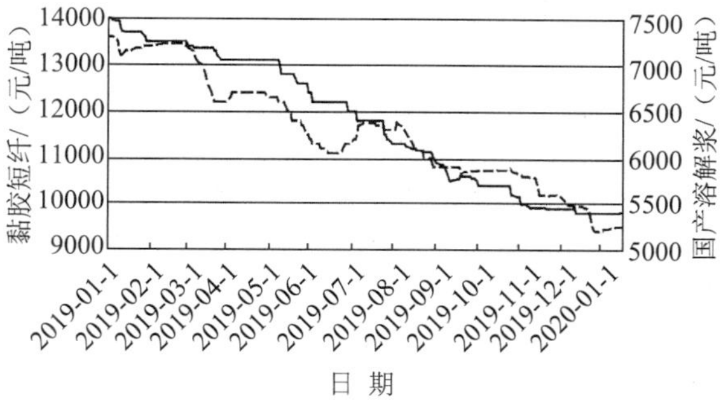

图2　2019年国产溶解浆与黏胶短纤市场价格走势对比

--- 黏胶短纤价格　　— 国产溶解浆价格

从 2019 年进口阔叶木溶解浆与针叶木溶解浆价格走势（见图 3）可以看出：①2019 年进口针叶木溶解浆市场价格较进口阔叶木溶解浆市场价格要稳定许多，尤其在 8 月之后，进口阔叶木溶解浆与针叶木溶解浆之间的价格差距逐步拉开，这主要是因为，进入 8 月后，国内部分莱赛尔纤维工厂开始投料生产，客观上对针叶木溶解浆的需求量起到一定的支撑作用；②2019 年 5—8 月，进口阔叶木溶解浆与针叶木溶解浆市场价格的价差较小，这主要是由于当时黏胶短纤行业的开工率有所下降，造成了溶解浆市场短期内供大于求的现象，打破了原先的供需平衡关系，从而在市场价格上表现出进口阔叶木溶解浆、针叶木溶解浆价差较小的原因；③2019 年 10 月后，由于进口阔叶木溶解浆市场仍以黏胶短纤行业为主，故其价格下跌的幅度与国产溶解浆一样，追随着黏胶短纤市场价格的下跌而下跌。

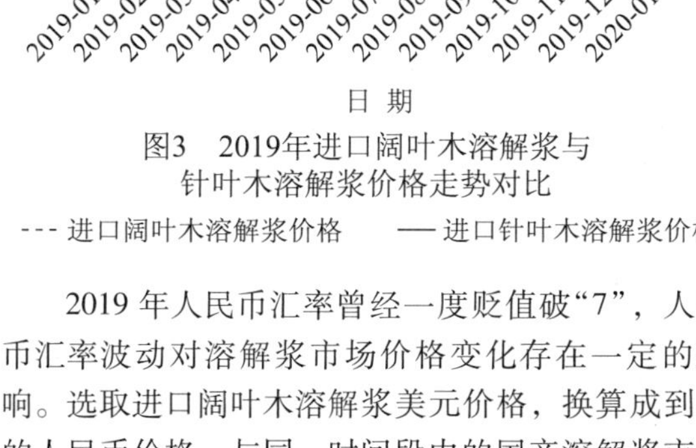

图3　2019年进口阔叶木溶解浆与针叶木溶解浆价格走势对比

--- 进口阔叶木溶解浆价格　　— 进口针叶木溶解浆价格

2019 年人民币汇率曾经一度贬值破“7”，人民币汇率波动对溶解浆市场价格变化存在一定的影响。选取进口阔叶木溶解浆美元价格，换算成到厂的人民币价格，与同一时间段内的国产溶解浆市场价格进行对比，形成 2019 年国产溶解浆与进口阔

叶木溶解浆市场价格走势情况(见图 4)。通过该图不难发现，在 2019 年 6 月至 9 月下旬，进口阔叶木溶解浆的价格比国产溶解浆市场价格高，最高峰的时候，进口阔叶木溶解浆较国产溶解浆价格高出 545 元/吨，这种瞬间价差较大，主要是因为 8 月底汇率波动较大所致。这种现象的发生，打破了前几年，国产溶解浆价格比进口阔叶木溶解浆价格高的固有观念，进口阔叶木溶解浆与国产溶解浆市场价格走势出现了互有高低的现象，给溶解浆采购商在采购决策上带来了一定的选择难度。

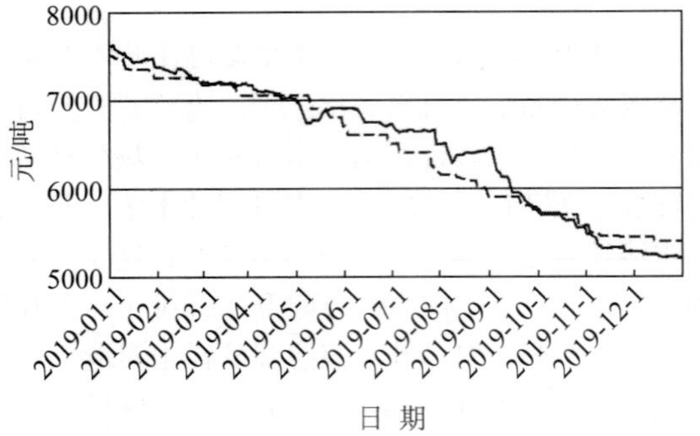

图4　2019年国产溶解浆与进口阔叶木溶解浆市场价格走势对比

--- 国产溶解浆价格　— 进口阔叶木溶解浆价格

(四)2019 年我国溶解浆进口状况

2019 年我国共进口溶解浆 306 万吨，进口均价为 867 美元/吨，与 2018 年进口均价 979 美元/吨相比，同比下降 11.35%。从 2018—2019 年我国溶解浆进口量、进口价格走势对比(见图 5)可以看出，2019 年 9 月、10 月、12 月进口量同比下降，分别下降 7.14%、4%、25%；其余月份均呈现同比增长的趋势。进口量同比增长较大的月份有 1 月、2 月、8 月，分别增长 27.27%、35.29%、35%。2019 年溶解浆进口量的增长，总体得益于黏胶短纤新产能的继续释放，2019 年黏胶短纤的生产量在 396 万吨左右，比 2018 年 380 万吨增加了 16 万吨。从数据看，黏胶短纤增加的生产量所消耗的溶解浆，主要来源于进口溶解浆的增加，而国内溶解浆在 2019 年由于开工率有限，除了维护原有市场外，对于新投放的黏胶短纤生产线贡献有限。

从图 5 可以看出，尽管 2019 年我国进口溶解浆的数量增长较为迅速，但是其进口的单价却下降明显，2018 年进口溶解浆单价走势总体保持平稳，但 2019 年进口溶解浆单价走势表现明显的单边下跌。尤其是 6—11 月，溶解浆进口单价下降速度较快，直接由 900 美元/吨直线跌至 730 美元/吨左右，下跌幅度为 19.69%。

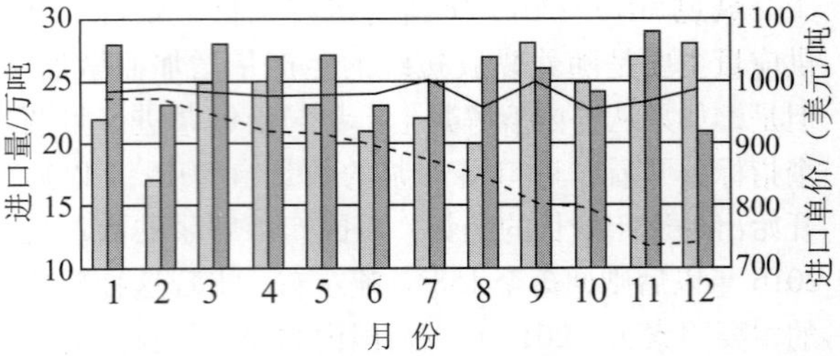

图5　2018—2019年我国溶解浆进口量、进口价格价走势对比

2018年进口量　2019年进口量

— 2018年均价　--- 2019年均价

表 3　2018—2019 年我国溶解浆进口量(分国别)

国家	2018 年		2019 年		同比/%
	进口量/万吨	占比/%	进口量/万吨	占比/%	
印度尼西亚	57.37	20.22	72.75	23.75	26.81
巴西	50.04	17.63	42.30	13.81	-15.47
美国	32.53	11.46	31.67	10.34	-2.64
南非	30.61	10.79	30.47	9.95	-0.46
加拿大	20.64	7.27	15.67	5.11	-24.09
捷克	16.90	5.96	20.49	6.69	21.24
奥地利	15.54	5.48	13.89	4.53	-10.63
芬兰	13.81	4.87	14.50	4.73	4.97
瑞典	13.29	4.68	13.03	4.25	-1.94
日本	8.43	2.97	10.35	3.38	22.74
老挝	2.97	1.05	21.38	6.98	619.29
其他	21.65	7.63	19.85	6.48	-8.31
合计	283.78	-	306.34	-	7.95

数据来源：海关总署数据、隆众信息

2018—2019 年我国溶解浆进口量(分国别)见表 3。从分国别数据看，2019 年我国溶解浆进口来源国排前 5 名的分别是印度尼西亚、巴西、美国、南非、老挝；所占比例分别为 23.75%、13.81%、10.34%、9.95%、6.98%。其中，印度尼西亚、巴西、美国、南非 4 国排名与 2018 年保持不变，但 2019 年，从巴西进口溶解浆量同比下降 15.47%，从美国进口溶解浆量同比下降 2.64%，从南非进口溶解浆量同比下降 0.46%，从加拿大进口溶解浆量同比减少 24.09%，跌出 2019 年的进口来源国前 5，从加拿大进口溶解浆量减少主要是因为 Fortress 工厂无限期停产；从巴西进口溶解浆量减少主要是因为 Jari 工厂进入破产程序导致停产。从老挝进口溶解浆量同比增长 619.29%，主要是因为 2019 年太

阳纸业控股老挝有限责任公司生产基本保持正常，其生产的溶解浆主要供应我国市场所致。从印度尼西亚进口溶解浆量同比增长26.81%，主要是因为新加坡金鹰国际集团有限公司配套我国的黏胶短纤新产能投产所致。从日本进口溶解浆量同比增长22.74%，主要是因为2019年日本溶解浆工厂生产较为正常，供应量较2018年相对充足。

（季柳炎）

2018 年全球包装用纸及纸板生产及消费概况

Overview of Global Production and Consumption of Packaging Paper and Paperboard in 2018

一、全球包装用纸及纸板的生产及消费情况

1. 包装用纸及纸板生产量和消费量

2009—2018 年全球包装用纸及纸板生产及消费情况见图 1。从图 1 可以看出，全球包装用纸及纸板生产量和消费量呈逐年递增态势。2018 年全球包装用纸及纸板生产量 2.5614 亿吨，同比增长 4.21%。消费量 2.5610 亿吨，同比增长 3.84%，人均年消费量为 34 千克(75.04 亿人)。2009—2018 年，包装用纸及纸板生产量年均增长率 3.36%，消费量年均增长率 3.45%。

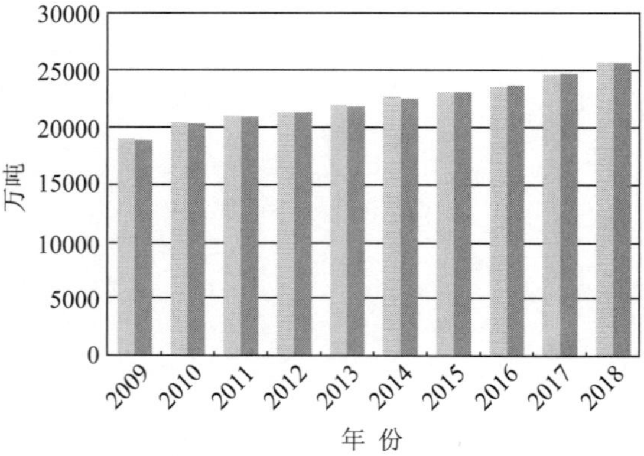

图1　2009—2018年全球包装纸及纸板生产及消费情况

■生产量　■消费量

2009—2018 年全球包装用纸及纸板生产量及消费量在全球纸及纸板总生产量及消费量中的比例情况见图 2。从图 2 可以看出，全球包装用纸及纸板的生产量及消费量在全球纸及纸板总生产量及消费量中的比例呈逐年上升态势。2018 年全球包装用纸及纸板的生产量和消费量分别占全球纸及纸板总生产量和消费量的 61.03% 和 60.70%，分别较 2009 年增长约 10 个百分点。

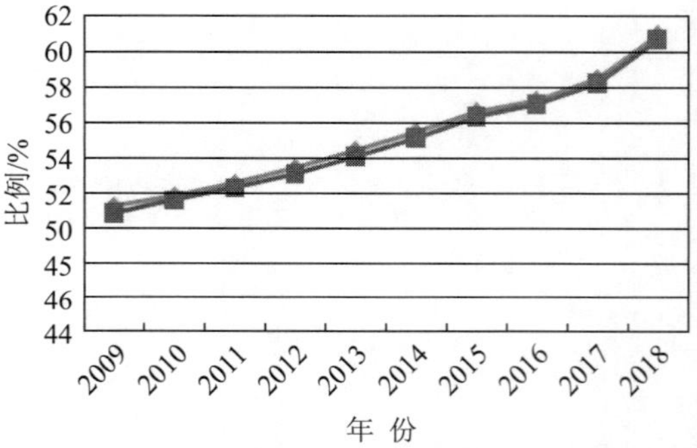

图2　2009—2018年全球包装用纸及纸板生产量和消费量在全球纸及纸板总生产量和消费量中的比例

—◆—生产量　—■—消费量

2018 年全球十大造纸强国包装用纸及纸板生产消费情况见表 1。

表 1　2018 年全球十大造纸强国包装用纸及纸板生产消费情况

排序	国家	生产量/万吨	占比/%	消费量/万吨	占比/%
1	中国*	6275	60.1	6478	62.1
2	美国	4955	68.8	4355	61.6
3	日本	1296	49.7	1257	49.4
4	德国	1184	52.2	965	48.8
5	印度	910	59.8	877	52.5
6	印度尼西亚	611	49.0	563	68.4
7	韩国	718	62.3	652	65.5
8	巴西	648	61.4	612	63.8
9	芬兰	459	43.5	70	67.8
10	加拿大	312	30.7	278	49.3

注：* 数据来源于中国造纸协会。

2. 主要包装用纸及纸板产品生产及消费情况

（1）瓦楞材料

2018 年全球瓦楞材料（瓦楞原纸和箱纸板）生产量 1.7329 亿吨，同比增长 1.75%，占全球纸及纸板总生产量的 41.29%；消费量 1.7256 亿吨，同比增长 1.54%，占全球纸及纸板总消费量的 38.89%。2009—2018 年全球瓦楞材料生产量年均增长率 3.39 %，消费量年均增长率 3.36%（见图 3）。

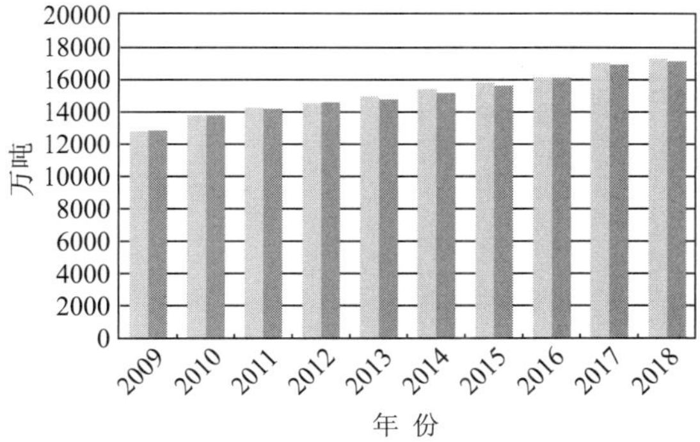

图3 2009—2018年全球瓦楞材料生产及消费情况

生产量 消费量

（2）白纸板

2018 年全球白纸板生产量 6548.1 万吨，同比增长 11.25%，占全球纸及纸板总生产量的 15.6%；消费量 6587.2 万吨，同比增长 10.20%，占全球纸及纸板总消费量的 15.6%。2009—2018 年全球白纸板生产量年均增长率 3.53%，消费量年均增长率 3.92%（见图 4）。

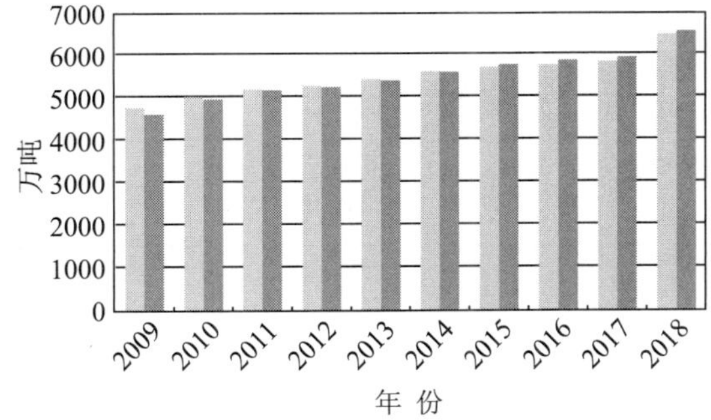

图4 2009—2018年全球白纸板生产及消费情况

生产量 消费量

（3）包装用纸

2018 年全球包装用纸生产量 1736.9 万吨，同比增长 4.56%，占全球纸及纸板总生产量的 4.14%；消费量 1766.3 万吨，同比增长 4.51%，占全球纸及纸板总消费量的 4.19%。2009—2018 年全球包装用纸生产量年均增长率 2.47%，消费量年均增长率 2.66%（见图 5）。

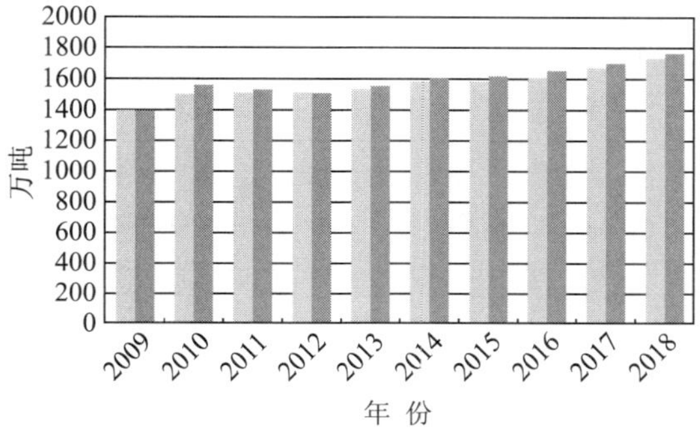

图5 2009—2018年全球包装用纸生产及消费情况

生产量 消费量

（4）主要包装用纸及纸板产品品种需求变化趋势

近年来，全球的包装用纸及纸板产品的需求中，各主要包装用纸及纸板产品品种的比例保持稳定，且同步增长。其中占比最大的为瓦楞原纸，接近 70%；其次是白纸板，占比在 25% 左右；再次为包装用纸，占比不足 10%，在 7% 左右（见图 6）。

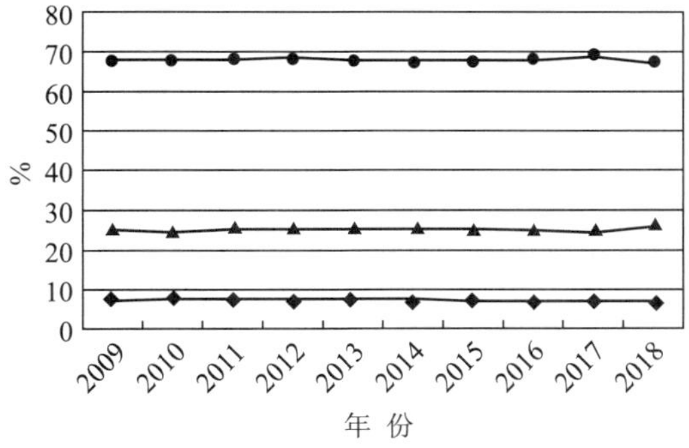

图6 2009—2018年全球主要包装用纸及纸板产品品种需求变化

瓦楞材料 白纸板及其他纸板 包装用纸

3. 全球各地区包装用纸及纸板生产和消费情况

亚洲历来是全球最大的包装用纸及纸板生产及消费地区。2018 年亚洲包装用纸及纸板生产量和消费量分别为 1.2205 亿吨和 1.2575 亿吨，分别占全球包装用纸及纸板总生产量和消费量的 47.65% 和 49.10%。其次是欧洲，2018 年包装用纸及纸板生产量和消费量分别为 5933.0 万吨和 5438.5 万吨，分别占全球包装用纸及纸板总生产量和消费量的 23.16% 和 21.24%。再次为北美洲，2018 年包装用纸及纸板生产量和消费量分别为 5266.9 万吨和 4632.8 万吨，分别占全球包装用纸及纸板总生产量和消费量的 20.56% 和 18.09%（见图 7）。

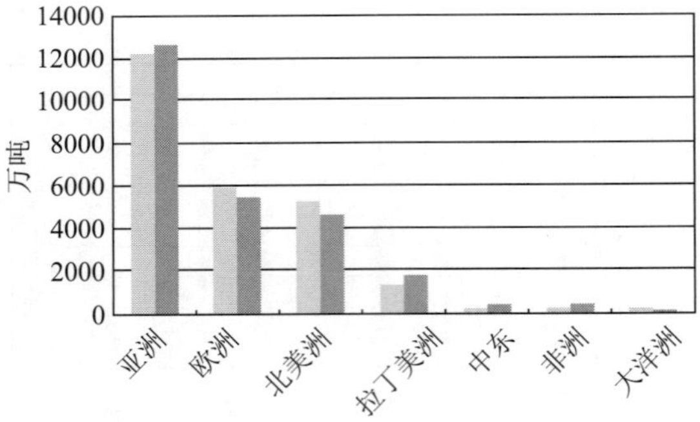

图7 2018年全球各地区包装用纸及纸板生产及消费情况

■生产量 ■消费量

二、全球包装用纸及纸板贸易概况

2018 年全球包装用纸及纸板的贸易量在 5600 万吨左右，见图 8。其中北美洲是全球最主要的包装用纸及纸板净出口地区，净出口量为 634.05 万吨；其次是欧洲，净出口量为 494.44 万吨；大洋洲净出口量 54.46 万吨。拉丁美洲是全球最主要的包装用纸及纸板净进口地区，净进口量为 427.08 万吨；其次是亚洲，净进口量为 369.40 万吨；再次为非洲和中东，净进口量分别为 206.22 万吨和 176.54 万吨。2018 年部分国家包装用纸及纸板净出口量和净进口量见表 2 和表 3。

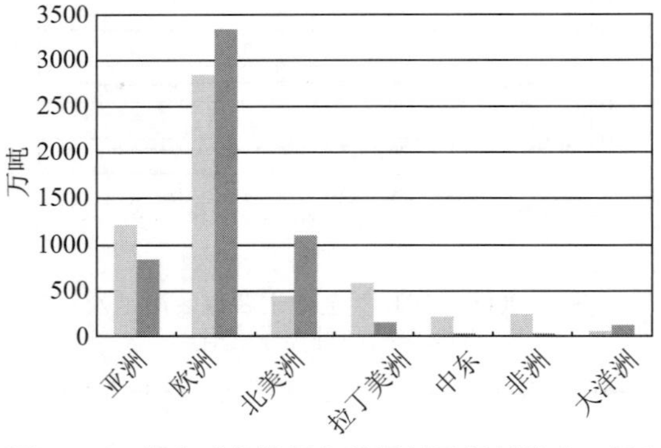

图8 2018年全球各地区包装用纸及纸板进出口情况

■进口量 ■出口量

表 2 2018 年部分国家包装用纸及纸板净出口量

排序	国家	进口量/万吨	出口量/万吨	净出口量/万吨
1	美国	288	888	600
2	瑞典	50	580	530
3	芬兰	20	408	388
4	德国	492	712	220
5	奥地利	66	203	137
6	俄罗斯	67	145	78
7	韩国	56	122	66
8	印度尼西亚	45	93	48
9	日本	53	92	39
10	加拿大	166	201	35

表 3 2018 年部分国家和地区包装用纸及纸板净进口量

排序	国家和地区	进口量/万吨	出口量/万吨	净进口量/万吨
1	墨西哥	229	21	208
2	中国	393	190	203
3	英国	209	27	182
4	意大利	336	155	181
5	波兰	263	172	91
6	比利时	122	36	86
7	土耳其	126	43	83
8	马来西亚	98	15	83
9	菲律宾	82	1	81
10	越南	122	57	65

（郭彩云）

纤维原料

FIBROUS MATERIALS

2007—2018 年世界主要地区和国家废纸回收利用概况

4

2007—2018 年世界主要地区和国家废纸回收利用概况

Overview of Waste Paper Recycling and Utilization in Main Regions and Countries of the World (2007 - 2018)

表 1　　2007—2018 年世界主要地区废纸回收总量　　单位：千吨

地区	2007 年	2008 年	2009 年	2010 年	2011 年	2012 年	2013 年	2014 年	2015 年	2016 年	2017 年	2018 年
亚洲	73382	76724	79213	87883	91447	93878	96042	99109	99519	99728	105729	106935
欧洲	63183	65389	62788	63382	64070	64410	64632	64660	66257	66647	67032	67162
北美洲	53475	51715	49857	51123	52384	50641	49973	50715	51587	51969	50549	51755
拉丁美洲	9807	10384	10034	10925	11464	12208	12528	12466	13053	13200	13491	13629
大洋洲	3380	3482	3548	3650	3610	3508	3497	3450	3472	3453	3527	3322
非洲	2110	2253	2142	2447	2451	2745	2971	3061	3162	3392	3422	3531
中东	3778	2021	2075	2416	2751	3004	3215	3052	3642	3801	4048	3862
合计	209115	211968	209659	221825	228176	230394	232858	236513	240692	242189	247797	250195

表 2　　2007—2018 年世界主要地区废纸消费总量　　单位：千吨

地区	2007 年	2008 年	2009 年	2010 年	2011 年	2012 年	2013 年	2014 年	2015 年	2016 年	2017 年	2018 年
亚洲	98208	103361	107684	115229	120894	125354	126792	129161	130845	131342	136697	134309
欧洲	54672	55298	51159	55356	55016	54756	56236	56346	57103	57745	58945	59674
北美洲	36847	34730	30728	31447	30379	28937	29285	30509	30686	30754	30997	31961
拉丁美洲	11374	11748	11604	12369	12672	13109	13327	13510	13994	14269	14374	14747
大洋洲	1950	1985	2070	2019	2035	1865	1824	1752	1743	1791	1816	1855
非洲	2141	2287	2175	2376	2338	2587	2757	2898	3038	3226	3173	3287
中东	3505	1791	1791	2202	2272	2699	2847	2677	2673	2761	2754	2849
合计	208697	211200	207211	220997	225606	229308	233068	236853	240082	241889	248757	248681

表 3　　2007—2018 年世界主要产纸国家废纸回收情况

国家	2007 年		2008 年		2009 年		2010 年		2011 年		2012 年	
	回收量/千吨	回收率/%	回收量/千吨	回收率/%	回收量/千吨	回收率/%	回收量/千吨	回收率/%	回收量/千吨	回收率/%	回收量/千吨	回收率/%
美国	47594	54.4	47589	58.3	50036	63.4	46861	63.0	47803	66.1	46261	64.4
中国	27650	37.9	31280	39.4	36755	42.9	40165	43.8	43473	44.6	44726	44.5

续表

国家	2007 年		2008 年		2009 年		2010 年		2011 年		2012 年	
	回收量/千吨	回收率/%	回收量/千吨	回收率/%	回收量/千吨	回收率/%	回收量/千吨	回收率/%	回收量/千吨	回收率/%	回收量/千吨	回收率/%
日本	23040	73.7	22746	75.1	21760	79.7	21623	77.5	21368	76.2	21671	78.0
德国	15360	72.9	15617	76.7	15399	84.8	15388	77.7	15269	77.2	15293	77.6
加拿大	4810	70.3	4126	57.8	4244	66.2	4262	67.6	4581	74.6	4380	73.2
芬兰	845	43.7	829	46.5	726	48.9	710	57.2	705	68.4	678	62.2
瑞典	1598	69.1	1521	68.1	1416	74.4	1236	60.7	1239	63.9	1159	61.0
韩国	8000	89.1	7530	85.0	7716	91.6	8090	86.0	8390	87.8	8659	94.6
法国	7070	63.5	6885	64.1	6907	72.5	7072	71.3	7149	74.0	7328	78.7
意大利	6170	51.9	6316	60.0	6199	62.8	6326	58.4	6288	59.3	6231	62.8

国家	2013 年		2014 年		2015 年		2016 年		2017 年		2018 年	
	回收量/千吨	回收率/%	回收量/千吨	回收率/%	回收量/千吨	回收率/%	回收量/千吨	回收率/%	回收量/千吨	回收率/%	回收量/千吨	回收率/%
美国	45795	63.8	46423	65.0	47313	66.7	47373	66.9	46100	65.5	47831	67.7
中国	43773	44.7	48412	48.1	48318	46.7	49635	47.6	52852	48.5	49640	47.6
日本	21795	79.8	21678	79.3	21204	79.2	21128	79.9	20802	78.8	20695	81.3
德国	15359	78.7	15093	75.7	15309	74.4	15365	76.0	15457	75.9	15311	77.4
加拿大	4178	71.4	4292	75.0	4274	74.8	4596	81.7	4449	80.0	3924	69.7
芬兰	691	61.7	642	51.8	614	52.4	541	48.5	618	56.1	560	54.1
瑞典	1220	67.7	1001	55.4	1084	69.0	1027	58.4	1041	66.5	878	55.4
韩国	9165	96.0	8412	88.0	8350	86.2	8340	84.5	8389	84.1	8631	86.7
法国	7243	81.0	7316	81.7	7151	82.4	7236	82.4	7292	82.2	6960	79.8
意大利	6062	62.7	6069	61.3	6349	62.9	6479	63.7	6498	63.0	6646	61.9

注：回收率 = 废纸回收量/纸和纸板消费量。

表 4　　　　2007—2018 年世界主要产纸国家废纸消费情况

国家	2007 年		2008 年		2009 年		2010 年		2011 年		2012 年	
	消费量/千吨	利用率/%	消费量/千吨	利用率/%	消费量/千吨	利用率/%	消费量/千吨	利用率/%	消费量/千吨	利用率/%	消费量/千吨	利用率/%
美国	30158	36.1	28899	36.2	29250	40.8	28002	36.9	27098	36.1	26303	35.4
中国	50210	68.3	55488	69.5	64256	74.4	64517	69.6	70749	71.2	74790	73.0
日本	19315	61.4	19012	61.8	16788	63.1	17292	63.2	16977	63.8	16770	64.3
德国	15822	67.9	15489	67.8	14790	70.8	16273	70.5	16074	70.8	16203	71.6
加拿大	5454	31.4	4553	28.6	3748	29.2	3445	26.9	3281	27.1	2634	24.5
芬兰	766	5.3	724	5.5	544	5.1	579	4.9	583	5.1	567	5.3
瑞典	2022	17.0	2022	17.3	1824	16.7	1836	16.1	1712	15.2	1624	14.2
韩国	8717	79.7	8544	80.5	8514	81.2	9174	82.6	9597	83.5	9579	84.5
法国	5947	60.3	5677	60.9	4988	60.0	5276	59.7	5104	59.9	5037	62.2
意大利	5581	55.2	5329	56.2	4764	56.4	5193	56.8	5042	55.2	4649	53.7

续表

国家	2013年		2014年		2015年		2016年		2017年		2018年	
	消费量/千吨	利用率/%	消费量/千吨	利用率/%	消费量/千吨	利用率/%	消费量/千吨	利用率/%	消费量/千吨	利用率/%	消费量/千吨	利用率/%
美国	26605	36.1	27668	37.8	28000	38.5	27974	38.8	28271	39.1	29035	40.3
中国	73008	72.2	75930	72.5	77602	72.5	78132	72.0	78570	70.6	66665	63.9
日本	16935	64.5	17093	64.6	16984	64.8	17033	64.8	17114	64.5	16958	65.0
德国	16489	73.6	16622	73.7	16754	74.1	16897	74.7	17137	74.7	17200	75.8
加拿大	2680	24.1	2841	25.7	2686	26.0	2780	27.5	2726	27.2	2926	28.7
芬兰	609	5.7	594	5.7	569	5.5	532	5.2	618	6.0	603	5.7
瑞典	1378	12.8	1248	12.0	1211	11.9	1160	11.5	1155	11.3	1149	11.3
韩国	10326	87.5	9477	81.0	9337	80.5	9267	79.5	9276	80.0	9445	81.9
法国	5150	64.0	5400	65.9	5293	66.3	5355	67.1	5383	67.1	5395	68.6
意大利	4715	54.5	4700	53.3	4852	53.8	4887	54.3	4994	54.7	5144	56.3

注：利用率 = 废纸消费量/纸和纸板生产量。

（郭彩云）

装备与器材

EQUIPMENT AND DEVICES

2019 年我国制浆造纸设备及新产品情况
2019 年我国造纸器材行业概述
2018—2019 年部分制浆造纸设备公司主要销售业绩
2019 年部分企业投产的卫生纸机设备

5

2019年我国制浆造纸设备及新产品情况

Introduction of Domestic Pulping and Papermaking Equipment and New Devices in 2019

2019年是全面实现"十三五"规划建设目标的攻坚之年，是坚持以供给侧结构性改革为主线、坚持深化市场化改革，全力推进经济高质量发展的重要一年。2019年国民经济运行总体平稳，作为原材料产业同时产品又具有消费品功能的造纸工业，整体经济运行与全国运行形势基本保持一致。但受中国宏观经济增速放缓及中美贸易端加剧影响，造纸行业需求萎靡，禁废令又导致原料紧缺，市场竞争异常激烈，作为配套产业的制浆造纸机械行业也受到了难以避免的影响，但也为一些企业研发绿色纸业新设备、推广环境友好新产品及拓展国际市场提供了契机，节能降耗、农作物的综合利用处理等方面成为持续热点。

一、制浆设备

1. 备料设备

（1）江苏保龙机电制造有限公司供货泰国Vanachai集团的首条年产22万米^{3}OSB项目剥皮备料工段生产线设备于2020年1月进行性能测试并一次性通过客户验收。Vanachai集团是亚洲领先的刨花板和中纤板制造商之一，正在建设的是泰国第1条连续OSB生产线，该生产线是江苏保龙为Vanachai集团量身定制，其中主打长度21米，直径Φ4000毫米的滚筒剥皮机，以及从剥皮机出料到长材刨片机之前的自动给料系统。

（2）轻工业杭州机电设计研究院有限公司与江苏扬子胜达纸业科技发展有限公司于2019年6月6日就8万吨本色针叶木化学浆备料项目签订了备料系统成套设备供货及服务总承包合同。内容包括料场木片上料输送系统、木片筛选系统、木片洗涤系统、木片料仓等。

（3）轻工业杭州机电设计研究院有限公司供货新乡新亚纸业集团股份有限公司的制浆二厂木片备料水洗系统于2019年5月份发货，主体设备包括鼓式水洗机及圆筒脱水机、旋转细格栅、刮刀脱水机等。水洗系统能力：400～500米^{3}虚积/时。

2. 原生浆制浆设备

（1）轻工业杭州机电设计研究院有限公司与印度ABRPL公司于2019年12月签订了10万吨/年生物质精炼项目蒸煮系统及洗浆系统设备合同。

（2）轻工业杭州机电设计研究院有限公司与重庆理文制浆有限公司于2019年11月签订了备浆车间生产线优化专案连蒸管，包括螺旋喂料器、防反喷装置、碱反应管、低压卸料器等。连蒸生产能力为竹片250绝干吨/日，压力容器设计压力≥0.7兆帕、温度≥100℃，生产液比≤3.0。

（3）轻工业杭州机电设计研究院有限公司与浙江凯恩特种材料股份有限公司于2019年7月30日签订了连续蒸煮工段设备。本横管式连续蒸煮系统用于剑麻或马尼拉麻碱法化学浆生产系统，供货从原料的切料至喷放仓为止，包括主辅设备，本体设备的管道连接。生产能力1.5吨/小时（绝干进料量）。

（4）山东晨钟机械股份有限公司供货湖北雅都恒兴纸业有限公司的74米^3 D型水力碎浆系统于2019年1月一次试车成功，运行状况优良。该系统包括链板输送机、74米^3 D型水力碎浆机、5米^{3}水力清洗机、圆筒筛、气动绞绳机、液压剪绳机、液压抓斗等。

3. 洗、选、筛设备

（1）轻工业杭州机电设计研究院有限公司供货中国联合装备集团安阳机械有限公司的木片洗浆机于2019年5月发货，木片洗涤能力700风干吨/天。

（2）汶瑞机械（山东）有限公司与上海泰盛制浆（集团）贵州赤天化纸业股份有限公司签订了"本色

浆双辊挤浆机"采购合同，汶瑞机械（山东）有限公司将为其提供"日产500吨本色浆生产线制浆工段成套装备"。该制浆线采用6台置换洗涤双辊压榨挤浆机（包括螺旋卸料器、稀释螺旋、辅助系统等），氧脱前后各3台。项目于2019年2月份投入运行。

4. 碱回收设备

（1）汶瑞机械（山东）有限公司与山东太阳纸业股份有限公司于2018年7月11日签订了3500米^3/日的白液苛化工段成套设备合同，于2019年9月份投产。该项目采用了新开发的高效澄清器、CD过滤机等先进设备，连续苛化工艺，自动化程度高，生产运行和产品质量稳定。

（2）汶瑞机械（山东）有限公司中标贵州赤天化纸业苛化改造项目合同，该项目工期5个月，2019年2月份投产。汶瑞机械（山东）有限公司为该项目提供苛化设备11台（套），绿液系统采用高效澄清器，占地面积小，生产能力大，澄清度大幅提高；白液系统采用白液精细过滤机，改造后白液澄清度≤40毫克/升，大大减轻了后续工段设备的结垢现象。

5. 环保设备

汶瑞机械（山东）有限公司供货广西某厂的再沸器设备于2019年3月开机成功，再沸器设备用于回收高浓磨浆机产生的蒸汽余热。

二、造纸设备

1. 包装用纸、箱纸板机

（1）华章科技控股有限公司供货安徽萧县林平纸业有限公司的2台幅宽5600毫米、设计车速900米/分左右手包装纸机于2019年12月20日顺利开机。华章科技控股有限公司提供制浆、造纸整体方案及MCN流浆箱、全厂自动化系统等关键部件和服务。

（2）江苏华东造纸机械有限公司供货浙江和泓环保纸业有限公司的年产20万吨高强瓦楞原纸生产线于2019年2月26日试机成功。

2. 文化用纸机

河南大指造纸装备集成工程有限公司与印度SPB纸业公司于2019年8月签订了PM5整机改造项目。该纸机由德国Voith制造，目前主要受幅宽和车速的限制已不能满足市场需求。改造后的抄纸幅宽为3150毫米，设计车速1100米/分，主要生产高档文化用纸。

3. 生活用纸机

（1）山东信和造纸工程股份有限公司供货越南启顺纸业公司的幅宽2850毫米、设计车速1600米/分卫生纸机于2019年10月15日顺利开机。该纸机为高端环保经济型卫生纸机。

（2）轻工业杭州机电设计研究院有限公司供货唐山市美特好卫生用品有限公司的两套幅宽3550毫米、设计车速1300米/分的高级卫生纸新月型造纸机及配套系统分别于2019年7月、2019年10月一次开机成功，该纸机采用了经优化后的新型蒸汽冷凝水系统，烘缸进汽使用压力可比传统的蒸汽冷凝水系统降低20%～25%，解决了低汽源供汽条件不能运行高速纸机的瓶颈问题，特别适合热电联产或热电厂发电后乏汽二次利用的造纸项目，同时吨纸的耗汽量也比传统方式下降13.6%。

（3）江阴市鼎昌造纸机械有限公司供货陕西欣雅纸业有限公司的6号机提速、降耗改造项目于2019年7月一次开机成功。原纸机车速200米/分以内，烘缸直径2500毫米或3000毫米单缸单网卫生纸机，改造为中速新月型纸机。改造后车速达到450～550米/分。纸机改造后吨纸蒸汽消耗从原来的4～5吨降低为现在的2.0～2.3吨，吨纸电耗270千瓦时左右（纸机部分），大大的降低了客户的生产成本。这是相继于5月23日四川倪氏纸业有限公司1号机、6月6日陕西欣雅纸业有限公司5号机、6月17日陕西法门寺纸业有限公司2号机、6月26日陕西法门寺纸业有限公司3号机又一次开机成功。

（4）潍坊凯信机械有限公司供货英国Fourstones公司的新月型卫生纸机于2019年7月16日顺利通过工厂验收并按期发货。本次验收一次性通过，该纸机是凯信机械为Fourstones提供的第2台卫生纸机，原料为废纸浆，速度1300米/分。凯信机械将在2020年为Fourstones提供第3条卫生纸机生产线，该机以木浆为原料，日产能80吨，运行速度1800米/分。

（5）山东信和造纸工程股份有限公司供货河南宏都纸业的新月型卫生纸机于2019年4月30日开机一次性投料成功，幅宽4000毫米，车速1200米/分。

（6）山东信和造纸工程股份有限公司供货河北保定兴荣纸业和保定诚信纸业的2台幅宽3600毫米、车速1300米/分的新月型卫生纸机分别于2019年4月21日和2019年2月13日开机成功。

（7）保定市维拓机造纸机械有限公司供货保定益康纸业的高档卫生纸机于2019年1月13日顺利

开机出纸，该纸机幅宽 2850 毫米，车速 1300 米/分，年产量约 1.8 万吨。纸机采用其自行研制的国际先进型节能呼吸式气罩、性能优越的多级湍流式流浆箱及高性能变频器(1.5～500 千瓦)。

(8)山东信和造纸工程股份有限公司供货恒安(集团)有限公司的年产 2 万吨擦手纸机于 2019 年 1 月 5 日顺利开机出纸。

4. 特种纸机及装备

(1)华章科技控股有限公司供货华邦古楼新材料有限公司的 12.5 万吨/年特种纸纸机的备浆系统设备、网前筛选几十台进口二手设备进行全方位的维护、保养和升级服务，并由杭州美辰纸业技术有限公司为其提供高频摇振机，对其进口的福伊特流浆箱进行维修服务，项目于 2019 年 12 月 16 日成功出纸。

(2)轻工业杭州机电设计研究院有限公司供货浙江弘伦纸业有限公司的幅宽 1300 毫米、设计车速 100 米/分斜网特种纸机于 2019 年 5 月顺利开机出纸。该特种纸机主要用来生产茶叶滤纸。

5. 浆板机

(1)福建轻工机械设备有限公司供货缅甸理文造纸有限公司的湿浆系统于 2019 年 10 月成功开机投产。该项目是福建轻机与理文造纸强强联手，在东南亚设厂的项目进行的合作。

(2)潍坊凯信机械有限公司供货太阳纸业控股老挝有限责任公司的 40 万吨/年 OCC 浆板机于 2019 年 5 月一次试机成功。该浆板机是世界上第一条以 OCC 为原料的浆板生产线，幅宽 4800 毫米，设计速度 200 米/分。凯信机械自主研发的浆板机由流浆箱、夹网成形部、压榨部和热风干燥部等组成，可适应废纸浆、木浆、竹浆、蔗渣浆、麦草浆等各种原料。

6. 部分关键部件产品

(1)河南大指造纸装备集成工程有限公司供货山东仁丰特种材料股份有限公司的 Integra-Sizer 膜转移施胶机及附属设备于 2019 年 12 月成功投产，设计车速 700 米/分，净纸幅宽 2880 毫米，主要生产特种纸。

(2)沙市轻工机械有限公司供货印度 Ruchira Paper Limited 纸厂的幅宽 3330 毫米、车速 700 米/分膜转移施胶机于 2019 年 12 月 18 日一次性开车成功。

(3)河南大指造纸装备集成工程有限公司供货湖北盛大纸业有限公司的 Integra®-Jet 水力式稀释水流浆箱、Integra®-Turn 空气转向器于 2019 年 11 月顺利投产。该生产线为年产 20 万吨 A 级高强瓦楞原纸项目(PM3)，主要生产 90～140 克/米^2 高强瓦楞原纸，幅宽 5300 毫米，设计车速 750 米/分。

(4)河南大指造纸装备集成工程有限公司供货河南广源纸业有限公司的年产 10 万吨高档特种纸项目一期工程 NEW PM1 于 2019 年 11 月顺利开机投入运行。该机设计车速 650 米/分，每年可生产 5 万吨高档特种纸。

(5)河南大指造纸装备集成工程有限公司供货武汉金凤凰纸业有限公司的 PM3、PM5 低定量高强瓦楞原纸生产线 Integra®-Sizer 膜转移施胶机及附属设备改造于 2019 年 11 月成功投运。

(6)沙市轻工机械有限公司供货印度 Ruchira Papers Limited 纸厂的全新膜转移施胶机项目已于 2019 年 10 月 15 日顺利完工，交付发运。该设备幅宽为 3330 毫米，车速为 700 米/分。

(7)河南大指造纸装备集成工程有限公司供货威海龙港纸业有限公司、重庆润民纸业有限公司的 Integra®-Jet 水力式流浆箱(底层流浆箱带稀释水系统)于 2019 年 9 月相继投产。威海龙港纸业有限公司年产 30 万吨高强瓦楞原纸建设项目，纸机幅宽 5280 毫米，工作车速 700 米/分，主要生产低定量 T 纸与低定量高强瓦楞原纸。重庆润民纸业有限公司年产 12 万吨高强瓦楞原纸项目，纸机幅宽 5260 毫米，工作车速 600 米/分，主要生产 T 纸与高强瓦楞原纸。

(8)河南大指造纸装备集成工程有限公司供货日照华泰纸业公司的幅宽 3560 毫米、车速 700 米/分精制牛皮纸纸机的 Integra®-Sizer Combi 组合式膜转移施胶机于 2019 年 7 月成功运行。Integra®-Sizer Combi 组合式膜转移施胶机能够做到膜转移和浸泡施胶二合一，可分别在不同定量及车速下运行，两种施胶模式可自由切换。

(9)华章科技控股有限公司供货华泰纸业日照化工浆纸基地的 HZ AC4120 传动控制系统(包括主传动，MCS 及传动电机在内的全套控制系统)和美辰 DH 系列稀释水水力式流浆箱及 HR 系列高频摇振机于 2019 年 6 月顺利出纸。

(10)沙市轻工机械有限公司供货山东太阳纸业股份有限公司的 1 台幅宽 3520 毫米、车速 1000 米/分膜转移施胶机于 2019 年 6 月 3 日顺利交付并一次性开车成功。该机设计车速 1000 米/分，其车速仅次于山东泉林纸业有限责任公司幅宽 6100 毫米、车速 1200 米/分膜转移项目。该条线计划生产双胶纸或淋膜原纸。

(11)河南大指造纸装备集成工程有限公司供货东盛纸业分公司新疆东盛祥纸业有限责任公司的Integra®-Jet水力式流浆箱于2019年5月顺利开机。设备主要用于其生产瓦楞原纸。

(12)河南大指造纸装备集成工程有限公司供货德州华北纸业(集团)有限公司的Integra®-Sizer膜转移施胶机于2019年4月20日成功投产。设备主要用于生产轻型纸、文化用纸，净纸幅宽2880毫米，工作车速350米/分。

(13)华章科技控股有限公司供货沁阳宏涛纸业有限公司、保定雨森卫生用品有限公司的飘片水力式流浆箱分别于2019年4月28日开机一次投料成功。

(14)沙市轻工机械有限公司供货山东单县天元纸业公司的3台膜转移施胶机于2019年4月份交付使用。本次供货的1台幅宽3150毫米、车速350米/分膜转移施胶机和2台幅宽2400毫米、车速400米/分膜转移施胶机主要用于第二期南厂配套纸机改造，主要用于生产文化用纸、轻型纸。

(15)河南大指造纸装备集成工程有限公司供货河南省龙源纸业股份有限公司的Integra®-Jet水力式流浆箱于2019年3月12日成功投产。设备主要用于生产箱纸板，幅宽5600毫米，运行车速850米/分。

三、涂布机及完成设备

1. 白纸板涂布机

(1)沙市轻工机械有限公司供伊朗RASHA CASPIAN公司的幅宽2640毫米、车速550米/分纸板涂布生产线于2019年11月13—14日顺利完工并按期装车发运。

(2)沙市轻工机械有限公司与印度BAHL PAPER MILLS LTD.签订的幅宽2940毫米、车速280米/分组合刮刀涂布器订单于2019年7月26日正式生效投产。该涂布器主要用于生产涂布纸板，涂布量在5~20克/米^2；它能实现刮棒和刮刀之间的快速切换，横幅涂布量控制稳定、涂布均匀且精准。

2. 牛卡纸涂布机

沙市轻工机械有限公司供货伊朗RASHA CASPIAN公司的1台幅宽2640毫米、车速550米/分涂布牛卡纸涂布机于2019年5月交付使用。

3. 热敏纸涂布机

(1)轻工业杭州机电设计研究院有限公司供货广东冠豪高新技术股份有限公司的重点项目，幅宽1760毫米、车速1000米/分三防热敏纸涂布机升级改造项目(冠豪高新进口BMB 3号机)于2019年5月完成质保验收。该生产线的核心装备主要是轻工业杭州机电设计研究院有限公司自行研制的帘式涂布头，涂布量1~4克/米^2，涂层均匀平整，达到产品的质量要求；试车车速已达到改造要求，设备总体运行情况良好，生产效率大幅提升。

(2)轻工业杭州机电设计研究院有限公司与广东松炀再生资源股份有限公司于2019年1月签订幅宽1760毫米、车速600米/分热敏纸涂布机合同。

4. 特种纸涂布机

沙市轻工机械有限公司供货杭州某纸制品有限公司的1台特种(石蜡)纸涂布机于2019年1月交付使用。

5. 压光机

沙市轻工机械有限公司供货伊朗RASHA CASPIAN公司的1台幅宽2640毫米、车速550米/分可控中高软压光机于2019年5月交付使用。

6. 复卷机

潍坊凯信机械有限公司与理文造纸有限公司于2019年陆续签订了6台高速复卷机合同，纸机幅宽5700毫米，速度2500米/分，用于分切复卷箱板纸、瓦楞原纸，T纸等。

(沈 栋 冯阿团 徐国华 陆建伟 杨 旭)

2019 年我国造纸器材行业概述

Review of China's Papermaking Devices Industry in 2019

2019 年是我国经济在调整中发展的一年。在这一年中，我国的造纸器材行业一方面加强与原料、装备行业之间的合作，积极提升自身实力，另一方面深耕造纸业这个重要市场，在多方面取得了一定的进展。

一、造纸网毯行业基本情况

1. 造纸网

据中国造纸学会造纸器材专业委员会（以下简称"造纸器材专业委员会"）秘书处统计，2019 年，国内主要规模以上的造纸网厂 20 家（不包括外商在华独资网毯生产企业），共生产成形网 213.05 万米^2，其中，干网 168.88 万米^2、螺旋干网 5.8 万米^2、铜网 5.63 万米^2、不锈钢网 3.87 万米^2，环保过滤网 3.4 万米^2。与 2018 年相比，成形网生产量增长 18.62%，干网增长 11.53%，螺旋干网减少 5%，铜网减少 19.57%，不锈钢网增长 68.26%，环保过滤网减少 23.08%。

与 2018 年相比，2019 年高端成形网三层网的生产量 142.89 万米^2，同比增长 30.26%；异形丝干网的生产量 109.49 万米^2，同比增长 17.16%，有较大的增长。主要是部分企业前两年增加了投资，产能大幅提升，2019 年有所扩张。

2019 年造纸网行业布局的基本格局仍无较大变化。江苏金呢工程织物股份有限公司、安徽华辰造纸网股份有限公司、安徽太平洋特种网业有限公司依然是我国造纸网行业的第一梯队，3 家企业成形网生产量占总生产量的 33.72%。作为我国造纸网行业的领头羊，这 3 家企业在积极投资，不断提高产能的同时，注重科技研发与市场营销，加大与造纸行业的联系合作，使国产优质造纸网产品更多地被造纸企业采用。江苏金呢工程织物股份有限公司从开始生产造纸网起就定位于生产高档三层网产品，其产品优异的质量、稳定的性能，被国内众多高速造纸机所使用，信誉卓著。安徽华辰造纸网股份有限公司坚持诚信经营，稳健拓展国内外市场，以质量、品种及优质的服务得到用户的信任，在销售上取得不俗的业绩。安徽太平洋特种网业有限公司连年锐意进取，生产量有大幅度的提升，进一步坐稳了造纸网行业第一梯队的位置。另外，江门鸿荣新材料科技有限公司与新会中心网厂联合成立江门远东网业有限公司，实现了强强联手，资源共享，统一调配，市场优化，减少内耗，提高了设备与人员的工作效率，2019 年销售量明显上升。

造纸网企业的一个特点是，资产重组较多，在敢于投入大量资本的同时，一旦经营情况有变化，即有重组与新的投资者、经营者入驻的情况，从而促进了造纸网行业的持续推动前进。

国内造纸网行业经过多年市场竞争与淘汰，已经形成了新的格局。除第一梯队企业外，部分企业也在不断努力，扩大产能，增强市场竞争力，部分企业稳健经营，规模一直保持一定水平，但未见大幅增长；部分企业大胆扩张，有的成功，但有的资金链断裂，黯然出局，拱手让给新进入者。然而，10 多年来造纸行业装备水平大幅升级，国际知名造纸网专用设备制造商在我国大陆都有不错的销售业绩，旺盛的需求也刺激国内设备制造厂积极改制供应专用设备。

造纸器材专业委员会多年来为行业研制三层成形网而努力。在修订造纸网国家标准时，要求企业以能生产、供应三层网为准入条件。现在具备生产三层网能力已成为造纸网企业的必备条件，一些骨干企业更是具有与国际先进企业竞争的实力，它们不但有最先进的造纸网制作专用设备，各类精密检测仪器，还有技术精湛的科研服务人员，已建立起一整套严密完整的检测、监控、设计、服务系统，产品质量达到相当可靠的水平，为国内众多造纸企业特别是特大型造纸企业所采用。

众多的造纸网供应企业必然会引起价格竞争，这种竞争不但在发生在国内企业之间，也发生在国内企业与外商投资企业之间。对此，国内造纸网企业坦然面对，愿意在公平竞争的基础上，比质量，比服务，比成本控制，为造纸行业提供更好的造纸网。我国造纸行业需求巨大，造纸网企业的机会巨大。2019 年国内造纸网生产量与市场需求相比，还有很大的增长空间。

2. 造纸毛毯

2019 年，造纸器材专业委员会统计全国规模以上 20 家造纸毛毯企业生产量(不包括外商在华独资网毯生产企业的生产量)合计为 7888 吨(以历年同口径推算)，同比增长 25%。

由于国内造纸行业的快速发展以及淘汰落后产能等因素影响，对造纸毛毯要求越来越高，有的企业已转型生产其他类似产品，如转移印花材料、过滤材料、磨料、纺织染整材料等。2019 年造纸毛毯企业加大了海外市场的开拓，取得了显著的成果。

四川环龙技术织物有限公司是国内造纸毛毯行业的领头羊，几年来，年生产量一直增长，年生产量超过排在后面企业的 1 倍以上。公司积极投资技术改造，在成都生产基地拥有先进水平的造纸毛毯专用针刺机、热定型机以及生产多轴向底网造纸毛毯的专用设备，其整体设备水平在行业内名列前茅。公司悉心研发高端产品，继成功推出多轴向底网造纸毛毯外，还研发出了接缝造纸毛毯等产品。徐州三环工业用呢科技有限责任公司在改制过程中，进行了较大的投资改造，装备水平名列前茅，2019 年公司在整合优化内部资源的基础上，加强内部管理，注重销售质量，加强售后服务，有效销售有了很大提高。聊城经纬工业网毯有限公司、东莞市友邦网毯有限公司、东莞市业兴网毯有限公司等企业，多年来在造纸毛毯领域耕耘辛劳，持续投资改造设备、研发新产品，一直保持着较高的销售量，成为造纸毛毯行业内的中坚力量。有些企业的新款造纸毛毯在设计、工艺上有独特性，受到造纸企业的认可。

我国已经是世界第一大造纸生产国，造纸毛毯行业紧随造纸行业的发展，完善生产工艺，提高产品性能，增加与造纸行业的契合度。近年来随着进口废纸的限制，国内废纸的使用量大大增加，生产的纸浆出现杂质多、杂质复杂、细小纤维多等问题。造纸毛毯行业在第一时间发出调查表，了解相关情况，并共享给造纸网毯企业，造纸网毯企业立即启动专项管理方案，在分析相关浆料信息后，对造纸网毯的生产工艺与原料进行调整，提高了造纸网毯的抗污能力，满足了造纸行业的需求。

造纸毛毯行业这几年在研究生产原料、工艺的性能方面作了艰苦的探索。在 2018 年与 2019 年的造纸网毯年会上，造纸毛毯行业均对此进行了深刻的反思。主办单位邀请了造纸网毯相关国际国内知名的公司、研究院所的专家、技术人员，国内大型造纸企业技术人员，在会上进行了交流讨论，促进了大家对高速造纸机上应用造纸网毯运行机理的认识，一些厂家的产品质量有了提高，与造纸企业的技术交流层次也有了提高，在充分总结现有产品的基础上，造纸企业为造纸毛毯企业提出了具有挑战的任务，为今后携手共进，达到双赢多赢奠定基础。

二、造纸网毯进出口概况

2003—2019 年我国网毯产品的进出口情况见表 1 ~ 表 2，图 1 ~ 图 4。

2019 年，<650 克/米^2 网毯成品进口量比 2018 年下降 12.53%，进口单价同比增长 3.63%；出口量同比增长 5.83%，出口单价同比下降 8.30%，进口呈现下降趋势，这说明国内造纸网毯水平在提高。鉴于国内市场日趋激烈，国内造纸落后产能的淘汰，使得国内造纸网毯企业继续在产品出口上不断努力，取得了良好的成果，但是价格下降显著。≥650 克/米^2 网毯成品的进出口均出现量增价低的趋势，近年来造纸网毯企业均不断加强产品出口的努力，但竞争激烈造成价格下降。滤网、滤布出口量同比均有两位数的增长，进口量下降，但是进出口单价均下降。随着“一带一路”政策的深入实施，与造纸装备配套的产业用纺织品，特别是功能性过滤材料的需求日益增长，国内部分造纸网毯产能向环保滤网与滤布转型。

从数据可以看出，造纸网毯的出口数量都有增长，这是与造纸网毯企业一直不断在产品出口上的努力分不开。有的造纸网毯企业已经把产品出口作为一块重要的业务，每年都会参加国外的造纸工业展览会，派专员去访问当地造纸企业，邀请国外造纸企业来华访问等。但是，造纸网毯企业的产品出口遇到了与内销一样的问题，产品层次基本相同，只能靠降价争取市场。

表 1　　2003—2019 年我国网毯产品的进出口情况

	年份	滤网、滤布		<650 克/米² 网毯成品		≥650 克/米² 网毯成品		合计	
		数量/千克	金额/美元	数量/千克	金额/美元	数量/千克	金额/美元	数量/千克	金额/美元
进口	2003	321789	13179434	83823	9716679	733393	34916174	1139005	57812287
	2004	467009	18160299	66449	11532430	928589	45849485	1462047	75542214
	2005	453136	24320356	122208	18246875	922277	52269799	1497621	94837030
	2006	515427	38570045	103272	19820917	1147141	66040034	1765840	124430996
	2007	554959	41072549	164659	28287534	1320591	73807104	2040209	143167187
	2008	606367	46872567	205248	32106550	1398726	81335714	2210341	160314831
	2009	390331	39433965	282476	27209593	1069939	63213073	1742746	129856631
	2010	674593	54817406	152683	26341596	1257074	79184329	2084350	160343331
	2011	676222	65364193	195048	36256563	1429448	93074967	2300718	194695723
	2012	5770638	127623854	199017	35487497	1490570	92340290	7460225	255451641
	2013	732491	65628557	198872	39304782	1627047	97683472	2558410	202616811
	2014	766924	73505067	203188	39711480	1743000	97563569	2713112	210780116
	2015	734838	59134296	165952	32030296	1445143	83667743	2345933	174832335
	2016	759584	56420052	147943	29761428	1426824	78753576	2334351	164935056
	2017	1132788	75735914	181163	29787822	1508668	84123417	2822619	189647153
	2018	1302567	78198275	261938	32728698	1469626	80893766	3034131	191820739
	2019	1234002	68562774	229111	29668582	1502581	76119181	2965694	174350537
出口	2003	166319	2691934	39871	1702536	113572	2643469	319762	7037939
	2004	397701	3635438	86507	2015043	132979	3073069	617187	8723550
	2005	691723	6670480	96740	1814304	233327	5819276	1021790	14304060
	2006	1150572	7735693	105995	2413436	403741	11250884	1660308	21400013
	2007	347923	4749570	83953	3357880	494649	14671403	926525	22778853
	2008	314175	5957362	156664	5046002	654007	19577994	1124846	30581358
	2009	573145	8689102	151286	6749313	1165831	39476960	1890262	54915375
	2010	767435	14156715	217889	12617780	1606415	54910625	2591739	81685120
	2011	1224731	19875393	221262	15067260	1879750	59108654	3325743	94051307
	2012	1457557	24341877	270128	15958286	1825804	55543516	3553489	95843679
	2013	1417962	24751543	349271	13922038	2087560	64925996	3854793	103599577
	2014	1521356	28815705	356718	16888059	2132604	64032585	4010678	109736349
	2015	1561090	27321954	302251	16701516	2345550	62032012	4208891	106055482
	2016	1739765	28678311	246651	17073861	2478266	68236070	4464682	113988242
	2017	2080716	32587297	295118	18166621	2817730	76869704	5193564	127623622
	2018	2367574	37754228	399548	19532325	3429969	94573447	6197091	151860000
	2019	2695856	41272599	422846	18956474	3566372	89928711	6685674	150157784

注：数据来源于海关总署。

表2 2019年我国造纸网毯产品进出口量与2018年相比

	年份	滤网、滤布			<650克/米^{2}网毯成品			≥650克/米^{2}网毯成品		
		数量/千克	金额/美元	单价/（美元/千克）	数量/千克	金额/美元	单价/（美元/千克）	数量/千克	金额/美元	单价/（美元/千克）
进口量	2019	1234002	68562774	55.56	229111	29668582	129.49	1502581	76119181	50.66
	2018	1302567	78198275	60.03	261938	32728698	124.95	1469626	80893766	55.04
	同比/%	-5.26	-12.32	-7.44	-12.53	-9.35	3.63	2.24	-5.9	-7.96
出口量	2019	2695856	41272599	15.31	422846	18956474	44.83	3566372	89928711	25.22
	2018	2367574	37754228	15.95	399548	19532325	48.89	3429969	94573447	27.57
	同比/%	13.87	9.32	-4.01	5.83	-2.95	-8.30	3.98	-4.91	-8.52

注：数据来源于海关总署。

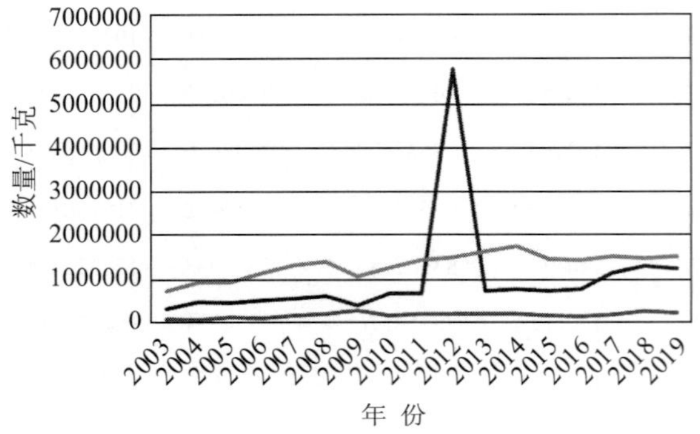

图1 2003—2019年我国造纸脱水器材产品进口数量

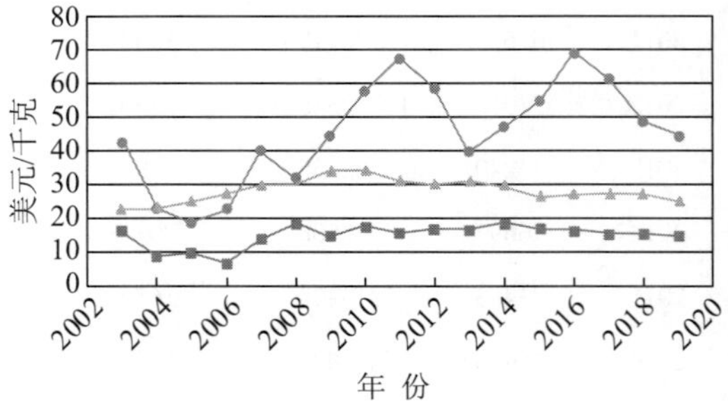

图4 2003—2019年我国造纸脱水器材产品出口单价

—■— 滤网、滤布 —●— <650克/米^{2}网毯成品
—▲— ≥650克/米^{2}网毯成品

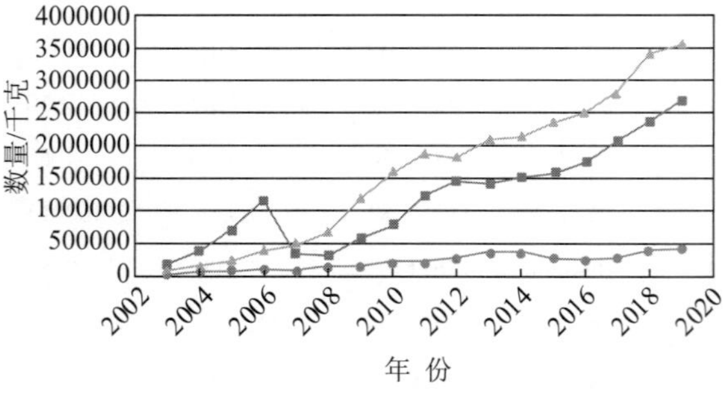

图2 2003—2019年我国造纸脱水器材产品出口数量

—■— 滤网、滤布 —●— <650克/米^{2}网毯成品
—▲— ≥650克/米^{2}网毯成品

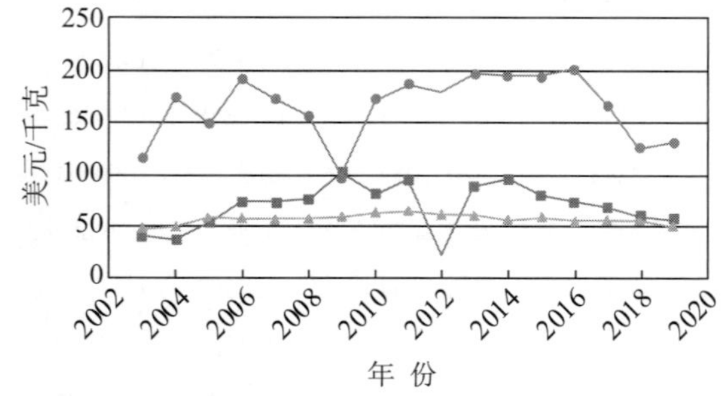

图3 2003—2019年我国造纸脱水器材产品进口单价

—■— 滤网、滤布 —●— <650克/米^{2}网毯成品
—▲— ≥650克/米^{2}网毯成品

三、造纸网毯行业的分析与展望

1. 更加注重技术创新

造纸网毯行业近年来在技术上进行不断的探索与追求，造纸器材专业委员会这几年也把技术创新作为重点工作。在中国造纸学会、中国造纸学会造纸器材专业委员会、中国产业用纺织品行业协会、中国产业用纺织品行业协会造纸用纺织品分会的具体筹划下，从造纸网毯的原料（化纤）、装备（包括重要配件），到造纸网毯研发制作，造纸厂上机应用的必要的产学研性质创新联盟成立，众多相关企业、高等院校、科研院所参与其中，共同为研制高端造纸网毯而努力。2019年，造纸器材专业委员会组织开展了造纸毛毯用尼龙单丝行业标准、造纸毛毯用尼龙短纤行业标准的制订，推动了创新工作的纵深发展。

2. 造纸器材专业委员会筹备并成立了产业联盟

这是相关企业共同进行研发的有效形式。由于从原料、设备到造纸网毯、再到造纸厂，题目较多，前后有联系有分工，应加强组织工作。在调研原料过程中，有几家具有一定科研力量的化纤企业参与进来，大大增强了创新力量。

3. 加强与造纸行业的技术交流

20 世纪 90 年代前造纸网毯企业与造纸企业间的技术交流十分活跃，现在企业之间只谈经营、只搞攻关，技术交流少了很多。2019 年，造纸器材专业委员会请了几家大型造纸公司的技术人员参加会议，增加了技术交流环节。因此，造纸器材专业委员会要完善制度修订，把企业间的技术交流常态化。同时，由于造纸网毯行业与造纸行业体量相差较大，建议学会能做一些工作，促进行业之间的交流合作。

4. 善于学习，吸取行业外新鲜思想

造纸网毯是一种专业性极强，市场专一，规模不大的产品。现代造纸机车速已经到达 2000 米/分左右，造纸网毯须用高性能化纤材料制造，用于加工的设备更是高度精密，这对造纸网毯从业人员提出了更高的要求。在实际工作中，造纸网毯行业逐渐摆脱原来相对封闭的环境，积极学习，吸收新的知识、新的思想。同时，企业重组的事件产生，有新的投资者、经营者进入行业，带来了新的思路、新的风格。

我国造纸网毯行业在求变求新的过程中不断地前进。有我国造纸工业的高速发展在激励，我国造纸网毯行业一定会有新的动作、新的面貌、新的产品，助力我国造纸工业的发展。

（杨金魁　韩静芬）

2018—2019 年部分制浆造纸设备公司主要销售业绩

Sales Performance of Partial Pulping and Papermaking Machinery Companies in 2018 and 2019

一、维美德(中国)有限公司

序号	客户名称	设备名称	主要规格和参数	台(套)数	交货时间
1	山东太阳纸业股份有限公司	文化纸机	北海项目：生产定量 50～100 克/米^2、设计车速 1800 米/分、年产量 50 万吨	1	2021
2	山东太阳纸业股份有限公司	制浆设备	北海项目：碱回收锅炉、蒸煮及制浆线、年产 80 万风干吨漂白阔叶木硫酸盐浆	1	2021-11
3	广西金桂浆纸业有限公司	涂布纸板机	生产定量 190～300 克/米^2、设计车速 1450 米/分、日产量近 3800 吨	1	2021-08
4	福建某客户	箱纸板机	基本定量 130～230 克/米^2、设计车速 1200 米/分、日产量 1950 吨	1	2020-08
5	玖龙纸业(控股)有限公司	箱纸板机	基本定量 75～140 克/米^2、设计车速 1200 米/分、日产量 1840 吨	2	2021、2020
6	山鹰华中纸业有限公司	箱纸板机	基本定量 50～110 克/米^2、设计车速 1300 米/分、日产量 1200 吨	2	2020-09、2019-12
7	浙江某客户	箱纸板机	基本定量 60～140 克/米^2、设计车速 1400 米/分、日产量 1200 吨	1	2019-11
8	山东某客户	文化纸机	基本定量 60～120 克/米^2、设计车速 1600 米/分、日产量 1938 吨	1	2020
9	嘉兴浙丰新材料有限公司	流浆箱	特种纸机关键部套	1	2019-12
10	山东泰山纸业有限公司	流浆箱	箱纸板机关键部套	4	2020
11	山东华迈纸业有限公司	施胶机	箱纸板机关键部套	2	2019-01、2019-03
12	台湾永丰余造纸股份有限公司	卷纸机	箱纸板机关键部套	1	2020-12
13	山西强伟纸业有限公司	复卷机	箱纸板机关键部套	1	2020-04
14	江苏王子制纸有限公司	复卷机	生活用纸纸机配套	1	2020
15	江西芦林纸业有限公司	升级改造	改造后设计车速 1300 米/分、生产定量在 60～100 克/米^2 的瓦楞原纸	1	2020-10
16	台湾正隆纸业有限公司	升级改造	箱纸板压榨部	1	2020-02

续表

序号	客户名称	设备名称	主要规格和参数	台(套)数	交货时间
17	山东晨鸣纸业集团股份有限公司	升级改造	文化纸机压光机、施胶机	3	2019-04
18	芬欧汇川(中国)有限公司	搬迁改造	超级压光机、文化纸机	1	2019-11
19	广州造纸集团有限公司	纸机优化	卷纸机	1	2020-2
20	山鹰华中纸业有限公司	废弃物焚烧锅炉	燃料：工厂废弃物(造纸和制浆废渣、制浆污泥、燃煤)、蒸汽量：100 蒸吨	2	2020-10
21	亚太森博(山东)浆纸有限公司	环保设备	焚烧炉、碱回收锅炉和石灰窑 NOx 洗涤器	3	2019-11
22	某浆厂	设备升级	包括浆线、碱炉和蒸发以及苛化部分的提产升级	4	2020
23	山东太阳纸业股份有限公司	制浆设备	石灰窑、400 吨/日、焚烧炉燃烧器、白液氧化工程	3	2018-11
24	山东太阳纸业股份有限公司	自动化	锅炉诊断系统	1	2019-12
25	徐州中兴纸业有限公司	自动化	Valmet DNA 自动化系统及浓度计	1	2019
26	宿州市泰盛纸业有限公司	自动化	Valmet DNA 自动化系统及 Valmet IQ 质量管理方案各 1 套	2	2019

二、福伊特造纸(中国)有限公司

序号	客户企业名称	设备名称	主要规格和参数	台(套)数	交货时间
1	大王制纸株式会社	PM N7	45 万吨/年	1	2020-09
2	山东太阳纸业股份有限公司	PM39	48 万吨/年	1	2021-02
3	山东太阳纸业股份有限公司	Xepo-Laos PM1	49 万吨/年	1	2021-06
4	山东太阳纸业股份有限公司	Xepo-Laos PM2	46 万吨/年	1	2021-06
5	山西强伟纸业有限公司	PM6	30 万吨/年	1	2021-11

三、安德里茨公司

序号	客户名称	供货范围	原料	交货时间
1	广东松炀再生资源股份有限公司	PMA	LOCC	2019
2	金红叶(南通)有限公司	PMA	NBKP、LBKP	2019
3	山东太阳纸业股份有限公司	PMA	NBKP、LBKP	2019
4	国一制纸(张家港)有限公司	SP & PMA & Broke & Save all	LBKP、NBLP	2019
5	佛山市宝拓造纸设备有限公司	PMA	LBKP、苇浆	2019
6	中国海诚工程科技股份有限公司	BMA & Save all	OCC	2019
7	中国海诚工程科技股份有限公司	BMA & Save all	50% LOCC + 25% Sub-OCC + 25% MW	2019
8	贵州赤天化纸业股份有限公司	SP	竹子	2019
9	山西强伟纸业有限公司	PMA	OCC	2019

续表

序号	客户名称	供货范围	原料	交货时间
10	昂礼曼机械设备(上海)有限公司	PMA	NBKP + LBKP	2018
11	潮州合丰特造纸有限公司	PMA	OCC	2018
12	河南新亚新科技包装材料有限公司	PMA	LBKP、APMP	2018
13	宝拓造纸设备有限公司	SP & PMA	BKP	2018
14	江苏王子制纸有限公司	SP & PMA & Broke & Save all	LBKP、NBKP	2018
15	江苏王子制纸有限公司	SP & PMA & Broke & Save all	LBKP、NBKP	2018
16	太阳纸业控股老挝有限责任公司	PMA & Broke	OCC	2018
17	太阳纸业控股老挝有限责任公司	PMA & Broke	OCC	2018
18	宿州市泰盛纸业有限公司	SP&PMA	竹子、LBKP、NBKP	2018
19	宿州市泰盛纸业有限公司	SP&PMA	竹子、LBKP、NBKP	2018
20	东莞金田纸业有限公司	PMA	OCC	2018
21	黑龙江龙德再生资源产业发展有限公司	PMA & Broke	OCC	2018
22	山鹰华中纸业有限公司	PMA & Broke & Save all	AOCC、LOCC、EOCC	2018
23	山鹰华中纸业有限公司	Broke & Save all	LOCC、EOCC	2018
24	日照华泰有限公司	PMA	NUKP、LUKP、OCC、牛奶包装盒	2018
25	日照华泰有限公司	PMA	70% ~90% NUKP + 10% ~ 30% LUKP	2018
26	日照华泰有限公司	PMA	NUKP、牛奶包装盒	2018
27	义乌市义南纸业有限公司	PMA & Save all & UTM	OCC	2018
28	中国轻工业成都工程有限公司	SP	竹子 + LBKP	2018
29	贵州鹏昇(集团)纸业有限责任公司	SP & PMA & Save all	OCC、UKP	2018
30	贵州鹏昇(集团)纸业有限责任公司	SP & PMA & Save all	OCC、UKP	2018
31	浙江华章科技有限公司	SP & PMA	LBKP、NBKP	2018
32	泰山石膏有限公司	脱墨制浆线	LONP、美废	2018
33	远通纸业(山东)有限公司	OCC & MW	100% LOCC 或者 20% AOCC + 80% LOCC	2018
34	山东华迈纸业有限公司	OCC & MW	0 ~ 20% AOCC + 80% ~ 100% LOCC	2018
35	山东华迈纸业有限公司	OCC & MW	0 ~ 20% AOCC + 80% ~ 100% LOCC	2018
36	东莞市上隆纸业有限公司	OCC & MW	LOCC	2018
37	山东太阳纸业股份有限公司	机械制浆系统	100% 杨木	2019
38	德州泰鼎新材料科技有限公司	机械制浆系统	杨木	2019
39	山东博汇纸业股份有限公司	机械制浆系统	杨木、桉木	2018
40	保密客户	机械制浆系统	秸秆	2018
41	山鹰华中纸业有限公司	浆渣处理	OCC	2018
42	山鹰华中纸业有限公司	浆渣处理	OCC	2018
43	山鹰华中纸业有限公司	浆渣处理	OCC	2018

续表

序号	客户名称	供货范围	原料	交货时间
44	山鹰华中纸业有限公司	浆渣处理	OCC	2018
45	山鹰华中纸业有限公司	浆渣处理	OCC	2018
46	山鹰华中纸业有限公司	浆渣处理	OCC	2018
47	山鹰华中纸业有限公司	浆渣处理	OCC	2018
48	太阳纸业控股老挝有限责任公司	浆渣处理	AOCC	2018
49	太阳纸业控股老挝有限责任公司	浆渣处理	AOCC	2018
50	王子制纸(南通)有限公司	PrimeLineST C22 卫生纸机(钢制扬克缸)、幅宽 5600 毫米、车速 2000 米/分		2019
51	宿州市泰盛纸业有限公司	PrimeLine TM8 卫生纸机(钢制扬克缸)、幅宽 5600 毫米、车速 1800 米/分		2019
52	宿州市泰盛纸业有限公司	PrimeLine TM8 卫生纸机(钢制扬克缸)、幅宽 5600 毫米、车速 1800 米/分		2019
53	新疆中泰兴苇生物科技有限公司	筛选设备改造	苇浆	2020
54	黄冈晨鸣纸业有限公司	筛选设备	针叶木	2020
55	四川天竹竹资源开发有限公司	压力筛	竹子	2020
56	新乡新亚纸业集团股份有限公司	中浓设备	阔叶木	2020
57	黄冈晨鸣纸业有限公司	黑液过滤机	阔叶木、针叶木	2019
58	王子制纸(南通)有限公司	黑液过滤机	桉木	2019
59	四川犍为凤生纸业有限责任公司	压力筛、混合器和黑液过滤机	竹子	2019
60	广东鼎丰纸业有限公司	混合器	阔叶木	2019
61	广西凤糖鹿寨纸业有限公司	压力筛、黑液过滤机	蔗渣	2019
62	山东太阳宏河纸业有限公司	3 台木片泵	阔叶木	2019
63	山东太阳宏河纸业有限公司	高卡伯值浆线	针叶木	2019
64	广东理文造纸有限公司	CFB 垃圾焚烧锅炉	污泥、浆渣	2021
65	广西来宾永鑫东糖集团	压力筛	蔗渣	2019
66	泸州永丰浆纸有限公司	压力筛	竹子	2018
67	中国轻工业长沙工程有限公司	悬臂式出料螺旋 x8 条	桉木、相思木	2020
68	王子制纸(南通)有限公司	木片筛选系统	桉木	2019
69	山东博汇纸业股份有限公司	摇摆筛、再碎机	桉木、相思木	2019

四、汶瑞机械(山东)有限公司

序号	客户名称	设备名称	主要规格和参数	台(套)数	交货时间
1	宜宾纸业股份有限公司	洗浆机	ZXV90S	3	2018
2	山东太阳纸业股份有限公司	苛化、重力盘设备	YPL3708、YPL3706、ZNP3522	15	2018/2019

续表

序号	客户名称	设备名称	主要规格和参数	台(套)数	交货时间
3	东莞金田纸业有限公司	无网袋真空浓缩多盘、损纸重力盘	XPLII3614、ZNPII3510	2	2019
4	重庆理文制浆有限公司	预挂过滤机	YGII80	3	2018
5	无锡荣成环保科技有限公司	无网袋白水回收多盘	DPL5211/10	1	2018
6	贵州赤天化纸业股份有限公司	电传动双辊制浆、苛化设备	SJAII945/930	20	2019
7	海南金海浆纸业有限公司	机械布浆洗浆机	JSJA1557	1	2019
8	中国海诚工程科技股份有限公司	重力盘式浓缩机	ZNP3510/08、ZNP3516/13、ZNP3508/06、ZNP3510	5	2019
9	德州泰鼎新材料科技有限公司	双网挤浆机、多圆盘过滤机、苛化设备	SW535、DPL5213	20	2019
10	金东纸业(江苏)有限公司	蒸发设备		23	2019
11	金红叶纸业(南通)有限公司	浓缩多盘过滤机	XPL3609	13	2020、2021

五、郑州运达造纸设备有限公司

序号	客户名称	设备名称	主要规格和参数	台(套)数	交货时间
1	湖北金庄科技再生资源有限公司	年产20万吨纸LOCC制浆生产线	整套输送、碎解、筛选、磨浆以及流送设备	1	2018-03
2	辽宁兴东科技有限公司	年产25吨高档包装用纸备浆系统	链板输送机、90 3D型碎浆机、连续碎解系统、分级筛系统、网前流送系统等	1	2018-07
3	无锡荣成环保科技有限公司	PM2&PM3B转鼓碎浆机	Φ4000毫米转鼓碎浆机	2	2018-07
4	新疆中泰兴苇生物科技有限公司	年产10万吨芦苇化机浆项目散包输送系统	散包输送系统	1	2018-09
5	缅甸NCP纸业公司	年产8万吨高强瓦楞原纸整套制浆系统	整套输送、碎解、筛选、磨浆以及流送设备	1	2018-10
6	衡山新金龙纸业有限公司	年产30万吨高强瓦楞原纸生产线改造	散包输送系统	1	2018-11
7	杭州富伦生态科技有限公司	年处理20万吨废弃牛奶盒即废弃利乐包深度处理线	输送、散包、碎解、筛选以及后续深度处理核心设备	1	2019-01
8	越南顺安纸业公司	30万吨(PM7)箱纸板制浆系统	输送系统、分级筛系统、精筛系统、网前流送系统等设备	1	2019-01
9	中顺洁柔(湖北)纸业有限公司	年产10万吨生活用纸备浆系统	破解系统、高浓除渣器、网前流送系统等	1	2019-03
10	江西理文造纸有限公司	年产10万吨生活用纸备浆系统	输送系统、碎解系统、高浓除渣器、双盘磨浆机、匀整磨浆机、网前流送系统等	1	2019-03
11	沁阳市宏都纸业有限公司	年产5万吨高档生活用纸	NBKP、LBKP输送备料系统、破解系统、打浆系统、浆池搅拌器	1	2019-05

续表

序号	客户名称	设备名称	主要规格和参数	台(套)数	交货时间
12	潍坊恒联特种纸业有限公司	年产6万吨特种纸项目制浆系统	输送、碎解设备	1	2019-07
13	泰山石膏有限公司	年产40万吨石膏护面纸废纸散包系统	废纸散包系统	1	2019-08
14	山东太阳纸业股份有限公司	年产40万吨高档包装用纸生产线输送系统	输送设备	2	2019

六、山东信和造纸工程股份有限公司

序号	客户名称	设备名称	主要规格和参数	台(套)数	交货时间
1	恒安(中国)纸业有限公司	擦手纸机	幅宽3050毫米、车速500米/分	1	2018
2	沁阳宏都纸业有限公司	新月型卫生纸机	幅宽3980毫米、车速1200米/分	2	2018
3	保定诚信纸业有限公司	新月型卫生纸机	幅宽3600毫米、车速1200米/分	2	2018
4	陕西法门寺纸业有限责任公司	新月型卫生纸机	幅宽2850毫米、车速1300米/分	1	2018
5	保定金能纸业有限公司	新月型卫生纸机	幅宽2850毫米、车速1000米/分	1	2018
6	马来西亚启顺造纸公司	新月型卫生纸机	幅宽2850毫米、车速1500米/分	1	2018
7	越南启顺造纸公司	新月型卫生纸机	幅宽2850毫米、车速1500米/分	2	2018
8	河北金博士卫生用品有限公司	新月型卫生纸机	幅宽3700毫米、车速1500米/分	2	2019
9	保定立发纸业有限公司	新月型卫生纸机	幅宽3500毫米、车速1200米/分	1	2019
10	聊城市坤昇环保科技股份有限公司	新月型卫生纸机	幅宽3600毫米、车速1200米/分	1	2019
11	保定市飞跃造纸有限公司	新月型卫生纸机	幅宽3600毫米、车速1200米/分	1	2019
12	浙江荣晟环保纸业股份有限公司	箱纸板机	幅宽4600毫米、车速750米/分	1	2019
13	浙江荣晟环保纸业股份有限公司	纱管纸机	幅宽2400毫米、车速100米/分	1	2019
14	陕西法门寺纸业有限责任公司	纱管纸机	幅宽3300毫米、车速100米/分	1	2019
15	阿尔及利亚造纸厂	特种纸机	幅宽1760毫米、车速180米/分	1	2020
16	乌兹别克斯坦IP纸厂	新月型卫生纸机	幅宽2850毫米、车速1200米/分	1	2020
17	东莞市瑞峰纸业有限公司	新月型卫生纸机	幅宽2850毫米、车速1500米/分	1	2020
18	奇妙科技有限公司	新月型卫生纸机	幅宽3600毫米、车速1200米/分	4	2020
19	宿州市泰盛纸业有限公司	新月型卫生纸机	幅宽2850毫米、车速1200米/分	8	2020-2021

七、凯登制浆(中国)有限公司

序号	客户名称	设备名称	主要规格和参数	台(套)数	交货时间
1	太阳(老挝)纸业有限公司	1600吨/日OCC系统		2	2020
2	太阳(老挝)纸业有限公司	1400吨/日OCC系统		1	2020
3	理文造纸有限公司	PM23、PM25碎浆圈路		1	2019
4	联盛纸业(龙海)有限公司	PM10 2000绝干吨/日OCC系统		1	2019
5	义乌义南纸业有限公司	1300吨/日LOCC系统		1	2019

续表

序号	客户名称	设备名称	主要规格和参数	台(套)数	交货时间
6	唐山冀滦纸业有限公司	900 吨/日 OCC 系统		1	2019

八、郑州磊展科技造纸机械有限公司

序号	客户名称	设备名称	主要规格和参数	台(套)数	交货时间
1	江西吉安映山红特种纸业有限公司	整套制浆设备	D 型碎浆机、粗筛、精筛、高浓除渣器、排渣分离机等	8	2018
2	河南大指造纸装备集成工程有限公司	流送系统	网前筛	2	2018
3	郑州康华纸业有限公司	散包系统	链板输送机、3250 型散包机。	4	2018
4	越南全美纸业公司	日产 200 吨高强瓦楞原纸全套制浆设备	BFW1400 型链板输送机、25D 碎浆机、高中浓除渣器、ZNS 型中浓粗筛、精筛、JB850 型浆池推进器、NLS 型网前压力筛等	19	2018
5	梧州市盈信造纸有限公司	年产 12 万吨高强瓦楞原纸全套制浆设备	BFW1600 型链板输送机、ZG2750 型转鼓碎浆机、高中浓除渣器、JB850 型浆池推进器等	5	2018
6	山西合盛工贸有限公司	日产 300 吨包装用纸全套制浆设备	BFW1600 型链板输送机、ZG3000 型转鼓碎浆机、高中浓除渣器、JB850 型浆池推进器等	11	2018
7	新疆铁门关富盛纸业有限公司	日产 400 吨 T 纸/瓦楞原纸项目制浆设备	高浓除渣器、排渣分离机、分级筛、粗筛等	10	2018
8	保定白云山纸业有限公司	生活用纸	链板输送机、30 中浓碎浆机、推进器等	3	2018
9	新疆铁门关市鑫瑞纸制品有限公司	年产 20 万吨高强瓦楞原纸全套制浆设备	BFW1600 型链板输送机、ZG3500 型转鼓碎浆机、高中浓除渣器、ZNS 型中浓粗筛、精筛、JB850 型浆池推进器、NLS 型网前压力筛等精筛、JB850 型浆池推进器、NLS 型网前压力筛等	32	2018
10	菲律宾中汇纸业有限公司	日产 300 吨 T 纸/瓦楞原纸项目制浆设备	BFW1600 型链板输送机、30D 碎浆机、高中浓除渣器、ZNS 型中浓粗筛、精筛、JB850 型浆池推进器、NLS 型网前压力筛等精筛、JB850 型浆池推进器、NLS 型网前压力筛等	42	2018
11	新疆东盛祥纸业有限公司	日产 150 吨面浆处理制浆设备	1400 链板输送机、25D 碎浆机、高浓除渣器、杂质分离机、圆筒筛、轻渣机等	10	2018
12	新疆阿克苏泰源纸业有限公司	日产 600 吨 LOCC 全套制浆设备	BFW1600 型链板输送机、ZG3500 型转鼓碎浆机、高中浓除渣器、ZNS 型中浓粗筛、精筛、JB850 型浆池推进器、NLS 型网前压力筛等精筛、JB850 型浆池推进器、NLS 型网前压力筛等	14	2019

续表

序号	客户名称	设备名称	主要规格和参数	台(套)数	交货时间
13	江苏先进新材料有限公司	箱纸板项目	1400 链板输送机、2750 转鼓碎浆机、高浓除渣器、高浓碎浆机、排渣分离机、分级筛等	5	2019
14	新疆北屯市恒扬纸业有限公司	日产 150 吨 LOCC 制浆设备	粗筛、精筛、分级筛、高浓除渣器、排渣分离机等	8	2019
15	广东中山华通进出口有限公司	日产 300 吨包装用纸项目	链板输送机、D 型碎浆机、散包机、转鼓碎浆机、双盘磨浆机	21	2019
16	河南江河纸业有限公司	商品木浆处理项目	网前筛、开包滚道机、碎浆机、高浓除渣器	9	2019
17	河南舞钢群旺纸业有限公司		双盘磨浆机	1	2019
18	江苏先进新材料有限公司		高浓除渣器、排渣机、粗筛、网前筛	5	2019
19	埃及客户	日产 120 吨包装用纸项目	全套制浆设备	61	2020
20	俄罗斯客户	日产 80 吨包装用纸项目	全套制浆设备	68	2019
21	俄罗斯客户	日产 200 吨包装用纸项目	全套制浆设备	76	2019
22	俄罗斯客户	日产 360 吨包装用纸项目	全套制浆设备	78	2019

九、河南中亚智能科技股份有限公司

序号	客户名称	设备名称	主要规格和参数		台(套)数	交货时间
			幅宽/毫米	车速/(米/分)		
1	河南龙源纸业有限公司	三叠网箱纸板机	5600	900	1	2019
2	玉田县顺发实业有限公司	三叠网箱纸板机	5600	900	1	2019
3	贵州盛世荣创再生资源有限公司	单长网瓦纸楞机	5400	700	1	2020
4	江苏凡泰纸业有限公司	两叠网挂面箱纸板机	5200	650	1	2019
5	俄罗斯克麦罗沃 KS 纸业公司	两叠网箱纸板机	4200	350	1	2020
6	亚美尼亚 Grand Master 公司	两叠网箱纸板机	2500	300	1	2020

十、河南大指造纸装备集成工程有限公司

序号	客户名称	设备名称	主要规格和参数		台(套)数	交货时间
			幅宽/毫米	车速/(米/分)		
1	淄博永丰环保科技有限公司	靴式压榨	5600	1000	1	2019-08
2	山东贵和显星纸业有限公司	组合式膜转移施胶机	4400	700	1	2018-05
3	日照华泰纸业有限公司	组合式膜转移施胶机	3560	700	1	2019-07
4	安徽省萧县林平纸业有限公司	低定量箱纸板膜转移施胶机	5600	1000	1	2019-12
5	金凤凰纸业(孝感)有限公司	低定量高强瓦楞原纸膜转移施胶机	4800～5400	800	5	2019-09

续表

序号	客户名称	设备名称	主要规格和参数		台(套)数	交货时间
			幅宽/毫米	车速/(米/分)		
6	浙江景兴纸业股份有限公司	PM10 整机升级改造项目	4950	600	1	执行中
7	玉田县顺发实业有限公司	低定量箱纸板膜转移施胶机	5600	1000	1	2020-03
			4500	800	1	执行中
8	中山永发纸业有限公司	低定量高强瓦楞原纸纸膜转移施胶机	3600	700	1	2020-06
			4000	700	1	2020-05
		水力式流浆箱	4000	700	1	2020-06
9	中山联合鸿兴造纸有限公司	水力式流浆箱	5500	700	1	2020-03
10	潮州市合丰特造纸有限公司	单压区可控中高硬压光机	5400	700	1	2019-11
11	肇庆市中盛纸业有限公司	PM3 整机升级提速改造项目	2640	650	1	执行中
12	汕头市澄海区平安造纸厂	水力式流浆箱	5000	600	2	执行中
13	河北方大包装股份有限公司	特种纸后加工成套设备(含分切机、打包机、翻转机等)	1850	500	4	2019-08
14	山东仁丰特种材料股份有限公司	特种纸机膜转移施胶机	2880	800	1	2019-07
		特种纸机稀释水水力式流浆箱	2880	800	1	2018-11
			3600	500	1	2018-07
15	德州泰鼎新材料科技有限公司	整机提速改造(含流浆箱、膜转移施胶机及其他关键设备)	3300	600	1	2020-02
16	江苏星光新材料科技有限公司	装饰原纸水力式稀释水流浆箱	2500	400	1	2020-06
17	威海龙港纸业有限公司	水力式流浆箱(底网带稀释水)	5200	750	2	2019-03
18	衡山新金龙纸业有限公司	PM1 整体优化提速改造	4800	600	1	2018-09
		可控中高硬压光机	4800	600	1	2018-09
		PM2 特种纸板机升级改造交钥匙工程(含关键设备及自动化产品)	4950	300	1	2018-06
19	潍坊恒联特种纸有限公司	膜转移施胶段(含转向器、干燥箱)	1880	450	2	2020-03
20	卡萨国际	450 吨/日包装纸机总包项目			1	执行中
21	湖北盛大纸业有限公司	水力式稀释水流浆箱	5300	750	1	2019-11
22	河南广源纸业有限公司	10 万吨/年特种纸机总包交钥匙工程			1	2019-11
23	岳阳林纸股份有限公司	膜转移施胶机(精牛)	3300	600	1	2018-05
24	印度 SPB 纸业公司	纸机整体升级改造项目	3150	1100	1	执行中
25	河南广源纸业有限公司	特种纸涂布机交钥匙工程	3520	600	1	2020-04

十一、浙江华章科技有限公司

客户名称	设备名称	主要规格参数	台(套)数	交货时间
理文造纸有限公司、维达纸业(中国)有限公司、恒安(集团)有限公司、山东太阳纸业股份有限公司、山东华泰纸业股份有限公司、安徽山鹰纸业股份有限公司、东莞金洲纸业有限公司、东莞建晖纸业有限公司、广东冠豪高新技术股份有限公司、江苏长丰纸业有限公司、新乡新亚纸业集团股份有限公司、河南龙源纸业股份有限公司、山西强伟纸业有限公司、唐山冀滦纸业有限公司、河北玉田顺发纸业有限公司、辽宁兴东科技有限公司、牡丹江恒丰纸业股份有限公司、山东仁丰特种材料股份有限公司、浙江景兴纸业股份有限公司、浙江荣晟环保纸业股份有限公司、仙鹤股份有限公司、浙江华旺新材料科技股份有限公司、武汉金凤凰纸业有限公司、越南 MIZA 公司等	传动控制系统		98	2018-2019
	MCC		42	2018-2019
	DCS		30	2018-2019
	MCS		28	2018-2019
	工厂信息化系统		10	2018-2019
	纸机改造及总包		12	2018-2019
	压滤机		165	2018-2019
	钢带机		0	2018-2019
	污水处理、废气除臭系统		8	2018-2019
	RDF 造纸固体废渣处理系统		1	2018-2019
华邦古楼新材料有限公司、山东华泰纸业股份有限公司、山东仁丰特种材料股份有限公司、牡丹江恒丰纸业股份有限公司、仙鹤股份有限公司、山东太阳纸业股份有限公司、浙江金励环保纸业有限公司、中山永发纸业有限公司、远通纸业(山东)有限公司、民丰特种纸股份有限公司、浙江凯恩特种材料股份有限公司等	美辰水力式流浆箱		57	2018-2019
	美辰气垫式流浆箱		55	2018-2019
	美辰新月型流浆箱		26	2018-2019
	无反作用力高频摇振机		17	2018-2019

十二、绵阳同成智能装备股份有限公司

序号	客户名称	设备名称	主要规格和参数	台(套)数	交货时间
1	河北顺通纸业公司	新月型卫生纸机	幅宽 3500 毫米、车速 1000 米/分	2	2018
2	贵州冠华纸业有限公司	新月型卫生纸机	幅宽 3900 毫米、车速 1200 米/分	1	2019
3	广西横县江南纸业有限公司	双缸新月型多功能特种纸机	幅宽 2800 毫米、车速 1200 米/分、可生产擦拭纸、厨房用纸、卫生纸、有光纸等多功能纸机		
4	马来西亚慕达纸业公司	单网纱管纸机	生产 280～680 克/米^2 高档纱管纸项目总包	1	2019
5	衡山新金龙纸业公司	单长网纱管纸机改造	4800 纸机由圆网改造成单长网生产 280～680 克/米^2 纱管纸	1	2018
6	淄博永丰环保科技有限公司	QCS-鲲鹏、横向定量控制系统	幅宽 5600 毫米、车速 1000 米/分、韩国三星纸机、流浆箱为福伊特、QCS、横向定量同成配套	1	2018
7	广西嵘兴中科发展有限公司	卫生纸机	幅宽 3900 毫米、车速 900 米/分、真空网笼总包项目	1	2019
8	汉森国际(越南)公司	纸机	幅宽 6395 毫米、车速 650 米/分、箱纸板和瓦楞原纸机、制浆系统总包工程	1	进行中

续表

序号	客户名称	设备名称	主要规格和参数	台(套)数	交货时间
9	德州泰鼎新材料科技有限公司	3800 纱管纸机	单长网纸机改造生产纱管纸项目	1	2019
10	江苏久兴纸业有限公司	3200 纱管纸机	单长网纸机改造生产纱管纸项目	1	2019
11	单长网纸机改造生产纱管纸项目	2800 纱管纸	圆网改造成单长网纸机生产纱管纸	1	2019
12	玉田县顺发实业有限公司	纱管纸	圆网纸机改造成单长网生产中高档纱管纸	1	2019
13	静宁县恒达有限责任公司	2800 纱管纸	旧纸机改造成单网生产纱管纸	1	2019
14	开平市易大丰纸业有限公司	3600 三叠网纸机改造	3600 三叠网纸机改造生产灰纸板	1	进行中

注：2018—2019 年绵阳同成智能装备股份有限公司提供 QCS 系统及横向定量控制系统 80 余台套、DCS 系统 50 余台套、供热系统 110 余台套等。

十三、山东硅元新型材料有限责任公司

序号	客户名称	设备名称	主要规格和参数		台(套)数	交货时间
			幅宽/毫米	车速/(米/分)		
1	新疆东盛纸业有限责任公司	PM2	5200	650		2018-01
2	湖北金庄科技再生资源有限公司	PM2	5200	700		2018-02
3	湖北秦楚纸业有限公司	PM3	5200	650		2018-04
4	上海轻良实业有限公司(越南顺安项目)	PM6	5200	800		2018-10
5	江苏利民纸业有限公司	PM1	5600	700		2018-10
6	山东龙港纸业有限公司	PM2	5200	700		2019-02
7	湖北盛大纸业有限公司	PM2	5200	700		2019-10

十四、山东晨钟机械股份有限公司

序号	客户名称	设备名称	主要规格和参数	台(套)数	交货时间
1	浙江华章科技有限公司	链板输送机、双盘磨浆机、浆槽搅拌器、圆筒筛、损纸筛、浆池搅拌器、浆池搅拌器	BFW2000、DD720、JBX800、JBX1000DS1600 * 3400、VCS08/05-1. 25M2、JBX1300	44	2019-03
2	山东博汇纸业有限公司	微滤筛		6	
3	山东仁丰特种材料科技有限公司	链板输送机、高浓水力碎浆机、卸料圆筒筛、提渣机、一段压力粗筛、二段压力粗筛、浮选净化器、洗浆鼓、一段压力精筛、二段压力精筛、多圆盘浓缩机	BFW1600、ZDSG30M3 型、3500 * 10000 毫米、CX2、VCS10/10-3. 14M2、VCS08/05-1. 25M2、FLP2M3、850 * 3000、VJS10/10-3. 14M2、VJS10/10-3. 14M2、CDI42/13-260M2	2	

续表

序号	客户名称	设备名称	主要规格和参数	台(套)数	交货时间
4	兴和县新盛新材料环保科技有限公司	链板输送机、水力碎浆机、水力清洗机、圆筒筛、气动绞绳机、液压剪绳机、高浓除渣器、提渣机、压力粗筛、单式纤维分离机、排渣分离机、一段压力精筛、二段压力精筛、盘式浓缩机、双盘磨浆机、内流式网前筛、水力碎浆机、双锥高浓除渣器、低浓除渣系统、振框式平筛、圆网浓缩机	BFW1600、40M3D 型、3M3II、1500 * 5000、CZSII、FZ13、9000 升/分、CX2、VCS10/06-1.88M2、ZDFV980、380、VJS10/10-3.14M2、VJS06/06-1.35M2、ZNP3516-240M2、DD720、AWS06/06-1.2M2、FSV20M3、4500 升/分、ZSK2M2、8M2	29	
5	武汉市京晟纸业工程有限公司	制浆线、链板输送机、水力碎浆机、水力清洗机、圆筒筛、气动绞绳机、液压剪绳机、高浓除渣器、压力粗筛、单式纤维分离机、排渣分离机、一段精筛、二段精筛 1 台、盘式浓缩机、双盘磨浆机、面浆制浆线、中浓水力碎浆机、微筛、低浓出渣系统、压力精筛、底层网前压力筛、面层网前压力筛、圆网浓缩机、浆池搅拌器、底层网前压力筛、振框式平筛	200 吨/日 OCC 制浆线：BFW1600、30M3D 型、3M3II 型、955 * 4200、CZSII、FZ13、6500 升/分、VCS10/06-1.88M2、ZDF880、410、600 升/分低浓出渣系统 1 套(一级四段 22 +8 +4 +2)、VJS10/10-3M2、VJS06/06-1.35M2、ZNP 2516-120M2、DD600、MS-11 台 50 吨/日：FSV12M3、600 升/分、VJS06/06-1.35M2、ZNW15M2、JBT1000、200 吨/日造纸部设备：AWS08/10-2.5M2、AWS08/08-2M2、AWS06/08-1.5M2、ZSK2M2		
6	陕西法门寺纸业有限责任公司	双盘磨浆机	DD660、DD900、DD450、DD500	8	2019-09
7	兴和县新盛新材料环保科技有限公司	链板输送机、水力碎浆机、水力清洗机、圆筒筛、气动绞绳机、液压剪绳机、高浓除渣器、提渣机、压力粗筛、单式纤维分离机、高浓除渣器、一段压力精筛、二段压力精筛、盘式浓缩机、双盘磨浆机、内流式网前筛、水力碎浆机、双锥高浓除渣器、低浓除渣系统、振框式平筛、圆网浓缩机	BFW1600、40M3D 型、3M3II、1500 * 5000、CZSII、FZ13、9000 升/分、CX2、VCS10/06-1.88M2、ZDFV980、7500 升/分、VJS10/10-3.14M2、VJS06/06-1.35M2、ZNP3516-240M2、DD720、DD450、AWS06/06-1.2M2、FSV20M3、4500 升/分、ZSK2M2、8M2	29	2019-05
8	全球绿色产业公司(出口马来西亚)	螺旋挤压脱水机、旋转过滤机、立式絮凝反应器、螺旋挤压机变频器、旋转过滤机螺旋变频器、旋转过滤机滚筒变频器、混合槽搅拌变频器、现场主控制柜、设备配电柜、控制系统	CZLY-600、GLD-650、XC-800、B650 * 8000	22	2019-03
9	巴基斯坦 AL-Karam 造纸公司	立式浮选脱墨槽、浆泵、高速洗浆机、双网双压挤浆机、底部破碎螺旋、料塞螺旋、破碎螺旋、预热螺旋、盘式热分散、一段压力精筛、振框式平筛、浆池搅拌器	ZFM400、450 米^3/小时 30M、ZNG1500、ZNS1800、500、415/254、500、770、DHD710、VJS06/06-1.35M2、VJS05/05-0.8M2、2M2、JBX800	20	2019-12

续表

序号	客户名称	设备名称	主要规格和参数	台(套)数	交货时间
10	菲律宾 Bataan2020 Inc 公司	链板输送机、水力碎浆机、圆筒筛、气动绞绳机、液压剪绳机、抓斗、多圆盘过滤机、纤维分级筛、一段压力精筛、二段压力精筛、四段压力精筛、面层二段压力筛、芯层二段压力筛、底层二段压力筛、三段压力筛	BFW1800、60M3D 型、2000 * 4000、CZSIII、FZ13、0.2M3、VDF5207-203M2、VDF5211-319M2、VFS12/10-3.8M2、VJS10/10-3M2、VJS05/05-0.8M2、VJS04/03-0.42M2、VJS05/05-0.8M2、VJS05/05-0.8M2、VJS06/06-1.35M2、VJS04/03-0.42M2	17	2020-02
11	辽宁荣耀纸业有限公司	水力碎浆机、气动绞绳机、液压剪绳机、沉渣井、抓斗、水力清洗机、圆筒筛、压力粗筛、压力粗筛、单式纤维分离机、排渣分离机、洗浆鼓、纤维分级筛、压力精筛、压力精筛、压力精筛、双盘磨浆机、内流式网前筛、二段网前筛、稀释水筛、复卷纸边碎浆机、损纸压力筛、砂水分离机、白水回收多盘、长纤多盘浓缩机、短纤多盘浓缩机	ZDS74M3D 型、CZSIII、FZ13、1660、0.2M3、5M3II 型、2000 * 4000、VCS12/10-3.8M2、VCS10/06-1.88M2、ZDFV980、410、850 * 3000、VFS10/10-3.14M2、VJS10/10-3.14M2、VJS08/08-2M2、VJS05/05-0.8M2、DD550、AWS15/13-6.4M2、AWS06/06-1.2M2、AWS06/06-1.2M2、ZDS3M3、AZS08/08-2M2、CX420、DS4515/16-390M2、CDI4216-338M2、CDI4216-338M2	30	2019-09
12	伊朗 KARA 造纸厂	白水边浆线设备：一段粗筛、单式纤维分离机、低浓重质除渣系统 LOCC 浆线设备：链板输送机、水力碎浆机、水力清洗机、圆筒筛、气动绞绳机、液压剪绳机、高浓除渣器、一段粗筛、排渣分离机、低浓除渣系统 损纸系统设备：圆网浓缩机、轻重渣处理系统 瓦楞纸网前流送系统：网前压力筛 T 纸项目网前流送系统：低浓除渣系统、网前压力筛、二段精筛 纤维回收系统：多圆盘浓缩机	白水边浆线设备：VCS05/05-0.8M2、520、CH400； LOCC 浆线设备：BFW1600、45M3D 型、3M3、1500、CZSIII、FZ13、5500 升/分、VCS10/06-1.88M2、410、ECO-C； 损纸系统设备：15M2； 瓦楞纸网前流送系统：AWS06/06-1.2M2； T 纸项目网前流送系统：CH400、AWS04/06-0.8M2、AWS06/06-1.2M2、VJS04/03-0.4M2； 纤维回收系统：VDF4209-180M2	35	2020-02
13	上海辰冠进出口有限公司	木浆系统：水力碎浆机、高浓除渣器、压力粗筛、双盘磨浆机等 日产 600 吨 LOCC 系统：ECO-450 + CH1000 长纤低浓除渣系统 1 套 流送系统		31	
14	江苏洪泽湖纸业有限公司	口杯纸制浆线、木浆线设备		19	

续表

序号	客户名称	设备名称	主要规格和参数	台(套)数	交货时间
15	南宁桂达纸业有限公司	链板输送机、转鼓碎浆机、高浓除渣器、集渣罐、提渣机、高浓除渣器、一段压力粗筛、二段压力粗筛、单式纤维分离机、排渣分离机、振框式平筛、重质除渣系统、纤维分级筛、中纤一段重质除渣系统、双盘磨浆机、一段压力精筛、二段压力精筛、三段压力精筛、面浆网前筛、底浆一段网前筛、底浆二段筛、白水多盘过滤机、中纤盘式浓缩机、长、短纤盘式浓缩机、链板输送机、散包除尘机、流送二段重质除渣系统	BFW1800、3500、7500 升/分、CX2、4500 升/分、VCS08/05D-2.5M2、VCS08/05-1.25M2、720、410、ZSK3-2M2、VFS12/12-4.5M2、450 升/分、DD660、VJS08/08-2M2、VJS05/05-0.8M2、VJS04/03-0.4M2、AWS10/10-3.14M2、AWS12/14-5.3M2、VJS06/06-1.35M2、DS4512-312M2、ZNP2516-120M2、ZNP3516-240M2、BFW1600、3250、450 升/分	29	

十五、福建省轻工机械设备有限公司

序号	客户名称	设备名称	主要规格和参数	台(套)数	交货时间
1	理文造纸有限公司、山东太阳纸业股份有限公司、广西宏瑞泰纸浆有限责任公司、中国中轻国际工程有限公司、巴西 BO PAPER 公司、福建省联盛纸业有限责任公司	湿浆处理系统	200～1200 吨/日，进浆浓度：3%～5%，出浆浓度：30%～50%（根据设备造型区分），出料形式：分片或破碎	32	2018-2019
2	印度尼西亚 Surabaya Mekabox 公司、西班牙 Copasa 公司、中国中轻国际工程有限公司、伊朗 RASHA CASPIAN 公司	废纸 OCC 处理系统	200～1000 吨/日，废纸种类：OCC、EOCC、LOCC、混合废纸，生产品种：挂面箱纸板、瓦楞原纸、湿浆设备浆线	30	2018-2019
3	中山华通尼日利亚项目、印度 SHREE KRISHNA INDUSTRIES 公司、印度 KATIYANI 公司、印度尼西亚 APP 集团、印度 KATIYANI 公司、菲律宾 BATANGAS 公司	废纸脱墨处理系统	150～350 吨/日，废纸原料：办公废纸、新闻纸，生产品种：挂面牛皮箱纸板、文化用纸、打印纸	15	2018-2019
4	新大陆科技集团有限公司、福建申远新材料有限公司	压力容器及非标槽罐	中低压容器、非标槽罐、化浆机械设备	500	2018-2019
5	漳州市诚运环保有限公司、太原天润生物能源有限公司、深圳市腾浪再生能源发展有限公司、厦门兴重环保科技有限公司、瀚蓝生物环保科技有限公司、哈尔滨天仁瑞和生物能源公司、瑞科际莆田市餐厨垃圾处置场	绿色环保处理设备	根据需求定制	135	2018-2019

十六、上海轻良实业有限公司

序号	客户名称	设备名称	主要规格和参数		台(套)数	交货时间
			幅宽/毫米	车速/(米/分)		
1	越南顺安纸业有限公司	三叠网包装纸机	5400	800	1	
2	山东仁丰特种材料股份有限公司	特种纸机	2880	300	1	
3	日照华泰纸业有限公司	长网多缸牛皮纸造纸机	3450	650	1	
4	霸州市华通纸业有限公司	长网多缸高强瓦楞原纸机	5600	750	1	
5	东莞建晖纸业有限公司	三长网多缸造纸机改造项目	4800	1000	2	
6	金凤凰纸业(孝感)有限公司	高强瓦楞原纸机改造项目	4950/5000	700	各 1	
7	东莞市上隆纸业有限公司	长网多缸造纸机	4800	750	1	
8	临猗县力达纸业有限公司	新月型高速卫生纸机	2850/3550	1300	各 1	
9	保定雨森卫生用品有限公司	新月型高速卫生纸机	3500	1400	4	
10	辽宁豪唐纸业有限公司	新月型高速卫生纸机	3550	1600	2	
11	河北姬发造纸有限公司	新月型高速卫生纸机	3500	1400	2	
12	理文造纸有限公司	三叠网多缸造纸机	5600	1000	3	
13	印度客户	三叠网多缸造纸机	3950	700	1	
14	保定市中信纸业有限公司	新月型高速卫生纸机	3550	1400	1	
15	山东太阳纸业股份有限公司	新月型高速卫生纸机	2850	1600	2	
16	河南护理佳纸业有限公司	新月型高速卫生纸机	2850	1400	2	
17	山西云冈纸业有限公司	新月型高速卫生纸机	2850	1400	4	
18	庆云胜港纸业有限公司	新月型高速卫生纸机	2850	1400	4	
19	漯河聚源纸业有限公司	新月型高速卫生纸机	2850	1300	1	
20	河南华兴纸业有限公司	新月型高速卫生纸机	2850	1300	1	
21	广东松炀再生资源股份有限公司	长网多缸造纸机	5600	700	1	
22	陕西圣龙纸业有限公司	长网多缸高强瓦楞原纸机	4200	400	1	
23	保定达亿纸业有限公司	新月型高速卫生纸机	3550	1400	2	
24	临沂县源泰热能有限公司	新月型高速卫生纸机	3600	1400	1	
25	临沂县源泰热能有限公司	新月型高速卫生纸机	2850	1400	3	
26	山东太阳纸业股份有限公司	淋膜原纸纸机改造	3500	450	1	

十七、沙市轻工机械有限公司

序号	客户名称	设备名称	主要规格和参数		台(套)数	交货时间
			幅宽/毫米	车速/(米/分)		
1	印度 TULSI PAPER 公司	涂布器	3350	300	1	2018-04
2	乌兹别克斯坦 FIRUZ KARTON 公司	板纸涂布机	1100	100	1	2018-06
3	云南昆船电子设备有限公司	帘式涂布器	1650	300	1	2018-03

续表

序号	客户名称	设备名称	主要规格和参数		台(套)数	交货时间
			幅宽/毫米	车速/(米/分)		
4	印度 KHANNA PAPER 公司	PM2 涂布机改造涂布器 + 干燥箱	2200	225	3	2018-05
5	印度 KHANNA PAPER 公司	PM1 涂布机改造涂布器 + 干燥箱	3000	300	4	2018-07
6	东莞市悦声纸业有限公司	压光机	1250	200	1	2018-06
7	莱阳银通纸业有限公司	特种纸涂布机改造	1760	200	1	2018-05
8	印度 SRIPATHI PAPER AND BOARDS 公司	膜转移施胶机	2900	500	1	2018-08
9	广东冠豪高新技术股份有限公司	1 号机、6 号机、8 号机、9 号机、10 号机涂布机升级改造	2640	600	5	2018-06
10	常州捷佳顺机械有限公司	涂布器改造	1300	150	1	2018-05
11	山东省第二轻工机械厂	自动接纸退纸架	1880	120	2	2018-06
12	河北辛集华瑞滤纸有限公司	滤纸施胶涂布机	3450	80	1	2018-07
13	湖北新成萃腾科技有限公司	特种纸涂布机	1100	10	1	2018-07
14	沧州意达花纸印刷材料有限公司	特种纸涂布机	1880	400	1	2018-11
15	印度 SATTUR SRI VENKATESH-WARA 公司	涂布器	2900	250	1	2018-10
16	东莞九州方圆纸业有限公司	特种纸涂布机	900	80	1	2018-10
17	淄博语嫣丹青纸业有限公司	特种纸涂布机	1200	60	1	2018-11
18	漯河银鸽特种纸有限公司	热敏纸机改造	1880	350	1	2018-09
19	悦声纸业(中国)有限公司	特种纸涂布机	1100	200	1	2018-12
20	山东太阳纸业股份有限公司	膜转移施胶机	3520	1000	1	2018-12
21	杭州洪昌纸制品有限公司	石蜡纸涂布机	1250	200	1	2019-01
22	印度 AADITYA PAPTECH 公司	涂布器	3300	300	1	2019-05
23	伊朗 RASHA CASPIAN IRANIAN 造纸工业公司	机外涂布机生产线	2640	550	1	2019-04
24	华邦古楼新材料有限公司	PM9 膜转移施胶机改造	3550	800	1	2019-04
25	山东天元纸业有限公司	膜转移施胶机	3150	350	3	2019-04
			2400	300		2019-07
26	印度 RUCHIRA PAPERS 公司	膜转移施胶机	3330	700	1	2019-09
27	湖南天琪智慧印刷有限公司	三防热敏纸涂布机	1760	400	1	2019-09
28	杭州洪昌纸制品有限公司	特种纸涂布机	1880	300	1	2019-07
29	杭州洪昌纸制品有限公司	自动退放纸架、卷纸架	1092	200	2	2019-06
30	印度 TIRTHAK PAPER MILL 公司	组合刮刀涂布器	3070	200	1	2019-11
31	民丰特种纸股份有限公司	离型纸转向干燥箱	3400	500	1	2019-09
32	粤港(广州)智能印刷有限公司	涂布器	1760	400	1	2019-11
33	沁阳市鑫海轻工机械有限公司	刮刀涂布器	4200	350	3	2019-11

续表

序号	客户名称	设备名称	主要规格和参数		台(套)数	交货时间
			幅宽/毫米	车速/(米/分)		
34	沧州杰明新材料科技有限公司	特种纸涂布机+压力筛	1680	250	1	2019-12
35	印度 BAHL PAPER MILLS 公司	组合刮刀涂布器	2940	280	1	2019-12
36	埃及 RAKA PAPER 公司	无碳/热敏纸双用涂布机	1575	250	1	2020-01
37	上海金大塑胶有限公司	干燥箱及热风系统	1300	300	1	2019-11
38	河南仙鹤特种浆纸有限公司	膜转移施胶机	2800	700	1	2020-04
39	中山鸿兴联合造纸有限公司	膜转移施胶机	4100	600	1	2020-04
40	悦声纸业(中国)有限公司	特种纸涂布机	1880	300	1	2020-07
41	莱阳银通纸业有限公司	防伪票据涂布机	1760	180	1	2020-05
42	鹤山荣达新材料科技有限公司	特种纸涂布机	1750	200	1	2020-04
43	中山鸿兴联合造纸有限公司	膜转移施胶机	5500	700	2	2020-06
		膜转移施胶机	4100	650		2020-06
44	昌乐新迈纸业有限公司印度 SPENDO PAPAERS 公司	白卡纸涂布头	6600	1100	1	2020-07

十八、浙江双元科技开发有限公司

序号	客户名称	设备名称	主要规格和参数	台(套)数	交货时间
1	牡丹江恒丰纸业股份有限公司	QCS 质量控制系统、纸张横幅定量控制系统、纸病 WIS 纸病检测系统		7	2018-2019
2	仙鹤股份有限公司	纸病 WIS 纸病检测系统、QCS 质量控制系统		5	2018-2019
3	淄博欧木特种纸业有限公司	纸病 WIS 纸病检测系统、QCS 质量控制系统、蒸汽冷凝水回收控制系统		10	2018-2019
4	德州方源纸业有限公司	纸张质量在线检测控制系统、蒸汽冷凝水回收控制系统		8	2018
5	辽宁兴东科技有限公司	DCS 制浆造纸过程控制系统、纸张质量(定量、水分、稀释水)在线检测控制系统		3	2018
6	江苏星光新材料科技有限公司	蒸汽冷凝水回收控制系统+制浆造纸过程控制系统+纸张质量在线检测控制系统+装饰原纸表面缺陷高速在线检测系统		1	2018

十九、山东欧佩德昌华华林造纸机械有限公司

序号	客户名称	设备名称	主要规格和参数		台(套)数	交货时间
			幅宽/毫米	车速/(米/分)		
1	福建省福清友发实业有限公司	长网多缸特种纸机	3000	500	1	2020-08
2	河南仙鹤特种浆纸有限公司	长网多缸特种纸机	3200	350	1	2020-08
3	集成环保科技有限公司	长网多缸纱管纸机	4900	300	1	2020-03
4	汕头市澄海区平安造纸厂	长网多缸高强瓦楞原纸机	5000	550	1	2020-10
5	俄罗斯客户	叠网多缸瓦楞原纸机	4600	600	1	2020-12

二十、济宁华隆机械制造有限公司

序号	客户名称	设备名称	主要规格和参数	台(套)数	交货时间
1	杭州富伦生态科技有限公司	20 万吨废旧牛奶盒处理系统	高浓碎解系统、轻渣分离系统	12	2018-10
2	潍坊佳旺塑业有限公司	80 吨/日固废处理系统	洗料/造粒/烟气系统	28	2019-02
3	山西华天基纸业有限公司	100 吨/日固废处理系统	洗料/造粒/烟气系统	28	2019-03
4	伊朗 RASHA PAPER 公司	200 吨/日固废处理系统	洗料/造粒/烟气系统	32	2019-05
5	广东耀德纸业有限公司	25 万吨涂布白纸板生产线	包含 2 套 200 吨/日热分散系统	16	2019-06
6	山东枣庄恒宇纸业有限公司	600 吨/日 OCC 处理系统	50 米^3 碎浆机系统/3 米^2 粗筛精筛系统	16	2019-06
7	威海龙港纸业有限公司	150 吨/日固废处理系统	洗料系统	25	2019-06
8	云南禄丰永兴纸业有限公司	600 吨/日 OCC 处理系统	60 米^3 碎浆机系统/3 米^2 粗筛系统	22	2019-11
9	湖北长江汇丰纸业有限公司	ECO 浮选脱墨系统		3	2019-12
10	印度尼西亚 SCG-DAYASA/FAJAR 公司	250 吨/日固废处理系统	洗料/造粒/烟气系统	84	2020-04
11	山东华金板纸有限公司	30 万吨涂布白纸板生产线	4 米^2/3.2 米^2/2 米^2/1.2 米^2 压力筛等	18	2020-04
12	山西华天基纸业有限公司	1000 吨/日 OCC 处理系统	100 米^3 碎浆机系统/4 米^2 粗筛分级筛精筛系统/7 米^2 网前筛	20	2020-06
13	浙江华天再生资源有限公司	180 吨/日热分散系统		2	2020-10
14	上海轻良实业有限公司、华章科技股份有限公司、东莞市永辰机械有限公司、杭州北辰轻工机械有限公司	纸机损纸碎解系统	年度配套	157	

二十一、山东海天造纸机械有限公司

序号	客户名称	设备名称	主要规格和参数		台(套)数	交货时间
			幅宽/毫米	车速/(米/分)		
1	俄罗斯客户	长网多缸瓦楞原纸机及复卷机	2500	300	1	2019-06
2	墨西哥客户	双叠网多缸造纸纸机及复卷机	2500	250	1	2019-09
3	俄罗斯客户	长网多缸瓦楞原纸机升级改造	4200	500	1	2019-11
4	墨西哥客户	三叠网多缸造纸纸机及复卷机	2500	300	1	2019-12
5	阿曼 Keryas Paper Industry LLC 公司	三叠网多缸造纸纸机及复卷机	4400	450	1	2020-07
6	内乡仙鹤纸业有限公司	大缸特种纸机	3200	300	1	2020-08
7	四川鑫昇利环保科技有限公司	木浆复合布斜网特种纸机	2500	120	1	2020-09

续表

序号	客户名称	设备名称	主要规格和参数		台(套)数	交货时间
			幅宽/毫米	车速/(米/分)		
8	射阳县宏瑞纺织机械制造有限公司	木浆复合布斜网特种纸机	3500	120	1	2020-09
9	淄博欧木特种纸业有限公司	特种纸机项目	1520	200	1	2020-05
10	莱州联友金浩新型材料有限公司	斜网特种纸机	2200	100	1	2020-07
11	江苏长海复合材料股份有限公司	斜网特种材料	1500	80	1	2020-10
12	奥斯龙明士克复合纤维(滨州)有限公司	TAD 及热风系统	2200	100	1	2020-12

二十二、溧阳市江南烘缸制造有限公司

序号	客户名称	设备名称	主要规格和参数	台(套)数	交货时间
1	维美德(中国)有限公司	钢制扬克缸	Φ5500 毫米 ×6200 毫米	2	2021
			Φ6400 毫米 ×4160 毫米	2	2021
2	PMP 集团	钢制扬克缸	Φ4885 毫米 ×4010 毫米	10	2019-2020
3	ACELLI 切利机械设备有限公司	钢制扬克缸	Φ3660 毫米 ×3300 毫米	1	2018-2019
			Φ4877 毫米 ×3300 毫米	3	
			Φ5486 毫米 ×3300 毫米	2	
4	上海轻良实业有限公司	钢制扬克缸	Φ4000 毫米 ×3150 毫米	2	2018-2020
			Φ4572 毫米 ×3900 毫米	2	
			Φ4572 毫米 ×3250 毫米	1	
			Φ4877 毫米 ×3250 毫米	1	
			Φ4000 毫米 ×3900 毫米	1	
			Φ4000 毫米 ×3900 毫米	2	
			Φ4000 毫米 ×3900 毫米	2	
			Φ4000 毫米 ×3150 毫米	1	
			Φ4000 毫米 ×3150 毫米	4	
			Φ4000 毫米 ×3150 毫米	4	
			Φ3660 毫米 ×3150 毫米	1	
5	保定维拓造纸机械有限公司	钢制扬克缸	Φ3660 毫米 ×3150 毫米	2	2018-2020
			Φ3660 毫米 ×3850 毫米	1	
			Φ3000 毫米 ×3900 毫米	1	
			Φ3660 毫米 ×3150 毫米	1	
			Φ3660 毫米 ×3150 毫米	1	
			Φ3660 毫米 ×3900 毫米	1	
			Φ3000 毫米 ×3900 毫米	1	
			Φ3000 毫米 ×3180 毫米	1	

续表

序号	客户名称	设备名称	主要规格和参数	台(套)数	交货时间
6	江苏信诺轨道科技股份有限公司		Φ3660毫米×3150毫米	1	2018-2020
			Φ4270毫米×4300毫米	2	
			Φ4270毫米×3900毫米	2	

（龚　凌）

2019 年部分企业投产的卫生纸机设备

Tissue Machines Put into Production in 2019

省、区、市	公司名称	项目地点	阶段	规模/（万吨/年）	纸机					投产时间	供应商	备注
					形式	型号	数量/台	幅宽/毫米	车速/（米/分）			
河北	保定市港兴纸业有限公司	河北保定	新增	2.5	新月型	BT1300-3550	1	3550	1300	2019-12	佛山市南海区宝拓造纸设备有限公司	国产
	保定明月北厂纸业有限公司	河北保定	新增	2.0	新月型	BC1100-3550	1	3550	1100	2019-03	佛山市南海区宝拓造纸设备有限公司	国产
	保定满城金光纸业有限公司	河北保定	新增	2.0	新月型	BC1300-3550	1	3550	1300	2019-03	宝拓（辽阳慧盛造纸机械有限公司）	国产
	保定瑞丰纸业有限公司	河北保定	新增	1.6	新月型	BC1300-2850	1	2850	1300	2019-02	宝拓（辽阳慧盛造纸机械有限公司）	国产
	河北聚润卫生用品有限公司	河北保定	新增	1.8	新月型	AL-FORM C1100-3550	1	3600	1100	2019	宝拓（辽阳慧丰造纸技术研究所）	国产
	保定市辰宇纸业有限公司	河北保定	新增	2.0	新月型	BC1300-3550	1	3550	1300	2019-12	佛山市南海区宝拓造纸设备有限公司	国产
	保定雨森卫生用品有限公司	河北保定	新增	8.8	新月型		4	3500	1300	2019-02、05	上海轻良实业有限公司	国产
	河北姬发造纸有限公司	河北保定	新增	2.2	新月型		1	3550	1300	2019-02	上海轻良实业有限公司	国产
	河北金博士集团有限公司	河北保定	新增	6.0	新月型	3700/1500	2	3700	1600	2019-07、08	山东信和造纸工程股份有限公司	国产

续表

省、区、市	公司名称	项目地点	阶段	规模/（万吨/年）	纸机					投产时间	供应商	备注
					形式	型号	数量/台	幅宽/毫米	车速/（米/分）			
河北	满城县立发纸业有限公司	河北保定	新增	2.0	新月型		1	2850	1200	2019-10	山东信和造纸工程股份有限公司	国产
	保定市诚信纸业有限公司	河北保定	新增	2.5	新月型	3600/1250	1	3600	1200	2019-02	山东信和造纸工程股份有限公司	国产
	保定兴荣纸业有限公司	河北保定	新增	2.5	新月型	3600/1250	1	3600	1200	2019-04	山东信和造纸工程股份有限公司	国产
	保定市长山纸制品有限公司	河北保定	新增	1.7	新月型	BZ3500-II	1	3500	1200	2019-01	陕西炳智机械有限公司	国产
	辛集化二化工有限公司(辛集市福德纸业有限公司)	河北辛集	新增	1.5	新月型	BZ3500-I	1	3500	800	2019-03	陕西炳智机械有限公司	国产
	保定市晨松纸业有限公司	河北保定	新增	1.5	新月型		1	3500	900	2019-02	陕西炳智机械有限公司	国产
	满城县汇丰纸业有限公司	河北保定	新增	1.5	新月型		1	3500	900	2019-10	陕西炳智机械有限公司	国产
	保定白云山纸业有限公司	河北保定	新增	1.5	新月型		1	3500	900	2019-09	陕西炳智机械有限公司	国产
	保定市富民纸业有限公司	河北保定	新增	1.8	新月型		1	3600	1000	2019-04	西安维亚造纸机械有限公司	国产
	保定市满城利达纸业有限公司	河北保定	新增	1.5	新月型		1	2850	1000	2019-12	西安维亚造纸机械有限公司	国产
	秦皇岛丰满纸业有限公司	河北秦皇岛	新增	1.5	新月型		1	2850	1000	2019	西安维亚造纸机械有限公司	国产
	保定市安信纸业有限公司	河北保定	新增	2.5	新月型	MC1100-3550	1	3500	1300	2019-12	西安维亚造纸机械有限公司	国产
	满城县鹏飞造纸厂	河北保定	新增	2.0	新月型		1	3550	1300	2019-03	西安维亚造纸机械有限公司	国产
	河北雪松纸业有限公司	河北保定	新增	6.0	新月型		2	3600	1300	2019-03	西安维亚造纸机械有限公司	国产
	保定市满城曙光造纸厂	河北保定	新增	2.0	新月型		1	3500	1200	2019	诸城大正机械有限公司	国产

续表

省、区、市	公司名称	项目地点	阶段	规模/（万吨/年）	纸机					投产时间	供应商	备注
					形式	型号	数量/台	幅宽/毫米	车速/（米/分）			
河北	保定益康造纸厂	河北保定	新增	1.8	新月型		1	2850	1300	2019-01	保定市维拓造纸机械有限公司	国产
	保定旭冉纸业卫生用品有限公司	河北保定	新增	1.8	新月型		1	2850	1300	2019-09	保定市维拓造纸机械有限公司	国产
	保定市雄飞造纸厂	河北保定	新增	1.8	新月型		1	3500	900	2019-12	保定市维拓造纸机械有限公司	国产
	唐山美特好卫生用品有限公司	河北迁安	新建	5.0	新月型		2	3550	1300	2019-07、10	轻工业杭州机电设计研究院	国产
山西	山西云冈纸业有限公司	山西大同	新增	3.3	新月型	BZ3500-I	2	3500	1300	2019-01、11	陕西炳智机械有限公司	国产
	临猗县力达纸业有限公司	山西运城	新增	3.6	新月型		2	2850	1300	2019-02	上海轻良实业有限公司	国产
辽宁	辽宁豪唐纸业股份有限公司	辽宁开原	新增	2.6	新月型		1	3550	1600	2019-05	上海轻良实业有限公司	国产
黑龙江	大庆市新庆馨纸业有限公司	黑龙江大庆	新增	2.0	新月型		1	3500	1100	2019-10	保定市维拓造纸机械有限公司	国产
浙江	浙江家家发纸业有限公司	浙江龙游	新增	10.0	新月型		4	2860	1500	2019-12	江西欧克科技有限公司	国产
福建	福建恒安集团有限公司	福建晋江	新增	2.0	短长网型	擦手纸机	1	3050	500	2019-01	山东信和造纸工程股份有限公司	国产
	福建聚辉纸业有限公司	福建福清	新增	1.8	新月型		1	2850	1000	2019	西安维亚造纸机械有限公司	国产
山东	庆云胜港纸业有限公司	山东德州	新建	2.0	新月型		1	2850	1400	2019-12	上海轻良实业有限公司	国产
河南	沁阳市宏都纸业有限公司	河南沁阳	新增	6.0	新月型	3980/1200	2	3980	1200	2019-04、09	山东信和造纸工程股份有限公司	国产
湖北	湖北宏福纸业有限公司	湖北襄阳	新增	1.0	新月型		1	2850	800	2019-03	天津天轻造纸机械有限公司	国产
湖南	常德德馨纸业有限公司	湖南常德	新增	1.8	新月型		1	2850	1000	2019	西安维亚造纸机械有限公司	国产

续表

省、区、市	公司名称	项目地点	阶段	规模/（万吨/年）	纸机					投产时间	供应商	备注
					形式	型号	数量/台	幅宽/毫米	车速/（米/分）			
广东	中顺洁柔纸业股份有限公司	湖北孝感	新增	10.0	新月型	Intelli-Tissue® EcoEc Premium 1600	4	3500	1600	2019-05、06、07、08、09、10、11	波兰 PMP 集团	进口
	维达纸业（中国）有限公司	湖北孝感	新增	6.0	新月型	领先型 2.0M	2	3400	1600	2019-06、09	意大利拓斯克公司	进口
	香港理文集团有限公司	江西九江	新增	10.0	新月型	BC1300-2850	6	2850	1300	2019-10	佛山市南海区宝拓造纸设备有限公司	国产
	惠州福新纸业有限公司	广东惠州	新增	1.6	新月型	BC1300-2850	1	2850	1300	2019-02	宝拓（辽阳慧盛造纸机械有限公司）	国产
广西	江南纸业有限公司	广西横县	新增	1.8	新月型		1	2850	1200	2019-03	绵阳同成智能装备股份有限公司	国产
	柳州市柳林纸业有限公司	广西柳州	新增	1.8	新月型		1	2850	1200	2019-06	贵州恒瑞辰机械制造有限公司	国产
	广西天力丰生态材料有限公司	广西南宁	新增	2.0	新月型		1	2850	1200	2019-09	江苏信诺轨道科技股份有限公司	国产
	广西象州莲桂纸业有限公司	广西来宾	新增	1.0	真空圆网型		1	2880	700	2019-10	天津天轻造纸机械有限公司	国产
四川	宜宾纸业股份有限公司	四川宜宾	新增	5.0	新月型	iDEAL®	2	2850	1600	2019-01、03	意大利亚赛利公司	进口
	四川环龙新材料有限公司	四川绵阳（安州基地）	新增	1.5	真空圆网型	SF-12-1000B	1	2850	1000	2019	佛山市南海区宝拓造纸设备有限公司	中外合作
	四川凤生纸业科技股份有限公司	四川乐山	新增	12.0	真空圆网型	SF-12-1200B	10	2850	1200	2019	佛山市南海区宝拓造纸设备有限公司	中外合作
云南	云南云景林纸股份有限公司	云南景谷	新增	2.4	真空圆网型	SF900-2860	2	2850	1000	2019-10	佛山市南海区宝拓造纸设备有限公司	中外合作
陕西	陕西法门寺纸业有限公司	陕西西安	新增	2.2	新月型	2850/1300	1	2850	1300	2019-08	山东信和造纸工程股份有限公司	国产

续表

省、区、市	公司名称	项目地点	阶段	规模/（万吨/年）	纸机					投产时间	供应商	备注
					形式	型号	数量/台	幅宽/毫米	车速/（米/分）			
总计				164.7			84					

（中国造纸协会生活用纸专业委员会）

科技　教育　出版

SCIENCE AND TECHNOLOGY, EDUCATION AND PUBLICATION

6

2019 年度造纸工业获奖情况

Winners of Science and Technology Awards in Paper Industry in 2019

1. 2019 年度国家级(造纸)获奖项目

2019 年度国家级(造纸)获奖项目

项目名称	完成单位	完成人
2019 年国家科学技术奖一等奖		
制浆造纸清洁生产与水污染全过程控制关键技术及产业化	华南理工大学 山东太阳纸业股份有限公司 山东华泰纸业股份有限公司 齐鲁工业大学	陈克复　应广东　徐　峻 张凤山　李　军　曹衍军 乔　军　李晓亮　莫立焕 安庆臣　冯郁成　曾劲松 周景蓬　张　伟　韩文佳
2019 年国家技术发明奖二等奖		
混合材高得率清洁制浆关键技术及产业化	中国林业科学研究院林产化学工业研究所 南京林业大学 北京林业大学 山东晨鸣纸业集团股份有限公司 山东华泰纸业股份有限公司 江苏金沃机械有限公司	房桂干　邓拥军　戴红旗 许　凤　耿光林　刘燕韶 沈葵忠　范刚华　丁来保 盘爱享
2019 年国家技术发明奖二等奖		
大型二氧化氯制备系统及纸浆无元素氯漂白关键技术及应用	广西大学 北京林业大学 广西博世科环保科技股份有限公司	王双飞　孙润仓　杨崎峰 聂双喜　詹　磊　覃程荣

2. 2019 年度中国轻工业联合会科学技术奖(造纸)获奖项目

2019 年度中国轻工业联合会科学技术奖(造纸)获奖项目

项目名称	完成单位	完成人
技术发明奖一等奖		
木质纤维高效分离及功能材料制备技术及应用	北京林业大学 厦门大学 国家纳米科学中心 山东银鹰股份有限公司 山东华泰纸业股份有限公司	许　凤　曾宪海　查瑞涛 张学铭　张凤山　何在祥
科技进步奖二等奖		
高性能抗水防油型食品用纸制备关键技术研发及产业化	陕西科技大学 浙江恒达新材料股份有限公司	李金宝　伊财富　宋顺喜 姜文龙　修慧娟　赵新民 杨菊红　汪静燕

续表

项目名称	完成单位	完成人
新型纸用增强剂的研制及推广应用	山东华泰纸业股份有限公司 江南大学	张　丹　龙　柱　张凤山 谢士兵　陈　杰　刘燕韶 张安钵　郭启程
现代造纸过程纸页三维结构调控先进技术与装备	华南理工大学 岳阳林纸股份有限公司 中冶美利云产业投资股份有限公司 河南天邦集团纸业有限公司	樊慧明　刘建安　胡亚丽 牟洪燕　李正国　周湘红 龚群飞　周庆乐
轻化工废水高效处理关键技术开发与产业化	陕西科技大学 西安隆华环保技术有限公司 陕西东方环保产业集团有限公司	张安龙　罗　清　王先宝 张　波　王　森　程丙军 侯银萍　高俊玲
制浆造纸用输送与搅拌装置关键技术研究及产业化	南通大学 江苏大学 亚太泵阀有限公司 上海凯泉泵业(集团)有限公司 尚宝罗江苏节能科技股份有限公司	施卫东　田　飞　高雄发 曹宇鹏　张德胜　杨勇飞 常　浩　康　灿
造纸机流浆箱智能控制系统	陕西科技大学 陕西西微测控工程有限公司 西安维亚造纸机械有限公司 陕西国际商贸学院	汤　伟　刘文波　王孟效 郑芳琴　王　博　李晓宁 赵凯坤　孙继峰
	科技进步奖三等奖	
基于纸铝塑分离的废旧饮料盒资源化利用关键技术研究与应用	陕西科技大学 北京鑫宏鹏纸业有限公司 西安中环再生资源开发有限公司	张素风　钱立伟　杨金帆 杜　敏　郭振齐　周秋生

3. 2019 年度主要省市科学技术奖(造纸)获奖项目

2019 年各省市科学技术奖(造纸)获奖项目

省市	项目名称	完成单位	完成人	获奖类别
浙江省	利用特种纤维提升纸基功能材料性能的关键技术及应用	杭州特种纸业有限公司 浙江科技学院	吴安波　赵会芳　沙力争 王建业　吴琼华　叶萍萍 郭大亮	浙江省科学技术进步奖三等奖
黑龙江省	生物质纤维素基功能化智能性材料的创生与应用	东北林业大学	王立娟　李　坚　钱学仁 马倩云　于　森	黑龙江省自然科学类一等奖
湖南省	水性转移卡纸的开发与应用研究	湖南中烟工业有限责任公司 常德金德新材料科技股份有限公司 常德金鹏印务有限公司 常德市芙蓉实业发展有限责任公司	银董红　文建辉　黄溢清 任建新　谭新良　余　赞 李标模	湖南省科技进步奖二等奖
陕西省	粉煤灰基硅酸钙高填料造纸关键技术及应用	陕西科技大学 大唐国际发电股份有限公司高铝煤炭资源开发利用研发中心 宝鸡科达特种纸业有限公司	张美云　宋顺喜　孙俊民 沈　静　杨　斌　侯清中	陕西省技术发明奖一等奖

注：表中奖项均由各省市区人民政府发布公告整理所得，部分省市未在网站公告或截稿之前未公告的没有收录。

（王　斌）

2019 年度造纸行业全国五一劳动奖获奖情况

National May 1st Labor Awards of Paper Industry in 2019

2019 年各省市造纸行业全国五一劳动奖章获奖情况

省市	获奖者姓名	工作单位及职务
山东省	葛海军	华泰集团有限公司造纸工

2019 年各省市造纸行业全国工人先锋号获奖情况

省市	获奖单位
黑龙江省	东北林业大学生物质材料创新研究团队

注：表中奖项由中华全国总工会发布公告整理所得。

（王　斌）

中国造纸学会蔡伦奖获奖情况

Cailun Awards of China's Paper Industry

根据国家科学技术奖励工作办公室《关于进一步鼓励和规范社会力量设立科学技术奖的指导意见》(国科发奖〔2017〕196号)的文件要求，经中国造纸学会第八届常务理事会第二次会议审议通过，“中国造纸蔡伦奖”修改为“中国造纸学会蔡伦奖”，并对评选表彰办法进行了修订。

“中国造纸学会蔡伦奖”旨在表彰在造纸行业科技创新和技术进步中做出突出贡献的科技工作者。根据《中国造纸学会蔡伦奖评选表彰办法》，中国造纸学会于2019年2月开展了第二届中国造纸蔡伦终身成就奖的评选工作。经提名推荐，中国造纸蔡伦奖评审委员会专家函审初评、评审会评议、无记名投票等程序，评选出第二届“中国造纸蔡伦终身成就奖”3名，经中国造纸学会常务理事会议审议通过，并在学会官网上进行了公示。

2019年5月30日，在中国造纸学会第八次全国会员代表大会开幕式期间，中国造纸学会公布了第二届“中国造纸蔡伦终身成就奖”获奖名单。授予南京林业大学李忠正，中国中轻国际工程有限公司黄运基，中国制浆造纸研究院有限公司朱圣光3位同志“第二届中国造纸学会蔡伦终身成就奖”。

第二届中国造纸学会蔡伦终身成就奖获奖名单

李忠正　南京林业大学
黄运基　中国中轻国际工程有限公司
朱圣光　中国制浆造纸研究院有限公司

（王　斌）

2019 年我国造纸工业授权专利

Granted Patents of China’s Paper Industry in 2019

2019 年我国造纸工业授权专利共 1586 项，其中制浆造纸工艺授权专利 203 项，占比 12.8%，制浆造纸装备授权专利 1121 项，占比 70.7%，造纸化学品授权专利 128 项，占比 8.1%，环境保护相关技术授权专利 134 项，占比 8.4%。

2019 年我国造纸工业授权专利

序号	分类号	专利名称	发明人	申请号	公开(公告)号
		制浆造纸工艺			
1	B32B	可再制浆和可回收的复合包装制品及相关方法	克里斯多夫·R·帝顿	CN201480015503	CN105263708B
2	D21B	制备青草用于制造纸和纸板的方法	乌韦·达格诺内	CN201480073528	CN106133238B
3	G05B	一种容量自适应的制浆方法	王旭宁 等	CN201510273718	CN104872292B
4	D21C	一种从硫酸盐法制浆黑液中提取木素的方法及装置	苏坚训	CN201510508932	CN106468032B
5	D21C	用于制造纸或纸板产品的至少一个层的方法以及纸或纸板产品	J. 雷萨埃宁 等	CN201580030911	CN106460328B
6	A24B	一种高松厚度造纸法再造烟叶纤维组成及制备方法和应用	李　龙 等	CN201610052665	CN106993820B
7	B03B	高连生体高灰高硫煤分选制浆一体化工艺	苗真勇 等	CN201610226849	CN105665124B
8	G01N	监测制浆造纸系统中胶粘物分布情况的方法	张福山 等	CN201610395180	CN106053301B
9	C12N	一种适用于制浆过程的地衣芽孢杆菌工程菌及其构建方法	汪俊卿 等	CN201610828036	CN106467903B
10	D21H	纸张和造纸方法	Y·罗 等	CN201610951056	CN107034724B
11	D21H	用于制造纸、纸板或类似物的方法	克里斯托弗·迈克尔·刘易斯 等	CN201680089559	CN109790684A
12	D21B	一种干切棉纤维生物酶制浆工艺	郭志强 等	CN201710269690	CN106988136B
13	D21B	一种制浆用棉纤维的干法备料系统及工艺	郭志强 等	CN201710270258	CN107044062B
14	D21C	一种常温去油墨制浆工艺	徐　涛 等	CN201710454861	CN107119482B
15	D21F	一种以废弃茶梗为原料的造纸方法	岳金权 等	CN201710539992	CN107287968B
16	D21H	一种造纸浆内施胶的纸张制备方法	林悦敏	CN201710559256	CN107201692B
17	D21H	利用麦草和蔗渣制造纸张的方法	齐永怡	CN201710577466	CN107190552B
18	D21C	一种以龙须草为原料的制浆造纸方法	马冠等	CN201710670550	CN107268315B

续表

序号	分类号	专利名称	发明人	申请号	公开(公告)号
19	D21B	一种利用桑条皮制作造纸原料的方法	上官倩	CN201710713737	CN107287950B
20	B31F	一种用于造纸的压花方法	李泽世 等	CN201710875473	CN107415329B
21	C02F	造纸废水处理工艺	洪文刊	CN201710915464	CN109592842A
22	D21B	机械制浆方法	王　刚	CN201711478178	CN109989283A
23	D21F	一种以竹子为原料的造纸工艺	袁建波 等	CN201711485595	CN109989287A
24	D21B	一种造纸法纤维密封材料未硫化损料的处理方法	李　红 等	CN201711360780	CN109930408A
25	B65D	制造纸板盒的方法	F·拉罗什	CN201780037197	CN109311556A
26	D21H	干强度组合物、其用途和制造纸、纸板等的方法	马蒂·希耶塔涅米 等	CN201780049171	CN109563686A
27	D21C	从生物质制浆工艺水或废液中分离出半纤维素的方法	奥列格·沙盖夫 等	CN201780053705	CN109642394A
28	D21H	用于制造纸、纸板或类似物的方法和组合物的用途	马蒂·希耶塔涅米 等	CN201780054594	CN109661493A
29	D21H	使用微纤维化纤维素提高造纸系统的滤水性能	J·M·麦凯	CN201780063629	CN109844220A
30	D21C	使用猴面包树树皮韧皮纤维、猴面包树果实纤维和/或纳塔尔无花果树韧皮纤维作为造纸原材料生产纸、卡纸或纸板的方法	L·D·丁青格	CN201780071591	CN110023561A
31	D21H	聚合物在制造纸或纸板的过程中用于控制沉积物形成的用途	马蒂·希耶塔涅米 等	CN201780072128	CN109983177A
32	D21C	将棉基原料制浆的方法	S·西尔伯曼 等	CN201780079652	CN110088393A
33	D21F	用于形成纤维幅材的成形部、包括成形部的造纸机和形成纤维幅材的方法	安蒂·波伊科莱宁 等	CN201780084306	CN110199061A
34	D21H	使用回收废纸生产牛皮纸的制浆方法	杜汉民 等	CN201810047869	CN110055809A
35	G01N	一种碱法制浆黑液中 α-蒎烯含量的检测方法	罗小林 等	CN201810111756	CN108195970B
36	G01N	一种碱法制浆过程小放气冷凝液中 α-蒎烯含量的检测方法	罗小林 等	CN201810114064	CN108318598B
37	C02F	一种造纸污泥调理、脱水、干化、焚烧处理工艺	占正奉 等	CN201810145369	CN108249732B
38	D21F	造纸方法	王祥槐 等	CN201810339075	CN110387765A
39	D21H	造纸方法及改性纸浆的方法	刘洁一	CN201810378132	CN108342924B
40	D21H	硫酸钙晶须部分代替浆板造纸的技术	王　鹏	CN201810389079	CN110409214A
41	D21B	一种使用废纸进行造纸的纸浆处理方法	杜汉民 等	CN201810407042	CN108755213B
42	D21C	一种基于湿法造纸技术制备壳聚糖纤维纸基材料的方法	赵光磊 等	CN201810813853	CN109235105A
43	D21H	一种造纸过程中的加湿降尘工艺	徐　锦	CN201810943795	CN109183511A
44	D21D	一种废纸制浆尾渣的回收利用工艺	蒋宗植 等	CN201810930346	CN109137594A
45	D21C	一种以禾本科植物为原料进行制浆的工艺	不公告发明人	CN201811016270	CN109183484A
46	D21H	一种钒掺杂抗菌造纸材料的制备方法	高利花 等	CN201811060792	CN109137600A
47	D21C	一种松木片与阔杂片混合硫酸盐化学制浆工艺	朱宏伟 等	CN201811104070	CN109235103A
48	D21H	一种用造纸污泥掺配多种回收纤维制备护角纸的方法	禚　昊 等	CN201811104081	CN109338811A

续表

序号	分类号	专利名称	发明人	申请号	公开(公告)号
49	C08F	一种耐水耐油脂造纸浆料及其制备方法	章　涛	CN201811156000	CN109535324A
50	A01F	一种秸秆制浆的干法备料工艺	王东兴 等	CN201811165364	CN109197188A
51	D21B	一种闭环式环保秸秆生物机械法制浆工艺	王东兴 等	CN201811165365	CN109338775A
52	D21B	一种木片超声波辅助化学浸渍的制浆漂白方法	房桂干 等	CN201811183230	CN109355960A
53	D21H	一种使用土绒及废旧箱板纸制成混合造纸浆料的方法	韩　冲 等	CN201811208974	CN109403128A
54	D21C	一种纸浆生产设备、制浆工艺及纸浆生产工艺	罗　勇	CN201811229726	CN109208365A
55	B31F	一种造纸用涂布、烫金、压纹连续性生产加工工艺	李佳乐 等	CN201811237484	CN109334125A
56	D21G	一种便于清洗的手工造纸装置的工作方法	朱明德 等	CN201811263622	CN109355966A
57	D21H	基于湿法造纸技术的超滤膜膜基材生产方法	俞正江 等	CN201811263970	CN109667185A
58	D21H	基于湿法造纸技术的纳滤膜膜基材生产方法	俞正江 等	CN201811263994	CN109629330A
59	D21F	基于湿法造纸技术的反渗透膜膜基材生产方法	俞正江 等	CN201811264116	CN109667184A
60	D21H	基于湿法造纸技术的微滤膜膜基材生产方法	俞正江 等	CN201811264122	CN109629331A
61	D21D	一种废纸制浆过程精筛渣的回收方法	苏振华 等	CN201811275423	CN109208372A
62	D21C	一种添加亚硫酸钠的硫酸盐制浆工艺	程　欣 等	CN201811323904	CN109537342A
63	D21D	一种磨浆装置及造纸工艺	徐　明 等	CN201811324295	CN109208370A
64	D21C	一种桉木、构木、杨木混合材的 APMP 制浆工艺	朱宏伟 等	CN201811346017	CN109457523A
65	D21B1	一种秸秆造纸纯机械制浆的工艺方法	李伟东	CN201811365259	CN109235096A
66	D21F	一种造纸厂管理系统	马春东 等	CN201811370631	CN109403123A
67	D21F	一种造纸烘干控制方法	王秀勤 等	CN201811385812	CN109518512A
68	D21F	一种环保工艺的造纸机的使用方法	叶　帅	CN201811386713	CN109162139A
69	D21D	一种玉米秸秆全秆化学机械法制浆工艺	江骁雅 等	CN201811414874	CN110080027A
70	D21F	一种利用造纸机进行造纸的方法	吴平芳	CN201811417646	CN109295791A
71	D21H	一种造纸技术中的多层涂布渗透方法	胡峰华 等	CN201811436817	CN109537356A
72	D21F	一种利用二次纤维进行再造纸的工艺	卢福全	CN201811438962	CN109281221A
73	D21D	一种基于梯度增强回归树的造纸过程打浆度软测量方法	李继庚 等	CN201811455202	CN109440515A
74	B02C	一种陶瓷工业用大产量低能耗连续球磨机及其球磨制浆工艺	肖凤军 等	CN201811470821	CN109317263A
75	C02F	一种通过预调理促进造纸污泥脱水的方法	范述捷 等	CN201811476491	CN109734283A
76	D21H	一种改善造纸生产系统的多功能组合物及其应用	许桂红 等	CN201811477738	CN110241651A
77	D21C	一种低克重纸张的单流程全国废制浆生产方法	诸建华	CN201811497499	CN109594385A
78	C02F	一种造纸生化出水的深度处理装置及应用方法	周北海 等	CN201811512648	CN109626718A
79	C02F	一种造纸生化出水的深度处理方法	周北海 等	CN201811512673	CN109626669A
80	D21F	一种造纸浆污泥分离回用的方法	王建平 等	CN201811526335	CN109610221A
81	D21B	一种使用废纸制浆的提高纤维利用率的瓦楞芯纸生产方法	刘伟锋 等	CN201811541861	CN109518505A
82	D21C	一种生产清洁造纸竹浆的方法	王海申	CN201811548544	CN109594383A

续表

序号	分类号	专利名称	发明人	申请号	公开(公告)号
83	D21C	一种清洁制浆污染物的处理系统及方法	王海申 等	CN201811552215	CN109487612A
84	C02F	一种造纸废水的零排放处理方法及装置	张卫国 等	CN201811557355	CN110395839A
85	C08L	一种造纸废弃物/PVC 复合材料	施晓旦 等	CN201811565421	CN109762267A
86	C08L	一种 PVC/造纸废弃物微发泡复合型材及制备方法	施晓旦 等	CN201811565577	CN109694531A
87	C08L	一种造纸废弃物/PE 阻燃复合材料及其制备方法	施晓旦 等	CN201811565586	CN109762227A
88	D21C	一种生产流程短的造纸浆生产工艺	冯文军 等	CN201811590166	CN109706770A
89	D21B	一种减少溶解浆用量的造纸浆生产工艺	冯文军 等	CN201811590167	CN109629290A
90	D21C	一种新鲜蔗渣直接蒸煮制浆的方法	黄毅华 等	CN201811599286	CN109487610A
91	C02F	一种 DC 辅助高压脉冲电场处理造纸污泥的方法	臧立华 等	CN201811600335	CN109368959A
92	C01B	一种造纸污泥复合木棉纤维制备的多级孔活性炭及其制备方法	罗明汉 等	CN201811597677	CN109796013A
93	C02F	一种生物酶制剂及利用其提高造纸业混合废水处理效率的方法	张凤山 等	CN201811598914	CN109502764A
94	D21D	一种造纸流送系统的搅拌工艺	李文斌	CN201811607757	CN109629305A
95	B01F	一种新型制浆系统及其控制方法	竺海峰 等	CN201811612727	CN109621828A
96	D21C	一种造纸湿端的白水处理方法	李文斌	CN201811620205	CN109594387A
97	D21F	一种造纸循环系统及方法	韩　冲 等	CN201811621527	CN109537348A
98	D21C	用于纸浆生产线的高效制浆系统及洗浆工艺	杨朝林 等	CN201811622312	CN109629300A
99	D21C	秸秆生物机械制浆方法和设备	沈志忠 等	CN201811622478	CN109695172A
100	B23P	一种高硬度造纸空心轧辊的制作工艺	杨静等	CN201811628707	CN109623285A
101	D21C	一种高洁净度原色竹浆的制浆工艺	李文俊	CN201811635146	CN109706773A
102	C08L	一种造纸副产物增强聚氯乙烯材料及其制备方法	施晓旦 等	CN201811642345	CN109762268A
103	D21F	一种造纸的方法	何仁城	CN201811644400	CN109594396A
104	G05D	一种控制浆液 pH 值的方法及装置	曾水林 等	CN201811644949	CN109634315A
105	B27N	一种造纸废弃物制作的环保型密度板及其制作方法	施晓旦 等	CN201811647387	CN109624015A
106	B01D	一种造纸烘干部的废气去雾除味方法	王建平 等	CN201811649851	CN109603343A
107	D21C	一种造纸渣浆纤维分离回用方法	王建平 等	CN201811649852	CN109629301A
108	D21F	在造纸机中用于制造纤维材料幅面的方法和装置	M. 肯珀 等	CN201880005192	CN110088396A
109	D21C	用于在制浆工艺中去除二氧化硅的系统和方法	F · 维尔格森 等	CN201880009957	CN110249092A
110	D21H	制造纸或纸板和纸或纸板产品的方法	E · 莱克宁尔-乔尔曼 等	CN201880020619	CN110446812A
111	D21G	运行造纸机的方法、驱动系统和造纸机	拉格纳 · 阿纳森 等	CN201880026165	CN110536984A
112	D04H	一种新型造纸毛毯针刺机的改进方法	谢宗国 等	CN201910003655	CN109537169A
113	C08G	一种生物质造纸及综合利用的方法	王晓峰 等	CN201910003092	CN109810232A
114	D21C	一种芦苇生物制浆方法	田继生 等	CN201910008698	CN109667180A
115	D21C	一种芦苇微生物制浆方法	田继生 等	CN201910008702	CN109680531A
116	D21C	一种农作物秸秆微生物制浆方法	田继生 等	CN201910008707	CN109736118A

续表

序号	分类号	专利名称	发明人	申请号	公开(公告)号
117	D21C	一种农作物秸秆生物制浆方法	田继生 等	CN201910009308	CN109667181A
118	C04B	一种造纸污泥砖及制备方法	陈建孟 等	CN201910017670	CN109467405A
119	C02F	一种提高造纸废水生物处理效率的方法	徐　平	CN201910046968	CN109607973A
120	D21H	一种用于造纸工艺的填料预处理方法	邱振权	CN201910076716	CN109629333A
121	C02F	一种造纸废水处理工艺	宋明轩 等	CN201910087581	CN109592859A
122	B01J	一种制浆预水解液制备高得率水热碳微球的方法	孙润仓 等	CN201910117220	CN109806837A
123	C08F	一种丙烯酰胺共聚乳液及其在污泥脱水与造纸工业上的应用	吴　卷	CN201910120584	CN109897146A
124	D21C	一种从酒糟中提取造纸用纤维的方法	杨　顺	CN201910179866	CN109706768A
125	D21B	一种活性法制造纸浆的工艺	樊士英 等	CN201910181003	CN109695170A
126	D21C	一种以鲜竹为原料活性法制造造纸用纸浆的工艺	樊士英 等	CN201910181008	CN109811570A
127	C12M	一种秸秆破壁制浆机及秸秆破壁制浆的方法	陈伯强 等	CN201910198321	CN109868212A
128	D21F	一种手工造纸制作工艺及设备	曹　毅	CN201910200676	CN109957991A
129	D21F	浮雕手造纸及其制备方法	谭加仔	CN201910220663	CN109763371A
130	D21B	植物纤维汽爆无水制浆系统	于政道 等	CN201910227287	CN109797590A
131	C08H	一种从溶剂法制浆漂白废液中回收木质素的方法	闵　渝 等	CN201910236385	CN109776815A
132	D21C	一种基于水热预处理的蔗渣碱法制浆方法	孙润仓 等	CN201910237620	CN109837791A
133	D21H	一种高湿强餐巾纸的制浆工艺	李文俊	CN201910247312	CN110004771A
134	C02F	一种基于微粒的造纸污泥回用系统	庄　冉 等	CN201910248520	CN109912175A
135	D21F	适用于高车速高线压压榨用造纸毛毯及其制备方法	陆　平 等	CN201910273125	CN109881522A
136	D21F	适用于高车速高克重大辊径压榨造纸毛毯及其制备方法	陆　平 等	CN201910273127	CN109881523A
137	B01D	一种甲酸制浆废液中木素的资源化利用方法	戴红旗 等	CN201910297112	CN109939569A
138	D21H	在造纸过程中智能注入杀菌剂的方法及杀菌剂注入系统	宋雨芃 等	CN201910310677	CN109972449A
139	D21C	植物类原料生物环保制浆工艺方法	李　军 等	CN201910311625	CN110004757A
140	D21B	自然纤维类植物原料制浆浸渍备料系统	李　军 等	CN201910311684	CN109914137A
141	F16L	造纸厂浆池及白水池快速安装人孔或管道方法	黎桂华 等	CN201910318152	CN110173597A
142	D21C	一种基于废菌棒的生物机械制浆方法、生物机械浆及应用	胡庆喜	CN201910325273	CN110080026A
143	D21B	一种农作物秸秆程序性爆破制浆方法	吴学军 等	CN201910334735	CN109957982A
144	G06F	制浆造纸用的盘磨机磨片智能决策、设计系统及方法	郭西雅 等	CN201910352599	CN110046463A
145	C09C	造纸填料预处理装置及处理方法	邱振权	CN201910370725	CN110105790A
146	D21F	一种带有纸浆搅均效果的造纸用抄纸装置及使用方法	倪黄女	CN201910406882	CN110080032A
147	G01N	一种造纸废水中松香酸的检测方法	罗鸿斌 等	CN201910410626	CN110243954A
148	G01N	一种造纸废水中不饱和脂肪酸的检测方法	罗鸿斌 等	CN201910410627	CN110186895A
149	D21D	造纸用植物纤维处理的制备方法	邱振权	CN201910432881	CN110172852A

续表

序号	分类号	专利名称	发明人	申请号	公开(公告)号
150	D21C	一种非木材CFD制浆方法	龚 琛 等	CN201910433197	CN110158342A
151	D21C	基于分步生物的非木纤维或禾草类植物纤维的制浆方法	滕铁生	CN201910437032	CN110158344A
152	D21B	一种一体化制浆装置及方法	刘 斌 等	CN201910458520	CN110080023A
153	F23C	一种提高造纸厂锅炉炉膛物料循环的方法	卢占导 等	CN201910461915	CN110107891A
154	G01N	一种造纸用石灰石粉的检测方法	黄庆基 等	CN201910482171	CN110132787A
155	F24F	一种狭长型造纸厂车间新风处理方法	张道明 等	CN201910484652	CN110195903A
156	F24F	一种非狭长型造纸厂车间的新风处理方法	张忠斌 等	CN201910485223	CN110220262A
157	F23C	一种提高造纸厂锅炉物料循环效率的方法	蒋忠生 等	CN201910504315	CN110220187A
158	D21B	一种用植物纤维作原料制造纸浆的方法	梁秀珍	CN201910506386	CN110205848A
159	D21H	全废纸生产箱纸板的柔性废纸制浆工艺	廖研华 等	CN201910508200	CN110093807A
160	D21H	一种纸品施胶着色色浆在造纸领域中的应用	颜进华 等	CN201910508595	CN110144759A
161	D21H	纸制品、用于制备该纸制品的造纸组合物和方法	约翰·克劳德·赫斯本德	CN201910519904	CN110230230A
162	D21H	一种粉煤灰纤维应用于造纸过程中的增强改性工艺	任阳进 等	CN201910526633	CN110258177A
163	D21H	碱性含钾化合物氧化蒸煮脱木素制浆联产水溶肥料的方法	曾宪海	CN201910527518	CN110387767A
164	D21H	一种基于凝胶原位生长包覆碳酸钙填料的造纸加填方法	聂景怡 等	CN201910559595	CN110172859A
165	D21C	一种利用制浆造纸废液制备木质素粗产品及糖液的方法	石海强 等	CN201910563954	CN110295510A
166	G06F	用于单根造纸纤维特性及动态形变过程的计算机模拟方法	沈文浩 等	CN201910582802	CN110362898A
167	D21C	一种造纸制浆系统	谢 朝	CN201910583251	CN110331610A
168	D21C	一种低过渡金属含量的高湿强废纸的制浆方法	陈欢欢 等	CN201910592093	CN110258159A
169	D21B	低克重电商包装用纸制浆系统和方法	赵永炎 等	CN201910620230	CN110528303A
170	B01D	造纸供汽锅炉氮氧化物(NO_x)排放装置和处理方法	金晓春	CN201910620985	CN110508126A
171	D21F	一种造纸机网部纸页脱水成型装置和纸页进行脱水的方法	金晓春	CN201910620229	CN110396850A
172	D21H	一种废纸造纸污泥用于抄造灰板纸的方法	陈传勇 等	CN201910639659	CN110258168A
173	D21C	一种造纸碱炉灰处理液资源化利用方法	杨 刚 等	CN201910645241	CN110468617A
174	D21F	一种利用圆网造纸机复合加工吸水纸的方法	荣敏杰 等	CN201910661219	CN110219197A
175	D21F	一种造纸用抄纸装置及其抄纸方法	夏一飞	CN201910686710	CN110230229A
176	D21B	一种造纸碎浆段的自动控制系统及其运行方法	曹 旭 等	CN201910705413	CN110409206A
177	D21D	一种废纸制浆系统	刘建涛 等	CN201910710392	CN110396848A
178	B07B	一种制浆造纸胶料回收处理工艺	占正奉 等	CN201910721359	CN110420852A
179	D21H	含茶多酚或抑菌粉剂的干法造纸方法	李 敬	CN201910722842	CN110512461A
180	D21D	一种废纸制浆精筛尾渣处理工艺	陈学萍 等	CN201910725152	CN110331611A
181	B05D	一种化学制浆碱回收蒸发器板片泄漏金属补漏新工艺	乐观坤 等	CN201910730089	CN110465471A

续表

序号	分类号	专利名称	发明人	申请号	公开(公告)号
182	D21C	一种樟木硫酸盐法制浆工艺	吴　恒 等	CN201910730090	CN110438834A
183	D21H	利用造纸厂废料生产挂面纱管原纸的工艺	刘红涛	CN201910737390	CN110552245A
184	D21B	一种尾叶桉的 PRC-APMP 制浆方法	朱宏伟 等	CN201910750012	CN110468611A
185	D21C	一种用于造纸的微生物发酵秸秆提取植物纤维的系统及其应用	李凤兰 等	CN201910753012	CN110468615A
186	D21F	控制白水中的 DCS 的造纸工艺	徐　强	CN201910780313	CN110396856A
187	D21F	新型助留助滤的造纸工艺	吴　丹	CN201910780350	CN110528309A
188	D21H	提高纸张强度的造纸工艺	吴　丹	CN201910780351	CN110438836A
189	C02F	对废水分质多级回用的造纸工艺	徐　强	CN201910780837	CN110510755A
190	B01D	一种造纸废气的处理工艺	占正奉 等	CN201910792144	CN110559827A
191	D21B	减少污泥产生的造纸系统	黄志龙 等	CN201910792864	CN110499659A
192	C02F	造纸废水循环系统	黄志龙 等	CN201910792875	CN110498566A
193	B31F	低成本环保回收瓦楞纸再造纸工艺	杨玉柔 等	CN201910805003	CN110450462A
194	D21D	一种硬质纤维熟化系统及其制浆方法	乐恒香 等	CN201910806344	CN110512453A
195	C02F	一种造纸厂造纸污泥的资源化利用方法及造纸厂生产系统	万　黛	CN201910810568	CN110482825A
196	D21C	一种无烧碱常温造纸制浆工艺	于翔等	CN201910813337	CN110424173A
197	C09C	一种高耐晒造纸专用二氧化钛生产工艺	褚立峰 等	CN201910820945	CN110511598A
198	D21H	一种以废弃硅铝分子筛为原料的造纸填充料及其制备方法和应用	包红旭 等	CN201910835823	CN110528318A
199	D21D	一种提高湿法抄造纸张湿抗张强度的生产技术	李伟琪	CN201910869394	CN110578263A
200	D21F	一种基于中高浓制浆造纸技术的浓度调节方法	杨善先	CN201910904998	CN110468619A
201	G01N	检测造纸钛白粉耐光性的方法	罗　静 等	CN201910905132	CN110542646A
202	D21D	一种麦草秸秆制浆造纸预处理系统	黄　伟 等	CN201910954357	CN110552227A
		制浆造纸装备			
1	H02G	用于造纸机或其他系统的扫描头的线缆轨	B. 亨布尔	CN201480037303	CN105531891B
2	G01D	用于造纸机或其他系统的扫描传感器设置	R. E. 贝塞尔特等	CN201480041414	CN105492873B
3	B65H	接收从造纸机中的烘缸到达的纸幅并且将纸幅卷绕成卷的卷纸装置和使用卷纸装置的造纸机	P-O · 马尔姆奎斯特 等	CN201480061672	CN105722775B
4	D21B	一种办公家用自定义环保造纸机	李　璇	CN201510843740	CN105386349B
5	D21H	一种用于造纸的自动加药控制系统	张景争 等	CN201510035771	CN105862510B
6	D21F	用于对干燥物品进行干燥的方法和设备、工业设施、造纸厂以及控制装置	弗洛里安 · 赖斯纳 等	CN201580041163	CN106574441B
7	D21F	用于监控造纸机中循环的带的状况的监控系统及包括该系统的造纸机	M · 米切洛蒂	CN201580049327	CN107002362B
8	D21F	用在造纸机中的抽吸装置以及使用抽吸装置的造纸机	M · 比耶克等	CN201580084159	CN108350657B
9	G21F	一种造纸机设备流水线的辐射防护结构	沈东纯	CN201610092137	CN107103937B

续表

序号	分类号	专利名称	发明人	申请号	公开(公告)号
10	G01N	用于快速测定造纸法再造烟叶产品涂布率的方法和装置	李茂毅 等	CN201610219942	CN105910997B
11	D21G	制浆造纸系统中胶粘物的捕获装置和方法	张福山 等	CN201610398559	CN105887551B
12	D21F	一种造纸毛毯及其制备方法	陆 平 等	CN201610543655	CN106012646B
13	D21F	造纸烘干机干燥部	王自强	CN201610628053	CN106012645B
14	D21F	造纸机用独立导索轮	朱健硕	CN201610645636	CN106168001B
15	B28C	高速涡流制浆机	赵玉敏 等	CN201610721314	CN106239720B
16	F27B	一种半固态制浆用坩埚的双重冷却装置	袁茂凯	CN201610781045	CN106152782B
17	D21F	一种恒温提供热量的造纸烘干用支撑网	缪东伟	CN201610952739	CN106592316B
18	D21F	一种快速拼装的造纸烘干用支撑网	缪东伟	CN201610954506	CN106400575B
19	D21F	一种表面设有微型加热装置的造纸烘干用支撑网	缪东伟	CN201610954512	CN106567273B
20	B32B	一种造纸用陶瓷板粘结装置	叶 彩	CN201610964661	CN107215072B
21	B32B	一种智能造纸用陶瓷板粘结装置	叶 彩	CN201610964662	CN107215062B
22	F26B	一种造纸用快速干燥设备	梁叶青	CN201611086399	CN106766709B
23	B27L	一种造纸用原木高效切片设备	盛 江	CN201611086465	CN106476103B
24	B65H	一种造纸扁丝网用集线装置	缪东伟	CN201611165642	CN106494944B
25	D06C	一种造纸网定型机用高效加热装置	不公告发明人	CN201611190611	CN106757940B
26	D21D	一种双向旋转、多头超声波均质造纸打浆机	程艳青	CN201611271656	CN106758448B
27	D21G	造纸机干燥部纸幅剥离装置及其校准方法	李 亮	CN201710017446	CN106868921B
28	B27L	一种造纸生产用原木高效削皮装置	不公告发明人	CN201710066583	CN106827143B
29	B01D	一种造纸机的过滤设备	侯如升	CN201710089272	CN106731192B
30	F26B	一种造纸烘干机	李赵和	CN201710159309	CN106989582B
31	D21F	一种高速夹网纸机用造纸成形网和造纸设备	陆 平 等	CN201710325875	CN107268319B
32	C02F	污泥造纸自动化生产线	廉文利	CN201710335323	CN107032569B
33	D21F	一种生活用纸造纸机	卢伟民	CN201710368719	CN106988150B
34	D21F	一种高速生活用纸专用成形网及造纸设备	陆 平 等	CN201710381227	CN107177997B
35	D21F	一种滑动检测造纸机干网跑偏校正器	郑均平 等	CN201710436069	CN107119485B
36	D21F	一种用于造纸加工的快速成型装置	李汝和	CN201710489860	CN107090736B
37	D21B	一种用于造纸行业的木头粉碎机	姜 迪 等	CN201710528761	CN109208361A
38	D21C	一种用于造纸行业的可控温度的木屑蒸煮装置	姜 迪 等	CN201710528774	CN109208368A
39	D21F	一种节能的造纸压榨装置	向 华	CN201710555517	CN109235112A
40	D21F	一种可以检测纸张厚度的造纸机	郭 磊	CN201710564817	CN107326717B
41	D21C	造纸制浆蒸煮及黑液回收系统	向 华	CN201710557695	CN109235104A
42	G01G	一种造纸用木材重量检测装置	邹怡婷 等	CN201710586849	CN107328458B
43	B62B	一种造纸包装区用运输设备	邹怡婷 等	CN201710619799	CN107415995B
44	D21F	一种造纸毛毯及其制备方法	陆 平 等	CN201710637739	CN107435273B
45	G01N	一种基于双电化学传感器的硫酸盐法制浆过程纸浆卡伯值的在线检测方法与装置	胡会超 等	CN201710672423	CN107589158B

续表

序号	分类号	专利名称	发明人	申请号	公开(公告)号
46	G01N	一种基于流动分析的硫酸盐法制浆过程纸浆卡伯值的在线检测方法与装置	胡会超 等	CN201710672761	CN107607596B
47	D21F	一种造纸用造纸助剂均匀稀释装置	曹鹏飞 等	CN201710718706	CN107287961B
48	C02F	一种造纸厂废水处理装置	黄　震 等	CN201710722429	CN109422369A
49	D21F	一种造纸白水微细胶黏物高效黏附净化方法及装置	李　擘 等	CN201710771063	CN107366174B
50	D02G	一种造纸机带	王家盛	CN201710780946	CN109423725A
51	B01D	一种清理制浆车间清水池沉淀物的电动装置	罗盛雄 等	CN201710863112	CN109529415A
52	B02C	具有除尘功能的造纸用废纸粉碎机	李泽世 等	CN201710868617	CN107570294B
53	D21F	一种用于造纸的压花干燥装置	李泽世 等	CN201710874431	CN107460761B
54	D21F	一种造纸设备	李泽世 等	CN201710875475	CN107419582B
55	D21F	一种自动化造纸系统	李泽世 等	CN201710876189	CN107503215B
56	D21B	废纸造纸用碎纸装置	何虹颖	CN201710879924	CN107587367B
57	D21B	造纸用废纸的碎纸方法	何虹颖	CN201710880254	CN107489051B
58	B27C	造纸用压板式木材切割装置	何虹颖	CN201710881837	CN107511886B
59	D21D	一种造纸用高效打浆装置	赵克勇	CN201710971136	CN109680534A
60	C02F	一种造纸用废水净化装置	赵克勇	CN201710972492	CN109678281A
61	D21B	一种造纸用快速碎浆机	赵克勇	CN201710972533	CN109680527A
62	D21C	一种造纸加工用快速脱水装置	赵克勇	CN201710973045	CN109680533A
63	D21F	一种吸湿透气造纸毛毯及其制备方法	王成虎 等	CN201711044792	CN107604737B
64	D21F	一种吸水造纸毛毯及其制备方法	王成虎 等	CN201711044822	CN107858853B
65	D21F	造纸机压榨部无线提升系统及方法	崔宝刚 等	CN201711100218	CN108118551B
66	B01D	一种造纸厂烘干部废气脱白除臭循环一体化设备	邵振华 等	CN201711111109	CN109772125A
67	B66F	一种用于造纸机的铜版纸升降运输装置	倪沈华	CN201711116656	CN107651608B
68	D21B	一种造纸碎浆系统	周华祥	CN201711137123	CN107724148B
69	D21F	一种造纸机的网部系统	周华祥	CN201711137125	CN107747250B
70	B02C	一种造纸用粉碎机	马　琳	CN201711166751	CN109806950A
71	D21B	一种用于造纸行业的除渣设备	张　锦	CN201711185303	CN109826035A
72	B26D	一种造纸设备用节能型除尘装置	张　锦	CN201711186077	CN109822659A
73	B02C	造纸用秸秆粉碎装置	吴卓谕	CN201711210485	CN109833931A
74	D21D	一种造纸磨浆机械	杨　科	CN201711241549	CN109853286A
75	D21F	抽吸箱、造纸设备及造纸方法	高鹤翔 等	CN201711254539	CN109868672A
76	D21F	造纸装置	东本佳久 等	CN201711338931	CN109957988A
77	D21F	一种可切除毛边的造纸设备	杨怡钰	CN201711341830	CN108060602B
78	B02C	一种造纸用木板粉碎设备	曹鹏飞 等	CN201711407562	CN108212364B
79	D21F	一种超薄型原纸造纸设备	王敏岚 等	CN201711488676	CN108570874B
80	B01F	用于仿古药物宣纸制浆的搅拌器	李正明	CN201721125639	CN208340608U
81	D21F	一种防发霉造纸池	林水清	CN201721671625	CN208346556U
82	B01D	一种造纸废渣分离器	林水清	CN201721672194	CN208356203U

续表

序号	分类号	专利名称	发明人	申请号	公开(公告)号
83	C02F	一种用于造纸加工的水循环利用装置	不公告发明人	CN201721802816	CN208561940U
84	D21F	一种造纸废渣纤维回收装置	乾 宽 等	CN201721892985	CN208328541U
85	D21F	监控造纸机的方法和监控系统	艾德温·麦可·盖德·希文 等	CN201780004299	CN108474180B
86	D21H	造纸方法和处理系统	约瑟夫·路易斯·比斯巴尔	CN201780026496	CN109154146A
87	D21F	造纸机脱水叶片的支撑机构	戴维·科恩	CN201780030796	CN109715881A
88	D21F	用于造纸机的包括聚合物层的带或织物	詹姆斯·E·西利	CN201780022396	CN109154143A
89	D21H	用于造纸的干法处理的纤维素纤维	D. E. 克诺克斯等	CN201780029612	CN109196165A
90	D21H	用作造纸干燥强度剂的低分子量干燥粉末	黄荷清 等	CN201780035266	CN109689970A
91	D21F	三维造纸带	M·A·布拉尊 等	CN201780044109	CN109477301A
92	D21F	流动模块和用于制造用于造纸机的流浆箱的流动模块的方法	W. 鲁夫 等	CN201780045132	CN109477300A
93	D21F	用于在造纸环境中收集和处理粉尘的粉尘处理装置	M·坎多蒂 等	CN201780051511	CN109642396A
94	D21C	用于处理制浆废液的方法和系统	安德思·阿克尔	CN201780054995	CN109689969A
95	D21H	纸的制造方法、造纸用添加剂的制造装置以及纸的制造装置	陈嘉义	CN201780055448	CN109689971A
96	D21F	用于收集和处理造纸环境中的灰尘的系统和方法	M·坎多蒂	CN201780062280	CN109804117A
97	B01D	用于卷对卷纳米材料分散造纸的旋转过滤器装置	迈克尔·安德鲁·莫恩什	CN201780077252	CN110087760A
98	E03F	一种造纸厂用污水管道疏通单元	向 伟 等	CN201810057764	CN108252398B
99	D21F	一种用于造纸机的真空系统	杜 林 等	CN201810096164	CN110093804A
100	B27L	一种造纸业用竹子粉碎设备	林金印	CN201810105128	CN108360278B
101	D21F	一种生活用纸造纸机水针系统	洪增源 等	CN201810107440	CN110130138A
102	D21B	一种造纸系统及造纸方法	冒江云 等	CN201810108702	CN110130134A
103	D21F	造纸烘干部废气除臭脱白及余热利用设备	邵振华 等	CN201810131086	CN110130139A
104	B28C	自动配比制浆系统及方法	朱 科	CN201810147161	CN110142870A
105	A01F	一种专用于芦苇造纸切割设备	林金印	CN201810159031	CN108589357B
106	A01F	一种造纸用芦苇切割设备	林金印	CN201810207910	CN108560298B
107	D21G	造纸起皱系统及其起皱方法	黄锦华	CN201810210638	CN110273320A
108	D21F	纸材料输送装置及造纸机	东本佳久	CN201810316061	CN110359310A
109	D21F	一种造纸厂的烘缸轴头在线更换方法	过建文	CN201810374552	CN108755229B
110	D21F	一种多功能造纸机真空吸水箱	葛胜玲	CN201810423807	CN108342920B
111	D21C	造纸用纸浆蒸煮装置	周银峰	CN201810440278	CN110468616A
112	D21H	造纸涂料及其制备方法、纸板	叶春洁	CN201810523761	CN110541325A
113	D21B	一种造纸机	鲍雪儿	CN201810531304	CN108589366B

续表

序号	分类号	专利名称	发明人	申请号	公开(公告)号
114	D21F	一种造纸机及胶辊	石　强	CN201810604144	CN110552231A
115	D21F	中高速造纸机用造纸毛毯生产工艺	邢海军 等	CN201810692714	CN108797185B
116	D21F	造纸机用毛毯生产系统	邢海军 等	CN201810692715	CN108589386B
117	B01F	一种用于造纸的制浆混合搅拌装置	李文富 等	CN201810776109	CN109513362A
118	B26D	一种用于造纸后的纸张分切装置	李文富 等	CN201810776312	CN109531651A
119	D21B	一种造纸用木材粉碎研磨装置	李文富 等	CN201810776314	CN109537337A
120	C02F	一种制浆重污冷凝水综合处理装置与方法	秦昀昌 等	CN201810904837	CN108975619B
121	D21F	应用在制造纸带的设备中的刮除器和用来制造纸带的设备	克劳斯·巴特尔马斯	CN201810952306	CN109423912A
122	B29B	一种造纸厂用塑料薄膜风选机	夏敏月	CN201811052334	CN109176979A
123	D03D	一种造纸环保过滤网织造专用锁边装置	朱江平	CN201811114978	CN109162008A
124	D03D	一种重型宽幅造纸环保过滤网织机	朱江平	CN201811115834	CN109252273A
125	D21D	一种造纸渣浆的循环处理装置	钟小玲	CN201811119898	CN109235109A
126	D21G	一种造纸机用的基于离心减速的压辊防护装置	吴　斌	CN201811127093	CN109183492A
127	D21H	以螺纹压合和刮板刮合平整配合的造纸湿部施胶装置	张敏勇	CN201811128333	CN109281228A
128	F16K	一种造纸设备用气动高温角座阀	刘宇金 等	CN201811133647	CN109185465A
129	A24B	一种造纸法再造烟叶干燥装置及其干燥方法	刘雄斌 等	CN201811135952	CN109123747A
130	D21D	一种用于造纸生产的打浆过滤一体机器人	石纪康	CN201811138013	CN109295789A
131	C02F	一种造纸行业产生的反渗透浓水在融雪剂中的应用	吴朝军 等	CN201811148842	CN109231549A
132	D21F	一种基于 MVR 的造纸干燥系统	杨鲁伟 等	CN201811152078	CN109440518A
133	B01F	一种用于造纸生产中的搅拌设备	王　兵	CN201811154131	CN109331689A
134	D21B	利用横径向双向旋转运作的高效造纸用分散设备	杨春斌	CN201811161386	CN109281216A
135	D21B	利用横径向双向旋转运作的高效造纸用分散设备	杨春斌	CN201811161386	CN109281216A
136	B01D	一种新型造纸废气处理装置	孙冉冉	CN201811176105	CN109224767A
137	C02F	一种造纸废水初步处理设备	鞠定顺	CN201811092215	CN109179603A
138	C02F	一种环保用造纸厂废水排放净化设备	吴　敏	CN201811185037	CN109205837A
139	C02F	一种环保用造纸厂废水排放净化设备	吴　敏	CN201811185867	CN109205838A
140	B01F	一种造纸专用化学品设备	林　焱	CN201811204928	CN109289604A
141	D21D	一种高效的造纸原料筛分压缩装置	邵志勇	CN201811221822	CN109137595A
142	D21H	一种造纸分散剂供给装置	梁杏辉	CN201811227782	CN109440528A
143	D21J	一种造纸用纸浆热压设备	李佳乐 等	CN201811238771	CN109235148A
144	D21B	一种造纸用纸浆制备装置	周小琴	CN201811247124	CN109162133A
145	D21B	一种造纸厂用废纸回收利用装置	肖江江 等	CN201811251419	CN109267410A
146	B01D	一种造纸清洁生产废水处理用过滤装置	张永鑫 等	CN201811265041	CN109224592A
147	D21B	一种打浆均匀的造纸打浆装置	吴　敏	CN201811282240	CN109355961A
148	D21F	小型造纸机	董夫典 等	CN201811285658	CN109371741A
149	B65H	一种造纸机械的压平式除尘装置	郭　玮	CN201811288485	CN109516270A

续表

序号	分类号	专利名称	发明人	申请号	公开(公告)号
150	B65H	一种造纸机械用具有分类能力的切割装置	梁杏清	CN201811288560	CN109399281A
151	B65H	一种造纸机械生产用可控性卷纸机	郭 玮	CN201811290735	CN109484901A
152	B65H	一种造纸用具有定向设置分隔线功能的收卷设备	梁杏清	CN201811290841	CN109516271A
153	F26B	一种造纸机械用可调式烘干装置	梁杏清	CN201811290843	CN109458822A
154	D21C	连续物理生物清洁制浆方法及制浆设备	王国忠 等	CN201811295385	CN109440514A
155	D21B	一种造纸装置	王文齿	CN201811301428	CN109235101A
156	C02F	一种造纸废水的处理设备	施奥捷	CN201811306094	CN109319978A
157	B01D	造纸车间的空气排放设备	孟刘博 等	CN201811332476	CN109289386A
158	C02F	造纸白水回收装置	孟刘博 等	CN201811332486	CN109264802A
159	B01D	用于造纸车间的排酸气装置	孟刘博 等	CN201811333934	CN109260933A
160	G01M	造纸机轴承状态监测机构及其状态监测方法	陈 锴 等	CN201811340651	CN109323862A
161	D21F	一种造纸脱墨浆胶粘物控制剂使用效果检测装置及方法	朱宏伟 等	CN201811346026	CN109518513A
162	B01F	一种利用流动包裹黏附的秸秆造纸用稀释装置	林阿碧	CN201811346392	CN109224972A
163	D21B	一种循环导流造纸碎浆装置	侯飞燕	CN201811347363	CN109338779A
164	D21F	一种能够回收污水的环保型造纸设备	张雅慧	CN201811370922	CN109235114A
165	C02F	一种造纸真空设备除垢系统	郭 威 等	CN201811375243	CN109574260A
166	D21B	一种节能环保的造纸印刷用碎浆设备	李谢玲 等	CN201811385793	CN109208363A
167	D21F	一种环保工艺的造纸机	叶 帅	CN201811386714	CN109162140A
168	D21F	一种造纸烘干装置	王秀勤 等	CN201811386795	CN109338788A
169	D21B	一种造纸用的快速碎浆机装置	于 珊	CN201811388461	CN109183481A
170	D21F	一种环保造纸设备及方法	苏 静	CN201811402714	CN109306635A
171	D21F	一种造纸车间水资源的循环利用处理装置及方法	郭建春 等	CN201811422454	CN109371737A
172	B26D	一种可进行边缘尺寸测量切割的造纸机械	章 丽	CN201811425540	CN109366595A
173	D21D	一种可过滤纸浆中杂质且具有自主清洁排屑的造纸机械	章 丽	CN201811425786	CN109281220A
174	D21F	一种可防止纸浆凝固的自带加热能力的造纸装置	章 丽	CN201811425979	CN109371740A
175	F16C	造纸机械专用自调心圆柱滚子轴承	董滨等	CN201811427724	CN109322913A
176	B27C	一种造纸用的水曲柳木切料装置	刘良国	CN201811431851	CN109366632A
177	D21D	一种造纸用联动循环打浆机	熊新华	CN201811436453	CN109355963A
178	D21F	一种便于清洗的手工造纸装置	徐菊梅	CN201811442633	CN109403121A
179	C02F	一种微波式促造纸污泥流动的干燥分离一体机构	林豪杰	CN201811455952	CN109721220A
180	D21F	一种造纸用高效循环烘干装置	孙西超	CN201811474878	CN109629310A
181	B07B	一种造纸用原料纤维振动筛	孙西超	CN201811475948	CN109604147A
182	B01F	一种新型高速涡流制浆机及其制备方法	王振海 等	CN201811486709	CN109364799A
183	D21C	一种环保节能秸秆制造纸浆装置	喻丽芬	CN201811488800	CN109355962A
184	D21D	一种造纸用木材原料热磨处理设备	喻丽芬	CN201811490020	CN109371734A
185	B01D	一种造纸纸浆温和式多级筛选的压力筛选机	章 丽	CN201811490165	CN109364558A

续表

序号	分类号	专利名称	发明人	申请号	公开(公告)号
186	F16B	一种定位垫片及造纸机辊子装置	苏立波 等	CN201811504069	CN109578425A
187	D21H	一种造纸用助剂均匀添加装置	李文斌	CN201811513186	CN109629339A
188	B01J	一种造纸用助留剂分解装置	李文斌	CN201811521914	CN109621866A
189	D21B	一种用于制取瓦楞芯纸的造纸浆料的废纸制浆装置	刘伟锋 等	CN201811541826	CN109629289A
190	B32B	一种新型造纸毛毯	周　骏 等	CN201811548140	CN109551844A
191	D21F	一种双层底网造纸毛毯	周　骏 等	CN201811557515	CN109629311A
192	C02F	一种具有初步混合功能的造纸用纸浆分离回收装置	郭　臻	CN201811561821	CN109626633A
193	B01D	一种造纸干燥用排风清洁装置	李文斌	CN201811567484	CN109663418A
194	D21F	一种造纸干燥用排风除异味装置	李文斌	CN201811567748	CN109610223A
195	D21B	一种造纸碎解段的废水回收装置和利用方法	张成飞 等	CN201811575127	CN109610215A
196	C02F	高浓度造纸制浆废渣处理设备	沈忠恩 等	CN201811576168	CN109437502A
197	F28D	一种应用于造纸设备的换热器	李景魁 等	CN201811576804	CN110094996A
198	B65D	一种具有分类功能的造纸传送装置	江长锋	CN201811586291	CN109533616A
199	D21F	造纸机用宽幅钢制节能烘缸	卞明杰	CN201811590153	CN109505184A
200	D21B	一种造纸工厂用制浆装置	陈俊燃	CN201811590376	CN109440512A
201	D21B	一种造纸碎浆设备	李佳乐 等	CN201811595772	CN109629291A
202	D21C	一种智能自动化造纸设备	李佳乐 等	CN201811595774	CN109653014A
203	D21G	一种造纸流送系统的白水池清洁剂的添加机构	李文斌	CN201811596569	CN109629315A
204	D21C	一种造纸快速脱水装置	张庆东	CN201811597531	CN109736120A
205	D21B	一种废纸造纸用回收处理再生装置	李　明	CN201811616158	CN109457522A
206	D21F	一种造纸机	董夫典 等	CN201811618336	CN109629308A
207	C02F	一种造纸湿端的水处理系统	李文斌	CN201811620209	CN109574314A
208	D21F	一种利用吸除浆湿翻转防变形压榨辊造纸机装置	赵颖颖	CN201811620261	CN109594394A
209	B09B	一种用于造纸厂废料的处理设备	陈　健 等	CN201811624656	CN109622570A
210	B66C	一种用于造纸网上料的吊具及其使用方法	董光元 等	CN201811625619	CN109607366A
211	D21D	一种造纸设备用减噪装置	宋荣台 等	CN201811629971	CN109853285A
212	D21B	一种废纸循环利用的造纸装置	冯沾善 等	CN201811631891	CN109537339A
213	B30B	一种造纸污泥回收处理装置	张彩伟 等	CN201811632479	CN109624371A
214	D21F	一种造纸机流浆箱	周柏太	CN201811644780	CN109629307A
215	B01D	一种基于化学吸附法的造纸污水站恶臭废气收集处理方法	王建平 等	CN201811649779	CN109569168A
216	D21F	一种具有连续接纸机构的造纸机	吴小伟 等	CN201820069397	CN209482051U
217	D21B	一种化工型废品回收造纸装置	杨倩倩	CN201820097361	CN208586452U
218	D21F	一种高效率造纸系统	单文猛	CN201820123632	CN209636548U
219	D21F	一种造纸用脱水装置	陈德姣 等	CN201820123633	CN209456799U
220	D21G	一种造纸机械专用油回收装置	王志勇 等	CN201820165300	CN208346561U
221	B01D	一种新型防堵塞的造纸用过滤装置	陈炳祥	CN201820172422	CN208302316U
222	B01D	一种防堵塞的造纸用过滤装置	陈炳祥	CN201820179380	CN208340249U

续表

序号	分类号	专利名称	发明人	申请号	公开(公告)号
223	B02C	有机物料粉碎制浆装置	余惠兴 等	CN201820204845	CN208407264U
224	D21C	制浆装置	颜礼彬 等	CN201820256954	CN209114244U
225	D21F	一种造纸机械用空套绳轮装置	夏新河	CN201820268378	CN208486124U
226	C02F	一种制浆造纸的废水处理系统	唐维亮	CN201820276499	CN208327596U
227	B02C	一种造纸用木材粉碎装置	苏加强	CN201820304195	CN208427111U
228	B08B	一种造纸污泥处理装置	彭志光	CN201820330017	CN208527445U
229	D21C	一种制浆黑液处理装置	彭志光	CN201820330068	CN208346554U
230	B01D	一种造纸蒸煮废气处理装置	彭志光	CN201820330086	CN208356464U
231	C02F	一种用于造纸的高效白水处理装置	彭志光	CN201820330087	CN208361962U
232	B02C	一种造纸备料废渣处理装置	彭志光	CN201820330097	CN208512746U
233	C02F	一种造纸设备清洗废水处理装置	彭志光	CN201820330098	CN208394828U
234	B01D	一种造纸废气洗涤塔	彭志光	CN201820330099	CN208356487U
235	D21F	一种造纸机压榨部毛毯压榨装置	王兴才	CN201820342575	CN208414984U
236	D21F	一种造纸机印引纸鼓风装置	周小明	CN201820388488	CN208632873U
237	B02C	一种造纸用超细木粉机	黄志锋	CN201820392567	CN208627465U
238	D21F	一种造纸机烘干部除臭系统	赵志芳 等	CN201820398364	CN208328544U
239	D21D	一种用于造纸生产的打浆机	马艳超	CN201820407678	CN208472450U
240	B01F	一种冲击制浆机	余渊洁 等	CN201820414517	CN208436766U
241	B01F	一种造纸漂液生产装置	周安乡 等	CN201820428765	CN208340546U
242	C02F	一种造纸废水臭气的处理系统	谭拥军 等	CN201820477035	CN208440452U
243	D21F	一种应用于造纸的过滤网更换结构	陈张飞	CN201820509230	CN208362792U
244	C02F	一种造纸废水回收槽	文国锋	CN201820528349	CN208545201U
245	B26D	除屑型造纸用切纸装置	陈树伟	CN201820541158	CN208410024U
246	D21B	一种环保制浆备料碎草设备	梁　季	CN201820542661	CN208395558U
247	D21B	一种原木造纸用加工装置	沈　阳	CN201820545973	CN208362785U
248	D21B	一种箱纸板制浆系统	韩　冲 等	CN201820559192	CN208328529U
249	B28C	一种机械化制浆系统	哈寿柏 等	CN201820563975	CN208697705U
250	C02F	一种造纸污泥干化及臭气处理系统	李文俊	CN201820575741	CN208562122U
251	C02F	一种造纸废水初步净化装置	卢福全 等	CN201820582110	CN208414098U
252	B01D	一种造纸废水动态纤维分离器	卢福全 等	CN201820582124	CN208340292U
253	D21D	一种造纸用纸浆过滤装置	不公告发明人	CN201820591521	CN208562977U
254	D21G	应用于造纸设备的保护装置以及造纸设备	陈清坤 等	CN201820593868	CN208430386U
255	B65H	一种应用于造纸设备的解卷装置以及造纸设备	王　昶 等	CN201820593904	CN208761743U
256	B65H	一种用于造纸和印刷包装收、放卷系统的机械气压轴涨轴	乔印保 等	CN201820604836	CN208603508U
257	B65H	一种用于造纸和印刷包装收、放卷系统的平轨滑差轴	乔印保 等	CN201820605011	CN208454164U
258	B01D	一种新型全自动清洗过滤网的造纸废水过滤器	梅　枫	CN201820608506	CN208320098U

续表

序号	分类号	专利名称	发明人	申请号	公开(公告)号
259	B01F	液体加料机构及制浆装置	不公告发明人	CN201820613640	CN208583232U
260	D21F	一种用于造纸机自动伸缩可调式圆网笼	李全奇	CN201820614732	CN208414981U
261	D21F	一种特种纸用造纸成形网及造纸设备	陆剑峰 等	CN201820617306	CN208430383U
262	D21F	一种单经扁丝干燥网以及造纸机	陆剑峰 等	CN201820617326	CN208533267U
263	D21F	一种造纸生产用烘干装置	不公告发明人	CN201820622037	CN208562986U
264	B01F	一种可混合配浆的生活用纸制浆系统	李文俊	CN201820622573	CN208612352U
265	D21F	一种造纸生产用流浆箱纤维混匀装置	冯俊杰 等	CN201820629084	CN208455353U
266	C02F	一种造纸废水处理装置	喻雪君 等	CN201820629373	CN208414100U
267	D21B	一种造纸用原料搅拌槽	喻雪君 等	CN201820630818	CN208414966U
268	D21B	一种便于移动的造纸机	喻雪君 等	CN201820630819	CN208395561U
269	B09B	一种造纸废料回收处理装置	喻雪君 等	CN201820631863	CN208408012U
270	C02F	造纸废水零排放系统	张志鹏 等	CN201820638104	CN208603855U
271	C02F	一种造纸厂用的节水减污降耗装置	陈国盛	CN201820651637	CN208378476U
272	C02F	造纸白水钙离子置换器	马新功 等	CN201820657166	CN208791405U
273	B01D	一种造纸废水处理的沉淀池	石晓斌 等	CN201820658398	CN208406185U
274	C02F	一种造纸厂生化池降温系统	邵振华 等	CN201820665926	CN208632193U
275	B66F	一种用于造纸机的铜版纸升降运输装置	张春花	CN201820666002	CN208516888U
276	C02F	一种用于造纸加工的水循环利用装置	陈章湖	CN201820667486	CN208577483U
277	C02F	一种造纸用废水处理装置	祝小攀 等	CN201820670693	CN208327667U
278	B01D	一种造纸厂废水排放过滤装置	王 笛	CN201820694265	CN208599257U
279	B65H	一种石头纸造纸机用展平轮、收卷系统和造纸装置	郭伦铭 等	CN201820702687	CN208648305U
280	C02F	一种造纸污泥资源化处理设备	林剑武	CN201820707124	CN208632366U
281	B01J	一种造纸废水处理剂生产设备	吴云行	CN201820709267	CN208679082U
282	D21B	一种基于三管通道下料式的环保造纸原料加工制浆设备	闫 光	CN201820712227	CN208533249U
283	C02F	一种组合式造纸废水处理设备	杨恒等	CN201820712759	CN208732778U
284	C02F	一种用于造纸厂的高效污水处理系统	杨 恒 等	CN201820712760	CN208732808U
285	D21D	一种新型造纸用打浆机	杨 恒 等	CN201820713463	CN208533259U
286	C02F	一种造纸污泥综合利用装置	罗亚敏 等	CN201820716099	CN208414198U
287	D21C	一种秸秆制浆用的秸秆脱水机	尹燕运	CN201820723257	CN208414969U
288	D21F	数码喷绘热转印原纸造纸机	王昱哲 等	CN201820725658	CN208309295U
289	C02F	一种制浆造纸废水处理系统	黄德喜 等	CN201820726963	CN208414161U
290	D21F	一种工业造纸用的纸张晾干设备	何煜旭 等	CN201820733529	CN208328547U
291	C02F	一种造纸废水处理装置	靳春燕 等	CN201820734238	CN208378677U
292	C02F	一种造纸废水微生物厌氧处理装置	卢福全 等	CN201820736327	CN208485668U
293	B01D	一种造纸废水提取纤维重复利用装置	卢福全 等	CN201820737857	CN208406315U
294	C02F	一种造纸厂废水脱色用臭氧脱色剂的投放设备	邵 帅	CN201820739890	CN208429922U
295	C02F	一种利用臭氧反应进行造纸厂废水处理的装置	邵 帅	CN201820739966	CN208378607U

续表

序号	分类号	专利名称	发明人	申请号	公开(公告)号
296	C02F	一种臭氧处理造纸厂废水脱色处理的成套设备	邵 帅	CN201820739977	CN208430003U
297	D21D	一种造纸打浆机	白万喜 等	CN201820743586	CN208517736U
298	D21B	一种造纸用木材清洗装置	朱文杰 等	CN201820744109	CN208328530U
299	B01D	造纸用自清理式斜筛	李锐球	CN201820751013	CN208493450U
300	B01D	一种造纸白水回用装置	李长增	CN201820754754	CN208372543U
301	C02F	一种造纸废水处理及回用装置	李长增	CN201820755147	CN208362139U
302	C02F	一种一体化造纸厂废水处理设备	梁胜锋	CN201820769611	CN208586095U
303	D21F	一种造纸用真空压榨辊	朱洪根	CN201820769998	CN208501387U
304	D21F	一种造纸用复合辊	朱洪根	CN201820770048	CN208309287U
305	D21D	一种造纸用高效纸浆装置	朱洪根	CN201820770049	CN208309274U
306	B65H	一种造纸用纸张卷制设备	朱洪根	CN201820770064	CN208308036U
307	B44B	石头纸造纸机在线压纹机构	贾中奇	CN201820777434	CN208376387U
308	B01D	一种造纸机热风循环系统的除尘装置	王升朝	CN201820791007	CN208389617U
309	F04D	一种造纸机真空系统	王立文 等	CN201820794212	CN208330785U
310	D21F	一种造纸白水回收系统	许志远 等	CN201820796816	CN208328542U
311	D21H	一种新型造纸染料助剂添加装置	王哲阳 等	CN201820801678	CN208414996U
312	B01F	一种造纸用纸浆搅拌装置	林锡永	CN201820816121	CN208694784U
313	D21D	一种制浆白水净化装置	王春智	CN201820820215	CN208379322U
314	C08B	一种造纸用表胶淀粉的制备系统	刘名中 等	CN201820826783	CN208395082U
315	D21F	一种造纸机烘干部传动结构	姜丰伟 等	CN201820833632	CN208414987U
316	D21H	一种造纸化学品在线注入器	姜丰伟 等	CN201820834872	CN208414992U
317	D21B	一种造纸浆料浓度自动调节系统	张小龙 等	CN201820843130	CN208379318U
318	B29C	石头造纸机成型辊表面防粘冷却机构	贾中奇 等	CN201820846672	CN208375746U
319	D21D	一种造纸用打浆机	尚建华	CN201820856778	CN208346555U
320	B02C	一种减少排渣量的造纸用破碎搅拌机	王利民	CN201820864912	CN208427155U
321	B05B	一种用于造纸的喷涂装置	黄少阳	CN201820866963	CN208390259U
322	B30B	一种造纸废渣回收装置	周箐艳	CN201820871199	CN208584834U
323	D21C	一种造纸废水处理装置	罗 军	CN201820872174	CN208501378U
324	D21F	一种造纸成型网自动张紧装置	翟光中	CN201820872869	CN208362802U
325	D21F	气缸造纸干网张紧装置	黎桂华 等	CN201820883683	CN208440918U
326	B02C	一种白炭黑高效制浆系统	张园园 等	CN201820887352	CN208466017U
327	C02F	一种造纸废水资源化回用处理装置	王 华 等	CN201820890289	CN209143886U
328	B08B	一种造纸烘缸用的清洗装置	颜尔青	CN201820895968	CN208810660U
329	D21B	一种造纸用可二次碎浆的碎浆装置	颜尔青	CN201820895969	CN208618173U
330	C02F	一种造纸业用便捷型废水处理装置	母志会	CN201820899265	CN208883512U
331	B01D	一种造纸用浆液的过滤装置	颜尔青	CN201820900814	CN208770960U
332	D21F	一种造纸用纸浆成纸后烘干装置	颜尔青	CN201820900908	CN208830044U
333	B65H	一种造纸完成后纸张成卷装置	不公告发明人	CN201820901426	CN208561091U

续表

序号	分类号	专利名称	发明人	申请号	公开(公告)号
334	D21F	一种造纸网用的托网支撑装置	齐习兵	CN201820903028	CN208717645U
335	D21F	一种用于造纸机可调式陶瓷脱水元件	谭军刚	CN201820904217	CN208562981U
336	D21F	一种造纸机的张紧装置	金文平 等	CN201820904496	CN208995835U
337	D21F	一种造纸机复合陶瓷脱水元件	谭军刚 等	CN201820904550	CN208844355U
338	D21F	一种造纸机陶瓷脱水元件	谭军刚 等	CN201820904900	CN208562983U
339	B65H	一种造纸设备制动校正器	金文平 等	CN201820904918	CN208413417U
340	D21B	一种造纸碎浆机用的上料装置	齐习兵	CN201820905641	CN208632860U
341	D21F	一种造纸机网部陶瓷脱水元件	谭军刚 等	CN201820905769	CN208562982U
342	D21F	一种造纸机网部耐磨陶瓷脱水面板	谭军刚 等	CN201820906167	CN208562980U
343	C02F	一种造纸白水处理塔	胡超杰 等	CN201820907053	CN208747658U
344	D21B	一种造纸用木材的磨木装置	齐习兵	CN201820908899	CN208594410U
345	B30B	造纸废料出料系统	赵志芳 等	CN201820909266	CN208438761U
346	D21F	造纸机网部除雾系统	谭拥军 等	CN201820909268	CN208440919U
347	B09B	一种造纸废料回收处理系统	赵志芳 等	CN201820910063	CN208527673U
348	D21F	一种用于造纸设备的双角度脱水条	克劳斯·巴特穆斯	CN201820911202	CN208777068U
349	D21F	一种造纸网布转运装置	吴　晗 等	CN201820913553	CN208414979U
350	B28C	一种浆粕生产用高速制浆机	尤秀兰 等	CN201820913692	CN208323794U
351	B01F	一种随着水深可调节搅拌叶板的可调节造纸污水搅拌器	李国珍	CN201820917408	CN208809863U
352	C01F	一种造纸级轻质碳酸钙生产设备	熊志明	CN201820918354	CN208561713U
353	B65H	一种全自动高效造纸业专用复卷机	王永顺	CN201820919898	CN208471157U
354	D21B	一种造纸用碎浆机	李学贞	CN201820923062	CN208884261U
355	D21B	一种带预热处理造纸打浆机	李学贞	CN201820924782	CN208395562U
356	B65G	一种造纸网布卷绕管转运装置	吴　晗 等	CN201820926401	CN208412913U
357	B08B	一种造纸网布清洗装置	吴　晗 等	CN201820926432	CN208661847U
358	D21F	一种造纸机成型网结构	李学贞	CN201820926850	CN208395568U
359	B65H	应用于造纸毛毯制备的毛卷退绕机构	梅兴波	CN201820927348	CN208326786U
360	C02F	一种造纸废水处理装置	卢世军	CN201820932249	CN208747778U
361	B01F	一种环保型造纸设备	卢世军	CN201820932389	CN208678973U
362	D21F	一种用于造纸设备的烘干设备	卢世军	CN201820932979	CN208830045U
363	D21F	一种分离式造纸纤维回收装置	赵耀强	CN201820935864	CN208362797U
364	D21C	一种再生牛皮卡纸造纸废水处理装置	赵耀强	CN201820935882	CN208362790U
365	B31F	一种造纸机用印花辊	不公告发明人	CN201820938360	CN208558453U
366	D21G	一种造纸机便于更换刮刀的调节装置	赵耀强	CN201820938564	CN208362804U
367	D21B	一种造纸机网部损纸处理装置	赵耀强	CN201820938565	CN208362788U
368	D21B	一种废纸制浆装置	杨仁春 等	CN201820943713	CN208328532U
369	C05F	一种造纸污泥资源化处理设备	林秀妹 等	CN201820944776	CN208857164U

续表

序号	分类号	专利名称	发明人	申请号	公开(公告)号
370	D21B	一种造纸机的纸浆制备装置	郑灼燕	CN201820945457	CN208501372U
371	D21F	一种可双面烘干的造纸烘干机	廖文丰 等	CN201820948532	CN208440915U
372	B26D	一种造纸用的纸张分切机	廖文丰 等	CN201820948795	CN208438372U
373	B24B	一种造纸机刮刀加工、打磨一体机	戴元德	CN201820949292	CN208697012U
374	C02F	一种造纸废水环保排放装置	张　超 等	CN201820951823	CN208454582U
375	D21F	一种造纸机用托辊	孔凡廷	CN201820955252	CN208618187U
376	D21B	超声波辅助生物酶环保制浆装备	陈丽春	CN201820955413	CN208346552U
377	D21G	一种造纸用可控挠度辊	张　成	CN201820964895	CN208830048U
378	D21B	一种制浆效率高的废纸回收设备	王海滨	CN201820974281	CN208733375U
379	D21D	一种带消泡组件的造纸机进浆装置	江　峰 等	CN201820978741	CN208618180U
380	D21F	一种多功能造纸机真空吸水箱	李德水	CN201820983397	CN208685341U
381	D21F	一种造纸机用真空吸水辊	江　峰 等	CN201820983681	CN209052940U
382	D21F	一种造纸机进浆装置	江　峰 等	CN201820983693	CN208632868U
383	B65H	一种造纸机换卷装置用上胶进水一体机	李　清	CN201820985334	CN208499896U
384	C02F	造纸污泥干化布泥装置	段会咏	CN201820986475	CN208500727U
385	B01D	一种便于清理的造纸污水处理装置	袁阳新	CN201820987505	CN208493385U
386	D21H	一种新型造纸分散剂供给装置	林德辉	CN201820988042	CN208379336U
387	D21D	一种造纸纸浆筛选装置	卢伟民	CN201820989393	CN208618178U
388	B65H	一种造纸用收卷机	卢伟民	CN201820989394	CN208617008U
389	D21F	一种用于造纸的烘干装置	卢伟民	CN201820989402	CN208618185U
390	B26D	一种造纸裁切机的废纸收集装置	卢伟民	CN201820990606	CN208614929U
391	D21F	一种造纸系统	张成飞 等	CN201820990747	CN208733380U
392	D21D	一种造纸用过滤器	卢伟民	CN201820991896	CN208618177U
393	D21D	一种废纸制浆的预处理装置	林启群	CN201820993165	CN208562978U
394	B01D	一种造纸废水过滤装置	林启群	CN201820993439	CN208641923U
395	D21H	用于制造纸管原纸的淀粉添加装置	王大伟 等	CN201820996641	CN208455368U
396	B05B	造纸机淀粉喷淋装置	高其峰 等	CN201820996759	CN208449736U
397	B01D	一种造纸白水回收装置	林启群	CN201820997550	CN208642025U
398	D21F	一种电加热造纸烘缸	刘　靖 等	CN201821000550	CN208328546U
399	C08H	一种酸析造纸废水制取木质素的验证机构	罗鸿斌	CN201821003261	CN208747985U
400	D21B	一种便于清洗的造纸用分级碎浆设备	秦　甲	CN201821005210	CN208884262U
401	D21B	一种造纸用纸浆原料粉碎装置	秦　甲	CN201821005226	CN208649777U
402	D21F	一种具有纸浆混匀功能的造纸用抄纸设备	秦　甲	CN201821005229	CN208649784U
403	C02F	一种环保型造纸废水处理装置	秦　甲	CN201821005236	CN208883634U
404	B01D	造纸工艺中的白水过滤器	张丙海	CN201821007074	CN208770953U
405	D21F	中高速造纸用毛毯及毛毯造纸机	邢海军 等	CN201821015298	CN208632869U
406	D21F	造纸机压榨部真空压辊总成	张立伟 等	CN201821017086	CN208455360U
407	D21F	造纸烘缸尾气热量回收装置	马　超 等	CN201821017088	CN208455365U

续表

序号	分类号	专利名称	发明人	申请号	公开(公告)号
408	D21F	造纸机毛布自动洗涤装置	唐铸峰 等	CN201821017136	CN208455356U
409	D21F	造纸烘干部除湿装置	田　峰 等	CN201821018948	CN208455362U
410	B01D	一种造纸厂臭氧脱硝加钠碱脱硫系统	周志军 等	CN201821021824	CN208436639U
411	B08B	一种造纸烘缸缸面清洁器	张端湘 等	CN201821024052	CN208542700U
412	D21F	一种造纸引纸绳保护罩	张端湘 等	CN201821024078	CN208379329U
413	B65H	一种造纸用收卷装置	曹愉龙	CN201821033938	CN208666631U
414	D21D	一种立体交错式造纸专用亚麻纤维粉研设备	李合孝	CN201821035152	CN208649781U
415	G01V	一种造纸生产用金属探测仪器	黄　芳	CN201821037550	CN208421274U
416	E03B	一种制浆车间取水装置	刘东平 等	CN201821038058	CN208633192U
417	B01F	一种制浆车间用过滤装置	刘东平 等	CN201821038083	CN208627113U
418	B01F	一种制浆车间用搅拌装置	刘东平 等	CN201821038084	CN208627196U
419	B01D	一种用于造纸车间的排气装置	刘东平 等	CN201821038085	CN208626865U
420	C02F	一种造纸车间废水回收利用装置	刘东平 等	CN201821038094	CN208632309U
421	D21D	造纸盘磨机	马　超 等	CN201821038267	CN208455346U
422	D21F	造纸用真空气水分离罐	马　超 等	CN201821038270	CN208455359U
423	B01D	一种造纸废水脱泥装置	谭桂红	CN201821040601	CN208436495U
424	D21B	一种造纸用干燥系统	谭桂红	CN201821041344	CN208501370U
425	C02F	一种造纸用废水处理装置	毛志祥	CN201821045755	CN208732765U
426	B01D	一种造纸化浆臭气处理装置	郑江城	CN201821046499	CN208512119U
427	F28D	一种造纸干燥余热回收利用装置	郑江城	CN201821046627	CN208653266U
428	B01F	一种环保造纸添料控制装置	郑江城	CN201821046633	CN208465818U
429	C02F	一种造纸废水回收装置	郑江城	CN201821046680	CN208471798U
430	D21B	一种环保制浆装置	郑江城	CN201821046731	CN208379319U
431	B01D	一种造纸废气高效净化处理装置	郑江城	CN201821046824	CN208465578U
432	C02F	一种零白水外排的环保造纸设备	郑江城	CN201821048572	CN208717056U
433	D21H	一种造纸清洁涂布装置	郑江城	CN201821048586	CN208379337U
434	G01N	一种造纸漂白废水氯化物监测设备	郑江城	CN201821050173	CN208313801U
435	D21F	一种造纸机用干燥部尾气回收系统	胡韩忠 等	CN201821055349	CN208594426U
436	B24B	一种造纸用聚氨酯胶辊的简易打磨工作台	焦明贵	CN201821059875	CN208467950U
437	D21G	一种造纸时用于清理烘缸的刮刀结构	谢兰英	CN201821059957	CN208545617U
438	D21D	一种造纸浆料的中纤分级筛设备	陈　青	CN201821060163	CN208472452U
439	D21D	一种制浆造纸用螺旋挤渣机	陆远奎	CN201821061116	CN208472451U
440	D21F	一种造纸压榨毛毯甩水收集装置	叶　剑 等	CN201821062284	CN208379332U
441	D21H	装有可调节助剂添加分配器的造纸机高位箱	袁　麟 等	CN201821063415	CN208414991U
442	D21G	用于造纸机压光辊表面冷却的水冷装置	袁　麟 等	CN201821063547	CN208586462U
443	D21F	用于造纸机高位箱的多助剂远程控制调节分配添加系统	袁　麟 等	CN201821063550	CN208455352U
444	D21D	一种造纸机高位箱	袁　麟 等	CN201821063774	CN208414970U

续表

序号	分类号	专利名称	发明人	申请号	公开(公告)号
445	D21B	往复型造纸用碎浆装置	周秀玲 等	CN201821064020	CN208455343U
446	D21F	造纸机的纸张螺旋烘干装置	谭忠民 等	CN201821064043	CN208455361U
447	D21D	造纸用纸浆均匀输料装置	陈连岳 等	CN201821064091	CN208455347U
448	D21F	用于造纸机高位箱的多助剂计量泵调节分配添加系统	袁　麟 等	CN201821064116	CN208618188U
449	D21F	一种带有防尘棚的造纸机高位箱	袁　麟 等	CN201821064117	CN208501391U
450	D21F	一种带有切线冲刷漏斗的造纸机高位箱	袁　麟 等	CN201821064120	CN208362803U
451	B01F	一种带有摆动式喷淋装置的造纸机高位箱	袁　麟 等	CN201821064229	CN208449231U
452	D21F	一种用于造纸机的带冷却机构的压辊	刘学胜	CN201821082944	CN208440914U
453	B01D	一种用于造纸黑液的上浮过滤设备	杨文瑞	CN201821086611	CN208641924U
454	D21F	一种造纸机余热回收装置	孙增华	CN201821086861	CN208379331U
455	D21F	一种清洁造纸烘箱	刘广军	CN201821086863	CN208379330U
456	D21D	清洁造纸印刷用打浆机	刘广军	CN201821088258	CN208594415U
457	C02F	一种造纸废水处理设备	吴革新	CN201821097722	CN208829424U
458	D21D	一种打浆均匀的造纸打浆机	杨建辉 等	CN201821101395	CN208685334U
459	D21F	一种节能造纸烘缸	何县香 等	CN201821102950	CN208685342U
460	F16L	一种制浆造纸用免挂浆法兰	申前锋 等	CN201821107324	CN208997510U
461	D21D	一种造纸用热磨机	邹先锋 等	CN201821107973	CN208685335U
462	D21B	一种废纸制浆浮选设备	陈长兴 等	CN201821110435	CN208685329U
463	D21C	一种具有过滤功能的造纸用洗浆机	张海龙	CN201821111858	CN208685332U
464	D21F	一种新型造纸烘缸	钱春杰	CN201821119541	CN208414986U
465	C02F	一种多膜集成的制浆造纸废水零排放处理装置	邢卫红 等	CN201821121501	CN208667350U
466	C02F	一种造纸污泥的水分分离装置	朱明稷	CN201821125706	CN208594190U
467	B02C	造纸原料破碎加工车间用除尘装置	唐宗辉 等	CN201821127676	CN208786533U
468	B01D	一种造纸废料回收处理装置	杨文瑞	CN201821130205	CN208642182U
469	D21F	一种造纸真空系统中的透平机尾汽回收利用系统	苏　伟 等	CN201821134244	CN208649789U
470	D21B	用于造纸制浆工段的纤维润胀油墨剥离液碱供料系统	王元彬 等	CN201821134427	CN208668148U
471	B26D	一种造纸浆板切割机	陈国平	CN201821135139	CN208744985U
472	D21D	一种造纸打浆机	陈国平	CN201821135262	CN208748421U
473	C02F	一种制浆造纸废水零排放软化装置	邢卫红 等	CN201821135475	CN208667351U
474	C02F	一种制浆工业废水零排放处理装置	邢卫红 等	CN201821135476	CN208667424U
475	D21F	具有方便卸料功能的造纸用流浆箱	陈国平	CN201821136438	CN208748425U
476	B01D	造纸废液过滤清理装置	陈国平	CN201821136823	CN208742035U
477	D21F	一种造纸行业蒸汽烘缸线高效节能系统	梁缠柱	CN201821137792	CN208844357U
478	D04H	造纸毛毯的基网与毛网复合的针刺机构	梅兴波	CN201821148223	CN208562755U
479	D21F	造纸毛毯的纤维层结构	梅兴波	CN201821150601	CN208632874U
480	B01F	一种制浆搅拌装置	魏瑶瑶 等	CN201821153598	CN208542079U

续表

序号	分类号	专利名称	发明人	申请号	公开(公告)号
481	D01G	一种造纸毛毯梳理机加湿保温装置	孙成喜	CN201821153777	CN208562624U
482	B65H	造纸毛毯的往复铺设结构	孙成喜	CN201821154509	CN208732294U
483	B09B	一种制浆废渣的清洗分类装置	孙　纬 等	CN201821155460	CN208513347U
484	B08B	一种造纸毛毯的在线清理装置	孙　纬 等	CN201821156498	CN208728216U
485	C02F	一种造纸发电系统的除氧装置	孙　纬 等	CN201821157262	CN208632141U
486	D03D	一种可实现经双重造纸毛毯底网经线重合的装置	孙成喜	CN201821161610	CN208632747U
487	B01F	一种工业造纸染色用涂料搅拌装置	潘素云	CN201821161849	CN208839484U
488	D21C	一种造纸水解塔连蒸装置	井振山 等	CN201821165615	CN209323243U
489	D21D	一种造纸制浆水解塔筛板	翟丙彦 等	CN201821165617	CN208632867U
490	D21C	一种造纸水解连蒸综合调节装置	梁红金 等	CN201821167219	CN208632863U
491	B01D	一种造纸发电系统的进水过滤装置	孙　纬 等	CN201821169805	CN208591588U
492	B65H	一种造纸复卷机纸粉在线收集装置	范永明 等	CN201821175407	CN208814309U
493	D21F	一种造纸机用水平夹网	谢杰祥	CN201821175479	CN209010841U
494	D21F	一种造纸生产线的供能系统	陈　巍	CN201821184750	CN208995837U
495	D21F	造纸厂浆板车间网部清理装置	马海涛 等	CN201821185994	CN208562979U
496	D21F	一种用于造纸机的封闭式除尘除雾装置	张　健 等	CN201821191983	CN208869868U
497	D21F	一种多功能全自动造纸机	陈宇辉 等	CN201821197313	CN208792041U
498	B26D	一种造纸加工的纸张分切装置	雷坤燕	CN201821202417	CN208788687U
499	B27M	一种用于造纸的边角料回收压制装置	伍　婕	CN201821203896	CN209504398U
500	A01F	一种造纸厂的物料粉碎搅拌装置	顾光成	CN201821204001	CN208549317U
501	D21B	一种便于清理式造纸碎浆机	张喜民	CN201821210147	CN208857584U
502	D21B	一种造纸碎浆装置	张喜民	CN201821210401	CN208803297U
503	D21F	一种可伸缩式造纸网的清理机构	吴叶龙	CN201821211995	CN208792040U
504	D21F	一种造纸机用的陶瓷脱水装置	顾光成	CN201821212516	CN208815346U
505	B08B	一种便捷式造纸辊筒清洁装置	吴叶龙	CN201821214018	CN208728090U
506	D21F	一种造纸用清理造纸网装置	张喜民	CN201821218546	CN208594422U
507	B27L	一种自动式造纸用木材削片机	张喜民	CN201821218550	CN209491864U
508	D21D	一种新型造纸打浆系统	彭忠贤	CN201821219579	CN208815342U
509	D21D	一种新型造纸浆料精炼系统	苏明伟	CN201821219636	CN208815344U
510	D21D	一种自动式造纸打浆机	郑晓滨	CN201821227408	CN208668152U
511	C10L	一种利用生物质、废塑料及造纸厂废渣制备成型燃料的系统	张孟举 等	CN201821229708	CN208604079U
512	D21F	一种造纸浆料脉冲消除装置	崔中华 等	CN201821233204	CN208594423U
513	D21C	一种新型造纸用洗浆机	吕浩然	CN201821238190	CN208830034U
514	B01D	一种带有树脂固化漆酶过滤层的造纸工业废水净化装置	高　鑫	CN201821239448	CN208877992U
515	B08B	一种造纸烘缸的清洗装置	不公告发明人	CN201821249206	CN209006259U
516	C02F	一种造纸厂废水处理装置	钱俊宇	CN201821251352	CN208916988U

续表

序号	分类号	专利名称	发明人	申请号	公开(公告)号
517	C02F	造纸废水预处理系统	陆远奎	CN201821256120	CN208857023U
518	D21F	一种造纸用大辊压榨机构	刘家成	CN201821259880	CN208649787U
519	D21D	造纸浆料筛选装置	刘家成	CN201821264820	CN208586456U
520	D21F	一种用于造纸机网部的水雾收集系统	彭富贵 等	CN201821279056	CN208733383U
521	B65H	用于造纸厂复卷机退纸辊制动的刹车装置	罗鼎文 等	CN201821282804	CN208666627U
522	D21B	一种废纸制浆搅拌装置	陈榕基	CN201821283057	CN208632859U
523	D21F	造纸水循环利用回收设备	郑康荣	CN201821283982	CN208815347U
524	D21H	一种自清洗型造纸机整饰辊	袁　麟 等	CN201821286070	CN208594431U
525	D21H	一种采用风力引纸的防断纸造纸机施胶机构	袁　麟 等	CN201821286137	CN208594432U
526	D21H	一种手摇移动式造纸机整饰辊	袁　麟 等	CN201821286140	CN208594433U
527	D21F	一种造纸机自动引纸器	占正奉 等	CN201821289025	CN208649792U
528	B22D	组合造纸烘缸离心冷型模具	贾先义 等	CN201821289335	CN208787481U
529	B01D	造纸废水处理系统及其沉淀池	林启群	CN201821294040	CN208823997U
530	D21F	一种造纸机网部清洗装置	陈学萍 等	CN201821294575	CN208649786U
531	D21D	造纸机	颜宏霖	CN201821297586	CN209039857U
532	D21F	一种用于造纸网的弹性清理组件	卢嘉铭 等	CN201821306833	CN208685340U
533	D21F	一种造纸网经线送线装置	董华伟 等	CN201821307729	CN208594421U
534	D21F	一种造纸网托网装置	董文哲 等	CN201821307730	CN208594427U
535	D06C	一种造纸网定型机用高效加热装置	董华伟 等	CN201821307741	CN208604358U
536	D21F	一种造纸网定型工艺用支撑装置	姜雨菲 等	CN201821308354	CN208685339U
537	B26D	一种造纸网用裁网刀具	董华伟 等	CN201821308355	CN208557622U
538	B08B	一种造纸网用清洁装置	卢璐璐 等	CN201821308356	CN208613207U
539	D21H	一种造纸机施胶梁恒温控制系统	张先荣 等	CN201821311395	CN208649800U
540	D21G	一种造纸机真空缸自动清理装置	陈学萍 等	CN201821311426	CN208649795U
541	D21G	一种造纸机刮刀清理系统	王传颂 等	CN201821311434	CN208649796U
542	D21H	一种造纸机施胶量辅助测量检具	占正奉 等	CN201821311440	CN208649803U
543	D21B	一种造纸用废纸回收装置	宋小群	CN201821318882	CN208899228U
544	B01D	一种造纸用纸浆废渣过滤设备	谭　婷	CN201821319175	CN208865270U
545	B66C	一种制浆浮渣抓取装置	王传颂 等	CN201821320753	CN208776216U
546	D06C	一种新型造纸毛毯烫边器	孙成喜	CN201821325997	CN209010768U
547	B01D	一种用于造纸印刷的空气净化装置	马社霞 等	CN201821326563	CN208694637U
548	D21B	一种用于木粉造纸的木粉投料制浆设备	张思洋	CN201821326876	CN209555647U
549	B01D	一种从造纸黑液中提取木质素的膜分离装置	云金明 等	CN201821327087	CN208824279U
550	D21H	一种造纸干强剂添加装置	蔡群波	CN201821327748	CN208733390U
551	D21F	一种造纸行业用高精度稀释水阀	杨　晨 等	CN201821329421	CN208717639U
552	D21F	一种造纸工艺中的快速脱水装置	汪　桥 等	CN201821330917	CN208717643U
553	D21F	一种环保节能型的造纸机干燥部	秦启文 等	CN201821333153	CN208594424U
554	D21F	一种造纸设备的浆料浓度调节装置	秦启文 等	CN201821333159	CN208594420U

续表

序号	分类号	专利名称	发明人	申请号	公开(公告)号
555	F21V	造纸机器故障检测时照明使用的高功率集成面 LED 灯具	郑　康	CN201821336592	CN208579293U
556	D21H	一种加装施胶机的造纸机	黎　峰	CN201821340111	CN208981013U
557	D21F	一种造纸部件用保洁清洗设备	朱冬华	CN201821344158	CN208748426U
558	D21B	一种造纸用木片原料的三螺杆式挤压装置	邱辉尚 等	CN201821348193	CN208649774U
559	B65G	一种造纸用木片原料的送料装置	邱辉尚 等	CN201821348220	CN208699784U
560	C02F	一种加热式造纸黑液处理设备	张　玉	CN201821355017	CN208883649U
561	C02F	一种阶梯沉淀式造纸工业污水处理装置	张　玉	CN201821355994	CN208791400U
562	D21F	一种造纸机蒸汽冷凝水回收装置	陈家楷 等	CN201821360479	CN208830046U
563	B65D	一种高得率制浆用料仓	安庆臣 等	CN201821366799	CN208979560U
564	D21B	一种造纸用木片原料的高效洗涤装置	施晨华 等	CN201821367432	CN208649773U
565	D21D	一种造纸用磨浆机	陈慧洁	CN201821371787	CN208733379U
566	D21H	一种造纸用晾干装置	姚朝星	CN201821377835	CN208899245U
567	D21B	一种用于造纸的打浆机	姚玲丽	CN201821377857	CN208830033U
568	B01F	一种用于造纸的浆池搅拌器	顾新华	CN201821377878	CN208878479U
569	B65H	一种便于输送的造纸用传送带	李树伟 等	CN201821378816	CN209161021U
570	C02F	一种造纸污泥脱水机	胡亚南 等	CN201821391997	CN208667454U
571	D21F	一种造纸机成型网部结构	黎　峰	CN201821401696	CN208981006U
572	D21F	一种网部改造的造纸机	黎　峰	CN201821401699	CN208981008U
573	D21F	一种造纸快速脱水装置	曹　果	CN201821401902	CN208803299U
574	D21F	一种造纸用纸张快速脱离装置	王天应	CN201821402974	CN208949644U
575	D21F	一种造纸机烘缸结构	黎　峰	CN201821402993	CN208981004U
576	D21F	一种造纸用成品纸快速烘干装置	曹　果	CN201821403031	CN208884267U
577	D21F	一种用于特种纸品造纸机的可调式烘干设备	王义军	CN201821403567	CN209162512U
578	D21F	一种造纸机真空压榨辊	黎　峰	CN201821403735	CN208981003U
579	D21C	一种造纸机脱水箱改进结构	黎　峰	CN201821403743	CN209323244U
580	D21B	一种造纸业用废料回收装置	王天应	CN201821404124	CN208844348U
581	D21F	一种特种纸品造纸机划纸刀装置	王义军	CN201821404750	CN209162515U
582	D21J	一种纸浆造纸装置	王天应	CN201821405057	CN208803304U
583	D21F	一种造纸机用压榨装置	林启群	CN201821406887	CN208830040U
584	D21D	一种造纸长纤浆打磨系统	林启群	CN201821407095	CN208830036U
585	D21F	一种造纸用蒸汽组件	林启群	CN201821407370	CN208830042U
586	D21F	一种特种纸品造纸机专用加热板	王义军	CN201821407809	CN209162517U
587	D21F	高效烘干的造纸用烘缸	林启群	CN201821408465	CN208830043U
588	D21B	一种新型耐磨造纸筛板结构	不公告发明人	CN201821409087	CN208685330U
589	F16K	一种用于造纸行业中的高稳定性穿透阀	刘宇金 等	CN201821414271	CN208858968U
590	F16K	一种用于造纸行业密封性好的方形阀	刘宇金 等	CN201821414298	CN208886011U
591	F16K	一种用于造纸行业中的控制精准型双刀阀	刘宇金 等	CN201821414301	CN208858969U

续表

序号	分类号	专利名称	发明人	申请号	公开(公告)号
592	D21B	一种循环过滤造纸筛板	郁刘军	CN201821415004	CN208980993U
593	D21F	一种造纸机辊组间水汽消除装置	不公告发明人	CN201821421027	CN208701412U
594	B01F	一种新型造纸助留剂的稀释装置	李绍雄	CN201821427646	CN209076574U
595	D21D	一种自清理造纸筛板	郁刘军	CN201821435063	CN208965307U
596	C02F	一种用于清洁造纸加工废水处理系统	邓冠彪	CN201821435516	CN208747850U
597	B01D	一种便于检修的清洁造纸污水处理工艺用过滤网	邓冠彪	CN201821435607	CN208785852U
598	D21F	一种清洁造纸加工工艺用光污染防治装置	邓冠彪	CN201821435608	CN208748430U
599	B01D	一种清洁造纸粉尘处理工艺用粉尘清理装置	邓冠彪	CN201821435669	CN209020100U
600	C02F	一种造纸加工用具有消毒功能的废水收集装置	李　林 等	CN201821436052	CN208869434U
601	D21F	一种造纸生产用快速烘干设备	李　林 等	CN201821436059	CN208762788U
602	C02F	一种用于清洁造纸废水处理工艺的光处理污染防护装置	邓冠彪	CN201821436093	CN208791392U
603	D21C	一种造纸用快速脱水装置	李　林 等	CN201821436116	CN208762777U
604	F28D	一种用于造纸生产过程中的蒸汽余热回收装置	李　林 等	CN201821436120	CN208872161U
605	B01D	一种清洁造纸用废水处理系统	邓冠彪	CN201821436136	CN208878066U
606	F16L	一种清洁造纸废水排水工艺用管道固定装置	邓冠彪	CN201821436137	CN208750173U
607	B01D	一种清洁造纸中造纸机废水用预处理系统	邓冠彪	CN201821439069	CN208742049U
608	C02F	一种用于清洁造纸漂白废水工艺的收集过滤装置	邓冠彪	CN201821439183	CN208814776U
609	C02F	一种清洁造纸废水处理工艺用固体物质回收装置	邓冠彪	CN201821439242	CN208791266U
610	D21F	一种造纸机的网笼	黄建峰 等	CN201821476733	CN208844356U
611	D21D	一种造纸打浆机	张　彬	CN201821479599	CN209194228U
612	B01F	一种造纸涂料分散剂加工用配料混合箱	马国昌 等	CN201821483416	CN209060958U
613	B01D	一种造纸涂料分散剂加工用废气回收装置	马国昌 等	CN201821483417	CN209060737U
614	D03D	造纸用经纬双层织物	小川胜也	CN201821488407	CN208995662U
615	D21F	一种造纸快速脱水装置	李冬梅	CN201821489527	CN208668157U
616	B01F	一种电加热搅拌保温制浆罐	王丽丽 等	CN201821489600	CN209237802U
617	G07C	一种制浆造纸机电设备用的智能巡检系统	陈　勇 等	CN201821491020	CN208705947U
618	D21B	一种具有纸箱撕开结构的造纸切磨机	成明金	CN201821492165	CN208762775U
619	D21F	一种高速纸机用特种纸成形网及造纸设备	叶　平 等	CN201821495833	CN208762784U
620	D21F	一种造纸毛毯	叶　平 等	CN201821495835	CN209039866U
621	D21C	一种造纸生产中制浆尾渣处理系统	李　飞	CN201821496331	CN209508708U
622	D21D	新型制浆尾渣处理设备	李　飞	CN201821496333	CN209099048U
623	D21B	一种造纸用纸浆的生产设备	毛江兴	CN201821504692	CN208899229U
624	B28C	一种高速制浆机	周　翔	CN201821505918	CN209350579U
625	C02F	一种用于造纸废水预处理的射流曝气器	王壮鹏 等	CN201821512067	CN209178091U
626	G01F	一种造纸用计量装置	赵希保	CN201821514360	CN208937123U
627	D21F	一种造纸干燥系统	赵希保	CN201821514372	CN208933738U
628	B26D	一种造纸机分切装置	赵希保	CN201821514381	CN208930417U

续表

序号	分类号	专利名称	发明人	申请号	公开(公告)号
629	B65H	一种造纸机卷取装置	赵希保	CN201821514556	CN208932614U
630	D21G	一种造纸压光机	赵希保	CN201821514559	CN208933741U
631	D21D	一种造纸用磨浆机	赵希保	CN201821514576	CN208933735U
632	F16H	一种制浆搅拌专用齿轮箱	魏国良	CN201821515353	CN208935281U
633	D21D	一种打浆均匀且可自动清理内壁的造纸用打浆机	庞智伟	CN201821526163	CN208980995U
634	D21B	一种造纸用纸浆均匀混合装置	王永顺	CN201821528528	CN209162505U
635	D21B	一种造纸碎浆装置	赵希保	CN201821530609	CN208933732U
636	D21F	一种造纸厂烘干器的多功能冷却装置	赵更田	CN201821531455	CN209039865U
637	D21F	一种斜网造纸机的横幅定量调整装置	赵更田	CN201821531468	CN208869869U
638	D21F	一种用于造纸机的加热辊结构	赵更田	CN201821531962	CN208869867U
639	D21F	一种用于造纸机的烘干装置	赵更田	CN201821531964	CN209010849U
640	D21F	一种手工造纸用捞纸装置	王永顺	CN201821535327	CN208830039U
641	D21J	一种脱水造纸一体化环保设备	闫威宇	CN201821535990	CN208792052U
642	D21B	一种用于造纸行业的原浆纸切断机	卢建忠	CN201821539905	CN209114243U
643	D21G	一种造纸机收卷装置用高压软管往复机构	王建新 等	CN201821553888	CN209039867U
644	B65H	一种造纸机切割换卷装置用传动横梁	王建新 等	CN201821553889	CN209038683U
645	F16L	一种造纸机在线干网清洗装置用高压管道连接机构	王建新 等	CN201821553890	CN209130329U
646	B65H	一种造纸机高压水切割换卷装置	王建新 等	CN201821553896	CN209038684U
647	D21F	一种造纸机成形网在线清洗旋转喷淋装置	王建新 等	CN201821553897	CN209039859U
648	D21F	一种改进型造纸机成形网在线旋转喷射机构	王建新 等	CN201821553899	CN209114247U
649	D21F	一种造纸机成形网在线清洗用旋转喷头	王建新 等	CN201821553901	CN209039862U
650	D21F	一种造纸机成形网清洗用旋转喷射机构	王建新 等	CN201821553902	CN208857588U
651	D21F	一种造纸机在线干网清洗真空分离系统	王建新 等	CN201821553903	CN209039863U
652	D21F	一种造纸机干网清洗装置横梁热变形释放机构	王建新 等	CN201821553906	CN208844353U
653	D21F	一种造纸机在线干网清洗装置横梁导轨直线度调节机构	王建新 等	CN201821553907	CN209162509U
654	D21F	一种造纸机在线干网清洗装置加强横梁结构	王建新 等	CN201821553911	CN209039860U
655	H02G	一种造纸机线路保护装置	黎桂华 等	CN201821555999	CN209119743U
656	F17D	一种造纸蒸汽节能分控系统	黎桂华 等	CN201821556133	CN209116027U
657	D21F	一种造纸机	黎　峰	CN201821557961	CN209178717U
658	D03D	一种重型宽幅造纸环保过滤网织机	朱江平	CN201821560001	CN209066089U
659	D03D	一种造纸环保过滤网织造专用锁边装置	朱江平	CN201821560036	CN209066086U
660	C02F	一种废纸造纸废水 IC 厌氧反应器抑制颗粒污泥钙化装置	张本凯	CN201821560224	CN208869377U
661	C02F	造纸扫描架冷却水回收系统	黎桂华 等	CN201821567214	CN209306969U
662	F16K	一种造纸设备用球阀一体阀杆	刘宇金 等	CN201821572963	CN209638432U
663	D21G	一种造纸设备用联阀	刘宇金 等	CN201821573663	CN208933742U
664	B32B	制造纸基防潮防腐隔热塑料保温膜用原材料加热装置	张海锋	CN201821578468	CN208827285U

续表

序号	分类号	专利名称	发明人	申请号	公开(公告)号
665	D21H	以螺纹压合和刮板刮合平整配合的造纸湿部施胶装置	张敏勇	CN201821578598	CN209523071U
666	F16K	一种造纸设备用三通球阀阀体	刘宇金 等	CN201821582767	CN208935510U
667	F16K	一种造纸设备用四氟座组件	刘宇金 等	CN201821582776	CN208935543U
668	F16K	一种造纸设备用气动高温角座阀	刘宇金 等	CN201821583430	CN208935398U
669	F16K	一种造纸设备用三通换向阀	刘宇金 等	CN201821583431	CN208935457U
670	D21F	一种带气罩的造纸干燥装置	曾 嘉	CN201821594176	CN209669594U
671	C02F	一种造纸用的污泥搅拌机	易 琼	CN201821598385	CN209226805U
672	F16K	一种用于造纸行业高密封性 T 型球阀	刘宇金 等	CN201821598851	CN208886024U
673	H05B	一种矿物纸造纸机回转体电磁加热系统	李新辉 等	CN201821604355	CN209402756U
674	B65D	一种秸秆类制浆原料输送机	许银川 等	CN201821608589	CN208882561U
675	B65D	一种秸秆类制浆原料输送机用储存输送料仓	许银川 等	CN201821608705	CN208882562U
676	D21F	一种造纸快速脱水装置	周梦雨	CN201821609920	CN209010843U
677	D21F	一种用于造纸厂节能改造的真空系统	朴成奎 等	CN201821611086	CN208762783U
678	D21D	一种造纸打浆工艺控制系统	杨 晨 等	CN201821612337	CN208748424U
679	G01N	造纸厂使用的整车原料水分检测设备自动运动装置	李广臣 等	CN201821613571	CN208818710U
680	D21B	用于废纸回收的粉碎制浆一体机	程 波	CN201821615223	CN208857585U
681	D21F	一种具有干燥功能的造纸压平装置	梅孝勤	CN201821615669	CN208748431U
682	B65G	一种秸秆制浆传输分料皮带	王东兴 等	CN201821623281	CN208963960U
683	D21C	一种制浆汽蒸横管	王东兴 等	CN201821623285	CN209292766U
684	D21F	一种造纸厂白水塔改进系统	王洪昌 等	CN201821623981	CN208762785U
685	D21D	一种造纸用高效除渣器	李 飞	CN201821624435	CN209066187U
686	C02F	一种造纸用废水酸碱中和处理装置	李 飞	CN201821625191	CN208995279U
687	D21B	一种高效率造纸专用打浆机	李 飞	CN201821625193	CN209066185U
688	C02F	一种造纸白水回收利用装置	陈 炜 等	CN201821626292	CN209428273U
689	D21F	一种造纸机干网张紧控制系统	杨 晨 等	CN201821630489	CN208748432U
690	C02F	一种造纸用废水处理装置	李 飞	CN201821632020	CN208995308U
691	D21G	一种用于造纸生产线的卷筒纸接料架	刘 文 等	CN201821641300	CN209211167U
692	D21B	一种清洁造纸生产用制浆装置	王 伟 等	CN201821641323	CN209211149U
693	C02F	一种非木材植物造纸黑液资源化处理系统	王修义 等	CN201821641816	CN209226757U
694	C02F	一种造纸黑液木质素气浮处理装置	范德朋	CN201821649215	CN208898538U
695	B31B	制造纸箱用纸板的裁切装置	陈殷秋	CN201821657404	CN209208141U
696	D21F	一种造纸用纸张晾晒装置	钟小玲	CN201821668066	CN209052941U
697	B62B	一种造纸用便于纸张搬运的小车	周小琴	CN201821668078	CN209037630U
698	D21D	一种造纸用原材料打浆机	周 源	CN201821668904	CN209194229U
699	B01F	一种新型造纸分散机	邓胜仙	CN201821668917	CN209155600U
700	B65D	一种造纸用纸张存放架	刘志斌	CN201821668920	CN208947822U
701	B01D	一种造纸废纸浆回收器	成明金	CN201821673414	CN208990371U

续表

序号	分类号	专利名称	发明人	申请号	公开(公告)号
702	D21F	一种造纸机导辊	马本亮 等	CN201821678112	CN209114249U
703	D21F	一种造纸用纸张烘干装置	屠金伟	CN201821678510	CN209024881U
704	D21D	造纸除砂器末段浆料回收装置	马本亮 等	CN201821680434	CN209114245U
705	D21F	手工造纸设备	袁建波 等	CN201821693951	CN209443297U
706	B01D	一种造纸废水纤维滤除回收设备	黄德喜 等	CN201821697232	CN209076197U
707	D21F	一种造纸的烘干装置	谷一辉	CN201821700627	CN209619745U
708	D21B	一种造纸纸浆的制作装置	谷一辉	CN201821701717	CN209493755U
709	D21D	一种造纸过滤装置	谷一辉	CN201821701718	CN209493758U
710	B26D	一种造纸用高效切边装置	王　伟 等	CN201821702864	CN209207604U
711	B26D	一种造纸用自动分切装置	王　伟 等	CN201821702869	CN209207581U
712	B01D	一种清洁造纸用后处理装置	吕张义 等	CN201821702870	CN209317415U
713	D21F	一种清洁造纸用纸张烘干装置	王　伟 等	CN201821702876	CN209211162U
714	D21F	一种造纸干燥装置	崔学超 等	CN201821705135	CN209010850U
715	D21F	一种造纸机压榨装置	崔学超 等	CN201821705156	CN209010842U
716	D21F	一种用于造纸流水线的烘干装置	崔学超 等	CN201821705158	CN209099052U
717	D21F	一种新型造纸压榨辊	崔学超 等	CN201821705233	CN209010844U
718	D21G	一种造纸压光机	崔学超 等	CN201821705268	CN209010852U
719	D21D	一种造纸制浆过程中防堵塞斜筛	崔学超 等	CN201821705276	CN209010839U
720	D21G	一种造纸用自清理式斜筛	崔学超 等	CN201821705278	CN209010853U
721	B26D	一种具有纸屑收集功能的造纸用切纸机	崔学超 等	CN201821705279	CN208930332U
722	D21F	一种新型造纸机用干燥网	崔学超 等	CN201821705317	CN209010851U
723	B65H	一种造纸卷纸缸装置	崔学超 等	CN201821705318	CN209009865U
724	B26D	一种方便更换刀片的造纸用切纸机	崔学超 等	CN201821705319	CN208930369U
725	B07B	一种倾斜度可调造纸纤维振动筛	崔学超 等	CN201821705342	CN209631571U
726	D21D	一种新型造纸用多轴旋转打浆机	刘飞飞	CN201821716732	CN209099044U
727	D21B	一种造纸用纸浆制备装置	周小琴	CN201821733427	CN209323239U
728	C02F	一种用于造纸厂的废水处理装置	周小琴	CN201821733529	CN209161576U
729	D21B	造纸碎浆机排气罩	曹秀军 等	CN201821737924	CN209082247U
730	D21F	一种压榨效果好的造纸机压榨结构	甘雨生 等	CN201821748966	CN209211161U
731	B01D	一种造纸清洁生产废水处理用过滤装置	张永鑫 等	CN201821754969	CN209076192U
732	D21F	一种造纸机的冷凝回水装置	李卫波 等	CN201821789478	CN209144577U
733	D21F	小型造纸机	董夫典 等	CN201821789995	CN209384019U
734	B01D	环保型造纸废水的处理设备	刘佳婕	CN201821791870	CN209548900U
735	D21F	一种长网大缸造纸机的压榨部	汤志久 等	CN201821793388	CN208995836U
736	D21C	一种造纸废水零排放系统	张创平	CN201821798629	CN209443286U
737	D21B	一种制浆车间的碎浆装置	李廷盛 等	CN201821801256	CN209652642U
738	D21D	制浆车间的分级筛	李廷盛 等	CN201821808825	CN209397426U
739	D21F	一种造纸上浆装置	李廷盛 等	CN201821810819	CN209397427U

续表

序号	分类号	专利名称	发明人	申请号	公开(公告)号
740	F28D	一种造纸高温冷凝水回收利用系统	金 晓 等	CN201821823270	CN209326427U
741	D21G	一种支撑底座及造纸设备	魏 立 等	CN201821832058	CN209412605U
742	D21D	一种磨浆装置及造纸装置	徐 明 等	CN201821838420	CN209099046U
743	D21B	制浆原料输送装置及制浆机	徐 明 等	CN201821838446	CN209024874U
744	B01D	一种造纸车间的空气排放设备	孟刘博 等	CN201821844642	CN209188379U
745	C02F	一种造纸白水回收装置	孟刘博 等	CN201821844659	CN209161524U
746	D21F	一种新型造纸机的辊筒结构	孟刘博 等	CN201821844671	CN209066190U
747	B01D	一种用于造纸车间的排酸气装置	孟刘博 等	CN201821845888	CN209123661U
748	D21D	一种造纸用打浆装置	郑永欣	CN201821849445	CN209276897U
749	B31F	一种造纸用压平装置	孟刘博 等	CN201821850929	CN209063623U
750	B01D	一种造纸车间空气排放设备	孟刘博 等	CN201821850939	CN209123662U
751	B01D	一种造纸车间的排气结构	孟刘博 等	CN201821851011	CN209237688U
752	B26D	一种造纸分切装置	孟刘博 等	CN201821851012	CN209063222U
753	D21D	一种造纸打浆机	孟刘博 等	CN201821851013	CN209128798U
754	G01M	造纸机轴承状态监测机构	陈 锴 等	CN201821856904	CN209131974U
755	D21F	一种干法造纸纸机毛毯清洗装置	莘金山 等	CN201821861599	CN209099050U
756	D21B	手工造纸用的竹子捶打设备	钟 周 等	CN201821864551	CN209211148U
757	E03F	一种用于造纸废水处理流量控制的泵送装置	金海兰	CN201821865421	CN209099507U
758	D21F	一种耐磨的造纸机网部脱水面板	莫 彪	CN201821866843	CN209162511U
759	B01F	一种利用流动包裹黏附的秸秆造纸用稀释装置	林阿碧	CN201821868176	CN209287154U
760	B01F	一种利用流动包裹黏附的秸秆造纸用稀释装置	林阿碧	CN201821868176	CN209287154U
761	D21D	一种造纸用纸浆过滤装置	成明金	CN201821872421	CN209066186U
762	D21F	一种造纸用烘干设备	成明金	CN201821872422	CN209128803U
763	C02F	一种造纸废水处理系统	周兴明	CN201821883460	CN209397071U
764	D21H	一种便于生产作业的可装配型造纸胶辊	张 志	CN201821887678	CN209384021U
765	D21B	一种造纸机械用碎浆机	高 明 等	CN201821887825	CN209397420U
766	G01N	用于测定造纸过程白水、废水或纸张中聚乙烯醇含量的系统	朱晓明 等	CN201821887975	CN209460147U
767	B01D	一种造纸浆液的过滤装置	高 明 等	CN201821889742	CN209092804U
768	B01D	一种造纸用过滤搅拌装置	高 明 等	CN201821894929	CN209475705U
769	D21D	一种造纸用打浆装置	高 明 等	CN201821904833	CN209039856U
770	D21C	一种造纸业废水处理回收装置	洪启阳	CN201821905044	CN209082248U
771	D21H	一种带有非晶态涂层的造纸施胶辊	薛云岭	CN201821909518	CN209128808U
772	D06H	一种用于不同宽度造纸毛毯的热定型装置	周 骏 等	CN201821909578	CN209052928U
773	D06C	一种造纸毛毯热风去毛装置	周 骏 等	CN201821909582	CN209276832U
774	D06C	一种造纸毛毯去毛机	周 骏 等	CN201821909583	CN209052902U
775	D21F	具有清洗系统的造纸机	夏育明 等	CN201821910815	CN209338911U
776	D21F	一种造纸机冷凝回水处理系统	项 波 等	CN201821918328	CN209144576U

续表

序号	分类号	专利名称	发明人	申请号	公开(公告)号
777	D21F	底网造纸毛毯修边装置	周　骏 等	CN201821921315	CN209482050U
778	C01F	一种生产造纸专用碳酸钙的生产系统	吴春林	CN201821930736	CN209226597U
779	C02F	一种改良型的造纸白水处理系统	潘　峰	CN201821931815	CN209210586U
780	B01D	一种新型结构的造纸白水过滤器	潘　峰	CN201821931819	CN209361996U
781	D21C	一种造纸业废液处理装置	周媛梅	CN201821935071	CN209211153U
782	D21F	一种环保造纸设备	苏　静	CN201821935907	CN209482052U
783	D21D	一种新型造纸用粗筛设备	张丹丹	CN201821938074	CN209307761U
784	F28D	一种造纸厂烘干环节余热回收系统	李延平 等	CN201821938610	CN209181592U
785	D21B	一种造纸用废纸粉碎装置	李沛繁	CN201821940748	CN209039855U
786	B65G	一种超短纤维制浆上料装置	吴　军	CN201821947168	CN209382997U
787	D21F	一种造纸用浆板机风箱	郭熙斌	CN201821954245	CN209227283U
788	D21F	一种带有氧化物复合涂层的造纸用压榨辊	薛云岭	CN201821955463	CN209523061U
789	D21F	一种造纸机挤压清洗装置	王　玮 等	CN201821963092	CN209260433U
790	B26D	一种可进行边缘尺寸测量切割的造纸机械	章　丽	CN201821964626	CN209190918U
791	D21D	一种可过滤纸浆中杂质且具有自主清洁排屑的造纸机械	章　丽	CN201821964841	CN209323254U
792	D21F	一种可防止纸浆凝固的自带加热能力的造纸装置	章　丽	CN201821965016	CN209227284U
793	D21F	一种造纸车间水资源的循环利用处理装置	郭建春 等	CN201821967948	CN209555658U
794	D21F	一种造纸机湿部脱水织物洗涤的节水控制系统	周湘红 等	CN201821967949	CN209555657U
795	D21F	一种造纸机二次上料装置	王　玮 等	CN201821968682	CN209260437U
796	D06C	一种造纸毛毯生产用的热定型设备	周　骏 等	CN201821973049	CN209568263U
797	D03J	一种造纸毛毯织机的边撑装置	周　骏 等	CN201821973405	CN209194136U
798	C02F	一种造纸厂废水处理装置	何　杰	CN201821981522	CN209322608U
799	D21F	一种造纸毛毯修毛装置	周　骏 等	CN201821984190	CN209211159U
800	B65H	一种造纸毛毯卷绕装置	周　骏 等	CN201821984213	CN209161044U
801	D06C	一种新型造纸毛毯热定型设备	周　骏 等	CN201821984786	CN209162445U
802	D21F	一种便于清洗的手工造纸装置	徐菊梅	CN201821990085	CN209636545U
803	B27J	手工造纸用的切麻机	钟　周 等	CN201821997274	CN209491861U
804	B01D	一种方便进行清洁的造纸用浆料过滤装置	不公告发明人	CN201821998356	CN209317167U
805	D21F	一种造纸制浆过程中斜筛中的防堵塞筛体	陈华家	CN201822000547	CN209323257U
806	B01F	一种造纸用中性施胶剂乳化装置	李慧英 等	CN201822015889	CN209406235U
807	D21F	一种造纸用积压脱水装置	潘结辉	CN201822016781	CN209178716U
808	B01D	一种造纸厂剥皮废水回收防阻塞入水装置	不公告发明人	CN201822017725	CN209679617U
809	B01D	一种造纸业废水排输管	王丽双	CN201822025584	CN209575921U
810	B65H	一种造纸设备滚刀	成志林	CN201822029373	CN209507225U
811	D21F	一种造纸机干网清洁装置	高科伟	CN201822029558	CN209397428U
812	D21F	一种水雾收集盘及造纸机	陶　勇	CN201822030954	CN209412603U
813	B01F	一种新型高速涡流制浆机	王振海 等	CN201822040735	CN209205155U

续表

序号	分类号	专利名称	发明人	申请号	公开(公告)号
814	B01D	一种造纸纸浆温和式多级筛选的压力筛选机	章 丽	CN201822044074	CN209530252U
815	B26D	一种造纸用制造机模切装置	张定武 等	CN201822045565	CN209579734U
816	D21D	一种造纸制浆粗筛装置	诸建华	CN201822054190	CN209292768U
817	C02F	一种造纸废水专用处理装置	张 中	CN201822057951	CN209411969U
818	D21H	一种造纸机压辊装置	诸建华	CN201822058967	CN209292784U
819	D21D	一种造纸厂水里碎浆机筛板	诸建华	CN201822059025	CN209523058U
820	D21D	一种造纸圆筒筛装置	诸建华	CN201822059029	CN209292769U
821	D21B	一种用于制浆造纸的浆料回收装置	刘立峰 等	CN201822078585	CN209227278U
822	F26B	一种用于清洁造纸的烘干箱	汤立新 等	CN201822079174	CN209246582U
823	D21F	一种造纸机干燥装置	张 晗 等	CN201822079340	CN209227281U
824	D21F	一种造纸用具有密封性检测的真空吸水箱	汤立新 等	CN201822080555	CN209276899U
825	D21B	一种造纸用高效除湿装置	李文斌	CN201822081981	CN209428823U
826	D21B	一种造纸用自清洗碎浆机	李文斌	CN201822083054	CN209428822U
827	D21B	一种造纸用封闭式碎浆设备	陈满等	CN201822083076	CN209428825U
828	D21F	造纸用刮水板结构	钟炎棠 等	CN201822086927	CN209456800U
829	F04D	用于造纸车间的透气排风装置	钟炎棠 等	CN201822086928	CN209458151U
830	D21C	造纸洗浆机构	钟炎棠 等	CN201822086929	CN209456796U
831	D21F	造纸机用保温型烘缸罩机构	钟炎棠 等	CN201822086930	CN209456801U
832	B65D	一种造纸厂用纸品运输装置	焦 晨 等	CN201822088369	CN209225772U
833	B02C	木料造纸用破碎装置	钟炎棠 等	CN201822090074	CN209451961U
834	D21B	用于造纸竹片的粉碎机构	钟炎棠 等	CN201822090126	CN209456792U
835	D21B	具有防堵塞结构的造纸碎浆机构	钟炎棠 等	CN201822090127	CN209456794U
836	D21F	浇灌型手工造纸装置	钟炎棠 等	CN201822090128	CN209456803U
837	D21B	造纸用打浆装置	钟炎棠 等	CN201822090129	CN209456795U
838	D21G	一种造纸浆过滤装置	邹志勇 等	CN201822091566	CN209227286U
839	D21B	一种环保型在线自动制浆设备	钱利民	CN201822091590	CN209412600U
840	B25B	一种造纸机换辊装置	赵子忠	CN201822092213	CN209190684U
841	D21G	一种造纸机水雾收集装置	赵子忠	CN201822092214	CN209292780U
842	D21G	一种造纸机水雾收集装置	赵子忠	CN201822092214	CN209292780U
843	D21F	一种造纸机烘缸主动轮	赵子忠	CN201822092219	CN209292775U
844	D21F	一种造纸机烘缸主动轮	赵子忠	CN201822092219	CN209292775U
845	D21G	一种造纸机刮刀移动装置	赵子忠	CN201822092232	CN209292779U
846	D21G	一种造纸机刮刀移动装置	赵子忠	CN201822092232	CN209292779U
847	B65H	一种造纸机成形网张紧装置	赵子忠	CN201822092234	CN209259286U
848	D21F	一种新型造纸机烘缸保温端盖	李 帅 等	CN201822092392	CN209227282U
849	D21F	一种造纸机胸辊起落装置	赵子忠	CN201822093465	CN209292774U
850	D21F	一种造纸机胸辊起落装置	赵子忠	CN201822093465	CN209292774U
851	D21F	一种造纸机成形网自动张紧装置	赵子忠	CN201822093476	CN209292776U

续表

序号	分类号	专利名称	发明人	申请号	公开(公告)号
852	D21F	一种造纸机成形网自动张紧装置	赵子忠	CN201822093476	CN209292776U
853	D21F	一种节能环保型造纸用烘缸	谭达真 等	CN201822106274	CN209194232U
854	D21F	可提高纸张表面平滑度的造纸毛毯	付克诚 等	CN201822114687	CN209508714U
855	B65G	造纸机刮刀拆放架	谢运良	CN201822116807	CN209618213U
856	D21D	一种造纸制浆精筛筛鼓装置	诸建华	CN201822117074	CN209523057U
857	D21G	一种造纸加湿装置	方伟庆 等	CN201822119619	CN209456804U
858	D21F	一种造纸用摇振装置	徐　强 等	CN201822119777	CN209384014U
859	B01D	一种造纸废气净化装置	汤立新 等	CN201822124501	CN209271130U
860	D21D	一种清洁造纸用打浆装置	汤立新 等	CN201822124512	CN209523055U
861	D21F	一种造纸用烘干设备	黄志锋	CN201822124544	CN209338909U
862	D21D	一种造纸用加热装置	汤立新 等	CN201822124968	CN209276896U
863	B02C	一种用于清洁造纸的废纸回收粉碎装置	汤立新 等	CN201822124984	CN209663329U
864	B30B	造纸废渣压滤装置	谢运良	CN201822125639	CN209832703U
865	D21B	造纸碎浆装置	谢运良	CN201822126634	CN209584713U
866	B65D	一种造纸助剂保温装置	李锦辉	CN201822133042	CN209506593U
867	B01F	一种造纸助剂稀释装置	李锦辉	CN201822133716	CN209501555U
868	B65G	一种造纸助剂下料装置	李锦辉	CN201822133717	CN209507123U
869	B65D	一种造纸助剂存放装置	李锦辉	CN201822133799	CN209684315U
870	B01F	一种造纸助剂搅拌装置	李锦辉	CN201822133800	CN209501400U
871	B01F	一种造纸助剂生产用原料溶解装置	李锦辉	CN201822133843	CN209501495U
872	C02F	一种造纸废水处理装置	许凤刚 等	CN201822135554	CN209554997U
873	B01J	一种造纸助剂生产用反应罐	李锦辉	CN201822149492	CN209501673U
874	D21F	一种造纸机械用具有防弯折结构的不锈钢下压板	严亦斌	CN201822154604	CN209798428U
875	D21G	一种造纸机械用具有加热功能的不锈钢下压板	严亦斌	CN201822155048	CN209779332U
876	D21G	一种造纸设备用便于调节夹紧力度的固定装置	严亦斌	CN201822155279	CN209798436U
877	B01D	一种用于造纸生产的废水过滤装置	李佳林 等	CN201822161274	CN209865414U
878	D21F	一种造纸工艺用纸张通风干燥装置	李佳林 等	CN201822161275	CN209307766U
879	D21F	一种用于造纸的自动烘干装置	李佳林 等	CN201822161305	CN209307765U
880	D21F	一种造纸工艺中白水回收装置	李佳林 等	CN201822161313	CN209307764U
881	C02F	一种处理造纸废水的涡凹气浮装置	赵春皓	CN201822161544	CN209537029U
882	D21F	一种应用于造纸干燥部分的烘缸轴承	孙友根	CN201822161545	CN209537928U
883	D21C	一种应用于造纸生产线的蒸煮器	孙友根	CN201822161556	CN209537917U
884	D21F	一种应用于造纸机的管辊	孙友根	CN201822161559	CN209537935U
885	F28D	一种应用于造纸设备的换热器	李景魁 等	CN201822162258	CN209639562U
886	B01D	一种用于造纸设备的集尘装置	李景魁 等	CN201822162261	CN209630834U
887	B65H	一种造纸生产线用卷纸机构	李景魁 等	CN201822162271	CN209635508U
888	F26B	一种造纸生产线中的烘干机构	李景魁 等	CN201822162272	CN209639441U
889	B65H	一种造纸业自动化生产线的闭环张力控制系统	张宗治	CN201822167321	CN209242293U

续表

序号	分类号	专利名称	发明人	申请号	公开(公告)号
890	C02F	高浓度造纸制浆废渣处理设备	沈忠恩 等	CN201822168826	CN209352751U
891	D21F	一种造纸用具有收集过滤功能的不锈钢压板装置	严亦斌	CN201822171687	CN209798429U
892	D21G	一种造纸用光洁度高的不锈钢下压板	严亦斌	CN201822171702	CN209798437U
893	B26D	一种造纸加工用快速切割装置	李佳林 等	CN201822172154	CN209257057U
894	D21H	一种造纸用防纸浆泄漏的夹具固定装置	严亦斌	CN201822172724	CN209798439U
895	B31F	一种造纸下压用具有驱动结构的不锈钢下压板装置	严亦斌	CN201822172725	CN209775709U
896	D21G	一种造纸工艺中压光成卷装置	李佳林 等	CN201822172906	CN209307769U
897	D21C	一种造纸加工用快速脱水装置	李佳林 等	CN201822172938	CN209397425U
898	D21G	一种新型造纸机压光机	许兴国	CN201822174332	CN209397432U
899	C02F	一种造纸用废水处理收集装置	汤立新 等	CN201822176241	CN209367974U
900	C02F	一种清洁造纸用废水预处理装置	汤立新 等	CN201822176248	CN209367975U
901	D21D	一种用于清洁造纸的清洗圆筒筛	汤立新 等	CN201822176269	CN209276898U
902	D21B	一种废纸回收制浆预处理装置	汤立新 等	CN201822176271	CN209338902U
903	G01N	一种造纸用废气检测装置	汤立新 等	CN201822176272	CN209247463U
904	B26D	一种用于清洁造纸的纸张分切装置	汤立新 等	CN201822176286	CN209364709U
905	D21F	一种造纸用按压装置	黄志锋	CN201822183550	CN209338905U
906	D21F	一种造纸机自动供浆装置	许连臣	CN201822184061	CN209397429U
907	D21F	一种造纸机稳压干燥设备	柳彩等	CN201822184064	CN209741567U
908	D21G	一种造纸机无绳自动牵引装置	刘　军	CN201822184109	CN209397433U
909	G01N	一种造纸机在线纸病检测系统	李建密	CN201822184680	CN209745839U
910	D21G	一种造纸机剪断信号检测保护装置	吴电春	CN201822184949	CN209397434U
911	D21H	造纸刮胶机构	金晓春	CN201822187868	CN209602869U
912	D21F	造纸辊调节装置	李大兵	CN201822187880	CN209482053U
913	A01F	一种制浆用分级筛选切苇机	王　放	CN201822191349	CN209314356U
914	B01D	一种造纸车间专用的屋顶排风装置	王　放	CN201822191376	CN209392894U
915	B65G	一种制浆用控温式螺旋喂料装置	王　放	CN201822191929	CN209306367U
916	B08B	一种用于造纸生产过程的高压清洗机	王　放	CN201822192068	CN209349148U
917	B08B	一种造纸流送系统的高压水冲洗机构	李文斌	CN201822193899	CN209424163U
918	B65H	一种造纸机卷曲大架	张伟等	CN201822201073	CN209740325U
919	D21D	一种造纸机跳筛	王鲁燕 等	CN201822202643	CN209741561U
920	D21B	一种家用生活废纸回收造纸装置	薛　玲	CN201822204075	CN209669586U
921	B01D	造纸用真空发生设备的空气过滤装置	许伟良	CN201822210751	CN209530429U
922	D21D	一种便于收集纸浆的造纸用研磨机	张肖飞	CN201822222969	CN209323248U
923	D21D	一种便于快速分离杂质的造纸用压力筛	张肖飞	CN201822223026	CN209323251U
924	D21B	一种便于控制出料的造纸加工用碎浆机	张肖飞	CN201822223041	CN209307759U
925	D21F	一种易于清理的造纸用真空吸移辊	张肖飞	CN201822223044	CN209323258U
926	D21G	一种便于清洗的造纸用熬胶锅	张肖飞	CN201822223566	CN209307771U
927	D21F	一种造纸机	董夫典 等	CN201822225453	CN209602859U

续表

序号	分类号	专利名称	发明人	申请号	公开(公告)号
928	D21C	秸秆生物机械制浆设备	沈志忠 等	CN201822231965	CN209759890U
929	B07B	一种用于造纸厂废料处理设备的筛槽	陈健等	CN201822234157	CN209424048U
930	D21G	一种造纸厂废料处理设备的支撑座	陈健等	CN201822234168	CN209428839U
931	D21F	一种网体经乳液涂层的造纸网	杨建军 等	CN201822235036	CN209816550U
932	B09B	一种造纸厂废料处理设备的内循环结构	陈健等	CN201822236780	CN209424274U
933	D21F	一种具有去湿功能的造纸机的网部装置	张肖飞	CN201822237695	CN209307767U
934	D21F	一种造纸循环系统	韩冲等	CN201822239260	CN209428837U
935	D21F	一种造纸用具有隔离结构的供浆设备	钟利平	CN201822240981	CN209443292U
936	D21B	一种造纸用方便清理的碎浆装置	钟利平	CN201822243662	CN209443285U
937	C02F	一种造纸废水处理好氧系统的废水脱钙装置	刘名中 等	CN201822258979	CN209397088U
938	D21B	一种废纸造纸用回收处理再生装置	李　明	CN201822275502	CN209397422U
939	28-03(11)	造纸烘干部脱白除臭一体化设备	邵振华 等	CN201830445147	CN305055930S
940	08-03(11)	造纸毛毯切割装置	孙成喜	CN201830456193	CN304978951S
941	15-99(12)	造纸厂废料处理设备	陈　健 等	CN201830766328	CN305523791S
942	D04H	一种新型防断针低噪音的造纸毛毯针刺机	谢宗国 等	CN201910003672	CN109652921A
943	D04H	一种可防止毯面不平整的造纸毛毯生产方法及针织机	谢宗国 等	CN201910003674	CN110158240A
944	D04H	一种新型高效防断针的造纸毛毯针刺机	谢宗国 等	CN201910003675	CN109537170A
945	D04H	一种造纸毛毯针刺机用高精度的针梁与针板结构	谢宗国 等	CN201910003681	CN109594202A
946	D04H	一种自动化高精度的造纸毛毯针刺机	谢宗国 等	CN201910003682	CN109594203A
947	D04H	一种高精度防断针的造纸毛毯生产方法及其针刺机	谢宗国 等	CN201910003715	CN109537171A
948	C02F	一种造纸生产用的废水处理装置	朱荣林 等	CN201910004923	CN109607637A
949	D21F	一种具有连续造纸机构的造纸机	朱兴民 等	CN201910005335	CN109610224A
950	D21F	一种新型抗污染扁丝干燥网、成纸层经线及造纸机	陆平等	CN201910013108	CN109653020A
951	D21B	一种造纸用制浆机	陈炳祥 等	CN201910021436	CN109736114A
952	D21B	一种新型制浆机	陈炳祥 等	CN201910021437	CN109680528A
953	D21D	一种造纸用粉碎制浆一体机	陈炳祥 等	CN201910021446	CN109680535A
954	D21B	一种制浆机	陈炳祥 等	CN201910021448	CN109736115A
955	D21B	一种混合均匀的制浆机	陈炳祥 等	CN201910021504	CN109736116A
956	D21B	一种使用寿命长的制浆机	陈炳祥 等	CN201910021672	CN109706766A
957	D21B	一种防破损的制浆机	陈炳祥 等	CN201910021714	CN109706767A
958	B27L	一种用于造纸的全自动树木清洗去皮装置	郭红旗	CN201910024515	CN109676733A
959	D21D	一种纸浆模塑制浆过程中的碎浆智能化投料联动系统	徐兴华 等	CN201910045476	CN109763368A
960	B26D	一种用于清洁造纸的卫生纸分切机	许希杰	CN201910076344	CN109760116A
961	D21B	一种疏解回收废纸的造纸装置	许希杰	CN201910076345	CN109594382A
962	C02F	一种造纸废水处理装置	刘利娟 等	CN201910098880	CN109592811A
963	D21D	一种红外加热横管式连续制浆装置	徐明等	CN201910104283	CN109653015A

续表

序号	分类号	专利名称	发明人	申请号	公开(公告)号
964	D21B	一种制浆造纸系统	郑咏喜 等	CN201910121814	CN109680529A
965	D21D	一种造纸行业用纸塑回收生产线	张海秋 等	CN201910123782	CN109653016A
966	D21F	一种造纸用高效烘干装置	倪士磊	CN201910134324	CN109826042A
967	C02F	一种使用改性粉煤灰沸石的造纸废水处理设备	陈培容 等	CN201910171427	CN109867321A
968	D21H	一种两用造纸机涂布施胶机	姜丰伟 等	CN201910194979	CN109811588A
969	B27L	一种造纸用木材切片机用木材输送机构	徐海军	CN201910208740	CN109760165A
970	H05B	一种造纸厂灯光控制电路结构	穆世怀	CN201910218513	CN109819566A
971	D21F	一种造纸用烘干器	薛超等	CN201910246677	CN110016829A
972	B01F	一种造纸漂液生产装置	刘　涛	CN201910246678	CN109966970A
973	D21B	一种造纸用打浆设备	薛超等	CN201910247913	CN109868669A
974	D21D	用于造纸尾浆纤维回收的专用筛	张吉祥 等	CN201910247937	CN109778584A
975	D21F	一种简化揭纸防破损手工造纸装置	袁文文	CN201910254648	CN109811574A
976	B01D	造纸加工用废水处理设备	刘　涛 等	CN201910259098	CN109999554A
977	D21H	一种造纸上色机	陈德云 等	CN201910259099	CN109914152A
978	D21D	具有除杂质的造纸加工用打浆机	薛　超 等	CN201910260064	CN109837794A
979	D21B	造纸碎浆装置	薛　超 等	CN201910260065	CN110029516A
980	C02F	造纸废液处理装置	朱大竹 等	CN201910260194	CN110002613A
981	D21F	适用于高线压无毯痕造纸毛毯以及造纸机	陆　平 等	CN201910273126	CN109868674A
982	D21B	一种造纸用原料粉碎机	薛　超 等	CN201910282918	CN109972432A
983	D21B	一种碎浆效果好的造纸用水力碎浆装置	陈建明 等	CN201910302569	CN110093798A
984	D21D	一种造纸用纸浆水力碎浆装置	徐联君 等	CN201910302572	CN110029519A
985	D21F	一种造纸用纸卷快速烘干收卷装置	陈建明 等	CN201910302573	CN110080029A
986	D21D	一种造纸用磨浆效果好的磨浆机	吴云锋 等	CN201910302577	CN110055800A
987	D21F	一种控制水汽防滴漏的造纸用烘干机	盛鼎臣	CN201910305611	CN109868673A
988	D21F	一种高耐磨高纤维三层造纸成形网及造纸设备	陆　平	CN201910313519	CN110029520A
989	B02C	一种有机质制浆设备	袁　靖 等	CN201910319511	CN110075968A
990	D21F	造纸机网毯及其生产方法	U. 科克里茨 等	CN201910322327	CN110387764A
991	D21B	一种造纸机打浆设备	余平晓	CN201910324785	CN110029517A
992	D21B	一种利用往复增减压分散的造纸成浆用分散设备	雷兆静	CN201910346997	CN110055795A
993	D21C	洗浆机及造纸设备	陈　超 等	CN201910377499	CN109989286A
994	D21F	一种环保型造纸纸张原浆压榨装置	杨迪章	CN201910388601	CN110067145A
995	D21F	一种新型高耐磨 SSB 造纸三层成形网及造纸设备	陆　平 等	CN201910425802	CN110029521A
996	B65H	一种造纸机用可变速裁剪一体式送纸辊	吴正红	CN201910482929	CN110239998A
997	D21F	一种造纸机成形网清洗用旋转喷射节水机构	徐　增	CN201910487672	CN110172853A
998	B22D	造纸烘缸离心浇注加工方法	贾先义 等	CN201910504194	CN110252984A
999	D21B	一种干法造纸用混料解离装置	何成海	CN201910506803	CN110184837A
1000	D21D	一种废纸制浆用纤维分级及精筛系统	文　艾 等	CN201910508193	CN110093802A

续表

序号	分类号	专利名称	发明人	申请号	公开(公告)号
1001	D21F	一种三维交织复合底网及造纸毛毯	邢海军 等	CN201910515329	CN110144750A
1002	C02F	一种造纸废水浆水分离设备	王子腾	CN201910534889	CN110204099A
1003	C02F	一种基于中小型造纸厂的废气、废水闭环处理设备	刘　纯	CN201910538578	CN110171891A
1004	D21F	用于造纸机或纸浆脱水机的绷网及其用途	迪尔克·普拉沙克	CN201910541493	CN110629580A
1005	D21D	一种造纸浆渣精筛系统	李文斌	CN201910543815	CN110184843A
1006	D21D	一种造纸浆渣清洗除杂装置	李文斌	CN201910544807	CN110184844A
1007	D21F	自动加料的小型立式分层造纸机	朱宏泽	CN201910558871	CN110284353A
1008	D21D	一种基于流体力学的造纸用纤维分散设备	赵　亮	CN201910571446	CN110396846A
1009	D21D	一种造纸用湿式团结纤维纸浆分散用纤维分散设备	赵　亮	CN201910571447	CN110241645A
1010	B32B	一种应用于高速真空圆网造纸机毛毯的制备方法	谢宗国 等	CN201910571865	CN110254015A
1011	D21F	一种应用于高速真空圆网造纸机的毛毯	谢宗国 等	CN201910572145	CN110144751A
1012	D21F	一种基于气流变换的造纸烘干装置	夏德亮	CN201910579607	CN110172854A
1013	B29C	造纸废渣综合再生利用方法及其混炼挤出装置	王建明	CN201910588867	CN110154360A
1014	C02F	一种用于造纸污水沉淀的絮凝剂均匀投放装置	刘广东	CN201910592524	CN110330084A
1015	D21F	一种造纸设备	不公告发明人	CN201910594077	CN110295511A
1016	D21C	一种用于造纸机械的螺旋纸浆压榨机	尤秀仕	CN201910611158	CN110306377A
1017	B08B	一种造纸机的除尘装置	尤秀仕	CN201910611162	CN110434143A
1018	B27L	一种造纸用原木剥皮机	尤秀仕	CN201910612011	CN110466023A
1019	B65H	一种造纸毛毯针刺机放卷装置	谢宗国 等	CN201910616001	CN110203730A
1020	B01F	一种稀土冶炼分离用的制浆设备	屠敏杰	CN201910637028	CN110314606A
1021	D21C	一种用于制浆造纸的尾浆回收处理系统	陈学萍 等	CN201910641068	CN110396845A
1022	D21D	一种用于制浆粗筛的过载保护系统	刘文明 等	CN201910641701	CN110318283A
1023	D21B	一种造纸车间添加木纤维装置	王雪明 等	CN201910653120	CN110284351A
1024	D21D	一种造纸用压力筛	张　斌	CN201910657807	CN110359309A
1025	F04D	一种造纸工艺中的透平风机用除垢系统	王　勇 等	CN201910660885	CN110195722A
1026	B01F	一种用于造纸的造纸助剂均匀添加型溶解装置	杨志勇	CN201910669073	CN110354709A
1027	D21D	一种制浆行业用倾斜式圆筒筛选机	李克雷 等	CN201910716079	CN110387763A
1028	D21C	一种制浆造纸过程中吸附树脂及胶粘物的装置	陈克利	CN201910724066	CN110373928A
1029	B01D	一种印刷造纸用废气处理装置	胡健安	CN201910724432	CN110292812A
1030	D21C	一种造纸黑液处理设备及其用于制备土壤处理剂的方法	黄金生	CN201910742518	CN110373929A
1031	B29C	不锈钢钢渣造纸工艺设备	刘复兴 等	CN201910764952	CN110614743A
1032	D21D	一种木质纤维造纸杂质处理设备	王雪明 等	CN201910769963	CN110409211A
1033	B01D	一种造纸用造纸废水沉淀回收装置	张成杰	CN201910786143	CN110368742A
1034	C02F	一种造纸废水曝气装置	张成杰	CN201910786834	CN110357281A
1035	B26D	一种造纸用便于调节尺寸的裁切装置	曹立伟	CN201910819901	CN110539341A
1036	D21F	一种带气罩的造纸干燥装置	曹立伟	CN201910819902	CN110565429A

续表

序号	分类号	专利名称	发明人	申请号	公开(公告)号
1037	G06Q	造纸网毯的生产监控方法、装置和系统	谢宗国 等	CN201910827415	CN110533337A
1038	D21F	造纸毛毯专用毛卷辊的脱水装置	周　骏 等	CN201910857171	CN110565430A
1039	D21F	造纸毛毯专用毛卷辊的烘干装置	周　骏 等	CN201910857357	CN110396852A
1040	B01F	一种造纸用便于清理的纸浆搅拌装置	曹立伟	CN201910871235	CN110508175A
1041	D21F	一种造纸用成型模具	曹立伟	CN201910871969	CN110616588A
1042	D21F	一种造纸烘干部余热回收与挥发性有机物捕集的热泵系统	苏伟光 等	CN201910875310	CN110528307A
1043	B01J	一种用于造纸生产的降盐吸附剂及其制备方法和应用	张创平	CN201910879708	CN110586044A
1044	B01D	一种造纸厂加工生产用的污染气体脱白处理设备	师圆生 等	CN201910890329	CN110538527A
1045	D21B	一种节能环保的造纸印刷用碎浆设备	崔家玮	CN201910915174	CN110552222A
1046	B01F	一种造纸用造纸助剂均匀稀释装置	刘晓明	CN201910915222	CN110559928A
1047	C02F	一种造纸废水悬浮物清除装置	邱建军	CN201911017176	CN110606518A
1048	D04H	可防止刺针弯曲针纹变大毯面不平整的造纸毛毯针刺机	谢宗国 等	CN201920005180	CN209456664U
1049	C12M	一种造纸流送系统的生物酶反应装置	李文斌	CN201920013590	CN209652307U
1050	B26D	一种造纸生产用成品分切整理装置	王　放	CN201920016230	CN209319919U
1051	B65G	一种造纸生产用具有保护功能的成品输送装置	姜海涛	CN201920016266	CN209306407U
1052	D21D	一种造纸生产用浆料高浓除渣装置	王　放	CN201920016267	CN209338904U
1053	D21F	一种造纸过程中快速脱水装置	姜海涛	CN201920016306	CN209338914U
1054	B65H	一种造纸生产用成品整理装置	姜海涛	CN201920022451	CN209383142U
1055	B65G	一种制浆用原料输送装置	姜海涛	CN201920022526	CN209306311U
1056	D21F	一种新型抗污染扁丝干燥网、成纸层经线及造纸机	陆平等	CN201920026480	CN209669597U
1057	D21B	一种纸箱生产用废纸的制浆装置	黄小根	CN201920044544	CN209537916U
1058	D21F	一种用于造纸生产的纸机真空系统	赵旭辉 等	CN201920045719	CN209508713U
1059	D21B	再生纸造纸机	齐元胜 等	CN201920047692	CN209854443U
1060	B65G	一种用于纸业生产用制浆上料装置	卢耀权 等	CN201920068539	CN209582711U
1061	B26D	一种造纸用齐边设备	蒋日盛	CN201920069619	CN209615621U
1062	D21C	一种造纸用均匀蒸煮设备	蒋日盛	CN201920069628	CN209619741U
1063	D21F	造纸机烘干部干网张紧装置	孙建涛 等	CN201920073041	CN209428833U
1064	D21F	一种用于纸业制浆用烘箱	卢耀权 等	CN201920073878	CN209568319U
1065	D21D	一种利用废料为原料造纸的盘式热分散系统	周湘红 等	CN201920078585	CN209443290U
1066	D21D	一种打浆均匀的造纸打浆机	王志杰 等	CN201920083418	CN209384011U
1067	D21F	一种造纸干燥系统	王玉海 等	CN201920083424	CN209384015U
1068	D21F	一种具有喷淋功能的造纸机喷浆上网成型装置	初　杰 等	CN201920083908	CN209384013U
1069	C02F	一种应用于造纸废水处理的过滤装置	刘　雷	CN201920091837	CN209493416U
1070	D21F	一种造纸用循环热风节能干燥装置	李雪冰 等	CN201920111805	CN209779329U
1071	D21F	造纸设备用空气除潮器	李雪冰 等	CN201920112301	CN209779327U
1072	B01F	一种用于造纸的新型混合装置	王益海 等	CN201920123056	CN209696757U

续表

序号	分类号	专利名称	发明人	申请号	公开(公告)号
1073	B08B	一种制浆上料生产线的除尘系统	刘名中 等	CN201920133242	CN209597842U
1074	D21F	一种清洁型防卡纸造纸设备	张四车	CN201920138043	CN209669593U
1075	D21C	一种造纸用原料纤维振动筛的导流罩	倪士磊	CN201920144288	CN209636544U
1076	B01D	一种造纸废气净化处理设备	王月东	CN201920167596	CN209490640U
1077	D21B	一种造纸用高效碎浆机	王海军	CN201920167744	CN209555648U
1078	B08B	一种造纸用复卷机的除尘装置	董军亮	CN201920181352	CN209716006U
1079	D21B	一种造纸机械用碎浆机	刘伟才	CN201920187234	CN209584716U
1080	D21B	一种制浆造纸系统	郑咏喜 等	CN201920208993	CN209619740U
1081	B01J	一种制浆造纸催化反应池用分料器	郑咏喜 等	CN201920208994	CN209612889U
1082	D21D	一种制浆用双螺旋预浸机	郑咏喜 等	CN201920208995	CN209619743U
1083	D21D	一种制浆用均料器	郑咏喜 等	CN201920209012	CN209619744U
1084	D21B	一种造纸制浆用计量料仓	郑咏喜 等	CN201920209013	CN209619736U
1085	B01J	一种制浆用催化反应池	郑咏喜 等	CN201920211601	CN209680081U
1086	B01F	一种造纸用浆液助剂均匀混合装置	穆永生 等	CN201920220347	CN209735464U
1087	D21B	蒸汽爆破制浆设备	李秀花	CN201920258676	CN209568313U
1088	B29C	一种用于制造纸仓前盖的可组装式模具	陈　勇 等	CN201920283902	CN209718487U
1089	B26D	一种用于造纸网切割压紧结构	蒋　辉 等	CN201920289253	CN209717835U
1090	D21F	一种便于组装拼接的环形造纸网	蒋　辉 等	CN201920289899	CN209798423U
1091	B23K	一种用于造纸网焊接定位装置	蒋　辉 等	CN201920292691	CN209716866U
1092	D21F	一种可调式造纸网连接用固定卡件	蒋　辉 等	CN201920292736	CN209798424U
1093	B08B	一种组合固定式金属造纸网清洗套件	蒋　辉 等	CN201920292922	CN209753515U
1094	D21F	一种配套式金属造纸网防堵塞装置	蒋　辉 等	CN201920303301	CN209798425U
1095	D21F	一种用于金属造纸网安装端口固定装置	蒋　辉 等	CN201920304069	CN209798434U
1096	D21F	一种造纸机用导辊机构	董军亮	CN201920304713	CN209703187U
1097	D21F	一种造纸机真空伏辊用支撑机构	董军亮	CN201920306587	CN209722588U
1098	D21H	一种两用造纸机涂布施胶机	姜丰伟 等	CN201920324153	CN209779334U
1099	D21F	一种造纸机自动切边引纸装置	王浩等	CN201920325336	CN209584719U
1100	B02C	具有降噪结构的造纸用原料粉碎机	肖　夏	CN201920332701	CN209866230U
1101	B01J	一种用于生产造纸添加剂的反应釜	肖雪峰 等	CN201920387666	CN209772117U
1102	D21D	用于造纸尾浆纤维回收的专用筛	张吉祥 等	CN201920457959	CN209741559U
1103	D21F	一种造纸厂透平风机尾气热能利用装置	石双喜	CN201920478987	CN209669595U
1104	D21F	一种造纸末段通汽真空装置	李发行 等	CN201920484681	CN209816554U
1105	D21D	一种大孔径的造纸用盘磨一体化设备	甄随意	CN201920493640	CN209703184U
1106	H01R	造纸设备用插接式传感器信号转换头	苏　浩	CN201920504686	CN209434525U
1107	D21B	一种高档生活用纸制浆系统	曹　旭 等	CN201920507819	CN209703183U
1108	D21B	自然纤维类生物原料制浆浸渍系统	李　军 等	CN201920526921	CN209816548U
1109	D21G	一种结构简单的自重式造纸用压光机	陈俏甸 等	CN201920539629	CN209722591U
1110	D21D	一种新型造纸用罐式自滤热磨机	陈俏甸 等	CN201920540587	CN209741558U

续表

序号	分类号	专利名称	发明人	申请号	公开(公告)号
1111	D21F	一种低碳环保清洁造纸机的配套设备	张蓝丹	CN201920567301	CN209759896U
1112	G01M	一种造纸机架的检装平台	何维忠 等	CN201920579271	CN209820752U
1113	B23K	一种造纸机架焊接工装	何维忠 等	CN201920579280	CN209867801U
1114	D21F	一种造纸机网毯用校正阀	姜丰伟 等	CN201920608471	CN209779331U
1115	B65H	一种造纸用卷纸机	余德等	CN201920630008	CN209815274U
1116	D21G	一种造纸用引纸绳推出装置	姜丰伟 等	CN201920640943	CN209873447U
1117	D21F	一种同时提高纸机车速和脱水率的造纸生产线压榨装置	姚广伍	CN201920646817	CN209836668U
1118	B08B	一种带倾斜角的造纸面板脱污装置	陈传勇 等	CN201920657927	CN209866747U
1119	D21D	一种造纸磨浆装置	赵卫平 等	CN201920710701	CN209854447U
1120	D21B	一种造纸碎浆装置	赵卫平 等	CN201920710706	CN209854444U
1121	H02M	一种应用于造纸的传动电机的变频柜	余冀飞 等	CN201920856438	CN209748401U
		造纸化学品			
1	D21H	造纸助剂组合物以及增加成纸灰分保留的方法	朱　博 等	CN201310413579	CN104452455B
2	C30B	磷石膏常压下循环溶解法制取造纸用石膏晶须的方法	苏兆祥 等	CN201510748188	CN105332058B
3	D21H	一种造纸用轻钙包覆纤维填料及其制备方法和应用	施晓旦 等	CN201510955220	CN106894281B
4	D21H	一种造纸施胶方法及其制备的纸张	肖金海 等	CN201510994194	CN106917324B
5	D21H	造纸剂组合物以及用于处理纤维原料的方法	J·霍卡等	CN201580005441	CN106414845B
6	C08F	改性的含乙烯胺的聚合物及其在造纸中的用途	S·伯卡尔等	CN201580019719	CN106459318B
7	D21C	提高化学制浆效率的方法和化学品组合物	普拉萨德·Y·达吉拉拉等	CN201580038446	CN106536820B
8	C12N	一种用于处理造纸白水的固定化酶的制备方法	乌日娜 等	CN201610575186	CN106277349B
9	B01D	一种用于造纸制浆用的高效消泡剂及其制备方法	黄房生 等	CN201610814698	CN106267915B
10	C02F	一种造纸中段废水处理药剂	朱永全 等	CN201610861502	CN106430482B
11	C12N	一种造纸用甾醇脂酶的基因、表达载体、菌株及其应用	韩双艳 等	CN201611104306	CN106636152B
12	D21H	一种利用阳离子纤维素衍生物改性造纸填料的方法	傅英娟 等	CN201611186274	CN106758500B
13	C08F	聚丙烯酰胺树脂、造纸添加剂和纸	藤原崇弘 等	CN201680003282	CN107075036B
14	D21H	一种造纸施胶剂的制备方法	王忠良	CN201710129118	CN106702816B
15	D21H	一种造纸专用碳酸钙填料的制备方法	陈长兵 等	CN201710201636	CN107012727B
16	D21H	一种造纸用助留剂	郜九宏 等	CN201710424392	CN107254802B
17	D21H	一种复合造纸用固着剂的制备方法	雷国庆 等	CN201710424615	CN107254804B
18	D21H	一种造纸助剂	郭　涛	CN201710492188	CN109112882A
19	D21H	一种造纸用合成施胶剂	郭　涛	CN201710492189	CN109112885A
20	D21H	一种造纸消泡剂	郭　涛	CN201710492220	CN109112883A
21	D21H	一种造纸用脂肪酸酰胺消泡剂	郭　涛	CN201710496762	CN109112884A
22	D21H	一种造纸使用的硫酸铝	郭　涛	CN201710496763	CN109112880A

续表

序号	分类号	专利名称	发明人	申请号	公开(公告)号
23	D21H	一种造纸湿强剂	郭　涛	CN201710497474	CN109137614A
24	D21H	一种造纸使用的聚合硫酸铝	郭　涛	CN201710502057	CN109137611A
25	C08F	一种用于造纸涂料的丁苯胶乳的制备方法	施晓旦 等	CN201710610550	CN109293814A
26	C09C	造纸专用二氧化钛制备方法	徐英杰 等	CN201710655700	CN107459842B
27	C08F	一种造纸用丁苯胶乳的制备方法	郑富平 等	CN201710776128	CN107501457B
28	D21H	一种高着留造纸填料及其制备方法	陈庆等	CN201710916342	CN107503226B
29	C02F	造纸污水专用的处理剂	杨珊珊	CN201710950277	CN109665601A
30	C02F	一种造纸废水净化处理剂	廖志琳	CN201710954935	CN109665571A
31	C02F	一种造纸废水净化处理剂	梁秋云	CN201710955316	CN109665573A
32	D21H	造纸用表面施胶液的生产工艺	杜汉民 等	CN201711057441	CN107841905B
33	C02F	一种应用于制浆废水的处理剂	朱国宏	CN201711117968	CN109775822A
34	D21H	一种造纸用抗菌材料的制备方法	王大可 等	CN201711118474	CN107905031B
35	D21H	用于造纸的表面施胶剂和改善纸张强度的造纸方法	王祥槐 等	CN201711185662	CN109826048A
36	D21H	用于造纸的表面施胶剂和改善纸张强度的造纸方法	王祥槐 等	CN201711185662	CN109826048A
37	D21H	用于造纸的表面施胶剂和改善纸张强度的造纸方法	王祥槐 等	CN201711185666	CN109826049A
38	D21H	一种造纸用消泡剂	居振平	CN201711355785	CN109930421A
39	D21H	一种合成硅酸钙用于造纸湿部助留方法	彭建军 等	CN201711362154	CN109930420A
40	C01F	一种用于造纸的改性复合重质碳酸钙的制备工艺	桑杰儒 等	CN201711389595	CN108147445B
41	D21H	在制造纸或纸板产品的方法中利用抗微生物淀粉产生泡沫的方法	K. 巴克福尔克	CN201780041717	CN109415874A
42	C08B	一种造纸增强淀粉及其制备方法	赵立会 等	CN201810228871	CN110305230A
43	D21H	一种纤维材料表面改良剂、其制备方法及其在造纸中的应用	张　丹 等	CN201810272378	CN108468250B
44	C09C	一种造纸专用抗菌碳酸钙的表面处理方法	唐　文 等	CN201810509724	CN108516572B
45	C08F	一种造纸用阳离子表面施胶剂的制备方法及应用	谢　鹏 等	CN201810584349	CN108690159B
46	C08F	一种造纸用乳液型阳离子干强剂的制备方法及其应用	谢　鹏 等	CN201810584362	CN108690165B
47	C09D	一种两性造纸用脱墨剂的制备方法	王琪宇 等	CN201810814863	CN109111786A
48	D21H	一种耐候高光泽造纸用染料及其制备方法	王　君 等	CN201810857619	CN109137615A
49	D21H	一种造纸用壳聚糖/苯丙乳液表面施胶剂	李　巍 等	CN201810960034	CN109112887A
50	C02F	一种基于冠醚的造纸废水处理用絮凝剂及其制备方法	不公告发明人	CN201810963458	CN109231397A
51	C08G	一种造纸废水处理用复合絮凝剂及其制备方法	不公告发明人	CN201810963486	CN109293928A
52	D21H	一种造纸用生物胶乳及其制备方法	胡次兵 等	CN201810996441	CN109338798A
53	C10M	一种新型造纸机专用高温润滑脂及其制备方法	乔传威 等	CN201811029118	CN109233947A
54	D21H	一种造纸用多孔碳酸钙和涂布纸的制备方法	刘　春 等	CN201811082715	CN109235122A
55	D21H	一种造纸用纳米TiO/硅灰石复合物的制备方法	周　兵 等	CN201811087287	CN109183497A
56	D21H	一种造纸色浆用抗紫外线型颜料紫及制备方法	马晓鸣	CN201810014132	CN110016835A
57	D21H	一种高平滑度造纸施胶剂	胡次兵 等	CN201811104100	CN109235127A

续表

序号	分类号	专利名称	发明人	申请号	公开(公告)号
58	C02F	处理造纸废水的试剂及其配置方法	盛少行 等	CN201811111557	CN109133288A
59	D21H	一种造纸柔软剂及其制备方法	尹双全 等	CN201811156570	CN109183504A
60	D21H	一种速溶型造纸分散剂	牛　军	CN201811191950	CN109457537A
61	D21H	一种造纸荧光消除剂的制备方法	薛向东 等	CN201811266438	CN109610226A
62	G01N	检测造纸钛白遮盖力的方法	罗　静 等	CN201811286613	CN109187888A
63	C02F	一种造纸废水处理剂及其制备方法	罗丽策	CN201811289758	CN109179694A
64	C02F	一种造纸废水处理剂	舒文森	CN201811302629	CN109110897A
65	C08J	一种造纸湿强剂及其制备方法	施晓旦 等	CN201811318525	CN109503867A
66	C02F	一种复合生物酶及其应用于处理造纸工业废水的方法	郭改梅 等	CN201811318913	CN109293008A
67	C02F	一种造纸厂废水处理剂	陆朝阳	CN201811345245	CN109205701A
68	C02F	一种造纸废水处理剂及其处理方法	成明金	CN201811348160	CN109231396A
69	D21H	一种造纸用水性聚氨酯及其制备方法	李庆同 等	CN201811394021	CN109610230A
70	D21H	一种高环压强度耐破型造纸湿强剂	邓　强	CN201811417749	CN109763379A
71	D21H	一种用于提高纸张抗张强度的造纸助剂	邓　强	CN201811418920	CN109594413A
72	D21H	一种用于造纸的润滑剂及其制备方法和应用	熊新华	CN201811436450	CN109577082A
73	C02F	一种造纸废水处理剂及其制备方法	熊新华	CN201811436454	CN109319860A
74	D21H	一种涂布纸用造纸涂料及其制备方法	熊新华	CN201811436469	CN109505194A
75	D21H	一种造纸用环保荧光增白剂及其制备方法	不公告发明人	CN201811441657	CN109457539A
76	D21H	一种增强环亚和抗水防潮性的造纸添加剂及其使用方法	钱加丰 等	CN201811442092	CN109518522A
77	C02F	一种高接枝率造纸污泥基有机高分子絮凝剂的制备方法	高宝玉 等	CN201811457123	CN109292941A
78	D21H	一种造纸湿部添加的助效剂及其制备方法	张敏盛 等	CN201811464796	CN109440527A
79	D21H	一种造纸干强剂及其制备方法	张敏盛 等	CN201811485041	CN109487620A
80	D21C	一种造纸工业杀菌防腐剂的制备	刘　晴 等	CN201811511858	CN109853284A
81	D21H	一种造纸涂料用硬脂酸锌分散液及其制备方法	施晓旦 等	CN201811519822	CN109629321A
82	D21F	一种新型层间结合胶和制备方法及其在造纸层间喷淋中的应用	施晓旦 等	CN201811521068	CN109680537A
83	C12P	一种造纸废液制备乳酸的方法	施晓旦 等	CN201811521072	CN109628507A
84	D21H	一种造纸助留剂及其制造工艺	李文斌	CN201811521921	CN109629332A
85	D21H	一种多功能造纸用复合增强剂及其制备方法	陈雁南 等	CN201811535747	CN109577087A
86	C08F	共聚物、包含该共聚物的水溶液和用于在制浆和造纸操作中减少天然沥青和粘合剂污染物的负面影响的方法	约翰·考曼 等	CN201880009041	CN110267995A
87	D21H	一种造纸用湿强剂及其制备方法	何国锋 等	CN201910001331	CN109763380A
88	D21C	制浆造纸生产中控制有机污染物沉积的组合物	王祥槐 等	CN201910039414	CN109610217A
89	D21H	造纸用表面乳液施胶剂、造纸用表面乳液施胶剂的制造方法以及涂布纸	须田雅彦 等	CN201910057668	CN110067152A

续表

序号	分类号	专利名称	发明人	申请号	公开(公告)号
90	A01N	氨基磺酸或其盐，与铵盐和/或胺的组合或其他含卤素的杀生物剂在造纸领域的应用	温力图 等	CN201910067008	CN109769855A
91	C08F	一种环保型无氯聚丙烯酰胺湿强剂的生产方法及在造纸中的应用	彭国启 等	CN201910068489	CN109749012A
92	D21H	一种造纸助留剂的制备方法	陈莉莉	CN201910079356	CN109763376A
93	D21H	一种复合造纸助留剂的制备方法	陈莉莉	CN201910079687	CN109667193A
94	D21H	一种高强度造纸湿强剂及其制备方法	吴义峰	CN201910135387	CN110004767A
95	D21C	利用杀菌剂在造纸中保护回收纤维的方法以及利用回收纤维造纸的方法	涂文利 等	CN201910140109	CN109722936A
96	D21H	一种造纸用复合乳化稳定剂及其制备方法	程振锋 等	CN201910180404	CN110344281A
97	B01F	一种环保型造纸用复合乳化剂及其制备方法	程振锋 等	CN201910180417	CN110327840A
98	C08F	造纸助留剂、造纸助留剂的制备方法及其应用	周秀云 等	CN201910197499	CN110054733A
99	D21H	一种高留着率造纸助留剂的制备方法	唐福生	CN201910206060	CN110016836A
100	D21H	一种疏水抑菌造纸施胶剂的制备方法	唐福生	CN201910206071	CN110106741A
101	D21H	一种原纸用表面抗潮剂及其生产方法和在造纸中的应用	彭国启 等	CN201910208671	CN109826050A
102	C08J	一种基于阳离子型 Janus 粒子制备造纸施胶乳液的方法	成世杰 等	CN201910212628	CN109970995A
103	C12N	中性酯酶的制备方法及用于废纸造纸工艺的胶黏物控制酶试剂	庄　冉 等	CN201910248894	CN109957558A
104	D21H	一种造纸用含有香味的施胶剂制备方法	赵吉庆 等	CN201910260760	CN110158354A
105	D21H	一种造纸增强剂及其制备方法与应用	黄　军 等	CN201910305418	CN110055818A
106	C02F	一种高分子量造纸污泥基阳离子型有机絮凝剂的制备方法	高宝玉 等	CN201910308586	CN110002563A
107	C02F	一种无机混凝剂-高接枝率造纸污泥基无机有机复合水处理剂的制备方法	高宝玉 等	CN201910308950	CN110002557A
108	C02F	一种造纸污泥回用剂的制备方法	刘　阳	CN201910315045	CN110002702A
109	C08F	一种基于制浆废液的超高吸水倍率水凝胶保水剂及其制备方法	王海松 等	CN201910335425	CN110028615A
110	C08F	聚丙烯酰胺树脂、造纸添加剂和纸	藤原崇弘 等	CN201910350020	CN110003386A
111	D21H	一种海藻酸盐包覆碳酸钙微粒稳定造纸施胶剂乳液的制备方法	王慧丽 等	CN201910353570	CN110004766A
112	D21H	一种粉煤灰基造纸涂料及其制备方法	张　聪 等	CN201910370924	CN110055814A
113	C09C	造纸用重质碳酸钙填料的制备方法及应用	匡尹杰 等	CN201910373013	CN110003686A
114	C02F	一种用于造纸废水的处理剂及其制备方法	李国欢 等	CN201910374988	CN109970117A
115	D21H	一种造纸用石蜡微乳液及其制备方法	程振锋 等	CN201910388174	CN110373937A
116	C08G	一种胶原蛋白基造纸功能施胶剂的制备方法	杨　茂 等	CN201910419833	CN110256651A
117	C08F	一种星形阳离子聚丙烯酰胺造纸分散剂及其制备方法	刘彭城 等	CN201910451874	CN110078864A
118	A01N	一种新型高效复合胍基造纸杀菌剂	彭维恩	CN201910461346	CN110074105A
119	D21H	一种造纸业用除臭剂及其制备方法	徐　彪	CN201910524436	CN110258178A

续表

序号	分类号	专利名称	发明人	申请号	公开(公告)号
120	D21H	一种造纸业用增强剂及其制备方法	彭 博	CN201910524536	CN110258179A
121	C08B	一种造纸用玉米淀粉的加工工艺	马伟瑄 等	CN201910613925	CN110305228A
122	C02F	一种造纸污泥回填增强剂	马伟瑄 等	CN201910614164	CN110372162A
123	C08G	一种造纸用水性聚氨酯及其制备方法	杨志勇	CN201910669072	CN110317314A
124	D21H	改性颜料及其制备方法、造纸用涂料	李 俊 等	CN201910683903	CN110453524A
125	C09D	一种造纸用烘缸剥离剂及其制备方法	王高雄 等	CN201910719253	CN110484138A
126	C11D	用于造纸成型网的清洗剂及其制备方法	王高雄 等	CN201910719254	CN110437945A
127	D21H	一种高强度造纸施胶剂	陈关荣	CN201910928544	CN110616590A
128	D21H	一种复合造纸助留剂	黄淑芬	CN201911063214	CN110593002A
		环境保护			
1	C02F	一种造纸厂废水的物理式预处理系统	叶 澄	CN201510506375	CN105152450B
2	C09K	改性造纸污泥土壤重金属钝化剂的制备方法	刘妮等	CN201510724674	CN105331367B
3	C02F	一种涂料废液与造纸油墨混合处理系统及处理方法	杨文恒 等	CN201610288273	CN105923802B
4	C02F	一种造纸废水的处理方法及装置	范欣柯 等	CN201610419823	CN105858884B
5	C02F	一种造纸废水处理工艺	唐建强	CN201610655160	CN106277574B
6	C02F	一种造纸废水的处理回用工艺	唐建强	CN201610655176	CN106277575B
7	C07C	一种以再生纤维素纤维生产或造纸的废液中提取的半纤维素为原料生产木糖醇的方法	陈学江 等	CN201610737051	CN106349012B
8	C09K	利用微波加热法水热炭化造纸黑液制备水溶性荧光碳材料的方法	陈晋阳 等	CN201610761060	CN106350064B
9	C02F	一种基于毒性削减的造纸废水深度处理与安全生态利用集成技术	谢显传 等	CN201610905171	CN106517641B
10	D21C	制浆造纸生产中控制有机污染物沉积的组合物及造纸方法	王祥槐 等	CN201610912319	CN106436417B
11	C12N	一种利用亚硫酸铵法制浆废液补料发酵生产纤维素酶的方法	曲音波 等	CN201610976280	CN106434603B
12	C02F	一种造纸废水处理系统	陈 铭	CN201611098286	CN106517661B
13	C02F	一种造纸废水初步净化装置	不公告发明人	CN201611190613	CN106495352B
14	C08L	一种利用造纸黑液制备高韧性聚乳酸的方法	陈兴权 等	CN201611221149	CN106800755B
15	C04B	一种利用循环流化床粉煤灰和造纸污泥制备陶粒的方法	贾屹海 等	CN201611259948	CN106630715B
16	D21C	一种造纸黑液组分的全分离方法	陈龙平 等	CN201611262515	CN106676931B
17	C02F	用于造纸工业园区污水集中处理的反应器、装置及方法	钟启俊 等	CN201710061468	CN106673375B
18	C02F	一种造纸厂废水处理剂及其制备方法	不公告发明人	CN201710109489	CN106745412B
19	C02F	介孔复合固体酸 HPWO/ZrO 氧化降解造纸黑液中碱木质素的方法	任世学 等	CN201710120634	CN106587329B
20	B29C	微纤表面原位聚合包覆高分子材料绿色制浆造纸方法	杨卫民 等	CN201710168638	CN106965454B
21	C04B	含有造纸污泥的聚苯乙烯-硅酸钙保温砂浆及其制备方法	王守德 等	CN201710169553	CN106904917B

续表

序号	分类号	专利名称	发明人	申请号	公开(公告)号
22	C02F	一种造纸废水的处理方法及装置	毛强平	CN201710394959	CN107311391B
23	C01B	一种造纸污泥制备活性炭的方法	周学飞	CN201710485082	CN107324330B
24	C02F	一种造纸厂废水处理用格栅机	刘　恒 等	CN201710561246	CN107285405B
25	D21B	一种利用螺杆机挤出废纸制浆的方法	陈　庆 等	CN201710589083	CN107237193B
26	C02F	一种用于纸机喷淋系统的造纸污水处理中中水的处理方法	李　雄	CN201710705836	CN109399816A
27	B01J	利用造纸黑液制备纳米微介孔活性炭/SiO_2 复合材料及其应用	李金鹏 等	CN201710758414	CN107442068B
28	D21B	一种利用碱法制浆工艺产生的造纸黑液制备得到的有机肥及其制备方法	刘长如 等	CN201710765056	CN109423902A
29	C05G	一种利用碱法制浆工艺产生的造纸黑液制备得到的叶面肥及其制备方法	刘长如 等	CN201710765994	CN109422566A
30	D21C	一种造纸废液碱回收的优化工艺	刘贤淼 等	CN201710873133	CN109554947A
31	C12P	工业沼气发电与清洁秸秆制浆联动法	李跃怡 等	CN201710877938	CN109554401A
32	C02F	一种能回收制浆废水的方法	杨珊珊	CN201710950330	CN109665609A
33	D21F	新型环保造纸术	张　颖	CN201710965933	CN109667183A
34	D21F	一种造纸白水阴离子垃圾的资源化回用方法	戴红旗 等	CN201710994095	CN107513879B
35	C02F	一种造纸废水的处理方法	刘　洋	CN201711024507	CN109721206A
36	D21F	回收造纸污泥生产高强度牛皮纸的方法	杜汉民 等	CN201711054999	CN107630380B
37	C02F	一种造纸污泥的固化干燥处理方法	杜汉民 等	CN201711056002	CN107619170B
38	D21F	回收造纸污泥生产牛皮纸的方法	杜汉民 等	CN201711056015	CN107604724B
39	C02F	使用造纸污泥及废纸浆料制成混合造纸浆料的方法	杜汉民 等	CN201711057443	CN107601813B
40	D21F	一种分级提取造纸黑液中木质素和木寡糖的方法	闵斗勇 等	CN201711058299	CN107587373B
41	C02F	造纸制浆废水高效氧化处理回收工艺	朱国宏	CN201711117966	CN109775821A
42	C02F	一种造纸废水处理工艺	占正奉 等	CN201711224797	CN107963784B
43	D21B	一种环保清洁制浆工艺	孔凡功 等	CN201711290350	CN108049229B
44	D21B	在使用废纸造纸的磨浆过程中降低长纤维折断率的方法	杜汉民 等	CN201711497454	CN108301246B
45	C02F	一种制浆废液的预处理系统	陈卫国 等	CN201810052244	CN110054334A
46	D21B	竹子微生物制浆浆外物在喂猪、制作饲料和菌肥中的应用	张忠红	CN201810088455	CN108252135B
47	C05G	一种含腐殖酸的造纸污泥堆肥	杨孝武	CN201810279608	CN110343011A
48	C05G	一种含复合氨基酸的造纸污泥堆肥	杨孝武	CN201810279619	CN110342984A
49	C05F	一种含双酸的造纸污泥堆肥	杨孝武	CN201810279639	CN110342968A
50	C05G	一种含氨基酸螯合微量元素的造纸污泥堆肥	杨孝武	CN201810279737	CN110342985A
51	C05F	一种含腐殖酸螯合微量元素的造纸污泥堆肥	杨孝武	CN201810279774	CN110342969A
52	C05F	一种含双酸螯合微量元素的造纸污泥堆肥	杨孝武	CN201810279788	CN110342970A
53	D21H	一种利用造纸污泥再造重型包装牛卡纸的方法	杜汉民 等	CN201810280903	CN108570884B
54	C02F	一种废纸制浆过程产生的造纸废水的循环使用方法	杜汉民 等	CN201810281029	CN108623073B

续表

序号	分类号	专利名称	发明人	申请号	公开(公告)号
55	D21C	回收造纸白水中游离淀粉的方法	王祥槐 等	CN201810339077	CN110387761A
56	B01D	废纸造纸废气的处理方法	杜汉民 等	CN201810370650	CN108619890B
57	D21F	一种造纸浆水平衡和白水资源利用下的水零排放系统	马新功 等	CN201810418373	CN108411680B
58	D21J	一种利用造纸厂废液生产箱纸板的方法	崔雪柯	CN201810569018	CN108797225B
59	C02F	一种造纸废水处理全自动系统及控制方法	姚　敏	CN201810591026	CN110577268A
60	G01N	一种造纸厂废水排放物联网管理系统	姚　敏	CN201810591032	CN110579580A
61	C02F	一种造纸废水的处理方法	朱建伟	CN201810606124	CN110590005A
62	C08H	一种提取造纸黑液中木质素的系统及方法	张秀芳 等	CN201810844827	CN109134884A
63	C02F	高效去除制浆废水化学需氧量的方法	王在梅 等	CN201810890932	CN108975554B
64	B29B	一种高效的造纸厂废塑料回收利用的方法	陆伟城	CN201810956171	CN109291313A
65	B29B	一种环保的造纸厂废塑料回收利用的方法	陆伟城	CN201810956172	CN109291314A
66	C08L	一种用造纸废弃物制备的木塑材料及其制备方法	游和求 等	CN201810967564	CN109337403A
67	C02F	一种基于余热驱动的造纸厂废水零排放及资源化回收方法	李先庭 等	CN201811040024	CN109179833A
68	C02F	一种造纸厂排放废水的净化方案	田　勇	CN201811040723	CN109133511A
69	C02F	一种造纸废水处理工艺	邵志勇	CN201811221273	CN109205884A
70	C08H	利用造纸黑液制备木质素磺酸钠的方法及其应用	张一飞	CN201811282957	CN109384938A
71	B29B	一种造纸厂塑料薄膜回收系统	夏敏月	CN201811023213	CN109228015A
72	D21H	一种造纸废弃物及其制备方法和应用	施晓旦 等	CN201811318534	CN109505195A
73	C08L	一种造纸副产物/聚氯乙烯复合材料及其制备方法	施晓旦 等	CN201811319173	CN109503988A
74	C08L	一种造纸废弃物/聚乙烯复合材料及其制备方法	施晓旦 等	CN201811319174	CN109401020A
75	C02F	一种高硬度制浆污水处理系统及处理方法	张卫国 等	CN201811337453	CN109293069A
76	C02F	一种造纸废水的循环利用方法	成明金	CN201811348191	CN109231601A
77	G01N	用于测定造纸过程白水、废水或纸张中聚乙烯醇含量的方法和系统	朱晓明 等	CN201811364789	CN109211894A
78	C08H	利用硫酸盐法制浆黑液生产木质素磺酸钠的方法	王　俊 等	CN201811365371	CN109251322A
79	H01M	一种非木材造纸原料碱处理废液制备 C/SiOx 复合锂电池负极材料的方法	崔金龙 等	CN201811409576	CN109346716A
80	C02F	麦秸造纸废水处理零排放设施	高节义	CN201811521254	CN109455882A
81	C02F	一种造纸污泥减量化的工艺和方法	臧立华 等	CN201811601350	CN109437503A
82	C10L	一种利用造纸废水厂化学污泥制备脱硫剂的方法	刘燕韶 等	CN201811605766	CN109486542A
83	C02F	一种基于热法废水零排放及资源回收的清洁生产型造纸厂	李先庭 等	CN201821463653	CN209797671U
84	B01D	一种用于造纸废水的过滤收集装置	吕张义 等	CN201821642556	CN209204771U
85	B01D	一种用于清洁造纸生产的废气净化装置	刘文等	CN201821642563	CN209205016U
86	C02F	一种清洁造纸废水清洁工艺用废水处理装置	邓冠彪	CN201821439245	CN208791328U
87	B02C	一种利用废纸资源回收清洁造纸系统	张春茂	CN201822141358	CN209631296U
88	C09D	一种利用造纸污泥制备建筑外墙涂料的制备方法	陈国林 等	CN201910029261	CN109762423A

续表

序号	分类号	专利名称	发明人	申请号	公开(公告)号
89	C05F	一种造纸污泥快速发酵生产生物有机肥的制作方法	宋菲菲 等	CN201910055122	CN109627056A
90	C02F	造纸废水处理设备及其处理方法	陈卫红	CN201910063863	CN109761439A
91	C02F	碱法造纸废水的超临界水氧化处理及资源回收系统及方法	王冰等	CN201910098278	CN109748376A
92	C02F	一种造纸废水处理方法	刘利娟 等	CN201910098902	CN109553210A
93	C01F	制浆碱回收绿液净化制造高纯碳酸钙的方法	王在梅 等	CN201910113065	CN109650433A
94	B03C	一种造纸废渣无害化处理系统	不公告发明人	CN201910169445	CN109833974A
95	C10B	一种造纸废弃物处置系统	滕怀平 等	CN201910194996	CN109762584A
96	C02F	一种制浆造纸废水深度处理的方法	康志辉	CN201910218211	CN109879479A
97	C10M	一种利用造纸黑液制备生物基润滑油的方法及专用生产装置	董煜国 等	CN201910272921	CN109825359A
98	D21C	植物类原料生物环保制浆系统	李　军 等	CN201910311623	CN109930413A
99	D21C	植物类原料生物环保制浆系统	李　军 等	CN201910311623	CN109930413A
100	C02F	一种全自动控制的造纸工业废水深度处理系统	何玲华 等	CN201910406093	CN110171888A
101	C04B	利用造纸废浆污泥配制高强泡沫混凝土的方法	李灿华 等	CN201910442103	CN110105019A
102	C02F	竹子制浆废水处理方法	刘一山 等	CN201910450782	CN110092547A
103	C02F	一种造纸废水处理设备	张家琪	CN201910268169	CN109879501A
104	B01D	一种造纸废气净化回收设备	王玉涛 等	CN201910310205	CN109939532A
105	C02F	造纸污泥预处理方法	邱振权	CN201910454508	CN110194571A
106	D21H	使用基因工程菌控制造纸过程生物膜污染的解决方案	时留新 等	CN201910467450	CN110284359A
107	B01D	一种用于造纸白泥脱硫塔的气体分布板	林英敢	CN201910504112	CN110152474A
108	C02F	一种造纸废水处理方法和系统	徐言明 等	CN201910579185	CN110255824A
109	C10L	一种造纸废液改性用于水煤浆添加剂的配方、生产工艺及应用	钳伯松 等	CN201910622890	CN110272769A
110	D21F	一种造纸废渣无害化处理工艺	不公告发明人	CN201910630897	CN110258165A
111	C04B	一种基于造纸污泥的3D打印材料及其制备方法和应用	马　敏 等	CN201910699295	CN110357551A
112	C02F	一种利用乳清预酸处理高钙造纸工业废水来促进厌氧反应以及抑制钙化的方法	王志伟 等	CN201910705494	CN110482781A
113	B01D	一种造纸厂用废气处理装置	薛　宁 等	CN201910702244	CN110327771A
114	B01J	一种用造纸污泥生物碳加强去除水体磷酸盐的方法	李效典	CN201910712445	CN110449124A
115	C02F	一种造纸产生的涂料废水的回用方法	杨　露 等	CN201910747799	CN110526359A
116	C04B	一种利用造纸废弃物制备高强度水泥的方法	邱　峰	CN201910772959	CN110482886A
117	C02F	一种用于造纸废水的水质处理均匀调节装置	欧阳凡	CN201910773044	CN110563114A
118	D21H	一种造纸污泥焚烧后固废改性用作造纸填料的方法	樊慧明 等	CN201910791049	CN110424179A
119	C08L	一种综合利用造纸白泥制备PVC母粒的方法以及PVC母粒	林坤华 等	CN201910801159	CN110408151A
120	C02F	一种工业废酸在造纸污泥中的应用方法	刘英政 等	CN201910806073	CN110467318A

续表

序号	分类号	专利名称	发明人	申请号	公开(公告)号
121	C12P	利用造纸黑液改性制备水稻耐盐专用小分子有机物的方法	杨越超 等	CN201910830900	CN110438163A
122	C08H	一种溶解浆制浆废液制备木质素磺酸盐减水剂的方法	施晓旦 等	CN201910833327	CN110615896A
123	C08H	一种烧碱法制浆废液制备木质素磺酸盐减水剂的方法	施晓旦 等	CN201910834026	CN110483807A
124	C02F	一种造纸黑液的处理方法	宋　捷 等	CN201910867807	CN110540307A
125	C02F	一种用于造纸废水的便于使用型沉淀装置	欧阳凡	CN201910897851	CN110550779A
126	C02F	一种造纸废水的处理方法	杨善先	CN201910904499	CN110526519A
127	C05G	一种基于造纸污泥和蛭石粉的土壤改良剂的制备方法	王　胜 等	CN201910958500	CN110606792A
128	C02F	一种造纸废水处理絮凝装置	刘　雷	CN201920068040	CN209493361U
129	C02F	一种造纸废水处理循环再利用装置	刘　雷	CN201920082988	CN209493384U
130	C02F	碱法造纸废水的超临界水氧化处理及资源回收系统	王　冰 等	CN201920177180	CN209668857U
131	C02F	一种用于处理造纸废水的自动控制系统	刘　江	CN201920313761	CN209778425U
132	D21F	一种造纸烘干尾气的回收利用装置	吴军等	CN201920319865	CN209816553U
133	C02F	一种能够回收废水的环保型造纸设备	巫振武	CN201920436108	CN209759254U
134	B01D	一种造纸废水处理装置	杨中生 等	CN201920517827	CN209865465U

（曹凯月　王　斌）

2019 年我国造纸工业标准目录

Standards Catalog of China's Paper Industry in 2019

截止到 2019 年年底，我国造纸工业标准共有 483 项，其中，国家标准 364 项，行业标准 119 项。2019 年新批准发布造纸标准 10 项，其中，国家标准 4 项，行业标准 6 项。

以下列出最新造纸工业标准目录，表 1 为 2019 年新批准发布造纸标准目录，表 2 为现有造纸产品标准目录(共 247 项)，表 3 为现有造纸基础和测试方法标准目录(共 236 项)。

表 1　2019 年新批准发布造纸标准目录

序号	标准编号	标准名称	发布日期	实施日期	代替标准号
1	GB/T 37860—2019	纸、纸板和纸制品 邻苯二甲酸酯的测定	2019-08-30	2020-03-01	
2	GB/T 37859—2019	纸、纸板和纸制品 丙烯酰胺的测定	2019-08-30	2020-03-01	
3	GB/T 37858—2019	纸浆 纤维湿重的测定	2019-08-30	2020-03-01	
4	GB/T 37838—2019	纸浆 铜乙二胺(CED)溶液动力粘度的测定	2019-08-30	2020-03-01	
5	QB/T 2811—2019	造纸用碳酸钙	2019-11-11	2020-04-01	QB/T 2811—2006
6	QB/T 4125—2019	纸浆 D65 亮度最高限量	2019-11-11	2020-04-01	QB/T 4125—2010
7	QB/T 4379—2019	手提纸袋	2019-11-11	2020-04-01	QB/T 4379—2012
8	QB/T 5398—2019	造纸用原料 蔗渣	2019-11-11	2020-04-01	QB/T 3701—1999
9	QB/T 5399—2019	1000 kV 变压器匝间绝缘纸	2019-11-11	2020-07-01	
10	QB/T 5400—2019	薄型封装纸	2019-11-11	2020-07-01	

表 2　造纸产品标准目录

序号	标准号	标准名称	发布日期	实施日期
1	GB/T 1468—2011	描图纸	2011-12-30	2012-09-01
2	GB/T 1525—2006	制图纸	2006-03-10	2006-10-01
3	GB/T 1910—2015	新闻纸	2015-12-31	2016-07-01
4	GB/T 1911—2011	拷贝纸	2011-12-30	2012-07-01
5	GB/T 1912—2018	字典纸	2018-11-28	2019-07-01
6	GB/T 1913. 1—2005	未漂浸渍绝缘纸	2005-03-23	2005-09-01
7	GB/T 1914—2017	化学分析滤纸	2017-12-29	2018-07-01
8	GB/T 2675—2017	地图纸	2017-09-29	2018-04-01
9	GB/T 2676—2006	海图纸	2006-03-10	2006-10-01
10	GB/T 3147—2006	信息处理未穿孔纸带	2006-03-10	2006-10-01
11	GB/T 3148—2008	漂白苇浆	2008-08-19	2009-05-01

续表

序号	标准号	标准名称	发布日期	实施日期
12	GB/T 6544—2008	瓦楞纸板	2008-01-04	2008-09-01
13	GB/T 7968—2015	纸袋纸	2015-12-31	2016-07-01
14	GB/T 7969—2003	电力电缆纸	2003-10-20	2004-06-01
15	GB/T 7970—1999	通讯电缆纸	1999-08-12	2000-02-01
16	GB/T 7971—2007	半导电电缆纸	2007-12-05	2008-09-01
17	GB/T 8938—2008	打字纸	2008-08-19	2009-05-01
18	GB/T 8939—2018	卫生巾(护垫)	2018-06-07	2019-07-01
19	GB/T 10335. 1—2017	涂布纸和纸板　涂布美术印刷纸(铜版纸)	2017-12-29	2018-07-01
20	GB/T 10335. 2—2018	涂布纸和纸板　轻量涂布纸	2018-11-28	2018-07-01
21	GB/T 10335. 3—2018	涂布纸和纸板　涂布白卡纸	2018-11-28	2018-7-01
22	GB/T 10335. 4—2017	涂布纸和纸板　涂布白纸板	2017-11-01	2018-05-01
23	GB/T 10335. 5—2008	涂布纸和纸板　涂布箱纸板	2008-08-19	2009-05-01
24	GB/T 11541—2008	照相原纸	2008-08-19	2009-05-01
25	GB/T 12654—2018	书写用纸	2018-11-28	2019-07-01
26	GB/T 12913—2008	电容器纸	2008-08-19	2009-05-01
27	GB/T 13023—2008	瓦楞芯(原)纸	2008-01-04	2008-09-01
28	GB/T 13024—2016	箱纸板	2016-12-13	2017-07-01
29	GB/T 13505—2007	高纯度绝缘木浆	2007-12-05	2008-09-01
30	GB/T 13506—2008	漂白亚硫酸盐木浆	2008-08-19	2009-05-01
31	GB/T 13507—1992	本色亚硫酸盐木浆	1992-06-12	1993-03-01
32	GB/T 16797—2017	无碳复写纸	2017-11-01	2018-05-01
33	GB 18585—2001	室内装饰装修材料　壁纸中有害物质限量	2001-12-10	2002-01-01
34	GB/T 19341—2015	育果袋纸	2015-12-31	2016-07-01
35	GB/T 20808—2011	纸巾纸	2011-12-30	2012-07-01
36	GB/T 20810—2018	卫生纸(含卫生纸原纸)	2018-06-07	2019-07-01
37	GB/T 20811—2018	废纸分类技术要求	2018-11-28	2019-07-01
38	GB/T 21244—2007	纸芯	2007-12-05	2008-09-01
39	GB/T 21301—2007	喷墨打印纸	2007-12-05	2008-09-01
40	GB/T 21331—2008	绒毛浆	2008-01-04	2008-09-01
41	GB/T 22803—2016	鞋用纸板	2016-12-13	2017-07-01
42	GB/T 22806—2008	白卡纸	2008-12-30	2009-09-01
43	GB/T 22812—2008	半透明纸	2008-12-30	2009-09-01
44	GB/T 22813—2008	薄页包装纸	2008-12-30	2009-09-01
45	GB/T 22814—2008	防锈原纸	2008-12-30	2009-09-01
46	GB/T 22815—2008	封套纸板	2008-12-30	2009-09-01
47	GB/T 22816—2008	复写原纸	2008-12-30	2009-09-01
48	GB/T 22817—2008	钢纸管	2008-12-30	2009-09-01
49	GB/T 22818—2008	钢纸原纸	2008-12-30	2009-09-01

续表

序号	标准号	标准名称	发布日期	实施日期
50	GB/T 22820—2017	编织原纸	2017-12-29	2018-07-01
51	GB/T 22821—2008	光学字符阅读纸	2008-12-30	2009-09-01
52	GB/T 22822—2008	厚纸板	2008-12-30	2009-09-01
53	GB/T 22823—2008	胶带原纸	2008-12-30	2009-09-01
54	GB/T 22824—2008	蜡光原纸	2008-12-30	2009-09-01
55	GB/T 22825—2008	蜡光纸	2008-12-30	2009-09-01
56	GB/T 22826—2008	盲文印刷纸	2008-12-30	2009-09-01
57	GB/T 22827—2008	手风琴风箱纸板	2008-12-30	2009-09-01
58	GB/T 22828—2008	书画纸	2008-12-30	2009-09-01
59	GB/T 22829—2008	书皮纸	2008-12-30	2009-09-01
60	GB/T 22830—2008	水彩画纸	2008-12-30	2009-09-01
61	GB/T 22831—2008	提花纸板	2008-12-30	2009-09-01
62	GB/T 22832—2008	涂布美术印刷纸原纸(铜版原纸)	2008-12-30	2009-09-01
63	GB/T 22833—2008	图画纸	2008-12-30	2009-09-01
64	GB/T 22834—2008	信封用纸	2008-12-30	2009-09-01
65	GB/T 22835—2008	信息处理用连续格式纸	2008-12-30	2009-09-01
66	GB/T 22865—2008	牛皮纸	2008-12-30	2009-09-01
67	GB/T 22869—2008	金属板带衬纸	2008-12-30	2009-09-01
68	GB/T 22870—2008	漂白浆挂面箱纸板	2008-12-30	2009-09-01
69	GB/T 22871—2008	普通玻璃纸	2008-12-30	2009-09-01
70	GB/T 22875—2018	纸尿裤和卫生巾高吸收性树脂	2018-06-07	2019-01-01
71	GB/T 22920—2008	电解电容器纸	2008-12-30	2009-09-01
72	GB/T 22927—2008	口罩纸	2008-12-30	2009-09-01
73	GB/T 22928—2008	烟花爆竹用纸	2008-12-30	2009-09-01
74	GB/T 23758—2009	工业羊皮纸	2009-05-04	2009-11-01
75	GB/T 23759—2009	特细羊皮纸	2009-05-04	2009-11-01
76	GB/T 23760—2009	农业羊皮纸	2009-05-04	2009-11-01
77	GB/T 24285—2009	晒图原纸	2009-07-31	2010-03-01
78	GB/T 24286—2009	黑色不透光包装纸	2009-07-31	2010-03-01
79	GB/T 24287—2009	伸性纸袋纸	2009-07-31	2010-03-01
80	GB/T 24292—2009	卫生用品用无尘纸	2009-07-31	2010-03-01
81	GB/T 24320—2009	回用纤维浆	2009-09-30	2010-02-01
82	GB/T 24321—2009	未漂白硫酸盐针叶木浆	2009-09-30	2010-02-01
83	GB/T 24322—2009	漂白硫酸盐竹浆	2009-09-30	2010-02-01
84	GB/T 24393—2009	非正常成品纸和纸板规范	2009-09-30	2010-02-01
85	GB/T 24446—2009	铁木贴花衬纸	2009-10-15	2010-03-01
86	GB/T 24455—2009	擦手纸	2009-10-15	2010-03-01
87	GB/T 24695—2009	食品包装用玻璃纸	2009-11-30	2010-05-01

续表

序号	标准号	标准名称	发布日期	实施日期
88	GB/T 24696—2009	食品包装用羊皮纸	2009-11-30	2010-05-01
89	GB/T 24988—2010	复印纸	2010-08-09	2010-12-01
90	GB/T 24989—2010	装饰原纸	2010-08-09	2010-12-01
91	GB/T 24995—2010	铸涂原纸	2010-08-09	2010-12-01
92	GB/T 24999—2018	纸和纸板 D65 亮度最高限量	2018-11-28	2019-07-01
93	GB/T 25435—2010	精细过滤纸板	2010-11-10	2011-05-01
94	GB/T 25436—2010	热封型茶叶滤纸	2010-11-10	2011-05-01
95	GB/T 25437—2010	支撑过滤纸板	2010-11-10	2011-05-01
96	GB/T 26173—2010	超级压光纸	2011-01-14	2011-06-15
97	GB/T 26174—2010	厨房纸巾	2011-01-14	2011-06-01
98	GB/T 26187—2010	美纹纸	2011-01-14	2011-06-15
99	GB/T 26188—2010	漂白碱法麦草浆	2011-01-14	2011-06-15
100	GB/T 26199—2010	医用包装原纸	2011-01-14	2011-06-15
101	GB/T 26201—2010	育苗纸	2011-01-14	2011-06-15
102	GB/T 26202—2010	纸管纸板	2011-01-14	2011-06-15
103	GB/T 26204—2010	纸面石膏板护面纸板	2011-01-14	2011-06-15
104	GB/T 26390—2011	浸渍纸层压木质地板用表层耐磨纸	2011-05-12	2011-09-15
105	GB/T 26391—2011	马桶垫纸	2011-05-12	2011-09-15
106	GB/T 26454—2011	造纸用单层成形网	2011-05-12	2011-09-15
107	GB/T 26455—2011	造纸用多层成形网	2011-05-12	2011-09-15
108	GB/T 26456—2011	造纸用异形丝干燥网	2011-05-12	2011-09-15
109	GB/T 26457—2011	造纸用圆丝干燥网	2011-05-12	2011-09-15
110	GB/T 26462—2011	种子发芽纸	2011-05-12	2011-09-15
111	GB/T 26705—2011	轻型印刷纸	2011-06-16	2011-12-01
112	GB/T 27589—2011	纸餐盒	2011-12-05	2012-06-01
113	GB/T 27590—2011	纸杯 《纸杯》第 1 号修改单 2014-03-31	2011-12-05	2012-06-01
114	GB/T 27591—2011	纸碗	2011-12-05	2012-06-01
115	GB/T 27728—2011	湿巾	2011-12-30	2012-07-01
116	GB/T 27731—2011	卫生用品用离型纸	2011-12-30	2012-07-01
117	GB/T 27733—2011	心电图纸	2011-12-30	2012-07-01
118	GB/T 28004—2011	纸尿裤(片、垫)	2011-09-29	2012-02-01
119	GB/T 28005—2011	纸内裤	2011-09-29	2012-02-01
120	GB/T 28119—2011	食品包装用纸、纸板及纸制品 术语	2011-12-30	2012-08-01
121	GB/T 28120—2011	面粉纸袋	2011-12-30	2012-08-01
122	GB/T 28121—2011	非热封型茶叶滤纸	2011-12-30	2012-08-01
123	GB/T 28207—2011	离型原纸	2011-12-30	2012-09-01
124	GB/T 28210—2011	热敏纸	2011-12-30	2012-09-01

续表

序号	标准号	标准名称	发布日期	实施日期
125	GB/T 29282—2012	格拉辛纸	2012-12-31	2013-09-01
126	GB/T 29283—2012	水转移印花底纸	2012-12-31	2013-09-01
127	GB/T 30129—2013	壁纸原纸	2013-12-17	2014-12-01
128	GB/T 30130—2013	胶版印刷纸	2013-12-17	2014-12-01
129	GB/T 30132—2013	胶印书刊纸	2013-12-17	2014-12-01
130	GB/T 30133—2013	卫生巾用面层通用技术规范	2013-12-17	2014-12-01
131	GB/T 31122—2014	液体食品包装用纸板	2014-09-03	2015-02-01
132	GB/T 31123—2014	固体食品包装用纸板	2014-09-03	2015-02-01
133	GB/T 33280—2016	纸尿裤规格与尺寸	2016-12-13	2017-07-01
134	GB/T 34844—2017	壁纸	2017-11-01	2018-05-01
135	GB/T 35594—2017	医用包装纸	2017-12-29	2018-07-01
136	GB/T 35613—2017	绿色产品评价 纸和纸制品	2017-12-08	2017-07-01
137	GB/T 36392—2018	食品包装用淋膜纸和纸板	2018-06-07	2019-01-01
138	GB/T 36420—2018	生活用纸和纸制品 化学品及原料安全评价管理体系	2018-06-07	2019-01-01
139	GB/T 36787—2018	纸浆模塑餐具	2018-09-17	2019-04-01
140	QB/T 1014—2010	食品包装纸	2010-04-22	2010-10-01
141	QB/T 1016—2006	鸡皮纸	2006-09-14	2007-05-01
142	QB/T 1017—2006	仿羊皮纸	2006-09-14	2007-05-01
143	QB/T 1018—1991(2009)	仪表记录原纸	1991-03-30	1991-12-01
144	QB/T 1019—2010	水松原纸	2010-10-29	2011-04-01
145	QB/T 1020—2018	纸和纸板印刷适性用标准油墨	2018-11-08	2019-04-01
146	QB/T 1212—1991	信息处理未穿孔卡纸	1991-09-10	1992-04-01
147	QB/T 1312—2018	砂纸原纸	2018-11-08	2019-04-01
148	QB/T 1313—2010	中性包装纸	2010-04-22	2010-10-01
149	QB/T 1314—1991(2009)	标准纸板	1991-11-25	1992-08-01
150	QB/T 1319—2010	气相防锈纸	2010-04-22	2010-10-01
151	QB/T 1320—1991	玻璃纤维高效空气滤纸	1991-11-25	1992-08-01
152	QB/T 1455—2012	涂布邮票纸(含涂布邮票原纸)	2012-05-24	2012-11-01
153	QB/T 1456—1992	薄凸版纸	1992-04-14	1992-12-01
154	QB/T 1459—1992	感光纸原纸	1992-04-14	1992-12-01
155	QB/T 1597—1992(2009)	单页电传打字原纸	1992-11-10	1993-07-01
156	QB/T 1633—2010	贴花面纸	2010-04-22	2010-10-01
157	QB/T 1678—2017	漂白硫酸盐木浆	2017-01-09	2017-07-01
158	QB/T 1704—2010	铝箔衬纸	2010-12-29	2011-04-01
159	QB/T 1706—2006	条纹牛皮纸	2006-09-14	2007-05-01
160	QB/T 1712—1993	滤芯纸板	1993-04-15	1993-12-01
161	QB/T 1937—1994(2009)	照相原纸木浆	1994-04-23	1994-12-01

续表

序号	标准号	标准名称	发布日期	实施日期
162	QB/T 2090—1995(2009)	沥青防潮纸	1995-05-08	1996-01-01
163	QB/T 2091—1995(2009)	沥青防潮原纸	1995-05-08	1996-01-01
164	QB/T 2103—2010	蚕种纸	2010-04-22	2010-10-01
165	QB/T 2104—1995(2009)	造纸铜网　单织网	1995-05-08	1996-01-01
166	QB/T 2105—1995(2009)	造纸铜网　三织网	1995-05-08	1996-01-01
167	QB/T 2192—2011	卷缠绝缘纸	2011-12-30	2012-07-01
168	QB/T 2195—1996(2009)	火柴纸	1996-01-31	1996-09-01
169	QB/T 2199—1996(2009)	硬钢纸板	1996-03-22	1996-12-01
170	QB/T 2200—1996(2009)	软钢纸板	1996-03-22	1996-12-01
171	QB/T 2205—2012	重氮盐晒图纸	2012-05-24	2012-11-01
172	QB/T 2235—1996(2009)	中性石蜡原纸	1996-10-11	1997-07-01
173	QB/T 2236—1996(2009)	中性石蜡纸	1996-10-11	1997-07-01
174	QB/T 2237—1996(2009)	条纹柏油原纸	1996-10-11	1997-07-01
175	QB/T 2249—1996	凹版印刷纸	1996-10-11	1997-07-01
176	QB/T 2250—2005	单面白纸板	2005-03-19	2005-09-01
177	QB/T 2352—1997(2009)	单面书写纸	1998-01-16	1998-09-01
178	QB/T 2430—1999	铁笔蜡纸原纸	1999-05-06	1999-12-01
179	QB/T 2431—1999	打字蜡纸原纸	1999-05-06	1999-12-01
180	QB/T 2432—2013	打字蜡纸衬纸	2013-10-17	2014-03-01
181	QB/T 2433—1999(2009)	条纹柏油纸	1999-05-06	1999-12-01
182	QB/T 2688—2005	绝缘纸板	2005-03-19	2005-09-01
183	QB/T 2689—2005	滤嘴棒纸	2005-03-19	2005-09-01
184	QB/T 2692—2005	110 kV ~ 330 kV 高压电缆纸	2005-03-19	2005-09-01
185	QB/T 2693—2005	彩色胶版印刷纸	2005-03-19	2005-09-01
186	QB/T 2694—2005	热敏彩票纸	2005-03-19	2005-09-01
187	QB/T 2807—2006	扑克牌纸板	2006-09-14	2007-05-01
188	QB/T 2810—2006	吸尘器集尘袋外层纸	2006-09-14	2007-05-01
189	**QB/T 2811—2019**	**造纸研磨碳酸钙**	**2019-11-11**	**2020-04-01**
190	QB/T 2898—2007	餐用纸制品	2007-12-03	2008-06-01
191	QB/T 3502—1999(2009)	棉条筒钢纸板	1999-04-21	1999-04-21
192	QB/T 3504—1999(2009)	铸涂白纸板	1999-04-21	1999-04-21
193	QB/T 3505—1999(2009)	字型纸板	1999-04-21	1999-04-21
194	QB/T 3507—1999	电子计算机连续记录格式原纸	1999-04-21	1999-04-21
195	QB/T 3509—1999(2009)	工业自动化仪表用记录纸	1999-04-21	1999-04-21
196	QB/T 3517—1999	单面胶版印刷纸	1999-04-21	1999-04-21
197	QB/T 3518—1999(2009)	铸涂纸	1999-04-21	1999-04-21
198	QB/T 3520—1999(2009)	500 kV 油纸套管绝缘纸	1999-04-21	1999-04-21
199	QB/T 3524—1999(2009)	凸版印刷纸	1999-04-21	1999-04-21

续表

序号	标准号	标准名称	发布日期	实施日期
200	QB/T 3525—1999(2009)	雪茄烟纸	1999-04-21	1999-04-21
201	QB/T 3528—1999(2009)	导火索纸(导火线纸)	1999-04-21	1999-04-21
202	QB/T 3531—1999	液体食品包装用复合材料	1999-04-21	1999-04-21
203	QB/T 4030—2010	电话纸	2010-04-22	2010-10-01
204	QB/T 4031—2010	阻燃性汽车空气滤纸	2010-04-22	2010-10-01
205	QB/T 4032—2010	纸杯原纸	2010-04-22	2010-10-01
206	QB/T 4033—2010	餐盒原纸	2010-04-22	2010-10-01
207	QB/T 4039—2010	造纸用原料 芦苇	2010-04-22	2010-10-01
208	QB/T 4124—2010	造纸毯通用规范	2010-10-29	2011-04-01
209	**QB/T 4125—2019**	**纸浆　D65 亮度最高限量**	**2019-11-11**	**2020-04-01**
210	QB/T 4250—2011	500 kV 变压器匝间绝缘纸	2011-12-30	2012-07-01
211	QB/T 4320—2012	鲜花包装纸	2012-05-24	2012-11-01
212	QB/T 4378—2012	蜂窝纸板	2012-12-28	2013-06-01
213	**QB/T 4379—2019**	**手提纸袋**	**2019-11-11**	**2020-04-01**
214	QB/T 4380—2012	无碳复写纸原纸	2012-12-28	2013-06-01
215	QB/T 4381—2012	吸尘器集尘袋内层纸	2012-12-28	2013-06-01
216	QB/T 4508—2013	卫生用品用吸水衬纸	2013-07-22	2013-12-01
217	QB/T 4509—2013	本色生活用纸	2013-07-22	2013-12-01
218	QB/T 4758—2014	强化木地板底层用平衡原纸	2014-07-09	2014-11-01
219	QB/T 4759—2014	灰纸板	2014-07-09	2014-11-01
220	QB/T 4760—2014	阔叶木碱性过氧化氢机械浆	2014-07-09	2014-11-01
221	QB/T 4761—2014	工业擦拭纸	2014-07-09	2014-11-01
222	QB/T 4762—2014	铅酸蓄电池护板用纸	2014-07-09	2014-11-01
223	QB/T 4818—2015	无纺壁纸原纸	2015-04-30	2015-10-01
224	QB/T 4820—2015	pH 试纸原纸	2015-04-30	2015-10-01
225	QB/T 4895—2015	载带封装用纸板	2015-10-10	2016-03-01
226	QB/T 4897—2015	镜头擦拭纸	2015-10-10	2016-03-01
227	QB/T 4898—2015	溶解浆	2015-10-10	2016-03-01
228	QB/T 4899—2015	标牌用仿皮纸	2015-10-10	2016-03-01
229	QB/T 4900—2015	双电层电容器纸	2015-10-10	2016-03-01
230	QB/T 4993—2016	宣纸邮票纸	2016-07-11	2017-01-01
231	QB/T 4994—2016	古法技艺宣纸	2016-07-11	2017-01-01
232	QB/T 4995—2016	宣纸用燎草	2016-07-11	2017-01-01
233	QB/T 5043—2017	新闻纸单位产品能耗消耗限额	2017-04-12	2017-10-01
234	QB/T 5044—2017	涂布美术印刷纸(铜版纸)单位产品能源消耗限额	2017-04-12	2017-10-01
235	QB/T 5049—2017	乳垫	2017-01-09	2017-07-01
236	QB/T 5050—2017	咖啡袋滤纸	2017-01-09	2017-07-01

续表

序号	标准号	标准名称	发布日期	实施日期
237	QB/T 5051—2017	模塑纸餐具专用纸浆	2017-01-09	2017-07-01
238	QB/T 5052—2017	热升华转印纸	2017-01-09	2017-07-01
239	QB/T 5053—2017	热升华转印原纸	2017-01-09	2017-07-01
240	QB/T 5054—2017	人造皮革用离型原纸	2017-01-09	2017-07-01
241	QB/T 5055—2017	真空镀铝原纸	2017-01-09	2017-07-01
242	QB/T 5056—2017	水转印商标用纸	2017-01-09	2017-07-01
243	QB/T 5296—2018	擦拭纸巾	2018-11-08	2019-04-01
244	QB/T 5297—2018	干燥剂包装袋用纸	2018-11-08	2019-04-01
245	**QB/T 5398—2019**	**造纸用原料 蔗渣**	**2019-11-11**	**2020-04-01**
246	**QB/T 5399—2019**	**1000 kV 变压器匝间绝缘纸**	**2019-11-11**	**2020-07-01**
247	**QB/T 5400—2019**	**薄型封装纸**	**2019-11-11**	**2020-07-01**

注：黑体字为 2019 年新批准发布标准。

表 3　　造纸方法标准目录

序号	标准号	标准名称	发布日期	实施日期
1	GB/T 147—1997	印刷、书写和绘图用原纸尺寸	1997-06-26	1997-12-01
2	GB/T 148—1997	印刷、书写和绘图纸幅面尺寸	1997-06-26	1997-12-01
3	GB/T 450—2008	纸和纸板　试样的采取及试样纵横向、正反面的测定	2008-08-19	2009-05-01
4	GB/T 451. 1—2002	纸和纸板尺寸及偏斜度的测定	2002-06-13	2002-12-01
5	GB/T 451. 2—2002	纸和纸板定量的测定	2002-06-13	2002-12-01
6	GB/T 451. 3—2002	纸和纸板厚度的测定	2002-06-13	2002-12-01
7	GB/T 454—2002	纸耐破度的测定	2002-07-22	2003-02-01
8	GB/T 455—2002	纸和纸板撕裂度的测定	2002-07-22	2003-02-01
9	GB/T 456—2002	纸和纸板平滑度的测定(别克法)	2002-07-22	2003-02-01
10	GB/T 457—2008	纸和纸板　耐折度的测定	2008-08-19	2009-05-01
11	GB/T 458—2008	纸和纸板　透气度的测定	2008-08-19	2009-05-01
12	GB/T 459—2002	纸和纸板伸缩性的测定	2002-09-05	2003-01-01
13	GB/T 460—2008	纸　施胶度的测定	2008-08-19	2009-05-01
14	GB/T 461. 1—2002	纸和纸板毛细吸液高度的测定(克列姆法)	2002-09-06	2003-01-01
15	GB/T 461. 3—2005	纸和纸板　吸水性的测定(浸水法)	2005-09-26	2006-04-01
16	GB/T 462—2008	纸、纸板和纸浆　分析试样水分的测定	2008-08-19	2009-05-01
17	GB/T 464—2008	纸和纸板的干热加速老化	2008-03-24	2008-10-01
18	GB/T 465. 1—2008	纸和纸板　浸水后耐破度的测定	2008-08-19	2009-05-01
19	GB/T 465. 2—2008	纸和纸板　浸水后抗张强度的测定	2008-08-19	2009-05-01
20	GB/T 740—2003	纸浆　试样的采取	2003-10-20	2004-06-01
21	GB/T 742—2018	造纸原料、纸浆、纸和纸板　灰分的测定	2018-11-28	2019-07-01
22	GB/T 743—2003	纸浆　乙醚抽出物的测定	2003-08-25	2003-12-01
23	GB/T 744—2004	纸浆　抗碱性的测定	2004-03-15	2004-10-01

续表

序号	标准号	标准名称	发布日期	实施日期
24	GB/T 745—2003	纸浆　多戊糖的测定	2003-08-25	2003-12-01
25	GB/T 747—2003	纸浆　酸不溶木素的测定	2003-08-25	2003-12-01
26	GB/T 1539—2007	纸板　耐破度的测定	2007-12-05	2008-09-01
27	GB/T 1540—2002	纸和纸板吸水性的测定　可勃法	2002-10-15	2003-04-01
28	GB/T 1541—2013	纸和纸板　尘埃度的测定	2013-10-10	2014-05-01
29	GB/T 1543—2005	纸和纸板　不透明度(纸背衬)的测定(漫反射法)	2005-09-26	2006-04-01
30	GB/T 1545—2008	纸、纸板和纸浆　水抽提液酸度或碱度的测定	2008-08-19	2009-05-01
31	GB/T 1546—2018	纸浆　卡伯值的测定	2018-11-28	2019-07-01
32	GB/T 1547—2004	纸浆　高锰酸钾值的测定	2004-03-15	2004-10-01
33	GB/T 1548—2016	纸浆 铜乙二胺(CED)溶液中特性粘度值的测定	2016-12-13	2017-07-01
34	GB/T 2677. 1—1993	造纸原料分析用试样的采取	1993-03-01	1993-10-01
35	GB/T 2677. 2—2011	造纸原料水分的测定	2011-12-30	2012-09-01
36	GB/T 2677. 4—1993	造纸原料水抽出物含量的测定	1993-03-01	1993-10-01
37	GB/T 2677. 5—1993	造纸原料 1% 氢氧化钠抽出物含量的测定	1993-03-01	1993-10-01
38	GB/T 2677. 6—1994	造纸原料有机溶剂抽出物含量的测定	1994-09-24	1995-03-01
39	GB/T 2677. 8—1994	造纸原料酸不溶木素含量的测定	1994-09-24	1995-03-01
40	GB/T 2677. 9—1994	造纸原料多戊糖含量的测定	1994-09-24	1995-03-01
41	GB/T 2677. 10—1995	造纸原料综纤维素含量的测定	1995-07-06	1996-04-01
42	GB/T 2678. 1—1993	纸浆筛分测定方法	1993-08-07	1994-03-01
43	GB/T 2678. 2—2008	纸、纸板和纸浆　水溶性氯化物的测定	2008-03-24	2008-10-01
44	GB/T 2678. 3—1995	纸浆氯耗量(脱木素程度)的测定	1995-07-06	1996-04-01
45	GB/T 2678. 4—1994	纸浆和纸零距抗张强度测定法	1994-09-24	1995-03-01
46	GB/T 2678. 6—1996	纸、纸板和纸浆水溶性硫酸盐的测定(电导滴定法)	1996-06-25	1997-01-01
47	GB/T 2679. 1—2013	纸 透明度的测定 漫反射法	2013-12-17	2014-12-01
48	GB/T 2679. 2—2015	薄页材料 透湿度的测定 重量(透湿杯)法	2015-09-11	2016-04-01
49	GB/T 2679. 6—1996	瓦楞原纸平压强度的测定	1996-05-21	1996-012-01
50	GB/T 2679. 7—2005	纸板　戳穿强度的测定	2005-09-26	2006-04-01
51	GB/T 2679. 8—2016	纸和纸板　环压强度的测定	2016-12-13	2017-07-01
52	GB/T 2679. 10—1993	纸和纸板短距压缩强度的测定法	1993-08-07	1994-03-01
53	GB/T 2679. 11—2008	纸和纸板　无机填料和无机涂料的定性分析　电子显微镜/X 射线能谱法	2008-08-19	2009-05-01
54	GB/T 2679. 12—2013	纸和纸板　无机填料和无机涂料的定性分析　化学法	2013-12-17	2014-12-01
55	GB/T 2679. 14—1996	过滤纸和纸板最大孔径的测定	1996-06-25	1997-01-01
56	GB/T 2679. 17—1997	瓦楞纸板边压强度的测定(边缘补强法)	1997-06-26	1997-12-01
57	GB/T 3332—2004	浆料　打浆度的测定(肖伯尔-瑞格勒法)	2004-03-15	2004-10-1
58	GB/T 3333—1999	电缆纸工频击穿电压试验方法	1999-08-12	2000-2-01

续表

序号	标准号	标准名称	发布日期	实施日期
59	GB/T 3334—1999	电缆纸介质损耗角正切（tgδ）试验方法（电桥法）	1999-08-12	2000-2-01
60	GB/T 4687—2007	纸、纸板、纸浆及相关术语	2007-12-05	2008-09-01
61	GB/T 4688—2002	纸、纸板和纸浆纤维组成的分析	2002-10-15	2003-04-01
62	GB/T 5032—2002	纸、纸板和纸浆表示性能的单位	2002-10-15	2003-04-01
63	GB/T 5399—2004	纸浆　浆料浓度的测定	2004-03-15	2004-10-01
64	GB/T 5400—1998	纸浆铜价的测定	1998-05-19	1999-02-01
65	GB/T 5401—2018	纸浆　碱溶解度的测定	2018-11-28	2019-07-01
66	GB/T 5406—2002	纸透油度的测定	2002-09-06	2003-01-01
67	GB/T 6545—1998	瓦楞纸板耐破强度的测定法	1998-05-19	1999-02-01
68	GB/T 6546—1998	瓦楞纸板边压强度的测定法	1998-05-19	1999-02-01
69	GB/T 6547—1998	瓦楞纸板厚度的测定法	1998-05-19	1999-02-01
70	GB/T 6548—2011	瓦楞纸板粘合强度的测定法	2011-05-12	2011-09-15
71	GB/T 7973—2003	纸、纸板和纸浆　漫反射因数的测定（漫射/垂直法）	2003-10-20	2004-06-01
72	GB/T 7974—2013	纸、纸板和纸浆 蓝光漫反射因数 D65 亮度的测定（漫射/垂直法，室外日光条件）	2013-10-10	2014-05-01
73	GB/T 7975—2005	纸和纸板　颜色的测定（漫反射法）	2005-09-26	2006-04-01
74	GB/T 7977—2007	纸、纸板和纸浆　水抽提液电导率的测定	2007-12-05	2008-09-01
75	GB/T 7978—2005	纸浆　酸不溶灰分的测定	2005-09-26	2006-04-01
76	GB/T 7979—2005	纸浆　二氯甲烷抽出物的测定	2005-09-26	2006-04-01
77	GB/T 8940. 2—2002	纸浆亮度（白度）试样的制备	2002-10-15	2003-04-01
78	GB/T 8941—2013	纸和纸板　镜面光泽度的测定	2013-12-17	2014-12-01
79	GB/T 8942—2016	纸　柔软度的测定	2016-12-13	2017-07-01
80	GB/T 8943. 1—2008	纸、纸板和纸浆　铜含量的测定	2008-01-04	2008-09-01
81	GB/T 8943. 2—2008	纸、纸板和纸浆　铁含量的测定	2008-01-04	2008-09-01
82	GB/T 8943. 3—2008	纸、纸板和纸浆　锰含量的测定	2008-01-04	2008-09-01
83	GB/T 8943. 4—2008	纸、纸板和纸浆　钙、镁含量的测定	2008-01-04	2008-09-01
84	GB/T 8944. 1—2008	纸浆　成批销售质量的测定　第 1 部分：浆板浆包及浆块（急骤干燥浆）浆包	2008-08-19	2009-05-01
85	GB/T 8944. 2—2008	纸浆　成批销售质量的测定　第 2 部分：组合浆包	2008-12-30	2009-09-01
86	GB/T 10336—2002	造纸纤维长度的测定　偏振光法	2002-10-15	2003-04-01
87	GB/T 10337—2008	造纸原料和纸浆　酸溶木素的测定	2008-08-19	2009-05-01
88	GB/T 10338—2008	纸浆　羧基含量的测定	2008-08-19	2009-05-01
89	GB/T 10339—2018	纸、纸板和纸浆的光散射和光吸收系数的测定	2018-11-28	2019-07-01
90	GB/T 10340—2008	纸和纸板　过滤速度的测定	2008-08-19	2009-05-01
91	GB/T 10342—2002	纸张的包装和标志	2002-10-15	2003-04-01
92	GB/T 10739—2002	纸、纸板和纸浆试样处理和试验的标准大气条件	2002-09-06	2003-01-01
93	GB/T 10740—2002	纸浆尘埃和纤维束的测定	2002-10-15	2003-04-01

续表

序号	标准号	标准名称	发布日期	实施日期
94	GB/T 10741—2008	纸浆　苯醇抽出物的测定	2008-08-19	2009-05-01
95	GB/T 10742—2008	造纸原料　果胶含量的测定	2008-08-19	2009-05-01
96	GB/T 12032—2005	纸和纸板　印刷光泽度印样的制备	2005-09-26	2006-04-01
97	GB/T 12033—2008	造纸原料和纸浆中糖类组分的气相色谱的测定	2008-08-19	2009-05-01
98	GB/T 12658—2008	纸、纸板和纸浆　钠含量的测定	2008-08-19	2009-05-01
99	GB/T 12659—2008	纸浆　实验室打浆　约克罗(Jokro)磨法	2008-08-19	2009-05-01
100	GB/T 12660—2008	纸浆　滤水性能的测定　“加拿大标准”游离度法	2008-08-19	2009-05-01
101	GB/T 12661—2008	纸和纸板　菌落总数的测定	2008-08-19	2009-05-01
102	GB/T 12910—1991	纸和纸板二氧化钛含量的测定法	1991-05-18	1992-03-01
103	GB/T 12911—1991	纸和纸板油墨吸收性的测定法	1991-05-18	1992-03-01
104	GB/T 12914—2018	纸和纸板　抗张强度的测定	2018-11-28	2019-07-01
105	GB/T 13528—2015	纸和纸板 表面 pH 的测定	2015-09-11	2016-04-01
106	GB/T 18402—2001	纸浆滤水性能的测定(滤水时间法)	2001-08-06	2002-2-01
107	GB/T 18829. 6—2002	纤维粗度的测定	2002-09-05	2003-01-01
108	GB/T 20216—2016	纸浆和纸 有效残余油墨浓度(ERIC 值)的测定　红外线反射率测量法	2016-12-13	2017-07-01
109	GB/T 21245—2007	纸和纸板　颜色的测定(C/2°漫反射法)	2008-08-19	2009-05-01
110	GB/T 21557—2008	废纸中胶粘物的测定	2008-03-24	2008-10-01
111	GB/T 22363—2008	纸和纸板　粗糙度的测定(空气泄漏法)　本特生法和印刷表面法	2008-08-19	2009-05-01
112	GB/T 22364—2018	纸和纸板　弯曲挺度的测定	2018-11-28	2019-07-01
113	GB/T 22365—2008	纸和纸板　印刷表面强度的测定	2008-08-19	2009-05-01
114	GB/T 22804—2008	纸浆、纸和纸板　汞含量的测定	2008-12-30	2009-09-01
115	GB/T 22805. 1—2008	纸和纸板　耐脂度的测定　第 1 部分：渗透法	2008-12-30	2009-09-01
116	GB/T 22805. 2—2008	纸和纸板　耐脂度的测定　第 2 部分：表面排斥法	2008-12-30	2009-09-01
117	GB/T 22811—2008	瓦楞纸板　分离后组成原纸定量的测定	2008-12-30	2009-09-01
118	GB/T 22819—2008	高透气纸张透气性的测定	2008-12-30	2009-09-01
119	GB/T 22836—2008	纸浆　纤维帚化率的测定	2008-12-30	2009-09-01
120	GB/T 22837—2008	纸和纸板　表面强度的测定(蜡棒法)	2008-12-30	2009-09-01
121	GB/T 22872—2008	强韧纸板　分层定量的测定	2008-12-30	2009-09-01
122	GB/T 22873—2008	瓦楞纸板　胶粘抗水性的测定(浸水法)	2008-12-30	2009-09-01
123	GB/T 22874—2008	单面和单瓦楞纸板　平压强度的测定	2008-12-30	2009-09-01
124	GB/T 22876—2008	纸、纸板和瓦楞纸板　压缩试验仪的描述和校准	2008-12-30	2009-09-01
125	GB/T 22877—2008	纸、纸板和纸浆　灼烧残余物(灰分)的测定(525℃)	2008-12-30	2009-09-01
126	GB/T 22878—2008	纸和纸板　杂质的估算	2008-12-30	2009-09-01
127	GB/T 22879—2008	纸和纸板　CIE 白度的测定，C/2°(室内照明条件)	2008-12-30	2009-09-01

续表

序号	标准号	标准名称	发布日期	实施日期
128	GB/T 22880—2008	纸和纸板　CIE 白度的测定，D65/10°（室外日光）	2008-12-30	2009-09-01
129	GB/T 22881—2008	纸和纸板　粗糙度（平滑度）的测定（空气泄漏法）通用方法	2008-12-30	2009-09-01
130	GB/T 22893—2008	纸和纸板　基本尺寸办公用纸　成包纸页卷曲的测定	2008-12-30	2009-09-01
131	GB/T 22894—2008	纸和纸板　加速老化　在 80℃和 65% 相对湿度条件下的湿热处理	2008-12-30	2009-09-01
132	GB/T 22895—2008	纸和纸板　静态和动态摩擦系数的测定　平面法	2008-12-30	2009-09-01
133	GB/T 22896—2008	纸和纸板　卷曲的测定　单个垂直悬挂试样法	2008-12-30	2009-09-01
134	GB/T 22897—2008	纸和纸板　抗透水性的测定	2008-12-30	2009-09-01
135	GB/T 22898—2008	纸和纸板　抗张强度的测定　恒速拉伸法（100 mm/min）	2008-12-30	2009-09-01
136	GB/T 22899. 1—2008	纸和纸板　湿膨胀率的测定　第 1 部分：最大相对湿度增加到 68% 过程的湿膨胀率	2008-12-30	2009-09-01
137	GB/T 22899. 2—2008	纸和纸板　湿膨胀率的测定　第 2 部分：最大相对湿度增加到 86% 过程的湿膨胀率	2008-12-30	2009-09-01
138	GB/T 22901—2008	纸和纸板　透气度的测定（中等范围）　通用方法	2008-12-30	2009-09-01
139	GB/T 22902—2008	纸浆　丙酮可溶物的测定	2008-12-30	2009-09-01
140	GB/T 22903—2008	纸浆　物理试验用标准水	2008-12-30	2009-09-01
141	GB/T 22904—2008	纸浆、纸和纸板　总氯和有机氯的测定	2008-12-30	2009-09-01
142	GB/T 22906. 1—2008	纸芯的测定　第 1 部分：试样的采取	2008-12-30	2009-09-01
143	GB/T 22906. 2—2008	纸芯的测定　第 2 部分：试样的温湿处理	2008-12-30	2009-09-01
144	GB/T 22906. 3—2008	纸芯的测定　第 3 部分：水分含量的测定（烘箱干燥法）	2008-12-30	2009-09-01
145	GB/T 22906. 4—2008	纸芯的测定　第 4 部分：尺寸的测定	2008-12-30	2009-09-01
146	GB/T 22906. 5—2008	纸芯的测定　第 5 部分：同轴旋转特性的测定	2008-12-30	2009-09-01
147	GB/T 22906. 6—2008	纸芯的测定　第 6 部分：弯曲强度的测定（三点法）	2008-12-30	2009-09-01
148	GB/T 22906. 7—2008	纸芯的测定　第 7 部分：弹性模量的测定（三点法）	2008-12-30	2009-09-01
149	GB/T 22906. 8—2008	纸芯的测定　第 8 部分：固有频率和弹性模量的测定（试验模型分析法）	2008-12-30	2009-09-01
150	GB/T 22906. 9—2008	纸芯的测定　第 9 部分：平压强度的测定	2008-12-30	2009-09-01
151	GB/T 22921—2008	纸和纸板　薄页材料水蒸气透过率的测定　动态气流法和静态气体法	2008-12-30	2009-09-01
152	GB/T 23144—2008	纸和纸板　静态弯曲挺度的测定　通用原理	2008-12-30	2009-09-01
153	GB/T 23175—2008	纸浆　纤维长度的测定（光栅法）	2008-12-30	2009-09-01
154	GB/T 24288—2009	纸和纸板　主波长和兴奋纯度的测定　D65/10°漫反射法	2009-07-31	2010-03-01

续表

序号	标准号	标准名称	发布日期	实施日期
155	GB/T 24289—2009	纸和纸板 镜面光泽度的测定 平行光束 75°，DIN 法	2009-07-31	2010-03-01
156	GB/T 24290—2009	造纸用成形网、干燥网测量方法	2009-07-31	2010-03-01
157	GB/T 24291—2009	纸和纸板 卷筒纸芯内径的规定	2009-07-31	2010-03-01
158	GB/T 24323—2009	纸浆 实验室纸页 物理性能的测定	2009-09-30	2010-02-01
159	GB/T 24324—2009	纸浆 物理试验用实验室纸页的制备 常规纸页成型器法	2009-09-30	2010-02-01
160	GB/T 24325—2009	纸浆 实验室打浆 瓦利(Valley)打浆机法	2009-09-30	2010-02-01
161	GB/T 24326—2009	纸浆 物理试验用实验室纸页的制备 快速凯塞法	2009-09-30	2010-02-01
162	GB/T 24327—2009	纸浆 实验室湿解离 化学浆解离	2009-09-30	2010-02-01
163	GB/T 24328.1—2009	卫生纸及其制品 第 1 部分：总则及术语	2009-09-30	2010-02-01
164	GB/T 24328.2—2009	卫生纸及其制品 第 2 部分：厚度、层积厚度和表观密度的测定	2009-09-30	2010-02-01
165	GB/T 24328.3—2009	卫生纸及其制品 第 3 部分：抗张强度、断裂时伸长率和抗张能量吸收的测定	2009-09-30	2010-02-01
166	GB/T 24328.4—2009	卫生纸及其制品 第 4 部分：湿抗张强度的测定	2009-09-30	2010-02-01
167	GB/T 24328.5—2009	卫生纸及其制品 第 5 部分：定量的测定	2009-09-30	2010-02-01
168	GB/T 24328.6—2009	卫生纸及其制品 第 6 部分：吸水时间和吸水能力(篮筐浸没法)	2009-09-30	2010-02-01
169	GB/T 24328.7—2009	卫生纸及其制品 第 7 部分：球形耐破度的测定	2009-09-30	2010-02-01
170	GB/T 24394—2009	非正常成品纸和纸板的检验	2009-09-30	2010-02-01
171	GB/T 24447—2009	纸浆 纤维粗度的测定 偏振光法	2009-10-15	2010-03-01
172	GB/Z 24987—2010	纸、纸板和纸浆 测试方法不确定度的评定	2010-08-09	2010-12-01
173	GB/T 24990—2010	纸、纸板和纸浆 铬含量的测定	2010-08-09	2010-12-01
174	GB/T 24991—2010	纸、纸板和纸浆 铅含量的测定 石墨炉原子吸收法	2010-08-09	2010-12-01
175	GB/T 24992—2010	纸、纸板和纸浆 砷含量的测定	2010-08-09	2010-12-01
176	GB/T 24993—2010	造纸湿部 Zeta 电位的测定	2010-08-09	2010-12-01
177	GB/T 24994—2010	造纸湿部溶解电荷量的测定	2010-08-09	2010-12-01
178	GB/T 24996—2010	纸张中脱墨回用纤维的判定	2010-08-09	2010-12-01
179	GB/T 24997—2010	纸、纸板和纸浆 镉含量的测定 原子吸收光谱法	2010-08-09	2010-12-01
180	GB/T 24998—2010	纸和纸板 碱储量的测定	2010-08-09	2010-12-01
181	GB/T 25001—2010	纸、纸板和纸浆 7 种多氯联苯(PCBs)含量的测定	2010-08-09	2010-12-01
182	GB/T 25002—2010	纸、纸板和纸浆 水抽提液中五氯苯酚的测定	2010-08-09	2010-12-01
183	GB/T 26203—2010	纸和纸板 内结合强度的测定(Scott 型)	2011-01-14	2011-06-01
184	GB/T 26459—2011	纸、纸板和纸浆 返黄值的测定	2011-05-12	2011-09-15
185	GB/T 26460—2011	纸浆 零距抗张强度的测定(干法或湿法)	2011-05-12	2011-09-15
186	GB/T 26464—2011	造纸无机颜料亮度(白度)的测定	2011-05-12	2011-09-15

续表

序号	标准号	标准名称	发布日期	实施日期
187	GB/T 27705—2011	BCTMP 系统能量平衡及能量效率计算方法	2011—12-30	2012-07-01
188	GB/T 27706—2011	PRC-APMP 系统能量平衡及能量效率计算方法	2011-12-30	2012-07-01
189	GB/T 27707—2011	草浆备料系统能量平衡及能量效率计算方法	2011-12-30	2012-07-01
190	GB/T 27709—2011	带二氧化氯的四段漂白系统能量平衡及能量效率计算方法	2011-12-30	2012-07-01
191	GB/T 27711—2011	叠网造纸机系统能量平衡及能量效率计算方法	2011-12-30	2012-07-01
192	GB/T 27712—2011	非木浆多效蒸发系统能量平衡及能量效率计算方法	2011-12-30	2012-07-01
193	GB/T 27713—2011	非木浆碱回收燃烧系统能量平衡及能量效率计算方法	2011-12-30	2012-07-01
194	GB/T 27714—2011	废纸脱墨浆系统能量平衡及能量效率计算方法	2011-12-30	2012-07-01
195	GB/T 27716—2011	横管式连续蒸煮系统能量平衡及能量效率计算方法	2011-12-30	2012-07-01
196	GB/T 27718—2011	间歇蒸煮(立锅)系统能量平衡及能量效率计算方法	2011-12-30	2012-07-01
197	GB/T 27720—2011	卡米尔连续蒸煮系统能量平衡及能量效率计算方法	2011-12-30	2012-07-01
198	GB/T 27721—2011	磨石磨木浆系统能量平衡及能量效率计算方法	2011-12-30	2012-07-01
199	GB/T 27722—2011	木浆备料系统能量平衡及能量效率计算方法	2011-12-30	2012-07-01
200	GB/T 27724—2011	普通长网造纸机系统能量平衡及能量效率计算方法	2011-12-30	2012-07-01
201	GB/T 27727—2011	筛选、CEHP 四段漂白系统能量平衡及能量效率计算方法	2011-12-30	2012-07-01
202	GB/T 27732—2011	洗涤筛选、氧脱系统能量平衡及能量效率计算方法	2011-12-30	2012-07-01
203	GB/T 27736—2011	制浆造纸企业生产过程的系统能量平衡计算方法通则	2011-12-30	2012-07-01
204	GB/T 27737—2011	制氧站系统能量平衡及能量效率计算方法	2011-12-30	2012-07-01
205	GB/T 27741-2018	纸和纸板 可迁移性荧光增白剂的测定	2018-11-28	2019-07-01
206	GB/T 28218—2011	纸浆 纤维长度的测定 图像分析法	2011-12-30	2012-09-01
207	GB/T 29285—2012	纸浆 实验室湿解离 机械浆解离	2012-12-31	2013-09-01
208	GB/T 29286—2012	纸浆 保水值的测定	2012-12-31	2013-09-01
209	GB/T 29287—2012	纸浆 实验室打浆 PFI 磨法	2012-12-31	2013-09-01
210	GB/T 29775—2013	纸浆 纤维粗度的测定 图像分析法	2013-10-10	2014-05-01
211	GB/T 29779—2013	纸浆 纤维长度的测定 非偏振光法	2013-10-10	2014-05-01
212	GB/T 31110—2014	纸和纸板 Z 向抗张强度的测定	2014-09-03	2015-08-01
213	GB/T 31479—2015	与食品接触染色纸和纸板色牢度的测定	2015-05-15	2015-12-01
214	GB/T 31905—2015	纸和纸板 边渗透的测定	2015-09-11	2016-04-01
215	GB/T 33277—2016	生活用纸 可迁移性铅、砷含量的测定	2016—12-13	2017-07-01
216	GB/T 34442-2017	纸浆 纤维粗度的测定 非偏振光法	2017—10-14	2018-05-01

续表

序号	标准号	标准名称	发布日期	实施日期
217	GB/T 34444—2017	纸和纸板　层间剥离强度的测定	2017-09-29	2018-04-01
218	GB/T 34448—2017	生活用纸及纸制品　甲醛含量的测定	2017-10-14	2018-05-01
219	GB/T 34455—2017	纸、纸板和纸浆 2,2-二(4-羟基苯基)丙烷(双酚A)的测定 液相色谱法	2017-09-29	2018-04-01
220	GB/T 34845—2017	生活用纸　可吸附有机卤素(AOX)的测定	2017-11-01	2018-05-01
221	GB/T 36985—2018	纸、纸板和纸制品 挥发性有机化合物的测定	2018-11-28	2019-07-01
222	**GB/T 37838—2019**	**纸浆 铜乙二胺(CED)溶液动力粘度的测定**	**2019-08-30**	**2020-03-01**
223	**GB/T 37858—2019**	**纸浆 纤维湿重的测定**	**2019-08-30**	**2020-03-01**
224	**GB/T 37859—2019**	**纸、纸板和纸制品 丙烯酰胺的测定**	**2019-08-30**	**2020-03-01**
225	**GB/T 37860—2019**	**纸、纸板和纸制品 邻苯二甲酸酯的测定**	**2019-08-30**	**2020-03-01**
226	QB/T 1022—1991	制浆造纸企业综合能耗计算细则	1991-03-30	1991-12-30
227	QB/T 1928—1993	制浆造纸企业自备热电站发电和供热煤耗计算细则	1994-01-06	1994-08-01
228	QB/T 1938—2010	松软纸厚度的测定	2010-04-22	2010-10-01
229	QB/T 2804—2006	纸和纸板白度测定法　45/0 定向反射法	2006-07-27	2006-10-11
230	QB/T 2805—2006	纸和纸板表面吸收速度的测定	2006-07-27	2006-10-11
231	QB/T 2812—2006	纸张定量、水分的在线测定(近红外法)	2006-09-14	2007-05-01
232	QB/T 2896—2007	纸和纸板　湿拉毛和湿排斥的测定	2007-12-03	2008-06-01
233	QB/T 2897—2007	纸和纸板　表面疏松物的测定	2007-12-03	2008-06-01
234	QB/T 3699—1999	造纸工业企业安全技术规程	1999-04-21	1999-04-21
235	QB/T 4319—2012	硫酸盐全无氯漂白纸浆的判定	2012-05-24	2012-11-01
236	QB/T 4896—2015	废纸浆脱墨效率的测定	2015-10-10	2016-03-01

注：黑体字为 2019 年新批准发布标准。

(全国造纸工业标准化技术委员会)

国内制浆造纸科研设计单位简介

Introduction of the Domestic Organizations of R&D, Engineering Consultant of Paper Industry

中国制浆造纸研究院有限公司

中国制浆造纸研究院有限公司(简称“中国纸院”)始建于1956年，前身为轻工业部造纸工业科学研究所，1999年转制为科技型企业，现为保利集团所属中国轻工集团有限公司的全资子公司。

中国纸院作为国家级制浆造纸专业科研机构，科技资源丰富、行业服务功能全面，是制浆造纸国家工程实验室的依托建设单位和科技部认定的国家国际科技合作基地，并设有全国造纸工业标准化技术委员会、国家纸张质量监督检验中心、中国造纸杂志社、造纸工业生产力促进中心、全国造纸工业信息中心和生活用纸中心，具备技术和产品开发、工程试验、成果转化、质量监测、标准制(修)订、出版发行、会议展览、教育培训等一系列行业服务功能。

建院64年来，中国纸院先后主持/参与完成“六五”至“十三五”国家科技攻关、863计划、发改委重大科技专项、国家自然科学基金、政府间科技合作专项等国家和省部级重大科研项目，以及大量的企业委托开发项目，形成科研成果1700多项，获得包括“国家科技进步奖”在内的国家或省部级奖励180多项；组织制订、修订国家和行业标准300多项；具备纸浆、纸和纸板等6大类219种产品检验能力和38类造纸检测仪器的校准能力；出版发行《中国造纸》《中国造纸学报》《造纸信息》《Paper and Biomaterials》《生活用纸》等专业刊物；承办“生活用纸国际科技展览会及会议”“中国国际特种纸展览会及技术交流会”“中国国际造纸科技展览会及会议”三大国际展会；拥有制浆造纸和造纸环境保护专业硕士学位授予权和博士后科研工作站，是推动我国造纸工业科技进步的重要力量。

2016年，中国纸院“纸基功能材料创新孵化平台”正式面向全行业开放。平台目前拥有8条中试生产线，功能涵盖长网/圆网成形、压榨、施胶、涂布、压光、起皱等主要造纸技术流程，可满足大多数纸品的中试试验和小批量生产。平台将本着“创新、开放、共进”的服务理念，以灵活多样的合作形式，竭诚为高校、科研机构和生产企业的科技创新活动提供全方位、高水平的定制服务，助力中国造纸科技转化迈向新的高度。

面向未来，中国纸院将继续秉承“传承文明、开拓创新”的理念，坚持以创新驱动发展的战略，积极开发、推广行业转型升级关键技术，为中国造纸工业的健康持续发展谱写新的篇章。

董事长：曹春昱
地址：北京市朝阳区望京启阳路4号中轻大厦
邮编：100102
电话：010－64778000
传真：010－64778001
邮箱：bgs@ cnppri. com
网址：www. cnppri. com

中国中轻国际工程有限公司

中国中轻国际工程有限公司(CLIEC)即原中国轻工业北京设计院，成立于1953年1月。2000年10月成为交中央管理的大型科技型设计企业，2001年3月更名为中国轻工国际工程设计院，2003年1月23日经国家经贸委、财政部等有关部委批准，改制更名为中国轻鑫工程有限责任公司，2004年4月更名为中国中轻国际工程有限公司。现为国务院国资委监管的中央企业中国保利集团有限公司的下属企业。

中轻国际是以咨询、设计、监理、项目管理、工程总承包为主体业务的大型工程公司，拥有进出口企业资格证书；轻纺全行业、化工石化医药行业（化工工程）、市政行业（排水工程、环境卫生工程）、农林行业（林产化学工程）、建筑行业（建筑工程）和环境工程（水污染防治工程、大气污染防治工程）专项设计甲级资质；城市规划、招标代理、化工石化医药行业（生化、生物药、化学原料药）、电力行业（火力发电）、商物粮行业、建材行业（新型建筑材料工程）、市政行业（给水工程、城镇燃气工程、热力工程）和环境工程（固体废物处理处置工程）专项设计乙级资质；建筑装饰装修工程设计与施工二级资质；机电安装工程施工总承包二级资质；工程咨询、工程造价、工程监理甲级资质以及压力容器设计、压力管道设计许可证。

中轻国际是国际咨询工程师联合会（FIDIC）、中国勘察设计协会、中国国际工程咨询协会、中国工程咨询协会等国际及国内100余个协会、学会的主要成员。1995年1月在世界银行“DACON”数据库认可登记（登记号：576）。1992年6月在国内设计单位中首批获得国家授予的对外经营权。2009年通过国家高新技术企业认证。

中轻国际于1997年12月率先在轻工设计系统通过ISO9001质量管理体系认证。2008年8月通过质量、环境、职业健康安全“三标”管理体系认证。

中轻国际现有从业人员779人，其中在岗702人，返聘48人，劳务派遣29人，其中：国家级设计大师2人、享受政府特殊津贴的专家7人、轻工行业设计大师6人；在岗人员中教授级高级工程师72人、高级职称226人、中级职称192人、初级职称及以下212人；各类国家注册工程师258人次、工程总承包项目经理61人。

中轻国际为国内5000余家大中型企业，国外20多个国家、60余个大中型项目提供了工程设计、咨询、项目管理、总承包等服务，与国内外著名的300余家大型公司建立了实质性合作和业务往来关系。

中轻国际高度重视工程设计成果的创优评优工作。自1980年以来，共获得部（委）级以上各种嘉奖410余项，其中国家级优秀设计、咨询奖和科技进步奖50余项，共拥有102项专利，其中发明专利24项。

经过60余年的创业、发展、壮大，中轻国际已成为国内外知名的大型科技型企业，中轻国际坚持以市场为先导，以项目为中心，以创新为动力，以服务为宗旨，以质量为保证，为顾客提供全过程、多方位、专业化、质量高、效果好的满意服务。

中轻国际通过科技兴业、质量强业、管理治业的可持续发展之路，正在向科技型国际工程公司目标迈进。

董事长： 王 军

总经理： 迟为民

技术总监： 靳福明

地址： 北京市朝阳区白家庄东里42号

邮编： 100026

电话： 010 - 65826358

传真： 010 - 65823590

邮箱： cliec@ cliec. cn

网址： www. cliec. cn

山西省轻工设计院有限公司

山西省轻工设计院有限公司是由山西省轻工设计院转企改制的国有科技型企业，注册资本1277万元，隶属于山西省工业和信息化厅。

山西省轻工设计院成立于1958年，是山西省轻工行业专业设计院，主要承担轻工、商物粮、民用建筑行业以及与本行业相近的化工、医药、建材、电子、环保、农业等行业的工程勘察设计和咨询业务。

建院60年来，完成了4000余项工业和民用建筑工程设计（咨询）项目（包括省、部级重点大中型工程项目），为我国工程建设做了大量工作，尤其是对山西省及周边地区的轻工业发展做出了重要的贡献，多次荣获有关部门的奖励和表彰。为了肯定我院在白酒行业现代化设计的能力，1987年轻工业部批准我院为传统白酒设计资质。

服务范围：

工程设计：工业、民用工程设计、初步设计、设施设计专篇、职业病防护设施专篇等，可从事资质证书许可范围内相应的建设工程总承包业务以及项目管理和相关的技术与管理服务。

工程咨询：可行性研究报告、产业（行业）规划、节能评估、项目建议书（申请报告），清洁生产评估、评审，生产标准化评审等。

公司拥有一支高素质的技术和管理团队，拥有专业类别齐全的专业队伍。现有各类工程技术人员80余人，其中：工程师40余人，高级工程师30余人；一级注册建筑师8人、二级注册建筑师3人，一级注册结构工程师6人、二级注册结构工程师2

人，注册造价工程师 1 人，注册化工工程师 6 人，注册公用设备工程师 5 人，注册咨询(投资)工程师 8 人，注册监理工程师 4 人，注册岩土工程师 2 人，注册管理咨询师 2 人。

公司组织机构健全，管理制度完善，实现了生产、管理的电子、网络和信息化。经过多年的积累，公司有多行业完整的技术图书和标准册、图纸资料及专家库等。

公司以“规范、质量，使命、品牌、规则、诚信”的管理和设计理念，为用户的建设工程设计(咨询)提供全面、全过程的贴心服务。

法人代表： 郝 威
地址： 山西省太原市新建南路 13 号
邮编： 030001
电话： 0351 - 4052817、4052827
传真： 0351 - 4052817
邮箱： sxsqgsjy@ 126. com
网址： www. sxqgsj. com

辽宁省轻工设计院有限公司

辽宁省轻工设计院有限公司成立于 1955 年，历经 60 余年的不断发展，已经成为从事轻工、化工、电力、建筑、环保等行业的工程设计、工程咨询、产业园区规划、设备成套、项目管理和工程总承包等综合业务设计院；是具有较强综合技术力量的国家化工、轻工甲级，电力、轻纺、商物粮、建筑、环境工程行业乙级，压力容器(A1、A2 类)、压力管道(GB2/GC1/GD1)设计、咨询、工程总承包资质的设计单位。公司拥有各类专业技术人员 170 余人、其中高级工程师 60 余人、教授级高工 8 人，注册工程师和注册咨询工程师 60 余人。

公司以务实的工作作风不断夯实设计手段和设计技术水平，通过工程总承包进一步完善了企业工程化能力。几年来，公司致力于有机硫化工、精细化工、玉米深加工、食品、生物发酵行业的新技术研发工作，汇集众多应用技术领域精英、研发团队及行业技术专家，研发并整理出一些国内领先、世界一流的新产品和新技术，以期在供给侧改革时代为广大业主提供更加优质的技术服务和设计服务。

辽宁省轻工设计院有限公司造纸工程技术中心近年来的主要技术研究成果。

(1)尿素催化剂法生产本色或全无氯漂白纸浆、纸和纸板，综合利用农业秸秆，蒸煮废液可灌溉，废弃物制饲料、沼气，沼渣制硅肥。

(2)生物质精炼技术综合利用玉米秆。玉米秆除髓后，叶和穰添加 ПАВ 保鲜剂制饲料。皮制溶解浆，水解液制木糖醇、糠醛，蒸煮黑液制二甲亚砜后进行碱回收。清洁生产，节能减排，环境友好，经济效益突出。

(3)常压蒸煮—漂白一步法制漂白纸浆。

(4)菊芋秆制浆造纸及其尿素催化剂法制浆废液和硅肥相结合生产固沙沙漠改良剂。

(5)硅肥技术。硅肥可以提高农作物生产量、质量(抑制作物吸收有毒有机物和重金属)。当前稻米镉等有害物超标，此项研究更具深远意义，已于 2008 年 12 月 15 日通过沈阳市科技局验收。

总经理： 陈 溥
总工程师： 徐军强
造纸中心主任： 罗少初
地址： 辽宁省沈阳市皇姑区泰山路 46 号
邮编： 110031
电话： 024 - 86808529
传真： 024 - 86802976
邮箱： lnqgy@ qq. com
网址： www. lnqgy. cn

黑龙江省造纸工业研究所有限公司

黑龙江省造纸工业研究所占地面积 2. 2 公顷，建筑面积 1. 2 公顷。设有黑龙江省制浆造纸中试基地，黑龙江省造纸技术研究中心。是省级专业期刊《黑龙江造纸》编辑部、黑龙江省造纸产品质量监督检验站、黑龙江省造纸学会挂靠单位。

黑龙江省造纸工业研究所为从事制浆造纸应用研究的省属研究所。主要研究方向为农业、工业特种纸材料，同时开展制浆造纸技术研究及相关咨询服务，促进造纸行业及地方经济发展。

现有正式员工 38 人，科技人员 17 人，其中，研究员级高级工程师 3 人，高级工程师 11 人，中级职称 1 人；享受国务院政府津贴待遇 2 人。近年来，共取得科研成果 25 项，其中，获国家科技奖励 1 项，省级科技奖励 9 项，市级科技奖励 13 项，获国家专利 7 项。

现有 1 条特种纸中试生产线、3 条自主研发系列育苗纸筒生产线、1 条自主设计的印制板钻孔用上垫板生产线，水电气配套设施齐全。可进行纸张材料的基础研究、新产品研发、科研成果的转化及部分产品的批量生产。

目前，可批量生产的产品为甜菜、林木、蔬

菜、玉米、棉花、西瓜等农林系列育苗纸筒；工农业用特种纸；区电印制板行业配套材料等。育苗纸册年生产能力 200 余万册，垫板年生产能力 20 万米^2。

法人代表/所长： 杨易平

总工程师： 任国庆

地址： 黑龙江省牡丹江市阳明区光华街 5 号

邮编： 157013

电话： 0453－6332195、6332060(销售)

传真： 0453－6332195、6332060(销售)

邮箱： hzskyb@ 163. com

网址： www. hljzzyjs. com

中国海诚工程科技股份有限公司

中国海诚工程科技股份有限公司隶属于国务院国有资产监督管理委员会监管的中国保利集团公司所属中国轻工集团有限公司，由成立于 1953 年的原轻工业部下属中国轻工业上海设计院经整体改制而设立，主要从事工程总承包、设计、咨询和监理，是国内第一家专业设计服务业上市公司(股票代码：002116)。公司服务领域涵盖轻纺、商物粮、农林、机械、市政公用、化工医药、建筑等行业，其中制浆造纸工程的全过程服务是公司主要业务之一，客户遍及世界各地。

公司总部设在上海市，并在北京、广州、长沙、武汉、南宁、成都、西安等地拥有 11 家全资子公司。上海总部从业人员 1059 人，其中国家设计大师 1 名，轻工行业设计大师 5 名，享受国务院特殊津贴专家 9 名，教授级高工 116 名，高级工程师 221 名，各类注册工程师 408 名。

自 1953 年至今，承担了数以万计的工程设计项目。其中，国内工程 9800 余项，外商投资项目 1600 余项，海外工程近百项；非标设备设计 8500 余台套。

公司致力于设计和建造优质精品工程，累计荣获国家、部、省(市)级各类奖项 800 余项，其中国家级奖项 79 项，拥有专利 90 余项(发明 40 项)，开发登记计算机软件著作多项。自 1992 年以来，连年被国家建设部、统计局评为中国勘察设计综合实力百强单位。自 2004 年起，连续 15 年被美国《工程新闻记录》(ENR)与中国《建筑时报》评为“中国勘察设计企业 60 强”。公司被认定为“上海市高新技术企业”，相继荣获“2008 年度上海市建设工程质量先进企业”和“2009 年度上海市勘察设计质量诚信企业”，2013 年获得“全国工程勘察设计先进企业“荣誉称号，并连续 12 届蝉联上海市“文明单位”称号，并于 2014 年首次荣获“全国文明单位”荣誉称号

董事长： 徐大同

地址： 上海市宝庆路 21 号

邮编： 200031

电话： 021－64370093

传真： 021－64334045

邮箱： info@ haisum. com

网址： www. haisum. com

中国林业科学研究院制浆造纸研究开发中心

中国林业科学研究院制浆造纸研究开发中心为国家林业局从事林纸一体化技术研究和开发的专业机构，设有林产化学加工工程博士点、轻工技术与工程硕士点和林业工程博士后流动站。主要研究方向：①人工林制浆性能早期预报和技术经济评价；②速生材、小径材、木材加工剩余物、竹材和农业秸秆等不同类型纤维原料的高得率制浆技术研究及工程设计；③高效、低耗清洁制浆及漂白技术研究；④制浆造纸废水高效低成本处理工艺技术研究及工程设计；⑤制浆造纸过程生物质精炼技术开发；⑥制浆造纸固体废弃物资源化利用和中水回用技术开发。

研发中心拥有完备的纤维形态及化学成分分析、制浆造纸性能评价、废纸回收利用、废水污染物特征等检测分析手段，全套进口化学机械浆中试系统，中试涂布机及压光机，废水污染物大型分析仪器，废水处理小试及中试系统，以及 FQA 纤维质量、胶黏物、纤维束分析仪、纤维筛分仪、毛细管孔隙仪、涂布器等大型专业测试仪器。致力于纤维资源及纸浆材性评估、制浆造纸新技术、造纸及环保化学品、木质素纤维类生物质转化与利用、生产过程纤维类废弃物资源化利用、造纸工业节能减排新技术的研究开发与工程化应用。承接高得率制浆生产线、废水处理系统的设计、工程建造、运行优化任务。国家林业局林化产品检测中心(南京)能够承接纤维原料、纸浆和纸产品第三方检测任务。

目前主持国家“十三五”重点研发计划项目“人工林剩余物资源化利用技术研究”、国家精准扶贫科技成果推广项目以及国家林业和草原局基金项目共 12 项。承担了“七五”至“十二五”国家科技项目、

自然科学基金倾斜项目、“948”先进生产技术引进、国家外专局引智及江苏省科技攻关等 30 余项，ACIAR、UNDP、SIDA、EU、UNESCO“BIO-DEV”等国际合作项目近 20 项。与澳大利亚 CSIRO、法国国家农科院丝状真菌研究所、普鲁旺斯大学、波尔多第一大学、加拿大造纸研究所、魁北克大学、纽布朗斯维克大学、美国林产品实验室、安德里茨春田研究开发中心、马来西亚国家林业研究院等学术机构建立密切广泛的科技合作联系。20 余项科技成果在全国十多个省市 50 余家大中型企业获得推广应用，为国内外设计建造了具有完全自主知识产权的清洁制浆生产线 9 条。“混合材高得率清洁制浆关键技术及产业化”荣获 2019 年国家科技进步二等奖。

中心主任：房桂干（二级研究员）

地址：江苏省南京市锁金五村 16 号

邮编：210042

电话：025－85482548、85482542

传真：025－85413445、85482620

邮箱：fangguigan@ icifp. cn

网址：www. icifp. cn

浙江省造纸研究所（浙江鹏辰造纸研究所有限公司）

浙江鹏辰造纸研究所有限公司即浙江省造纸研究所，是由浙江省造纸研究所二次改制，经浙江省政府有关部门批准，在承继改制类科研院所相关政策的基础上建立而成。公司现有职工 100 余人，其中专业技术人员占比 1/3 以上，教授级高级工程师 6 人。

公司是国内以化学合成纤维、无机纤维、矿物纤维等特种纤维抄造特种功能纸技术的开拓者，是我国特种功能纸科研生产基地，建有特种化学电源国家重点实验室杭州新材料研究中心和特种纤维纸基功能材料技术研究重点实验室。公司技术力量雄厚，已完成的省部级以上科研成果 150 余项中，含国家科技攻关项目 6 项。获省部级科技进步奖 27 项。近年申请国家专利 21 项，其中发明专利 18 项，已授权的 13 项专利中，发明专利 9 项。

公司制定有完善的质量管理体系，具有完整的生产能力，装备有 3 条湿法造纸生产线、2 条干法造纸生产线，其中引进国际先进斜网成形器的湿法造纸生产线和引进气流成网干法造纸生产线各 1 条，配备了完善的造纸工艺试验设备、纸张性能测试仪器和特性指标测试仪器，为研制产品的中试与生产提供了良好条件。公司的主导产品有电池隔膜材料系列、超净擦拭纸系列、高低温隔热材料系列、农用功能材料系列、过滤材料系列、医疗卫生用纸等特种功能纸。近年国内首创并批产的气凝胶隔热材料达到国际先进水平，投放市场后获得用户高度赞扬与好评。长期以来，全体员工本着“敬业、诚信、创新、实效”的企业精神，以“技术创新，质量一流，强化管理，用户至上”的方针，为国防高新工程和国民经济高新行业提供了大量优质材料和良好服务。

董事长/所长：郑鹏遵

地址：浙江省杭州市萧山经济技术开发区鸿兴路 181 号

邮编：311215

电话：0571－88170685

传真：0571－88173641

网址：www. zjprime. com

轻工业杭州机电设计研究院有限公司

轻工业杭州机电设计研究院有限公司是专业从事制浆造纸装备设计开发研制的国家级重点设计研究单位，同时具备制浆造纸工程设计、设备研发和配套电气控制系统研制能力，是国家发展和改革委“制浆造纸国家工程实验室”的依托建设单位之一。中国造纸学会机械设备专业委员会、全国轻工机械标准化委员会及造纸机械、食品机械分标委员会、全国压力容器标准化委员会专用压力容器分标委员会、全国食品加工机械标准化技术委员会、中国轻工总会造纸食品日用化工塑料机械质量监督检测中心、同时拥有工信部工业（轻工机械）产品质量控制和技术评价实验室、国家中小企业公共服务示范平台、中国科技核心期刊《轻工机械》杂志社等均设在本院。具有中国对外承包工程经营资质、工程设计甲级资质、工程咨询甲级资信、一、二、三类压力容器设计资质和 GC1 级管道压力设计资质等证书。

近年来，承担国家科技攻关项目多项，其中承担和完成国家“863”项目 2 项、国家十一五科技支撑项目 3 项和科技部“科研院所技术开发研究专项资金”项目 10 项和国家重点研发计划重点专项项目 4 项，“社会公益研究专项”项目 1 项，省科技计划项目 3 项。获得各种奖励共 114 项（其中：国家科技进步二等奖 1 项，三等奖 6 项，省部级科技进步一等奖 2 项，二等奖 13 项，三等奖 42 项，其他奖励46项），取得中国专利50项，完成行业标准编制80余项。

共完成设备研究设计项目900余项，工程咨询项目170余项，工程设计项目220余项，产品生产3000余台(套)，生产线成套项目30余项。包括出口俄罗斯的隔音板等项目。

主要提供：生物能源技术、非木材原料生物制浆成套装备技术；连续蒸煮关键装备及系统集成；高效节能置换蒸煮关键设备及自动控制系统；中、高浓无氯和少氯漂白关键装备技术；双辊挤浆机，新型节能碎浆机，湿浆板系统；特种纸设备关键技术和成套技术（对位芳纶纸、工业滤纸、玻纤纸、电池隔膜纸、茶叶滤纸、绝缘纸及纸板等）；伸性装置(水泥袋纸、电线电缆纸等)；各类涂布机(热敏纸、无碳复写纸、不干胶标签纸、美纹纸等)。

法人代表：于　宏

总工程师：杨　旭

地址：浙江省杭州市余杭区高教路970号

邮编：311121

电话：0571－85186716

传真：0571－85186432

网址：www. hmei. com. cn

邮箱：hzjdy@ hmei. com. cn

济南市造纸科学研究所

济南市造纸科学研究所隶属济南市经信委，主要从事造纸工业新产品、新工艺的研制，纸张物理检测和技术咨询服务。研究所拥有高中级工程技术人员。研制的“电子阅卷纸”曾荣获国家科技奖；煤矿井下堵炮眼纸、井下吸尘纸受到煤矿行业的好评；制浆造纸清洁新工艺得到了省专家的认可，已通过省级鉴定，此项目填补了国内空白。

所长：张建军

地址：山东省济南市槐荫区经一纬九路273号1号楼2单元314室

邮编：250012

电话：0531－86911272、86150010

传真：0531－86150010

邮箱：jnzzhkys@ 163. com

山东省造纸工业研究设计院

山东省造纸工业研究设计院始建于1978年11月，隶属于山东省轻工业协会。现有在职职工120人，专业技术人员80人，院内设有科研所、设计所、检测中心、《中华纸业》杂志社、造纸技术开发公司、中试基地等主要业务部门。另外，山东造纸学会、山东省纸张质量监督检验站、山东省涂布加工纸技术重点实验室、山东省造纸行业生产力促进中心等均设在该院。

科研工作曾多次荣获省科技进步奖。目前与多家造纸企业及造纸化学助剂等相关企业建立了合作关系，已承担企业委托项目200余项。收到了良好的经济效益和社会效益。

设计工作具有国家建设部颁发的轻纺行业(制浆造纸)工程设计甲级证书和国家发展和改革委颁发的轻工工程咨询甲级证书。近年来，完成制浆造纸工程咨询设计项目600余项，多次荣获省级优秀勘察设计奖、省级优秀工程咨询成果奖和中国轻工业优秀工程咨询成果奖。

《中华纸业》是中国造纸协会会刊，由中国造纸协会和该院共同主办。它是由创刊于1979年的《山东造纸》发展而来，期间经历了《北方造纸》重要的阶段，《中华纸业》从原技术刊转型定位于“行业综合性”刊。自1996年以来的10多年间，由季刊改为半月刊，在内容、版面设计、广告策划上都具有自己的独特风格，成为中国造纸行业最有影响力的期刊之一。

检测工作主要承担全省纸张产品质量监督检验、第三方评价性检验、产品质量仲裁检验和各单位委托检验。为全省造纸企业提供检测技术服务、质检员培训、新标准宣贯等工作。山东省纸张质量监督检测站是山东省质量技术监督局授权机构。

技术开发公司主要致力于造纸工业新技术、新产品、新设备的开发应用，为造纸行业提升技术水平提供优质服务。

实验厂承担省科技厅下达的中试任务，实验生产了过滤纸、一次性医疗器械包装用纸、水果吸湿纸等一系列具有先进水平的产品，同时研究开发无毒环保的纸塑复合包装产品。

近年来，该院在科研单位改革改制的推动下，树立以市场为导向，以优良的服务为纽带，以质量求生存，以信誉求发展的经营理念，解放思想，开拓创新，充分发挥自身优势，急企业之所急，全面服务企业。

院长/法人代表：王泽风

总工程师：陈　东

地址：山东省济南市工业南路101号

邮编：250100

电话：0531－88947041
传真：0531－88947041
邮箱：shandongpaper@163. com

中轻建设（安徽）设计工程有限公司（原安徽省轻工业设计院有限公司）

中轻建设（安徽）设计工程有限公司（原安徽省轻工业设计院有限公司）始建于1979年，是专业从事轻工行业、民用建筑工程、环境工程设计的具有国家甲级工程设计证书、甲级工程咨询证书的综合设计机构。现有员工近200人，专业设置齐全，拥有众多国家注册建筑工程师、注册结构工程师、注册规划工程师、国家注册化工工程师、注册设备工程师、注册电气工程师、注册咨询工程师、注册环保工程师等高级专业人才。

主要承接制浆造纸工程、食品发酵工程、皮革工程、烟草工程、五金工程、日化工程、塑料工程、家电电子及日用机械、日用硅酸盐工程、新能源工程等工业项目设计与规划；居住小区、公共建筑、商业地产、文化地产等民用建筑工程设计与规划、室内外装饰设计及景观设计；市政废水、工业园区废水、工业厂区内的废水处理等环境工程设计及总承包。提供项目咨询、项目建议书、可行性研究报告、节能评价报告、资金申请报告、项目立项报告、公司上市项目包装、产业发展规划、清洁生产审核报告等。

董事长/法人代表：李　伟
单位负责人：陈明邦
地址：安徽省合肥市马鞍山南路富城大厦9-11层
邮编：230022
电话：0551－62628422
传真：0551－62673755
邮箱：1347335539@qq. com
网址：www. clicah. com

中国轻工业武汉设计工程有限责任公司

中国轻工业武汉设计工程有限责任公司（原名：中国轻工业武汉设计院）始建于1958年，现系中国海诚工程科技股份有限公司（股票代码：002116）全资子公司，是集工程总承包、工程咨询、工程设计、工程监理及工程项目管理等多功能于一体的知识密集型国有科技型企业。拥有国家颁布的轻工行业、民用建筑、医药、环保设计、工程咨询、工程监理等7项甲级资质，已形成工程设计、咨询、监理和总承包四大主业，并顺利完成了“三标一体”的认证工作。拥有中国轻工行业勘察设计大师3人，国家级、省部级专家及教授级高级工程师40余人，各类注册工程师160余人，高级工程师120余人。

制浆造纸是该公司工程设计的传统行业，有着60多年的设计历史。历年来完成制浆造纸行业工程设计及服务800余项，多项设计获部、省级奖励。

设计和服务范围涵盖制浆、造纸、碱回收、废水处理、纸加工、热电及综合利用等造纸行业的各个环节。在非木材制浆及碱回收、无氯漂白、化学机械浆、特种纸、纸板、废水处理、废纸制浆轻渣及污泥生物质混合发电等方面形成独立的技术集成、特色技术和多项专利专有技术，具有较高的市场占有率；其中非木材制浆（竹子芦苇秸秆）及碱回收是国家生态环境部最佳实用技术依托单位。项目地域覆盖全国包括台湾在内30多个省、市、自治区及俄罗斯、缅甸、巴基斯坦、尼泊尔、孟加拉、吉尔吉斯斯坦、印度尼西亚、马来西亚、埃塞俄比亚、越南、泰国、伊朗、加纳和加蓬等国家。

法人代表：周　波
总工程师：杨晓臻
联系人：梁　斌
地址：湖北省武汉市武昌区首义路176号
邮编：430060
电话：027－88044007、13808641636
传真：027－88043744
网址：www. qgsj. com
邮箱：13808641636@163. com

中国轻工业长沙工程有限公司

中国轻工业长沙工程有限公司（简称CEC），原名为中国轻工业长沙设计院，创建于1952年，是中国成立较早的大型咨询设计单位之一。2002年12月改制重组后，成为国务院国资委管理的中国轻工集团——中国海诚工程科技股份有限公司的全资子公司，公司注册资金为5000万元。

CEC主营业务为工程设计、工程咨询、工程监理和工程总承包，服务于制浆造纸、能源环保、制盐及盐化工、家用电器、食品、建筑、市政等行业领域。持有国家主管部门颁发的轻纺、建材、市政、农林、建筑、环境工程（水污染防治工程、固体废物处理处置工程）甲级工程设计证书和与之相对应的甲级工程总承包资格、甲级工程咨询资格证书、甲级工程造价咨询单位资质证书；持有电力（火力发电、新能源）、化工、机械、商物粮、风景园林行业乙级设计资质证书，城市规划编制乙级资格证书，压力容器及压力管道设计许可证；持有工程监理综合资质证书；拥有对外经营权、对外承包工程经营资格。1998 年通过 ISO 9001 质量管理体系认证，2007 年通过 ISO 14001 环境管理及 GB/T 28001 职业健康安全管理体系认证；拥有 60 余项专利技术，并广泛运用于项目中，2008 年被认定为高新技术企业。

CEC 集聚了大量的优秀人才和技术资源，公司现有员工 1500 余人，享受政府津贴专家 7 人，教授级高级工程师 77 人，高级职称技术人员 209 人，具有国家注册各类个人资质 500 余人次。

CEC 从事工程咨询设计 60 余年，完成工程咨询、设计、工程承包、工程监理等项目 3000 余项，市场占有率和核心竞争力均处于行业前列。自 1982 年国家开展评选优秀设计以来，公司获得国家及省部级优秀设计奖、科技进步奖 300 余项，其中，在制浆造纸行业获国家优秀设计铜奖 10 余项。

CEC 的工程总承包业务，涵盖了项目投资、选址、规划、技术经济分析、设计、造价、采购、施工、安装、开车等各个方面，凭借先进的工程管理理念、多年的行业经验、优秀的项目团队以及广泛的项目合作伙伴，全程把握项目的实施和控制，以最佳的资源打造优质的工程产品。作为总承包商，公司先后承建了缅甸、巴基斯坦、埃及、印度、白俄罗斯、湖南湘丰特种纸业有限公司、焦作瑞丰纸业有限公司、福建省青山纸业股份有限公司、中国造纸装备有限公司、江门星辉造纸有限公司等国内外多项总承包工程，其中，缅甸 YENI 制浆造纸项目获第五届优秀工程总承包金钥匙奖，湖南湘丰特种纸业有限公司纸业总承包工程获第五届优秀工程总承包铜钥匙奖及轻工行业第三届优秀工程总承包项目一等奖，焦作瑞丰纸业有限公司总包工程获轻工行业第四届优秀工程总承包项目二等奖，福建省青山纸业股份有限公司获第七届优秀工程总承包项目铜钥匙奖，南通经济技术开发区中水回用示范工程获第八届全国优秀工程总承包银钥匙奖及 2016 年度轻工业优秀工程总承包一等奖，江门星辉造纸有限公司（日资）年产 30 万吨高档白板纸工程获第八届全国优秀工程总承包铜钥匙奖，及 2016 年度轻工业优秀工程项目管理一等奖。

CEC 下属全资子公司湖南长顺项目管理有限公司是公司服务体系的重要部分，具有住房和城乡建设部工程监理综合资质、公路工程监理甲级资质、国家人防工程监理甲级资质、环境监理甲级资质，是湖南省及轻工领域监理行业的知名品牌企业、全国百强监理企业。

CEC 凭借多年的资源积累，与多家国际知名公司均有合作与交流，与业内知名企业建立了战略合作伙伴关系，形成了广泛的产业战略联盟，借助金融机构的融资平台，形成多方合作共赢的格局。公司现已发展成为集工程咨询、设计、造价、监理、项目管理和工程总承包于一体、为工程建设实施全方位、全过程服务的科技服务型企业。

CEC 奉行“诚信、严谨、创新、高效”的理念，坚持以顾客满意为中心、以环境友好为己任、以安全健康为基点的价值观，坚持以打造国际知名的服务品牌为企业目标，一如既往地为国内外顾客提供优质的技术服务和工程产品。

董事长：陈志明

总经理：林　卫

地址：湖南省长沙市雨花区环保科技园新兴路 268 号

邮编：410114

电话：0731－85770333

传真：0731－85584415

邮箱：office@ cecchina. com

网址：www. cecchina. com

湖南省造纸研究所有限公司

湖南省造纸研究所有限公司是经湖南省科技厅认定的集科、工、贸于一体的由省属科研事业单位转制而成的高新技术企业，是湖南省造纸产品质量监督检验授权站、湖南省造纸学会等机构组织挂靠单位。始建于 1972 年，占地面积 3. 5 公顷，固定资产 1200 万元。现有员工 109 人，其中，专业从事研究开发人员 36 人，本科以上学历 28 人，中级以上职称 32 人，高级职称 6 人。

多来年，先后完成了国家、部级科技攻关项目 80 余项。其中，27 项获国家、部、省等各级科研成果技术奖，已有 30 多项科研成果转化为生产力。公司现有 3 条特种纸生产线和纸包装箱生产线，年生产特种纸 5000 吨以上，纸包装箱 250 万米^2。特种纸生产线包括 2 条特种工业用纸生产线，年生产量 3000 吨，主要生产高强纱管封面纸、各类纤维板表层纸等。产品占国内市场较大份额。1 条涂布纸生产线，年生产量可达 2500 吨，所产彩喷纸、高光数码相纸、名片纸等涂布纸，可以替代进口产品。纸包装生产线包括 2 条本色纸箱生产线和 1 条彩色纸箱生产线。

公司于 2002 年通过了 ISO 9001:2000 质量管理体系认证，本着“创造卓越品质，追求持续满意”的质量方针，建立了持续、稳定、有效的科学管理体系，产品质量达到了国际先进水平。近几年来，公司紧跟市场需求，发展更加迅猛，致力于文化创新、科技创新、管理创新，积极培育和提升核心竞争力，形成了以市场带动科研、以科研促进生产、以生产服务市场的良好循环轨道。

法人代表：宋善军
地址：湖南省湘潭市建设中路 7 号
邮编：411104
电话：0731 – 58523214、58561602
传真：0731 – 58561602
网址：www. hnprc. com

广东省造纸研究所有限公司

广东省造纸研究所有限公司（以下简称：省造纸所）创建于 1973 年，位于广州市新港西路 154 号，占地面积 7500 米^2，是广东省唯一的省级造纸研究所，是“广东省高新技术企业”，所内建设有“广东省造纸技术与装备公共实验室”“广东省造纸精细化学品工程技术研究中心”，并通过了 ISO 9001 质量管理体系认证。拥有一支高素质（包括教授级高工在内）的工程技术人员队伍，全所在职职工 57 人，专业技人员 25 人。省造纸所以“打造品牌、开拓创新、持续发展”为宗旨，全体职工团结一致，共同奋斗，创造了优秀的业绩。

经过四十多年的发展，省造纸所发展呈现出喜人局面，市场销售网络日趋成熟，经济、社会效益和企业知名度不断提高，企业信誉良好。已发展壮大成为业务范围涵盖造纸行业科研、开发、产品检测与鉴定、技术咨询、技术服务、技术培训、技术承包和项目设计，销售造纸原料、造纸仪器等多方面业务，集科研开发、检验检测、生产、销售于一体的多元化科技企业。每年承接省技监局、工商局、海关等政府机构的抽样检测任务。主要产品有 PPE 造纸湿强剂、干强剂、剥离剂、柔软剂，白钢纸、阻燃型绝缘钢纸板、复印纸等，是省内多家大型造纸企业的原料供应商。

省造纸所拥有 1000 多米^2 的专业试验室，拥有完备的小型试验和中型试验装备，有设备齐全的制浆工艺研究室、造纸实验室、涂布加工纸实验室、纸张物理性能实验室、纸张化学性能实验室和无菌实验室等。近年来，我所共承担升级以上科研项目 20 多项，拥有专利技术 22 项，曾获得省部级奖励 10 多项。目前省造纸研究所在全国同类造纸科研院所中，科研综合实力排在前 3 名以内。

国家轻工业纸张质量监督检测广州站、广东省质量监督造纸产品检验站（下简称检验站）设在省造纸研究所内，是政府授权检测机构，检验站成立于 1978 年，1989 年获得国家质量监督检验检疫总局和广东省质量技术监督局的认证和审查认可，其后多次通过了复评审，被授权具有造纸和包装产品 159 个品种及物理、化学、光学性能等 52 个参数的检验资格，检验设施完善，设备先进，拥有华南地区检测装备最为先进、实力最强的造纸专业检测室，在国内同类检验站处于领先水平。省造纸所是全国造纸工业标准化技术委员会第三分技术委员会主任单位，秘书处设在检验站。检验站致力于做好造纸标准化的推广和宣贯，近年先后主持制定国家标准、行业标准、地方标准 10 多项，2010 年被广业公司评为标准化制定突出贡献单位。

省造纸所和广东省造纸学会合办了《造纸科学与技术》期刊。近年来所内科技人员在国内核心刊物和省级以上刊物上发表论文多篇。

省造纸所科研产业化基地位于增城市中新镇大田工业区内，基地占地面积为 25000 米^2，已建成了 1800 多米^2 的造纸助剂生产车间、纸张整饰及涂布加工纸生产车间和特种纸车间，具有年产 7000 吨造纸助剂的能力。自主研发的造纸助剂、冷压自粘胶带纸、阻燃钢纸等科研成果已实现产业转化，经过多年的市场培育，造纸助剂形成的产业规模，助剂年产销量达到 3000 吨，省内外 100 多家造纸及相关企业使用我们的产品。

法人代表：陈大志
技术负责人：陈继伟
地址：广州市海珠区新港西路 154 号
邮编：510300
电话：020 – 34300901
传真：020 – 34300901
业务电话：020 – 34300599
邮箱：zaozhisuo@ qq. com
网址：www. gdzaozhisuo. com

中国轻工业南宁设计工程有限公司

中国轻工业南宁设计工程有限公司(简称中轻南宁公司)创建于1974年，前身为轻工业部南宁设计院、中国轻工业南宁设计院。2002年12月改制成为由国务院国资委监管的中央企业——中国轻工集团有限公司下属的科技型企业，2017年改制重组后，成为保利集团公司下科技型企业。2010年荣获高新技术企业证书。

中轻南宁公司持有国家颁发的工程设计甲级、工程咨询甲级、工程总承包甲级、工程建设监理甲级、工程造价甲级、机电安装工程施工总承包二级、工程招标代理等多项资质证书、对外承包工程经营资格和进出口经营许可证书。中轻南宁公司建立了严格规范的现代企业管理制度，获得了质量、环境、职业健康安全管理体系认证证书。公司现有员工500余人，各类专业技术人员460余人。

公司凭借先进的技术、优质的服务、良好的信誉和勇于创新的精神，大力开拓国内外市场并获得了丰硕成果，累计完成了工程设计、工程咨询项目4200多项，工程监理项目530多项和工程总承包项目60多项，项目遍及全国各地及东南亚、东欧与非洲部分国家。公司始终坚持技术创新，在多个行业工程建设领域中取得了众多先进的技术成果，获得了230多项国家和省部级科技进步奖、科技成果奖和优秀工程咨询、设计、总承包奖。开发并拥有一批高水平的发明专利、新型实用授权专利和专有技术，被评为中国优秀勘察设计企业中国勘察设计行业“创优型“企业。

中轻南宁公司在制浆造纸方面具有很强的优势，一直致力于用成熟先进的技术为广大客户提供全方位的科技服务，所承担的制浆造纸工程咨询、设计、监理及总承包项目遍布广西、广东、湖南、江苏、云南、重庆等省区以及越南、缅甸、印度尼西亚、马来西亚、泰国、白俄罗斯等国家，项目多达500余项。制浆造纸工程项目涵盖碱法制浆、酸法制浆、废纸制浆、化学机械浆等，涉及的原料有木材(软、硬木)和竹子、甘蔗渣、桑枝，产品涵盖国内现有的各种浆、纸品种。中轻南宁公司目前在漂白木浆、漂白甘蔗渣浆、漂白竹浆、纸张生产线等设计方面居国内领先地位，先后有多个项目荣获国家、省部级优秀工程一、二、三等奖。

法人代表：唐明明
地址：广西壮族自治区南宁市星光大道42号
邮编：530031
电话：0771－4800448、4800440
传真：0771－4830802
邮箱：cnec@ vip. 163. com
网址：www. ndcchina. com

重庆造纸工业研究设计院有限责任公司

重庆造纸工业研究设计院有限责任公司始建于1953年，是我国制浆造纸工业和轻工、军工重要的综合性科研和生产基地；也是国家轻工业纸张质量监督检测中心重庆站、重庆造纸产品质量监督检测站、重庆造纸产品计量站所在地。公司拥有一批高素质的管理、科研、生产团队，拥有大量科研成果和雄厚的研发实力，在特种纸的研制、生产、技术装备和检测手段方面处于国内领先地位。该院获ISO 9001—2000质量管理体系认证，建立了健全的现代管理体系，为科研生产蓬勃发展奠定了基础。

公司坚持科技为本，完成了数百项国家级、省部级科研项目，为相关企业提供了数百项产品开发和技术服务；多项成果荣获各级科技进步奖、百花奖和国家专利。该院有完备的实验室试验装备；制浆中试系统、多功能试验造纸机系统、涂布加工纸机系统和复合加工纸机系统等一系列完善的中试试验装备；形成了系统的制浆造纸研究和特种纸研究开发体系，可为企业提供各项相关技术服务。

公司是国内最早从事特种功能用纸研究生产单位，20世纪60年代研制生产玻璃纤维过滤纸、蓄电池隔板纸等特种纸产品，拥有先进的特种纸生产线。完善的在线检测控制系统、齐备的产品质量检测装备以及严格的产品质量管理体系，为优质特种功能用纸产品生产提供可靠的保障。

公司特种纸生产线、涂布加工制纸生产线、复合加工纸生产线等多条生产线可根据客户要求提供不同类型的特种纸产品。主要产品有：玻璃纤维空气滤材料；凝结过滤油气分离玻璃纤维滤料；液压过滤、液体过滤玻璃纤维滤料；各类湿法无纺布材料，合成纤维，玻璃纤维基材；阻燃玻丝毡、玻丝纸；电池隔膜材料；低温隔热材料；无机纤维隔热材料；VIP隔热材料基材。

法人代表/院长：李和平
地址：重庆市南岸区茶园新区蔷薇路26号
邮编：401336
电话：023－62489092、62489095
传真：023－62489094

邮箱： cqzz666@ 163. com
网址： www. cqzzgy. com

中国轻工业成都设计工程有限公司

中国轻工业成都设计工程有限公司(原中国轻工业成都设计院)始建于 1958 年 9 月，2002 年 12 月改制为国有控股公司，是中国轻工集团有限公司所属的上市公司“中国海诚工程科技股份有限公司”(深市代码 002116)的全资子公司，隶属于中国保利集团公司，是从事工程咨询、设计、监理、工程总承包、全过程咨询的科技服务型企业。公司通过质量、环境、职业健康安全管理体系认证，系“四川省重合同守信用企业”“成都市劳动关系和谐企业”“成都市模范单位”和“高新技术企业”。

改制以来，公司领导班子以新的经营理念和发展思路带领全体员工锐意进取、不断开拓，使公司进入了良性发展的快车道。公司面貌焕然一新，既继承了“央企”的优良传统，又注入了适应时代发展的时尚元素，体制更完善、管理更规范、经营更灵活、业务范围更宽泛，已从原来单一的轻工行业咨询、设计拓展到物流、能源、环保、市政工程等领域，并拥有从产品及原材料购销、工程咨询、工程设计、工程监理、工程总承包、全过程咨询等在内的较为完整产业链的工程建设提供商。

近年来，公司的经营能力不断提高，生产规模不断扩大，整体实力得到迅猛发展，已经成为所在地区纳税重点企业，并朝着把公司做成一家在中西部同行业有高知名度，全国有影响的工程公司这一战略目标的方向发展。

公司拥有轻纺、农林、建筑、商物粮、电力、环境工程、化工石化医药、市政等行业的工程设计资质证书、工程造价咨询企业甲级资质证书、工程监理综合资质证书、压力管道设计许可证。

公司拥有中国轻工业勘察设计大师及享受国务院政府特殊津贴专家 1 人，专业技术人员占员工总数的 95%，其中已获得各类工程师职称的人员约占 60%。经过多年的发展，各生产经营部门已经形成了各自工作重点和特点，以及行业竞争的优势。集合这些特点与优势，使公司具有在行业门类、特定的服务产品段等方面的整体技术水平与业务能力，形成了国际、国内两个市场，适应国家和地方经济与社会发展的组织架构与良好态势。

60 年来，公司先后承担了国内外工程咨询、工程设计、工程监理和工程总承包项目 5000 多个。其中，广安综合食品厂、焦作纸厂、长江纸厂、缅甸糖厂荣获部优工程设计一等奖，四川省广安顺泰纸业有限公司年产 5 万吨竹浆以及宜宾纸业股份有限公司天竹年产 9. 5 万吨竹纤维浆粕荣获部优工程咨询一等奖；缅甸糖厂荣获中国勘察设计协会与中国工程咨询协会的“工程总承包银钥匙奖”；川渝中烟工业有限责任公司长城雪茄烟厂可研报告荣获全国优秀工程咨询成果一等奖。

公司下属项目管理分公司在其所从事的工业与民用建筑、规划工程、生活小区等各项项目管理和工程监理中，有着较高的信誉和良好口碑，在业内极具竞争力，并呈现出良好的发展势头。

公司奉行“海纳百川，诚信至上，人为根本”的核心价值理念，本着“对客户负责，对员工关爱，对股东回报，对社会贡献”的企业宗旨，“以科技利益人类，以成就赢得尊敬”作为企业使命，竭诚为海内外客户提供技术先进、经济合理、安全适用的工程咨询、工程设计、工程总承包、全过程咨询和工程建设监理及项目管理服务，为打造“百年老店”而自强不息。

董事长： 崔玉琦
总经理： 王康健
联系人： 罗建雄(13111868788)
地址： 四川省成都市少城路 9 号
邮编： 610015
电话： 028 – 86630940、028 – 86634360
传真： 028 – 86643706、028 – 86634360
邮箱： qrsjljx@ 126. com
网址： www. qrsj. com

中国轻工业西安设计工程有限责任公司

中国轻工业西安设计工程有限责任公司是隶属于中国海诚工程科技股份有限公司的子公司，前身为中国轻工业西安设计院，成立于 1958 年，2003 年改制为有限责任公司，是集工程总承包、工程咨询、工程设计、工程监理、工程项目管理等多种功能为一体的知识密集型、技术密集型国有科技企业。

公司拥有国家颁发的轻纺、建筑工程设计甲级、工程咨询甲级、环境影响评价甲级、工程监理甲级资格证书，以及电力、电子通讯、广电、化工、石化、医药、农林、商物粮、市政公用工程、城市规划，劳动安全评价、压力容器、压力管道工程设计资格证书，以及对外经济技术合作、出口企业资格证书和工程招标代理、工程总承包等资质。

公司拥有一支高素质的技术及管理队伍，现有各类工程技术人员200余人，其中享受政府津贴专家2人，国家注册咨询(投资)工程师14人，注册化工工程师20人，注册公用设备工程师8人，注册电气工程师7人，一级注册建筑师7人，注册规划师1人，一级注册结构工程师8人，注册造价师10人，注册监理工程师28人，注册岩土工程师1人，注册环境评价工程师9人，注册会计师2人，注册建造师5人，注册安全工程师11人，注册环保工程师2人，注册机械工程师4人，注册设备监理师1人；拥有专业类别齐全的技术力量，包括制浆造纸、甜菜制糖、食品发酵、生物生化、日用硅酸盐、皮革、化工、农林、机械、物流、纺织、自控仪表、建筑结构、总图运输、供发电、热力、给排水、环境工程，暖通、空调、制冷、技经分析、工程造价、电子通讯等。

公司长期从事制浆造纸、食品发酵、甜菜制糖、皮革轻化、农副产品加工、畜牧产品加工、民用建筑及市政公用工程等行业的咨询设计和项目管理服务，积累了丰富的经验，近年来在生物能源、小型火电工程、环境工程、工程总承包和项目管理方面又有了新的开拓和发展，能为业主提供各类项目服务。

60多年来，公司完成了3000余项轻纺、化工、电力、医药、市政、环保和民用建筑大中型工程项目，业务遍及全国30多个省、市、自治区和越南、泰国、马来西亚、巴基斯坦、叙利亚、苏丹、白俄罗斯、土库曼斯坦等国家和地区。荣获国家、省、行业各类奖励60余项，为国内外轻纺及相关行业的发展做出了重要贡献。

公司具备健全的组织机构，完善的技术、经营、生产、财务管理制度，2000年通过了GB/T 19001-ISO 9001质量管理体系认证，2010年通过GB/T 24001—2004环境管理体系认证，GB/T 28001—2001职业健康安全管理体系认证，在生产及管理方面实现了电子化、网络化、信息化。

公司坚持“持续改进质量、环境、职业健康安全管理体系，满足建设工程服务要求”的管理方针，热忱为国内外客户提供工程建设全方位、全过程的优质服务。

董事长：戚永宜
总经理：尚宇笑
地址：陕西省西安市柿园路222号
邮编：710048
电话：029－82487813
传真：029－82487815
邮箱：sj1@ haisum-xa. com
网址：www. haisum-xa. com

甘肃省轻工研究院有限责任公司

甘肃省轻工研究院有限责任公司(原甘肃省轻工业科学研究所，2001年9月改制为甘肃省轻工研究院，)始建于1959年，是甘肃省最早成立的以轻工、化工研究开发为主的科研院所。2017年12月，按照省委省政府关于省直部门管理企业脱钩改制的相关要求，甘肃省轻工研究院改制为有限责任公司。目前，甘肃省轻工研究院有限责任公司是集科研开发、技术服务、成果转化、工程咨询、清洁生产审核、节能评估报告编制及审核、第三方节能审核、产品检验、技术培训为一体的应用开发研究单位，是甘肃省重点科研院所、国家高新技术企业。

多年来，公司秉持“一手抓创新、一手抓成果转化与服务”的发展理念，通过科技创新能力的提升和创新服务体系的建设，不断提高自身的创新发展能力，进一步凝练形成“3＋1＋1”的创新重点和优势学科，提升公司科技创新能力、成果转化能力、检验检测能力、技术服务能力，满足科技发展需要，为行业企业的技术进步、产业的发展发挥了积极作用。公司的主要业务包括：

食品发酵：围绕西北特色农产品、乳制品及畜产品、食品、生物发酵技术的研发、技术集成与工程化开展科技创新研究。

天然产物萃取分离及中药材开发应用：研究天然产物和中药材的有效成分的提取、技术集成和在大健康产业中的应用开发。

造纸与环境资源：重点开展造纸、农产品深加工领域废渣、废水的处理和综合利用。

检验检测：提升在食品、日化、食品接触材料的检测能力，开展新的检测方法及快速检测的研究。

中试与服务：不断改善中试条件，利用已建成的中小企业公共服务平台提供线上、线下服务，扩大服务范围。

根据产业发展的需求，开发新技术、新产品，做好产学研合作及科技成果的转化。公司拥有农产品深加工、天然产物有效成分提取、食品发酵、生物技术等方面的科研成果和先进技术260多项，开发马铃薯和玉米淀粉及变性淀粉、特种葡萄酒、苦荞萌动茶等具有地方特色的新产品 30 多个，研究推广具有我省地方特色的油橄榄、紫苏、当归等天然植物资源有效成分提取分离技术、科研成果和先进工艺技术 50 多项。自主研发 3 个新产品，获国家保健食品注册批件，已转让企业并形成产业化。申请发明专利 10 项，已授权 4 项，均在企业转化。

公司常年为甘肃省及周边省市中小企业提供工程咨询服务。服务范围从轻工扩大到化工、冷链物流、生物医药、清洁生产、节能评估、节能审核等领域，服务对象从单一企业扩大到产业园区和工业园区。近年完成工程咨询项目 800 多项，帮助企业争取建设资金数亿元，使众多小微企业发展为规模以上企业。公司下属甘肃中轻轻工产品质量检验检测有限责任公司，每年承担着甘肃省质量技术监督局和各级主管部门安排的轻工产品检测任务及企业委托的检测和仲裁工作，并受企业委托，制定企业标准。

近年公司科技成果获得国家级、省部级科技进步奖 3 次；获省优秀工程咨询成果奖 15 次；获得发明专利授权 4 项，帮助企业申请并获得发明专利授权 3 项；获国家科技部“技术市场金桥奖”；农副产品深加工创新团队获“甘肃省五一劳动奖状”和“全国工人先锋号”荣誉称号；2016 年我院获得“中国轻工行业科技创新先进集体”称号，2018 年获“全国轻工行业先进集体”称号。

公司以科技创新与服务平台建设为中心，通过团队培养和能力提升，承担建设了国家级“西北特色农畜产品深加工国家地方联合工程研究中心”“甘肃省检验检测服务平台”“甘肃省特色农产品深加工科技创新服务平台”，甘肃省生物发酵重点实验室、天然产物萃取分离工程技术研究中心等创新平台；培养了甘肃省天然产物提取科技创新团队、甘肃省农产品深加工生物发酵创新团队；建立了“甘肃省中小企业公共服务平台网络省级枢纽平台”“兰州科技大市场分市场”“96871 众创空间”等服务体系，可为中小微企业提供线上与线下、窗口与后台、平台入驻与远程孵化等全方位服务。

在单位管理建设方面，公司按照甘肃省“科技 30 条”的相关要求，进一步解放思想，重新制订和修改完善我院关于科技创新、成果转化、技术服务等相关管理制度和激励机制。主要有《关于发表论文、完成科研成果或获奖、咨询成果获奖、获得发明专利、技术转让等奖励办法》《仪器设备采购及管理制度》《实验室管理及检查制度》《预研基金和青年发展基金管理办法》《关于加快人才培养的若干意见》《科技创新团队建设实施办法》《甘肃省轻工研究院保密制度》《甘肃省轻工研究院网站管理办法》《甘肃省轻工研究院创新之星人才培养实施方案》等 10 多项。

为了进一步提升甘肃省轻工研究院科技创新能力，持续做好创新与服务工作，在现有基础之上，持续投入，通过进一步完善服务体系架构、创新服务模式、细化服务项目，增强服务功能，提高服务人员水平等措施，推动我院科研开发能力向专业化、协同化方向发展，促进我院科技创新能力迈上新台阶。

董事长/法人代表： 张永显

地址： 甘肃省兰州市城关区金昌南路 101 号

邮编： 730000

电话： 0931－8126510、8112208

传真： 0931－8124557

网址： www. gsqgyjy. com

轻工业设计研究院(新疆)控股有限责任公司

轻工业设计研究院(新疆)控股有限责任公司前身为新疆轻工业设计研究院，成立于 1958 年，是新疆唯一从事轻纺工业勘察设计、研究、工程咨询、轻工产品质量监督检验、工程监理、工程总承包和国外承包工程劳务合作经营等业务的综合性勘察、设计、研究单位。2001 年 3 月完成了企业化转制。现有专业技术人员 122 人，其中高级职称以上 50 多人，国家一、二级注册建筑师 14 人，国家一级注册结构工程师 5 人，国家注册监理工程师 25 人，注册造价工程师 5 人，其他注册工程师 30 余人。

公司在 2000 年 10 月通过“工程咨询、工程设计(含设备设计)” ISO 9001 和“工程建设监理”ISO 9002 标准质量体系认证。2003 年通过了换版认证。公司全力推广 CAD 技术，是新疆 CAD 应用先进单位，微机装备达到先进水平，拥有先进的计算机局域网络，CAD 出图率达到 100%。被国家科技部授予“全国 CAD 应用工程示范企业”，并获得“自治区 CAD 应用先进单位”“自治区勘察设计行业 CAD 软件正版化示范单位”称号，获“自治区级文明单位”称号，2007 年取得首批“新疆勘察设计行业诚信单位”称号。

公司拥有轻纺、建筑、商物粮行业工程设计，工程咨询，房屋建筑工程监理、设备安装工程监理甲级资质；化工石化医药、农林、市政公用工程、电力行业工程设计乙级资质；压力管道 GB 类(GB2 级)、GC 类(GC2 级)设计资质；工程勘察、城市规划编制咨询、工程总承包乙级资质；国外承包工程劳务合作经营许可证及进出口企业资格证书。所从事的轻工行业工程有：甜菜制糖、食品、发酵、啤酒、麦芽、果酒、白酒、饮料、乳制品、味精、各类罐头、制浆造纸、毛革毛皮及其制品、塑料制品及节水灌溉设施、农副产品加工、制盐及盐化工、日用化工、日用硅酸盐等。

近年来获得国家级、部级及自治区级和市级各种优秀设计、咨询、勘察奖项数 10 项。其中，年产 2 万吨农用节水滴灌材料项目获“2004 年国家优秀设计金奖”、自治区“第十二届优秀工程设计一等奖”，国家康居示范工程华美·文轩家园 2006 年获“国家康居住宅示范工程建筑设计金奖”。拥有国家专利局授予的 2 项发明专利、10 项实用新型专利。

董事长/法人代表：卢向豹

地址：新疆维吾尔自治区乌鲁木齐市新华北路 8 号红山新世纪大厦 A 座 30-31 层

邮编：830004

电话：0991－8861777、8862777

传真：0991－2826506

邮箱：dL@ xjdl. cn

网址：www. xjdl. cn

（王　斌）

国家认定的造纸企业技术中心简介

Introduction of the National Certificated Enterprise Technical Centers in Paper Industry

山东太阳纸业股份有限公司 国家企业技术中心

山东太阳纸业股份有限公司企业技术中心1999年底成立，2002年被认定为市级技术中心，2007年被认定为省级技术中心，2010年被认定为国家级企业技术中心。

(1)机构设置

技术中心由公司董事长、总经理李洪信任技术中心主任，副总经理、总工程师应广东任常务副主任，拥有研发人员800多人。建筑面积0.5公顷(5000米^2)，拥有符合CNAS标准的恒温恒湿实验室、20多个专业实验室，包括生活用纸研发实验室、生物质材料实验室(溶解浆、木糖)、包装用纸、高端文化用纸、食品包装用纸研发实验室、制浆、环保等，配备先进的制浆造纸实验仪器设备。

(2)科研课题及成果

承担了国家科技部“863”项目、国家重大水专项、“十二五”科技支撑计划、“十三五”重点研发计划、国家级企业技术中心创新能力建设项目等国家、省部级科研项目60余项，完成新技术、新产品、新项目100多项，先后获得国家、省部级奖30多项，华南理工大学与山东太阳纸业股份有限公司等单位联合完成的“制浆造纸清洁生产与水污染全过程控制关键技术及产业化”项目，荣获2019年国家科技进步一等奖。

技术中心不断实现技术专利化，专利标准化，对创新成果实施有效保护，获得授权专利共计143项，其中发明专利37项，国际发明专利4项，实用新型98项，外观设计4项，共主持参与21项国家行业标准的制订与修订。

(3)科研投入

技术中心不断加大科技研发经费的投入，研发费用占产品销售收入的3.1%以上，用于技术中心基础设施的建设、先进设备购置和科研开发经费，不断提高技术中心核心竞争力。

(4)产学研合作

中心与中国制浆造纸研究院有限公司、华南理工大学、齐鲁工业大学、陕西科技大学、天津科技大学、山东大学等一批科研院所和高等院校建立长期合作关系，实现产学研紧密结合和优势互补。

法人代表：李洪信
总工程师：应广东
地址：山东省济宁市兖州区友谊路1号
邮编：272100
电话：0537－7928719
传真：0537－7928719
邮箱：zhangwei@ sunpaper. cn

中冶纸业银河有限公司企业技术中心

中冶纸业银河有限公司企业技术中心成立于1995年，2006年被山东省经贸委认定为省级企业技术中心，2009年被认定为国家级企业技术中心。

中心研发场地面积2000多米^2，包括中心化验室、研发试验室、恒温恒湿实验室、原料检验室、配药室等。拥有纤维质量分析仪、Zeta电位测定仪、PCD-04胶体电荷测定仪、动态滤水仪、纸页动态成形器、IGT印刷适性仪、纸张匀度分析仪、L&W粗糙度测试仪、激光粒度分布测试仪、TSO测试仪等先进的仪器设备。

技术中心拥有专业技术人员148人，其中具有中高级职称的56人，本科以上学历121人，形成了一支结构合理和业务水平较高的技术人才队伍。

技术中心在产品创新、芦苇/麦草制浆及碱回收新工艺开发、制浆造纸环保技术创新和循环经济开展等方面处于国内领先水平。

近几年，技术中心自主开发了一系列高附加值且在行业内具有重要影响力的产品，主要有高白纯质纸、雅质纸(《舌尖上的中国》及作家出版社出版的《莫言文集》用纸)、象牙白纸(《朱镕基讲话实录》及《乔布斯传》用纸)、银河书纸、无碳复写原纸、书法字帖纸、单透膜原纸、水果保鲜纸等产品。其中开发项目“雅质印刷纸的生产技术”及“高白纯质纸生产技术”通过了山东省科技厅的鉴定，其技术水平均填补了国内空白。

技术中心与陕西科技大学合作开发的“制浆和碱回收过程优化控制系统的研究与应用”项目荣获“国家科学技术进步二等奖”；国家火炬计划“草浆碱回收联产轻质碳酸钙研究”项目荣获“全国造纸行业节能减排优秀技术创新成果一等奖”及“中国轻工业联合会科学技术进步三等奖”；碱回收白泥精制碳酸钙荣获“国家重点新产品”证书；“10 万吨/日造纸废水深度处理及中水回用技术”项目获得“中国轻工业联合会科学技术进步二等奖”；技术中心与清华大学合作开发的“有机酸法制浆技术与工艺研究”及自主研发的“造纸混合污泥生产有机肥技术”“稳定并提高轻型纸白度的技术”项目通过了山东省科技厅的鉴定，技术水平均达到国内领先水平。

技术中心共拥有有效专利 122 项，其中发明专利 9 项。2012 年技术中心被中国轻工业联合会评为“‘十一五’轻工业科技创新先进集体”。

技术中心将继续深入开展禾本科原料清洁制浆、工业加工原纸及机制宣纸等特种纸的技术研究，加大创新平台的建设力度，为加快制浆造纸技术新旧动能转换提供技术支撑。

技术中心将进一步提高自主开发能力，深入开展禾本科原料清洁制浆、工业加工原纸的技术研究，大力推广新技术、新工艺、新原料的应用，提高产学研结合力，加大创新平台的建设力度，为持续提升企业经营业绩，加快制浆造纸技术新旧动能转换提供技术支撑。

法人代表：李良英
地址：山东省临清市西门里街 297 号
邮编：252600
电话：0635－2433932
传真：0635－2432932
邮箱：yhjszx@163. com
网址：www. mccyinhe. com

泰格林纸集团股份有限公司企业技术中心

泰格林纸集团股份有限公司技术中心(简称“泰格林纸技术中心”)成立于 2000 年 3 月，并于同年 7 月获湖南省级技术中心认证。2005 年 10 月被国家发展和改革委员会等部委认定为国家级技术中心。泰格林纸技术中心拥有科技人员 150 人，其中：省市级专家 15 人，博士 2 人，硕士研究生 25 人，公司级技术专家 5 人，高级工程师 32 人，高、中级以上技术职称人数占技术中心总人数 70%。形成了一支知识层次合理，技术水平高，具有丰富实践经验的高素质创新人才队伍，逐步将技术中心打造成以企业为主体，以市场为导向，产学研相结合的科研团队。

泰格林纸技术中心承担着整个集团公司的新技术引进、消化吸收、推广应用及新产品开发、生产调研、工程设计、林业研究、技术咨询服务职能；承担着制浆造纸、化工原材料的分析与检验、环境监测、造纸助剂的研发；承担着各类标准及新产品标准的制定、重大项目前期方案策划、知识产权保护与专利申报等专业领域的科研工作。

泰格林纸集团股份有限公司下属各子公司主要分布在湖南省境内的岳阳、益阳、怀化等地市，为便于工作开展，各子公司分别成立了分技术中心。集团技术中心负责各子公司的科研项目和 1100 名专业技术、科研人员的归口管理及对各子公司技术中心工作进行指导，对各子公司项目建设和技术改造项目编写可研报告、节能减排及生产系统工艺调研方案策划、生产系统波动提出改进建议和具体措施，为各子公司系统稳定运行、降低成本提供技术服务和技术支撑。

泰格林纸技术中心拥有专门用于试验研究、设计开发、项目前期策划于一体的科技办公楼，符合 ISO 标准的恒温恒湿实验室，最新的 CAD 设计中心。拥有专门的调研分析试验室，各类分析、检测、实验设施齐全。近 2 年又不断添置扩充了一批国际先进水平的科研仪器和设备，中心的科研开发条件居全国同行业之前列。

泰格林纸技术中心逐年加大企业科研开发经费的投入，研究开发经费支出已占到销售收入的 5. 0% 以上。中心大力开展科技研发活动，每年开展科技活动近 100 余项。中心研发的“意大利杨 APMP 新工艺制浆及其应用”是企业屈指可数、造纸行业中企业独立完成的获国家科技进步二等奖项目，其核心专利技术意大利杨盘磨漂白制浆工艺获2007年“第十届全国优秀专利奖”。意大利杨木APMP制浆新工艺研究应用，为我国速生丰产林高得率制浆技术的发展方面树立了样板，为缓解我国木材资源紧张局面、推动速生丰产林基地的建设、保护生态环境、带动地方经济发展等方面发挥了重要的作用。

泰格林纸技术中心已与奥地利ANDRITZ公司、芬兰Metso公司、德国Voith公司、加拿大林产品创新研究院、中国制浆造纸研究院有限公司、中国林业科学研究院林产化学工业研究所、华南理工大学、陕西科技大学、长沙理工大学等20多家知名企业、高校和科研院所建立了产学研合作关系。2002年，泰格林纸技术中心与中国林业科学研究院林产化学工业研究所合办研究开发机构，成立泰格林纸集团技术中心南京试验室；2006年，与华南理工大学合作成立泰格——华工生物质化工合作试验室；2009年泰格林纸加入林产化工产业技术创新战略联盟。公司拥有高得率制浆及其应用、高得率浆配抄高档文化用纸、碱法草浆白泥精制碳酸钙作造纸填料、荻苇浆ECF漂白工艺、废纸脱墨浆配抄轻量涂布纸、木材纤维制浆等多项核心技术。

技术中心研究成果、专利及获奖情况：

(1)知识产权建设：获国家授权有效专利84项，其中发明专利73项，专利形成标准10项。同时公司获得湖南省首批知识产权培育工程优势企业，获第4批全国企事业单位知识产权试点企业等荣誉称号。

(2)科技成果情况：先后获得国家级新产品6项，省部级以上科技进步奖28项、专利发明奖6项。

(3)承担科技项目情况　先后承担国家科研计划项目8项，省级科研项目22项。

法人代表：叶　蒙

总工程师：朱宏伟

邮码：414002

电话：0730－8590222

传真：0730－8561262

网址：www. tigerfp. cn

河南江河纸业股份有限公司企业技术中心

河南江河纸业股份有限公司企业技术中心组建于2002年。2007年被认定为省级企业技术中心，2013年获得国家认定，是一家主要从事高速成套造纸装备，关键造纸设备、自动化控制，特种纸涂布机等后加工设备以及成套化机浆设备的研发和制造，赶超世界造纸装备先进水平的企业技术中心。

技术中心现有员工261人，其中，中高级工程师98人，博士9人，硕士研究生5人。并与中国制浆造纸研究院有限公司、齐鲁工业大学、天津科技大学、陕西科技大学等科研院所合作，形成了以“设备制造业”和“用户企业”紧密结合的研发创新体系，形成了以院士为指导，以博士、高工为核心的研发团队，并且大部分研究人员为中青年专业技术人员，与行业院校联合培养专业人才，有效保证了团队的可持续性。技术中心拥有实验室造纸机、压光机、涂布机、纸张抗张力试验机、纸张质量控制系统、石油产品水分试验机、压光机检测系统等一大批国际一流的实验检测仪器。技术中心仪器设备原值7780万元，拥有研究开发建筑面积1965米^2，中试基地面积2916米^2。

技术中心坚持以自主创新为主，以“高效、节能、环保、智能”为研发方向，以“赶超世界先进水平，振兴民族造纸工业”为己任。经过长期卓有成效的创新和不懈追求，承担国家计划项目8项，省级科研项目2项，掌握并实践了高速纸机的关键、集成、运行技术，相继研制出800米/分、1000米/分、1200米/分造纸成套设备。完成国家“十一五”重点科技支撑计划“国产高速造纸机的研制”项目，研制1台幅宽5600毫米、工作车速达到1350米/分的高速文化用纸造纸机，达到国际先进水平。并对稀释水流浆箱、夹网成形器、靴式压榨、膜转移涂布机等纸机核心基础部件有重大创新和突破。已研制成功的造纸成套装备和单体装备、涂布机、化学机械浆成套设备等都是国内领先或国际先进水平。拥有国家发明专利8项、实用新型专利88项，受理发明专利9项；省部级科技成果15项；获得省部级科技进步一等奖2项、二等奖7项、三等奖1项，多项技术成果获得行业和地市科技进步奖。

技术中心研制的科技成果通过河南大指造纸装备集成工程有限公司全部实现产业化，可为造纸行业提供涵盖造纸和涂布生产线的整体新设备或关键装备，提供节能减排提质增效绿色制造系统技术服务，从工艺、装备和自动化方面为客户提供全面服务。

技术中心独具特色的创新模式、稳固的产学研联盟、完善的研究开发试验条件和强有力的创新团队，必将在造纸装备自主化方面创造出更加显著的业绩，对于整个造纸行业结构调整和产业升级将产生重要的影响。

法人代表：姜博恩
总工程师：刘铸红
地址：河南省武陟县文化路 555 号
邮编：454950
电话：0391－7268191
传真：0391－7268389
邮箱：wzjhzy@ 126. com
网址：www. jianghe. com

华泰集团有限公司技术中心

华泰集团有限公司技术中心组建于 1997 年，1999 年被认定为省级企业技术中心，2001 年被认定为国家级企业技术中心，是一家含废纸综合利用工程技术研究中心、造纸废弃物综合利用实验室、节能节水与废水资源化实验室等 8 个科研所的大型企业技术中心。

技术中心现有员工 379 人，高级专家 36 人，中高级职称 200 余人，形成了以博士、硕士及高级工程师等为核心的研发团队。团队中 3 人享受国务院特殊津贴、1 人入选科技部创新人才推进计划、4 入选山东省泰山产业领军人才（泰山学者）建设工程。中心拥有扫描电子显微镜、气相色谱质谱联用仪、实验室压光机、涂布机、粒度分布仪、超高剪切黏度计、动态滤水仪等一大批国际一流的实验检测仪器。实验仪器设备原值达 1.7 亿元。依托完备的实验设施和充足的科研经费，中心重点开展二次纤维回收利用、高得率清洁制浆、造纸废弃物资源化利用等领域的研究。

多年来，技术中心贯彻落实科学发展观，不断加大科研投入，技术创新工作取得了丰硕的成果。中心先后参与了十三五国家重点研发计划“高效清洁制浆与功能化产品生产技术研究”1 项；“生物质基废纸再生环保助剂的研制及应用”“废纸制浆关键技术研究”等国家科技支撑计划项目 5 项；国家水体污染控制重大专项、山东省重大科技创新工程、山东省自主创新专项等省级以上科技计划项目 30 多项；累计申请专利 176 项，授权专利 107 项，其中发明专利 21 项。制定国家（行业）标准 20 项，主持制定 5 项。获省部级以上科技奖励 26 项，其中国家科技进步一等奖 1 项、二等奖 5 项，是造纸行业获国家科技进步奖最多的企业。

法人代表：李建华
总工程师：张凤山
地址：山东省东营市广饶县潍高路 251 号
邮编：257335
电话：0546－6888818
传真：0546－6888018
邮箱：jszx@ huatai. com
网址：www. huatai. com

山东晨鸣纸业集团股份有限公司技术中心

山东晨鸣纸业集团股份有限公司技术中心（简称“晨鸣集团企业技术中心”）成立于 1996 年，1999 年 3 月被山东省政府认定为省级企业技术中心，2000 年 1 月被国家发展和改革委等部门认定为国家级企业技术中心。

晨鸣集团企业技术中心设有制浆工艺研究室、造纸工艺研究室、涂布印刷研究室、特种纸技术开发研究室等 7 个研究室。研发设施齐全，技术装备先进，现拥有国际先进的双管循环药液蒸煮器、纸样抄取器、高剪切黏度计、微观扫描仪、电动涂布机、实验用超级压光机、抗张强度测试仪、高精度厚度仪等一大批制浆造纸研究检测仪器和设备 300 多台（套），可进行多种新产品、新技术的实验室小试，技术研发能力处于国内同行业领先水平。

晨鸣集团企业技术中心加大人才队伍建设，并积极与南京林业大学、齐鲁工业大学、天津科技大学、青岛科技大学、中国林业科学研究院林产化学工业研究所等研究机构和高等院校开展产学研合作，培养了一大批技术水平高、具有实践经验的专业技术带头人。企业拥有研究与试验发展人员 1925 人，其中，高级专家 5 人，形成了一支知识层次合理、技术水平高，具有丰富实践经验的高素质创新人才队伍，逐步将技术中心打造成以企业为主体，以市场为导向，产学研用相结合的科研团队。

山东晨鸣纸业集团股份有限公司以国家级企业技术中心为依托，大力开展科技研发活动，每年开展科技活动达 80 余项。其中，2019 年公司开展技术创新项目 81 项，累计投入科技活动经费达到 99231.29 万元。

技术中心研究成果、专利及获奖情况：

（1）知识产权建设　共获得国家专利授权 233 项，其中，发明专利 19 项，涵盖热磨化学机械浆、化学浆、再生纤维浆、涂布纸、防伪纸等技术领域。

（2）科技成果情况　先后获得国家新产品 7 项、省级以上科技奖励 15 项、山东省优秀新产品及优秀成果 12 项。

（3）承担科技项目情况　先后承担国家科研计划项目 5 项，省级科研项目 62 项。

法人代表：陈洪国
地址：山东省寿光市农圣街 2199 号
邮编：262700
电话：0536－2158571
传真：0536－2156111
邮箱：cmbgs09@163. com
网址：www. chenmingpaper. com

恒安集团技术中心简介

恒安集团技术中心成立于 2003 年，经多年管理变革及职能优化，逐步形成了以技术委员会与专家委员会为技术评估决策机关、下设 5 个技术管理部门及 6 个研究所的创新体系。2008 年，经国家五部委联合认定，授予“国家认定企业技术中心”资格。2012 年 12 月，技术中心实验室被福建省科技厅认定为“福建省一次性卫生用品企业重点实验室”，2013 年经 CNAS 评定委员会审定，CNAS 秘书长批准，恒安集团检测中心获国家实验室（CNAS）认可。2018 年已通过复评。

（1）主要职能　技术中心承担着恒安集团新技术、新材料、新工艺、新产品的研究开发、产品测试以及对制造系统的技术支持，负责制定并实施企业中长期科技发展规划，同时担负公司标准、专利、成果等管理工作。2019 年度，技术中心研发项目立项 32 项，完成 31 项，科技费用投入总计 1. 8 亿元。

（2）研发成果　截至 2019 年，技术中心共取得科技成果 381 多项，经鉴定达到国际先进水平的科技成果 11 项；累计申请专利 362 个，版权 1048 个，授权发明专利 37 项；获省科技进步奖 8 次，多项地市级科技、专利奖项；2010 年获全国知识产权示范单位、全国质量工作先进单位、福建省第一批实施技术标准战略试点等称号，2016 年经联合国环保组织授予“国际碳金奖”、2019 年获“省级质量标杆”称号。

（3）研发设施　技术中心目前拥有中心实验室（产品研发、材料应用研究）、中心检验室和 4 个中试基地，仪器设备 6000 多万元，占地 5000 多米^2，各种仪器设备基本齐全，具备了试验、小试和中试的能力。

中心所属实验室拥有的研发及试验基础条件包括：产品测试、材料测试、化学测试、中试实验、数据信息等五大系统，配备有液相色谱仪、气质联用仪、傅里叶变换红外光谱仪、万能拉力测试仪、钠离子浓度测量仪、透光率/雾度测定仪、计算机动态模拟测试系统、粒径分布测试仪等先进测试仪器，覆盖了《卫生巾（含卫生护垫）》《纸尿裤（含纸尿片/垫）》《一次性使用卫生用品卫生标准》《卫生纸（含卫生纸原纸）》《纸巾纸（含湿巾）》等国家和行业标准的所有检测项目。

（4）科研团队　技术中心现有员工 227 人，其中博士 3 人，硕士研究生毕业者 12 人，高级职称 8 人，中级职称 16 人。

技术中心所辖“材料应用”“精细化工”“产品开发”“机电设备”“专利情报”等相关技术部门，均有高级工程师或以博士、硕士为主的技术带头人，涵盖了机电、化学、化工、非织造布、高分子材料、工业设计、材料工程、制浆造纸等不同专业背景，形成了老中青 3 代技术人员组成的梯次型创新队伍。

广西粤桂广业控股股份有限公司企业技术中心

广西粤桂广业控股股份有限公司企业技术中心（原广西贵糖（集团）股份有限公司企业技术中心）成立于 1996 年，是国家认定的企业技术中心。企业技术中心抓住技术创新 6 要素（企业、市场、人才、技术基础、资金、环境），制定企业创新规划和创新激励机制，充分实现创新资源的优化配置与创新活动的相互促进。

（1）组织建设　为了实现规范化、制度化，技术中心形成了领导重视，职工积极参与技术创新、产品创新、工艺创新的极好的创新环境和文化氛围。技术中心下属有博士后科研工作站、制糖研究所、造纸研究所、环保研究所、计算机信息中心“一站、三所、一中心”。

公司拥有各类专业工程技术人员 355 人，其中有博士后、博士、硕士和 300 多名本科学历的年龄结构合理的研究、生产、管理团队，具备非常强的新产品、新技术研究开发能力。企业技术中心根据企业发展需要，继续引进高素质的人才进行产品和技术创新，为研究开发工作提供更为有利的科研条件。为了拓展博士后研究工作的领域，企业博士后科研工作站先后招收了 8 名博士。博士在站期间作了多项研究，其中有 4 个课题的研究成果已应用于公司的生产实践中。

（2）创新机制建设　2018 年公司强化科技投入保障机制，确保研究经费支出额占产品销售收入 2% 以上，不断完善科技研发项目的年度计划、可行性分析机制，统一活动经费管理机制，建立适应新形势的科技经费监督管理和绩效评估体系，提高科技活动经费的使用效率及项目研发取得的知识产权管理。

2018 年，根据公司内控制度管理要求，修订、整合的管理制度包括《财务管理实施细则》《信息系统管理制度》《网络与信息安全事件应急预案》《技术知识产权保密制度》《保密管理制度》《工程项目管理制度》《专利工作管理制度》《产品质量控制管理制度》《研发项目管理制度》等等。

技术中心采取“走出去，请进来”等多种形式开展广泛的技术交流与合作，了解和掌握行业最尖端科学技术的研究发展状况和应用状况，及时引进、消化和吸收行业最尖端科学技术和应用技术，确保公司的产品科技含量和生产工艺技术处于同行业先进水平。

技术中心根据公司的实际情况和未来发展的要求，积极向国家知识产权局开展专利申请工作，截至 2018 年年底，获得授权的专利共 57 项，其中发明专利 12 项，实用新型专利 35 项、外观设计专利 10 项。

（3）基础设施建设　公司建立中心综合实验室，各种科研设备进行集中调配，并不断添置用于新产品开发和研究的试验仪器设备，既有独立的实验室，又实现了资源共享；同时配备了一批具有研发能力的工程技术人员，取得了可喜的科研成果。如具有先进水平的运用甘蔗渣制浆抄造中高档文化用纸和生活用纸技术、造纸白水回收技术、中段废水处理技术等。2018 年中心完成广西贵糖特种纸研究院筹建工作，提升造纸研发能力。

现企业技术中心的研究试验设施、检测设施、信息化设施有：

精制糖生产澄清工艺——糖汁碳酸法—离子交换树脂清净处理中试流程；膜超滤技术应用的设备与生产流程；高速试验纸机研发生活用纸新品种流程；以蒸煮器、筛浆机、打浆机、纸页成形器为主的造纸中试及新产品开发的设备和流程；建立沼气提纯净化实验室，配备相应的分析仪器；IC 厌氧中试反应器 1 套；碳酸钙小试设备和流程，并配备颗粒测量仪器和水分快速检测仪各 1 套，能通过配置的软件进行数据的分析处理。制浆造纸废水好氧生化处理中试设备 1 套，特种纸研究中试设备 1 套。

法人代表：刘富华
地址：广西壮族自治区贵港市幸福路 100 号
邮编：537102
电话：0775 - 4201380
传真：0775 - 4260088
邮箱：gt4260088@163.com
网址：www.guitang.com

（雷　煌）

国内高校制浆造纸研究机构简介

Introduction of Pulp and Paper Research Institutions in Domestic Universities

江南大学造纸研发中心

江南大学造纸研发中心成立于2003年12月，具有制浆造纸工程硕士、博士学位点及博士后流动站。拥有专业教师4名，其中教授2名，副教授3名；博士生导师1名，硕士生导师2名。截至2019年12月底已毕业博士生7名，硕士生40名，博士后出站8名。目前在校硕士和博士生共18名，在站博士后3名。研发中心自成立以来，主持和承担各类科研项目50余项(其中国家级和省部级科研项目20余项)，获得发明专利37项，在国内外学术刊物上发表学术论文400余篇(其中SCI收录论文100余篇)，出版专著8部。荣获国家科技进步二等奖1项、省部级科技进步一等奖1项、二等奖4项、三等奖4项、市局级一等奖10余项。同时，中心教师先后荣获中国造纸学会第五届青年科技奖(2005年度)(2006年度中国青年科学家提名人)、江苏省科协“首席专家”、中国造纸学会第七届理事会学会优秀工作者、中国造纸学会特种纸专业委员会“中国特种纸产业技术发展贡献奖”、江苏省“青年骨干教师”“江苏省双创计划”和无锡市社会事业领军人才计划等多项个人荣誉。中心一直积极参与社会科技创新和服务体系建设，推进科技成果产业化，与国内外多家单位建立了全面合作关系，在纸基功能材料、特种纸、造纸等轻化工助剂和生物质综合利用等方面已初步形成了一定的特色。

隶属单位：教育部

法人代表：陈 卫

造纸研发中心主任：龙 柱

造纸研发中心所在学院：江南大学纺织服装学院

地址：江苏省无锡市蠡湖大道1800号

邮编：214122

电话：0510－85912107

手机：13771579993

传真：0510－85912009

邮箱：longzhu@ jiangnan. edu. cn

网址：www. jiangnan. edu. cn

研究生招生：每年招收硕士生2～4名，博士生1名，另招收博士后1～2名。

研究方向：纸基功能材料和特种纸，造纸等轻化工助剂，生物质综合利用。

浙江理工大学制浆造纸研究所

浙江理工大学制浆造纸研究所创建于2003年9月，现有专业教师和工程技术人员7人，其中，教授3人、副教授2人、讲师1人、工程师(实验员)1人，其中，6人具有博士学位、有4名专业教师有出国留学进修1年以上的经历、有1名博士后出站人员、有博士生导师2人、硕士生导师5人。研究所2003年9月在“材料加工工程”和“材料物理与材料化学”2个硕士点招收制浆造纸工程和包装材料方向硕士研究生。2004年5月申报成功“轻工技术与工程”领域工程硕士专业学位授权点。2004年9月在“轻化工程”专业中开始招收制浆造纸工程专业方向本科生，在“轻工技术与工程”领域招收制浆造纸工程、包装材料和印刷技术方向工程硕士专业学位研究生。2008年9月起在纺织工程学科博士点招收纺织材料方向博士研究生。在读研究生45名。

研究所主要研究方向有：植物纤维资源化学加工与生物转化利用，制浆造纸科学技术，制浆造纸化学品与废水处理技术，纸基功能材料和包装印刷材料等。主要在研科研项目有国家重点研发计划政府间专项子课题1项、国家重点研发计划项目子课题1项、国家自然科学基金1项、中国博士后科学基金、浙江省科技厅计划重点项目、浙江省公益技术应用研究计划项目、浙江省环保厅计划项目、浙江省自然科学基金、国家和省部重点实验室基金等国家级、省部级纵向项目40余项。

研究所成立以来主要研究成果有：获国家环保部环境科学技术进步二等奖1项、获国家科学技术进步二等奖1项，在国内外学术期刊和国际会议上发表论文500余篇，获国家授权发明专利40余件，培养硕士和博士生研究生（含在读）140余名，参编国家级统编教材1本（获国家级精品教材），1名教师获得“浙江理工大学教学名师”称号和香港桑麻基金会桑麻奖。

隶属单位：浙江省教育厅

所在学院：浙江理工大学材料与纺织学院

制浆造纸研究所所长：薛国新

地址：浙江省杭州市下沙高教园区西区2号大街928号浙江理工大学17号楼339室

邮编：310018

电话：0571－86843263

传真：0571－86843263

邮箱：xueguoxin@126.com

陕西科技大学造纸环保研究所

陕西科技大学造纸环保研究所成立于2005年，依托陕西科技大学雄厚的科研实力和广泛的国际交流与合作渠道，在借鉴和吸收国内外工业及市政领域污染治理先进技术的基础上，致力于新技术的开发集成与成果转化。研究所拥有供气式低压射流曝气系统，HSASB高速厌氧反应器及射流循环Fenton深度处理3项核心专有技术。配套有生产加工基地（咸阳得林环保设备有限公司）及环保工程公司（西安隆华环保技术有限公司）。已在造纸、食品、饮料、发酵及化工等多个行业及市政领域完成近160余项环保处理工程项目。

研究所共有专家团队成员及工程技术人员52人，其中，教授、高级工程师10人，工程师26人。核心技术团队成员均具有造纸和环保双学历。截至目前，研究所自主研发申请了供气式低压射流曝气器等16项国家专利，先后承担了国家及陕西省多项废水处理技术科技攻关项目，其中，“高效厌氧反应器结合改良氧化沟技术处理有机工业废水研发及推广”荣获中国轻工联合会科学技术进步奖二等奖，“高效厌氧好氧二级生化加芬顿氧化技术用于有机废水处理的技术推广”获陕西省科学技术奖二等奖，“供气式低压射流曝气技术开发及其在城镇生活污水处理中的应用”获陕西高等学校科学技术奖二等奖。研究所于2013年获批为陕西省技术转移示范机构，于2015年获批为陕西省研究生联合培养示范工作站。

近年来，秉承发展生态环保的理念，研究所在积极开展末端治理新技术的研发基础上，同时注重现有废水处理系统过程优化及节能升级改造，其中优化改造后的供气式低压射流曝气工艺在保证系统运行效率的前提下，可实现节能15%～20%；防钙化HSASB高速厌氧反应器处理效果稳定、在冬季低温情况下运转良好，长期运行无结垢现象；催化射流循环Fenton流化床深度处理技术药剂消耗量少，运行成本低，适用于受纳水体环境容量有限的区域的上游废水处理系统；另外，针对加强高浓废水生化系统微生物活性的生物菌种及生物促生剂、废水深度处理专用SF系列强化絮凝剂、DC系列脱色剂也已完成中试并正在进行推广。

环保研究所作为专业的高科技环保服务机构，将始终不渝地坚持以适用的先进技术为支撑，在专业技术团队的共同努力下治理环境污染，让环保扎根现在，用绿色昭示未来。

隶属单位：陕西科技大学

法人代表：张安龙

所长：张安龙

手机：13991006901

邮箱：anlongzh63@163.com

总工程师：景立明

手机：13891914541

邮箱：jingmolla@163.com

造纸研发中心所在学院：陕西科技大学轻工科学与工程学院

地址：陕西省西安市经济技术开发区凤城十二路凯瑞B座704-705

邮编：710021

电话：029－89600026

传真：029－89600026

邮箱：susthbs@126.com

网址：www.susthbs.com

研究生招生情况：作为陕西省研究生联合培养示范工作站单位，每年与陕西科技大学联合培养1～2名博士研究生和2～5名硕士研究生。

研究方向：有机工业废水处理及废弃物污染控制技术。

湖北工业大学制浆造纸研究院

湖北工业大学制浆造纸研究院成立于2016年，为湖北工业大学直属科研实体。研究院目前拥有专职和兼职科研人员共22余人，其中，教授4人、副教授6人、湖北省“楚天学者”特聘教授1名、湖北省有突出贡献中青年专家1名、享受国务院特殊津贴专家1名。实验仪器设备总值1100余万元，实验室面积1200米^2。

近5年来，研究院先后承担国家自然科学基金项目7项，省部级项目30项，企事业单位委托科研项目71项，其中，获省部级奖5项，国家发明专利26项，发表学术论文400多篇，其中有近140篇被三大索引收录。

制浆造纸研究院针对造纸行业的资源、环境以及产业升级等问题，在纤维原料的开发、绿色制浆新技术与污染控制、特种纸及纤维复合材料等领域进行了较深入的研究。立足于造纸工业纤维原料的可持续供给的要求，在速生制浆材的选育、化学成分特点、纤维素/半纤维素/木素等主要成分的结构和综合利用等方面做了大量的工作。主要研究高得率制浆等新型制浆工艺、污染控制技术及关键设备。近年来，在新型造纸法烟草薄片、装饰原纸、无甲醛纤维板、木素基聚氨酯保温材料等产品的研发方面做了大量的研究工作。

研究生招生情况：研究院十分注重高层次人才培养，每年招收5～8名研究生。还与华中科技大学等国内著名院校联合培养了多名优秀研究生。近年来，国际交流也十分活跃，与日本名古屋大学、京都大学、美国佐治亚理工学院等院校建立了紧密的合作关系。

主要研究方向：植物纤维资源化学、绿色制浆技术与污染控制、特种纸及纸基复合材料

隶属单位：湖北工业大学

院长：谢益民

地址：湖北省武汉市洪山区南李路28号

邮编：430068

电话：027－59750459

传真：027－59750459

邮箱：ppymxie@ 163. com

郑州大学制浆造纸研究所（造纸技术（河南）服务公司）

郑州大学制浆造纸研究所成立于2003年6月，是郑州大学校级科研机构，其职能主要是面向制浆造纸企业，进行全方位的产学研结合和技术服务，并将科研成果实施产业转化。

郑州大学制浆造纸研究所拥有一支高素质的科研开发队伍，现有人员16人，其中，特聘教授1名、教授5人、副教授和高级工程师6人、工程师3人。现有喷爆制浆、无氯漂白、特种纸等技术。

郑州大学与美国、芬兰、俄罗斯、加拿大、日本、澳大利亚、韩国、中国台湾等国家和地区的80所知名高校建立了校际合作关系。2008年6月引进外资与技术联合成立“造纸技术（河南）服务公司”，立足河南省面向全国对制浆造纸企业提供技术服务。

郑州大学制浆造纸研究所（造纸技术（河南）服务公司）为企业提供如下便利服务。

（1）项目建议书、可研报告的编写，项目论证、工程咨询、工厂设计、专利申报等。

（2）清洁生产、节能减排、环境评价方案的制定等。

（3）“四新”（新产品、新技术、新设备、新工艺）技术的鉴定和推广等。

（4）名牌（河南、中国）产品的推荐工作等。

（5）国际ISO 9000、ISO 14000、ISO 18000（质量、环境、安全）咨询认证等。

（6）为企业提供免费法律咨询服务、律师聘请等。

法人代表：王三保

单位负责人：李尚武

地址：河南省郑州市文化路97号

邮编：450002

电话：0371－87520359

传真：0371 － 63886906

邮箱：hnszzxh@ 126. com

华南理工大学造纸与污染控制国家工程研究中心

华南理工大学造纸与污染控制国家工程研究中心（以下简称“中心”）是国家发展和改革委于1996年3月批准依托华南理工大学建设的国家科技发展项目。“中心”建设资金包括世界银行贷款300万美元及2800万元人民币。2005年通过国家发展和改革委建设验收，先后通过两年一度评价5次，均获得良好评价结果，被授予“重大成就奖”称号。2015年完成了由国家发展和改革委批准投资3000万元

的创新能力建设，完成多项技术研发平台建设，提高了“中心”技术成果工程化能力，为行业技术升级和产业结构调整提供了有力支撑。

“中心”是集高新技术装备研发推广和人才培养于一体的工程化技术和装备研发机构，是科研成果向生产力转化的“通道”，是高新技术与产品的创新研发平台，其建设宗旨是将国内外有市场价值的重要科研成果进行后续工程化研究和系统集成，开发制浆造纸行业节能减排清洁生产、污染治理、特种纸基材料等工程化共性集成技术与装备，提升我国制浆造纸节能减排清洁生产和特种纸基材料和产品技术水平。

目前，“中心”建设了多个工程化技术研发平台，包括“制浆造纸废水循环回用技术研发平台”“节能技术与装备研发平台”“制浆造纸废弃物资源化研发平台”“特种纸与纸基复合材料研发平台”和综合实验室。“中心”下设清洁生产、环境与生态、纸页成形、节能技术、特种纸基材料、固废资源化等技术、装备与产品研发部门。在制浆造纸清洁生产、纸浆绿色漂白、造纸废水处理与生态循环回用、企业系统能耗优化、高效节能中浓磨浆、固废资源化利用、特种纸基功能材料等方面的技术和装备研发推广成绩卓越。

“中心”与相关大型企业建立了良好的合作关系，联合建设研发基地，实现技术与成果共享和对接。未来希望与更多的企业建立产学研合作关系。

“中心”建立了独立法人经济实体，进行高新技术和产品服务与经营。

“中心”现有各类人员 50 多人，包括正高职称 20 人，副高职称 22 人和中级职称 6 人。其中，具有博士学位 30 多人，参研研究生近 100 人，研发设计经营人员配套齐全。

研究生招生情况：每年招收硕士、博士研究生和博士后 40 多人。

主要研究方向：制浆造纸清洁生产、环境工程、节能与控制、废弃物资源化利用、植物资源高效利用和特种纸基功能材料等。

依托单位：华南理工大学

主任：李友明

单位负责人：高　松

地址：广州市五山路 381 号华南理工大学

邮编：510640

电话：020－87112614

传真：020－87113840

邮箱：pperc@ scut. edu. cn

网址：www. pperc. com. cn

广西大学造纸科学研究所

广西大学造纸科学研究所成立于 1997 年，隶属于广西大学，依托教育部“糖业及综合利用”工程研究中心、广西清洁化制浆造纸与污染控制重点实验室、广西清洁化制浆造纸与污染控制人才小高地、广西印刷包装工程技术中心等科研平台。其职能主要是面向企业，进行全方位的“产、学、研”合作，并将高等院校的科研成果实施产业化。经过二十多年的建设发展，目前研究所已初具规模，并逐渐形成了自己的特色。已成为广西壮族自治区制浆造纸、轻工环保等行业的主要研究单位，在国内同行业中具有较高的影响力。研究所拥有一支高素质的科研开发队伍，现有研究人员 29 人，其中教授 6 人，副教授 5 人，拥有博士学位 27 人，留学回国人员 18 人，形成了结构较为合理的人才梯队。

研究所依托广西大学轻工与食品工程学院，拥有良好的基础设施和实验设备条件，其中，中试车间拥有小型制浆造纸生产线、工业有机废水厌氧及好氧中试线。实验室拥有液相色谱仪、离子色谱仪、电感耦合等离子体发射光谱仪、顶空气相色谱质谱联用仪、红外光谱仪、紫外光谱仪、流动分析仪、FS300 纤维测定仪、Zeta 电位仪、PFI 磨浆机、TAPPI 标准纸页成形器、包装材料透气性测试仪、包装振动实验机等大型仪器。还拥有 ISO 标准恒温恒湿纸张检测室，配备有 L&W 抗张度仪、TMI 撕裂度仪、TMI 耐破度仪、PPS 表面粗糙度仪、IGT 拉毛强度仪等纸张性能测试设备。近年来，实验室不仅满足教师及学生的科研要求，还逐步办成了开放实验室，积极为企业提供分析检测服务，大大促进了企校之间的合作与交流。

近年来，研究所先后负责承担国家 863 计划重大项目 1 项，国家 973 计划项目 1 项，国家科技攻关项目 1 项，国家自然基金 8 项，广西重大专项 1 项，取得了多项科研成果实现产业化。大型二氧化氯制备技术及关键装备打破了我国造纸企业大型二氧化氯生产系统均为国外成套进口的现状，提高纸浆漂白过程的清洁化程度，推动造纸工业产业结构调整，成果已成功应用在 APP 集团印尼 IKPP 浆厂(35 吨/日)和 LONTAR 浆厂、海南金海浆纸业有限公司(35 吨/日)、广西永鑫华糖集团有限公司等国内外 30 多家企业，获 2019 年度国家技术发明二等奖、2018 年度教育部技术发明奖一等奖、2015 年度广西科技进步奖一等奖、中国轻工业联合会技术发明奖一等奖。以高浓有机废水高效厌氧处理、高效异相催化氧化等技术和装备为核心的成果已成功应用于俄罗斯赤塔州阿玛扎尔北极星纸浆工业联合体、白俄罗斯戈梅里州多布鲁斯市劳动英雄造纸厂、缅甸 CTMP 新闻纸厂、玖龙纸业(控股)有限公司、广东理文造纸有限公司、山东博汇集团有限公司等国内外 200 多家企业，先后获得了 2016 年度国家科技进步二等奖、2013 年度教育部科技进步一等奖、2013 年度中国轻工业联合会科技进步一等奖。竹子清洁化制浆造纸与资源化利用关键技术开发及应用项目开发了基于深度脱木素的竹子置换蒸煮系统、高配比竹浆高档文化用纸及生活用纸的生产技术、高得率竹浆制浆技术以及竹子半纤维素提取及高值化利用技术，技术经济指标达到国内先进水平，已应用于广西贺达纸业有限公司、广西柳江造纸厂、赣州华劲纸业有限公司等多家企业，获得了 2017 年度广西科技进步二等奖。

所长：王双飞
地址：广西南宁市大学路 100 号
邮编：530004
电话：0771 - 3237097
传真：0771 - 3237097
网址：gxulif. gxu. edu. cn
邮箱：cppkl@ gxu. edu. cn

（王　斌）

国内制浆造纸专业教育机构简介

Introduction of the Domestic Education Institutions Offering Pulping and Papermaking Courses

北京林业大学

造纸专业所在院系： 材料科学与技术学院新能源与造纸系

材料科学与技术学院院长： 于志明

地址： 北京市海淀区清华东路35号

邮编： 100083

电话： 010－62338152、62338358

隶属单位： 教育部

专业设置时间： 1987年

专业课程设置： 植物纤维化学、制浆原理与工程、造纸原理与工程、制浆机械与设备、高效清洁制浆、造纸助剂、废纸再生利用技术、加工纸、制浆造纸工厂设计、林化概论、专业英语、造纸工业环境污染与控制、造纸专业实验技术、木质素利用技术、生物工程概论、专业课程设计、纸的结构与性能、纸张概论、纸张与包装、纸张与印刷等。

2019年在校专业学生人数： 本科生100人，硕士生60人，博士生20人。

至2019年专业毕业生总人数： 本科毕业生1230人，硕士生220人，博士生62人。

2019年毕业生人数： 本科生44人，硕士生15人，博士生4人。

2019年专业教师情况： 专业教师20人，其中，长江学者特聘教授1人，青年长江学者1人，教授9人，副教授2人，讲师7人，高级实验师2人。

2019年招收本科生人数： 20人。

2019年招收专业硕士生人数： 24人。

2019年招收硕士生的指导教师： 许凤、蒲俊文、樊永明、姚春丽、吴玉英、金小娟、宋先亮、张学铭、李瑞、彭锋、李明飞、曹学飞、孙少妮。

2019年招收专业博士生人数： 10人。

2019年招收博士生的指导教师：许凤、蒲俊文、樊永明、姚春丽、张学铭、宋先亮、彭锋、金小娟。

中国制浆造纸研究院有限公司

董事长： 曹春昱

地址： 北京市朝阳区望京启阳路4号中轻大厦

邮编： 100102

电话： 010－64778000

传真： 010－64778001

网址： www. cnppri. com

隶属单位： 中国轻工集团有限公司

专业设置时间： 1982年

专业课程设置： 制浆造纸生物技术、造纸助剂与湿部化学、纸张结构与性能、制浆化学、制纸科学、非木材造纸、造纸工业环境保护。

2019年在读专业学生人数： 硕士生11人。

至2019年专业毕业生人数： 硕士生74人。

2019年毕业生人数： 4人。

2019年专业教师情况： 专业教师11人。

2019年招收专业硕士生人数： 3人。

2019年招收硕士生的指导教师： 曹春昱、卢宝荣、刘文、彭建军、冯文英、庄金风、刘金刚、陈曦、张清文、李杰辉、陈雪峰。

天津科技大学

造纸专业所在院系： 轻工科学与工程学院

轻工科学与工程学院院长： 黄利强

地址： 天津经济技术开发区第十三大街29号

邮编： 300457

电话： 022－60601293

传真：022－60601293

隶属单位：天津市

专业设置时间：天津科技大学前身为1939年的中央技术专业学校，随后相继与北洋大学、四川化工学院等相关学科合并迁至天津大学。1959年和1971年分两次将造纸专业调至天津轻工业学院。2002年更名为天津科技大学，2019年7月天津科技大学轻工科学与工程学院成立。至今该学科已有81年的历史。

专业课程设置：植物纤维化学、植物纤维化学实验、制浆原理与工程、造纸原理与工程、制浆造纸工艺实验、高分子物理与化学、过程测控、制浆造纸工程设计、仪器分析、环保工程、化工设备、加工纸、废纸再生利用、化工助剂、高得率制浆、浆料流体力学、生物化学导论、制浆造纸清洁生产原理与技术、生物质精炼、制浆造纸导论等。

2019年在校专业学生人数：本科生419人，硕士生142人，博士生14人。

至2019年专业毕业生人数：本科生3179人，专科生496人（包括高等教育自学考试），硕士生391人，博士生101人。

2019年毕业生人数：本科生105人，硕士生28人，博士生4人。

2019年专业教师情况：专业教师共35人，其中，教授11人，副教授4人，讲师10人。

2019年招收本科生人数：97人。

2019年招收专业硕士生人数：57人。

2019年招收硕士生的指导教师：程博闻、刘忠、侯庆喜、司传领、刘廷志、高玉杰、李群、王高升、裴继诚、刘泽华、惠岚峰、刘洪斌、张红杰、刘鹏涛、张文晖、刘苇、王冠华、刘海棠、温洋兵、戴林、安兴业、霍丹。

2019年招收专业博士生人数：4人。

2019年招收博士生的指导教师：程博闻、刘忠、侯庆喜、李群、司传领、刘廷志、刘洪斌、张红杰、惠岚峰、刘苇、曹振雷、王昶、陈嘉川、秦梦华、杨桂花、马隆龙、王铁军、傅英娟。

大连工业大学

造纸专业所在院系：轻工与化学工程学院

轻工与化学工程学院院长：王大鸷

地址：辽宁省大连市甘井子区轻工苑1号

邮编：116034

电话：0411－86323327

传真：0411－86323649

隶属单位：辽宁省教育厅

专业设置时间：1959年

专业课程设置：植物纤维化学、制浆原理与工程、造纸原理与工程、轻化工仪表及自动化、轻化工设备、轻化工环境保护、轻化工工艺实验、热工与节能、文献检索、轻化工科技英语、轻化工工厂设计、废纸回收工程、制浆造纸化学品、植物纤维资源综合利用、加工纸、设备维护与过程控制、制浆造纸前沿技术等。

2019年在校专业学生人数：本科生334人，硕士生82人。

至2019年专业毕业生总人数：本科生3107人，硕士生297人。

2019年毕业生人数：本科生84人，硕士生15人。

2019年专业教师情况：专业教师和工程技术人员22人，其中，教授9人，副教授（含副研究员和高级工程师）7人，讲师（含工程师）6人。

2019年招收本科生人数：89人。

2019年招收专业硕士生人数：39人。

2019年招收硕士生的指导教师：孙润仓、周景辉、平清伟、韩颖、牛梅红、石海强、张健、孙广卫、李海明、郭延柱、王海松、李娜、鲁杰、李尧、王兴、肖领平、盛雪茹、程意、陈小红（吕艳娜、霍李江）。

注：括号里面的导师为印刷包装专业教师，在大连工业大学一级学科硕士点下招生。

东北林业大学

造纸专业所在院系：材料科学与工程学院

材料科学与工程学院院长：谢延军

地址：黑龙江省哈尔滨市香坊区和兴路26号

邮编：150040

电话：0451－82190394

传真：0451－82191502

隶属单位：教育部

专业设置时间：1987年

专业课程设置：无机化学、分析化学、有机化学、物理化学、轻化工程专业导论、化工原理、植物纤维化学、纤维原料各论、专业英语、制浆原理与工程、造纸原理与工程、湿部化学与助剂、轻工机械与设备、轻工工程设计、纸张加工与纤维材料、专业综合实验、高分子科学基础、生物质纳米复合材料、轻化工材料科学基础、图文传输工程概论、微生物及其新材料、轻化工过程测量与控制、计算机在轻化工中应用、新型纤维分离技术、轻化工创新导论、专业综合技能训练、废弃物资源化利用、环境污染与控制等。

2019 年在校专业学生人数：本科生 188 人，硕士生 30 人，博士生 7 人。

至 2019 年专业毕业生总人数：本科生 956 人，硕士生 93 人，博士生 16 人。

2019 年毕业生人数：本科生 40 人，硕士生 9 人。

2019 年专业教师情况：专业教师和工程技术人员 15 人，其中，中国工程院院士 1 人（外聘）；教授 4 人，研究员级高级工程师 1 人（外聘），副教授（含副研究员和高级工程师）6 人，讲师 2 人，工程师 1 人。

2019 年招收本科生人数：59 人。

2019 年招收专业硕士生人数：10 人。

2019 年招收硕士生的指导教师：钱学仁、刘文波、沈静、岳金权、黄修杰、杨冬梅。

2019 年招收专业博士生人数：2 人。

2019 年招收博士生的指导教师：钱学仁、沈静。

齐齐哈尔大学

造纸专业所在院系：轻工与纺织学院

轻工与纺织学院院长：郑永杰

地址：黑龙江省齐齐哈尔市文化大街 42 号

邮编：161006

电话：0452－2738192

传真：0452－2738192

网址：www. qqhru. edu. cn

隶属单位：黑龙江省教育厅

专业设置时间：1988 年

专业课程设置：轻化工合成材料基础、轻化工生物技术、计算机在轻化工程中的应用、植物纤维化学、制浆造纸原理与工程、制浆造纸机械与设备、加工纸原理与技术、造纸助剂、造纸仪表与自动化、造纸环保与污染治理技术、制浆造纸工厂设计等。

2019 年在校专业学生人数：本科生 520 人（轻工类）。

2019 年专业毕业生人数：本科生 111 人（轻化工程专业）

2019 年专业教师情况：专业教师 8 人，其中，教授 2 人，副教授 4 人，讲师 1 人，助教 1 人。

2019 年招收本科生人数：225 人（轻工类）。

东北电力大学

造纸专业所在院系：化学工程学院

化学工程学院院长：张海峰

地址：吉林省吉林市长春路 169 号

邮编：132013

电话：0432－64806371

传真：0432－64806620

隶属单位：吉林省教委

专业设置时间：中专 1950 年，本科 2001 年

专业课程设置：植物纤维化学、植物纤维化学实验、轻化工仪表自动化、轻化工计算机辅助设计、轻化工环境保护、制浆原理与工程、造纸原理与工程、工艺实验、印刷工艺学、包装原理与工程、文献检索、专业外语（英）、制浆造纸机械与设备、轻化工工厂设计、制浆漂白新技术（英）、造纸湿部化学、制浆造纸助剂、化工设备、生物技术在造纸工业中应用、加工纸与特种纸、二次纤维回用技术等。

2019 年在校专业学生人数：本科生 139 人。

至 2019 年专业毕业生总人数：本科生 929 人。

2019 年毕业生人数：本科生 34 人。

2019 年专业教师情况：专业教师和工程技术人员 32 人，其中，教授 6 人，副教授（含副研究员和高级工程师）24 人，讲师（含工程师）2 人。

2019 年招收本科生人数：0 人。

南京林业大学

造纸专业所在院系：轻工与食品学院

轻工与食品学院院长：金永灿

地址：江苏省南京市玄武区龙蟠路 159 号

邮编：210037

电话：025－85428793

传真：025－85428793

隶属单位：江苏省教育厅、国家林业和草原局

专业设置时间：1963 年

专业课程设置：（1）本科生专业课程主要为：植物资源化学、制浆原理与工程、造纸原理与工程、制浆造纸机械与设备、制浆造纸过程系统控制、制浆造纸工程设计、造纸化学、纸加工原理与

技术、废纸再生利用技术、植物资源化学实验、制浆造纸工艺实验、制浆造纸专业英语、现代造纸机械状态监测与故障诊断(加实验)、制浆造纸机械制造工艺、制浆造纸设备腐蚀与防护(加实验)、制浆造纸设备安装与维修(加实验)等。(2)研究生专业课程主要为:高等木材化学研究方法(含实验)、木质素化学、糖类化学、制浆化学、造纸化学、制浆造纸专题、现代造纸机械监诊学、工程信号采集与处理、制浆造纸装备专题、高等纸浆与造纸分析方法等。

2019 年在校专业学生人数: 本科生 513 人,硕士生 106 人,博士生 38 人。

至 2019 年专业毕业生总人数: 专科生 1063 人,本科生 3744 人,硕士生 520 人,博士生 91 人。

2019 年毕业生人数: 本科生 126 人,硕士生 38 人,博士生 5 人。

2019 年专业教师情况: 专业教师和工程技术人员 48 人。国际木材科学院院士 1 人,江苏省"333"高层次人才培养工程中青年学术带头人培养对象 4 人,江苏省"青蓝工程"中青年学术带头人培养对象 3 人,外籍特聘教授 1 人,国内外兼职教授 10 人;教授 16 人,副教授(含副研究员和高级工程师)14 人,讲师(含工程师)18 人。

2019 年招收本科生人数: 119 人。

2019 年招收硕士生人数(含全日制工程硕士): 41 人。

2019 年招收硕士生的指导教师: 曹云峰、程金兰、戴红旗、龚木荣、金永灿、景宜、刘鸿斌、刘祝兰、马金霞、任浩、Fazard Seidi、时留新、宋君龙、童国林、王琪、王志国、吴淑芳、吴伟兵、吴文娟、邢洁芳、熊智新、杨益琴、周小凡。

2019 年招收专业博士生人数: 14 人。

2019 年招收博士生的指导教师: 曹云峰、戴红旗、房桂干、金永灿、景宜、马金霞、任浩、宋君龙、童国林、王志国、魏先福、吴淑芳、吴伟兵、勇强、周小凡。

江南大学

造纸专业所在院系: 纺织科学与工程学院轻化工程系

纺织科学与工程学院院长: 付少海

地址: 江苏省无锡市蠡湖大道 1800 号

邮编: 214122

电话: 0510-85912107

传真: 0510-85912009

网址: www. jiangnan. edu. cn

隶属单位: 教育部

专业设置时间: 2003 年

专业课程设置: 现代制浆造纸理论及研究前沿、纤维表面物理与界面科学(双语)、造纸物理、造纸湿部化学、现代包装材料学、近代仪器分析实验、制浆化学、造纸助剂、制浆造纸分析与检测、纸页结构与性能、废纸再生技术、印刷适性与材料分析、生物质能源与化工、非织造技术进展、纤维材料表面功能化(双语)、二次纤维利用新技术、高聚物结构与性能、制浆造纸科技前沿讲座、加工纸与特种纸等。

2019 年在校专业学生人数: 硕士生 17 人,博士生 5 人。

至 2019 年专业毕业生总人数: 硕士生 39 人,博士生 7 人。

2019 年毕业生人数: 硕士生 4 人,博士生 0 人。

2019 年专业教师情况: 专业教师和工程技术人员 5 人,其中,教授 2 人,副教授 3 人。

2019 年招收专业硕士生人数: 6 人。

2019 年招收硕士生的指导教师: 龙柱、蒋学、张丹。

2019 年招收专业博士生人数: 1 人。

2019 年招收专业博士后人数: 1 人。

2019 年招收博士生的指导教师: 龙柱。

浙江科技学院

造纸专业所在院系: 环境与资源学院

环境与资源学院院长: 沙力争

地址: 浙江省杭州市留和路 318 号

邮编: 310023

电话: 0571-85070771

传真: 0571-85070787

隶属单位: 浙江省教育厅

专业设置时间: 2005 年

专业课程设置: 植物纤维化学、植物纤维化学实验、制浆原理与工程、造纸原理与工程、制浆造纸过程模拟与控制、工艺实验、制浆造纸机械与设备、制浆造纸工厂设计、轻化工环保、加工纸与特种纸、制浆造纸专业英语、包装原理与工程、制浆造纸助剂、二次纤维回用技术等。

2019 年在校专业学生人数: 本科生 163 人,硕士生15人。

至2019年专业毕业生总人数：本科生496，研究生9。

2019年毕业生人数：本科生41人，研究生2人。

2019年专业教师情况：专业教师和工程技术人员16人，其中教授4人，副教授(含副研究员和高级工程师)5人，讲师(含工程师)7人。

2019年招收本科生人数：55人。

浙江理工大学

造纸专业所在院系：材料与纺织学院制浆造纸研究所

材料与纺织学院制浆造纸研究所所长：薛国新

地址：浙江省杭州市下沙高教园区西区2号大街928号

邮编：310018

电话：0571－86843263

传真：0571－86843263

隶属单位：浙江省教育厅

专业设置时间：2004年9月起在“轻化工程”专业中开始招收制浆造纸工程专业方向本科生，2003年9月起在“材料加工工程”和“材料物理与材料化学”两个硕士点招收制浆造纸工程和包装材料方向硕士研究生，2004年5月申报成功“轻工技术与工程”领域工程硕士专业学位授权点，2004年9月起在“轻工技术与工程”领域招收制浆造纸工程、包装材料和印刷技术方向工程硕士专业学位研究生，2008年9月起在纺织工程学科博士点招收制浆造纸工程和包装材料方向博士研究生。

专业课程设置：植物纤维化学、工业微生物、制浆原理与工程、造纸原理与工程、制浆造纸机械与设备、制浆造纸过程控制与自动化、废纸再生利用技术、制浆造纸工程综合实验、制浆造纸工程专业英语、制浆造纸环境保护、制浆造纸工程设计概论、纸与纸板的结构与性能、特种纸与加工纸制造技术、制浆造纸化学品与纸机湿部化学、植物资源化学与工程、制浆造纸新技术导论、包装印刷概论等。

2019年在校专业学生人数：本科生15人，研究生50人。

至2019年专业毕业生总人数：本科生280余人，硕士生120人，博士生1人。

2019年毕业生人数：本科生16人，硕士生14人。

2019年专业教师情况：专业教师和工程技术人员7人，其中，教授3人，副教授2人，讲师1人，实验师1人。

2019年招收本科生人数：0人。由于某些原因，停止招收本科生。

2019年招收硕士生情况：招收硕士研究生20人。

2019年硕士生的指导教师：薛国新、唐艳军、夏新兴、张秀梅、张勇，及“轻工技术与工程”领域工程硕士专业学位授权点的包装材料、环境保护工程和轻工化学品等方向指导教师10余名。

福建农林大学

造纸专业所在院系：材料工程学院轻化工程系

材料工程学院院长：邱仁辉

地址：福建省福州市闽侯县溪源宫路63号

邮编：350100

电话：0591－83715175

传真：0591－83715175

隶属单位：福建省教育厅

专业设置时间：1986年设制浆造纸专科，1989年设制浆造纸工程本科，2003年设制浆造纸工程硕士点，2010年设轻工技术与工程专业硕士点。

专业课程设置：化工原理、植物纤维化学、制浆原理与工程、造纸原理与工程、制浆造纸机械与设备、制浆造纸工厂设计、废纸再生利用技术、造纸化学品、天然产物化学、精细化学品生产工艺学。

2019年在校专业学生人数：本科生198人，研究生188人，其中学术硕士87人、专业硕士69人、博士30人。

2019年毕业生人数：本科生54人，研究生27人，其中学术硕士10人、专业硕士13人、博士生4人。

2019年专业教师情况：专业教师32人，其中，教授9人，副教授12人，讲师11人。

2019年招收本科生人数：60人。

2019年招收研究生人数：75人，其中学术硕士30人、专业硕士37人，博士生8人。

2019年招收硕士生的指导教师：倪永浩、陈礼辉、帅李、黄六莲、黄彪、林金国、袁占辉、曹石林、黄方、欧阳新华、郑德勇、卢泽湘、罗小林、吴慧、苗庆显、刘凯、马晓娟、张敏、刘婧、胡会超、肖禾、李建国、张慧、郑清洪、周吓星。

齐鲁工业大学

造纸专业所在院系：生物基材料与绿色造纸国家重点实验室

国家重点实验室常务副主任：孔凡功

地址：山东省济南市长清区大学路3501号

邮编：250353

电话：0531－89631681

传真：0531－89631163

隶属单位：山东省教育厅

专业设置时间：1978年

专业课程设置：造纸植物资源化学、制浆原理与工程、造纸原理与工程、制浆造纸机械与设备、制浆造纸分析与检测、制浆造纸环境保护概论、制浆造纸助剂、加工纸与特种纸、制浆造纸设备安装与维修、制浆造纸工厂设计。

2019年在校专业学生人数：本科生720人，硕士生100人。

至2019年专业毕业生总人数：本科生3019人，硕士生342人。

2019年毕业生人数：本科生120人，硕士生10人。

2019年专业教师情况：专业教师和工程技术人员95人，其中，泰山学者特聘教授1人，特聘教授3人；教授20人，副教授(含副研究员和高级工程师)25人，讲师(含工程师)46人。

2019年招收本科生人数：244人。

2019年招收硕士生情况：41人。

2019年招收硕士生的指导教师：陈嘉川、赵传山、刘玉、杨桂花、刘温霞、傅英娟、徐清华、孔凡功、李宗全、刘娜、吴朝军、庞志强、王慧丽、王守娟、吕高金、王强、吉兴香、李荣刚、王兆江、韩文佳、刘姗姗、陈洪雷、宋兆萍、于得海、吴芹、张志良、刘克印。

青岛科技大学

造纸专业所在院系：海洋科学与生物工程学院

海洋科学与生物工程学院院长：陈夫山

地址：山东省青岛市四方区郑州路53号

网址：www. qust. edu. cn

隶属单位：山东省教育厅

专业设置时间：2003年

专业课程设置：基础化学、化工原理、植物纤维化学、精细有机合成单元反应、精细化学品化学、生物质能源、生物质化工、生物质精炼设备、应用胶体化学、清洁生产技术。

2019年在校专业学生人数：本科生233人，硕士生50人，博士生5人。

至2019年专业毕业生总人数：本科生634人，硕士生99人。

2019年毕业生人数：本科生34人，硕士生12人。

2019年专业教师情况：专业教师和工程技术人员19人，其中，教授5人，副教授(含副研究员和高级工程师)8人，讲师(含工程师)6人。

2019年招收本科生人数：57人。

2019年招收专业硕士生人数：17人。

2019年招收硕士生的指导教师：陈夫山、武玉民、于世涛、刘福胜、黎振球、范金石、张恒、王松林、宋晓明、张芹芹，吉喆，逄锦慧。

2019年招收专业博士生人数：2人。

2019年招收博士生的指导教师：陈夫山、武玉民、刘福胜、于世涛。

山东工业技师学院

造纸专业所在院系：海洋生化系

海洋生化系主任：郝培军

地址：山东省潍坊市西环路6789号

邮编：261053

电话：0536－8337236

传真：0536－8338768

网址：www. gyjsxy. com

隶属单位：山东省人力资源和社会保障厅

专业设置时间：1978年

专业课程设置：制浆造纸工艺、制浆造纸设备与操作、制浆造纸化验与物检、制浆造纸自动控制、制浆造纸设备安装与维修。

2019年在校专业学生人数：技师200人。

至2019年专业毕业生总人数：中级技工1300人，高级技工5100人，技师1130人。

2019年毕业生人数：技师40人。

2019年专业教师情况：专业教师和工程技术人员26人，其中，副教授(含副高级实习指导教师)13人，讲师(含工程师)12人。

2019年招收技师人数：40人。

2019年招收五年制高级工人数：80人(我系从

2019 年开始招收初中起点五年制高级工）。

湖北工业大学

造纸专业所在院系：制浆造纸研究院轻化工程系

制浆造纸研究院院长：谢益民

地址：湖北省武汉市洪山区南李路 28 号

邮编：430068

电话：027－59750459

传真：027－59750459

隶属单位：湖北省

专业设置时间：1977 年湖北轻工业学院成立后，设置了化工系制浆造纸工艺教研室；1998 年该专业获得制浆造纸工程硕士授予权；1999 年本科专业制浆造纸工程更名为轻化工程；2002 年开始招收轻工技术专业工程硕士；2009 年制浆造纸工程批准为“湖北省楚天学者计划”设岗学科，同年成立了制浆造纸工程研究所，2016 年 3 月成立制浆造纸研究院（含轻化工程系），2017 年获批轻工技术与工程一级学科博士点。

专业课程设置：植物纤维化学、植物纤维化学实验、制浆原理与工程、造纸原理与工程、制浆造纸工艺实验、无机化学、分析化学、有机化学、物理化学、化工原理、机械设计基础、机械设计与制造、加工纸工艺、制浆造纸机械与设备、轻工自动化仪表、造纸湿部化学、造纸化学品、轻工产品设计、废纸再生利用、高得率制浆、轻化工环保等。

2019 年在校专业学生人数：本科生 105 人，硕士生 20 人。

至 2019 年专业毕业生总人数：本科生 2530 人，硕士生 154 人。

2019 年毕业生人数：本科生 25 人，硕士生 5 人。

2019 年专业教师情况：专业教师共 13 人，其中，教授 4 人，副教授 4 人，讲师 4 人，高级实验师 1 人。

2019 年招收本科生人数：25 人。

2019 年招收硕士生人数：12 人。

2019 年招收硕士生的指导教师：谢益民、袁世炬、杨海涛、刘智、王鹏、冯清华、王磊、程合丽、冯年捷。

湖北轻工职业技术学院

造纸专业所在院系：轻化工程学院

轻化工程学院院长：徐　兵

地址：湖北省武汉市洪山区石牌岭东二路

邮编：430070

电话：027－87156391

传真：027－87156391

网址：www. hbliti. com

隶属单位：湖北省教育厅

专业设置时间：中专 1956 年、高职 2001 年

专业课程设置：植物纤维化学、制浆工艺、造纸工艺、制浆造纸机械设备与操作、制浆造纸分析与检验、纸加工工艺、制浆造纸环境保护概论、制浆造纸仪表自动化，新品小样制作。

2019 年在校专业学生人数：专科生（高职）92 人。

至 2019 年专业毕业生总人数：中专毕业生 1510 人，专科生（高职）1120 人。

2019 年毕业生人数：专科生（高职）0 人。

2019 年专业教师情况：副教授 5 人，讲师 1 人，工程师 1 人，高级实验师 2 人，楚天名师 1 人。

2019 年招收专科生（高职）人数：63 人。

长沙理工大学

造纸专业所在院系：化学与食品工程学院轻化工程系

化学与食品工程学院院长：杨荣华

地址：湖南省长沙市雨花区万家丽南路二段 960 号

邮编：410114

电话：0731－85258733

传真：0731－85258733

网址：www. csust. edu. cn

隶属单位：湖南省教育厅

专业设置时间：1958 年

专业课程设置：植物纤维化学、制浆原理与工程、造纸原理与工程、制浆造纸机械与设备、制浆造纸清洁生产、造纸化学品、涂布加工纸与特种纸、印刷工艺学、包装防伪技术等。同时开设以高新技术为主导的不同专业方向的系列选修课程及自主实践性强的综合性实验。

2019 年在校专业学生人数：本科生 220 人，硕士生 27 人。

至 2019 年专业毕业生总人数：本科生 755 人，硕士生 114 人。

2019 年毕业生人数：本科生 60 人，硕士生

20 人。

2019 年专业教师情况： 专业教师和工程技术人员 24 人，其中，教授 8 人，副教授（含副研究员和高级工程师）11 人，讲师（含工程师）5 人。

2019 年招收本科生人数： 56 人。

2019 年招收专业硕士生人数： 17 人。

2019 年招收硕士生的指导教师： 马乐凡、张运雄、胡可信、王萍、王玉珑、晏永祥、夏畅斌、肖忠良、陈启杰、张雄飞。

华南理工大学

造纸专业所在院系： 轻工科学与工程学院

轻工科学与工程学院书记： 张建功

常务副院长： 刘传富

地址： 广东省广州市天河区五山街 381 号

邮编： 510640

电话： 020 – 87112841

传真： 020 – 87112841

网址： www. scut. edu. cn

隶属单位： 教育部

专业设置时间： 1952 年

专业课程设置： 植物纤维化学、植物纤维化学实验、轻化工仪表自动化、工业设计基础、轻化工计算机辅助设计、轻化工环境保护、制浆造纸原理与工程、制浆造纸工艺实验、印刷工艺学、包装原理与工程、科技文献检索、林产化学、专业英语、制浆造纸机械与设备、轻工工厂设计、制浆漂白新技术（双语教学）、造纸湿部化学、制浆造纸助剂、纤维素功能化、化学制浆技术（全英教学）、生物技术在造纸工业中应用、加工纸与特种纸、废纸回收回用技术等。

2019 年在校专业学生人数： 本科生 314 人，硕士生 300 人，博士生 124 人。

至 2019 年专业毕业生总人数： 本科生 3258 人，硕士生 882 人，博士生 343 人。

2019 年毕业生人数： 本科生 84 人，硕士生 65 人，博士生 35 人。

2019 专业教师情况： 专业教师和工程技术人员 86 人，其中，中国工程院院士 1 人，教授 35 人（含教授级高级工程师），副教授（含副研究员和高级工程师）45 人，讲师（含工程师、助理研究员）5 人。

2019 年招收本科生人数： 本科生 107 人。

2019 年招收硕士生人数： 招收全日制学术型硕士研究生 77 人，全日制专业学位研究生 36 人。

2019 年招收硕士生的指导教师： 陈港、陈广学、陈克复、陈奇峰、陈小泉、樊慧明、方志强、高文花、侯轶、胡健、雷利荣、李擘、李海龙、李继庚、李军、李军荣、梁云、刘德桃、刘建安、刘明友、马邕文、莫立焕、沈文浩、唐爱民、陶劲松、田君飞、万小芳、王斌、王习文、王宜、武书彬、徐桂龙、徐峻、杨飞、杨进、杨仁党、叶君、赵光磊、赵丽红、朱小林、曾劲松、敖日格勒、谌凡更、付时雨、雷以超、刘传富、刘颖、吕发创、彭新文、祁海松、钱丽颖、任俊莉、宋涛、田英姿、王小慧、王小英、项舟洋、张春辉、钟林新、周雪松、庄军平、岳凤霞、洪蒙纳、曾靖山、李兵云、刘浩、刘梦茹、满奕、牟洪燕、王钦雯、林璋、唐宝玲、何明辉

2019 年招收博士生人数： 招收全日制学术型博士研究生 28 人，全日制工程博士 8 人。

2019 年招收博士生的指导教师： 陈克复、陈港、陈广学、付时雨、侯轶、胡健、李海龙、李继庚、李军、梁云、刘传富、吕发创、彭新文、祁海松、任俊莉、沈文浩、田君飞、王小慧、王小英、武书彬、杨仁党、曾劲松、赵光磊、徐峻、钟林新

2019 年工程博士指导教师： 陈克复、陈港、陈广学、胡健、梁云、李军、王小慧、王小英

广东轻工职业技术学院

造纸专业所在院系： 轻化工技术学院

轻化技术学院院长（二级学院）： 李 荣

地址： 广东省广州市海珠区新港西路 152 号

邮编： 510300

电话： 020 – 61230200（院办）
61230950（系办）

传真： 020 – 61230000（院办）
61230951（系办）

网址： www. gdqy. edu. cn

隶属单位： 广东省教育厅

专业设置时间： 1958 年

专业课程设置： 制浆工艺学、造纸工艺学、造纸化学品、纸的加工技术、制浆造纸工厂设计概论、制浆造纸企业管理、制浆造纸分析与检验、制浆造纸机械设备、制浆造纸设备安装修理、制浆造纸工业环境保护、专业英语、纸文化。

2019 年在校专业学生人数： 专科生 210 人。

至 2019 年专业毕业生总人数： 本科生 191 人，专科生 1225 人，中专生 1331 人，技工 415 人。

2019 年毕业生人数：专科生 96 人。

2019 年专业教师情况：专业教师和工程技术人员 8 人，其中，教授 4 人，副教授(含高级实验师)2 人，讲师 2 人。

2019 年招收专科生人数：68 人。

广西大学

造纸专业所在院系：轻工与食品工程学院

地址：广西壮族自治区南宁市大学路 100 号

邮编：530004

电话：0771－3237301、3231382

传真：0771－3237097

网址：www. gxu. edu. cn

隶属单位：教育部

专业设置时间：1978 年

专业课程设置：植物纤维化学、制浆工艺学、造纸工艺学、造纸湿部化学及化学品的应用、制浆造纸机械与设备、轻化工程设计概论、加工纸、化工仪表与自动化、二次纤维回用技术。

2019 年在校专业学生人数：本科生 229 人，硕士生 92 人，博士生 24 人。

至 2019 年专业毕业生总人数：本科生 1380 人，硕士生 336 人，博士生 43 人。

2019 年毕业生人数：本科生 36 人，硕士生 22 人，博士生 1 人。

2019 年专业教师情况：专业教师 21 人，其中，教授 6 人，副教授 5 人，讲师 10 人。

2019 年招收本科生人数：54 人。

2019 年招收专业硕士生人数：38 人。

2019 年招收硕士生的指导教师：王双飞、覃程荣、周敬红、朱红祥、Liming Zhang、闵斗勇、宋雪萍、骆莲新、梁辰、王志伟、刘新亮、聂双喜、李许生、李薇、张健、沙九龙、尹勇军、姚双全、何辉、陈昌洲、姜言。

2019 年招收专业博士生人数：8 人。

2019 年招收博士生的指导教师：王双飞、覃程荣、朱红祥、闵斗勇、Liming Zhang、农光再。

四川工商职业技术学院

造纸专业所在院系：轻工工程系

轻工工程系主任：余　勇

地址：四川省都江堰市天府大道聚源段 8 号

邮编：611830

电话：028－87282243

传真：028－87282095

网址：www. sctbc. net

隶属单位：四川省经济和信息化委员会

专业设置时间：1959 年

专业课程设置：植物纤维化学、制浆技术、造纸技术、制浆造纸机械设备与操作、制浆造纸分析与检验、纸加工技术、制浆造纸环境保护概论、制浆造纸化学助剂等。

2019 年在校专业学生人数：专科生 0 人。

至 2019 年专业毕业生总人数：2800 人，其中，中专生 1850 人，大专生 950 人。

2019 年毕业生人数：大专生 0 人。

2019 年专业教师情况：专业教师 8 人，其中，教授 2 人，副教授 3 人，讲师 3 人。

四川轻化工大学(原四川理工学院)

造纸专业所在院系：生物工程学院轻化工程系

生物工程学院院长：罗惠波

地址：四川省宜宾市临港经济技术开发区大学城 188 号

邮编：644005

电话：0831－5980223

传真：无

隶属单位：四川省教育厅

专业设置时间：1991 年

专业课程设置：专业导论、植物纤维化学、制浆原理与工程、造纸原理与工程、专业实验、制浆造纸机械与设备、制浆造纸环境保护、专业外语(英)、造纸助剂及湿部化学、加工纸与特种纸、二次纤维回用技术、制浆造纸工厂设计、化工仪表自动化、计算机辅助设计等。

2019 年在校专业学生人数：本科生 324 人，专科生 31 人，合计 355 人。

至 2019 年专业毕业生总人数：本科生 1098 人，专科生 355 人。

2019 年毕业生人数：本科生 73 人。

2019 年专业教师情况：专业教师 10 人，其中，教授 4 人，副教授 2 人，讲师 3 人，助理实验师 1 人。

2019 年招收本科生人数：本科生 96 人，专升本 15 人，专科招生 15 人，合计 126 人。

昆明理工大学

造纸专业所在院系：化学工程学院生物质工程系

化学工程学院院长：梅　毅

地址：云南省昆明市呈贡大学城

邮编：650500

电话：0871－65920150

传真：0871－65920171

隶属单位：云南省教育厅

专业设置时间：1979 年

专业课程设置：植物纤维化学、高分子化学与物理、制浆造纸原理与工程、生物质精炼技术、天然高分子材料、卷烟工艺学、轻工机械与设备、植物纤维实验技术、造纸化学品、加工纸与特种纸、轻工设计基础训练、轻工过程模拟及控制、印刷包装技术概论、轻工专业英语、轻工企业管理概论等。

2019 年在校专业学生人数：本科生 123 人，硕士生 13 人。

至 2019 年专业毕业生总人数：本科生 800 人，硕士生 56 人。

2019 年毕业生人数：本科生 25 人，硕士生 6 人。

2019 年专业教师情况：专业教师 11 人，其中，教授 3 人，副教授 5 人，讲师 2 人，高级实验师 1 人。

2019 年招收本科生人数：30 人（按化工大类招生）。

2019 年招收专业硕士生人数：6 人。

2019 年招收硕士生的指导教师：彭林才、周学飞、刘玉新、何亮、高欣、张俊华。

2019 年招收博士生的指导教师：彭林才。

陕西科技大学

造纸专业所在院系：轻工科学与工程学院

轻工科学与工程学院院长：弓太生

地址：陕西省西安市未央大学园区

邮编：710021

电话：029－86132609

传真：029－86168236

网址：www. sust. edu. cn

隶属单位：陕西省教育厅

专业设置时间：1958 年

专业课程设置：有机化学、物理化学、化工原理、植物纤维化学、制浆原理与工程、造纸原理与工程、制浆造纸机械与设备、制浆造纸工程设计、制浆造纸实验、加工纸原理与技术、二次纤维利用技术、制浆造纸专业英语、制浆造纸环境工程技术等。

2019 年在校专业学生人数：本科生 523 人，硕士生 142 人，博士生 26 人。

至 2019 年专业毕业生总人数：本科生 6027 人，硕士生 502 人，博士生 33 人。

2019 年毕业生人数：本科生 167 人，硕士生 15 人，博士生 4 人。

2019 年专业教师情况：专业教师和工程技术人员 59 人，其中，教授 16 人，副教授（含高级工程师）21 人，讲师（含工程师）22 人。

2019 年招收本科生人数：123 人。

2019 年招收专业硕士生人数：61 人。

2019 年招收硕士生的指导教师：张美云、李新平、韩卿、李志健、倪永浩、徐永建、张素风、林涛、王建、李金宝、陆赵情、张安龙、李佩燚、钱立伟、张召、段超、王雪青、杨金帆、姜慧娥、戴磊、钱立伟、谢璠、薛白亮、岳小鹏、宋顺喜、杜飞、杜敏、刘汉斌。

2019 年招收专业博士生人数：6 人。

2019 年招收博士生的指导教师：倪永浩、张美云、李新平、李志健、徐永建、张素风。

（林　媛）

国内主要造纸期刊介绍

Domestic Main Periodicals Related to Pulp and Paper

《中国造纸学报》

《中国造纸学报》是由中国造纸学会主办、中国制浆造纸研究院有限公司承办的造纸学术性期刊，创刊于1986年。主要刊登造纸专业研究论文、学术报告及综合性评述，反映我国造纸工业在原材料、制浆、造纸、废液综合利用及污染防治、机械设备、分析检验、工艺和质量控制自动化以及制浆造纸专业基础理论等方面的新进展和新成果，是我国造纸工业理论性强、水平高的学术性期刊。它为我国造纸工业提供了一个极好的学术交流平台，对国内造纸工业的技术进步做出了较大贡献。该刊的固定栏目有：研究论文与综述等。

《中国造纸学报》连续多年入选“中文核心期刊”“中国科技论文统计源期刊”“中国科学引文数据库来源期刊”“中国科学文献评价数据来源期刊”，入选“中国科协精品科技期刊工程第四期(2015—2017)项目”，并被Scopus、CA等国外著名期刊索引收录。《中国造纸学报》为国内外公开发行刊物。

《中国造纸学报》为季刊，出版日期为3月25日、6月25日、9月25日、12月25日；刊号：ISSN 1000-6842，CN 11-2075/TS，自办发行。

《中国造纸学报》为大16开本。国内定价：纸质版30元/期，电子版30元/期，纸质版+电子版50元/期；国外及港澳台地区定价：纸质版30美元/期，电子版30美元/期，纸质版+电子版50美元/期。

地址：北京市朝阳区启阳路4号院中轻大厦607室

邮编：100102

电话：010-64778173(发行部)

64778162/8163(编辑部)

传真：010-64778174

邮箱：tcpp@vip.163.com

网址：www.cppmp.com

《中国造纸》

《中国造纸》为专业技术性刊物，国内外公开发行，由中国造纸学会和中国制浆造纸研究院有限公司主办，主要报道我国造纸工业在原材料、制浆、造纸、废液综合利用及污染防治、机械设备、分析检验、工艺和质量控制自动化以及制浆造纸专业基础理论等方面的新成就和重要科技成果。

《中国造纸》除及时报道各研究机构、高等院校在科研理论方面取得的突破成果外，还注重报道各制浆造纸厂引进或自行研究探索的新工艺、新技术。《中国造纸》将理论与实践有机结合，更好地满足了科研工作者以及制浆造纸工厂技术人员的需要。《中国造纸》是我国造纸界权威性技术期刊，连续入选“中文核心期刊”“中国科技论文统计源期刊”“中国科学引文数据库来源期刊”“中国科学文献评价数据来源期刊”，并已被Scopus、CA等国外著名的期刊索引收录。入选“中国科协精品科技期刊工程第四期项目”。

《中国造纸》(刊号：CN 11-1967/TS，ISSN 0254-508X)为月刊，每月25日出版，大16开，国内定价：纸质版25元/期，电子版25元/期，纸质版+电子版40元/期；国外及港澳台地区定价：纸质版40美元/期，电子版40美元/期，纸质版+电子版70美元/期。

《中国造纸》国内总发行：北京市报刊发行局，邮发代号：2-194；国外总发行：中国出版对外贸易总公司，发行代号：DK11070。

地址：北京市朝阳区望京启阳路4号院中轻大厦607室

邮编：100102

电话： 010－64778158/8159/8160/8161
（编辑部）
64778173（发行部）
传真： 010－64778174
邮箱： cpp2108@ vip. 163. com（编辑）
网址： www. cppmp. com

《造纸信息》

《造纸信息》是由中国造纸协会、中国造纸学会和中国制浆造纸研究院有限公司共同主办的造纸综合信息类刊物。已被“中国期刊全文数据库”和“万方数据——数字化期刊群”收录。

《造纸信息》全面、及时、准确地报道我国和世界造纸工业以及相关行业的信息，是我国造纸行业唯一公开发行的综合信息类刊物。

《造纸信息》以为造纸企事业单位及相关行业提供国内外造纸工业信息服务为主要宗旨，汇集行业专家观点、聚焦行业热点问题、展示领军企业风采，及时报道行业政策、企业动态、新技术和新成果，以及全球造纸企业的最新动向，为读者全方位了解造纸行业提供独家参考，为企业提供政策性指导和经营决策信息。

常设栏目有：企业风采、政策法规、节能减排、行业纵横、新建扩建、企业报道、市场动态、分析/预测、行业热点 · 焦点论坛、管理与营销、新产品/新技术、环球视角、协会 · 学会动态、会展传真等。

为使海外读者更多了解中国造纸工业的发展情况，特在每年第 8 期增加英文内容。

《造纸信息》为国内外公开发行（刊号：ISSN 1006-8791，CN 11-3667/TS），月刊，每月 25 日出版。全彩色大 16 开，另附彩色及专色广告，国内定价：纸质版 25 元/期，电子版 25 元/期，纸质版＋电子版 40 元/期；国外及港澳台地区定价：纸质版 25 美元/期，电子版 25 美元/期，纸质版＋电子版 40 美元/期。邮发代号：82-881，国外发行代号：DK11071。

地址： 北京市朝阳区望京启阳路 4 号院中轻大厦 607 室
邮编： 100102
电话： 010－64778165/8170/8171/8169
（编辑部）
64778173（发行部）
64778166/8168（广告部）
传真： 010－64778174
邮箱： cpi@ vip. 163. com
网址： www. cppmp. com

《Paper and Biomaterials》

《Paper and Biomaterials》是由中国造纸学会和中国制浆造纸研究院有限公司主办的造纸及生物质材料方面的学术性英文期刊。本刊聚焦国内外制浆造纸及生物质材料学科的前沿热点，反映制浆造纸及生物质材料学科的科研成果、技术进步和发展趋势，促进国际间的学术交流与合作，推动制浆造纸技术和相关生物质产业技术快速发展；主要刊登制浆造纸及生物质材料方面的研究论文、技术进展及相关领域的文献综述。

《Paper and Biomaterials》为季刊，出版日期为 1 月 15 日、4 月 15 日、7 月 15 日、10 月 15 日；刊号：ISSN 2096—2355，CN 10-1401/TS，自办发行。

《Paper and Biomaterials》为大 16 开本。国内定价：纸质版 40 元/册，电子版 40 元/册，纸质版＋电子版 70 元/册；国外及港澳台地区定价：纸质版 40 美元/册，电子版 40 美元/册，纸质版＋电子版 70 美元/册。

地址： 北京市朝阳区望京启阳路 4 号院中轻大厦 607 室
邮编： 100102
电话： 010－64778173（发行部）
64778162/8163（编辑部）
传真： 010－64778174
邮箱： pbm607@ vip. 163. com
网址： http：//pbm. ijournals. cn

《中华纸业》

《中华纸业》是中国造纸协会会刊，行业综合指导类科技期刊，国内外公开发行，是中国学术期刊（光盘版）、中国期刊网、万方数据资源系统、中文科技期刊数据库、美国《化学文摘》等统计源期刊。

办刊宗旨：研讨发展战略、促进科学管理、推动技术进步、服务产业经济。

报道内容：产经综合版（上半月刊）国家产业政策，行业发展规划，市场分析预测，企业发展战略，纸业新闻资讯；技术进步版（下半月刊）行业技术进步，企业技术创新，企业生产实践，国外前沿技术，技术动态信息等。

内容特色：具有导向性、创新性、前瞻性、实用性和时效性。

读者对象：造纸企业决策层和经营管理者，企业工程技术人员，行业协(学)会组织，政府有关部门及产业经济研究人员，科研设计及大专院校有关工作人员。

《中华纸业》(国内统一刊号 CN 37-1281/TS，国际标准刊号：ISSN 1007-9211)为半月刊，大 16 开，彩色印刷。国内定价 15 元/期，全年订价 360 元；港澳台及国外地区 15 美元/期，全年 360 美元。邮发代号：24-136。

地址：山东省济南市工业南路 101 号中华纸业杂志社

邮编：250100

电话：0531－88522949、88935343

传真：0531－88926310

邮箱：adv@ cppi. cn(广告部)

cbb@ cppi. cn(采编室)

QQ：609352141、940438201

网址：www. cppi. cn

《纸和造纸》

《纸和造纸》是由中国造纸学会主办，四川省造纸学会和四川工商职业技术学院联办，以知识性、实用性、导向性、科学性为特色制浆造纸专业权威性科技期刊。自 1982 年创刊以来，本刊始终坚持“普及制浆造纸科技知识，介绍先进适用的生产工艺、装备技术和管理经验，沟通相关信息，促进造纸工业的科技进步和持续发展，为提高造纸、用纸从业人员的素质服务”的办刊宗旨。曾被原轻工业部、中国科学技术协会评为优秀期刊，曾连续多年入选“中文核心期刊”，是“中国学术期刊综合评价数据库来源期刊”“中国期刊全文数据库”“万方数据——数字化期刊群”等大型刊库全文或摘要收录，是造纸科技期刊中，知名度很高，发行量很大和影响面很广的一种。

《纸和造纸》开设有专论与综述、企业风采、工艺技术、装备器材、试验研究、造纸化学品、环保与综合利用、分析检验、仪表自控、知识之窗、产品天地、探讨与质疑等多个常设栏目，全面报道有关造纸的新知识、新技术、新原料、新产品、新装备，以及中国造纸工业的方针政策和技术经济信息、市场动态、纸制品等方面内容。

《纸和造纸》为双月刊，大 16 开，内页双色印刷，逢单月出版，国内外公开发行。国内统一刊号：CN 11-2709/TS，国际连续出版物刊号：ISSN 1001-6309，邮发代号：62-111。国内定价 25 元/期，全年 150 元；国外及港澳台地区 25 美元/期，全年 150 美元。

地址：四川省都江堰市天府大道聚青路口四川工商职业技术学院内

邮编：611830

电话：028－87281943(编辑)

87267806(广告、发行)

传真：028－87203119

邮箱：myppm@ 263. net(编辑)

wuyingppm@ 126. com(发行)

QQ：1838372807

网址：ppm. sctbc. net

《轻工机械》

《轻工机械》(刊号：CN 33-1180/TH、ISSN 1005-2895)创刊于 1983 年，由中国轻工机械协会、中国联合装备集团有限公司与轻工业杭州机电设计研究院联合主办，是一份在国内有较高影响力、历史悠久的轻工机械领域的专业性科技期刊。以报道轻工机械、自动化技术、机电一体化、工艺设计及其应用为特色。

本刊系中国科技论文统计源期刊(中国科技核心期刊)，已加入《中国学术期刊(光盘版)》和“中国期刊网”“万方数据资源系统”“中文科技期刊数据库”，并被《中国学术期刊文摘》、英国《科学文摘》(SA，INSPEC)、美国化学文摘(CA)、美国剑桥科学文摘(CSA)、美国乌利希期刊指南(Ulrich)等收录。

双月刊，大 16 开，每册定价 10 元，全年 60 元。邮发代号：32-39。

地址：浙江省杭州市余杭区高教路 970 号西溪联合科技广场 4 号楼 711 室

邮编：311121

电话：0571－85186130、85187520

传真：0571－85187520

邮箱：qgjxzz@ 126. com

网址：www. qgjxzz. com

《造纸科学与技术》

《造纸科学与技术》是广东省造纸学会会刊，荣获《中国科技核心期刊》(中国科技论文统计源期刊)收录证书，并编入《中国学术期刊(光盘版)》，获《中国学术期刊(光盘版)》《中国期刊网》全文收录证书、《中国学术期刊综合评价数据库来源期刊证书》以及《中国知网统计刊原证书》。

《造纸科学与技术》由广东省造纸学会和广东省造纸研究所主办，华南理工大学制浆造纸工程国家重点实验室承办。

主要刊登制浆造纸科学与工程的论文与报告、实践与经验，介绍制浆造纸原理与技术、造纸化学品、分析与检测、制浆造纸生物技术、设备与控制以及生物质精炼的研究进展与技术进步、企业转型升级、清洁生产与环境保护、节能减排与低碳经济，还设立了科普园地。内容丰富、可读性强，是造纸行业中水平较高的期刊之一。

《造纸科学与技术》为双月刊，逢双月底出版，大 16 开本，国内统一刊号：CN 44-1532/TS，国际连续出版物刊号：ISSN 1671-4571，全年订价 90 元。

地址：广州市华南理工大学制浆造纸工程国家重点实验室《造纸科学与技术》编辑部

邮编：510640

电话：020－87112854

传真：020－87112854

邮箱：gdtappi@ vip. 163. com

《生活用纸》

由中国造纸协会生活用纸专业委员会承办的《生活用纸》杂志，自 1993 创刊以来，经过 20 多年的不断努力和改进，已成为生活用纸及相关行业从业人员的重要信息来源和参考资料。

办刊宗旨：推进生活用纸及相关行业技术进步，促进科学管理，宣传产业政策，服务企业发展，提供国内外发展动态信息和市场产销信息。

内容：卫生纸、面巾纸、手帕纸、餐巾纸、厨房用纸、擦手纸等卫生纸品；女性卫生用品、婴儿纸尿裤/片、成人失禁用品、宠物卫生用品、擦拭巾、一次性医用非织造布制品等卫生用品；相关原辅材料及设备等。

主要栏目：协会工作、行业动态、发展论坛、市场与营销、质量与管理、技术与设备、他山之石、消费与流行趋势、环球资讯等。

本刊是国内唯一关于生活用纸和卫生用品行业的专业性科技类综合性刊物，内容丰富，专业性、时效性强，是生活用纸及相关行业的企业管理人员、市场营销人员、工程技术人员以及技术工人的良师益友。

本刊为月刊，每月 10 日发行，全年 12 期，大 16 开，全彩版印刷。刊号为：CN 11-4571/TS，ISSN 1009-9069。国内零售 18 元/本，全年订价平邮 200 元，快递 320 元，国外及港台地区全年订价 700 元或 120 美元。

地址：北京市朝阳区望京启阳路 4 号院中轻大厦

邮编：100102

电话：010－64778181/8182(编辑)
64778193/8194(广告)
64778186/8187(发行)

传真：010-64778199

邮箱：editor@ cnhpia. org(编辑)
cidpex@ cnhpia. org(广告)

网址：www. cnhpia. org

《造纸化学品》

中国造纸化学品工业协会会刊《造纸化学品》是由中国造纸化学品工业协会、全国造纸化学品信息站、杭州市化工研究所联合主办的国内外公开发行、全面报道造纸用化学品唯一的全国性科技期刊。

主要报道造纸用化学品(尤其是精细化学品)的研制、开发、应用及国内外发展动向等。《造纸化学品》以造纸界、化工界、科研机构、事业单位从事科研、生产的广大科技人员、技术工人、管理干部及大专院校相关专业的师生为服务对象。

《造纸化学品》是“中国核心期刊(遴选)数据库”收录期刊，“中国学术期刊(光盘版)”“中国期刊网”“中国学术期刊综合评价数据库”“万方数据——数字化期刊群”“中文科技期刊数据库”全文收录期刊，“中国学术期刊综合评价数据库”统计源期刊。美国《化学文摘》、波兰《哥白尼索引》收录期刊。

《造纸化学品》为双月刊(国内刊号 CN 33-1202/TQ，国际刊号：ISSN 1007-2225，为双月中旬出版，全年 6 期)，全年订价 140 元。

地址：浙江省杭州市上塘路石灰坝 7 号《造纸化学品》编辑部

邮编：310014

电话：0571－88315561

传真： 0571－88315561
邮箱： paperchemj@163.com
网址： www.paperchemicals.org

《华东纸业》

《华东纸业》是由上海、山东、江苏、浙江、福建、江西、安徽七省市造纸学会主办的科技类制浆造纸工业专业技术刊物。原《纸业周刊》于2015年并入《华东纸业》，进一步丰富了杂志内容。

《华东纸业》办刊宗旨：面向全国造纸行业，传播纸业信息，推广高新造纸技术与成果。打造纸业信息交流平台，使之成为经验交流的园地，市场信息的窗口，是拓展我国纸业技术、参与国际市场竞争的企业家和广大科技人员的良师益友。

《华东纸业》主要栏目：专题与综述、企业家论坛、制浆与造纸工艺、设备与电仪、涂布纸与特种纸、造纸化学品、环保与节能、脱水器材、国内外纸业信息等。全面报道有关造纸的新材料、新技术、新工艺、新产品、新装备的应用以及中国造纸工业的方针政策和技术经济信息、市场动态等内容。

《华东纸业》是广大企业家和工程技术人员科技活动的园地和论坛。

《华东纸业》为双月刊，大16开，面向国内外公开发行。国内统一连续出版物号：CN31-2034/TS，国际标准连续出版物号：ISSN 1674-6937。每册定价10元，全年订价60元。

地址： 上海市武宁路1500号南楼403室
邮编： 200063
电话： 021－52040672/0673
传真： 021－52040673
邮箱： menger2010@126.com

《造纸装备及材料》

《造纸装备及材料》是为造纸装备制造企业、材料制造企业专业服务的期刊，国内统一刊号CN43-1535/TS，国际刊号ISSN2096-3092，是中国核心期刊（遴选）数据库的入编期刊。

《造纸装备及材料》的办刊宗旨：传播造纸装备及材料制造行业先进科技，搭建造纸、纸加工企业与造纸装备、材料制造企业沟通桥梁，促进造纸科研与技术应用紧密结合，服务造纸装备与材料技术进步。

《造纸装备及材料》是湖南省造纸学会、湖南省造纸研究所有限公司主办，以及多家企业、公司、科研院校协办面向全国发行的专业期刊，为了更好地服务于造纸装备制造企业、材料制造企业，本刊全新编排加入了新期刊栏目：造纸装备及材料制造企业风采；装备与自动化；材料制造和应用；造纸装备、材料产品介绍；造纸装备、材料项目简讯等。

造纸装备内容包括：制浆造纸装备、造纸自动化控制装备、加工纸装备、环保节能装备、造纸辅助设备。

造纸材料内容包括：造纸配件、造纸消耗品、造纸化学品。

《造纸装备及材料》杂志为季刊，大16开版，自办发行，每季度末出版，定价10元/本。

地址： 湖南省湘潭市岳塘区建设中路7号《造纸装备及材料》编辑部
邮编： 411104
电话： 0731－58523295、88790566
传真： 0731－58523295
邮箱： paperem@163.com

《黑龙江造纸》

《黑龙江造纸》是由黑龙江省造纸工业研究所、黑龙江省造纸学会主办的制浆造纸综合性技术刊物，是中国学术期刊综合评价数据库统计源期刊，被中国期刊全文数据库全文收录，在“万方数据——数字化期刊群”全文上网，被《中国核心期刊（遴选）数据库》收录。

本刊立足黑龙江省内，报道国内外制浆造纸行业中科研、生产、经营、管理的先进技术、实践经验和市场信息，可供广大技术工人、科技人员、管理干部及大专院校的师生参考。

《黑龙江造纸》为季刊，国内统一刊号：CN23-1258/TS，国际标准刊号：ISSN 1673-0283，全年订价25元。

地址： 黑龙江省牡丹江市光华街17号黑龙江省造纸工业研究所《黑龙江造纸》编辑部
邮编： 157013
电话： 0453－6320013
传真： 0453－6331516
邮箱： hlj_zz@sina.com

《天津造纸》

《天津造纸》于 1979 年创刊，由天津造纸厂有限公司和天津市造纸学会主办。已编入中国学术网络出版宗库、《中国学术期刊(光盘版)电子杂志社(CNKI)》、中华期刊网、北京万方数据核心期刊(遴选)数据库、重庆维普资讯中文期刊数据库、教育阅读网全文数据库。是“中国科技论文统计源期刊”“中国科学引文数据库来源期刊”及“中国科学文献评价数据来源期刊”。

本刊主要栏目有论著、制浆与造纸、造纸设备、环保节能、造纸化学品、新产品新技术、纸厂经验及经营管理等方面的科研成果和应用报告。主要报道行业内的最新技术成果、行业发展动向以及市场变化等情况。主要面向造纸企事业单位的工程技术人员、经营管理人员、技术工人、大专院校相关专业的教师和学生以及国内外相关行业机构和人士。

《天津造纸》为季刊，大 16 开，国内统一刊号：CN 12-1155/TS，国际标准刊号：ISSN 1674-5469，定价 25 元/年。

地址：天津市津南区双港工业园发港南路 29 号

邮编：300350

电话：022－88823010

邮箱：TJZZS@ 126. com

（曹凯月）

《中国造纸》2018 年度“诚铭化工杯”优秀论文获奖名单

“Chengming Chemical Cup” Excellent Papers of *China Pulp & Paper* in 2018

2018 年度《中国造纸》优秀论文评选活动是第 19 次举办，此次评选得到了广东诚铭化工科技有限公司的支持。该活动在促进造纸行业学术交流、提高《中国造纸》科技论文的质量与水平方面具有重要作用，推动了我国造纸行业的科技进步和技术创新。

本次评选依然坚持科学性、导向性、创新性与实用性的原则，邀请了我国造纸行业及相关领域的知名专家、学者担任评委，并同时进行了微信线上投票，经初评及复评后，于 2019 年 1 月 16 日在北京召开了《中国造纸》2018 年度“诚铭化工杯”优秀论文终评会，20 多名专家出席了终评会，经评议最终评选出 15 篇优秀论文。

一等奖(1 篇)

纤维素酶和聚木糖酶处理改善溶解浆性能的研究(第 5 期)

田　超　石　瑜　翟丙彦　乔　军　应广东

山东太阳纸业股份有限公司，中国制浆造纸研究院有限公司

二等奖(2 篇)

原纤化过程对纸基空气滤材结构和性能的影响(第 1 期)

张美云　马珊珊　杨　斌　宋顺喜　鲁　鹏　苏治平

陕西科技大学轻工科学与工程学院，中国轻工业纸基功能材料重点实验室，轻化工程国家级实验教学示范中心，广西清洁化制浆造纸与污染控制重点实验室，东华大学纤维材料改性国家重点实验室，华南理工大学制浆造纸工程国家重点实验室

碱回收炉烟气排放及控制措施可行性技术分析(第 3 期)

靳福明

华南理工大学，中国中轻国际工程有限公司

三等奖(5 篇)

再生纤维素基交联改性纳滤膜的制备及对无机盐截留性能的研究(第 3 期)

李　诗　程雨桐　黄　方　林　珊　马晓娟　曹石林　陈礼辉　黄六莲

福建农林大学生物质基功能材料研究中心

纳米 MnO_x 负载纸的制备及其甲醛去除性能的研究(第 7 期)

王　萍　辛　昕　周万鹏　安显慧　钱学仁

东北林业大学生物质材料科学与技术教育部重点实验室，宣城市产品质量监督检验所

改善溶解浆在 NMMO 水溶液溶解体系中润胀性能的研究(第 1 期)

石　瑜　田　超　倪建萍　龚　琛　杨小博　刘艳钊

中国制浆造纸研究院有限公司，制浆造纸国家工程实验室

油水分离滤纸的制备及其性能研究(第 5 期)

司景航　许孟杰　周雪松

华南理工大学制浆造纸工程国家重点实验室

蔗渣和桉木混合制浆的研究与探索(第 2 期)

孙廷聪　段经奎　张富华

云南云景林纸股份有限公司

优秀奖(7 篇)

基于生态成本的废纸产业政策、市场结构和生产工艺优化(第 4 期)

戴铁军　赵鑫蕊

北京工业大学循环经济学院

特种纸技术发展现状(第 7 期)

刘　文　肖贵华　李　政　朝鲁门　贾程瑛

中国制浆造纸研究院有限公司，制浆造纸国家工程实验室，中国制浆造纸研究院有限公司衢州分院

纤维表面润湿性能及其与纤维结合性能的响应关系研究(第 12 期)

安　帅　谢晶磊　王　欣　程　芸　张红杰

天津科技大学天津市制浆造纸重点实验室

酚化改性蔗渣硫酸盐木素制备酚醛树脂胶黏剂(第 9 期)

贾　转　万广聪　张清桐　李明富　罗　斌

郭晨艳　王双飞　闵斗勇

广西大学轻工与食品工程学院，广西清洁化制浆造纸与污染控制重点实验室

纤维素微纳颗粒的硅烷化改性对制备超疏水材料的影响(第 12 期)

朱兆栋　郑学梅　付时雨　朱文远

华南理工大学制浆造纸工程国家重点实验室，南京林业大学江苏省制浆造纸科学与技术重点实验室

纳米微晶纤维素-NaClO 氧化淀粉的制备及其对纸张性能的影响(第 11 期)

夏媛媛　林兆云　杨桂花　彭建民　陈嘉川

齐鲁工业大学(山东省科学院)生物基材料与绿色造纸省部共建国家重点实验室/制浆造纸科学与技术教育部重点实验室

基于 DCT 同态滤波的纸病图像去噪算法研究(第 5 期)

曲蕴慧　汤　伟　文　豪　雷　涛

陕西科技大学电气与信息工程学院，西安医学院计算机教研室

(刘振华)

大事记

EVENTS

7

2019 年中国造纸工业 10 项要闻

Top Ten News of China's Paper Industry in 2019

2020 年 1 月 14 日，由中国造纸杂志社《造纸信息》杂志举办的 2019 年中国造纸工业 10 项要闻评选会在中国制浆造纸研究院有限公司召开。中国造纸工业 10 项要闻评选活动自 2000 年开始举办以来，在各级领导和业界同仁的关怀和大力支持下，在广大读者的热心关注与积极参与下，中国造纸工业 10 项要闻评选已成为造纸行业的品牌活动，成为业内人士梳理和总结过去一年产业和市场发展脉络的重要渠道，是中国造纸行业最为重要的年度事件之一。

本届评选会召开前，对在全国部分省市造纸协会、造纸学会、大专院校、科研院所和企业领导及专家推荐基础上初选的新闻进行了微信线上投票。最终的 2019 年度中国造纸工业 10 项要闻，由应邀出席评选会的 15 名北京地区有关领导专家，参考前期行业专家线下推荐及微信线上投票情况，经现场评议最终确定。评选会上，围绕创新、原料、市场、投资等最受关注的行业热点，认真梳理了我国造纸行业 2019 年所发生的具有影响力的重要事件。

1. 2 月 22 日，中国造纸协会联合中国造纸学会首次发布《中国造纸工业可持续发展白皮书》。白皮书以事实为依据，客观地体现了造纸行业的进步和发展现状，用翔实的数据和案例，第一次较全面地向社会展示了中国造纸工业近年来在可持续发展方面做出的努力和对社会的贡献。

2. 3 月 25 日，中国轻工业联合会发布《关于 2018 年度中国轻工业联合会科学技术奖励的决定》，造纸行业共有 9 项技术成果荣获 2018 年度中国轻工业联合会科学技术奖。其中，广西大学等单位承担的“大型二氧化氯制备系统关键技术研发及其在纸浆清洁漂白中的应用”荣获 2018 年度中国轻工业联合会科学技术发明奖一等奖。

3. 5 月 12 日，山东晨鸣纸业集团寿光美伦纸业有限公司在山东省寿光市建设的年产 100 万吨漂白硫酸盐木浆项目投产。该项目总投资 58.5 亿元，原料主要为进口木片，产品全部用于满足晨鸣集团纸浆需求。

4. 5 月 30 日，中国造纸学会第八次全国会员代表大会暨学会成立 55 周年庆祝会在杭州召开，中国轻工业联合会会长张崇和到会并做了重要讲话。大会选举产生了学会第八届理事会和第一届监事会，表彰了“第二届中国造纸蔡伦终身成就奖”获奖者李忠正、黄运基、朱圣光。

5. 5 月 31 日，由中国造纸协会、中国造纸学会、全国工商联纸业商会、中国轻工集团有限公司、中国轻工业信息中心、中国轻工企业投资发展协会联合主办的第四届中国造纸装备发展论坛在杭州召开，共 600 多位嘉宾出席会议。大会发布了《2019 中国制浆造纸装备产业发展报告》。

6. 7 月 11 日，中国造纸协会第五届会员大会暨第五届理事会第一次会议(扩大)在郑州召开，中国轻工业联合会会长张崇和到会并做了重要讲话。会议选举产生了中国造纸协会第五届理事会、监事会及领导成员，并启动了中国造纸工业“十四五”发展研究工作。

7. 10 月 1 日，为纪念改革开放 40 周年，中国造纸杂志社《跃然纸上——造纸工业纪念改革开放 40 周年》专辑出版。全书共收录征文近百篇，业内多方人士通过亲身经历和企业变化，共同描绘了造纸工业改革开放 40 年来的巨大变化。

8. 10 月 10 日，在“2019 中国国际造纸创新发展论坛”上，已完成了全套 22 卷系列丛书出版工作的国家重点出版物出版规划项目——中芬合著《造纸及其装备科学技术丛书》发布。该系列丛书入选“中华人民共和国成立 70 周年 2019 年出版百种科技新书”。

9. 11 月 18 日，中国制浆造纸研究院有限公司作为 ISO/TC6 国内对口单位派代表团赴澳参加第 29 届国际标准化组织纸、纸板和纸浆技术委员会（ISO/TC6）全体会议，汇报了由我国首次主导起草的国际标准 ISO 9184-1《纸、纸板和纸浆-纤维组成分析—第 1 部分：通用方法》的工作情况，并确认由我国主导起草另一项国际标准 ISO 187《试样处理和试验标准大气及其监控程序》。这是我国造纸行业在国际标准工作中取得的重大突破。

10. 12 月 31 日，山东博汇集团有限公司发布公告称，公司实际控制人杨延良及其配偶李秀荣于 12 月 30 日与金光纸业（中国）投资有限公司签署《股权转让意向书》，杨延良及李秀荣拟协议转让其所持山东博汇集团有限公司 100% 股权。

（郭彩云）

2019 年中国造纸工业大事记

Important Events of China's Paper Industry in 2019

1 月

1 月 3 日，据报道被誉为“中国白纸板之乡”的浙江富阳，已拆除造纸等企业 300 余家。2019 年底前，所有造纸企业将全部腾退。同时，有 4 家造纸厂选择留下来，将企业总部设在富春湾新城。

1 月 10 日，2018 年广东省企业竞争力 500 强名单发布。其中，理文造纸有限公司、玖龙纸业(控股)有限公司、东莞顺裕纸业有限公司、虎彩印艺股份有限公司 4 家造纸企业上榜。

1 月 10 日，凯米拉公司位于山东省济宁市兖州区的合资企业——凯米拉天成万丰化学品(兖州)有限公司举行了年产 4 万吨聚合氯化铝建设项目奠基仪式。凯米拉兖州合资企业的整体项目包括酰氯、AKD 蜡粉和 PAC。

1 月 14 日，恒丰纸业股份有限公司发布公告称拟新建 5 万吨/年食品包装用纸项目，项目总投资约为 2.77 亿元。达产后预计年均增加销售收入 3.2 亿元，年均实现利润 3200 万元。

1 月 16 日，《中国造纸》2018 年度“诚铭化工杯”优秀论文评选结果揭晓，最终评选出 15 篇优秀论文。

1 月 16 日，由中国造纸学会主办的全国造纸学会秘书长和分支机构负责人工作会议在北京市召开。地方学会、分支机构代表共 25 人，分别代表 17 个省市自治区学会和 12 个分支机构出席本次会议。

1 月 16 日，2018 年度中国企业信用 500 强名单发布，其中有 3 家造纸企业上榜，分别是山东晨鸣纸业集团股份有限公司、浙江荣晟环保纸业股份有限公司以及山东太阳纸业股份有限公司。

1 月 16 日，玖龙纸业(重庆)有限公司 40 号纸机正式开机出纸。该纸机由维美德公司提供，幅宽 6600 毫米，设计车速 1200 米/分，原料全部使用废纸浆，产品为高强瓦楞原纸，日产 1600 吨。

1 月 21 日，亚赛利公司安装于宜宾纸业股份有限公司南溪工厂的第 4 台 iDEAL 新月型卫生纸机开机。该纸机为双方签订的 5 台纸机中的第 4 台，开机车速 1000 米/分。

1 月 24 日，泰盛科技(集团)股份有限公司 45 万吨/年生活用纸及后加工产业园项目在湖北省荆州市举行项目签约仪式。项目总投资约 35 亿元，用地面积约 53.33 公顷，并将另外配套建设用地面积 20 公顷的生活用纸后加工产业园。

1 月 24 日，浙江景兴纸业股份有限公司发布公告称，公司计划在马来西亚投资建设 80 万吨/年废纸浆板及 60 万吨/年包装用纸原纸生产基地项目。项目总投资为 29940 万美元，主要以进口美国废纸为原料生产废纸浆板和包装用纸原纸。

1 月 25 日，浙江金通纸业有限公司第 2 台新月型高速卫生纸机开机投产。纸机净纸幅宽 3900 毫米，设计车速 1300 米/分，产能 2 万吨/天。

1 月 28 日，亚太森博(山东)浆纸有限公司发布生物基新材料项目规划方案。公司计划投资 9.3 亿元，新建“纤维研发中心(新溶剂法纤维素纤维)实验室和新溶剂法纤维素纤维 2 万吨/年中间试验线项目”。

2 月

2 月 17 日，保定市瑞丰纸业有限公司第 2 台高速卫生纸机开机投产。该纸机为新月型，净纸幅宽 2850 毫米，设计车速 1300 米/分，主要原料漂白商品木浆，设计产能 1.6 万吨/年。

2 月 18 日，广东省建设项目环境保护审批网发布“湛江晨鸣林浆纸一体化三期工程 60 万吨液体包装纸板项目环保验收公告”。项目将新建 1 条 60 万吨/年液体包装纸板生产线及其他配套设施。

2 月 22 日，由中国造纸协会等单位主办的 2019 中国造纸可持续发展论坛在北京市召开。《中国造纸工业可持续发展白皮书》同时首次发布。

2 月 26 日，浙江和泓环保纸业有限公司年产 20 万吨高强瓦楞原纸生产线试机成功。该生产线各设备运转情况良好，试出纸定量 110 克/米^2 品质达标。

2 月 27 日，中国轻工业联合会公布了首批中国轻工业工程技术研究中心认定名单。由河南江河纸业股份有限公司及旗下河南大指造纸装备集成工程有限公司联合申报的“中国轻工业造纸设备工程技术研究中心”成功获批，成为全国首批 59 家中国轻工业工程技术研究中心之一。

2 月 27 日，《2019 世茂西山龙胤 · 胡润全球富豪榜》发布。玖龙纸业（控股）有限公司张茵家族以 340 亿元位列全球第 418 位，蝉联全球造纸行业第 1 名。

3 月

3 月 5 日，全国造纸工业标准化技术委员会换届会议暨第五届一次会议在山东省济宁市兖州区召开。

3 月 6 日，广西横县江南纸业有限公司第 3 台卫生纸机开机投产。新纸机为高速长网纸机，净纸幅宽 2850 毫米，使用漂白蔗渣浆生产定量 30 ~ 50 克/米^2 擦手纸。

3 月 8 日，山东博汇纸业股份有限公司年产 150 万吨包装用纸项目第 1 条生产线在桓台基地开机出纸。该纸机净纸幅宽 9600 毫米，设计车速 1600 米/分，可生产低定量高强瓦楞原纸和挂面箱纸板。

3 月 11 日，宜宾纸业集团有限公司第 5 台生活用纸纸机开机。该纸机与之前投产的 4 台纸机尺寸相同。净纸幅宽 2850 毫米，设计车速 1600 米/分，采用 100% 竹浆为原料。

3 月 13 日，2019 山东（国际）制浆造纸技术及装备展览会暨 2019 山东（国际）生活用纸及纸制卫生用品展览会在山东机械设备展览中心举办。展会期间还举办了 4 场较高水平的技术交流会。

3 月 15 日，保定市满城金光纸业有限公司 6 号高速纸机开机。该纸机净纸幅宽 3550 毫米，设计车速 1300 米/分，设计年产能 2 万吨/年。

3 月 18 日，由中国造纸协会等单位联合主办的“2019 中国纸浆高层峰会”在浙江省杭州市召开。会议围绕经济形势、政策解读、纸浆期货、纸浆供需等热点问题展开了深入讨论。

3 月 20 日，由全国工商联纸业商会主办的 2019 上海纸浆周年会召开。本届年会主题为“未知的中国经济将对中国造纸和全球纸浆市场带来什么”，500 多位行业嘉宾出席活动。

3 月 21 日，由 Hawkins Wright 公司主办的第七届（2019）国际纸浆研讨会在上海市举行。来自世界各地的专家和浆纸行业从业人员参会。

3 月 21 日，生态环境部审议通过了《挥发性有机物无组织排放控制标准》《制药工业大气污染物排放标准》《涂料、油墨以及胶黏剂工业大气污染物排放标准》等 3 项关于大气污染的标准。标准实施后，涂料、油墨和胶黏剂生产企业 VOCs 减排率预计可达 40% 以上。

3 月 21 日，由德勤中国等单位联合评选的中国民企卓越管理公司（Best Management Companies，BMC）发布，包括山鹰国际在内的 23 家中国民企获颁首届 BMC 殊荣。

3 月 22 日，财政部等单位联合发文，决定自 4 月1 日起，降低增值税税率。其中，制造业等行业由现行的 16% 的税率降至 13%。

3 月 23 日，河北省保定市鹏飞造纸厂 2 号机开机投产。该机台为新月型纸机，净纸幅宽 3550 毫米，设计车速 1300 米/分，设计年产能 2 万吨。

3 月 25 日，由中国造纸学会主办的 2019 中国制浆造纸自动化技术与智能制造研讨会在湖南省岳阳市召开。来自制浆造纸企业、自动化、控制系统、仪器仪表等领域近 300 家单位的近 500 名专家学者参加了会议。

3 月 25 日，中国轻工业联合会发布《关于 2018 年度中国轻工业联合会科学技术奖励的决定》。其中 3 项造纸成果荣获科学技术发明奖，6 项造纸成果荣获科学技术进步奖。

3 月 26 日，随着中美贸易摩擦升级，外商生产基地移往东南亚的增多，部分台商回流，荣成纸业股份有限公司、正隆（广东）纸业有限公司和永丰余造纸股份有限公司 3 家台资工业用纸厂已规划在我国台湾省和越南等地新建或扩建纸厂及纸制品厂，投资额已逾 90 亿元新台币，在越南也有纸器厂扩产计划。

3 月 26 日，由中国轻工业信息中心牵头主办的全国造纸工业智能制造现场交流会在广州市召开。

3 月 26 日，金光纸业（中国）投资有限公司副总裁翟京丽与首席运营官刘若飞等出席了以“共同命运、共同行动、共同发展”为主题的 2019 博鳌亚洲论坛年会。

3 月 27 日，金红叶纸业（湖北）有限公司三期年产 12 万吨生活用纸项目正式开工建设。该项目投资 10 亿元，将于 2020 年投产，项目建成后公司产能将达到 36 万吨/年，年产值 30 亿元。

3 月 28 日，生态环境部印发了《2019 年环境影响评价与排放管理工作要点》，明确了 2019 年环境影响评价与排放管理重点任务和工作要求。

4 月

4 月 11 日，四川省造纸行业工作会暨四川省造纸协会、四川省造纸学会 2018 年年会、四川省造纸协会第六届理事会、四川省造纸学会第九届理事会第三次会议、第五次常务理事会在四川省成都市召开。

4 月 14 日，福建省造纸学会第六届会员代表大会在福建农林大学召开。

4 月 16 日，中国造纸协会生活用纸专业委员会通过对各大企业的营销业绩、市场占有率及品牌影响力等多项指标进行全面考察，分别评选出 2018 年度中国生活用纸、女性卫生用品、婴儿纸尿裤、成人失禁用品行业 10 强企业。

4 月 17 日，由中国制浆造纸研究院有限公司主办的第 26 届生活用纸国际科技展览会(2019 年生活用纸年会暨妇婴童、成人卫生护理用品展会)在武汉国际博览中心举办。

4 月 20 日，河北兴荣纸业有限公司 2 号高速卫生纸机开机。该纸机净纸幅宽 3600 毫米，设计车速 1200 米/分。

4 月 23 日，中国造纸化学品工业协会主办的“2019(第三十二届)全国造纸化学品开发与造纸新技术应用研讨会”在浙江省杭州市举办。

4 月 23 日，山东省造纸行业协会六届二次会员代表大会暨 2019 全省造纸行业年会在山东省潍坊市召开。

4 月 26 日，保定富民纸业有限公司 4 号高速生活用纸纸机出纸。该纸机净纸幅宽 3500 毫米，设计车速 1000 米/分，设计产能 50 吨/日。

5 月

5 月 8 日，2019 年河南省造纸年会在河南省漯河市召开。

5 月 9 日，美国政府宣布自 2019 年 5 月 10 日起，对从我国进口的 2000 亿美元清单商品加征的关税税率由 10% 提高到 25% 。

5 月 10 日，保定雨森卫生用品有限公司第 4 台上海轻良实业有限公司 3500 型高速卫生纸机开机。雨森集团 2019 年新增的 4 台上海轻良实业有限公司 3500 型高速纸机已全部开机，4 台纸机均为幅宽 3500 毫米，运行车速 1350 米/分，产能 70 吨/日。

5 月 10 日，河北华泰纸业有限公司废物资源化综合利用项目正式投产运行。项目总投资 1.2 亿元，采用汽轮发电技术，通过焚烧处理造纸产生的固体废弃物生产蒸汽和电。预计可年产蒸汽 52 万吨，发电 9000 万千瓦时，年增效达 2000 多万元。

5 月 12 日，山东晨鸣纸业股份有限公司发布公告称，公司全资子公司寿光美伦纸业有限责任公司在山东省寿光市建设的漂白硫酸盐木浆项目投产。自此，公司将实现纸浆产能与造纸产能相匹配。

5 月 13 日，国务院关税税则委员会发布公告，决定自 2019 年 6 月 1 日起，对已实施加征关税的 600 亿美元清单美国商品中的部分，提高加征关税税率，分别实施 25% 、20% 或 10% 加征关税。对之前加征 5% 关税的税目商品，仍继续加征 5% 关税。

5 月 13 日，国家市场监督管理总局发布《绿色包装评价方法与准则》，定义了“绿色包装”的内涵，要求包装企业工业用水重复利用率不小于 90% 。

5 月 15 日，中国造纸学会纳米纤维素及材料专业委员会（NMC of CTAPI）2019 年年会在天津市召开。

5 月 16 日，由中国造纸学会主办的第二届纳米纤维素材料国际会议在天津市召开。来自 9 个国家的 73 所高校、研究机构和科技公司的 400 多位专家学者参加了此次国际会议。

5 月 16 日，由中国邮政集团公司海南省分公司等单位主办的以“生态海南，绿色快递”为主题的循环包装启动发布会在海南省海口市举行。目前海南邮政等邮政企业、快递企业已经在全岛完成试用，接下来会全面推广。

5 月 16 日，湖北荣成再生科技发展有限公司二期项目正式投产出纸。纸机净纸幅宽 6600 毫米，设计车速 1000 米/分。该机台主要使用废纸原料生产 80 ~ 110 克/米^2 高强瓦楞原纸，年产能 30 万吨。

5 月 21 日，中国制浆造纸研究院有限公司与杭州可靠护理用品股份有限公司在浙江省杭州市签署战略合作协议，标志着双方分别作为国内行业顶级研发机构和一次性卫生护理用品龙头企业正式开展全面合作。

5 月 21 日，金东纸业（江苏）股份有限公司高档纤维基材料智能制造项目在江苏省镇江新区顺利签约。此次签约项目采用“工业 4.0 + 人工智能”，将在原有产品线基础上开拓高附加值新产能。

5 月 24 日，Fastmarkets RISI 亚洲峰会在上海市落幕。会议吸引了来自 25 个国家的 200 余位业内知名企业的管理、市场、研发等人士参会。

5 月 25 日，从浙江省衢州市龙游经济开发区管委会获悉，龙游县已开始筹建全国首个（省级）特种纸检测机构，建成后将成为国内唯一一家集检验检测、科技研发、标准制定、公共服务功能于一体的省级特种纸检测机构。

5 月 26 日，从日照华泰纸业有限公司投资 2.0 亿元建设的大型高端精制牛皮纸机生产线一次性试车成功，生产出第 1 个试验性成品纸卷。

5 月 26 日，凯登制浆设备（中国）有限公司为山东博汇纸业股份有限公司 PM5 护面纸项目提供的 OCC 制浆生产线成套设备成功开机，各项性能指标都达到了设计要求。

5 月 27 日，2019 福建省造纸行业年会暨福建省纸业协会第六届理事会第三次（扩大）会议在福建省三明市召开。

5 月 28 日，在第十六届上海衍生品市场论坛纸浆论坛上，上海期货交易所表示，截至 5 月 24 日纸浆期货累计成交（按单边统计）达 2245 万手，累计成交金额 1.18 万亿元。日均成交量 19 万手，日均成交金额 100 亿元，日均持仓量 7.5 万手。截至 5 月 24 日，纸浆期货主力合约收盘价 4882 元/吨，较开盘价下跌 946 元/吨，跌幅 16.23%。

5 月 28 日，第十六届上海衍生品市场论坛之上衍纸浆论坛在上海市举办。论坛主题为“行业新周期下的机遇与挑战”。

5 月 30 日，中国造纸学会第八次全国会员代表大会暨中国造纸学会成立 55 周年庆祝会在浙江省杭州市召开。

5 月 31 日，由中国造纸协会等 6 家单位联合主办的第四届中国造纸装备发展论坛在浙江省杭州市召开。本届装备论坛由华章科技控股有限公司与中国造纸杂志社共同承办，共计 600 多位行业领导和嘉宾出席会议。

6 月

6 月 4 日，广东省造纸行业协会等单位联合主办的第十六届广州国际纸展在广东省广州市召开。

6 月 11 日，生态环境部和国家市场监督管理总局联合发布《GB 37822—2019 挥发性有机物无组织排放控制标准》。新建企业自 2019 年 7 月 1 日起，现有企业自 2020 年 7 月 1 日起，VOCs 无组织排放控制按照该标准的规定执行。

6 月 13 日，中国制浆造纸研究院有限公司召开科技成果鉴定会，其开发完成的“棉短绒制浆蒸煮液循环及废液综合利用技术研究与应用”项目顺利通过鉴定。

6 月 15 日，江苏利民再生资源有限公司 1 号纸机试产成功。该纸机由山东北方造纸机械厂提供主体设备，幅宽 5000 毫米，设计车速 600 米/分，采用四辊三压，产品为高强瓦楞原纸。

6 月 17 日，广东理文造纸有限公司高档生活用纸（二期）项目正式开工。项目主要生产和销售生活用纸原纸及成品、纸尿片、纸尿裤、湿巾等。投资规模达 6 亿元，预计 2021 年完工，年产值约 15 亿元。

6 月 17 日，山东信和造纸工程股份有限公司为越南胡志明市启顺纸业公司提供的第 1 台幅宽 2850 毫米，设计车速 1500 米/分高速卫生纸机开机。

6 月 18 日，贵州盛世荣创再生科技有限公司年产 50 万吨再生纸生产项目在贵州省瓮安经济开发区举行开工仪式。项目分两期建设，一期拟建 1 条年产 20 万吨瓦楞原纸生产线、二期拟建 1 条年产 30 万吨牛卡纸生产线，配套建设相应的供水及废水处理站、热电站及供配电等工程。

6 月 21 日，溧阳市江南烘缸制造有限公司自主研发生产的直径 22 英尺钢制扬克烘缸投放市场。该烘缸重量达 180 吨，是目前全球最大的钢制扬克烘缸之一，在质量、性能方面达到世界领先水平。

6 月 21 日，中国制浆造纸研究院有限公司与沧州意达花纸印刷材料有限公司在河北省沧州市就“高档涂布水转移印花底纸工艺技术及产业化集成项目”签署技术开发合同。

6 月 24 日，工业和信息化部发布了《关于印发 2019 第一批行业标准制修订和外文版项目计划的通知》。其中，由全国造纸工业标准化技术委员会归口管理以及中国制浆造纸研究院有限公司主要负责起草的 4 项节能标准位列其中。

6 月 25 日，2019 年中国轻工业百强企业高峰论坛在北京市召开。会上发布了“2018 年度中国轻工业百强企业”等评选名单。玖龙纸业（控股）有限公司、山东晨鸣纸业股份有限公司、山东华泰纸业股份有限公司、安徽山鹰纸业股份有限公司、山东太阳纸业股份有限公司、理文造纸有限公司进入中国轻工业百强企业前20强之列。福建省轻工机械设备有限公司、潍坊凯信机械有限公司、山东晨钟机械股份有限公司进入轻工业装备制造业30强企业榜单。

6月25日，总投资超过1亿元的浙江景兴纸业股份有限公司10号纸机改造项目开工。本次改造涵盖流浆箱、压榨部、施胶段、后干燥、传动、气罩及通风系统、损纸系统、纸卷输送装置、蒸汽冷凝水系统、淀粉胶料制备机上料系统等。项目预计2020年8月验收投产。

6月26日，山东太阳纸业股份有限公司发布公告称，拟在广西壮族自治区北海市铁山港区全资设立一家注册资本为50000万元的有限责任公司，公司名称暂定为广西太阳纸业有限公司。新公司主营业务范围包括林木种植、木浆、纸及纸板等的研发、生产、销售。

6月27日，四川环龙新材料有限公司斑布20万吨生物质精炼项目开工仪式在四川省眉山市青神县西龙镇举行。该项目总投资近35亿元，建设周期36个月，其中一期工程预计2020年底投产试运行。

7月

7月2日，《全国鼓励外商投资产业目录》发布。清单中，造纸产业相关内容主要有：新型造纸机械（含纸浆）等成套设备制造，造纸等高耗水行业节水工业设备制造等。

7月9日，《2019中国造纸年鉴》编撰工作终审会议在北京市召开。

7月10日，财富中文网发布了2019年《财富》中国500强排行榜。6家造纸企业入围，分别是玖龙纸业（控股）有限公司，山东晨鸣纸业集团股份有限公司，理文造纸有限公司，山鹰国际控股股份公司，山东太阳纸业股份有限公司，恒安国际集团有限公司。

7月10日，金光集团APP（中国）旗下金红叶纸业集团有限公司的高档生活用纸产业基地在江苏省如东县洋口港经济开发区举行启动仪式。产业基地总投资450亿元，建成后可年产高档生活用纸396万吨。

7月11日，中国造纸协会第五届会员大会暨第五届理事会第一次会议（扩大）在河南省郑州市召开。会上举行了2018年度中国轻工业造纸行业十强企业颁奖仪式，并选举产生了第五届理事会及领导成员，会上讨论了中国造纸协会拟开展的造纸工业“十四五”发展研究和编制的造纸工业“十四五”发展意见框架设想。

7月11日，由中国造纸协会主办的2019中国纸业高层峰会在河南省郑州市举行。

7月11日，山东太阳纸业股份有限公司发布公告拟投资人民币20.16亿元在位于山东省济宁市兖州区的公司本部建设年产45万吨特色文化用纸项目。项目将主要生产高端特色胶版印刷纸，广泛应用于教育、文化出版等行业。

7月12日，浙江省品牌建设联合会发布了《2019年第二批“浙江制造”标准制定计划》，包括各类标准共94项。其中涉及特种纸2项：浙江华丰纸业科技有限公司的卷烟纸，浙江恒达新材料股份有限公司的白色食品级抗水防油原纸。

7月22日、8月1日，河北金博士集团全资子公司河北金博士卫生用品有限公司的4号、5号卫生纸机先后开机。两台纸机为左右手机，均由山东信和造纸工程股份有限公司供货，幅宽为3700毫米，设计车速为1600米/分，开机后金博士集团总产能达到13万~15万吨/日。

7月23日，由北京和碳环境技术有限公司制订的企业标准《HTB 001—2019全面节能诊断技术规范》，在中国国家标准化管理委员会建立的企业标准公共服务平台备案并发布。

7月24日，河北聚润卫生用品有限公司4号机出纸。纸机净纸幅宽3550毫米，设计车速1300米/分，全部使用商品木浆生产高档生活用纸，设计年产能2.5万吨。

7月24日，河北省辛集市福德纸业有限公司首台卫生纸机出纸。该纸机净纸幅宽3600毫米，设计车速800米/分，全部使用商品木浆生产高档生活用纸，设计年产能2万吨。

7月25日，2019中国印刷业创新大会在北京市举办。作为大会同期的重要活动，造纸印刷融合发展论坛于当天下午在北京市召开。

7月25日，山东华泰纸业股份有限公司和斯道拉恩索集团分别发布公告，山东华泰纸业股份有限公司拟收购斯道拉恩索出版用纸有限公司持有的山东斯道拉恩索华泰纸业有限公司60%的股权及其相关的所有权利和义务，股权购买价格为1元；并对斯道拉恩索华泰进行债务重组以清偿斯道拉恩索华泰对银行的所有未偿债务。

7月29日，四川省达州市渠县与中顺洁柔纸业股份有限公司30万吨/年竹浆纸一体化项目正式签约。项目计划投资40.87亿元，预计总工期70个月。其中，制浆生产线一次性投入，3 年内建设完成；造纸生产线分 3 期建设，每期 10 万吨/年。

7 月 29 日，唐山美特好卫生用品有限公司首台卫生纸机开机出纸。该纸机由轻工业杭州机电设计研究院有限公司设计、加工，净纸幅宽 3550 毫米，设计车速 1300 米/分，可以同时生产本色和漂白高档生活用纸，年设计产能 2. 5 万吨。

7 月 29 日，广西嵘兴中科发展有限公司 3 号卫生纸机一次性开机出纸。纸机净纸幅宽 3500 毫米，设计车速 1200 米/分，年产能 2 万吨。

7 月 30 日，山东太阳纸业股份有限公司新品发布会召开。会上发布了无塑涂布食品包装用纸。该产品符合食品级包装材料 BFR、FDA 检测要求，原材料符合《GB 9685 食品级接触材料及制品用添加剂使用标准》要求，完全具备商业化应用基础，可广泛应用于热饮杯、冷饮杯、冰淇淋、纸餐盒等食品包装用纸。

8 月

8 月 6 日，山东太阳纸业股份有限公司发布公告，公司董事会决议终止非公开发行股票事项。公司此次非公开发行股票拟募集资金主要用于老挝 120 万吨/年造纸项目。此项目获得了老挝政府和我国政府的大力支持，目前，国内两家银行已同意为该项目提供贷款，因此公司不再需要通过定增的方式募集资金。

8 月 7 日，2019 年广东省造纸行业节能技术交流会在广东省广州市召开。

8 月 9 日，国一制纸(张家港)有限公司举行了年产 10 万吨(三期)特种纸生产项目奠基仪式。此次总投资 4700 万美元的年产 10 万吨三期特种纸项目，计划于 2019 年 8 月开工，2020 年 12 月投产。

8 月 13 日，由科技部主办、中国制浆造纸研究院有限公司承办的非木材制浆造纸技术国际培训班在北京市举行。本次培训班共有来自 8 个国家的 20 名学员参加。

8 月 22 日，2019 中国民营企业 500 强峰会在青海省西宁市召开。2019 中国民营企业 500 强榜单及有关报告同期发布。造纸和纸制品业共有 6 家企业同时入围 2019 中国民营企业 500 强、2019 中国民营企业制造业 500 强，分别为华泰集团有限公司、玖龙纸业(控股)有限公司、山东太阳纸业股份有限公司、山鹰国际控股股份公司、福建恒安集团有限公司、胜达集团有限公司。

8 月 22 日，中国标准化研究院发布了 2019 年企业标准“领跑者”评估方案及评估机构名单，中国制浆造纸研究院有限公司成功当选企业标准“领跑者”评估机构。

8 月 23 日，山东太阳纸业股份有限公司新材料产业园开工仪式举行。新材料产业园一期项目总投资 45 亿元，主要包括年产 45 万吨特色文化用纸、年产 7 万吨特种纸、年产 18 万吨化学机械浆，以及城市垃圾处理和废水处理提升改造等。

8 月 26 日，第二届中国国际智能产业博览会在重庆国际博览中心盛大开幕。中国轻工集团有限公司下属中国制浆造纸研究院有限公司等三大国家级研究院携 11 项高新技术成果亮相此次博览会。

9 月

9 月 1 日，美国拟即日起对 3000 亿美元中国商品加征 10% 关税。此次加征关税后，中国对美国出口的纸品及浆类产品关税全面提升。

9 月 3 日，2019 山东造纸行业“四新”技术交流及推广会议在山东省威海市召开。

9 月 3 日，保定市维拓造纸机械有限公司提供给保定市旭冉卫生用品有限公司的第 3 台新月型卫生纸机一次性开机成功，该纸机年产能达到 1. 8 万吨/年。

9 月 5 日，芬兰兰泰克系统有限公司的技术交流会暨客户签约仪式在浙江省千岛湖举行。

9 月 6 日，中顺洁柔纸业股份有限公司发布公告称，公司以自有资金在四川省达州市设立了 1 家全资子公司中顺洁柔(达州)纸业有限公司，注册资本 1 亿元，经营范围包括研发、生产、加工、销售(含网上销售)生活用纸、纸巾盒、卫生用品、化妆品、无纺布制品、塑料制品、金属制品、橡胶制品、陶瓷制品、婴儿用品、妇女卫生用品等。

9 月 7 日，由中国轻工业联合会组织的亿昇(天津)有限公司和天津飞旋科技有限公司共同完成的“磁悬浮透平真空泵系统”项目鉴定会在浙江省杭州市举行。

9 月 12 日，工业和信息化部办公厅公布了第 4 批绿色制造名单，其中浆纸行业共有 19 家绿色工厂，5 种生活用纸产品入选绿色设计产品名单。

9 月 17 日，江苏博汇纸业有限公司投资建设的二期年产 75 万吨高档包装纸板项目已正式投产。项目投资 32. 31 亿元，可年产涂布白卡纸 75 万吨。

9 月 17 日，广东省惠州市福新纸业有限公司 3

号机开机。该纸机为新月型高速卫生纸机，净纸幅宽2850毫米，设计车速1300米/分，主要使用商品木浆和蔗渣浆生产各种生活用纸，年产能2万吨。

9月18日，华东七省市第33届学术年会暨中国造纸学会机械设备专业委员会年会在浙江省衢州市龙游县召开。

9月19日，理文造纸有限公司首台国产高速生活用纸纸机（18号机）开机出纸。该纸机为高速新月型卫生纸机，幅宽2850毫米，设计车速1300米/分，日产量达50吨以上。

9月28日，江西理文造纸有限公司第2台（19号机）生活用纸纸机开机出纸。加上已投产的18号、19号机，共有6台相同型号的国产高速新月型卫生纸机，幅宽2850毫米，设计车速1300米/分。剩下的4台纸机也将于近期陆续投产运行，这6台纸机全部投产后，将有10万吨/年原纸产能释放。

9月23日，广西天力丰生态材料有限公司4号机开机出纸。该项目纸机为新月型高速卫生纸机，纸机净纸幅宽2850毫米，设计车速1200米/分，主要使用商品木浆和蔗渣浆生产各种生活用纸，设计产能2万吨/年。

9月25日，千芝雅（湖北）卫生用品项目开工仪式在湖北省孝感市举行。项目建成后将涵盖生产基地、企业办公及培训中心、产品研发中心、品牌运营中心及其他配套生产生活设施，并计划安装30条先进的生产线。投入运营后，预计该生产基地的卫生用品年产能将达到30多亿片。

9月28日，新疆中泰兴苇生物科技有限公司“全产业链经营”暨全苇浆本色生活用纸生产线正式投产。

9月28日，云南云景林纸股份有限公司6万吨/年生活用纸项目的首台生活用纸纸机开机投产。该纸机净纸幅宽2850毫米，设计车速1300米/分，年产能2万吨/年。该项目于2018年3月6日正式开工建设，总投资3.36亿元，建成后预计每年可增加产值4亿元。

9月29日，广西金桂浆纸业有限公司二期年产180万吨高档纸板扩建项目举行开工仪式。

10月

10月8日，由凯登约翰逊（无锡）技术有限公司和凯登制浆设备（中国）有限公司共同主办的“凯登制浆造纸技术研讨会”在江苏省无锡市举办。

10月9日，中国造纸学会第八届常务理事会第二次会议在上海市召开。

10月9日，由中国造纸学会、中国制浆造纸研究院有限公司主办，中国造纸杂志社编辑出版的《Paper and Biomaterials》（造纸与生物质材料，PBM）的第二届编委会在上海市召开。PBM第二届编委人数62人，分别来自10个国家的40家高校和科研院所。

10月9日，保定市维拓造纸机械有限公司在黑龙江省大庆市新庆馨纸业有限公司成功投产了1台幅宽3500毫米、车速1100米/分的新月型卫生纸机。该纸机产能2万吨/日。

10月10日，由中国造纸协会、中国造纸学会和中国制浆造纸研究院有限公司联合主办，中国造纸杂志社承办的2019中国国际造纸科技展览会及会议在上海世博展览馆举行，本届展会再次引发业界同仁对生态构建、融合发展、智能制造、纤维素高值化利用等造纸行业热点问题的关注与思考。

10月10日，由中国造纸学会、中国制浆造纸研究院有限公司共同主办，中国造纸杂志社承办的2019中国国际造纸创新发展论坛在上海市召开。

10月11日，由中国造纸学会、中国制浆造纸研究院有限公司、加拿大林产品创新研究院（FPInnovations）共同主办的2019国际造纸技术报告会在上海市召开。

10月11日，海关总署税收征管局（京津）与中国造纸协会双方的合作备忘录签署仪式在北京市举行，双方决定就政策宣传与反馈、培育优质企业、交流培训及信息支持等方面展开深度合作，共同推进造纸产业经济和对外贸易高质量发展。

10月12日，浙江省杭州市富春湾新城2019年工业企业拆迁工作动员大会召开。此次拆迁涉及造纸企业29家，将淘汰落后造纸产能214.94万吨。

10月12日，牡丹江恒丰纸业集团股份有限公司举行中国造纸博物馆（黑龙江）开馆仪式。博物馆总投资3462万元，建筑面积5998米^2，展厅面积5139米^2，由恒丰纸业企业馆、造纸通史馆和现代科技馆3部分组成，共展出展品5000余件。

10月14日，2019全国特种纸技术交流会暨特种纸委员会第十四届年会和2019中国国际特种纸展览会在浙江省衢州市举办。

10月15日，江苏省造纸行业职工技能（选纸工）大赛决赛在江苏省镇江市金东纸业（江苏）股份有限公司举行。

10月16日，山东太阳纸业股份有限公司广西北海年产350万吨林浆纸一体化项目举行开工仪式。项目总投资 228 亿元，分两期建设，全部投产后预计可实现利税 35 亿元，直接创造 3200 多个就业岗位。

10 月 18 日、20 日，理文造纸有限公司江西九江基地连续投产 2 台国产高速生活用纸纸机，分别为理文集团的生活用纸 20 号机、21 号机，幅宽 2850 毫米，设计车速 1300 米/分。

10 月 19 日，山东省高唐县人民法院公布关于高唐县金城建设投资开发有限公司申请《人民法院报》和人民法院公告网发布对山东泉林集团有限公司破产重整一案的公告，纸业巨头泉林集团面临重整。

10 月 21 日，唐山美特好卫生用品有限公司 2 号机投产。该纸机是由轻工业杭州机电设计研究院有限公司设计、加工的新月型卫生纸机，纸机净纸幅宽 3550 毫米，设计车速 1300 米/分，可以同时生产本色和漂白高档生活用纸，单机设计产能 2.5 万吨/年。

10 月 23 日，十省区造纸装备新产品、新技术交流会议在山东省聊城市召开。

10 月 24 日，山东造纸 2019 年学术年会在东顺集团股份有限公司举行。

10 月 24 日，2019 河南造纸行业“四新”技术交流及推广会议在河南省新乡市召开。

10 月 25 日，第八届 Fastmarkets RISI 国际废纸及箱板瓦楞纸会议在陕西省西安市召开。

10 月 25 日，2035 造纸行业智能制造技术路线图研究项目研讨会在华南理工大学举行。

10 月 31 日，四川省造纸行业“2019 四新技术”交流推广会在四川省成都市召开。

10 月 31 日，第 12 届中国纸业发展论坛在山东省济南市召开。

10 月 31 日，京东集团与 APP 金光集团战略合作暨“蓝蜗牛”复印纸新品发布会在京东集团总部举行。

11 月

11 月 1 日，湖南省临湘市鸿鹤岭林场、荆竹山林场、白石园林场及药菇山林场共同申报的 630.7 公顷毛竹林经营管理通过了中国森林认证（CFCC）——竹林认证主审核，正式成为我国首批通过 CFCC 竹林认证的森林经营单位。

11 月 4 日，人民法院报发布公告，依照《中华人民共和国破产法》，法院裁定宣告宁夏紫荆花纸业有限公司正式破产。

11 月 5 日，金光集团 APP 以“纸艺世界，‘纸’引未来”的展示概念参展第二届中国国际进口博览会。

11 月 6 日，山东省造纸行业第一届职工技能竞赛装配钳工项目比赛在山东工业技师学院举办。

11 月 7 日，在第二届进口博览会召开之际，由人民网主办，金光集团 APP(中国)投资有限公司承办的以“绿色循环，赋能高质量发展”为主题的 2019 中国纸业可持续发展论坛在上海市举行。

11 月 8 日，河南广源纸业有限公司年产 10 万吨高档特种纸项目一期工程 NEW PM1 开机投入运行，成纸质量达到预期效果。该机台设计车速 650 米/分，每年可生产 5 万吨高档特种纸。

11 月 13 日，2019 中国纸浆市场形势研讨会暨纸浆期货上市一周年活动在福建省厦门市召开。

11 月 13 日，第二届中国浆纸环保论坛在福建省厦门市召开。

11 月 14 日，2019 中国国际造纸和装备博览会暨全国纸张订货交易会在福建省厦门国际会展中心举行。

11 月 14 日，由芬兰大使馆和欧洲森林研究所共同举办的“中欧林业生物经济研讨会”在芬兰大使馆官邸举行。

11 月 15 日，2019 中国造纸周之中国浆纸技术论坛暨第十届中华纸业浆纸技术论坛在福建省厦门举行。

11 月 17 日，湖北盛大纸业有限公司年产 20 万吨 A 级高强瓦楞原纸项目顺利投产，该生产线主要生产 90 ~ 140 克/米^2 高强瓦楞原纸，幅宽 5300 毫米，设计车速 750 米/分。

11 月 19 日，第八届中日废纸交流会暨江苏省造纸行业协会第四届四次会员大会在江苏省无锡市召开。

11 月 27 日，2019 纸史和手工纸研讨会在安徽省泾县成功召开。研讨会由中国造纸学会、中国科学技术大学(人文与社会科学学院)主办，国家宣纸及文房用品质量监督检验中心协办，中国造纸杂志社和中国科学技术大学手工纸研究所承办。

11 月 27 日，广东省造纸行业协会第六届第五次会员大会暨 2019 年年会在广东省召开。

11 月 28 日，义乌市义南纸业有限公司 22 号机开机，纸幅成功上卷仅用时 1.5 小时。这条生产线是由维美德公司提供的 OptiConcept M 优化概念模块化生产线，主要生产以废纸为主要原料的高档瓦楞原纸。

11 月 28 日，浙江华川实业集团有限公司的 40 万吨/年包装用纸项目成功出纸。该纸机净纸幅宽 6600 毫米，设计车速 1400 米/分，全部使用废纸原料生产 60 ~ 140 克/米^2 瓦楞原纸，设计日生产量 1200 吨。

11 月 29 日，泰盛集团所属湖北真诚纸业有限公司年产 50 万吨生活用纸扩建项目举行开工奠基典礼。该项目在现有生产规模的基础上扩建 45 万吨生活用纸产能，整个项目分两期建设，一期生产规模 22.5 万吨/年。项目建成达产后，总产能将达到 50 万吨生活用纸，实现收入约 30 亿元。

11 月 30 日，2019 年轻工业（造纸装备）企业家高级研修班在河南省焦作市举办。

12 月

12 月 1 日，发布的最新名单显示，目前全国共有 3154 个国家级非物质文化遗产代表性项目及保护单位上榜，湖南共 118 个保护单位上榜，其中耒阳市蔡伦古法造纸技艺位列其中。

12 月 4 日，全国造纸工业标准化技术委员会第五届二次会议在广东省珠海市召开。

12 月 6 日，湖北省荆州市山鹰华中纸业有限公司首条生产线成功开机。项目采用世界先进的造纸机械与技术，投产后，可达年产 42 万吨高档包装用纸的生产规模。

12 月 10 日，2019 Fastmarkets RISI 卫生用品行业论坛在上海市举办。

12 月 10 日，河南省造纸学会第二届第五次理事会暨技术交流表彰会在河南省郑州市召开。

12 月 10 日，以“智领迭变，耀立新境”为主题的 2019 年比亚迪叉车经销商大会在浙江省宁波市召开。

12 月 11 日，2019 河北省造纸行业年会暨智能制造节能降耗高质量发展技术交流会在河北省滦州市召开。

12 月 13 日，国新办发布《中方关于中美第一阶段经贸协议的声明》称，经过中美两国经贸团队的共同努力，双方在平等和相互尊重原则的基础上，已就中美第一阶段经贸协议文本达成一致。消息称，美方将履行分阶段取消对华产品加征关税的相关承诺，实现加征关税由升到降的转变。

12 月 15 日，2019 湖北省造纸行业协会年会暨湖北省造纸协会第五届（学会七届）理事会第五次会议在湖北省襄阳市南漳县召开。

12 月 17 日，广西斯道拉恩索林业有限公司举办“树造世界，树造未来”媒体见面活动，邀请多家媒体代表前往企业在广西北海市的产业基地，参观其桉树科学育苗、机械化营林、伐木、制浆、造纸等工业流程，现场感受制浆造纸工业绿色可再生的产业理念。

12 月 18 日，保定市满城利达纸业有限公司 2 号生活用纸机开机出纸。该纸机为新月型高速卫生纸机，净纸幅宽 2850 毫米，设计车速 1000 米/分，产能 1.5 万吨/年。

12 月 19 日，由国家知识产权局组织评审的“2019 年度国家知识产权示范企业和优势企业”名单公布，共评选出 274 家国家知识产权示范企业及 1965 家国家知识产权优势企业。其中，上海东升新材料有限公司被评为 2019 年度国家知识产权示范企业，山鹰国际控股股份公司、淄博泰鼎机械科技有限公司、郑州运达造纸设备有限公司、长沙长泰智能装备有限公司、佛山市宝索机械制造有限公司、佛山市南海区德昌誉机械制造有限公司等被评为 2019 年度国家知识产权优势企业。

12 月 21 日，保定市辰宇纸业有限公司 2 号纸机开机出纸。纸机净纸幅宽 3550 毫米，设计车速 1200 米/分，全部使用商品木浆生产各种生活用纸，产能 2.5 万吨/年。

12 月 26 日，保定维拓造纸机械有限公司提供给保定市雄飞造纸厂的第 1 台新月型卫生纸机一次性开机成功，该纸机幅宽 3500 毫米，年产能 1.8 万吨。

12 月 26 日，保定市港兴纸业有限公司 8 号纸机开机出纸。纸机净纸幅宽 3550 毫米，设计车速 1300 米/分，全部使用商品木浆生产高档生活用纸，产能 2 万吨/年。

12 月 28 日，安徽省萧县林平纸业有限公司 5 号机正式投产运行。该项目同时新安装了 2 台幅宽 5600 毫米，设计车速 900 米/分高档包装用纸生产线和配套的废纸浆线。箱纸板、瓦楞原纸总产能为 50 万吨/年。

12 月 28 日，山东庆云胜港纸业有限公司年产 2 万吨生活用纸生产线投产，纸机为新月型卫生纸机，幅宽 2850 毫米，设计车速 1400 米/分。该项目总投资 1 亿元，建设 2 条生产线，每条产能 2 万吨/年。

12 月 30 日，山东博汇纸业股份有限公司实际控制人与金光纸业（中国）投资有限公司签署《股权转让意向书》，拟协议转让其所持山东博汇集团有限公司 100% 的股权。

（郭彩云）

2019 年造纸行业会展信息

Exhibition and Conference Information Summary of Paper Industry in 2019

1 月 16 日，《中国造纸》2018 年度“诚铭化工杯”优秀论文终评会在北京市召开，评选委员会 20 多名专家参加了会议，经专家评选，评选出 15 篇优秀论文，其中，一等奖 1 篇，二等奖 2 篇，三等奖 5 篇，优秀奖 7 篇。

1 月 16 日下午，全国造纸学会秘书长及分支机构负责人工作会议在北京市召开，17 个省市自治区学会和 12 个分支机构的 25 位代表出席了会议。会议主要讨论了中国造纸学会理事会换届筹备工作，确定了中国造纸学会第八次会员代表大会代表名额和理事候选人名额分配方案。会议启动了“组织推选 2019 年中国科学院和中国工程院院士候选人”工作，落实了中国造纸蔡伦终身成就奖推荐工作。

2 月 22 日，“2019 中国造纸可持续发展论坛”在北京市召开，主题为“资源 · 环境 · 结构”，重要出版、印刷和造纸相关单位以及中央和行业媒体 200 余人参加了会议。会议探讨了造纸行业在科技进步、包装生产流通、纸业的经济贡献、电商的促进作用、环境保护取得的进步等话题。会上首次发布了《中国造纸工业可持续发展白皮书》。

3 月 5 日，全国造纸工业标准化技术委员会换届会议暨第五届一次会议在山东省济宁市兖州区召开，来自全国造纸企业、行业协会、检验机构、科研单位的委员、专家和代表共 200 余人参加了会议。会议选举产生了新一届造纸标委会领导及成员，并对造纸标准先进化企业和个人进行了表彰。

3 月 13—15 日，由山东省造纸行业协会、山东省印刷物资有限公司主办的“2019 山东（国际）制浆造纸技术及装备展览会暨 2019 山东国际（国际）生活用纸及纸制卫生用品展览会”在山东省济南市举办。此次展会展出面积约 20000 米^2，展会涉及范围包括纸张、纸浆、制浆设备、自动化控制仪表、化学品、节能环保技术，生活用纸及加工设备、原辅料等。

3 月 18 日，由中国造纸协会和上海期货交易所主办，中国造纸协会商品纸浆工作委员会和厦门建发纸业有限公司承办的“2019 中国纸浆高层峰会”在浙江省杭州市召开。会议以“原料 · 供给 · 融合 · 发展”为主题，重点围绕产业定位、纸浆期货、纸浆供需、政策解读等热点问题深入展开讨论，800 位代表参加了会议。

3 月 20 日，由全国工商联纸业商会主办的“2019 年上海纸浆周年会”在上海市召开，此次年会主题为“未知的中国经济将对中国造纸和全球纸浆市场带来什么”来自国内外制浆造纸企业及相关单位的 500 多位代表出席会议。会议围绕全球浆纸市场的分析、我国纸浆市场的变化和未来展望、进口废纸政策变化等内容进行了演讲。年会同期还举行了“全球林浆纸投资合作研讨会”。

3 月 21 日，由 Hawkins Wright 公司主办的“第七届（2019）国际纸浆研讨会”在上海市举行，此次会议围绕纸浆市场、木材供应、中国废纸进口政策等热点问题进行了研讨。

3 月 25—28 日，“2019 中国制浆造纸自动化技术与智能制造研讨会”在湖南省岳阳市召开。此次会议是推动我国制浆造纸工业改造提升，打造工业互联网平台，拓展“智能 +”，由绿色制造向智能制造发展的一次会议。2 天半的时间内，共交流了 50 多个技术报告，同期进行了 2 场专题研讨，主体分别为“现场仪表应用于运维专题研讨”和“节能减排、工艺方案优化与控制策略专题研讨”。来自制浆造纸企业、自动化、控制系统、仪器仪表等领域的近 300 家单位的 500 名代表参加了会议。会议征集论文 150 余篇，收录论文 136 篇，评选出优秀论文 70 篇。

4 月 11 日，四川省造纸行业工作会暨省纸协、省造纸学会第九届理事会第三次理事会、第五次常务理事会在四川省成都市召开。120 余位代表出席了会议。会议审议通过了《四川省造纸行业协会、学会 2018 年度工作报告》《四川省造纸行业协会 2018 年度监事会工作报告》《四川省造纸行业协会 2018 年度财务收支报告》，表彰了四川省造纸行业“十强企业”，对四川省 2018 年造纸行业生产运营情况进行了总结，对造纸行业相关政策进行了解读。

4 月 14 日，福建省造纸学会第六届会员代表大会在福建省福州市召开。会议审议通过了福建省造纸学会第五届理事会工作报告和财务报告、福建省造纸学会章程、福建省造纸学会会费收取标准和使用管理办法，选举产生了由 33 名常务理事组成的第六届常务理事会及领导成员，陈礼辉当选为福建省造纸学会第六届理事长，黄六莲当选秘书长。

4 月 17—19 日，由中国制浆造纸研究院有限公司主办，中国制浆造纸研究院有限公司和中国造纸协会生活用纸专业委员会联合承办的第 26 届生活用纸国际科技展览会（2019 年生活用纸年会暨妇婴童、成人卫生护理用品展览会）在湖北省武汉市举办。国内外参展企业 852 家，展出面积为 8 万米^2。

4 月 23 日，由中国造纸化学品工业协会主办的“2019（第三十二届）全国造纸化学品开发与造纸新技术应用研讨会”在浙江省杭州市召开，130 余位代表参加了会议。此次会议议题包括：造纸行业发展动向、制浆与造纸化学品新产品技术、纸基功能材料、纳米纤维素制备与应用以及相关仪器与分析检测等。

4 月 23—24 日，山东省造纸行业协会第六届二次会员代表大会暨 2019 全省造纸行业年会在山东省潍坊市召开，200 余位代表参加了会议。会议总结了 2018 年山东省造纸行业生产经营情况，认定了“2018 年度山东省造纸行业‘十强企业’‘十佳企业’”，通报了协会第六届理事会第四次会议审议的决议情况，通过了协会章程修改，并组织了企业交流活动。

5 月 8—9 日，由河南省造纸工业协会主办的“2019 年河南省造纸年会”在河南省漯河市召开。会议总结了 2018 年河南省造纸工业生产运营情况，通报了河南省造纸工业协会 2018 年度工作、财务收支情况及 2019 年工作重点。表彰了 2018 年度河南省造纸工业“十强企业”和“先进企业”，并组织进行了企业交流活动。

5 月 15 日，中国造纸学会纳米纤维素及材料专业委员会 2019 年年会在天津市召开。会议决定聘请日本 Kuga 教授为纳米纤维素专委会顾问；聘请吉林大学徐雁教授、江南大学蒋学教授、东华大学隋晓峰教授、北京理工大学邵自强教授和山东大学赵建教授为纳米纤维素专委会委员；就 2021 年第三届纳米纤维素国际会议的筹备工作向与会委员做了汇报。

5 月 16—17 日，由中国造纸学会主办，天津科技大学、中国制浆造纸研究院有限公司、天津市造纸学会和国家纳米科学中心联合承办的“第二届纳米纤维素材料国际会议”在天津市召开。来自 9 个国家的 400 多位代表参加了会议。此次会议议题包括：纳米纤维素材料的高效制备技术；纳米纤维素材料的形态与特征表征；纳米纤维素材料在传统领域的应用；纳米纤维素材料在非传统领域的应用；纳米纤维素材料在新兴领域的应用等。

5 月 22—24 日，由博闻锐思商务咨询（北京）有限公司主办的第 20 届 Fastmarkets RISI 亚洲峰会在上海市举办，来自 25 个国家和地区的 200 余位代表参加了会议。会议围绕在行业增速放缓的形势下中国造纸企业如何实现增长战略以及中国企业走出去需要注意的问题、造纸行业未来的创新潜力、进口废纸新政导致中国造纸行业整体面临废纸材料短缺等内容进行了交流。会议期间举行了专题研讨论坛，就纸箱采购问题及优化方案、未来纸箱包装需求和中国企业当前进口原纸情况等内容进行了探讨。

5 月 27—28 日，2019 年福建省造纸行业年会暨福建省纸业协会第六届理事会第三次（扩大）会议在福建省三明市召开。会议审议通过了协会 2018 年度理事会工作报告、财务收支情况、监事会报告和 2019 年度工作计划。会议期间举行了 2019 年福建省造纸行业纸浆贸易高峰论坛，会议围绕纸浆市场、智能制造等内容进行了交流。

5 月 28 日，由上海期货交易所、中国造纸协会及厦门建发纸业有限公司联合主办的第十六届上海衍生品市场论坛之上衍纸浆论坛在上海市举办，来自国内外浆纸生产商、贸易商、纸浆用户造纸企业、金融投资机构、期货公司等近 500 位代表出席了会议。此次论坛的主题为“行业新周期下的机遇与挑战”，会议期间还举行了圆桌讨论，围绕全球林浆纸产业发展趋势、开放的经济环境下中国造纸产业变革趋势、“产融结合”给传统纸浆行业带来的机遇与挑战以及未来纸浆价格走势等热点话题进行了交流与讨论。

5 月 30 日，中国造纸学会第八次全国会员代表大会暨中国造纸学会成立 55 周年庆祝会在浙江省杭州市召开。近 200 位会员代表出席了会议。大会审议通过了《第七届理事会工作报告》《第七届理事会财务报告》《中国造纸学会章程》《中国造纸学会会费管理办法》。选举产生了第八届理事会及领导成员，曹振雷同志当选为第八届理事会理事长，曹春昱等 11 位同志当选为副理事长，聘任曹春昱同志为秘书长；选举产生了中国造纸学会第一届监事会，卢宝荣同志当选为监事长。会议期间还为第二届中国造纸蔡伦终身成就奖获奖人李忠正、黄运基、朱圣光 3 位老一辈造纸科技工作者进行了颁奖，对第七届理事会学会优秀工作者进行了表彰，向第六届常务理事颁发了荣誉证书。

5 月 31 日，由中国造纸协会、中国造纸学会等 6 家单位联合主办、中国造纸杂志社等单位承办的第四届中国造纸装备发展论坛在浙江省杭州市召开。此次论坛以“创新促进升级、开放推动发展”为主题，围绕国产造纸装备产业在制浆、造纸、“一带一路”等方面取得的成绩和未来发展方向做了专题讨论，通过分享典型案例、展示优秀品牌、展开深度对话，实现造纸装备与造纸行业的深度融合。600 多位代表出席了会议。会上还发布了《2019 中国制浆造纸装备产业发展报告》。

6 月 4—6 日，由广东省造纸行业协会、广东省造纸行业工会联合会等单位主办的第十六届广州国际纸展在广东省广州市召开。此次展会的宗旨为“打通造纸上下游产业链，拓展中国、东南亚、印度、中东及非洲市场”，展示了各类纸张、制浆造纸装备、造纸化学品等新产品与技术，展会首次设立了“国际造纸进口展区”，来自国内外 200 多家造纸企业参展。展会同期举办了“2019 第四届十省（区）纸业交流会”。

6 月 25 日，由中国轻工业联合会主办、中国轻工业信息中心承办的“强化科技创新、服务美好生活”2019 中国轻工业百强企业高峰论坛在北京市召开。国家部委领导、中国轻工业联合会领导、轻工百强企业代表、各轻工行业协会及相关单位代表等 400 多人出席了会议。会上发布了“2018 年度中国轻工业百强企业”等评选名单。玖龙、晨鸣、华泰、山鹰、太阳、理文进入中国轻工业百强企业前二十强之列。福建轻机、凯信机械、晨钟机械进入轻工业装备制造业三十强企业榜单。会议期间还对轻工业在科技创新、国际合作、品牌建设、协会服务职业化等方面取得的成绩和发展状况进行了交流。

6 月 26—28 日，由中国化工信息中心、VEAS 展览公司联合主办的 2019（第八届）越南造纸工业展在越南胡志明市举办。来自中国、印度、越南、印度尼西亚、日本、韩国等 10 多个国家和地区的 200 多家造纸企业参展，展会展出面积 8000 米^2，中国造纸杂志社组织企业参展面积达 81 米^2。展会同期还举办了越南造纸协会行业年会暨现场技术研讨会，就越南造纸行业的整体形势、市场动向、造纸产品进出口投资、造纸行业科技创新等进行了讨论。

7 月 9 日，《2019 中国造纸年鉴》编撰工作终审会在北京市召开。中国造纸学会理事长曹振雷、秘书长曹春昱、中国造纸学会编辑工作委员会和《中国造纸年鉴》执行编委部分成员出席了会议。会上，编辑部对《2019 中国造纸年鉴》的编撰工作进行了详细汇报，根据启动会的拟定大纲和实际完成情况，与会专家进行了审议并提出了修改意见和建议。

7 月 11 日，中国造纸协会第五届会员大会暨第五届理事会第一次会议（扩大）在河南省郑州市召开。会议审议并通过了中国造纸协会《第四届理事会工作报告》《第四届理事会财务报告》《中国造纸协会章程》《协会会员会费收取和使用的规定》，选举产生了第五届理事会及领导成员。赵伟同志当选为中国造纸协会第五届理事会理事长，钱毅、王旭华、曹春昱等同志当选为副理事长，钱毅同志当选为秘书长，卢慧敏同志当选为监事长，聘任刘文龙、陈刚、董国强同志为副秘书长。会议还审议通过了《第五届理事会机构设置建议方案》《第五届理事会财务收支预算报告》《第五届理事会工作要点》。分组讨论了中国造纸协会拟开展的造纸工业“十四五”发展研究和编制的造纸工业“十四五”发展意见框架设想。会上举行了 2018 年度中国轻工业造纸行业十强企业颁奖仪式。

7 月 11—12 日，由中国造纸协会主办、河南省造纸工业协会协办、中华纸业杂志社承办的“2019 中国纸业高层峰会”在河南省郑州市召开。会议主题为“聚焦调整谋发展 汇集智慧划未来”，针对造纸行业结构调整与高质量发展、全球制浆造纸行业发展、废纸浆创新节能技术与装备、新周期纸业市场环境新变化及高质量发展、进口废纸环境管理政策、废纸的回收现状及未来变化趋势等热点话题进行了探讨。

7 月 25 日，由国家新闻出版署主办的“2019 印刷创新大会”在北京市举办，会议同期举办了“造纸印刷融合发展论坛”。论坛以“绿色·创新·融合·发展”为主题，汇集了中宣部、新闻出版署等政府机关部门，中国造纸协会、中国报业协会等行业组织，造纸、印刷、出版、包装行业企业等150余位行业代表。会议围绕造纸印刷融合发展，造纸印刷新材料、新工艺、新产品的融合创新，报业发展情况、新闻纸生产情况、新闻纸供应保障等问题进行了交流和探讨。会上印刷和造纸行业的专家学者与多家造纸、出版、印刷企业代表共同签署了《造纸印刷融合发展倡议书》，承诺信息共享，责任共担。

8月7日，由广东省造纸行业协会组织的2019年广东省造纸行业节能技术交流会在广东省广州市召开。会议总结了第二阶段(2016—2018年)广东省造纸行业能效对标工作取得的成果，对下一阶段工作安排进行了部署，并为企业推广了锅炉节能新技术，为行业节能工作提供技术支持。

8月22日，2019中国民营企业500强峰会在青海省西宁市召开。2019中国民营企业500强榜单及有关报告同期发布。造纸和纸制品业共有6家企业同时入围2019中国民营企业500强、2019中国民营企业制造业500强，分别为华泰集团、玖龙纸业、太阳纸业、山鹰国际、恒安集团、盛达集团。

9月3—4日，由山东省造纸行业协会、山东造纸学会等单位主办的2019山东造纸行业“四新”技术交流及推广会议在山东省威海市召开，200多位代表参加了会议。此次会议旨在细化服务行业和服务会员，通过采用“新技术、新工艺、新材料、新设备”，加快新旧动能转换，不断提升山东省造纸行业生产管理、环保治理、节能减排、密切造纸相关企业间的交流合作。会议期间，还召开了山东省造纸行业协会技术委员会、环保节能委员会成立会议。

9月18日，华东七省市第33届学术年会暨中国造纸学会机械设备专业委员会年会在浙江省龙游市召开，130多位代表参加了会议。此次会议主题为“节能减排、转型升级、科技创新、合作发展”，探讨了造纸产业融合发展的新思路、新方向、新技术。

10月9日，中国造纸学会第八届常务理事会第二次会议在上海召开。会议传达了中央领导在科协会议上的讲话和中国科协有关学会工作的相关文件精神；通报了中国造纸学会2019年完成的主要工作和开展的重要活动；审议通过了王晓昕同志担任中国造纸学会秘书处副秘书长的提名，第八届理事会工作委员会设置的提案；审议修订了《中国造纸学会蔡伦奖评选表彰办法》；核定了专业委员会调整方案，批准了新的单位会员的入会申请。

10月9日，由中国造纸学会、中国制浆造纸研究院有限公司主办，中国造纸杂志社出版的*Paper and Biomaterials*(造纸与生物质材料)第二届编委会在上海市召开。第二届编委人数62人，分别来自10个国家的40家高校和科研院所。会议通报了期刊的工作情况，围绕如何提高稿件质量、丰富期刊栏目、开拓全新文章类型、拓宽传播渠道和提升国际影响力等话题进行了交流讨论，会上为新一届编委颁发了聘书。

10月10—12日，由中国造纸协会、中国造纸学会和中国制浆造纸研究院有限公司联合主办的“2019中国国际造纸科技展览及会议”在上海市举办，来自15个国家和地区的近200家造纸装备制造、造纸化学品及造纸相关企业参展。展会涉及造纸机械设备、自动化设备及仪器仪表；商品纸浆、纸和纸板；废纸及废纸利用技术；造纸化学品；环保新技术及设备；特种纸原料及设备；包装材料及设备等创新产品及前沿技术。此次展会设立了纸品展示区，汇集了近50家造纸集团和企业的纸产品。

10月10日，由中国造纸协会、中国造纸学会和中国制浆造纸研究院有限公司共同主办，中国造纸杂志社承办的2019中国国际造纸创新发展论坛在上海市召开。此次论坛以“融合创新发展·感知智造力量”为主题，针对造纸行业创新新模式、生态构建、融合发展、智能制造、趋势探索等热点话题进行了探讨。论坛期间还举行了国家重点出版物出版规划项目—中芬合著《造纸及其装备科学技术丛书》结项成果发布仪式。

10月11日，由中国造纸学会、中国制浆造纸研究院有限公司、加拿大林产品创新研究院共同主办，中国造纸杂志社承办的2019国际造纸技术报告会在上海市召开。此次会议邀请中国、加拿大、法国等国家的专家学者，围绕生物质资源高效利用领域的研究焦点热点。加拿大在造纸、生物质资源与产品领域科研的最新动向，制浆造纸的木质纤维素工业化生物质精炼与利用方面的发展，纤维素长丝在纸张、轻质复合材料和高性能混凝土中的应用，秸秆化学机械法制浆技术，玉米秸秆、竹子组分精炼技术，纤维素生物材料在快速发展的卫生纸和可持续包装领域的研发机遇，纳米纤维素的制备与应用，LEEBIO™生物质技术及其在制浆造纸工业的应用等内容进行了交流。

10月14日，由中国造纸学会、中国制浆造纸研究院有限公司、衢州市人民政府主办的 2019 全国特种纸技术交流会暨特种纸委员会第十四届年会在浙江省衢州市举办，来自国内外 100 多家特种纸及相关企业的 300 多位代表参会。年会报告了 2018 年特种纸委员会的工作状况，发布了特种纸的科技成果。会议期间还举办了特种纸技术交流会和特种纸产业发展高峰论坛，围绕“创新驱动，特种纸产业的发展之路”等议题进行了交流探讨。

10 月 14—18 日，由中国造纸学会、中国制浆造纸研究院有限公司、衢州市人民政府主办的 2019 第三届中国国际特种纸展览会在浙江省衢州市举办，共有 110 家企业参展。展览内容包含特种纸、化学品、纤维原料等。展会上首次推出了“特种纸产品展示区”，包括装饰原纸、壁纸原纸、电气用纸、卷烟纸等 50 多种特种纸产品；首次开辟了“国际贸易洽谈区”进行贸易洽谈活动。

10 月 23—24 日，由山东省轻工机械协会等主办的十省区造纸装备新产品、新技术交流会议在山东省聊城市召开。此次会议主题是“使大家及时掌握国内外造纸行业发展动态，增进对造纸装备新产品、新技术的了解，为造纸行业的结构调整、提质增效工作提供更好的服务”。来自造纸及造纸装备企业的近 200 名代表参会，共同探讨了在新时代、新形势下，造纸装备行业如何加快新旧动能转换，落实“中国制造 2025”的战略目标，保持高质量发展。

10 月 24—25 日，山东造纸 2019 年学术年会在山东省东平县举行，来自省内外造纸及相关企业的约 150 人参加了会议。会议同期召开了山东造纸学会 2019 年第二次常务理事会议。本次会议结合宏观经济对行业的发展进行了分析，对“热喷涂在造纸设备中的应用”“制浆造纸用水封闭循环技术”等热点话题进行了探讨。

10 月 24—25 日，由河南省造纸工业协会、新乡新亚纸业集团股份有限公司主办的 2019 河南造纸行业“四新”技术交流及推广会议在河南省新乡市召开。会议围绕造纸废水处理的关键技术、制浆造纸废水处理工艺流程及技术、原料水分监测流程及进厂流程的智能化管理等议题进行了交流。会议期间对河南省重点企业节能减排竞赛先进单位、先进个人进行了表彰。

10 月 25 日，由中国造纸学会承担的 2035 造纸行业智能制造技术路线图研究项目研讨会在广州召开。会议就造纸行业智能制造的技术方案和 2035 路线图、什么是智能制造以及如何发展智能制造、制浆造纸企业智能制造现状、企业智能制造战略目标、智能制造突破的瓶颈问题进行了讨论。

10 月 25 日，由博闻锐思商务咨询（北京）有限公司主办的第八届 Fastmarkets RISI 国际废纸及箱纸板和瓦楞原纸会议在陕西省西安市召开。来自 26 个国家、120 家公司的 200 余位代表参加了会议。会议围绕全球废纸市场再平衡和中国包装市场的机遇与挑战这两个主题，就废纸政策对亚洲市场造成的冲击，东南亚市场的评估，以及近两年箱纸板和瓦楞原纸市场变化、在包装设计和选择以及产品经营做出的调整和考虑，纸代塑，产品包装行业的发展方向及各自规划等话题进行了交流探讨。

10 月 31 日，由四川省造纸行业协会和四川省造纸学会主办的四川省造纸行业“2019 · 四新技术”交流推广会在四川省成都市召开，约 170 位代表参加了会议。此次会议围绕智能制造和节能环保的主题进行了交流，希望通过新技术和新装备的运用，促进行业转型升级。

10 月 31 日，由全国工商联纸业商会主办的第 12 届中国纸业发展论坛在山东省济南市召开。来自国内外造纸及相关单位的 300 多位代表参加了会议。论坛主题为“以变应变，向高而生”，围绕新形势下造纸行业格局演变、造纸产业突围路径、谋划以变应变向高而生的应对之策、造纸行业高质量可持续发展的有效路径等进行了分享与探讨。会上还进行了《绿色设计产品评价技术规范包装用纸和纸板》标准发布仪式。

11 月 7 日，由人民网主办、金光集团 APP（中国）承办的 2019 中国纸业可持续发展论坛在上海市召开。此次论坛以“绿色循环 赋能高质量发展”为主题，围绕可持续发展的绿色纸业，就智能制造、清洁生产、绿色循环等话题进行了深入探讨，为我国纸业提高质量可持续发展赋能。

11 月 13 日，由中国造纸协会和上海期货交易所联合主办，中国纸张纸浆进出口有限公司和厦门国贸纸业有限公司承办的 2019 中国浆纸市场形势研讨会在福建省厦门市召开。会议就纸浆纸张产需现状与趋势、化学商品浆市场动态、漂白针叶木浆市场和阔叶木浆市场的趋势、如何在纸浆市场运用期货工具等内容进行了交流。

11 月 13 日，由中国造纸协会主办，中国造纸协会环境保护专业委员会、轻工业环境保护研究所承办的第二届中国浆纸环保论坛在福建省厦门市召开，130 余位代表参加了活动。会议围绕造纸工业与斯德哥尔摩公约履约、制浆造纸清洁生产与水污染全过程控制、造纸行业排污许可证后监管、排污许可及固定源环境管理新趋势、现代制浆造纸厂大气污染排放、造纸废水回收利用、造纸厂废渣处理等问题进行了交流。

11 月 14 日，由中国造纸协会主办的 2019 中国国际造纸和装备博览会暨全国纸张订货交易会在福建省厦门市举行。展会展出产品包含纸浆、纸及纸板、纸制品、机械设备、原辅材料等。

11 月 14 日，由芬兰大使馆和欧洲森林研究所共同举办的“中欧林业生物经济研讨会”在芬兰大使馆官邸举行。会议介绍了欧洲的循环生物经济状况、我国的循环生物经济状况，并从生物经济、未来规划、资金缺口等角度对中国和欧洲的生物经济以及循环经济的发展进行了探讨。

11 月 15—16 日，由中国造纸协会主办、维美德(中国)有限公司协办的 2019 中国造纸周之中国浆纸技术论坛暨第十届中华纸业浆纸技术论坛在福建省厦门市举行。来自国内外造纸及相关单位的近 200 位代表参加了会议。此次论坛以“新技术 新产品 助力纸业高质量发展”为主题，围绕原料开发、产品升级、节能降耗、提质增效、绿色低碳、智能控制的新技术、新产品，交流新经验、新成果，预测技术发展趋势与发展方向。

11 月 19—20 日，由中国造纸协会、中国再生资源回收利用协会主办，江苏省造纸行业协会承办，江苏省纸联再生资源有限公司协办的第八届中日废纸交流会暨江苏省造纸行业协会第四届四次会员大会在江苏省无锡市召开。江苏省造纸行业协会第四届四次会议通报了第四届四次理事会审议通过的主要事项，对江苏省造纸行业的大国工匠、职工技能大赛以及一线职工疗休养活动进行了颁奖和表彰。第八届中日废纸交流会围绕日本废纸状况及受中国废纸政策的影响、中国造纸工业的现状和原料需求进行了交流；访谈环节，就目前中国垃圾分类、废纸原料供给、未来中国废纸进口化、废纸浆进口标准、提高废纸浆纤维强度等关系到企业生存和发展的问题进行了探讨。

11 月 27—28 日，由中国造纸学会、中国科学技术大学(人文与社会科学学院)主办，国家宣纸及文房用品质量监督检验中心协办，中国造纸杂志社和中国科学技术大学手工纸研究所承办的“2019 纸史和手工纸研讨会”在安徽省泾县召开。来自全国各地从事纸史研究及手工纸生产、检测的 70 多位专家学者和企业代表参加了会议。此次研讨会搭建了造纸史和手工纸的学术交流平台，有利于我国造纸文化的研究、传承和传播，对我国文化软实力输出具有重要意义。

11 月 27—29 日，广东省造纸行业协会第六届第五次会员大会暨 2019 年年会在广东省惠州市召开，省内外行业协会代表、造纸相关企业代表共计 350 多人参加了会议。会议审议通过了广东省造纸行业协会第六届理事会工作状况、第六届监事会工作报告及财务工作报告；选举产生了新一届理事会、监事会成员。会议发布了 2019 年广东省造纸行业年度报告；对 2018 年度广东省造纸行业能效对标先进单位和先进个人、2019 年广东省造纸行业“星级工会”进行了表彰；会议同期召开了广东省造纸行业协会第七届第一次理事会暨监事会会议，选举产生了新一届常务理事、监事长和副监事长。

12 月 4 日，全国造纸工业标准化技术委员会第五届二次会议在广东省珠海市召开，180 多位代表参加了会议。会议对 2019 年造纸标委会主要工作进行了汇报，并对 2020 年国际标准化工作重点进行了阐述。会议组织了《湿巾》《一次性纸制品降解性能评价方法》等 24 项造纸标准的审查，并对《一次性卫生用品面层》《高效空气过滤纸》《本色浆》3 项标准进行了研讨。审查的 24 项标准均通过委员审查，会上委员一致投票通过 TC141/SC6 造纸标委会特种纸分技术委员会的撤销表决。

12 月 10 日，由博闻锐思商务咨询(北京)有限公司主办的 2019 Fastmarkets RISI 卫生用品行业论坛在上海市举办，来自全球 18 个国家的 160 位代表参加了会议。此次会议设立了五大专题：卫品市场的战略驱动力、非织造布的创新、纸尿裤市场、女性卫生用品市场、成人卫生用品市场。会议期间还组织了两场圆桌讨论，围绕“中国成人一次性卫生用的产品、品质、材料、检测、中国成人一次性轻度失禁产品的发展”等业内热门问题进行了探讨。

12 月 10—13 日，河南省造纸学会第二届第五次理事会暨技术交流表彰会在河南省郑州市召开。会议总结了 2019 年的工作和 2020 年的工作安排，介绍了 2019 年河南省制浆造纸及纸制品行业总体情况、2019 年河南省制浆造纸及纸制品预估计生产量及 2020 年河南省制浆造纸发展趋势，对获得“河南省造纸产业创新企业及创新企业家”荣誉的单位和个人进行了表彰。会议围绕造纸行业国家“绿色工厂”、节能减排、纸浆期货投资等方面进行了技术交流。

12 月 11—12 日，由河北省造纸协会主办的

2019 年河北省造纸行业年会暨智能制造节能降耗高质量发展技术交流会在河北省滦州市召开，160 多位代表参加了会议。此次会议以“新亮点、新智慧、新材料”推动河北纸业高质量发展为主题，探讨了智能制造、节能降耗等新技术。会上还对 2019 年河北省造纸行业发展情况做了总结，对 2020 年的发展进行了展望。

12 月 15—17 日，2019 年湖北省造纸行业协会年会暨湖北省造纸协会第五届(学会第七届)理事会第五次会议在湖北省襄阳市召开。会议总结了 2019 年湖北省造纸行业运行情况，分析了造纸行业发展趋势，传达和解读了相关政策。会议期间对湖北省造纸行业突出贡献奖获得者进行了表彰；组织了湖北省造纸及相关企业的技术交流。

12 月 21 日上午，由四川自信文化发展有限公司主办“四川夹江复原大千古法书画纸专家研讨会”在北京市举行。会上，专家们对复原大千古法书画纸议题十分重视，对如何复原古法制作工艺，如何选料等细节做了详尽探讨和深度剖析，并对如何适应市场需求和开辟新的营销渠道做了大胆的设想和建议。

(曹凯月 王 斌)

地方造纸工业

LOCAL PAPER INDUSTRY

广东省造纸工业
山东省造纸工业
浙江省造纸工业
江苏省造纸工业
福建省造纸工业
河南省造纸工业
湖北省造纸工业
四川省造纸工业
广西壮族自治区造纸工业
天津市造纸工业
辽宁省造纸工业
山西省造纸工业
陕西省造纸工业

8

广东省造纸工业

Paper Industry in Guangdong Province

【行业概况】

2019 年，广东省造纸行业生产量有所回升，但是盈利下降，企业利润低或亏损运营，行业仍然面临发展困难。广东省造纸工业规模以上企业 252 家，平均用工人数 20.73 万人，同比下降 3.4%；机制纸及纸板生产量 2223.09 万吨，同比增长 6.14%，占全国纸及纸板总生产量的 17.76%，连续 3 年居全国首位；完成工业增加值 523.96 亿元，同比增长 3.3%。全年造纸及纸制品业实现利润总额 119.76 亿元，同比下降 17.2%；营业收入 2447.08 亿元，同比下降 4.2 %；资产合计达 2271.98 亿元，同比增长 3.3%；负债达 1143.96 亿元，同比增长 3.1%。表 1 所示为 2019 年广东省造纸工业主要产品生产量。

表 1　2019 年广东省造纸工业主要产品生产量

单位：万吨

纸及纸板品种	生产量		同比
	2019 年	2018 年	/%
纸及纸板	2223.09	2094.55	6.14
1. 新闻纸	43.12	38.06	13.29
2. 未涂布印刷书写纸	234.83	248.15	-5.37
3. 涂布纸(含白卡纸)	121.60	104.30	16.59
4. 生活用纸	112.90	106.43	6.08
5. 包装用纸(含灰卡纸)	124.40	112.62	10.46
6. 白纸板	288.66	265.08	8.90
7. 箱纸板	684.91	657.90	4.11
8. 瓦楞原纸	540.67	502.65	7.56
9. 特种纸及纸板	57.40	51.36	11.76
10. 其他纸及纸板	14.60	8.00	82.50
商品浆	159.00	159.00	0

【原料】

广东省造纸工业所用的纤维原料主要来自回收纤维，但是近几年，随着国家固体废物进口限制，进口废纸配额逐年减少，广东省造纸原料回收纤维的占比有所下降，目前约为 70%。部分大型箱纸板企业在海外建立的废纸浆厂已经开始向企业供浆，也有一些企业正在寻找替代的废纸原料，保证国内废纸的需求。在原生浆方面，湛江晨鸣浆纸有限公司化学浆、化学机械浆生产正常，全省商品浆的年生产量达到 159 万吨，全部用于省内消费，另外每年还要进口或从外省购买商品木浆约 460 万吨，非木材浆的使用比例很小，只是在极少数生活用纸厂使用。

【重点造纸企业情况】

2019 年，广东省纸及纸板产能超过 10 万吨的造纸企业 38 家，其中 100 万吨以上的企业有 6 家，30 万～100 万吨的企业有 14 家，10 万～30 万吨的企业有 18 家。2019 年广东省重点造纸企业主要产品及生产量见表 2。

【节能减排】

广东省造纸行业协会组织省内典型的 21 家造纸企业开展能效对标活动，并开展能效“领跑者”评选，由广东省经济和信息化委员会公布的 2018 年广东省造纸行业能效“领跑者”，分别是：亚太森博(广东)纸业有限公司文化用纸，直接生产系统能耗 189.73 千克标准煤/吨；广东理文造纸有限公司箱纸板，直接生产系统能耗 196.02 千克标准煤/吨；广东理文造纸有限公司涂布白纸板，直接生产系统能耗 202.39 千克标准煤/吨；维达纸业(中国)有限公司卫生纸原纸，直接生产系统单位产品综合能耗为 245.55 千克标准煤/吨。

表 2　2019 年广东省重点造纸企业

单位	生产量/万吨	主要产品
玖龙纸业（控股）有限公司	525	牛卡纸、涂布纸板、瓦楞原纸、白卡纸
广东理文造纸有限公司	300	箱纸板、瓦楞原纸、涂布白纸板、生活用纸
湛江晨鸣浆纸有限公司	180	漂白硫酸盐阔叶木浆、高级文化纸
东莞建晖纸业有限公司	98	单面涂布灰底白纸板、环保牛皮箱纸板
亚太森博（广东）纸业有限公司	100	高档文化用纸
广州造纸集团有限公司	56	新闻纸、文化用纸
珠海经济特区红塔仁恒纸业有限公司	60	高档涂布白卡纸、高档涂布白纸板
东莞金洲纸业有限公司	65	高强瓦楞原纸、高档牛皮箱纸板
维达纸业（广东）有限公司	50	生活用纸
中顺洁柔纸业股份有限公司	41	生活用纸
广东冠豪高新技术股份有限公司	20	无碳纸、热敏纸、不干胶

【科研与技术进步】

广东省造纸行业一直坚持科技创新与技术进步，广东省造纸领域科研单位技术力量雄厚，创新基础好，有国家级科研平台：华南理工大学制浆造纸工程国家重点实验室和造纸与污染控制国家工程研究中心，还有广东省造纸研究所、中科院广州化学研究所、广东省出入境检验检疫局技术中心，以及国家纸制品质量监督检验中心等科研检测单位。以上单位坚持推动科技与产业、市场、资本高效对接，把更多科技成果转化为先进生产力，把创新落实到发展上，促进了广东省造纸工业的技术进步。另外，华南理工大学和广东省轻工职业技术学院每年都为广东省造纸行业输送很多高水平的专业技术人员，同时也为广东省造纸企业进行专业技术培训，保障了广东省造纸行业的技术力量。2019 年，华南理工大学多位教授在造纸领域获得重大成果，荣获多项奖励。华南理工大学陈克复院士牵头的项目“制浆造纸清洁生产与水污染全过程控制关键技术及产业化”获得 2019 年国家科技进步一等奖，胡健教授牵头的项目“国防专用项目”获得 2019 年高等学校科学研究优秀成果（国防专用项目）科技进步一等奖，樊慧明教授牵头的项目“现代造纸过程纸页三维结构调控先进技术与装备”获得 2019 年轻工业联合会科技进步奖二等奖。

【学术会议】

广东省造纸学会 2019 年学术年会于 2019 年 12 月 17—18 日在广州市华南理工大学逸夫人文馆报告厅召开。会议邀请了高校、研究所、海关、造纸企业和化工等领域的专家作报告，学会各会员单位及相关企业代表共 100 余人参加了会议。大会还举行了华南理工大学造纸学科科研成果发布会，分别有 6 位教授介绍了各自的科研成果及其在行业中的应用，参会代表对部分新成果非常感兴趣，表示愿意加强和华南理工大学轻工科学与工程学院的产学研合作。代表们参观了华南理工大学制浆造纸工程国家重点实验室成果展，对实验室所取得的科研成果深表佩服，也对今后与华南理工大学的科研合作更有信心。大会还颁发了“广东省造纸学会科学技术奖”，分别授予广州造纸股份有限公司等 5 家单位“广东省造纸学会科学技术奖”成果奖一等奖，亚太森博（广东）纸业有限公司等 10 家单位“广东省造纸学会科学技术奖”成果奖二等奖，并对上述获奖的单位颁发了证书。

【清洁生产】

2019 年，广东省造纸行业 5 家企业获“广东省清洁生产企业”称号，分别是广东理文造纸有限公司、东莞顺裕纸业有限公司、东莞建晖纸业有限公司、东莞理文造纸厂有限公司、东莞金洲纸业有限公司。玖龙纸业（东莞）有限公司获“2019 年度粤港清洁生产优越伙伴（制造业）标志”，中山永发纸业有限公司、中山联合鸿兴造纸有限公司获“2019 年度粤港清洁生产伙伴（制造业）标志”。

【绿色低碳】

截至 2019 年年底，国家工信部共公布了 4 批绿色工厂，其中，造纸行业被评为“绿色工厂”的企业有34家，广东省有7家，数量最多。广东省获得“绿色工厂”称号的企业分别是：东莞建晖纸业有限公司、广东冠豪高新技术股份有限公司、东莞金洲纸业有限公司、玖龙纸业（东莞）有限公司、东莞顺裕纸业有限公司、湛江晨鸣浆纸有限公司和珠海红塔仁恒包装股份有限公司。2019年广东省共56家造纸企业被纳入碳排放控排企业管理，6家企业被纳入新建项目企业管理。

（雷以超　张翠梅）

山东省造纸工业

Paper Industry in Shandong Province

【行业概况】

1. 主要经济指标

2019 年山东省造纸行业销售收入 1330 亿元，同比下降 1.48%，占全国(统计口径)的 17.38%；利税合计 106 亿元，同比下降 13.11%；利润总额 67 亿元，同比下降 15.19%，占全国(统计口径)的 18.66%；资产总计 1830 亿元，同比增长 4.57%，占全国(统计口径)的 17.45%。与历史最好水平的 2017 年相比，2019 年全省造纸行业销售收入下降 5.33%、利税总额下降 19.08%、利润总额下降 27.72%，主要经济指标连续 2 年负增长。

2. 主要品种产量

2019 年山东省内纸及纸板生产量 1830 万吨，同比增长 1.11%，占全国(行业口径)的 17.00%。其中，机制纸 870 万吨，比 2018 年减少 10 万吨，占省内 48%；机制纸板 960 万吨，比 2018 年增加 30 万吨，占省内 52%。主要品种生产量：新闻纸 23 万吨，比 2018 年减少 7 万吨，占全国 15.33%；未涂布印刷纸 380 万吨，比 2018 年增加 30 万吨，占全国 21.35%；涂布印刷纸 215 万吨(其中：铜版纸 206 万吨，比 2018 年减少 14 万吨，占全国 32.70%)，比 2018 年减少 20 万吨，占全国 31.62%；生活用纸 98 万吨，比 2018 年减少 4 万吨，占全国 9.75%；特种纸及薄页纸 97 万吨，比 2018 年增加 2 万吨；白纸板 375 万吨(其中：涂布白纸板 335 万吨，与 2018 年持平，占全国 24.81%)，比 2018 年增加 5 万吨，占全国 26.60%；包装纸板 495 万吨(其中：箱纸板 230 万吨、瓦楞原纸 265 万吨，分别占全国 10.50%、11.94%)，比 2018 年增加 25 万吨，占全国 11.22%。

根据调研汇总，山东省造纸企业在省域外的纸及纸板生产量 470 万吨，比 2018 年增加 43 万吨，同比增长 10.07%，产品主要包括未涂布印刷纸、涂布白卡纸、新闻纸、生活用纸等中高档品种。

【原料】

2019 年，山东省内原生纸浆生产量 558 万吨，比 2018 年增加 8 万吨，同比增长 1.45%。其中：(1)溶解浆 52 万吨，比 2018 年增加 1 万吨，同比增长 1.96%。(2)造纸用浆 506 万吨，比 2018 年增加 7 万吨，同比增长 1.40%，占全国 27.26%。其中：草浆 15 万吨，比 2018 年减少 7 万吨，占全国草浆总生产量的 9.91%；木浆 491 万吨，比 2018 年增加 14 万吨，占全国木浆总生产量 38.72%。在木浆生产量中，化学木浆 269 万吨，比 2018 年减少 9 万吨，同比减少 3.24%；化学机械浆 222 万吨，比 2018 年增加 23 万吨，同比增长 11.56%。目前，山东省内亚太森博(山东)浆纸有限公司、山东太阳纸业股份有限公司、山东晨鸣纸业集团股份有限公司 3 家企业省内木浆产能均达到 150 万吨/年以上，带动了全行业进口木片、进口木浆以及自制木浆、木材加工“三剩物”等原料供给结构的不断优化。为巩固自制木浆产能、生产量第一大省地位做出了重要贡献。山东造纸行业基本建成了符合产业特色的“林浆纸一体化”发展模式。

科学合理的原料结构有利于纸及纸板产品结构的调整和优化，有利于加快研发新的花色品种，提升产品差异化发展水平。经过多年持续调整，山东省造纸行业已经形成以木浆、废纸浆为主导，非木材浆等其他原料为补充的原料结构，其中木浆比例 53%、废纸浆比例 40%。近 10 年来山东省部分重点大企业十分重视自制木浆的发展，与 2009 年相比，2019 年木浆生产量增长 293%，年均增长 14.66%，其中：化学木浆增长 389%，年均增长 17.2%；化学机械浆增长 217%，年均增长 12.2%。

根据调研汇总，山东省造纸企业省域外纸浆生产量合计 295.06 万吨(其中造纸用纸浆产量 267.70 万吨，比 2018 年增加 61 万吨，同比增长 29.47%)，比2018年增加81万吨，同比增长37.85%。

【生产企业】

2019年，山东省制浆造纸企业约有190家，浆纸生产量超过10万吨的企业40家，其中，超过100万吨/年的企业6家，50万~100万吨的企业4家，20万~50万吨的企业17家。山东省拥有山东晨鸣纸业集团股份有限公司、山东太阳纸业股份有限公司、华泰集团有限公司、山东博汇纸业股份有限公司、山东世纪阳光纸业集团有限公司5家世界造纸百强企业，6家纸业上市公司且业绩优良稳定，大企业支撑和引领行业持续发展的作用进一步增强。2019年度山东省造纸行业浆纸生产量超过100万吨/年的企业见表1，2019年度山东省造纸行业浆纸生产量20万~100万吨/年的企业见表2，2019年度山东省造纸行业销售收入前10名企业见表3。

【基建与技改】

根据对全省40家骨干造纸企业调查汇总分析，2019年度新建和技改项目投资总额约112亿元，同比增长10.78%。随着国家"禁塑"政策的不断深入民意民心，浆纸产品的应用新领域会得到快速拓展，这是造纸行业新建和技改项目的推动力。

1. 省内建成浆纸项目

2019年，山东省内建成纸及纸板产能合计约200万吨，建成原生纸浆产能140万吨，其中化学木浆110万吨、化学机械浆30万吨。建成浆纸项目主要包括：寿光美伦纸业有限责任公司100万吨/年漂白硫酸盐化学木浆、山东太阳纸业股份有限公

表1　2019年度山东省造纸行业浆纸生产量超过100万吨/年的企业

序号	单位名称	集团生产量/万吨	省内生产量/万吨
1	山东晨鸣纸业集团股份有限公司	501.0	212.0
2	山东太阳控股集团有限公司	499.0	499.0
3	华泰集团有限公司	307.7	248.0
4	山东博汇集团有限公司	235.2	118.0
5	亚太森博(山东)浆纸有限公司	245.0(纸浆189.0)	245.0(纸浆189.0)
6	山东世纪阳光纸业集团有限公司	134.0	134.0

表2　2019年度山东省造纸行业浆纸生产量20万~100万吨/年的企业

序号	单位名称	生产量/万吨
1	中冶银河纸业有限公司	68.5
2	邹平汇泽实业有限公司	59.9
3	淄博永丰环保科技有限公司	55.4
4	东顺集团股份有限公司	53.9
5	山东联合纸业有限公司	49.9
6	德州泰鼎新材料科技有限公司	48.0
7	汇胜集团股份有限公司	48.0
8	山东仁丰特种材料股份有限公司	43.0
9	枣庄华润纸业有限公司	43.0
10	远通纸业(山东)有限公司	36.3
11	齐峰新材料股份有限公司	35.0
12	泰山石膏股份有限公司泰和纸业	30.0
13	山东恒联投资集团有限公司	27.0
14	山东恒安纸业有限公司	25.0
15	山东江河纸业有限公司	23.0
16	山东寿光鲁丽纸业有限公司	23.0
17	山东丰源中科生态科技有限公司	23.0
18	山东庞疃纸业有限公司	20.6
19	烟台市大展纸业有限公司	20.1
20	山东荣华纸业股份有限公司	20.0
21	威海龙港纸业有限公司	20.0

表3　2019年度山东省造纸行业销售收入前10名企业

序号	单位名称	销售收入/万元
1	山东晨鸣纸业集团股份有限公司	8623646
2	华泰集团有限公司	7498149
3	山东太阳控股集团有限公司	5206840
4	山东博汇集团有限公司	3124999
5	亚太森博(山东)浆纸有限公司	1033350
6	山东世纪阳光纸业集团有限公司	651711
7	东顺集团股份有限公司	520550
8	齐峰新材料股份有限公司	324982
9	中冶银河纸业有限公司	301933
10	山东恒联投资集团有限公司	293564

司20吨/年本色高得率生物质纤维项目，山东博汇集团有限公司150万吨/年包装用纸项目、威海龙港纸业有限公司15万吨/年包装用纸生产线，山东恒联投资集团有限公司、日照华泰纸业有限公司搬迁升级改造新材料和浆纸项目等。这部分浆纸新产能工艺技术先进、装备智能化、产品品级优，进一步优化了原料结构和产品结构，加快了全行业新旧动能转换步伐。

2. 省域外(含境外)建成浆纸项目

2019年，山东省造纸企业省域外建成浆纸项目技术装备大型化、自动化、智能化水平高，纸及纸板档次高，进一步提升相关企业产业地位。已建成项目主要包括：太阳纸业控股老挝有限责任公司30万吨/年漂白木浆和40万吨/年废纸浆生产线，开始供应山东总部纸及纸板的生产，是第一家践行“一带一路”发展战略的国内造纸企业；山东博汇集团有限公司建成江苏博汇纸业有限公司二期75万吨/年涂布白卡纸生产线。

【科研与技术进步】

创新是发展的第一驱动力。山东省造纸产业越来越重视技术创新和产品创新，积极主动与国内高等院校和科研院所合作，寻求技术支撑和支持。多年来，依托齐鲁工业大学以及多家国家级企业技术中心、博士后科研工作站、院士工作站、重点实验室和30余家省级企业技术中心、工程技术中心等研发平台，为产业创新驱动发展奠定了坚实基础，也取得丰硕成果。

1. 造纸企业技术创新成果丰硕

根据收集到的信息，近20年来齐鲁工业大学和山东省造纸企业主导或参与的科研项目，荣获省(部)级、国家级科学技术进步奖或技术发明奖二等奖及以上奖项21项，主要集中在齐鲁工业大学、山东太阳纸业股份有限公司、华泰集团有限公司、山东晨鸣纸业集团股份有限公司、山东泉林纸业有限责任公司、中冶银河纸业有限公司、山东恒联投资集团有限公司等单位，涵盖制浆技术、造纸技术及产品、清洁生产等领域，对山东省造纸行业科技创新和技术进步起到了十分重要的引领作用。其中，由陈克复院士领衔，华南理工大学、山东太阳纸业股份有限公司、山东华泰纸业股份有限公司、齐鲁工业大学共同参与完成的“制浆造纸清洁生产与水污染全过程控制关键技术及产业化”荣获2019年度国家科学技术进步一等奖；由房桂干研究员领衔，中国林业科学研究所林产化学工业研究所、南京林业大学、北京林业大学、山东晨鸣纸业集团股份有限公司、山东华泰纸业股份有限公司、江苏金沃机械有限公司共同参与的“混合材高得率清洁制浆关键技术及产业化”荣获2019年度国家技术发明二等奖。荣获国家级科技奖和发明奖，再次证明了山东企业乐于在创新中发展，善于与高校等有关单位技术合作，把“制造”升级为“智造”。据了解，山东太阳纸业股份有限公司2019年度申请国家专利19项，承担国家、省部级科研项目3项。近几年，山东仁丰特种材料股份有限公司在组建省级企业技术中心基础上，设立上海研发中心，以聚集科技资源，实施创新驱动为抓手，不断开发新产品、新工艺，持续调整产品结构，并继续加大特种材料投资规模，加快向市场需求量大、科技含量高、附加值高的特种材料产品转型。泰安百川纸业有限责任公司落成“中国制浆造纸研究院百川特种纸研发中心”，提升了在特种纸领域的知名度。

2. 国产技术装备水平显著提升

在国产技术装备研发制造方面，山东企业也是不甘落后、奋勇争先。在诸葛宝钧的带领下，淄博泰鼎机械科技有限公司十分重视核心技术研发，研制开发的各类分区可控中高压光机，不仅拥有自主知识产权，而且性价比极高。山东世纪阳光纸业集团有限公司、仙鹤股份有限公司等许多大企业都是其长期合作客户，已成为国产高端可控中高压光机的第一品牌。淄博泰鼎机械科技有限公司近年研发完成的“5700/950靴式压榨”已在造纸企业长期稳定运行。分区可控中高压光机、靴式压榨等高端关键技术装备正在逐步实现国产化。汶瑞机械(山东)有限公司的大型系列制浆装备和白泥苛化系统、山东晨钟机械股份有限公司系列高磨浆机和污泥挤压脱水系统、山东信和造纸工程股份有限公司依托自制钢制烘缸技术优势的高速卫生纸机、山东杰锋机械制造有限公司系列压力筛、滕州力华米泰克斯胶辊有限公司的胶辊制造及维护等企业的技术和装备，都拥有国内先进的技术优势，而且在不断的创新和发展，促进了造纸产业的技术进步、节能降耗和高质量发展。

3. 产品结构持续调整

山东省的纸及纸板结构调整起步于上世纪90年代，而且行动快、扎实推进，国内中高档的新闻纸、印刷书写纸、涂布纸、涂布纸板、生活用纸、特种纸及薄页纸、石膏板护面纸、纸管原纸等主导品种，呈现多样化、系列化、差异化升级模式，产能、技术装备和生产工艺等在国内均拥有一定优势。其中印刷书写纸、涂布纸、涂布纸板等又是参与国际市场竞争的主流品种，因此山东省造纸行业的持续发展受益于产品结构的持续调整。山东省曾经是新闻纸生产量大省强省，2019 年全省新闻纸生产量 23 万吨，占全国 15. 33%，生产量是 2009 年的 12. 78%，年均递减 22. 84%，目前仅有山东华泰纸业股份有限公司一家生产。新闻纸印制报刊杂志受到快速兴起的网络电子传媒等新媒体的冲击，更与新时代人们的生产生活方式等改变密切关联，新闻纸的兴衰是时代发展变化的一个小缩影。2019 年全省特种纸及薄页纸生产量 97 万吨，是 2009 年的 2. 4 倍，年均递增 9. 26%，其中典型企业齐峰新材料股份有限公司的装饰原纸、耐磨纸等产品产能已经居世界第一位，山东凯丽特种纸股份有限公司的防伪纸系列产品拥有较高知名度。全省白纸板、铜版纸等涂布纸及纸板的产能已经集中在几家工艺技术装备先进、研发创新能力强的大企业。目前，全省浆纸生产线先进产能和中高档纸及纸板产能已经达到 80% 以上，基本满足了经济社会发展和人民日益增长的美好生活对纸及纸板的差异化、多样性和高品质的需求。

【环境保护与节能】

山东省造纸行业不断加大投入，坚定践行"绿水青山就是金山银山"的新发展理念，使各项环保能耗指标达到或优于国家标准，履行生态保护和节能降耗的社会责任，为天更蓝、山更绿、水更清的生态环境目标积极贡献产业力量。2019 年，山东省造纸行业协会参与了省级标准的制修订编写和审定工作，参与《造纸工业绿色工厂评价规范第 1 部分：自制木浆造纸》的地标编写，已经送审；参与《山东省重点工业产品用水定额 第 9 部分：造纸和纸制品业重点工业产品（DB37T 1639. 9—2019）》的制修订，该标准已由山东省市场监督管理局、山东省水利厅发布，2020 年 1 月 18 日实施，山东省造纸行业协会是上述两项省级标准的起草单位。

目前，山东省多家造纸企业荣获国家级"绿色工厂""绿色设计产品"荣誉称号，其中：东顺集团股份有限公司"顺清柔共享本色抽取式面巾纸"荣获第二批"绿色设计产品"称号；山东太阳纸业股份有限公司荣获第三批绿色工厂称号，其生活用纸"幸福阳光"无添加系列纸巾纸和卫生纸两种产品，入选第三批"绿色设计产品"称号。2019 年山东世纪阳光纸业集团有限公司、中冶银河纸业有限公司、淄博永丰环保科技有限公司和湛江晨鸣浆纸有限公司 4 家企业入选第四批绿色制造名单，成为国家级"绿色工厂"。在节水减排、节能降耗等方面，山东省造纸企业积极主动、舍得投入，山东晨鸣纸业集团股份有限公司、山东太阳纸业股份有限公司、齐峰新材料股份有限公司等企业投资建设外排水的超滤、纳滤和反渗透膜处理项目，活性炭吸附与再生系统，中水回用率明显提高，节约了大量清水资源。山东天和纸业有限公司、威海龙港纸业有限公司、泰安百川纸业有限责任公司分别实施废水厌氧处理沼气发电系统，提升废气利用效率。山东太阳纸业股份有限公司、亚太森博（山东）浆纸有限公司、山东江河纸业有限责任公司启动碱炉脱硝除尘技术改造项目，实现大气超低排放目标。山东华泰纸业股份有限公司、山东金蔡伦纸业有限公司、邹平汇泽实业有限公司、枣庄华润纸业有限公司建设废物资源化综合利用项目，开发生产水封闭循环利用项目，实现生产用水全封闭循环。

【发展目标】

山东省造纸行业要找准新的增长点，加快转变增长方式，发展新动能，实现创新发展、高质量发展；继续优化原料结构，丰富产品结构，适应市场新需求；实施产业链延伸，壮大综合实力；践行造纸工业"绿色、低碳、循环"的本质特征。

2020 年，山东企业在建造纸产能 250 万吨/年、纸浆产能 20 万吨/年，主要包括：

（1）省内在建浆纸项目　山东太阳纸业股份有限公司 45 万吨/年特色文化用纸生产线，山东华迈纸业有限公司 80 万吨/年高级瓦楞原纸项目、配套建设 20 万吨/年生物机械草浆生产线，山东远通纸业有限公司 30 万吨/年箱纸板和山东泰山纸业股份有限公司石膏三期 40 万吨/年石膏板护面纸生产线等。

（2）省外（含境外）在建浆纸项目　太阳纸业控股老挝有限责任公司 80 万吨/年高档包装纸板生产线和太阳纸业广西北海 350 万吨/年林浆纸一体化项目，将进一步提升山东省造纸企业的省域外浆纸产能和产业地位。

（赵振东　高兴杰　孔凡功　丁洪杰　吴　芹）

浙江省造纸工业

Paper Industry in Zhejiang Province

2019年面对国内外风险挑战明显上升的复杂局面，广大企业坚持稳中求进的总基调，坚持以供给侧改革为主线，坚持突出稳动能、稳生产、保平安，聚焦高质量，高效益发展，竞争力得到提升。浙江省造纸传统产业现代化建设再上新台阶，高水平建设取得了新发展。

这一年浙江省造纸产业受宏观经济放缓和中美贸易摩擦加剧的影响，在供给端扩张和需求端收缩的双重压力下，导致企业经营困难，行业利润明显缩水。浙江省杭州市富阳区，嘉兴市海盐县等地区造纸负面清单政策加紧进行，加上造纸纤维原料日趋紧缺，导致机制纸及纸板生产量明显下降。

这一年，浙江省全面贯彻党的十九大和中央经济工作会议精神，坚持稳中求进、求好，积极推进产业绿色发展，创新发展和高质量发展，取得了行业运行总体平稳，科技创新和产业竞争能力明显提升，造纸强省建设取得了可喜的成绩。

【行业概况】

据浙江省统计局统计，2019年浙江省规模以上造纸企业266家，平均从业人员49368人，同比下降10.7%。完成机制纸及纸板生产量1768.40万吨，同比下降7.9%；完成工业总产值843.60亿元，同比下降11.6%，实现主营收入832.77亿元，同比下降11.5%；上缴税金51.09亿元，同比下降27.8%；实现利润总额39.78亿元，同比下降10.6%。全行业应收账款206亿元，同比下降7.3%，其中产成品库存37.13亿元，同比下降24.8%。投入研发费用18.43亿元，同比增长10.7%；全行业折旧26.40亿元，同比增长5.4%；共付职工薪酬35.10亿元，同比增长7.9%；截至2019年12月底银行货款余额260.64亿元，同比增长2.4%。亏损企业亏损总额7.75亿元，同比增长2.9%。2019年浙江省造纸工业运行情况见表1。

表1 2019年浙江省造纸工业运行情况

	完成机制纸及纸板生产量/万吨	完成工业产值/亿元	实现主营业务收入/亿元	上缴税金/亿元	实现利润/亿元
一季度	403.13	206.13	197.93	12.74	4.97
二季度	463.11	226.72	208.92	11.20	10.44
三季度	452.18	205.35	206.65	13.76	11.39
四季度	449.70	205.40	219.77	13.38	12.98
全年	1768.40	843.60	832.77	51.09	39.78

2019年浙江省造纸产业受国内经济放缓，中美贸易摩擦影响，进入寒冬期。

从全年走向看，2019年总体是前低后高（特别是包装用纸）。上半年市场比较低迷，需求萎缩。生产包装用纸的企业为降低库存，不时进行停机检修。纸品价格处于较低位置上运行。

受国家固废政策影响，进口废纸进一步受限，造纸纤维原料紧缺状态加剧，严重制约造纸产业的发展，现有产能得不到充分发挥。

到了下半年，特别是第三季度末和四季度包装用纸形势有所好转，价格处于高位运行。如高强瓦楞原纸自8月下旬开始提价，到12月底连续提价竟达10次之多。包装用纸企业经营状态有所好转，利润有所回升。而以商品木浆为原料的特种纸和生活用纸企业，由于全年商品木浆处于低位运行，企业处于低成本状态，所以多数企业经营状态良好。

受造纸产业实行负面清单政策影响的杭州市富阳区，在先后经过6轮整治后，到2017年11月开始启动江南片区3个镇的工业园区腾退。到2019年3月已先后关停拆除造纸企业66家，腾退造纸产能490万吨，约占富阳区造纸产能的62.8%。到2019年10月2日，富阳区政府又计划在江南片区拆除造纸企业29家，腾退造纸产能214.9万吨。至此，富阳区江南片区仅剩下灵桥工业园的不到10家造纸企业不在此前的几轮关停范围，但江南片区所有造纸企业将在2020年底全部清退。嘉兴市海盐县也对属地的中小造纸企业实行负面清单政策，2019年继浙江海利纸业股份有限公司关停后，县政府又于7月和10月分别安排海盐县华联纸业有限责任公司和嘉兴大洋纸业股份有限公司关停腾退。

面对制造业经营困难情况，国务院和浙江省政府为了稳企业、保平安、促发展，先后出台了一些政策红利。2019年3月5日政府报告提出由2018年5月开始执行的增值税税率16%再度调整到13%。之后又出台了一系列减税降费政策。国家也曾调查企业减税降费政策的执行情况。一定程度上降低企业的税收负担，缓解了企业压力。据浙江省统计局统计，2019年浙江省造纸产业应缴的增值税比2018年同期下降30.7%。可见效果是明显的。

受国家固废政策的影响，为应对造纸纤维原料短缺矛盾，国内一些包装用纸龙头企业纷纷布局海外寻找出路。浙江景兴纸业股份有限公司和浙江新胜大控股集团有限公司启动在马来西亚投资建设造纸和再生浆项目。宁波亚洲浆纸业有限公司为应对原料矛盾，改善造纸原料结构，启动建设30万吨化学机械木浆项目。

产能集中度进一步提高，效益明显向大企业集中。2019年湖州市德清县9家中小企业产值下降22.3%，利润下降70.6%。嵊州市6家中小造纸企业生产量、产值、销售收入均大幅度下降。而特种纸企业比较集中的衢州市龙游县，生产量、产值、营业收入、利润和税收均有不同程度的增长。

【生产企业】

2019年浙江省各地区完成机制纸及纸板生产量情况见表2。

表2　2019年浙江省各地区完成机制纸及纸板生产量情况

区域名称	企业数量/家	生产量/吨	同比/%	占比/%
浙江省	266	17684048.9	-7.8	100.00
嘉兴市	25	4593350.4	-4.0	25.97
杭州市	111	4137323.2	-30.8	23.40
宁波市	16	3456014.6	6.1	19.54
衢州市	36	1935773.4	11.3	10.95
金华市	18	851298	9.8	4.81
台州市	10	778354.4	5.1	4.40
绍兴市	14	699665	-4.4	3.96
湖州市	16	627180.5	7.0	3.55
温州市	11	382722.3	2.2	2.16
丽水市	9	222367.2	6.1	1.26

2019年浙江省完成机制纸及纸板生产量30万吨以上的造纸企业见表3。这11家造纸企业合计完成机制纸及纸板生产量929.89万吨，占全省完成机制纸及纸板生产量的52.58%。

表3　2019年浙江省完成机制纸及纸板生产量30万吨以上的造纸企业

排名	企业名称	生产量/万吨
1	宁波亚洲浆纸业有限公司	194.65
2	浙江山鹰纸业有限公司	158.8
3	浙江景兴纸业股份有限公司	143.71
4	平湖荣成环保科技有限公司	91.45
5	宁波中华纸业有限公司	67.2
6	台州森林造纸科技有限公司	52.20
7	仙鹤股份有限公司	51.47
8	浙江荣晟环保纸业股份有限公司	50
9	浙江金龙再生科技股份有限公司	49
10	浙江华川实业集团公司	39.33
11	衢州五洲特种纸股份有限公司	32.08

2019年浙江省年生产量在10万吨以上的薄页纸造纸企业见表4。这6家造纸企业完成薄页纸生产量155.57万吨。

2019年浙江省完成工业产值前10名的造纸企业见表5。这10家造纸企业合计完成工业产值410.45亿元，占全省造纸企业完成工业总产值的48.65%。

表 4 2019 年浙江省年生产量在 10 万吨以上的薄页纸造纸企业

排名	企业名称	生产量/万吨	产品
1	仙鹤股份有限公司	52.20	特种纸
2	衢州五洲特种纸股份有限公司	32.08	特种纸
3	浙江夏王纸业有限公司	25.00	特种纸
4	浙江维达纸业有限公司	17.41	生活用纸
5	嘉兴民丰特种纸股份有限公司	14.62	特种纸
6	浙江华旺新材料科技股份有限公司	14.26	特种纸

表 5 2019 年浙江省完成工业产值前 10 名的造纸企业

排名	企业名称	产值/亿元
1	宁波亚洲浆纸业有限公司	104.76
2	浙江山鹰纸业有限公司	59.10
3	浙江景兴纸业股份有限公司	52.73
4	仙鹤股份有限公司	48.54
5	平湖荣成环保科技有限公司	31.17
6	浙江夏王纸业有限公司	28.00
7	浙江维达纸业有限公司	25.14
8	宁波中华纸业有限公司	22.96
9	衢州五洲特种纸股份有限公司	20.12
10	浙江华川实业集团有限公司	17.93

2019 年浙江省上缴税金前 10 位的造纸企业为浙江景兴纸业股份有限公司、浙江荣晟环保纸业股份有限公司、浙江金龙再生资源科技股份有限公司、仙鹤股份有限公司、宁波亚洲浆纸业有限公司、台州森林造纸科技有限公司、浙江山鹰纸业有限公司、浙江华川实业集团有限公司、衢州五洲特种纸股份有限公司、浙江维达纸业有限公司。这 10 家造纸企业合计上缴税金 17.08 亿元，占全省造纸产业上缴税金总额的 33.43%。

2019 年浙江省实现利润前 10 位的造纸企业为宁波亚洲浆纸业有限公司、浙江山鹰纸业有限公司、仙鹤股份有限公司、浙江夏王纸业有限公司、浙江荣晟环保纸业股份有限公司、衢州五洲特种纸股份有限公司、浙江景兴纸业股份有限公司、台州森林造纸科技有限公司、杭州华旺新材料科技股份有限公司、浙江华川实业集团有限公司。这 10 家造纸企业合计实现利润 35.39 亿元，占全省造纸产业实现利润总额的 88.96%。

【新建和技改项目】

（1）浙江华川实业集团有限公司 40 万吨包装用纸项目于 2019 年 11 月 28 日成功投产。该项目总投资 7 亿元，占地 4.47 万米^2，采用芬兰进口的幅宽 6600 毫米纸机，车速达到 1400 米/分，生产 60～140 克/米^2 高强瓦楞原纸。设计日生产量 1200 吨。该项目投产后将新增产值 10 多亿元，利税 1.5 亿元。

（2）宁波亚洲浆纸业有限公司 30 万吨化学机械浆项目于 2019 年 7 月 17 日正式开工。该项目总投资 8.9 亿元，建设年产 30 万吨化学机械浆车间及相关配套木片输送系统。该项目是宁波亚洲浆纸业有限公司以建设资源节约型和环境友好型现代造纸工业为目标，在高质量发展道路上的新举措。该项目的建成将提供高质量造纸纤维材料，弥补废纸缺口的短板，调整造纸纤维原料结构，提高产品质量。该项目预计于 2020 年 10 月竣工投产。

（3）仙鹤股份有限公司的 4 个项目，其中 2 项已完成。①年产 3.5 万吨高档食品包装原纸，数码喷绘转印纸项目总投资 14213 万元，已于 2019 年 11 月建成投产。②旗下浙江唐丰特种纸有限公司年产 1.2 万吨烟用接装纸项目，总投资 7976 万元，已于 2019 年 9 月建成投产。③旗下浙江哲丰新材料有限公司年产 22 万吨高档纸基新材料项目中，幅宽 4400 毫米、设计车速 1000 米/分的长网多缸纸机和幅宽 4800 毫米、设计车速 500 米/分长网大缸纸机，2 台纸机已订货，且已在安装中。另外幅宽 3250 毫米、设计车速 500 米/分和幅宽 3650 毫米、设计车速 600 米/分的 2 台长网多缸纸机已开始规划设计，土建在进行中。④年产 10 万吨纸基新材料技改项目，共 4 条生产线，总投资 51042 万元。其中 1 条年生产 2 万吨生产线已于 2019 年 10 月完成。1 条年产 3 万吨生产线已完成设备采购，纸机在安装中。其余生产线在进行中，建设期为 2019 年 12 月—2022 年 9 月。

（4）浙江金励环保纸业有限公司年产 100 万吨环保再生高档包装用纸项目，该项目总投资 25.56 亿元，分 2 期建设。其中一期建设年产 30 万吨高强单面灰纸板 PM1 生产线和年产 20 万吨低克重瓦楞原纸 PM2 生产线。现在 PM1 纸机及辅助生产线设备已完成订货，设备正在安装调试中；另 1 条生产线，土建在进行中。

（5）浙江家家发纸业有限公司于 2019 年年初拟

投资 3 亿元，利用公司现有厂房和空地以及原有已经审批的 6 万吨产能，同时新增 7 万吨技术改造产能生产生活用纸。分 2 期建设，每期 4 条线。现一期的第 1 条生活用纸生产线已于 2020 年 3 月 11 日成功投产，生产 14 ~ 15 克/米^2 的各种生活用纸，纸机采用新月型高速卫生纸机，单机设计年产能达 1.8 万吨；一期其余 3 台将陆续开机生产。

【科研与技术进步】

(1)浙江省造纸产业 2019 年研发费用共投入 18.43 亿元(浙江省统计局统计数据)，同比增长 10.7%。这说明各造纸企业十分重视科技进步，企业要做强必须加大研发费用的投入。如浙江荣晟环保纸业股份有限公司 2019 年投入研发费用 7303.71 万元，占公司营业收入的 4.36%。仙鹤股份有限公司 2019 年投入研发费用高达 10596.77 万元，同比增长 20.17%。近年来，不断加大的研发投入，致力于新型纸基材料及相关原材料的研发生产和销售，在给传统造纸行业赋予新活力的同时，也为公司的持续发展奠定了坚实的基础。

(2)一批造纸企业已获批浙江省省级企业研究院。经过几年的不懈努力，一批造纸骨干企业在高新技术企业的基础上，相继申报并获批浙江省省级企业技术研究院；这些企业有浙江景兴纸业股份有限公司、浙江荣晟环保纸业股份有限公司、杭州特种纸有限公司、仙鹤股份有限公司、浙江金昌特种纸股份有限公司、浙江夏王纸业有限公司、浙江凯丰新材料科技股份有限公司、浙江恒达新材料科技股份有限公、浙江华邦新材料有限公司、浙江凯恩特种材料股份有限公司，平湖荣成环保科技有限公司等。

(3)龙游县已着手筹建全国首个(省级)特种纸检测机构，建成后将成为国内唯一一家集检验检测、科技研发、标准制定、公共服务于一体的省级特种纸检测机构。

(4)浙江省品牌建设联合会发布了《2019 年第二批“浙江制造”标准制定计划》，包括各类标准共 94 项。其中涉及特种纸 2 项，为浙江华丰纸业科技有限公司的卷烟纸，浙江恒达新材料股份有限公司的白色食品级抗水防油原纸。

(5)在浙江省产业创新服务综合体建设行动计划(第二批)名单中，衢州市高性能纸及纤维复合新材料产业创新服务综合体被列入培育计划。衢江区高性能纸及纤维复合材料产业服务综合体被列入创建名单。

(6)2019 年浙江省国家高新技术企业创新能力企业百强榜发布，其中，浙江景兴纸业股份有限公司、浙江山鹰纸业有限公司和浙江荣晟环保纸业股份有限公司名列其中。

【环境保护和节能减排】

(1)2019 年 7 月 18 日，工信部公布了第四批绿色制造名单。其中，全国有 18 家造纸企业被认定为绿色工厂。59 个产品被认定为绿色设计产品。浙江景兴纸业股份有限公司、浙江山鹰纸业有限公司、浙江荣晟环保纸业股份有限公司和浙江夏王纸业有限公司 4 家造纸企业被认定为绿色工厂。浙江景兴纸业股份有限公司生产的生活用纸被认定为绿色设计产品。龙游县经济开发区被认定为绿色园区。

(2)2019 年 9 月 7 日磁悬浮透平真空泵发布会在杭州市富阳区召开。该项目由飞旋(亿昇)科技有限公司研发，首台套已在台州森林造纸有限公司 30 万吨纸机上应用。通过一段时间的应用，节电效果明显，达 40% 左右。到 2019 年年底，浙江省多数造纸生产线已完成高速真空泵改造。

(3)浙江荣晟环保纸业股份有限公司实施绿色节能升级改造。公司投资 1.2 亿元，针对现有纸机生产线烘干部，出口废气，中水回用、锅炉节能进行升级改造。改造后不但能增加产能 12 万吨，而且品质会大幅提升，能耗将有明显下降，新增销售收入 4500 多万元。

【2020 年的展望】

2020 年，国际经济形势发展、国内经济运行以及内外需求等情况都有着很大的不确定性。经济增速会降低。固定资产投资呈稳中趋缓态势，投资结构继续优化升级；进出口增速将放缓，全球经济增长放缓。预计国际大宗商品价格将整体比较平稳，木浆价格也维持底部震荡走势。

当前造纸工业已进入重要的转型期，产业转型步伐在加快。“转型升级”已提出 7 年了。产业正在以创新驱动为主进行动能转换，供给侧改革明显改善，科技创新能力不断增强，以品质升级与工艺创新带动整个产业升级，绿色制造和绿色发展已成为产业发展的共识和目标。

展望造纸工业未来，政策资源、环境、市场仍将是影响造纸工业可持续发展的主要因素。展望 2020 年，浙江省造纸工业将面临：

第一，浙江省 2020 年度机制纸及纸板生产量仍将有较大幅度的下降。杭州市富阳区江南片区春江、大源、灵桥3个工业园区到2020年年底造纸企业全部完成关停。在2018年和2019年虽然已进入关停的进程，但这2年仍有不少造纸企业在生产。预计2020年浙江省机制纸和纸板产量仍将较大幅度减少。

第二，浙江省造纸工业2020年运作态势与全国造纸工业一样呈前低后高态势。

预计包装用纸的价格行情将呈现年初1、2月和年末9月底以后高位，而且1年中大多数时间处低位运作。

第三，以废纸为主要原料的包装用纸企业，由于近3年进口废纸受限，并将于2020年年底停止进口。废纸缺口巨大的矛盾明显突出。2020年再生纸浆进口量会大幅增加，包装用纸进口量的增长会冲击国内市场。国内大型龙头企业纷纷走出国门投资东南亚及欧美地区，以寻找解决原料之困。如APP特大型造纸集团采取新增化学机械浆项目，以改变造纸原料结构，而占大多数的中小企业会面临生存困难。

第四、面对需求总体萎缩，经济形势下降压力加大，政府将会出台多项优惠政策，如减税降费、宽松的经济政策等，支持扶持制造业企业，特别是扶持中小企业做强、做特、做久。

（陆文荣）

江苏省造纸工业

Paper Industry in Jiangsu Province

【行业概况】

2019 年，面临宏观经济增速放缓、中美贸易争端加剧、环保持续趋严和原料供给端扩张与需求端收缩等多重压力，江苏省造纸工业经营发展面临巨大压力，在逆境中，纸及纸板总生产量增幅显著。

1. 机制纸及纸板总生产量

据江苏省造纸行业协会调查统计，2019 年江苏省造纸工业累计生产机制纸及纸板总生产量达到 1473 万吨，比 2018 年的 1321 万吨增长 11.5%。

2. 主要纸种生产量

(1)文化用纸

2019 年全省文化用纸总生产量为 408.1 万吨，占全省机制纸及纸板总生产量的 27.7%，比 2018 年的 381.4 万吨增长 7%。其中：铜版纸生产量 244.8 万吨，比 2018 年的 239.7 万吨增长 2.1%；双胶纸和复印纸原纸生产量 163.3 万吨，比 2018 年的 141.7 万吨增长 15.2%。

(2)包装用纸及纸板

2019 年全省包装用纸及纸板总生产量为 899.4 万吨，占全省机制纸及纸板总生产量的 61.1%，比 2018 年的 768.6 万吨增长 17.7%。其中：瓦楞原纸生产量 295.8 万吨，比 2018 年的 255.8 万吨增长 15.6%；箱纸板生产量 405.9 万吨，比 2018 年的 371 万吨增长 9.4%；涂布白纸板生产量 78.7 万吨，比 2018 年的 60.8 万吨增长 29.4%；纸管原纸生产量 0.9 万吨，较 2018 年的 6.4 万吨下降 86%；涂布白卡纸生产量 117.5 万吨，比 2018 年的 76.4 万吨增长 53.8%。

(3)生活用纸

2019 年全省生活用纸总生产量为 149.2 万吨，占全省机制纸及纸板总生产量的 10.1%，比 2018 年的 145 万吨增长 3.1%。

(4)特种纸及纸板

2019 年全省特种纸及纸板总生产量为 16.3 万吨，包括无碳复写纸、防伪票证纸、热敏纸、纸杯原纸、三滤纸、蚊香片纸、箱包纸板、鞋底纸板等，占全省机制纸及纸板总生产量的 1.1%，比 2018 年的 26 万吨下降 37.3%。

3. 区域产量分布情况

2019 年，苏南地区造纸总生产量合计 1070 万吨，占全省造纸总生产量的 72.6%，比 2018 年同期的 1002 万吨增长 6.8%；苏中地区造纸总生产量合计 133 万吨，占全省造纸总生产量的 9%，比 2018 年同期的 112 万吨增长 18.8%；苏北地区造纸总生产量合计 270 万吨，占全省造纸总生产量的 18.4%，比 2018 年同期的 207 万吨增长 30.4%。主要原因是近年来苏北地区一些新建生产包装用纸的造纸企业产能释放，未来还会有新的产能落户苏北(APP 如东项目及江苏凤程纸业有限公司年产 55 万吨瓦楞原纸等项目)，对江苏省造纸产能的均匀分布起到一定的影响。

4. 内、外(合)资企业生产量比例

2019 年全省内资造纸企业生产量合计 373.1 万吨，占全省机制纸及纸板总生产量的 25.3%，比 2018 年的 21.9% 上升了 3.4 个百分点，生产量比 2018 年的 289 万吨增长 29.1%。内资企业生产量大幅提高的原因在于盐城、连云港、宿迁一带新兴的造纸产能逐步释放，导致内资企业比例加大；全省外(合)资企业生产量合计 1099.9 万吨，占全省机制纸及纸板总生产量的 74.7%，比 2018 年的 78.1% 下降了 3.4 个百分点，生产量比 2018 年的 1062 万吨增长 3.6%，这是由于部分大型造纸企业生产量提升产能波动引起的。

5. 实现产值、销售收入、税金及利润情况

据江苏省造纸行业协会统计，2019 年江苏省造纸工业总计完成工业总产值 684 亿元，比 2018 年的

690 亿元下降 0.9%；实现销售收入 687 亿元，比 2018 年的 693 亿元下降 0.9%；上缴税金 25 亿元，比 2018 年的 27 亿元下降 7.4%；实现利润 62.5 亿元，比 2018 年的 58 亿元增长 7.8%；全省亏损制浆造纸企业共 5 家。

【原料】

2019 年全省纸浆总消耗量 1156 万吨，比 2018 年的 1057 万吨增长 9.4%。全省木浆、废纸浆、非木材浆原料结构分别为 38.2%、60.0%、0.8%。其中，木浆消耗量 442 万吨，比 2018 年的 422 万吨增长 4.7%；占总消耗量的 38.2%，比 2018 年的 39.9% 下降了 1.7 个百分点。

废纸浆消耗量 705 万吨，比 2018 年的 630 万吨增长 11.9%；占总消耗量的 61%，比 2018 年的 59.6% 增加了 1.4 个百分点，折合耗用废纸 881 万吨。

非木材浆消耗量 9 万吨，比 2018 年的 5 万吨增长 80%；占总消耗量的 0.8%，比 2018 年的 0.5% 增加了 0.3 个百分点。

【运营情况】

大中型造纸企业的市场份额继续扩大。国家环保政策对落后产能的淘汰力度逐步加大，小型造纸企业在多方面都处于劣势，盈利困难，2019 年至今，减产、停产现象较为普遍。10 万吨以上的大中型造纸企业 2019 年合计生产量达到 1397 万吨，占全省造纸总生产量的 94.8%，比 2018 年的 1262 万吨增长 10.7%。其中，年生产量 50 万吨以上的大型造纸企业 2019 年合计生产量达到 1172 万吨，占全省造纸总生产量的 79.6%，比 2018 年 1062 万吨增长 10.3%；2019 年全省大中型造纸企业的平均规模达到 69.9 万吨，与 2018 年的 70 万吨基本持平。

【生产企业】

2019 年生产量达到 10 万吨的造纸企业共 20 家，生产量在 50 万吨以上的企业有如下 10 家(见表 1)。年产 200 万吨以上规模企业 1 家；年产 100 万 ~200 万吨规模企业 4 家；年产 50 万 ~100 万吨规模企业 5 家；年产 10 万 ~50 万吨规模企业 10 家。

表 1　2019 年江苏省纸及纸板生产量在 50 万吨以上的企业

序号	企业名称	生产量/万吨
1	玖龙纸业(太仓)有限公司	229.1
2	金东纸业(江苏)股份有限公司	199.1
3	江苏理文造纸有限公司	128.1
4	金红叶纸业集团有限公司	119.5
5	江苏博汇纸业有限公司	117.5
6	芬欧汇川(中国)有限公司	89.5
7	无锡荣成纸业有限公司	80.6
8	永丰余造纸(扬州)有限公司	77.8
9	金华盛纸业(苏州工业园区)有限公司	60.7
10	江苏王子制纸有限公司	56.8
	合计	1228.7

【2020 年的展望】

1. 原料

原料方面影响主要是：我国的造纸原材料木浆和废纸以及废纸浆绝大部分依靠国外进口，我国的进口木浆主要是漂白阔叶木浆和漂白针叶木浆。漂白阔叶木浆进口来源国最大的国家分别是巴西、印度尼西亚、乌拉圭、美国、加拿大；漂白针叶木浆进口最多的国家分别是加拿大、美国、智利、芬兰、俄罗斯。2019 年我国进口木浆总量 2600 万吨，由于环保政策趋严，我国近几年木浆产能扩张缩小，由于需求旺盛，产能利用率在 2017 年大幅抬升，达到了 99.09%，未来产能扩张受限，存量产能利用率已近尽头，未来对进口浆的依存度还将逐步提高。木浆在我国造纸工业原料整体所占比例近 30%，如此庞大的原料需求，对我国造纸工业的产能扩张起到举足轻重的角色，一旦受到外部不可抗因素影响，国外原料进口受限进入不到中国市场，国内的原料结构远远满足不了现有的市场需求，对我国造纸工业的健康发展将是致命打击。

废纸和废纸浆：回顾 2019 年全年共审批了 15 批次进口废物许可，废纸进口总量 1075 万吨，比 2018 年减少 740 万吨，同比下降 40.8%。从进口总额来看，美国依旧最多(44.5%)，日本次之(15.9%)，其次为澳大利亚、英国、荷兰等。随着《禁止洋垃圾入境推进固体废物进口管理制度改革实施方案》《进口废纸环境保护管理规定》《限制进口类可用作原料的固体废物环境保护管理规定》等政策的相继出台，废纸进口逐年减少。未来中小型企业受制于原材料将面临巨大的经营困难，如何困境中求生存、谋发展将成为江苏省造纸企业 2020 年的发展主题。

2. 需求

2019 年中美贸易战全面爆发、环保要求趋严、供给侧改革、废纸政策变化等多重政策影响，宏观经济形势较为严峻。我国造纸工业在国家减税降费的相关政策措施下艰难前行，我国的主要出口目的地国经济增速放缓，进口需求减弱，将对我国出口量减弱形成进一步拖累。

国内社会需求也大幅减少，对于文化用纸、包装用纸需求大幅降低，导致企业库存增多。预计 2020 年上半年，江苏省乃至全国造纸行业生产总量和经济效益萎缩下滑，上半年企业主要以去库存为主。行业整体经济效益和形势较 2019 年必然严重萎缩。

产能过剩可能要沦为 2020 年的主要格调了，我国的发展离不了全球化大市场，我们已经无法“自产自销”，后续行情有太多的不确定性。未来优化供应链将成为制造业技术创新的热点，造纸行业目前急需打造弹性供应链策略，使企业可以从多个供应源获得供应，提高供应链柔性程度。同时，与上下游的整合能够帮助企业高效地控制投入与产出，减少原材料供应和产品销售的不确定性。造纸与上游的纸浆及废纸原料、下游的包装进行深度合作是未来造纸行业的发展趋势。企业积极拓展上下游产业链，开展协同创新是目前企业做大做强的重要机制，只有通过积极布局扩大产业链提升企业应对突发事件的运作能力，才能更好的应对市场风险。

（刘　克）

福建省造纸工业

Paper Industry in Fujian Province

2019 年，福建省造纸工业受中美贸易争端加剧和国家宏观经济增速放缓的影响，产品需求较往年萎缩。主要原因是福建省造纸工业的产品主要是以出口包装材料为主，高档箱纸板和瓦楞原纸占福建省造纸产品的60%以上，因此与对外商品贸易形势关联度很大。随着环保要求越来越严，国家对进口废纸原料的限制日益从紧，福建省纸业工业生产成本不断上升，加上福建省外产能增长速度比福建省快，产品需求跟不上产能增长的步伐，造成福建省造纸工业产品销售困难，产品销售价格长期在低位徘徊，企业盈利空间一再被压缩，2019 年福建省造纸工业在艰难之中行进。在党和政府的正确领导下，在全行业同仁不懈的努力下，通过加快产业转型升级步伐，深入开展产业结构调整，大幅度增加科研资金投入，加大新产品研发力度、狠抓节能减排和提质增效等措施，克服了种种困难，最终 2019 年福建省造纸工业保持了生产经营运行情况基本平稳的态势。纸及纸板生产量达到 805 万吨，创历史新高；全行业完成主营业务收入 1269. 41 亿元，同比增长 7. 7%；产销基本平衡，产销率 94. 7%，同比微升；经济效益保持 2018 年水平并略有增长。按细分产业来说，纸制品制造业经济效益增长较大，纸浆制造、纸和纸板制造业的经济效益同比出现了负增长。

【行业概况】

1. 福建省造纸工业主要经济运行指标

(1)造纸企业数量

据省统计局数据，截至 2019 年年末，福建省造纸及纸制品行业企业数量为 456 家，其中制浆 3 家，同比增加 1 家；造纸 128 家，同比增加 7 家；纸制品 325 家，同比增加 11 家。亏损企业数量为 34 家，同比减少 4 家。其中，制浆 0 家，造纸 10 家(与 2018 年持平)，纸制品 24 家，同比减少 4 家。

(2)主要产品生产能力与生产量

福建省造纸工业纸浆年生产能力大约为 700 多万吨，包括原生浆和各种废纸浆，大部分纸浆为企业自用，只有很小一部分作为商品纸浆对外出售，所占比例随着浆纸市场情况，有所变动。纸及纸板年产能为 1000 万吨左右，造纸企业根据市场行情变化调整生产的产品品种，尤其是改变产品定量，使实际生产量低于产能，实际年生产量约为 800 多万吨。纸制品产业年产能为 800 万吨左右，实际年生产量为 600 多万吨。2019 年具体生产量统计如下：

①纸浆(原生浆及商品废纸浆)生产量 44. 04 万吨，同比增长 5. 2%。此外，福建省青山纸业股份有限公司另有生产溶解浆 39248 吨，比 2018 年增产 20%，溶解浆不属于造纸工业统计范围内。

②机制纸及纸板生产量 805. 13 万吨，同比增长 3. 7%。

③纸制品生产量 630. 53 万吨，同比增长 8. 6%。

(3)营业收入　造纸及纸制品行业完成营业收入 1269. 41 亿元，同比增长 7. 7%。其中：纸浆 3. 59 亿元，同比增长 18. 5%。造纸 470. 1 亿元，同比增长 2. 9%。纸制品 795. 72 亿元，同比增长 10. 6%。

(4)利润总额　造纸及纸制品行业利润总额 98. 81 亿元，同比增长 6. 9%。其中，制浆 0. 12 亿元，同比下降 20%；造纸 39. 38 亿元，同比下降 12. 3%；纸制品 59. 31 亿元，同比增长 25. 2%。

(5)税金总额　造纸及纸制品行业税金总额 32. 1 亿元，比 2018 年 31 亿元增长 3. 5%。其中：纸浆制造业 0. 09 亿元，比 2018 年 0. 09 亿元，持平。纸和纸板业 14. 11 亿元，比 2018 年亿元下降 3. 3%。纸制品业 17. 92 亿元，比 2018 年 16. 31 亿元增长 9.9%。

(6)平均用工人数　造纸及纸制品行业平均用工人数 8.29 万人，同比下降 1.9%。其中，制浆 0.04 万人，与 2018 年持平；造纸 2.53 万人，同比下降 3.8%；纸制品 5.71 万人，同比下降 1%。

2. 福建省纸及纸板制造业重点企业产能变化

(1)2018 年 12 月，厂址在长泰县官山工业区的福建联盛纸业有限责任公司(以下简称"福建联盛")被山鹰集团兼并，2019 年改名为山鹰华南纸业有限公司。福建联盛在长泰县新建时，上报项目中其产品品种为高档特种纸和纸板，有 4 条生产线，合计年产能 80 万吨。福建联盛被山鹰集团兼并以后，只生产牛卡纸、高强瓦楞原纸等品种，没有生产特种纸，由于产品品种改变(尤其是纸张克重增大较多)，所以实际年产能有所扩大，已经达到 100 万吨水平，2019 年实际生产量是 97 万吨。

(2)在福建联盛被兼并以后，联盛纸业在福建省的生产基地主要是联盛纸业(龙海)有限公司(以下简称"联盛龙海")1 家，也是总部所在地。2019 年，联盛龙海 5 条生产线(5、6、7、8、9 号机生产线)全部正常开机运行，产销正常，年产能达到 210 万吨以上，实际生产量 203 万吨。

(3)玖龙纸业(泉州)有限公司在泉州台商投资区，目前对外公布是 2 条生产线，年产能 65 万吨，实际上 3 号机已经建成投入试运行，算上 3 号机，其年产能在 100 万吨以上。鉴于玖龙集团是上市公司，玖龙纸业(泉州)有限公司是其子公司，具体准确信息以集团公告为准。

(4)在南靖县龙山镇有 2 家造纸企业，1 家为漳州港兴纸品有限公司(简称"港兴纸品")，产品品种为牛卡纸，单机年产能 20 万吨。另 1 家为漳州港兴纸业有限公司(简称"港兴纸业")，生产牛卡纸，单机年产能 5 万吨。这 2 家纸企同属于港兴集团旗下，2 家企业(生产基地)相距约 1 公里左右。2019 年，港兴纸品被出售，从此港兴纸品成了 1 家独立的企业，但企业名称没有改变。同时，港兴纸业也租赁给浙商经营，企业名称没有改变，租赁后，浙商对港兴纸业进行重大技术改造，产品品种也同时改为纱管原纸，由于产品定量和造纸机干燥能力大幅度上升，年产能达到 10 万吨，2019 年实现生产量 9.6 万吨，产值 3 亿元。兼并以后的港兴纸品，企业产销运行不好，以后这 2 家企业会是什么关系，要看今后的发展情况。因为《中国造纸年鉴 2019》福建造纸工业文章中，这 2 家企业的数据是合在一起表述的，所以今年还是合在一起表述，以便比较其发展。

(5)位于漳州市长泰县官山工业区的敦信纸业有限责任公司，是 1 家上市公司，有 3 条造纸生产线，产品品种为白面牛卡纸、牛卡纸、高强瓦楞原纸、纱管纸等，年产能 25 万吨，同时还配置有国内先进的扑克牌生产线、纸箱生产线等。2019 年纸及纸板实际生产量 16 万吨，产值 5.5 亿元。2019 年 12 月进行企业重组，改名为漳州市长泰诚发纸业有限公司。

(6)在 118 家小型企业(30 万吨以下)中，有一些很有发展前途的企业：①福建恒利集团有限公司，有 2 条美卓进口的高档生活用原纸生产线，1 条年产能 3 万吨，1 条年产能 6 万吨，合计年产能 9 万吨，同时还配置有相关的先进的纸制生活用品生产线。②漳州友利达纸业有限公司有 1 条牛卡纸高强瓦楞原纸生产线，单机年产能 20 万吨。③位于尤溪县的福建永丰茂纸业有限公司，配置有非木材制浆生产线和多条造纸生产线，产品品种为文化用纸和薄页纸等，年产能 10 万吨。④厦门安妮股份有限公司是 1 家高科技纸制品企业，产品品种是增值税发票、热敏纸、压敏纸、标签纸等特种纸和纸制品等，以装备技术先进著称。

【原料】

纸浆制造业是福建省造纸工业的弱项。2019 年，福建省原生纸浆制造企业只有福建省青山纸业股份有限公司、福建腾荣达制浆有限公司和福建省尤溪永丰茂纸业有限公司 3 家企业。其中，福建省青山纸业股份有限公司生产 29.12 万吨马尾松硫酸盐木浆；福建腾荣达制浆有限公司以杉木间伐材、杂竹和芒秆等为原料生产 3.58 万吨 CTMP 纸浆；福建省尤溪永丰茂纸业有限公司主要以麻竹和芒秆等为原料，生产 11.34 万吨半化学浆，其中 1.3 万吨竹浆作为商品浆出售。其他造纸企业生产的纸浆主要以废纸浆为主，是流体浆(湿浆)，是作为造纸企业自已生产纸及纸板的原材料使用。

2019 年，福建省造纸工业纸浆消耗量 865 万吨，其中：木浆消耗量 130 万吨，占福建省纸浆消耗量的 15%；非木材浆 70 万吨，占 8%；其他 665 万吨为废纸浆。福建省消耗的 130 万吨木浆中，约 30 万吨来自省内，100 万吨来自省外或外国，以进口为主。70 万吨非木材浆中，有 14 万吨来自省内(主要是木浆、竹浆和芒秆浆)，其他 56 万吨来自省外(主要是麦草浆和芦苇浆)。福建省造纸工业废纸浆消耗量 665 万，90% 以上是造纸企业用废纸自制的，只有不到10%的废纸浆是市场上购买的。福建省制造废纸浆的废纸90 %以上是国废，包括玖龙纸业（泉州）有限公司、联盛（龙海）纸业有限公司和山鹰华南纸业有限公司使用的废纸原料也是以国废为主，只有10%左右用外废为原料制造。2019年，进口废纸数量还在继续不断减少，各企业都已经做好了2020年之后，国家不再继续进口废纸的思想准备。

【生产企业】

2019年，福建省纸及纸板制造业企业数为128家，其中大型企业有3家（年产能100万吨以上），见表1；中型企业（30万～100万吨）有5家，见表2；小型企业（30万吨以下）有119家。此外，还有1家大型企业——优源国际控股有限公司（福建省内简称为优兰发），2019年9月，因资金链断裂，已停摆。目前采用切块分别承包经营的模式，大部分纸业都已陆续开机运行，只是难以进行全企业的运行数据统计和分析，该企业以后如何发展，有关部门正在协调。2019年福建省纸及纸板生产量前、工业总产值、利税总额前10位的企业如表3～表5所示。

表1 2019年福建省纸及纸板制造业大型企业名单

序号	企业名称	产能/（万吨/年）	产品品种	备注
1	联盛纸业（龙海）有限公司	210	包装用纸和纸板	
2	玖龙纸业（泉州）有限公司	100	包装用纸和纸板	
3	山鹰华南纸业有限公司	100	包装用纸和纸板	

表2 2019年福建省纸及纸板制造业中型企业名单

序号	企业名称	产能/（万吨/年）	产品品种	备注
1	恒安（中国）纸业有限公司	50	高档生活原纸	
2	福建青山纸业股份有限公司	45	纸袋纸、食品包用纸等	
3	漳州盈晟纸业有限公司	30	牛卡纸、高强瓦楞原纸	
4	福建利树浆纸有限公司	30	牛卡纸、高强瓦楞原纸、特板	
5	漳州港兴纸品有限公司	30	牛卡纸、纱管纸	含港兴纸业

表3 2019年福建省纸及纸板生产量前10位企业

序号	企业名称	生产量/万吨	备注
1	联盛纸业（龙海）有限公司	203.48	
2	山鹰华南纸业有限公司	97.47	
3	玖龙纸业（泉州）公司	73.00	
4	晋江冠朗集团有限公司	36.30	9月份后停产
5	福建省青山纸业有限公司	28.18	
6	漳州港兴纸品有限公司	10.53	均在龙山镇
	漳州港兴纸业有限公司	9.60	
7	漳州盈晟纸业有限公司	19.37	
8	福建利树股份有限公司（含浆纸公司）	19.16	
9	漳州市长泰诚发纸业有限公司	16.00	
10	漳州友利达纸业发展有限公司	15.58	

表 4　　2019 年福建省造纸工业总产值前 10 位的企业

序号	企业名称	产值/亿元	产品品种	备注
1	福建恒安集团有限公司	224.90	生活用纸及纸品	
	其中恒安(中国)纸业有限公司	59.00		
2	联盛(龙海)纸业有限公司	99.80	牛卡高强瓦楞原纸	
3	山鹰华南纸业有限公司	58.37	牛卡高强瓦楞原纸	
4	玖龙(泉州)纸业有限公司	37.00	牛卡高强瓦楞原纸	
5	福建省青山纸业股份有限公司	19.00	纸袋纸	
6	漳州港兴纸品有限公司	7.03	牛卡高强瓦楞原纸	2 家原为 1 家
	漳州港兴纸业有限公司	3.00	纱管原纸	
7	福建利树浆纸有限公司	7.15	牛卡高强瓦楞原纸	
8	漳州盈晟纸业有限公司	7.37	牛卡高强瓦楞原纸	
9	漳州市长泰诚发纸业有限公司	5.50	牛卡纸等	
10	漳州友利达纸业有限公司	4.96	牛卡高强瓦楞原纸	

表 5　　2019 年福建省造纸工业利税总额前十位企业表

序号	企业名称	利税总额/亿元	产品品种	备注
1	福建恒安集团有限公司	注	生活用纸及纸品	
2	联盛(龙海)纸业有限公司	13.05	牛卡高强瓦楞原纸	
3	玖龙纸业(泉州)有限公司	4.00	牛卡高强瓦楞原纸	
4	漳州港兴纸业有限公司	1.20	牛卡高强瓦楞原纸	2 家算 1 家
	漳州港兴纸品有限公司	0.40	纱管原纸	
5	福建省青山纸业股份有限公司	1.18	纸浆、袋纸、食品包装用纸	
6	山鹰华南纸业有限公司	1.08	牛卡高强瓦楞原纸	
7	漳州友利达纸业有限公司	0.85	牛卡高强瓦楞原纸	
8	福建利树浆纸有限公司	0.36	牛卡高强瓦楞原纸	2 家算 1 家
	福建利树股份有限公司	0.49	牛卡高强瓦楞原纸	
9	漳州市长泰诚发纸业有限公司	0.60	牛卡纸等	
10	漳州盈晟纸业有限公司	0.28	牛卡高强瓦楞原纸	

注：福建恒安集团的报表没有填报利税总额统计数据，在其旗下生产原纸的企业(恒安中纸公司)的报表中该子公司的利润总额为 1.19 亿元。

【基建与技改】

1. 主要新建项目

(1)联盛纸业(龙海)有限公司计划在漳浦县赤湖镇投资约 220 亿元，建设年产 390 万吨林浆纸一体化项目，用地面积约 306 公顷。项目分 2 期建设，一期计划投资 130 亿元，建设年产 100 万吨白卡纸、12 万吨生活用纸(原纸)、120 万吨木浆生产线(配套碱回收工程)，以及动力车间、环保设施、原料堆场、仓储、码头、办公生活区等相配套的辅助工程和附属工程，建设期限 2 年。二期计划投资 90 亿元，建设年产 100 万吨白卡纸(配套年产 50 万吨化学机械浆)生产线、18 万吨生活用纸生产线、40 万吨文化用纸生产线等，及其与之相配套的辅助工程和附属工程，建设期限 3 年。项目建设达产后年产值约 180 亿元，税收 10 亿元以上，可新增就业 5000 人以上。

此外，联盛纸业(龙海)公司还有 2 个在建项目：①投资 19 亿元，新建年产 60 万吨高档箱纸板生产线(PM10 生产线)项目，该项目上报时产品品种是高档箱纸板生产线，根据近期市场行情，实际可能改产高档白面牛卡纸和优质牛卡纸。项目由2019年开始建设，还在继续积极进行中，截至2019年12月已投入11.85亿元，2020年还要继续投资7亿元，项目预计2020年5月能建成投入试生产。②计划投资3000万元，建设1号成品仓库，截至2019年12月，已完成投资2000万元，项目预计2020年上半年建成投产。

（2）南平市泰盛纸业有限公司是泰盛科技（集团）股份有限公司旗下的全资子公司，计划投资约65亿元，建设林浆纸结合的制浆造纸及纸制品工程项目。项目规划用地约120公顷，含年产45万吨漂白硫酸盐竹浆生产线、50万吨高档文化用纸原纸生产线和24万吨高档生活用纸原纸生产线。同时配套相应的纸制品加工生产线，含年产20万吨高档文化用纸后加工生产线、15万吨卷筒生活用纸品生产线、5万吨盒抽面巾纸生产线以及9万吨软抽面巾纸生产线。该项目已列入2020年福建省重点项目，2020年3月18日已开工建设，预计2021年建成投产。

（3）福建省青山纸业股份有限公司拟在广州市从化区鳌头镇人和工业区投资建设年产3亿只全自动多用途复合材料包装制袋生产线项目。项目建设单位名称为广州青纸包装材料有限公司，是福建省青山纸业股份有限公司旗下的全资子公司，项目拟建设2条全自动多用途复合材料包装制袋生产线，可年产3亿只纸袋。项目以水泥包装纸袋为主打产品，项目建成后可根据当时的市场形势，生产一定比例的化工产品包装纸袋、食品包装纸袋、日用品包装纸袋。项目建设方案有2个，一是，购买当地企业现有的1条制袋生产线（广州升庆公司包装科技有限3号制袋生产线），另1条生产线通过国际招标，引进1条国际先进制袋生产线。二是，2台生产线全部通过国际招标，引进2条国际先进制袋生产线。方案1，总投资1.03亿元。方案2，总投资1.1亿元。

（4）福建利树股份有限公司计划投资5亿元，建设1条年产30万吨白色木浆挂面纸生产线。包含：①新建1条年产30万吨白色木浆挂面纸生产线及其所有辅助工程。②新建各种用房10座，共计56760米^2。③新建日处理1万吨废水处理设施。④采用“建瓯循环经济能源岛”项目蒸汽。项目2019年已经开工，计划2020年完成造纸车间、制浆车间的土建施工，同时完成所有设备的安装、调试。预计2021年投入试生产。

（5）福建省尤溪永丰茂纸业有限公司有3个建设项目：①投资120万元，建设幅宽2880毫米圆网纸机生产线，生产文化用纸，于2019年10月投产。②投资3000万元，建设绿色环保高速节能的生活用纸生产线1条。2019年开工，预计2020年5月投产。③投资1500万元，建设幅宽2880毫米长网纸机生产线，生产薄型文化用纸，预计2020年4月投产。

（6）福建凤竹纸业有限公司，2019年计划投资1亿元，建设1条具有国内先进水平的新月型生活用纸（原纸）备浆造纸生产线项目，采用佛山市宝索机械制造有限公司的宝拓造纸机（BC1300—2850），项目包含了浆料制备、纸机主体、分切机、安装工程及辅助工程等在内的总承包项目工程。设备投产后，预计生活原纸新增产能1.5万吨/年。预计2020年建成投入试生产。

（7）浦城县德兴再生造纸有限公司计划投资3亿元，建设年产20万吨再生纸厂迁扩建提升项目。项目以包装纸板造纸生产线为主，产品品种为瓦楞原纸、高强瓦楞原纸等，同时配套10条再生塑料颗粒生产线和1条尾渣回收生产线，工程分2期进行。项目已经开工建设，2019年已完成投资2亿元，一期工程第1条生产线已经基本建成，预计2020年5月份投入试生产，第2条生产线计划2020年6月初开始安装专业设备。

2. 主要技改项目

（1）恒安（中国）纸业有限公司，2019年投资3500万元，进行年产2万吨的擦手纸机技改，已经建成投产。2020年还将进行：①真空系统改造，投资1000万元；②自控升级改造，投资300万元；③废水深度处理项目，投资1000万。

（2）联盛纸业（龙海）有限公司，2019年进行了2个技改项目，均已建成投产。①废水臭气改造项目，截至2019年12月，完成投资1050万元；②废气超低排放改造项目，截至2019年12月，完成投资1200万元。2020年，还将进行烟囱废气消白改造项目，拟投资2500万元，项目正在进行前期工作。

（3）玖龙纸业（泉州）有限公司，2019年投资161万元，在PM36生产线的施胶机上进行施胶横梁技改，项目已经建成投产。

（4）德彦纸业（厦门）有限公司，有3个技改项目，计划投资2000万元。①废纸制浆生产线升级改造；②高强纱管纸机升级改造；③投资700万元，对废水处理厂进行升级改造，计划新增1套新式厌氧反应塔，改造现有好氧处理系统，将废水日处理能力由2500吨提升到6000吨。

(5)福建省尤溪永丰茂纸业有限公司，计划投资300万元，改造废纸脱墨制浆生产线。项目于2019年开始进行，预计2020年3月建成投产。

【科研与技术进步】

2019年，福建造纸行业研发费用投入9.52亿元，同比增长95.9%，其中，造纸研发投入5.31亿元，同比增长44.7%；纸制品研发投入4.21亿元，同比增长253.8%。年研发投入500万元以上的企业有联盛纸业(龙海)有限公司、山鹰华南纸业有限公司、恒安(中国)纸业有限公司、福建省青山纸业股份有限公司、福建利树股份有限公司、漳州盈晟纸业有限公司。其中，联盛纸业(龙海)有限公司研发投入金额最大，达到2.08亿元。

福建农林大学、陕西科技大学、福建希源纸业有限公司、福建省轻工机械设备有限公司、联盛纸业(龙海)有限公司、广州华工环源绿色包装主要技术有限公司合作进行的二次纤维制备及其应用关键技术研发及产业化项目，2019年获2018年度福建省科学技术进步奖一等奖。

除以上外，福建恒安集团有限公司和恒安(中国)纸业有限公司的“高品质湿水柔韧乳酸原纸研制”项目、漳州市陆海环保产业有限公司等的“纸塑复合材料清洁回收制备生态复合板的关键技术研发及产业化示范”项目、福建省晋江优兰发纸业有限公司“废不锈钢衬纸制浆关键技术及在高档薄型包装纸中的应用”项目等都在2019年获得2018年度福建省科学技术进步奖。

【环境保护与节能】

福建省是我国生态文明省，实行最严格的生态环境保护制度，其森林覆盖率66.80%，连续40年位列全国第一。福建省的河流水质和空气质量也是全国最好的省区之一。福建省早就明确不发展高污染高能耗高资源消耗的工业门类，造纸工业就属于严格限制发展之列。2019年，福建省生态环境质量总体保持优良，9个设区城市空气质量达标天数比例98.3%，同比增加0.8个百分点，比全国平均水平(82.0%)高16.3个百分点；12条主要流域Ⅰ~Ⅲ类水质比例96.5%，比全国平均水平(74.9%)高21.6个百分点。福建省生态环境之所以能够取得的这么好的成绩，也与造纸工业走绿色发展的道路有关。

2012—2015年这4年中，福建省造纸行业主动淘汰落后产能202.46万吨，在国家划出的红线范围内的落后产能，已淘汰完毕。2016—2018年又淘汰了100多万吨过剩产能和竞争力偏差的产能。福建省造纸工业按照国家发展和改革委产业结构调整指导目录(2019年本)(以下简称“指导目录”)的精神，从严要求。不管是限制类还是淘汰类中列出的内容，统统按淘汰解决。福建省把元素氯漂白作为淘汰制浆工业落后产能的重点，绝不允许元素氯漂白存在，在日常工作中反复检查，绝不漏网。指导目录规定淘汰石灰地池法制浆，福建省将全部地池法制浆淘汰。指导目录规定文化纸机幅宽1760毫米及以下淘汰，福建省实际执行的是，除薄页纸特种纸以外，幅宽小于2000毫米的造纸机淘汰。目前绝大部分企业，生产文化用纸造纸机幅宽都已经技改到2362毫米及以上，包装用纸及纸板造纸机的幅宽普遍技改到2400毫米以上，实际目前福建省大部分造纸机幅宽都在3000毫米以上。

2015年国家发布《制浆造纸单位产品能源消耗限额(GB31825—2015)》，为推进我国造纸工业节能工作制定了标准和奋斗目标。为引导福建省造纸工业单位产品能源消耗走在全国先进的行列。2018年8月，福建省质量技术监督局批准了福建省纸业协会新修订的更细更严更具可操作性的4个福建省造纸工业单位产品能源消耗指南。这4个标准分别是：①DB35/T 986—2018(代替DB35/ 986—2010)特种纸单位产品能源消耗评价指南；②DB35/T 1134—2018(代替DB35/ 1134—2011)文化办公用纸(含新闻纸)单位产品能源消耗评价指南；③DB35/T 1135—2018(代替DB35/ 1135—2011)生活用纸单位产品能源消耗评价指南；④DB35/T 1136—2018(代替DB35/ 1136—2011)包装用纸及纸板单位产品能源消耗评价指南。2019年，福建省按照新修订的4个标准对福建省造纸企业进行能源审计。

废纸中夹带的塑料薄膜等固废如何处理处置的问题一度是废纸制浆造纸企业头痛的问题。经过近2年时间的努力，目前福建省废纸制浆造纸大型企业都设有废纸中固废回收和资源化利用的处理设备设施。没有配置废纸内固废处理设备设施的企业，也已经能够按照地方政府环保部门的要求，做好固废处置工作。

【发展目标】

根据福建省国民经济和社会发展第十三个五年规划纲要、福建省造纸工业十三五规划，福建省造纸行业总体发展目标是力求以最大的企业规模、最新的信息化管理、最先进的技术装备和最小的资源能源消耗谋求最大的社会效益、经济效益和生态环境效益。福建省造纸行业是福建省消费品工业的一个重要分支，基础较好，应该有较大的作为。在产业集中度方面，福建省造纸工业十三五规划指出：2020 年前，在现有 1 家企业纸及纸板年产能超百万吨规模的基础上，再培育 1 ~2 家年产能 100 万吨以上造纸企业。截至 2019 年年底，福建省年产能 100 万吨以上的造纸企业已经有 3 家。产业集中度这个目标在 2019 年就已经实现。从现在到 2025 年，福建省造纸行业具体发展目标是争取各项经济技术指标达到国内同行业先进水平。要通过科技进步，来实现这一目标；通过加大研发投入和狠抓技术创新，达到节能减排，增产提质增效，降低成本的目的；依靠科技进步，开拓原料供给，研发更适合市场需求的深加工产品，以取得更大的经济效益。以本文前面提到的 7 个主要新建项目为抓手，促进大型企业向装备现代化，企业规模化、调控智能化方向发展，争取在全国乃至全球竞争中形成一定影响力。同时，促进中小企业向新特奇方向发展，充分利用中小企业“船小好掉头”的特点，大力支持中小企业提高应对市场变化的能力的项目建设。促进全行业的科技水平和综合竞争力大幅度提升。

（郑宝琛）

河南省造纸工业

Paper Industry in Henan Province

【行业概况】

根据河南省造纸学会对综合信息资料调查，2019年河南省机制纸及纸板生产企业约100家，从业人数5万人，机制纸及纸板产能800万吨，实际生产量386.8万吨，同比下降0.1%；主营业务收入698.5亿元(包括纸制品)，同比下降8.4%；利润总额23.56亿元，同比下降53.6%。全省的机制纸及纸板2019年与2018年相比生产量、主营业务收入、利润、税收都有所减少，利润减少较多。

【原料】

河南省木材资源缺乏，全省有杨木枝桠材制浆企业7家，能力70万吨。原料主要以废纸、木浆为主。随着河南省纸及纸板生产量的平稳增加，原料结构调整初见成效，问题基本得到解决。2019年河南生纸浆消费总量约311.2万吨，其中木浆151.2万吨，非木材浆6.4万吨，废纸浆152万吨。河南省木浆消耗本地产木浆只有60多万吨，比例为39.9%左右。从国内外进口依存度看，2019年河南省外购木浆约92万吨，外购废纸浆约100万吨，外购木浆和外购废纸约占河南省原料总消耗量的60.1%和65.8%。河南省2019年纸浆消耗量311.2万吨的约61.7%要依靠外购，影响河南省造纸行业健康持续发展。林纸一体化发展虽已形成共识，但河南省只有焦作瑞丰纸业有限公司的15万吨/年、濮阳龙丰纸业有限公司的11万吨/年、新乡新亚纸业集团股份有限公司的12万吨/年、河南江河纸业股份有限公司5万吨/年、河南省天邦科技有限公司的5万吨/年及新乡鸿泰纸业有限公司的5万吨/年化学机械浆、新乡新亚纸业集团股份有限公司5万吨/年、驻马店白云纸业有限公司10万吨/年等木片化学浆。

【生产企业】

2019年年底，河南省制浆造纸企业约100家，其中以麦草等非木材为原料的化学、半化学制浆造纸生产企业5家；使用废纸造纸的企业70家；木浆造纸企业25家。50万～100万吨企业4家，30万～50万吨企业3家，30万吨以下企业93家。

河南省主要造纸企业2019年纸及纸板生产量、主营业务收入、利税总额、利润总额前10名的企业情况见表1～表4。

表1　2019年河南省纸及纸板生产量前10名的造纸企业

序号	单位名称	生产量/万吨
1	河南省龙源纸业股份有限公司	85
2	新乡新亚纸业集团股份有限公司	83
3	大河纸业有限公司	62
4	漯河银鸽实业集团有限公司	50
5	河南省江河纸业有限责任公司	33
6	濮阳龙丰纸业有限公司	32
7	驻马店白云纸业有限公司	30
8	新乡鸿泰纸业有限公司	26
9	河南省天邦科技有限公司	20
10	河南中峰集团纸业有限公司	12

表2　2019年河南省主营业务收入前10名造纸企业

序号	单位名称	主营收入/亿元
1	新乡新亚纸业集团股份有限公司	49.46
2	大河纸业有限公司	43.07
3	河南省龙源纸业股份有限公司	26.75
4	漯河银鸽实业集团有限公司	23.27
5	河南省江河纸业有限责任公司	23.23
6	濮阳龙丰纸业有限公司	20.00
7	驻马店白云纸业有限公司	17.60
8	新乡鸿泰纸业有限公司	13.27
9	河南省天邦科技有限公司	11.60
10	河南华鑫纸业有限公司	4.70

表 3 2019 年河南省利税总额前 10 名的造纸企业

排序	单位名称	利税总额/万元
1	大河纸业有限公司	40157
2	新乡新亚纸业集团股份有限公司	34800
3	河南省龙源纸业股份有限公司	23567
4	河南省江河纸业有限责任公司	19529
5	漯河银鸽实业集团有限公司	14600
6	濮阳龙丰纸业有限公司	13600
7	新乡鸿泰纸业有限公司	9780
8	河南省天邦科技有限公司	8760
9	驻马店白云纸业有限公司	7917
10	河南华鑫纸业有限公司	5008

表 4 2019 年河南省利润总额前 10 名的造纸企业

排序	单位名称	利润总额/万元
1	河南省龙源纸业有限公司	26000
2	新乡新亚纸业集团股份有限公司	25200
3	大河纸业有限公司	15869
4	河南省江河纸业有限责任公司	8014
5	河南省天邦科技有限公司	8000
6	驻马店白云纸业有限公司	7620
7	焦作瑞丰纸业有限公司	7004
8	新乡鸿泰纸业有限公司	6620
9	濮阳龙丰纸业有限公司	5000
10	河南华鑫纸业有限公司	3005

【基建与技改】

2019 年河南省造纸行业投资不多，完成和在建的项目主要有：河南省天邦科技有限公司完成年产 5 万化学机械浆项目，沁阳市宏涛纸业有限公司年产 5 万吨生活用纸项目，新乡鸿泰纸业有限公司年产 10 万吨涂布白卡纸项目、60 蒸吨生物质锅炉项目，河南龙源纸业有限公司年产 30 万吨高档箱纸板及配套热电联产项目等。

【环境保护与节能】

为了贯彻国家保护生态环境的有关政策、法规，使淮河、黄河、海河、长江等河流在河南省出境断面符合国家和人民的要求，河南省把治理污染作为全省造纸行业的重点工作来抓。随着国家加大对水污染防治立法、执法力度，全省造纸工业加快了废水治理的步伐，并取得了较大进展。

2019 年年底，河南省又关、停、并、转 3 万吨/年以下废纸制浆造纸企业 10 家。各企业普遍注意清洁生产，减少污染物的产生和排放，加强废水治理和回收利用，大多数造纸企业都通过了环保部门的验收，能达到稳定达标排放。

2019 年前没有做环评的历史遗留制浆造纸企业全部补充了环境评价，全年制浆造纸企业淘汰落后生产线产能 300 多万吨。

【发展目标】

近几年是河南省造纸行业实现传统造纸工业向可持续发展的现代绿色造纸工业转变的关键阶段。河南省造纸做了原料结构、产品结构调整，淘汰落后产能取得实效，产业集中度不断提升，装备水平提高很快，资源消耗不断降低，污染排放明显下降。

1. 发展目标

（1）原料结构　到 2020 年年底，全省纸浆生产量将达到 320 万吨/年；纸浆结构为：木浆 48%、废纸浆 50%、非木材浆 2%。

（2）造纸生产量　到 2020 年年底，全省造纸产能保持 800 万吨/年，实际生产量达 400 万吨。

（3）企业规模　到 2020 年年底，全行业平均生产规模 10 万吨/年，综合实力前 20 位企业纸及纸板生产量占全行业 85%。10 万吨/年以上企业数量达到 30 家，其中 50 万 ~100 万吨/年 4 家，30 万 ~50 万吨/年 5 家。

2. 重点续建拟建项目

2020 年河南省续建和开建的项目有：洛阳市洁达纸业有限公司 5 万吨生活用纸异地搬迁项目、河南护理佳纸业有限公司 5 万吨卫生纸续建项目、新乡鸿泰纸业有限公司异地搬迁改建年产 11 万吨白面牛卡纸项目，漯河银鸽实业集团有限公司 12 万吨生活用纸项目和 80 万吨箱纸板项目、新乡新亚纸业集团股份有限公司 20 万吨化学机械浆和 25 万吨白卡纸项目等。

（李尚武）

湖北省造纸工业

Paper Industry in Hubei Province

【行业概况】

湖北省造纸企业主要分布在沿长江、汉江的武汉、宜昌、孝感、荆州等地区。2019 年湖北省主要造纸企业 26 家，生产能力超过 10 万吨的企业 12 家，占湖北省生产量的 80% 以上。主要产品箱纸板、瓦楞原纸生产量 309 万吨，未涂布纸生产量 33.5 万吨，特种纸生产量 20 万吨，生活用纸生产量 58 万吨。

2019 年根据湖北省造纸协会统计主要造纸企业纸及纸板生产量为 522.44 万吨，比 2018 年的 399.03 万吨增加 123.41 万吨，同比增长 30.93%。2019 年工业总产值为 241.02 亿元，同比增长 16.56%；主营业务收入 202.25 亿元，同比下降 0.84%；利税总额 12.69 亿元，同比下降 22.81%；利润总额为 2.82 亿元，同比下降 20.11%。湖北省机制纸及纸板与 2018 年相比，由于有新增产能，生产量有所增加，主营业务收入利税总额有所增加，但利润总额有所减少。根据国家统计局数据显示，湖北省造纸总生产量由 2016 年的 215 万吨，全国排名第 13 位，增长到 2019 年的 415 万吨，全国排名第 7 位。近 4 年增长 93%，增长率全国第 1。2019 年湖北省主要造纸企业的产品及生产量见表 1。

表 1　2019 湖北省主要造纸企业产品及产量

区域	主要企业名称	生产量/万吨		同比/%	主要品种
		2018 年	2019 年		
武汉	武汉金凤凰纸业有限公司	104.19	136.39	30.90	瓦楞原纸
	武汉晨鸣纸业股份有限公司	22.00	21.00	-4.55	生活用纸、特种纸
	武汉木兰汉北集团有限公司	3.00	-	-	-
	黄冈晨鸣浆纸有限公司	-	22.28	-	纸浆
宜昌	湖北城东再生资源科技发展有限公司	8.12	8.22	1.23	瓦楞原纸
	湖北长江汇丰纸业有限公司	7.28	28.40	290.00	涂布白纸
	湖北宜昌翔陵纸制品有限公司	15.09	16.43	8.88	箱纸板
	湖北宝塔沛博循环科技有限公司	6.33	5.68	-10.37	新闻纸、未涂布书写纸
	湖北鑫物再生资源有限公司	3.70	4.10	10.81	瓦楞原纸
	湖北金民纤维材料科技有限公司	0.62	0.42	-32.26	新闻纸、未涂布书写纸
	湖北金庄科技再生资源有限公司	15.12	25.80	710.00	瓦楞原纸
	湖北舒云纸业有限公司	0.80	0.78	-2.50	生活用纸、纸浆
孝感	金红叶纸业(湖北)有限公司	23.00	24.25	5.43	生活用纸
	中顺洁柔(湖北)有限公司	1.99	4.11	105.80	生活用纸
	维达护理用品(中国)有限公司	16.40	16.40	-2.38	生活用纸

续表

区域	主要企业名称	生产量/万吨		同比/%	主要品种
		2018 年	2019 年		
广水	湖北广发纸业有限公司	3.20	2.31	-28.00	瓦楞原纸
	湖北雅都恒兴纸业有限公司	10.99	15.29	39.00	瓦楞原纸
荆州	湖北拍马纸业集团有限公司	56.00	56.70	1.23	白纸板、白卡纸等
	监利大枫纸业有限公司	3.50	5.10	45.70	未涂布印刷书写纸
	湖北祥兴纸业科技有限公司	4.10	6.90	68.30	包装用纸
	湖北荣成再生科技有限公司	55.64	83.46	50.00	箱纸板
荆门	钟祥市应强纸业有限公司	6.50	7.50	15.38	瓦楞原纸
襄樊	湖北华海纤维科技股份有限公司	11.29	12.74	12.84	未涂布书写纸、纸浆
咸宁	赤壁晨力纸业有限公司	8.87	7.52	-15.22	未涂布印刷书写纸
	湖北易立科技股份有限公司	0.90	0.86	-4.44	特种纸及纸板
仙桃	湖北盛大纸业有限公司	10.00	9.80	-2.00	瓦楞原纸
合计		399.03	522.44		

【原料】

按照生态环境部的计划目标，2019 年进口废纸逐年减少，由于受国内废纸可回收总量和质量的制约，国内生产企业对造纸原料的需求量将会趋紧。湖北省造纸企业主要原材料是以回收国内再生资源废纸和商品木浆为主，产品是以生产包装用纸、生活用纸为主。这几年湖北省内纸及纸板生产量不断增长，而我国对进口废纸却逐步减量，造成造纸原料供应的问题已经开始逐步显现。伴随着百万吨级项目的不断增加，未来原料供应不足，将使企业对原料争夺会愈演愈烈，甚至会影响到企业的开机率。湖北省除木材纤维原料外，草类纤维原料品种较多，有芦苇、麦草、稻草等，在大力发展林浆纸一体化产业链、废纸回收再利用同时，应积极开发湖北省现有的芦苇资源及秸秆植物纤维的综合利用。

【生产企业】

2019 湖北省纸及纸板生产量前 10 名的造纸企业见表 2，2019 年湖北省销售收入前 10 名的造纸企业见表 3，2019 年湖北省利税前 10 名的造纸企业见表 4，2019 年湖北省实现利润前 10 名的造纸企业见表 5。

【基建与技改】

（1）武汉金凤凰纸业有限公司主要生产高强度低定量瓦楞原纸，拥有 2 个生产基地，能提供 60 ~

表 2 2019 年湖北省纸及纸板生产量前 10 名的造纸企业

序号	企业名称	生产量/万吨
1	武汉金凤凰纸业有限公司	136.39
2	湖北荣成再生科技有限公司	83.46
3	湖北拍马纸业集团有限公司	56.70
4	湖北长江汇丰纸业有限公司	28.40
5	湖北金庄科技再生资源有限公司	25.80
6	金红叶纸业（湖北）有限公司	24.25
7	维达护理用品（中国）有限公司	24.00
8	武汉晨鸣纸业股份有限公司	21.42
9	湖北华海纤维科技股份有限公司	19.04
10	湖北宜昌翔陵纸制品有限公司	16.43

表 3 2019 年湖北省销售收入前 10 名的造纸企业

序号	企业名称	销售收入/亿元
1	武汉金凤凰纸业有限公司	51.80
2	湖北拍马纸业集团有限公司	37.24
3	湖北荣成再生科技有限公司	25.68
4	维达护理用品（中国）有限公司	19.19
5	武汉晨鸣纸业股份有限公司	11.99
6	湖北长江汇丰纸业有限公司	9.12
7	中顺洁柔（湖北）有限公司	8.63
8	湖北金庄科技再生资源有限公司	6.33
9	湖北城东再生资源科技发展有限公司	5.01
10	湖北雅都恒兴纸业有限公司	4.09

表4　2019 年湖北省利税前 10 名的造纸企业

序号	企业名称	利税总额/亿元
1	武汉金凤凰纸业有限公司	4.72
2	湖北拍马纸业集团有限公司	1.80
3	维达护理用品(中国)有限公司	1.42
4	武汉晨鸣纸业股份有限公司	1.42
5	湖北长江汇丰纸业有限公司	1.02
6	金红叶纸业(湖北)有限公司	0.84
7	湖北城东再生资源科技发展有限公司	0.65
8	湖北金庄科技再生资源有限公司	0.63
9	湖北雅都恒兴纸业有限公司	0.6
10	中顺洁柔(湖北)有限公司	0.35

表5　2019 年湖北省实现利润前 10 名的造纸企业

序号	企业名称	利润总额/亿元
1	湖北拍马纸业集团有限公司	1.21
2	武汉晨鸣纸业股份有限公司	1.10
3	维达护理用品(中国)有限公司	0.75
4	武汉金凤凰纸业有限公司	0.62
5	湖北长江汇丰纸业有限公司	0.29
6	金红叶纸业(湖北)有限公司	0.29
7	中顺洁柔(湖北)有限公司	0.25
8	湖北城东再生资源科技发展有限公司	0.22
9	湖北宝塔沛博循环科技有限公司	0.18
10	湖北盛大纸业有限公司	0.10

170 克/米^2 高强瓦楞原纸全系列产品。公司现有产能 180 万吨，其中武汉金口基地年产 50 万吨，孝感基地年产 130 万吨实现产值 50 亿元，税收近 5 亿元。孝感基地的 1 条 10 万吨纸管原纸生产线于 2019 年 5 月投产。

(2)湖北金庄科技再生资源有限公司现有年产 10 万吨和年产 15 万吨包装用纸现代化生产线各 1 条及 2 台 6 兆瓦背压机组热电联产项目。扩建的年产 5 万吨纱管纸生产线于 2018 年 11 月动工建设，2019 年 10 月份投产。公司热电二期项目于 2019 年底动工，计划于 2020 年年底投入运行。投入运行后，公司总资产将超过 5 亿元，形成年产包装用纸 30 万吨，年供应蒸汽 100 万吨，年发电 1 亿度，年销售收入超过 10 亿元，年利税过亿元的绿色环保型企业。

公司一直保持着健康、稳步、持续的发展势头，2018 年实现年销售收入 4.5 亿元，上缴税收 4800 万元。2019 年 1—10 月，生产包装用纸 17 万吨，同比增长 113%，实现销售收入 4.9 亿元，同比增长 58%，实现上缴税收 4661 万元，同比增长 50%。

(3)湖北荣成再生科技有限公司是由香港荣成纸业股份有限公司和无锡荣成环保科技有限公司、平湖荣成环保科技有限公司共同出资组成的鄂港合资企业，2014 年 9 月 19 日正式签约落户在湖北省松滋市临港工业园区。投资建设年产 150 万吨高档箱纸板，配备 105 兆瓦热电联产项目，该项目总投资 64 亿元，注册资本约 21 亿元，占地约 80 万米^2。本项目共计建设 5 条制浆造纸生产线，按照建设进度陆续建成投产中，2017 年 8 月 3 条累计 85 万吨高档箱纸板项目制浆造纸生产线投产，2019 年 5 月 1 条年产 30 万吨高档箱纸板项目造纸生产线投产，使得年设计产能达 115 万吨，剩余 1 条年产 35 万吨高档箱纸板项目造纸生产线在筹备建设中。公司 2019 年 1—11 月实现生产量 71.5 万吨，产值 22.27 亿元，解决就业 770 人。项目全面建成达产后，预计可实现年销售收入 50 亿元以上，上缴税收 3.2 亿元以上，可解决就业 1000 人，同时将进一步拓展区域包装材料产业链，对推进荆州乃至湖北省相关产业转型升级发挥积极的促进作用。

(4)湖北盛大纸业有限公司是于 2008 年 6 月组建的专业生产工业包装纸的企业。从事废旧纸张收购，再生瓦楞原纸的生产、销售。注册资本 10000 万元，位于张沟镇东工业园。二期年产 20 万吨再生高强瓦楞原纸项目，扩建项目，在原有的产能基础上，投资 3.5 亿元，购置幅宽 5300 毫米、设计车速 700 米/分的造纸生产线、配套供热、废水处理站，于 2019 年 8 月底竣工投产。投产后年生产量达到 30 万吨。预计年销售额可超过 10 亿元，创利税 5000 万元。

【重点项目】

黄冈晨鸣浆纸有限公司林浆纤纱一体化项目为了适应长江经济带生态环境建设要求，该项目进行了 3 次重大调整，建设林业基地 21.67 万米^2、化学浆产能 30 万吨/年、黏胶纤维产能 50 万吨/年、纺纱产能 50 万吨/年，配套化学品制备和热电联产、综合码头等工程。年可实现产值 206 亿元，利税 52 亿元。为进一步优化项目布局，将黏胶及配套化学品项目调整至离长江 22 公里外的黄冈化工园，在六福湾原址上只有制浆、无纺布和码头项目，目前黄冈晨鸣项目建设全面推进，2018 年一期工程设备安装已进入尾声。

武汉金凤凰纸业有限公司、湖北保丽纸业有限公司合资重组金凤凰纸业（孝感）有限公司，建设年产 130 万吨大型包装用纸项目，此项目位于孝感市孝武大道 612 号，即毛陈镇东海村 107 国道旁，公司区位优势独特，交通极为便利。公司占地面积含原湖北保丽纸业有限公司在内共计 36.67 万米^2。该项目总投资 32.9 亿元，分 2 期建成。一期投资 12.9 亿元的年产 60 万吨项目已全部建成投产，其中年产 20 万吨技改项目于 2015 年 3 月投产，年产 40 万吨扩建项目于 2016 年 7 月投产运行；二期投资 20 亿元，建设 2 条年产 60 万吨高强瓦楞原纸生产线和 1 条年产 10 万吨纸管原纸生产线，目前高强瓦楞原纸生产线已于 2018 年 7 月投产运行，纸管原纸生产线 2019 年 5 月投入试生产。

山鹰华中纸业有限公司年产 220 万吨高档包装用纸项目在公安县青吉工业园已经开工建设。公安县杨家厂镇工业园热电联产项目总投资 181572.00 万元，拟使用募集资金 130000.00 万元。项目建成后，可保障公司年产 220 万吨高档包装纸板项目的用热和用电需求，大幅降低公司热蒸汽和电力使用成本，可满足周边企业的热蒸汽和电力需求。年产 220 万吨高档包装纸板项目将分为 2 期建设，共建 8 条生产线，一期建成 30 万吨/年牛皮箱纸板生产线、30 万吨/年低定量牛卡纸生产线、18 万吨/年低定量瓦楞原纸生产线和 32 万吨/年白面牛卡纸生产线各 1 条；二期建成 2 条 30 万吨/年低定量牛卡纸生产线、1 条 18 万吨/年低定量瓦楞原纸生产线、1 条 32 万吨/年食品包装用纸生产线。此外项目还包括 2 期的热电联产工程，其中，一期工程建设 3 台 410 蒸吨高温高压循环流化床锅炉（2 用 1 备），配 2 台 60 兆瓦背压式汽轮发电机组；二期工程建设 2 台 410 蒸吨高温高压循环流化床锅炉，配 2 台 60 兆瓦瓦背压式汽轮发电机组；及一二期配套的脱硫、脱硝、除尘系统等环保设施、给排水系统等公辅设施。

【发展目标及存在问题】

近年来，位居九省通衢的湖北省，已成为全国造纸行业发展的沃土，由武汉金凤凰纸业有限公司、山鹰华中纸业有限公司、湖北荣成再升科技有限公司、湖北祥兴纸业科技有限公司、黄冈晨鸣浆纸有限公司林浆纤纱一体化等大型包装用纸企业相继投产运行，湖北省正向“华中地区包装用纸生产大省”迈进。由恒安集团湖北有限公司、金红叶纸业（湖北）有限公司、维达纸业（湖北）有限公司、中顺洁柔（湖北）纸业有限公司、港兴纸业有限公司等生活用纸企业，相继落户湖北省孝感市孝南区，1 个新型的“华中纸都”正向“中华纸都”迈进。今后的主要问题是湖北省造纸企业主要以回收国内废纸为原料，近年来随着湖北省内纸及纸板生产量增长，废纸回收已接近极限，原料供应严重不足，湖北省在把握造纸行业洗牌的机遇中，科学的合理的进行产业布局，以更高的环保标准，推动造纸业发展。发展方向倾向于环保工程项目建设，通过原料结构、产品结构的调整，淘汰落后产能，将传统造纸工业向现代绿色造纸工业转变，不断提高装备水平，降低资源消耗，将污染排放降到最低值，面向未来，坚持创新、协调、走绿色可持续发展的道路。

（顿志强）

四川省造纸工业

Paper Industry in Sichuan Province

【行业概况】

2019 年四川省机制纸及纸板生产量逐渐增长，稳中向好，2019 年四川省制浆造纸总产量 469.22 万吨，共有制浆造纸企业 160 家(含规模以下企业)，其中：规模以上制浆造纸企业 110 家，共生产纸及纸板 332.41 万吨，同比增长 27.13%；规模以下企业 50 家，共生产纸及纸板 136.81 万吨，同比增长 9.85%。2019 年四川省制浆造纸规模以上企业总生产量全国排名第 10 位，总生产量增长全国排名第 4 位，总生产量增速全国排名第 7 位。

2019 年竹子制浆企业共有 13 家，竹浆生产量 129.86 万吨，占全国原生浆生产量 10%左右，同比增长 13%，其中本色竹浆 70.29 万吨，占 54.13%，漂白竹浆 59.57 万吨，占 45.87%。竹浆主要生产生活用纸、文化用纸、食品包装原纸、牛皮纸、民俗用纸等，但 80%的竹浆用于生产生活用纸。

2019 年木浆生活用纸原纸生产企业 4 家，竹浆生活用纸原纸生产企业 60 多家，生活用纸原纸总生产量 140 万吨，同比增长 16.67%，其中漂白原纸与本色原纸各占 50%；竹木浆生活用纸加工企业 250 余家，生产量 152 万吨，同比增长 8.57%，其中非卷纸占 55%，卷纸占 45%，漂白与本色竹浆生活用纸各占 50%。竹浆生活用纸销售市场 40%在省内销售，60%在省外和国外销售。

2019 年四川省包装纸板生产企业 22 家，包装纸板生产量 258.76 万吨，同比增长 5.53%。

2019 年文化用纸及其他纸种生产量 70.46 万吨，文化用纸市场有所提升，企业利润增加；特种纸行业生产量较去年有所提升，价格波动不大，利润与去年持平；民俗用纸企业受环保影响和市场竞争压力，市场销售困难，企业利润下降。

【原料和产品结构】

四川省制浆造纸原料结构：木浆 7%(进口或省外商品纸浆)，自制竹浆 43%，废纸浆 50%(省内或进口)。主要产品有：商品竹浆板、食品包装纸板、包装纸板(高强瓦楞原纸、牛皮箱纸板、箱纸板、涂布白纸板、工业纸板等)、生活用纸原纸及生活用纸加工产品(卷筒、非卷)、办公文化用纸(静电复印纸、双胶纸、书写纸、打字纸、无碳复写原纸等)、工业用纸(绝缘纸、电缆纸、电容器纸、育果袋纸等)、牛皮包装用纸、牛皮食品包装原纸、特种纸及其他纸种。

【生产企业】

四川省制浆造纸重点企业：四川永丰纸业集团、宜宾纸业股份有限公司、四川犍为凤生纸业科技股份有限公司、四川环龙新材料有限公司、四川银鸽竹浆纸业有限公司、四川天竹竹资源开发有限公司、四川金福纸品有限公司。

四川省包装纸板重点生产企业：四川金田纸业有限公司、玖龙纸业(乐山)有限公司、四川新津晨龙纸业有限公司、四川华侨凤凰纸业有限公司、四川迅源纸业有限公司。

四川省生活用纸重点生产企业：中顺洁柔(四川)纸业有限公司、维达纸业(四川)有限公司、宜宾纸业股份有限公司、四川犍为凤生纸业科技股份有限公司、四川环龙新材料有限公司、沐川禾丰纸业有限责任公司、四川圆周实业有限公司、四川夹江汇丰纸业有限公司、四川蜀邦实业有限责任公司、四川省金福纸品有限责任公司、四川友邦纸业有限公司、四川省津诚纸业有限公司。

四川省生活用纸重点加工企业：四川石化雅诗纸业有限公司、四川环龙新材料有限公司、四川蓝漂日用品有限公司、成都维邦优品科技有限公司、四川欣适运纸品有限责任公司、成都市苏氏兄弟纸业有限公司、成都纤姿纸业有限公司、四川兴睿龙实业有限公司、崇州市倪氏纸业有限公司、四川省什邡市望风青苹果纸业有限公司、成都市阿尔纸业有限责任公司、四川省绵阳超兰卫生用品有限公司。

【基建与技改】

2019 年新建项目和重点技改项目：宜宾纸业股份有限公司年产 12 万吨高档生活用纸项目建成投产；四川石化雅诗纸业有限公司扩建年产 6 万吨高档竹浆生活用纸加工项目建成投产；四川犍为凤生纸业科技股份有限公司新增年产 12 万吨高档生活用纸项目建成投产。

【科研与技术进步】

2019 年 6 月 13 日，为加强产学研合作关系，推动竹产业转型升级发展，四川石化雅诗纸业有限公司与四川轻化工大学生物工程学院签订了产学研合作协议；2019 年 11 月 26 日，四川环龙新材料有限公司与芬兰国家技术研究中心（VTT）签约“竹材生物质精炼技术和竹材全价利用合作研发项目”；2019 年 3 月 15 日四川金田纸业有限公司成功入选省重点高成长型中小企业培育名单。

【节能减排、淘汰落后产能】

根据《工业和信息化部办公厅 水利部办公厅 国家发展改革委办公厅 市场监管总局办公厅关于组织开展 2020 年重点用水企业水效领跑者遴选工作的通知》，四川环龙生活用品有限公司被四川省经信厅选入 2020 年省级节水标杆企业。

根据《四川省经济和信息化厅 四川省水利厅关于进一步做好重点行业节水型企业创建工作的通知》（川经信环资〔2019〕220 号）公告，四川蜀邦实业有限责任公司、玖龙纸业（乐山）有限公司等 15 家造纸企业被评选为 2019 年省级节水型企业单位。

四川地处长江上游，为保护长江上游生态屏障，贯彻国家保护生态环境、节能减排、淘汰落后产能的相关政策，省环保厅对全省制浆造纸企业实行严格监管措施，对企业排污口实施全天候监控管理，每个企业必须达标排放。省经信厅每年向制浆造纸企业下达节能减排、淘汰落后产能工作目标，2019 年全省制浆造纸企业淘汰 8 个落后产能企业相关项目。

【发展目标及重点拟建项目】

2020 年总体发展目标是：转型升级，结构调整，狠抓重点，稳步发展。竹浆制浆造纸及生活用纸：根据竹子资源情况，按照国家及省内相关产业政策和环保政策，重点新增化学竹浆和化学机械竹浆生产线，重点抓好竹浆生活用纸的有序发展，发布实施《本色竹浆》团体标准，制定并发布《竹浆生活用纸》团体标准。纸板：根据废纸资源情况，按照国家及省内相关环保政策适度新增部分包装纸板产能。

重点建设的项目主要有：

（1）四川永丰纸业集团：沐川禾丰纸业有限责任公司升级改造扩建 10 万吨/年生活用纸生产线及配套设施，扩能扩建 15 万吨/年高档生活用纸项目；四川永丰纸业股份有限公司扩建 20 万吨/年高档文化用纸项目；四川永丰浆纸股份有限公司扩建 15 万吨/年本色浆生产线；泸州永丰浆纸有限责任公司拟扩建 20 万吨/年本色浆生产线，10 万吨/年高档生活用纸和 10 万吨/年牛皮纸项目。

（2）中顺洁柔（达州）有限公司 30 万吨竹浆纸一体化项目。

（3）四川环龙新材料有限公司斑布健康竹产业园百万吨竹材生物质精炼项目，该项目分 2 期实施建设，最终建成后，公司本色生活用纸原纸生产能力新增 20.4 万吨/年，将形成 22.44 万吨/年本色竹浆、27.6 万吨/年本色生活用纸原纸和 4 万吨/年本色生活用纸成品纸生产能力。

（4）宜宾纸业股份有限公司拟扩建 45 万吨/年浆纸项目（20 万吨/年化学机械浆，25 万吨/年化学浆；24 万吨/年高档生活用纸）。

（5）四川天竹竹资源开发有限公司拟扩建 20 万吨/年莱赛尔纤维竹浆项目。

（6）夹江汇丰纸业有限公司拟搬迁扩建 20 万吨/年竹浆生产线及 10 万吨/年高档生活用纸项目。

（7）四川凤生纸业科技股份有限公司技改扩能 18 万吨/年高档生活用纸分切加工项目。

（8）四川省金福纸品有限责任公司技改置换 10 万吨/年高档生活用纸项目。

（9）四川华侨凤凰纸业有限公司纸板项目在拟申报中。

（罗福刚　罗建雄）

广西壮族自治区造纸工业

Paper Industry in Guangxi Zhuang Autonomous Region

【行业概况】

广西壮族自治区坚持清洁化生产，加快淘汰落后产能，走绿色造纸和高质量发展道路，优化营商环境，大力引进大型制浆造纸项目落户广西。广西壮族自治区造纸工业生产和运行受国际国内浆纸市场影响，化学木浆、蔗渣浆、生活用纸生产量有所下降，化学机械木浆、瓦楞原纸、文化用纸生产量增长，其他浆、纸品种基本持平，整体生产经营形势良好。

2019 年，广西壮族自治区原生浆生产量达 220 万吨，与 2018 年生产量几乎持平，其中：化学浆生产量 100 万吨(其中：蔗渣浆 62 万吨，木浆 34 万吨，竹浆 4 万吨)，化学机械木浆 120 万吨。机制纸及纸板生产量达 323 万吨，同比增长 10.6%，其中：白卡纸 180 万吨，生活用纸 67 万吨，文化用纸 11 万吨，特种纸 7 万吨，瓦楞原纸 40 万吨，纱管纸 18 万吨。蔗渣浆板 13 万吨，纸浆模塑制品约 3.5 万吨(以原料计)。工业总产值 286 亿元。

主要浆纸品种概况分析

(1)木浆生产情况

广西壮族自治区木浆产品有化学机械木浆和化学木浆，2019 年，广西木浆总生产量 154 万吨，同比增长 4.8%，其中：化学机械木浆 120 万吨，同比增长 12.1%，化学木浆 34 万吨，同比下降 15.0%。化学机械木浆生产企业主要为：广西金桂浆纸业有限公司、斯道拉恩索(广西)浆纸有限公司，广西金桂浆纸业有限公司生产量增长 13.9%，斯道拉恩索生产量基本不变，广西永凯六景纸业集团有限责任公司生产少量化学机械木浆。受国际木浆价格走低的影响，化学木浆企业生产积极性不高，大部分企业都有不同程度的减产降量。化学木浆生产企业主要有：广西宏瑞泰纸浆有限责任公司、广西洋浦南华糖业集团有限公司、广西东糖集团有限公司等，产品多为漂白化学木浆，只有防城港宏源浆纸有限公司、广西和发强纸业有限公司生产本色化学木浆。半数蔗渣浆生产企业调整生产原料，在蔗渣原料不足时，补充木材原料，生产化学木浆。

(2)蔗渣浆生产情况

广西壮族自治区蔗渣浆生产量约 62 万吨，同比下降 11.4%，大部分为漂白蔗渣浆，有少量本色蔗渣浆。受技改、市场、原料等因素影响，广西东糖投资有限公司与广西湘桂华糖制糖集团来宾纸业有限责任公司蔗渣浆生产量下降幅度最大，其他蔗渣浆企业生产量变化不大。蔗渣浆多为湿浆，为扩大蔗渣浆销售半径，企业或新增浆板机，或对原文化纸机进行技改，生产蔗渣浆板，2019 年蔗渣浆板生产量约 13 万吨。

(3)竹浆生产情况

广西壮族自治区竹浆生产量约 4 万吨，与 2018 年持平。广西壮族自治区竹浆生产量较低，部分企业将竹子与桉木进行混合蒸煮，生产桉竹混合浆，目前广西壮族自治区没有纯竹浆生产企业。

(4)生活用纸生产情况

广西壮族自治区生活用纸生产量 67 万吨，同比下降 10.7%。窄幅、低速生活用纸纸机的能耗较高，主要生产中低档产品，市场竞争力较低，将逐年淘汰，目前小纸机还在生产的有 120 余台；中高速纸机已有 30 台，其生产量约占总生产量 1/2。广西壮族自治区生活用纸原料曾以蔗渣浆为主，随着市场中高档产品需求增加，生活用纸企业调整生产工艺，提高木浆比例，生产品质较高的生活用纸。现中高速纸机多使用区内生产的桉木浆配加 10% 左右的针叶木浆，低速窄幅纸机以蔗渣浆配加 15% 左右的木浆生产生活用纸。

生活用纸以大轴原纸为主，后加工比例不足 30%，后加工一直是广西壮族自治区的弱项，知名品牌较少，全国影响力较低。目前广西知名品牌有：清帕和卡西雅（南宁市佳达纸业有限责任公司）、婉庭和天力丰（广西天力丰生态材料有限公司）、纯点（广西广业贵糖糖业集团有限公司）、节节高（南宁香兰纸业有限责任公司）等，生活用纸企业正在努力开拓市场，积极开辟电商销售渠道，线上、线下共同发力，提高产品市场份额。

蔗渣浆用于生产擦手纸有其纤维优势，广西横县江南纸业有限公司是全国知名擦手纸生产企业，其知名品牌有桂纤、爽手等；另外，广西天力丰生态材料有限公司于2019年年底也开始生产擦手纸。

（5）纸浆模塑制品生产情况

根据国家发展和改革委、生态环境部发布的《关于进一步加强塑料污染治理的意见》要求，广西壮族自治区将利用蔗渣浆制备纸浆模塑制品优良纤维原料特性，大力发展外贸需求量大的蔗渣浆纸浆模塑制品，生产的纸浆模塑制品质量好，可降解，将成为“禁塑”后主要替代品，是今后发展的主要方向，有很好的发展前景。2019年，纸浆模塑制品生产企业有6家，生产量约3.5万吨（以原料计）。

（6）其他纸种生产情况

白卡纸生产量180万吨，同比增长16.9%，主要得益于广西金桂浆纸业有限公司生产量提升。文化用纸生产量11万吨，同比增长37.5%。广西壮族自治区文化用纸总生产量较低，2019年生产量增加主要是广西宏瑞泰纸浆有限责任公司通过技改，重开文化纸机试生产，纸机产能为20万吨/年，目前还未正常投入生产。瓦楞原纸生产量为40万吨，同比增长33.3%，恢复到2年前的生产水平。主要是广西春盛纸业有限公司通过经营方式整合原广西金荣纸业有限公司，经过技改恢复生产。特种纸和纱管纸与2018年持平，没有新建项目。

【原料】

制浆主要纤维原料为蔗渣、桉木、林业加工剩余物、废纸等，具体如下，木材209万吨（绝干），蔗渣132万吨（绝干），竹子8万吨（绝干），废纸64万吨（绝干）。用于造纸的浆料结构约为：蔗渣浆15%，木浆59%，竹浆2%，废纸浆24%。

2019年，广西壮族自治区森林面积2.22亿公顷，森林覆盖率62.28%，活立木蓄积量7.62亿米^3，人工林面积800万公顷，居全国第一。其中：桉树267万公顷，居全国第一；木材生产量4777万米^3，居全国第一；大径竹3.9亿根，小杂竹81.1万根，2020年采伐限额4460.9万米^3，居全国第一。

【主要生产企业】

广西壮族自治区大型制浆造纸企业仅有广西金桂浆纸业有限公司、斯道拉恩索（广西）浆纸有限公司2家，绝大多数是中小规模企业。2019年广西壮族自治区主要生产企业见表1、表2。

表1　2019年广西壮族自治区主要制浆生产企业

序号	企业名称	产品	产量/万吨
1	广西金桂浆纸业有限公司	化学机械浆	102.5
2	斯道拉恩索（广西）浆纸有限公司	化学机械浆	17.0
3	广西洋浦南华糖业集团有限公司（田阳南华纸业有限公司、龙州南华纸业有限公司）	蔗渣浆、木浆	17.9
4	广西东糖集团有限公司（广西来宾东糖纸业有限公司、横县东糖糖业有限公司纸业分公司）	蔗渣浆、木浆、竹浆	13.3
5	广西宏瑞泰纸浆有限责任公司	木浆、竹浆	9.9
6	广西湘桂华糖制糖集团来宾纸业有限责任公司	蔗渣浆	7.8
7	广西农垦集团天成纸业有限公司	蔗渣浆	7.7
8	广西博冠环保制品有限公司	蔗渣浆、木浆	7.6
9	广西广业贵糖糖业集团有限公司	蔗渣浆、木浆	7.6
10	柳州两面针纸业有限公司	木浆	6.2
11	广西凤糖鹿寨纸业有限公司	蔗渣浆	5.7

表 2　2019 年广西壮族自治区主要造纸生产企业

序号	企业名称	产量/万吨
白卡纸		
1	广西金桂浆纸业有限公司	135.4
2	斯道拉恩索(广西)浆纸有限公司	39.0
生活用纸		
1	广西田东南华纸业有限公司	5.6
2	广西天力丰生态材料有限公司	4.0
3	广西龙州曙辉纸业有限公司	4.0
4	南宁市佳达纸业有限责任公司	3.5
5	广西莲桂纸业有限公司	3.5
6	广西横县江南纸业有限公司	3.4
7	柳州两面针纸业有限公司	3.2
8	广西广业贵糖糖业集团有限公司	3.0
特种纸		
1	桂林奇峰纸业有限公司	3.7
2	广西贺州市红星纸业有限公司	1.4
3	南宁侨虹新材料股份有限公司	0.8
瓦楞原纸		
1	广西春盛纸业有限公司	13.0
2	广西贵港市澳华纸业有限责任公司	10.0

【基建与技改情况】

(1)广西金桂浆纸业有限公司二期年产 180 万吨高档纸板扩建项目及配套工程项目于 2019 年 9 月 29 日举办了开工仪式，包括：年产 180 万吨高档纸板扩建项目、年产 30 万吨双氧水项目、年产 75 万吨化学机械浆扩建项目。

(2)2019 年 10 月，广西太阳纸业有限公司 350 万吨林浆纸一体化项目正式开工，一期将建设 55 万吨/年文化用纸、15 万吨/年生活用纸项目和配套的 80 万吨/年化学木浆、60 万吨/年化学机械浆项目；二期将建设 50 万吨/年特种纸，90 万吨/年白卡纸项目。

(3)2019 年 9 月，理文造纸有限公司与崇左市人民政府正式签署《广西(崇左)年产 100 万吨浆纸(生活用纸成品纸)及电商智慧物流全产业链项目协议》，项目计划总投资约 110 亿元，年产值约 220 亿元，主要建设 100 万吨纸浆生产线、100 万吨生活用纸生产线及电商智慧物流全产业链项目。

(4)南宁侨虹新材料股份有限公司孖纺战略新兴技改项目于 2017 年引进，2019 年 11 月 26 日通过预验收，预计 2020 年 1 月 10 日通过项目整体竣工验收。该项目于 2019 年 12 月 20 日纳入第 2 批广西“双百双新”产业项目。

(5)2019 年 3 月 6 日，广西横县江南纸业有限公司第 3 台卫生纸机顺利开机投产，幅宽 2850 毫米，主要使用漂白蔗渣浆生产 30 ~ 50 克/米^2 擦手纸。

(6)广西湘桂华糖制糖集团来宾纸业有限责任公司完成集中供汽管道铺装、设备技改以及配套减温水系统管道安装工作，自 2019 年 7 月开始正式采用来宾市集中供热模式生产，同时停止运行锅炉，以碱炉自产蒸汽和外购部分蒸汽补充工艺用汽进行生产。

(7)广西凤糖鹿寨纸业有限公司、广西来宾东糖纸业有限公司完成 ECF 漂白工艺改造，进一步提高清洁生产水平。

(8)广西博冠环保制品有限公司 3 万吨/年绿色环保纸塑模塑餐具项目的配套基础工程已开工建设。

(9)广西广业贵糖糖业集团有限公司年产 10.89 万吨漂白浆搬迁改造项目，2019 年 6 月通过初步设计专家评审，2019 年 11 月通过贵港市自然资源局项目总平图报建。目前正在开展主体设备招标、设计工作，2020 年 2 月取得建设工程规划许可证，计划 2021 年 6 月竣工投产。

(10)广西贺州市红星纸业有限公司于 2019 年年底完成原 2362 抄纸生产线技改工作，产能提高 50% 左右，可生产热敏原纸、热升华转印纸，调整公司产品结构，提高市场竞争力。

(11)2019 年 12 月 10 日，广西天力丰生态材料有限公司新增技改项目 4 号纸机成功生产擦手纸，各项检验指标符合国家擦手纸质量检验标准，新增技改项目 4 号纸机为新月型高速纸机，纸机净纸幅宽 2850 毫米，设计车速 1200 米/分，设计年产能 2 万吨。

(12)防城港宏源浆纸有限公司新建 15 万吨高档本色系列生活用纸项目完成各项注册备案登记工作，加快生产车间房屋技改和生活配套设施建设，1 号和 2 号高速生活纸机，幅宽 2850 毫米，设计车速 1500 米/分，预计于 2020 年 5 月投产。

【科研与技术进步】

(1)2019 年，广西大学作为第一完成单位，广西大学轻工与食品工程学院王双飞教授作为第一完成人的项目“大型二氧化氯制备系统及纸浆无元素氯漂白关键技术及应用”获得国家技术发明二等奖。

(2)根据广西壮族自治区人民政府 2019 年 3 月 9 日发文《关于2018 年度广西科学技术奖励的决定》(桂政发〔2019〕13 号)，王双飞教授获科学技术特别贡献类特等奖，这是广西首次颁发科学技术奖个人奖项，表彰王双飞教授对广西科技发展做出的重大贡献。

(3)工业与信息化部 2019 年 12 月 2 日发布公告，由广西造纸行业协会、广西大学牵头完成的《QB/T 5398—2019 造纸用原料 蔗渣》于 2020 年 4 月 1 日起实施。

(4)广西博冠环保制品有限公司获“绿色蔗渣浆短序漂白技术系统”(ZL201820401926. 5)实用新型专利证书，通过了河池市劳模工匠创新工作室、自治区企业技术中心认定，完成清洁生产企业换证。

(5)南宁侨虹新材料股份有限公司荣获 2019 年度“广西质量管理先进单位”荣誉称号。

(6)桂林奇峰纸业有限公司通过了桂林市企业技术中心认定、国家知识产权管理体系认证。

(7)广西桂海金浦纸业有限公司获 6 项发明专利，分别是“一种交联碱木素及其制备方法与应用”“一种导电聚合物复合导电纸及其制备方法和应用”“一种均质特种纸生产用精筛浮选装置”“一种特种复合纸施胶量调节控制装置”“一种特种纸高效磨浆装置”“一种基于高强度防静电及防水复合导电纸生产用切割设备”，成功申报国家高新技术企业。

(8)广西金桂浆纸业有限公司获海关 AEO 高级认证企业、2019 年度自治区节水型企业、2019 年度广西出口名牌产品、两化融合贯标达标企业、2018 年度广西“守合同重信用”公示企业。

【展望】

2019 年是新中国成立 70 周年，也是广西造纸工业高质量发展的一年，广西金桂浆纸业有限公司二期年产 180 万吨高档纸板扩建项目及配套工程项目、广西太阳纸业有限公司 350 万吨林浆纸一体化项目开工，理文造纸有限公司年产 100 万吨浆纸(生活用纸成品纸)及电商智慧物流全产业链项目签约广西，未来广西壮族自治区造纸体量将以倍数增长。广西壮族自治区制浆造纸企业坚持“绿色纸业”和高质量发展方向，提高企业抗风险能力，淘汰落后产能，夯实基础，加快结构性调整，未来可期。

(覃程荣　梁　辰)

天津市造纸工业

Paper Industry in Tianjin City

【行业概况】

2019 年，天津市造纸行业克服外部宏观经济和废纸进口政策的压力，紧密结合本地资源特点和周边市场需求，依托港口优势，以和谐发展、科学发展为指导思想，坚持环境友好型造纸企业建设理念，选择废纸及生物机械浆为多元化造纸原料，以进口美废为主，国废和少量自制浆原料的使用规模也在日益提高，以现代化纸板生产线完成各种包装纸板产品大规模生产，进一步提高产业的集中度和生产的集约化，不断适应周边市场对于不同等级产品的多层次需求。

2019 年，天津市造纸工业规模以上机制纸生产量 279.9 万吨，较 2018 年下降 2.3%，其产品种类包括各等级的高强瓦楞原纸、挂面箱纸板、多种牛卡纸、白卡纸、灰底白卡纸、白面牛卡纸等产品，逐步丰富天津市纸张产品类型。全市有规模以上造纸及纸制品相关工业企业 125 家，工业总产值 255.6 亿元，较 2018 年增长 0.9%，从业人员人数 14309 人。其中，大中型企业 9 家，工业总产值 156.6 亿元，较 2018 年增长 7.4%，从业人数 6068 人。全市规模以上造纸及纸制品相关工业企业资产总值 239.6 亿元，固定资产总值 138.4 亿元，固定资产投资 28.8 亿元，较 2018 年下降 40.2%。主营业务收入 253.4 亿元，较 2018 年增长 3.7%；利税总额 19.9 亿元，利润总额 12.1 亿元，较 2018 年下降 24.4%。

【生产企业】

天津市造纸工业的发展面临着水资源和林产资源短缺等不利因素，同时也具有港口城市交通便利、进出口贸易发达等优势特点。这些因素共同决定了天津市的造纸工业发展必须遵循低污染、低消耗，主要原料和产品均为外购外销等发展途径。一些落后的生产经营方式难以适应新的发展形势和需求，因此必将被逐步淘汰。今后，随着天津市整体工业构架的逐步明晰和完善，具有一定生产规模、适应天津市资源特点的造纸企业，将逐步成为天津市造纸工业发展的中流砥柱。根据现有资料，目前发展态势较好并具有一定生产规模的部分企业如下。

1. 玖龙纸业(天津)有限公司

玖龙纸业(天津)有限公司坐落在宁河经济开发区，由香港上市公司玖龙集团投资建设，该集团创建于 1995 年，总部位于广东省东莞市，于 2006 年在香港上市，现已成为世界上最大的废纸环保造纸的现代化包装用纸制造集团。2018 年，集团总产能已经超过 1500 万吨，总产值超过了 600 亿，连续多年蝉联中国造纸行业生产量榜首，2018 年位列中国民营企业 500 强第 111 位(中国民营企业制造业 500 强第 53 位)，2013 年玖龙集团还被全国总工会授予“全国五一劳动奖状”，得到了国家、行业和社会的认可。玖龙集团的造纸布局主要位于广东东莞、江苏太仓、天津、重庆、福建泉州、辽宁沈阳、四川乐山、河北永新、湖南岳阳以及位于“一带一路”的越南等 10 个生产基地。

天津生产基地占地 240 公顷，建成了 5 条现代化生产线，引进世界一流的生产设备和先进工艺，主要生产环保型牛卡纸、高强瓦楞原纸、灰底涂布白纸板、白卡纸等高档包装用纸。实现就业 2500 人，其中吸收本地就业人员比例达到 55%。2019 年实现生产量 216 万吨，产值 78 亿元，上缴税收 5.6 亿元。

一期工程于 2009 年 9 月投产，2 条生产线年产能 80 万吨。二期工程于 2011 年 5 月投产，2 条生产线年产能 80 万吨。三期工程于 2012 年 6 月投产，新上 1 条年产能 55 万吨生产线。所有项目设备全部采用世界最先进的造纸设备和控制系统，制浆及造纸的主体设备由美国、芬兰和德国提供；控制系统由 ABB、SIEMENS 等提供。纸机幅宽 6660 毫米，车速 1000 米/分。其中三期工程采用靴式压榨、红外干燥、软压光等先进工艺技术生产涂布白纸板、涂布白卡纸等产品，达到世界同类纸种生产最尖端水平。

在环保治理方面，玖龙纸业一贯秉承“没有环保，就没有造纸”的理念，致力于环境保护和节能减排，倡导可持续发展的循环经济。不断加大环保投入，使玖龙纸业各项环保和能耗指标都做到优于国家标准，是资源节约型和环境友好型企业的典范。天津玖龙优先使用节能环保设备，严格执行国家和地方的环保政策，各项排放指标都做到优于国家标准。同时，坚决贯彻党的十九大提出的“绿水青山就是金山银山”的理念，力争把基地建设成行业最新、国际领先的现代化企业，打造循环经济型、绿色环保型的生产企业。

在废水处理方面，天津基地引进了世界先进的造纸生产工艺，从源头抓污染，将吨纸耗水量控制在 5 吨以下，同时采用荷兰进口的厌、好氧生物处理 + 三级深度处理工艺实现 COD_{Cr} 排放指标不超过 60 毫克/升，远低于国家排放标准，2016 年投资 6000 万元新建中水处理循环使用项目，实现 75% 的废水循环利用率；在废水处理过程中产生的轻渣和沼气，输送到焚烧炉进行焚烧用于产生蒸汽和发电。在烟气处理方面，建厂之初采用全套进口脱硫设备和炉内喷钙加湿法脱硫的二级处理技术。2017 年投资 7000 万元新建了 2 台烟气超净排放设备，烟气排放指标达到了天然气的排放标准。

生产线采用了废纸制浆、热分散处理、稀释水流浆箱、靴式压榨等先进的工艺技术，同时也应用了白水回收、热回收、回用水利用等高效的节能环保技术，体现了玖龙集团“没有环保，就没有造纸”的理念。

2. 天津广聚源纸业有限公司

天津广聚源纸业有限公司坐落在天津市津南区咸水沽镇的海河科技园区，始建于 2005 年，厂区占地 40 公顷，建筑面积 8 万米^2，注册资金 1.665 亿元，现有员工 400 余名，拥有大批专业技术人才和生产骨干，企业年产值 2 亿元。公司以高新技术为依托，本着建设资源节约型、环境友好型企业的宗旨，努力促进循环经济的发展，打造环保、低碳、高效的新型企业。曾荣获天津市劳动和社会保障局授予的“A 级劳动关系和谐企业”、政府授予的“津南区纳税大户”“循环经济示范企业”等荣誉称号，已成为地区支柱产业。

天津广聚源纸业有限公司经营范围涉及机制纸及纸板制造、生物制浆及销售等。拥有国内先进的生产技术和设备，公司现有 1 条造纸生产线，年产能 6 万吨。今年拟建设节能型年产能 12 万吨高档工业原纸(幅宽 4200 毫米、车速 500 米/分)生产线以及相应的辅助系统改造。包括新增 1 台 DCS、QCS 自控双叠网 4200/500 纸机、自动制浆生产线 1 套及可控热泵系统、密闭气罩热能回收装置等附属设备 6 台。该公司正式投入生产运行以来，连续 2 年总产值过亿元。企业 2010 年年末投产的二期建设项目使产能再扩大 3 倍，年产值将达到 12 亿元以上，开始驶入加速发展的快车道。现正在逐步形成集绿色循环产业、餐饮服务业、娱乐观光业和房地产业于一体的大型综合性集团公司，已拥有 43000 米^2 创意中心和占地 13.33 公顷的绿色生态园，显示出自己独特的风格和魅力。

广聚源纸业以高新技术为依托，本着建设资源节约型、环境友好型企业的宗旨，努力促进循环经济的发展，以农作物废弃物(稻草、棉杆)和生活包装废弃物(废纸箱)为纤维原料，将废弃物转化为再生资源，不仅变废为宝，而且保护了环境，促进了循环经济的发展。在实际生产中，企业积极引进科技手段，采用生物预处理机械浆制浆技术生产稻草、棉杆高得率本色浆，制浆得率高、能耗低、质量好、污染轻，形成了具有自主知识产权的清洁制浆技术。该公司主要使用城市污水处理厂的中水为主要生产用水，在工艺流程设计中对生产过程的用水采取了节流—治污相结合的方法，水的重复利用率超过了 90%，保证企业步入了清洁、节能的生产轨道，实现了资源优化配置。

【基建与技改】

目前在天津市生存和发展的造纸企业，大都具有资源消耗最小化、污染控制技术有特色、有成效等技术特点，这是天津市自然条件、政策条件以及市场条件等多种因素共同作用的必然结果，也是天津市造纸工业可持续发展的必经之路。2019 年天津市造纸及纸制品制造以及制浆设备制造行业投资项目完成 32 个，计划投资 25 亿元，2019 年完成投资 18 亿元；新上技改项目 11 个，计划投资 5.6 亿元，2019 年完成技改投资 4.2 亿元。

【科研与技术进步】

目前天津市造纸行业坚持走“产学研结合”技术发展之路，各企业和科研院所以科技创新为先导，积极开展科研项目合作以及技术开发工作，达到促进企业良性健康发展之目的。天津市造纸大中型工业企业科学研究与试验发展(R&D)活动积极开展，有R&D活动的企业数为30家，2019年企业R&D活动经费内部支出总额4.74亿元，较2018年增长27.8%，R&D项目数为128个；大中型工业企业科技机构7个，科技机构R&D活动经费支出3.15亿元，较2018年增长19.8%，专利申请数235件，其中发明专利71件，较2018年下降28.3%。

天津科技大学造纸学院制浆造纸工程学科是我国最早设立的制浆造纸学科，至今已有81年历史。2015年重新组建成立造纸学院，为教育部首批批准的硕士学位授权点，全国首个制浆造纸工程学科博士学位授权点。天津科技大学造纸学院是天津市乃至全国造纸行业重要的科研单位，具有较强的科研研发能力。天津科技大学造纸学院一直保持着与天津市乃至国内外众多造纸企业保持着多年的紧密合作关系。现已完成来自于国际合作、国家“十一五”规划、“十二五”规划和天津市科委以及全国大中型造纸企业的委托科研项目多项，对于促进我国造纸工业的技术进步和发展起到了重要的作用。

天津科技大学承担的在研的国家级、省部级重大科研项目如下：

(1)科技部重点研发计划项目，基于造纸过程的纤维原料各组分清洁分离利用及环境评价，研究经费441万元；

(2)科技部重点研发计划项目，微纳米纤维素关键制造技术及中式示范，研究经费115万元；

(3)科技部重点研发计划项目，木质素分离纯化新技术研究，研究经费50万元；

(4)科技部重点研发计划项目，生态型短流程清洁制浆造纸技术研发及产业化示范，研究经费53万元；

(5)国家自然科学基金项目，水热耦合机械预处理木质纤维吸附纤维素酶行为及调控机制的研究，研究经费61万元；

(6)国家自然科学基金项目，自水解预处理木质纤维超微结构及化学组成对后续制浆碱液吸收影响机制的研究，研究经费63万元；

(7)国家自然科学基金项目，纤维素酶在高得率浆纤维上的分布和扩散机制研究，研究经费62万元；

(8)国家自然科学基金项目，木质素基纳米粒子水凝胶药物载体的构筑及智能释放行为调控，研究经费25万元；

(9)国家自然科学基金项目，纳米纤丝纤维素凝胶化机理及纤维表面能调控机制研究，研究经费27万元；

(10)国家自然科学基金项目，木质素酸催化协同缩合控制定向解聚机制及其高抗氧化低聚产物构效关系研究，研究经费23万元；

(11)国家自然科学基金项目，“漆酶—木聚糖酶”双功能作用预水解液促半纤维素转化糠醛机理研究，研究经费27万元；

(12)天津市重点基础项目，农业剩余物联产纸浆、葡萄糖和沼气技术的研究，研究经费20万元。

【环境保护与节能】

天津市作为国内重要的大型工业城市，历来重视环境保护工作，对于所属企业的污染排放限制提出了严格的要求。本市的造纸工业非常重视此项工作，在实际运行中，投入了大量的技术和资金力量对水资源利用和排放进行了重点治理。其中比较有代表性的玖龙纸业(天津)有限公司，秉承没有环保就没有造纸的理念，积极推动碳减排，立足于循环经济，实现可持续发展，并取得了“中国环境标志产品”认证，实现了吨纸消耗清水5吨以下。通过采用荷兰的厌氧、好氧+三级深度处理技术，实现了废水COD_{Cr}排放低于60毫克/升；对烟气处理，增加了进口脱硫设备，采用炉内喷钙加湿法脱硫，实现了SO_2排放不超过100毫克/米^3，粉尘排放指标不超过30毫克/米^3；在综合利用方面，实现了废水处理系统产生的沼气收集进行生物发电；利用污泥干化再利用系统，废纸脱墨产生的脱墨污泥进行干化处理，作为燃料在热电锅炉中燃烧回收热能；在行业率先引入环保燃烧炉，对造纸轻废渣进行了燃烧利用。2009年，玖龙纸业(天津)有限公司被评为天津市循环经济试点单位。2018年11月，玖龙纸业(天津)有限公司被工信部认定为“绿色工厂”。在此基础上，玖龙纸业将进一步积极推行清洁生产，将工作重点放到实施生产工艺和设备的技术改造方面，进一步节能降耗，实现高标准的清洁生产。

【发展中的问题】

天津市属于水资源缺乏的大型城市，因此对于所属造纸企业，首先面临的是水资源不足对发展空间的约束，积极开展新型节水、节能、低污染生产技术应用，是本市造纸工业所必须面对的重大课题。近年来国家废纸进口政策的变化，对天津市造纸企业影响较大，因此提高废纸资源利用率，多途径拓展造纸原料来源，增加农业废弃物等非木材植物纤维资源，解决原料问题，是天津市造纸工业保持良性发展的关键。

（惠岚峰）

辽宁省造纸工业

Paper Industry in Liaoning Province

【行业概况】

辽宁省从2008年开始对制浆造纸工业实施严格环保政策，逐步淘汰落后产能，企业数量逐年减少。2019年辽宁省规模以上造纸及纸制品企业数量为85家，与2018年持平。目前的从业人员为9006人，其中国有经济单位705人，城镇集体经济单位360人，其他经济单位7941人。2017年扭转了从2011年开始至2016年生产量逐年下降趋势后，2019年规模以上企业总生产量增长至118.7万吨，较2018年增长了11.8万吨，增长率为6.5%，工业总产值116.4亿元，利税总额8.2亿元，利税总额较2018年有较大降幅。近年来辽宁省规模以上企业纸及纸制品生产量变化趋势如图1所示。

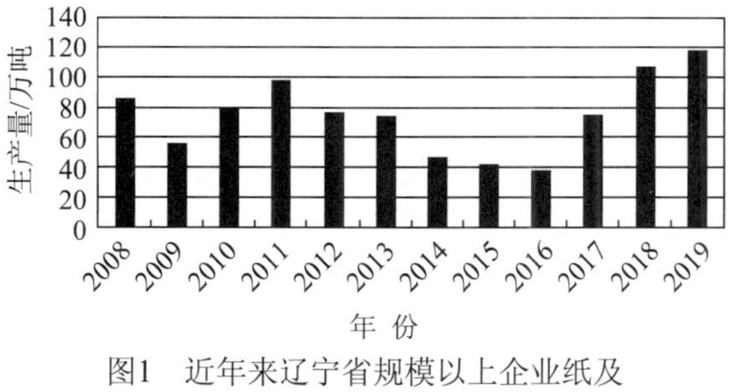

图1　近年来辽宁省规模以上企业纸及纸制品生产量变化趋势

2019年，辽宁省人均纸及纸板生产量28.3千克，较2016年的人均8.5千克有大幅提升，但较全国人均纸及纸制品消耗量相比，差距过大，自身生产量远远满足不了省内人民生产生活需求。近年来辽宁省人均纸及纸板生产量变化趋势如图2所示。

目前，辽宁省造纸企业主要分布在沈阳、辽阳、丹东、大连、营口、朝阳、鞍山、本溪、抚顺、铁岭、锦州、阜新等几个规模较大城市或地区。2016—2019年辽宁省不同地区规模以上造纸企业的生产量变化如表1所示。

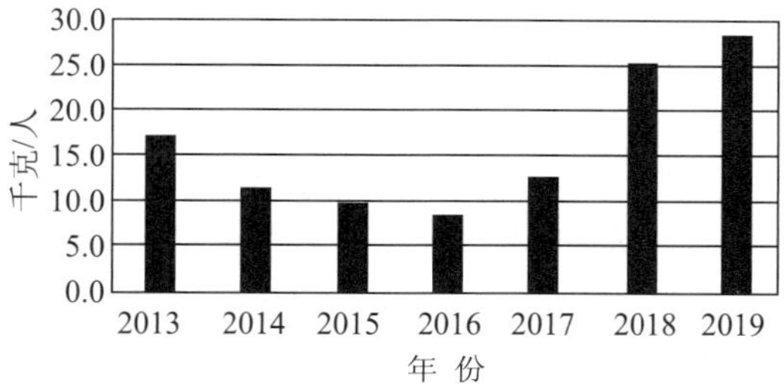

图2　近年来辽宁省人均纸及纸板生产量变化趋势

表1　2016—2019年辽宁省不同地区纸及纸板生产量　　单位：万吨

地区	生产量			
	2016年	2017年	2018年	2019年
沈阳	5.9	15.8	33.2	50.5
大连	15.5	16.3	17.8	26.1
丹东	3.5	3.8	4.5	4.9
锦州	4.2	5.6	4.8	6.9
阜新	1.3	8.6	11.6	0.6
盘锦	5.4	5.6	6.8	5.5
铁岭	0.3	18.0	25.2	23.4
鞍山	-	-	3.0	0.8

辽宁省现有85家规模化企业中，按资产投入分类，国有及国有控股企业1家，约占1.18%；外商投资企业为20家(其中规模以上外商投资企业12家)，占23.53%，其余资金投入为64家，占比75.29%；按企业规模分类，大中型企业数量较少，与2018年相比，下降为8家，约占9.41%；从资产规模看，2019年折算后总资产149.80亿元，其中，国有企业资产为4.40亿元，占2.94%，其他资产145.4亿元，占97.06%。2019年造纸及纸制品加工企业发展势头较好，辽宁省相关企业主营业务收入115.00亿元，利税总额8.20亿元，资产贡

献率 6.6%。辽宁省造纸企业性质与经营情况详见表 2。

表 2　2019 年辽宁省造纸企业性质与经营情况

企业性质	数量/个	资产/亿元	主营收入/亿元	利税总额/亿元
国有企业	1	4.40	1.70	0.10
其　他	84	145.40	113.30	8.10
合　计	85	149.80	115.00	8.20

2019 年，500 万元以上施工项目 34 项，总投资 85.3 亿元，其中新开工 21 项，全部建成投产项目 12 项，预示着辽宁省造纸及纸制品产业正在走向良性发展之路。

由于辽宁省对制浆废液排放的严格限制，很多制浆造纸厂转型发展，现在生产特种纸和纸基功能材料的企业占大多数，这些企业的特点是，虽然生产规模不大，但仍保持较好经济效益。而大中型企业虽然生产量较大，但利税额较低。

从产品产销情况看，产品销售率较 2018 年有所下降，为 94.8%。

【原料】

辽宁省造纸原料以芦苇和废纸为主，外购部分商品浆。盘锦辽河三角洲是我国第二大芦苇产区，金城造纸股份有限公司和辽宁振兴生态造纸有限公司就是以盘锦辽河三角洲的芦苇为原料制备文化用纸和商品浆板。废纸资源，国内外各占 50% 左右，琥珀纸业有限责任公司、辽宁兴东科技有限公司、大连金洋纸业有限公司箱纸板主要以国内废纸及欧美废纸为原料。

【生产企业】

1. 锦州金日纸业有限责任公司

锦州金日纸业有限责任公司前身金城造纸股份公司和金城造纸厂 1939 年由日本王子株式会社始建，经多次变更，是一个具有 70 余年发展历史的企业，是我国原八大书刊印刷纸厂之一，是我国大型一类企业。公司占地面积 294 万米^2，建筑面积 25 万米^2，现有年产能 15 万吨，副产品粘胶剂（木质素磺酸盐）年产能 18 万吨。

制浆废液（红液）浓缩后的产品为亚硫酸氢镁型粘合剂，主要使用在建材、冶金等行业，不仅拥有国内市场，作为世界上为数不多的酸法制浆工艺生产的木素磺酸盐还销售到日本、韩国、东南亚，中东等国际市场。

2. 辽宁兴东科技有限公司

辽宁兴东科技有限公司是辽宁兴东纸业有限公司全资子公司，辽宁兴东纸业有限公司是铁岭市委、市政府调整地区产业发展布局，招商引资落户在铁岭开原市造纸产业园区的首家企业，于 2012 年 5 月入驻开原市造纸产业园区。规划建设年产 100 万吨的高档包装纸板项目，计划总投资 12 亿元，分 3 期工程实施。该项目以废纸为原材料，生产高档包装纸板，属于国家鼓励的"资源循环利用，清洁环保生产"的循环经济产业项目，产业发展前景良好。

一期工程项目占地 10.13 公顷，建筑面积 3.2 万米^2，完成投资 3.8 亿元，建成 1 条年产 20 万吨的高档包装纸板生产线，于 2014 年年初投产运营。在夯实主业的基础上，组建了经营物资回收、供热等项目的关联企业，现已发展成为一家专业化造纸企业集团。一期工程投产运营以来，企业经营发展战略定位准确，持续推进管理提升，注重品牌建设和研发投入，产品质量优良，市场占有率持续提升，生产经营发展趋势良好，产品主要销往辽宁、吉林、黑龙江及京津冀、内蒙古等地区，增长潜力明显。目前企业年实现产值在 6.5 亿元以上，安置当地就业人员 370 多人。2017 全年纳税额达到 4600 余万元，已成为地区产业发展支柱和重点纳税企业，为推进地区经济和社会事业的发展，做出了重要贡献。企业荣获铁岭市五一劳动奖状、A 级纳税企业、重合同守信誉单位等荣誉称号。

二期工程已于 2017 年 5 月开工建设，计划投资 3.5 亿元，工程占地面积 13.78 公顷，建筑面积 4.88 万米^2。二期工程采用目前国内一流水平的生产工艺和技术装备，高标准建设年产 30 万吨的高档包装纸板生产线，产品品种与一期相配套，充分利用一期已建立起来的市场网络平台，形成规模效益和联动效益，切实提升企业的市场竞争力和行业话语权。二期工程基本建设工程主体已完工，目前已进入设备安装阶段，已完成安装工程总量的 85%，将于 2018 年 5 月中旬建成投产运营，届时企业将达到年产包装纸板 50 万吨的产能，预计年实现产值可达 18 亿元，年实现纳税额 1 亿元左右，并可新增加就业人员 300 余人。

三期工程计划投资 4.7 亿元，再建设 2 条高档包装纸板生产线，于 2021 年之前建成达产，届时企业将形成年产 100 万吨高档包装纸板的生产规模，年预计实现产值 36 亿元以上，年纳税额 2 亿元以上，再新增就业岗位600人左右；形成具有辐射效应的产业发展格局，企业成长为东北地区包装纸板行业的排头兵，并对地区经济和社会事业的发展起到重要的产业牵动作用。

3. 琥珀纸业有限责任公司

琥珀纸业有限责任公司是抚顺矿业集团的全资子公司。公司一期工程投资64.5亿元，占地83万米^2，企业注册资金8.1亿元。目前已经建成投产5万吨/年生活用纸生产线和30万吨/年箱纸板生产线。

生活用纸生产线采用安德里茨新月型纸机，深加工生产线采用美国、意大利等先进国家设备。生产的产品有卫生卷纸、手帕纸、面巾纸、餐巾纸、宾馆小卷纸等。“琥珀”牌系列生活用纸产品采用100%进口原生木浆制造，原纸生产全程自动化控制，全自动化的分切和包装，保证产品安全卫生，产品投放市场以来无论品质和市场占有率均取得了行业及消费者认可。

箱纸板生产线由制浆系统、抄纸系统、复卷机系统构成。抄纸机设计车速为1200米/分，卷纸幅宽为6660毫米，定量范围100～250克/米^2。该生产线主体设备由福伊特公司提供，并采用世界先进的DCS、QCS控制系统，对整条生产线的车速、质量和操作全方位监控，设备配置属国际一流水准。该生产线主要附属设备由国外造纸机械制造商亚塞利公司、西门子公司、GAW公司和杰利维(GL&V)等公司提供，与之相配套其他设备也由国内一流生产商供货。

箱纸板生产线于2013年5月投产，现已进入平稳高速运行阶段，其生产的“金珀”“银珀”“铜珀”系列牛卡箱纸板品质得到了下游用户认可。2017年公司生活用纸年生产量3.3万吨，箱纸板生产量15万吨。

4. 辽宁振兴生态造纸有限公司

辽宁振兴生态造纸有限公司是集芦苇原料基地、制浆、造纸生产为一体的大型企业，成立于2007年，注册资本5.7亿元，坐落于辽宁省盘锦市辽河口经济区东郭造纸工业园，属于辽宁振兴生态集团。公司已于2009年11月17日全线投料生产。生产采用碱法连续蒸煮、氧脱木素、真空及双辊黑液提取、封闭热筛选、二氧化氯漂白(ECF)、白水封闭循环、碱回收、石灰脱硫和烟气净化，清洁生产高档无元素氯漂白芦苇浆和文化用纸。

公司计划在8年内达到漂白苇浆年生产量40万吨，二次纤维浆生产量60万吨，生活用纸生产量25万吨，文化用纸生产量70万吨，包装用纸及纸板生产量105万吨。累计浆的总生产量为120万吨，累计纸及纸板总生产量为200万吨的生产能力，总建设投资115亿元。

5. 沈阳思特雷斯纸业有限责任公司

沈阳思特雷斯纸业有限责任公司创建于2005年，是由沈阳防锈包装材料有限责任公司为主体投资，是集研发、生产、服务为一体的国内专业的特种纸知名造纸企业，是辽宁省高新技术企业。主导产品为食品包装用纸、医用包装系列用纸、金属板带衬纸、玻璃衬垫用纸等特种纸。业生产线装备2640毫米、2400毫米、1092毫米多条特种纸机设备，2011年与宁波宝新不锈钢有限公司战略合作，合资兴建的宁波思特雷斯金属防护材料公司。定量范围：25～80克/米^2；产品原料采用100%进口漂白或本色木浆，综合产能达到4万吨/年。公司始终贯彻跟踪国际先进技术和市场需求动向，实施标准化管理，在行业内率先通过ISO 9001质量管理体系认证和ISO 14001环境管理体系认证和FSC森林认证，并于2017年11月通过获得SC食品生产许可证，是国标GB/T 22869—2008的主要起草单位。

公司具有防锈材料和造纸2个省级研发中心，与东北林业大学、大连工业大学等高校合作，共享科研成果，设立研究生培训基地，院士专家工作站等进一步保障技术、研发能力的创新。公司投资1300余万元购置先进的技术检测设备，能够按照国内外相关标准，实施纸的理化指标检测和各项分析检测工作。2016年，检测中心获得“中国合格评定国家认可委员会实验室认可证书”(注册号：CNAS L8430)。

6. 大连金洋纸业有限公司

大连金洋纸业有限公司于2001年建立，注册资金9000万元。公司集废纸再生造纸，纸板、纸箱制作印刷一条龙服务。曾经创下了“大连地区包装行业第一”“东北三省最大的包装企业”以及“同行业的龙头企业”的辉煌业绩。具有进出口商检许可、商标许可、环评认证。公司现有员工300余人，技术力量雄厚，中高级技术人员30余名。生产产品的主要原料是废弃纸制品，循环再生，利国利民。

公司现有现代化造纸生产线多条，生产线连线生产，能充分对生产过程中的余热，余压，废渣，废水更好的综合利用。主机及配套设施采用高科技，节能，降耗，环保，循环利用。年产30余万吨，生产稳定，在大连地区市场占有率80%左右。

7. 凤城市众合纸业有限公司

凤城市众合纸业有限公司成立于2008年，主要生产加工出口坐厕纸等特种纸，年生产量约30亿张(平均每月出口30个标准货柜)。其他特种纸3000吨(水果套袋纸，染色纱管面纸，工业皱纹纸，过滤纸，玻璃隔层衬纸等)，是全国最大的坐厕纸成品生产厂家之一，占全国同类产品生产量的20%以上。年销售额1亿元。

公司现有特种纸机5台，员工400余人，10余名造纸工艺高级工程师，能够生产13～130克/米^{2}各种不同定量特种纸张。企业具有自主出口资格，通过ISO 9000认证。

8. 丹东奥美轻工机械有限公司

丹东奥美轻工机械有限公司占地面积3万余米^2，厂房面积12000余米^2，机加工车间建筑面积6800余米^2，现有职工210人，是具有专业生产制浆造纸设备的高新技术企业。公司主要产品有：造纸机系列、制浆设备系列、辅机设备系列及典型工艺流程。造纸设备销售覆盖了新疆、山西、陕西、广东、广西、四川、河北、山东、辽宁、吉林等多个省份及朝鲜、马来西亚、越南、菲律宾、孟加拉等国家。公司拥有雄厚的技术力量及规范的产品质量和完善的售后服务。

9. 辽宁豪唐纸业股份有限公司

辽宁豪唐纸业股份有限公司于2015年7月成立，注册资金7900万元，是一家集生活用纸研发、生产、销售为一体的专业化造纸企业。主要产品为高、中档生活用纸及成人、婴童纸尿裤(片)和卫生巾、湿巾等系列卫生用品。公司的造纸设备是新引进国际领先的新月型高速卫生纸机，设计车速1300米/分。原材料采用进口原生木浆。2015年公司被列为铁岭市重大项目，2016年被列为辽宁省十大重点支持企业。公司预计分3期投入，3期总投资10亿元，规划征地30.4公顷。其中，一期年产3.5万吨生活用纸，实现年产值2.5亿元，实现年利润2500万元；二期年产9万吨生活用纸及纸制品，实现年产值6亿元，实现年利润6000万元；三期年产15万吨生活用纸及纸制品，实现年产值10亿元，实现利润12000万元。3期投产后将成为东北地区纸品行业的龙头企业。

【环境保护与节能】

从2008年起，辽宁生造纸企业一直执行严格的环保标准(辽宁省地方标准，DB21/1627—2008)。该标准规定，制浆企业，吨浆用水不高于40米^3，造纸企业吨纸不高于10米^3，浆纸联产企业不高于30米^3，废水处理厂排放废水需要达到如下主要指标：SS≤20毫克/升，BOD_5≤10毫克/升，COD_{Cr}≤50毫克/升。该标准的实施，淘汰了落后产能，一些规模小、污染大、效益差的企业纷纷被关停，造纸企业数锐减，一些中大型企业开始落户辽宁。同时，也促进了现有企业环保与节能技术的进步。2018年纸与纸制品吨产品煤耗0.54吨、电耗945.7千瓦时。下面以3家规模企业的节能减排技术为例加以说明。

金日纸业有限责任公司注重节能减排，公司现有环保系统8套，包括已经完成的三段漂白、白水回收、废水生化处理、废水厌氧处理、电厂脱硫除尘等系统、废水生物净化及红液蒸发系统。

辽宁振兴生态造纸有限公司建立环保产业，引进国内先进的碱回收生产线，有效解决造纸行业中的黑液污染难题。同时，在废水处理方面，公司引进具有国际先进水平的荷兰卡鲁塞尔2000版氧化沟、直径长达15米的超效浅层气浮器等设备和工艺，形成“厂内三级处理+厂外氧化塘、潜流湿地”废水处理系统，变废为宝。经过处理后的水再进入1333.3公顷芦苇湿地灌溉区，实现水资源的综合循环利用，实现真正意义上的“绿色制浆，生态造纸”的理念，为实现循环经济(即3R模式)打下了坚实的基础。

琥珀纸业有限公司通过技术改造，基本实现了用水的封闭循环，降低了吨纸用水消耗量，也为企业带来显著的经济效益。

辽宁兴东科技有限公司建有日处理能力6000吨的废水处理站，还建设了单台装机容量75吨/时的产业园集中供热中心。

【发展目标】

辽宁省造纸工业从2012年起陆续建起造纸产业(工业)园，便于废弃物集中处理，鼓励制浆造纸企业入园发展。目前已有抚顺造纸产业园、盘锦东郭造纸工业园、铁岭开原造纸产业园、丹东前阳造纸产业园、黑山胡家造纸产业园、鞍山台安造纸产业园、朝阳开发区造纸工业园等园区。抚顺矿业集团琥珀纸业有限公司入驻抚顺造纸产业园、辽宁兴东科技有限公司和辽宁豪糖纸业股份有限公司入驻开原造纸产业园、辽宁鞍安纸业入驻鞍山台安造纸产业园、辽宁振兴生态造纸有限公司入驻盘锦东郭造纸工业园。

(平清伟)

山西省造纸工业

Paper Industry in Shanxi Province

【行业概况】

2019年山西省造纸工业经济运行态势呈现快速增长趋势。受废纸资源、环保压力影响，呈现“大增小退”“特优发展”特点，从2019年新建及技改备案项目可以看出，山西省造纸行业投资意向较好，而一些小型企业受环保、成本双重压力，停机待产时间较长。2019年全年工业总产值估算约39亿元，利税总额约5.8亿元。造纸主要产品种类为石膏板护面纸、瓦楞原纸、生活用纸，文化用纸、薄页纸、特种纸6种。

2019年山西省造纸企业数量约40家(包括在建和拟建，不含停产企业)，全省造纸企业从业人数约2800人。机制纸及纸板总的生产能力达到192.9万吨/年，其中瓦楞原纸123.6万吨/年(高强瓦楞原纸20万吨/年)、石膏护面纸43万吨/年、生活用纸18万吨/年、文化用纸5万吨/年、特种纸2万吨/年、薄页纸1.3万吨/年。石膏护面纸产品不仅畅销国内，部分产品还出口东南亚、中东、中亚、西亚等国，渐与世界接轨。2019年山西省机制纸及纸板规模以上企业总生产量为60.9万吨，同比增长32.18%，增速排名全国第3位。

【原料】

山西省造纸木材原料缺乏，纸浆生产主要原料为废纸，有个别企业可生产杨木浆和废破布为原料的棉浆，均为自用。废纸浆用于石膏板护面纸、瓦楞原纸、文化用纸等的生产；随着生活用纸品质提高，生活用纸使用废纸浆的比例下降，山西云冈纸业有限公司及临猗县力达纸业有限公司生产用的均为木浆，另有生产拷贝纸、薄页纸的生产厂家生产用的也均为木浆。

2019年山西省造纸工业使用的原料仍以废纸为主，约占90%，商品木浆约占10%。国内废纸以采购省内废纸为主，山西省仅有山西强伟纸业有限公司1家企业获批进口废纸配额，2019年进口废纸2万吨。原料对外依存度高，随着扩建项目产能的释放，造纸企业竞争加剧，原料缺口更加突出，企业应提前开拓废纸原料渠道，开发原料基地，配套制浆系统。

【生产企业】

2019年山西省造纸企业约40家，其中，中型企业(30万~100万吨)2家，10万~30万吨的企业9家，5万~10万吨的企业1家，剩余29家是5万吨以下的小型企业。主要企业产能和生产量见表1。

【基建与技改】

(1)山西强伟纸业有限公司年产110万吨石膏板护面纸及包装用纸工程项目，建设年产30万吨石膏板护纸及包装用纸生产线1条、年产40万吨石膏板护纸及包装用纸生产线2条，配套1×2万米^3/日的废水处理系统及热电工程。项目分3期建设，2019年完成项目征地补偿、设计环评，一期30万吨生产线开工建设，完成土建基础施工、设备购置，预计2021年10月建成投产试运行。

2019年度开始实施两项技改：PM4纸机技术改造项目和废水处理除臭技术改造项目。新增木浆线、更换面/芯层流浆箱、更换网部脱水元件、更换施胶机；改造新型靴压技术，取代现有的真空预压+大辊压榨，减少纸机断头，提升运行性能。为废水站新增除臭系统，主要包括碱洗喷淋塔，生物除臭箱，废气收集系统和排放风机和烟囱，最大限度对废水处理中的脂肪酸、硫化氢等臭气进行有效收集，提高废水处理臭气收集率。

(2)山西一帆纸业有限责任公司资源综合利用建设年产60万吨高强瓦楞原纸生产线项目于2017年6月备案，地址位于左权县刘家窑东南侧，共分3期建设。一期工建设1条年产15万吨高强瓦楞原

表 1 2019 年山西省主要造纸企业产能、生产量

序号	企业名称	产能/万吨	生产量/万吨	产品种类
1	山西强伟纸业有限公司	43	43.4	石膏板护面纸
2	运城市自强纸业有限公司	30	10	瓦楞原纸
3	山西省外贸平遥包装印刷(集团)造纸有限公司	25	15	瓦楞原纸
4	山西合盛工贸有限公司	13	7	瓦楞原纸、文化用纸
5	运城市绛县开发区鑫珑纸业有限公司	10	2	瓦楞原纸
6	山西华天基纸业有限公司	10	5	高强瓦楞原纸
7	山西华南纸业股份有限公司	10	8	高强瓦楞原纸
8	山西恒悦纸业有限公司	15	3	高强瓦楞原纸
9	临猗县力达纸业有限公司	10	8.5	生活用纸
10	稷山县新嘉源纸业有限公司	10	6	瓦楞原纸
11	山西云冈纸业有限公司	8	4	生活用纸
	合计	184	111.9	

纸生产线，主要包括制浆、造纸生产线。生产原料来源于晋中及周边地区回收的废旧纸箱等，工业供汽拟利用左权鑫源热电有限责任公司 1 台 220 蒸吨锅炉作为热源，不新建燃煤锅炉。截至 2019 年年底土建工程全部完工，设备待安装。

(3)山西华天基纸业有限公司年产 30 万吨高档包装用纸项目为山西省临汾市产业转型的重点项目，也是山西华达纸业有限公司的异地升级改造项目，利用原闲置铁厂的土地进行建设，主要建设内容包括主体工程、辅助工程、公用工程、环保工程及储运工程等。工程分为 2 期建设，一期建设 10 万吨高强瓦楞原纸生产线，其中包括造纸车间、制浆车间、机修车间、成品库、锅炉房等；二期建设 20 万吨高强瓦楞原纸生产线。一期于 2018 年建成，2019 年开始二期工程建设。

(4)山西华南纸业股份有限公司扩建项目于 2019 年 5 月备案，总投资 1.5 亿元。在原有年产 10 万吨瓦楞原纸的基础上扩大产能再建设 1 条年产 20 万吨瓦楞原纸生产线，总投资 1.5 亿。项目建成后，年产高强瓦楞原纸达到 30 万吨，实现年产值 12 亿。

(5)山西大同云冈纸业有限公司建设年产 22 万吨生活用纸项目，2019 年 5 月投产 3 条生活用纸生产线，新增产能 8 万吨/年，其余 7 条生活用纸生产线计划于 2020 年 10 月投产。

(6)临猗县源泰热能有限公司新建年产 20 万吨高档生活用纸项目，项目于 2019 年 8 月备案，总投资 4 亿元。计划新增 13.33 万米^2 工业用地，建设内容为碎浆车间 3 个、造纸车间 3 个、仓库、后加工车间、办公楼、职工宿舍、职工食堂等新增建筑面积 39000 米^2，新增碎浆机 6 台、双盘磨 6 台，多圆盘回收机 8 台，造纸机(新月型，幅宽 2800 毫米、设计车速 1600 米/分)12 台、分切机 12 台及各种配套设备。2019 年完成环评及设计。

(7)襄汾县荣保昌纸业有限公司年产 6 万吨薄页纸项目，因选址问题停止建设。

【环境保护与节能】

2019 年山西省造纸行业受环保政策驱动，企业自觉加大环保力度，淘汰落后产能，山西华昌纸业有限公司进行技改，淘汰幅宽 1092 毫米圆网纸机 1 台，新增幅宽 3150 毫米纸机 1 台；山西省外贸平遥包装印刷(集团)造纸有限公司拆除原有的幅宽 4000 毫米、车速 400 米/分造纸机，技改为幅宽 5700 毫米、车速 550 米/分的生产线。

环保设施建设情况：山西强伟纸业有限公司积极开展废水处理除臭技术改造项目。已建企业中山西强伟纸业有限公司、运城市自强纸业有限公司、山西合盛工贸有限公司、山西恒悦纸业有限公司、山西华天基纸业有限公司实施了自备热电厂，在建企业山西一帆纸业有限责任公司、山西云冈纸业有限公司、临猗县源泰热能有限公司配套自备热电厂。山西华昌纸业有限公司等多家企业燃煤锅炉改用天然气锅炉。山西华天基纸业有限公司拟建废塑料综合利用年造粒 5000 吨建设项目。大部分造纸企业应用的节能技术，主要有机电变频技术、绿色

照明改造，对冷凝水余热余压利用，对废塑料、污泥资源化利用。

【科研与技术进步】

企业的发展离不开科技创新，山西省百强民营企业山西强伟纸业有限公司成立有自己的研发团队，致力于石膏板护面纸的研发和技术提升，并获得晋中市技术中心称号，被评为“高新技术企业”。先后获得了质量攻关先进企业，品牌科技创新企业称号，拥有6项石膏板护面纸生产的相关工艺发明专利。

【发展目标】

根据2019年在建项目完工情况，预计2020年将新增产能34万吨，其中生活用纸14万吨，高强瓦楞原纸20万吨。考虑落后产能退出因素，2020年山西省机制纸及纸板总产能将达到220万吨，2025年预期达300万吨。

2019年山西省造纸行业投资超过亿元备案项目分别为：山西华南纸业股份有限公司新增年产20万吨高强瓦楞原纸生产线，山西省外贸平遥包装印刷(集团)造纸有限公司年产25万吨高强瓦楞原纸生产线技改升级，运城市自强纸业有限公司扩建年产100万吨瓦楞原纸生产线项目，山西河东纸业科技股份有限公司年产40万吨生物质精炼优化浆、30万吨纸品生产项目，襄汾县宏峰林纸有限公司年产8.6万吨特种纸生产线技改项目，大同市冠森纸业有限公司年产15万吨工业用纸及6000吨塑料制品制造项目，山西振兴再生资源有限公司年产120万吨包装用纸及年产30万吨生活用纸(一、二期年产80万吨高强瓦楞原纸、20万吨生活用纸)项目。

2019年山西省拟建项目总投资额合计160亿元，总计新增纸浆40万吨，机制纸及纸板产能247万吨。新的项目将引进先进的造纸技术、装备和管理模式，随着这一批项目的实施，山西省造纸行业将获得新一轮高质量发展。

(武乃玲)

陕西省造纸工业

Paper Industry in Shanxi Province

【行业概况】

2019 年陕西省规模以上造纸企业 13 家，从业人员约 4300 人。机制纸及纸板生产能力达到 123.6 万吨，实际生产量 106.2 万吨，实现销售收入 40.3 亿元，利税 1.5 亿元。

陕西省造纸企业主要分布在关中地区的宝鸡、咸阳、西安、渭南 4 个地市，陕北的榆林市、延安市以及陕南的商州市无造纸企业，汉中市宁强县有 1 家造纸企业。陕西省造纸产品主要为三大类：第 1 类是包装用箱纸板和瓦楞原纸，主要生产企业有：陕西圣龙纸业有限责任公司、陕西武功东方纸业集团有限公司、陕西法门寺纸业有限责任公司、陕西蔡伦纸业有限公司、岐山县圣龙箱板纸有限责任公司等；第 2 类是生活用纸，主要生产企业有：陕西欣雅纸业有限公司、陕西法门寺纸业有限责任公司、陕西蔡伦纸业有限公司等；第 3 类是特种纸，主要产品有育果袋纸、特种引线卷筒纸、覆铜版纸、热压垫板纸、湿法骨材无纺布（高透纸）、无菌防油纸、胶带原纸、银行专用扎钞纸等，主要生产企业有：宝鸡科达特种纸业有限公司、蒲城康钰纸业有限公司等。

【原料】

陕西省造纸企业按照原料结构主要分为 3 类：第 1 类是以芦苇化学浆为原料生产生活用纸的企业，共计 1 家，年生产能力达 6 万吨；第 2 类是以废纸为原料生产纸板的企业，共计 10 家，年生产能力 93 万吨；第 3 类是以废纸和商品浆为主要原料生产生活用纸、文化用纸和特种纸的企业，共计 5 家，年生产能力 24.6 万吨。

造纸纤维原料结构中废纸浆占主导地位，在造纸原料结构中占 75.2%，全部来自国内收购废纸；化学草浆在造纸原料结构中占 4.9%，企业自制；特种纸和少量生活用纸用商品浆，在造纸原料结构中占 19.9%，主要采用进口和国产商品木浆。

【生产企业】

2019 年陕西省实现工业生产量前 10 名的造纸企业见表 1，这 10 家造纸企业合计生产量 97.9 万吨，占全省机制纸及纸板总生产量的 92.2%。陕西省主要生产企业有陕西法门寺纸业有限责任公司、陕西圣龙纸业有限责任公司、陕西武功东方纸业有限公司、陕西蒲城永丰利亚纸业有限公司等，并形成了蒲城造纸工业园和武功东方工业园两个产业集群，具有一定的市场竞争能力和发展后劲，为陕西省造纸工业今后的发展奠定了一定的基础。

表 1　2019 年陕西省实现工业生产量前 10 名的造纸企业　　单位：万吨

序号	企业名称	生产量
1	陕西法门寺纸业有限责任公司	23.6
2	陕西蔡伦纸业有限公司	13.4
3	陕西圣龙纸业有限责任公司	12.0
4	陕西武功东方纸业有限公司	10.0
5	西安渭丰纸业有限公司	10.0
6	蒲城东兴纸业有限公司	7.0
7	陕西欣雅纸业有限公司	6.0
8	宝鸡科达特种纸业有限责任公司	5.5
9	蒲城永丰利亚纸业有限公司	5.4
10	西安惠宁纸业有限责任公司	5.0

（1）陕西法门寺纸业有限责任公司　公司现有 3 家分厂，20 条生产线，年生产能力达 23.6 万吨。主要产品有：“法门寺”牌文化用纸、生活用纸和瓦楞原纸。其中，2 条高强瓦楞原纸生产线，1 条幅宽 3600 毫米，1 条幅宽 4600 毫米，年产能 15 万吨；2 条幅宽 1880 毫米文化用纸生产线，年产能

2.6 万吨；2 条幅宽 2850 毫米、车速 1200 米/分高速卫生纸机、13 条幅宽 2400 毫米、车速 500 米/分新月型卫生纸机，年产能 6 万吨。2019 年实现销售收入 95416 万元，实现利税 3023 万元。

（2）陕西圣龙纸业有限责任公司　公司现拥有资产总额 5 亿元，以废瓦楞纸箱为原料，生产纱管纸和瓦楞原纸，年生产能力 15 万吨。公司现有 2 条造纸生产线，包括 1 条年产 10 万吨、幅宽 4400 毫米长网多缸纸机生产线，1 条年产 5 万吨、幅宽 2820 毫米四叠网多缸纸机生产线。4500 千瓦/时热电站及 20000 米^3/日废水处理站各 1 座。该公司是陕西省规模最大的造纸企业之一，属宝鸡市重点扶助发展企业。

（3）陕西欣雅纸业有限公司（原陕西兴包企业集团有限责任公司）　公司是民营股份制企业，主要生产中高档生活用纸，年产能 6.5 万吨。企业占地面积 33.33 余公顷，现有资产 4.6 亿元，员工 1500 多人。其主导产品"欣雅""欣家"牌生活用纸被陕西省评为"陕西省名牌产品"和"陕西省著名商标"，2009 年入选为"陕商绿色环保行业十大重点推广品牌"，公司 2007 年被评为"陕西省优秀民营企业""陕西省农业产业化重点龙头企业"，公司通过了清洁生产认证、ISO 14001:2004 环境体系认证、ISO 9001:2008 质量体系认证。

（4）陕西蔡伦纸业有限公司　公司始建于 1992 年，是民营企业，占地面积 46.67 多公顷，拥有员工 2500 多人，技术人员 110 多名，公司总产能 16 万吨/年。以漂白或本色芦苇浆和木浆配抄生产生活用纸，年产能 6 万吨；拥有各类中低速纸机 20 多台套。公司还拥有发电能力为 36 兆瓦的自备热电站，拥有制浆黑液碱回收系统、废水处理厂等。公司计划于 2022 建设年产 15 万吨浆纸工程项目。

（5）陕西东方纸业集团有限公司　公司是民营股份制企业，也是咸阳市造纸行业的骨干企业，现有员工 1100 多人，其中，专业技术人员 50 人，固定资产 5000 多万元，总占地面积 8 公顷。公司现有年产 10 万吨高强瓦楞原纸生产线，该项目已于 2014 年 12 月竣工，2015 年 6 月投产运行，配套的废水处理系统也同期达标运行。

（6）宝鸡科达特种纸业有限责任公司　公司创建于 1991 年，是集科研、生产于一体的股份制高新技术企业。公司占地面积 10 万米^2，拥有员工 1082 名。固定资产 2.3 亿元，年生产能力 5 万吨，工业总产值 3 亿元。公司主要产品有：特种引线卷筒纸、纺织用纸线原纸、覆铜版纸、热压垫板纸、湿强覆铜版原纸、湿法骨材无纺布（高透纸）、无菌防油纸、胶带原纸、半透明纸、高档双光育果袋纸、薄页纸、单双拷贝纸、银行专用扎钞纸、色原纸、高档包装用纸等 30 多个品种，产品远销 20 多个省市。产品获得"中国绿色环保产品"，企业获得"国家 AAA 重质量守信誉单位""全国市场质量合格诚信经营示范单位"，公司已通过 ISO 9001:2000 质量管理体系认证，14000 环境管理体系认证。

【基建与技改】

1. 陕西法门寺纸业有限责任公司拟建年产 30 万吨箱纸板（含纱管纸）及 5 万吨生活用纸技改工程，2017 年开始筹划，2018 年 9 月通过《陕西省环境保护关于陕西法门寺纸业有限责任公司技改转型方案的批复》，2019 年 3 月在宝鸡市发展和改革委员会进行了备案。该项目被确定为 2020 年宝鸡市重点项目，正在办理环评；公司文化用纸是陕西唯一的生产企业，拟在"十四"五期间建设年产 10 万吨的文化用纸生产线。

2. 陕西东方纸业集团有限公司全面推动陕西东方环保产业园区的建设，加快新增的 90 万吨废纸回收综合利用项目的开工建设。

3. 西安渭丰纸业有限公司 2014 年 11 月新建 1 条年产 8 万吨高强瓦楞原纸生产线，包括废纸制浆生产线和 1 台幅宽 4200 毫米长网多缸纸板机生产线，项目于 2015 年 7 月投产运行。

4. 陕西蔡伦纸业有限公司计划 2022 年新增 15 万吨/年制浆造纸工程项目。该项目包括 15 万吨/年以回收废纸和商品浆为原料的箱纸板生产线，配套建设废水处理厂、热电厂锅炉烟气处理等环保工程。

5. 陕西圣龙纸业有限责任公司 2019 年计划投资 1 亿元实施 2820 生产线升级改造项目，计划分 2 年完成，年初车间改造方案确定，图纸也已委托中国轻工业长沙工程有限公司设计，部分基础板也已定制加工，2019 年年中根据国内经济形势，公司决定暂缓执行原 2820 生产线升级改造计划。同时为提高产能和产品质量，计划 2020 年投资 1500 万元对 4200、2820 生产线实施提效改造，目前合同已签，设备预付款已付，原计划 2020 年 4 月份实施，受疫情影响，设备加工定制期延长，实施时间预计 5 月份到货 6 月份开工安装。

2020 年公司还要加快推进制浆造纸固废焚烧资源综合利用项目的实施。该项目计划投资 4000 万元，建设规模为 100 吨/日制浆造纸固废焚烧 + 20

吨/日余热锅炉及配套设施。项目立项、专家论证、环评已通过审批。目前已具备开工条件。计划年内开工实施。

【存在问题】

1. 陕西法门寺纸业有限责任公司目前存在项目建设缺少汽源问题，陕西省限制关中地区燃煤锅炉建设，天然气也无气，因此，发展受限。

2. 陕西圣龙纸业有限责任公司目前面临的困难：1 是项目建设资金不足，特别是造纸固废焚烧项目，若资金能够筹措保障，就会马上开工建设；2 是虽然公司造纸规模在陕西省名列前茅，但比起广东省、山东省等造纸发达省份还很小，国有银行在信贷政策上不予支持，也制约了纸业发展，3 是国家严格的环保要求及日趋提升的排放标准，公司环保运行费用大，造纸利润空间小，给企业发展经营带来很大压力。

3. 陕西蔡伦纸业有限公司计划 2022 年新增 15 万吨/年制浆造纸工程项目。该项目包括 15 万吨/年以回收废纸和商品浆为原料的箱纸板生产线，配套建设废水处理厂、热电厂锅炉烟气处理等环保工程。目前项目手续正在办理中，希望政府在政策和资金上给予扶持。

4. 蒲城东兴纸业有限公司 2020 年准备新建幅宽 4800 毫米纸机 1 台，增加产量 15 万吨，新增工作岗位 100 个，目前项目手续已审批结束，希望政府在政策和资金上给予扶持。

5. 西安惠宁纸业有限公司 2020 年准备新建幅宽 4500 毫米长网纸机 1 台，生产高强瓦楞原纸，增加产能 10 万吨，新建幅宽 4200 毫米叠网纸机 1 台，生产箱纸板，增加产能 15 万吨，新增工作岗位 500 个，目前项目手续已审批结束，希望政府在政策和资金上给予扶持。

（张安龙）

重点企业介绍

KEY ENTERPRISES INTRODUCTION

9

玖龙纸业(控股)有限公司

Nine Dragons Paper(Holdings)Limited

【企业概况】

玖龙纸业(控股)有限公司(以下简称“玖龙纸业”)，总部位于广东省东莞市，在各级政府的关心和支持下已成长为全球产能排名第二的造纸集团和我国造纸的龙头企业。玖龙纸业于2006年在中国香港成功上市，目前已在东莞、太仓、重庆、天津、泉州、沈阳、唐山、乐山设立造纸基地，并积极响应“一带一路”倡议，在越南建立造纸基地。玖龙纸业积极强化全产业链，2018年收购了4家位于美国的浆纸厂，2019年收购了位于马来西亚的浆纸厂，并收购玖龙包装有限公司，为用户提供包装用纸及纸板/箱的“智能化、一站式”服务。玖龙纸业是我国首个年产能过千万吨的造纸集团(2019年集团年产能超过1600万吨，年总产值600多亿元)，连续多年蝉联我国造纸行业榜首，2019年名列中国民营企业500强第100位(中国民营企业制造业500强第50位)。

玖龙纸业主要生产各类牛卡纸、高强瓦楞原纸、涂布灰底白纸板、涂布牛卡纸、环保型文化用纸等产品，为客户提供多元化产品系列，占据行业龙头地位，引领纸包装行业往绿色低碳方向发展。

玖龙纸业积极践行“绿水青山就是金山银山”的生态文明思想，一贯秉承“没有环保，就没有造纸”的企业理念，视环保为企业生命，致力于环境保护和节能减排，倡导可持续发展的循环经济。不仅使用可以回收循环利用的废纸作原料，还与时俱进，不断加大环保投入，使玖龙纸业各项环保和能耗指标都做到优于国家标准，是资源节约型和环境友好型企业的典范。

玖龙纸业自1998年7月第1条生产线顺利建成投产至今，在增加税收、带动上下游产业链的升级、促进地方经济发展、创造就业机会(国内员工总人数1.7万余人)、共建和谐社会等方面，为国家和地方的经济建设做出了突出的贡献。玖龙纸业一向积极履行社会责任，近年来在各种公益活动中投入4亿多元。被授予“中华慈善奖”“全国脱贫攻坚奖”、全国“万企帮万村”先进民营企业、“华商贡献奖”“广东扶贫济困红棉杯金杯”等多项荣誉。

制造业是GDP的基石，未来，玖龙纸业将以实现“六化”、打造企业工业4.0为目标，继续朝着环保、节能型、智能化管理的企业目标迈进，巩固行业龙头地位，奠定企业百年基业。

总部地址：广东省东莞市松山湖产业园新城路12号　**邮编：**523000
联系电话：0769－89289999　**联系传真：**0769－38822888
联系邮箱：info_ group@ ndpaper. com　**单位网址：**www. ndpaper. com
企业性质：香港上市集团公司
法人代表：张茵
成立时间：1995年，**员工总数：**1.7万余人(国内)
主要产品：各类包装用纸、环保型文化用纸、特种纸、浆及纸板/箱等
主要纤维原料：废纸
集团总设计年产能：(截至2019年12月31日)

产品品种	主要纤维原料	生产能力
造纸（包括各类包装用纸、环保型文化用纸等）	废纸	1647 万吨/年
制浆（包括再生浆及木浆等）		85 万吨/年
下游包装厂		约 10 亿米^2

（卢燕芳）

金东纸业(江苏)股份有限公司

Gold East Paper (Jiangsu) Co., Ltd.

【企业概况】

金东纸业(江苏)股份有限公司(以下简称“金东纸业”)地处长江第三大港——江苏省镇江大港，占地533万米^2，现有员工2800余名，总投资36.1亿美元，年产铜版纸200万吨以上，已成为世界上单厂规模最大的铜版纸生产企业之一。

作为金光集团APP(中国)的旗舰企业，金东纸业秉承集团永续经营的理念，不断实践着循环经济和绿色造纸，走出了一条可持续发展的新型工业化道路，迄今环保投入已超17亿元。金东纸业在环保建设中所做的努力得到了中国各级政府的充分肯定，荣获国家级、省级、市级多项荣誉称号。

成立至今，金东纸业连续多年入选“中国500强企业”和“中国轻工业百强企业”等排行榜。在管理领域，金东纸业将6Sigma、CTR等先进工具引入企业管理中，提高了企业运营效率。先后通过了ISO 9001质量管理体系认证、ISO 14001环境管理体系认证、OHSAS 18001职业健康安全管理体系认证和PEFC(森林认证认可计划)认证。

金东纸业主要产品有：双面铜版纸、单面铜版纸、亚光铜版纸、轮转铜版纸、数码专用纸、手袋专用纸等。主要品牌有：“太空梭”“东帆”“长鹤”“神盾”“NEVIA”“Space Shuttle”“XPLORE”“Nireus”“Art-tech”“Sunbrite”等，其中“太空梭”连续多年被评为“江苏省重点培育和发展的国际知名品牌”。

单位地址： 江苏省镇江市大港兴港东路8号　**邮编：** 212132

联系电话： 0511－88998888　**联系传真：** 0511－88997000

联系邮箱： service@goldeastpaper.com.cn　**单位网址：** www.goldeastpaper.com.cn

企业性质： 中外合资

法人代表： 黄志源，**经营负责人：** 黄昭雄，**技术负责人：** 江　达

成立时间： 1997年，**职工总数：** 2858人，**其中技术人员数：** 585人

2019年纸及纸板生产量： 199.07万吨

2019年销售收入： 100.75亿元，**利税总额：** 20.34亿元，**利润总额：** 17.55亿元

2019年企业科研经费投入： 3.29亿元

主要产品： 单面铜版纸、双面铜版纸、亚光铜版纸、轮转铜版纸、数码专用纸

主要纤维原料： 原生木浆

纸机总数： 3台

【主要生产线】

主要造纸生产线

生产线名称	纸机			主体设备供货厂商	产品品种	纤维原料	生产能力/(万吨/年)	投产时间
	网部形式	幅宽/毫米	工作车速/(米/分)					
福伊特纸机	夹网	9770	1500	福伊特公司	双胶纸和涂布原纸	原生木浆	54	1999-02
福伊特纸机	夹网	9770	1500	福伊特公司	双胶纸和涂布原纸	原生木浆	54	1999-05
美卓涂布机		9770	1700	维美德公司	铜版纸	原生木浆	60	1999-06
美卓涂布机		9770	1700	维美德公司	铜版纸	原生木浆	60	2001-08
集造纸涂布于一体纸机	夹网	10600	1700	福伊特公司	不含磨木浆涂布纸、铜版纸	原生木浆	70	2005-05

〔APP(中国)〕

亚太森博(山东)浆纸有限公司

Asia Symbol (Shandong) Pulp & Paper Co., Ltd.

【企业概况】

亚太森博(山东)浆纸有限公司是世界领先的浆纸、浆纤一体化企业，也是浆纸行业产业升级、技术进步、绿色发展的标杆企业。

公司累计环保投资已达50亿元，无论是环保投资总额还是占总投资的比例，均创国际同等规模浆纸工厂之最，主要环保指标达到行业领先水平。

公司与山东省日照市共同发展，不断深化共生关系。公司带动了山东省造纸、印刷、包装、化工、农业、物流、仓储、造船等相关产业400多家企业的发展，并累计投入了1亿多元用于文化、教育、扶贫、救灾、环保等社会公益事业。

亚太森博改善了全国的造纸原料结构，根据客户的需求进行订制化生产，为客户提供稳定的供应、稳定的质量、稳定的技术服务，通过订制化的产品为客户创造价值，深受客户青睐。

公司坚持开放办厂，成为备受欢迎的研学基地、社会实践基地，每年接待社会各界上万人次参观。公司被评为中国优秀企业公民、中国造纸工业环境友好企业、全国优秀外商投资企业、高新技术企业、山东省节能先进企业、山东省循环经济示范企业、山东省工业旅游示范点、山东省环境教育及科普教育基地、日照市功勋企业。

亚太森博的宗旨是开发永续资源，创造美好生活。我们致力于成为规模最大、管理最佳、以可持续的资源开发为基础的集团之一，保护环境，为客户创造价值，实现利民、利国、利业。

单位地址：山东省日照市北京路369号　**邮编：**276826

联系电话：0633-3361073　**联系传真：**0633-3361280

联系邮箱：xitian_ he@ asiasymbol. com　**单位网址：**www. asiasymbol. com

企业性质：中外合资

法人代表：李建绍，**经营负责人：**陈小荣，**技术负责人：**李江华

成立时间：2005年，**职工总数：**2242人，**其中技术人员数：**416人

2019年纸浆生产量：188.9万吨，**纸及纸板生产量：**55.8万吨

2019年销售收入：103.3亿元，**利税总额：**5.4亿元，**利润总额：**0.1亿元

2019年企业科研经费投入：5.45亿元

主要产品：漂白硫酸盐化学木浆、溶解浆、高档白卡纸板(液体包装纸板、烟卡纸、食品卡纸、社会卡纸等)、莱赛尔纤维

主要纤维原料：桉木、相思木、针叶木

纸机总数：2台

蒸(球)煮器总数：2台

【主要生产线】

主要制浆生产线

生产线名称	纤维原料	制浆方法	蒸煮器	主体设备供货厂商	产品品种	生产能力/(万吨/年)	投产时间
一期制浆生产线	针叶木、阔叶木	漂白硫酸盐制浆法	低固形物连续蒸煮	安德里茨公司	漂白硫酸盐木浆	31.5	2002-10
二期制浆生产线	阔叶木	漂白硫酸盐制浆法	紧凑 G2 蒸煮技术	美卓公司	漂白硫酸盐木浆	170	2010-11

主要造纸生产线

生产线名称	纸机			主体设备供货厂商	产品品种	纤维原料	生产能力/(万吨/年)	投产时间
	网部形式	幅宽/毫米	工作车速/(米/分)					
一期纸板生产线	多网	3625	600	福伊特公司	高档白卡纸板	化学浆、机械浆	17	2002-10
液体包装纸板生产线	多网	4600	1000	福伊特公司	液体包装纸板	化学浆、机械浆	35	2014-06

（贺锡田）

金红叶纸业集团有限公司

Gold Hongye Paper Group Co.， Ltd.

【企业概况】

金红叶纸业集团有限公司由 APP(中国)投资建设，专业生产、销售生活用纸系列产品，产品主要有：卫生纸、面巾纸、手帕纸、餐巾纸、厨房纸巾、擦手纸和湿巾等。主要品牌有："唯洁雅""清风"和"真真"。

目前公司拥有 6 个原纸生产基地，分布在江苏省苏州市、海南省海口市、湖北省孝感市、辽宁省沈阳市、四川省遂宁市和四川省雅安市。在天津、沈阳、成都、武汉、福州、广东、海南、青岛等地设有后加工基地，并设有遍布全国的营运销售网络。是目前我国生活用纸行业产能最大的生产商。

2017 年 10 月 9 日，金光集团总投资 68 亿美元(约合 450 亿元)的高档生活用纸项目落户江苏省南通市如东县洋口港经济开发区，占地面积 566.67 万米^2，建成后可年产生活用纸 400 万吨，将成为全球最大的生活用纸生产基地。2018 年，该项目环评第二次公示，显示如东基地建年产 78 万吨高档生活用纸项目，其中原纸 24 万吨/年，成品加工 54 万吨/年，湿巾 4.734 万吨/年。

2019 年 3 月 27 日，金红叶湖北孝感基地三期年产 12 万吨生活用纸项目正式开工建设。该项目已签订 2 台维美德公司 6 万吨/年新月型卫生纸机，计划于 2020 年投产。

单位地址：江苏省苏州市工业园区胜浦分区金胜路 1 号　**邮编：**215126

联系电话：0512－62810228　**联系传真：**0512－62818276

联系邮箱：customer_ service@ ghy. com. cn　**单位网址：**www. ghy. com. cn

企业性质：外商独资

法人代表：黄志源

成立时间：1996 年

2019 年纸及纸板产能：166 万吨

主要产品：生活用纸

主要纤维原料：木浆

纸机总数：48 台

【主要生产线】

主要造纸生产线

生产基地	产品品种	纤维原料	生产能力/(万吨/年)	纸机台数
江苏苏州	生活用纸	木浆	43	12
海南海口	生活用纸	木浆	84	28
湖北孝感	生活用纸	木浆	24	4
辽宁沈阳	生活用纸	木浆	6	1
四川遂宁	生活用纸	木浆	6	1
四川雅安	生活用纸	木浆	3	2
合　计			166	48

注：2019 年没有新增生产线。

（中国造纸协会生活用纸专业委员会）

浙江景兴纸业股份有限公司

Zhejiang Jingxing Paper Co.， Ltd.

【企业概况】

浙江景兴纸业股份有限公司经过30多年发展，由一家名不见经传的造纸作坊发展成为以造纸为龙头、集纸制品加工为一体的上市公司。公司主导产品为牛皮箱纸板、白面牛卡纸、瓦楞原纸、纸箱、生活用纸等系列产品。2006年9月15日，景兴纸业A股在深圳证券交易所上市。通过上市和增发，公司迈入快速发展的轨道。公司先后被上级授予“全国首批资源节约型环境友好型企业试点”“首批国家节水标杆企业”“国家级工程实践教育中心”“国家高新技术企业”“国家水效领跑者企业”。目前公司拥有国际先进水平造纸生产线8条，其中包装用纸生产线5条，生活用纸生产线3条。

公司一直秉承“创新、节约、降耗、增效”的发展理念，坚持污染治理，注重发展绿色循环经济，实现可持续发展，力争实现企业长足发展。公司长期致力于纸机改造、中水回用、沼气发电、浆渣回用、光伏发电等清洁生产措施，从源头节水节能的同时，做好末端资源再利用，真正做到节能减排。

2019年公司实施了集中供气、高压永磁电机改造、减速机冷却水回用等技改，达到节能，降低能耗的目标。2019年公司进行了智能管理方面探索，一是搭建设备点检平台，推行全优润滑，对生产、设备运行情况进行全过程监控管理；二是实施了原料智能管控系统，通过智能物流、大数据看板等信息化系统的整合优化，进一步提高公司智能制造水平。

单位地址：浙江省平湖市曹桥街道 **邮编：**314214

联系电话：0573－85960318 **联系传真：**0573－85966983

联系邮箱：283900268@qq.com **单位网址：**www.zjjxjt.com

企业性质：民营企业

法人代表：朱在龙，**经营负责人：**王志明，**技术负责人：**丁明其

成立时间：1984年，**职工总数：**1972人，**其中技术人员数：**291人

2019年纸及纸板生产量：143.71万吨

2019年销售收入：55.51亿元，**利税总额：**7.41亿元，**利润总额：**2.33亿元

主要产品：牛皮箱纸板、白面牛卡纸、瓦楞原纸、生活用纸、纸箱

主要纤维原料：废纸、木浆

纸机总数：8台

【主要生产线】

主要造纸生产线

生产线名称	纸机			主体设备供货厂商	产品品种及规格	纤维配比	生产能力/(万吨/年)	投产时间
	网部形式	幅宽/毫米	工作车速/(米/分)					
5 号纱管纸生产线	多圆网	2400	100	上海轻良造纸机械厂	300~500 克/米^2 C/BJ 纱管纸	LOCC100%	6	2013
6 号纱管纸生产线	四叠网	2400	100	上海轻良造纸机械厂	300~500 克/米^2 C/BJ 纱管纸	LOCC100%	6	2013
10 号箱纸板生产线	四叠网	4800	500	辽阳造纸机械厂	200~300 克/米^2 AJ/UJ 箱纸板	面：UKP 衬芯底：LOCC/JOCC/AOCC	20	2002
12 号箱纸板生产线	三叠网	5650	1000	美卓公司	110~200 克/米^2 AJ/UJ 箱纸板	面：UKP 衬芯底：LOCC/JOCC/AOCC	45	2007
13 号瓦楞原纸生产线	二网超成型	5200	450	日本小林制作所	110~200 克/米^2 AJ/UJ/瓦楞原纸	面：UKP 衬芯底：LOCC/JOCC/AOCC	15	2004
15 号白面牛卡纸生产线	三叠网+顶网	4880	700	华东造纸机械有限公司	125~200 克/米^2 白面牛卡纸/石膏护面纸	面：NBKP/UBKP 衬：DIP 底：LOCC/JOCC/AOCC	25	2010
16 号高强度瓦楞原纸生产线	单长网+顶网	5650	1000	维美德公司	70~120 克/米^2 AJ 瓦楞原纸	LOCC/EOCC/AOCC	30	2015
1 号生活用品纸机	真空圆网	2850	1800	安德里茨公司	12~24 克/米^2 面巾纸、卫生纸、餐巾纸等	100%原生木浆	3	2015
2 号生活用品纸机	长网	2850	1800	安德里茨公司	12~24 克/米^2 面巾纸、卫生纸、餐巾纸等	100%原生木浆	3	2015
3 号生活用品纸机	真空圆网	2850	800	广东宝拓科技股份有限公司	12~24 克/米^2 面巾纸、卫生纸、餐巾纸等	100%原生木浆	0.8	2014

（章爱其）

广西金桂浆纸业有限公司

Guangxi Jingui Pulp & Paper Co., Ltd.

【企业概况】

广西金桂浆纸业有限公司是金光集团 APP(中国)投资建设的第 17 家制浆造纸企业，也是目前国内最早实现林浆纸一体化的企业之一。

公司一期工程总投资 117 亿元，制浆和造纸生产线先后于 2011 年和 2013 年竣工投产，生产规模为年产 75 万吨浆和年产 100 万吨纸。二期工程规划投资约 113.5 亿元，其中，年产 180 万吨高档纸板扩建项目和年产 30 万吨双氧水(浓度 27.5%)项目已开工建设，年产 75 万吨化学机械浆扩建项目正在申报中。

早在 1995 年，APP(中国)就开始在广西营造人工林，在广西已拥有自营林地约 9.1 万公顷。公司是国内大型的桉木化学机械浆生产企业，生产的“金钱豹”桉木化学机械浆具备松厚度高、不透明度高的特性，可用于多种纸及纸板的抄造。公司使用国际先进的大型机内涂布白卡纸机，设计最高车速 1400 米/分，纸幅净宽 8100 毫米，所生产的“帝王松”“金蝶兰”“富桂”“四季桂”白卡纸产品印刷适性好，适用于药品、日用品、化妆品、电子产品的包装。

公司是国家高新技术企业、国家林业重点龙头企业、广西林业产业龙头企业，先后荣获“中国林业产业突出贡献奖”“安全生产标准化二级企业”“广西北部湾经济区优秀创业企业”“广西五一劳动奖状”“广西智能工厂示范企业”“自治区企业技术中心”“自治区节水型企业”等多项荣誉称号。

公司将透过林浆纸一体化，实践绿色循环，传承造纸文明，提升生活质量，致力于创造我国食品级白卡纸第一品牌，积极履行企业社会责任，不断推动我国造纸业的现代化革新。

单位地址：广西壮族自治区钦州市钦州港经济技术开发区金光工业园 **邮编**：535008

联系电话：0777-3698888 **联系传真**：0777-3696666

联系邮箱：gxjg3696666@163.com **单位网址**：www.appjg.com.cn

企业性质：中外合资

法人代表：黄志源，**经营负责人**：黄俊彦，**技术负责人**：何传棋

成立时间：2003 年，**职工总数**：1480 人，**其中技术人员数**：107 人

2019 年纸浆生产量：102.5 万吨，**纸及纸板生产量**：135.38 万吨

2019 年销售收入：57.92 亿元，**利税总额**：3.45 亿元，**利润总额**：7.48 亿元

2019 年企业科研经费投入：3.24 亿元

主要产品：化学机械浆、超高松厚度单面涂布白卡纸、单面涂布白卡纸、高松厚度单面涂布白卡纸、超高松厚度艺能卡纸

主要纤维原料：桉木

纸机总数：1 台

【主要生产线】

主要制浆生产线

生产线名称	纤维原料	制浆方法	主体设备供货厂商	产品品种	生产能力/(万吨/年)	投产时间
化学机械浆生产线	桉木木片	APMP	安德里茨公司	漂白化学机械浆	75	2011
		BCTMP	美卓公司			2015

主要造纸生产线

生产线名称	纸机			主体设备供货厂商	产品品种	纤维原料	生产能力/(万吨/年)	投产时间
	网部形式	幅宽/毫米	工作车速/(米/分)					
PM1	三长网	8100	1000～1300	福伊特公司	高档白卡纸	桉木浆、松木浆	100	2013

〔APP(中国)〕

山东世纪阳光纸业集团有限公司

Shandong Century Sunshine Paper Group Co., Ltd.

【企业概况】

山东世纪阳光纸业集团有限公司2007年在香港联合证券交易所主板挂牌上市。下设昌乐新迈纸业有限公司、阳光王子(寿光)特种纸有限公司、上海王的实业有限公司、昌乐盛世热电有限公司、潍坊大环再生资源有限公司、潍坊申易物流有限公司、山东科迈生物制浆有限公司、山东华迈纸业有限公司等15个子公司。年造纸产能200万吨，成为亚洲白面牛卡纸、涂布白面牛卡纸及纸管原纸生产规模较大、装备能力较强、产品档次较高的生产基地，全球较先进的预印产品基地，是国家备案高新技术企业，进入中国民营企业500强、全国造纸15强、全球造纸100强。

公司建成了拥有近600名专业技术人员的省级技术中心和省级工程实验室，拥有自主知识产权50多项，受国家行业主管部门委托，制定了白面牛卡纸系列产品的7套行业国家标准，实验室通过CNAS认证。

2019年公司通过了国家工业与信息化部"绿色工厂"评定，先后荣获"山东省轻工行业先进企业""山东省造纸行业十强企业""山东省品牌建设示范企业""中华蔡伦奖""省级健康示范企业"等诸多省级荣誉。

公司以3年再造一个世纪阳光为目标，大力实施新旧动能转换战略。年产80万吨高级复合瓦楞原纸项目1号线已投入生产，50万吨生物机械制浆项目一期工程进入设备调试阶段，新建农纸一体化秸秆绿色高值利用重大关键技术及产业化项目。与此同时，年产40万吨集束包装用纸、60万吨箱纸板等项目纷纷拉开帷幕，以创新发展、转型发展、开放发展、低碳发展的新步伐昂首迈进新时代。

单位地址：山东潍坊昌乐开发区龙角村北 **邮编：**262400

联系电话：0536－6856001 **联系传真：**0536－6856006

联系邮箱：zhangchy@sunshinepaper.com.cn **单位网址：**www.sunshinepaper.com.cn

企业性质：民营企业

法人代表：王东兴，**经营负责人：**王长海，**技术负责人：**慈晓雷

成立时间：2000年，**职工总数：**4000人，**其中技术人员数：**650人

2019年纸及纸板生产量：126万吨

2019年销售收入：63.3亿元，**利税总额：**7.4亿元，**利润总额：**4.8亿元

2019年企业科研经费投入：2.5亿元

主要产品：涂布白面牛卡纸、白面牛卡纸、瓦楞原纸、纸管原纸、包装用纸等

纸机总数：8台

【主要生产线】

主要制浆生产线

生产线名称	纤维原料	制浆方法	蒸煮器	主体设备供货厂商	产品品种	生产能力/(万吨/年)	投产时间
年产20万吨生物机械浆线	麦草	生物机械法		安德里茨公司、天津智卓峰环保科技有限公司	生物机械浆	20	2020年

主要造纸生产线

生产线名称	纸机			主体设备供货厂商	产品品种	纤维原料	生产能力/(万吨/年)	投产时间
	网部形式	幅宽/毫米	工作车速/(米/分)					
PM1	夹网	7500	1250	福伊特公司	高强瓦楞原纸	OCC	40	2020
PM1/PM2	长网	3200/4400	650/840	国产	白面牛卡纸	漂白商品木浆、OCC	42	2004/2006
PM3	长网	3400	350	国产	纸管原纸	OCC	29	2008
PM4	长网	6600	1200	美卓公司	涂布白面牛卡纸	漂白商品木浆、OCC	64	2010
PM1	长网	2710	700	法国ABK公司	装饰纸	商品木浆	5.00	2012
PM2	长网	1430	700	德国奔马集团公司	装饰纸	商品木浆	3.25	2018
PM3	长网	1430	700	德国奔马集团公司	装饰纸	商品木浆	3.25	2018

（张春燕）

维达纸业(中国)有限公司

Vinda Paper(China) Ltd.

【企业概况】

维达纸业(中国)有限公司(以下简称“维达”)专注研发生产高档生活用纸。2007 年在中国香港上市，时至今日，维达已从一个地方性民营企业成长为一个以“维达”品牌为核心的中国名牌企业。

维达时刻力求创新和进步，并以敏锐的目光洞察市场需求，产品推陈出新以满足消费者不断变化的需求。专注生产卫生卷纸、手帕纸、盒装面巾纸、软包抽取式面巾纸等高品质生活用纸系列产品。2019 年，维达在湖北生产基地增加 6 万吨/年产能，并按计划将广东工厂中 1 台最旧且高能耗的卫生纸机(3 万吨/年产能)淘汰。目前维达在全国有 10 个生活用纸原纸生产基地，形成了“米”字形的生产战略布局。

2019 年 4 月 3 日，维达年产 20 万吨生活用纸项目签约落户四川德阳经济开发区。该项目投资约 20 亿港元迁址扩能升级，建设年产能 20 万吨生活用纸及护理用品西部生产基地、电商配送中心和物流中心项目。2019 年下半年，维达在马来西亚的东南亚地区总部基地建设的正式启动，将建设 1 栋设有原料仓库的 2 层楼制造工厂、1 间制成品仓库及维达创新中心。此基地将主要为东南亚市场提供服务。

2012 年开始维达推出婴儿纸尿裤、卫生巾等卫生用品，以多元化的产品巩固维达品牌地位。2014 年 7 月，维达集团以总价 11.4 亿港元收购爱生雅集团(SCA)在中国内地、香港及澳门的商业营运业务，取得了 SCA 品牌“Tempo 得宝”“Dr. P 包大人”及“Sealer 嘘嘘乐”“TORK 多康”“TENA 添宁”“Libresse 轻曲线”“Libero 丽贝乐”在中国内地、香港及澳门的商标拥有权或独家使用权。2016 年，维达完成了对爱生雅马来西亚、爱生雅韩国、爱生雅台湾的收购，为维达多元化发展奠定了基础。2019 年维达在中国内地的失禁护理业务取得了好的业绩。

2019 年维达实现营业收入 160.74 亿港元，比 2018 年增长 8.0%；利润 11.38 亿港元，比 2018 年增长 75.3%。其中生活用纸业务收入 132.54 亿港元，比 2018 年增长 9.4%，占整体收入的 82%；个人护理用品业务收入 28.2 亿港元，比 2018 年增长 1.9%，占整体收入的 18%。

维达积极应对渠道的变化，拓展和强化电商渠道，2019 年电商渠道的收益占公司整体收益的 29%，比 2018 年增长了 4 个百分点；电商渠道营业额 46.62 亿港元，比 2018 年增长 25.32%。

单位地址：广东省江门市新会区东侯工业开发区　**邮编：**529100

联系电话：0750－6168535　**联系传真：**0750－6124027

联系邮箱：guangdong@vinda.com　**单位网址：**www.vindapaper.com

企业性质：中外合资

法人代表：李朝旺

成立时间：1985 年

2019 年纸及纸板产能：125 万吨

2019 年销售收入：160.74 亿港元，**净利润：**11.38 亿港元

主要产品：生活用纸、卫生用品

主要纤维原料：木浆

纸机总数：63 台

【主要生产线】

主要造纸生产线

生产基地	产品品种	纤维原料	生产能力/(万吨/年)	纸机台数
广东江门新会会城	生活用纸	木浆	3.0	2
湖北孝感	生活用纸	木浆	30.0	17
北京	生活用纸	木浆	3.0	3
四川德阳	生活用纸	木浆	7.5	5
广东江门新会双水	生活用纸	木浆	12.0	6
浙江龙游	生活用纸	木浆	21.0	10
辽宁鞍山	生活用纸	木浆	5.5	4
广东江门新会三江	生活用纸	木浆	26.0	10
山东莱芜	生活用纸	木浆	11.0	4
广东阳江	生活用纸	木浆	6.0	2
合　计			125.0	63

2019 年新增生产线

生产线名称	纸机			主体设备供货厂商	产品品种	纤维原料	生产能力/(万吨/年)
	网部形式	幅宽/毫米	工作车速/(米/分)				
卫生纸机(2 台)	新月型	3400	1600	拓斯克公司	生活用纸	木浆	6

（中国造纸协会生活用纸专业委员会）

恒安(集团)有限公司

Hengan International Group Co., Ltd.

【企业概况】

恒安(集团)有限公司(以下简称“恒安集团”)1997 年进军生活用纸行业，是我国最早进入卫生巾市场的企业之一。目前生产和经营领域涉及一次性卫生用品和生活用纸两大系列，销售和分销网络覆盖全国，并积极发展出口业务，产品已出口 51 个国家和地区，拥有 74 个直接合作大客户或经销商。恒安集团 1998 年在中国香港上市。2019 年恒安集团实现营业收入 224.93 亿元，比 2018 年增长 9.6%；净利润 39.08 亿元，比 2018 年增长 2.8%。其中生活用纸业务收入 114.87 亿元，比 2018 年增长 12.3%；生活用纸业务约占集团整体业务收入的 51.1%，比 2018 年提高了 1.2 个百分点。

恒安集团不断推动电商渠道的发展，2019 年电商销售取得快速增长，集团在电商渠道的市场份额持续提升。2019 年电商渠道营业额(包括新零售销售和微商销售)超过 44 亿元，比 2018 年上升超过 50%。电商对恒安集团整体销售额贡献上升至 19.8%，比 2018 年增长了 5.4 个百分点。

恒安集团以中国驰名商标“安尔乐”和“心相印”，以及“安乐”“七度空间”“安儿乐”“Q·MO”“小轻芯”“安而康”等著名品牌为依托，生产、销售 100 多个规格、品种的妇女卫生巾、婴儿纸尿裤和成人纸尿裤、湿巾等一次性卫生用品，以及纸巾纸、卫生纸等生活用纸系列产品。恒安集团目前的生活用纸原纸在湖南常德、山东潍坊、福建晋江、安徽芜湖、重庆巴南、新疆昌吉共拥有 6 个生产基地。

2017 年，恒安集团成功收购马来西亚皇城集团 50.45% 股份，2018 年恒安集团旗下产品成功进入马来西亚市场，引进高档成人纸尿裤及便利妥品牌。2019 年，恒安在马来西亚皇城集团推出的创新性迷你湿巾在马来西亚持续热卖。作为东南亚市场布局的一部分，恒安集团已在印度尼西亚设立销售处，推广及销售恒安品牌的产品。

2018 年恒安集团完成投资俄罗斯厂房，于 2019 年 6 月投产，2020 年将在俄罗斯市场继续推销恒安产品，并逐渐建立集团品牌在当地的知名度。

恒安集团在 2018 年 4 月投资的芬兰芬浆，被芬兰最高行政法院(KHO)于 2019 年 12 月 19 日否决了芬浆的环境许可证，原因是拟建的制浆厂对靠近的卡拉维斯湖(Kallavesi)造成长远不确定影响。

单位地址：福建省晋江市安海镇恒安工业城 **邮编：**362261

联系电话：0595－85708749 **联系传真：**0595－85708666

联系邮箱：hengan@hengan.com **单位网址：**www.hengan.com.cn

企业性质：民营企业

法人代表：许连捷

成立时间：1985 年

2019 年纸及纸板产能：148.2 万吨

2019 年销售收入：224.93 亿元，**净利润总额：**39.08 亿元

主要产品：生活用纸、卫生用品

主要纤维原料：木浆

纸机总数：29 台

【主要生产线】

主要造纸生产线

生产基地	产品品种	纤维原料	生产能力/(万吨/年)	纸机台数
湖南常德	生活用纸	木浆	31.0	6
山东潍坊	生活用纸	木浆	32.2	7
福建晋江	生活用纸	木浆	32.0	6
安徽芜湖	生活用纸	木浆	24.0	4
重庆巴南	生活用纸	木浆	24.0	4
新疆昌吉	生活用纸	木浆	5.0	2
合　计			148.2	29

2019 年新增生产线

生产线名称	纸机			主体设备供货厂商	产品品种	纤维原料	生产能力/(万吨/年)
	网部形式	幅宽/毫米	工作车速/(米/分)				
擦手纸机(1 台)	短长网型	3050	500	山东信和造纸工程股份有限公司	生活用纸(擦手纸)	木浆	2

(中国造纸协会生活用纸专业委员会)

海南金海浆纸业有限公司

Hainan Jinhai Pulp & Paper Co., Ltd

【企业概况】

海南金海浆纸业有限公司是金光集团 APP(中国)投资建设的特大型制浆造纸企业，地处海南省洋浦经济开发区，占地 533 万米^2。公司现有年产 180 万吨化学漂白硫酸盐桉木浆项目和年产 160 万吨造纸项目，总投资 239 亿元。目前项目已全部建成投产。

公司制浆生产线，总投资 124 亿元，是目前世界上具有超大规模、技术领先的单一制浆生产线之一，除采用一流先进生产工艺和技术外，主体设备均采用国际著名专业厂商产品，代表了当今世界制浆造纸领域的先进水平。

公司造纸项目，分两个阶段完成，第一阶段为年产 90 万吨文化用纸项目，总投资约 75 亿元。该生产线纸机幅宽 10960 毫米，设计车速 2000 米/分，抄造车速 1800 米/分。可根据客户要求生产定量 140～300 克/米^2 的高档文化用纸。第二阶段为年产 70 万吨生活用纸项目，总投资约 40 亿元。该生产线共由 16 台造纸机组成，其中 4 台纸机单机年产能 7.4 万吨；12 台纸机单机年产能 3.4 万吨。

秉持“植树造林，造福自然；制浆造纸，服务人民”的经营理念，金海浆纸以“科学营林、环保制浆和绿色造纸”来实现经济效益、社会效益和生态效益同步发展。

单位地址：海南省海口市洋浦经济开发区 D12 区 **邮编：**578001

联系电话：0898-28822288 **联系传真：**0898-28828256

联系邮箱：xiewenguang@appjh.com.cn **单位网址：**www.appjh.com.cn

企业性质：中外合资

法人代表：黄志源，**经营负责人：**杨长建，**技术负责人：**陈德海

成立时间：1999 年，**职工总数：**2202 人，**其中技术人员数：**338 人

2019 年纸浆生产量：185 万吨，**纸及纸板生产量：**114 万吨

2019 年销售收入：116 亿元，**利税总额：**15.4 亿元，**利润总额：**8.93 亿元

2019 年企业科研经费投入：3.5 亿元

主要产品：漂白化学硫酸盐按木浆，文化用纸，生活用纸

主要纤维原料：桉木

纸机总数：1 台

蒸(球)煮器总数：1 台

【主要生产线】

主要制浆生产线

生产线名称	纤维原料	制浆方法	蒸煮器	主体设备供货厂商	产品品种	生产能力/(万吨/年)	投产时间
制浆生产线	桉木	硫酸盐蒸煮及无元素氯漂白(ECF)	连续蒸解釜	阿克克瓦纳公司	漂白化学硫酸盐桉木浆	180	2005

主要造纸生产线

生产线名称	纸机			主体设备供货厂商	产品品种	纤维原料	生产能力/(万吨/年)	投产时间
	网部形式	幅宽/毫米	工作车速/(米/分)					
文化用纸生产线	夹网	10960	1800	福伊特公司	高档文化用纸	漂白化学硫酸盐桉木浆等	90	2011

〔APP(中国)〕

芬欧汇川(中国)有限公司

UPM（China）Co.， Ltd

【企业概况】

芬欧汇川(中国)有限公司(以下简称“芬欧汇川”)是芬欧汇川集团的全资子公司，芬兰在华最大的单项投资项目，投资总额已达到20亿美元，年生产能力为140万吨，是中国最大的全化学木浆胶版纸、复印纸和未涂布特种纸生产企业之一。公司拥有代表当前国际最佳技术的3台纸机生产线，分别于1999年、2005年和2015年投产，同时配备有电厂、废水处理厂、码头等完善的现代化生产设施，集生产、研发、电力、环保、储运设施于一体。公司曾被评为中国进出口“红名单”企业，其自备电厂也成功并入国家华东电网。

芬欧汇川一贯坚持可持续发展的原则，不断提升自身的经济、社会和环境表现。在过去的10年间，芬欧汇川常熟纸厂的吨纸水耗降低了15%，吨纸电耗减少了15%，吨纸废物填埋量削减了80%，吨纸二氧化硫排放量减少了95%。在此期间，使用认证纤维的比例达到85%。凭借出色的环境表现，芬欧汇川常熟纸厂相继被授予国家环境友好企业、江苏省环境友好企业、常熟绿色企业的荣誉，其复印纸品牌也一直被列入中国政府绿色采购目录。除此之外，2019年12月，芬欧汇川再次荣获年度“中国杰出雇主2020”的殊荣。

2018年，芬欧汇川根据中国和全球纸张市场的变化，着手利用现有的第3条造纸生产线所具备的多功能可转换产品的独特性能，投资引进新的超级压光设备，进一步实施技术改造并同时开发格拉辛纸底纸这一特种纸产品。这一举措也将更好地支持芬欧汇川在全球范围内实施的特种纸发展战略。

不仅如此，芬欧汇川还将“芬兰式”的领导力文化和独具中国特色的运营方式相结合，把可持续发展和企业社会责任的理念引入中国，注重安全和员工健康，做到绿色环保和可持续发展，经济效益和社会效益共赢。

单位地址：江苏省常熟经济技术开发区兴业路2号 **邮编：**215536

联系电话：0512－52651818 **联系传真：**0512－52652300

联系邮箱：hu. ronghui@ upm. com **单位网址：**www. upmchina. com

企业性质：外商独资

法人代表：ERKKI PETTERI KALELA，**经营负责人：**JUKKA SAARELAINEN，**技术负责人：**王丽华

成立时间：1995年，**职工总数：**1200人，**其中技术人员数：**152人

2019年纸及纸板生产量：105万吨

2019年利税总额：2. 35亿元

主要产品：文化用纸

主要纤维原料：全木浆纤维

纸机总数：3台

【主要生产线】

主要造纸生产线

生产线名称	纸机			主体设备供货厂商	产品品种	纤维原料	生产能力/(万吨/年)	投产时间
	网部形式	幅宽/毫米	工作车速/(米/分)					
1 号纸机	夹网成型	9700		美卓公司	全木浆未涂布纸	木材纤维	45	2005
2 号纸机	夹网成型	8660		美卓公司	全木浆涂布纸、全木浆未涂布纸	木材纤维	35	1999
3 号纸机	长网成型	7500		福伊特公司	全木浆未涂布纸、全木浆未涂布特种纸	木材纤维	60	2015

（胡蓉晖）

新乡新亚纸业集团股份有限公司

Xinxiang Xinya Paper Group Co., Ltd.

【企业概况】

新乡新亚纸业集团股份有限公司是以制浆造纸为主，集热电联产、医药化工、物流商贸、机械制造、林基地开发、环保综合治理于一体的股份制企业集团。公司占地 175 万米^2，下设 18 个生产单位与子公司，拥有各种型号的造纸生产线 23 条，总资产 60 亿元，年制浆能力 60 万吨，造纸生产能力 83 万吨。产品通过了国家 ISO 9001 质量体系认证和 ISO 14001 环境体系认证，是中国质量管理达标企业，中国企业改革示范单位、中国制浆造纸研究院有限公司试验基地。河南省制浆造纸龙头企业、河南省百户重点企业、河南省转型升级试点企业、河南省综合效益先进企业、河南省优秀民营企业、河南省农业、林业产业化重点龙头企业。新乡市利税大户、新乡市重点保护企业、新乡县域经济支柱企业。

公司拥有 2 个省级技术中心——河南省企业技术中心和河南省造纸污染治理工程技术研究中心，拥有 30 多名由知名专家、工程师和技术骨干组成的研发队伍。近年来，在制浆造纸工艺、资源循环利用、环保综合治理等领域取得科技成果 20 余项，其中麦草半化学浆黑液碱回收技术荣获全国节能减排技术二等奖。

公司主营产品为包装用纸、文化用纸、生活用纸三大系列。主要品种有涂布白卡纸、食品液体包装用纸、瓦楞原纸、箱纸板、胶版印刷纸、静电复印纸、电脑打印纸、双面书写纸、中高档生活纸。“新亚”“新辉煌”“新锦绣”等系列品牌荣获河南省十大驰名品牌、著名商标。

单位地址：河南省新乡纸制品工业园区（107 国道 686 公里处） **邮编**：453731

联系电话：0373－5681188 **联系传真**：0373－5680286

联系邮箱：xinyaren@126.com **单位网址**：www.xinyapaper.cn

企业性质：民营企业

法人代表：宋敬志，**经营负责人**：宋敬亮，**技术负责人**：张 伟

成立时间：2003 年，**职工总数**：3800 人，**其中技术人员数**：560 人

2019 年纸浆生产量：58.76 万吨，**纸及纸板生产量**：82.86 万吨

2019 年销售收入：43.9075 亿元，**利税总额**：3.4824 亿元，**利润总额**：2.6118 亿元

2019 年企业科研经费投入：0.2537 亿元

主要产品：文化用纸、白卡纸、瓦楞原纸、生活用纸

主要纤维原料：杨木化学机械浆、废纸浆、漂白麦草浆、本色麦草浆

纸机总数：23 台

蒸(球)煮器总数：12 台

【主要生产线】

主要制浆生产线

生产线名称	纤维原料	制浆方法	蒸煮器	主体设备供货厂商	产品品种	生产能力/(万吨/年)	投产时间
化学机械浆生产线	杨木	碱性过氧化氢法	高浓磨浆机	安德里茨公司	APMP 化学机械浆	10	2008
本色麦草浆生产线	麦草	微碱法	蒸球		本色麦草浆	10	2017
漂白麦草浆生产线	麦草	碱法	立式蒸煮器		漂白麦草浆	5	2017
漂白麦草浆生产线	麦草	碱法	连蒸	天津轻工业机械厂	漂白麦草浆	5	2005
废纸浆	废纸		D 型碎	郑州磊展科技造纸机械有限公司	非脱墨废纸浆	30	2017

主要造纸生产线

生产线名称	纸机			主体设备供货厂商	产品品种	纤维原料	生产能力/(万吨/年)	投产时间
	网部形式	幅宽/毫米	工作车速/(米/分)					
涂布白卡纸	长网多缸纸机	4260	600	昆山中联造纸设备厂	涂布白卡纸	木浆	12	2008
涂布印刷纸	长网多缸纸机	2640	500	辽阳造纸机械股份有限公司	涂布印刷纸、静电复写纸	化机浆、麦草浆	10	2005
一厂瓦楞原纸	长网纸机	3200	250	江苏沪太造纸机械厂	瓦楞原纸、牛皮纸、果袋纸	废纸浆、麦草浆	25	2009
二厂瓦楞原纸	长网纸机	3520	600	四川宜宾造纸机械厂	瓦楞原纸	废纸浆、麦草浆	10	2009
口杯纸生产线	叠网纸机	3200	250	四川宜宾造纸机械厂	淋膜原纸	木浆	5	2004
铸涂原纸	长网纸机	1880	250	江苏沪太造纸机械厂	铸涂原纸	木浆	12	2002
箱用夹芯纸	长网纸机	3200	200		箱用夹芯纸	废纸浆	5	2010
生活用纸生产线	长网纸机	2900	200	诸城大正机械有限公司	高档生活用纸	木浆	2	2010
美术纯质纸	长网纸机	3200	250	上海机械厂	美术纯质纸	木浆	2	2010

（曹守学）

河南省龙源纸业股份有限公司

Henan Longyuan Paper Industry Co., Ltd.

【企业概况】

河南省龙源纸业股份有限公司是一家集包装用纸、热电、废水处理、供热和科研于一体的股份制公司。主导产品为 AA 级高强瓦楞原纸、高档箱纸板、再生箱纸板，包装用纸年生产能力 85 万吨，产能稳居河南省造纸行业第 1 位。2017、2018、2019 年连续 3 年获得"河南民营企业纳税百强"和"河南民营企业制造业百强"，2018 年被河南省委、省政府评为"河南省优秀非公有制行业领军型企业"。已通过 ISO 9001:2008 质量管理体系认证、ISO 14001:2004 环境管理体系认证。

公司始终坚持"以质量求发展，以诚信求双赢"的宗旨，致力于"发展循环经济，推行生态造纸"的经营理念，把安全、环保工作作为长期稳定发展的生命线。先后投资 2 亿元用于环境治理，从源头控制，达到清洁生产、节能降耗、预防污染的目的，确保所有排放物经过处理后最终达到或优于国家一级排放标准，彻底颠覆了传统造纸行业污染环境的固有形象。

公司发展规划：为进一步扩大产业规模优势，计划在"十四五"期间建设 150 万～200 万吨包装用纸规模，单台布局 4～6 条先进生产线。在市、县政府的支持下，拟建设绿色造纸循环产业园，包含：纸箱生产线；垃圾燃烧锅炉＋发电机组，把造纸过程产生的固废转化为汽、电；把造纸产生的生化污泥转化为有机复合肥；把炉灰、炉渣转化为新型建筑材料；建设与"三洋铁路"并轨的火运专用线，形成以火运为主，汽运为辅的运输结构，做到真正意义上的循环利用和环境保护，为产业结构调整，促进当地经济和转型升级做出更大的贡献。

单位地址：河南省太康县西二环路工业集聚区 **邮编：**450016
联系电话：0371－67187910 **联系传真：**0371－67187910
联系邮箱：mlc2888@126.com **单位网址：**www.hnlyzy.com

企业性质：民营企业
法人代表：冯新建，**经营负责人：**冯新建，**技术负责人：**王玉州
成立时间：2004 年，**职工总数：**1327 人，**其中技术人员数：**200 人
2019 年纸及纸板生产量：78.97 万吨
2019 年销售收入：26.75 亿元，**利税总额：**4.51 亿元，**利润总额：**2.64 亿元
2019 年企业科研经费投入：368 万元
主要产品：高档箱纸板、AA 级高强瓦楞原纸、再生箱纸板
主要纤维原料：国内废纸、木浆
纸机总数：6 台

【主要生产线】

主要造纸生产线

生产线名称	纸机			主体设备供货厂商	产品品种	纤维原料	生产能力/(万吨/年)	投产时间
	网部形式	幅宽/毫米	工作车速/(米/分)					
4800/500	双叠网	4800	640	上海轻良实业有限公司	A 级高强瓦楞原纸	国内废纸	18	2010-12
4400/450	单叠网	4400	480	上海轻良实业有限公司	A 级高强瓦楞原纸	国内废纸	14	2008-06
5600/850	三叠网	5600	850	许昌中亚造纸设备有限公司	再生箱纸板	国内废纸、木浆	30	2019-03

（马林冲）

永丰余造纸(扬州)有限公司

Yuen Foong Yu Paper MFG. (Yangzhou) Co., Ltd.

【企业概况】

永丰余企业前身是1923年成立于台湾省台南市的永丰商店，至1950年春，何传先生为发展文化事业，创建永丰余造纸公司，建厂于高雄县大树乡久堂村，为台湾省民营造纸业之先驱。

公司秉持一贯稳建成长的经营理念，产品稳居造纸业之领导地位。永丰余在造纸为本位下推展出多品项、多品类的纸品，包含文化用纸、工业用纸、纸容器及家庭用纸等。目前除了拥有台湾久堂厂、台东厂、新屋厂、桃园厂、杨梅厂、清水厂、成功厂、彰化厂等数十几个工厂外，大陆设有扬州厂及12家纸器厂，分布于华东5厂、华南5厂、华北2厂。境外还设有越南厂，含胡志明市4厂、河南省2厂。

永丰余造纸(扬州)有限公司于2004年成立，第一期工程建设17万吨/年高强瓦楞原纸生产线，于2006年12月投产；25万吨/年牛皮箱纸板生产线，于2007年5月投产。二期45万吨/年牛皮箱纸板生产线及年产6.6万吨秸秆制浆厂，于2013年完成投产。公司占地面积约71.87公顷，投资总额7.35亿美元。

成立至今，永丰余以清洁生产，循环再利用为核心，注重节能环保工作，生产过程严格按照国际质量环境安全管理体系的要求执行。陆续取得ISO 9001、ISO 14001、ISO 4500、FSC-COC产销监管链国际认证，以及能源管理体系之认证。

员工是公司最重要的资产，扬州厂除了有新颖而先进的硬设备外，并强化安全、健康、舒适的工作环境中，仍不断的力求改善并加强员工安全教育训练，以期达到工作零灾害及绿色工厂的目标。

单位地址：江苏省扬州市经济技术开发区春江路168号　**邮编：**225131

联系电话：0514－82686458　**联系传真：**0514－87132181

企业性质：苏台合资

法人代表：黄进成，**经营负责人：**叶佳峰，**技术负责人：**叶佳峰

成立时间：2004年，**职工总数：**610人，**其中技术人员数：**138人

2019年纸浆生产量：5万吨，**纸及纸板生产量：**78万吨

2019年销售收入：24.4亿元

主要产品：瓦楞原纸、牛皮挂面纸

主要纤维原料：废纸、木浆

纸机总数：3台

【主要生产线】

主要造纸生产线

生产线名称	纸机			主体设备供货厂商	产品品种	纤维原料	生产能力/(万吨/年)	投产时间
	网部形式	幅宽/毫米	工作车速/(米/分)					
PM1	单长网	3960	650	Beloit 公司	瓦楞原纸	回收纸	17	2006-12
PM2	三叠网	4760	800	福伊特公司	牛皮挂面纸	回收纸、木浆	25	2007-08
PM3	三叠网	6660	1200	福伊特公司	牛皮挂面纸	回收纸木浆	45	2013-11

（仇秀丽）

大河纸业有限公司

Dahe Paper Co., Ltd.

【企业概况】

大河纸业有限公司（以下简称“大河纸业”）系河南投资集团全资子公司，受河南投资集团委托，按照集团化、精细化、专业化的要求，专业经营林、浆、纸、板业务，注册资金 5.5 亿元，企业资产总规模 47 亿元。旗下控股浆、纸、板企业 5 家，分别为濮阳龙丰纸业有限公司、驻马店市白云纸业有限公司、焦作瑞丰纸业有限公司、周口大河林业有限公司和大河纸业（香港）有限公司。

大河纸业主要生产销售产品包括：中高档全木浆文化印刷用纸（双胶纸、静电原纸等）、特种工业用纸（热敏原纸、高级加工原纸、珠光原纸、纸袋原纸、彩色卡纸等）、APMP 杨木化学机械浆（湿浆、浆板）、ECF 漂白阔叶木化学浆、中高密度纤维板等。目前，公司文化印刷用纸年产能 65 万吨、杨木化学机械浆年产能 38 万吨、阔叶木化学浆年产能 12 万吨、中高密度纤维板年产能 22.5 万米^3，是河南省首批林浆纸一体化示范企业。

大河纸业主要生产设备包括：芬兰美卓公司立式夹网纸机生产线 1 条、德国福伊特公司长网纸机生产线 1 条、德国迪芬巴赫公司中高密度纤维板生产线 1 条、奥地利安德里茨杨木化学机械浆生产线 2 条、ECF 漂白化学浆生产线 1 条和多条国产纸机生产线。旗下拥有“纸立方”“云时代”“丰赢”“丰朵”“云之彩”“云之盈”等多个文化用纸知名品牌和“瑞丰”“大河天”等化学机械浆、纤维板品牌。其中，公司全木浆文化印刷用纸、抄本纸远销中东、东南亚、南美等多个国家和地区，得到广大用户的一致好评。

今天，大河纸业正在以饱满的热情、优质的产品、完善的服务，在“尊重客户，尊崇自然”的理念指导下飞速发展，阔步向前。

单位地址：河南省郑州市农业路 41 号河南投资大厦 10 楼　**邮编：**450008

联系电话：0371－69515191　**联系传真：**0371－69158697

联系邮箱：dhzy@ dahepaper. com　**单位网址：**www. dahepaper. com

企业性质：国有企业

法人代表：王　根，**经营负责人：**王　根

成立时间：2010 年，**职工总数：**3230 人，**其中技术人员数：**480 人

2019 年纸浆生产量：50 万吨，**纸及纸板生产量：**65 万吨，**纤维板生产量：**17 万米^3

2019 年销售收入：43 亿元

主要产品：全木浆胶版纸、米黄书写纸、复印原纸、微涂双胶纸、热敏原纸、纸袋原纸等文化印刷纸及特种纸，镂铣门板、模压门板、砂光板、压光板等中高密度纤维板，杨木化学机械浆、阔叶木化学浆等。

主要纤维原料：漂白硫酸盐针叶木浆（NBKP）、漂白硫酸盐阔叶木浆（LBKP）、碱性过氧化氢机械浆（APMP）。

纸机总数：7 台

【主要生产线】

主要制浆生产线

生产线名称	纤维原料	制浆方法	蒸煮器	主体设备供货厂商	产品品种	生产能力/(万吨/年)	投产时间
瑞丰化学机械浆生产线	杨木片	APMP		安德里茨公司	APMP 杨木浆	23	2006-04
龙丰化学机械浆生产线	杨木片	APMP		安德里茨公司	APMP 杨木浆	15	2005-11
白云二期制浆	杨木、桉木	无元素氯漂白	连续蒸煮管	安德里茨公司	ECF 化学浆	12	2013-07

主要造纸生产线

生产线名称	纸机			主体设备供货厂商	产品品种	纤维原料	生产能力/(万吨/年)	投产时间
	网部形式	幅宽/毫米	工作车速/(米/分)					
龙丰纸机	夹网	7280	1400～1600	芬兰美卓公司	胶版纸、微涂纸、复印原纸、热敏纸等	NBKP、LBKP、APMP	32	2008-12
白云 8 号机	长网	5280	1300～1400	德国福伊特公司	胶版纸、电商专用纸、米黄书写纸等	NBKP、LBKP、APMP	23	2012
白云 4 号、5 号、6 号、7 号机	长网	2640	200	宜宾造纸设备厂	胶版纸、簿册书本用纸、彩胶纸等	NBKP、LBKP、APMP	5	2005-12
白云 1 号机	长网	2640	450	辽阳造纸设备厂	胶版纸，高定量、高松厚度纸、珠光原纸等	NBKP、LBKP、APMP	5	2002-12

（刘金令）

金华盛纸业（苏州工业园区）有限公司

Gold Huasheng Paper (Suzhou Industrial Park) Co., Ltd

【企业概况】

金华盛纸业（苏州工业园区）有限公司是金光集团 APP（中国）投资建设的现代化大型造纸企业，公司注册资本 39.2 亿元，投资总额 105.1 亿元，位于苏州市工业园区。京沪高铁、沪宁高速穿越区内，东西南北交通十分便捷。利用长江流域吴淞江支流的独特水利条件，既满足了水运需要又解决了取水难题。

公司平均年产文化用纸 60 余万吨，是目前国内多元化特殊纸供应商，连续多年被侨务办公室评选为江苏省乃至全国明星侨资企业；2009 年被中国造纸协会授予"全国制浆造纸企业 30 强"荣誉称号，2005 年至今一直被认定为"国家高新技术企业"；2010 年获得中环联合（北京）认证中心认证的"中国环境标志（II 型）产品认证"证书；2010 年得到苏州市人民政府的"能效之星四星级"证书；2012 年获得中共江苏省委员会、江苏省人民政府颁发的"江苏省开放型经济先进企业"称号；2013 年通过江苏省社会信用体系建设领导小组办公室的"江苏省企业信用管理贯标证书"考核，并取得荣誉；2013 年被苏州市水务局认定为"苏州市节水教育基地"；2014 年，江苏省节能监察中心授予"中国能效之星"三星称号；2015 年被江苏省轻工业行业协会认定为"2014 年度江苏省轻工行业优秀品牌企业"；2016 年获得中环联合认证中心的"中国环境标志（II 型）"产品认证。

经过 20 多年的发展，公司在国内已能生产出越来越多的成熟产品，为越来越多的客户提供周到的服务，同时我们将积极参与到保护环境和绿色可持续发展活动中，做我国绿色纸业的倡导者和实践者。

单位地址：江苏省苏州市工业园区胜浦金胜路 2 号 **邮编：**215126

联系电话：0512－62836666 **联系传真：**0512－62815491

联系邮箱：webmaster_ ghs@ app. com. cn **单位网址：**www. goldhs. com. cn

企业性质：中外合资

法人代表：黄志源，**经营负责人：**李元胜，**技术负责人：**李元胜

成立时间：1996 年，**职工总数：**1902 人，**其中技术人员数：**437 人

2019 年纸及纸板生产量：60.699 万吨

2019 年销售收入：39.7 亿元，**利税总额：**5.41 亿元，**利润总额：**4.5 亿元

2019 年企业科研经费投入：1.44 亿元

主要产品：双胶纸、铜版卡纸、铜版纸、无碳复写纸、热敏纸、静电复印纸

主要纤维原料：纯木浆

纸机总数：4 台

【主要生产线】

主要造纸生产线

生产线名称	纸机			主体设备供货厂商	产品品种	纤维原料	生产能力/(万吨/年)	投产时间
	网部形式	幅宽/毫米	工作车速/(米/分)					
PM1	夹网	7360	1500	日本三菱重工公司	UNCOAT/NCR/TML	纯木浆	32	1999-05
PM2	长网	3250	800	德国 ESCHR WYSS 公司	UNCOAT	纯木浆	12	2003-04
PM3	长网	3350	500	昆山中联第一造纸机械厂、福伊特公司	UNCOAT/AB	纯木浆	11	2003-09
PM4	长网	3600	1100	住友重机械工业株式会社、福伊特公司	UNCOAT/NCR/TML	纯木浆	10	2006-04

〔APP(中国)〕

中顺洁柔纸业股份有限公司

C & S Paper Co., Ltd.

【企业概况】

中顺洁柔纸业股份有限公司(以下简称“中顺洁柔”)2010年在A股上市，是国内首家A股上市的生活用纸企业，专业生产生活用纸系列产品，目前是居中国第4位的生活用纸生产商。公司拥有广东省江门市、广东省云浮市、四川省成都市、浙江省嘉兴市、湖北省孝感市、河北省唐山市六大原纸生产基地。销售网络辐射华东、华南、华西、华北、华中和港澳六大区域，产品远销东南亚、中东、大洋洲、非洲等海外市场。

六大原纸生产基地分布在我国东、南、西、北、中部地区，串联散布全国的多家商贸公司、近700个经销商的营销网络，构筑了一个点线面结合、覆盖全国的全方位生产销售网络。

2019年公司对已有销售渠道不断完善和优化，同时细化销售模式，GT(传统经销商渠道)、KA(大型连锁卖场渠道)、AFH(商用消费品渠道)、EC(电商渠道)、RC(新零售渠道)、SC(母婴渠道)等各销售渠道全面发力，开拓空白销售网点，完善营销布局，进一步提升市场占有率，取得了较好的成绩。

2019年湖北中顺新建高档生活用纸项目第一期工程10万吨/年完成了竣工验收工作并投入使用。此外，2019年7月9日，公司发布公告称，计划在四川达州建设年产30万吨竹浆纸一体化项目，包括新建31.8万吨/年竹浆以及30万吨/年生活用纸(包括原纸及后加工)。项目总投资408715.10万元，预计工程总工期70个月。

2019年6月，中顺洁柔正式进军个人护理产品领域，并在四川设立全资子公司中顺洁柔(达州)纸业有限公司，从事生活用纸、纸巾盒、卫生用品、非织造布制品等的研发、生产、加工、销售。其中品牌朵蕾蜜(dolemi)卫生巾面层采用100%进口棉材料及5D极薄超能吸专利芯体，目标针对追求更高生活品质的女性消费者；同时公司还开发了女性护理卫生湿巾、卸妆湿巾和婴儿湿巾、婴儿吸汗巾等多种高端的卫生用品，逐步向“大健康”的方向迈进。

2019年，中顺洁柔实现营业收入66.35亿元，比2018年增长16.84%；净利润6.04亿元，比2018年增长48.36%。

单位地址：广东省中山市西区彩虹大道136号　**邮编：**528411

联系电话：0760－88553333　**联系传真：**0760－88553033

联系邮箱：cnsnpaper@126.com　**单位网址：**www.zhongshungroup.com

企业性质：民营企业

法人代表：邓颖忠

2019年纸及纸板产能：76万吨

2019年销售收入：66.35亿元，**净利润：**6.04亿元

主要产品：生活用纸

主要纤维原料：木浆

纸机总数：32台

【主要生产线】

主要造纸生产线

生产基地	产品品种	纤维原料	生产能力/(万吨/年)	纸机台数
广东江门	生活用纸	木浆	17.0	8
湖北孝感	生活用纸	木浆	12.0	6
四川成都	生活用纸	木浆	13.0	6
浙江嘉兴	生活用纸	木浆	5.0	4
河北唐山	生活用纸	木浆	5.0	2
广东云浮	生活用纸	木浆	24.0	6
合　计			76.0	32

2019年新增生产线

生产线名称	纸机			主体设备供货厂商	产品品种	纤维原料	生产能力/(万吨/年)
	网部形式	幅宽/毫米	工作车速/(米/分)				
卫生纸机(4台)	新月型	3500	1600	波兰PMP集团	生活用纸	木浆	10

（中国造纸协会生活用纸专业委员会）

漯河银鸽实业集团有限公司

Luohe Yinge Industrial Group Co. Ltd

【企业概况】

漯河银鸽实业集团有限公司（以下简称“银鸽集团”）的前身是漯河市第一造纸厂，始建于1967年，旗下拥有河南银鸽实业投资股份有限公司（证券代码600069）、漯河银鸽生活纸产有限公司、漯河银鸽特种纸有限公司、河南银鸽工贸有限公司、四川银鸽竹浆纸业有限公司等多家企业。

银鸽集团拥有国际上先进的高速卫生纸机、国际先进的全自动化包装系统等造纸生产线。每条制浆造纸生产线都配备有行业先进的QCS及DCS，产品从原材料检测、纸张生产到成品裁切包装全程采用智能控制，并通过ERP实现了生产、物流、销售、财物一体化管理。公司先后通过了ISO 9001、ISO 14001、OHS 18001“三标一体化”认证，逐步形成生活用纸、包装用纸、特种纸、文化用纸四大纸种及湿巾、纸尿裤、床垫等系列产品结构。

银鸽集团拥有1个国家级博士后科研工作站、2个省级认定技术中心、1个省级特种纸工程技术研究中心、1个市级生活用纸工程技术研究中心等科研机构，先后承担省级科技项目3项，参与制定国家标准2项、行业标准2项，地方标准2项；获国家专利40余项，其中发明专利5项，是2018年度河南省造纸工业“十强企业”“河南省科技创新企业”。

单位地址：漯河市中山路银鸽大厦 **邮编：**462000

联系电话：0395-5615581 **联系传真：**0395-5615581

联系邮箱：yinge123456@126.com **单位网址：**www.yinge.com.cn

企业性质：民营企业

法人代表：胡志芳，**经营负责人：**胡志芳

成立时间：2004年，**职工总数：**2511人，**其中技术人员数：**171人

2019年纸及纸板生产量：49.59万吨

2019年销售收入：23.53亿元

主要产品：包装用纸、生活用纸、文化用纸、特种纸

主要纤维原料：商品浆、废纸、竹子

纸机总数：19台

蒸（球）煮器总数：3台

【主要生产线】

主要制浆生产线

生产线名称	纤维原料	制浆方法	蒸煮器	主体设备供货厂商	产品品种	生产能力/(万吨/年)	投产时间
置换蒸煮系统	竹子	硫酸盐法	立锅	GL&V 公司	竹浆	8	2013

主要造纸生产线

生产线名称	纸机			主体设备供货厂商	产品品种	纤维原料	生产能力/(万吨/年)	投产时间
	网部形式	幅宽/毫米	工作车速/(米/分)					
4400	三叠网	4400	500	辽阳机械厂	箱纸板	废纸	15	2005
4800	三叠网	4800	600	华金机械厂	箱纸板	废纸	20	2008
2650	斜网	2650	480	意大利	生活用纸	木浆	0.5	1994
2850	新月型	2850	1000	韩国	生活用纸	木浆	1.5	2008
2850	新月型	2850	1100	韩国	生活用纸	木浆	1.5	2011
5600	新月型	5600	1900	德国	生活用纸	木浆	6	2012
5600	新月型	5600	1900	德国	生活用纸	木浆	6	2012
2240	长网	2240	300	日本	特种纸	木浆	1.5	2007
3800	长网	3800	800	上海昆山机械厂	特种纸	木浆	5	2008

（齐云洹）

东顺集团股份有限公司

Dongshun Group Co., Ltd.

【企业概况】

东顺集团股份有限公司（以下简称“东顺集团”）专业生产、销售生活用纸和卫生用品，公司通过了 ISO 9001 国际质量体系认证及 ISO 14001 环境体系认证。主要产品有：“顺清柔”牌高档生活用纸、“A & S”牌卫生巾、“哈里贝贝”牌婴儿纸尿裤、“伴宁”牌成人纸尿裤、“洁昕”牌湿巾。东顺集团是近几年来生活用纸领域快速发展的企业，2015 年公司的生活用纸总产能已位居全国第 5 位。公司先后在山东省泰安市东平县、黑龙江省肇东市、湖南省湘西土家族苗族自治州、浙江省临安市、浙江省杭州市富阳区设立了生产基地，实现了全国市场战略布局。其中山东省泰安市东平县、黑龙江省肇东市有生活用纸原纸生产。公司引进全球领先的生活用纸和卫生用品生产设备，已经形成卫生卷纸、面巾纸、手帕纸、盒巾纸、擦手纸、纸尿裤、卫生巾、湿巾等生活用纸和卫生用品两个大系列 200 多种产品。2016 年，公司开发生产了木浆本色生活用纸。

2018 年 10 月 22 日，由东顺集团董事长陈树明先生全资拥有的冠均国际有限公司完成收购香港上市公司盟科控股 75% 股权，标志着东顺集团成功赴港借壳上市。

2019 年 11 月，东顺集团旗下的山东永芳卫生用品有限公司投产，公司引进日本、意大利智能高速卫生巾生产线 12 台(套)，扩大集团卫生用品的产能。

单位地址：山东省泰安市东平县东顺工业园　**邮编**：271500

联系电话：0538－2820378　**联系传真**：0538－2820378

企业性质：民营企业

法人代表：陈树明

成立时间：2000 年

2019 年纸及纸板产能：40.8 万吨

主要产品：生活用纸

主要纤维原料：木浆

纸机总数：20 台

【主要生产线】

主要造纸生产线

生产基地	产品品种	纤维原料	生产能力/(万吨/年)	纸机台数
山东省东平县	生活用纸	木浆	38	18
黑龙江省肇东市	生活用纸	木浆	2.8	2
合计			40.8	20

注：2019 年没有新增生产线。

（中国造纸协会生活用纸专业委员会）

山东恒联投资集团有限公司

Shangdong Henglian Investment Group Co., Ltd.

【企业概况】

山东恒联投资集团有限公司是一家以纸业为主的综合性控股集团公司。业务涉及制浆、造纸、绿色纤维素膜、无纺布清洁材料、生物基纤维素肠衣、特种纤维素、精细化工、房地产、热电等领域，是集新型绿色包装类材料、特种纸、清洁材料制造加工于一体的民营企业，是我国再生纤维素膜行业的龙头企业和纤维素肠衣唯一的生产企业。

公司依托完善的法人治理结构和差异化发展战略，坚持推行“五化建设”、技术创新、管理创新、经营创新，全面实践“价值源于创新、规范孕育和谐”的核心价值观，围绕循环经济发展模式构建绿色纸业。现拥有山东恒联新材料股份有限公司、潍坊恒联特种纸有限公司、山东光华纸业集团有限公司、潍坊恒联美林生活用纸有限公司、潍坊潍森纤维新材料有限公司、山东冠骏清洁材料科技有限公司、山东中科恒联生物基新材料有限公司、潍坊永新纸业有限公司、潍坊恒联浆纸有限公司、岳阳丰利纸业有限公司、潍坊恒利浆纸有限公司、山东恒联化学有限公司等6个工业园20余家全资控股子公司，资产总额55.42亿元，银行信用等级为AA。拥有省级企业技术中心、山东省玻璃纸工程技术研究中心、山东省一企一技术创新企业、潍坊市再生纤维素膜工程实验室、潍坊市植物纤维特种纸企业重点实验室等省市级科研平台16个，拥有有效授权专利169项，其中有效国际发明专利1项，有效国内发明专利45项，排他许可发明专利3项，实用新型专利88项，外观设计专利36项，被工信部授予工业企业知识产权运用能力培育工程试点单位。是山东省“泰山产业领军人才”、潍坊市“鸢都学者”“潍坊市创新创业人才”和“鸢都产业领军人才”设岗单位。先后荣获中国包装龙头企业、全国民营企业500强、山东省造纸行业十强企业、山东省创新驱动发展能力百强企业、山东省瞪羚企业、山东省隐形冠军企业、山东省轻工业先进企业、全国工商联纸业商会十佳优秀会员企业、山东省安全生产先进单位、山东省管理创新优秀企业、全国工人先锋号等多项荣誉称号。

单位地址：山东省潍坊市高新区东风东街3019号　**邮编：**261000

联系电话：0536－8671538　**联系传真：**0536－8671538

联系邮箱：bairu888@163.com　**单位网址：**www.henglianpaper.com

企业性质：民营企业

法人代表：李瑞丰，**经营负责人：**李瑞丰，**技术负责人：**赵学杰

成立时间：1946年，**职工总数：**3921人，**其中技术人员数：**669人

2019年纸浆生产量：10.2751万吨，**纸及纸板生产量：**27.3868万吨

2019年销售收入：29.3564亿元，**利税总额：**1.9339亿元，**利润总额：**1.1135亿元

2019年企业科研经费投入：0.9296亿元

主要产品：绿色纤维素膜（玻璃纸）、纤维素肠衣纸、预涂水转印底纸原纸、工程纸、米白纯质纸、米黄道林纸、超感纸、牛皮纸、医用及食品包装用纸、卫生纸、纸巾纸、餐巾纸、擦手擦拭纸、厨房纸巾、吸水衬纸、各种无纺布、杨木浆、特种纸用浆、本色浆、醋酸系列特种浆、纤维素醚级系列用浆、硝化基系列用浆、币纸用浆、双胶纸、果袋纸、薄页纸、皱纹原纸、无碳原纸、防粘原纸等。

主要纤维原料：针叶木（红松、云杉）、阔叶木（相思木、桉木）、自制漂白化学木浆、本白化学木浆、

杨木片、棉短绒、进口溶解浆等。

纸机总数：38 台

蒸(球)煮器总数：20 台

【主要生产线】

主要制浆生产线

生产线名称	纤维原料	制浆方法	蒸煮器	主体设备供货厂商	产品品种	生产能力/(万吨/年)	投产时间
光华纸业制浆线	木片	烧碱法	蒸球	汶瑞机械(山东)有限公司	漂白化学木浆	6	2000
浆纸杨木浆线	木片	烧碱法	横管式连蒸器	天津中轻机械有限公司	杨木浆	7	2010
特种纤维素线	棉短绒	湿法备料连续漂白	蒸球	山东鲁能控制工程有限公司 河北高新泵业有限公司 烟台龙港耐腐蚀有限公司 济南兴宏远造纸机械有限公司	特种纸用浆、本色浆、醋酸系列特种浆、纤维素醚级系列用浆、硝化基系列用浆、币纸用浆	12	2013

主要造纸生产线

生产线名称	纸机			主体设备供货厂商	产品品种	纤维原料	生产能力/(万吨/年)	投产时间
	网部形式	幅宽/毫米	工作车速/(米/分)					
4 号特种纸机	长网	1880	500	昆山太德隆机械有限公司	预涂水转印底纸原纸、超感原纸、米白纯质纸	针叶木、阔叶木	3.2	2006
1 号涂布机	气刀涂布机	1880	700	潍坊凯信机械有限公司	超感纸、工程纸	针叶木、阔叶木	4	2000
光华纸业 5 号机	长网	2640	600	淄博恒星造纸机械有限公司	胶版印刷纸	自制漂白化学木浆、进口商品木浆	6	2003
光华纸业 6 号机	长网	1880	500	上海造纸机械	胶版印刷纸	自制漂白化学木浆、进口商品木浆	3	2012
PM3	夹网	3340	1100	美卓公司	餐巾纸、擦手/擦拭纸、吸水衬纸	进口木浆	3.5	2005
PM2	新月形	2150	1000	美卓公司	卫生纸、面巾纸、吸水衬纸	进口木浆	2	2005
玻璃纸生产线		1880	150	瑞士毛勒公司	玻璃纸	木浆、棉浆	1	1988
纤维素肠衣纸生产线		1880	50	自主设计	纤维素肠衣纸	溶解浆	0.2	2019

(董正祥)

河南江河纸业股份有限公司

Henan JiangHe Paper Co., Ltd.

【企业概况】

河南江河纸业股份有限公司，位于河南省武陟县产业集聚区，注册资金 9000 万元，占地面积 56 万米^2；拥有造纸生产线 6 条，涂布加工生产线 24 余条，年生产、加工特种纸能力 40 万吨。公司采取多元化经营，现有山东江河纸业有限责任公司、河南大指造纸装备集成工程有限公司、河南南北纸业有限公司、河南江河生物质能热电有限公司、河南开扩智能科技有限公司和焦作开通环保有限公司等关联子公司。

公司主导产品无碳复写纸、热敏纸、离型纸、机内整饰涂布纸等，产品国内市场占有率 20% 以上，并远销 50 多个国家和地区，其中“水”牌无碳复写纸荣获中国轻工品牌竞争力优势产品、河南省名牌产品、河南省著名商标和河南省国际知名品牌；公司为省级造纸及纸制品出口基地、中国造纸装备科技创新示范基地，生产的造纸装备主要产品有中高速宽幅文化纸造纸成套设备和单体设备，技术水平国内领先。

公司拥有国家级企业技术中心、中国轻工业造纸设备工程技术研究中心、省级工程技术研究中心和河南省博士后创新实践基地等科研平台，并拥有 127 项国家专利，15 项省部级科技成果。公司先后被评为“国家知识产权优势企业”“中国造纸工业环境友好企业”“河南省节能减排科技创新示范企业”“河南省质量诚信体系建设 AAA 级工业企业”“焦作市市长质量奖”等荣誉称号。

单位地址：河南省武陟县文化路 555 号　**邮编：**454950

联系电话：0391－7268389　**联系传真：**0391－7268389

联系邮箱：jhr2002@126.com　**单位网址：**www.jianghe.com

企业性质：民营企业

法人代表：姜博恩，**经营负责人：**姜博恩，**技术负责人：**刘铸红

成立时间：2002 年，**职工总数：**2385 人，**其中技术人员数：**968 人

2019 年纸及纸板生产量：33 万吨

2019 年销售收入：25 亿元，**利税总额：**2.37 亿元，**利润总额：**1.15 亿元

2019 年企业科研经费投入：0.962 亿元

主要产品：无碳复写纸、热敏纸、离型纸、机内整饰涂布纸等特种纸

主要纤维原料：商品木浆板、脱墨浆、化学机械浆

纸机总数：5 台

【主要生产线】

主要造纸生产线

生产线名称	纸机			主体设备供货厂商	产品品种	纤维原料	生产能力/(万吨/年)	投产时间	备注
	网部形式	幅宽/毫米	工作车速/(米/分)						
一线	叠网	2640	800	俄罗斯	无碳纸、证券纸、格拉辛纸等	商品木浆、脱墨浆	4	2002-08	2018 年升级改造
二线	叠网	3270	1000	河南大指造纸装备集成工程有限公司	无碳纸、胶带纸、双胶纸	商品木浆、脱墨浆	4	2007-08	2017 年升级改造
三线	叠网	3150	1000	辽阳造纸机械股份有限公司	无碳纸、胶带纸、双胶纸	商品木浆	5	2009-08	2019 年升级改造
四线	叠网	3150	1200	河南大指造纸装备集成工程有限公司	离型纸、无碳原纸	商品木浆	5	2010-08	
五线	叠网	3200	600	河南大指造纸装备集成工程有限公司	热敏原纸	商品木浆	4	2011-05	2019 年升级改造
六线	水平夹网	5600	1350	河南大指造纸装备集成工程有限公司	双胶纸、铸涂原纸等	商品木浆、化学机械浆	15	2012-09	

（郭胜利）

河北省保定市东方造纸有限公司

Hebei Baoding Dongfang Paper Milling Co., Ltd

【企业概况】

河北省保定市东方造纸有限公司是一家集研发、生产、销售为一体，专业制造包装用纸、文化用纸、生活用纸的企业，于2009年成功登陆美国纽交所，股票代码ITP。

公司总部位于河北省保定市，地处北京、天津和石家庄之间的黄金三角地带。目前，公司主营各种规格的瓦楞原纸、箱纸板、中高档胶版纸、防伪纸和生活用纸，为100多家包装和印刷企业客户提供多样化的产品组合。公司拥有双星、青木、芳梦来、芳清新等多个自主品牌。

截至2019年年底，公司2条生活用纸生产线已完成建设，并投入生产，满负荷年产能5万吨。

经过多年的经营，公司已经形成稳定的销售渠道，产品畅销全国各大城市，并远销南美、南亚和北非等多个国家和地区。

展望未来，公司将一如既往以环境友好、资源节约为目标，坚持科学发展观和可持续发展观，节能减排，加大科研投入，为国家繁荣和地方经济发展贡献力量。

单位地址：河北省保定市徐水区巨力路　**邮编：**072550

联系电话：0312－8698215

联系邮箱：info@itpackaging.cn　**单位网址：**www.itpackaging.cn

企业性质：民营企业

法人代表：刘振勇，**经营负责人：**刘振勇，**技术负责人：**梁树亭

成立时间：1996年，**职工总数：**428人，**其中技术人员数：**60人

2019年纸及纸板生产量：25万吨

2019年销售收入：8.23亿元，**利润总额：**1554万元

2019年科研经费投入：52万元

主要产品：高强瓦楞原纸、隔热膜原纸、双胶纸、生活用纸

主要纤维原料：国废、木浆、草浆

纸机总数：9台

【主要生产线】

主要造纸生产线

生产线名称	纸机			产品品种	纤维原料	生产能力/(万吨/年)	投产时间
	网部形式	幅宽/毫米	工作车速/(米/分)				
5600 叠网多缸纸机	叠网	5600	1200	高强瓦楞原纸	国废	36	2012
3200 叠网多缸纸机	叠网	3200	700	低定量瓦楞原纸、隔热膜原纸	国废	5	2014
2400 长网多缸文化纸机	长网	2400	600	双胶纸	国废	5	2006
1800 长网多缸文化纸机	长网	1880	500	双胶纸	国废	4	2008
2850 卫生纸机	新月型	2850	1100	卫生纸、面巾纸、手帕纸	木浆	3	2014

（石彦思）

社团工作

ASSOCIATION AFFAIRS

10

中国造纸学会组织机构

The Organization of China Technical Association of Paper Industry（CTAPI）

理事长：曹振雷（法人代表）
副理事长：（按姓氏笔画排序）
王晓昕（女）　刘　忠　孙　波（女）　何北海
张　辉　张美云（女）　李　耀　陈嘉川
胡开堂　赵　伟　曹春昱
秘书长：曹春昱

常务理事（32 人）：（按姓氏笔画排序）
王晓昕（女）　平清伟　关兴江　刘　忠　刘安江
吕　强　孙　波（女）　何北海　张　辉　张凤山
张美云（女）　李　耀　李杰辉　杨　旭　陈礼辉
陈嘉川　周　秐　房桂干　范谋斌　姜丰伟
胡开堂　赵　伟　赵　青　钱　毅　戚永宜
曹春昱　曹振雷　程言君　覃程荣　谢益民
靳福明　樊　燕（女）

个人理事（98 人）：（按姓氏笔画排序）
马乐凡　孔凡功　王　波（女）　王双飞　王东兴
王华军　王志明　王晓昕（女）　王海佩　王敏良
平清伟　龙　柱　乔　军　任　浩（女）　关兴江
刘　文　刘　忠　刘　涛　刘川江　刘安江
刘国造　吕　强　孙　波（女）　孙　玲（女）
孙廷聪　朱自忠　祁国平　何北海　宋善军
应广东　张　辉　张凤山　张玉兰（女）　张安龙
张志忠　张美云（女）　李　军　李　艳（女）
李　群　李　耀　李正国　李志健　李尚武
李杰辉　李洪法　杨　旭　杨本彬　杨易平
沈　军　沙力争　陈　洋　陈　健　陈　港
陈生龙　陈礼辉　陈明邦　陈嘉川　周　秐
周　骏　周国伟　房桂干　林　媛（女）
林小琦（女）　林伟民　罗建雄　范学斌　范谋斌
奎明红　姜丰伟　姜兆宏　查瑞涛　胡开堂
贺文雄　赵　伟　赵　青　赵　恺　赵　琳
钟潜学　都兴东　钱　毅　钱学仁　戚永宜
曹春昱　曹振雷　梁　辰　黄六莲（女）　景　宜
焦　东　程言君　董　晖　覃程荣　谢宗国
谢拥群　谢益民　雷建民　靳福明　樊　燕（女）
樊永明

第一届监事会
监事长：卢宝荣（女）
监事 2 人：（按姓氏笔画排序）
杜荣荣（女）　陈奇志

副理事长单位（22 个）：（按地区区划排名）
中国纸业投资有限公司　黄　欣
金光纸业（中国）投资有限公司　黄志源
牡丹江恒丰纸业集团有限责任公司　徐　祥
芬欧汇川（中国）有限公司　Petteri Kalela
山东华泰纸业股份有限公司　李晓亮
山东太阳纸业股份有限公司　李洪信
山东泉林集团有限公司　李洪法
汶瑞机械（山东）有限公司　尹　华
亚太森博（山东）浆纸有限公司　胡　伟
杭州市化工研究院有限公司　姚献平
仙鹤股份有限公司　王敏良
浙江华章科技有限公司　朱根荣
福建恒安集团有限公司　许连捷
福建省轻工机械设备有限公司　李　艳
河南江河纸业股份有限公司　姜博恩
新乡新亚纸业集团股份有限公司　宋敬志
郑州运达造纸设备有限公司　许超峰
广州造纸集团有限公司　周　秐

玖龙纸业(控股)有限公司　张　茵
广西博世科环保科技股份有限公司　宋海农
广西广业贵糖糖业集团有限公司　陈　健
四川环龙技术织物有限公司　周　骏

办事机构

中国造纸学会秘书处为学会常设办事机构，由学术部、科普编辑部、会员部、财务部、办公室组成。

资深专家顾问委员会

名誉主任：王文哲　潘蓓蕾　钱桂敬　陈克复　陈思亮
主　任：曹朴芳
副主任：刘焕彬　谭国民　邝仕均
委　员：顾民达　黄运基　胡　楠　李有元　黄润斌　李威灵　谭祖光　萧启寿　马石辉　李忠正　蒋荣祺　张　熙　孙树建　黄祖壬　刘福玉　李发祥　陈鄂生　姜海斌　詹怀宇　李友生　张金声　王双飞　卢宝荣　刘　琦　李义民　韩　力　（排名不分先后）

分支机构

一、工作委员会

1. 学术交流工作委员会
主任：靳福明
副主任：何北海　张美云　房桂干　张凤山
顾问：邝仕均

2. 科普工作委员会
主任：曹春昱
副主任：刘　忠　周　耘　吕　强
顾问：曹朴芳

3. 编辑工作委员会
主任：王晓昕
副主任：孙　波　胡开堂　杜荣荣
顾问：邝仕均

4. 组织工作委员会
主任：曹振雷
副主任：曹春昱　王晓昕

5. 咨询工作委员会
主任：李　耀
副主任：赵　伟　陈喜川　戚永宜　樊　燕
顾问：曹朴芳

二、专业委员会

1. 涂布加工纸专业委员会
主任委员：姜海斌
秘书长：蒋鸿勇
挂靠单位：上海新江南纸业有限公司
通讯地址：上海市普陀区武宁路 1500 号 408 室
邮政编码：200063
电话：021－52040672

2. 新闻纸专业委员会
主任委员：周　耘
秘书长：焦　东
挂靠单位：广州造纸集团有限公司
通讯地址：广州市南沙区万顷沙镇新广一路 29 号
邮政编码：511462
电话：020－34663163

3. 书写印刷纸专业委员会
主任委员：崔棣章
秘书长：孙　平
挂靠单位：山东造纸工业研究设计院
通讯地址：山东省济南市工业南路 101 号
邮政编码：250100
电话：0531－88590468

4. 特种纸专业委员会
主任委员：李义民
秘书长：刘　文
挂靠单位：中国制浆造纸研究院有限公司
通讯地址：北京市朝阳区望京启阳路 4 号中轻大厦
邮政编码：100102
电话：010－64778096

5. 包装纸和纸板专业委员会
主任委员：伍泽荣
秘书长：马学逵
挂靠单位：广东省造纸研究所
通讯地址：广州市海珠区新港西路 154 号
邮政编码：510300
电话：020－34301343

6. 非木材制浆专业委员会
主任委员：陈嘉川
秘书长：赵传山
挂靠单位：齐鲁工业大学
通讯地址：山东省济南市长清大学科技园大学路
邮政编码：250353

电话：0531－89631161

7. 木材制浆专业委员会

主任委员：李洪信
秘书长：应广东
挂靠单位：山东太阳纸业股份有限公司
通讯地址：山东省兖州市友谊路1号
邮政编码：272100
电话：0537－3658677

8. 手工纸与造纸史委员会

主任委员：陈学忠
秘书长：张黎雨
挂靠单位：中国造纸学会
通讯地址：北京市朝阳区望京启阳路4号中轻大厦B座10层
邮政编码：100102
电话：010－64778760

9. 节能与环保专业委员会

主任委员：邝仕均
秘书长：齐晓东
挂靠单位：中国造纸学会
通讯地址：北京市朝阳区望京启阳路4号中轻大厦B座10层
邮政编码：100102
电话：010－64778756

10. 造纸器材专业委员会

主任委员：杨金魁
秘书长：韩静芬
挂靠单位：上海金熊造纸网毯有限公司
通讯地址：上海市金山区枫泾镇兴塔工业园建安路78号
邮政编码：201502
电话：021－67361072

11. 制浆造纸化学品专业委员会

主任委员：沈一丁
秘书长：费贵强
挂靠单位：陕西科技大学
通讯地址：陕西省西安市未央大学园区
邮政编码：710021
电话：029－86168830

12. 废纸回收利用专业委员会

主任委员：曹春昱
秘书长：杜荣荣
挂靠单位：中国制浆造纸研究院有限公司
通讯地址：北京市朝阳区望京启阳路4号中轻大厦
邮政编码：100102
电话：010－64778156

13. 机械设备专业委员会

主任委员：刘安江
秘书长：杨　旭
挂靠单位：轻工业杭州机电设计研究院有限公司
通讯地址：浙江省杭州市余杭区高教路970号
邮政编码：310004
电话：0571－85183937

14. 自动化专业委员会

主任委员：朱根荣
秘书长：刘川江
挂靠单位：浙江华章科技有限公司
通讯地址：杭州市祥园路99号运河广告产业大厦2号楼11层
邮政编码：310012
电话：0571－88994499

15. 造纸技术经济专业委员会

主任委员：吴永和
秘书长：陈奇志
挂靠单位：中国中轻国际工程有限公司
通讯地址：北京市朝阳区白家庄东里42号
邮政编码：100026
电话：010－65826022

16. 纳米纤维素及材料专业委员会

主任委员：蒋兴宇
秘书长：查瑞涛
挂靠单位：中国科学院国家纳米科学中心
通讯地址：北京市海淀区中关村北一条11号
邮政编码：100190
电话：010－82545621

（中国造纸学会）

各省(区、市)造纸学会

Local Technical Association of Paper Industry

北京市造纸学会

理事长：孙树建

副理事长：马石辉(常务)　邝仕均　黄祖壬

秘书长：马石辉(兼)

副秘书长：赵　青

地址：北京市顺义区空港工业 B 区安庆大街 9 号

邮编：101300

电话：010－80490558

天津市造纸学会

理事长：刘　忠

副理事长：周国伟　徐永射　李相臣　李　群

秘书长：惠岚峰

地址：天津市泰达经济技术开发区 13 大街 29 号
天津科技大学轻工科学与工程学院

邮编：300457

电话：022－60602006、13752173746(惠岚峰)

传真：022－60601988

河北省造纸学会

名誉理事长：龚德利

理事长：刘国造

副理事长：陈生龙　魏秋生　郭玉祥　张志忠
李增锁　袁德起　姚士平　张维田
石金环

秘书长：童　欣

地址：河北省石家庄市北合街 18 号

邮编：050051

电话：13011598208(刘国造)
15203216688(童　欣)

山西省造纸学会

理事长：刘　涛

秘书长：武乃玲

地址：山西太原新建南路 13 号山西省轻工设计院

邮编：030002

电话：13835176139(刘　涛)
13453405953(武乃玲)

内蒙古自治区造纸学会

理事长：范学斌

副理事长：高世明　郭建军

秘书长：王景文

地址：内蒙古呼和浩特市新城西街 4 号
(内蒙古轻工业设计研究院)

邮编：010050

电话：13897861555(范学斌)

辽宁省造纸学会

理事长：张运展

秘书长：刘秉钺

代秘书长：平清伟

地址：辽宁省大连市甘井子区轻工苑一号

挂靠单位：大连工业大学

邮编：116034

电话：0411－86324620、13840903048(平清伟)

传真：0411－86323736

吉林省造纸学会

副理事长：马增源　方嘉华　刘　怀　柳风林
曹宪斌

秘书长：徐淑敏

地址：吉林省长春市人民大街副 54 号

邮编：130051

电话：0431－88829158

传真：0431－85518433

黑龙江省造纸学会
理事长： 杨易平
副理事长： 白晓明　苏文强　李劲松　陈海涛
陈正旺　郑日亭　杨柏森　魏雨虹
秘书长： 任国庆
地址： 黑龙江省牡丹江市阳明区光华街 17 号
邮编： 157013
电话： 0453 – 6330924
传真： 0453 – 6330924

上海市造纸学会
理事长： 潘　新
副理事长： 李　凯
秘书长： 滕　飞
地址： 上海市普陀区武宁路 1500 号南楼 403 室
邮编： 200063
电话： 021 – 52040672
传真： 021 – 52040672

江苏省造纸学会
理事长： 张　辉
副理事长： 王广州　王自力　田宝凤　刘　克
李鸿斌　沈　斌　杜建功　房桂干
洪文彦　胡巧忠　高威宏　景　宜
秘书长： 汤洪良
地址： 江苏省南京市龙蟠路 159 号南京林业大学轻工与食品学院 9E-315 室
邮编： 210037
电话： 025 – 85428235（办公室）
传真： 025 – 85428235

浙江省造纸学会
理事长： 胡开堂
副理事长： 戈海华　毛菊仙　黄晓钢　陈万平
孙柏贵　吴明武　梁中平　陈建明
姚向荣　王敏良　叶素芳　杨　旭
刘川江　陆文荣
秘书长： 陆文荣
副秘书长： 李土根　郑梦樵
地址： 浙江省杭州市留和路 318 号浙江科技学院实验大楼 3 楼 334 室
邮编： 310023
电话： 0571 – 85070795
传真： 0571 – 86958853

福建省造纸学会
名誉理事长： 张道沛
理事长： 陈礼辉
副理事长： 柯吉熊　赵　恺　李　艳　刘明华
吴宗华　诸建华　陈德强
秘书长： 黄六莲
地址： 福建省福州市六一北路 204 号
邮编： 350013
电话： 13950283739（黄六莲）
传真： 0591 – 83715175

江西省造纸学会
理事长： 管步军
副理事长： 雷建民　戴圣光
秘书长： 雷建民（兼）
地址： 江西省南昌市北京东路 138 号
邮编： 330029
电话： 0791 – 88333891、13507911422
传真： 0791 – 88333891

山东造纸学会
理事长： 陈嘉川
副理事长： 王泽风　陈洪国　李晓亮　应广东
李洪法　王东兴　张金声
秘书长： 孙　平
常务副秘书长： 孔凡功
副秘书长： 丁洪杰　吴　芹　王桂卿
地址： 山东省济南市长清区大学路 3501 号
邮编： 250353
电话： 13616404830（丁洪杰）
13789805983（吴　芹）

河南省造纸学会
理事长： 董　晖
副理事长： 李尚武　姜博恩　王　根　马　冠
范乃旺　赵久会
秘书长： 李尚武（兼）
地址： 河南省郑州市文化路 97 号（郑州大学北校区）
邮编： 450002
电话： 0371 – 63886906、13608691192（李尚武）
传真： 0371 – 63886906
邮箱： hnszzxh@126.com
网址： www.hnspaper.org
QQ： 97881539

湖北省造纸学会

理事长：刘　力

副理事长：谢益民　梁　斌　徐　兵　彭宜纯　张厚蛟　周卫东　顿志强

秘书长：梁　斌

地址：湖北省武汉市汉口建设大道 623 号 福星科技大厦 B 座 1506 室

邮编：430030

电话：027－83622763

传真：027－83622763

湖南省造纸学会

名誉理事长：刘晓明　关以超

理事长：宋善军

副理事长：樊　燕　朱宏伟　马乐凡　薛永祥　龚　襲　吕建荣　余大论　黄费凤　李正国　周鲲鹏

秘书长：叶一心

地址：湖南省湘潭市建设中路 7 号

邮编：411104

电话：0731－58523295

传真：0731－58523295

广东省造纸学会

理事长：何北海

副理事长：陈　港(常务)　吕发创(名誉)　周　耘　林润惠　伍泽荣　王　波　钟天崎　林伟民　胡启华　吴义荣　雷江波

秘书长：雷以超

地址：广东省广州市天河区五山街 381 号 华南理工大学制浆造纸工程国家重点实验室旧楼 301 室

邮编：510640

电话：020－87112854

广西壮族自治区造纸学会

理事长：覃程荣

副理事长：林伟民　陈　健　葛　友　曾凡新　黄俊彦　詹　磊　谭　炽　韦良斌　刘威威　戴永红

秘书长：梁　辰

地址：广西壮族自治区南宁市大学东路 100 号 广西大学轻工与食品工程学院内

邮编：530004

电话：0771－3237301、18275845299(梁　辰)

邮箱：gxtappi@ 163. com

四川省造纸学会

名誉理事长：李发祥

理事长：范谋斌

副理事长：吴和均　王康健　李文俊　赵　琳　梁　好　周传平　赵建芬　叶　剑　赵联盟　罗建平　霍　军　周　骏　刘祥军　李国友　高焱仁　罗建雄　罗福刚　王华军

秘书长：罗建雄

副秘书长：罗福刚

地址：四川省成都市成华街 5 号

邮编：610081

电话：028－83229689

传真：028－83229689

重庆市造纸学会

理事长：陈先谦

副理事长：米庆元　王友伦　冯地庆　彭支瑞

秘书长：王友伦

地址：重庆市江北区兴隆路 1 号 蔚蓝世纪 A 栋 6-6 室

邮编：400020

电话：13330275860(王友伦)

云南省造纸学会

顾问：李元禄、孙鹤章、孙光宗

理事长：彭增华

副理事长：陈克利(常务)　王　水　王亚明　杨发甲

秘书长：陈克利(兼)

地址：云南省昆明市呈贡大学城 昆明理工大学化工学院内

邮编：650050

电话：0871－65920329、13987638634(陈克利)

传真：0871－65920329

甘肃省造纸学会

负责人：祁国平

地址：甘肃省兰州市金昌南路 101 号 甘肃省轻工业研究院

邮编：730000
电话：0931－8112208、13893384427

陕西省造纸学会
理事长：张美云
常务副理事长：王志杰
副理事长：张飞跃
秘书长：张安龙
地址：陕西省西安市未央大学园区陕西科技大学环境学院305室
邮编：710021
电话：029－86168825
传真：029－86168230

新疆维吾尔自治区造纸学会
理事长：梅树亚
副理事长：董晓辉　徐　林　周俊英
秘书长：李云德
地址：新疆维吾尔自治区乌鲁木齐市民主路88号新疆轻工业行业管理办公室规划处
邮编：830002
电话：0991－2825525（李云德）
15109919125（梅树亚）
传真：0991－2825525

（中国造纸学会秘书处）

2019 年中国造纸学会主要工作

Main Activities of CTAPI in 2019

中国造纸学会以习近平新时代中国特色社会主义思想为指导，认真贯彻党的十九大和十九届二中、三中、四中全会精神，聚焦保持和增强政治性、先进性、群众性，切实履行为科技工作者服务、为创新驱动发展服务、为提高全民科学素质服务、为党和政府科学决策服务的职责。

一、加强党建工作
以党建引领学会建设

学会党委、联合党支部认真学习宣传党的十九大和十九届二中、三中、四中全会精神，组织开展多种活动，团结带领科技工作者听党话、跟党走。按照上级党委的部署，开展、“不忘初心、牢记使命”主题教育，认真学习习近平新时代中国特色社会主义思想，充分认识主题教育的重大意义，准确把握主题教育的目标任务，扎实开展主题教育。积极参加中国轻工业联合会党委、中国科协科技社团党委的主题教育报告会、主题党日、全国学会党组织负责人培训班、知识竞赛等活动。组织集中学习、专题调研，赴韶山、西柏坡学习教育等活动。坚持党的领导与社会组织依法自治相结合，把党的工作融入学会运行和发展过程，严格落实党建工作制度，不断增强学会党组织的创造力、凝聚力、战斗力，充分发挥学会党组织的战斗堡垒作用和党员的先锋模范作用。强化党建引领作用，促进学会健康发展。

2019 年 5 月召开了中国造纸学会第八次全国会员代表大会，审议通过了《第七届理事会工作报告》《第七届理事会财务报告》《中国造纸学会章程》《中国造纸学会会费管理办法》，选举产生了第八届理事会、第一届监事会。召开第八届理事会第一次会议、第八届常务理事会第一次会议、第一届监事会第一次会议，分别选举产生了第八届理事会、第一届监事会领导成员。

加强制度建设，完善“三重一大”决策制度实施办法、合同管理办法、货币资金管理办法、会计人员岗位责任制等制度。接受年度审计、理事会换届审计和法定代表人离任经济责任审计，积极采纳审计建议，及时制定审计整改措施，进一步规范学会内部管理。

坚持深入会员单位调研，学会负责人先后到浙江华章科技有限公司、中冶纸业银河有限公司、恒安(集团)有限公司、维达纸业(中国)有限公司、四川环龙新材料有限公司等企业了解产业现状、重大科技需求以及科技工作者诉求等情况，进行深入细致的交流并提出指导性建议。

完善个人会员和团体会员的登录和统计分析数据库，重新统计了个人会员人数及单位会员总数。更新后的个人会员人数为 1.2 万余人，单位会员总数 213 个。做好发展会员工作，完成新单位会员的入会手续。定期向会员单位寄赠《中国造纸年鉴》和中国造纸学会主办的专业刊物。

二、服务创新型国家和社会建设

根据中国科协征求《中华人民共和国固体废物环境污染防治法(修订草案)(征求意见稿)》意见的函的要求，积极组织征求造纸科技工作者意见。学会根据行业实际，提出书面修改意见，反馈至有关部门。

积极参与先进材料学会联合体工作，发挥协同优势，承担有关轻工材料绿色制造课题和轻工材料智能制造课题的研究工作。

启动《造纸网应用规范与造纸毛毯应用规范》团体标准的编制工作。

根据《中国科协办公厅关于组织推选 2019 年中国科学院和中国工程院院士候选人的通知》精神，

学会于2019年1月15日发布《关于组织推选2019年中国科学院和中国工程院院士候选人的通知》，启动了2019年推选院士候选人工作。2月22日，中国造纸学会推选2019年两院院士候选人评审会在北京市召开。学会向中国科协推选2名院士候选人。

中国造纸学会与中国造纸协会、全国工商联纸业商会、中国轻工集团有限公司、中国轻工业信息中心、中国轻工企业投资发展协会联合主办"第四届中国造纸装备发展论坛"。围绕国产造纸装备产业在制浆、造纸、"一带一路"建设等方面取得的成绩和未来发展方向做了专题讨论，分析和探讨了行业中的热点、难点问题，分享了典型案例，展开了深度对话，促进造纸装备与造纸行业的深度融合，600多位代表出席会议。

中国造纸学会主办"2019中国制浆造纸自动化技术与智能制造研讨会"，打造我国制浆造纸领域产、学、研、用于一体的兼具学术交流、技术讨论和产品推广的平台。来自制浆造纸、自动化、控制系统、仪器仪表等领域专家学者及地方学会的代表、中国造纸杂志社、中国纸业网、中华纸业等媒体的300余家单位近500人参加会议。

中国造纸学会与中国科学技术大学（人文与社会科学学院）共同主办"2019纸史和手工纸研讨会"。来自全国各地从事纸史研究及手工纸生产、检测的70多位专家学者和企业代表出席了会议。参会专家与代表围绕造纸史、手工纸的热点问题，纸的起源与定义、科学分析方法及相关议题进行了深入的研讨，搭建了造纸史和手工纸的学术交流平台。

三、促进国际学术交流与科技合作

中国造纸学会主办，天津科技大学、中国制浆造纸研究院有限公司等单位承办举行"第二届纳米纤维素材料国际会议"。来自欧、美、亚三大洲，9个国家的73所高校、研究机构和科技公司的400多位专家学者参加了会议。会议进行了57场大会报告和分会场报告，为造纸行业及相关领域的科技工作者提供了学习国内外先进经验及相互交流的机会，促进大学、研究机构与企业之间的合作，加强国际同行之间的交流与合作，推动了纳米纤维素科研成果的产业化。

中国造纸学会与中国造纸协会、中国制浆造纸研究院有限公司联合主办"2019中国国际造纸科技展览会"。来自15个国家和地区的近200家造纸及相关行业极具影响力的国内外公司参加展览。展会集展览展示、创新论坛、技术报告会、技术交流会等于一体，集中展示造纸行业先进技术。

中国造纸学会与中国制浆造纸研究院有限公司共同主办"2019中国国际造纸创新发展论坛"。针对造纸行业的创新模式、生态构建、融合发展、智能制造、趋势探索等热点话题，搭建以企业为主体、市场为导向的沟通合作平台。

中国造纸学会与中国制浆造纸研究院有限公司、加拿大林产品创新研究院（FPInnovations）共同主办"2019国际造纸技术报告会"。报告会聚焦生物质资源高值化利用及智能制造，来自中国、加拿大、法国、芬兰等国家的科研院所、大专院校、制浆造纸厂等单位的180多位代表参会。

中国造纸学会与衢州市人民政府、中国制浆造纸研究院有限公司共同主办了"2019中国国际特种纸展览会"，105家国内外特种纸及上下游产业的企业参展，包括来自德国、芬兰、日本、孟加拉、印度、越南等多个国家和地区的专业观众在内的观展人数近3000人次。展会以特种纸产品为核心，链接上游化学品、纤维原料、机械设备等行业，拓展贸易商、后加工等下游领域，形成产业链效应。

组织专家参加第29届ISO/TC6"国际标准化组织纸、纸板和纸浆技术委员会"全体会议（ISO/TC6 Paper, board and pulp plenary meeting），在纸浆工作组（WG15）会议上，我国专家对我国主导起草修订的国际标准项目ISO 9184-1《纸、纸板和纸浆-纤维组成分析-第1部分：通用方法》的修订背景、修订内容以及项目最新进展进行介绍。这是我国造纸行业首次主导国际标准的起草。在ISO/TC6/SC2"纸和纸板分技术委员会"的全体会议上，我国代表提出的ISO 187：1990《纸、纸板和纸浆—试样处理和试验的标准大气及其监控程序》复审修订计划被采纳，并确定由我国主导该项国际标准的修订。

四、完成期刊和年鉴编辑出版工作

学术期刊《Paper and Biomaterials》（造纸与生物质材料）和《中国造纸》《造纸信息》《中国造纸学报》《纸和造纸》按计划完成编辑出版发行工作，《中国造纸》《造纸信息》再次入选中文核心期刊。

完成《2019中国造纸年鉴》编撰工作。《2019中国造纸年鉴》记录了2018年我国造纸工业的发展、各产品市场情况、原材料与环保情况等内容。7月

9日，编撰工作终审会议在北京召开，编辑部对《2019中国造纸年鉴》的编撰工作进行了详细汇报，根据启动会拟定的大纲和实际完成情况，与会专家进行了审议并提出了修改意见和建议。终审会议对《中国造纸年鉴》的编撰工作进行了审查，对年鉴质量进行了把关。《2019中国造纸年鉴》于2019年10月正式出版发行。

（中国造纸学会）

中国造纸协会办事及分支机构

Administrative and Affiliated Agency of China Paper Association(CPA)

理事长：赵 伟
秘书长：钱 毅
副秘书长：刘文龙 陈 刚 董国强
监事长：卢慧敏
监 事：胡蓉晖 张 亮

1. 秘书处
(1)办公室
电话：010－68396540
传真：010－68396572
(2)会员部
电话：010－68396542
传真：010－68396572
(3)会展部
电话：010－68396541
传真：010－68396672/6572
(4)综合业务部
电话：010－68396544
传真：010－68396572
(5)信息咨询部
电话：010－68396546
传真：010－68396572

2. 分会
中国造纸协会新闻纸分会
中国造纸协会箱板纸及瓦楞纸分会
中国造纸协会铜版纸分会
中国造纸协会卷烟纸分会
中国造纸协会无碳复写纸、热敏纸分会

3. 专业委员会
中国造纸协会环境保护专业委员会
中国造纸协会标准化专业委员会
中国造纸协会能源专业委员会
中国造纸协会生活用纸专业委员会

4. 工作委员会
中国造纸协会专家工作委员会
中国造纸协会溶解浆工作委员会
中国造纸协会蔗渣浆工作委员会
中国造纸协会脱水器材工作委员会
中国造纸协会竹浆工作委员会
中国造纸协会商品纸浆工作委员会

（中国造纸协会）

2019 年中国造纸协会主要工作

Main Activities of CPA in 2019

2019 年，造纸行业生产和运行虽然受很多不利因素影响，尤其是上半年延续了2018 年4 季度以来的下行之势，前3 季度主要生产和经济指标出现下滑，但在4 季度行业开始呈现筑底上扬，全年呈现先低后高，整体保持平稳态势。全年纸及纸板生产总量与2018 年基本持平，产销基本保持平衡。

在过去的1 年里，中国造纸协会在全体会员的共同努力和各级政府相关部门的支持下，根据协会理事会制定的工作计划和有关部门安排的工作内容，认真有序地开展了各项工作，基本完成了预定的工作任务目标，取得了较好的工作成绩和效果。现将过去1 年的工作情况总结汇报如下。

一、发挥协会服务功能、做好行业工作

协会积极配合政府相关部门工作，在造纸行业供给侧结构性改革、提质增效、节能减排、清洁生产、环境保护、商务贸易、信息统计、技术合作、资源利用等方面做了大量调查研究工作，为政府部门制定相关政策和决策提供了参考意见、建议和专业技术支撑。

1. 参与了国家发展和改革委环资司、生态环境部环科院联合组织的重点行业“十四五”清洁生产推行规划编制工作，撰写并提供了造纸行业清洁生产规划编制所需的相关材料。

2. 承接了生态环境部环境规划院《造纸行业“十四五”总量减排管理研究》项目。通过总结评估“十三五”时期我国造纸行业总量减排和排污许可管理成果及存在的主要问题，对比“十三五”时期造纸行业环境统计、总量减排、排污许可等各口径污染物排放数据差异，并通过分析造纸工业“十四五”发展趋势，对“十四五”时期造纸行业总量减排制度框架、减排目标指标、核算方法及各项环境管理制度提出了意见和建议。

3. 按照水利部与国家发展和改革委的要求，协会开展了《取水定额 第五部分：造纸产品》国家标准的修订工作。为了保证标准编制的科学合理性和可操作性，以及更好的完成标准起草工作，协会开展了大量的调研工作，通过问卷函调和实地调研，广泛认真听取企业意见，并结合企业实际取水数据及相关经验完成了取水定额标准修订工作，为政府部门对现有企业和新建企业的取水管理提供依据。

4. 协会与华南理工大学及山东太阳纸业股份有限公司、山东华泰纸业股份有限公司、驻马店白云纸业有限公司等单位共同承接的国家水污染治理与控制科技重大专项“重点流域造纸行业水污染控制关键技术产业化示范”课题，已于2018 年12 月通过验收，2019 年陆续完成了项目资料的修正、档案资料的整理与提交等后续收尾工作。

5. 为有效落地国家各项“放管服”改革举措，进一步优化营商环境，防范税收风险，促进行业诚信自律，2019 年10 月11 日，中国造纸协会与海关总署税收征管局在北京签署合作备忘录，双方决定就政策宣传与反馈、培育优质企业、交流培训及信息支持等方面展开深度合作，共同推进造纸产业经济和对外贸易高质量发展。

二、积极开展调研，反映行业诉求

1. 为推动国家提出的减税降费、缓解企业融资难融资贵等相关政策落地，协会受委托对部分重点企业开展减税降费政策落实情况的调研，并将调研情况和企业反映的实际困难问题整理后反馈至国务院政策研究室。

2. 协会分别邀请国务院参事、财政部关税司有关领导，就中美贸易背景下造纸行业面临问题开展了企业实地调研。其中，陪同财政部领导调研后形成了《关于部分纸制品情况的调研报告》报送至财政

部有关部门。

3. 受商务部委托开展了对美实施反制措施后对行业影响情况的调研并将调研结果上报商务部。

4. 以调研为基础，实时回复了政府有关部门多项意见征询和行业情况信息征询。如：对司法部办公厅《关于征求对〈碳排放权交易管理暂行条例(修改稿)〉意见的函》，生态环境部科技与财务司《关于征求〈关于深入推进重点行业清洁生产审核工作的通知(征求意见稿)〉意见的函》《关于征求〈国家先进污染防治技术目录(水污染防治领域)〉(征求意见稿)意见的函》，生态环境部办公厅《关于征求〈国家危险废物名录(修订稿)〉(征求意见稿)意见的函》《关于公开征集生产、使用和替代短链氯化石蜡等6种类持久性有机污染物相关信息的通知》《固体废物污染环境防治法(修订草案)》，财政部《关于征求〈中央财政科技计划(专项、基金等)后补助管理规定(修订稿)〉意见的函》，工业和信息化部《关于征求〈京津冀工业节水三年行动计划(征求意见稿)〉意见的函》，国务院税则办、工业和信息化部、财政部等，《关于就 RCEP 货物贸易关税减让部分成员国重点要价征求意见的函等，分别做出了回复并提出了建议和意见。

5. 2019 年先后派员参加了生态环境部相关部门组织召开的"引导企业环境守法座谈会""制浆造纸行业污染防治技术研讨会""国家生态环境科技成果转化综合服务平台启动活动"；国家节能中心组织的"重点行业节能技术推广有关工作通报交流会"；工业和信息化部组织召开的行业生产运行座谈会，行业标准研究项目及工业节能与绿色标准化工作会议；水利部召开的取水定额国家标准推进会；全国人大法工委组织召开的关于固体废物进口问题的研讨会，以及多个部门组织的行业相关政策、法规等会议；通过会议形式积极反映行业情况、问题和诉求，力求解决行业中的一些实际问题。

三、积极开展活动，增强协会凝聚力

1. 组织各主要省市造纸协会、重点制浆造纸企业，开展 2018 年造纸工业主要经济技术指标完成情况调查，收集各种数据，在充分调研的基础上，完成了 2018 年造纸工业年度报告，为行业和有关部门提供了完整的生产运行及消费情况，得到了社会的好评。

2. 2019 年 2 月 22 日，中国造纸协会和中国新闻出版传媒集团有限公司联合主办的中国造纸可持续发展论坛暨《中国造纸工业可持续发展白皮书》发布仪式在北京市举行。来自国家发展和改革委、工业和信息化部、财政部等相关政府部门及行业相关单位、科研机构及高校、相关行业及省市行业协会、重要出版印刷及造纸相关单位、重要媒体单位嘉宾共计 152 人参加了本次论坛。中国轻工业联合会会长张崇和、中宣部印刷发行局局长刘晓凯、芬兰驻华大使肃海岚到会致辞或发布重要讲话，来自新华社、人民日报、中国日报、中国青年报、中国新闻出版广电报、中国环境报、消费日报等 30 余家中央媒体对发布仪式进行了报道。

3. 协会配合中国轻工业联合会开展了 2018 年度轻工行业十强、轻工业百强企业评价工作。经中国轻工业联合会评价审定，玖龙纸业(控股)有限公司、山东晨鸣纸业集团股份有限公司、华泰集团有限公司、山鹰国际控股股份公司、山东太阳控股集团有限公司、理文造纸有限公司、亚太森博中国控股有限公司、山东博汇集团有限公司、中国纸业投资有限公司、海南金海浆纸业有限公司 10 家企业被评为 2018 年度轻工行业造纸十强企业。

4. 根据《关于 2019 年度中国轻工业联合会科学技术奖励申报工作的通知》要求，协会组织并推荐多家会员企业参加此次评选活动。经中国轻工业联合会审定，协会推荐的北京林业大学"木质纤维高效分离及功能材料制备技术及应用项目"荣获 2019 年度中国轻工业联合会技术发明一等奖；山东华泰纸业股份有限公司"新型纸用增强剂的研制及推广应用"等多个项目荣获 2019 年度中国轻工业联合会科技进步奖二等奖。

5. 为配合中宣部印刷发行局举办的 2019 中国印刷业创新大会，协会根据上级要求，于 7 月 25 日大会同期主办了活动之一——"造纸印刷融合发展论坛"。此次论坛主题为"绿色·创新·融合·发展"，邀请了行业专家、造纸企业及印刷企业的主要负责人介绍造纸和印刷两大行业的绿色发展态势及发展需求，分享造纸业和印刷业绿色发展典型案例，展开深度对话，辨析趋势，交流思想，发布了《造纸印刷融合发展倡议书》，造纸及印刷业 200 余位代表参加论坛。

6. 协会联合上海期货交易所、厦门建发纸业有限公司于 2019 年 3 月在浙江省杭州市举办了"2019 中国纸浆高层峰会"。此次峰会围绕"原料·供给·融合·发展"的主题展开，重点围绕产业定位、纸浆期货、纸浆供需、政策解读等热点问题深入展开讨论。会议吸引了行业领导、企业家、经济学家、专家学者、咨询机构等近800位业界精英参会。

7. 协会和上海期货交易所于2019年5月联合主办上海衍生品纸浆论坛。本届论坛是同期举办的第十六届上海衍生品市场论坛的5个分论坛之一，主题为“行业新周期下的机遇与挑战”，来自国内外的纸浆生产商、贸易商、造纸企业、金融投资机构、期货公司以及媒体代表共400余人出席了本届论坛。论坛围绕全球林浆纸产业发展趋势、开放的经济环境下中国造纸产业变革趋势、“产融结合”给传统纸浆行业带来的机遇与挑战以及未来纸浆价格走势等热点话题进行了热烈的交流与讨论。

8. 中国造纸协会、中国造纸学会、全国工商联纸业商会、中国轻工集团有限公司、中国轻工业信息中心、中国轻工企业投资发展协会于2019年5月在浙江杭州市联合举办的第四届中国造纸装备发展论坛。政府相关部门及行业领导和专家、制浆造纸装备供应商、造纸企业大专院校与研究机构、媒体等600多嘉宾出席会议。论坛主要围绕国产造纸装备产业在制浆、造纸、“一带一路”等方面取得的成绩和未来发展方向中的热点、难点问题做了专题讨论，分析和探讨。

9. 协会于2019年7月11日在河南省郑州市召开第五届会员大会。审议通过了“中国造纸协会第四届理事会工作报告”“第四届理事会财务报告”和《中国造纸协会章程》及《中国造纸协会会员会费收取和使用的规定》修订议案等，选举产生了中国造纸协会第五届理事会和第一届中国造纸协会监事会。中国轻工业联合会张崇和会长到会并做了重要讲话。讲话中充分肯定了中国造纸协会第四届理事会所做的工作和取得的成绩，强调协会下一步的工作重点并对新一届理事会提出了殷切希望。

10. 2019年7月11日，中国造纸协会在河南省郑州市召开了第五届理事会第一次会议和第一届监事会会议。经与会全体理事投票选举产生了第五届理事会理事长、副理事长、秘书长和监事会监事长，并审议通过了“第五届理事会机构设置建议方案”“第五届理事会财务收支预算报告”“第五届理事会工作要点”和中国造纸协会副秘书长聘任名单。

11. 协会于2019年7月12日在河南省郑州市举办了“2019中国纸业高层峰会”。邀请业内专家、学者、企业家等嘉宾，围绕“聚焦调整谋发展　汇集智慧划未来”这一主题，结合当前行业热点话题，针对新形势下行业面临的困难和问题开展了广泛深入的研讨，来自国内外200多家企业的360名代表参加了会议。

四、扩大对外交流，增强影响力

1. 2019年5月15日，中国造纸协会理事长赵伟会见了到访的巴西农业、畜牧和食品供应部部长Tereza Cristina、巴西驻华大使保罗·瓦莱和巴西林业协会执行总监等一行。双方就促进贸易发展、寻求合作机会，贸易互补性，森林产品认证简易化和巴西纸浆未来发展等问题作了充分的交流，双方同意今后将继续加强沟通和合作。

2. 应越南造纸协会邀请，中国造纸协会理事长赵伟出席了东盟国家浆纸工业会议并发表题为“中国造纸产业现状与趋势”的演讲。促进了东盟地区国家造纸行业与中国造纸协会的友好交流合作。

五、积极组织会展活动、努力丰富会议内容

1. 2019年“中国造纸周”系列活动在福建省厦门市召开。本届“造纸周”活动内容涵盖了“2019中国国际造纸和装备博览会暨全国纸张订货交易会”“2019中国纸浆市场形势研讨会”“第二届中国浆纸环保论坛”“2019中国浆纸技术论坛”及“中国浆纸足球友谊赛”和“豪盛杯切纸机操作大赛”等活动。此次活动云集了众多国内外制浆造纸生产、贸易企业，装备、化工、出版印刷、包装企业，大专院校、研究院所等3万余人。通过造纸周的形式，在展示造纸行业的新产品、新装备、新技术和新成就的同时，也就造纸行业产销形势、原料供需、节能减排、提质增效、绿色低碳发展及新技术、新产品等热点问题邀请了国内外知名专家学者、企业家、企业技术负责人等展开了深入讨论分析，使广大参与的企业和代表从“造纸周”的活动中获得更多的信息和方向，为企业战略决策提供有力支撑，得到了与会代表的一致好评。

2. 中国造纸协会联合中国造纸学会和中国制浆造纸研究院有限公司于2019年10月在上海市共同主办了“2019中国国际造纸科技展览会”召开。展会同期还举办了“国际造纸技术报告会”，针对产业趋势、战略转型、前沿技术、创新发展等议题进行深度探讨和交流。

3. 协会生活用纸委员会于2019年4月在湖北省武汉市举办2019年生活用纸年会暨第26届生活用纸国际科技展览会。来自24个省市自治区的793家国内企业及包括中国香港和中国台湾的24个国

家和地区的59家海外企业参加了展览；观众来自31个省市自治区和海外81个国家和地区，参观人数3.2万人次，其中来自包括中国香港、中国澳门、中国台湾在内的海外观众2100余人；论坛活动共吸引了海内外22个国家和地区753名专业听众出席，其中港台及海外地区听众人数82人。

六、加强协会内部建设、提升协会服务水平

1. 面对新形势下的协会工作，协会党支部和秘书处认真组织学习习近平新时代中国特色社会主义思想和习近平同志一系列重要讲话，贯彻落实党的十九届三中全会、四中全会精神，提高认识水平和工作能力，着力解决会员企业困难和反映行业诉求，促进协会工作规范化和平稳有序开展。

2. 按照民政部对社团组织年检的要求，经过认真准备，协会顺利通过民政部全国性社会团体2018年年检工作。

3. 2019年3月，在山东省济宁市兖州区召开了全国造纸工业标准化技术委员会年会暨委员换届会议。来自全国造纸企业、行业协会、检验机构、科研单位的委员、专家和代表共计200余人参加了会议，会议选举产生了由32名委员组成的第五届造纸标委会(SAC/TC141)。国家市场监督管理总局标准技术管理司、中国轻工业联合会等单位领导到会并讲话。

4. 加强对协会分支机构指导，针对各分支机构的特点和出现的问题，积极组织各分支机构开展政策研究、市场分析和信息交流等活动。其中，造纸工业标准化技术委员会于2019年12月3日至6日在广东省珠海市召开第五届二次会议，总结了标委会2019年度工作并安排了对下年度工作计划；同时对2019年新发布标准进行了宣讲，对27项标准进行了审查和研讨。环境保护专业委员会于2019年11月12日在福建省厦门市召开了主任委员会议。会议总结了过去一年行业环保工作，提出了下一年的工作计划，对正在制修订中的政策标准进行讨论并提出了意见建议，会上还讨论“十四五”造纸行业环境保护工作发展趋势。竹浆工作委员会、商品纸浆工作委员会、新闻纸分会、箱纸板和瓦楞原纸分会、生活用纸委员会、溶解浆工作委员会、蔗渣浆工作委员会等先后召开主任会议或工作会议，就共同关心的专业问题开展讨论交流。

5. 会员部通过积极为会员单位服务，加强与会员单位沟通交流，反映企业诉求，同时在各会员单位的支持下，较好的完成了2019年收缴会费目标和任务。

6. 为使上级有关部委和会员单位了解造纸行业最新动态和行业资讯，协会秘书处继续完善《纸协通讯》的编制工作，2019年度共出版12期。

7. 做好网站的维护和运营，及时发布相关政策、协会动态、企业信息、行业报告。另外，为使信息内容更加丰富，提升协会在行业中的影响力和知名度，协会开通了微信公众号，及时发布行业内政策法规及热点信息，并及时发布协会举办的会议、论坛等活动报道，助力协会信息快速传播和影响力扩大。

8. 继续完善中国造纸协会纸浆指数平台，更好地服务于行业发展。每月定期发布中国造纸协会纸浆指数。纸浆指数包括了总指数与分类指数，涵盖了价格与物量总指数，漂阔叶木浆、漂针叶木浆和本色浆三大分类指数。该指数的编制为纸浆市场的关注者和参与者提供了纸浆数量、价格趋势及相关数据基础。

（中国造纸协会）

中国造纸学会部分单位会员介绍

Introduction of Partial CTAPI's Company Members

亚太森博(山东)浆纸有限公司

企业性质：中外合资企业
地址：山东省日照市北京路 369 号
邮编：276826
法人代表：李建绍
经营负责人：陈小荣
技术负责人：李江华
电话：0633－3369423
传真：0633－3361280
网址：www. asiasymbol. com
联系人：贺锡田
电话：0633－3361073
邮箱：xitian_ he@ asiasymbol. com

企业详细介绍见"重点企业介绍"栏目。

福建恒安集团有限公司

企业性质：合资企业
地址：福建晋江市安海镇恒安工业城
邮编：362261
法人代表：施文博
经营负责人：许连捷
技术负责人：林一速
电话：0595－85708666
传真：0595－85708666
网址：www. hengan. com
联系人：吴晓彪
电话：15759500600
邮箱：wuxiaobiao@ hengan. com
投产时间：1999 年
职工总数：2. 3 万人
技术人员：2700 名

企业详细介绍见"重点企业介绍"栏目。

芬欧汇川(中国)有限公司

企业性质：外商独资企业
地址：江苏省常熟市经济技术开发区兴业路 2 号
邮编：215536
法人代表：Petteri Kalela
经营负责人：Jukka Saarelainen
技术负责人：朱志坚
电话：010－85570866
传真：010－85570856
网址：www. upm. com
联系人：胡蓉晖
电话：010－85570856
邮箱：hu. ronghui@ upm. com
投产时间：1998 年
职工总数：1700 人

企业详细介绍见"重点企业介绍"栏目。

滕州力华米泰克斯胶辊有限公司

企业性质：合资企业
地址：山东省滕州市经济开发区恒源北路 366 号
邮编：277500
法人代表：朱宏伟
经营负责人：龙敦东
技术负责人：赵曰永
电话：0632－5699259
传真：0632－5699275
网址：www. sdliua. com
联系人：秦佑凤
电话：0632－5699298
邮箱：sdlihua@ vip. 163. com

投产日期： 1985 年
职工总数： 428 人
技术人员： 100 名

滕州力华米泰克斯胶辊有限公司 2001 年与德国米泰克斯胶辊有限公司合资。2003 年在江苏省昆山市投资建成苏州力华米泰克斯胶辊制造有限公司。滕州公司占地面积 8 万米^2，昆山公司占地面积 4 万米^2，公司拥有资产 3 亿元，职工 428 人，工程技术人员 100 多名。公司拥有 30 多年制造胶辊的经验、技术，是山东省高新技术企业、省级胶辊工程研发中心。公司能够根据客户需求提供设计，包覆材料优选，辊体加工制造，维修，在线测试等业务。产品应用于造纸、钢铁、纺织印染、塑料、矿山机械、木业、印刷等工业领域。

公司始终坚持科研开发，自主创新的技术理念，适应客户需求变化，不断加大产品研发创新的力度，提升产品质量和档次。形成了橡胶、聚氨酯、纤维树脂复合材料、喷涂四大覆层系列；以及真空辊、高速导辊、大辊径制造配套的产品体系，同时还可提供辊面磨削、钻孔、动平衡等维修服务。完全能够满足纸机装备、不锈钢连续退火酸洗、碳钢酸洗、镀锌、彩涂、有色金属板带箔、高密度板辊压平压、纺织浆纱印染、塑膜等生产线的高速、高线压、高温、耐酸碱介质腐蚀等工艺性能要求。具有研磨周期长，使用寿命长，性价比高的特点。公司将以客户需求为关注焦点，提供优质的产品和服务；以技术创新为驱动力，努力打造成国内外最值得信赖的胶辊生产制造商。

山东硅元新型材料股份有限公司

企业性质： 国有企业
地址： 山东省淄博市高新区柳泉路 286 号
邮编： 255086
法人代表： 殷书建
经营负责人： 梁　健
技术负责人： 王安英
电话： 0533－3588517
传真： 0533－3582244
网址： www. sicer. com
联系人： 彭　鹏
电话： 0533－3583205
邮箱： jenipeng@ sicer. com
职工总数： 400 人
技术人员： 95 名

山东硅元新型材料股份有限公司（简称硅元公司）的前身是成立于 1958 年的山东省硅酸盐设计研究院。1994 年硅元公司依托自身完备的科研平台，完成了“造纸机真空吸水箱全陶瓷面板的研制”项目，该项目 1995 年 11 月通过省级鉴定，并在 1997 年相继荣获山东省科技进步一等奖和国家重点新产品证书。此外，硅元公司自主研制的除渣器陶瓷锥体，现已形成 30 余个系列、200 多个品种，凭借抗冲击、耐磨损、耐腐蚀的卓越品质，畅销海内外高端市场。进入 21 世纪，随着我国造纸工业的高速发展，硅元公司生产的耐磨陶瓷产品已成功装备在数百条中、高速纸机生产线上，净纸幅最宽超过 6600 毫米，工作车速最高达 1300 米/分。硅元公司设计、制造的 5200 三叠网纸机脱水元件项目，工作车速最高可达 921 米/分，成功打破了国外脱水元件在我国高速纸几领域的市场垄断。装备了硅元公司耐磨陶瓷产品的纸机日均产量突破 1000 吨，成型网使用寿命长达 125 天，超过国外品牌同类项目 38. 9%，增产节支效果显著，实现了对进口产品的同质替代。

宣城市产品质量监督检验所

企业性质： 事业单位
地址： 安徽宣城宣州区水阳江西大道文房四宝大厦
邮编： 242000
法人代表： 吴　成
经营负责人： 孙　晖
技术负责人： 方永义
电话： 0563－3015526
传真： 0563－3015526
网址： www. gjxzjyzx. com
联系人： 周　玲
电话： 0563－2627051
职工总数： 22 人
技术人员数： 19 名

国家宣纸及文房用品质量监督检验中心在宣城市产品质量监督检验所基础上筹建。拥有文房用品国内、外最先进的检测、科研设备达 120 台（套），包括场发扫描电镜、激光拉曼光谱仪、红外光谱热重分析联用仪、电感耦合等离子发射光谱仪、L&W 纤维测试仪、IGT 印刷适应性测定仪等。拥有 1 个微生物实验室、2 个恒温恒湿实验室、13 个物理、化学、仪器分析等功能实验室。可承接纸制品、所有文房四宝等相关产品的检验检测业务以及技术服务。作为社会公益性第三方检测机构，中心将坚持“科学、公正、准确、满意”的方针，为社会提供公正的数据和优质服务。

山东太阳纸业股份有限公司

企业性质：民营企业
地址：山东省济宁市兖州区友谊路 1 号
邮编：272100
法人代表：李洪信
经营负责人：李洪信
技术负责人：应广东
电话：0537 – 7928711
传真：0537 – 7928489
网址：www. sunpapergroup. com
联系人：宋伟华
电话：0537 – 7928713
邮箱：songweihua@ sunpaper. cn
投产日期：1982 年
职工总数：10300 人
技术人员：12000 名

企业详细介绍见“重点企业介绍”栏目。

无锡荣成环保科技有限公司

企业性质：苏台合资
地址：江苏省无锡市惠山区洛社镇中兴西路 43 号
邮编：214187
法人代表：陶龙法
经营负责人：姚长坤
技术负责人：高威宏
电话：0510 – 83316666
传真：0510 – 83301903
网址：www. longchenpaper. com
联系人：许武军
电话：13961848775
邮箱：w5015@ longchenpaper. com
投产日期：1997 年
职工总数：700 人
技术人员：100 名

企业详细介绍见“重点企业介绍”栏目。

浙江华章科技有限公司

企业性质：有限责任公司
地址：浙江省杭州市祥园路 99 号运河广告产业大厦 2 号楼 11 层
邮编：310012
法人代表：王爱燕
技术负责人：徐小伟
电话：0571 – 88994499
传真：0571 – 88994466
网址：www. hzeg. com
联系人：刘　伽(前台)
电话：0571 – 88994499
邮箱：HZT@ hzeg. com

华章科技(HK01673)成立于 1993 年，是一家在香港联交所上市的科技型企业，拥有 20 多年在造纸行业电气自动化、流浆箱及成形器、环保设备及工程的经验，是我国造纸装备的领先供应商，秉承“诚信、敬业、协作、创新”的理念，努力打造成为造纸工业的方案、设备及综合服务供应商。

公司专注于造纸装备的技术进步和品质提升，拥有一支顶尖的技术和服务工程师团队，在研发、设计、集成制造、服务维保等方面具有核心竞争力。20 多年来累计完成了 2000 多个工程项目，为造纸企业提供基于智能制造、清洁生产、项目总包、设备维保等全方位的装备和服务，旨在成为造纸工业的全职“保姆”，并积极参与和帮助“一带一路”沿线国家造纸项目的工程建设。

华章科技倡导保护环境、促进绿色工业发展，在水处理和固液分离技术方面拥有多项专利技术，并被广泛应用于市政、造纸、制药、化工、冶金等行业。

华章科技在中国香港、杭州、武汉、桐乡等地拥有办公室或生产基地。有着完善的质量、环境和职业健康安全的保障体系，率先通过了 ISO 9001 质量体系认证、ISO 14001 环境管理体系认证及 OHSAS 18001 职业健康安全管理体系认证。目前拥有专利发明 25 项；实用新型专利 75 项；软件登记 18 项。

仙鹤股份有限公司

企业性质：民营股份制
地址：浙江省衢州市衢江区百灵北路 12 号
邮编：324022
法人代表：王敏良
经营负责人：李志敏
技术负责人：戴贤中

电话：0570－2833055
传真：0570－2931631
网址：www. xianhepaper. com
联系人：张　诚
电话：0570－8755298
邮箱：cnzhangcheng@126. com
投产日期：1998 年
职工总数：3800 人
技术人员：236 名

仙鹤股份有限公司为国内大型高性能纸基功能材料研发和生产企业。公司占地 200 公顷，在全国范围内拥有 3 个制造基地，43 条现代化造纸生产线（包括子公司及合营公司），1 条纸浆生产线，21 条涂布生产线和 7 台超级压光机，3800 多名员工。仙鹤股份于 2018 年 4 月 20 日在上交所主板上市，股票代码 603733。

公司致力于提供高性能纸基功能新材料领域的整体解决方案，并拥有化工、制浆、能源、原纸、纸制品、环保处理、运输等全产业链产能布局。公司拥有丰富的高性能纸基功能材料产品，包括烟草行业用纸、家居装饰用纸、商务交流及防伪用纸、食品与医疗包装用纸、标签离型用纸、电气及工业用纸、热转印用纸、低定量出版印刷用纸、特种浆等九大系列 60 多个品种），年产能超过 82 万吨。

公司执守“知行合一，匠心智造”的工匠精神，积极推进 ISO 9001（质量管理体系认证）、ISO 14001（环境管理体系认证）、OHSAS 18001（职业健康安全管理体系认证）三体系管理方针和 6S 生产现场管理，产品通过 FSC® COC（FSC-C110766）产销监管链认证、QS 生产许可和 CMA 计量认证，先后获得首批“浙江省绿色企业”和“浙江省名牌产品”，浙江省转型引领示范企业、“省级技术中心”“省三名企业”“中国驰名商标”“国家高新技术企业”“国家级绿色工厂”等荣誉。

公司以纸基功能材料的研发制造为核心，积极推动新材料、新能源等多元化产业的发展。与德国夏特集团合资的浙江夏王纸业有限公司，专业生产高档装饰原纸；独资公司河南仙鹤特种浆纸有限公司，致力于对木浆、特种浆和商务交流用纸的开发和生产；与留法博士合力创办的浙江高旭仙鹤高分子材料有限公司，致力于为纸产品提供高质量的化学助剂。仙鹤拥有国际领先技术的产品生产线，仙鹤常山基地实施智能化生产，向“中国制造”2025 迈进。

公司的战略目标及经营理念为：以“家文化”建设为引领，和谐发展；以 ISO 9001 质量管理体系为抓手，精准管控；以 ERP 信息化管理为工具，高效快捷；以科技和人才为支撑，创新驱动；以绩效考核为手段，追求卓越；以“浙江制造”为标准，迈向“中国制造”2025。持续改进创新，追求尽善尽美，将仙鹤打造成为“国内一流，国际先进”的高性能纸基功能材料领军企业。为客户创造价值，为员工创造福祉，为股东创造回报，为社会创造效益，与所有的合作伙伴共同架起财富的桥梁。

牡丹江恒丰纸业股份有限公司

企业性质：国有企业
地址：黑龙江省牡丹江市阳明区恒丰路 11 号
邮编：157013
法人代表：徐　祥
经营负责人：李迎春
技术负责人：李劲松
电话：0453－6886000
传真：0453－6886302
网址：www. hengfengpaper. com
联系人：韩艳萍
电话：0453－6886772
邮箱：6321678@163. com
投产时间：1952 年
职工总数：2202 人
技术人员：216 名

牡丹江恒丰纸业股份有限公司是牡丹江恒丰纸业集团有限责任公司的控股子公司，是世界著名的卷烟配套用纸生产企业，是国内首家通过科技部和中国科学院认定的造纸行业重点高新技术企业。公司于 2000 年 12 月 28 日在上海证券交易所上市（股票代码：600356）。

公司主要生产卷烟纸、滤棒成形纸、纸嘴芯纸、接装纸原纸、烟用内衬纸及原纸、铝箔复合纸、高级字典纸和其他特种工业用纸，是我国最大的卷烟配套用纸生产企业。产品销往世界各著名卷烟、卷烟材料及印刷企业。

公司占地面积 48 公顷，资产总额 27 亿元。拥有 18 条机制纸生产线和 1 条制浆生产线，年生产机制纸 16 万吨，漂白亚麻浆 3000 吨。

公司通过了 ISO 9001 质量保证体系、ISO 14001 环境管理体系认证和 GB/T 28001 职业健康安全管理体系认证；通过了 ISO 17025 实验室管理体系 CNAS 认可。世界领先的产品品质、制造设备和专业的团队正在为客户提供着物超所值的产品和服务。

辽宁兴东科技有限公司

企业性质： 私营企业
地址： 辽宁省开原市八宝镇造纸产业园
邮编： 112300
法人代表： 都兴东
经营负责人： 孙庆明
技术负责人： 孙文双
电话： 024 – 73900130
传真： 024 – 73900111
网址： www. lnxdzy. com
联系人： 宋　瑞
电话： 024 – 73900130
投产日期： 2014 年
职工总数： 615 人
技术人员： 88 名

辽宁兴东科技有限公司是辽宁省铁岭市及开原市委、市政府调整地区产业发展布局，决议成立铁岭开原造纸产业园区后，开原市政府于2012 年5 月招商引进造纸产业园区的第一个造纸产业项目。兴东科技于2012 年7 月入驻开原市造纸产业园区，建设年产 100 万吨的高档包装纸板项目，项目规划分 3 期工程实施，占地面积 40 公顷，总投资 15 亿元。该项目以废纸为原材料，生产高档包装纸板，属于国家鼓励的循环经济产业项目，产业发展前景良好。

一期工程投资 3. 8 亿元，占地 10. 13 公顷，建筑面积 3. 2 万$米^2$，建成了年产 20 万吨的高档包装纸板生产线，于2014 年1 月投产运营。二期工程投资 3. 5 亿元，占地 16. 2 公顷，建筑面积 5. 3 万$米^2$；采用目前国内顶尖水平的技术装备和生产工艺，高标准建设年产 30 万吨高档包装纸板生产线，于 2018 年 8 月投产运营。

企业自投产运营以来，经营发展战略定位准确，持续推进管理提升，注重人才培养和团队打造，注重品牌建设和技术投入；产品主要销往东北、华北、华南等地区，市场占有率持续提升。现已发展成为铁岭地区包装纸板行业的支柱企业和重点纳税企业，带动了地区纸箱包装、物流运输、再生资源回收、机械加工、造纸化学品等相关配套产业的迅速发展。企业荣获辽宁省五一劳动奖状、铁岭市五一劳动奖状、铁岭市纳税百强企业、A 级纳税企业、重合同守信誉单位等荣誉称号。

目前正在推进企业上市工作，计划 2022 年实现在主板市场成功上市的既定目标。计划于 2022 年实施三期工程建设，计划投资 7. 7 亿元，占地 13. 67 公顷，拟再建设 2 条高档包装纸板生产线，于2023 年年底之前建成达产，实现年产100 万吨高档包装纸板的产能。后续计划于 2030 年之前，通过资源整合、强强联合，组建辽宁兴东包装产业集团公司，形成具有辐射效应的产业发展格局。

公司将振兴民族纸业作为己任，坚持走“绿色环保”的可持续发展道路，致力于循环经济产业，努力成长为国内造纸行业一流企业；致力于实现打造东北地区包装产业的巨型“航母”，缔造百年兴东的梦想。

郑州运达造纸设备有限公司

企业性质： 民营企业
地址： 河南省郑州市新郑市薛店镇世纪大道 168 号
邮编： 451162
法人代表： 许超峰
经营负责人： 许超峰
技术负责人： 许要锋
电话： 0371 – 62586186
传真： 0371 – 62587979
网址： www. zzyunda. com
联系人： 李彦克
电话： 17760761993
邮箱： marketing@ zzyunda. com
职工总数： 328
技术人员数： 59

郑州运达造纸设备有限公司成立于 1981 年，是我国具有强竞争力的成套备浆及流送系统设备生产企业。

运达公司主要研发生产链板输送机、废纸散包干法筛选系统、鼓式碎浆机、D 型连续碎解系统、中浓碎浆机、旋鼓式粗筛、中浓压力筛、低脉冲内流压力筛、SSC&SSF 超级筛、盘式浓缩机、浮选脱墨机、双盘磨浆机、锥形磨浆机、热分散系统、造纸固体垃圾处理系统等设备。

公司成立以来，已申请国家专利 192 项，其中发明专利 27 项，制定国家行业标准 1 项，是国家高新技术企业，国家知识产权优势企业，拥有河南省企业技术中心、河南省制浆造纸装备工程技术研究中心，与中国制浆造纸研究院有限公司合作建立制浆造纸国家工程实验室废纸制浆研发中心等研发平台，并于 2019 年成立运达智能装备研究院。公司研发的 30 万吨/年废纸中浓制浆关键设备研制及系统成套集成项目，填补了该领域国内空白，达到国内领先水平。

公司产品畅销国内外，国内市场几乎覆盖了各省，出口量也在不断增加，主要销往越南、伊朗、印度、泰国、印度尼西亚、缅甸、孟加拉、乌兹别克斯坦、塔吉克斯坦以及俄罗斯、芬兰、巴基斯坦、马来西亚、埃及、阿尔及利亚、澳大利亚、新加坡、阿根廷等国家。

公司始终坚持“精诚专业、服务造纸”的经营理念。为了扩大服务力度和空间，公司又于 2011 年正式成立工程技术中心，为广大客户提供售前、售中、售后服务及工程设计，开机调试等服务。

公司目前所处郑州国际机场薛店工业园，距新郑国际机场仅 8 公里。紧挨京港澳高速公路及京广高铁、107 国道、京广铁路等，交通物流快捷，通讯联络便利。在此基础上，运达公司正在兴建更高层次的研发生产基地，以扩大规模、壮大实力。并且还在不断吸引国内外各方面人才共举大业，努力为广大客户提供可靠、稳定、节能的备浆系统设备。

中国轻工业长沙工程有限公司

企业性质：国有企业
地址：湖南省长沙市雨花区新兴路 268 号
邮编：410114
法人代表：陈志明
电话：0731－85770333
传真：0731－85584415
联系人：杨国庆
电话：0731－85770230

企业详细介绍见“国内制浆造纸科研设计单位简介”栏目。

民丰特种纸股份有限公司

企业性质：股份制企业
地址：浙江省嘉兴市角里街 70 号
邮编：314000
法人代表：曹继华
经营负责人：曹继华
技术负责人：韩继友
电话：0573－82839052
传真：0573－82821135
网址：www. mfspchina. com
联系人：秦万民
电话：0573－82839052
邮箱：zjb@ mfspchina. com

企业详细介绍见“重点企业介绍”栏目。

浙江夏王纸业有限公司

企业性质：中外合资企业
地址：浙江省衢州市衢江区天湖南路 20 号
邮编：324022
法人代表：朱　毅
经营负责人：王敏良
技术负责人：骆志荣
电话：0570－8768630
传真：0570－8768669
网址：www. kingdecor. cn
联系人：傅群英
电话：0570－8768672
邮箱：qunying. fu@ kingdecor. cn
投产日期：2006 年
职工总数：610 人
技术人员：108 人

浙江夏王纸业有限公司成立于 2004 年 9 月 13 日，位于浙江省衢江经济开发区内，是由德国夏特装饰纸股份公司和仙鹤股份有限公司共同投资成立的合资企业，注册资本为 3260 万美元，主要从事装饰原纸的制造和销售。

公司的主导产品是装饰板专用饰面纸，主要用于地板装饰、家具装饰、厨具装饰等。产品销往全国各省、市、自治区，远销东南亚、大洋洲、美洲及欧洲等地。公司一直以来年产销量均稳步上升，业绩在同行业特种纸中名列前茅。

2011 年 6 月、2015 年 1 月及 2018 年年底，公司二期、三期及四期生产线的分别投产，形成了年产量近 27 万吨装饰原纸的生产能力——夏王公司已经成为全球高档装饰原纸最大的生产基地。公司无论在产品质量上、新产品开发上还是在销售服务品质上都具有极强的国际竞争力。

公司先后荣获了“国家高新技术企业”“国家级绿色工厂”“浙江制造”品牌认证“浙江名牌产品”“浙江出口名牌产品”“浙江省第二批文化成长型企业”“浙江省节水型企业”“浙江省绿色低碳经济标

兵企业”“浙江省绿色企业”“浙江省工业循环经济示范企业”“衢州市国际合作示范企业”“衢州市著名商标”“衢州市政府质量奖”“环境友好企业”及连续多年的“工业企业上台阶奖”“衢州市制造业30强企业”“衢州市制造业纳税30强”等诸多荣誉称号。同时，公司主持或参与制定了国家标准《GB/T 28995—2012 人造饰面板专用纸》《GB/T 34722—2017 浸渍胶膜纸饰面胶合板和细木工板》、浙江制造团体标准《T/ZZB 0059—2016 人造板饰面专用原纸》《T/ZZB 0241—2017 热升华转印原纸》《LY/T 1831—2009 人造板饰面专用装饰纸》和《Q/XW001—2016 人造板饰面专用纸》6项标准。

公司始终以“打造国际一流的百年企业”为愿景，以“致力于全球装饰纸行业的领航者”为使命，积极推动装饰纸行业国内、国际市场。公司实施“品牌战略”，拥有明确的品牌价值理念和明晰的市场定位，“KINGDECOR夏王”品牌已经跻身于国际一流的装饰纸行业舞台。

武汉锅炉集团工程技术有限公司

企业性质：国有企业

地址：湖北省武汉市江夏区江夏大道特一号

邮编：430070

法人代表：王保华

经营负责人：王大伟

技术负责人：杨文海

电话：027－87655092

传真：027－87655494

网址：www. whtzgl. com

联系人：杜秀珍

电话：15997459609

邮箱：40535213@ qq. com

职工总数：147人

技术人员：90名

武汉锅炉集团工程技术有限公司是集研发、设计、市场经营与销售及工程成套服务的专业化公司，具有对外自主经营权。公司产品规格齐全，以总承包/成套经营各种类型的锅炉（碱回收锅炉、电站锅炉、皂化液锅炉、燃油/气锅炉、立式旋风锅炉、循环流化床锅炉、水煤浆锅炉、甘蔗渣锅炉、余热锅炉及垃圾焚烧锅炉等）而著称，产品及工程成套项目遍及国内外市场。

武汉锅炉集团工程技术有限公司，自20世纪60年代初研究试制碱回收锅炉已有50余年，是长期坚持碱回收技术开发的专业化公司。具有丰富的碱回收技术经验，拥有碱回收锅炉设计的自主知识产权和技术专利。公司结合我国造纸工业原料的特点，潜心研究开发了以麦草浆为代表的草浆碱回收锅炉并广泛推广应用，对我国造纸工业的飞速发展做出了显著的贡献，麦草浆黑液焚烧技术处于世界领先地位。为适应造纸工业规模化、集团化发展和节能减排的需要，公司设计开发了以日处理2200吨黑液固形物为代表的大型碱回收锅炉及其专用辅助设备，将自动清焦、垫层火焰监视、高低浓臭气收集和处理等系统技术成功地应用于碱回收工程。

已设计生产的碱回收锅炉日处理固形物量37.5～2500吨/日、蒸汽出口压力1.27～8.4兆帕、蒸汽出口温度194～480摄氏度，满足制浆造纸企业供汽或发电的要求；产品适用性广，已设计运行的碱回收锅炉能处理木材、芦苇、竹子、甘蔗渣、红麻、麦草、棉秆、桑枝等化学浆、化学机械浆和溶解浆废液；具有运行性能好、碱回收率高、连续运行时间长、吨碱耗油指标低、投资回收周期短、经济效益高等优点。

武汉锅炉集团工程技术有限公司已设计制造300余台各种规格、适用于处理各类浆种黑液的碱回收锅炉。目前公司已研制开发了固形物处理量为3300吨/日和5500吨/日的碱回收锅炉，具有更高的经济效益和环保指标，将逐渐抢占碱回收锅炉高端市场。

山东恒联投资集团有限公司

企业性质：民营企业

地址：山东省潍坊市高新区东风东街3019号

邮编：261061

法人代表：李瑞丰

经营负责人：李瑞丰

技术负责人：赵学杰

电话：0536－8671516

传真：0536－8665348

网址：www. henglianpaper. com

联系人：于庆雪

电话：0536－8671538

邮箱：jsyfzx@ hengliangroup. com

成立时间：2002年12月

职工总数：3921人

技术人员：705名

企业详细介绍见“重点企业介绍”栏目。

日惠得造纸器材(上海)贸易有限公司

企业性质： 外资企业
地址： 上海市长宁区仙霞路88号太阳广场东塔502
邮编： 200336
法人代表： 中川诚二
经营负责人： 佐藤吉保
技术负责人： 村木德親
电话： 021－62350159
传真： 021－62080908
网址： www. felt. co. jp
联系人： 丁莉勤
电话： 13764306237
邮箱： lqding@ felt. co. jp
职工总数： 605人
技术人员： 48名

主要产品：制浆造纸用毛毯、网、靴套和其他工业用毛毯。造纸用毛毯，制浆用毛毯，石板及建材制造用毛毯，造纸及其他工业用塑料织物。

业务内容：纸张、纸浆、石板及其他工业用毛毯的制造、加工及销售。各种纤维制品的制作、加工及销售。工业用洗涤剂、其他化学工业药品的制造及销售等。

江苏王子制纸有限公司

企业性质： 中外合资
地址： 江苏省南通市经济技术开发区通达路18号
邮编： 226017
法人代表： 安井宏和
经营负责人： 陈卫兵
技术负责人： 平林哲也
电话： 0513－85996555
传真： 0513－81198465
网址： www. ojiholdings. co. jp
联系人： 苏　杭
电话： 0513－81198117
邮箱： su168168@ oji-gr. com
投产日期： 2010年
职工总数： 985人
技术人员： 54名

江苏王子制纸有限公司成立于2003年，是日本王子制纸集团(王子ホールディングス株式会社)和南通市经济技术开发区共同出资组建的合资企业。目前拥有1条年产40万吨高档铜版纸生产线和1条年产70万吨商品木浆生产线及给排水、热电厂、码头仓库等辅助配套设施。另外，年产12万吨的生活用纸项目正在筹建中，预计2020年投产。

江苏王子一期年产40万吨铜版纸项目采用福伊特全套设备，吸收、借鉴日本王子制纸集团140年造纸经验。自2010年投产以来，高度重视产品质量，以有光、亚光铜版和双胶类产品为主，相继开发生产了尊翡、尊玛、尊琥、文仕等高品质产品，得到了众多用户的肯定。

作为林浆纸一体化的王子制纸集团成员，江苏王子二期年产70万吨商品木浆的制浆生产线由美卓公司提供全套设备。采用ECF漂白生产工艺，尤其是采用了国际先进的臭氧漂白工艺，对环境更友好，对木浆纤维伤害更小，浆料品质更加稳定。自2014年商品木浆上市以来，在国内市场保持畅销，得到众多用户的好评和青睐。

为顺应国内纸业市场发展，在一期、二期项目相继投产后，江苏王子生活用纸项目也在积极筹建中，先期建设两台年条6万吨的生产线，预计2020年初投产。

日本王子制纸集团(王子ホールディングス株式会社)创立于1873年，是日本最早的造纸企业，也是日本首家股份制有限公司。经过100多年的经营发展，现已发展成为世界知名的以林浆纸一体化制浆造纸为主，兼营其他相关业务的综合性企业集团。江苏王子成立10余年来，一直秉承集团创始人涩泽荣一“论语和算盘”的经营理念，在注重生产和品质的同时，担当更多的安全防护、环境保护等社会责任。

新乡新亚纸业集团股份有限公司

企业性质： 股份制民营企业
地址： 河南省新乡纸制品工业园区
邮编： 453731
法人代表： 宋敬志
技术负责人： 张　伟
电话： 0373－5681188
传真： 0373－5680286
网址： www. xinyapaper. cn
联系人： 张　伟
电话： 13903809716
邮箱： 13903809716@ 163. com

投产日期：1979 年
职工总数：3800 人
技术人员：560 名
企业详细介绍见“重点企业介绍”栏目。

广州造纸集团有限公司

企业性质：国有企业
地址：广东省广州市南沙区珠江街新广一路 29 号
邮编：511462
法人代表：周 耘
经营负责人：周 耘
技术负责人：周 耘
电话：020－34663302
传真：020－34663302
网址：www. gzpaper. cn
联系人：王向华
电话：020－34663158
邮箱：13527876705@ 139. com
投产时间：1936 年
职工总数：813 人
技术人员：190 名
企业详细介绍见“重点企业介绍”栏目。

轻工业杭州机电设计研究院有限公司

企业性质：国有企业
地址：浙江省杭州市余杭区高教路 970 号
邮编：311121
法人代表：于 宏
经营负责人：桑如岳
技术负责人：杨 旭
电话：0571－85184005
传真：0571－85186432
网址：www. hmei. com. cn
联系人：王 飞
电话：0571－85186596
邮箱：hzjdy@ hmei. com. cn
职工总数：146 人
技术人员：125 名
企业详细介绍见“国内制浆造纸科研设计单位简介”栏目。

汶瑞机械(山东)有限公司

企业性质：外资企业
地址：山东省安丘市青龙湖西路 21 号
邮编：262100
法人代表：尹 华
经营负责人：马焕星
技术负责人：王 涛
电话：0536－4361881
传真：0536－4362807
联系人：刘炳贞
电话：13863689537
网址：www. wenrui. com. cn
邮箱：liubingzhen@ wenrui. com. cn
职工总数：356 人
技术人员：54 名

公司始建于 1956 年，有 60 多年的机械制造经验，曾生产纺织机械、矿山机械，当前主营造纸制浆洗选漂及碱回收成套装备。1997 年改制为安丘汶瑞机械制造有限公司，2006 年增资更名为汶瑞机械(山东)有限公司。中外合资，注册资金 800 万美元。占地面积 15. 6 万米^2，车间面积 6. 4 万米^2，总资产 4. 47 亿元。

公司是我国造纸行业最大的制浆洗选漂、碱回收、蒸发、生活用纸纸机装备研发与制造基地。是国家环保部重点技术依托单位、国家重点高新技术企业、潍坊市第一批“鸢都学者”设岗单位、齐鲁工业大学商学院博士生工作设点单位。

主导产品有：鼓式真空洗浆机、双辊挤浆机、多圆盘过滤机、压力盘式过滤机、白泥盘式过滤机、单螺旋挤浆机、蒸发器等系列产品。置换压榨双辊挤浆机节水技术、纸机白水多圆盘分级与回用技术列入《国家鼓励的工业节水工艺、技术和装备目录》；汶瑞牌双辊挤浆机与多圆盘过滤机是我国制浆装备国际联盟实施“一带一路”政策重点对外推广产品。“汶瑞”牌商标被评为国家驰名商标，“汶瑞”牌洗浆机、预挂过滤机、双辊挤浆机、圆盘过滤机系列产品被评为山东省名牌产品。主持制定轻工行业标准 3 项，分别为：双辊挤浆机、预挂过滤机、鼓式真空洗浆机。

目前为国内外 600 余家造纸企业提供了 3600 余台(套)制浆洗选漂设备，产品出口美国、加拿大、巴西、法国、捷克、俄罗斯、印度、印度尼西亚、泰国、缅甸、越南、朝鲜、孟加拉、巴基斯坦、南非、埃塞俄比亚等国家。

金东纸业(江苏)股份有限公司

企业性质：中外合资企业

地址：江苏省镇江大港兴港东路 8 号
邮编：212132
法人代表：黄志源
经营负责人：胡巧忠
技术负责人：吴国泉
电话：0511 - 88998888
传真：0511 - 88997000
网址：www. goldeastpaper. com. cn
邮箱：service@ goldeastpaper. com. cn
联系人：卜正芳
电话：0511 - 88996512
投产日期：1997 年
职工总数：4449 人
技术人员：1400 名

企业详细介绍见"重点企业介绍"栏目。

山东凯丽特种纸股份有限公司

企业性质：股份制民营企业
地址：山东省荣成市河阳东路 198 号
邮编：264300
法人代表：车明阳
经营负责人：解承梁
技术负责人：于彦凤
电话：0631 - 7572758
传真：0631 - 7571946
网址：www. kailipaper. com. cn
联系人：王 竹
电话：13706499458
邮箱：laotouo@ 126. com
投产时间：1998 年
职工总数：610 人
技术人员：79 名

公司成立于 1998 年，总资产 2.5 亿元，员工 610 人，采用绿色造纸技术，践行"以科技打造持续成长型企业"的发展理念。通过 ISO 9001 质量认证、ISO 14001 环境认证、FSC 国际森林认证、SA8000 社会责任认证以及信息安全认证、知识产权认证和职业健康安全体系认证，涵盖 28 ~ 450 克/米^2 定量范围，包括高档艺术纸、特种防伪纸、工业用纸三大系列 300 多个品种。公司 2019 年销售收入 4.1 亿元，高新技术产品收入超过 80%。

公司为高新技术企业，拥有山东省特种防伪纸工程技术研究中心和山东省企业技术中心两大省级研发平台，2010 年研发的再生超感纸成为上海世博会官方导览手册专用纸，用于收藏与赠送国外政要；2011 年系列特种纸获得第 20 届全国发明展览会金奖；独家为全国高铁票提供高品质原纸和为中国邮政总局提供防伪邮票纸；高档艺术纸系列进入欧洲、东南亚、中国香港、中国台湾市场，成为 cumus、dior、Gucci、Chloé 等国际知名品牌包装用纸；防伪纸系列被税务、银行、财政、公安等部门优选为防伪专用纸定点生产单位；共有 37 项产品技术获得国家发明专利授权及获得国家、行业、省、市级科学技术奖；防伪纸、艺术纸均获得名牌产品称号，并获 2 项著名商标荣誉；连年获得省级管理示范企业、省诚信企业、专利明星企业、清洁生产先进单位、环保模范企业、慈善企业、重合同守信用单位等荣誉称号。

金光纸业(中国)投资有限公司

企业性质：外商独资企业
地址：上海市长宁区娄山关路 533 号金虹桥国际中心 II 座 31 楼
邮编：200051
法人代表：黄志源
电话：021 - 22838888
传真：021 - 22839063
网址：www. app. com. cn
联系人：刘佳欣
电话：021 - 22839592
邮箱：liujiaxin@ app. com. cn
职工总数：2.6 万余人

金光集团(英文名：Sinar Mas Group)由印度尼西亚知名华人黄奕聪先生于 1962 年创立，现已拥有数百家法人公司，曾被世界著名财经杂志《福布斯》评为印度尼西亚第一大财团。经过不断创新发展，集团已形成七大核心产业：制浆造纸业、金融业、农业及食品加工业、房地产业、能源与基础设施、移动通信以及健康医疗。

作为金光集团的核心产业，APP(全称为 Asia Pulp & Paper)创立于 1972 年，产品横跨生活用纸、工业用纸、文化用纸以及纸制品，年生产及加工总产能约 2300 多万吨，覆盖了全球六大洲、160 多个国家。

自 1992 年进入中国以来，APP(中国)在发展过程中始终秉持可持续发展战略。目前，已建立两大育苗研究中心，18 家大型林业公司，29 万公顷人工林，七大核心浆纸业生产基地。从生态营林到环保制浆，再到绿色造纸，APP(中国)已经形成了“以林养纸、以纸促林、林纸结合”的“林浆纸一体化”绿色大循环。截至2019年底，APP(中国)总资产约1914亿元人民币，年加工生产能力约1178万吨，拥有全职员工2.6万名。

此外，APP(中国)及其母公司金光集团也正着手于推动企业可持续发展的城市综合体及科技园项目，以实现资源多元化配置。如今，已经在上海市及长三角地区开发了5个大型城市综合体项目，包括：上海白玉兰广场、上海金光外滩中心、上海金虹桥国际中心、上海星荟中心和宁波金光中心。

企业详细介绍见“重点企业介绍”栏目。

索理思(上海)化工有限公司

企业性质：外资企业
地址：上海市莘庄工业区申富路688号
邮编：201108
法人代表：朱建明
电话：021-54422323
传真：021-54421739
网址：www.solenis.com
联系人：Margaret Zhuang
电话：021-54422323-5659
邮箱：mzhuang@solenis.com
投产时间：2008年
职工总数：230人
技术人员：40名

公司是世界领先的特种化学品公司，为制浆造纸、石油天然气、化学过程、采矿、生物精炼、电力和市政建设等耗水产业提供解决方案。索理思的产品组合包括一系列工艺过程、功能性及水处理化学品以及尖端监控系统，可用于提高操作效率和产品质量，同时保护设备资产并减少对环境的影响。

公司总部位于美国特拉华州威尔明顿市，在五大洲118个国家拥有30座生产基地以及3500名员工。

四川环龙技术织物有限公司

企业性质：民营企业
地址：四川省成都市温江区新华大道二段519号
邮编：611130
法人代表：周　骏
经营负责人：谢宗国
技术负责人：周兴富
电话：028-82782930
传真：028-82782920
联系人：杨　璐
电话：17761242423l
网址：www.vanov.cn
邮箱：yanglu@vanov.cn
投产日期：2009年
职工总数：322人
技术人员：32名

四川环龙技术织物有限公司是我国造纸毛毯研发、生产与销售的专业供应商。拥有“GOBEAR”和“环龙”等两大造纸毛毯知名品牌，是中国造纸学会副理事长单位、中国造纸学会脱水器材专业委员会成员单位，是国家级高新技术企业，并通过了ISO 9001:2015国际质量体系认证，拥有先进的管理模式，丰富的生产技术经验。

30年来，公司业务已覆盖全国及北美、南美、欧洲、东南亚等国际市场，产品尤其受国内近千家、国外300多家客户的认可。公司按照“标准化、专业化、数据化”的服务标准，运用第4代压榨毛毯技术，为我国造纸行业特别是1000米/分左右的高速纸机提高运行效率，创造更多的价值。

公司致力于做世界一流的造纸毛毯服务商、以第4代造纸毛毯新技术为主流造纸机提高运行效率创造新价值，注重以技术研发为先导，做专家型企业，打造亚洲知名过滤材料供应商。公司将拓展高性能新材料在新能源、智能制造等领域的广泛应用及推广，建立世界一流的工业滤材自主高端品牌！

中轻特种纤维材料有限公司

企业性质：国有企业
地址：河北省廊坊市开发区紫杉路50号
邮编：065001
法人代表：朱晓红
经营负责人：刘俊杰
技术负责人：苗　红
电话：0316-2575530
传真：0316-2575609
联系人：任　彪
电话：0316-2575782
网址：www.sinopaper.com
投产日期：2010年
职工总数：108人

技术人员： 37 名

中轻特种纤维材料有限公司前身为廊坊中轻造纸工程技术有限公司，成立于2008 年8 月，坐落于河北省廊坊中科科技谷园区内，占地面积 3.33 公顷，注册资金 8000 万元，为中国制浆造纸研究院有限公司全资子公司，主要从事特种纤维材料的生产开发工作。公司已通过 ISO 9001:2015 质量管理体系认证。

公司现有 1260/80 双圆网特种纸生产线、1260/20 高性能造纸法无石棉纤维复合密封材料生产线、1092/80 超薄型电容器纸生产线、600 毫米多功能涂布机试验线、600 毫米圆网试验线、600 毫米长网试验线、800 毫米长网试验线、化学助剂试验室、仪器仪表加工车间、培训中心及仓库。

中轻特种纤维材料有限公司在中国制浆造纸研究院有限公司的统一领导下，依托制浆造纸国家工程实验室(国家发展和改革委批复建设)的科技创新实力，以“成为行业一流的制浆造纸工程化、产业化研究生产平台”为发展方向，充分把握“产研结合，以产促研，以研保产”的科学发展模式，为行业的发展和科技的进步做出突出贡献。

目前公司已形成食品过滤纸、邮资机专用签条纸、全热交换纸、药检纸、育果用纸、烟用滤纸、吸尘器纸袋纸、高透成型纸、化纤壁纸、高性能无石棉纤维复合密封材料和超薄型电容器纸等多系列产品的生产能力，在食品、医药、光学电子、建筑装潢、军工、航空航天、邮政、烟草等行业和领域得到广泛应用，是特种纸行业一个重要的研发、中试和高端特种纸产品生产的综合基地。

中国制浆造纸研究院有限公司

企业性质： 全民所有制企业
地址： 北京市朝阳区望京启阳路4 号院中轻大厦
邮编： 100102
法人代表： 曹春昱
经营负责人： 孙　波
技术负责人： 曹春昱
网址： www. cnppri. com
联系人： 刘若冰
电话： 010 – 64778015
邮箱： bgs@ cnppri. com

企业详细介绍见“国内制浆造纸科研设计单位简介”栏目。

唐山市冀滦纸业有限公司

企业性质： 合资企业
地址： 河北省唐山市滦州市经济开发区化工园
邮编： 063799
法人代表： 陈生龙
经营负责人： 张顺利
技术负责人： 陈生龙
电话： 0315 – 7477118
传真： 0315 – 7477118
网址： www. hengan. com
联系人： 刘　杰
电话： 13932513681
邮箱： 284789065@ qq. com
职工总数： 900 人
技术人员： 150 名

公司主要从事工业不同级别及规格的包装用纸生产，主要生产高强瓦楞原纸、环保挂面箱纸板(T 纸)、挂面牛卡纸(K 纸)、高强度优质牛皮挂面箱纸板(H 纸)。高强瓦楞原纸主要产品有 100 ~ 200 克/米^2 系列产品；T 纸产品主要有 110 ~ 230 克/米^2 系列产品；挂面牛卡纸主要有 110 ~ 200 克/米^2 系列产品；高强度优质牛皮挂面纸主要有 125 ~ 200 克/米^2 系列产品。

产品主要应用于做各类中高档纸箱、电子产品纸箱、彩盒、纸袋等。

公司产品主要以京、津、唐为中心，向华北、东北、西北辐射，形成“一个中心三个基本点”的市场战略格局；“以品质为保证、以信誉求生存”是我们始终秉承的经营理念。

客户满意是我们的执着追求。我们为客户提供快捷、高效的售后服务。

ABB(中国)有限公司

企业性质： 外商独资
地址： 北京市朝阳区酒仙桥路 10 号恒通商务园
邮编： 100015
法人代表： 顾纯元
联系人： 张　雪
电话： 18101197769
邮箱： betty-xue. zhang@ cn. abb. com

ABB(ABBN：SIX Swiss Ex)是全球技术领导企业，为数字化行业提供全面的产品、服务与解决方案。基于超过130年的创新历史，ABB成为以客户为中心的数字化行业领军者，拥有全球领先的四大业务——电气、工业自动化、运动控制、机器人及离散自动化，以及通用的ABB Ability™数字化平台。ABB领先的电网业务将于2020年转让给日立集团。ABB集团业务遍布全球100多个国家和地区，雇员达14.7万。ABB在中国拥有研发、制造、销售和工程服务等全方位的业务活动，40家本地企业，1.8万名员工遍布于142个城市，线上和线下渠道覆盖全国300多个城市。

ABB在制浆造纸领域深耕百年，一直致力于为客户提升企业价值，以高质量、高可靠性的产品和解决方案帮助企业提高竞争力，打造科技前沿的数字化行业解决方案，助力企业节能增效，实现智能制造，可持续发展的愿景。

更多详情请登录：www.abb.com/pulpandpaper。

中冶纸业银河有限公司

企业性质：国有企业
地址：山东省临清市西门里街297号
邮编：252600
法人代表：李良英
经营负责人：李良英
技术负责人：单立伟
电话：400－0635－111
联系人：刘立峰
电话：13475890354
网址：www.mccyinhe.com
邮箱：13475890354@163.com
投产日期：1958年
职工总数：3059人
技术人员：320名

中冶纸业银河有限公司(简称银河纸业)是中国诚通控股集团有限公司下属中国纸业投资有限公司骨干造纸企业之一，始建于1958年。公司坐落于运河名城——山东省临清市，占地178.67公顷，资产总额38亿元。拥有多种型号造纸机台，年造纸能力80万吨，年制浆能力50万吨。山东省造纸行业十强之一，临清市工业支柱企业，系集制浆、造纸、化工、机械制造、环保、物流为一体的大型制浆造纸企业。

公司拥有7个销售分公司，产品销往全国各地。产品有印刷用纸、办公用纸和包装用纸三大系列，主导产品有：高档双胶纸、高档静电复印纸、混浆双胶纸、轻型纸、象牙白双胶、精印书写纸和高强瓦楞原纸，以及其他特色文化印刷用纸。“银河皓月”和“银光”商标为山东省著名商标，深受用户好评。

公司已获得专利152项，其中发明专利11项，通过了ISO 9001质量管理体系、ISO 14001环境管理体系、OHSAS 18000职业健康安全管理体系、FSC-COC森林管理体系、两化融合管理体系、海关高级认定企业等认定，拥有自营进出口权；先后获“国家科学技术进步奖二等奖”“中国轻工业联合会科学技术进步奖二等奖、三等奖、优秀奖”“全国造纸行业节能减排优秀技术创新成果一等奖”“全国五一劳动奖状”“中国轻工业造纸行业十强企业”等100多项省级以上荣誉称号。

公司始终把环保视为生命，建立了“治”“用”“保”相结合的治污体系，已相继投入6亿多元，建成了碱回收、中段水处理、白水回收、和烟气脱硫脱硝除尘设施，同时还建设了白泥精制碳酸钙、污泥资源化等综合利用项目，彻底解决了制浆造纸“三废”治理难题，实现了达标排放。

面向未来，银河纸业将以市场为导向，以客户为中心，始终坚持“诚信、业绩、开放、创新”的企业核心价值观，秉承“物竞天择、适者生存、开放创新、追求卓越”的治企理念，践行“改革、挖潜、稳定、规范”经营方针，深入贯彻“创新提升，做强做大，持续发展，长富久安”的发展战略，新上30万吨轻型纸项目及配套热电、治污项目，使企业生产规模达到150万吨；重启杨木浆二期制浆项目，使企业制浆能力进一步得到提升。在扩大规模的同时，优化资本结构，争取上市融资，提升核心竞争能力和信誉度，把企业发展成为集速生林业、制浆造纸、热电联产、机械加工、污染治理、物流配运为一体的大型现代化企业。

河南江河纸业股份有限公司

企业性质：股份有限公司
地址：河南省焦作市武陟县城文化路555号
邮编：454950
法人代表：姜博恩
经营负责人：刘铸红
技术负责人：宋志远
电话：0391－7268389
传真：0391－7268389
网址：www.jianghe.com

联系人：张家利
电话：13243038111
邮箱：wzjhzy@126. com
投产日期：2002 年
职工总数：2380 人
技术人员：268 名

河南江河纸业股份有限公司成立于 2002 年，位于河南省武陟县产业集聚区，占地面积 56 万米^2，资产 35 亿元；现有山东江河纸业有限责任公司、河南大指造纸装备集成工程有限公司、河南江河生物质能热电有限公司、河南开扩智能科技有限公司和焦作开通环保有限公司等多家关联子公司。

主导产品有无碳复写纸、热敏纸、离型原纸、特种印刷专用纸等特种纸，产能 40 万吨。现有品牌"木""水""水木清华""开源""木之源"等品牌。公司坚持"干精细事，做精品纸"的生产经营理念和"信守匠心、永续创新，精准生产、绿色智造"的发展理念。通过 ISO 9001 质量管理体系、OHSAS 18001 职业健康安全管理体系、ISO 14001 环境管理体系、森林管理委员会 FSC-COC、中国环境标志产品等认证。2019 年纸产品产量 32. 6 万吨，实现销售收入 24. 6 亿元，利税 1. 75 亿元，出口创汇 4186 万美元。

公司是技术主导型企业，技术创新是公司的核心优势。拥有国家认定企业技术中心、中国轻工业造纸设备工程技术研究中心、河南省特种纸及关键造纸设备工程技术研究中心等科研平台，为国家知识产权优势企业、中国造纸装备科技创新示范基地。拥有发明专利 8 项、实用新型专利 109 项；取得省部级科技成果 15 项，省部级科技进步奖一等奖 2 项，二等奖 8 项，三等奖 1 项。

福建省轻工机械设备有限公司

企业性质：私营企业
地址：福建省闽侯县铁岭北路 3 号
邮编：350109
法人代表：李祥凌
经营负责人：李　艳
技术负责人：姚红兵
电话：0591 - 22079777
传真：0591 - 22079777
网址：www. fjqj. com
联系人：高挥民
电话：13906936320
邮箱：121429923@ qq. com
职工总数：150 人
技术人员：34 名

福建省轻工机械设备有限公司创建于 1969 年，由原地处福建省南平市的福建省轻工业机械厂经改制搬迁形成的制浆造纸机械制造企业，厂址位于福建省福州市闽侯铁岭工业区，占地面积 67000 余米^2，系福建省高新技术企业，福州市知识产权示范企业，2018 年闽侯县出口大户。2018 年被中国轻工业联合会、中国轻工机械协会联合评为制浆造纸机械行业十强企业、2017—2018 年连续两年荣获中国轻工业装备制造行业 30 强企业称号。

公司拥有一支能为客户提供项目咨询、工艺设计、设备制造、安装、试车、人员培训等全套交钥匙工程服务整包项目的专业技术队伍。拥有一、二类压力容器设计、制造许可证、计量二级合格证。获得各类发明专利和实用新型专利 30 项。通过 ISO 质量/环境管理体系认证/两化融合管理体系。公司以依靠科技进步，提高企业素质与综合实力为企业发展的关键。在从事制浆造纸设备，特别是废纸制浆设备制造的近 50 年中，公司研制开发了多项废纸处理和废纸脱墨设备的新产品、新技术。公司的"ZNS 系列双压区双网挤浆机"荣获中国轻工联合会技术进步二等奖；"50 吨/日盘式热分散系统与设备"获中国轻工联合会技术进步三等奖；以及部级优秀新产品一等奖 1 项；部级优秀新产品奖 3 项；部级科技进步三等奖 4 项；福建省级优秀新产品奖 5 项；福建省科技进步奖 4 项。与南京林业大学联合成立了"制浆造纸装备技术研发中心"；与福建农林大学材料工程学院专家教授合作建立"专家工作站"，展开技术交流与技术合作。

目前公司能全套提供年产 40 万吨废纸 OCC 和年产 15 万吨废纸脱墨制浆设备及其他非废纸浆制浆设备。其中碎浆设备、浓缩洗涤设备、热分散等设备的重要技术指标值达到国际先进水平。业务扩展到东南亚、印度、韩国、墨西哥、巴西、中东、非洲、俄罗斯、东欧等市场，公司的产品也服务于玖龙、理文、晨鸣、太阳、APP、SCG、DOUBLE A、BO PAPER 等全球百强纸业。制浆设备和技术服务在海外市场的业绩在国内同行业中处于领先位置。

杭州市化工研究院国家造纸化学品工程技术研究中心

企业性质：科研院所

地址：浙江省杭州市拱墅区石灰坝7号
邮编：310014
法人代表：赵文彦
技术负责人：王立军
电话：0571－87893088
传真：0571－88030316
网址：www. hhs. cn
联系人：张亚萍
电话：0571－88030316
邮箱：hhy_ zyp@ 163. com
职工总数：300人
技术人员：130名

杭州市化工研究院有限公司成立于1958年，2003年整体转制为股份制科研院所。专业从事造纸化学品、石油加工助剂、高分子材料抗静电剂、新材料等领域的研发和成果转化，编辑出版《造纸化学品》《杭州化工》期刊；是中国造纸化学品工业协会理事长单位，国家造纸化学品工程技术研究中心、全国造纸化学品信息站、浙江省造纸化学品开发工程试验基地的依托单位，领衔组建浙江省造纸化学品关键技术开发与应用创新团队，建有变性淀粉、水溶性高分子、石油化工助剂等省级企业技术研发中心，浙江省、杭州市企业技术中心。曾获得国家、部省市科技成果奖130多项次，14项国家级重点新产品，34项发明专利，多项技术具有国际领先或先进水平。在浙江、吉林、山东、广东等地建立了成果转化基地，造纸化学品产业化能力达50万吨/年。转制以来，杭化院成果转化收入累计84亿元，利税12亿元，上交国家税收6亿元。

造纸化学品主要产品：干增强剂、湿强剂、乳液松香施胶剂、表面施胶剂、表面增强剂、涂布耐水剂、纸浆纤维素酶、湿强解离剂、树脂障碍控制剂、柔软剂、剥离剂、固色剂、填料处理剂、防水剂、湿部添加淀粉系列、表面施胶淀粉系列、层间喷雾淀粉HCT系列、涂布润滑剂、生物基胶乳、填料改性剂、高分子增强剂。

化学品专用设备：淀粉连续蒸煮器、造纸化学品喷射混合器等。

广东省造纸研究所有限公司

企业性质：国有企业
地址：广东省广州市海珠区新港西路154号
邮编：510300
法人代表：曾寿龄
经营负责人：陈　洋
技术负责人：陈继伟
电话：020－34300901
传真：020－34300901
联系人：陈　洋
电话：020－34300451
邮箱：zaozhisuo@ qq. com
成立时间：1973年
职工总数：57人
技术人员：25名

企业详细介绍见“国内制浆造纸科研设计单位简介”栏目。

美鑫投资(中国)有限公司

企业性质：外商独资企业
地址：上海市长宁区江苏路369号兆丰世贸大厦7楼F座
邮编：200050
法人代表：DANIEL JOSEPH MONAGLE，Ⅲ
技术负责人：旺忻曙
电话：021－62093279－106
邮箱：xinshu. wang@ mineralstech. com
联系人：胡承伟
电话：021－62093279－113
邮箱：aaron. hu@ mineralstech.. com
职工总数：60人
技术人员：15名

美鑫投资(中国)有限公司是矿物技术集团(MTI)在我国的子公司，MTI是一家基于资源和技术的集团公司，其总部在美国纽约，并在纽交所上市(股票代码MTX)。MTI公司有4个业务部门：高性能材料、特种矿物、耐火材料和能源服务，业务遍及全球35个国家，有158家工厂，12个研发中心和3600多名员工。

MTI是全球领先的跨国造纸轻钙供应商，在1982年首创并推出的轻钙卫星工厂模式，因为其可为纸厂量身定制高品质且极具成本优势的轻钙产品，同时兼具吸收利用二氧化碳低碳减排的环保效益，近40年来被全球的客户广泛接受。目前MTI在全球有近60家造纸轻钙卫星工厂，轻钙总产能400多万吨，其中在我国正在运行和建设中的轻钙卫星工厂有9家。

MTI服务的客户有International Paper、Georgia-Pacific、Domtar、Sappi、Mondi、Nippon、Double A、

金东纸业（江苏）股份有限公司、金华盛纸业（苏州工业园区）有限公司、山东太阳纸业股份有限公司、芬欧汇川（中国）有限公司、山东晨鸣纸业集团股份有限公司和河南江河纸业股份有限公司等诸多全球和国内知名的纸业公司。

MTI 造纸轻钙有填料级轻钙和涂布级轻钙两大系列近几十种产品，其中填料级轻钙广泛应用于文化用纸，如静电复印纸、双胶纸、轻型纸和铜版纸等，可有效提高纸张松厚度、不透明度和白度等；涂布级轻钙广泛应用于铜版纸、涂布卡纸等，可有效提高纸张平滑度、白度和印刷适性等。

华泰集团有限公司

企业性质：民营企业
地址：山东省广饶县大王镇潍高路 251 号
邮编：257335
法人代表：李建华
经营负责人：李晓亮
技术负责人：张凤山
电话：0546－6888818
传真：0546－6888018
网址：www. huatai. com
联系人：任文涛
电话：18354603888
邮箱：htjt0546@ 163. com
投产日期：1993 年
职工总数：12381 人
技术人员：1127 名

企业详细介绍见“重点企业介绍”栏目。

山东鲁南新材料股份有限公司

企业性质：股份有限公司
地址：山东省郯城县人民路 313 号
邮编：276100
法人代表：邱淑美
经营负责人：佟瑞丰
技术负责人：陈建华
电话：0539－6130908
传真：0539－6130908
网址：www. lunanpaper. com
联系人：刘长冬
电话：0539－6788168
邮箱：lunanpaper@ 126. com
投产时间：1970 年
职工总数：600 人
技术人员：266 名

山东鲁南新材料股份有限公司是国内著名的特种纸及工业特种材料生产企业，是国内著名的建筑装饰用纸生产基地。公司的主要产品有：装饰原纸、生态纸、无纺纸、无纺滤材、电解电容器纸、隔膜纸等。其中，装饰原纸有素色类、印刷类、平衡类三大系列 200 多个品种；无纺纸有短纤维无纺纸、长纤维无纺纸、无纺纯纸、阻燃无纺纸等系列产品；电解电容器纸有低压、中高压系列产品。

公司现为山东省高新技术企业，拥有省级企业技术中心，目前共获得 34 项专利，其中，发明专利 10 项，实用新型专利 13 项，外观设计专利 11 项。参与制定了《人造板饰面专用纸》国家标准、《无纺壁纸原纸》《装饰装修材料售后服务管理规范（壁纸原纸）》行业标准。化纤无纺布壁纸原纸等多个项目被列入国家火炬计划项目和国家重点新产品。

公司长期以来重视创新和可持续发展，通过了质量管理体系、环境管理体系、职业健康安全管理体系认证，企业发展战略方向重点放在特种纸及工业特种材料领域，在国内外特种纸生产行业具有很高的企业知名度和品牌知名度。

四川永丰纸业集团简介

企业性质：股份制企业
地址：四川省乐山市沐川县永福镇
邮编：614500
法人代表：韩晓春
技术负责人：赵　琳
电话：0833－4651066
传真：0833－4651066
联系人：袁　源
电话：0833－4651066
投产日期：1982 年
职工总数：1800 人
技术人员：500 名

永丰纸业创建于 1970 年，1993 年转制为股份有限公司，是全国最大的竹浆纸一体化企业。公司现有总资产 30 多亿元，年浆纸产能 60 多万吨，年销售收入 25 亿元，员工 2000 人。公司曾荣获“全国五一劳动奖状”“农业产业化国家重点龙头企业”“国家科技进步二等奖”“国家林业重点龙头企业”

“省级扶贫龙头企业”等荣誉，在全国同行业率先通过 ISO 9001 质量体系认证、ISO 14001 环境管理体系认证和 FSC 国际森林体系认证。

公司竹材造纸历史悠久、产品丰富、产业链完整，技术实力全国领先。在四川省乐山市和泸州市建有两个生产基地，覆盖的核心竹原料基地 13.33 万公顷。主要产品包括：高档竹浆板、文化用纸、生活用纸及特种用纸，其中：竹浆产能 55 万吨/年，竹浆文化用纸产能 7 吨/年，均位居全国第 1；以全竹本色为代表的生活用纸受到消费者的广泛认可，销量快速增长；主导品牌“永丰牌”于 2005 年被认定为中国驰名商标。公司下设的四川省竹材林浆纸工程技术研究中心是全国唯一的竹浆纸省级技术中心，拥有高级工程师 15 人，研究成果丰硕，并承接过“国家发展和改革重大产业技术开发专项项目”。公司现为中国造纸协会竹浆工作委员会的主任委员单位。

四川省是竹资源大省，竹浆纸产业既是生态产业，又是扶贫产业。竹子是非常生态的造纸原料，生产周期短，固碳能力强，且循环再生，具有持续的生态保护功能。从上世纪 90 年代以来，公司始终坚持竹浆纸一体化发展战略，以“当好产业龙头，致富一方人民”为指导思想，累计补贴 7000 多万元扶持农民栽竹，收到了基地扩大、竹农增收、山川绿化等多赢效果。生产基地所在的沐川县，竹林面积由 80 年代初的 1333.33 公顷上升到 5.33 万公顷，森林覆盖率达 77.34%；2010 年公司 20 万吨竹浆项目入驻叙永县后，当地竹林面积从 6.47 万公顷增加到了现在的 8.67 万公顷。目前，公司年用鲜竹 200 万吨，每年促农增收 12 亿元，沐川、叙永两县的竹农人均竹收入达到近 2000 元。持续的产业带动，将对两个贫困县（沐川县是国家乌蒙山区集中连片特困地区县，叙永县是国家级贫困县）及周边区县的脱贫攻坚和产业富民，起到积极的促进作用。公司还大力参与公益事业和当地精准扶贫，历年来累计投入 3000 多万元，用于地方林区公路建设、贫困户扶持和捐资助学等。

发展不忘初心。永丰纸业将始终秉持“绿色发展、产业富民”理念，坚定不移地实施竹浆纸一体化战略，保持与环境、资源协同发展，进一步壮大产业规模、提升产业链竞争力。

广西广业贵糖糖业集团有限公司

企业性质： 国有控股

地址： 广西壮族自治区贵港市幸福路 100 号

法人代表： 朱 冰

经营负责人： 陈 健

技术负责人： 蓝贤州

电话： 0775－4201380

传真： 0775－4260088

网址： www.guitang.com

联系人： 黄敏珊

电话： 0775－4201833

邮箱： 1249424520@qq.com

投产日期： 1956 年

职工总数： 1776 人

技术人员： 355 名

因业务发展的需要，广西贵糖（集团）股份有限公司（以下简称“贵糖股份”）于 2018 年 7 月 23 日正式更名为“广西粤桂广业控股股份有限公司”（以下简称“粤桂股份”），并于 2018 年 8 月 6 日成立全资子公司“广西广业贵糖糖业集团有限公司”（以下简称“贵糖集团”），承接了原贵糖股份的糖、纸产业的全部资产和业务。

公司经营范围：食糖、纸、纸浆、食用酒精、轻质碳酸钙、酒糟干粉、有机-无机复混肥料、有机肥料、食品包装用纸、食品添加剂氧化钙、减水剂、元明粉的研发、制造、加工、销售；国内贸易（国家限制或禁止的商品除外）；货物进出口［包括本企业自产产品的出口及本企业生产、科研所需原辅材料（国家规定一类进口商品除外）、机械设备、仪器仪表、零部件的进口］；机械的制造；零部件加工、修理；机械设备的安装、调试；货物仓储（危险化学品除外）；人力装卸搬运服务；港口经营。

贵糖集团的母公司—粤桂股份即贵糖股份前身是广西贵县糖厂，于 1956 年建成投产，1989 年更名为广西贵港甘蔗化工厂，1993 年由广西贵港甘蔗化工厂独家发起定向募集改组，更名为广西贵糖（集团）股份有限公司。1998 年 11 月 11 日，贵糖股份在深圳证券交易所成功上市（证券代码 000833），成为国内制糖业第 1 家上市公司。

2015 年 7 月 31 日，贵糖股份完成了重大的资产重组，向广东省广业资产经营有限公司和云浮广业硫铁矿集团有限公司（简称：云硫集团）发行股份购买其所持有的广东广业云硫矿业有限公司（简称：云硫矿业）100% 股权。云硫矿业成为贵糖股份的全资子公司，重组后，贵糖股份注册资本 6.684 亿元，资产总额达到 33.321 亿元。

为了突出上市公司的资本运作平台和综合管理职能，体现粤桂合作愿景，贵糖股份全称更名为“广西粤桂广业控股股份有限公司”，证券简称由“贵糖股份”改为“粤桂股份”，2018 年 7 月 23 日完成了工商变更登记。同时贵糖股份将原有糖、纸产业的全部资产和生产经营业务注入新设立的子公司—贵糖集团。粤桂股份专注资本运作和综合管理，粤桂股份下设两个分别专注于糖、纸产业（贵糖集团）和硫矿、硫化工（云硫矿业）产业经营的实业集团。

贵糖集团主要产品年生产能力为：白砂糖 15 万吨、机制纸 16 万吨、蔗渣漂白浆 15 万吨、酒精 1 万吨、轻质碳酸钙 3 万吨、回收烧碱 3.5 万吨。

公司致力于发展循环经济，走生态工业之路，初步建成了制糖、制浆造纸、酒精、复混肥、轻质碳酸钙的制糖工业共生体系；拥有制糖业企业技术中心和博士后科研工作站、广西首批自治区级人才小高地；在制糖、甘蔗渣制浆造纸和环保核心技术方面处于全国同行业的前列，拥有多项具有国内领先水平的环保自主知识产权，多次荣获“全国环境保护先进企业”“全国资源综合利用先进企业”“全国质量效益型先进企业”“全国用户满意企业”和“全国用户满意产品”等荣誉称号。生产的“桂花”牌糖产品曾于 2007 年被评为中国名牌产品，多次被评为广西名牌产品；“桂花”牌书写纸、胶版印刷纸，“纯点”牌生活用纸均多次被评为广西名牌产品。“桂花”商标和“纯点”商标多次被评为广西著名商标。

2014 年底开工建设的粤桂（贵港）热电循环经济产业园开创了以政府规划为基础、市场化运作为主导、产业协作为核心、管理合作为手段的两广政企合作新模式，成为珠江—西江经济带规划落地实施、粤桂两省合作的典范。园区规划总用地面积约 100 公顷，预计一期投资约 15.02 亿元，二期投资约 4.61 亿元，合计投资约 19.63 亿元。计划在 2019—2020 年榨季完成日榨万吨的制糖厂建设并投产，到 2020 年年底完成年产 10.89 万吨的制浆厂建设并投产。园区为公司提供了一个良好的发展平台，主要是立足于本地资源优势，按照“减量化、再利用、再循环”的原则，以公司现有的制糖、浆纸业务为依托，发挥公司龙头企业带动作用，延伸制糖、浆纸产业链，实现资源的整合和综合利用；同时，将产业与资本市场、产业与科研和创新应用、产业与现代工业互联和大数据应用、产业与新型城镇化进行有机结合，走新型工业化之路，努力将产业园建设成为可持续发展的特色现代产业与绿色数字化园区。

面对机遇与挑战，公司将贯彻“创新、协调、绿色、开放、共享”的发展理念，紧紧围绕绿色发展战略，坚持质量第一、效益优先的发展原则，以厂区整体搬迁为契机，通过改革创新、并购扩张、技术革新来推动主业结构的优化，通过整合资金、资源和资本来促进主业快速壮大发展，促使企业保持持续稳定地发展。

广西博世科环保科技股份有限公司

企业性质：股份有限公司
地址：南宁市高新区科兴路 12 号
邮编：530000
法人代表：宋海农
经营负责人：宋海农
技术负责人：朱红祥
电话：0771－3220251
传真：0771－3220251
网址：bossco. cc
联系人：玉一叶
电话：0771－3220251
邮箱：bsk@ bossco. cc
成立时间：1999 年 4 月
职工总数：1311 人
技术人员：319 名

公司总部设在广西南宁市，并在国内外设有近百家分子公司及服务机构。公司是国家技术创新示范企业、国家科技部火炬计划重点高新技术企业、全国环保优秀品牌企业、中国环境保护产业协会骨干企业、广西壮族自治区环境保护产业协会副会长单位。旗下检测中心通过国家 CNAS 认可及 CMA 资质认定，并拥有博士后科研工作站、院士工作站、国家企业技术中心、人才小高地等科研平台。业务领域重点为工业治污、城乡环境、生态修复、固废处置与新能源开发、环境服务业、智慧环卫等。

2015 年 2 月，公司在深圳证券交易所创业板上市（股票代码：300422），成为广西第一家创业板上市公司。作为拥有核心技术的综合环境服务提供商，2019 年全年营业收入达到 27 亿元，净利润超过 2 亿元，总资产突破 65 亿元，缴纳税费 1.5 亿元，位列广西企业百强、广西最具潜力民营企业 10 强、广西高新技术企业创新活力 10 强等实力榜单。

公司构建覆盖环评、检测、咨询设计、研究开发、装备制造、工程建设、投资运营等覆盖环保全产业链的服务体系。博世科拥有国家授权专利达211项，其中发明专利33项，先后获得国家技术发明二等奖、国家科技进步二等奖、教育部技术发明一等奖等8项国家级、省部级科技奖项。

公司始终把科技创新作为企业发展的第一驱动力。作为国家重点高新技术企业，博世科精心制定科技创新战略，注重科技人才团队建设，搭建产学研合作平台，用源源不断的科技创新成果为企业长期发展提供不竭动力，现已形成高起点、多层次的持续技术研发平台，可根据不同环境问题开展针对性的系统设计，为客户提供技术先进、可靠高效的整体解决方案，技术与产品远销东欧、东盟、西非、南美等海外市场。

（雷　煌）

附　录

APPENDIXES

11

2019 年国民经济与社会发展统计公报(节选)

Annual Statistic Report on National Economic and Social Development (Excerpt) in 2019

2019 年，面对国内外风险挑战明显上升的复杂局面，在以习近平同志为核心的党中央坚强领导下，各地区各部门以习近平新时代中国特色社会主义思想为指导，全面贯彻党的十九大和十九届二中、三中、四中全会精神，按照党中央、国务院决策部署，坚持稳中求进工作总基调，坚持新发展理念和推动高质量发展，坚持以供给侧结构性改革为主线，着力深化改革扩大开放，持续打好三大攻坚战，统筹稳增长、促改革、调结构、惠民生、防风险、保稳定，扎实做好稳就业、稳金融、稳外贸、稳外资、稳投资、稳预期工作，经济运行总体平稳，发展水平迈上新台阶，发展质量稳步提升，人民生活福祉持续增进，各项社会事业繁荣发展，生态环境质量总体改善，“十三五”规划主要指标进度符合预期，全面建成小康社会取得新的重大进展。

一、综　合

初步核算[1]，全年国内生产总值 990865 亿元，同比增长 6.1%。2015—2019 年国内生产总值及其增长速度如图 1 所示，三次产业增加值占国内生产总值的比例如图 2 所示。其中，第一产业增加值 70467 亿元，增长 3.1%；第二产业增加值 386165 亿元，增长 5.7%；第三产业增加值 534233 亿元，增长 6.9%。第一产业增加值占国内生产总值比例为 7.1%，第二产业增加值比例为 39.0%，第三产业增加值比例为 53.9%。人均国内生产总值 70892 元，同比增长 5.7%。国民总收入 988458 亿元，同比增长 6.2%。

2019 年年末全国大陆总人口 140005 万人，比 2018 年年末增加 467 万人，其中，城镇常住人口 84843 万人，占总人口比例(常住人口城镇化率)为

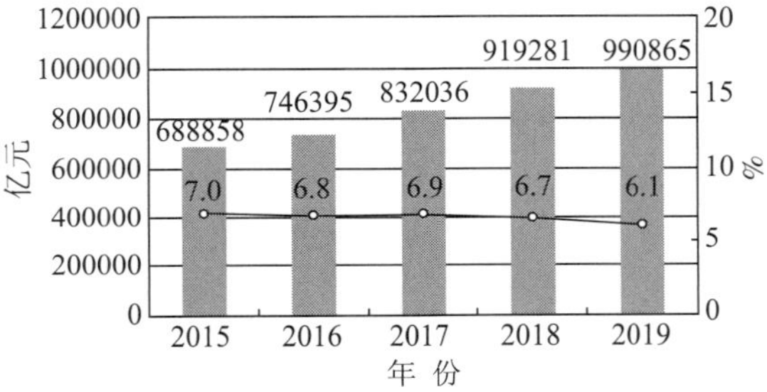

图1　2015—2019年国内生产总值及其增长速度

国内生产总值　同比增长

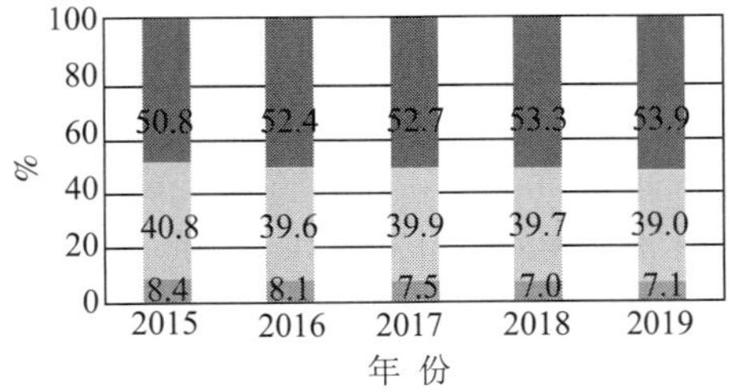

图2　2015—2019年三次产业增加值占国内生产总值比例

第一产业　第二产业　第三产业

60.60%，比 2018 年年末提高 1.02 个百分点。户籍人口城镇化率为 44.38%，比 2018 年年末提高 1.01 个百分点。全年出生人口 1465 万人，出生率为 10.48‰；死亡人口 998 万人，死亡率为 7.14‰；自然增长率为 3.34‰。

2019 年年末全国就业人员 77471 万人，其中，城镇就业人员 44247 万人，占全国就业人员比例为 57.1%，比 2018 年年末增加 1.1 个百分点。全年城镇新增就业 1352 万人，比 2018 年减少 9 万人。年末全国城镇调查失业率为 5.2%，城镇登记失业率为 3.6%。全国农民工[2]总量 29077 万人，同比增长 0.8%。

全年居民消费价格比2018年上涨2.9%。工业生产者出厂价格下降0.3%。工业生产者购进价格下降0.7%。固定资产投资价格上涨2.6%。农产品生产者价格上涨14.5%。12月份，70个大中城市新建商品住宅销售价格同比上涨的城市个数为68个，下降的为2个。

二、农　业

全年粮食种植面积11606万公顷，比2018年减少97万公顷。全年粮食生产量66384万吨，比2018年增加594万吨，增产0.9%。全年棉花生产量589万吨，比2018年减产3.5%。油料生产量3495万吨，增产1.8%。糖料生产量12204万吨，增产2.2%。全年木材生产量9028万米^3，比2018年增长2.5%。全年新增耕地灌溉面积27万公顷，新增高效节水灌溉面积146万公顷。

三、工业和建筑业

全年全部工业增加值317109亿元，比2018年增长5.7%。规模以上工业增加值增长5.7%。在规模以上工业中，分经济类型看，国有控股企业增加值增长4.8%；股份制企业增长6.8%，外商及港澳台商投资企业增长2.0%；私营企业增长7.7%。分门类看，采矿业增长5.0%，制造业增长6.0%，电力、热力、燃气及水生产和供应业增长7.0%。

全年规模以上工业企业利润61996亿元，比2018年下降3.3%[3]。分经济类型看，国有控股企业利润16356亿元，比2018年下降12.0%；股份制企业45284亿元，下降2.9%，外商及港澳台商投资企业15580亿元，下降3.6%；私营企业18182亿元，增长2.2%。分门类看，采矿业利润5275亿元，比2018年增长1.7%；制造业51904亿元，下降5.2%；电力、热力、燃气及水生产和供应业4816亿元，增长15.4%。全年规模以上工业企业营业收入利润率为5.86%，比2018年下降0.43个百分点。

全年全社会建筑业增加值70904亿元，比2018年增长5.6%。全国具有资质等级的总承包和专业承包建筑业企业利润8381亿元，比2018年增长5.1%，其中，国有控股企业2585亿元，增长14.5%。

四、服务业

全年批发和零售业增加值95846亿元，比2018年增长5.7%；交通运输、仓储和邮政业增加值42802亿元，增长7.1%；住宿和餐饮业增加值18040亿元，增长6.3%；金融业增加值77077亿元，增长7.2%；房地产业增加值69631亿元，增长3.0%；信息传输、软件和信息技术服务业增加值32690亿元，增长18.7%；租赁和商务服务业增加值32933亿元，增长8.7%。全年规模以上服务业企业营业收入比2018年增长9.4%，营业利润增长5.4%。

全年货物运输总量471亿吨，货物运输周转量199290亿吨公里。全年港口[4]完成货物吞吐量140亿吨，比2018年增长5.7%，其中外贸货物吞吐量43亿吨，增长4.7%。港口集装箱吞吐量26107万标准箱，增长4.4%。

年末全国民用汽车保有量26150万辆(包括三轮汽车和低速货车762万辆)，比2018年年末增加2122万辆，其中私人汽车保有量22635万辆，增加1905万辆。

全年完成邮政行业业务总量16230亿元，比2018年增长31.5%。邮政业全年完成邮政函件业务21.7亿件，包裹业务0.2亿件，快递业务量635.2亿件，快递业务收入7498亿元。全年完成电信业务总量106789亿元，比2018年增长62.9%。移动电话普及率上升至114.4部/百人。全年移动互联网用户接入流量1220亿GB，比2018年增长71.6%。全年软件和信息技术服务业完成软件业务收入71768亿元，按可比口径计算，比2018年年增长15.4%。

五、国内贸易

全年社会消费品零售总额411649亿元，比2018年增长8.0%。按经营地统计，城镇消费品零售额351317亿元，增长7.9%；乡村消费品零售额60332亿元，增长9.0%。按消费类型统计，商品零售额364928亿元，增长7.9%；餐饮收入额46721亿元，增长9.4%。

全年实物商品网上零售额85239亿元，按可比口径计算，比2018年增长19.5%，占社会消费品零售总额的比重为20.7%，比2018年提高2.3个百分点。

六、固定资产投资

全年全社会固定资产投资[5]560874亿元，比

2018 年增长 5.1%。其中，固定资产投资（不含农户）551478 亿元，增长 5.4%。分区域看[6]，东部地区投资比 2018 年增长 4.1%，中部地区投资增长 9.5%，西部地区投资增长 5.6%，东北地区投资下降 3.0%。

在固定资产投资（不含农户）中，第一产业投资 12633 亿元，比 2018 年增长 0.6%；第二产业投资 163070 亿元，增长 3.2%；第三产业投资 375775 亿元，增长 6.5%。民间固定资产投资[7] 311159 亿元，增长 4.7%。基础设施投资增长 3.8%。六大高耗能行业投资增长 4.7%。

全年房地产开发投资 132194 亿元，比 2018 年增长 9.9%。

七、对外经济

全年货物进出口总额 315505 亿元，比 2018 年增长 3.4%。其中，出口 172342 亿元，增长 5.0%；进口 143162 亿元，增长 1.6%。货物进出口顺差 29180 亿元，比 2018 年增加 5932 亿元。对"一带一路"沿线国家进出口总额 92690 亿元，比 2018 年增长 10.8%。其中，出口 52585 亿元，增长 13.2%；进口 40105 亿元，增长 7.9%。

全年服务进出口总额 54153 亿元，比 2018 年增长 2.8%。其中，服务出口 19564 亿元，增长 8.9%；服务进口 34589 亿元，下降 0.4%。服务进出口逆差 15025 亿元。

全年外商直接投资（不含银行、证券、保险领域）新设立企业 40888 家，比 2018 年下降 32.5%。实际使用外商直接投资金额 9415 亿元，增长 5.8%，折 1381 亿美元，增长 2.4%。其中"一带一路"沿线国家对华直接投资新设立企业 5591 家，增长 24.8%；对华直接投资金额（含通过部分自由港对华投资）576 亿元，增长 36.0%，折 84 亿美元，增长 30.6%。全年高技术产业实际使用外资 2660 亿元，增长 25.6%，折 391 亿美元，增长 21.7%。

全年对外非金融类直接投资额 7630 亿元，比 2018 年下降 4.3%，折 1106 亿美元，下降 8.2%。其中，对"一带一路"沿线国家非金融类直接投资额 150 亿美元，下降 3.8%。

全年对外承包工程完成营业额 11928 亿元，比 2018 年增长 6.6%，折 1729 亿美元，增长 2.3%。其中，对"一带一路"沿线国家完成营业额 980 亿美元，增长 9.7%，占对外承包工程完成营业额比重为 56.7%。对外劳务合作派出各类劳务人员 49 万人。

八、财政金融

全年全国一般公共预算收入 190382 亿元，比 2018 年增长 3.8%。其中税收收入 157992 亿元，比 2018 年增加 1589 亿元，增长 1.0%。全国一般公共预算支出 238874 亿元，比 2018 年增长 8.1%。

年末广义货币供应量（M_2）余额 198.6 万亿元，比 2018 年年末增长 8.7%；狭义货币供应量（M_1）余额 57.6 万亿元，增长 4.4%；流通中货币（M_0）余额 7.7 万亿元，增长 5.4%。

全年社会融资规模增量 25.6 万亿元，按可比口径计算，比 2018 年多 3.1 万亿元；年末社会融资规模存量 251.3 万亿元，按可比口径计算，比 2018 年年末增长 10.7%，

2019 年年末主要农村金融机构（农村信用社、农村合作银行、农村商业银行）人民币贷款余额 190688 亿元，比 2019 年年初增加 20866 亿元。

全年沪深交易所 A 股累计筹资 13534 亿元，比 2018 年增加 2076 亿元。全年各类主体通过沪深交易所发行债券（包括公司债、可转债、可交换债、政策性金融债、地方政府债和企业资产支持证券）筹资 71987 亿元，比 2018 年增加 15109 亿元。

全年发行公司信用类债券 10.71 万亿元，比 2018 年增加 2.92 万亿元。

全年保险公司原保险保费收入 42645 亿元，比 2018 年增长 12.2%。

九、居民收入消费和社会保障

全年全国居民人均可支配收入 30733 元，比 2018 年增长 8.9%，扣除价格因素，实际增长 5.8%。全国居民人均可支配收入中位数[8] 26523 元，增长 9.0%。

全年全国居民人均消费支出 21559 元，比 2018 年增长 8.6%，扣除价格因素，实际增长 5.5%。

2019 年年末全国参加城镇职工基本养老保险人数 43482 万人，比 2018 年年末增加 1581 万人。参加城乡居民基本养老保险人数 53266 万人，增加 874 万人。参加基本医疗保险人数 135436 万人，增加 978 万人。参加失业保险人数 20543 万人，增加 899 万人。参加工伤保险人数 25474 万人，增加 1600 万人。参加生育保险人数 21432 万人，增加 997 万人。

2019 年年末全国共有各类提供住宿的社会服务机构 3.7 万个，社会服务床位 790.1 万张，共有社区服务中心 2.6 万个，社区服务站 16.7 万个。

十、科学技术和教育

全年研究与试验发展（R&D）经费支出 21737 亿元，比 2018 年增长 10.5%，与国内生产总值之比为 2.19%，其中基础研究经费 1209 亿元。国家科技重大专项共安排 234 个课题，国家自然科学基金共资助 45192 个项目。截至 2019 年年底，正在运行的国家重点实验室 515 个，累计建设国家工程研究中心 133 个，国家工程实验室 217 个，国家企业技术中心 1540 家。国家科技成果转化引导基金累计设立 21 支子基金，资金总规模 313 亿元。国家级科技企业孵化器 1177 家，国家备案众创空间 1888 家。全年境内外专利申请 438.0 万件，比 2018 年增长 1.3%；授予专利权 259.2 万件，增长 5.9%；PCT 专利申请受理量为 6.1 万件。截至 2019 年年底，有效专利 972.2 万件，其中境内有效发明专利 186.2 万件，每万人口发明专利拥有量 13.3 件。全年商标申请 783.7 万件，比 2018 年增长 6.3%；商标注册 640.6 万件，增长 27.9%。全年共签订技术合同 48.4 万项，技术合同成交金额 22398 亿元，比 2018 年增长 26.6%。

全年成功完成 32 次宇航发射。长征五号遥三运载火箭和高分七号卫星成功发射，长征系列运载火箭发射突破 300 次大关。嫦娥四号探测器世界上首次实现月球背面软着陆和巡视探测。固体运载火箭海上发射圆满完成。北斗三号全球系统核心星座完成部署，雪龙 2 号首航南极，首艘国产航母正式列装。

2019 年年末全国共有国家质检中心 835 家。全国现有产品质量、体系和服务认证机构 596 个，累计完成对 72 万家企业的认证。全年制定、修订国家标准 2021 项，其中新制定 1448 项。全年制造业产品质量合格率为 93.86%。

全年研究生教育招生 91.7 万人，在学研究生 286.4 万人，毕业生 64.0 万人。普通本专科招生 914.9 万人，在校生 3031.5 万人，毕业生 758.5 万人。中等职业教育招生 600.4 万人，在校生 1576.5 万人，毕业生 493.4 万人。普通高中招生 839.5 万人，在校生 2414.3 万人，毕业生 789.2 万人。初中招生 1638.8 万人，在校生 4827.1 万人，毕业生 1454.1 万人。普通小学招生 1869.0 万人，在校生 10561.2 万人，毕业生 1647.9 万人。特殊教育招生 14.4 万人，在校生 79.5 万人，毕业生 9.8 万人。学前教育在园幼儿 4713.9 万人。九年义务教育巩固率为 94.8%，高中阶段毛入学率为 89.5%。

十一、文化旅游、卫生健康和体育

年末全国文化和旅游系统共有艺术表演团体 2072 个，博物馆 3410 个。全国共有公共图书馆 3189 个，总流通[9] 87774 万人次；文化馆 3325 个。有线电视实际用户 2.12 亿户，其中有线数字电视实际用户 1.98 亿户。2019 年年末广播节目综合人口覆盖率为 99.1%，电视节目综合人口覆盖率为 99.4%。全年生产电视剧 254 部 10646 集，电视动画片 94659 分钟。全年生产故事影片 850 部，科教、纪录、动画和特种影片 187 部。出版各类报纸 315 亿份，各类期刊 22 亿册，图书 102 亿册（张），人均图书拥有量 7.29 册（张）。年末全国共有档案馆 4136 个，已开放各类档案 14341 万卷（件）。全年全国规模以上文化及相关产业企业营业收入 86624 亿元，按可比口径计算，比 2018 年增长 7.0%。

全年国内游客 60.1 亿人次，比 2018 年增长 8.4%；国内旅游收入 57251 亿元，增长 11.7%。入境游客 14531 万人次，增长 2.9%。其中，外国人 3188 万人次，增长 4.4%；中国香港、中国澳门和中国台湾同胞 11342 万人次，增长 2.5%。国际旅游收入 1313 亿美元，增长 3.3%。国内居民出境 16921 万人次，增长 4.5%。

年末全国共有医疗卫生机构 101.4 万个，其中，医院 3.4 万个，在医院中有公立医院 1.2 万个，民营医院 2.2 万个；基层医疗卫生机构 96.0 万个，其中乡镇卫生院 3.6 万个，社区卫生服务中心（站）3.5 万个，门诊部（所）26.7 万个，村卫生室 62.1 万个；专业公共卫生机构 1.7 万个，其中，疾病预防控制中心 3456 个，卫生监督所（中心）3106 个。年末卫生技术人员 1010 万人，其中执业医师和执业助理医师 382 万人，注册护士 443 万人。医疗卫生机构床位 892 万张，其中医院 697 万张，乡镇卫生院 138 万张。全年总诊疗人次[10] 85.2 亿人次，出院人数 2.7 亿人。

全国共有体育场地 316.2 万个，体育场地面积 25.9 亿平方米，人均体育场地面积 1.86 米^2。全年我国运动员在 33 个运动大项中获得 128 个世界冠军，共创 16 项世界纪录。全年我国残疾人运动员在 53 项国际赛事中获得 350 个世界冠军。

十二、资源、环境和应急管理

全年全国国有建设用地供应总量 62.4 万公顷，比 2018 年下降 3.6%。其中，工矿仓储用地 14.7 万公顷，增长 10.3%；房地产用地 14.2 万公顷，下降 1.4%；基础设施用地 33.5 万公顷，下降 9.5%。

全年水资源总量 28670 亿米^3。全年总用水量 5991 亿米^3，比 2018 年下降 0.4%。其中，生活用水增长 1.9%，工业用水下降 2.1%，农业用水下降 0.5%，生态补水增长 0.5%。人均用水量 429 立方米，比 2018 年下降 0.8%。

全年完成造林面积 707 万公顷，其中，人工造林面积 365 万公顷，占全部造林面积的 51.6%。森林抚育面积 773 万公顷。截至 2019 年年底，国家级自然保护区 474 个。新增水土流失治理面积 5.4 万平方公里。

初步核算，全年能源消费总量 48.6 亿吨标准煤，比 2018 年增长 3.3%。煤炭消费量增长 1.0%，原油消费量增长 6.8%，天然气消费量增长 8.6%，电力消费量增长 4.5%。煤炭消费量占能源消费总量的 57.7%，比 2018 年下降 1.5 个百分点；天然气、水电、核电、风电等清洁能源消费量占能源消费总量的 23.4%，上升 1.3 个百分点。重点耗能工业企业单位电石综合能耗下降 2.1%，单位合成氨综合能耗下降 2.4%，吨钢综合能耗下降 1.3%，单位电解铝综合能耗下降 2.2%，每千瓦时火力发电标准煤耗下降 0.3%。全国万元国内生产总值二氧化碳排放下降 4.1%。

近岸海域 1257 个海水水质监测点中，达到国家一、二类海水水质标准的监测点占 76.6%，三类海水占 7.0%，四类、劣四类海水占 16.4%。

在监测的 337 个地级及以上城市中，空气质量达标的城市占 46.6%，未达标的城市占 53.4%。细颗粒物(PM2.5)未达标城市(基于 2015 年 PM2.5 年平均浓度未达标的城市)年平均浓度 40 微克/米^3，比 2018 年下降 2.4%。

在开展城市区域声环境监测的 322 个城市中，声环境质量好的城市占 2.5%，较好的占 66.8%，一般的占 28.9%，较差的占 1.9%。

全年平均气温为 10.34℃，比 2018 年上升 0.25℃。共有 5 个台风登陆。

全年农作物受灾面积 1926 万公顷，其中绝收 280 万公顷。全年因洪涝和地质灾害造成直接经济损失 1923 亿元，因旱灾造成直接经济损失 457 亿元，因低温冷冻和雪灾造成直接经济损失 28 亿元，因海洋灾害造成直接经济损失 117 亿元。全年大陆地区共发生 5.0 级以上地震 20 次，成灾 13 次，造成直接经济损失约 59 亿元。全年共发生森林火灾 2345 起，受灾森林面积 1.4 万公顷。

全年各类生产安全事故共死亡 29519 人。工矿商贸企业就业人员 10 万人生产安全事故死亡人数 1.474 人，比 2018 年下降 4.7%；煤矿百万吨死亡人数 0.083 人，下降 10.8%。道路交通事故万车死亡人数 1.80 人，下降 6.7%。

注释：

[1]本公报中数据均为初步统计数。各项统计数据均未包括香港特别行政区、澳门特别行政区。部分数据因四舍五入的原因，存在总计与分项合计不等的情况。

[2]年度农民工数量包括年内在本乡镇以外从业 6 个月及以上的外出农民工和在本乡镇内从事非农产业 6 个月及以上的本地农民工。

[3]由于统计调查制度规定的口径调整、统计执法、剔除重复数据、企业改革剥离、第四次全国经济普查核实调整等因素，2019 年规模以上工业企业财务指标增速及变化按可比口径计算。

[4]2019 年港口统计范围由规模以上港口调整为全国所有港口，相关指标增速按可比口径计算。

[5]根据第四次全国经济普查、统计执法检查和统计调查制度规定，对 2018 年固定资产投资数据进行修订，2019 年增速按可比口径计算。

[6]东部地区是指北京、天津、河北、上海、江苏、浙江、福建、山东、广东和海南 10 省(市)；中部地区是指山西、安徽、江西、河南、湖北和湖南 6 省；西部地区是指内蒙古、广西、重庆、四川、贵州、云南、西藏、陕西、甘肃、青海、宁夏和新疆 12 省(区、市)；东北地区是指辽宁、吉林和黑龙江 3 省。

[7]民间固定资产投资是指具有集体、私营、个人性质的内资企事业单位以及由其控股(包括绝对控股和相对控股)的企业单位建造或购置固定资产的投资。

[8]人均收入中位数是指将所有调查户按人均收入水平从低到高(或从高到低)顺序排列，处于最中间位置调查户的人均收入。

[9]总流通人次是指本年度内到图书馆场馆接受图书馆服务的总人次，包括借阅书刊、咨询问题以及参加各类读者活动等。

[10]总诊疗人次指所有诊疗工作的总人次数，包括门诊、急诊、出诊、预约诊疗、单项健康检查、健康咨询指导(不含健康讲座)人次。

附表 **2015—2019 年国民经济与社会发展总量指标**

指标	单位	2015 年	2016 年	2017 年	2018 年	2019 年
人口						
年末总人口	万人	137462	138271	139008	139538	140005
男性人口	万人	70414	70815	71137	71351	71527
女性人口	万人	67048	67456	67871	68187	68478
城镇人口	万人	77116	79298	81347	83137	84843
乡村人口	万人	60346	58973	57661	56401	55162
国民经济核算						
国内生产总值	亿元	688858.2	746395.1	832035.9	919281.1	990865.1
第一产业增加值	亿元	57774.6	60139.2	62099.5	64745.2	70466.7
第二产业增加值	亿元	281338.9	295427.8	331580.5	364835.2	386165.3
第三产业增加值	亿元	349744.7	390828.1	438355.9	489700.8	534233.1
人均国内生产总值	元	50237	54139	60014	66006	70892
固定资产投资和房地产						
全社会固定资产投资	亿元	561999.8	606465.7	641238.4	645675	560874.3
城镇固定资产投资	亿元	551590	596501	631684	635636	551478
房地产开发企业本年完成投资额	亿元	95978.9	102580.6	109798.5	120164.8	132194.3
对外经济贸易						
进出口总额	亿元	245502.9	243386.5	278099.2	305010.1	315504.8
出口总额	亿元	141166.8	138419.3	153309.4	164128.8	172342.3
进口总额	亿元	104336.1	104967.2	124789.8	140881.3	143162.4
实际利用外商直接投资金额	万美元	12626700	12600100	13103500	13496589	13813500
能源、资源和环境						
石油储量	万吨	349610.7	350120.3			
天然气储量	亿米^3	51939.5	54365.5			
煤炭储量	亿吨	2440.1	2492.3			
水资源总量	亿米^3	27962.6	32466.4	28761.2	27462.5	28670
用水总量	亿米^3	6103.2	6040.2	6043.4	6015.5	5990.9
造林总面积	千公顷	7683.7	7203.5	7680.7	7299.5	7070
能源消费总量	万吨标准煤	429905	435819	448529	464000	486000
煤炭消费总量	万吨标准煤	273849.5	270207.8	270911.5	273760	280422
石油消费总量	万吨标准煤	78672.6	80626.5	84323.5	87696	91854
天然气消费总量	万吨标准煤	25364.4	27020.78	31397.03	36192	39366
水电、核电、风电消费总量	万吨标准煤	52018.51	57963.93	61897	66352	74358
工业用水总量	亿米^3	1334.8	1308	1277	1261.6	1237
主要产品产量						
农林牧渔业总产值	亿元	101893.52	106478.73	109331.72	113579.53	123967.94
粮食	万吨	66060.27	66043.51	66160.72	65789.22	66384.34
木材	万米^3	7200	7776	8398	8811	9028

续表

指标	单位	2015 年	2016 年	2017 年	2018 年	2019 年
原煤	亿吨	37.47	34.11	35.24	36.98	38.46
原油	万吨	21455.58	19968.52	19150.61	18932.42	19101.41
天然气	亿米^3	1346.1	1368.65	1480.35	1601.59	1761.74
水泥	万吨	235918.83	241030.98	233084.06	223609.62	235012.07
钢材	万吨	103468.41	104813.45	104642.05	113287.3	120477.4
发电量	亿千瓦小时	58145.73	61331.6	66044.47	71661.33	75034.28
教育、科技、文化						
研究与试验发展经费支出	亿元	14169.88	15676.75	17606.13	19677.93	21737
科研和开发机构研究与试验发展经费支出	亿元	2136.49	2260.18	2435.7	2691.68	
高等学校研究与试验发展经费支出	亿元	998.59	1072.24	1265.96	1457.88	
规模以上工业企业研究与试验发展经费支出	亿元	92542587	100139329.8	109446585.6	120129588.5	129548263.7
技术市场成交额	亿元	9835.79	11406.98	13424.22	17697.42	22398
教育经费	亿元	361291927	388883850	425620069	461430000	
图书总印数	亿册	86.6	90.4	92.4	100.1	102
期刊出版总印数	亿册	28.8	27	24.9	22.92	22
报纸出版总印数	亿份	430.1	390.1	362.5	337.26	315
交通、邮电、旅游						
旅客运输量	万人	1943271	1900194.34	1848620.12	1793820.33	1760435.69
货物运输量	万吨	4175886	4386763	4804850	5152732	4706493
民用汽车拥有量	万辆	16284.45	18574.54	20906.67	23231.23	25387.2
私人汽车拥有量	万辆	14099.1	16330.22	18515.11	20574.93	22513.4
邮政业务总量	亿元	5078.72	7397.24	9763.71	12345.19	16229.63
电信业务总量	亿元	23346.3	15616.95	27596.74	65633.91	106789.15
快递量	万件	2066636.84	3128315.11	4005591.91	5071042.8	6352290.97
国内游客	百万人次	3990	4435	5001	5539	6006
国内旅游总花费	亿元	34195.1	39390	45660.7	51278.3	57250.9
国内旅游人均花费	元	857	888.2	913	925.8	944.7
卫生						
医疗卫生机构数	个	983528	983394	986649	997433	1007545
卫生技术人员数	万人	800.75	845.44	898.82	952.92	1015.4
卫生机构床位数	万张	701.52	741.05	794.03	840.41	880.7

（王　斌　整理）

2019 年造纸相关政策法规摘要

Abstract of the Policies and Regulations Related to Paper Industry in 2019

生态环境部等两部委发布《有毒有害大气污染物名录(2018 年)》

2019 年 1 月 23 日，生态环境部与卫生健康委联合制定发布了《有毒有害大气污染物名录(2018 年)》(以下简称《名录》)。根据《名录》规定，污染物主要包括二氯甲烷、甲醛、三氯甲烷、三氯乙烯、四氯乙烯、乙醛、镉及其化合物、铬及其化合物、汞及其化合物、铅及其化合物、砷及其化合物等。根据规划，《名录》出台以后，将通过对有毒有害大气污染物监测，进行风险评价，通过管控来降低风险，进而保护公众健康，并将监测体系和管控体系逐步建立起来。

《生产安全事故应急条例》发布

为了规范生产安全事故应急工作，保障人民群众生命和财产安全，2019 年 3 月 1 日，国务院总理李克强签署国务院令，发布《生产安全事故应急条例》(以下简称《条例》)，自 2019 年 4 月 1 日起施行。《条例》以安全生产法和突发事件应对法为依据，对生产安全事故应急工作体制、应急准备、应急救援等做了规定。《条例》还对地方各级人民政府和生产经营单位在应急准备、应急救援方面的法律责任作出了规定。

国务院通过《中华人民共和国固体废物污染环境防治法(修订草案)》

为了防治固体废物污染环境，保障人体健康，维护生态安全，促进经济社会可持续发展，2019 年 6 月 5 日，国务院常务会通过了《中华人民共和国固体废物污染环境防治法(修订草案)》(以下简称《草案》)。草案强化了工业固体废物产生者的责任，完善排污许可制度，要求加快建立生活垃圾分类投放、收集、运输、处理系统。会议决定将草案提请全国人大常委会审议。

《中华人民共和国固体废物污染环境防治法(修订草案)(征求意见稿)》发布

2019 年 7 月 5 日，中国人大网站公布了《中华人民共和国固体废物污染环境防治法(修订草案)》(以下简称《草案》)，并于 7 月 5 日至 8 月 3 日征求意见。《草案》明确国家逐步基本实现固体废物零进口，由国务院生态环境主管部门会同有关部门组织实施。

国家发展和改革委发布《产业结构调整指导目录(2019 年本)》

2019 年 11 月 6 日，国家发展和改革委发布第 29 号令，发布了审议通过的《产业结构调整指导目录(2019 年本)》(以下简称《目录》)，自 2020 年 1 月 1 日起施行。本次《目录》的修订方向为推动制造业高质量发展，促进形成强大国内市场，大力破除无效供给，以及提升科学性、规范化水平。《目录》共涉及行业 48 个，条目 1477 条，其中鼓励类 821 条、限制类 215 条、淘汰类 441 条。其中，有关制浆造纸行业的相关类别较上一版没有太大变化，主要有：

一、鼓励类

1. 单条化学木浆 30 万吨/年及以上、化学机械木浆 10 万吨/年及以上、化学竹浆 10 万吨/年及以上的林纸一体化生产线及相应配套的纸及纸板生产线(新闻纸、铜版纸除外)建设；

2. 采用清洁生产工艺、以非木材纤维为原料、单条10万吨/年及以上的纸浆生产线建设；

3. 先进制浆、造纸设备开发与制造；无元素氯(ECF)和全无氯(TCF)化学纸浆漂白工艺开发及应用。

二、限制类

1. 缺水地区、国家生态脆弱区纸浆原料林基地建设；

2. 单条化学木浆30万吨/年以下、化学机械木浆10万吨/年以下、化学竹浆10万吨/年以下的生产线。

三、淘汰类

1. 严重缺水地区建设灌溉型造纸原料林基地；

2. 石灰法地池制浆设备(宣纸除外)；

3. 5.1万吨/年以下的化学木浆生产线；

4. 单条3.4万吨/年以下的非木材浆生产线；

5. 单条1万吨/年及以下、以废纸为原料的制浆生产线；

6. 幅宽在1760毫米及以下并且车速为120米/分以下的文化用纸生产线；

7. 幅宽在2000毫米及以下并且车速为80米/分以下的白纸板、箱纸板及瓦楞原纸生产线。

《国家鼓励的工业节水工艺、技术和装备目录(2019年)》

为贯彻落实《国家节水行动方案》，加快工业高效节水工艺、技术和装备的推广应用，提升工业用水效率，促进工业绿色发展，2019年11月19日，工业和信息化部、水利部共同发布了《国家鼓励的工业节水工艺、技术和装备目录(2019年)》(以下简称《节水目录》)。《节水目录》共包括了13个行业的128项节水工艺、技术和装备。其中，造纸行业共有13项节水工艺、技术和装备入选，分别是：网、毯喷淋水净化回用技术；网、毯高压洗涤节水技术；纸机白水多圆盘分级与回用技术；造纸梯级利用节水技术；纸浆中高浓筛选与漂白技术；纸机湿部化学品混合添加技术；多段逆流洗涤封闭筛选技术；碱法蒸煮和碱回收蒸发系统污冷凝水分级、汽提及回用技术；造纸行业备料洗涤水循环节水技术；透平机真空系统节水技术；纸机干燥冷凝水综合利用技术；置换压榨双辊挤浆机节水技术；干法剥皮技术。

(王　岩)

2018 年世界造纸工业概况

General Situation of Global Paper Industry in 2018

一、全球纸及纸板、纸浆的生产量及消费量

1. 纸及纸板生产量

2018 年全球纸及纸板总生产量为 4.1972 亿吨，与 2017 年的 4.1969 亿吨基本持平。各大品种生产量分别为：新闻纸 1931 万吨，比 2017 年 2136 万吨下降 9.6%；印刷书写纸 9626 万吨，比 2017 年 9832 万吨下降 2.1%；生活用纸 3867 万吨，比 2017 年 3768 万吨增长 2.6%；瓦楞材料（瓦楞原纸和箱纸板）1.7329 亿吨，比 2017 年 1.7031 亿吨增长 1.7%；其他纸板 6548 万吨，比 2017 年 5886 万吨增长 11.2%。在产品结构方面，新闻纸占 4.6%，印刷书写纸占 22.9%，生活用纸占 9.2%，瓦楞材料占 41.3%，其他纸板占 15.6%。新闻纸在纸及纸板总生产量中所占比例，连续多年保持下降趋势，2018 年所占比例较 2017 年又下降了 0.5 个百分点；印刷书写纸在纸及纸板总生产量中所占比例也呈下降趋势，2018 年所占比例较 2017 年也下降了 0.5 个百分点；相反，生活用纸和瓦楞材料所占比例逐年上升，2018 年所占比例较 2017 年分别增加了 0.2 个百分点和 0.7 个百分点。

2018 年全球纸及纸板生产量仍以亚洲最高，欧洲其次，北美洲居第 3 位，生产量分别为 1.9316 亿吨、1.0965 亿吨和 0.8224 亿吨，分别占全球纸及纸板总生产量 4.1972 亿吨的 46.0%、26.1% 和 19.6 %。2018 年亚洲、欧洲及北美洲纸及纸板生产量与 2017 年相比均基本持平。

2018 年中国纸及纸板生产量名列首位，美国居第 2 位，日本居第 3 位，生产量分别为 1.0435 亿吨、7206 万吨和 2607 万吨，与 2017 年比均有所下降，分别下降 6.2%、0.3% 和 1.7%。这 3 个国家纸及纸板生产量分别占全球纸及纸板总生产量的 24.9%、17.2% 和 6.2%，这 3 个国家纸及纸板总生产量约占全球纸及纸板总生产量的 1/2。中国纸及纸板总生产量在全球纸及纸板总生产量所占比例由 2005 年的 15.3% 增加至 2018 年的 24.9%，超过全球纸及纸板总生产量的 1/4。

表 1 为 2018 年纸及纸板生产量排名前 10 位的国家。2017 年排名前 10 位的国家在 2018 年有所变化，前 4 位的名次不变，印度超过印度尼西亚和韩国位列第 5 名，加拿大挤掉瑞典进入前 10 位。在这 10 个造纸大国中，有 6 个国家纸及纸板生产量下降，尤以中国为甚，为下降 6.2%；而印度却出现 35.4% 的高速增长，印度尼西亚、芬兰和加拿大也分别以 5.2%、2.5% 和 1.5% 的速度增长。

表 1 2018 年纸及纸板生产量排名前 10 位的国家

排序	国家	2018 年生产量/万吨	2017 年生产量/万吨	同比/%
1	中国	10435	11130	-6.2
2	美国	7206	7228	-0.3
3	日本	2607	2652	-1.7
4	德国	2268	2293	-1.1
5	印度	1521	1123	35.4
6	印度尼西亚	1248	1186	5.2
7	韩国	1153	1160	-0.6
8	巴西	1056	1059	-0.3
9	芬兰	1054	1028	2.5
10	加拿大	1018	1003	1.5

2. 纸及纸板消费量

2018 年全球纸及纸板表观消费量为 4.2188 亿吨，比 2017 年的 4.2329 亿吨下降 0.3%。全球人均表观消费量为 56.2 千克。世界各地区中以北美洲人均表观消费量最高，为 209.0 千克，其次是欧洲和大洋洲，分别为 116.8 千克和 110.2 千克。亚

洲人均表观消费量为 48.0 千克，拉丁美洲地区为 45.7 千克，非洲只有 7.3 千克。

2018 年世界各国中，中国纸及纸板表观消费量最高，为 1.0439 亿吨；其次是美国，为 7067 万吨；再次是日本，为 2546 万吨。这 3 个国家的人均表观消费量分别是 75.0 千克、214.6 千克和 201.8 千克。

2018 年纸及纸板表观消费量和人均表观消费量排名前 10 位的国家见表 2 和表 3。

表 2　2018 年纸及纸板表观消费量排名前 10 位的国家

排序	国家	2018 年表观消费量/万吨	2017 年表观消费量/万吨	同比/%
1	中国	10439	10897	-4.2
2	美国	7067	7039	0.4
3	日本	2546	2642	-3.6
4	德国	1978	2035	-2.8
5	印度	1671	1374	21.6
6	意大利	1073	1032	4.0
7	韩国	995	997	-0.2
8	巴西	960	965	-0.5
9	墨西哥	894	898	-0.4
10	法国	873	887	-1.6

表 3　2018 年纸及纸板人均表观消费量排名前 10 位的国家

排序	国家	人均表观消费量/千克
1	比利时	293.3
2	德国	245.8
3	斯洛文尼亚	245.1
4	奥地利	236.4
5	美国	214.6
6	日本	201.8
7	韩国	193.5
8	芬兰	187.1
9	荷兰	178.9
10	新西兰	178.1

上述表观消费量超过 1000 万吨的 6 个国家中，印度的表观消费量比 2017 年出现了 21.6% 的高速增长，意大利和美国的表观消费量比 2017 年分别增长了 4.0% 和 0.4%；中国、日本和德国的表观消费量比 2017 年都出现下降，下降幅度分别为 -4.2%、-3.6% 和 -2.8%。

3. 纸浆生产量和消费量

2018 年全球纸浆总生产量为 1.8720 亿吨，比 2017 年的 1.8441 亿吨增加 1.5%。其中，化学浆生产量 1.4416 亿吨，比 2017 年的 1.4208 亿吨增加 1.5%；机械浆生产量 2790 万吨，与 2017 年的 2789 万吨持平。北美洲纸浆总生产量为 6345 万吨，比 2017 年的 6430 万吨下降 1.3%，北美洲纸浆总生产量占全球纸浆总生产量的 34%。欧洲和亚洲纸浆总生产量分别为 4704 万吨和 4156 万吨，分别占全球纸浆总生产量的 25% 和 22%。全球机械浆生产集中在欧洲和北美洲，它们的生产量分别为 1136 万吨和 869 万吨。这 2 个地区机械浆生产量总和占全球机械浆总生产量的 71.8%，较 2017 年下降 1.2 个百分点。

2018 年美国、巴西和中国是纸浆生产量最多的 3 个国家，其纸浆总生产量分别是 4714 万吨、2115 万吨和 1785 万吨。

表 4 列出了 2018 年纸浆生产量排名前 10 位的国家。2017 年排名前 10 位的国家全部入围 2018 年的前 10 位。10 个国家中生产量出现下降的达到 1/2，俄罗斯、瑞典、美国和日本的下降幅度较大，分别为 -2.0%、-1.7%、-1.6% 和 -1.3%。而中国、巴西、芬兰和印度尼西亚却增幅较大，分别为 8.4%、8.0%、5.8% 和 3.2%。

表 4　2018 年纸浆生产量排名前 10 位的国家

排序	国家	2018 年生产量/万吨	2017 年生产量/万吨	同比/%
1	美国	4714	4792	-1.6
2	巴西	2115	1959	8.0
3	中国	1785	1647	8.4
4	加拿大	1631	1638	-0.4
5	瑞典	1153	1173	-1.7
6	芬兰	1140	1077	5.8
7	日本	863	874	-1.3
8	俄罗斯	848	865	-2.0
9	印度尼西亚	837	811	3.2
10	智利	533	526	1.3

2018 年全球纸浆表观消费量为 1.8660 亿吨，比 2017 年的 1.8399 亿吨增长 1.4%。

二、全球纸业贸易概况

1. 纸浆

表 5　2018 年主要纸浆净进口国

排序	国家	2018 年净进口量/万吨	2017 年净进口量/万吨	同比/%
1	中国	2469.0	2362.1	4.5
2	德国	315.9	325.6	-3.0
3	意大利	306.7	308.5	-0.6
4	韩国	217.0	219.3	-1.0
5	法国	148.6	143.2	3.8
	合计	3457.2	3358.7	2.9

表 6　2018 年主要纸浆净出口国

排序	国家	2018 年净出口量/万吨	2017 年净出口量/万吨	同比/%
1	巴西	1454.0	1298.5	12.0
2	加拿大	908.6	921.3	-1.4
3	智利	456.1	447.3	2.0
4	芬兰	344.4	304.6	13.1
5	印度尼西亚	293.9	321.0	-8.4
	合计	3457.0	3292.7	5.0

表 5 和表 6 分别是 2018 年纸浆净进口量和净出口量较多的国家。纸浆净进口量较多的国家有中国、德国、意大利、韩国、法国 5 个国家，其净进口总量为 3457.2 万吨。与 2017 年相比，中国、法国纸浆净进口量分别增长 4.5%、3.8%；德国、韩国、意大利分别下降 3.0%、1.0% 和 0.6%。除上述 5 个国家外，纸浆净进口量较多的国家还有日本（129 万吨）、土耳其（118 万吨）、波兰（98 万吨）、墨西哥（97 万吨）和印度（97 万吨）。纸浆净出口量较多的国家是巴西、加拿大、智利、芬兰、印度尼西亚 5 个国家，其总净出口量为 3457.0 万吨。与 2017 年相比，芬兰、巴西的净出口量增幅较大，分别增长 13.1%、12.0%；印度尼西亚的净出口量降幅较大，下降 8.4%。纸浆净出口量较多的国家还有瑞典（273 万吨）、乌拉圭（236 万吨）、俄罗斯（202 万吨）、葡萄牙（91 万吨）。

2. 废纸

2018 年全球废纸回收量为 2.5020 亿吨，回收率为 59.3%。欧洲废纸回收量为 6716 万吨，回收率为 67.8%；北美洲回收量为 5176 万吨，回收率为 67.8%；亚洲回收量为 1.0694 亿吨，回收率为 54.4%。北美洲是最主要的废纸净出口地区，2018 年净出口量为 1928 万吨；欧洲净出口量 749 万吨；大洋洲净出口量 147 万吨。上述 3 个地区净出口总量为 2824 万吨。这些数据表明全球范围内可供应的废纸量接近 3000 万吨。亚洲 2018 年废纸净进口量为 2737 万吨。

2018 年废纸净进口量最多的国家是中国，为 1703 万吨，比 2017 年 2572 万吨下降 33.8%。2018 年中国的废纸进口量占亚洲废纸净进口总量 2737 万吨的 62.2%。表 7 为 2018 年部分国家的废纸回收量及进出口量。

表 7　2018 年部分国家的废纸回收量及进出口量

国家	回收量/万吨	回收率/%	利用率/%	出口量/万吨	进口量/万吨	废纸用量/万吨
美国	4783	67.7	40.3	1902	74	2904
日本	2070	81.3	65.0	378	4	1696
德国	1531	77.4	75.8	271	460	1720
英国	752	90.3	80.4	449	10	313
法国	696	79.8	68.6	252	96	540
意大利	665	61.9	56.3	190	40	514
中国	4964	47.6	63.9	0	1703	6667

3. 纸及纸板产品

表 8 和表 9 分别是部分国家 2018 年纸及纸板的净出口量和净进口量。由表 8 可见，芬兰和瑞典是纸及纸板净出口量最多的国家，芬兰净出口量为 951 万吨，占其纸及纸板总生产量的 90%，瑞典和加拿大净出口量分别为 856 万吨和 455 万吨，分别占其纸及纸板总生产量的 84% 和 45%。从表 9 可见，英国是纸及纸板净进口量最多的国家，其净进

口量为 443 万吨，占其表观消费量的 53.2%，1/2 以上的消费量依赖于进口。净进口量较多的国家还有墨西哥、土耳其和意大利，其净进口量分别为 298 万吨、164 万吨和 159 万吨。

表 8　2018 年部分国家纸及纸板净出口量

排序	国家	净出口量/万吨
1	芬兰	951
2	瑞典	856
3	加拿大	455
4	印度尼西亚	425
5	奥地利	298
6	德国	290
7	俄罗斯	197
8	韩国	158
9	美国	139
10	葡萄牙	107

表 9　2018 年部分国家和地区纸及纸板净进口量

排序	国家和地区	净进口量/万吨
1	英国	443
2	墨西哥	298
3	土耳其	164
4	意大利	159
5	马来西亚	152
6	印度	150
7	比利时	145
8	波兰	136
9	菲律宾	134
10	越南	127

表 10 是 2018 年部分国家新闻纸生产量及进出口量。2018 年加拿大的新闻纸无论是生产量还是出口量都位列第 1 位，生产量 297 万吨，出口量 246 万吨，出口量占其生产量的 83%。日本新闻纸生产量 259 万吨，位列第 2 位。中国新闻纸生产量 190 万吨，居第 3 位。俄罗斯新闻纸出口量 116 万吨，占其生产量的 76%，是国际上第 2 大新闻纸出口国。加拿大、日本和我国 3 个国家新闻纸总生产量 746 万吨，占全球新闻纸总生产量的 39%。中国新闻纸生产量占全球新闻纸总生产量的 10%。2018 年进口新闻纸最多的国家为印度，进口量为 140 万吨，占其新闻纸表观消费量的 59%。其次是美国，2018 年新闻纸进口量为 137 万吨，占其新闻纸表观消费量的 63%。美国新闻纸消费量由 2008 年的 681 万吨连续减至 2018 年的 218 万吨，9 年时间下降了 68%，这也反映了全球新闻纸消费量不断下降的大趋势。进口新闻纸较多的国家和地区还有德国（78 万吨）、意大利（51 万吨）、英国（50 万吨）、中国（48 万吨）、荷兰（28 万吨）、法国（25 万吨）、土耳其（18 万吨）及中国的香港地区（15 万吨）和台湾省（10 万吨）。

表 10　2018 年部分国家新闻纸生产量及进出口量

单位：万吨

国家	生产量	进口量	出口量
加拿大	297	0.4	246
日本	259	0.5	0.4
中国	190	48	1
俄罗斯	153	0.1	116
德国	121	78	46
韩国	99	0	45
瑞典	98	0.6	79
印度	97	140	1
美国	95	137	14
法国	69	25	63
英国	59	50	26

表 11 是 2018 年部分国家印刷书写纸的生产量和进出口量。生产量位居前 3 位的是中国、美国和日本，分别为 2455 万吨、1205 万吨和 787 万吨。印刷书写纸出口量最多的依次是德国（518 万吨）、芬兰（510 万吨）、印度尼西亚（317 万吨）、中国

表 11　2018 年部分国家印刷书写纸生产量和进出口量　　单位：万吨

国家	生产量	进口量	出口量
中国	2455	134	234
美国	1205	446	150
日本	787	70	107
德国	672	436	518
芬兰	518	5	510
印度尼西亚	487	16	317
加拿大	305	68	252
瑞典	251	11	236
法国	142	214	85

(234 万吨)，它们的出口量分别占其生产量的 77%、98%、65%和 10%；印刷书写纸进口量最多的依次是美国(446 万吨)、德国(436 万吨)和法国(214 万吨)，它们的进口量分别占其消费量的 30%、74%和 79%。2018 年，表 10 所列国家中，除芬兰、印度尼西亚、加拿大印刷书写纸的生产量同比略有增加外，其余国家的印刷书写纸生产量都有不同程度的下降。

表 12 是 2018 年部分国家涂布印刷纸的生产量和进出口量。涂布印刷纸生产量较高的依次是中国(705 万吨)、日本(452 万吨)、美国(443 万吨)、芬兰(336 万吨)和德国(304 万吨)；与 2017 年相比，表 12 中除芬兰、奥地利外各国均为减产。出口量最多的是芬兰(332 万吨)和德国(314 万吨)。进口量最多的也是德国(241 万吨)。净出口量较多的是芬兰，达 330 万吨。芬兰、日本和德国的涂布印刷纸生产量占其印刷书写纸生产量比例分别高达 65%、57%和 45%；而中国涂布印刷纸生产量仅占其印刷书写纸生产量的 29%。涂布印刷纸是中国出口量第二大的纸种，2018 年出口量达 150 万吨，仅在芬兰、德国之后。

表 12 2018 年部分国家涂布印刷纸生产量和进出口量 单位：万吨

国家	生产量	进口量	出口量
中国	705	49	150
日本	452	19	74
美国	443	174	75
芬兰	336	2	332
德国	304	241	314
意大利	189	62	121
奥地利	130	24	122
比利时	80	82	78
瑞典	66	7	62
法国	64	103	46

表 13 是 2018 年部分国家瓦楞材料的生产量和进出口量，中国和美国的瓦楞材料生产量分别为 4250 万吨和 3469 万吨，分别占全球瓦楞材料总生产量的 25%和 20%，中国和美国的瓦楞材料合计生产量已占全球瓦楞材料总生产量的近 1/2。瓦楞材料净出口量最大的仍为美国，净出口量达 488 万吨；净出口量较大的国家还有德国(184 万吨)和瑞典(172 万吨)。净进口量较大的国家有中国(308 万吨)和意大利(188 万吨)。

表 13 2018 年部分国家瓦楞材料的生产量和进出口量 单位：万吨

国家	生产量	进口量	出口量	净出口
中国	4250	318	10	-308
美国	3469	131	619	488
日本	977	5	56	51
德国	858	263	447	184
韩国	504	18	26	8
法国	358	109	139	30
俄罗斯	376	4	72	68
意大利	242	201	13	-188
瑞典	224	28	200	172
加拿大	225	79	131	52

表 14 是 2018 年部分国家生活用纸生产量和进出口量。生活用纸生产量以中国和美国最高，分别为 970 万吨和 815 万吨。这两个国家生活用纸生产量之和占全球生活用纸总生产量的 46.2%。生活用纸的国际贸易量较少，在表 14 所列的几个国家中，净出口量较高的有意大利和中国，分别为 72 万吨和 69 万吨。

表 14 2018 年部分国家生活用纸生产量和进出口量 单位：万吨

国家	生产量	进口量	出口量
中国	970	5	74
美国	815	108	56
日本	178	20	2
意大利	162	13	85
德国	151	71	76

(郭彩云)

国外开设制浆造纸专业的大学

Foreign Universities Offering Pulping and Papermaking Courses

美国(AMERICA)

奥本大学

奥本大学是美国一所规模比较大的有着全面教育的公立大学，成立于 1856 年。位于阿拉巴马州的奥本大学城。奥本大学设有农业学院、建筑学院、商学院、教育学院、塞缪尔吉恩工程学院、林业和野生生物科学院、研究生院、荣誉学院、人文科学院、文理学院、护理学院、哈里森药学院、数学科学院和兽医学院，另外还设有 MBA 项目。可授予本科、硕士和博士学位，专业设置广泛。与制浆造纸相关专业有：生物工程、森林工程、化学工程、环境科学、林业、材料工程。

下设 Alabama 造纸和生物资源工程研究中心。有制浆造纸基金会。

佐治亚理工学院

佐治亚理工学院始建于 1885 年 10 月 13 日，最初被称作佐治亚技术学校，位于美国佐治亚州的亚特兰大，是一所公立研究型大学。佐治亚理工学院是佐治亚大学系统的一部分，该校在佐治亚州的沙瓦纳、法国的梅斯、爱尔兰的阿斯龙、中国的上海和新加坡等地设有卫星校区。学院最初成立时，仅设立机械工程专业。1901 年，该校的专业已扩展到电子工程、土木工程、化学工程专业。1948 年，学校正式更名为佐治亚理工学院。目前，佐治亚理工学院共下设 6 所学院，包括 31 个系别，学科重点设在自然科学和技术领域。学校著名的专业有工程学、计算机、自然科学，颁发建筑学、文学和管理学。佐治亚理工学院的排名情况一直很好，在最近 10 年里，该校一直居于美国十大公立大学行列。

佐治亚理工学院的代表学科是工科。该校是美国最好的理工学院之一。造纸科技研究所(IPST)专门从事造纸科学与技术的研究及教育，是佐治亚理工学院下设的机构，在造纸科技方面处于世界一流水平。造纸科技研究所于 1989 年搬到佐治亚理工学院所在的校区，并与其建立了多方面的合作关系。学校提供有专科证书、硕士学位和博士学位，其中，硕士专业有化学与生物分子工程、化学和生物化学、材料科学与工程和机械工程等。此外还有众多的研究项目，包括防护涂层、智能包装、纤维复合材料、纳米材料、森林生物学、新化工产品、热加工、回收、环境控制、二氧化碳减排、环境可持续发展的化学处理、制浆和漂白、化学回收、脱水和干燥、涂料、腐蚀、能源、传感器和控制、全球化的影响、企业效益等。造纸科技研究所的造纸以及相关产业一直处于行业科学技术的领先水平，有着非常悠久的历史。

迈阿密大学

迈阿密大学成立于 1925 年，是一所私立的非宗教大学。迈阿密大学目前拥有建筑学院、教育学院、工学院、法学院、通信学院、工商管理学院、艺术与科学学院、海洋与大气科学学院、医学院、音乐学院、护理与卫生学院、研究生学院 12 个学院，提供 180 多个本科、硕士和博士专业。有造纸科学与工程基金会。

北卡罗莱纳州立大学

北卡罗莱纳州立大学是一所公立的研究型大学，位于美国北卡罗莱纳州雷利市，是北卡罗莱纳州教育系统的主要教育机构。北卡罗莱纳州立大学于 1887 年 3 月 7 日由北卡罗莱纳州联合会成立。如今，北卡罗莱纳州立大学在校学生超过 3 万名，是目前北卡罗莱纳州规模最大的大学。学校在农业、设计、工程和纺织品方面有着非常悠久的历史，目前学校可授予学士、硕士和博士学位，同时开设有相关领域的证书课程，专业设置广泛。

下设森林与生物材料科学系和木材与造纸科学系。

纽约州立大学

纽约州立大学最初于 1816 年成立于纽约波茨坦，随着各个州立大学的成立，直至 1948 年纽约州立大学趋于完善，由 64 个学院组成，近 47 万名在校学生和 8 万多名教职员工。在众多分校中以宾汉姆顿、布法罗、石溪和奥尔巴尼分校 4 所国家级研究型大学最为卓著。四大分校中又以宾汉姆顿分校排名和声望最高，被誉为纽约州立大学“皇冠上的珍珠”。

环境科学与林业学院——造纸与生物处理工程系设有造纸研究所。

威斯康星大学麦迪逊分校

威斯康星大学麦迪逊分校创建于 1848 年，位于美国威斯康星州首府麦迪逊市，是美国顶尖公立研究型大学，也是世界上最负盛名的公立大学。该校是威斯康星大学系统的旗帜性学校，是美国大学协会的创始会员之一，也是美国知名的十大联盟的创始成员之一，被誉为“公立常春藤”，与加州大学伯克利分校和密歇根大学齐名。

该校拥有人文科学研究所、埃尔维耶姆艺术博物馆、科勒艺术图书馆、米尔斯音乐图书馆、自然科学实验室、空间科学与工程中心、威斯康星临床癌症研究中心、生物技术中心、农业试验研究所、食品研究所、酶研究所、植物园、材料科学研究中心、贫困问题研究所、罗伯特 - 拉福莱特公共事务研究所、社会科学研究所、教育研究和发展中心、环境研究所、人口统计学和生态学中心、工业关系研究所、USDA 林产品实验室、国立大气研究中心、伍兹 · 霍尔海洋生物学实验室等一大批知名的科研教学设施。

该校设有生物化学专业和生物能源研究中心。

缅因大学

缅因大学于 1865 年成立，前身是缅因农业与机械艺术学院，1897 年成为缅因大学。1968 年，发展成为拥有 7 所独立大学校园和 10 个独立教学中心的缅因大学体系，现为缅因州最大的大学。缅因大学主校区位于美国东北部缅因州欧洛诺市(Orono)。缅因大学下设 5 个学院，分别是商业、公共政策与健康学院，教育与人类发展学院，工程学院，文学院，自然资源、森林与农业学院。学校可提供学士、硕士、博士学位课程，同时开设语言中心和继续教育网络课程，为更多的学生提供学习机会。

与造纸相关的有林业生物质产品研究所，包括制浆造纸、生物质精炼等研究方向。

明尼苏达大学

明尼苏达大学双城分校是一所位于美国明尼苏达州双城(即明尼阿波利斯市 - 圣保罗市都会区)的公立大学，为明尼苏达大学系统中历史最悠久、规模最大的分校，常被直接称为明尼苏达大学。校园主体面积达 1104.8 公顷，位列全美第 6 位。

明尼苏达大学始建于 1851 年。经过 160 多年的发展，已经成为拥有 5 所分校、370 个专业、5 万多名在校学生以及众多国际知名教授和学者的高等教学和研究机构。明尼苏达大学是十大联盟的成员大学之一，位居最负盛名的大学之列，具有优秀的教育、体育和服务社会传统，被誉为“公立常青藤”。明尼苏达大学也是美国最具综合性的高等学府，该校共有 161 个学士专业、218 个硕士专业和 114 个博士专业。明尼苏达大学拥有顶尖的理工学院，其排名一直保持在全美前 20 名之列。

华盛顿大学

华盛顿大学(西雅图)建于 1861 年，是一所公立研究型大学，也是美国西岸历史最悠久的公立大学，为美国大学协会的成员。大学建校时是私立学校，到 1889 年被收归华盛顿州所有。该校设有多个学院，如人造环境学院、艺术与科学学院、迈克尔 G · 福斯特商学院、口腔学院、教育学院、工程学院、森林资源学院、信息学院、亨利 M · 杰克逊国际研究学院、法学院、医学院、护理学院、海洋与渔业科学学院、药学院、丹尼尔 J · 埃文斯公共事务学院、公共健康学院、社会工作学院。华盛顿大学开设了多个本科、硕士、博士课程，如美国伦理研究、人类学、应用数学、艺术、亚洲语言和文学、生物学、化学、古典学、通信学、比较文学、计算机科学、舞蹈、数字艺术和实验媒体、戏剧、地球与空间科学、经济学、英语、环境研究、地理学、日耳曼语、历史、科学史与科学哲学、人文学、国际研究、法学等。

美国佛罗里达大学

佛罗里达大学(简称“UF”)是位于美国佛罗里达州盖恩斯维尔(Gainesville)的一所著名的公立研究型大学。是北美顶尖大学联盟美国大学协会(AAU)成员之一，建校可追溯至 1853 年。

佛罗里达大学是全美入学人数排名第三的大学，在新闻传播、工程、法律、药学等多个领域都设有研究生项目，在 87 个院系共设有 123 个硕士项目和 76 个博士项目。

UF 是由 21 个专门院校、100 多个研究、服务机构以及教育中心所组成，提供了超过 100 种大学部主修科系与近 200 项研究所课程，且多数的课程采用小班制，一个班级通常少于 25 人，因此教学品质能维持在较高水平。

佛罗里达大学也是研究多种能源的领先者，重点是乙醇燃料、核能和太阳能领域。该校也是世界上最大的蝶类和蛾类标本收集中心之一。

UF 设置的学院包括：农学与生命科学、商业管理、建筑设计与规划、牙医、教育、工程、现代艺术、健康与人类行为、新闻传播、法律、人文艺术与科学、医学、护理、药学、公共卫生与健康、兽医。

西密歇根大学

西密歇根大学建于 1903 年，坐落于美国密歇根州喀拉马索市，是密歇根州第四大公立大学。西密歇根大学是一所研究型大学，可提供学士、硕士、博士学位。西密歇根大学设有艺术与科学学院、航空学院、哈沃什商业学院、教育学院、工程与应用科学学院、美术学院、卫生与公共服务学院和研究生学院。

与造纸相关的有造纸工程、化学工程专业。

巴西(BRAZIL)

维索萨联邦大学

维索萨联邦大学成立于 1922 年，是一所中型规模的公立研究型综合大学。

加拿大(CANADA)

新布伦瑞克大学

新布伦瑞克大学是加拿大一所坐落在新布伦兹维克省的公立大学，是加拿大资格最老的英语语言大学，也是北美地区最早的公共院校。主校区于 1785 年建立在弗雷德里克顿市，分校区于 1964 年建立于圣约翰市。另外，还有 2 个小的卫星健康科学校区分别坐落在巴瑟斯特市和蒙克顿市。新布伦瑞克大学曾被《麦克林》杂志誉为加拿大最著名的 5 所综合性大学之一。

与造纸相关的有利莫瑞克制浆造纸中心，位于加拿大新布伦瑞克省弗雷德里顿市。

英属哥伦比亚大学

英属哥伦比亚大学是加拿大著名的 8 所大学之一。成立于 1908 年，距今已有 100 多年历史。英属哥伦比亚大学以其极高的声望和影响力，以及广泛的专业设置，吸引成千上万的国内外学生前来就读。英属哥伦比亚大学不仅是北美名牌大学之一，在国际上也享有盛誉。

与造纸相关的有制浆造纸中心。

魁北克大学三河分校

魁北克大学是为了满足魁北克社会发展需要于 20 世纪 70 年代成立的一所法语大学，由分布在魁北克省几个重要地区的 10 个分校组成，是目前加拿大办学规模最大，在校学生最多的大学。魁北克大学各个分校及学院既有合作又保持相对独立，其办学方向及课程设置各具特色，其中，蒙特利尔分校(UQAM)规模最大，三河分校(UQTR)位居第二。

三河分校地处魁北克省中心地带，位于美洲第二大法裔文明古城三河市内，建校于 1969 年，开设了包括本科、硕士、博士 3 个阶段的教育，近 150 个专业的课程，现有学生 11000 多人，其中，包括来自 57 个国家的近 900 名国际学生。

魁北克大学三河分校的办学特色在于其“以人为本，研究为上”的办学方针和宽松的学习研究氛围。全校共有约 20 多个研究团队，集中在纸浆与造纸、生物工程、工业电子、中小型企业管理等领域，具备极强的科研实力。对于母语不是法语的国际学生而言，三河分校的另一个显著特点及优势是设有帮助学生更快融入法语学习的国际法语学院。

麦吉尔大学

麦吉尔大学(McGill University)，坐落在加拿大魁北克省蒙特利尔市，于 1821 年遵循 James McGill 先生的遗嘱所建，百年来一直在国际上极负盛誉，历史上与哈佛大学齐名，是一所蜚声全球的世界顶尖研究型大学。麦吉尔大学吸引了加拿大、美国及世界各地最优秀的学生，其新生入学平均分数位居加拿大第一，是全加拿大最难申请的大学。麦吉尔大学有着辉煌历史和非凡成就，长期以来，在欧美声誉崇高，极受推崇和青睐。教学及研究水准被认为可媲美美国八大常春藤盟校，其研究水平享誉世界，被称为“北方哈佛”。多次名列加拿大第一，世界大学排名前 20 位。

与造纸相关的有环境工程、生物资源工程。

麦克马斯特大学

麦克马斯特大学成立于 1887 年，位于加拿大安大略省汉密尔顿市。作为加拿大中型规模的大学，麦克马斯特大学以其独特的创新性和求实理念而成为加拿大最著名的大学之一。其革新性的教学，具有国际竞争性的奖学金和研究成果人所共知。在加拿大一流大学评比中，麦克马斯特大学连年被誉为最富有创造力与革新精神的学府。麦克马斯特大学在能源、材料、制造、机械等传统工业方面的研究能力首屈一指，在数字通信和计算机硬件等高科技领域也堪称一流。

制浆造纸研究中心归属化学工程系。

多伦多大学

多伦多大学是加拿大最古老、最著名的公立大学之一，学校始于1827年英国乔治四世颁布的皇家宪章，是殖民时代加拿大最早建立的高等学府。受英国大学制度影响，多伦多大学是美洲少数实行独立书院制的学府，各书院享有高度自治权。多伦多大学共有3个校区，分别是位于乔治校区（St-George Campus），也是多伦多大学的主校区；位于士嘉堡的士嘉堡校区（University of Toronto at Scarborough）；以及位于密西沙加的密西沙加校区（University of Toronto at Mississauga）。多伦多大学以其极高的声望和影响力，吸引了世界各地的大批优秀学生前来就读。多伦多大学已连续多年位于加拿大国内大学排名榜榜首，被公认为加拿大综合实力最强的顶尖学府。

制浆造纸中心归属于化学工程和应用化学系，始建于1987年，由Doug Reeve教授创建。

肯高迪亚大学

肯高迪亚大学是加拿大一所综合性的公立大学，学校位于加拿大魁北克省蒙特利尔市。该校也是加拿大最大的高等教育机构之一。肯高迪亚大学的学术根源可以追溯到19世纪后期，学校最早作为2个独立的学校存在——基督教经营的罗耀拉大学和香港中华基督教青年会的乔治·威廉姆斯大学。学校在1974年由这2个机构合并而成，名字来源于蒙特利尔市的座右铭——肯高迪亚萨卢斯，意味着安宁和睦。据巴黎高等矿业学院的全球排名统计，肯高迪亚大学毕业生占据财富五百强CEO位置的比例加拿大排名第一，世界排名第33名。肯高迪亚大学也是公认的加拿大顶级的工程学院之一。

湖首大学

湖首大学于1946年成立，位于安大略省的桑德贝市。学校靠近五大湖之一的苏必利尔湖。大学地处市中心，拥有良好的天然教育环境与天然实验室。

澳大利亚（AUSTRALIA）

莫纳什大学

莫纳什大学是澳大利亚规模最大的国立大学之一，始建于1958年。莫纳什大学是澳大利亚八大名校之一，是一所国际性的大学，在墨尔本本部有6个校区；在南非、马来西亚设有分校；在全球共设有75个研究中心，此外还与美洲、亚洲、非洲、中东地区、欧洲超过110个研究中心建立了全球化研究网络与交流链接。2014年，该校将其吉普斯兰校区分离出来，与原巴拉瑞特大学合并成了澳大利亚联邦大学。莫纳什大学设有十大学院，包括艺术与设计学院、文学院、商学与经济学院、教育学院、工程学院、信息技术学院、法学院、医学护理与健康学院、制药学院以及理学院。学校的优势学科有商业与经济学、信息技术、教育、艺术与设计、工程学、法律、医学等。莫纳什大学被评为澳大利亚五星级大学。

澳大利亚制浆造纸研究院成立于1989年，是莫纳什大学化学工程系的一部分。

悉尼大学

悉尼大学（The University of Sydney）是一所世界顶尖研究型学府，始建于1850年，是澳大利亚第一所大学。悉尼大学是澳大利亚6所砂岩学府（Sandstone Universities）之一，也是澳大利亚八大名校（Group of Eight）的核心盟校成员，国际著名研究型大学联盟组织环太平洋大学联盟（APRU）、亚太国际贸易教育暨研究联盟（PACIBER）的成员大学之一。

与造纸相关专业有可持续技术、化学与生物分子工程。

日本（JAPAN）

东京大学

东京大学诞生于1877年，初设法学、理学、文学、医学4个学部，是日本第一所国立大学，也是亚洲最早的西制大学之一。学校于1886年更名为帝国大学，这也是日本建立的第一所帝国大学。1897年，易名东京帝国大学，以区分同年在京都创立的京都帝国大学；1947年9月，正式定名为东京大学。

造纸相关：农业与生命科学院生物材料科学系木材化学实验室。

北海道大学

北海道大学是日本一所国立大学，也是历史上7所旧制帝国大学之一，建立于1876年，1918年开设大学教育。硕士、博士专业开设有文学研究科、教育学研究科、法学研究科、经济学研究科、理学院研究院、医学研究科、齿学研究科、药学研究科、工学研究科、农学院研究院、兽医学研究科、水产科学院、水产科学研究院、国际广报媒体研究科、情报科学研究科、环境科学院、地球环境科学研究院、生命科学院、先端生命科学研究院、公共政策学教育部、连协研究部。大学附属研究所包括低温科学研究所、电子科学研究所、遗传因子病制御研究所、机器分析中心、高等教育机能开发综合中心、高等法政教育中心、综合博物馆等。在日本高等教育学府中占有举足轻重的地位。

造纸相关：农学院，工学院，环境学院。

韩国(KOREA)

忠北国立大学

忠北国立大学位于韩国忠清北道清州市，至今已有半个世纪的历史，是韩国的主要 10 所大学之一。自 1957 年大学最初以清州初级农业学院成立以来，现今忠北国立大学已经成长为在韩国教育和研究领域处于领先地位的综合机构。大学共设有 12 个学院，包括人文学院、社会科学学院、自然科学学院、商业管理学院、工程学院、农生学院、法学院、教育学院、人类生态学院、兽医学院、制药学院、医学院，10 个学校，55 个系和 6 个研究生院。

大学在信息通讯、保健医疗、生命工程、农业、林业、水产业等方面独具特色，特别是被指定为国家重点支援大学。

造纸相关：农生学院木材与造纸科学系。

忠南大学

忠南大学是韩国一所 4 年制国立大学，于 1952 年成立，地处具有韩国“硅谷”之称的大德研究基地。忠南大学共开设了 13 个研究生院(包括一般研究生院、经营研究生院、教育研究生院、行政研究生院、保健研究生院、产业研究生院、专利法务研究生院、安全保障研究生院、医学专门研究生院、法学专门研究生院、分析科学技术研究生院、绿色能源技术专门研究生院、新药专门研究生院)、15 个单科学院(人文学院、社会科学学院、自然科学学院、经商学院、工科学院、农业生命科学学院、法学院、医学院、药学院、生活科学学院、艺术学院、兽医学院、师范学院、看护学院、生命系统科学学院)和 1 个自由专门学部。

造纸相关：生命科学与农业学院－生物质材料。

联系方式：Dept. of Biobased Materials, College of Life Science and Agriculture, Chungnam National University, Daejeon, South Korea。

江原大学

江原大学建校于 1947 年，为国立综合大学，位于韩国东北部的江原道省会城市春川，由 17 个本科大学(4 年制、5 年制)，5 个研究生院(硕士 2 年、博士 3 年、硕博连读 5 年)，2 个专门研究生院(法学专门研究生院、医学专门研究生院)，共有 288 个本科专业、120 个研究生专业、59 个博士生专业，已获得博士学位的教授占 99%。

大学设有造纸工学系。

首尔国立大学

首尔国立大学原名汉城大学，是韩国最有名望的国立大学，也是韩国三大名校之一。1946 年 10 月 15 日，根据《国立汉城大学设立相关法令》合并汉城附近 10 所学校成立汉城大学，合并的学校有：京城大学、京城法学专门学校、京城工业专门学校、京城矿山专门学校、京城医学专门学校、水原农林专门学校、京城经济专门学校、京城齿科医学专门学校、京城师范学校、京城女子师范学校。开设本科、硕士和博士课程，设立人文学院、社会科学院、自然科学院、看护学院、经营学院、理工科学院、农业生命科学学院、美术学院、法学院、生活科学学院、兽医学院、药学院、音乐学院、医科学院、自由专业学院、联合专业学院等本科学院。研究生院包括一般研究生院和专门研究生院，包括保健研究生院、行政研究生院、环境研究生院、国际研究生院、齿科研究生院、经营专门研究生院、医学研究生院、法学研究生院、融合科学技术研究生院。

造纸相关：农业与生命科学学院林业科学系。

联系方式：Department of Forest Sciences, College of Agriculture and Life Sciences, Seoul National University, 151－921, Seoul, Korea。

庆熙大学

庆熙大学是 1949 年创办的一所综合性大学，是韩国的著名高等学府，现有 3 个校区及 20 多个系科，分布在首尔、水原和光陵。现已是代表韩国的最佳私立大学之一，在韩国排名第 5 位。该校至今开设了人文、社会、理工、医学、艺术、体育等方面的 100 多个专业，其中，经营学、经济学、医学、新闻信息学方面的研究业绩尤为突出，而且正积极引入酒店观光经营学等新学部制度。

庆熙大学开设 26 个学院和 16 个研究生院，并设有庆熙网络大学。庆熙大学开设本科、硕士、博士课程。

造纸相关：化学工程、环境工程、环境化学及新材料科学、高分子纤维新材料。

联系方式：Center for Environmental Studies，Department of Environmental Science and Engineering，Kyung Hee University，Seocheon-dong 1，Gyeonggi-Do，446－701，Korea。

印度尼西亚（INDONESIA）

茂物农业大学

茂物农业大学（IPB）兼具农、林、渔、畜以及社会科学的多种学科和领域的综合性大学，尤其热带作物研究处于世界领先水平。

马来西亚（MALAYSIA）

马来西亚国民大学

马来西亚国民大学是一所马来西亚教育部和我国教育部一致认可的公立大学。创立于1970年，是马来西亚一所极负盛名的综合性大学，同时也是马来西亚政府创办的第3所公立大学。学校排名居全亚洲前20位，具备学士、硕士、博士颁发资格，其工程和科技专业一直处于国内大学的领先水准。学校共设有12个学院，作为一所综合性大学，专业非常广泛，包括文科、理科、商科、教育、工程、法律、医学、伊斯兰研究等各类学科。

造纸相关：材料科学、环境科学。

泰国（THAILAND）

亚洲理工学院

亚洲理工学院（Asian Institute of Technology，简称AIT），始创于1959年，当时是东盟为了促进亚洲高级工程方面的教育而成立的，1967年11月开始正式使用目前的学院名称。现已发展成为由全世界许多国家和地区的政府（包括我国政府）、国际组织、基金会、商务机构和个人资助的亚洲最大的国际性研究生院之一。

亚洲理工学院位于泰国巴吞他尼府，是泰国一所私立性综合大学。由4个学校构成：高级技术学校、内部工程学校、环境资源与开发学校和管理学校。每一个学校都具有授予博士学位、硕士学位及学士学位的资格。

造纸相关：制浆与造纸技术，环境工程管理。

印度（INDIA）

印度理工学院卢克里分校

印度理工学院是由印度政府所建设，被称为印度“科学皇冠上的瑰宝”，是印度最顶尖的工程教育与研究机构。印度理工学院培养的IT人才遍及世界各地，美国硅谷更是这些IT人才的聚集地。印度理工学院为印度软件业在世界范围内的成功作出了不可磨灭的贡献。

印度理工学院创建于1951年，在全国共设有7所校区，分别是：德里（Delhi）理工学院、坎普尔（Kanpur）理工学院、卡哈拉格普尔（Kharagpur）理工学院、马德拉斯（Madras）理工学院、孟买（Mumbai）理工学院、瓜哈提（Guwahati）理工学院和卢克里（Roorkee）理工学院。

卢克里理工学院的基础学科领域有：化学、地球科学、人类学、物理和数学；工程学科领域有：建筑、生物、化工、土木、地震、电力、电子与计算机、机械与工业、冶金以及造纸；应用研究领域有水文地理学、管理和水资源。

伊朗（IRAN）

古尔甘农业科学和自然资源大学

古尔甘农业科学和自然资源大学成立于1957年，大学设置9个学院，包括本科及研究生共2800人。大学位于历史古城戈勒斯坦省（Golestan）的戈尔甘市（Gorgan）。

造纸相关：制浆造纸系，林业和木材技术。

伊斯兰自由大学

伊斯兰自由大学是世界上第三大大学，世界上第一大的私立大学。总部位于伊朗德黑兰。成立于1982年，150万名在校生，在国内及国外有100多个分支机构。

造纸相关：农业科学与自然资源系。

德黑兰大学

德黑兰大学是伊朗最古老的现代化大学，也被称作“伊朗的母亲大学”，被冠以“伊朗最好的大学”的美誉。提供111个学士学位项目，177个硕士学位项目及156个博士学位项目。

造纸相关：自然资源系。

奥地利(AUSTRIA)

维也纳农业大学

维也纳农业大学是奥地利的一所公立高等院校，成立于 1872 年。该校教学与研究方向以自然科学、工程学和社会经济学等专业为主。现设有多个专业院系：材料科学与工艺技术、生物技术、水 - 大气 - 环境、纳米生物技术、化学、综合生物学和生物多样性研究、食品科学与技术、景观空间与基础设施、经济学和社会学、可持续发展农业体系、工程学与自然灾害、森林与土壤科学、应用植物科学与植物生物技术、农业生物技术和应用遗传学和细胞生物学等学院。维也纳农业大学本科课程有：食品学与生物技术、环境与生物资源管理、木材研究、农业学等；硕士专业课程有：环境与生物资源管理、景观规划与景观设计、水资源与环境、森林资源、动物学、农业生物学等；博士学位课程有：土地开垦、社会经济学。此外，维也纳农业大学还为留学生提供德语培训课程。

英国(ENGLAND)

伯明翰大学

伯明翰大学(University of Birmingham)，位于英国第二大城市伯明翰市，始建于 1825 年，世界百强名校，英国顶尖学府，在英国乃至全世界一直享有极高美誉。英国著名的 6 所“红砖大学”之一，英国名校联盟“罗素大学集团”和国际大学组织“Universitas 21”的创始成员。伯明翰大学以其优秀的教学质量与科研水平在国际上享有较高声誉。

造纸相关：环境科学。

威尔士大学

威尔士大学是一所联合大学，于 1893 年根据英国皇家宪章成立。2007 年学校由联邦制改为独立机构，从而使其旗下的几所大学于 2008 年获得自主授予学位的权利，并就此成为独立的教育机构，如邦格大学、斯旺西大学、艾伯瑞斯特维斯大学等。威尔士大学因其注重教育而广为人知。

威尔士大学由 6 所分校和 2 所学院组成，这 6 所大学和 2 所学院承担了威尔士大学主要的教学和科研任务。威尔士大学是其分校和英国国内外数十所成员学院的学位证书颁发的认证和管理机构，在国内外有较大的影响。学校开设从预科到博士各种层次的专业课程，包括表演、古代史、人类学、应用哲学、考古学、中国研究、古典研究、算法、创意写作、神学、数码插图、英语与英语教学、历史学、管理与信息技术、摄影、心理学、小学教育、宗教研究、体育、旅游等。学校同时开设网络教育，主要提供研究生阶段学位和证书课程。

造纸相关：生物合成研究中心。

法国(FRANCE)

巴黎综合理工大学

巴黎综合理工大学，系 1794 年创立的法国工程师学校，创立时校名为“中央公共工程学院”。它是一所公立的教学、科研机构，隶属于法国国防部。从 2007 年起，综合理工大学成为法国高等教育和科研的核心之一——巴黎高科集团的创立成员。

巴黎综合理工大学每届培养 500 名工程师学生。学校还培养博士生(从 1985 年起)和硕士生(从 2004 年起)。“综合理工人”毕业后大多进入法国或者国际上的私有企业，还有 20% 的优秀毕业生选择进入国家高级机关单位。

麻省理工学院和哥伦比亚大学认为它是法国最负盛名的工程师大学。在世界大学排行中，《泰晤士报》将巴黎综合理工大学排在第 34 位；在上海交通大学的排名中位居第 201 位；巴黎矿业学校的“国际高等教育机构专业排名”将其排在第 14 位。

格勒诺布尔理工大学

格勒诺布尔理工大学(又称 le groupe Grenoble INP)成立于 2007 年，是由创办于 1970 年的国立格勒诺布尔理工学院和创建于 1900 年的电气学院合并而成。到 2008 年年初，国立格勒诺布尔综合理工学院是由 6 所工程师学院(土木工程学院，流体机械及环境工程学院，应用数学与信息学院，物理、电子与材料学院，国际造纸工程、印刷通讯和生物材料学院，先进系统与网络学院)、1 个工程师预科班(与洛林国立理工学院和图卢兹国立理工学院合作开办)、1 所博士生研究院和 26 个研究实验室所组成的联合体。学校主要开设的专业有：电力工程、信号处理、自动化技术、造纸工程、材料、电化学、工艺工程、机械工程、土木工程、电子学与电信、计算机信息与应用数学、核物理、固体物理、工业工程、先进工业系统。学校每年可以提供 1100 个文凭和近 200 篇博士研究论文。

下设的造纸与印刷工程学院建立于 1988 年，

是一所国际性的关于造纸、印刷通信及生物材料的学校。该校是欧洲最大的工程师培训中心，属于格勒诺布尔省。法国造纸与印刷工业学校获得了 ISO 9001 认证，为有关文件印刷、包装和环境等方面培养未来的领导人。该校课程设置广泛，有很多与基础工程相结合的涉及具体课程的选择性学科，不断适应行业的需要，随着社会的发展而发展。学校还提供了对数字信息管理的专业执照，制定了与欧洲大学合作的国际培训。该校与工业界建立了密切的合作伙伴关系，每年允许 60 个毕业生能够获得在法国甚至国外的学习机会。在纸浆和纸张工程实验室进行有助于改善流程的创新研究，以满足特定的环保要求。该校所有的这些活动都确保得到科学技术发展中的前沿教育。

芬兰(FINLAND)

阿尔托大学

阿尔托大学是一所具有古老建校历史，拥有百年经验的北欧知名全新大学，在欧洲乃至全世界享有盛誉。阿尔托大学是由欧洲顶尖级理工类院校赫尔辛基理工大学(Helsinki University of Technology)和北欧最大的艺术类院校赫尔辛基艺术设计大学(The University of Art and Design Helsinki)、全欧洲第一所商学院赫尔辛基经济学院(The Helsinki School of Economics)3 所芬兰著名大学合并建立而成，这 3 所大学分别是理工类、艺术类、经济类所属专业领域的佼佼者。世界排名第 180 位左右，国家高校排名第 2 位。

赫尔辛基理工大学于 1849 年成立于赫尔辛基市，1908 年升级为大学。目前有 246 位教授任职，超过 15000 名注册学生，分设 12 个科系，19 个学位项目。阿尔托大学颁发以下方面学位：工程学位、建筑学位、环境设计学位。

造纸相关：科技学校化学与材料科学学院林产工艺系：木材科学方向、生物质精炼方向、生物质材料方向。

埃博学术大学

埃博学术大学建于 1918 年，是一所瑞典语教学的公立大学。埃博学术大学下辖 7 个学院，分别是：艺术学院、数学与自然科学学院、经济与社会科学学院、技术学院(该学院下设信息技术系与化学工程系)、神学院、教育学院、社会与保健科学学院。埃博学术大学的主要授课语言为瑞典语，但为了吸引国际学生，该校还开设了 4 个英语授课的硕士学习项目，包括化学工程、电子与移动商务、嵌入式计算以及国际人权法。

造纸相关：纤维与纤维素工艺技术实验室。

赫尔辛基大学

赫尔辛基大学是位于芬兰首都赫尔辛基的世界级著名高等学府。1640 年创建于芬兰古都土尔库，1828 年迁至赫尔辛基。赫尔辛基大学以其悠久的历史，丰富的藏书，一流的设备，齐备的专业以及杰出的成就，闻名欧洲。它同时也是芬兰在国际上享有盛誉的著名高等学府，全球广泛使用的 Linux 操作系统于 1991 年 10 月 5 日诞生于此。世界排名第 60 位左右，国家高校排名第 1 位。

造纸相关：森林与环境工程。

坦佩雷理工大学

坦佩雷理工大学是芬兰第二大理工科类大学。约有教职员工 1800 名，其中，80% 从事教学和科研工作。学生人数为 11700 名，有 120 名海外学生在此攻读硕士学位，130 名攻读博士学位。近年来，坦佩雷理工大学吸引了越来越多的国外学生的关注，仅 2003 年就有 400 名本科交换学生。

造纸相关：造纸与包装。

奥卢大学

奥卢大学是芬兰北部城市奥卢的一所公立综合性大学，是 LAOTSE 成员学校。1958 年 7 月 8 日，奥卢大学正式成立。最早设立的学科主要为理科、工科和师范类。奥卢大学设有 6 个学院，分别是人文学院、教育学院、理学院、医学院、经济学院以及工学院。奥卢大学以研究生层次的教育为主，专业有：教育与全球化、财政与管理会计、国际商务、财政与经济学、蛋白质科学与技术、环境工程、建筑设计、极地地区的健康和福利等。

塞马应用科技大学(原南卡列里拉理工学院)

南卡列里拉理工学院位于芬兰的南芬兰省，其校区分布在该省的拉彭兰塔城和伊马特拉城，现更名为塞马应用科技大学。下辖工商管理学院、美术设计学院、卫生保健与社会服务学院、技术学院、旅游与酒店管理学院 5 个学院。塞马应用科技大学提供本科与硕士层次的高等教育，其主要授课语言为芬兰语，但为了吸引国际学生，该校还开设了一部分用英语授课的专业。塞马理工学院的本科专业有：国际商务、工商管理学、视觉艺术、设计、紧急救护、物理疗法、护理学与卫生保健、社会服务、职业病治疗、机械工程与生产、机械与制造技术、物流学、造纸技术、土木与施工工程、电气工程等，硕士专业为英语授课的工商管理学（国际商业管理方向）。

造纸相关：造纸技术。

德国（GERMANY）

弗里德里希·席勒－耶拿大学

弗里德里希·席勒－耶拿大学简称“耶拿大学”，位于德国图林根州耶拿市。耶拿大学正式成立于1558年，是一所公立的综合型大学，也是德国最古老的大学之一。

翻看耶拿大学的光辉历史，众多世界名人曾在耶拿大学讲学和进行学术研究，他们的成功和名望推动了耶拿大学成为德国学术科研的中心，耶拿市也成为闻名德国和欧洲的大学城。

德国达姆施塔特工业大学

德国达姆施塔特工业大学（Technische Universitat Darmstadt）成立于1877年，是一所世界知名的综合性大学，现有学生25000人，教职工4000人，在德国大学中综合排名前20位，工学排名第2位。该校的工程学、计算机科学和政治学等领域在国际上享有较好声誉。目前，与清华大学、同济大学、南京大学、西安交通大学、大连理工大学、香港大学、香港理工大学开展了广泛的合作与交流。

挪威（NORWAY）

挪威科技大学

1996年挪威科技大学由Tyrondeheim大学发展而成，Tyrondeheim大学是由挪威技术学院、艺术科学学院、自然历史和考古博物馆合并而成。下有7个二级学院、74个系，包括农业与美术学院、艺术学院、信息技术、数学、电气工程学院、工程科学和技术学院、药学院、自然科学与技术学院、社会科学和技术管理学院。共有在校生2000人，其中700名为外国留学生。大学每年将授予2000个专业硕士或博士学位。学校有教职工3300人。学校占地面积50公顷，学校图书馆藏书250万册，收集杂志15000册。

造纸相关：化工系生物精炼和纤维技术组。

葡萄牙（PORTUGAL）

阿威罗大学

阿威罗大学成立于1973年，迅速成为最具活力和创新的大学之一。阿威罗大学拥有近15000名学生就读本科和研究生。学校的研究领域有：环境科学与教育、自然科学与教育、数学教育、英语、葡萄牙语、葡萄牙语、法语、教育与素质教育、幼儿教育到高等教育的教师培训、工业管理、音乐、旅游、材料、工业化学品和新技术。

造纸相关：环境科学与工程。

瑞典（SWEDEN）

卡尔斯塔德大学

卡尔斯塔德大学位于瑞典卡尔斯塔德市，是一所公立大学。下设有5个系：经济学系、通讯及信息技术系、科学技术系、社会与生命科学系和艺术与教育系。大学开设了门类丰富的本科与研究生专业，包括化学、生物学、商业管理、化学工程、比较文学、计算机科学、教育学、教育工作、英语、环境和能源系统、人类地理学、信息系统、材料工程、数学、媒体和通信、护理学、物理、政治学、心理学、公共卫生学、宗教学和神学、社会学、工作生命科学、计算机科学、能源和环境工程、工程物理、地理信息系统工程、工业工程与管理、信息技术、测绘学、机电工程、创新与设计工程、信息技术、生物医学分析药剂、牙科保健等。

造纸相关：纸张表面处理中心，制浆造纸技术中心。

皇家理工学院

皇家理工学院（KTH）位于瑞典首都斯德哥尔摩市，建于1827年，与芬兰的赫尔辛基理工大学（TKK）并称为斯堪的纳维亚半岛上最大的理工类高校，同时也是欧洲理工大学的顶尖院校之一。皇家理工学院开设有丰富的英语和瑞典语授课的本科和硕士专业，如化学工程与技术、生物技术、建筑照明设计、经济创新和增长、环境和可持续的基础设施工程、大地测量学和地理信息、基础设施工程、土地管理、房地产管理、空间规划、运输系统、城市规划和设计、水系统技术、化学科学与工程、电力工程、材料科学与工程、数学、科学计算法、航空航天工程等。

造纸相关：纤维与聚合物技术学院。

（田　超）

我国制浆造纸工业图书出版目录

List of Books Related to the Pulp and Paper Industry in China

一、中国轻工业出版社造纸工业图书出版目录

1. 造纸专业科学与技术图书

序号	书名	著者	定价/元	开本	书号
1	中高浓制浆造纸技术的理论与实践(精装)——“十一五”国家重点图书/国家科学技术学术著作出版基金	陈克复　主编	60.00	16 开	ISBN978-7-5019-5877-1
2	制浆造纸现代节水与污水资源化技术——“十一五”国家重点图书出版规划项目	林跃梅　主编	58.00	异 16 开	ISBN978-7-5019-6844-2
3	纸张颜料涂布与表面施胶——芬兰造纸科学技术丛书 11 分册	[芬]Esa · Lehtinen 著/曹邦威　译	88.00	16 开	ISBN7-5019-4651-5
4	制浆造纸工业的环境治理——造纸科学与技术丛书	曹邦威　编著	45.00	异 16 开	ISBN978-7-5019-6054-5
5	制浆造纸节能新技术——造纸科学与技术丛书	刘秉钺　主编	58.00	异 16 开	ISBN978-7-5019-7114-5
6	纸和纸板的后加工——造纸科学与技术丛书	曹邦威　编著	38.00	异 16 开	ISBN978-7-5019-6643-1
7	造纸工业安全生产——造纸科学与技术丛书	万金泉　等编著	30.00	异 16 开	ISBN978-7-5019-7504-4
8	造纸助留剂与干湿增强剂的理论与应用——造纸科学与技术丛书	曹邦威　编著	58.00	异 16 开	ISBN978-7-5019-8146-5
9	当代废纸制浆技术——实用造纸技术丛书	陈庆蔚　编著	59.00	大 32 开	ISBN7-5019-4827-5
10	造纸毛毯技术与应用——实用造纸技术丛书	吕向阳　等编著	25.00	16 开	ISBN978-7-5019-6996-8
11	造纸车间技术管理的优化及技术支持——实用造纸技术丛书	张承武，段永成 编著	18.00	大 32 开	ISBN978-7-5019-6953-1
12	制浆造纸厂化验室化验检验方法——实用造纸技术丛书	吴　楠　等编著	42.00	16 开	ISBN978-7-5019-6868-8
13	英汉造纸工业词汇	许向阳　编	50.00	32 开	ISBN7-5019-4269-2
14	英汉-汉英造纸工业词汇	许向阳　编	80.00	32 开	ISBN978-7-5019-6966-1
15	造纸辞典	刘仁庆　编著	35.00	大 32 开	ISBN7-5019-5153-5

续表

序号	书名	著者	定价/元	开本	书号
16	中国造纸原料纤维特性及显微图谱	王菊华　主编	200.00	16开	ISBN978-7-5019-2345-0
17	简明中国手工纸(书画纸)及书画常识辞典	刘仁庆　编著	39.00	异16开	ISBN978-7-5019-6391-1
18	纸浆性质软测量原理与技术——造纸科学与技术专著丛书	刘焕彬　著	55.00	16开	ISBN978-7-5019-6629-5
19	废纸回用过程中胶黏物障碍与控制——造纸科学与技术专著丛书	王双飞，骆莲新编著	35.00	16开	ISBN978-7-5019-6954-8
20	纸包装结构设计(第二版)	孙　诚　著	35.00	异16开	ISBN7-5019-5216-7
21	造纸趣话妙读	刘仁庆　著	28.00	大32开	ISBN978-7-5019-6055-2
22	最新纸机抄造工艺	[美]B. A. Thorp 编/曹邦威　译	98.00	16开	ISBN7-5019-2536-4
23	制浆造纸手册——第九分册-纸张抄造	张承武　主编	68.00	大32开	ISBN7-5019-2004-4
24	造纸工业环境工程导论	万金泉，马邑文编著	30.00	大32开	ISBN7-5019-4935-9
25	造纸湿部化学原理及其应用	张光华　编	16.00	大32开	ISBN7-5019-2254-3
26	工业纸板制造与应用	李锡香　编著	25.00	大32开	ISBN7-5019-2562-3
27	制浆造纸节能技术	刘秉钺　编著	30.00	大32开	ISBN7-5019-2405-8
28	麦草浆碱回收技术指南	张　珂　主编	23.00	大32开	ISBN7-5019-2461-9
29	纸加工原理与技术	张美云　编著	34.00	大32开	ISBN978-7-5019-2127-X
30	制浆技术问答(第二版)	梁实梅　编著	40.00	大32开	ISBN7-5019-4270-6
31	制浆造纸工业环境管理	联合国环境署　著	23.00	大32开	ISBN7-5019-2236-5
32	最新碱法制浆技术	曹邦威　译	98.00	16开	ISBN978-7-5019-1417-3
33	表面活性剂在造纸中的应用技术	张光华　编著	25.00	大32开	ISBN978-7-5019-3083-8
34	棉短绒制浆概论	陈嘉川　编著	35.00	16开	ISBN978-7-5019-7894-6
35	制浆造纸工艺计算手册	王忠厚，许志晔主编	68.00	16开	ISBN978-7-5019-8037-6
36	中国造纸工业绿色进展及其工程技术	陈克复　主编	70.00	16开	ISBN978-7-5184-0659-3
37	现代造纸机械状态监测与故障诊断	张　辉　主编	50.00	16开	ISBN978-7-5019-9188-4
38	江苏造纸简史	张　辉　主编	48.00	异16开	ISBN978-7-5019-9545-5
39	植物纤维资源化学	李忠正　主编	79.00	16开	ISBN978-7-5019-8701-6
40	中国造纸年鉴 2018	中国造纸学会 编	300.00	16开	SBN978-7-5184-2042-1
41	山东造纸产业转型升级理论与实践研究	邹志勇 王泽风 编著	98.00	16开	ISBN978-7-51840805-4
42	制浆技术——造纸及其装备科学技术丛书	詹怀宇　主编	89.00	16开	ISBN978-7-5019-8866 +2
43	造纸技术——造纸及其装备科学技术丛书	张美云　主编	68.00	16开	ISBN978-7-5019-9488-5
44	纸张结构与印刷适性——造纸及其装备科学技术丛书	周景辉　主编	60.00	16开	ISBN978-7-5019-9014-6
45	制浆造纸经济学——中芬合著：造纸及其装备科学技术丛书(中文版)第一卷	姜丰伟，曹振雷，胡楠　著	68.00	16开	ISBN978-7-5019-8692-7

续表

序号	书名	著者	定价/元	开本	书号
46	禾草类纤维制浆造纸——中芬合著：造纸及其装备科学技术丛书（中文版）第二卷	李忠正　著	68.00	16开	ISBN978-7-5019-9156-3
47	化学制浆Ⅱ化学品和能量回收——中芬合著：造纸及其装备科学技术丛书（中文版）第三卷	刘秉钺　等译著	120.00	16开	ISBN978-7-5019-8118-2
48	环境管理和控制——中芬合著：造纸及其装备科学技术丛书（中文版）第四卷	程言君　等译	68.00	16开	ISBN978-7-5019-9735-0
49	森林资源的生物质精炼——中芬合著：造纸及其装备科学技术丛书（中文版）第五卷	孙润仓　等译	68.00	16开	ISBN978-7-5019-9736-7
50	机械制浆——中芬合著：造纸及其装备科学技术丛书（中文版）第六卷	詹怀宇　等译著	140.00	16开	ISBN978-7-5184-0036-2
51	化学制浆Ⅰ——中芬合著：造纸及其装备科学技术丛书（中文版）第七卷	刘秋娟　等译著	200.00	16开	ISBN978-7-5184-0668-5
52	造纸化学——中芬合著：造纸及其装备科学技术丛书（中文版）第八卷	张素风　等译著	90.00	16开	ISBN978-7-5184-0588-6
53	造纸Ⅰ纸料制备与湿部——中芬合著：造纸及其装备科学技术丛书（中文版）第九卷	刘温霞　等译著	140.00	16开	ISBN978-7-5184-0494-0
54	造纸Ⅱ干燥——中芬合著：造纸及其装备科学技术丛书（中文版）第十卷	张　辉　等译	190.00	16开	ISBN978-7-51841912-8
55	造纸Ⅲ纸页完成——中芬合著：造纸及其装备科学技术丛书（中文版）第十一卷	何北海　等译	110.00	16开	ISBN978-7-51841102-3
56	森林资源与可持续性管理——中芬合著：造纸及其装备科学技术丛书（中文版）第十二卷	殷锡纬　等译著	160.00	16开	ISBN978-7-5184-0997-6
57	纸和纸板加工——中芬合著：造纸及其装备科学技术丛书（中文版）第十三卷	张美云　等译著	100.00	16开	ISBN978-7-5184-1105-4
58	纸和纸板品种——中芬合著：造纸及其装备科学技术丛书（中文版）第十四卷	庄金风　等译	58.00	16开	SBN978-7-5184-2451-1
59	纸张物理性能——中芬合著：造纸及其装备科学技术丛书（中文版）第十五卷	刘金刚　等译	100.00	16开	ISBN978-7-5184-1337-9
60	材料及其防腐和维护——中芬合著：造纸及其装备科学技术丛书（中文版）第十六卷	周　耘　等译	110.00	16开	ISBN978-7-5184-1355-3
61	森林产品化学——中芬合著：造纸及其装备科学技术丛书（中文版）第十七卷	冯文英　等译	90.00	16开	ISBN978-7-5184-1499-4
62	造纸过程控制与维护管理——中芬合著：造纸及其装备科学技术丛书（中文版）第十八卷	沈文浩　等译	120.00	16开	ISBN978-7-5184-1505-2
63	纸浆与纸张检测——中芬合著：造纸及其装备科学技术丛书（中文版）第十九卷	吕卫军　等译	80.00	16开	ISBN978-7-5184-1461-1

续表

序号	书名	著者	定价/元	开本	书号
64	纸张颜料涂布与表面施胶（第二版）——中芬合著：造纸及其装备科学技术丛书（中文版）第二十卷	王双飞　等译	160.00	16 开	ISBN978-7-5184-2385-9
65	回收纤维与脱墨——中芬合著：造纸及其装备科学技术丛书（中文版）第二十一卷	付时雨　等译	200.00	16 开	ISBN978-7-5184-1656-1
66	印刷媒体—原理、过程和质量——中芬合著：造纸及其装备科学技术丛书（中文版）第二十二卷	狄正军　等译	160.00	16 开	SBN978-7-5184-2085-8

2. 造纸专业高等学校专业教材

序号	书名	著者	定价/元	开本	书号
1	制浆造纸工程大全（第二版）——北欧及北美造纸专业本科教材	［加拿大］G. A. 斯穆克　著/曹邦威　译	50.00	16 开	ISBN7-5019-3132-1
2	造纸工业清洁生产原理与技术——教育部高等学校轻化工程教学指导委员会推荐特色教材	何北海　主编	34.00	16 开	ISBN7-5019-5681-2
3	制浆造纸概论——教育部高等学校轻化工程教学指导委员会推荐特色教材	刘　忠　主编	30.00	16 开	ISBN978-7-5019-5740-8
4	制浆造纸专业英语——高等学校专业教材	曹邦威，张东成　编	18.00	16 开	ISBN7-5019-5349-3
5	制浆原理与工程（第三版）——普通高等教育“十一五”国家级规划教材	詹怀宇　主编	58.00	16 开	ISBN978-7-5019-6532-8
6	造纸原理与工程（第三版）——普通高等教育“十一五”国家级规划教材	何北海　主编	58.00	16 开	ISBN978-7-5019-4411-3
7	纸页的结构与性能——教育部高等学校轻化工程教学指导委员会推荐特色教材	胡开堂　主编	40.00	16 开	ISBN7-5019-5060-1
8	植物纤维化学（第四版）——高等学校专业教材	裴继诚　主编	48.00	16 开	ISBN978-7-5019-8744-3
9	制浆造纸分析与检测——普通高等教育“十五”国家级规划教材	石淑兰　主编	48.00	16 开	ISBN7-5019-3920-9
10	制浆造纸机械与设备（上）（第三版）——普通高等教育“十一五”国家级规划教材	陈克复　主编	58.00	16 开	ISBN7-5019-8137-3
11	制浆造纸机械与设备（下）（第三版）——普通高等教育“十一五”国家级规划教材	陈克复　主编	58.00	16 开	ISBN7-5019-8221-9
12	制浆造纸助剂——高等学校专业教材	安郁琴，刘　忠　主编	28.00	大 32 开	ISBN7-5019-3925-X
13	制浆造纸污染控制——普通高等教育“十一五”国家级规划教材	刘秉钺　主编	35.00	16 开	ISBN978-7-5019-6271-6
14	制浆造纸工程设计——普通高等教育“十一五”国家级规划教材	王志杰　主编	34.00	16 开	ISBN978-7-5019-6660-8

续表

序号	书名	著者	定价/元	开本	书号
15	制浆造纸过程自动测量与控制(第二版)——普通高等教育"十一五"国家级规划教材	刘焕彬 主编	54.00	16开	ISBN7-5019-6886-2
16	加工纸与特种纸(第三版)——普通高等教育"十一五"国家级规划教材	张美云 主编	39.00	16开	ISBN978-7-5019-7130-5
17	热工基础与造纸节能(第二版)——教育部高等学校轻工与食品学科教学指导委员会推荐教材	刘秉钺 主编	36.00	16开	ISBN978-7-5019-7086-5
18	制浆造纸实验——普通高等教育轻工与食品专业实验类系列规划教材	王双飞 主编	23.00	16开	ISBN978-7-5019-7489-4
19	造纸湿部化学——普通高等教育"十一五"国家级规划教材	刘 忠 主编	35.00	16开	ISBN978-7-5019-7740-6
20	加工纸与特种纸实验教程——普通高等教育"十二五"规划教材	刘文波 主编	24.00	16开	ISBN978-7-5019-8847-1
21	现代造纸机械状态监测与故障诊断(第二版)——普通高等教育"十二五"规划教材	张 辉 主编	50.00	16开	ISBN978-7-5019-9188-4
22	现代造纸机械状态监测与故障诊断(第三版)——普通高等教育"十二五"规划教材	张 辉 主编	65.00	16开	ISBN978-7-5184-0833-7
23	制浆造纸工程设计——"十三五"普通高等教育本科规划教材	陈务平 主编	45.00	16开	ISBN978-7-5184-0819-1
24	制浆造纸污染控制(第二版)——"十二五"普通高等教育本科国家级规划教材	韩 颖 主编	55.00	16开	ISBN978-7-5184-0732-3
25	造纸技术实用教程——"十三五"普通高等教育本科规划教材	沙力争 主编	60.00	16开	ISBN978-7-5184-1270-9
26	制浆造纸概论——"十三五"普通高等教育本科规划教材	龚木荣 编著	45.00	16开	ISBN978-7-5184-2367-5
27	制浆原理与工程(第四版)——中国轻工业"十三五"规划教材	詹怀宇 主编	98.00	16开	ISBN978-7-5184-2487-0
28	造纸原理与工程(第四版)——中国轻工业"十三五"规划教材	何北海 主编	75.00	16开	ISBN978-7-5184-2661-4
29	加工纸与特种纸(第四版)——中国轻工业"十三五"规划教材	张美云 主编	60.00	16开	ISBN978-7-5184-2567-9
30	植物纤维化学(第五版)——中国轻工业"十三五"规划教材	裴继诚 主编	60.00	16开	ISBN978-7-5184-2889-2

3. 造纸专业高等职业教育教材(教育部高职高专制浆造纸技术专业教学指导分委员会规划教材)

序号	书名	著者	定价/元	开本	书号
1	制浆造纸分析与检验	林润惠 主编	36.00	大32开	ISBN7-5019-2662-6
2	制浆工艺及设备	邝守敏 主编	48.00	16开	ISBN7-5019-2912-2
3	造纸工艺及设备	吴葆敦 主编	45.00	16开	ISBN978-7-5019-2735-9
4	制浆造纸工厂设计概论	李土根 主编	36.00	16开	ISBN7-5019-2759-6

续表

序号	书名	著者	定价/元	开本	书号
5	制浆造纸专业英语	李桂芳　主编	15.00	大 32 开	ISBN7-5019-2795-2
6	纸加工技术	沙力争　主编	32.00	16 开	ISBN978-7-5019-6657-8/TS.3874
7	制浆造纸设备安装与维修(第二版)	李向华　主编	28.00	16 开	ISBN978-7-5019-7041-4
8	制浆造纸助剂及其应用技术	刘一山　主编	30.00	16 开	ISBN978-7-5019-7720-8
9	制浆技术(第三版)	陈向斌　主编	48.00	16 开	ISBN978-7-5019-9473-1
10	造纸技术(第三版)	郭　纬　主编	45.00	16 开	ISBN978-7-5184-1394-2
11	制浆造纸检验技术(第三版)	郭　纬　主编	38.00	16 开	ISBN978-7-5184-2333-0

4. 造纸专业技工教材

序号	书名	著者	定价/元	开本	书号
1	制浆造纸设备与操作(第二版)	王忠厚　主编	45.00	16 开	ISBN7-5019-5266-3
2	制浆造纸工艺(第二版)	王忠厚　主编	42.00	16 开	ISBN 7-5019-5205-1
3	长网纸机抄造	曹邦威，张周宏　编	18.00	大 32 开	ISBN7-5019-2167-9

5. 造纸工业行业标准

序号	书名	著者	定价/元	开本	书号
1	中国轻工业标准汇编(造纸卷)上册	本书编写组编	108	大 16 开	ISBN978-7-5019-7025-6
2	中国轻工业标准汇编(造纸卷)下册	本书编写组编	138	大 16 开	ISBN978-7-5019-7026-1

购书办法：各地新华书店，本社网站(http//www. chlip. com. cn)、当当网(http：//list. dangdang. com/01. 63. 18. htm)、卓越网(http：//www. joyo. com/)，邮购联系电话：010-65241695

造纸专业编辑林媛：010－85119815/1399084423@ qq. com

二、其他出版社制浆造纸工业图书出版目录

序号	书名	著者	出版单位	定价/元	开本	书号
1	制浆造纸仪表及自动化	陈　黔，张惠玲　编著	冶金工业出版社	28.00	16 开	ISBN978-7-5024-7494-2
2	制浆造纸化验(高级工)	赖建萍，陈　元　等编著	冶金工业出版社	25.00	16 开	ISBN978-7-5024-7493-5
3	制浆造纸机械与设备	金海兰，张　丹　等编著	化学工业出版社	30.00	16 开	ISBN978-7-1222-0351-9
4	制浆造纸技术专业英语	云　娜，曹晓瑶　编著	华南理工大学出版社	16.00	32 开	ISBN978-7-5623-3509-2
5	制浆造纸关键技术理论与实践	陈克复，杨仕党　等编著	华南理工大学出版社	50.00	16 开	ISBN978-7-5623-5095-8
6	制浆造纸行业全过程降污减排技术与评估方法	孙德智，张立秋　等编著	中国环境出版社	45.00	16 开	ISBN978-7-5111-1089-3
7	造纸废渣资源综合利用	汪　苹，宋　云　等编著	化学工业出版社	58.00	16 开	ISBN978-7-1223-0611-1
8	造纸工业三废资源综合利用技术	汪　苹，宋　云　等编著	化学工业出版社	80.00	16 开	ISBN978-7-1222-1150-7

续表

序号	书名	著者	出版单位	定价/元	开本	书号
9	2010—2011 制浆造纸科学技术学科发展报告	中国造纸学会编著	中国科学技术出版社	33.00	16 开	ISBN978-7-5046-5813-5
10	2016—2017 制浆造纸科学技术学科发展报告	中国造纸学会编著	中国科学技术出版社	68.00	16 开	ISBN978-7-5046-7943-7
11	无污染制浆新技术	中国科协学会学术部编著	中国科学技术出版社	18.00	16 开	ISBN978-7-5046-5042-9
12	生物质精炼技术与传统纸浆造纸工业	中国科协学会学术部编著	中国科学技术出版社	18.00	16 开	ISBN978-7-5046-6334-4
13	新概念造纸技术与纸基功能材料	中国科协学会学术部编著	中国科学技术出版社	18.00	16 开	ISBN978-7-5046-6765-6

（林　媛）

《Paper 360°》2018 年全球造纸排名前 75 位的公司及地域分布

Top 75 Paper Companies Selected by *Paper360°* in 2018 and Its Geographical Distribution

2018 年全球造纸排名前 75 位的公司(按销售额排名)

公司名称及总部地址	制浆、造纸及纸加工业务				2018 年纸及纸板生产量/万吨	雇员人数/个
	2018 年排名	2017 年排名	2018 年销售额/亿美元	同比/%		
International Paper(Memphis, TN, 美国)	1	1	233.060	7.2	2133.2	53000
Procter & Gamble(Cincinnati, OH, 美国)	2	2	180.800	-0.7	NA	92000
WestRock(Norcross, GA, 美国)	3	3	161.427	10.4	1175.4	45100
Oji Holdings Comapany(Tokyo, 日本)	4	4	140.459	4.4	1059.4	36309
UPM(Helsinki, 芬兰)	5	5	106.364	4.2	899.6	18978
Smurfit Kappa Group(Dublin, 爱尔兰)	6	6	105.597	4.4	750.0	46000
Stora Enso(Helsinki, 芬兰)	7	7	102.303	6.0	887.5	25880
Kimberly Clark(Dallas, TX, 美国)	8	8	93.970	2.8	NA	41000
Mondi(Addlestone, 英国; Johannesburg, 南非)	9	11	88.304	5.4	529.7	26100
Nippon Paper Industries Co., Ltd.(Tokyo, 日本)	10	9	85.142	-2.4	603.0	5671
Essity(Stockholm, 瑞典)	11	10	84.144	6.4	328.6	47222
DS Smith(Maidenhead, Berkshire, 英国)	12	12	82.326	13.8	973.4	27574
玖龙纸业(控股)有限公司(中国广东)	13	14	79.780	34.8	1500.0	16400
Packaging Corporation of America(LakeForest, IL, 美国)	14	13	70.146	8.8	462.4	15000
Metsä Group(Espoo, 芬兰)	15	21	64.366	55.1	244.5	9310
Graphic Packaging(Marietta, GA, 美国)	16	19	60.230	36.8	346.4	18000
Sappi(Johannesburg, 南非)	17	15	58.060	9.6	515.9	12645
Empresas CMPC(Santiago, 智利)	18	17	57.220	11.3	240.5	17949
Domtar(Montreal, QC, 加拿大)	19	16	54.550	5.8	272.1	10000
Sonoco Products(Hartsville, SC, 美国)	20	20	53.909	35.1	181.4	23000
Rengo(Osaka, 日本)	21	18	51.801	0.0	318.0	16980
Fibria Celulose(São Paulo, 巴西)	22	23	49.987	55.6	0	18300
中国纸业投资有限公司(中国北京)	23	新增	42.296	NA	29.0	13000

续表

公司名称及总部地址	制浆、造纸及纸加工业务				2018 年纸及纸板生产量/万吨	雇员人数/个
	2018 年排名	2017 年排名	2018 年销售额/亿美元	同比/%		
理文造纸有限公司(中国香港)	24	28	41.089	35.1	551.9	7800
Suzano Papel e Celulose(São Paulo，巴西)	25	26	36.775	27.8	130.0	9000
山东晨鸣纸业集团股份有限公司(中国山东)	26	22	36.735	-7.5	457.0	15191
安徽山鹰纸业股份有限公司(中国安徽)	27	37	36.680	42.3	460.0	11091
Cascades(Kingsey Falls，QC，加拿大)	28	24	35.879	7.6	292.5	11780
山东太阳纸业股份有限公司(中国山东)	29	31	31.511	10.3	300.5	8165
Arauco(Santiago，智利)	30	39	29.550	20.6	0	1725
Resolute Forest Products(Montreal，QC，加拿大)	31	33	29.330	8.0	287.5	7400
Ahlstrom-Munksjö(Helsinki，芬兰)	32	42	28.783	24.4	NA	6480
Daio Paper(Tokyo，日本)	33	30	28.662	0.9	351.8	9500
Mayr-Melnhof Karton(Vienna，奥地利)	34	34	27.594	0.0	166.4	9445
BillerudKorsnäs AB(Solna，瑞典)	35	35	27.256	6.0	264.1	4502
SCG Packaging Public Co.，Ltd.(Bangkok，泰国)	36	40	27.005	7.1	296.0	11000
Verso Paper(Memphis，TN，美国)	37	38	26.820	9.0	279.4	4400
Klabin(São Paulo，巴西)	38	29	26.506	-0.4	178.8	19000
Lenzing Group(Lenzing，奥地利)	39	36	25.685	-3.4	0	6839
Heinzel Group(Vienna，奥地利)	40	43	24.372	13.7	101.0	2493
Hokuetsu Corporation(Tokyo，日本)	41	41	24.220	2.3	184.0	4714
华泰集团有限公司(中国山东)	42	57	22.315	43.7	205.9	6835
永丰余纸业有限公司(中国台湾)	43	47	20.602	10.9	298.1	11454
Marubeni(Tokyo，日本)	44	32	20.503	-25.8	160.0	4432
Sofidel(Rome，意大利)	45	44	20.135	-1.1	130.8	6237
维达纸业有限公司(中国广东)	46	48	18.981	10.3	NA	11250
Palm(Aalen，德国)	47	51	18.886	6.6	NA	4000
Prinzhorn Holding(Wiener Neudorf，奥地利)	48	52	18.727	8.5	NA	6994
Mitsubishi Corporation(Tokyo，日本)	49	45	18.474	1.2	137.2	3723
Burgo Group(Altavilla Vicentina，意大利)	50	50	18.272	1.5	209.9	3500
The Navigator Company(Setúbal，葡萄牙)	51	46	17.900	-4.3	160.1	3282
Rayonier Advanced Materials(Jacksonville，FL，美国)	52	75	17.780	91.8	36.5	4200
荣成纸业股份有限公司(中国台湾)	53	56	17.350	7.6	284.5	4314
Clearwater Paper(Spokane，WA，美国)	54	49	17.242	-0.4	104.9	3130
Lecta(Barcelona，西班牙)	55	55	16.412	1.9	142.6	3205
Hansol Paper(Seoul，韩国)	56	59	15.801	5.0	158.7	1123
Orora(Hawthorn，Victoria，澳大利亚)	57	58	15.436	6.6	NA	6700
Södra(Växjö，瑞典)	58	68	15.420	38.1	0	3141

续表

公司名称及总部地址	制浆、造纸及纸加工业务				2018 年纸及纸板生产量/万吨	雇员人数/个
	2018 年排名	2017 年排名	2018 年销售额/亿美元	同比/%		
VPK Packaging(Aalst，比利时)	59	60	15.026	0.8	95.0	5288
Svenska Cellulosa Aktiebolaget (SCA) (Stockholm，瑞典)	60	64	13.963	10.5	164.0	4216
Fedrigoni SpA(Verona，意大利)	61	66	13.946	9.2	42.3	2978
Bio-PAPPEL(Durango，墨西哥)	62	65	13.745	1.1	244.9	11211
正隆纸业有限公司(中国台湾)	63	61	13.658	-7.3	168.4	6881
Holmen(Stockholm，瑞典)	64	62	13.064	-1.0	156.1	2955
恒安国际集团有限公司(中国福建)	65	67	13.047	8.9	142.0	23000
Mercer International(Seattle，WA，美国)	66	69	12.682	18.3	0	2210
Eldorado Brasil Celulose(São Paulo，巴西)	67	71	12.650	38.2	0	3658
山东博汇纸业股份有限公司(中国山东)	68	63	12.605	-6.4	169.5	5031
Moorim Group(Seoul，韩国)	69	70	11.532	6.7	102.3	1337
Progroup(Landau/Pfalz，德国)	70	77	11.404	20.1	98.6	1142
Canfor(Vancouver，BC，加拿大)	71	76	10.604	14.8	13.5	6240
Kruger Products(Montreal，QC，加拿大)	72	72	10.576	7.1	35.7	2500
Neenah Paper(Alpharetta，GA，美国)	73	73	10.349	5.6	NA	2641
LEIPA Georg Leinfelder(Schwedt，德国)	74	84	10.033	26.8	150.0	1700
山东世纪阳光纸业集团有限公司(中国山东)	75	79	9.954	13.9	126.0	3970

注：全球造纸排名前 75 位的公司是按照纸浆、纸和纸板、纸加工及纸品贸易的净销售额进行的排名。2018 年数据为 2017 年修订后的财务数据。除非下文指出，财务年度报告是从 2018 年 1 月 1 日到 2018 年 12 月 31 日。收入指税后和去除特殊项目后的净收益。NA 为数据不详。

《Paper 360°》2018 年全球造纸排名前 75 位公司的地域分布

地区	公司数量[1]/个	2018 年销售额[2]/亿美元	2017 年销售额/亿美元	同比/%	占 2018 年总销售额的比例/%	纸和纸板生产量/万吨	占纸和纸板总生产量的比例/%
欧洲	25	970.27	884.50	9.7	30.6	6494.2	30.2
亚洲	24	820.20	700.34	17.1	25.9	8063.2	37.5
北美	17	1079.35	1043.58	3.4	34.1	5865.5	27.3
拉丁美洲	7	226.43	199.25	13.6	7.1	549.5	2.6
非洲	1	58.06	52.96	9.6	1.8	515.9	2.4
大洋洲	1	15.44	14.85	3.9	0.5	NA	NA

注：全球造纸排名前 75 位的公司是按照纸浆、纸和纸板、纸加工及纸品贸易的净销售额进行的排名。2018 年数据为 2017 年修订后的财务数据。除非下文指出，财务年度报告是从 2018 年 1 月 1 日到 2018 年 12 月 31 日。收入指税后和去除特殊项目后的净收益。1. 由于一些公司进行了兼并重组，进入全球造纸排名前 75 位的公司有所变动，其地域分布情况也随之变动。发生变动的公司按照总部所在地列在特定的区域。2. 以上仅包括制浆、纸及纸制品加工销售额。NA 为数据不详。

《Paper 360°》2018 年全球纸及纸板生产量 200 万吨以上的公司

公司名称	全球排名	纸及纸板总生产量/万吨
International Paper	1	2133. 2
玖龙纸业(控股)有限公司	13	1500. 0
WestRock	3	1175. 4
Oji Paper	4	1059. 4
DS Smith	12	973. 4
UPM	5	899. 6
Stora Enso	7	887. 5
Smurfit Kappa Group	6	750. 0
Nippon Paper Industries Co. , Ltd.	10	603. 0
理文造纸有限公司	24	551. 9
Mondi	9	529. 7
Sappi	17	515. 9
Packaging Corporation of America	14	462. 4
安徽山鹰纸业股份有限公司	27	460. 0
山东晨鸣纸业集团股份有限公司	26	457. 0
Daio Paper	33	351. 8
Graphic Packaging	16	346. 4
Essity	11	328. 6
Rengo	21	318. 0
山东太阳纸业股份有限公司	29	300. 5
永丰余纸业有限公司	43	298. 1
SCG Packaging Public Co. , Ltd.	36	296. 0
Cascades	28	292. 5
Resolute Forest Products	31	287. 5
荣成纸业股份有限公司	53	284. 5
Verso Paper	37	279. 4
Domtar	19	272. 1
BillerudKorsnäs AB	35	264. 1
Bio-PAPPEL	62	244. 9
Metsä Group	15	244. 5
Empresas CMPC	18	240. 5
Burgo Group	50	209. 9
华泰集团有限公司	42	205. 9

注：全球造纸排名前 75 位的公司是按照纸浆、纸和纸板、纸加工及纸品贸易的净销售额进行的排名。2018 年数据为 2017 年修订后的财务数据。除非下文指出，财务年度报告是从 2018 年 1 月 1 日到 2018 年 12 月 31 日。收入指税后和去除特殊项目后的净收益。

（王　岩）

国外主要造纸期刊介绍

Main Foreign Periodicals Related to Pulp and Paper

《澳大利亚和新西兰纸浆与造纸工业技术协会志》 *Appita Journal* (*APPITA J*)

主要刊载纸浆、纸张、印刷和包装方面的研究论文、技术报告等专题文章，报道国内外造纸工业动态和该协会的会议活动等。

创刊时间： 1947 年

主办单位： 澳大利亚和新西兰纸浆与造纸技术协会

出版周期： 季刊

ISSN： 1038－6807

出版国： 澳大利亚

地址： Appita Inc., PO Box 816 MACLEOD VIC 3085 Australia

电话： +61－3－9467－9722

传真： +61－3－9467－9778

邮箱： admin@ appita. com

网址： www. appita. com

《亚洲纸业》 *Paper ASIA*

亚洲领先的纸浆和造纸杂志，也涵盖了瓦楞、加工和包装。其读者所覆盖的行业非常广泛，包括一些行业的专业人士和决策者。该杂志在 20 个国家发行。2007 年，该杂志首次刊登中文对照，此举深受行业供应商和最终用户的喜爱。

创刊时间： 1985 年

出版单位： SHP Media Sdn. Bhd.

出版周期： 双月刊

ISSN： 0218－4540

出版国： 马来西亚

地址： 12, 0312th Floor, Block E, Phileo Damansara 1, 9, Jalan 16/11, off Jalan Damansara, 46350 Petaling Jaya, Selangor, Malaysia

电话： +603－79601148

传真： +603－79601152

邮箱： editorial. paperasia@ shpmedia. com

网址： www. paperasia. com. my

《中东生活用纸》 *ME Tissue*

中东地区生活用纸及无纺布行业的第一本杂志。该杂志致力于为从事生活用纸及无纺布行业的专业人士提供有关节能、安全、优质的生产解决方案、原料、技术、研究和开发等更多信息。其内容涵盖了整个生活用纸的供应链，从原材料到生活用纸生产，与生产、加工、包装相关的技术，以及无纺布行业的新趋势、新技术及研究和发展。为英语和阿拉伯语双语期刊。

创刊时间： 2008 年

主办单位： MEAC Group Holding

出版周期： 季刊

出版国： 黎巴嫩

地址： P. O. Box: 45－134 Hazmieh-Lebanon

电话： +961－3－798－204

传真： +961－5－450－930

邮箱： info@ metissue. com

网址： www. metissue. com

《日本造纸技术》 *Japanese Journal of Paper Technology*

内容涵盖制浆造纸、深加工、精加工、涂布、测量和分析技术及能源和环保措施等。

创刊时间：1958 年

主办单位：Paper Industry Times Company

出版周期：月刊

ISSN：0453－1507

出版国：日本

地址：日本东京都中央区日本桥人形町 1-9-2

电话：＋81－3－5651－7161

传真：＋81－3－5651－7201

邮箱：jj-paper-tech@ st-times. co. jp

网址：www. st-times. co. jp

《制浆造纸技术》
Journal of Pulp and Paper Technology

出版单位：Shizuoka Pulp and Paper

出版周期：月刊

ISSN：0287－5586

出版国：日本

地址：日本静冈县富士市大渕 2590 番地-1（静冈县工业技术研究所富士工业 技术支援中心内）〒417－0801

电话：＋81－545－35－5025

传真：＋81－545－35－5027

邮箱：skamipagk@ cotton. ocn. ne. jp

网址：www. shizuoka－tappi. or. jp

《日本制浆造纸协会志》
Japan TAPPI Journal

内容涉及制浆造纸行业的广泛信息，主要包括：最新研究技术报告、运行经验介绍、最新的研究技术成果、科研机构介绍、海内外制浆造纸动态及相关会议、专利信息和新产品、先进测试技术、商业新闻和显性统计和协会新闻等。

主办单位：日本制浆造纸技术协会

创刊时间：1996 年

出版周期：月刊

ISSN：0022－815X

出版国：日本

地址：日本东京都中央区银座 3-9-11（制浆造纸会馆 11 层）〒104－8139

电话：＋81－3－3248－4841

传真：＋81－3－3248－4843

网址：www. japantappi. org

《印度制浆造纸技术协会会志 ZA》
The Official International Journal of the Indian Pulp & IPPTA Paper Technical Association（IPPTA）

主办单位：印度浆纸技术协会

出版周期：季刊

ISSN：0379－5462

出版国：印度

地址：C. P. P. R. I. Campus，Paper Mill Road Near Himmat Nagar，P. O. Box 47，Saharanpur-247001（India）

电话：＋91 132－2714081/82

邮箱：ipptainfo@ gmail. com

网址：www. ipptaonline. org

《印度国际纸业》
Inpaper International

印度制浆造纸行业杂志，在欧洲和美国以外的其他大洲广受欢迎，涵盖了制浆造纸所有领域。内容涉及受行业关注及有争议的热点问题，业界知名公司及优秀人物介绍，行业最新技术及产品等。

出版单位：Indian Agro and Recycled Paper Mills Association

出版周期：季刊

出版国：印度

地址：404，Vikrant Tower，4，Rajendra Place，New Delhi-110008，India

电话：＋91－11 25862301

传真：＋91－11－25768639

邮箱：iarpma@ inpaper. com
publicationone@ inpaper. com

网址：www. inpaper. com

《孟加拉制浆造纸》
Bangladesh Pulp And Paper

孟加拉制浆造纸行业综合类刊物，内容主要涵盖：行业资讯、最新研究论文及交流报告等。

出版周期：双月刊

出版国：孟加拉

地 址：19 Green Road，Dhanmondi，Dhaka-1205 Bangladesh

电话：+880 2 9635191
邮箱：info@ pulpandpaperbd. com
网址：www. pulpandpaperbd. com

《纸业 360°》
Paper 360°

报道世界各地造纸行业最新的资讯。
主办单位：纸浆与造纸工业技术协会、造纸工业管理协会
出版单位：Naylor Association Solutions
出版周期：双月刊
ISSN：1933－3684
出版国：美国
地址：15 Technology Parkway South，Suite 115，Peachtree Corners，GA 30092，USA
电话：+1－978－750－8400
传真：+1－770－209－7206
邮箱：jbottiglieri@ tappi. org
网址：www. tappi. org

《纸浆与造纸工业技术协会志》
TAPPI Journal

自创刊以来一直是造纸行业同行评审论文的首选论坛，提供行业内最新、最相关的研究。2009 年 12 月，从印刷期刊转为电子期刊。2011 年 6 月开始，内容涵盖来自独家刊物《纸张回收进展》（*Progress in Paper Recycling*，*PPR*）的内容。*PPR* 是一本有关纸浆、纸和纸板产品回收的科学、技术和经济性探索的杂志。
主办单位：纸浆与造纸工业技术协会
出版周期：月刊
ISSN：0734－1415
出版国：美国
地址：15 Technology Parkway South，Suite 115 Peachtree Corners，GA 30092，USA
电话：+1－770－446－1400
传真：+1－770－446－6947
邮箱：memberconnection@ tappi. org
网址：www. tappi. org

《纸浆与纸》
Pulp & Paper

刊载美国国内外造纸业经济与市场动态，造纸技术和设备的进展与新产品等方面的论文和简讯。
出版单位：C M P Media LLC
出版周期：月刊
ISSN：0033－4081
出版国：美国
地址：2018 Powers Ferry Rd，Ste 600，Atlanta，US
电话：+1－678－598－8800
传真：+1－678－589－8888
邮箱：kferguson@ mfi. com
网址：www. cmp. com

《纸张时代》
Paper Age

世界上造纸行业重要的专业期刊之一，涉及的内容包括：制浆、造纸、纸品加工、技术开发、公司介绍及与主要行业领导者独家采访。
出版单位：O'Brien Publications，Inc.
创刊时间：1884 年
出版周期：双月刊
ISSN：0031－1081
出版国：加拿大
地址：P. O. Box 25058，London BRC. Ontario，N6C 6A8，Canada
电话：+781－923－1016
传真：+781－923－1389
邮箱：jobrien@ paperage. com
网址：www. paperage. com

《纸浆与造纸科学杂志》
Journal of Pulp and Paper Science

刊载制浆和造纸科学和技术方面的研究论文和评论，是加拿大造纸工业的主要学术期刊。
主办单位：加拿大制浆造纸技术协会
出版单位：加拿大制浆造纸技术协会
创刊时间：1983 年
出版周期：季刊
ISSN：0826－6220
出版国：加拿大
地 址：740 Notre-Dame St. W.，suite 1070，Montréal（Québec）H3C 3X6，Canada
电话：+01－514－392－0265
传真：+01－514－392－0369
邮箱：tech@ paptac. ca

网址：www. paptac. ca

《加拿大纸浆与纸》
Pulp & Paper Canada

刊载加拿大造纸、纸浆和木材化学等相关技术和设备应用等领域的技术论文、设备与产品介绍和消息报道。

主办单位：加拿大制浆造纸技术协会

出版单位：Annex Business Media

出版周期：双月刊

ISSN：0316－4004

电子版 ISSN：1923－3515

出版国：加拿大

地址：80 Valleybrook Drive, Toronto, Ontario M3B 2S9, Canada

电话：+1－416－442－5600 ext 3539

传真：+1－416－510－5140

邮箱：Follow@ pulppapercanada. com

网址：www. pulpandpapercanada. com

《造纸工业》
Paper Industry

北美制浆造纸行业新产品资讯的权威性刊物。报道造纸行业密切相关的技术、工艺、服务及行业新闻、产品和服务评价等最新信息。

出版单位：Paper Industry Publishing Office

出版周期：月刊

出版国：加拿大

地 址：62 Birch Hill, PO Box 263, Hudson, Quebec Canada

电话：+1－450－458－4571

传真：+1－450－458－4571

邮箱：editor@ paperindustrymag. com

网址：www. paperindustrymag. com

《纸张、薄膜及箔片加工》
Paper, Film & Foil Converter(PFFC)

刊载的内容涵盖纸张、薄膜、箔片加工及包装印刷行业的各个部分和加工行业的业务发展趋势和技术创新。

创刊时间：1927 年

出版周期：月刊

ISSN：0031－1138

出版国：美国

地址：5624 W. Wilson Ave. Chicago, USA

电话：+1－303－674－0577

传真：+1－303－674－0577

邮箱：tjanes@ PFFC－online. com

网址：www. pffc－online. com

《纸业技术》
Paper Technology

造纸工业技术领域的权威性刊物，报道行业的新闻、产品和服务信息，技术更新，案例研究和评论，及造纸工业技术协会会议报告等。特色栏目有纸机织物备件、造纸化学品、设备维护和自动化等。涉及的领域包括造纸及林产品等行业。

创刊时间：20 世纪 60 年代

主办单位：造纸工业技术协会

出版周期：双月刊

ISSN：0958－6024

出版国：英国

地 址：5 Frecheville Court, Bury, Lancs BL9 0UF, United Kingdom

电话：+44(0)300 6020 150

传真：0300 3020 160

邮箱：info@ pita. co. uk

网址：www. pita. co. uk

《纸浆、纸张及物流杂志》
Pulp, Paper & Logistics Magazine

发行人：Vince Maynard

ISSN：2045－8622(PRINT)

出版国：英国

地址：Tralee, Hillcrest Road Edenbridge, Kent TN8 6JS, UK

电话：+44(0)1732505724

邮箱：pulppaperlogistics@ virginmedia. com

网址：www. pulp-paperworld. com

《国际纸业》
International Paper World (IPW)

德国制浆造纸化学工程师协会 ZELLCHEMING 的官方贸易刊物。报道浆纸生产商、供应商及其国际活动，重点是报道新技术、未来发展趋势、新兴市场以及如何提高可持续性(或环境影响)。涉及的内容涵盖从森林到客户的整个产业链。

主办单位：制浆造纸化学工程师协会

出版单位：Keppler-Junius GmbH & Co. KG

创刊时间：1957

ISSN：1615－1720

出版周期：每年 10 期

出版国：德国

地址：Keppler-Junius GmbH & Co. KG, Ruesterstr. 11, Frankfurt a. M., 60325, Germany

电话：＋49－69－20－73－76－20

传真：＋49－69－20－73－75－84

邮箱：edit@ ipwonline. de

网址：www. ipwonline. de

《专业造纸》
Professional Papermaking

深受国际造纸行业龙头企业(造纸厂、纸品供应和加工企业)领导者和高层决策者(包括业务管理人员、采购人员、销售经理等)喜爱的贸易刊物。内容涉及纸浆、纸和纸板生产的科学技术报告及公司有关提高生产力、改善质量、降低成本方面创新的信息，全球市场发展趋势，经济和公司的最新报告，涵盖贸易展览会、会议、政策等最新文章。主要栏目有备料、造纸、纸加工、废水处理和涂布。

出版周期：半年刊

出版单位：Deutscher Fachverlag GmbH

出版国：德国

地址：Mainzer Landstr. 251, 60326 Frankfurt am Main, Germany

电话：＋49－69－7595－1291

传真：＋49－69－7595－1290

邮箱：info@ professional－papermaking. com

网址：www. professional－papermaking. com

《造纸技术》
Wochenblatt Fur Papierfabrikation

刊载纸张、纸板和纸浆工业生产技术方面的技术报告、会议论文和文摘，报道造纸工业技术进展与国内外行业动态。

出版单位：dfv 传媒集团

出版周期：月刊

ISSN：0043－7131

出版国：德国

地 址：Deutscher Fachverlag GmbH, Mainzer Landstr 251, Frankfurt Am Main, 60326, Germany

电话：＋49－69－7595－20151/52/61

传真：＋49－69－7595－2055

邮箱：wochenblatt@ dfv. de

网址：www. dfv. de/presse

《国际纸业经济》
IPW International Papierwirtschaft

刊载有关木浆、纸浆、纸张与纸板的生产、纤维素化学工艺和造纸业历史方面的文章，涉及专利、文摘、技术通讯、国外消息和书评等。

出版周期：月刊

ISSN：0070－4296

地址：Verein Zellcheming, Emilstr. 21, Darmstadt, 64293, Germany

电话：＋49－6151－33264

传真：＋49－6151－311076

邮箱：zellcheming@ zellcheming. de

网址：www. zellcheming. de

《当代纸业总览》
Aktuelle Papier-Rundschau(APR)

德国领先的纸业期刊，是造纸行业决策者不可或缺的专业杂志。读者群为造纸商、纸品加工商、纸张贸易商、废纸造纸商，以及造纸行业机械制造商及服务商等。

出版周期：每年 8 期

出版单位：Keppler Media Group

出版国：德国

地址：P. Keppler Verlag GmbH & Co. KG Kaiserstraße 39, 63065 Offenbach am Main

电话：＋49/(0)69/15 04 33－200

传真：＋49/(0)69/15 04 33－333

邮箱：o. schneider@ kepplermediengruppe. de

网址：www. apr. de

《纸张与木材》
Paper and Timeber

论述芬兰制浆、造纸、纤维与木材化学方面工艺技术与设备的研究和开发成果，报道芬兰林业的发展，介绍芬兰在造纸方面与国外的经济和技术合作以及行业动态。文章以英文、芬兰文或瑞典文发表。

主办单位：芬兰森林工业协会

出版单位：Paperi ja Puu Oy

出版周期：季刊

ISSN：0031－1243

出版国：芬兰

地址：Paperi ja Puu Oy，Spektri Business Park，Metsänneidonkuja 4，02130 Espoo，Finland

电话：＋358－10－229－1631

邮箱：irmeli. hannula@ paperjournal. fi

网址：www. paperijapuu. fi

《法国造纸工业技术协会志》
ATIP

主办单位：法国造纸工业技术协会(ATIP)

出版周期：季刊

ISSN：0997－7554

出版国：法国

地址：23，rue d'Aumale F－75009 Paris，France

电话：＋33－145 62 1191

传真：＋33－145 63 5309

邮箱：atip@ wanadoo. fr

网址：www. atip. asso. fr

《北欧纸浆和造纸研究杂志》
Nordic Pulp & Paper Research Journal(NPPRJ)

一本国际性的科学杂志，刊载木材或生物质成分、制浆造纸及其所涉及的植物纤维原料和废纸原料，以及制浆、生物质精炼副产品的基础研究及能源问题等方面的研究论文。

主办单位：Mid Sweden Uniersity（瑞典中部大学）

出版周期：季刊

ISSN：0283－2631

出版国：瑞典

地址：Mid Sweden University，Holmgatan 10，SE-851 70 Sundsvall，Sweden

电话：＋46(0)10－142 84 93

邮箱：info@ npprj. se

网址：www. npprj. se

《浆·纸·纸板》
Pulp·Paper·Board

为俄罗斯和独联体国家制浆造纸行业的专家所喜爱的刊物。主要栏目有技术、效率和质量、设备、自动化等。

创刊时间：1904 年

出版周期：每年 10 期

出版国：俄罗斯

地址：4，bldg. 2，Dmitrovsky per.，Moscow p/o 107031，Russia

电话：＋7－495－258－39－36/37/38

传真：＋7－495－258－39－36

邮箱：info@ cbk. ru

网址：www. cbk. ru

《纤维素》
Cellulose

刊载纤维素及其衍生物的化学、生化、物理学和材料科学特性的研究论文，以及纤维素技术开发和应用方面的研究论文、评论文章及技术说明。

创刊时间：1994 年

出版周期：季刊

ISSN：0969－0239

电子版 ISSN：1572－882X

出版国：荷兰

地址：Springer，Van Godewijckstraat 30，Dordrecht，3311 GZ，Netherlands

电话：＋49－6221－345－4303

网址：www. springer. com/10570/

《纤维素化学与工艺》
Cellulose Chemistry and Technology

刊载食品、纺织品、造纸、木材、黏合剂、医药、油田等领域碳水化合物工业应用的研究论文。栏目主要包括结构和性能研究、生物和产业开发、分析方法、化学和微生物改性、与其他材料的相互作用。除刊登原创研究论文外，也刊登短通讯、书评和读者来信等。

创刊时间：1966 年

出版周期：双月刊
ISSN：0576 －9787
电子版 ISSN：2457 －9459
出版国：罗马尼亚
地址：Editura Acad Romane, Calea 13 Septembrie NR 13, SECTOR 5, Bucuresti, 050711, Romania
邮箱：vipopa@ ch. tuiasi. ro
网址：www. cellulosechemtechnol. ro

《南非制浆造纸工业技术协会志》
TAPPSA Journal

主要服务于南非地区的纸浆、纸张和森林产品行业。刊登南非地区造纸行业的技术论文，以及报道全球造纸行业的发展概况。

主办单位：南非纸浆和造纸工业技术协会
出版周期：双月刊
出版国：南非
地址：PO Box 1633, Kloof 3640, Southern Africa
电话：＋27 －31 －764 －2494
邮箱：mwtappsa@ iafrica. com
网址：www. tappsa. co. za

（郭彩云）

国外制浆造纸相关团体与研究机构名录

List of Foreign Associations and Research Institutions of Pulp and Paper Industry

日本制浆造纸技术协会(Japan TAPPI)

Kami pulp Kaikan Bldg., 11th Floor 9-11 Ginza 3-chome, Chuo-ku, Tokyo 104 - 8139 Japan

TEL: +81 - 3 - 3248 - 4841

FAX: +81 - 3 - 3248 - 4843

URL: www. japantappi. org

韩国纸业协会(KPMA)

Korea Paper Manufactures' Association

505, Sinsa-dong, Gangnam-gu, Seoul

TEL: +82 - 02 - 549 - 0981

FAX: +82 - 02 - 549 - 0980

E-mail: kpma@ paper. or. kr

URL: www. paper. or. kr

韩国制浆造纸工业技术协会(KTAPPI)

Korea Technical Association of the Pulp&Paper Industry

Suite 701, Chungmu Bidg., 7, Yeouidaebang-ro 69 (yuksipgu)-gil, Yeongdeungpo-gu, Seoul, 07333, Korea

TEL: +82 - 2 - 786 - 8620

FAX: +82 - 2 - 786 - 8621

E-mail: ktappi@ ktappi. or. kr

URL: www. ktappi. or. kr

菲律宾造纸商协会(PPMAI)

Philippine Paper Manufacturers Association Inc.

2F FMF Bus. Center, 126 Pioneer St., Mandaluyong City, Philippines

TEL: +63 - 2 - 703 - 9124; 405 - 4069

FAX: +63 - 2 - 815 - 9460

E-mail: philippinepaper@ gmail. com

菲律宾制浆造纸技术协会

Technical Association of the Pulp and Paper Industry of Philippines (TAPPI-phils) c/o Fiber Processing and Utilization Laboratory, Fiber Industry Development Authority, BAI Compound, Visayas Avenue, Diliman, 1104 Quezon City, Philippines

TEL: +63 - 2 - 929 - 1396

FAX: +63 - 2 - 920 - 0427

越南制浆造纸协会(VPPA)

Vietnam Pulp and Paper Association

No. 59 Vu Trong Phung Street, Thanh Xuan Trung Ward, Thanh Xuan District, Hanoi.

TEL: 024 6654 2872

E-mail: vanphong@ vppa. vn

URL: www. vppa. vn

泰国制浆造纸行业协会(TPPIA)

The Thai Pulp and Paper Industries Association

Bld. 4 6th floor, 1 Siam Cement Road, Bangsue, Bangkok, 10860, Thailand

TEL: +66 25864504, +66 25864511,
+66 25864513

FAX: +66 25862999

E-mail: kanungnc@ scg. co. th
umasrin@ scg. co. th

马来西亚制浆造纸协会

Malaysia Pulp and Paper Manufacturers Association

Suite 710, 7th Floor, Wisma Lim Foo Yong, 86 Jalan Raja Chulan, 50200 Kuala Lumpur, Malaysia

TEL: +60 - 3 - 2482501; 2484606

FAX: +60 - 3 - 775 1519

马来西亚森林研究所(FRIM)
Forest Research Institute Malaysia
Selangor Darul Ehsan, 52109 Kepong, Malaysia
TEL: +60-3-62797000
FAX: +60-3-62731314
E-mail: feedback@frim. gov. my
URL: www. frim. gov. my

印度尼西亚制浆造纸协会
Indonesian Pulp & Paper Association
Jalan, Cimandiri No. 6, Flat 1/2, 10330 Jakaruta, Indonesia
TEL: +62-21-31926084
FAX: +62-21-3911351
E-mail: ippasec@indo. net. id

印度纸业生产商协会(IPMA)
Indian Paper Manufacturers Association
PHD House (4th Floor), 4/25 Siri Institutional Area, Opp. Asian Games Village, 110 016 New Delhi, India
TEL: +91-11-2651-8379; 4161-7188
FAX: +91-11-2651-3415
E-mail: sg@ipma. co. in; secretariat@ipma. co. in
URL: www. ipma. co. in

印度制浆造纸技术协会(IPPTA)
Indian Pulp and Paper Technical Association
CPPRI Campus, PO Box 47, 247001 Saharanpur, Uttar Pradish, India
TEL: +91-132-2714082
FAX: +91-132-2714081
E-mail: sg@ipma. co. in
URL: www. ipptaonline. org

印度中央制浆造纸研究所(CPPRI)
Central Pulp & Paper Research Institute
萨哈兰普尔: 174, Paper Mill Road, Himmat Nagar, Saharanpur-247001, India
TEL: +91-132-2714050; 2714061; 2714062; 2714059
FAX: +91-132-2714052
E-mail: info@cppri. org. in; director@cppri. org. in
新德里: I-10, First Floor, Jungpura B, Near Kargil Park (Bhogal Bus Stand), New Delhi-110014, India
TEL: +91-11-24375401/65903444
E-mail: cppri@yahoo. com; info@cppri. org. in
URL: www. cppri. org. in

澳大利亚/新西兰制浆造纸技术协会(APPITA)
Technical Association of the Australian and New Zealand Pulp and Paper Industry
澳大利亚: PO Box 816, Macleod Vic 3085, Australia
TEL: +61-3-9467-9722
FAX: +61-3-9467-9778
E-mail: admin@appita. com. au
新西兰: PO Box 6042, Whakarewarewa Rotorua, New Zealand
TEL: +64-7-350-2252
FAX: +64-7-350-2253
E-mail: appita. nz@xtra. co. nz
URL: www. appita. com

澳大利亚林产及造纸工业委员会(A3P)
Australian Plantation Products and Paper Industry Council
29 Torrens Street, Braddon ACT 2612, Australia
TEL: +61-2-6273-8111
FAX: +61-2-6273-8011
E-mail: info@a3p. asn. au
URL: www. a3p. asn. au

欧洲造纸工业联合会(CEPI)
Confederation of European Paper Industries
250 Avenue Louise, box 80, B-1050 Brussels, Belgium
TEL: +32-2-627-4911
FAX: +32-2-646-8137
E-mail: mail@cepi. org
URL: www. cepi. org

欧洲纸板制造工业联合会(FEFCO)
The European Federation of Corrugated Board Manufacturers
Avenue Louise 250, BE-1050 Brussels, Belgium
TEL: +32-2-646-4070
FAX: +32-2-646-6460
E-mail: info@fefco. org
URL: www. fefco. org

派诺国际
Pira International

Pira House，Cleeve Road，Leatherhead，Surrey KT22 7RU，United Kingdom
TEL：+44－1372－802000
FAX：+44－1372－802249
E-mail：info@ pira-international. com
URL：www. pira-international. com

挪威工业联合会（Norsk Industri）
Federation of Norwegian Industries
Middelthuns gate 27，Majorstuen，Oslo，Norwey
TEL：+47－23－08－8800
E-mail：post@ norskindustri. no
URL：www. norskindustri. no

挪威制浆造纸工业技术协会（PTF）
The Technical Association of the Norwegian Pulp and Paper Industry
Essendrops gate 3，7，etasje，No-0305 Oslo，Norway
TEL：+47－90－93－87－13
FAX：+47－23－08－78－99
E-mail：irene. skjefstad. ptf@ treteknisk. no
URL：www. ptf . no

瑞典森林工业协会（Skogs Industrierna）
Swedish Forest Industries Federation
Box 55525，SE-102 04 Stockholm，Sweden
TEL：+46－8－762－72－60
FAX：+46－8－611－71－22
E-mail：info@ forestindustries. se
URL：www. forestindustries. se

瑞典制浆造纸研究所（INNVENTIA AB）
Drottning Kristinasvag 61，SE-11486 Stockholm，Sweden
TEL：+46－8－676－7000
FAX：+46－8－411－5518
E-mail：info. innventia@ ri. se；info@ innventia. com
URL：www. innventia. com

芬兰森林研究所（METLA）
Finnish Forest Research Institute
Jokiniemenkuja 1，Box 18，FI-01301 Vantaa，Finland
TEL：+358－10－2111
FAX：+358－10－211－2103
E-mail：kirjaamo@ metla. fi
URL：www. metla. fi

芬兰森林工业联合会
Finnish Forest Industries Federation
Snellmaninkatu 13，P. O. B 336，FI-00171 Helsinki，Finland
TEL：+358－9－132－61
FAX：+358－9－132－4445
E-mail：forest@ forestindustries. fi；
firstname. lastname@ forestindustries. fi
URL：www. forestindustries. fi

芬兰造纸工程师协会（PI）
Finnish Paper Engineers Association
Snellmaninkatu 13，PO BOX 118，00171 Helsinki，Finland
TEL：+358－9－132－6688
E-mail：info@ papereng. fi
URL：www. papereng. fi

芬兰制浆造纸研究所（KCL）
The Finish Pulp and Paper Research Institute（Oy Keskuslaboratorio-Centrallaboratorium AB）
Tekniikantie 2，02150 Espoo，Finland
TEL：+358－20－7477－100
FAX：+358－9－464－305
E-mail：kcl@ kcl. fi
URL：www. kcl. fi

捷克制浆造纸工业协会（ACPP）
Association of the Czech Pulp and Paper Industry
Ing. Zdeněk Musil，U Uranie 954/18，17000 Praha 7
TEL：+420－416－803－934
FAX：+420－416－803－935
E-mail：acpp@ acpp. cz
URL：www. acpp. cz

比利时制浆造纸工业协会（COBELPA）
Association of the Belgian Pulp，Paper and Boards Industries
Avenue Louise 306 Bte，b-1050 Brussels，Belgium
TEL：+32－2646－6450
FAX：+32－2646－8297
E-mail：general@ cobelpa. be
URL：www. cobelpa. be

奥地利造纸工业协会(Austropapier)
The Association of the Austrian Paper Industry
Gumpendorferstr. 6, A-1061 Wien Austria
TEL: +43-1-58-886-0
FAX: +43-1-58-886-222
E-mail: austropapier@austropapier. at
URL: www. austropapier. at

奥地利制浆造纸技术研究所(IPZ)
Institute for Paper, Pulp and Fiber Technology
University of Technology Graz, Inffeldgasse 23, A-8010 Graz, Austria
TEL: +43-316-873-30751
FAX: +43-316-873-30752
E-mail: Claudia. Baeumel@TUGraz. at
URL: www. ipz. tugraz. at

德国制浆造纸协会(VDP)
German Pulp and Paper Association
Adenauerallee 55, Bonn 53113, Germany
TEL: +49-228-267050
FAX: +49-228-2670562
E-mail: info@vdp-online. de
URL: www. vdp-online. de

德国造纸技术研究所(PTS)
The Paper Technology Specialists
Papiertechnische Stiftung Pirnaer Strasse 37 01809 Heidenau
Germany
TEL: +49 (03529) 551-60
FAX: +49 (03529) 551-899
E-mail: info@ptspaper. de
URL: www. ptspaper. de

英国木浆协会(BWPA)
The British Wood Pulp Association
Penrallt, Copthill Lane, Kingswood, Surrey KT20 6HL, United Kingdom
TEL: +44-774-785-0249
FAX: +44-1737-363069
E-mail: bwpasec@tiscali. co. uk
URL: www. bwpa. org. uk

英国纸业联合会(CPI)
The Confederation of Paper Industries
1 Rivenhall Road, Swindon, Wiltshire SN5 7BD United Kingdom
TEL: +44-1793-889600
FAX: +44-1793-878700
E-mail: info. dept@paper. org. uk; cpi@paper. org. uk
URL: www. paper. org. uk

英国造纸工业技术协会(PITA)
Paper Industry Technical Association
5 Frecheville Court, Bury Lancashire BL9 0UF, United Kingdom
TEL: +44-161-764-5858
FAX: +44-161-764-5353
E-mail: info@pita. co. uk
URL: www. pita. co. uk

意大利纸及纸制品行业协会(ASSOCARTA)
Association of Italian Paper, Board and Pulp Production
MILAN
OBastioni di Porta Volta, 7-20121 Milano
TEL: +39 02-290. 03018 r. a
FAX: +39 02-290. 033. 96
ROMA
Viale Pasteur, 8/10-00144 Roma
TEL: +39 06-591. 91. 31/40
FAX: +39 06-591. 0876
E-mail: assocarta@assocarta. it
URL: www. assocarta. it

意大利制浆造纸技术协会(ATICELCA)
Technical Association of the Italian Pulp and Paper Industry
Bastioni di Porta Volta, 7-20121 Milano, Italy
TEL: +39-2-29003018
FAX: +39-2-29003396
E-mail: assocarta@assocarta. it
URL: www. assocarta. it

法国造纸工业联盟(COPACEL)
The French Association of Paper Industries (COPACEL)
23-25, rue d'Aumale-75009, Paris, France PARIS
TEL: +33-153-89-2400

FAX: +33 -153 -89 -2401
E-mail: contacts@ copacel. fr
URL: www. copacel. fr/en

法国造纸技术协会(ATIP)
Technical Association of the French Paper Industry
23, rue d'Aumale -75009 Paris, France
TEL: +33 -1 -4562 -1191
FAX: +33 -1 -4563 -5309
E-mail: atip@ wanadoo. fr
URL: www. atip. asso. fr

西班牙制浆造纸协会(ASPAPEL)
Spanish Paper Institute
Association of Spanish Pulp and Paper Manufacturers
Avenida de Baviera, 15, 28028 Madrid, Spain
TEL: +34 -91 -576 -3003
FAX: +34 -91 -577 -4710
E-mail: aspapel@ aspapell. es
URL: www. aspapel. es

西班牙造纸研究所(IPE)
Instituto Papelero Espanol
Avenida de Baviera 15, 28028 Madrid, Spai
TEL: +34 -91 -576 -3003
FAX: +34 -91 -577 -4710
E-mail: ipe@ ipe. es
URL: www. aspapel. es

葡萄牙纸和纸板工业协会(ANIPCI)
National Association of Paper and Board Industries
Rua 14, No. 871 P -4500 -233 Espinho, Portugal
TEL: +351 -256 -060 -996
FAX: +351 -256 -023 -044
E-mail: geral@ anipc. pt; ambiente@ anipc. pt
URL: www. anipc. pt

俄罗斯制浆造纸企业协会(BUMPROM)
Russia Association of Pulp and Paper Organization and Enterprises
3rd krasnoselsky lane 21, str. 1 Rm. 307, 107140 Moscow, Russia
TEL: +7 -495 -651 -9102
FAX: +7 -495 -651 -9340
E-mail: office@ bumprom. ru
URL: www. bumprom. ru

俄罗斯造纸科学研究所(CNIIB)
Central Scientific & Research Institute of Paper
u1. Lenina 15/1, 21460 pos. Pravdinskiy, Pushkinskiy rayon, Moskovskaya Obl., Russia
TEL: +7 -095 -993 -3623
E-mail: cniib@ pues. ru
URL: www. cniib. ru

美国林业及纸业协会(AF&PA)
American Forest & Paper Association
1111 19th Street, NW Suite 800 Washington, DC 20036, USA
TEL: +1 -202 -463 -2700
FAX: +1 -202 -463 -2785
E-mail: info@ afandpa. org
URL: www. afandpa. org

美国制浆造纸技术协会(TAPPI)
Technical Association of the Pulp and Paper Industry
15 Technology Parkway South, Norcross, GA 30092, USA
TEL: +1 -770 -446 -1400
FAX: +1 -770 -446 -6947
E-mail: dbell@ tappi. org
URL: www. tappi. org

加拿大林产品协会(FPAC)
Forest Products Association of Canada
Suite 410 - 99 Bank Street, Ottawa, Ontario, Canada, K1P 6B9
TEL: +1 -613 -563 -1441
FAX: +1 -613 -563 -4720
E-mail: ottawa@ fpac. ca
URL: www. fpac. ca

加拿大制浆造纸技术协会(PAPTAC)
Pulp and Paper Technical Association of Canada
740 Notre-Dame West, Suite 1070, Montreal, QC, Canada, H3C 3X6
TEL: +1 -514 -392 -0265
FAX: +1 -514 -392 -0369
E-mail: tech@ paptac. ca
URL: www. paptac. ca

巴西纸浆和纸业协会(BRACELPA)
Brazilian Pulp and Paper Association
RuaOlimpiadas，66，9o andar Vila Olimpia，Sao Paulo，CEP 04551－000，Brazil
TEL：＋55－11－3018－7800
FAX：＋55－11－3018－7813
E-mail：faleconosco@ bracelpa. org. br
URL：www. bracelpa. org. br

巴西制浆造纸技术协会(ABTCP)
Brazilian Pulp and Paper Technical
Association
Rua Zequinha de Abreu，27，Pacaembu，01250-050-S，Sao Paulo，SP，Brazil
TEL：＋55－11－3874－2700
FAX：＋55－11－3874－2730
E-mail：abctp@ abctp. org. br
URL：www. abtcp. org. br

巴西制浆造纸研究所(IPT)
Institute for Technological Research，Pulp and Paper
Av. Prof. Almeida Prado，532 Cid.
Universitaria. 05508－901 Sao Paulo，SP，Brazil
TEL：＋55－11－3767－4126
FAX：＋55－11－3767－4002
E-mail：sac@ ipt. br
URL：www. ipt. br

智利纤维素与造纸技术协会(ATCP Chile)
Chile or the Technical Association of Cellulose and Paper
janequeo 884 Depto. 402，Concepcion Ⅷ-Region del Biobio Chile
TEL：＋56－41－288－8130
FAX：＋56－41－288－8133
E-mail：atcpchile@ atcp. cl
URL：www. atcp. cl

阿根廷纸浆、纸张行业协会(AFCP)
Association of Pulp and Paper Manufacturers
Av. Belgrano 2852（C1209AAN），Buenos Aires，Argenctina
TEL：＋54－011－4931－0051
FAX：＋54－11－4931－0053
E-mail：afcparg@ afcparg. org. ar
URL：www. afcparg. org. ar

南非造纸行业协会(PAMSA)
Paper Manufacturers Association of South Africa
Corner Austin&Morris Sts.，Woodmead Sandton，Rivonia，2128 South Africa
TEL：＋27－11－803－5063
FAX：＋27－11－803－6708
E-mail：jane. molony@ pamsa. co. za
URL：www. pamsa. co. za

南非制浆造纸技术协会(TAPPSA)
Technical Association of the Pulp and Paper Industry of Southern
Africa，20 Impangele Road，Kloof，3610 South Africa
TEL：＋27－31－7642494
FAX：＋27－31－7640676
E-mail：mwtappsa@ iafrica. com
URL：www. tappsa. co. za

（郭彩云）

企业名录

ENTERPRISES LIST

国内制浆造纸企业名录
国内造纸机械及其他相关产业企业名录
国内造纸化学品企业名录

12

国内制浆造纸企业名录

Directory of Domestic Pulp and Paper Companies

北 京 市

北京京纸集团有限公司
北京市朝阳区广渠路 39 号 1 号楼
邮编：100022
电话：010－67043030、4000920806
传真：010－67043069
网址：www. bjjzjt. com
邮箱：service@ bjppex. com
产品：利乐包装纸、办公印刷纸

中国纸业投资有限公司
北京市西城区南礼士路二条二号院 1 号北京建工大厦
邮编：100045
电话：010－81131199
传真：010－81131110
网址：www. chinapaper. com. cn
邮箱：admin@ chinapaper. com. cn
产品：白卡纸、白纸板、文化用纸、薄型包装纸、特种纸、溶解浆

北京造纸一厂
北京市顺义区空港工业 B 区安庆大街 9 号
邮编：101318
电话：010－80484585
传真：010－80490790
网址：www. sanyipaper. com
邮箱：office@ sanyipaper. com
产品：办公用纸、文化用纸、印刷用纸

利乐包装(北京)有限公司
北京市亦庄经济技术开发区东环南路 15 号
邮编：100176
电话：010－67887117
网址：www. tetrapak. com
产品：液体复合包装材料(利乐包装纸)

维达北方纸业(北京)有限公司
北京市平谷区航宇街 16 号
邮编：101200
电话：010－69934888
网址：www. vinda. com
邮箱：jiangdy@ vinda. com
产品：生活用纸

永丰余家纸(北京)有限公司
北京市平谷区马坊工业区东区 1 号
邮编：101204
电话：010－60999688
传真：010－60999686
网址：www. yfycpg. com
产品：生活用纸

北京市鑫宏鹏纸业有限公司
北京市房山区周口店镇瓦井
邮编：102452
电话：010－69309918
传真：010－61397195
邮箱：bjsxhpzy@ 163. com
产品：精制牛皮纸、纸袋纸、复合纸

北京爱华中兴纸业有限公司
北京市顺义区赵全营北郎中工业区
邮编：101399
电话：010－82929866、82918325、82911527、82910628
传真：010－82927452、82929866
网址：www. yipianyun. com
邮箱：yipianyun@ yipianyun. com
产品：生活用纸

北京倍舒特妇幼用品有限公司
北京市密云县经济开发区远光街 3 号
邮编：101500
电话：010－69061748、84721230(营销中心)
网址：www. bjbest. com. cn
产品：女性卫生用品、婴幼儿纸尿裤、湿巾

日纸国际贸易(上海)有限公司北京分公司
北京市朝阳区霄云路 36 号国航大厦 1311 室
邮编：100027
电话：010－6566－7148
传真：010－6566－7145
网址：www. npi－sh. com
邮箱：rizhi@ npi－cn. com
经营：文化用纸、纸板、特种纸

北京金鸿纸业有限公司
北京市房山区琉璃河镇二街村
邮编：102403
电话：010－89381498
邮箱：2456700360@ qq. com
产品：生活用纸

北京金佰利个人卫生用品有限公司
北京市经济技术开发区建安街 2 号

邮编：100176
电话：010－87110333、87110000
网址：www. kimberly-clark. com. cn
邮箱：yujia. chi@ kcc. com
产品：妇女卫生巾、一次性婴儿尿布、卫生纸

北京宝洁技术有限公司
北京市顺义区天竺空港经济开发区 B 区裕安路 35 号
邮编：101312
电话：010－80452288
邮箱：zhao. el@ pg. com
产品：婴儿护理用品、妇女卫生用品、纸巾

天　津　市

玖龙纸业(天津)有限公司
天津市宁河县经济开发区五纬路
邮编：301500
电话：022－59326666
传真：022－59329148
网址：www. ndpaper. com
邮箱：info_ tj@ ndpaper. com
产品：高档包装用纸

天津造纸厂有限公司
河西区柳林街大沽南路 1069 号
邮编：300222
电话：022－88823020、88823022、13920220737
网址：www. tjzzc. com
邮箱：tjzz888@ 126. com
产品：瓦楞原纸、热敏纸、复印纸

天津广聚源纸业集团有限公司
天津市津南区咸水沽海河工业园福鑫路 16 号
邮编：300350
电话：022－88510939、88510987
传真：022－88823029
邮箱：759523489@ qq. com
产品：高强瓦楞原纸

天津中钞纸业有限公司
天津市西青经济开发区兴华道 38 号
邮编：300385
电话：022－23960572
网址：www. tjzczy. com. cn
邮箱：zhchpaper@ vip. sina. com
产品：防伪证券纸、防伪水印纸、安全线纸

天津市韩东纸业有限公司
天津市北辰区科技园(南区)景顺路 12 号
邮编：300402
电话：022－26735940、86878877
传真：022－26735940
网址：www. handongzhiye. com
邮箱：handongzhiye@ 163. com
产品：卫生巾

天津津滨造纸有限责任公司
天津市河东区津塘路 178 号
邮编：300300
电话：022－84393208、24933258
传真：022－84397060
网址：www. tjjbpaper. com
邮箱：jinbinzaozhi@ 126. com
产品：复印纸、铜版纸

天津市宝坻区发达造纸有限公司
天津市宝坻区黑狼口工业区
邮编：301822
电话：022－82486582
传真：022－82488988
邮箱：baoyufada@ 163. com
产品：高强瓦楞原纸

天津广大纸业股份有限公司
天津市北辰区红光农场工业园
邮编：300401
电话：022－26954461、26950988
网址：www. gdecg. com
邮箱：gd@ gdecg. com
产品：心电图纸、脑电图纸、胎儿监护记录纸

天津市星河纸业有限公司
天津市宁河区廉庄镇大于村北(造纸厂院内)
邮编：301505
电话：022－69455666、13820038752
邮箱：bizixian@ 163. com
产品：黄纸板、高强瓦楞原纸

天津弗西比纸业有限公司
天津市津南区八里台工业园南区禄纬道 1 号
邮编：300353
电话：022－88569988、88525588
网址：www. wastepaper. net
邮箱：fcb@ wastepaper. net
产品：废纸、空白报纸、白卡纸、卫生纸、牛卡纸

永丰余纸业(天津)有限公司
天津北辰区双街镇开发区
电话：022－58169800
网址：www. yfy. com
邮箱：liujianping1@ cn. yfy. com
产品：纸箱制造

金佰利(天津)护理用品有限公司
天津空港经济区纬六道 99 号
邮编：300301
电话：18522035980
网址：www. kimberly-clark. com. cn
邮箱：jessica. wang1@ kcc. com
产品：个人护理用品

河 北 省

石家庄市

元氏县金鹏纸业有限公司
元氏县金润纸制品有限公司
河北省元氏县嘉惠街南段
邮编：051130
电话：0311－84623867、84603100
传真：0311－84623867
网址：www. jpzy. cn
邮箱：jpzy@ jpzy. cn
产品：高强瓦楞原纸、白卡纸

河北华泰纸业有限公司
河北省赵县石塔西路工业一街
邮编：051530
电话：0311－69105555
网址：www. huatai. com
邮箱：352567244@ qq. com
产品：高档彩色新闻纸

河北吉藁化纤有限责任公司
河北省藁城市东宁路 2 号
邮编：052160
电话：0311－88042886、88041472
传真：0311－88048224、88158418
网址：www. jghx. cn
邮箱：jghx@ jghx. cn
产品：棉浆粕、纤维浆粕

石家庄市顺发纸业有限公司
河北省鹿泉市曲寨工业园
邮编：050200
电话：0311－82295524
传真：0311－82296144
邮箱：quzhaizhiye@ 163. com
产品：箱纸板

石家庄市藁城区光明纸业有限公司
河北省藁城市市府东路副 1 号
邮编：052160
电话：0311－88049850、88042810
传真：0311－88046054
邮箱：guangming9@ sohu. com
产品：书写纸、有光纸、薄页纸、浆粕制造

石家庄大章纸业有限公司
河北省藁城市南董镇南大章工业园区
邮编：052161
电话：0311－88061031
传真：0311－88469867
产品：双灰纸板、全灰纸板、高光纸板

石家庄辰泰滤纸有限公司
河北省晋州市马于镇后彭头开发区
邮编：052260
电话：0311－84455123
传真：0311－84359900
邮箱：376434659@ qq. com
产品：空气滤纸、机油滤纸、空调专用滤纸、各种化工滤纸

河北阿木森滤纸有限公司
河北省辛集市位伯镇位伯工业区
邮编：052360
电话：0311－83312251、15076177660
传真：0311－83312269
网址：www. amsteabag. com
邮箱：ams@ amslz. com
产品：阻燃纸、特种滤纸、定量滤纸、汽车滤纸

石家庄柯林滤纸有限公司
河北省晋州市经济开发区马于西区
邮编：052263
电话：0311－84359109、84359012
传真：0311－84369566
网址：www. sjzkelin. com
邮箱：kelin@ sjzkelin. com
产品：汽车滤纸

河北晨海纸业有限公司
河北省石家庄市灵寿县北洼乡
邮编：050500
电话：13731183789、4006236039
网址：www.hbchzy.cn
邮箱：179002445@qq.com
产品：竹纤维本色纸卷纸，抽纸，手帕纸

唐山市

玖龙纸业(河北)有限公司
河北省唐山市滦南县西马路 88 号
邮编：063500
电话：0315－5708102
传真：0315－5708100
邮箱：info－yx@ndpaper.com
产品：牛皮箱纸板、高强瓦楞原纸、涂布白纸板

迁安市恒茂纸业有限公司
河北省迁安市上射雁庄乡北晒甲营村北
邮编：064400
电话：0315－7040024、7043599
传真：0315－7043599
邮箱：abc19680919@163.com
产品：玻璃防霉垫纸、书写纸、胶印书刊纸

唐山融丰特种纸业有限公司
河北省唐山市路南区文化南北街 88 号
邮编：063001
电话：0315－2860405
传真：0315－2860340
邮箱：tssrftz@163.com
产品：防伪纸、水松原纸、铝箔衬纸、滤嘴棒成型纸

唐山国泰纸业有限公司
河北省唐山市丰润区银城道中国动车城内
邮编：064000
电话：0315－7760089、7760067
传真：0315－7760088、7760051
邮箱：596821341@qq.com
产品：涂布白纸板、高强瓦楞原纸、白牛皮纸

河北海丰实业集团唐山信诚浆纸有限公司
河北省唐山市曹妃甸区八农场一队东
邮编：063207
电话：0315－8881498、13722516000
邮箱：1033180026@qq.com
产品：牛皮箱纸板、高强瓦楞原纸

国昌天宇集团有限公司
曹妃甸工业区新兴产业园区
邮编：064100
电话：0315－7679814、7679811
传真：0315－7679901
产品：包装用纸

河北昌泰纸业有限公司
河北省唐山市玉田县杨家套乡李官屯村北
邮编：064102
电话：0315－2402798、7679812
传真：0315－7679900
产品：石膏板护面纸、低定量瓦楞原纸

玉田县天正纸业有限公司
河北省唐山市玉田县林仓镇东工业区
邮编：064106
电话：0315－6387777
传真：0315－6587288
邮箱：astbgs@163.com
产品：白纸板、涂布白纸板、箱纸板

玉田县大众恒信纸业有限公司
河北省唐山市玉田县代家屯工业区
邮编：064102
电话：13180408729
产品：箱纸板

玉田县代家屯第二造纸厂
河北省唐山市玉田县代家屯经济开发区
邮编：064105
电话：0315－6566084
产品：箱纸板、瓦楞原纸

唐山市丰南区盛达纸业有限公司
丰南区大新庄镇
邮编：063304
电话：0315－8585080
邮箱：shengdazhiye@yeah.net
产品：牛皮挂面箱纸板、茶纸板、高强瓦楞原纸

唐山市华兴纸业有限公司
河北省唐山市曹妃甸区八农场韩庄子北
邮编：063207
电话：0315－8882604
邮箱：125358425@qq.com
产品：瓦楞原纸、黄纸板

玉田县顺发实业有限公司
河北省唐山市玉田县散水头镇代家屯村北工业园区
电话：0315－6558316
邮箱：sfsyzji@163.com
产品：废纸原料生产箱纸板和牛皮挂面纸

唐山市冀滦纸业有限公司
滦县响堂镇张疃村东
邮编：063701
电话：0315－7468919、0315－7477118
产品：制浆造纸、纸张、纸浆销售

顺洁柔股份纸业有限公司唐山分公司
玉田县杨家套乡东高桥村西
邮编：064102
电话：0315－6330999
传真：0315－6551333
网址：www.yutian.cc
邮箱：zhongshunjierou@126.com
产品：生活用纸

秦皇岛市

秦皇岛金茂源纸业有限公司
河北省秦皇岛市抚宁县留守营镇卷子营村
邮编：066301
电话：0335－4083536、4083535
产品：高档涂布白纸板

秦皇岛前韩纸业有限公司
河北省秦皇岛市抚宁县留守营镇前韩家林村
邮编：066301
电话：0335－6468196
传真：0335－6468196
邮箱：qhzy.88@163.com
产品：涂布白纸板、箱纸板、瓦楞原纸

秦皇岛凡南纸业有限公司
河北省秦皇岛市抚宁区留守营镇凡南村
邮编：066301
电话：0335－6488654、6488866
邮箱：fnzy111@126.com
产品：箱纸板

秦皇岛丰满纸业有限公司
抚宁县留守营镇南街村
邮编：066301
电话：0335－6046075、6046999
传真：0335－6046706、6046289
网址：www.fengmanqhd.com
邮箱：fmqht@tom.com
fmqhtqhd@sina.com
产品：挂面白纸板、箱纸板、高强瓦楞原纸、生活用纸

邢台市

丰源（邢台）特种纸业有限公司
柏乡县王家庄乡京深高速引线北侧
邮编：055450
电话：0319－7701166
邮箱：809869194@qq.com
产品：亚麻浆板

河北航宇集团环球造纸有限公司
河北省邢台市南和县城东
邮编：054400
电话：13731581888
产品：双胶纸

河北东大特种纸业有限公司
河北省邢台市柏乡县西汪工业区
邮编：055000
电话：0319－7716269、13603398909
传真：0319－7716269
网址：www.hbddtz.com
邮箱：hbddtz@126.com
产品：钢纸、钢纸原纸、绝缘纸、电缆纸、干电池基纸、皱纹纸

柏乡县锦宝石新材料开发有限公司
柏乡县南阳村北
电话：0319－7666653
邮箱：bxxbxzy@163.com
产品：机制纸及纸板制造、新型装饰材料、包装新材料的研发、生产和销售

中纸在线邢台新材料有限公司
河北省邢台市南和县河郭乡东徐旺村东
邮编：054400
电话：0319－4680018
产品：热转移印花纸

河北恒源纸业有限公司
河北省沙河市桥东区省级经济开发区新寨村北
电话：0319－8911355、13286095666

传真：0319－8911355
网址：www. hengyuanzhiye. com
邮箱：atglass@ foxmail. com
产品：纱管纸、茶板纸、牛皮纸、瓦楞纸、浸渍纸、纱管纸纸管、纱管纸纸护角、纸箱

邯郸市

汉青国际纸业有限公司
河北省邯郸市经济开发区汉青工业园
邮编：056017
电话：0310－6039696
传真：0310－6039595
网址：www. hanqingpaper. com
邮箱：hqzy@ hanqingpaper. com
产品：复印纸、打印纸、热敏纸、印刷纸

保定市

保定钞票纸业有限公司
河北省保定市盛兴西路 98 号
邮编：071071
电话：0312－3176416
传真：0312－3178167
网址：www. bdcz. cbpm. cn
产品：钞票纸、罗纹水印纸、彩色双胶纸

保定市新市区兴华造纸厂
河北省保定市新市区南奇乡
邮编：071051
电话：0312－3174425
邮箱：1569831978@ qq. com
产品：卫生纸

保定三联纸业有限公司
河北省保定市江城乡大汲店村
邮编：071000
电话：0312－3239070
传真：0312－3250899
网址：www. hbbdsslzy. com
邮箱：323906a3@ 163. com
bdslzy@ 126. com
产品：牛皮箱纸板、瓦楞原纸

保定华融纸厂
河北省保定市新市区南章村东
邮编：071000
电话：0312－3173094、13472288781
传真：0312－3173094
网址：www. bdhrzc. com
邮箱：010203_ happy@ 163. com
产品：乳胶纸、静电原板纸、水彩画纸、素描纸、标签纸、沟槽纸等特种纸

保定市东升卫生用品有限公司
河北省保定市满城县大册营造纸工业园区
邮编：072151
电话：0312－5578886、5578889、5578887
传真：0312－5572790
邮箱：dszy2007@ 163. com
产品：高档生活用纸

保定市港兴纸业有限公司
河北省保定市满城县大册营造纸工业园区
邮编：072150
电话：0312－7021908、7027271
传真：0312－7021728
网址：www. cngangxing. com
邮箱：bdlibang@ 163. com
产品：卫生纸、卫生巾、盘纸、轴纸

保定市新市区天华纸制品厂
河北省保定市新市区江城乡尹庄
邮编：071051
电话：0312－3196148
传真：0312－3196148、3192458
产品：螺旋纸管、复合纸板、纸板

河北义厚成日用品有限公司
河北省满城县建业路 333 号
邮编：072150
电话：0312－5576900
传真：0312－5576655
网址：www. hbyhc. com
邮箱：postmaster@ hbyhc. com
产品：妇婴卫生用品

保定市满城永兴纸业有限公司
河北省保定市满城县造纸工业园区
邮编：072150
电话：0312－7022288
传真：0312－7022288
网址：www. yongxingpaper. com
产品：卫生纸

保定市满城金光纸业有限公司
河北省保定市满城县大册营镇方上村
邮编：072150
电话：0312－7021707
传真：0312－7021899
网址：www. maowangpaper. cn
邮箱：maowangpaper@ 126. com
产品：生活用纸

河北省保定市东方造纸有限公司
河北省保定市徐水县巨力路
邮编：072550
电话：0312－8698215
传真：0312－8698212
网址：www. itpacking. cn
邮箱：ir@ itpacking. cn
产品：高强瓦楞原纸、低定量瓦楞原纸、隔热膜原纸、双胶纸、数码相纸、生活用纸

河北小人国纸业有限公司
河北省保定市建国路 968 号
邮编：071000
电话：0312－2177998
传真：0312－2173636
网址：www. hbxiaorenguo. com
邮箱：xrgzhiye@ 163. com
产品：生活用纸、湿巾

保定市秀利佳纸业有限公司
（原河北省满城县恒达纸业有限公司）
河北省保定市满城县北外环胡町村南
邮编：072150
电话：0312－7068999、13931277288
传真：0312－7068858
产品：箱纸板、灰纸板、双灰纸板、牛皮箱纸板、厚灰纸板、涂布原纸

保定华康纸业有限公司
河北省保定市满城县宏昌大街
邮编：072150
电话：0312－7074774
传真：0312－7065101
邮箱：huakangzhiye@ 126. cn
产品：灰纸板、茶纸板、瓦楞原纸

涿州市东立纸业有限责任公司
河北省涿州市刁窝镇塔照村南
邮编：072750
电话：0312－3752299、3753098
产品：石膏板护面纸板、瓦楞纸、蛋托

河北雪松纸业有限公司
河北省保定市满城县大册营造纸工业园区
邮编：072150
电话：0312－7021606、7021512
传真：0312－7020869
网址：www. hbxuesong. cn
邮箱：xuesonghb@ 126. com
产品：卫生纸、餐巾纸

保定市中信纸业有限公司
河北省保定市满城县大册营镇
邮编：072150
电话：0312－7021807、7131238、13933267755
传真：0312－7022988
邮箱：zhongxinzhiye@ 163. com
产品：卫生纸

河北亚光纸业有限公司
河北省保定市满城县造纸工业区
邮编：072150
电话：0312－7021008
传真：0312－7021609、7026609
网址：www. yaguangpaper. com
产品：生活用纸

河北大发纸品有限公司
河北省保定市容城县容城镇东牛村大发大街 1 号
邮编：071700
电话：0312－5692818、5692828
传真：0312－5692838
网址：www. dafapaper. com
邮箱：dafa@ dafapaper. com
产品：机制纸及纸板、加工纸、生活用纸

徐水县前进纸业有限公司
河北省保定市徐水县遂城镇栗元庄
邮编：072557
电话：0312－8903975、7021904
产品：卫生纸

河北顺达纸业有限公司
河北省保定市顺平县汽车站西两公里
邮编：072250
电话：0312－7623626
传真：0312－7628050

邮箱：hbsdzyyxgs@163. com
产品：高光防水彩喷相纸、普通高光彩喷相纸、RC高光防水相纸、育果袋纸

保定雨森卫生用品有限公司
满城大册营工业园区
邮编：072150
电话：4006629000
传真：0312－7020661
网址：www. yusenpaper. com
邮箱：1065406337@qq. com
产品：生活用纸

张家口市

河北凯世德特种纸有限公司
河北省张家口市宣化区滨河东路北侧29号
邮编：071021
电话：0313－5960018、5960033
邮箱：zjkgmzy@163. com
产品：特种防伪纸、文化用纸、工业包装纸、铜版纸、照相原纸

张家口市华鑫纸业有限公司
河北省张家口市桥东区姚家庄村
邮编：075000
电话：0313－4085359、13403334891
经营：卫生纸

张家口市东山造纸厂
河北省张家口市桥东区陵园北街东侧
邮编：075000
电话：0313－2228872、13932359593
产品：瓦楞原纸、箱纸板

沧州市

泊头市龙达纸业有限公司
河北省泊头市开发区
邮编：062150
电话：0317－8185878
邮箱：longdazhiye007@163. com
产品：高强瓦楞原纸

河北吴桥县宏光纸业有限公司
吴桥县铁城镇沙王村西
邮编：061801
电话：13932722999
邮箱：whl13930775848@163. com
产品：胶版纸

沧州临港资通纸业有限公司
河北省沧州市临港经济技术开发区
邮编：061108
电话：0317－5483108
产品：本色草浆、木浆

任丘市星火造纸有限责任公司
河北省任丘市新中驿乡张施村
邮编：062556
电话：0317－3326999、3326099
产品：胶印书刊纸、瓦楞原纸

青县龙江纸业有限责任公司
河北省青县流河镇青王公路10公里处东侧
邮编：062650
电话：0317－4270688
网址：hblongjiang. cn
产品：高强瓦楞纸

廊坊市

中轻特种纤维材料有限公司
河北省廊坊市开发区紫杉路50号
邮编：065001
电话：0316－2575782
传真：0316－2575782
网址：www. sinoligthpaper. com
邮箱：zqtc8866@163. com
产品：超薄型电容器纸、厚纸板、吸尘器纸袋纸、化纤壁纸、育果袋纸、烟用滤纸等

河北恒源实业集团
河北省廊坊市霸州市经济技术开发区西高村
邮编：065700
电话：0316－7317777、13931667355
网址：www. hbhengyuan. com
邮箱：zhangmeichao521@163. com
产品：高档生活用纸

衡水市

河北环达纸业有限公司
河北省衡水市景县城南9公里处第三工业区
邮编：053500
电话：0318－4295615

网址：www.3231913.71ab.com
产品：双胶纸、包装纸、有光纸

衡水市第一造纸厂
河北省衡水市新工路 218 号
邮编：053000
电话：0318－2030687
传真：0318－2030687
产品：凸版纸、生活用纸、瓦楞原纸

安平县金城滤纸有限公司
河北省衡水市安平县徐疃工业区
邮编：053600
电话：0318－7616434、7616419
邮箱：9438933@qq.com
产品：三滤滤纸

河北国威新材料科技有限公司
（原衡水国威滤纸有限公司）
河北省衡水市安平县工业园东区纬二路北侧
邮编：053600
电话：0318－7882007、7882006
传真：0318－7515918
邮箱：zhx275@zmlz.com
产品：木浆滤纸、空气滤纸、燃油滤纸、阻燃滤纸、水滤滤纸

山　西　省

太原市

太原市晋源区南郊造纸二厂
太原市晋源区吉兴造纸厂
山西省太原市晋源区姚村乡西邵村
邮编：030054
电话：0351－6929329、13209821268
邮箱：1013192313@qq.com
产品：瓦楞原纸、挂面箱纸板、牛皮箱纸板

太原家盛纸业有限公司
山西省太原市晋源区
邮编：030050
电话：0351－6985356、6985619
邮箱：503597178@qq.com
产品：高强瓦楞原纸

太原玉盛源能源发展有限公司
山西省太原市清徐县清源镇小北村旧 307 国道旁
邮编：030400
电话：0351－5709626、18003404188
传真：0351－5722001
邮箱：1798928628@qq.com
产品：防火阻燃类纸板

长治市

山西华南纸业股份有限公司
山西省长治市郝家庄
邮编：047105
电话：0355－6017523、6017525
邮箱：cbw879@163.com
产品：瓦楞原纸、箱纸板

晋中市

山西强伟纸业有限公司
山西省晋中市寿阳县朝阳镇半月村工业园区
邮编：045400
电话：0354－3909715
传真：0354－3909710、3909789
网址：www.sxqwzy.cn
邮箱：sxwyjjx@163.com
产品：石膏板护面纸

运城市

山西合盛工贸有限公司
山西省运城市稷山县汾河桥西
邮编：043200
电话：0359－5858387、13835886816
邮箱：sxhsgm@126.com
产品：单面书写纸、胶版纸

山西运城市瑞马纸业有限公司
山西省运城市夏县朱吕村
邮编：044400
电话：0359－8948188、13903595803
邮箱：ruimazhiye@163.com
产品：机制纸

临汾市

临汾新晋达纸业有限公司
山西省临汾市解放东路
邮编：041000
电话：0357－3019979

邮箱：1939959540@ qq. com
产品：箱纸板、瓦楞原纸、再生新闻纸

襄汾县宏峰林纸有限公司
山西省临汾市襄汾县邓庄镇
邮编：041503
电话：0357 – 3690259、3690129
邮箱：1784201013@ qq. com
产品：邮封纸、拷贝纸

山西华达纸业有限公司
山西省临汾市襄汾县邓庄镇邓庄村南纸厂路
邮编：041000
电话：0357 – 3699018
邮箱：zhi21212@ qq. com
产品：邮封纸

山西晋芳纸业有限公司
山西省临汾市洪洞县南坂街 1 号
邮编：041600
电话：0357 – 6210888
邮箱：sxjfzy@ 163. com
产品：生活用纸

吕梁市

山西则天浆纸有限公司
山西省吕梁市文水县胡兰镇胡兰村
邮编：032100
电话：0358 – 3449706、13935839288
邮箱：935152899@ qq. com
产品：瓦楞原纸

内蒙古自治区

呼和浩特市

内蒙古荣信纸业有限公司
内蒙古自治区呼和浩特市土默特左旗毕克齐镇杨家堡村
邮编：010100
电话：0471 – 8158081、15849161588
产品：高强瓦楞原纸

内蒙古天浩纸业有限公司
内蒙古自治区呼和浩特市金川开发区南区经二路东
邮编：010080
电话：0471 – 2847001
邮箱：tiaohao3601296@ 163. com
产品：高档箱纸板

呼伦贝尔市

内蒙古大兴安岭浆纸有限责任公司
内蒙古自治区扎兰屯市富伦街 33 号
邮编：162650
电话：0470 – 3396563、3396415
邮箱：wulan_ 19881012@ 163. com
产品：木浆、纸袋纸、精制牛皮纸、复合原纸

巴彦淖尔市

中冶美利内蒙古浆纸股份有限公司
内蒙古自治区巴彦淖尔市乌拉特前旗西山咀镇 110 国道东侧
邮编：014400
电话：0478 – 3214223、3228560
邮箱：jsr19780901@ 163. com
产品：箱纸板

内蒙古金星浆纸业有限公司
内蒙古自治区巴彦淖尔市乌拉特前旗乌拉特山镇
邮编：014400
电话：0478 – 3262988、2301803
邮箱：2498688316@ qq. com
产品：废纸脱墨纸浆板、漂白商品苇浆板、麦草浆板、木浆板、文化用纸、生活卫生用纸及纸制品

乌兰察布市

乌兰察布市集宁区宏盛纸业有限公司
内蒙古自治区乌兰察布市集宁区文化路 17 号
邮编：012000
电话：15849456666
产品：瓦楞原纸

辽　宁　省

沈阳市

玖龙纸业(沈阳)有限公司
辽宁省沈阳市新民市东城街工业园区
邮编：110300
电话：024 – 31782611、31788999
传真：024 – 31782630
网址：www. ndpaper. com

邮箱：info－sy@ ndpaper. com
产品：牛卡纸

沈阳久九纸板有限公司
辽宁省沈阳市铁西新区卫工街北三中路 39 号
邮编：110000
电话：024－25847459
传真：024－25848459
邮箱：2858869329@ qq. com
产品：纸板、瓦楞原纸

沈阳市宝洁纸业有限责任公司
辽宁省沈阳市和平区长白西街 68 号
邮编：110000
电话：024－23738811、13840245974
传真：024－23736599
网址：www. baojiezhiye. cn
邮箱：846192331@ qq. com
产品：生活用纸、成人护理系列

沈阳市长城过滤纸板有限公司
辽宁省沈阳市皇姑区鸭绿江北街 45 号
邮编：110032
电话：024－86616852
传真：024－86671668
网址：www. cclz. com. cn
邮箱：cclz8462@ sina. com
产品：过滤纸板、滤纸

沈阳思特雷斯纸业有限责任公司
辽宁省沈阳市经济技术开发区十三号路六甲二号
邮编：110027
电话：024－89303899
传真：024－89303866
网址：www. stls. cn
邮箱：systlszy@ 163. com
yjsu1997@ 126. com
产品：金属板带衬纸、不锈钢垫纸、金属板衬纸、玻璃衬垫用纸、医用包装用纸、防锈包装用纸

沈阳市沙金纸业有限责任公司
辽宁省沈阳市浑南区文源街 2E－6 号 322
邮编：110042
电话：024－24239280
传真：024－24239280
邮箱：344817655@ qq. com
产品：书刊纸、造纸脱水器材

辽宁尚阳纸业有限公司
沈阳君昱商贸有限公司
辽宁省沈阳市大东区东贸路 20 号
辽宁省铁岭市清河工业园区（厂址）
邮编：112000
电话：024－72132211、15898053096
网址：www. lnsyzy. com
邮箱：446392030@ qq. com
产品：生活用纸原纸、卷纸、手帕纸、面巾纸、抽取式卫生纸

大连市

大连吉丽纸业有限公司
辽宁省大连市经济技术开发区辽宁街 27 号
邮编：116000
电话：0411－87511908、13304260828
传真：0411－87511438
邮箱：wd835142@ 163. com
产品：工业擦拭纸、擦拭纸、吸油棉、擦拭布、无尘布、无尘纸

瓦房店大森纸业有限公司
辽宁省大连市瓦房店市轴承产业园
邮编：116300
电话：0411－85666599
传真：0411－85646253
网址：www. dasenzy. china. b2b. cn
邮箱：1878458335@ qq. com
产品：纸管、螺旋纸管

大连中诚纸业有限公司
辽宁省大连市金州区大魏家镇王家村
邮编：116110
电话：0411－87897288、87897228
传真：0411－87897555
邮箱：dlhghz@ 126. com
产品：箱纸板、瓦楞原纸

大连金洋纸业有限公司
辽宁省大连市金州新区中长街道中长村
邮编：116110
电话：0411－7814748
邮箱：296685455@ qq. com
产品：高档箱纸板、高强瓦楞原纸

大连德隆纸业有限公司
办公地址：辽宁省大连市中山区长江路 38 号金地中心

B 座 2005 室
电话：0411－82735077
传真：0411－82735078
工厂地址：辽宁省大连市甘井子区毛茔子工业区
电话：0411－87113777
传真：0411－87113738
网址：www. odlpaper. com
邮箱：delongpaper7777@ vip. 163. com
产品：擦手纸和马桶坐垫纸

鞍山市

鞍山顺电超高压绝缘材料有限公司
辽宁省鞍山市千山区鞍刘路 650 号
邮编：114014
电话：0412－5886611、13904205417
邮箱：wjz_ 58@ 126. com
产品：绝缘纸板

维达纸业(辽宁)有限公司
辽宁省鞍山市千山区红旗南街 15 号
邮编：114016
电话：0412－8772565
传真：0412－8772528
网址：www. vindapaper. com
邮箱：wang. mj@ vinda. com
产品：高中档卫生卷纸、纸巾纸、盒装面巾、软包抽取式面巾、餐巾纸

抚顺市

琥珀纸业有限责任公司
辽宁省抚顺市望花区古城子路 4 号
邮编：113001
电话：024－52595933、52548035
传真：024－52595858
网址：www. hpzy. com. cn
www. hupozy. com
邮箱：hpzyzhb@ 163. com
产品：生活用纸、箱纸板

本溪市

本溪尚琳纸业有限公司
辽宁省本溪市明山区牛心台牛新路 119－2 栋 1 层
邮编：117000
电话：024－44841067、18641430999
网址：www. shanglinzhiye. com
邮箱：353700667@ qq. com
产品：高档卫生纸

丹东市

辽宁铭笙纸业有限公司
辽宁省东港市前阳经济开发区
邮编：118301
电话：0415－7816688、7816666
传真：0415－7816669、7816611
邮箱：2567575748@ qq. com
产品：高强瓦楞原纸、黄纸板

丹东市新华纸业有限公司
辽宁省东港市前阳镇石桥岗村
邮编：118301
电话：0415－6677377
传真：0415－6677377
邮箱：841325119@ qq. com
产品：瓦楞原纸、覆膜皱纹包装纸、型材包装纸

凤城市众合纸业有限公司
辽宁省丹东市凤城市蓝旗镇立新村五组
邮编：118100
电话：0415－8230039、8124899
邮箱：fcstlszy@ 163. com
产品：如厕纸、水果套袋纸、染色纱管面纸、过滤纸等

锦州市

锦州金日纸业有限责任公司
辽宁省锦州市凌海市金城工业园区
邮编：121203
电话：0416－8350111、8351067、8351070、13464662422
传真：0416－8350082
网址：www. jzjrzy. com
邮箱：25067137@ qq. com
产品：胶版印刷纸、书写纸、胶版书刊纸
子公司：锦州四合特种外加剂有限责任公司

锦州宝地纸业有限公司
辽宁省锦州市凌海市金城街
邮编：121203
电话：0416－8350013

传真：0416 - 8350333
网站：www. jinchengpaper. com
邮箱：jinquandisc@ 163. com
产品：胶印书刊纸、双胶纸、书写纸

营口市

营口造纸厂
辽宁省营口市站前区河湾北街一号
邮编：115001
电话：0417 - 2135888、2135360
传真：0417 - 3631195
邮箱：lyzzc@ 163. com
产品：全无氯漂白苇浆板、胶印书刊纸、单面书写纸

营口特种纸业有限公司
辽宁省营口市西市区辽河里 75 号
邮编：115003
电话：0417 - 2638628、2635047
传真：0417 - 2635047
网址：www. yktzzy. com
邮箱：yktzzy2638628@ 163. com
产品：氧化锌版纸、再湿胶带纸、浆层纸、复合纸

辽阳市

辽阳赛伦工业纸板有限公司
辽宁省辽阳市太子河区建设路 21 号
邮编：111000
电话：0419 - 3306969
产品：绝缘纸板、进口木浆

辽宁同盛纸业有限公司
辽宁省辽阳市白塔区建设路 21 号
邮编：111000
电话：0419 - 3305319、3305318
传真：0419 - 3305319
网址：www. ts - paper. com
邮箱：cwb2@ ts - paper. com
产品：灰纸板、纱管纸

辽宁博隆纸业有限公司
辽宁省辽阳市太子河区望水台乡道西庄街道
邮编：111000
电话：0419 - 3306115
传真：0419 - 3301581
网址：www. lnblzy. com
邮箱：lnblzy@ lnblzy. com
产品：餐巾纸原纸、生活用纸、工艺品编织用纸、马桶圈纸

辽阳嘉丰纸业有限公司
辽宁省辽阳市刘二堡经济开发区
邮编：111212
电话：0419 - 7166958
传真：0419 - 7167118
网址：www. jiafengzhiye. com
邮箱：jiafengzhiye@ 163. com
产品：瓦楞原纸

盘锦市

辽宁振兴生态造纸有限公司
辽宁省盘锦市盘山县东郭造纸工业园区
邮编：124112
电话：0427 - 6577000
传真：0427 - 6577088
网址：www. zxstjt. com
邮箱：lnstzyxzb@ 126. com
产品：文化用纸、浆板

铁岭市

辽宁省开原荣信纸业有限公司
辽宁省开原市新城街工业园
邮编：112300
电话：024 - 73617698
传真：024 - 73617398
邮箱：13679303152@ qq. com
产品：打印纸、单胶纸、双胶纸、办公用纸、复印纸、纸品原材料

辽宁兴东科技有限公司
(原辽宁兴东纸业有限公司)
辽宁省开原市八宝镇大湾村造纸工业园区
邮编：112322
电话：024 - 73672222、73900181
传真：024 - 73900168
网址：www. lnxdzy. com
产品：牛皮箱纸板、纱管纸

朝阳市

朝阳纸板总厂
辽宁省朝阳市北环路 8 号
邮编：122000

电话：0421－2814799
传真：0421－2805675
邮箱：2805675@163.com
产品：包装纸板、涂布白纸板、瓦楞原纸

朝阳华晟实业有限公司
（原朝阳华晟纸业有限公司）
辽宁省朝阳市朝阳县柳城街道腰而营子村
邮编：122000
电话：0421－2578345
邮箱：354831024@qq.com
产品：印刷纸

吉　林　省

吉林市

吉林晨鸣纸业有限责任公司
吉林市龙潭区晨鸣路1号
邮编：132104
电话：0432－68066380
产品：机制纸、纸板、纸制品、纸浆、造纸机械设备加工和销售、机械设备安装

白城市

吉林省华金纸业有限公司
吉林省白城市铁东区纸厂街8号
邮编：137000
电话：0436－3274600
邮箱：lixin0246813579@163.com
产品：印刷纸、书写纸、静电复印纸、票据纸

白山市

白山市琦祥纸业有限公司
吉林省白山市八道江区东兴街长白路49号
邮编：134300
电话：0439－3389008
传真：0439－3389000
网址：www.qixiangzhiye.com
邮箱：qixiangzhiye@163.com
产品：瓦楞原纸、箱纸板

四平市

吉林日升纸业有限责任公司
（原公主岭市光大纸业有限责任公司）
吉林省公主岭市秦家屯镇
邮编：136114
电话：18643440345
邮箱：494967276@qq.com
产品：中高强瓦楞原纸

延边朝鲜族自治州

延边石岘双鹿实业有限公司
吉林省延边州图们市石岘镇凯旋街1号
邮编：133101
电话：0433－3869001、3868139、3868551
传真：0433－3868139
网址：www.jlshixian.com
邮箱：407249385@qq.com、
产品：新闻纸、双面胶版纸、卫生纸、复印纸、亚硫酸盐木浆、静电复印纸、箱纸板

黑龙江省

鸡西市

黑龙江北大荒纸业有限责任公司
黑龙江省鸡西市密山市兴凯湖农场造纸厂
邮编：158328
电话：0467－5081055、5081043
传真：0467－5081037
邮箱：xkhzzcsm@163.com
产品：打字纸、书写纸、胶版纸、彩色胶印纸、图画纸

佳木斯市

佳木斯龙江福浆纸有限公司
黑龙江省佳木斯市光复路306号
邮编：154005
电话：0454－6066887
传真：0454－6066860
邮箱：wxyjz@163.com
产品：精制白牛皮纸、伸性纸袋纸、本色木浆

佳木斯东方纸业有限公司
黑龙江省佳木斯市建国街5号
邮编：154005
电话：0454－8390368
传真：0454－8387461
网址：www.jmsdfzy.cn
邮箱：619006197@qq.com
产品：打印纸、图画纸、白牛皮纸

佳木斯市龙德纸业有限公司
佳木斯市东风区东兴城 A-D3 号楼 102#
邮编：154000
电话：0454－8289316
邮箱：329638615@qq.com
产品：纸制品加工，废旧物资回收，再生资源技术开发，工业包装用纸、特种纸及纸张批发

佳木斯艺洋纸业有限公司
黑龙江省佳木斯市东风区模范路 16 号
邮编：154005
电话：0454－8335657、13836660755
邮箱：1466152396@qq.com
产品：造纸、纸制品加工

黑龙江佳宏纸业集团有限公司
黑龙江省佳木斯市东风区光复路东段
邮编：154005
电话：0454－8377032
邮箱：897720997@qq.com
产品：牛皮纸、纸袋纸

牡丹江市

牡丹江恒丰纸业集团有限公司
黑龙江省牡丹江市阳明区恒丰路 11 号
邮编：157013
电话：0453－6331111、6886000、6886500
传真：0453－6331063、6886868
网址：www.hengfengpaper.com
邮箱：gsb@hengfengpaper.com
产品：铜版纸、卷烟纸、铝箔衬纸、滤嘴棒纸、水松原纸、无碳复写原纸

牡丹江市三都特种纸业有限公司
黑龙江省牡丹江市爱民区大庆街 19 号
邮编：157009
电话：0453－6899237、6889718
传真：0453－6899237
邮箱：lzb0605@163.com
产品：卫生纸、纸巾纸、擦拭纸

海林市柴河林海纸业有限公司
黑龙江省海林市柴河镇铁东路 2 号
邮编：157131
电话：0453－7528590
传真：0453－7528390
邮箱：lhzyxsb@163.com
产品：箱纸板、高强瓦楞原纸

绥芬河市三都纸业有限责任公司
黑龙江省牡丹江市绥芬河市林业局住宅 1－601 室
电话：0453－3948280
网址：www.sandu.net.cn
邮箱：sandus@vip.sina.com
产品：进口纸浆、纸张

上 海 市

王子制纸管理(上海)有限公司
上海市长宁区延安西路 2201 号上海国际贸易中心 3401 室
邮编：200336
电话：021－62195555
传真：021－32231101
网址：www.ojiholdings.cn
邮箱：Info-china@oji-gr.com
产品：木浆、铜版纸、双胶纸、瓦楞纸箱、重物包装箱、环保纸袋、复合袋、干法纸、热敏纸、YUPO 合成纸、防锈纸、装饰纸、生活用纸、纸尿裤等

泰盛科技(集团)股份有限公司
地址：上海市虹桥路 2272 号虹桥商务大厦 6 楼 F 座
邮编：200366
电话：021－62619889
网址：www.taison.cn
产品：竹浆、复印纸、双胶纸、书画纸、竹浆生活用纸、母婴原纸、卫生巾、纸尿裤

上海中隆纸业有限公司
上海市闵行区申长路 988 弄 3 号楼 8 楼
邮编：201106
电话：021－24088888
产品：高档牛皮箱纸板、高强瓦楞原纸

金奉源纸业(上海)有限公司
上海市奉贤县星火开发区莲塘路 251 号
邮编：201419
电话：021－57505588
传真：021－57501100
网址：www.jfy-paper.com
邮箱：jfy-paper@app.com.cn
产品：高档食品卡纸

上海富民纸业有限公司
(原上海富民造纸厂)
上海市崇明县港沿镇八一公路

邮编：202158
电话：021 －59465421、13381666806
传真：021 －59465421
产品：瓦楞原纸、茶纸板

上海同孚特种纸板厂
上海市崇明县港沿中路 588 号
邮编：202158
电话：021 －59461824
传真：021 －59461268
邮箱：sh-tongfu@ citiz. net
产品：纸浆模塑制品

上海金佰利纸业有限公司
上海市松江区金沙滩 139 号
邮编：201600
电话：021 －37813030、57822671
传真：021 －37813030
网址：www. kimberly-clark. com. cn
邮箱：helen. zhang@ kcc. com
产品：高档生活用纸

上海新江南纸业有限公司
上海市武宁路 1500 号南楼 408 室
邮编：200061
电话：021 －62543871、62442570
传真：021 －62543871
邮箱：shxjnzy@ 126. com
产品：防伪邮票纸

上海乐凯纸业有限公司
上海市普陀区常和路 308 号
邮编：200331
电话：021 －63639057
传真：021 －63639043
网址：www. shanghaizhiye. luckyfilm. com. cn
邮箱：1035160392@ qq. com
产品：高档彩色相纸

上海力德纸业有限公司
上海市沪青平公路 6098 号
邮编：201713
电话：021 －59230220、13621867221
产品：透析纸、氧化锌印版纸、心电图纸

长谊新材料(上海)有限公司
(原长谊特种纸(上海)有限公司)
上海市宝山城市工业园区丰翔路 1369 号
邮编：200436
电话：021 －36160789、62113737
传真：021 －36160787、62113232
网址：www. cypnet. com. cn
邮箱：sjg@ cypnet. com. cn
产品：特种纸

骏源新材料(上海)有限公司
上海市青浦工业园区汇联路 1739 号
邮编：201707
电话：021 －58518866
传真：021 －58218666
网址：www. sinjunyuan. com
邮箱：webmaster@ sinjunyuan. com
产品：特种纸、耐磨纸、高档文化用纸

上海三五纸厂有限公司
上海市青浦区练塘镇朱枫公路 688 弄 2 号
邮编：201715
电话：021 －59251102、59251121、13651912351
邮箱：13545678@ qq. com
产品：热敏纸、电火花纸

上海合和纸业有限公司
上海市青浦区华新镇华蔡路 285 号
邮编：201708
电话：021 －59798808
传真：021 －59798660
网址：www. hehepaper. com
邮箱：hehezhiye@ 163. com
产品：牛皮纸、加工纸

阿波滤材(上海)有限公司
(原阿波制纸(上海)有限公司)
上海市奉贤区星火开发区莲塘路 355 号
邮编：201419
电话：021 －57505800
传真：021 －57505805
邮箱：nzheng@ aws. net. cn
产品：过滤纸

上海延中办公用品实业公司
上海市胶州路 941 号长久大厦 501 室
邮编：200060
电话：021 －62998411
传真：021 －62998423
产品：晒图纸、无碳复写纸

上海虹灵－迪茨根纸业有限公司
上海市闵行区中春路 6889 弄 3 号
邮编：201101
电话：021－64061122
传真：021－54881149
产品：晒图纸

上海晨江纸品有限公司
上海市松江区荣乐东路 66 号
邮编：201600
电话：021－57711008
传真：021－57710800
产品：晒图纸

上海迪佳纸业有限公司
（原上海迪佳纸品印务有限公司）
上海市黄浦区延安东路 1278 弄 5 号底层东间部位
邮编：200001
电话：021－61845198
传真：021－58569023
经营：晒图纸，复印纸，显影药水，电脑打印纸

上海全兴纸业有限公司
上海市长宁区定西路 650 号 821 室
邮编：201612
电话：021－64847065、18019282135
经营：晒图纸、传真纸

上海亚傲纸业有限公司
上海市闵行区梅陇镇金都路 1515 号
邮编：201108
电话：021－64341581
传真：021－64341581
邮箱：304583953@ qq. com
产品：晒图纸

上海东冠纸业有限公司
上海东冠健康用品股份有限公司
上海东冠卫生用品有限公司
上海市中山南一路 893 号斯米克广场西楼三楼
邮编：200023
电话：021－53026727
传真：021－53026726、53026782
网址：www. socpcn. com
邮箱：service@ socp. com. cn
产品：生活用纸

上海国峰纸业有限公司
上海市南汇区老港化工工业园区同强路
邮编：201302
电话：021－58053886、13501984926
邮箱：417870010@ qq. com
产品：邮票原纸、晒图原纸

上海繁锦纸业有限公司
上海市南汇区祝桥东海盐朝北路 8 号 209 室
邮编：201325
电话：021－62488330、13801719249
传真：021－62473126
邮箱：164821376@ qq. com
产品：晒图纸

金光纸业（中国）投资有限公司
上海市长宁区娄山关路 533 号金虹桥国际中心Ⅱ座 30 层
邮编：200051
电话：021－22838888
传真：021－22839056
网址：www. app. com. cn
产品：漂白硫酸盐桉木浆、印刷纸、包装纸、生活用纸

上海殷泰纸业有限公司
上海市宝山区练祁路 88 号
邮编：200942
电话：021－56649708、56649618
传真：021－56646488
邮箱：13585661968@ 139. com
产品：彩色胶印新闻纸

上海汇德利文化用品有限公司
（原上海市复写纸联合公司）
上海市大林路 10 弄 1 号 604 室
邮编：200011
电话：021－63451133、18930471159
传真：021－63010772、63454319
邮箱：czg1210@ 163. com
产品：复写纸

上海开伦造纸印刷集团有限公司
上海市奉贤区莲塘路 251 号
邮编：200050
电话：021－62104040、62103737
传真：021－62401113
网址：www. kai-lun. net

邮箱：kailun@ kai-lun. com
产品：静电复印纸、瓦楞原纸、牛皮箱纸板、折叠涂布白纸板、单面涂布白纸板、茶纸板

上海基隆腊光纸有限公司
上海松江区佘山镇天马新宅路 600 号
邮编：201603
电话：021 －57662899、57663729
传真：021 －57663729
邮箱：luyanfen@ 163. com
产品：各色蜡光纸

山鹰国际控股股份公司
上海市杨浦区安浦路 645 号山鹰国际总部大楼
电话：021 －60360888
传真：021 －62376799
网址：www. shanyingintl. com
邮箱：SY@ shanyingintl. com
经营：再生纤维、造纸、包装、印刷

日纸国际贸易(上海)有限公司上海分公司
上海市长宁区遵义路 100 号虹桥南丰城 B 幢 1805 室
邮编：200051
电话：021 －61453260
传真：021 －61453237
网址：npi-sh. com
邮箱：rizhi@ npi-cn. com
产品：文化用纸、纸板、特种纸

金佰利(中国)有限公司
上海市黄浦区淡水路 299 号 12 楼
邮编：200025
电话：021 －60288100
网址：www. kimberly-clark. com. cn
邮箱：Helen. Zhang@ kcc. com
产品：卫生用品

上海宝中宝纸塑制品有限公司
上海嘉定南翔镇翔江路 888 号
电话：021 －69171222
传真：021 －69171223
网址：www. baozhongbao. net
邮箱：77156356@ qq. com
产品：防伪商标易碎纸、不干胶贴纸、离型纸

巴西金鱼浆纸公司上海代表处
上海市静安区南京西路 1468 号中欣大厦 3202 室
邮编：200040
电话：021 －62895506
传真：021 －62892817
网址：www. suzano. com. br
邮箱：Crystalwang@ suzanoasia. com
经营：漂白桉木浆

上海中程纸业有限公司
上海市青浦区白鹤镇外青松公路 2965 号
邮编：297201
电话：021 －39805525、15921050506
网址：shzcpaper. net
邮箱：shzcpaper@ 163. com
产品：牛皮纸、服装打版纸等

上海恩博环保纸浆模塑制品有限公司
上海市奉贤区四团镇平安社区平中路 12 号
邮编：201413
电话：021 －57541363、13671761083
网址：www. nbzmsh. com
邮箱：enbosh@ 126. com
产品：纸浆模塑防震包装制品

江　苏　省

南京市

永丰余纸业(南京)有限公司
南京经济开技术开发区恒泰路 1 －2 号
电话：025 －69519112
网址：www. yfy. com
邮箱：zhoujq@ yfy0. cn. com
产品：纸板生产

南京吉利纸业有限公司
南京市六合区雄州镇文峰北路 9 号
邮编：211500
电话：025 －57506968、13327702168
传真：025 －57507928
网址：www. lmpap. com. cn
邮箱：pepaper@ 126. com
产品：轻涂淋膜纸、铜板淋膜纸、牛皮包装淋膜纸、白淋膜复合纸

南京经纬纸业有限公司
江苏省南京市江宁开发区九竹路 98 号
邮编：211100
电话：025 －52106598、52129068
邮箱：334202036@ qq. com

产品：纸杯纸、碗面纸、冰淇淋纸

金佰利(南京)护理用品有限公司
金佰利(南京)个人卫生用品有限公司
江苏省南京市江宁经济技术开发区吉印大道 3199 号
邮编：211100
电话：025－81054007
传真：025－52721122
网址：www. kimberly-clark. com. cn
邮箱：Phoebe. Gao@ kcc. com
产品：妇女用卫生巾

南京瑞达纸业有限公司
江苏省南京市丰富路石榴园 330 号
邮编：210000
电话：025－84209796
传真：025－84213096
邮箱：1772065773@ qq. com
产品：联单、热敏纸、气象防锈纸、防锈纸

南京天府纸业有限公司
江苏省南京市秦淮区龙蟠中路 536 号
邮编：210000
电话：025－84587466、84614407
传真：025－84587466
邮箱：3132086276@ qq. com
产品：书写纸、双胶纸

无锡市

无锡双龙信息纸业有限公司
江苏省无锡市滨湖区马山长康路 33 号
邮编：214092
电话：0510－85996606、85996848
传真：0510－85995909
网址：www. slpz. com
邮箱：slpz@ sohu. com
产品：电脑打印纸、静电复印纸、票据纸、传真纸

无锡荣成环保科技有限公司
江苏省无锡市惠山区洛社镇中兴西路 43 号
邮编：214187
电话：0510－83316666
传真：0510－83311826
网址：www. longchenpaper. com
产品：牛皮纸板、瓦楞原纸、瓦楞纸板、瓦楞纸箱

无锡市生力纸业有限公司
江苏省无锡市锡山区鹅湖镇(甘露)望虞路 9 号
邮编：214117
电话：0510－88751447、88752355
传真：0510－88751447
产品：高强瓦楞原纸

无锡侨颂特种纸有限公司
江苏省无锡市滨湖区碧波支路 11 号
邮编：214092
电话：0510－8599052、885997373
邮箱：542482486@ qq. com
产品：无碳复写纸

无锡锡山恒丰纸业有限公司
江苏省无锡市锡山区东亭镇杨亭村
邮编：214102
电话：0510－88260560
传真：0510－88261049
邮箱：wxhfzy@ 126. com
产品：纸箱、瓦楞原纸

无锡市锡山华盛纸业有限公司
江苏省无锡市东亭镇春湖东路 48 号
邮编：214000
电话：0510－88259207
传真：0510－88251877
邮箱：8279922352@ qq. com
产品：铜版纸、双胶纸、白底白卡纸、白底白纸板、白底灰纸板、高档白卡纸和轻涂纸

无锡市齐力纸业有限公司
江苏省无锡市新吴区江溪街道纺城大道 288 号
邮编：214028
电话：0510－88231801、13861786357
传真：0510－88083459
邮箱：qilizhiye@ 126. com
产品：包装纸、印刷纸、特种纸

无锡市三元纸业有限公司
江苏省无锡市新区长江路 8 号
邮编：214028
电话：0510－85225699
传真：0510－85225699
邮箱：168163510@ qq. com
产品：双胶纸、铜版纸、轻涂纸、优光铜版纸、无碳压感原纸、牛皮纸

无锡泰极纸业有限公司
江苏省无锡市锡山经济开发区团结大道春雨路
邮编：214101
电话：0510－88262053、88266679
传真：0510－88261990
网址：www. wxtjpaper. com
邮箱：sales@ wxtjpaper. com
产品：化纤纸管、氨纶纸管、工业丝纸管、蜂窝板

无锡市越丰纸业有限公司
江苏省无锡市江海西路金山北私营工业园 95 号
邮编：204100
电话：0510－83070670
网址：www. yfpaper. com
邮箱：yjg1958211@ 163. com
产品：无碳复写纸、无碳复写纸用微胶囊、电脑打印纸

无锡市江海信息纸业有限责任公司
江苏省无锡市新区锡达路 580 号 3 号楼
邮编：214112
电话：0510－85626099、85627393
传真：0510－85627699
邮箱：jhzy163@ 163. com
产品：无碳复写票证纸、记录纸、静电复印纸、传真纸、不干胶贴纸

江阴比图特种纸板有限公司
江苏省江阴市长泾镇经济开发区兴隆路 2 号
邮编：214400
电话：0510－86305989、86301263
传真：0510－86302212
网址：www. chinabesto. com
邮箱：xuyulian@ chinabesto. com
jybesto@ chinabesto. com
patrick_ besto@ hotmail. com
产品：中底纸板、快巴纸板

江阴美源实业有限公司
江苏省江阴市云亭街道松文头路 11 号
邮编：214422
电话：0510－86899188、86877615、86891308
传真：0510－86877610、86891721
网址：www. meiyuan. com
邮箱：sales@ meiyuan. com
产品：涂布纸

江阴永丰余造纸有限公司
江苏省江阴市通江南路 258 号
邮编：214433
电话：0510－86105979、13616168983
传真：0510－86118748
网址：www. yfy. com
邮箱：csl@ cn. yfy. com
产品：涂布白纸板

江阴新浩再循环纸业有限公司
江苏省江阴市南外环路 665 号
邮编：214433
电话：0510－86108159
传真：0510－86111319、86101863
邮箱：1061696647@ qq. com
产品：白纸板、废纸浆、扑克牌纸

无锡市一正纸业有限公司
江苏省宜兴市丁蜀镇陶瓷工业园
邮编：214200
电话：0510－88566366、80383311
传真：0510－88567366
网址：www. wxyizheng. com
邮箱：jinjie6366@ 163. com
产品：卷筒卫生纸、面巾纸、餐巾纸、卫生纸、成人纸尿片、成人纸尿裤

宜兴市苏南纸业有限公司
江苏省宜兴市张渚镇北郊铁基山
邮编：214235
电话：13901532319
邮箱：2388617520@ qq. com
产品：箱纸板、瓦楞原纸

宜兴市华法纸业有限公司
江苏省宜兴市经济开发区
邮编：214200
电话：0510－87125536、13801530153
传真：0510－87121839
网址：www. yxhfzy. com
邮箱：sales@ yxhfzy. com
产品：箱纸板、瓦楞原纸

江苏湟里纸业有限公司
江苏省江阴市璜土镇工业园
邮编：214445
电话：0510－8665221、886058686
传真：0510－86652208

邮箱：jscz51@ 126. com
产品：箱纸板

徐州市

江苏星光纸业有限公司
江苏省徐州市铜山区刘集镇工业园区
邮编：221147
电话：15252088738
邮箱：1841328386@ qq. com
经营：瓦楞原纸、耐磨纸、装饰纸

常州市

常州市五环纸业有限公司
江苏省常州市戚墅堰劳动东路 308 号
邮编：213011
电话：0519－88771288、88771258
传真：0519－88771258
网址：www. wuhuan-cn. cn
邮箱：fivering@ wuhuan-cn. cn
产品：高强瓦楞原纸、牛皮箱纸板、茶纸板、防潮纸、包装纸、牛皮纸、条纹牛皮纸

溧阳市阳光纸业有限公司
江苏省溧阳市昆仑街道泓盛路 518 号 7 幢
邮编：213000
电话：0519－87101328、13801491328
产品：生活用纸、包装用纸

苏州市

金华盛纸业(苏州工业园区)有限公司
江苏省苏州工业园区胜浦镇金胜路 2 号
邮编：215126
电话：0512－62832118、62836666、62832600
传真：0512－62815491
网址：www. goldhs. com. cn
邮箱：webmaster_ ghs@ app. com. cn
产品：无碳复写纸、热敏纸、双胶纸、铜版卡纸

金红叶纸业集团有限公司
江苏省苏州工业园区胜浦分区金胜路 1 号
邮编：215126
电话：0512－62810228
传真：0512－62818276
网址：www. ghy. com. cn
邮箱：customer_ service@ chy. com. cn
产品：卷筒卫生纸、盒装面纸、纸杯、纸巾

江苏理文造纸有限公司
江苏省常熟市经济技术开发区沿江工业园理文路
邮编：215536
电话：0512－52698888、52653333
传真：0512－52653688
网址：www. leemanpaper. com
产品：BSKP、BHKP、牛皮箱纸板、瓦楞原纸

芬欧汇川(中国)有限公司
江苏省常熟市沿江经济开发区兴业路 2 号
邮编：215536
电话：0512－52651818
传真：0512－52652300
网址：www. cn. upm. com
邮箱：upm. asia@ upm. com
产品：办公用纸、印刷纸

亚龙纸制品(昆山)有限公司
江苏省昆山市新南西路 369 号
邮编：215300
电话：0512－57536988
传真：0512－57538395
网址：www. yalongpaper. com
产品：办公用纸、纸袋、美术用纸、高光相纸

苏州新业造纸有限公司
江苏省吴江市梅堰镇工业开发一区
邮编：215225
电话：0512－63681399、63688102
传真：0512－63680888
邮箱：y6kyml@ 163. com
产品：过滤纸

永丰余家品(昆山)有限公司
江苏省昆山市城北镇永丰余路 999 号
邮编：215316
电话：0512－53212041、57792824、57179700
网址：www. yfy. com
邮箱：zhaofei. min@ yfycpg. com
产品：生活用纸、高档纸板

耐斯特纸业(昆山)有限公司
江苏省昆山市周市镇优比路 358 号
邮编：215314
电话：0512－57629081、57629088
传真：0512－57629088

网址：www. nicetekpaper. com. cn
邮箱：sales@ nicetekpaper. com. cn
产品：白卡纸、黑卡纸、彩卡纸、珠光纸、荧光纸、背胶纸、彩色包装用纸

利乐包装(昆山)有限公司
江苏省昆山市开发区顺帆南路 208 号
邮编：215301
电话：0512 - 57717725
传真：0512 - 57717729
网址：www. tetrapak. com
邮箱：lynn. liu@ tetrapak. com
产品：包装用纸、包装袋

太仓造纸厂
江苏省太仓市沙溪镇浦南新村
邮编：215421
电话：0512 - 5321142
邮箱：szhongda@ public1. sz. js. cn
产品：箱纸板、瓦楞原纸、白纸板

昆山钞票纸业有限公司
江苏省昆山市震川东路 1188 号
邮编：215301
电话：0512 - 57703333
传真：0512 - 57702033
网址：www. kscz. cbpm. cn
产品：钞票纸、艺术纸、防伪纸

江苏荣成环保科技股份有限公司
江苏省昆山市陆家镇金阳东路 33 号
邮编：215331
电话：0512 - 57876688 - 111
传真：0512 - 57878080
网址：www. longchengreentech. com
产品：箱纸板、瓦楞原纸

王子制纸妮飘(苏州)有限公司
江苏省苏州市苏州新区金山路 98 号
邮编：215300
电话：0512 - 68258526
传真：0512 - 68259395
网址：www. nepia. com. cn
邮箱：nepiamk@ nepia. com. cn
产品：生活用纸

苏州市红光纸业有限公司
江苏省苏州市苏福公路
邮编：215009
电话：0512 - 68202971
传真：0512 - 68202971
产品：纸板

玖龙纸业(太仓)有限公司
江苏省太仓市港口开发区玖龙路 1 号
邮编：215434
电话：0512 - 53703888
传真：0512 - 53703399
网址：www. ndpaper. com
邮箱：info_ tc@ ndpaper. com
产品：纸板

常熟乐楹纸业有限公司
(原常熟第三造纸厂有限公司)
江苏省常熟市梅李镇赵市
邮编：215518
电话：0512 - 52381128
传真：0512 - 52381190
邮箱：329491014@ qq. com
产品：箱纸板、瓦楞原纸

江苏吉泰利恒实业有限公司
(原江苏富士莱纸业有限责任公司)
常熟市香江路 158 号
邮编：215558
电话：0512 - 52303556
传真：0512 - 52837984
邮箱：171744414@ qq. com
产品：箱纸板、瓦楞原纸

苏州胜宏纸业有限公司
江苏省太仓市沙溪镇河南街 84 号
邮编：215421
电话：0512 - 53359010、53211422
传真：0512 - 53212041
邮箱：szhongda@ publicl. sz. js. cn
产品：箱纸板、瓦楞原纸

国一制纸(张家港)有限公司
江苏省张家港市凤凰镇韩国工业园
邮编：215614
电话：0512 - 58423721
传真：0512 - 58421207
网址：www. kookilpaper. com
邮箱：maeter@ kookilpaper. com
产品：胶版纸、静电复印纸、不锈钢衬纸、纸杯原纸、

无尘原纸、离型原纸、装饰原纸

张家港市华申纸业有限公司
江苏省张家港市后塍镇袁家桥
邮编：215631
电话：0512－58771241
传真：0512－58785231
产品：箱纸板、瓦楞原纸

昆山福特莱纸业有限公司
生产地址：昆山市周庄镇敏锐路2号
经营地址：上海市宝山区月罗路340号3号楼2楼
邮编：200941
电话：021－63570960
传真：021－66081142
网址：ftlpapers. 1688. com
邮箱：futailai522@126. com
产品：彩色纸、彩卡纸、皮纹纸、文件夹纸、马尼拉纸、牛皮纸、素描纸、白卡、黑卡、珠光纸、吸水纸、环保纸、金银卡纸等

苏州秧浦色彩科技有限公司
江苏省昆山市千灯镇萧墅路666号
电话：0512－57876071、57876072
传真：0512－57876087
网址：www. yangpuch. cn
邮箱：tonytang51@163. com
产品：研发、生产、销售为一体的综合性色浆

南通市

江苏王子制纸有限公司
江苏省南通市经济技术开发区通达路18号
邮编：226017
电话：0513－85996555
传真：0513－85996382
网址：www. ojipaper. cn
产品：文化用纸

淮安市

江苏金莲纸业有限公司
江苏省金湖县建设东路89号
邮编：211600
电话：0517－86882898
传真：0517－86892515、86882875
邮箱：xyr5232040@163. com
产品：生活用纸

江苏嘉德纸业有限公司
江苏省洪泽县工业园区东二道5号
邮编：223100
电话：0517－87223666
传真：0517－87801339
邮箱：115356@qq. com
产品：包装纸

盐城市

江苏兴业纸业有限公司
阜宁县东沟镇东南村
邮编：224421
电话：15371127396
邮箱：1419149023@qq. com
产品：高强瓦楞原纸

胜达集团江苏开胜纸业有限公司
（原胜达集团江苏双灯纸业有限公司）
江苏省射阳县黄沙港镇海港路28号
邮编：224341
电话：0515－82026982
传真：0515－82263999
网址：www. chinasund. com
产品：生活用纸、女性卫生用品

江苏美灯纸业有限公司
江苏省滨海县城南丁字港船闸西300米
邮编：224500
电话：0515－84100565、4006806917
传真：0515－84103901
网址：www. jsmeideng. com
邮箱：34584476@qq. com
产品：生活用纸

江苏博汇纸业有限公司
江苏省盐城市大丰区港区造纸园区环港东路东侧、四级航道北侧4幢
邮编：224100
电话：0515－83287876、83289953
邮箱：906439923@qq. com
产品：高档包装用纸

江苏京环隆亨纸业有限公司
江苏省盐城市响水县陈家港镇沿海经济开发区
邮编：224600
电话：0515－69803399、82076357
传真：0515－82076356

邮箱：jshihzy@ besg. com. cn
产品：涂布白纸板

扬州市

永丰余造纸（扬州）有限公司
江苏省扬州市春江路 168 号
邮编：225131
电话：0514 – 82686458
网址：www. yfy. com
邮箱：yz0475@ cn. yfy. com
产品：高级瓦楞原纸、牛皮纸

高邮市卫星卷烟材料有限公司
江苏省高邮市卫星路 1 号
邮编：225600
电话：0514 – 84631158
传真：0514 – 84631158、84061050
网址：www. gywxjycl. com
产品：复合铝箔纸、烫金水松纸、烟用接装纸

江苏华金国际贸易有限公司
江苏省扬州市江都区仙城工业园区张纲配套园
邮编：225200
电话：0514 – 86880592、86882244
传真：0514 – 86973615
邮箱：gyy1900@ 163. com
产品：纸制品

镇江市

江苏长丰造纸有限公司
江苏省丹阳市后巷镇
邮编：212312
电话：0511 – 86326001
传真：0511 – 86326006
邮箱：870899894@ qq. com
产品：高强瓦楞原纸

金东纸业（江苏）股份有限公司
江苏省镇江市大港兴港东路 8 号
邮编：212132
电话：0511 – 88993888、8008283768
传真：0511 – 88997000
网址：www. goldeastpaper. com. cn
产品：铜版纸、双面胶版纸、静电复印纸、画刊纸、低定量涂布纸、杂志纸、喷铝专用纸、铜版卡纸

镇江大东纸业有限公司
江苏省镇江市镇江新区大港东方路 8 号
邮编：212132
电话：0511 – 88820202
传真：0511 – 88820201
网址：www. zjddzy. com
邮箱：dadong@ zjddzy. com
产品：税务发票专用纸、文化用纸、工业配套用纸、食品内包装用纸、餐盒用纸、防伪纸

镇江市京口纸业有限责任公司
江苏省镇江市九里街宗泽路 3 号
邮编：212008
电话：0511 – 85988902
传真：0511 – 88805606、88807606
邮箱：zheng – xiuhui@ 126. com
产品：玻璃卡纸、白卡纸、铜版纸、纸杯纸

泰州市

泰州华威电工绝缘材料有限公司
（原泰州魏德曼高压绝缘有限公司）
江苏省泰州市海阳路 40 号
邮编：225300
电话：0523 – 82848688、86238799
传真：0523 – 86560610
网址：www. weidmann. com. cn
邮箱：michael. xu@ weidmann. com. hk
xuluping@ weidmann. com. cn
产品：绝缘纸板、绝缘成型件

宿迁市

江苏新丰之星膜材料有限公司
江苏省宿迁市宿豫区湖滨新区彩塑路 98 号
邮编：223800
电话：0527 – 88898788
邮箱：171647438@ qq. com
产品：PVC 压延膜、装饰膜、纸塑复合材料、离型膜、离型纸、防粘纸、涂塑纸、自粘胶贴、不干胶材料

浙　江　省

杭州市

杭州富阳华利纸业有限公司
浙江省富阳市春江街道新建村

邮编：311421
电话：13806529238
产品：白卡纸

富阳金泰纸业有限公司
浙江省富阳市春江街道建设村
邮编：311421
电话：0571－63585668、63585778
传真：0571－63582088
邮箱：hztzhiye@126.com
产品：涂布白纸板

杭州富阳经纬纸业有限公司
浙江省富阳市大源镇亭山村
邮编：311413
电话：13806517787
产品：白纸板

杭州富阳三合纸业有限公司
浙江省富阳市鹿山街道三合村
邮编：311407
电话：0571－63519028
传真：0571－63488256
产品：皮纸、桃花纸、绵纸、胶带原纸、口罩纸、工艺纸

杭州华胜纸业有限公司
浙江省富阳市春江工业区江南路69号
邮编：311421
电话：0571－63519028
传真：0571－63587098、63581717
产品：双面涂布白纸板、纱管纸、工艺纸板、灰纸板、厚纸板

杭州富春江宣纸有限公司
浙江省富阳市大源镇大同村庄家1号
邮编：311414
电话：0571－63543079
传真：0571－63543518
邮箱：1035186257@qq.com
产品：宣纸

杭州万鳌纸业有限公司
（原富阳富春江造纸厂）
浙江省富阳市里山镇江滨路32号
邮编：311418
电话：0571－63555889、13706810585
产品：茶叶滤纸

杭州富阳亨通纸业有限公司
浙江省富阳市东州街道红旗村
邮编：311401
电话：0571－63465918、13806515635
传真：0571－63465888
产品：涂布白纸板、白卡纸

杭州富阳华泰纸业有限公司
浙江省富阳市春江街道华共村
邮编：311421
电话：13706819198
产品：涂布白纸板

杭州富阳华中纸业有限公司
杭州富阳区春江街道临江村
邮编：311401
电话：13806519651
产品：涂布白纸板

富阳市汇泰纸业有限公司
浙江省富阳市春江工业园区华共村
邮编：311421
电话：0571－63580973、13968179785
传真：0571－63580972
产品：白纸板

杭州富阳金鑫纸业有限公司
浙江省富阳市春江工业园区华共村
邮编：311401
电话：0571－63585281
传真：0571－63585380
邮箱：hzfyjxzy@163.com
产品：白纸板

杭州富阳康楠纸业有限公司
浙江省富阳市春江街道建华村
邮编：311421
电话：0571－23202268、13454129548
传真：0571－23022279
网址：www.kangnan.net
产品：高档灰底白纸板、白底白纸板

浙江万信纸业有限公司
浙江省富阳市春江造纸工业园区
邮编：311421
电话：0571－63587561、63587857
传真：0571－63587870
邮箱：2399849001@qq.com

传真：涂布白纸板

浙江富阳华天纸业有限公司
浙江省富阳市春江造纸工业园区
邮编：311421
电话：0571－63586860、63584818、4008055556
传真：0571－56389088
网址：www. huatianpaper. net
邮箱：sales@ huatianpaper. net. com
产品：涂布白纸板

杭州富阳鑫达造纸有限公司
杭州富阳区大源镇亭山村震龙
邮编：311413
电话：13968162857
产品：白纸板

杭州富阳新乐纸业有限公司
浙江省富阳市大源镇新关村
邮编：311414
电话：13906813028
产品：卫生纸

杭州正宏纸业有限公司
浙江省富阳市大源镇工业园区
邮编：311413
电话：0571－63594733
传真：0571－63594722
邮箱：ZHLYC808@ 163. com
产品：白纸板

杭州中富纸业有限公司
（原富阳中富纸业有限公司）
浙江省富阳市场口镇桥头路 5 号
邮编：311411
电话：0571－63572222
产品：半透明纸、防油纸、医用包装用纸、果袋纸

杭州富阳中南纸业有限公司
浙江省富阳市春江街道民主村
邮编：311421
电话：0571－63159969、63159977
传真：0571－63159911
产品：涂布白纸板、扑克牌纸、白卡纸

杭州板桥纸业有限公司
浙江省富阳市春江街道八一工业区
邮编：311421
电话：0571－63519028
产品：涂布白纸板

杭州富阳大华造纸有限公司
浙江省富阳市灵桥镇江丰村
邮编：311418
电话：0571－63555098
产品：卫生纸

杭州华丰纸业有限公司
浙江省杭州市和睦路 555 号
邮编：310011
电话：0571－88091424
传真：0571－88091536
网址：www. hfpaper. com
邮箱：sales@ hfpaper. com
产品：卷烟纸、滤嘴棒纸、牛皮箱纸板、复印纸、贴花面纸、铝箔衬纸、拷贝纸、电话簿纸

杭州市正大纸业有限公司
浙江省富阳市春联工业区 1 号
邮编：311421
电话：0571－63587998、63151933
产品：涂布白纸板

杭州萧山蔡伦纸业有限公司
浙江省杭州市萧山区河上镇大桥
邮编：311264
电话：0571－82260707
传真：0571－82260227、82260687
产品：纸板、高强瓦楞原纸、纸箱

杭州新华纸业有限公司
浙江省杭州市桐庐县春江东路 1518 号
邮编：310500
电话：0571－88075514、69817688、88803319
传真：0571－88074838
网址：www. xinhuapaper. com
邮箱：webmaster@ xinhuapaper. com
产品：打字蜡纸、滤纸、茶叶袋纸

杭州新兴纸业有限公司
浙江省富阳市大源镇新关村
邮编：311414
电话：0571－63543688
邮箱：147596972@ qq. com
产品：各种中高档薄型包装用纸

临安市青山纸业有限公司
浙江省临安经济开发区南环路 168 号
邮编：311305
电话：0571－63783698
传真：0571－63781525
邮箱：bgs@laqspaper.com
产品：牛皮纸、白牛皮纸、钢纸原纸、胶带原纸、不干胶衬纸、涂塑纸

浙江远大纸业有限公司
浙江省富阳市春江工业园区
邮编：311421
电话：0571－63586988、63159008
传真：0571－63586969
邮箱：yuandapaper_china@126.com
产品：涂布白纸板

浙江永泰纸业集团股份有限公司
杭州市富阳区春江街道新建村 3 号
邮编：311421
电话：0571－63583523
邮箱：164105149@qq.com
产品：涂布白纸板、白卡纸、扑克牌纸、防伪纸

浙江万众纸业有限公司
浙江省富阳市春江街道山建村
邮编：311421
电话：0571－23219107、23230771
邮箱：shunqiuqin@126.com
产品：涂布白纸板

杭州特种纸业有限公司
浙江省富阳市鹿山街道上里工业区
邮编：311407
电话：0571－63488222、63488158、63488821
传真：0571－63488497
网址：www.newstarpaper.cn
邮箱：newstar@newstarpaper.cn
产品：化学分析滤纸、汽车滤纸、钢纸

浙江东方纸业有限公司
浙江省杭州市滨江西兴街道科技馆街 626 号
邮编：310052
电话：0571－86099804、86959592
传真：0571－86944972
网址：www.eastpaper.cn
邮箱：office@eastpaper.cn
产品：纸浆

浙江金东纸业有限公司
浙江省富阳市灵桥造纸工业园区
邮编：311418
电话：0571－63558799、63525888、63558733
传真：0571－63552789、63558969
网址：www.zjjdpaper.com
邮箱：jindongpaper@163.com
产品：单面涂布灰底白纸板

浙江三星纸业股份有限公司
浙江省富阳市春江街道井纸路 1 号
邮编：311421
电话：0571－63153833（销售）、63580986
传真：0571－63581003
网址：www.zjsxpaper.com
邮箱：54514690@qq.com
产品：涂布白纸板、双面涂布白纸板、扑克牌纸

杭州富阳联华纸业有限公司
浙江省杭州市富阳区春江街道民主村直塘
邮编：311401
电话：0577－63582467、13616815268
产品：白纸板、铜版纸、双胶纸、白卡纸

浙江涌金纸业有限公司
浙江省富阳市春江街道临江区
邮编：311421
电话：0571－63151277、63585408
产品：高档涂布白纸板

杭州众力纸业有限公司
浙江省杭州市西湖区文二路 195 号文欣苑 12 幢 403 室
邮编 310012
电话 0571－88259111
产品：文化用纸、办公用纸

浙江万邦浆纸集团有限公司
浙江省杭州市庆春路 11 号凯旋门商业中心 21 楼
邮编：310003
电话：0571－87218800
传真：0571－87218822
网址：www.welbon.com
产品：纸浆、特种纸

杭州华旺新材料科技股份有限公司
（原杭州华旺纸业集团有限公司）
浙江省临安经济开发区滨河北路 18 号
邮编：311305

电话：0571－63753803、63756073、63756040
传真：0571－61077680
网址：www.hwpaper.cn
产品：新闻纸、装饰纸

杭州富桥纸业有限公司
浙江省富阳市渌渚镇百前村百丈 26 号第 1 幢
邮编：311405
电话：0571－63553982
邮箱：604918488@qq.com
产品：淋膜原纸、口杯原纸

杭州富阳恒富特种纸业有限公司
浙江省富阳市春江街道春联工业园 3 号
邮编：311421
电话：0571－63587198
传真：0571－63587737
网址：www.hengfuzy.com
邮箱：yaming28@126.com
产品：转移印花原纸、复合原纸、装饰原纸、特种包装纸

浙江高阳纸业有限公司
浙江省富阳市春江街道八一村高阳
邮编：311421
电话：0571－63150503/63150588
传真：0571－63155888
网址：www.zjgyzy.com
邮箱：363155098@qq.com
产品：A 级单面灰底涂布白纸板、A 级双面涂布白纸板

杭州富阳明盛纸业有限公司
浙江省富阳市春江街道江南路 25 号
邮编：311421
电话：0571－63587983
邮箱：675452419@qq.com
产品：印花纸、离型纸原纸、平衡纸、壁纸原纸、滤纸原纸

浙江春胜控股集团有限公司
浙江省富阳市春江街道造纸工业园江南路 68 号
邮编：311421
电话：0571－63519028、63589012
产品：白纸板

浙江上游纸业有限公司
杭州富阳区春江街道新建村春联
邮编：311421
电话：0571－63587389
传真：0571－63583111
网址：www.zjshangyou.com
邮箱：webmaster@zjshangyou.com
产品：涂布白纸板

杭州科博纸业有限责任公司
浙江省桐庐县经济开发区白云源东路 588 号
邮编：311500
电话：0571－64609886、69991058
传真：0571－64609887、64219333
网址：www.hzkbpaper.com
www.kebopaper.com
邮箱：kebopaper@aliyun.com
产品：茶叶滤纸、咖啡滤纸、高透气度滤棒成型纸、热封型干燥剂包装纸、口罩纸

杭州新华集团有限公司
杭州市莫干山路 868 号
邮编：310011
电话：0571－88173124
传真：0571－88176766
网址：www.hzxh.com.cn
邮箱：xhjt@hzxh.com.cn
产品：滤纸、特种纸、汽车工业滤纸

杭州弘伦纸业有限公司
浙江省杭州市富阳区春江街道元书路 2 号
邮编：311421
电话：0571－63532266
传真：0571－63532266
邮箱：wbsally1225@hotmail.com
产品：10～150 克/米^2 长纤维特种纸

浙江鹏辰造纸研究所有限公司
浙江省杭州市萧山区经济技术开发区桥南区块鸿兴路 181 号
邮编：311285
电话：0571－88171757、88170639、88170685、13957115065
传真：0571－88173026
网址：www.zjpengchen.com
邮箱：149159646@qq.com
产品：碱锰电池隔膜、长纤维纸、低温隔热纸、K 型高透口罩纸、碳纤维纸、镍氢电池隔膜纸、茶叶滤纸

杭州西红柿环保科技有限公司
浙江省杭州市桐庐县桐庐经济开发区白云源东路358号
邮编：311500
电话：0571－64363543
邮箱：info@ china-tomato-tech. com
产品：非木植物纤维餐具、包装制品的生产与销售及技术咨询服务

浙江乾鑫帆纸业有限公司
浙江省杭州市建德市三都镇
邮编：311605
电话：0571－64184588
产品：机制纸生产

思拓凡生物科技（杭州）有限公司
（原通用电气生物科技（杭州）有限公司、通用电气杭州沃华滤纸有限公司）
杭州市桐庐县桐君街道春江东路1568号
邮编：311500
电话：0571－69965181
网址：www. gehealthcare. cn
邮箱：212695041@ ge. com
产品：滤纸

宁波市

宁波中华纸业有限公司
浙江省宁波市海曙区段塘丁家街108号
邮编：315012
电话：0574－87464811－3006
传真：0574－87493450
网址：www. zhonghua-paper. com
邮箱：infor@ mail. zhonghua-paper. com
产品：白纸板、铜版纸、白卡纸、扑克牌纸

宁波亚洲浆纸业有限公司
浙江省宁波市北仑区小港青峙工业区宏源路88号
邮编 315012
电话 0574－86989888、86989123
传真 0574－86989898
网址：www. nbasia. com. cn
产品：单面涂布白底白纸板、白卡纸、双面涂布环保铜版卡纸、蓝芯扑克牌纸

宁波牡牛集团有限公司
浙江省宁波市鄞州区姜山镇周韩村
邮编：315915
电话：0574－88464815
传真：0574－88464477
网址：www. muniupaper. com
邮箱：muniu@ pack. net. cn
产品：高强瓦楞原纸、箱纸板、涂布白纸板

宁波三A集团有限公司
浙江省慈溪市周巷镇环城东
邮编：315324
电话：0574－63301978、63330727
传真：0574－63301978、63301888
网址：www. aaa-poker. cn
邮箱：poker@ aaa-poker. cn
产品：扑克牌纸、玻璃卡纸、铜版纸、不干胶纸、高光泽金银纸

宁波市东腾纸业有限公司
浙江省宁海县茶院乡庙岭村
邮编：315602
电话：0574－65125999、1358909699
传真：0574－65126156
产品：高强瓦楞原纸

宁波宁兴纸业有限公司
浙江省宁波市宁海科技园区环保城西
邮编：315000
电话：0574－65359988、13706841083
传真：0574－65395888
产品：高强瓦楞原纸、包装纸

宁波鸿运纸业有限公司
浙江省宁波市望春工业园区云林中路168号
邮编：315177
电话：0574－88156860
传真：0574－88156808
产品：工艺编织纸、高档木纹纸、不锈钢衬纸等

宁波思特雷斯金属防护材料有限公司
浙江省宁波市北仑区霞浦山前童家173号
邮编：315807
电话：0574－86718326
邮箱：nbsky1117@ 163. com
产品：不锈钢垫纸

温州市

瑞安市玉海特种纸业有限公司
浙江省瑞安市汀田镇工业园区

邮编：325200
电话：0577－65103868
传真：0577－65103868
邮箱：lizuolin1962@ hotmail. com
产品：印花纸、砂管原纸、绝缘纸

温州新意特种纸业有限公司
浙江省温州市滨海园区三道 4222 号
邮编：325025
电话：0577－55560918
传真：0577－55562085
网址：www. wzxinfeng. com
邮箱：568784434@ qq. com
产品：格拉辛离型纸、CCK 离型纸、半透明纸、包装纸

温州新丰复合材料有限公司
浙江温州市苍南县金乡龙金大道第三工业区
电话：0577－64565550
网址：www. wzxfcl. com
邮箱：XXF0218@ 163. com
产品：淋膜纸、离型纸系列

嘉兴市

浙江景兴纸业股份有限公司
浙江省平湖市曹桥街道
邮编：314214
电话：0573－85966228、85966256
传真：0573－85966983
网址：www. zjjxjt. com
邮箱：jxtjl5@ 163. com
产品：牛皮箱纸板、高强瓦楞原纸、纱管原纸

民丰特种纸股份有限公司
浙江省嘉兴市角里街 70 号
邮编：314099
电话：0573－82839051
网址：www. minfenggroup. com
邮箱：wujianming@ mfspchina. net
产品：卷烟纸、工业配套用纸、描图纸

嘉兴市步云纸业有限公司
嘉兴市南湖区大桥镇步云花园路
邮编：314004
电话：0573－83101500、83100823
传真：0573－83101870
产品：纱管纸

嘉兴市丰莱桑达贝纸业有限公司
浙江省嘉兴市角里街吴泾桥堍
邮编：314021
电话：0573－82817088、82819944
邮箱：jxfenglai@ jxfenglai. com
产品：高档离型原纸、彩色喷墨纸、格拉辛纸、奶面纸、无碳复写纸、环保型防黏纸、热敏纸

桐乡市冠峰纸业有限公司
浙江省桐乡市乌镇镇浮澜桥村楼下头 37 号 2 幢 1－3
邮编：314501
电话：0573－88731058、13857371311
产品：箱纸板、涂布白纸板

浙江民丰罗伯特纸业有限公司
浙江省嘉兴市角里街 70 号
邮编：314000
电话：0573－82839312、82839607
传真：0573－82819766
产品：卷烟纸、特种纸

浙江本科特民丰水松纸有限公司
浙江省嘉兴市南湖工业园（大桥）
邮编：314006
电话：0573－83286342
产品：水松纸

浙江荣晟环保纸业股份有限公司
浙江省平湖经济开发区真南东路 588 号
邮编：314213
电话：0573－89173322
传真：0573－85986598
网址：www. rszy. com
邮箱：rongshengbao@ 163. com
产品：牛皮箱纸板、瓦楞原纸

平湖荣成环保科技有限公司
（原浙江荣成纸业有限公司）
浙江省平湖市独山港镇翁金线星华段 1 号
邮编：314204
电话：0573－85810999
产品：高档纸及纸板

浙江丰舟特种纸有限公司
浙江省嘉兴市南湖区凤桥镇工业园区
邮编：314007
电话：0573－83181738、139573344682
传真：0573－83181738

产品：包装用纸、医药包装用纸

浙江山鹰纸业有限公司
（原浙江吉安纸容器有限公司）
浙江省海盐县大桥经济开发区海港大道 2099 号
邮编：314304
电话：0573－86861625、86861061
传真：0573－86861625
邮箱：2952795798@ qq. com
产品：高档牛卡纸、轻量涂布白面牛卡纸、高强瓦楞原纸、砂管纸

浙江海利纸业股份有限公司
浙江省海盐县经济开发区新城村
邮编：314305
电话：0573－86856130
邮箱：hzx@ zjhaili. cn
产品：牛皮箱纸板

嘉兴大洋纸业股份有限公司
浙江省海盐县沈荡镇林家浜 1 号
邮编：314311
电话：0573－86722998
邮箱：chenjianming001@ 126. com
产品：牛皮箱纸板、高强瓦楞原纸

海盐县华联纸业有限责任公司
浙江省海盐县沈荡镇大桥东堍
邮编：3114311
电话：0573－86587120
传真：0573－86766492
网址：www. hualianpaper. net
邮箱：hl@ hualianpaper. net
产品：箱纸板、牛皮纸

嘉兴市荣晟包装材料有限公司
浙江省平湖经济技术开发区镇南东路 333 号
邮编：314213
电话：0573－89173621
传真：0573－89173611
产品：A 级环保牛皮箱纸板、AA 级环保高强度瓦楞原纸和新型环保纱管原纸

嘉兴市虹亚纱管纸业有限公司
秀洲区王江泾镇虹阳潘香港东侧
邮编：314025
电话：0573－83588035
产品：纱管纸、印花纸、箱板纸、纸箱、卫生纸、纸管

浙江秀舟纸业有限公司
浙江省嘉兴市南湖区凤桥镇
邮编：314007
电话：0573－83188688
传真：0573－83189868
网址：www. zjxzzy. cn
邮箱：714852145@ qq. com
产品：高强瓦楞原纸、A 级高强纱管原纸

嘉兴市博莱特纸业股份有限公司
浙江省嘉兴市海盐县沈荡镇工业园
邮编：314311
电话：0573－86723378、86723778
传真：0573－86725608、0573－86723788
网址：www. zjblt. com
邮箱：417006173@ qq. com
产品：牛皮挂面纸、高强瓦楞原纸、纸箱产品

绍兴市

浙江蓝星控股集团有限公司
（原浙江省上虞蓝星实业有限公司）
浙江省上虞市经济开发区
邮编：312300
电话：0575－82155335、82155305
传真：0575－82152181
网址：www. zjbluestar. com. cn
邮箱：mail@ zjbluestar. com. cn
产品：高强瓦楞原纸

嵊州市宇丰纸业有限公司
浙江省嵊州市仙岩镇西鲍村
邮编：312459
电话：0575－83151886、83151889
邮箱：1036230404@ qq. com
产品：高强瓦楞原纸、砂管纸

金华市

浙江兰天纸业有限公司
浙江省金华市浦江县浦江工业园区
邮编：322205
电话：0579－84293535、13706894888
传真：0579－84293399
邮箱：463904884@ qq. com
产品：灰纸板、白纸板

义乌市鲁雅造纸厂
浙江省义乌市佛堂镇鲁雅村
邮编：322002
电话：0579－89986686、13906891766
传真：0579－85730629
产品：高强瓦楞原纸、箱纸板

浙江天听纸业有限公司
浙江省金华市浦江县人民东路211号
邮编：322200
电话：0579－84200209
产品：涂布白纸板、工业纸板、鞋内底纸板、水松原纸、胶印书刊纸、无碳复写纸、字典纸

浙江兰溪市华伦造纸有限公司
浙江省兰溪市城郊西路21号
邮编：321100
电话：0579－88230952
传真：0579－88230663
产品：牛皮箱纸板、涂布白纸板、印花纸

浙江华川实业集团有限公司
浙江省金华市义乌市赤岸镇华川南路72号
邮编：322003
电话：0579－85775142
传真：0579－85775032
网址：www. huachuangroup. net
邮箱：Sales@ huachuangroup. net
产品：不干胶衬纸、各色半透明纸、黑色双面压光纸、牛皮纸、条纹牛皮纸、铝箔衬纸、复合原纸、胶带原纸、拷贝纸、印花纸

浙江兰塘纸业有限公司
浙江浦江县白马镇兰塘村
邮编：322205
电话：0579－84295557
产品：白板纸、瓦楞纸、机制纸、纸板制造、销售

衢州市

浙江恒达新材料股份有限公司
浙江省衢州市龙游县湖镇工业园区大明路8号
邮编：324401
电话：0570－7061199、7061686、7061111
传真：0570－7061234
网址：www. hengdapaper. com
邮箱：hd@ hengdapaper. com
391852323@ qq. com
产品：接装原纸、卷烟辅料配套用纸、医用包装原纸、装饰原纸、工业技术配套用纸

浙江天天虹特种纸业有限公司
浙江省衢州市龙游县城北开发区金星大道33号
邮编：324400
电话：0570－7258908、7258386
传真：0570－7258908
网址：www. tthpaper. com
邮箱：yjq@ tthpaper. com
产品：黑卡纸、彩卡纸、彩色书写纸

浙江开泰纸业有限公司
浙江省衢州市龙游县溪口镇竹产业特色工业园区
邮编：324403
电话：0570－7335881、13905786598
邮箱：Lyxwk@ mail. qzptt. zj. cn
产品：电容器纸、口罩纸、热封型滤纸

浙江金龙再生资源科技股份有限公司
（原龙游县金龙纸业有限公司）
浙江省衢州市龙游县湖镇镇沙田湖工业区
邮编：324401
电话：0570－7036518
传真：0570－7035455
网址：www. jinlongpaper. cn
邮箱：mail@ jinlongpaper. cn
产品：白面牛卡纸、箱纸板、瓦楞原纸、纱管纸、厚灰纸板

仙鹤股份有限公司
浙江省衢州市沈家经济开发区
邮编：324022
电话：0570－2833055、8500999
传真：0570－2931631
网址：www. xianhepaper. com
邮箱：zjxianhe@ xianhepaper. com. cn
产品：烟用配套用纸、裱潢装饰用纸、薄型印刷纸、食品包装纸、医用包装纸、标签离型纸等

浙江夏王纸业有限公司
浙江省衢州市天湖南路20号
邮编：324022
电话：0570－8768600/621
传真：0570－8468777
网址：www. kingdecor. cn
邮箱：jin. wang@ kingdecor. cn
产品：印刷纸、素色纸

江山华盛纸业制造有限公司
浙江省江山市贺村十里牌
邮编：324109
电话：0570－4550085
传真：0570－4550085
产品：瓦楞原纸、牛皮纸板、纸袋纸、半透明纸

浙江晶鑫特种纸业有限公司
浙江省衢州市衢江区沈家经济开发区天湖西路 3 号
邮编：324022
电话：0570－3665309
传真：0750－3665209
网址：www. smithzj. cn
邮箱：604816515@ qq. com
产品：美纹纸系列、和纸系列、美光纸系列、电工胶带纸系列、吸水纸系列、清洁纸系列

浙江莱勒克纸业有限公司
浙江省衢州市沈家经济开发区春苑中路
邮编：324000
电话：0570－8520666、8520678
传真：0570－8520660
网址：www. zjlillac. com
邮箱：lilac@ zjlillac. com
产品：电解电容器纸

衢州双熊猫纸业有限公司
浙江省衢州黄坛口
邮编：324005
电话：0570－3621120
产品：特种纸、木浆纸、脱墨浆纸

浙江鑫丰特种纸业股份有限公司
浙江省衢州市衢江区经济开发区南山路 68 号
邮编：324022
电话：0570－2933322
传真：0570－2933322
网址：www. xinfengpaper. com
邮箱：510113951@ qq. com
产品：育果袋纸、美纹纸

浙江金昌特种纸股份有限公司
浙江省龙游工业园区金星大道 37 号
邮编：324404
电话：0570－7569058、7566665
传真：0570－7566675
网址：www. cnjcpaper. com
邮箱：402625276@ qq. com
产品：壁纸原纸、白牛皮纸、转印纸等

浙江佳维康特种纸有限公司
浙江省衢州市龙游县工业园区金星大道 88 号
邮编：324400
电话：0570－7289999
传真：0570－7289999
网址：www. zjjwk. com
邮箱：569097797@ qq. com
产品：食品、医疗包装原纸、手术衣原纸、转印原纸、耐水标签原纸、喷铝原纸、信息记录原纸

浙江美鑫特种纸有限公司
浙江省衢州市东港五路 12 号
邮编：324400
电话：0570－8888177、13205721767、15057960865
邮箱：892645775@ qq. com
产品：热转印纸、特种纸

浙江圣丰纸业有限公司
浙江省衢州市龙游县工业园区北斗大道 37 号
邮编：324404
电话：0570－7551002
传真：0570－7551555
邮箱：814884992@ qq. com
产品：晒图原纸、壁纸原纸、高档食品包装纸

浙江海景纸业有限公司
浙江省衢州市龙游县工业园区金星大道 32 号
邮编：324400
电话：0570－7858899
传真：0570－7858111
网址：www. zjhjzy. com
邮箱：zj@ zjhizy. com
产品：壁纸原纸

龙游塔恩纸业有限公司
浙江省衢州市龙游经济开发区广智路 8 号
邮编：324400
电话：0570－7835505
传真：0570－7835211
邮箱：xiaoming. zheng@ tanngroup. com
产品：水松纸

衢州市东大特种纸有限公司
浙江省衢州市衢江区天湖西路 1 号
邮编：324022
电话：0570－2831966

传真：0570－2831966
网址：www.qudongda.com
邮箱：631335772@163.com
产品：食品包装原纸、热转移印花原纸

艾科赛仑有限公司
浙江省衢州市衢江市临湖北路 18 号
邮编：324000
电话：0570－8885268、13587100650
传真：0570－8885298
邮箱：aksl@zjaksl.com
产品：医用、食品、烟用等特种纸

浙江天耀纸业有限公司
浙江省衢州市龙游县工业园区金星大道 36 号
邮编：324400
电话：0570－7258812
传真：0570－7258812
产品：花纹纸

华邦特西诺采新材料股份有限公司
（原浙江大盛新材料股份有限公司）
浙江省衢州市龙游县工业园区金星大道 82 号
邮编：324400
电话：0570－7551625、7258666
传真：0570－7551640
网址：www.zjds-paper.com
邮箱：dshr@zjds-paper.com
产品：高档装饰原纸

浙江琅素实业有限公司
浙江省衢州市衢江区天湖南路 66 号
邮编：324000
电话：0570－3377777、4006655838
传真：0570－3377888
网址：www.luxss.com
邮箱：info@luxss.com
产品：高档壁纸

浙江龙游辰港宣纸有限公司
浙江省衢州市龙游县灵江园区祥云路 17 号
邮编：324400
电话：0570－7251826
传真：0570－7251827
邮箱：zjysgxz@163.com
产品：宣纸

浙江杭星新材料有限公司
（原浙江凯伦特纸业有限公司）
浙江省衢州市龙游县工业园区金星大道 86 号
邮编：324400
电话：0570－7029116
传真：0570－7029818
网址：www.hang-star.com
邮箱：hstar@hang-star.com
产品：高档白卡纸、口杯原纸

阿尔诺维根斯（衢州）有限公司
浙江省衢州市东港工业园区四路 9 号
邮编：324022
电话：0570－3832616
传真：0570－3832828
网址：www.arjowiggins.com
邮箱：qin.yao@arjowiggins.com
产品：创意纸、技术用纸

浙江新亚伦纸业有限公司
浙江省衢州市龙游县工业园区同舟路 48 号
邮编：324400
电话：0570－7181606
传真：0570－7181618
网址：www.zjxylzy.com
邮箱：zjxylzy@sina.com
产品：食品包装原纸、离型原纸、壁纸原纸、烟用接装原纸、医用包装原纸、转移印花原纸

浙江罗贝壁纸有限公司
浙江省衢州市龙游县工业园区北斗大道 81 号
邮编：324400
电话：0570－7381999
传真：0570－7361888
网址：www.lobel.cn
邮箱：lobel@lobel.cn
产品：壁纸

维达纸业（浙江）有限公司
浙江省衢州市龙游县工业园区凤坤路 9 号
邮编：324400
电话：0570－7788968
传真：0570－7788968
邮箱：baoying@vinda.com
产品：纸巾纸、面巾纸、餐巾纸、卫生纸

浙江五星纸业有限公司
浙江省衢州市东港四路 1 号

邮编：324000
电话：0570－8566059
传真：0570－3838208
网址：www. fivestarpaper. com
邮箱：Fan. yang@ fivestarpaper. com
产品：包装用纸、口杯原纸、淋膜原纸、晒图原纸、壁纸原纸

衢州五洲特种纸业股份有限公司
浙江省衢州市衢江区经济开发区通波北路 1 号
邮编：324022
电话：0570－8588038
传真：0570－3833208
网址：www. wztzzy. com
邮箱：xia. li@ fivestarpaper. com
产品：高档描图纸、格拉辛纸、装饰原纸、晒图原纸

浙江常林纸业有限公司
浙江省常山县生态园区
邮编：324200
电话：0570－5667377
邮箱：649497670@ qq. com
产品：特种装饰纸板、多功能彩色纸板、功能性牛皮纸板

浙江华凯纸业有限公司
浙江省衢州市东港开发区东港五路 2 号
邮编：324022
电话：0570－8882826
传真：0570－8882827
网址：www. huakaipaper. com
邮箱：huakai@ huakaipaper. com
产品：热敏版纸原纸、湿强纸、蓄电池涂板纸系列、电解电容器纸、皮纸(机制宣纸)、薄型包装纸

衢州凯乐特种纸材料股份有限公司
浙江省衢州市衢江经济开发区乌江东路 18 号
邮编：324000
电话：0570－3375236
传真：0570－3375319
邮箱：854163439@ qq. com
产品：热敏蜡纸原纸、火药引线纱纸

浙江舜浦新材料科技有限公司
浙江省衢州市龙游县工业园区金星大道 22 号
邮编：324400
电话：0570－7390001、13757012787
传真：0570－7390018
网址：www. shunpupaper. com
邮箱：Group808@ shunpuzy. com
产品：高湿强薄型彩色纸、纸绳纸

浙江凯丰新材料股份有限公司
浙江龙游工业园区金星大道 30 号
邮编：324400
电话：0570－7055881
传真：0570－7055320
网址：www. kaifengpaper. com
邮箱：lanmanhui@ 163. com
经营：烟用接装纸原纸、不锈钢垫纸、高光热敏原纸、美纹原纸

浙江哲丰新材料有限公司
浙江省衢州市常山县辉埠新区瑞丰路 65 号
邮编：324200
电话：0570－8500999
传真：0570－2931631
邮箱：james. wang@ xianhepaper. com
产品：特种纸研发、生产、销售

浙江弘伦纸业有限公司
浙江省衢州市龙游县浙江龙游经济开发区北斗大道 25 号
邮编：324400
电话：0570－7258036、7050701
传真：0570－7258036
网址：www. honglun. com
网址：165053743@ qq. com
产品：引线纱纸、热封型茶叶滤纸、吸尘袋内外纸、口罩纸、胶带原纸、工艺纸

浙江海光特种材料有限公司
浙江省衢州市衢江经济开发区南山路 66 号
邮编：324022
电话：0570－2831058
传真：0570－2831058
网址：www. xinfengpaper. com
邮箱：510113951@ qq. com
产品：超高效玻璃纤维空气滤材

浙江恒川新材料有限公司
浙江龙游工业园区金星大道 81 号
邮编：324400
电话：0570－7382233
传真：0570－7369222
网址：www. hengdaxincai. com

邮箱：391852323@qq.com
产品：包装新材料技术研发；机制纸、深加工纸制造、销售

华邦古楼新材料有限公司
浙江省龙游县工业园区金星大道 38 号 2 幢
邮编：324400
电话：0571－7055822、13362005088
传真：0570－7055828
邮箱：fht@winbon-schoeller.com
产品：壁纸原纸、热升华纸、食品、医用包装系列、铸涂原纸、高档装饰原纸

浙江华邦特种纸业有限公司
浙江省龙游县工业园区金星大道 38 号
邮编：324400
电话：0570－7055822
传真：0570－7055818
网址：www.welbon.com
产品：无纺纸系列、壁纸原纸系列，医用包装纸系列，食品包装纸系列和胶水原纸系列，彩喷纸系列等

台州市

浙江开来纸业有限公司
浙江省台州市临海市大洋街道
邮编：317000
电话：0576－85133001、13566895366
传真：0576－85133488
产品：淋膜纸、涂布纸

台州华通纸张有限公司
浙江省临海市古城街道赤城路 4－6 号、4－7 号
邮编：317000
电话：0576－85225091、13566893527
传真：0576－85117311
产品：双胶纸、铜版纸、白卡纸、办公用纸

台州市玫瑰纸业有限公司
浙江省台州市涌泉镇梅岘村
邮编：317021
电话：0576－89119709
传真：0576－89119708
网址：www.rosepaper.com
邮箱：rose5680728@163.com
　　　rose@rose-paper.com
产品：美纹纸、砂管纸、和纸、美光纸、可冲散湿巾纸

台州森林造纸有限公司
浙江省台州市温岭市滨海镇温岭市滨海镇东片农场赤塔新村
邮编：317500
电话：0576－89979911
产品：低克重高强度包装用纸

丽水市

凯恩集团有限公司
浙江遂昌县妙高街道北街 1 号
邮编：323300
电话：0578－8180209
传真：0578－8180230
产品：电容器纸、吸尘袋纸、不锈钢衬纸

浙江凯恩特种材料股份有限公司
浙江省丽水市遂昌县凯恩路 1008 号
邮编：323300
电话：0578－8123563
传真：0578－8121286
网址：www.zjkan.com
产品：电解电容器纸、电池用纸、高透气度纸、无纺壁纸、茶叶滤纸

浙江惠同新材料股份有限公司
（原浙江惠同纸业有限公司）
浙江省丽水市遂昌县上江工业园区
邮编：323000
电话：0578－8185198、8185266
传真：0578－8185288
邮箱：huitongzyw2126.com
产品：耐磨纸、淋膜原纸、双面胶带原纸、工业隔离纸、礼品纸

湖州市

浙江立丰新材料科技有限公司
（原湖州立丰纸业有限公司）
浙江省湖州市安吉县孝丰镇
邮编：313301
电话：0572－5620123
传真：0572－5620207
产品：白牛皮纸、包装纸、装饰原纸、卫生纸

浙江华丰纸业科技有限公司
浙江省湖州省际承接产业转移示范区安吉分区天子湖大道 1 号

电话：0572－5807188
邮箱：Huafeng@ hfpaper. com
产品：高档卷烟纸及卷烟配套产品

安 徽 省

合肥市

合肥嘉东生活用纸有限公司
安徽省合肥市庙岗路 2 号
邮编：230011
电话：0551－64533152、64533685
传真：0551－64526915
邮箱：635690683@ qq. com
产品：卫生纸

安徽集友纸业包装有限公司
安徽省合肥市高新技术经济开发区
邮编：230088
电话：0551－63844008
产品：卷烟材料

合肥兴东纸业有限公司
安徽省合肥市瑶海区大兴东岗居委会
邮编：230011
电话：0551－64525707、13905609405
传真：0551－64525707
邮箱：285081469@ qq. com
产品：机械包装用纸及纸制品

合肥金红叶纸业有限公司
安徽省合肥市古河路 20 号
邮编：231600
电话：0551－67750182、67750175
传真：0551－67750162
邮箱：liucheng@ ghy. com. cn
产品：生活用纸

合肥博达纸业有限责任公司
安徽省合肥市庐阳区濉溪路 26 号
邮编：230000
电话：0551－65537733
传真：0551－65537733
产品：牛皮纸、瓦楞原纸

合肥荣昌纸业有限责任公司
安徽省合肥市濉溪路 8#
邮编：230000
电话：0551－65547636、18963787708
传真：0551－65539270
产品：牛皮纸、双胶纸

合肥恒生纸业有限责任公司
安徽省合肥市庐阳区濉溪路 32－10 号
邮编：230000
电话：0551－65533800
产品：无碳复写纸、双胶纸、书写纸、牛皮纸、双胶纸、书写纸

安徽康盛纸业有限公司
安徽省合肥市蜀山区步瑞祺 IT 广场南区 1 幢 A6 室
邮编：230001
电话：0551－63667078
邮箱：1987006830@ qq. com
产品：办公用纸

安徽精诚纸业有限公司
安徽省合肥市肥东循环经济工业园宏图大道北侧
邮编：231600
电话：0551－62516886
邮箱：442457785@ qq. com
产品：医用纸、生活用纸

合肥嘉富特纸业有限公司
安徽省合肥市肥东县撮镇工业聚集区
邮编：230011
电话：0551－64533152、13856035431
邮箱：635690683@ qq. com
产品：工业包装用纸、卫生纸

安徽源进包装材料有限公司
安徽省合肥市包河区南淝河路四公里处 1 号楼 3 号仓库
邮编：230001
电话：0551－5411235、15855151472
邮箱：782451447@ qq. com
产品：图书专用包装纸

芜湖市

安徽天力纸业有限公司
安徽省芜湖市四褐山路 101 号
邮编：241009
电话：0553－5809690、5807255
传真：0553－5805674
邮箱：ahtlzyyxgs@ qq. com

产品：箱纸板、瓦楞原纸

安徽豪森纸业有限公司
安徽省芜湖市新芜经济开发区经三路 289 号
邮编：241100
电话：0553－8127996、17788305709
邮箱：742561014@ qq. com
产品：瓦楞原纸

恒安（芜湖）纸业有限公司
安徽省芜湖三山经济开发区峨溪路 3 号
邮编：241000
电话：0553－3912888
网址：www. hengan. com
邮箱：wuhuhengan@ 163. com
产品：卫生巾、纸尿裤和生活用纸

蚌埠市

安徽开来纸业有限公司
（原安徽中亿纸业有限公司）
安徽省蚌埠市怀远县工业园区
邮编：233400
电话：0552－8501833、8501838
邮箱：Anhuizhogyipaper@ 163. com
产品：纸杯原纸

淮南市

安徽景丰纸业有限公司
安徽省淮南市经济技术开发区建设南路 29 号
邮编：232008
电话：0554－3313410
传真：0554－3312892
网址：www. jf－paper. com
邮箱：3747884@ qq. com
产品：卷烟纸、成型纸、包装纸、文化用纸

马鞍山市

安徽山鹰纸业股份有限公司
（原马鞍山造纸厂）
安徽省马鞍山市金家庄区勤俭路 3 号
邮编：243021
电话：0555－2826300、2826390、2826360
传真：0555－2810496
网址：www. shanyingintl. com
邮箱：sale@ shanyingintl. com
产品：箱纸板、牛卡纸、高强瓦楞原纸、涂布白纸板

安徽比伦生活用纸有限公司
安徽省马鞍山市当涂经济开发区
邮编：243100
电话：0555－6751888、6751808
邮箱：657406772@ qq. com
产品：生活用纸

安庆市

安徽万邦特种材料有限公司
安徽省安庆市怀宁县高河镇高埠路 75 号
邮编：246121
电话：0556－4616019、4616040
传真：0556－4617888
网址：www. welbon. com
邮箱：gaosen@ cntmi. com
产品：电池隔膜纸

安徽三木特种材料有限公司
（原安徽三木特纸有限公司）
安徽省安庆市怀宁县综合经济开发区月山大道 12 号
邮编：246121
电话：0556－4616888
传真：0556－4616288
网址：www. mikitoku. co. jp
邮箱：502733723@ qq. com
产品：电气绝缘纸

安徽华泰林浆纸股份有限公司
安徽省安庆市迎江区老峰镇西湖村皖江大道 1 号
邮编：246003
电话：0556－5423758、5979326
传真：0556－5979279
邮箱：huatailfz@ 126. com
微信公众号：ahhuatai
产品：针叶木浆、高档文化用纸

安徽美妮纸业有限公司
安徽省安庆市潜山综合经济开发区
邮编：246300
电话：0556－8822758、8920701
邮箱：mx78688@ 163. com
产品：生活用纸

安徽省三环纸业集团有限公司
安徽省怀宁工业园

邮编：246121
电话：0556－4669858、4669626
传真：0556－4669629
网址：www. ah3hjt. com
邮箱：670821794@ qq. com
产品：卷烟用纸

安徽集友新材料股份有限公司
（原太湖集友纸业有限公司）
安徽省安庆市太湖县经济开发区
邮编：246400
电话：0556－4561111
网址：www. ahjiyou. com. cn
邮箱：jyzg6@ genuinepacking. com
产品：卷烟用纸

安徽省潜山县鸣丰纸业有限公司
安徽省潜山县舒州东路 68 号
邮编：246300
电话：13955697725
邮箱：ss20041016@ 126. com
产品：银行用纸

安庆市新宜纸业有限公司
安徽省安庆市怀宁县黄龙镇
邮编：246123
电话：0556－5513008、4845208
邮箱：aqxinyi@ 163. com
产品：纸巾

黄山市

安徽华邦古楼新材料有限公司
（原安徽华邦特种材料有限公司）
安徽省黄山市歙县
邮编：245202
电话：0559－6523166、6523028
传真：0559－6523388
网址：www. welbon. com
产品：机制纸、转移印花纸

黄山金仕特种包装材料有限公司
安徽省黄山市歙县富堨镇徐村
邮编：245200
电话：0559－6523228
传真：0559－6523870
邮箱：850012312@ qq. com
产品：机制纸、食品包装用纸

滁州市

安徽兆隆纸业有限公司
安徽省天长市万寿镇忠孝村
邮编：239335
电话：0550－7791111、7791288、13625508588
传真：0550－7792666
网址：www. ahzlzy. net
邮箱：35089590@ qq. com
产品：高强瓦楞原纸

阜阳市

太和县鸿盛纸业有限公司
安徽省阜阳市太和县经济开发区 256 号
邮编：236600
电话：0558－8219999、8219825
邮箱：2310508903@ qq. com
产品：瓦楞原纸、纱管原纸

安徽金亿禾特种纸有限公司
安徽省阜阳市颍上经济开发区港口路
邮编：236000
电话：0558－2225677
传真：0558－2225698
邮箱：278648364@ qq. com
产品：高中档无碳复写纸、热敏纸

宿州市

安徽省灵璧县东风纸业有限公司
（原安徽省灵璧县东风造纸厂）
安徽省宿州市灵璧县东关外 2 公里
邮编：234200
电话：0557－6161102、6161617
传真：0557－6161102
邮箱：1034670234@ qq. com
产品：瓦楞原纸

安徽省萧县林平纸业有限公司
安徽省宿州市萧县圣泉乡北城
邮编：235231
电话：0557－5526888
传真：0557－5526115
邮箱：linpingzhiye@ 126. com
产品：瓦楞原纸

安徽鑫光新材料科技股份有限公司
（原安徽鑫光纸业股份有限公司）
安徽省宿州市萧县圣泉乡薛庄
邮编：235232
电话：0557－5506801、5527980
传真：0557－5527933
邮箱：963300196@qq.com
产品：瓦楞原纸

安徽雪龙纤维科技股份有限公司
安徽省宿州市经济开发区金江五路816号
电话：0557－3928101
传真：0557－3928295
网址：www.xlhx.com
邮箱：jim_sdcp@126.com
产品：印钞纸棉浆、醚酯类纤维素棉浆和工业特种纸棉浆

六安市

安徽德森特种纸有限公司
安徽省六安市经济开发区经六路
邮编：237000
电话：0564－3632746、3633859
邮箱：ahdszy@126.com
产品：防锈原纸、胶带原纸

安徽霍山县晨风纸业有限公司
安徽省六安市霍山县落儿岭镇
邮编：237283
电话：0564－3902007、3902680
邮箱：hscfzy@sina.com
产品：高强瓦楞原纸、箱纸板

六安市自豪纸业有限公司
安徽省六安市裕安区独山镇龙井村
邮编：237000
电话：0564－2910107
邮箱：13956111200@163.com
产品：高档卫生纸

池州市

安徽合顺纸业有限公司（迁出）
安徽省池州市青阳县经济开发区
邮编：247100
电话：0566－5115899
传真：0566－5114388
邮箱：ahhszy@ahhszy.com
产品：生活用纸

安徽嘉合纸业有限公司
安徽省池州市高新技术开发区六峰路29号
邮编：247100
电话：0566－5261999
邮箱：13905661538@163.com
产品：包装纸、瓦楞原纸

宣城市

安徽省泾县泾川宣纸厂
安徽省宣城市泾县丁家桥镇后山村
邮编：242540
电话：0563－5700483
传真：0563－5701585
邮箱：1330563322@qq.com
产品：宣纸

安徽省泾县汪六吉宣纸有限公司
安徽省宣城市泾县泾川镇
邮编：242530
电话：0563－5510041、13605632355
传真：0563－5510078
网址：www.wljxz.com
邮箱：lzm0101@163.com
产品：宣纸

安徽省泾县汪同和宣纸有限公司
安徽省宣城市泾县泾川镇官坑
邮编：242530
电话：0563－5500608
传真：0563－5500688
网址：www.wangtonghe.com.cn
邮箱：anhui@wangtonghe.com.cn
产品：宣纸、书画纸

中国宣纸股份有限公司
安徽省宣城市泾县榔桥镇乌溪村
邮编：242511
电话：0563－5600008、5601218
传真：0563－5601040、5600353
网址：www.hongxingxuanpaper.com.cn
邮箱：zgxzgfyxgs@163.com
hxxzxsb@hongxingxuanpaper.com.cn
产品：宣纸

安徽阳光纸业有限公司
安徽省宣城市广德县开发区前进路
邮编：247100
电话：0563－6010988、15956322626
产品：办公用纸

安徽广德新星纸业有限公司
安徽省宣城市广德经济技术开发区
邮编：242200
电话：0563－6603111、6010669
邮箱：xxzy75297@126.com
产品：白纸板、瓦楞原纸

安徽省宁国市兆丰纸业有限公司
安徽省宁国市汪溪镇工业园
邮编：242300
电话：0563－4441678、4441679
邮箱：1103149441@qq.com
产品：卫生纸、环保用纸

安徽省泾县常春纸业有限公司
安徽省宣城市泾县丁家桥镇工业区
邮编：242540
电话：0563－5700348、18365313888
传真：0563－5700375
网址：www.cc.paper.com
产品：宣纸

安徽省泾县三星纸业有限公司
安徽省宣城市泾县丁家桥镇李元村
邮编：242540
电话：0563－5700538
传真：0563－5703333
网址：www.sx-paper.com
邮箱：sx-paper@163.com
产品：宣纸

安徽木易纸业有限公司
安徽省宣城市广德县桃州镇祠山岗私营工业区
邮编：242200
电话：0563－6823080、13805620380
邮箱：656078632@qq.com
产品：宣纸

安徽华盛纸业有限公司
安徽省宣城市泾县丁家镇工业区观溪路 8 号
邮编：242540
电话：0563－5700398
传真：0563－5700398
邮箱：1229412129@qq.com
产品：卫生纸

宣城万里纸业有限公司
安徽省宣城市宣州区迎宾大道 11 号
邮编：242540
电话：0563－3377177、3377082
传真：0563－3377277
网址：www.xcwlzy.com
邮箱：1510814491@qq.com
产品：瓦楞原纸

安徽省绩溪县向阳纸业有限公司
安徽省宣城市绩溪县临溪镇曹渡桥
邮编：245300
电话：0563－8335227、13857113338
邮箱：442543587@qq.com
产品：瓦楞原纸

淮北市

安徽天象龙盟环保纸业有限公司
安徽省淮北市杜集区段园镇工业集中区天汇大道 8 号
邮编：235058
电话：0561－5235888－8000
传真：0561－5236888
邮箱：lm@ahtxlm.com
产品：环保纸

福 建 省

福州市

东联纸业（福州）有限公司
福建省福州市马尾区马江路 2 号
邮编：350015
电话：0591－83970330、13950201187
传真：0591－83970352
网址：www.tlpfj.com
邮箱：448206332@qq.com
产品：纸板、纸箱

歌芬卫生用品（福州）有限公司
福建省福清市出口加工区围网外北侧（自贸试验区内）
邮编：350311
电话：0591－62833660
传真：0591－62833660

网址：www. garven. com. cn
产品：卷筒生活用纸、面巾纸、手帕纸等

厦门市

厦门安发纸业有限公司
福建省厦门市同安区大同镇城东工业区榕溪路 22－26 号
邮编：361100
电话：0592－7035258、7192322
传真：0592－7033859
邮箱：28993675@ qq. com
产品：瓦楞纸板、纸箱

德彦纸业（厦门）有限公司
福建省厦门市海沧新阳工业区霞飞路 66 号
邮编：361022
电话：0592－6512288
传真：0592－6512277
网址：www. kingpaper. com
邮箱：service@ kpp. com. tw
产品：纱管原纸、各类纸管、高档高强耐高速纸管纸板、厚纸板、灰纸板

厦门建发纸业有限公司
福建省厦门市环岛东路 1699 号建发国际大厦 24 楼
邮编：361001
电话：0592－2263406
传真：0592－2101695、2987064、2110166
网址：www. cndpaper. com
邮箱：fjzz@ cndpaper. com
产品：铜版纸、白卡纸、白纸板、双胶纸、纸浆、废纸、造纸化学品

厦门市同安兴浪纸业有限公司
福建省厦门市同安区洪塘镇石浔村 155 号
邮编：361100
电话：0592－7132070
传真：0592－7028258
网址：www. xmsxlzy. com
产品：挂面箱纸板

厦门安妮股份有限公司
福建省厦门市集美区锦园南路 99 号
邮编：361022
电话：0592－3152131、3152188
传真：0592－3152289、3152280
网址：www. anne. com. cn
邮箱：anne@ anne. com. cn
产品：热敏纸、商务办公用纸

永丰余纸业（厦门）有限公司
福建省厦门市湖里区寨上仓储区
邮编：361006
电话：0592－5627266
传真：0592－5627141
产品：瓦楞纸板、瓦楞纸箱

厦门市麒龙纸业有限公司
福建省厦门市同安区新民镇柑岭村同明北二路 1 号
邮编：361100
电话：0592－7366477、18050065199
邮箱：553670289@ qq. com
产品：瓦楞原纸

厦门新阳纸业有限公司
福建省厦门市海沧区新阳街道龙门岭南路 88 号
邮编：361026
电话：0592－6197618、6197697
传真：0592－6197676
邮箱：532782168@ qq. com
产品：中高档生活用纸、高级商务书写纸、静电复印纸、无碳复写纸、热敏打印纸

莆田市

莆田市南方福利涂布纸品总厂
福建省莆田市城厢区铁岭村
邮编：351100
电话：0594－2691946、13050747979
邮箱：438820676@ qq. com
产品：灰纸板

福建莆田佳通纸制品有限公司
福建省莆田市涵江区江口镇海星街
电话：4008256688
网址：www. gtpaper. com
产品：婴儿纸尿裤、婴儿学习裤、卫生巾、湿巾、成人纸尿裤、盒装面巾纸等系列

三明市

福建省大田县弘惠纸业有限公司
福建省三明市大田县华兴县仙峰村
邮编：366100
电话：0598－7222688

产品：卫生纸、工业用包装纸

福建华闽纸业有限公司
福建省三明市大田县城关福田工业区
邮编：366100
电话：0598－7260618、7228026
传真：0598－7222143
网站：www.fjhmzy.com
邮箱：hmzy2000@163.com
产品：工业用纸

福建省青山纸业股份有限公司
福建省三明市沙县青州镇
邮编：365056
电话：0598－5658906
传真：0598－5658789
网址：www.qingshanpaper.com
邮箱：web@qingshanpaper.com
产品：纸袋纸、牛皮卡纸、高强瓦楞原纸

福建省沙县盛春纸业有限公司
福建省三明市沙县涌溪桥南
邮编：365053
电话：0598－5681898、5681888
传真：0598－5681689
邮箱：70085028@qq.com
产品：精制牛皮纸、精制白牛皮纸、胶带原纸、复合原纸、手提袋纸、信封纸、薄页纸

沙县华佳纸业有限公司
福建省三明市沙县高桥镇
邮编：365503
电话：0598－5556099
产品：箱纸板、瓦楞原纸、纸箱

福建腾荣达制浆有限公司
福建省三明市将乐县古镛镇龟山北路225号
邮编：353300
电话：0598－2332400、2324172
邮箱：trdzj@taison.cn
产品：绒毛浆、本色浆、化学机械浆

福建铙山纸业集团有限公司
福建省三明市建宁县溪口镇塔下路20号
邮编：354500
电话：0598－3988840、3982712、3986762、3959766
传真：0598－3982705
产品：高档薄型包装用纸、拷贝纸、薄页纸、炊蒸原纸、半透明纸、打字纸、静电复印纸、生活用纸

泰宁县绿山大有纸业有限公司
福建省三明市泰宁县开善乡池塘工业区
邮编：354400
电话：0598－7729633、18060528384
传真：0598－7729633
产品：牛皮纸、文化用纸、特种纸

泉州市

恒安(中国)纸业有限公司
福建省晋江市安海镇恒安工业城
邮编：362261
电话：0595－85729667、85708888
传真：0595－85729962
网址：www.hengan.com
邮箱：zhangqf@hengan.com
产品：生活用纸

泉州贵格纸业有限公司
福建省南安市码头镇佛内工业区
邮编：362312
电话：0595－86461222、86451788
传真：0595－86461188
网址：www.guigepaper.com
邮箱：guige@vip.163.com
产品：牛皮卡纸

福建省晋江优兰发纸业有限公司
福建省晋江市西滨镇
邮编：362200
电话：0595－85123879、85123519
传真：0595－85123889
网址：www.youlanfa.com
产品：拷贝纸、薄型纸、复印纸、传真纸、文化用纸、牛皮箱纸板、高强瓦楞原纸

玖龙纸业(泉州)有限公司
福建省泉州市台商投资区
邮编：362123
电话：0595－27399888
传真：0595－27399889
邮箱：info_qz@ndpaper.com
产品：高档包装纸

福建恒利集团有限公司
福建省南安市省新工业区

邮编：362300
电话：0595－86252666、86251768
传真：0595－86252099
网址：www. fjhl. com. cn
邮箱：hengli@ fjhl. com. cn
产品：生活用纸

福建省南安市联发纸业有限公司
福建省南安市诗山镇凤坡村五星工业区
邮编：362311
电话：0595－86483926
产品：挂面箱纸板

福建省南安市盈顺纸品有限公司
福建省南安市水头镇
邮编：362342
电话：0595－86811333、13805962601
传真：0595－86811222
产品：再生纸、灰底涂布白板纸

福建省永春县宏美纸业有限公司
福建省泉州市永春县坑子口镇
邮编：362615
电话：0595－23977038、13860793148
邮箱：624883424@ qq. com
产品：涂布白纸板、印刷纸、包装纸

泉州联新纸业有限公司
福建省南安市码头镇丰联工业区
邮编：362312
电话：0595－86462889
产品：箱纸板

福建泰兴特纸有限公司
福建省安溪县龙门镇龙桥工业区兴旺路 3 号
邮编：362400
电话：0595－68790187、68783631、68783628
传真：0595－23269988
网址：www. fjtaixing. com
邮箱：liweicheng@ fjtaixing. com
产品：特种包装纸

福建恒安家庭生活用品有限公司
晋江市内坑（内坑品牌工业城）景阳西路 1 号
电话：0595－85708888
网址：www. hengan. com
邮箱：chenxp@ hengan. com
产品：高档生活纸品及自动化高架立体仓储的建设与经营

福建恒安卫生材料有限公司
晋江市安海镇第三工业区
电话：0595－85708888
网址：www. hengan. com
邮箱：chenxp@ hengan. com
产品：卫生巾材料、纸杯、塑料杯等一次性用品

漳州市

福建糖业股份有限公司
（原福建漳州糖厂）
福建省漳州市芗城区古塘路 55 号
邮编：363000
电话：0596－7095026
传真：0596－7095027
产品：蔗渣漂白浆

联盛纸业（龙海）有限公司
福建省龙海市角美镇凤山工业园角江路
邮编：363900
电话：0596－6781681、6636222、6781707
传真：0596－6782678、6781501
网站：www. fjlszy. com
邮箱：hr@ fjlazy. com
产品：高强瓦楞原纸、灰底白纸板、牛皮箱纸板

龙海榜山民政三星造纸厂
福建省龙海市榜山镇北溪头村
邮编：363100
电话：0596－6598219
传真：0596－6597698
邮箱：5430424272@ qq. com
产品：机制纸、瓦楞原纸

福建省联盛纸业有限责任公司
福建省漳州市长泰县武安镇官山工业园区
邮编：363900
电话：0596－8313788
传真：0596－8313766
邮箱：lmj969@ 163. com
产品：高强瓦楞原纸、牛皮箱纸板

漳州友利达纸业发展有限公司
福建省漳州市南靖县丰田镇工业区
邮编：363612
电话：0596－7672910、7672666

传真：0596－7672988
邮箱：416620516@qq.com
产品：高强瓦楞原纸

漳州盈晟纸业有限公司
福建省漳州市华安县丰山工业集中区长富片区
邮编：363801
电话：0596－7288668、7286555
传真：0596－7288789
网站：www.zzyszy.com
邮箱：zys0999@163.com
产品：牛皮箱纸板、高强瓦楞原纸、灰纸板、纱管纸

敦信纸业有限责任公司
福建省漳州市长泰岩溪工业园区
邮编：363900
电话：0596－8313999、8288316
传真：0596－8313998、8289468
邮箱：1069361007@qq.com
产品：白面牛卡纸、本色牛卡纸、高强瓦楞原纸、扑克牌纸、瓦楞纸箱

福建希源纸业有限公司
福建省漳州市台商投资区吴宅工业园
邮编：363107
电话：0596－6383358
传真：0596－6760989
邮箱：xyhr@youlanfa.com
产品：拷贝纸、薄页纸、半透明纸、转移印花纸、文化用纸(复印纸)、壁纸原纸

南平市

福建省南平延润纸业有限责任公司
福建省南平市滨江北路177号
邮编：353000
电话：0599－8808115
传真：0599－8802988
产品：静电复印纸、双胶纸、书刊纸、书写纸、轻涂纸、白牛皮纸、包装纸、纸袋纸、纱管纸、新闻纸、宗教纸、各种有色纸及各类造纸助剂

福建省南平南纸股份有限公司
福建省南平市滨江北路177号
邮编：353000
电话：0599－8808888
传真：0599－8808689、8808312
网址：www.nanpingpaper.com
邮箱：webmaster@nanpingpaper.com
产品：胶印新闻纸、本色硫酸盐商品木浆、静电复印纸、人纤浆粕

邵武中竹纸业有限责任公司
福建省邵武市下王塘
邮编：354000
电话：0599－6541018
传真：0599－6541090
产品：漂白硫酸盐竹浆、漂白桉木浆、漂白马尾松浆、胶版印刷纸、静电复印纸、涂布原纸、白牛皮纸

福建利树浆纸有限公司
福建省建瓯市瓯宁街道兴宁工业区
邮编：353100
电话：0599－3738906、3738909
传真：0599－3738901
邮箱：438195@qq.com
产品：高强瓦楞原纸、竹浆

福建利树股份有限公司
福建省建瓯市中国笋竹城D区
邮编：353100
电话：0599－3699909、4001856699
传真：0599－3699920
网址：www.lishugroup.com
邮箱：fjlsgfyxgs@163.com
产品：挂面箱纸板、高强瓦楞原纸

福建惜恩供应链管理有限公司
(原福建惜恩纸业有限公司)
福建省建瓯市汇丰城市花园47幢
邮编：353100
电话：0599－3738908、18039772909
传真：0599－3738901
产品：高强瓦楞原纸、挂面箱纸板、卫生纸

福建星光造纸集团有限公司
福建省南平市延平区滨江北路177号
邮编：353000
电话：0599－8069830、8069837
邮箱：935904788@qq.com
产品：纸浆、纸和纸制品制造；造纸行业技术咨询、技术服务

龙岩市

龙岩市祥泰造纸包装有限公司
福建省龙岩市铁山开发区

邮编：364001
电话：0597－2348234
传真：0597－2348432
邮箱：lyxt-1@163. com
产品：防锈纸、防水纸、涂塑纸、硅油纸、水果护套纸、全木浆生活用纸

连城县东方经济开发有限公司
福建省龙岩市连城县姑田镇新街 211 号
邮编：366208
电话：0597－8269318
传真：0597－8269318
邮箱：1028342189@qq. com
产品：特种牛皮纸、精制牛皮纸

龙岩市铭丰集团有限公司
福建省龙岩市新罗区经济开发区
邮编：364000
电话：0597－2792258、18905972886
传真：0597－2796230
网址：www. mingfengzy. com
邮箱：mingfengjt@mingfengjt. com
产品：生活用纸

福建省长汀县瑞华纸业有限公司
福建省龙岩市长汀县策武乡陈坊村
邮编：366300
电话：15059936626
产品：薄页纸、有光纸、单胶纸、书写纸

福建莲龙科技股份有限公司
（原福建连城莲龙纸业有限公司）
福建省连城县姑田镇九顺坪
邮编：366208
电话：0597－3128528、3128522
产品：木质素、纤维素、半纤维素

武平县顺发纸业有限公司
福建省龙岩市武平县岩前镇工业集中区 D－06 地块
邮编：364300
电话：0597－4888985、13906073149
产品：卫生纸

宁德市

福鼎市南阳纸业有限公司
福建省福鼎市管阳镇章边村
邮编：355215
电话：0593－7637988、7637999
传真：0593－7637288
产品：面巾纸、餐巾纸、卷筒纸、手帕纸及各种规格分切盘纸

福鼎万泰纸业有限公司
福建省福鼎市双岳工业区
邮编：355200
电话：0593－7883333、18950500031
邮箱：2508664474@qq. com
产品：瓦楞原纸

福建福生源纸业有限公司
福建省宁德市福鼎市管阳镇章边望里 26－1
邮编：355215
电话：0593－7637988
邮箱：chenwen@nanyangzy. com
产品：机制纸及纸板制造、纸和纸板容器制造

江　西　省

南昌市

江西晨鸣纸业有限责任公司
江西省南昌市昌北经济开发区白水湖工业园
邮编：330013
电话：0791－83951998、83951968
传真：0791－83951889
网址：www. chenmingpaper. com
产品：轻型纸、低定量涂布纸

江西特种纸业有限责任公司
江西省南昌市进贤县民和镇西门路 569 号
邮编：331700
电话：0791－85693388、85678380
邮箱：Tezhi@foxmail. com
产品：拷贝纸、半透明纸、高档剥离原纸

江西省轻工实业有限公司
江西省南昌市北京东路彭桥工业园区
邮编：330029
电话：0791－88235772、88235773
邮箱：86101485@qq. com
产品：无碳复写纸

江西纸业集团有限公司
江西省南昌市东湖区董家窑 112 号
邮编：330006

电话：0791－88636232
邮箱：1064062730@ qq. com
产品：纸及纸制品、造纸机械、器材及配件制造

景德镇市

乐平市加金纸业有限责任公司
江西省景德镇市乐平市塔山工业园区内
邮编：333300
电话：0798－6702787
邮箱：shuis@ 126. com
产品：箱纸板、瓦楞原纸

萍乡市

上栗县萍峰纸业有限公司
江西省萍乡市上栗县金山镇小水村
邮编：337009
电话：0799－3885168
传真：0799－3885688
产品：箱纸板、瓦楞原纸、牛皮卡纸、烟花用纸

莲花县纸业有限公司
江西省萍乡市莲花县新建东街 108 号
邮编：337100
电话：0799－7229926、7221031
邮箱：549401838@ qq. com
产品：书写纸、新闻纸

九江市

江西理文造纸有限公司
江西省瑞昌市码头工业区
邮编：332207
电话：0792－8996888
传真：0792－8996886
产品：箱纸板

共青城顺风纸业有限公司
江西省九江市德安县甘露镇
邮编：332020
电话：0792－4349575
邮箱：407499442@ qq. com
产品：包装纸

江西绮玉纸业有限公司
江西省九江市德安县老山湾
邮编：330400
电话：0792－4551111
传真：0792－4551111
邮箱：120245267@ qq. com
产品：纸巾纸、卫生纸

江西泽晖纸业有限公司
江西省九江市永修县虬津镇泽晖工业园
邮编：330309
电话：0792－3111515、13307926987
产品：文化用纸

江西五星纸业有限公司
江西省九江市湖口县银砂湾工业园区沿江大道 21 号
邮编：332500
电话：0792－3668597、3668593
网址：www. jxwxzy. com
邮箱：fivestarpaper@ fivestarpaper. com
产品：格拉辛纸

赣州市

赣州华劲纸业有限公司
（原赣江造纸厂）
江西省赣州市水西乡桑园下 168 号
邮编：341000
电话：0797－8251388
网站：www. hwagain. com
产品：文化用纸、生活用纸

华劲集团赣州纸品有限公司
江西省赣州市章贡区水西基地
邮编：341000
电话：0797－8251711
网站：www. hwagain. com
产品：高档生活用纸

赣州市崇星实业有限公司
江西省赣州市沙石镇沙石村龙石头
邮编：341000
电话：0797－8185588、13707078288
传真：0797－8185599
邮箱：9681399@ qq. com
产品：卫生纸

吉安市

江西永新南方纸业有限公司
江西省吉安市永新县高桥楼镇龙江村

邮编：343400
电话：0796－7850858、13576801816
邮箱：857002153@ qq. com
产品：涂布白纸板

江西明盛实业有限公司
江西省吉安市青原区富滩工业园区 A 区
邮编：343000
电话：0796－8938829、15079669167
传真：0796－8630980
邮箱：981024605@ qq. com
产品：木浆黑卡纸、木浆红卡纸

峡江县金威纸业有限公司
江西省吉安市峡江县造纸工业园区 4 号
邮编：331400
电话：0796－3683889、13576866683
邮箱：466011570@ qq. com
产品：涂布白纸板

江西运宏特种纸业有限公司
江西省吉安市永丰县工业园南区
邮编：331500
电话：0796－2221882、13507962872
传真：0796－2221616
邮箱：1294423877@ qq. com
产品：牛皮纸、防近视纸、书写纸、双胶纸、防锈原纸

泰和县华胜实业有限公司
江西省吉安市泰和县沿溪工业园区
邮编：343700
电话：0796－5403018
邮箱：412810713@ qq. com
产品：涂布白纸板

吉安映山红特种纸有限公司
江西省吉安市峡江县工业园区
电话：13507962872
传真：0796－2221616
邮箱：705527433@ qq. com
产品：牛皮纸、淋膜原纸、复合牛皮纸、防近视纸、瓦楞纸

宜春市

江西省万载县万盛纸业有限公司
江西省宜春市万载县环城北路 438 号
邮编：336100
电话：0795－8917999、13825559116
邮箱：8971087@ qq. com
产品：书写纸、转移印花纸

江西富宏纸业有限公司
江西省宜春市奉新县奉新工业园区
邮编：330702
电话：0795－4605178、13755856856
邮箱：1185540434@ qq. com
产品：牛皮纸

宜春市金太阳纸品厂(普通合伙人)
江西省宜春市袁州区新坊乡
邮编：336000
电话：13307957756
邮箱：975654880@ qq. com
产品：卫生纸

抚州市

江西抚州银丰纸业有限公司
江西省抚州市临川区桐源乡周度贮木场
邮编：344000
电话：0794－8638558
邮箱：541982689@ qq. com
产品：涂布白纸板

江西富临纸业有限公司
江西省抚州市临川区桐源乡
邮编：344000
电话：0794－8638386
邮箱：1046868263@ qq. com
产品：涂布白纸板

江西华南纸业有限公司
江西省抚州市宜黄县六里铺
邮编：344400
电话：13767616858
邮箱：969844003@ qq. com
产品：涂布白纸板

抚州市兴业实业有限公司
江西省抚州市抚州北工业园区
邮编：344400
电话：0794－8457336
邮箱：1242334110@ qq. com
产品：瓦楞原纸、卫生纸

江西洁美电子信息材料有限公司
(原江西弘泰电子信息材料有限公司)
江西省抚州市宜黄县六里铺工业园区
邮编：344400
电话：0794－7659028、7607069
邮箱：jxhtpaper@126.com
产品：特种纸、白卡纸、电子载体纸

江西乐门纸业有限公司
江西省抚州市宜黄县六里铺工业园区
邮编：344400
电话：0794－7617077
邮箱：pujiangxh@qq.com
产品：水砂原纸、牛皮纸

江西联兴纸业有限公司
江西省抚州市崇仁县工业园区
邮编：344200
电话：0794－6330937
邮箱：jxlxzhy@163.com
产品：箱纸板、瓦楞原纸

恒安(江西)家庭用品有限公司
江西省抚州市东乡县(省级)经济开发区
邮编：331801
电话：0794－4381172、4381160
传真：0794－4382392
网址：www.hengan.com
邮箱：jiangxixz@hengan.com
产品：生活用纸系列产品

上饶市

江西省顺达纸业有限责任公司
江西省上饶市弋阳县杨桥
邮编：334400
电话：0793－5845417、5845777、5845999
网址：www.jxsdzy.com
邮箱：1073761543@qq.com
产品：涂布白纸板

江西省芦林纸业股份有限公司
(原广丰县芦林纸业有限公司)
江西省上饶市广丰县经济开发区
邮编：334600
电话：0793－2620499、2620987
传真：0793－2620486
网址：www.ll－zy.com
邮箱：554670598@qq.com
产品：箱纸板、牛皮箱纸板、茶纸板、纱管纸

广丰月兔卫生用品有限公司
江西省上饶市广丰县广丰工业园区双金路
邮编：334600
电话：0793－2610001、2625515
传真：0793－2651900
邮箱：272505803@qq.com
产品：生活用纸

江西含珠实业有限公司
江西省上饶市铅山县城西工业园区
邮编：334500
电话：0793－5187877
传真：0793－5187777
网址：www.jxhzsy.com
邮箱：jxhzsy@126.com
产品：连四纸

山 东 省

济南市

维达纸业(山东)有限公司
山东省济南市莱芜高新区泰山路38号
邮编：271199
电话：0634－6028885
网址：www.vida.com
邮箱：fang.bc@vida.com
产品：研发、生产、经营及批发零售生活用纸

济南灏源纸业有限公司
山东省济南市历城区西州南路30号
邮编：250100
电话：0531－88918888、88023129
传真：0531－88023139
网址：www.haoyuanpaper.com.cn
邮箱：32273698@qq.com
产品：印刷纸、办公用纸原纸

济南含章印务有限公司
山东省济南市济阳县索庙乡白杨店南济路南侧
邮编：250100
电话：0531－88023100/84381566
邮箱：loupeijie01@126.com
产品：电脑打印纸、静电复印纸、防伪水印纸、晒图原纸

章丘金华世纸业有限公司
山东省济南市章丘市明水荷花路 17 号
邮编：250200
电话：0531－83253305
传真：0531－83253228
邮箱：sdhuashi@ 126. com
产品：轻型印刷纸、无碳原纸、离型原纸、食品包装纸

济南晨光纸业有限公司
山东省济南市济洛路 158 号
邮编：250031
电话：0531－86605057、13395312197
邮箱：258077324@ qq. com
产品：羊皮纸

山东天阳纸业有限公司
山东省济南市济阳济北开发区泰兴东街 5 号
邮编：250000
电话：0531－58689186
传真：0531－58689187
网址：www. sdtianyangzy. 1688. com
邮箱：sdtianyang7799@ 163. com
产品：艺术类卡纸、包装纸、涂布纸、画材料用纸、工业加工用纸

济南欣易特种纸业有限公司
济南市槐荫区美里湖街道西沙路 490 号
邮编：250000
电话：0531－85989177
传真：0531－85951458
网址：www. xinyitezhi. com
邮箱：xinyitezhi@ 163. com
产品：晨光羊皮纸系列产品、银星字典纸、圣经纸、金至缠绕绝缘纸、装饰纸、艺术彩卡纸、相纸原纸

青岛市

青岛海王纸业股份有限公司
山东省青岛市海王路 342 号
邮编：266400
电话：0532－86118663、86118509
传真：0532－86115522、86117100、86118509
网址：www. haiwangpaper. com
邮箱：haiwang@ haiwangpaper. com
产品：文化用纸、工农业技术用纸、生活用纸、包装纸、打字纸、彩色皱纹纸、纱管封面纸、防菌纸袋

青岛天丰造纸有限公司
山东省青岛市四方区四流南路 20 号
邮编：266042
电话：0532－84851688
传真：0532－84863664
网址：www. qd－fiber. cn
www. qdtianfeng. com
邮箱：tianfeng@ qd-fiber. cn
产品：钢纸、绝缘纸

青岛元迪纸业有限责任公司
青岛市市北区台湛路 41 号丙
邮编：266000
电话：0532－83634777、3634888、83658357
传真：0532－83671009
网址：www. yuandipaper. com
邮箱：yuandizhiye@ 163. com
产品：生活用纸

青岛茂源纸业有限公司
（原青岛茂源经贸有限公司）
山东省青岛市市南区观音峡路 22 号 306 户
邮编：266002
电话：0532－82656161
邮箱：519854835@ qq. com
经营：进口牛皮纸、涂布加工纸

青岛宏业林浆纸有限公司
山东省青岛市观音峡路 24 号 2504 室
邮编：266002
电话：0532－82685988、13583209911
传真：0532－82670827
经营：漂白针叶木浆

淄博市

山东博汇纸业股份有限公司
山东省淄博市桓台县马桥镇工业路北首
邮编：256405
电话：0533－8539966、8530387
传真：0533－8530372
网址：www. bohui. com
邮箱：05338866@ 163. com
zqb@ bohui. com
产品：涂布白卡纸、双胶纸、轻型纸、箱纸板、石膏板护面纸板

山东贵和显星纸业有限公司
山东省淄博市桓台县唐山镇工业园
邮编：256408
电话：0533－8081493、8082246
邮箱：webmaster@ sdguihe. com
产品：瓦楞原纸、特种纸

山东仁丰特种材料股份有限公司
山东省淄博市桓台县起风镇仁丰路 1 号
邮编：256407
电话：0533－8697688、8688836
传真：0533－8698159
网址：www. zbrenfeng. com
产品：高强瓦楞原纸、滤纸、壁纸原纸

山东金海洋纸业有限公司
山东省淄博市桓台县田庄镇
邮编：256402
电话：0533－8580035
传真：0533－8582888
网址：www. sdcljt. cn
邮箱：sdchenlong@ 126. com
产品：新闻纸、箱纸板

齐峰新材料股份有限公司
山东省淄博市临淄区朱台镇齐峰路 22 号
邮编：255432
电话：0533－7780161、7780179
传真：0533－7788998
网址：www. qifeng. cn
邮箱：qifengtezhi@ 163. com
qifengtezhi@ qifeng. cn
产品：可印刷装饰原纸、素色装饰原纸、表层耐磨纸、平衡原纸、壁纸原纸

淄博市博山环球绉纹纸厂
山东省淄博市博山颜北路 140 号
邮编：255202
电话：0533－4154000、410588
传真：0533－4231497
网址：www. hqzwz. net
邮箱：hqzwz888@ 163，com
产品：皱纹纸、薄页纸

淄博王村纸业有限公司
山东省淄博市周村区王村
邮编：255311
电话：0533－6680128
传真：0533－6680128
邮箱：jiafeng6680128@ 163. com
产品：纱管原纸、箱纸板、涂布纸板

山东青苑纸业有限责任公司
山东省淄博市高青县城清河路 70 号
邮编：256300
电话：0533－6967531、6967512
传真：0533－6961492
邮箱：qingyuanzhiye@ 163. com
产品：精制胶版纸、箱纸板

山东奥龙纸业有限公司
山东省淄博市高青县田镇镇东大庄村东 300 米
邮编：256300
电话：0533－6258156
传真：0533－6258117
邮箱：13583360318@ 139. com
产品：植物羊皮纸、装饰原纸

淄博沣泰纸业有限公司
山东省淄博市博山开发区银龙路
邮编：255213
电话：0533－4666299
传真：0533－4666199
产品：高档纯质纸、荷兰白卡纸、白牛皮纸、超感纸、涂布原纸、防伪纸

淄博双成纸业有限公司
山东省淄博市周村区王村镇王村村火车站
邮编：255311
电话：0533－8171250、13964324191
传真：0533－6695079
邮箱：shuangcheng@ 163. com
产品：装饰用石膏板接缝纸、护角带纸、手提袋纸

山东标典纸业有限公司
山东省淄博市高青县城齐东路 43 号
邮编：256300
电话：0533－6961745、15853329361
传真：0533－6967561
产品：胶版纸

山东奥恒新材料有限公司
（原山东奥恒装饰材料有限公司）
山东省淄博市高青县潍高路 290 号
邮编：256300
电话：18853356077

传真：0533－6258117
网址：www. aohengzscl. com
邮箱：18853356077@139. com
产品：植物羊皮纸、纱管纸

淄博新华纸业有限公司
淄博市周村区萌水镇兴萌路 3 号
电话：0533－6889436
传真：0533－6889372
网址：www. zbxinhua. com
产品：轻型纸、双胶纸

淄博欧木特种纸业有限公司
临淄区朱台镇
邮编：255432
电话：0533－7785585
邮箱：qifengtezhi@163. com
产品：特种纸

淄博永丰环保科技有限公司
山东省淄博市桓台县唐山镇振兴路 106 号
邮编：256400
电话：0533－8081068、8081493
网址：www. zbyfhb. com
邮箱：zbyf_ 2018@163. com
产品：瓦楞纸、箱板纸

枣庄市

远通纸业(山东)有限公司
(原山东华众纸业有限公司)
山东省枣庄市薛城区常庄镇金河枣曹路 3388 号
邮编：277014
电话：0632－4401851、4401809
传真：0632－4401828、4401739
网站：www. upp-yt. com
邮箱：sales@upp-yt. com
产品：牛皮箱纸板、涂布白纸板、金银卡纸

枣庄华润纸业有限公司
山东省枣庄市山亭区新城工业园区
邮编：277200
电话：0632－8818780、8813851、8861956
传真：0632－8818558
网址：www. huarunpaper. com
邮箱：marketing@huarunpaper. com
产品：石膏板护面纸板

滕州市华闻纸业有限责任公司
山东省枣庄市滕州市级索工业园区
邮编：277518
电话：0632－2446928、2449888
传真：0632－2446556、2449567
网站：www. hwpaper. com
邮箱：tzhw2014@126. com
产品：双胶纸、书写纸、新闻纸

枣庄市天龙纸业有限公司
(山东秦世集团有限公司分公司)
山东省枣庄市台儿庄区捷路南侧，临徐路西侧
邮编：277400
电话：0632－6608888
传真：0632－6608000
邮箱：1822865771@qq. com
产品：特种装饰原纸

枣庄市海象纸业有限公司
(原枣庄市榴园纸业有限公司)
山东省枣庄市薛城区邹坞镇驻地
邮编：277000
电话：0632－4510503、4510567
传真：0632－4520789
网址：www. haixiangzhiye. com
邮箱：haixiangpaper@126. com
产品：纱管纸

滕州市青林纸业有限公司
山东省枣庄市滕州市级索镇姚庄村西首
邮政：277518
电话：0632－2449888
传真：0632－2449567
网址：www. tzqlzy. cn
邮箱：tzhw2014@126. com
产品：文化用纸、装饰用纸、食品包装纸、玻璃衬纸、再生文化用纸、书写纸、有光纸

东营市

华泰集团有限公司
山东省东营市广饶县大王工业园
邮编：257335
电话：0546－6888808、6888818、7798216
传真：0546－6888018、6888158
网址：www. huatai. com
邮箱：htjt@huatai. com
htxsgs@huatai. com

产品：新闻纸、双面胶版纸、书写纸、铜版纸、涂布白纸板、低定量涂布纸、生活用纸

东营翔泰纸业有限公司
（原山东斯道拉恩索华泰纸业有限公司）
山东省东营市广饶县大王镇
邮编：257335
电话：0546－6205097
传真：0546－6205028
邮箱：peng. song@ storaenso. com
产品：超级压光纸、改良新闻纸、新闻纸

烟台市

莱阳银通纸业有限公司
山东省莱阳市丹崖路 129 号
邮编：265202
电话：0535－7318208、7327228
传真：0535－7318208
网址：www. yinhaipaper. com
邮箱：lcz@ yintongpaper. cn
cxm@ yintongpaper. cn
lygzd@ yintongpaper. cn
产品：水果套袋纸、防伪纸、静电复印纸、书写纸

烟台隆祥纸业有限公司
山东省烟台市牟平区路兴街 403 号
邮编：264100
电话：0535－4659810、4652031
传真：0535－4652032
网址：www. ytlongxiang. cn
邮箱：jiangliangxu@ vip. sina. com
longxiang@ ytlongxiang. cn
产品：离型纸、防黏纸、复合纸、轻型纸、纯质纸、再生新闻纸、双胶纸

烟台市大展纸业有限公司
山东省烟台市牟平区沁水韩国工业园大展大街 388 号
邮编：264117
电话：0535－4659078、4659077
传真：0535－4659076
网址：www. yantaidazhan. com
邮箱：zjq@ yantaidazhan. com
产品：瓦楞原纸、牛皮箱纸板

龙口玉龙纸业有限公司
山东省龙口市滨海旅游度假区黄河营村北
邮编：265712
电话：0535－8589536、8589501
传真：0535－8589555
网址：www. yulongpaper. com
邮箱：ylxsyhg@ 163. com
Bgs9533@ 163. com
产品：胶版书刊纸、书写纸、双胶纸、静电复印纸、轻型纸、纯质纸

莱州市莱星工业纸板有限公司
（原莱州市工业纸板厂）
山东省莱州市掖柴路
邮编：261400
电话：0535－2235248、13964522812
传真：0535－2235248
邮箱：lzlxzb@ sohu. com
产品：工业纸板

莱州市鲁通特种纸业有限公司
山东省莱州市海庙东路 238 号
邮编：261400
电话：0535－2480641、13505450322
传真：0535－2480447
邮箱：925705399@ qq. com
产品：书写纸、有光纸、箱纸板、果袋纸、工艺品纸

莱州圣林纸制品有限公司
山东省莱州市云峰北路北首东
邮编：261437
电话：0535－2293178、13012586637
传真：0535－2293178
邮箱：1149827727@ qq. com
产品：双灰纸板、复合纸板、工业纸板

潍坊市

山东临朐玉龙造纸有限公司
山东省潍坊市临朐县城华特路 5311 号
邮编：262600
电话：0536－3158797、3158872
传真：0536－3158568
网址：www. wanhao. com
邮箱：ylong@ china. com
产品：各种规格铜版纸、特种纸

山东恒联投资集团有限公司
山东省潍坊市高新区东风东街 3019 号
邮编：261061
电话：0536－8671516、8671509

传真：0536－8671538
网址：www. henglianpaper. com
邮箱：zcbgs@ henliangroup. com
产品：铜版纸、玻璃纸、生活用纸

汇胜集团股份有限公司
（原中天纸业股份有限公司、潍坊凤凰纸业有限公司）
山东省潍坊市高新区潍胶路 999 号
邮编：261201
电话：0536－8669008
传真：0536－8669008
网址：www. cnpaper. cn、www. huishenggroup. com
邮箱：huisheng@ cnpaper. cn
产品：纸管原纸、绝缘纸板

潍坊恒联特种纸有限公司
山东省潍坊市寒亭区海龙路 1526 号
邮编：261100
电话：0536－7288200
传真：0536－7288222
产品：水转移印底纸原纸、环保无尘纸、标签纸、白牛皮纸、胶版印刷纸

潍坊恒联新材料股份有限公司
（原潍坊恒联玻璃纸有限公司）
山东省潍坊市寒亭区固堤街道新沙路 8019 号
邮编：261100
电话：0536－5037019
传真：0536－5037013
网址：www. hlblz. com
www. bolizhi. cn
邮箱：www@ hlblz. com
产品：再生纤维素膜（玻璃纸）的研发、生产与销售

潍坊恒联浆纸有限公司
山东省潍坊市寒亭区海龙路 601 号
邮编：261100
电话：0536－7283106、7283107
传真：0536－7251647
邮箱：hljzxsb@ 163. com
产品：木浆、棉浆、竹浆、高档文化用纸

潍坊恒联美林生活用纸有限公司
山东省潍坊市寒亭区海龙路 609 号
邮编：261100
电话：0536－7283237、7283210
传真：0536－7283228
产品：吸水衬纸、擦手纸、餐巾纸、纸巾纸、面巾纸、卫生卷纸

潍坊华港包装材料有限公司
山东省潍坊市奎文区宝通东街 162 号
邮编：261041
电话：0536－8823918、8823899、8823878
传真：0536－8823919
网址：www. wfhgbz. com
邮箱：hgbz@ wfhgbz. net
产品：接装纸原纸、铝箔衬纸、嘴棒成型纸、接装纸、铝箔纸、真空镀铝纸、印花纸、装饰纸

青州市东坝镇东坝造纸厂
山东省青州市东坝镇
邮编：262517
电话：0536－3531031
传真：0536－3531031
邮箱：920185649@ qq. com
产品：牛皮纸

青州市东方铜版纸有限公司
山东省青州市东阳河工业区 1188 号
邮编：262517
电话：0536－3531888
邮箱：602187052@ qq. com
产品：铜版纸、玻璃卡纸

青州市板纸厂有限公司
山东省青州市昭德路海天市场北临张河桥南
邮编：262500
电话：0536－3200541
传真：0536－3203802
邮箱：29723385872@ qq. com
产品：牛皮纸、离型原纸、无碳原纸、铝箔衬纸、水松原纸

青州齐鲁纸业有限公司
山东省青州经济开发区
邮编：262500
电话：0536－3290118、13806493038
邮箱：qiluzhiye@ 163. com
产品：铝箔衬纸、印花原纸、木纹原纸、淋膜原纸、覆塑原纸、白牛皮纸、离型原纸、工业用原纸

山东晨鸣纸业集团股份有限公司
山东省寿光市农圣东街 2199 号
邮编：262705
电话：0536－2158000、2156333、8009186818

传真：0536－2156111
网址：www.chenmingpaper.com
产品：双面胶版纸、低定量涂布纸、铜版纸、胶印书刊纸、书写纸、牛皮箱纸板、静电复印纸、新闻纸、无碳复写纸、高档电话簿纸、橙色施胶新闻纸

山东万豪纸业集团股份有限公司
山东省潍坊市临朐县城华特路 5311 号
邮编：262600
电话：0536－3163364
传真：0536－3165340
网址：www.wanhao.com
邮箱：wanhao@wanhao.com
产品：铜版纸、双胶纸、胶印书刊纸、防油纸、高档包装纸、卫生纸、打字纸、工艺纸、电信电缆纸、双面胶带原纸、造纸化工产品及纸业包装材料

山东世纪阳光纸业集团有限公司
山东省潍坊市昌乐经济开发区
邮编：262400
电话：0536－6856001、6856009
传真：0536－6856006
网址：www.sunshinepaper.com.cn
邮箱：sjygbgs@126.com
zhanghm@sunshinepaper.com.cn
产品：纸管原纸、牛卡纸、瓦楞原纸

山东恒安纸业有限公司
山东省潍坊市坊子区北海路 7209 号
邮编：261200
电话：0536－7666888
传真：0536－7666888
网址：www.hengan.com
产品：生活用纸

潍坊永新纸业有限公司(恒联全资子公司)
山东省潍坊市昌乐县营邱镇河头工业园
邮编：262416
电话：0536－6911126、6911033
传真：0536－6911126、6911033
邮箱：wfyxzhb@163.com
产品：铝箔衬纸、皱纹原纸、双面胶带棉纸、淋膜原纸、马桶坐垫原纸

诸城市新星纸业有限公司
山东省潍坊市诸城市辛兴镇工业园
邮编：262200
电话：0536－6055175
传真：0536－6063867
邮箱：xxzy123@163.com
产品：新闻纸

昌乐县科苑纸业有限公司
山东省潍坊市昌乐县经济开发区新昌北路 369 号
邮编：262400
电话：0536－6295208、6295106
传真：0536－6280662
网址：www.sdkypaper.com
邮箱：clkyzy@163.com
产品：育果袋纸

山东恒联新材料股份有限公司
潍坊市寒亭区海龙路 328 号
电话：0536－7288337
网址：www.hlblz.com
邮箱：wfgaoqiaoqia@126.com
产品：再生纤维素膜(玻璃纸)的研发、生产与销售

昌乐新迈纸业有限公司
昌乐县经济开发区大沂路北侧
电话：0536－6856001 6856113
邮箱：liucc@sunshinepaper.com.cn
产品：机制纸及高级纸板、造纸原料生产、销售

山东华迈纸业有限公司
山东省潍坊市昌乐县宝昌路 406 号
邮编：262400
电话：0536－6856001
邮箱：liucc@sunshinepaper.com.cn
产品：机制纸及纸板、纸浆生产、销售

东宇鸿翔新材料科技有限公司
山东省寿光市富士街 678 号
邮编：262700
电话：0536－5650516
传真：0536－5666767
网址：www.honsoar.cn
产品：三聚氰胺浸渍胶膜纸

潍坊杰高长纤维制品科技有限公司
山东潍坊临朐县东城牛山路 99 号
邮编：262600
电话：0536－3163353、3160877
传真：536－3161728
网址：www.jsehg.com
邮箱：jiegao@jsehg.com

产品：特种棉纸、特种无纺材料等长纤维制品

山东银鹰股份有限公司
山东省高密市人民大街(东)1219 号
邮编：261500
电话：0536－2916666、2323121
传真：0536－2323187
网址：www. yying. cn
产品：棉浆粕

威海市

荣成荣昌纸制品有限公司
山东省威海市荣成市南山路 80 号
邮编：264300
电话：0631－7512378
传真：0631－7512456
邮箱：junci1970@ 126. com
产品：水印纸

荣成海盛纸业有限公司
山东省威海市荣成市虎山镇沙嘴子
邮编：264305
电话：0631－7438230
传真：0631－7438230
邮箱：haishengzhi@ yahoo. com. cn
产品：箱纸板、瓦楞原纸

山东凯丽特种纸股份有限公司
山东省威海市荣成市河阳东路 198 号
邮编：264300
电话：0631－7510288、7571777
传真：0631－7571946
网址：www. kailipaper. cn
邮箱：kaili@ kailipaper. cn
产品：防伪纸

威海龙港纸业有限公司
山东省威海市羊亭镇凤凰山路 989 号
邮编：264204
电话：0631－5769888
传真：0631－5764338
网站：www. lgzhiye. com
邮箱：lgzhiye@ 163. com
产品：箱纸板、瓦楞原纸

威海广合纸业有限公司
山东省威海市经济开发区宁港路 3－1 号综合楼北平房第一间
邮编：264207
电话：0631－5388148
邮箱：admin@ whgyhb. com
产品：纸制品加工

济宁市

济宁恒丰纸业有限责任公司
山东省济宁市安居工业园区
邮编：272100
电话：0537－2312038
传真：0537－2559310
邮箱：suhua050102@ 163. com
产品：半透明纸、铜版纸、格拉辛纸、玻璃卡纸

山东太阳纸业股份有限公司
山东省兖州市友谊路 1 号
邮编：272100
电话：0537－7925888、7928711、7928710
传真：0537－7928489
网址：www. sunpapergroup. com
邮箱：sun@ sunpapergroup. com
taiyangzhiye@ 163. com
产品：牛皮箱纸板、高档文化用纸、静电复印纸、牛皮卡纸、涂布白纸板、白卡纸、双胶纸、新闻纸、不干胶纸、电脑打印纸、书写纸、轻涂纸、铜版纸、扑克牌面纸、蜡光原纸、无酸档案纸、素描纸

山东宏河矿业集团邹城恒翔纸业有限公司
山东省邹城市营西路 52 号
邮编：273500
电话：0537－5300327、6721020
传真：0537－5312183
邮箱：hxzycwk@ 163. com
产品：新闻纸

山东华金集团有限公司
山东省济宁市泗水县金庄镇 818 号
邮编：273201
电话：0537－4036894、4036807、4036979
传真：0537－4031210
网址：www. huajinpaper. com
邮箱：huajinlbz@ 126. com
产品：涂布白卡纸、无碳复写纸、静电复印纸、双面胶版纸、电脑打印纸、票据专用纸、离型原纸、防黏纸、书写纸

济宁昊源纸业有限公司
山东省济宁市任城区长沟镇后刘东村
邮编：272059
电话：0537－2580263
传真：0537－2580766
邮箱：wjj668@163. com
产品：牛皮挂面纸、建筑模板纸、水松原纸、食品包装纸、防伪纸、卡纸、高档文化用纸、仿牛皮纸、单面光牛皮纸

万国纸业太阳白卡纸有限公司
山东省济宁市兖州区西关大街 66 号
邮编：272100
电话：0537－3898500
网址：www. ipapersun. com
邮箱：tangjie@sunpaper. cn
产品：液包纸、食品卡、烟卡、铜卡、白卡等

泰安市

泰山石膏有限公司
山东省泰安市岱岳区大汶口
邮编：271026
电话：0538－8811449、8811293、8811078
网址：www. taihegroup. com
邮箱：tssgbgs@163. com
产品：石膏板护面纸

泰安百川纸业有限责任公司
山东省新泰市小协镇经济开发区
邮编：271221
电话：0538－7866147、7866947
传真：0538－7866447
网址：www. tabczy. com
邮箱：sdtabczy@163. com
产品：轻型纸、字典纸、羊皮纸、石膏板护面纸、纸管纸

山东洁昕纸业股份有限公司
（原东顺集团股份有限公司）
山东省泰安市东平县东顺工业园
邮编：271500
电话：0538－2820378、2880367
传真：0538－2820378
网址：www. dongshunpaper. com
邮箱：843370819@qq. com
产品：生活用纸、一次性卫生用品

山东天和纸业有限公司
山东省泰安市宁阳文化街 1857 号
邮编：271499
电话：0538－5630399
传真：0538－5630399
网址：www. tianhepaper. net
邮箱：nylnz@163. com
产品：电脑打印纸、静电复印纸、热敏纸、工程纸

山东泰和泰山纸面石膏板总厂（集团）
山东省泰安市岱岳区大汶口
邮编：271026
电话：0538－8812989
传真：0538－8812958
邮箱：tssgbgs@163. com
产品：石膏板护面纸

山东省东平县华东纸业有限责任公司
山东省东平县城平湖路南段
邮编：271500
电话：0538－6359666
传真：0538－6350009
邮箱：HDZY6350009@163. com
产品：高档静电复印纸、水印防伪纸、无碳原纸、热敏纸、防水铜版原纸、白卡纸、白牛皮纸、高档票据彩印纸

日照市

亚太森博（山东）浆纸有限公司
山东省日照市北京路 369 号
邮编：276826
电话：0633－3361270、3361111、3361000
传真：0633－3369069
网址：www. asiasymbol. com
产品：白卡纸、纸浆

日照华泰纸业有限公司
山东省日照市莒县城阳街道潍徐路 838 号
邮编：276500
电话：0633－6882076、6881688
传真：0633－6882881、6882519
网址：www. huatai. com
www. rizhao. huatai. com
www. huataipaper. com
邮箱：jishuch@163. com
产品：双胶纸、铜版纸

莱芜市

山东百伦纸业有限公司
山东省莱芜市涞城区方下镇
邮编：271125
电话：0634－8675996、18806343377
邮箱：baronpaper@163.com
产品：轻量涂布纸、铜版纸、书写纸、双胶纸、高档书写纸、精制双胶纸、静电复印纸、新闻纸

临沂市

临沂市鑫惠纸业公司
山东省临沂市小商品城11号楼283号
邮编：276000
电话：0539－8068186
产品：有光纸、书写纸、双胶纸、绘图纸、朱红纸、蜡光纸

山东鲁南新材料股份有限公司
山东省临沂市郯城县人民路313号
邮编：276100
电话：0539－6788168
传真：0539－6788168
网址：www.lunanpaper.com
产品：电解电容纸、无纺壁纸原纸、装饰用纸

山东永泰纸业有限公司
山东省临沂市莒南县开发区黄海路西段
邮编：276600
电话：0539－7319666
传真：0539－7318019
邮箱：1058665494@qq.com
产品：瓦楞原纸

山东光华纸业集团有限公司(恒联旗下)
山东省临沂市费县上冶镇驻地
邮编：273401
电话：0539－5811602
传真：0539－5811102
网址：www.sdghzy.net
邮箱：ghbgs777@163.com
产品：铜版纸、双面胶版纸、静电复印纸、书写纸、卫生纸

临沂华辰纸业有限公司
山东省临沂经济开发区延安路109号(延安路与杭州路交汇处)
邮编：276023
电话：0539－6013888
传真：0539－6013000
网址：www.huachenzhiye.com
邮箱：huachenpaper@163.com
产品：无碳复写纸

临沂成和银座纸业有限公司
山东省临沂市兰山区解放路419号
邮编：276000
电话：0539－8338215、13869944255
传真：0539－8331129
网址：www.chengheyinzuo.com
产品：工业用纸、描图纸、晒图纸、复印纸、数码彩色激光纸

山东恒联特种纸有限公司
山东省临沂市费县上冶镇埠口村
电话：0539－5811100
邮箱：ghbgs777@163.com
经营：生活用纸深加工、销售

德州市

德州华北纸业有限公司
山东省德州市德城区二屯镇政府驻地
邮编：253035
电话：0534－2189079、2188791
传真：0534－2182388
网址：www.dzhbzy.net
邮箱：dzhbzy@163.com
产品：复印纸、轻型纸、水印防伪纸、纤维防伪纸、胶版纸

德州沪平永发造纸有限公司
山东省德州市平原县王打卦工业园
邮编：253102
电话：13969258266
邮箱：dongguangsong2004@163.com
产品：高强瓦楞原纸

山东中茂圣源实业有限公司
(原山东中茂圣源纸浆有限公司)
山东省德州市陵城区扶丰街6号
邮编：253500
电话：0534－2133500、2133535
传真：0534－2133508

网址：www. zmsysy. com
邮箱：1006841123@ qq. com
产品：杨木化学机械浆

山东冠军纸业有限公司
山东省德州市齐河县潘店镇工业园
邮编：251125
电话：0534 - 5972085、5972888
传真：0534 - 5972085、5975888
网址：www. guanjunzhiye. com
邮箱：sdgjzy@ 163. com
产品：铜版纸、双面胶版纸、静电复印纸

山东江河纸业有限责任公司
山东省德州市齐河县晨鸣东路 1 号
邮编：251100
电话：0534 - 5691899、5028501、5678500
传真：0534 - 5028599
网址：www. sdjhpaper. cn
邮箱：qhcmrzc@ 126. com
产品：纸杯原纸、双胶纸、轻型纸、道林纸

德州泰鼎新材料科技有限公司
山东省德州市平原县王杲铺镇 G105 加油站西南 90 米
邮编：253105
电话：0534 - 4562766、2162333
传真：0534 - 4562044、4561258
网址：www. taidingpaper. cn
邮箱：zd4562766@ 163. com
产品：铜版原纸、书写纸、胶印书刊纸、静电复印纸、箱纸板、卫生纸

山东泉林纸业夏津有限公司
山东省德州市夏津县建设街 134 号
邮编：253200
电话：0534 - 3313858
传真：0534 - 2191273
网址：www. tralin. com
产品：双胶纸、静电复印纸、中涂纸、轻量涂布纸、文化用纸

临邑临兴木业有限公司
山东省德州市临邑县恒源开发区富民路南首东侧
电话：0534 - 4279958、138534217198
网址：www. lyxlxmy. com
邮箱：lyxlxmy123456@ 163. com
产品：木纤维素

聊城市

中冶纸业银河有限公司
山东省临清市西门里街 297 号
邮编：252600
电话：0635 - 2433886、2433348、2433825
传真：0635 - 2436952、2433346
网址：www. cctyinhe. com
邮箱：yinhelzh@ 126. com
产品：书写纸、胶版纸、胶印书刊纸、静电复印纸、瓦楞原纸

山东信成纸业有限公司
山东省聊城市茌平县西外环高新技术工业园
邮编：252100
电话：0635 - 4285466、4283298
传真：0635 - 4287566
网址：www. sdxcgroup. cn
产品：干法无尘纸、湿纸巾、餐巾纸、柔巾卷纸、擦拭纸、分盘无尘纸

山东泉林纸业有限责任公司
山东省聊城市高唐县光明东路 15 号
邮编：252800
电话：0635 - 3951080
传真：0635 - 3953497
网址：www. tralin. cn
产品：铜版纸、复合软包装、双面胶版纸、低定量涂布纸、静电复印纸、胶印书刊纸、防黏原纸、书写纸、证券纸、字典纸、电话簿纸

山东金蔡伦纸业有限公司
山东省聊城市阳谷县华山路 8 号
邮编：252300
电话：0635 - 6173998
传真：0635 - 6173956
网址：www. goldencailun. com
邮箱：sdjclzy@ 163. com
产品：轻型印刷纸、微涂纸、纯质纸

滨州市

山东省博兴县兴华纸业有限公司
山东省滨州市博兴县湖滨镇寨郝工业园
邮编：256511
电话：0543 - 2809565
传真：0543 - 2800338

邮箱：13706372809@163. com
产品：箱纸板、瓦楞原纸

山东群星纸业有限公司
山东省滨州市邹平县长山镇三里河
邮编：256206
电话：0543－4833888
传真：0543－4369999
产品：高档装饰原纸、静电复印纸

邹平汇泽实业有限公司
（原山东天地缘实业有限公司）
山东省滨州市邹平县长山镇魏桥工业园创业大道 176 号
邮编：256212
电话：0543－4737999、4890528
传真：0543－4732777
邮箱：tiandiyuancaiwu@126. com
产品：高强瓦楞原纸、生活用纸

山东省博兴县华辰纸业有限公司
山东省滨州市博兴县湖滨镇寨郝工业园
邮编：256511
电话：0543－2809045
传真：0543－2809488
邮箱：13181035689@163. com
产品：文化用纸、无碳复印纸、彩色胶版纸

奥斯龙明士克复合纤维（滨州）有限公司
（原山东普瑞富尔特纸业有限公司）
山东省滨州市黄河五路 209 号
邮编：256606
电话：0543－5168242、13854348016
传真：0543－3402207
网址：www. ahlstrom. com
邮箱：13854348016@126. com
产品：汽车滤纸、商标纸、扑克牌纸、不干胶纸、瓦楞原纸

邹平县宏阳纸业有限公司
山东省滨州市邹平县长山镇魏桥铝深加工产业园
电话：0543－8131068
邮箱：864318174@qq. com
产品：双胶纸、静电纸、轻型纸、纯质纸、特种纸

菏泽市

菏泽市宏泰纸业有限公司
山东省菏泽市牡丹区黄罡镇侯集工业园
邮编：274000
电话：0530－5660486、4001053068、13805308036
传真：0530－5663262
网站：www. sdhzhtzy. com
邮箱：htzy688@126. com
产品：文化用纸

菏泽牡丹纸业有限公司
山东省菏泽市牡丹区黄罡工业园
邮编：274000
电话：0530－5660775、15990956655
传真：0530－5663618
邮箱：zhenhai@chinaacc. com
产品：生活用纸

河　南　省

郑州市

新密市恒丰纸业有限公司
河南省新密市大隗镇铁匠沟村
邮编：452383
电话：0371－69288961、60883058
传真：0371－69288516
邮箱：hengfengzhiye@163. com
产品：瓦楞原纸、箱纸板

郑州华丰工贸纸业有限公司
河南省新密市大隗镇铁匠沟村工业区
邮编：450000
电话：0371－69275169、69272139
传真：0371－69272139
网址：www. zzhfgm. cn
邮箱：gongmao@126. com
产品：瓦楞原纸、箱纸板

郑州永光纸业有限公司
河南省郑州市大隗镇观砦村罗湾工业区
邮编：452383
电话：0371－69276199、69271175
传真：0371－69276199
邮箱：317955408@qq. com
产品：瓦楞原纸、箱纸板

河南省新密市宏远纸业有限公司
河南省郑州市大隗镇观砦村
邮编：452383
电话：0371－69288556、69288501

传真：0371－69288559
邮箱：xmshyzy390@163.com
产品：箱纸板

郑州康华纸业有限公司
河南省新密市大隗镇进化村
邮编：452383
电话：0371－69288698、69271138
传真：0371－69288699
邮箱：2225423031@qq.com
产品：瓦楞原纸

郑州浦发纸业有限公司
河南省新密市大隗镇
邮编：452382
电话：0371－63152338、13938293838
邮箱：415862040@qq.com
产品：瓦楞原纸、箱纸板

新密市荣昌纸业有限公司
河南省新密市来集镇苏寨村
邮编：452370
电话：13633833228
邮箱：1377249120@qq.com
产品：瓦楞原纸、箱纸板

新密市汇丰纸业有限公司
河南省苟堂镇小刘寨村巴家岗
邮编：452384
电话：0371－69252809
邮箱：724709808qq.com
产品：特种纸

新密市东盛纸业有限责任公司
河南省新密市矿区新华路办事处杨砦村
邮编：452370
电话：0371－69786302
邮箱：dfz672613@163.com
产品：高强瓦楞原纸、涂布白纸板

郑州复兴纸业有限公司
河南省登封市卢店镇唐庄工业区
邮编：452472
电话：0371－62990168、13838263555
传真：0371－62990666
网址：www.fuxingzhiye.com
邮箱：965581138@qq.com
产品：白纸板、箱纸板

郑州东盛纸业有限公司
河南省中牟县城关镇青年路东段
邮编：451450
电话：0371－62184772
传真：0371－62193066
邮箱：863708869@qq.com
产品：生活用纸

河南银鸽工贸有限公司
（原舞阳银鸽纸产有限公司）
河南省郑州市舞阳县舞泉镇张家港路中段
邮编：450000
电话：0395－5615512、5615560
产品：纸张、纸浆及其深加工

大河纸业有限公司
河南省郑州市金水区农业路东41号
邮编：450008
电话：0371－69515167
传真：0371－69518697
网址：www.dahepaper.com
邮箱：shichangbu@dahepaper.com
产品：胶版纸、书写纸、微涂纸、静电复印原纸、热敏原纸、铸涂原纸

洛阳市

偃师市博毅纸业有限公司
河南省偃师市偃登路
邮编：471943
电话：0379－67798566、13937986188
邮箱：1152297491@qq.com
产品：生活用纸

洛阳市洁达纸业有限公司
河南省偃师市首阳山镇
邮编：471943
电话：0379－67558819
邮箱：ysjieda@126.com
产品：生活用纸

偃师市首阳山第二卫生纸厂
河南省偃师市首阳山街道办事处前纸庄村
邮编：471943
电话：0379－67557919、13938869716

邮箱：13938869716@ qq. com
产品：生活用纸

平顶山市

舞钢市海明纸业有限责任公司
河南省舞钢市安寨路 1 号
邮编：462512
电话：0375 – 8388005、8388319
传真：0375 – 8388868
邮箱：hmzy2018@ 126. com
产品：文化用纸

河南中峰集团纸业有限公司
河南省平顶山市湛河区南环路中段三和电厂院内
邮编：462512
电话：0375 – 7300020
邮箱：1787369438@ qq. com
产品：箱纸板

舞钢市群望纸板有限公司
河南省舞钢市八台镇人民西路
邮编：462500
电话：13837560968、18837506635
产品：包装纸板

安阳市

滑县光明纸业股份有限公司
河南省滑县道口镇道康路 59 号
邮编：456400
电话：0372 – 8133399
邮箱：ssc13937268425@ sina. com
产品：水果套袋纸

林州市实验纸业销售有限公司
河南省林州市茶店贝村
邮编：456574
电话：0372 – 6741193、18303827322
邮箱：18303827322@ 163. com
产品：再生纸

林州市众乐包装食品有限公司造纸厂
河南省林州市临淇镇东淇河桥西
邮编：456550
电话：13569010056
邮箱：1299059008@ qq. com
产品：瓦楞原纸

鹤壁市

河南博民纸业加工有限公司
河南省鹤壁市淇县铁西工业路中段北侧
邮编：456750
电话：0392 – 7275891
传真：0392 – 7275888
邮箱：ruizhou2006@ 163. com
产品：生活用纸

鹤壁瑞洲纸业有限公司
河南省鹤壁市淇县铁西区工业路 66 号
邮编：456750
电话：0392 – 7277188
传真：0392 – 7277000
邮箱：ruizhou2006@ 163. com
产品：无碳复写纸、生活用纸

鹤壁市恿协纸业有限公司
河南省鹤壁市山城区东环路故县村南
邮编：456750
电话：0392 – 2438888、2431388
邮箱：44541571@ qq. com
产品：无碳复写纸、生活用纸

新乡市

河南新乡鸿泰纸业有限公司
河南省新乡经济开发区鸿泰大道 168 号
邮编：453700
电话：0373 – 5580219、5584623
传真：0373 – 5586269
网址：www. htzygroup. com
邮箱：htzy1@ 126. com
产品：文化用纸、无碳复写纸

河南兴泰纸业有限公司
河南省新乡市经济开发区黄河大道中段
邮编：453731
电话：0373 – 5635586
传真：0373 – 5634908
邮箱：630950458@ qq. com
产品：文化用纸、白纸板

河南省奥博纸业有限公司
河南省新乡市辉县市赵固乡奥博工业园
邮编：453633

电话：0373－6956951、6955976
传真：0373－6955561
邮箱：hnabo@126.com
产品：无碳复写原纸、生活用纸

新乡新亚纸业集团股份有限公司
河南省新乡市新乡纸制品工业园（107 国道 686 公里处）
邮编：453731
电话：0373－5681188、5680286
传真：0373－5699888
网址：www.xinyapaper.com
邮箱：xinyapaper@163.com
产品：包装用纸、文化用纸、生活用纸

河南天邦集团纸业有限公司
河南省辉县市产业集聚区城西园区
邮编：453613
电话：0373－6855766
传真：0373－6855333
邮箱：henantianbang@163.com
产品：高档双胶纸、静电复印纸、特种纸

新乡市嘉禾文化用品有限公司
河南省新乡市凤泉区新秀路中段
邮编：453012
电话：0373－5420769、13598691435
传真：0373－5420769
网址：www.xxjhzy.cn
邮箱：820511731@qq.com
产品：无碳复写纸、复印纸

新乡市腾飞纸业有限公司
河南省新乡市获嘉县城东楼村路口向南 100 米路西
邮编：453800
电话：0373－4899966、18537332618
传真：0373－4778299
网址：www.xxtfzy.com
邮箱：tengfeizhjye@126.com
产品：高档无碳复写纸、双胶纸、离型原纸

河南亨利实业集团有限责任公司
河南省辉县市东二环北段
邮编：453600
电话：0373－6897666
传真：0373－6898999
网址：www.xxhengli.com
邮箱：xxhengli@126.com
产品：生产施胶高强瓦楞原纸

新乡市开源纸业有限公司
河南省新乡县七里营镇刘店村
电话：0373－5682823、13703734619
传真：0373－5682869
网址：www.xxkyzy.com
邮箱：2573570131@qq.com
生产：各种高、中、低档无碳复写纸

焦作市

河南江河纸业股份有限公司
河南省焦作市武陟县文化路 555 号
邮编：454950
电话：0391－7268383、7268153
传真：0391－7268991
网址：www.jianghe.com
邮箱：jianghe-1@jianghe.com
产品：无碳复写纸、无碳复写原纸、文化用纸

焦作瑞丰纸业有限公司
河南省焦作市武陟县迎宾大道 175 号
邮编：454950
电话：0391－7268809、7268650、7268710
传真：0391－7268605、7268176
网址：www.ruifengpaper.com
邮箱：jzrfzy@163.com
产品：化学机械浆

河南华丰纸业有限公司
河南省焦作市武陟县西滑封工业区
邮编：454981
电话：0391－7566939、7565880
产品：文化用纸、生活用纸

河南天虹纸业有限责任公司
河南省孟州市黄河大道东段
邮编：454750
电话：0391－8571688、13938159059
传真：0391－8571688
网址：www.tianhongzhiye.com
邮箱：327027079@qq.com
产品：新闻纸

河南永威安防股份有限公司
河南省沁阳市西向镇虎子村
邮编：454591

电话：0391－2103500
传真：0391－2103520
网址：www. yongwei. net
邮箱：info@ yongwei. net
vip@ yongwei. net
产品：特种纸、装饰板

沁阳市盛兴纸业有限公司
河南省沁阳市灯塔街
邮编：454550
电话：0391－5622550、13503912255
邮箱：35561435@ qq. com
产品：高强瓦楞原纸、特种纸

沁阳市景瑞纸业有限公司
河南省沁阳市香港街 1 号
邮编：454550
电话：0391－5611697、5618258
产品：高档生活用纸

沁阳市宏涛纸业有限公司
河南省沁阳市西向镇洪道村
邮编：454591
电话：0391－5098558、13939122687
邮箱：qyhtzy123@ 163. com
产品：生活用纸

沁阳市联盟纸业有限公司
河南省沁阳市沁圆办事处联盟街
邮编：454550
电话：0391－5690019、13782704935
邮箱：lmzygs2009@ 163. com
产品：瓦楞原纸

河南双马纸品包装有限公司
河南省沁阳市沁北产业集聚区
邮编：454562
电话：0391－5970538、5970515
传真：0391－5970539、5970519
网址：www. henanshuangma. com
邮箱：henanshuangma@ 163. com
产品：箱纸板、瓦楞原纸

濮阳市

濮阳龙丰纸业有限公司
河南省濮阳市胜利西路西段
邮编：457000
电话：0393－8990895、8912388
传真：0393－8961906
网址：www. lfpaper. com
邮箱：lfzy@ dahepaper. com
产品：漂白杨木化学机械浆、高档文化用纸

河南省民通华瑞纸业有限公司
河南省濮阳市台前县产业集聚区凤台大道中段路北电商产业园
邮编：457600
电话：0393－2733777、2733888
邮箱：bnmintong@ 126. com
产品：轻型纸

濮阳市通宇纸业有限公司
河南省濮阳市范县王楼工贸示范区
邮编：457500
电话：0393－5977888、5972369、13931518986
传真：0393－5977999
邮箱：pytyzy@ 163. com
产品：文化用纸、生活用纸

许昌市

河南飞达技术产业股份有限公司
（原河南飞达纸业有限公司）
河南省许昌市许昌县河街工业园
邮编：461105
电话：0374－5668188、5666666
传真：0374－5668888
网址：www. fdgroup. com. cn
邮箱：fdgroup@ 126. com
产品：白纸板、高强瓦楞原纸

漯河市

漯河银鸽实业集团有限公司
河南银鸽实业投资股份有限公司
河南省漯河市人民东路与中山路交叉口
邮编：462000
电话：0395－5615519、5615569
传真：0395－5615583、5615569
网址：www. yinge. com. cn
邮箱：yinge@ yinge. com. cn
产品：双面胶版纸、静电复印纸、书写纸、电脑打印纸、水果套袋纸、低定量涂布纸、口杯纸、字典纸、铝箔衬纸、防伪票据纸、书写纸

漯河市银凤纸业有限公司
河南省漯河市裴城镇苏侯村
邮编：462043
电话：0395－6955241
邮箱：yinfeng288@ tom. com
产品：双胶纸、书写纸、彩色纸、卫生纸

漯河银鸽特种纸有限公司
河南省漯河市中山路银鸽第二生产基地
邮编：462005
电话：0395－2355599
传真：0395－2355117
网址：www. yinge. com. cn
产品：无碳复写原纸、离型纸原纸、格拉辛离型原纸

漯河银鸽生活纸产有限公司
漯河市召陵区阳山路
电话：0395－5615961
网址：www. yingeshenghuozhi. 1688. com
邮箱：452200587@ qq. com
产品：纸、纸制品、纸浆板、尿布、尿裤、湿巾、第一类医疗器械：一次性医用护理垫的生产、销售

漯河银鸽特种纸有限公司
漯河经济开发区中山路银鸽第二生产基地
电话：0395－5802699
邮箱：cswyaaa@ 139. com
产品：嘴棒成型纸、格拉辛纸

南阳市

河南仙鹤特种浆纸有限公司
河南省南阳市内乡县湍东工业园区
邮编：474350
电话：0377－65317785、60939188
传真：0377－65313171、60939188
网址：www. nxxhzy. com
邮箱：neixiangxh@ 126. com
产品：特种纸、麦草浆板

新野方正纸业有限公司
河南省南阳市新野县产业集聚区(西区)
邮编：473511
电话：0377－66381097、13837761398
传真：0377－66381098
产品：生活用纸

邓州市一鑫实业有限公司
河南省邓州市穰东镇
邮编：474165
电话：0377－62983589
邮箱：3357718820@ qq. com
产品：文化用纸

邓州市老廷实业有限公司
河南省邓州市构林镇邓襄路 58 号
邮编：474172
电话：0377－62637168
邮箱：13193692288@ 163. com
产品：文化用纸

南阳市忆远昌纸业有限公司
河南省南阳市卧龙区龙凤路丁奉店
邮编：473000
电话：0377－66199992、13303772288
传真：0377－66199992
网址：www. nyyyc. cn
邮箱：2651951896@ qq. com
产品：水转印纸

邓州市华鑫纸业有限公司
河南省邓州市构林镇邓襄路 58 号
邮编：474172
电话：0377－62828777、62637978、62637258
网址：www. huaxinzhiye. com
邮箱：13937700388@ 139. com
产品：文化用纸、书画纸，电容器纸专用纤维板、再生烟草薄片专用纤维板等特种纸，木质素

商丘市

虞城县泰乐纸业有限公司
河南省商丘市虞城县城关镇东环路南段
邮编：476300
电话：0370－3028888、13663702804
产品：纱管纸

周口市

河南省龙源纸业股份有限公司
河南省周口市太康县西二环路工业区
邮编：461400
电话：0394－6915906
传真：0394－6915908

网址：www. hnlyzy. com
邮箱：ly6915905@163. com
产品：瓦楞原纸

河南护理佳纸业有限公司
河南省周口市鹿邑县产业集聚区迎宾大道西侧
邮编：477200
电话：0394－7490998
传真：0394－7491168
网址：www. hulijia. com
产品：生活用纸

驻马店市

驻马店市白云纸业有限公司
河南省驻马店市遂平县工人路14号
邮编：463100
电话：0396－4902206、4902211、4902218
传真：0396－4902331
网址：www. baiyunpaper. com
邮箱：byzy@dahepaper. com
产品：书写印刷纸

河南华兴纸业有限公司
（原西平县兴华综合纸业有限公司）
河南省驻马店市西平县环城乡芳庄村
邮编：463900
电话：0396－6200888、13903965028
邮箱：xpxhzy@163. com
产品：生活用纸

河南金桂特纸科技有限公司
河南省泌阳县工业集聚区
邮编：463700
电话：0396－8111161、18639609588
邮箱：18639609588@qq. com
产品：经纬复合纸

济源市

济源市腾盛纸业有限公司
河南省济源市轵城工业园区
邮编：454672
电话：0391－6081666
传真：0391－6095666
邮箱：jystszy@163. com
产品：麦草浆

湖　北　省

武汉市

大枫纸业集团股份有限公司
湖北省武汉市东西湖区吴家山六顺路大枫工业园
邮编：430040
电话：027－83226272
传真：027－83223133
网址：www. max365. com
邮箱：whmaxleafwlb@163. com
产品：书写纸、双胶纸、静电复印原纸、特种彩色纸

武汉晨鸣汉阳纸业有限公司
湖北省武汉市经济技术开发区神农大道33号
邮编：430057
电话：027－84894245
传真：027－84896241
网址：www. whcmhy. com
邮箱：whcm@whcmhy. com
产品：书写纸、胶版印刷纸、新闻纸、铜版原纸、静电复印原纸、铸涂原纸、轻型纸

武汉市中兴纸制品有限公司
湖北省武汉市江岸路特1号
邮编：430011
电话：027－82313846
邮箱：whzhongxing@163. com
产品：纸板

湖北烟草民意纸业有限公司
湖北省武汉市汉阳区黄金口工业园金砖路8号
邮编：430051
电话：027－84874713、13871117520
传真：027－84874713
网址：www. minyizy. com
邮箱：741780137@qq. com
产品：水松纸

武汉金凤凰纸业有限公司
湖北省武汉市江夏区金口工业园
邮编：430209
电话：027－87987777、87988111、87988222
传真：027－87987779
网址：www. whgpp. com
邮箱：whgpp@163. com
whgpp123@126. com

产品：A 级高强瓦楞原纸

武汉木兰汉北集团有限公司
（原武汉市木兰纸业有限公司）
湖北省武汉市黄陂区滠口经济开发区关山工业园
邮编：430311
电话：027－61864818、61864815
传真：027－61862801
网址：www. whmlpaper. com
邮箱：whmlpaper@ 163. com
产品：高强瓦楞原纸

湖北易立科技集团股份有限公司
（原湖北易立科技股份有限公司）
武汉市洪山区卓刀泉路 71 号
邮编：431000
电话：027－87198349
邮箱：278446875@ qq. com
产品：特种纸及纸板

黄石市

黄石帅伦纸业有限公司
湖北省黄石市黄石大道 105 号
邮编：435001
电话：0714－6412402
邮箱：1073272083@ qq. com
产品：双胶纸、胶印书刊纸、装饰板底衬纸、口杯原纸

宜昌市

湖北宜昌翔陵纸制品有限公司
湖北省宜昌市夷陵区龙泉镇钟家畈创业园
邮编：443112
电话：0717－7788606、4001198826
传真：0717－7788166
网址：www. hbycxlzy. com
邮箱：xlzy@ 163. com
hbycxlzy@ 163. com
产品：单面白纸板、箱纸板、瓦楞原纸、纱管纸、灰纸板

湖北舒云纸业有限公司
湖北省宜昌市猇亭大道 438 号
邮编：443007
电话：0717－6536742、6536099
邮箱：zhangjiahua-001@ 163. com
产品：生活用纸

湖北宝塔纸业有限公司
湖北省宜昌市猇亭工业园
邮编：443007
电话：0717－6917272、6917288
传真：0717－6917298
网址：www. baota-paper. com
邮箱：hbycbt@ 126. com
产品：新闻纸、双胶纸、书写纸

湖北金庄科技再生资源有限公司
当阳市玉阳办事处三里港村六组
邮编：444100
电话：0717－3331208
网址：www. hbjzkj. cn
邮箱：2257756528@ qq. com
产品：高强瓦楞纸

湖北长江汇丰纸业有限公司
湖北省宜都市红花套镇周家河村
邮编：443302
电话：0717－4646003、15871566901
传真：0717－4649190
网址：www. hbcjhf. com
邮箱：476865497@ qq. com
360303768@ qq. com
产品：白板纸

宜昌宏图纸业有限公司
湖北省宜昌市枝江市安福寺镇玛瑙河大道 2 号
邮编：443200
电话：0717－4338912、4338906
网址：www. hongtupaper. com
邮箱：1462314836@ qq. com
产品：新型复合纸板

湖北城东再生资源科技发展有限公司
宜昌市夷陵区鸦鹊岭镇白河村
邮编：443113
电话：0717－7743688
邮箱：362474393@ qq. com
产品：瓦楞原纸

湖北宝塔沛博循环科技有限公司
（原湖北宝塔纸业有限公司）
宜昌市猇亭区长江路 6 号
邮编：443007

电话：0717－6917288
网址：www. baota-paper. com
邮箱：286274347@ qq. com
产品：新闻纸、未涂布书写纸

湖北鑫物再生资源科技发展有限公司
枝江市马家店双寿桥路
邮编：443200
电话：0717－4262045
邮箱：317094812@ qq. com
产品：瓦楞原纸

湖北金民纤维材料科技有限公司
秭归县茅坪镇九里村
邮编：443600
电话：0717－2862918
邮箱：dalizp@ 163. com
产品：新闻纸、未涂布书写纸

襄樊市

湖北华海纤维科技股份有限公司
湖北省襄樊市南漳县城关镇便河路 1 号附 1 号
邮编：441500
电话：0710－5250358、5231705
传真：0710－5250398、5250386
网址：www. huahaizhiye. com. cn
邮箱：hhzy2011@ 126. com
产品：文化用纸

襄樊百灵纸业有限公司
湖北省襄樊市樊城区建设路 53 号
邮编：441002
电话：0710－3223408
产品：文化用纸、铜版原纸、低定量食品包装原纸

孝感市

中顺洁柔（湖北）纸业有限公司
湖北省孝感市 107 国道八一大桥旁
邮编：432122
电话：0712－2515566
传真：0712－2515508
网址：www. zhongshungroup. com
产品：生活用纸

金凤凰纸业（孝感）有限公司
湖北省孝感市孝南经济开发区孝武大道 612 号
邮编：432020
电话：0712－2366973、13807130389
产品：高强瓦楞原纸

湖北森源纸业有限公司
湖北省孝感市孝南区东山头农场沦河咀村
邮编：432018
电话：0712－2584268
邮箱：1243316046@ qq. com
产品：瓦楞原纸、口杯原纸

金红叶纸业（湖北）有限公司
湖北省孝感市孝南经济开发区孝武路 468 号
邮编：432100
电话：0712－2877492、2115801
网址：www. ghy. com. cn
邮箱：zhoulibo@ ghy. com. cn
产品：生活用纸

维达护理用品（中国）有限公司
湖北省孝感市湖北孝南经济开发区 316 国道复线
邮编：432100
电话：0712－2519091
邮箱：li. j@ vinda. com
产品：生活用纸

荆州市

湖北省公安县龙腾纸业有限公司
湖北省荆州市公安县藕池镇中山路 229 号
邮编：434305
电话：0716－5716918
传真：0716－5716918
邮箱：1130424175@ qq. com
产品：牛皮箱纸板

监利大枫纸业有限公司
湖北省监利县容城镇沿江路 41 号
邮编：433300
电话：0716－3287457、13995687055
传真：0716－3275119
邮箱：1079005608@ qq. com
产品：胶印书刊纸、书写纸、双面胶版纸、水松纸

湖北骏马纸业有限公司
湖北省荆州市荆州区拍马工业园
邮编：434034
电话：0716－8417168

传真：0716－8417039
网址：www. paimapapergroup. com
邮箱：95352493@ qq. com
产品：涂布白卡纸(烟卡纸)

湖北惠强纸业有限公司
(原湖北秦楚纸业有限公司)
湖北省荆州市公安县青吉工业园孱陵大道 673 号
邮编：434300
电话：0716－5393557、15399059511
邮箱：3048212389@ qq. com
产品：涂布白纸板

山鹰华中纸业有限公司
公安县青吉工业园友谊东路以南，观绿路以东，疏港公路以西
电话：0716－5113886
网址：www. shanyingintl. com
经营：纸板、瓦楞原纸、箱纸板、生活用纸的生产，固体废物治理，废水处理

荆州市骏树纸业有限公司
湖北省荆州市荆州区纪南镇拍马村拍马工业园
邮编：434000
电话：0716－8113980
传真：0716－8456980
邮箱：814903489@ qq. com
产品：淋膜原纸、卷管原纸、吸水纸、文件夹纸、订做各种规格特种纸

湖北荣成再生科技有限公司
临港工业园疏港大道中段
电话：0716－6790888
网址：www. longchenpaper. com
邮箱：q5420@ longchenpaper. com
产品：资源回收及再生利用；生产高档纸及纸板

湖北拍马纸业股份有限公司
荆州市荆州区拍马工业园
邮编：434000
电话：0716－8416256、13972123677
邮箱：zzh－1973@ 163. com
产品：白板纸、白卡纸等

监利大枫纸业有限公司
监利县容城镇沿江路 41 号
邮编：433300
电话：0716－3320637、13995687055
邮箱：1079005608@ qq. com
产品：未涂布印刷书写纸

湖北祥兴纸业科技有限公司
监利县白螺镇工农村
邮编：433332
电话：0716－3184567、13627176333
邮箱：guoguihua999@ 126. com
产品：包装用纸

黄冈市

蕲春县永昌万利造纸厂
湖北省黄冈市蕲春县蕲州镇蕲州打鼓台
邮编：436315
电话：0713－7511569、15335990076
传真：0713－7511852
邮箱：112465321@ qq. com
产品：染色压纹原纸、色卡纸、喷墨打印纸、高光相纸

黄冈晨鸣浆纸有限公司
湖北省黄冈市黄州区沿江大道特 1 号
电话：0713－8877388　8877320
网址：www. hgchenming. com
邮箱：hgcm8877388@ 163. com
产品：化学浆

随州市

湖北雅都恒兴纸业有限公司
湖北省广水市广水沿河大道特 1 号
邮编：432721
电话：0722－6495555、18771419272
传真：0722－6494666
网址：www. whyadu. com
邮箱：28229572@ qq. com
产品：A 级高强瓦楞原纸

随州市兴丰源纸业有限责任公司
湖北省随州市淅河镇青春村 1 组
邮编：441326
电话：0722－4510125、4510539
传真：0722－4510539
邮箱：1046628857@ qq. com
产品：B、C、D 级箱纸板和瓦楞原纸

襄阳市

湖北金赞阳纸业有限公司
湖北省襄阳市老河口市循环工业经济园

邮编：441800
电话：0710 －8206686
邮箱：460675782@ qq. com
产品：挂面纸、高强瓦楞原纸、高级箱纸板

湖北广发纸业有限公司
宜城经济开发区宋玉三路
邮编：441400
电话：0710 －4900237、18727172939
邮箱：517417261@ qq. com
产品：瓦楞原纸

恩施土家族苗族自治州

恩施市锦华纸业有限责任公司
湖北省恩施土家族苗族自治州巴公路 30 号
邮编：445000
电话：0718 －8200925、8200569
传真：0718 －8200924
邮箱：771962687@ qq. com
产品：卷烟纸、成型纸、卫生纸

荆门市

湖北应强环保科技有限公司
(原钟祥市应强纸业有限公司)
湖北省钟祥市官庄湖农场丁畈队
邮编：431904
电话：0724 －4376052、13797901946
邮箱：624628402@ qq. com
产品：瓦楞原纸

咸宁市

赤壁晨力纸业有限公司
湖北省咸宁市赤壁市莼川大道 228 号
邮编：437300
电话：0715 －5269608、5269601
邮箱：552175625@ qq. com
产品：未涂布印刷书写纸

仙桃市

湖北盛大纸业有限公司
仙桃市张沟镇友谊路南侧 1 幢
邮编：433000
电话：0728 －8236696、8236868
网址：www. sdpaper. com
邮箱：323201737@ qq. com
产品：瓦楞原纸

湖　南　省

长沙市

泰格林纸集团股份有限公司
(原湖南泰格林纸集团股份有限公司)
湖南省长沙经济技术开发区东升路 48 号
邮编：410100
电话：0731 －84025555
传真：0731 －84025555
网址：www. tigerfp. com
产品：胶印书刊纸、轻涂纸、新闻纸

长沙市诗玉纸业有限公司
湖南省长沙市天心区友谊路 55 号星语林名园 6 栋 4 －1007 室
邮编：410004
电话：0731 －82287277、18932437667
邮箱：582300032@ qq. com
产品：印刷拷贝纸

湖南飞翔纸品有限公司
湖南省长沙市芙蓉区亚大路 105 号
邮编：410125
电话：0731 －84671127、84671128
邮箱：feixiangzhip@ 163. com
产品：白卡纸、片烟纸

湖南绿洲浆纸有限公司
湖南省长沙市芙蓉中路新时代广场
邮编：410000
电话：0731 －84213811、84214881
传真：0731 －84213811
邮箱：281069327@ qq. com
产品：牛皮纸、红色半透明纸

浏阳市晨鸣纸业有限公司
湖南省浏阳市大瑶镇天和社区
邮编：410312
电话：0731 －83812059
产品：箱纸板、牛皮纸

浏阳市宏鑫福利造纸厂
湖南省浏阳市枨冲镇才常村
邮编：410310

电话：0731－83741588、13786182014
产品：花炮纸

浏阳市中旺纸业有限公司
湖南省浏阳市金刚镇新星村
邮编：410181
电话：0731－83890076、83628666
传真：0731－83628666
产品：鞭炮纸

浏阳市大瑶镇东宇福利造纸厂(普通合伙)
湖南省浏阳市大瑶镇工业园
邮编：410312
电话：0731－83801297
邮箱：195972938@qq.com
产品：鞭炮纸

浏阳市宏源造纸厂(普通合伙)
湖南省浏阳市太平桥镇宏源村
邮编：410317
电话：0731－83744709
产品：竹胶板复合纸

浏阳市文家市星华纸厂(普通合伙)
湖南省浏阳市文家市镇永丰村
邮编：410000
电话：0731－83772098
邮箱：6029951122@qq.com
产品：机制纸

浏阳市连心造纸厂
湖南省浏阳市大瑶镇瑶礼路
邮编：410300
电话：0731－83801978
传真：0731－83801978
产品：高强瓦楞原纸、黄纸板

浏阳市九玖纸业有限公司
湖南省浏阳市大瑶镇工业园
邮编：410000
电话：0731－83805399、13787289886
传真：0731－83805299
产品：高强瓦楞原纸、烟花纸、油粘原纸

湖南省恒辉纸业包装有限公司
湖南省长沙市宁乡县城郊纸业园
邮编：410624
电话：0731－87809218
传真：0731－87809218
产品：瓦楞原纸

湖南恒瀚高新技术有限公司
湖南省长沙市宁乡市经济开发区城郊纸业园
邮编：410600
电话：0731－88981896、15111167980
传真：0731－87859217
邮箱：13874889645@qq.com
产品：涂布纸、热敏纸、无碳复写纸

浏阳市天和纸业有限公司
湖南省浏阳市大瑶镇造纸工业基地
邮编：410312
电话：0731－83800361、83805528
邮箱：356232683@qq.com
产品：高档涂布白纸板

浏阳市铭丰纸业有限公司
湖南浏阳市大瑶镇花炮原材料产业基地
邮编：410312
电话：0731－83802436
邮箱：516906991@qq.com
产品：瓦楞原纸、纱管纸

湘潭市

湖南雪松纸制品有限公司
湖南省湘潭市建设中路7号
邮编：411104
电话：0731－58527581、13707329900
传真：0731－58527581
产品：生活用纸、一次性抹布、纸杯等

湖南省造纸研究所有限公司
湖南省湘潭市建设中路7号
邮编：411104
电话：0731－57816249
传真：0731－57816249
网址：www.bpxc.cn
邮箱：sales@bpxc.cn
产品：工业涂布纸、压纹名片纸、特种工业用纸

衡阳市

衡山新金龙纸业有限公司
湖南省衡山县开云镇金龙工业园青山路
邮编：421300

电话：0734－2857888
传真：0734－2856777
产品：高强瓦楞原纸、环保T纸、纸管原纸

邵阳市

绥宁县宝庆联纸有限公司
湖南省邵阳市绥宁县长铺路工业路98号
邮编：422600
电话：0739－7611455、7611234
传真：0739－7616616、7600276
产品：纸袋纸、绝缘纸板

城步苗族自治县银河纸业有限责任公司
湖南省邵阳市城步茅坪镇湘商产业园区
邮编：422500
电话：0739－7365999
传真：0739－7365999
网址：www. cbyhzy. com
邮箱：835110722@ qq. com
产品：机制纸及纸板、竹木浆

新邵大源纸业有限公司
邵阳市新邵县酿溪镇新阳路398号
邮编：422900
电话：0739－3600977、13975992488
邮箱：908822808@ qq. com
产品：书写纸、烟花纸

绥宁县天成造纸有限公司
湖南省邵阳市绥宁县城工业路101号
邮编：422600
电话：0739－7612526、13807399546
传真：0739－7612526
网址：www. sntczy. com
产品：红色半透明纸等

湖南广信科技股份有限公司
（原湖南广信电工科技股份有限公司）
湖南省邵阳市新邵县酿溪镇东西路8号
邮编：422900
电话：0739－3603366、3600756、3601566
传真：0739－3603966

新邵德信绝缘纸板有限公司
新邵县酿溪镇大坪经济开发区广信路1号
电话：0739－3181679、3681577
网址：www. hngxtech. com
产品：电绝缘纸板

湖南湘丰特种纸业有限公司
湖南省邵阳市隆回县城东南工业园区
邮编：422206
电话：0739－8187993、8187800
传真：0739－8247998
产品：卷烟纸

隆回县祁都纸业有限公司
湖南省邵阳市隆回县六都察镇工业小区
邮编：422204
电话：0739－8734227
传真：0739－8733927
邮箱：2488997356@ qq. com
产品：双面拷贝纸、单面拷贝纸

湖南飞页纸业有限公司
湖南省邵阳市洞口县山门镇大正街1号
邮编：422317
电话：0739－7240047、13874217972
网址：www. hnfyzygs. com
邮箱：602436468@ qq. com
产品：再生纸

邵东县黄桥造纸厂
湖南省邵阳市邵东县黑田铺乡
邮编：422000
电话：0739－2123555
产品：玻璃卡纸

新宁县先锋纸业有限公司
（原八达纸厂）
湖南省邵阳市新宁县金石镇观双瀑桥头
邮编：422000
电话：0739－4810243
产品：拷贝纸

新邵县金龙纸业有限责任公司
湖南省邵阳市新邵县酿溪镇雷家坳社区2组
邮编：422900
电话：0739－3608085、17775667677
邮箱：270197966@ qq. com
产品：半透明纸、书写纸

岳阳市

岳阳林纸股份有限公司
湖南省岳阳市城陵矶
邮编：414002

电话：0730－8590563、8590247
传真：0730－8560335、8561262
网址：www. yypaper. com
产品：低定量涂布纸、胶印新闻纸、轻型印刷纸、颜料整饰胶版纸、牛皮纸

岳阳华丰纸业有限公司
湖南省岳阳县筻口镇双港村
邮编：414113
电话：0730－7370232、13975062228
产品：挂面纸

汨罗市环宇再生资源有限公司
湖南省汨罗市智峰乡
邮编：414409
电话：0730－5880888
传真：0730－5880888
产品：瓦楞原纸、箱纸板

岳阳丰利纸业有限公司
湖南省岳阳县鹿角镇
邮编：414107
电话：0730－7862085
经营：纸张、浆板制造及产品销售

常德市

湖南恒安纸业有限公司
湖南恒安生活用纸有限公司
恒安(湖南)心相印纸业有限公司
湖南省常德市德山开发区桃林路
邮编：415001
电话：0736－7300038
传真：0736－7300339
邮箱：408763909@ qq. com
产品：生活用纸、卫生纸

湖南雪丽造纸有限公司
湖南省常德市津市襄窑路 301 号
邮编：415400
电话：0736－4212801
传真：0736－4212619
产品：静电复印纸、双胶纸

湖南华耀浆纸有限公司
湖南省常德市德山沿河路 1 号
邮编：415001
电话：0736－7312763
传真：0736－7312819
产品：双胶纸

湖南中冶美隆纸业有限公司
湖南省常德市西洞庭管理区东北湾
邮编：415137
电话：0736－7500318
传真：0736－7501369
邮箱：ltw63315@ 163. com
产品：热敏纸、无碳复写原纸

常德市天耀纸业有限公司
湖南省常德市汉寿县洋淘湖镇游巡塘居委会(镇政府驻地)
邮编：415901
电话：0736－2031808
传真：0736－2031180
邮箱：youlali－2258@ 163. com
产品：色卡纸

益阳市

沅江纸业有限责任公司
湖南省沅江市书院路 358 号
邮编：413100
电话：0737－2850278、2850013
传真：0737－2850258
产品：胶印书刊纸、双胶纸

沅江市金太阳纸业有限公司
湖南省沅江市南嘴镇余百新村
邮编：413104
电话：0737－2296923
传真：0737－2297399
网址：www. jty－paper. com
邮箱：jty2297399@ 163. com
产品：文化用纸

湖南林源纸业有限公司
湖南省沅江市漉湖芦苇场
邮编：413000
电话：0737－2491235、13875333302
传真：0737－2491186
产品：道林纸、静电复印纸、素描纸、双胶纸

湖南跃宇实业有限公司
(原湖南跃宇纸业有限公司)
湖南省益阳市桃江县桃花江镇曾家坪

邮编：413400
电话：0737－8203989、8202258、13786774938
产品：拷贝纸、卫生纸

永州市

永州湘江纸业有限责任公司
湖南省永州市冷水滩区下河线路 105 号
邮编：425000
电话：0746－8470536
传真：0746－8470536
产品：铜版纸、牛皮纸、纸袋纸

怀化市

泰格林纸集团洪江纸业有限公司
湖南省怀化市洪江区萝卜湾 45 号
邮编：418201
电话：0745－7691692
传真：0745－7694376
产品：本色木浆、牛皮纸、纸袋纸

湖南五强溪特种纸业有限公司
湖南省怀化市沅陵县五强溪镇刘公溪
邮编：419635
电话：0745－4734158
传真：0745－4732958
网址：www. wgxzy. com
产品：炸药纸、绝缘纸、特殊牛皮纸

湖南骏泰新材料科技有限责任公司
湖南省怀化高新技术产业开发区
邮编：418005
电话：0745－2837009
传真：0745－2837009
产品：纸浆

会同县宝庆恒达纸业有限公司
湖南省怀化市会同县林城镇大桥村
邮编：418300
电话：0745－8853798、13874590345
产品：牛皮卡纸、箱板纸

娄底市

湖南正佳特种材料有限公司
湖南省娄底市双峰县梓门桥镇湾头村民主组
邮编：417700
电话：0738－8955673、8955112
传真：0738－8955679
网址：www. hnzjsm. cn
邮箱：hnzjsm@ sina. com
产品：空气滤纸、无纺布纸、PU 纸、装饰纸

广　东　省

广州市

广州市新珠纸业有限公司
广东省广州市海珠区燕子岗南路 83 号之二
邮编：510280
电话：020－34164602
传真：020－34164602
邮箱：pspxinzhu@ 163. com
产品：黑卡纸、全木浆黑卡纸、透芯黑卡纸、单面黑卡纸、电声黑卡纸、红卡纸、蓝卡纸、海军蓝卡纸、墨绿卡纸等色卡纸、珠光纸、充皮纸、触感纸、亮面纸、原浆压纹包装纸、礼品包装用纸、利是封纸等特种包装纸

广州珠江特种纸有限公司
广东省广州市海珠区燕子岗南路 83 号
电话：020－85532324、85525149、85524220
传真：020－85524827
网址：ww. pspzhujiang. com
邮箱：pspxinzhupaper@ 163. com
产品：白牛皮纸、染色原纸、防伪纸、水纹纸、硅油

广州造纸集团有限公司
广州造纸股份有限公司
广东省广州市南沙区珠江街新广一路 29 号
邮编：511462
电话：020－84945043
传真：020－84949095
网址：www. gzpaper. com. cn
邮箱：lizen@ gzpaper. cn
产品：新闻纸、灰底涂布白纸板

广东宝中宝纸塑制品有限公司
广东省广州市白云区钟落潭镇宝中宝工业区
邮编：510550
电话：020－87410008、87410818
传真：020－87410838
网址：www. baozhongbao. net
产品：离型纸、胶带原纸、纸杯纸、纸餐盒纸

永丰余纸业(广州)有限公司
广东省广州市黄埔经济技术开发区夏园路 5 号
邮编：510730
电话：020－82217220
网址：www. yfy. com
产品：瓦楞纸板、纸箱

广州宏港纸业有限公司
广东省广州市南沙区东涌镇南涌工业区
邮编：511460
电话：020－39010025、4009606928
传真：020－39010025
网址：www. honggangpaper. com
邮箱：honggangpaper@ foxmail. com
产品：热升华转印纸、印花纸

广西粤桂广业控股股份有限公司
广州市荔湾区流花路 85 号建工大厦 3 楼
邮编：510013
电话：020－33970188、33970200
传真：020－33970189
网址：www. yuegui. cn
邮箱：000833@ yueguigufen. com
产品：文化用纸、生活用纸、纸浆

韶关市

乐昌市裕兴纸业有限公司
广东省乐昌市城关镇河南街 143 号
邮编：512219
电话：0751－5508628
传真：0751－5503607
产品：卫生纸、瓦楞原纸

始兴县国升造纸有限公司
广东省韶关市始兴县太平镇瑶村坳城东
邮编：512500
电话：0751－3330080、18998664000
邮箱：8199627@ qq. com
产品：白色水松纸

韶关市联进纸业有限公司
广东省韶关市乳源瑶族自治县桂头镇仙湖工业园
邮编：518000
电话：0751－5395168
产品：生活用纸

联兴食品药品造纸(韶关)有限公司
(原韶关市始兴县联兴造纸实业有限公司)
广东省韶关市始兴县太平镇瑶村凹
邮编：512500
电话：0751－3330223
产品：食品包装用纸

深圳市

深圳协利纸业有限公司
广东省深圳市宝安区应人石居委外贸轻工业区
邮编：518108
电话：0755－27625366
邮箱：finance@ union-chain. cn
经营：瓦楞纸板、纸箱

富士达纸品(深圳)有限公司
广东省深圳市龙岗区横岗街道安良社区油甘园路 43－3 号 A 栋
邮编：518115
电话：0755－89601159
邮箱：2217441890@ qq. com
经营：卫生纸、纸面巾、纸手帕

珠海市

珠海红塔仁恒包装股份有限公司
广东省珠海市前山金鸡路 508 号
邮编：519070
电话：0756－8666888
传真：0756－8615037
网址：www. hrpack. com
邮箱：lai_ quanmei@ htrh－paper. com
产品：包装纸板、饮料包装用纸、口杯纸

汕头市

汕头市金平区飘合纸业有限公司
广东省汕头市鮀浦举丁工业区
邮编：515061
电话：0754－82530777、88279165、82533777
传真：0754－82515777、82543324
网址：www. piaohe. cn
邮箱：536542281@ qq. com
产品：生活用纸

汕头市造纸厂
广东省汕头市杏花村护堤路 19 号

邮编：515021
电话：0754－88220940
产品：包装用纸

汕头市澄海区溪南东社造纸厂
广东省汕头市澄海区溪南镇东社联青路南侧
邮编：515832
电话：0754－85753408、85756188
传真：0754－85758618、85309908
网址：www. stdongshe. com
产品：瓦楞原纸、灰纸板、茶纸板

广东万安纸业有限公司
（原广东省汕头市万安纸业有限公司）
广东省汕头市濠江区三联工业区
邮编：515031
电话：0754－82516877、18823908595
传真：0754－82516877
网站：www. wananpaper. com
邮箱：2396493531@ qq. com
产品：生活用纸

汕头市澄海区源诚造纸厂
汕头市澄海区溪南镇塘陇村内洋尾片大堤脚
邮编：515832
电话：0754－85756526
产品：南金纸

汕头市澄海区乐华纸业有限公司
汕头市澄海区溪南镇埭头西园新美路
邮编：515832
电话：0754－85327389
邮箱：568403288@ qq. com
产品：纸板

佛山市

佛山市南海区嘉凌纸业有限公司
广东省佛山市南海区罗村工业园 9 号
邮编：528226
电话：0757－86411942、86411920
邮箱：qiulin@ samsonpaper. com
产品：白纸板、铜版纸、双胶纸、白卡纸

佛山市高明鸿源纸业有限公司
广东省佛山市高明区高明大道兴源路 8 号
邮编：528511
电话：0757－88986218
传真：0757－88986228
网址：www. hy-paper. com. cn
邮箱：88622228n@ 163. com
hy89930668@ 163. com
产品：文化用纸、白牛皮纸、热敏纸、转印原纸、装饰原纸

佛山市顺德区千禧纸业有限公司
广东省佛山市顺德区陈村镇南新栏路 78 号
邮编：528313
电话：0757－23355799
产品：箱纸板

佛山市南海蓝天鹅造纸有限公司
佛山市南海区西樵海舟管理区
邮编：528212
电话：0757－86828868、13535864423
产品：瓦楞原纸、挂面纸

佛山市顺德区联信纸业有限公司
广东省佛山市顺德区北滘镇都宁工业区水闸边
邮编：528311
电话：0757－26636726、13702625790
邮箱：bzlianxin@ 163. com
产品：瓦楞原纸

佛山市南海区华展造纸厂
广东省佛山市南海区里水镇丰岗
邮编：528244
电话：0757－85663210、15815974576
传真：0757－85663773
邮箱：305783577@ qq. com
产品：灰纸板、复合纸板

南海新丰复合材料有限公司
广东省佛山市南海区松岗镇松夏工业园
电话：0757－85225101
网址：www. nhxinfeng. com
邮箱：nhxf88@ 163. com
产品：双面 PE 淋膜纸、双面离型纸、PET 离型膜、压纹离型纸

江门市

江门市冠荣纸业有限公司
（原广州市花都长兴纸业有限公司）
江门市新会区沙堆镇梅阁村沙仔地（办公楼）
邮编：510890

电话：020－86760404、66603815
邮箱：changxingzhiyegs@126.com
产品：瓦楞原纸

鹤山市造纸厂有限公司
广东省江门市鹤山市沙平镇杰州工业区
邮编：529721
电话：0750－8821033
传真：0750－8821819
产品：箱纸板、卫生纸

江门市新华造纸厂
广东省江门市文昌沙130号
邮编：529020
电话：0750－3616668、3616808
传真：0750－3354176
邮箱：jmxhpaper@126.com
产品：瓦楞原纸、牛皮箱纸板、涂布白纸板

维达纸业(中国)有限公司广东分公司
广东省江门市新会区东侯工业开发区
邮编：529100
电话：0750－6168333
传真：0750－6120239、6168691
网址：www.vinda.com
邮箱：guangdong@vinda.com
产品：纸巾纸、盒装面巾纸、餐巾纸、卫生卷纸、卫生巾、卷装擦手纸、多用纸抹布、分切盘纸

亚太森博(广东)纸业有限公司
广东省江门市新会区双水镇沙路村
邮编：529153
电话：0750－6503150
传真：0750－6503166
网址：www.aprilasia.com
www.paperone.com.cn
邮箱：marketing@asiasymbol.com
产品：高档文化用纸

江门市明星纸业有限公司
广东省江门市新会区睦洲镇丰达路1号
邮编：529143
电话：0750－6222828、6539808、6222422
传真：0750－6222965
网址：www.sspaper.com
邮箱：business@sspaper.com
产品：牛皮卡纸、挂面纸、瓦楞原纸

江门日佳纸业有限公司
广东省江门市蓬江区招商工业园1号
邮编：529090
电话：0750－3726381
邮箱：rijia2004@163.com
产品：生活用纸

江门市新会区银湖纸业有限公司
广东省江门市新会区崖门镇崖西坑口村
邮编：529100
电话：0750－6441176
邮箱：984102779@qq.com
产品：箱纸板

江门市桥裕纸业有限公司
广东省江门市新会区崖门镇洞南村沙养
邮编：529152
电话：0750－6440088
邮箱：822302969@qq.com
产品：箱纸板

广东华泰纸业有限公司
广东省江门市新会区双水镇工业开发区
邮编：529153
电话：0750－3411769、3411768
网址：www.huataipaper.com
产品：新闻纸、文化用纸、纸浆

江门市新会区宝达造纸实业有限公司
广东省江门市新会区大泽镇新园工业开发区
邮编：529162
电话：0750－6896236、6896238
传真：0750－6899252
网址：www.baodapaper.com
邮箱：baoda@baodapaper.com
sale@baodapaper.com
产品：生活用纸

江门旺佳纸业有限公司
广东省江门市新会区双水镇能源综合利用开发区
邮编：529153
电话：0750－6408002、6408018
传真：0750－6408128
邮箱：530009213@qq.com
产品：生活用纸

江门星辉造纸有限公司
广东省江门市新会区双水镇银洲湖纸业基地A区

邮编：529153
电话：0750－6407888、6967888
传真：0750－6407999、6407878
网址：www. xinghuipaper. com
邮箱：sales@ xinghuipaper. com
产品：涂布白纸板

中烟摩迪（江门）纸业有限公司
广东省江门市蓬江区棠下镇堡棠路 15 号
邮编：529085
电话：0750－3626262
传真：0750－3385228
网址：www. ct-pdm. com. cn
邮箱：zhaojingxian@ ct-pdm. com
产品：烟卡纸

江门市新龙纸业有限公司
广东省江门市新会区三江镇白庙工业区
邮编：529142
电话：0750－6208878
传真：0750－7363318
邮箱：3050130058@ qq. com
产品：生活用纸

广东阿博特数码纸业有限公司
广东省江门市新会区双水镇广东银洲湖纸业基地 B 区－2
邮编：529153
电话：0750－6419777
传真：0750－6418099
网址：www. abtpaper. com
邮箱：linjh@ abtpaper. com
产品：数码相纸

江门仁科绿洲纸业有限公司
广东省江门市新会区双水镇广东银洲湖纸业基地内
邮编：529153
电话：0750－6419138、6419188
传真：0750－6416666
网址：www. sivlake. com
邮箱：xz@ sivlake. com
产品：生活用纸

维达纸业（中国）有限公司江门分公司
广东省江门市新会区双水镇迎宾大道
邮编：529153
电话：0750－6168691
网址：www. vida. com
邮箱：zjli@ vida. com
产品：生活用纸

维达纸业（中国）有限公司新会分公司
广东省江门市新会区三江镇新江村寺北洋沙
邮编：529142
电话：0750－6206333
网址：www. vida. com
邮箱：zjli@ vida. com
产品：生活用纸

江门中顺纸业有限公司
广东省江门市新会区双水镇银洲湖纸业基地能源开发区
邮编：529153
电话：0750－6966818、6966822
网址：www. zhongshungroup. com
邮箱：yuqiuxia@ zhongshungroup. com
产品：生活用纸

江门市雅枫纸业有限公司
江门市新会区大泽镇创利来工业开发区中心路
邮编：529162
电话：0750－6162233
网址：www. ynf－paper. com
邮箱：2742399097@ qq. com
经营：纸制品、卫生巾

湛江市

广东冠豪高新技术股份有限公司
广东省湛江市东海岛东海大道 313 号
邮编：524022
电话：0759－3399898
传真：0759－3382109、2820999
网址：www. guanhao. com
邮箱：guanhao@ guanhao. com
产品：无碳复写纸、热敏记录纸、热敏传真纸、彩色喷墨纸、心电图纸、特殊防伪纸、水印纸、登机卡纸、无碳多联电脑纸

湛江冠豪纸业有限公司
（原湛江冠龙纸业有限公司）
广东省湛江市麻章区太平镇
邮编：524084
电话：0759－2738001、2738168
传真：0759－2738009、2738068
网址：www. glpaper. com
邮箱：guanglong@ glpaper. com
产品：热敏传真原纸、无碳复写纸原纸、CF 纸

湛江市吉城纸业有限公司
广东省湛江市遂溪县遂城镇湛化路
邮编：524300
电话：0759－7784003、7784009
传真：0759－7784509
网址：www. zjjczy2018. cn
邮箱：baixiaoming404@ 163. com
产品：瓦楞原纸、箱纸板、刮面纸

湛江晨鸣浆纸有限公司
湛江市人民大道中 42 号泰华大厦第 6 层
电话：0759－8216026
邮箱：351792104@ qq. com
产品：高档文化用纸、高档静电纸

茂名市

茂名市全年红对联纸厂
广东省茂名市羊角镇东风路 112 号
邮编：525000
电话：13702862718
传真：0668－2670591
产品：红对联纸

高州市金墩纸业有限公司
广东省茂名市高州市石鼓镇西基山村
邮编：525252
电话：0668－6360345、6360380、6362086
传真：0668－6360020
网址：www. jindunzy. com
邮箱：jindunzy@ 126. com
产品：牛皮卡纸、纸袋纸、瓦楞原纸

肇庆市

广东鼎丰纸业有限公司
广东省肇庆市广宁县南街镇首约
邮编：526300
电话：0758－8659022
传真：0758－8659168
网址：www. gddfpaper. com
邮箱：dingfung@ gddfpaper. com
产品：竹木混合纸浆 MBKP

广东肇庆明珠纸业有限公司
广东省肇庆市德庆县城朝阳西路 238 号
邮编：526600
电话：0758－7762615
邮箱：gdzqmz@ 126. com
产品：干电池浆层纸、蜡纸、电池隔离纸

封开县华信纸业有限公司
广东省肇庆市封开县江口镇三元西路 8 号
邮编：526500
电话：0758－6712225、6712223
传真：0758－6712338
产品：文化用纸、彩色纸、轻型纸、牛皮纸

广东华能纸特种纸有限公司
(原广东美林特种纸有限公司)
广东珠江特种纸股份有限公司(子公司)
广东省肇庆市广宁县横迳工业区
邮编：526343
电话：0758－8719099、8716808、8716746
传真：0758－8716808
网址：www. gdpspc. com
邮箱：610168562@ qq. com
产品：无碳复写纸、电脑打印纸、防伪票据纸

肇庆华盈复合材料有限公司
广东省肇庆市大旺高新区文德四街 8 号之一
电话：0758－3609968
邮箱：2901205821@ qq. com
产品：PEK 淋膜纸、离型纸

广宁县阳光特种纸业有限公司
广东省肇庆市广宁县石涧工业区
邮编：526342
电话：0758－8712349、8651388
传真：0758－8712349
产品：中性牛皮纸、超低定量牛皮纸、再湿性胶带原纸、淋膜胶带原纸等

广宁县顺盈造纸厂
广东省肇庆市广宁县排沙镇新城大道 88 号
邮编：526339
电话：0758－8828398、13556544323
产品：新闻纸

惠州市

惠州福和纸业有限公司
广东省惠州市博罗县园洲镇梁屋管理区
邮编：516123
电话：0752－6812888
网址：www. fookwoo. com

产品：生活用纸、灰纸板

惠州志豪特种纸业有限公司
广东省惠州市中星工业区仲恺二路 49 号
邮编：516000
电话：0752－2602226、2602216
传真：0752－2600729
产品：涂布热敏纸、彩喷纸

博罗县凤达纸业有限公司
广东省惠州市博罗县龙溪镇龙桥大道
邮编：516121
电话：0752－6677830
产品：生活用纸

惠州市惠阳区浩德实业有限公司
广东省惠州市惠阳区淡水排坊工业区
邮编：516211
电话：0752－3356328、13433581438、13902440918
传真：0752－3340683
邮箱：327834167@qq.com
产品：生活用纸

惠州泰美纸业有限公司
广东省惠州市泰美镇金龙大道板桥工业区
邮编：516166
电话：0752－6609882
邮箱：taimeipaper@163.com
产品：生活用纸

梅州市

蕉岭县纸业有限责任公司
广东省梅州市蕉岭县文福镇乌土溪
邮编：514160
电话：0753－7884157
产品：箱纸板

蕉岭县万锋纸业有限公司
蕉岭县蕉城镇金城工业园区
邮编：514100
电话：0753－7891588、18125533833
邮箱：616650367@qq.com
产品：纸板

清远市

森叶（清新）纸业有限公司
广东省清远市清新区太和镇工业大道南 28 号
邮编：511850
电话：0763－5383348、5383618
传真：0763－5383358、5383668
网址：www.hopfunggroup.com
邮箱：gfqx@hopfunggroup.com
产品：高强瓦楞原纸

建滔（佛冈）绝缘材料有限公司
广东省清远市佛冈县石角镇建滔路 1 号
邮编：511600
电话：0763－4275189
邮箱：FGZCFinance@kingboard.com
产品：绝缘纸

金鑫（清远）纸业有限公司
广东省清远市高新技术开发区建设 3 路 11 号
邮编：511517
电话：0763－3483520
传真：0763－3483510
网址：www.appjpi.com
邮箱：Jpi_sale@app.com.cn
产品：文化用纸

金钰（清远）卫生纸有限公司
广东省清远高新技术产业开发区创兴大道 17 号
邮编：511517
电话：0763－3485022、3485242
邮箱：hejiewen@app.com.cn
产品：生活用纸

连州市联发造纸有限公司
广东省清远市连州市河南路 1 号
邮编：513400
电话：0763－6611118、6611108
传真：0763－6611238、6611138
邮箱：30896499590@qq.com
产品：瓦楞原纸、包装用纸

东莞市

东莞金洲纸业有限公司
广东省东莞市中堂镇潢涌工业园区
邮编：523221
电话：0769－88181288
传真：0769－88181277
网址：www.jinzhoupaper.com
邮箱：jzzy@dgjzzy.com
产品：高强瓦楞原纸、牛皮箱纸板

东莞理文造纸厂有限公司
广东省东莞市中堂镇潢涌管理区
邮编：523221
电话：0769－88888168
传真：0769－88888188
网址：www. leemanpaper. com
产品：牛皮箱纸板、瓦楞原纸、牛皮卡纸

广东理文造纸有限公司
广东省东莞市洪梅镇河西工业区
邮编：523160
电话：0769－88432168
传真：0769－88432188
网址：www. leemanpaper. com
产品：牛皮箱纸板、瓦楞原纸

东莞长安昌众造纸有限公司
广东省东莞市长安镇莲花路 8 号
邮编：523848
电话：0769－85534024、18664869818
传真：0769－85531805
产品：铜版纸、牛皮纸

东莞市大步纸业有限公司
广东省东莞市麻涌镇大步工业区
邮编：523143
电话：0769－88281118、13712639940
传真：0769－88286222
产品：瓦楞原纸、牛皮卡纸

东莞市道滘东发纸品有限公司
广东省东莞市道滘镇粤晖路 20 号
邮编：523061
电话：0769－88839018
邮箱：917076700@ qq. com
产品：包装用纸

东莞市天盛特种纸制品有限公司
广东省东莞市虎门镇望牛墩镇朱平沙工业区
邮编：523932
电话：0769－38833111、13712004546
传真：0769－85169959
邮箱：476593314@ qq. com
产品：防伪无碳发票纸

东莞建晖纸业有限公司
广东省东莞市中堂镇潢涌村
邮编：523221
电话：0769－88888363
传真：0769－88183833
产品：涂布白纸板

东莞市龙腾实业有限公司
广东省东莞市麻涌镇麻四村
邮编：523147
电话：0769－88826898
邮箱：xuze@ longteng－paper. com
产品：灰底白纸板、牛皮卡纸、瓦楞原纸

玖龙纸业(东莞)有限公司
广东省东莞市麻涌镇新沙港工业区
邮编：523147
电话：0769－88234888
传真：0769－88824198
网址：www. ndpaper. com
邮箱：into_ dg@ ndpaper. com、
info_ group@ ndpaper. com
产品：牛皮卡纸、包装用纸

东莞市双洲纸业有限公司
广东省东莞市中堂镇吴家涌第二工业区
邮编：523227
电话：0769－88182628、88888678
传真：0769－88811472
网址：www. dgshuangzhou. com
产品：瓦楞原纸、挂面纸

东莞市潢涌银洲纸业有限公司
广东省东莞市中堂镇潢涌第三工业区
邮编：523221
电话：0769－88899113、88813393
传真：0769－88180293
网址：www. dgyzzy. com
邮箱：sales@ dgyzzy. com
xzd@ dgyzzy. com
产品：瓦楞原纸、箱纸板

东莞市建桦纸业股份有限公司
广东省东莞市中堂镇潢涌村
邮编：523221
电话：0769－88887988、88122698
传真：0769－88898303
产品：牛皮箱纸板、瓦楞原纸

东莞市华兴纸业实业有限公司
广东省东莞市万江区滘联工业区

邮编：523046
电话：0769－22271932
邮箱：1084815505@qq.com
产品：卫生纸、挂面纸、妇幼用品、蜂窝纸板

东莞市宝力造纸厂
广东省东莞市洪梅镇梅沙工业大道
邮编：523160
电话：0769－88843378
产品：双灰纸板

东莞市石龙联兴实业有限公司
广东省东莞市石龙镇西湖区江南中路98号
邮编：523325
电话：0769－86110186、88496066、88496089
传真：0769－86114793、86110138
网址：www.lianxing-paper.com
邮箱：sales@landsing-paperpackaging.com
产品：纸袋纸、牛皮卡纸

东莞市祥兴纸业有限公司
广东省东莞市中堂镇袁家涌北潢公路
邮编：523223
电话：0769－88815238
传真：0769－88816788
产品：瓦楞原纸、箱纸板、挂面纸

东莞市道滘兴隆造纸厂有限公司
广东省东莞市道滘镇北丫工业区
邮编：523170
电话：0769－88835233、88381933
邮箱：512065274@qq.com
产品：瓦楞原纸

东莞市银丰纸业有限公司
广东省东莞市东城温塘砖窑工业区三横路19号
邮编：523121
电话：0769－23181939、22297441
传真：0769－22486787
邮箱：75466187@qq.com
产品：白纸板、双胶纸、铜版纸

东莞市中联造纸厂
广东省东莞市中堂镇
邮编：523220
电话：0769－88811027、88116573
传真：0769－88811705
网址：www.dgzlzy.com
邮箱：826926010@qq.com
产品：瓦楞原纸

东莞市金田纸业有限公司
广东省东莞市万江区大汾工业区
邮编：523047
电话：0769－22280688
传真：0769－22772255
网址：www.jintianpaper.com
邮箱：sales@jintianpaper.com
产品：灰纸板

东莞市新富发纸业有限公司
广东省东莞市万江区流涌尾工业区
邮编：523051
电话：0769－22711928、22773978
产品：灰纸板

东莞市伟虹纸业有限公司
广东省东莞市望牛墩杜屋村工业区
邮编：523200
电话：0769－88558198
产品：生活用纸

东莞市白天鹅纸业有限公司
广东省东莞市万江区谷涌工业区
邮编：523047
电话：0769－22172118
邮箱：dgbte@163.com
产品：生活用纸

东莞市上隆纸业有限公司
广东省东莞市中堂镇潢涌管理区
邮编：523221
电话：0769－88112119、88180073
传真：0769－88186968
网址：www.shanglongpaper.com
邮箱：shanglongpaper@126.com
zeng_chunming@126.com
产品：瓦楞原纸、箱纸板

东莞市常兴纸业有限公司
广东省东莞市石牌镇横山管理区钟屋工业区
邮编：523330
电话：0769－86559888、86559008
传真：0769－86559933
网址：www.changxinggd.com
www.changxingpaper.com.cn

邮箱：helena0628@yahoo.com.cn
helena0628@changxinggd.com
产品：纸尿裤

东莞顺裕纸业有限公司
广东省东莞市望牛墩镇朱平沙港口工业园
邮编：523213
电话：0769－88557988
产品：箱纸板

东莞市恩兴纸业有限公司
广东省东莞市万江油九工业区
邮编：523039
电话：0769－22288438、13809261680
传真：0769－22288043
邮箱：13809261680@163.com
产品：生活用纸

东莞市泰昌纸业有限公司
广东省东莞市望牛墩镇下漕区
邮编：523219
电话：0769－88852607、88562607
产品：牛卡纸

东莞市达林纸业有限公司
广东省东莞市中堂镇槎滘村新沙
邮编：523231
电话：0769－88887388、88881788
传真：0769－88121882
网址：www.dalinpaper.com
邮箱：dalinpaper@gmail.com
产品：生活用纸

东莞市致远纸业有限公司
广东省东莞市万江区简沙洲虾公坝工业区连新路
邮编：523000
电话：0769－26381080
传真：0769－23291008
网址：www.zhiyuanpaper.com
邮箱：zhiyuan_88@126.com
产品：纸板

东莞市天山纸业有限公司
广东省东莞市大朗镇犀牛陂村大冚墟正街133号B栋
邮编：523790
电话：0769－83120598、4006188228
传真：0769－83120599
网址：www.tshbzy.com
邮箱：alin@tianshanpaper.net
产品：双灰纸、黑卡纸、彩色拷贝纸、包装礼盒纸

永丰余造纸（东莞）有限公司
广东省东莞市凤岗镇
电话：0769－82074865
网址：www.yfy.com
邮箱：li.jiao@cn.yfy.com
产品：产销瓦楞纸板及瓦楞纸箱

广州其嘉纸业有限公司
工厂地址：东莞市望牛墩镇下漕区
办公地址：广州市天河区中山大道393号天长商贸园A幢201
电话：020－82315833
传真：020－82312535
网址：www.kikagroup.com
邮箱：kika－qijia@kikagroup.com
产品：箱板纸、牛卡纸、瓦楞原纸、白面牛卡纸、灰底涂布白板纸、纱管纸

东莞市金雅达特种纸有限公司
公司地址：东莞市长安镇锦厦沙埔头长源街27号五楼
电话：0769－86976500、85397679
传真：0769－85389647
网址：www.jinyada.com.cn
邮箱：2853003080@qq.com
工厂地址：广东省东莞市大岭山镇大王岭村民心路2号之一
电话：0769－86976533、82288375
传真：0769－82288376、89390480
产品：食品级牛油纸、包装用纸

东莞市建航纸业有限公司
东莞市中堂镇袁家涌北堤工业区
邮编：523000
电话：0769－88129488
网址：www.dg－jhzy.com
邮箱：37584238qq.com
产品：纸及纸制品、再生资源回收

广东茵茵股份有限公司
东莞市茶山镇茶山工业园伟建工业区
邮编：523380
电话：0769－81833801
传真：0769－81833806
网址：www.yinyin.com.cn
邮箱：service@yinyin.com.cn

产品：纸制品、日用品、尿裤、尿片、隔尿垫、卫生巾

东莞市银桦纸品有限公司
广东东莞市中堂镇三涌北潢工业区
电话：0769－89008899
传真：0769－88890188
网址：www.yinhuapaper.com
产品：瓦楞纸板

东莞市汇隆特种纸业有限公司
（原东莞市中堂特种纸制造厂）
广东省东莞市中堂镇三涌工业区
邮编：523220
电话：0769－88817422
传真：0769－88817980
网址：www.dg－hlzy.com
邮箱：184698077@qq.com
产品：白板纸、书写用纸、技术配套用纸

东莞市旭丰纸业有限公司
东莞市中堂镇三涌胡屋洲尾
电话：0769－89005319
传真：0769－88189518
网址：www.dgxfzy.com
邮箱：270896431@qq.com
产品：高强瓦楞纸

东莞市扬森纸业有限公司
东莞市大朗镇美景西路167号
邮编：523796
电话：0769－82826651、15916834168
传真：0769－82826652
网址：www.yspaper.com
邮箱：admin@yspaper.com
产品：包装用纸、工业用纸

东莞市华恩纸业有限公司
东莞市塘厦镇清湖头竹公岭西13号
电话：0769－82130239、82772297
传真：0769－87935977
网址：www.huaenzy.com
邮箱：2919013966@qq.com
产品：分切加工牛皮卡纸等

东莞市飞易达纸业有限公司
东莞市望牛墩镇芙蓉沙工业区
邮编：523200
电话：0769－81310368
传真：0769－81310080
网址：www.feiyd.com.cn
产品：纸箱、纸板、纸盒、纸制品

广东丰华纸业股份有限公司
东莞市常平镇土塘工业区一横路4号
电话：0769－83330001、83335332
传真：0769－83330001
网址：www.ecofowa.com
邮箱：info@fowapaper.com
产品：纸吸管、纸杯、纸餐盒、纸袋

东莞市建盈纸品有限公司
东莞市中堂镇南潢路三涌路段
邮编：523222
电话：0769－81163988
邮箱：13794908600@139.com
产品：纸箱、纸板

中山市

永丰余纸业（中山）有限公司
广东省中山市火炬开发区逸仙路189号
邮编：528436
电话：0760－85335366、88285345
传真：0760－85335575
邮箱：544302021@qq.com
产品：瓦楞纸板、纸箱

中顺洁柔纸业股份有限公司
广东省中山市西区彩虹大道136号
邮编：528411
电话：0760－88553333
传真：0760－88553006、23886886
网址：www.zhongshungroup.com
www.zsjr.com
产品：生活用纸

中山联合鸿兴造纸有限公司
广东省中山市105国道中山三桥西侧
邮编：528471
电话：0760－87796524、87318905
传真：0760－87796222
邮箱：173864917@qq.com
产品：瓦楞原纸、箱纸板

中山永发纸业有限公司
广东省中山市黄圃镇中山糖厂内
邮编：528429
电话：0760－23973183
邮箱：dgt@zhengye－cn.com
产品：瓦楞原纸

中山市中侨纸业有限公司
中山市火炬开发区加工区第二幢厂房1层
邮编：528437
电话：0760－88286098
传真：0760－88286089
网址：www.zhongqiao.net
邮箱：linhaizs@163.com
产品：复合金银卡纸、紫外光防伪卡纸、珠光卡纸、玻璃卡纸

揭阳市

广东洁新卫生材料有限公司
（原广东揭阳洁新纸业股份有限公司）
广东省揭阳市揭东县新亨开发区
邮编：515500
电话：0663－3434888
传真：0663－3434999
邮箱：jiexin999@163.com
产品：生活用纸

广东信达纸业有限公司
广东省揭阳市榕城区渔湖阳美村
邮编：528445
电话：0663－8771738、8782928、4001181738
传真：0663－8772738、8782283
网址：www.xinda－paper.com
邮箱：xinda@xinda－paper.com
产品：生活用纸

云浮市

中顺洁柔（云浮）纸业有限公司
广东省云浮罗定市双东街道
邮编：527200
电话：0766－3903888
传真：0766－3902966
产品：生活用纸

新兴县兴民造纸厂有限公司
广东省云浮市新兴县车岗工业区
邮编：527425
电话：0766－2386198
传真：0766－2388888
邮箱：2878718642@qq.com
产品：珠光纸、卡纸等特种纸

新兴县天堂纸业有限公司
广东省云浮市新兴县天堂镇大湾电站侧
邮编：527434
电话：0766－2221737
邮箱：1039943880@qq.com
产品：灰纸板、牛皮卡纸

广东通力定造股份有限公司
广东省云浮市新兴县天堂镇新营村
邮编：527434
电话：0766－2262388
传真：0766－2262738
网址：www.gdtlzz.com
邮箱：tldzdm@163.com
产品：彩色特种原纸、天鹅绒纸、蚕丝绒纸及高档商务印刷用纸

广西壮族自治区

南宁市

华劲集团股份有限公司
广西壮族自治区南宁市民族大道131号航洋国际城1号楼22层
邮编：530028
电话：0771－5568819
传真：0771－5535766
网址：www.hwagain.com
邮箱：hwagain@hwagain.com
产品：制浆、造纸、制糖、竹木产业

广西南宁凤凰纸业有限公司
广西壮族自治区南宁市星光大道158号
邮编：530031
电话：0771－4590234、4516683
传真：0771－4516683
邮箱：gxnppc@163.com
产品：生活用纸、漂白木浆

南宁糖业股份有限公司
广西壮族自治区南宁市古城路10号

邮编：530022
电话：0771－4911323、4910567
传真：0771－4912771
网址：www. nnsugar. com
邮箱：nnty-gsb@ nnsugar. com
产品：复印纸、书写纸、食品包装用原纸、生活用纸、无尘纸

广西洁宝纸业有限公司
广西壮族自治区南宁市金湖路 67 号梦之岛广场 15 楼
邮编：530022
电话：0771－5739686、4008896863
传真：0771－5739688
网址：www. jeanper. com
邮箱：jeanperhr@ 163. com
产品：生活用纸

横县东糖糖业有限公司
广西壮族自治区南宁市横县横州镇谢圩
邮编：530304
电话：0771－7382513
传真：0771－7382513
邮箱：112732288@ qq. com
产品：漂白蔗渣浆

广西南宁恒业纸业有限责任公司
广西壮族自治区南宁市江南区沙五一中路 42 号二桥南安居小区 A16 栋 2 单元 603 号
邮编：530031
电话：0771－4982239、13317809850
邮箱：592906089@ qq. com
产品：生活用纸

广西横县六景北墨造纸厂
广西壮族自治区南宁市六景工业园区
邮编：530313
电话：0771－7265998、7372132
传真：0771－7265998、7372132
产品：五色有光纸、高级卫生纸

广西横县江南纸业有限公司
广西壮族自治区南宁市六景工业园景港路 10 号
邮编：530313
电话：0771－7371808、7371608、13377120631
传真：0771－7371908
网址：www. gxjnzy. com
邮箱：gxjnzy@ 163. com
产品：A 级原生浆擦手原纸、B 级仿木浆擦手原纸

南宁市鑫利纸业有限公司
广西壮族自治区南宁市宾阳县新桥镇邕宾公路三坝头路段（东海岭西侧）
邮编：530401
电话：0771－8481008、13507816208
传真：0771－8481008
邮箱：609576484@ qq. com
产品：生活用纸

广西天力丰生态材料有限公司
广西横县六景工业园
电话：0771－7265669
邮箱：812582383@ qq. com
产品：生活用纸

南宁市金美印刷包装有限公司
南宁华侨投资区武华大道 368 号
邮编：530105
电话：0771－6305752、6305799、18977970264
网址：www. jmpackaging. cn
邮箱：nnjm-sam@ jmpackage. cn
产品：瓦楞纸板

广西宾阳县江南纸业有限公司
南宁市宾阳县新桥镇三友村
电话：0771－8481038
邮箱：ieuf@ 163. com
产品：擦拭纸

广西洋浦南华糖业集团股份有限公司
南宁市青秀区民族大道 118－3 号
邮编：530022
电话：0771－5879558
网址：www. gxypnh. com
邮箱：nh_ gxoffice@ 163. com
产品：漂白蔗渣浆板、文化用纸、生活用纸等

南宁市佳达纸业有限责任公司
宾阳县芦圩镇新宾仁爱街公园路
邮编：530400
电话：0771－8281688、8285688、8225188
传真：0771－8285567
网址：www. jiadapaper. com
邮箱：260918874@ qq. com
产品：生活用纸

南宁香兰纸业有限责任公司
南宁六景工业园区纬七路
邮编：530313
电话：0771－7266908、7266685
传真：0771－7266908
网址：www.gxsfzy.com
邮箱：nnxlzy7266908@163.com
产品：生活用纸

南宁市上峰纸业有限公司
广西南宁市六景工业园区纬六路旁
邮编：530313
电话：0771－7082299
传真：0771－7082057
网址：www.gxsfzy.com
邮箱：生活用纸

崇左华劲纸业有限公司
广西崇左市工业园区渠珠屯
电话：0771－7883501
邮箱：1984135319@qq.com
产品：以竹子为原料，生产高级生活用纸和特种纸；销售造纸机械设备

龙州南华纸业有限公司
广西龙州县龙州镇独山路 21－11 号
电话：0771－8824081
邮箱：nh_lzzy@163.com
产品：机制纸、纸浆生产

柳州市

柳州中迪纸业有限公司
广西壮族自治区柳州市鱼峰区雒容工业园西区富容路 13 号
邮编：545616
电话：0772－6510368、6668628、13807724821
传真：0772－6510013
邮箱：2367411942@qq.com
产品：卫生纸(以蔗渣浆、竹浆为原料)

柳州市丰源纸业有限责任公司
广西壮族自治区柳州市柳东新区雒容镇象岩南路 31 号
邮编：545616
电话：0772－6511372
传真：0772－6510311
产品：卫生纸

桂林市

广西林业荔浦纸业有限公司
广西壮族自治区荔浦县荔城镇玉雷湾
邮编：546600
电话：0773－7233377、7233098、7233398、13878386308
传真：0773－7233397、723346
邮箱：lpzyb3098@163.com
产品：工业包装用纸、牛卡纸、黑卡纸、牛皮纸

桂林奇峰有限公司
广西壮族自治区桂林市苏桥经济开发区苏桥(工业)园南北大道 12 号
邮编：541805
电话：0773－6935327、6935318
传真：0773－6935326
网址：www.guilinpaper.com
邮箱：694968243@qq.com
产品：高档特种薄型纸

防城港市

防城港宏源浆纸有限公司
广西壮族自治区防城港市防城区茅岭工业园
邮编：538021
电话：0770－3092918、3092809、18277024325
传真：0770－3092918
邮箱：gxhy2008@163.com
产品：漂白浆、文化用纸

钦州市

广西金桂浆纸业有限公司
广西壮族自治区钦州市钦州港金光工业园
邮编：535008
电话：0777－3698042、3221583、3698888
传真：0777－3696666、3221639
网址：www.appjg.com.cn
产品：半化学机械浆、食品包装纸及纸板

贵港市

广西贵港市安丽纸业有限公司
广西壮族自治区贵港市南梧公路覃塘收费站往东 1.5 千米
邮编：537100
电话：0775－4299335、15878537288

邮箱：1037494989@ qq. com
产品：文化用纸、生活用纸、卷筒纸（普通级）、包装材料加工销售；纸巾生产

广西华怡纸业有限公司
广西壮族自治区贵港市江南工业园区
邮编：537100
电话：0775－4592090
传真：0775－4592299
邮箱：liangzeying@ gxhuayi. com
产品：生活用纸、卫生纸、分盘纸、纸浆

广西粤桂广业控股股份有限公司
（原广西贵糖（集团）股份有限公司）
广州市荔湾区流花路 85 号建工大厦 3 楼
邮编：510300
电话：020－33970188、33970200、0775－54201441
传真：020－33970189
网址：www. yuegui. cn
邮箱：000833@ yueguigufen. com
产品：文化用纸、生活用纸

广西瑞彩纸业有限公司
广西贵港市覃塘区覃塘镇甘化工业集群区
邮编：537121
电话：0775－4726027
邮箱：393033727@ qq. com
产品：生活原纸、造纸原辅材料

广西安丽纸业有限公司
广西贵港市覃塘区甘化工业园
邮编：537100
电话：0775－4364388
邮箱：weixin8333@ 163. com
产品：卫生纸原纸

广西广业贵糖糖业集团有限公司
广西贵港市幸福路 100 号
邮编：537102
电话：0775－4201833
传真：0775－4260833
网址：www. guitang. com
邮箱：gxgtgf@ 163. com
产品：纸、纸浆、食用酒精、轻质碳酸钙、食品包装用纸

百色市

广西劲达兴纸业有限公司
广西壮族自治区田林县新昌片 2 号
邮编：533300
电话：0776－7201170
邮箱：weiky@ jdxpaper. com
产品：文化用纸、淋膜原纸、牛皮纸、离型纸、食品包装纸

广西金荣纸业有限公司
广西壮族自治区田东县思林镇工业集中区
邮编：531504
电话：0776－5151808
传真：0776－5151808
邮箱：tdj5151808@ 163. com
产品：高强瓦楞原纸、卫生纸、竹浆、蔗渣浆、卫生卷纸、抽纸、餐巾纸、面巾纸、手帕纸、纸筒芯等

田阳南华纸业有限公司
广西壮族自治区田阳县田州镇民乐街 106 号
邮编：533600
电话：0776－3236366
邮箱：tyzyb2007@ 163. com
产品：化学浆、文化用纸

贺州市

广西贺州市红星纸业有限公司
广西壮族自治区贺州市平桂管理区西湾工业园
邮编：542800
电话：0774－8832889
传真：0774－8833018
网址：www. gxhzhxzy. com
邮箱：2961816400@ qq. com
产品：拷贝纸、打字纸、票证纸、环保纸、卷烟纸、食品包装用纸、半透明纸、字典纸、各种规格卷筒、平板纸

来宾市

广西来宾东糖纸业有限公司
广西壮族自治区来宾市河西工业园区
邮编：546100
电话：0772－4066666
传真：0772－4066622
网址：www. donta. com. cn
邮箱：gxlbdtzy@ 163. com
产品：漂白蔗渣浆、竹木浆、胶版纸、静电复印纸、淋膜纸、卫生纸

广西象州莲桂纸业有限公司
广西壮族自治区来宾市象州县石龙镇石土兰村
邮编：545800
电话：0772－4394988、15323523066
传真：0772－4394989
网址：www. lgpi. com. cn
邮箱：381464340@ qq. com
产品：生活用纸

海 南 省

海口市

海南金海浆纸业有限公司
海南省洋浦经济开发区 D12 区
邮编：578101
电话：0898－28822288、28817116
传真：0898－28821260
网址：www. appjh. com. cn
产品：漂白硫酸盐桉木浆、文化用纸

海南金红叶纸业有限公司
海南省洋浦经济开发区 D12 区
邮编：578101
电话：0898－28837527、28837389
传真：0898－28828705
网址：www. apphghy. com. cn
邮箱：hghypld@ appjh. com
产品：生活用纸

重 庆 市

玖龙纸业(重庆)有限公司
重庆市江津区珞璜工业园 A 区
邮编：402279
电话：023－65558888
传真：023－65558999
网址：www. ndpaper. com
邮箱：info_ cq@ ndpaper. com
产品：包装用纸

重庆市飞龙纸业有限公司
重庆市铜梁县蒲吕镇穆莲街 7 号
邮编：402566
电话：023－45488342、13509426023
邮箱：1960427638@ qq. com
产品：皱纹卫生纸

重庆市超科纸业有限公司
重庆市万州区双河口工业园
邮编：404155
电话：023－58830138
邮箱：ckzy333@ sina. com
产品：无碳复写纸、彩喷纸、复印纸

重庆市恒丰纸业有限公司
重庆市梁平县屏锦镇明月路 540 号
邮编：405212
电话：023－53512217、13452952221
邮箱：54652040@ qq. com
产品：文化用纸、瓦楞原纸、黄纸板、箱纸板、竹浆牛皮纸、黄裱纸

重庆龙璋纸业有限公司
重庆市铜梁县虎峰镇工农街 54 号
邮编：402568
电话：023－45589806
产品：竹浆、文化用纸

重庆市潼南简氏纸业包装有限责任公司
重庆市潼南县双江镇金龙寺
邮编：402675
电话：023－44860588、44863306
传真：023－44860018
网址：www. jians. com
邮箱：1532466921@ qq. com
362293953@ qq. com
产品：箱纸板、彩印纸、纸箱、高强瓦楞原纸

梁平县邵新纸业有限公司
重庆市梁平县袁驿镇邵新村
邮编：405218
电话：023－53635377、13594410066
邮箱：3531399223@ qq. com
产品：瓦楞原纸

重庆盛贸纸业有限公司
重庆市铜梁区安居镇四面村六社
邮编：402564
电话：023－45859158、13193033009
传真：023－45859198
邮箱：549849470@ qq. com
产品：皱纹卫生纸

重庆市富发纸业有限责任公司
重庆市潼南区双江镇金龙村二社(涪江河边)

邮编：402675
电话：023－44860388
邮箱：105093202@ qq. com
产品：瓦楞原纸、单面白纸板、箱纸板

重庆理文造纸有限公司
重庆市永川区朱沱镇港桥工业园区
邮编：402191
电话：023－49603333
传真：023－49603188
产品：箱纸板

重庆达江纸业有限公司
重庆市永川区南大街办事处谭家坝廖家店村民小组
邮编：402160
电话：023－49827888
传真：023－49806788
邮箱：1604488680@ qq. com
产品：生活用纸

重庆市开县富余再生纸厂
重庆市开县渠口镇渠口村 3 组
邮编：405499
电话：023－52172118、13609451269
邮箱：13609451269@ 163. com
产品：有光纸、包装用纸

重庆市兴康纸业有限公司
重庆市巴南区金竹工业园 8 号
邮编：401320
电话：023－66219878、13594667496
传真：023－66230451
产品：瓦楞原纸、纸箱

重庆市伟杰纸业有限责任公司
重庆市潼南县双江镇金龙社区二组
邮编：402675
电话：023－44860786、13167856171
产品：瓦楞原纸、箱纸板

重庆铜梁区金禾纸制品有限责任公司
重庆市铜梁区安溪镇中心村三社
邮编：402572
电话：023－45393881、17783341537
邮箱：a741664947@ 163. com
产品：瓦楞原纸、箱纸板

重庆龙璟纸业有限公司
重庆市丰都县兴义镇水平坪大道 322 号
邮编：408200
电话：023－023－70756588、70738639
邮箱：cqlongjing@ 126. com
产品：生活用纸、复印纸

重庆理文卫生用纸制造有限公司
重庆市永川区朱沱镇四望山村
邮编：402191
电话：023－49603333、4008312528
传真：023－49603188
网址：www. leemantissue. com
www. leemanpaper. com
邮箱：info@ leemanpaper. com
产品：高档生活用纸

重庆邦宝纸业有限公司
重庆市巴南区东城大道 254 号附 402 号
邮编：400000
电话：023－68308300、61199339、61199338、4000230418
网址：www. hlpaper. com
邮箱：28587360@ qq. com
25098918@ qq. com
产品：卷纸、抽纸、手帕纸、方巾纸、湿巾纸、纸杯等一次性消毒卫生用品

重庆维邦纸业有限公司
重庆市永川区朱沱镇（重庆永川工业园区港桥工业园）
邮编：402160
电话：023－49604658
网址：www. vipoon. net
邮箱：315469728@ qq. com
产品：生活用纸加工生产

四　川　省

成都市

四川石化雅诗纸业有限公司
四川省成都市新津工业园区 A 区希望路 912 号
邮编：611400
电话：028－61786868、88786868、82402405
传真：028－61786868
网址：www. yspaper. com. cn
邮箱：shyspaper@ 126. cm
产品：100% 本色竹纤维生活用纸、100% 本色竹纤维

柔润纸巾、100%本色竹柔巾、100%本色竹纤维内衣

成都市郫县中信纸制品厂(投资人郫县唐昌镇造纸厂)
四川省成都市郫县唐昌镇外北街
邮编：611733
电话：13881856243
邮箱：13881856243@qq.com
产品：生活用纸

中冶峡山纸业有限公司
成都市邛崃市羊安工业区
邮编：611535
电话：028－88757040、88758435
邮箱：zymlzc@163.com
产品：漂白竹浆板

中顺洁柔(四川)纸业有限公司
四川省彭州市牡丹大道中段80号
邮编：611930
电话：028－83806688、13608235938
网址：www.zsjr.com
产品：生活用纸

成都印钞有限公司
四川省成都市温江区新建路60号
邮编：611130
电话：028－82723590－2078、82755999
传真：028－82755168
网址：www.cdyc.cbpm.cn
产品：钞票纸、防伪水印纸、证券纸

四川锦丰纸业股份有限公司
四川省成都市温江区成都海峡两岸科技产业开发园
邮编：611137
电话：028－82633101、61708473、61711558
传真：028－82633101
网址：www.scjfpaper.com
产品：卷烟纸、卷烟工业配套纸、生活用纸

上海宏图尚威环保科技股份有限公司成都分公司(原上海宏图纸业有限公司)
四川省成都市双流县蛟龙工业港滨江大道三段
邮编：610200
电话：028－85737114、13438094474
网址：www.hongtupaper.com
邮箱：15984771@qq.com
产品：复合双灰纸板、灰底白纸板

四川新津晨龙纸业有限公司
四川省成都市新津工业园区
邮编：611430
电话：028－82591878、69289388
传真：028－82591878
网址：www.scclzy，net
邮箱：scxjclzy@163.com
产品：箱纸板、瓦楞原纸

四川迅源纸业有限公司
四川省大邑县晋原镇工业集中发展区兴业大道南段兴业七路
邮编：611330
电话：028－68901753、68901754
网址：www.f－sourcepaper.com
邮箱：295580146@qq.com
产品：瓦楞原纸、纸箱

成都顺邦纸业有限公司(原成都纤姿纸业有限公司)
四川省成都市郫县团结镇团三路666号
邮编：611745
电话：028－87896011
传真：028－87896041
网址：www.cdxianzi.com
产品：生活用纸

四川福华竹浆纸业有限公司
四川省成都市温江区海峡两岸科技开发园柳台大道西段515号
邮编：611137
电话：028－61711558
传真：028－61711558
邮箱：471181563@qq.com
产品：机制纸

四川永丰纸业集团
成都市锦江区毕昇路468号创世纪大厦1幢33楼
邮编：610000
电话：028－62560640、64651518、4001515062
网址：www.yfzy.com
邮箱：yfzy1970@163.com
产品：竹浆、竹浆文化用纸、生活用纸等

宜宾纸业股份有限公司邛崃分公司
成都市邛崃西环路50号
电话：028－88791085
产品：造纸原料

四川蜀邦实业有限责任公司
四川省彭州工业开发区牡丹大道南段 162 号
邮编：611930
电话：028－88504580、88504556、84560066
传真：028－8623100184560055
网址：www. scsbsy. com
邮箱：838903856@ qq. com
产品：瓦楞原纸、生活用纸

四川省津诚纸业有限公司
成都市新津县邓双镇（工业园区 B 区）兴化一路 8 号
邮编：611430
电话：028－82590996、82590082、82591958
网址：www. jinchengzhiye. com
邮箱：jczy@ jinchengxhiye. com
产品：生活用纸、文化用纸、工业用纸、包装用纸

四川蓝漂日用品有限公司
四川省成都市成华区双荆路 2 号
邮编：610000
电话：028－83326566
传真：028－83326560
网址：www. lp-jt. com
邮箱：suxiulanpiao@ 163. com
产品：生活用纸
旗下：四川纯竹工坊新材料有限公司
电话：028－83154873
网址：www. chunzhugf. com
邮箱：suxiulanpiao@ 163. com

彭州市大良纸厂
彭州市丽春镇白果村
邮编：611930
电话：028－83779258、13709073512
网址：www. vipoon. net
产品：卫生用品（纸巾纸）生产

四川欣适运纸品有限责任公司
成都市郫县成都现代工业港
邮编：611730
电话：028－87978656
邮箱：305490911@ qq. com
产品：生活用纸

成都市苏氏兄弟纸业有限公司
成都市大邑县晋原镇工业区兴业七路 29 号
邮编：611330
电话：028－88266676、13518172167
网址：www. cdssxd. com
邮箱：762965859@ qq. com
产品：生活用纸

四川兴睿龙实业有限公司
成都市新都区新繁镇和平路 68 号
邮编：610501
电话：028－83087776、87043976
传真：028－83084998
网址：www. scrl. cn
邮箱：873462433@ qq. com
产品：加工、生产纸制品、一次性民用口罩、卫生用品

崇州市倪氏纸业有限公司
崇州市元通镇工业集中发展区
邮编：611230
电话：028－82265895、13982112777
邮箱：5341488782@ qq. com
产品：生活用纸加工

成都市阿尔纸业有限责任公司
彭州市丽春镇君平街西段 13 号
邮编：611930
电话：028－83779118
传真：028－83779358
网址：www. aerzy. cn
产品：高级卫生卷筒纸、餐巾纸、宾馆专用纸等

自贡市

富顺县安溪纸业有限公司
四川省自贡市富顺县安溪镇安福八组
邮编：643219
电话：0813－7480335
邮箱：532677558@ qq. com
产品：纸板

泸州市

四川银鸽竹浆纸业有限公司
四川省泸州市纳溪区渠坝乡
邮编：646300
电话：0830－4390666、4390160
传真：0830－4390777
产品：牛皮纸、胶版纸、打字纸、书写纸、信封专用纸

四川金田纸业有限公司
四川合江临港工业园区张湾片区
邮编：646200
电话：0830－5286888
网址：www. jintianpaper. com
邮箱：1042848933@ qq. com
产品：特种纸制品、涂布白板纸、灰板纸、高强瓦楞纸、牛卡纸、生活用纸

德阳市

四川纵横纸业制造有限公司
四川省德阳市八角井镇川东路 58 号
邮编：618003
电话：0838－2600016、2600913
传真：0838－2600911
邮箱：769311794@ qq. com
产品：黄纸板、茶纸板

四川华侨凤凰纸业有限公司
四川省广汉市向阳镇顺江南路 8 号
邮编：618308
电话：0838－6098090
传真：0838－6098001
邮箱：12488190@ qq. com
产品：涂布白纸板、金银卡纸、工业纸板

四川友邦纸业有限公司
四川省广汉市经济开发区(南区)友邦工业园
邮编：618300
电话：0838－5401933、5402799、5401922
传真：0838－5400158
网址：www. euponpaper. com
邮箱：sale@ euponpaper. com
产品：卫生用品、生活用纸、母婴用品

维达纸业(四川)有限公司
四川省德阳市龙泉山南路三段 19 号
邮编：618000
电话：0838－2906199
网址：www. vida. com
邮箱：623577197@ qq. com
产品：生活用纸

四川圆周实业有限公司
什邡市师古镇金羊路
邮编：618408
电话：0838－6062280
邮箱：931183156@ qq. com
产品：生活用纸

四川维邦优品科技有限公司
四川什邡经济开发区(北区)
邮编：618400
电话：0838－8307878
网址：www. vipoon. net
邮箱：530743965@ qq. com
产品：生活用纸、纸制品的加工

四川省什邡市望风青苹果纸业有限公司
四川省德阳市什邡市经济开发区北区
邮编：618000
电话：4009969963
传真：4001231234
网址：www. qingpingguo. net
邮箱：2509709093@ qq. com
产品：纯鲜竹浆生活用纸

绵阳市

三台三角生活用纸制造有限公司
四川省绵阳市三台县青东坝工业集中区
邮编：621100
电话：0816－5229928、15280960933
传真：0816－5221277
产品：生活用纸

四川省绵阳超兰卫生用品有限公司
四川省梓潼县经济技术产业园区
邮编：622150
电话：0816－8323022
邮箱：chaolanzhiye@ 163. com
产品：生活用纸

乐山市

乐山佳印纸业有限责任公司
四川省乐山市长青路 1458 号
邮编：614000
电话：0833－2497332、13350502558
传真：0833－2497329
邮箱：371211826@ qq. com
产品：无碳纸、票据印刷纸、打印纸

四川省万安纸业有限责任公司
四川省乐山市夹江县新民工业区

邮编：614102
电话：0833－5771666、5770878
传真：0833－5772366
网址：www.wananpaper.com
邮箱：690447887@qq.com
产品：中高档生活用纸

玖龙纸业（乐山）有限公司
四川省乐山市犍为县清溪镇工业园区
邮编：614005
电话：0833－2299999
传真：0833－2299666
网址：www.ndpaper.com
邮箱：info-ls@ndpaper.com
产品：电容器纸、绝缘纸板、瓦楞原纸

四川省犍为凤生纸业有限责任公司
四川省乐山市犍为县城北凤凰山
邮编：614400
电话：0833－4251386、4251716
传真：0833－4254579
网址：www.fengshenggroup.com
邮箱：fszy666@hotmail.com
产品：白色及彩色打字纸

四川永丰纸业股份有限公司
四川省乐山市沐川县永福镇
邮编：614500
电话：0833－4651066
传真：0833－4651066
网址：www.yfzy.com
邮箱：yfzy1970@163.com
产品：高档竹浆板、文化用纸、生活用纸及特种纸

四川省金福纸品有限责任公司
四川省乐山市沙湾区福禄镇沙湾儿村8组
邮编：614000
电话：0833－3560888、13990690970
传真：0833－3560888
网址：www.scsjfzp.com
邮箱：421344812@qq.com
产品：静电复印纸、有光纸、打字纸、双胶纸、书写纸

四川省乐山市三江特种纤维材料有限公司
四川省乐山市市中区棉竹乡高坝村一社
邮编：614000
电话：0833－2601288
邮箱：759623410@qq.com
产品：导电发热纸、纸质超滤材料、无纺壁纸原纸、耐磨纸、电容器纸、电缆纸

夹江县天翔纸业有限公司
四川省乐山市夹江县马村乡碧山村8社
电话：0833－6194227、13508146719
网址：www.jjtxzy.com
产品：手工书画纸、纸浆、纸板、图画纸、毛边纸、装裱纸

夹江汇丰纸业有限公司
四川省乐山市夹江县界牌镇周坝村（永兴经济开发区）
邮编：614100
电话：0833－5829111、5829617、5666667
传真：0833－5829698
网址：www.jjhfpaper.com
邮箱：sales@jjhfpaper.com
jjhfpaper@yeah.net
产品：生活用品

沐川禾丰纸业有限责任公司
沐川县沐溪镇沐源路1981号
邮编：614500
电话：0833－4612292
邮箱：812593411@qq.com
产品：书画纸、印花纸、装饰纸加工和销售

宜宾市

宜宾纸业股份有限公司
四川省宜宾市南溪区裴石轻工业园区
邮编：644100
电话：0831－3309663
传真：0831－3309600
网址：www.yb-zy.com
产品：食品包装原纸、生活用纸原纸、生活用纸成品。

四川天竹竹资源开发有限公司
四川省江安县阳春工业园区
邮编：644200
电话：0831－5551992
邮箱：1220823560@qq.com
产品：竹化纤浆粕、化学纤维、纺织品、竹造纸浆、机制纸

雅安市

四川金安浆业有限公司
四川省雅安市雨城区姚桥镇爱国路2号
邮编：625000

电话：0835－2850858、2850801
传真：0835－2850801、2850092
网址：www. appjap. com. cn
产品：漂白硫酸盐竹浆、胶版印刷纸

眉山市

四川绿果林农业特种纸业有限公司
四川省眉山市东坡区尚义镇熊公村六组
邮编：620000
电话：13890350222
邮箱：852813290@ qq. com
产品：农业用特种纸

巴中市

平昌县丰弘纸业有限公司
（原平昌县再生纸业有限责任公司）
四川省巴中市平昌县江口镇小桥街东段 60 号
邮编：635400
电话：0827－6297055、13158437696
邮箱：13158437696@ 163. com
产品：文化用纸、纸板

贵 州 省

贵阳市

贵阳金康纸业有限公司
贵州省贵阳市修文县扎佐镇林场
电话：0851－88405005、88405028、18985197628
传真：0851－88405228
网址：www. sczdtz. com
邮箱：wjkcq@ 126. com
产品：中高档瓦楞纸板

遵义市

贵州赤天化纸业股份有限公司
贵州省赤水市金华化工路 90 号
邮编：564707
电话：0852－2879721、2879800、2879570
传真：0852－2879729、2876048
产品：全竹浆 TCF 浆板、全竹浆轻 ECF 浆板、本色浆

黔南布依族苗族自治州

贵州省都匀顺发纸业有限责任公司
贵州省黔南布依族自治区都匀市黔南环东北路 8 号
邮编：558013
电话：0854－8224598
产品：纸及纸制品

云 南 省

昆明市

云南宜良红星兄弟纸业有限公司
云南省昆明市宜良县汇东桥南侧小渡口段
邮编：652100
电话：0871－67541679
传真：0871－67541689
产品：箱纸板、瓦楞原纸

昆明爱华卫生制品有限责任公司
云南省昆明市高新技术开发区二环西路 449 号
邮编：650118
电话：0871－68310051、15911683556
传真：0871－68320196
网址：www. ynzhipin. cn
邮箱：2595351191@ qq. com
产品：生活用纸、卷纸、餐巾纸、面巾纸、盒抽纸、纸杯纸

云南中烟再造烟叶有限责任公司
云南省昆明市西山区海口工业园区管委会二楼（108 号）
电话：0871－63850156
邮箱：shu8228@ 163. com
经营：再造烟叶（造纸法）与添加剂的生产

曲靖市

云南陆良银河纸业有限公司
云南省曲靖市陆良县西桥工业区
邮编：655600
电话：0874－6869046
传真：0874－6869091
产品：胶印书刊纸、铝箔衬纸、水松原纸、成型纸

玉溪市

玉溪市高仓造纸厂有限公司
云南省玉溪市红塔区高仓村马头山
邮编：653100
电话：0877－2076532
邮箱：615785202@ qq. com

产品：白纸板、灰底白纸板

云南玉溪水松纸厂
云南省玉溪市大营街工业区
邮编：653103
电话：0877－2771902、2771667
传真：0877－2771528
产品：凹印水松纸

云南江川翠峰纸业有限公司
云南省玉溪市江川县江城镇翠峰
邮编：652601
电话：0877－8095198、13988466822
传真：0877－8095198
邮箱：jccfzy@126.com
产品：生活用纸

云南新平南恩糖纸有限责任公司
云南省玉溪市新平彝族傣族自治县夏洒镇
邮编：653405
电话：0877－7391061、13888800229
传真：0877－7391061
网址：www.xpne.net
邮箱：ynxpnetz@163.com
产品：卫生纸

云南金汉光纸业有限公司
（原云南通海汉光纸业有限公司）
云南省玉溪市通海县高大乡高大村
邮编：652706
电话：0877－3031789、3031330
邮箱：1901992107@qq.com
产品：卫生纸

云南恒昌造纸有限责任公司
（原云南江川恒昌造纸有限公司）
云南省玉溪市江川区大街街道旧州老荒坝
邮编：652600
电话：0877－8016181、8011919
传真：0877－8016181
产品：箱纸板、瓦楞原纸

玉溪华宁昊兴纸业有限公司
云南省玉溪市华宁县宁州镇环城东路白塔山脚
邮编：653899
电话：0877－5019866
产品：铝箔衬纸、水松原纸、滤嘴棒成型纸、文化用纸

保山市

云南昌宁建星纸业有限公司
云南省保山市昌宁县漭水镇共裕村
邮编：678111
电话：15368753877
邮箱：1491212688@qq.com
产品：书写纸、双胶纸

普洱市

云南云景林纸股份有限公司
云南省普洱市景谷林纸路300号
邮编：666400
电话：0879－5410198、5410634、5410228
传真：0879－5410193、5410223
网址：www.yjlzh.com
产品：针叶木浆、桉木浆、混合阔叶木浆、生活用纸

临沧市

云南双江和泰竹产业发展有限公司
（原云南双江南华化学纤维浆粕有限公司）
云南省临沧市双江拉祜族佤族布朗族傣族自治县勐省镇
邮编：677300
电话：0883－7641916、7641888、7641578
传真：0883－7641569
产品：溶解竹浆板

临沧南华纸业有限公司
云南省临沧市工业园区（临翔区南塘街7号）
邮编：677500
电话：0883－6120555、6120567
传真：0883－6120559
邮箱：lcnhzy@163.com
产品：漂白蔗渣浆、双胶纸、书写纸

红河哈尼族彝族自治州

开远市泸江纸业有限责任公司
云南省开远市建设东路31号
邮编：661600
电话：0873－7223561、13808774705
产品：卫生纸、瓦楞原纸、箱纸板

云南开远市明威有限公司
云南省开远市中寨
邮编：661600
电话：0873－7171169、13577329546
产品：双胶纸、书写纸、打字纸

云南红塔蓝鹰纸业有限公司
云南省红河哈尼族彝族自治州建水县
邮编：654300
电话：0873－7652341
传真：0873－7652061
网址：www. ynhtbe. com
邮箱：blue_ eagle@ ynhtbe. com
产品：卷烟纸、水松纸、滤嘴成型纸

建水春秋纸业有限公司
云南省红河哈尼族彝族自治州建水县羊街工业园区
邮编：654399
电话：0873－78877288、13769327865
邮箱：2633168404@ qq. com
产品：包装纸板

陕 西 省

西安市

西安兄弟纸业有限公司
陕西省西安市长安区镐京工业园区
邮编：710100
电话：029－85800003、13484816606
传真：029－85800003
产品：A 级、C 级高强瓦楞原纸

西安市蔡伦造纸厂
陕西省西安市三桥镇北沙口村
邮编：710086
电话：029－84511080、15398080596
传真：029－84519897
邮箱：2944287917@ qq. com
产品：高强瓦楞原纸、箱纸板、白纸板、茶纸板、牛皮纸、牛皮挂面纸

陕西中港铜版纸有限公司
陕西省西安市灞桥镇东街 15 号
邮编：710024
电话：029－83613588、18966552650
传真：029－83613588
邮箱：jilljy@ 163. com
产品：铜版纸

西安市惠强纸业有限责任公司
陕西省西安市长安区镐京工业园区
邮编：710100
电话：029－85903888、13389283333
传真：029－85903666
邮箱：13389283333@ 163. com
产品：白纸板

西安秦悦实业有限责任公司
陕西省西安市西户路中段
邮编：710116
电话：029－85800308
传真：029－85800110
产品：生活用纸

宝鸡市

陕西兴翔纸业有限责任公司
陕西省宝鸡市凤翔县城东
邮编：721400
电话：0917－7251114
传真：0917－7251173
邮箱：xingxiang9810@ 163. com
产品：高强瓦楞原纸、箱纸板

陕西圣龙纸业有限责任公司
陕西省宝鸡市岐山县蔡家坡经济技术开发区西宝路龚刘工业园区
邮编：722405
电话：0917－8580189、8580821
传真：0917－8580884
网址：www. shenglong. cc
产品：牛皮箱纸板、瓦楞原纸、牛皮纸、淋膜纸、水果套袋纸、彩色封面纸、纱管纸、高强瓦楞原纸

陕西法门寺纸业有限责任公司
（原陕西扶风造纸厂）
陕西省宝鸡市扶风县城东坡路 3 号
邮编：722207
电话：0917－5213888、4008805616
传真：0917－5211131
网址：www. sxfmszy. com
邮箱：sxfmszy@ 163. com
产品：印刷纸、书写纸、有光纸、卫生纸

岐山县圣龙箱板纸有限责任公司
陕西省宝鸡市岐山县蔡家坡龚刘村
邮编：722405
电话：0917－8580095
传真：0917－8580828
产品：箱纸板

眉县恒发纸业有限责任公司
陕西省宝鸡市眉县火车站道南6号
邮编：722301
电话：0917－5666338、18791747800
邮箱：405222973@qq.com
产品：有光纸、卫生纸

岐山县全兴纸业包装有限公司
陕西省宝鸡市岐山县蔡家坡另胡村
邮编：722405
电话：0917－8582968
产品：有光纸、卫生纸

宝鸡科达特种纸业有限责任公司
陕西省宝鸡市岐山县蔡家坡经济技术开发区西三路005号
邮编：722405
电话：0917－8565320
传真：0917－8565320
网址：www.baojikeda.com
邮箱：keda0816@126.com、keda0917@163.com
产品：引线纸、扎钞纸、热压垫纸板、覆铜纸板、胶带原纸、高透纸

宝鸡市建忠五一纸业有限公司
陕西省宝鸡市陈仓区潘溪镇杨家店
邮编：721306
电话：0917－6751077
传真：0917－6751099
邮箱：363794911@qq.com
产品：各色半透明纸、拷贝纸、防油纸、捆纱纸、水果套袋纸

陕西科达智特新材料有限公司
（宝鸡科达特种纸业有限责任公司子公司）
陕西省宝鸡市岐山县蔡家坡镇开发区创业路北侧
电话：18049380512　13488479409
产品：高效低阻熔喷材料，湿法非织造布，复合过滤材料，复合活性炭过滤材料，水过滤等材料

咸阳市

咸阳华西纸业有限公司
陕西省咸阳市秦都区沣东镇南关
邮编：712044
电话：029－33815659
邮箱：273239337@qq.com
产品：A级高强瓦楞原纸、C级茶纸板

咸阳尚林纸业有限公司
陕西省西咸新区秦汉新城双照街道办大王什字向北100米
电话：029－33811678
产品：纸管、纸护角、B/C级纱管纸

渭南市

陕西大荔安盛纸业有限责任公司
陕西省渭南市大荔县许庄镇
邮编：715105
电话：0913－3649292
传真：0913－3649525
产品：高强瓦楞原纸

蒲城县永丰利亚造纸有限责任公司
陕西省渭南市蒲城县永丰镇大浴河北段
邮编：715502
电话：0913－7715138、7715139
传真：0913－7715138
邮箱：2043291685@qq.com
产品：高强瓦楞原纸

合阳康洁纸业有限责任公司
陕西省渭南市合阳县王村镇管家河村
邮编：715307
电话：0913－6712190、13572398238
传真：0913－6712190
产品：卫生纸

安康市

安康恒丰纸业包装有限公司
陕西省安康市汉滨区恒口镇工业区
邮编：725021
电话：0915－3619898
传真：0915－3619898
邮箱：akxp@163.com

产品：纱管纸、瓦楞原纸、花炮纸

甘 肃 省

天水市

甘肃汉辅东方纸业有限公司
（原天水东方纸业有限公司）
甘肃省天水市麦积区渭南镇南河川缑家庄 168 号
邮编：741027
电话：0938－8386311
邮箱：626300578@qq.com
产品：箱纸板、高强瓦楞原纸

平凉市

平凉市宝马纸业有限责任公司
甘肃省平凉市四十里铺镇
邮编：744024
电话：0933－6466683、8410864
传真：0933－6466683
邮箱：969269536@qq.com
产品：卫生纸

平凉市峡门造纸厂
甘肃省平凉市峡门乡白坡村
邮编：744022
电话：0933－8570035
传真：0933－8570035
邮箱：1055256556@qq.com
产品：卫生纸

静宁县恒达有限责任公司
静宁工业园区恒达路
电话：0933－2587698
传真：0933－2587698
网址：www.gshdjt.com.cn
邮箱：gshdjt@sohu.com
产品：箱板纸、包装纸箱及果品包装材料

宁夏回族自治区

银川市

宁夏金丰源实业有限责任公司
宁夏回族自治区银川市永宁县红星桥北侧
邮编：750100
电话：0951－8018555、13709585999
传真：0951－8011578
产品：面巾纸、卫生纸

宁夏紫荆花纸业有限公司
宁夏回族自治区银川市永宁县红星桥南
邮编：750100
电话：0951－8011586、8011888、8017666
传真：0951－8014871、8013808
邮箱：zjhlxj222@163.com
产品：面巾纸、餐巾纸、卫生纸

宁夏美洁纸业股份有限公司
宁夏回族自治区银川市贺兰县银河东路 90 号
邮编：750200
电话：0951－8061280
传真：0951－8061553
产品：中高档面巾纸、餐巾纸、卫生纸

吴忠市

宁夏昊盛纸业有限公司
宁夏回族自治区吴忠市侯家湾
邮编：751102
电话：0953－2662116、2661726
传真：0953－2661726
邮箱：hszybgs@126.com
产品：书写纸、印刷纸、生活用纸

中卫市

中冶美利云产业投资股份有限公司
宁夏回族自治区中卫市柔远地区
邮编：755000
电话：0955－7679218、7679430
传真：0955－7679216
网址：www.china-meili.com
产品：书写纸、印刷文化用纸、工业包装用纸

新疆维吾尔自治区

乌鲁木齐市

新疆国之明包装股份有限公司
（原新疆沙驼股份有限公司）
新疆维吾尔自治区乌鲁木齐市米东区稻香北路 204 号
邮编：831400
电话：0991－3379088
邮箱：554964337@qq.com

产品：箱纸板、瓦楞原纸、瓦楞纸箱、彩印纸箱(盒)

昌吉回族自治区

昌吉市江北再生纸业有限公司
新疆维吾尔自治区昌吉高新技术产业开发区经二路8号
邮编：831100
电话：0994－2260566、2260567、13399088087
传真：0994－2260588
产品：箱纸板、瓦楞原纸

巴音郭楞蒙古自治州

新疆中泰兴苇生物科技有限公司
巴州库尔勒经济技术开发区开发大道1866号管委会孵化中心312室
邮编：841000
电话：0996－8773966
邮箱：ztxwswkjyxgs@163.com
产品：本色苇浆板

新疆弘瑞达纤维有限公司
新疆巴州库尔勒经济技术开发区人才大厦A座9楼
邮编：841000
电话：0996－2200606
网址：www.xjhrdxw.com
邮箱：hrdxw9889@163.com
产品：农作物秸秆循环利用

新疆弘瑞达生物科技有限公司
新疆弘瑞凯达纤维材料有限公司
新疆巴州库尔勒市上库综合产业园区上库大道东段31号
邮编：841000
电话：0996－2200606
网址：www.xjhrdxw.com
邮箱：hrdxw9889@163.com
产品：农作物秸秆循环利用

国内造纸机械及其他相关产业企业名录

Directory of Domestic Papermaking Machinery Companies and Other Related Companies

北　京　市

北京国际浆纸交易中心有限公司
北京市朝阳区广渠路 39 号院 1 号楼
邮编：100022
电话：010－67043080、4000920806
传真：010－67043080
网址：www. bjppex. com
邮箱：service@ bjppex. com
业务：国内、国际浆纸交易综合服务平台

ABB（中国）有限公司
ABB 制浆造纸部
北京市朝阳区酒仙桥路 10 号恒通广厦 B7－3
邮编：100015
电话：010－84566688
传真：010－64231613
网址：www. abb. com. cn
产品：电力、自动化技术

维美德造纸机械技术（中国）有限公司北京分公司
北京市朝阳区东三环北路 19 号中青大厦 601
邮编：100022
电话：010－65662568
传真：010－65662567
网址：www. valmet. com
产品：造纸机械

安德里茨（中国）有限公司北京分公司
（原奥地利安德里茨股份有限公司北京代表处）
北京市朝阳区光华路 7 号汉威大厦西区 18 层
邮编：100004
电话：010－85921616
传真：010－85921515
网址：www. andritz. com
邮箱：wenchao. gao@ andritz. com
产品：制浆造纸设备

霍尼韦尔（中国）有限公司北京办事处
北京市朝阳区酒仙桥路 14 号甲 1 号楼 1 楼
邮编：100015
电话：010－56696000
传真：010－64103414、64103420
网址：www. honeywellps. com. cn
邮箱：jiangqi. han@ honeywell. com
产品：自动化控制系统、传感器与控制元件

芬兰温德造纸湿部技术公司北京代表处
北京市朝阳区建国路 118 号楼 7 层 708 室
邮编：100022
电话：010－59233822、59233823
传真：010－65662723
网址：www. wetend. com
邮箱：min. zhang@ wetend. com
产品：“创捷”化学品混合添加技术及装备

舍弗勒贸易（上海）有限公司北京分公司
北京市东城区东直门南大街 1 号北京来福士中心办公楼 20 层 01 室
邮编：100020
电话：010－65150288、0512－53958496
传真：010－65123433
网址：www. schaeffler. com
邮箱：huangnna@ schaeffler. com
产品：工业轴承

瑞士 BMB 公司
北京市建国门内大街 18 号恒基中心 2 座 10 层
电话：010－85198688
传真：010－85198699
网址：www. bmbag. ch
www. kroenert. de
邮箱：info@ bmbag. ch
产品：造纸机械

斯普瑞喷雾系统（上海）有限公司北京分公司
北京市朝阳区高井文化园 8 号东亿国际传媒产业园 C2 座 1 层
邮编：100025
电话：010－68562800、65104855
传真：010－68561036
网址：www. spray. com
邮箱：beijing@ spray. com. cn
产品：喷嘴

中国造纸装备有限公司
北京市朝阳区启阳路 4 号中轻大厦
邮编：100102
电话：010－64778210、18001155572
传真：010－64778211
网址：www. cpmcchina. cn
邮箱：zhaotao@ cpmcchina. cn
产品：中高档高速宽幅纸机、纸板机和卫纸机

北京恒捷科技有限公司
北京市立水桥北北方明珠大厦 1520－1522 号
邮编：102218
电话：010－58607441、58607442
传真：010－58607440
网址：www. hengjietech. com
邮箱：bjhj@ hengjietech. com
产品：轻重质除渣器及除渣器备品配件、废纸制浆生产线的工艺设计及设备配套、废水处理气浮设备、纤维回收弧形筛、流浆箱孔板的设计和制造、技术咨询以及安装调试等工程项目

北京春辉新吉造纸机械厂
北京市石景山区吴家村路京城新能源（原华电大楼）108 室
邮编：100040
电话：010－83863951
邮箱：bjld88@ 163. com
产品：高浓盘磨机、热磨机、磨片

北京伟伯康科技发展有限公司
北京市大兴区北京经济开发区经海四路 11 号院 3 号楼 5 层
邮编：100176
电话：010－87220127
传真：010－62641332
网址：www. webcon－tech. com
邮箱：sales@ webcon－tech. com
产品：DFE 张力控制器

北京协力旁普包装制品有限公司
北京市大兴区旧宫镇工业园区北西甲 1 号
邮编：100076
电话：010－87962699
传真：010－87962476
邮箱：dxh8796@ 126. com
产品：纸浆模塑工业包装、餐具

北京高中压阀门有限责任公司
北京市平谷区马昌营镇马昌营村古槐路 80 号
邮编：101214
电话：010－69983388、18910579770
传真：010－61985892
网址：www. bvc. cc
邮箱：18901352922@ 163. cc
产品：阀门

中国联合装备集团公司
北京市西城区西黄城根南街 33 号
邮编：100032
电话：010－66075588
传真：010－66052828
网址：www. cnue. com. cn
邮箱：cnue@ cnue. com. cn
产品：纸机、APMP 设备、纸机配件

中国轻工机械协会
北京市西城区阜成门外大街乙 22 号
邮编：100833
电话：010－66039347、66073257、66052272
传真：010－66031224、66052242
网址：www. clima. org. cn
邮箱：clima@ clima. org. cn
业务：行业标准制定、产品认证及科学成果鉴定

中国制浆造纸研究院有限公司
北京市朝阳区望京启阳路 4 号院中轻大厦
邮编：100102
电话：010－64778000
传真：010－64778001
网址：www. cnppri. com
邮箱：bgs@ cnppri. com
kb@ cnppri. com
业务：造纸工业标准化、质量监督检验、信息服务等行业技术管理工作

国家林业和草原局林产工业规划设计院
中国林业工程咨询公司
北京市东城区朝内大街 130 号
邮编：100010
电话：010－85128008
传真：010－85128008
网址：www. cfecc. com
业务：工程咨询、工程设计、工程监理、工程总承包

中国轻工建设工程有限公司
北京市丰台区洋桥北里甲 6 号
邮编：100077
电话：010－67247882、67247879
传真：010－67247882
网址：www. clcc. com. cn
邮箱：clcchyb@ 163. com
业务：工程咨询、监理、总承包

中国中轻国际工程有限公司
北京市朝阳区白家庄东里 42 号
邮编：100026
电话：010－65826121、65826125、65826118、65826358
传真：010－65823590
网址：www. bcel－cn. com
邮箱：cliec@ cliec. cn
业务：造纸工程咨询、设计、监理、项目管理、工程总承包

中冶京诚工程技术有限公司
北京市经济技术开发区建安街 7 号
邮编：100176
电话：010－67835133
传真：010－67835130
网址：www. ceri. com. cn
业务：造纸工程咨询、设计、监理、项目管理、工程总承包

中招国际招标有限公司
北京市海淀区学院南路 62 号中关村资本大厦
邮编：100081
电话：010－62108062
传真：010－61954100
网址：www. cntcitc. com. cn
业务：代理招标、政府采购

中国国际工程咨询有限公司
北京市海淀区车公庄西路 32 号中咨大厦
邮编：100048
电话：010－68733109
网址：www. ciecc. com. cn
邮箱：wangzhan@ ciecc. com. cn
业务：工程咨询

中国技术进出口总公司
北京市丰台区西三环中路 90 号通用技术大厦 16－22 层
邮编：100055
电话：010－63349206、63349195
传真：010－63373713
网址：www. cntic. com. cn
邮箱：cntic@ cntic. genertec. com. cn
业务：引进大型制浆和纸机成套设备、造纸设备制造技术

中国包装进出口有限责任公司
（原中国包装进出口总公司）
北京市朝阳区东三环北路 3 号幸福大厦 B 座
邮编：100027
电话：010－64616359、64616369
传真：010－64616437
网址：www. chinapack. net
邮箱：biz@ chinapack. net
cpmail@ chinapack. net
业务：包装材料、机械进出口贸易

中国纸张纸浆进出口公司
北京市朝阳区劲松九区 910 号
邮编：100022
电话：010－87763308
传真：010－67747294
网址：www. chinalight. com. cn
邮箱：info@ cnppc. com
业务：纸浆、纸张、木材进出口贸易

颇尔（中国）有限公司
（原颇尔过滤器（北京）有限公司）
北京市经济开发区宏达南路 12 号
邮编：100176
电话：010－87225588
传真：010－67802329、67802328
网址：www. pall. com
邮箱：china_ ls@ ap. pall. com
产品：过滤器

中国国旅贸易有限公司
北京市朝阳区永安东里通用国际中心 A 座 19 层
邮编：100022
电话：010－58793322
传真：010－58793093
网址：www. cittc. com. cn
邮箱：cittc@ mx. cei. gov. cn
经营：SC、LWC、铜版纸、双胶纸、白卡纸、牛皮卡纸

美国纸源有限公司北京办事处
北京市海淀区花园东路 30 号 5204 室
邮编：100083
电话：010－62360817
传真：010－62365579
经营：不干胶纸、硅油纸、涂塑原纸、铜版纸

北京浩宇星光纸业有限公司
北京市永定门外沙子口西革新里 120 号
邮编：100077
电话：010 - 87258232
传真：010 - 67248325
经营：办公、文化、制图系列用纸

北京文满原纸业有限责任公司
北京市怀柔区迎宾南路 11 号五幢二层 2213 室
邮编：100410
电话：010 - 67229598、67224105、13311106684
邮箱：436077184@ qq. com
经营：厂家代理

北京汇森纸制品有限公司
北京市朝阳区黑庄户乡大鲁店一村南临 38 号
邮编：100121
电话：010 - 87694995
传真：010 - 87697826
邮箱：wanglei@ hsxpaper. com
经营：日本纪州纸、黑卡纸、彩狐色花纹纸、彩狐珠花纸、牛皮纸

北京市华伦纸业有限公司
北京市朝阳区双柳北街 1 号院 4 号楼 3 层 303
邮编：100023
电话：010 - 67073493
传真：010 - 67379442
经营：胶版纸、书写纸、轻型纸及纸浆

北京兴普森商贸有限公司
北京市门头沟区大峪小河滩 1 号
邮编：102300
电话：010 - 63363371、13901224404
传真：010 - 63367723
邮箱：394116352@ qq. com
经营：牛皮纸、白牛皮纸、黄牛皮纸

北京云中赢纸业有限公司
北京市通州区工业开发区云杉南路 17 号 3 幢 1027 号
邮编：101100
电话：010 - 69281750、13301388991
传真：010 - 69281750
邮箱：23743819@ qq. com
经营：铜版纸、灰纸板、书写纸

北京坤隆纸业有限公司
北京市房山区韩村河镇西南章村
邮编：102406
电话：010 - 61320196
传真：010 - 61320058
邮箱：klzy0196@ 163. com
经营：纸制品

北京巨鑫华瑞工贸有限公司
北京市通州区马驹桥镇景盛南二街 15 号(北区四号厂房)
邮编：101102
电话：010 - 56370772/3/4/5
传真：010 - 56370779
产品：造纸用全不锈钢饰面辊(防伪水印辊)及网部脱水元件

北京高科物流仓储设备技术研究所有限公司
北京市海淀区长春桥路 5 号 10 - 906#
邮编：10009
电话：010 - 82561876
传真：010 - 82563983
网址：www. gaoke. com
产品：自动化立体仓库物流仓储设备系统

北京绿恒科技有限公司
绿恒(北京)环保工程有限公司
荣华中路 10 号亦城国际 B 座 15 层
电话：010 - 57780008
传真：010 - 57780555
网址：www. bjlvheng. com
邮箱：bjlvheng@ bjlvheng. com
产品：水污染治理技术

北京和利时智能技术有限公司
北京经济技术开发区地盛中路 2 号院
邮编：100176
电话：010 - 58981588
传真：010 - 58981558
网址：www. hollysys. com
邮箱：shangchunxia@ hollysys. com
产品：工业自动化系统

中科骏驰精密仪器(北京)有限公司
北京市顺义区彩祥东路哈镘工业园(北京总部)
电话：010 - 60418677　13910788797
网址：www. bjzkbr. com
邮箱：brxk2015@ hotmail. com
经营：实验室仪器设备研制开发、技术规划、系统制造、市场销售、工程安装

上海思百吉仪器系统有限公司北京分公司
北京市石景山区鲁谷路 74 号中国瑞达大厦 F908 房间
邮编：100040
电话：010－53236888
传真：010－53236999
网址：www. spectris. com. cn
经营：各类精密在线测量仪器、精密过程控制及测量仪器仪表及传感器和配件

司迈实科技(北京)有限公司
北京市顺义区南法信镇金关北二街 3 号院 3 号楼 6 层 629
电话：010－64678405
邮箱：1229255321@ qq. com
经营：电子产品、机械设备、电气设备

北京恒诚誉科技有限公司
北京通州区武兴路
电话：010－52337141
网址：bjhcykj. onwsw. cn
产品：制浆造纸试验、检测设备的开发及销售

北京延中兴业科技有限公司
北京市丰台区西三环南路首科大厦 9 层 914 室
邮编：100073
电话：010－62121306
网址：www. bjyzxy. com
邮箱：2638248667@ qq. com
经营：数码蓝图纸、工程纸、绘图纸、描图纸、硫酸纸、晒图纸、铜版纸、皮纹纸、复印纸

北京赛富威环境工程技术有限公司
北京市丰台区南四环西路 188 号总部基地十五区 17 栋四层
邮编：100070
电话：010－53025590
传真：010－53069604
网址：www. selfway. com. cn
邮箱：info@ selfway. com. cn
经营：污水处理

北京优派特科技发展有限公司
北京市海淀区西四环北路 160 号 2 层一区 210
邮编：100142
电话：010－88505660
传真：010－88504465
邮箱：guiguo. xu@ uptgroup. cn
经营：热喷涂服务、辊子大修服务

北京格贝而分切技术有限责任公司
北京市建国门内大街 7 号光华长安大厦 A 座 311 室
邮编：100005
电话：010－65188535
传真：010－65188535
网址：www. goebel-ims. com
邮箱：caobing@ goebel-beijing. cn
产品：T2 系列、RA2 机型、OPTISLIT 机型分切复卷机

中以艾瑞(北京)流体控制设备有限公司
北京市朝阳区常通路 4 号院 1 号楼 12 层 2 单元 1501
电话：010－85913199
网址：www. arivalves. cn
邮箱：julie@ arivalves. cn
产品：流体控制设备

康吉诺(北京)科技有限公司
北京市海淀区阜成路 115 号丰裕写字楼 C 座三层 306
电话：010－82614047　15689188791
传真：010－82614057
网址：www. reliability. cc
邮箱：liumingjin@ reliability. cc
service@ reliability. cc
产品：ME140 系列综合分析仪、ME150 系列设备数据采集仪、ME170-1 通用设备的在线监测与诊断分析系统

芬兰 ACA
系统有限公司北京代表处
北京市朝阳区建东苑 18 号楼 401 内 4015A 室
电话：13910566284
网址：www. aca-bj. com
邮箱：jeff@ aca. fi
经营：造纸涂料分析仪器和纸张透气度分析仪器

北京亦海科泵业科技有限公司(北方基地)
北京市亦庄经济技术开发区
电话：010－57407706、13811118066
传真：010－57407706
网址：www. bjbkf. com
邮箱：tra263@ 263. net
产品：专业从事滞止增压节能泵、旋转喷射泵(又叫皮托管泵)等特种泵研究、开发、设计、生产、制造

埃弗斯科技(北京)有限责任公司
北京市丰台区丰管路 22 号院 12 幢 213－1 室
邮编：100071

电话：13581704463
网址：www. kroenert. de
邮箱：44828616@ qq. com
经营：柔性基材复合和涂布的生产线

深圳市联欧贸易发展有限公司北京分部
北京市东城区朝内大街 188 号鸿安国际商务大厦 B402
邮编：100010
电话：010 – 65171131
传真：010 – 65171141
网址：www. euro-me. com
邮箱：euromeBJ@ euro-me. com
经营：驱动传动、流体控制、液压气动、工厂自动化等

伊顿工业过滤(上海)有限公司北京办事处
北京市朝阳区建国门外大街 8 号国际财源中心 IFC 大厦 9 层
邮编：100022
电话：010 – 59259428
传真：010 – 59259213
网址：www. eaton. com. cn
邮箱：filtration@ eaton. com
产品：造纸过滤设备

思智浆纸贸易(北京)有限公司
北京市朝阳区朝外大街 19 号华普国际大厦 815 房
邮编：100020
电话：010 – 85321720
邮箱：alphonsevvv@ 163. com
经营：纸张和纸浆的批发

丹佛斯(天津)有限公司北京朝阳分公司
北京市工体北路甲 2 号盈科中心 A 栋 20 层
邮编：100027
电话：010 – 85352588
网址：www. danfoss. com/zh – cn
邮箱：hujingjing@ danfoss. com
产品：变频器

莱克勒(天津)国际贸易有限公司
北京市朝阳区东三环北路 8 号亮马河大厦 2 座 418 室
邮编 100004
电话：010 – 84537968
传真：010 – 84537458
网址：www. lechler. com. cn
邮箱：alice@ lechler. com. cn
产品：制浆造纸设备喷淋系统；喷嘴产品

天 津 市

斯普瑞喷雾系统(上海)有限公司天津办事处
天津市和平区南京路 189 号津汇广场 1 座 3203 室
邮编：300051
电话：022 – 27126918
传真：022 – 27126928
网址：www. spray. com
邮箱：tianjin@ spray. com. cn
产品：喷嘴

丹佛斯(天津)有限公司
天津市武清开发区 5 号路
邮编：301700
电话：022 – 82126400、82197102
传真：022 – 82126407
网址：www. danfoss. com/china
产品：变频器

天津市轻工业机械厂
天津市西青区西青道杨柳青
邮编：300380
电话：022 – 27392930
传真：022 – 27390401
邮箱：13072263696@ 163. com
产品：制浆设备、碱回收设备

天津市华星工业用呢新技术开发有限公司
天津市南开区玉泉路岳湖道 18 号
邮编：300193
电话：022 – 27372507、27379962
传真：022 – 27372507、27495045
产品：造纸用呢、工业用呢

天津派佳科技有限公司
(原天津派普伟业造纸科技有限公司)
天津市南开区航海道金航大厦 2 – 4 – 802(科技园)
邮编：300192
电话：022 – 87898375、13002238499
邮箱：tjpaper@ gmail. com
产品：特种纸技术、造纸设备及材料

天津市中天宏大纸业有限公司
天津市北辰区小淀镇刘安庄工业园区佳丰道 22 号
邮编：300402
电话：022 – 26991089、15302051563
邮箱：stlh163@ sina. com

产品：标签、热熔胶涂布机、不干胶材料分切机

天津市轻工业设计院
天津市南开区长江道 179 号
邮编：300193
电话：022－27380422
传真：022－27380423
网址：www.tlidi.com
邮箱：jy@tlidi.com
业务：工程总承包、工程咨询、工程设计、工程管理、工程监理

国家轻工业纸张质量监督检测天津站
天津市津南区辛庄工业园区发港路
邮编：300350
电话：022－88823003
业务：一般纸张类、纸浆检测

天津市禹晖科技有限公司
华苑产业区鑫茂科技园 D2 座五层 C 单元 03 室
邮编：300081
电话：022－27373367
传真：022－27373367
邮箱：yuhuikeji@sina.com
产品：气浮器

威宁（天津）国际贸易有限公司
天津港保税区经贸区 3－5 号地 2 层 228 号
邮编：300400
电话：022－26992657、13516294058
传真：022－26997093
邮箱：gracezhang_99@sina.com
经营：硅油纸、不干胶、美纹纸、过滤纸、彩喷纸、照相纸、热敏纸、白卡纸、无尘纸

天津中包进出口有限责任公司
天津市河西区宾水道 9 号
邮编：300061
电话：022－28372580、28130663
传真：022－28371678
网址：www.ticpack.com
经营：白纸板、进口白纸板、进口牛皮卡纸、进口胶版纸

天津力天世纪国际贸易有限公司
天津市河西区大沽南路 501 号恒华大厦 1－1505
邮编：300202
电话：022－58196268、8071809、15902240996
传真：022－58196298
经营：箱纸板、PP 膜卡纸、无碳复写原纸、涂层胶版纸、OCR 纸、布纹铜、玻璃铜版卡纸、白卡纸、防湿纸

天津市俄林浆纸商贸有限公司
天津市北辰区万科新城
邮编：300402
电话：022－26300100、13902171165、66530937
传真：022－26300100
经营：废纸、卫生纸切边、桉木浆、漂白针叶木浆、竹浆、本色浆、硬杂木

天津德宝民丰纸业有限公司
天津市津南区津南开发区中宏道 10 号
邮编：300350
电话：022－28246627
传真：022－28222923
邮箱：tjdebaominfeng@sina.com
经营：进口牛卡纸、木浆等优质包装及造纸原料

亿昇（天津）科技有限公司
天津经济技术开发区睦宁路 160 号（一期厂房）
邮编：300450
电话：022－65185228
传真：022－65185230
网址：www.esurging.com
邮箱：sc@esurging.com
产品：磁悬浮轴承

天津奥特泵业有限责任公司
天津市西青区新技术产业园区海泰信息广场 B 座 811－812
电话：022－83972201、28566379
传真：022－83972202、28568169
网址：www.tjaote.cn
www.aotegroup.cn
邮箱：tjaote@163.com
厂区地址：天津市津南区双桥河工业园欣旺路 2 号
产品：潜水泵、潜水电机、潜油电泵机组及特种潜没电泵

天津市鼎铭造纸机械有限公司
天津市海河工业区聚兴道 9 号 8205
邮编：300350
电话：022－88510928、88510958
邮箱：374425948@qq.com
产品：造纸机械

河 北 省

石家庄市

石家庄永潮机械科技有限公司
石家庄高新区天山大街 266 号
电话：0311 －68078527
传真：0311 －85830526
网址：www. coating － rods. com
邮箱：yongchaomt@ aliyun. com
产品：涂布刮棒、计量棒等

唐山市

唐山天兴科技有限公司
河北省唐山市开平区现代装备制造工业区南路
邮编：063000
电话：0315 －6322550、6322551、8086688
传真：0315 －6322552
网址：www. txtech. cn
邮箱：csy@ txtech. cn
tstxhb@ sina. com
产品：CQF 气浮系统

邯郸市

临漳县建安造纸设备配件厂
临漳县工贸新区
邮编：056600
电话：0310 －7999289、7998508
邮箱：y7868025@ 126. com
产品：各种机械配件、铸造、制造、加工

临漳县光辉造纸设备配件有限公司
临漳县临漳镇东关村南
邮编：056600
电话：0310 －7997999、18503103331
产品：造纸设备配件制造

邯郸市达南科机械科技有限公司
邯郸市经济开发区
邮编：056107
电话：0310 －6097251、18231031034
网址：www. hddnk. com
邮箱：dnkroller@ 126. com
产品：表面包胶弧形辊、金属面弧形辊、中高可调弧形辊

保定市

高阳县津联工业用呢有限公司
河北省保定市高阳县城东 2 公里路北
邮编：071500
电话：0312 －6602373
传真：0312 －6603733
邮箱：hjz2345@ sina. com
产品：工业用呢

保定市晨光造纸机械有限公司
河北省保定市北二环路 699 号
邮编：071051
电话：0312 －3173685、3530191、3173703
传真：0312 －3172452
邮箱：chenguangjixie@ 126. com
产品：造纸设备、废水处理工程

保定市华光机械有限公司
河北省保定市周庄村东
邮编：071051
电话：13730258371、15033241111
邮箱：bdhffdc@ 163. com
产品：生活用纸加工设备

保定市晨光环保设备厂
河北省保定市隆兴西路 3132 号
邮编：071051
电话：0312 －5555518
传真：0312 －5955517
邮箱：duying101@ 126. com
产品：TWC 系列同向流净水器及纤维回收、脱泥设备

保定市中通泵业有限公司
河北省保定市南二环 2162 －8 号
邮编：071000
电话：0312 －2138886、8920037
传真：0312 －2138887
网址：www. zhongtongpump. com
邮箱：pump@ zhongtongpump. com
产品：泵

保定市新市区宏宇制辊厂
保定市七一西路徐庄村
电话：13831235080
网址：www. hongyuzhigun. com
邮箱：hongyuzhigun@ 126. com

370960190@ qq. com
产品：钢花辊、羊毛辊、钢对钢棍、网纹辊、木浆板辊、镜面辊、胶辊、皮革辊、铝箔辊、齿轮大型工件镀铬等各种机械配件

沧州市

沧州市通用造纸机械有限责任公司
河北省沧州市经济技术开发区东海路 33 号
邮编：061000
电话：0317－3098909、13903175832
传真：0317－3098909
产品：磨浆机

东光县东兴纸箱机械厂
河北省沧州市东光县城南古树于工业区
邮编：061001
电话：0317－7752228
传真：0317－7752228
产品：各种纸箱、包装机械

官厅特种工业用呢厂
河北省沧州市沧县官厅乡
邮编：061029
电话：0317－4058201、13930740088
产品：造纸毛毯

河北爱美德网带有限公司
（原东光县造纸网厂）
河北省沧州市东光县找王镇后屯
邮编：061600
电话：0317－7780800、7780610、7725002
传真：0317－7780610
网址：www. amitywd. com
邮箱：amity@ vip. 163. com
产品：造纸网

青县晟能机械制造有限公司
（原青县拓实新兴冲筛有限公司）
河北省沧州市青县城东觉道庄老子湖工业区
邮编：062650
电话：0317－4087374、13703272860
传真：0317－4087027
网址：www. tsxxcs. cn
邮箱：root@ tsxxcs. cn
产品：筛板

河北鑫田纸箱机械制造有限责任公司
河北沧州市东光城南 104 国道 291. 5 公里处
邮编：061600
电话：0317－7751508、7592665
传真：03177592660
网址：www. hb-xt. com
产品：纸箱机械设计制造

兴隆纸箱包装机械有限公司
河北省东光县开发区
邮编：061600
电话：0317－7751029、15233272281
传真：0317－7751929
网址：www. xljxgs. com
邮箱：dgxlzxjx@ 163. com
产品：各类纸箱设备

廊坊市

东纶科技实业有限公司
河北省廊坊经济技术开发区汇源道 8 号
邮编：065001
电话：0316－6086145、6071866、6087699、6071870
传真：0316－6088171
网址：www. eastex－china. com
邮箱：eastex@ eastex－china. com
产品：涤纶、黏胶、锦纶、丙纶等原料的水刺非织造布

固安安腾精密筛分设备制造有限公司
河北省固安南开发区
邮编：065500
电话：0316－5958637
传真：010－58411881
网址：www. adsf. com. cn
邮箱：wudongli@ tfscreen. com
产品：筛鼓、筛板

衡水市

河北鹤煌网业股份有限公司
河北省衡水市安平县城东工业园区
邮编：053600
电话：0318－7524840、13803182568
传真：0318－7520806
网址：www. hbhehuang. com
邮箱：hbhhwy@ 163. com

产品：造纸网

河北华强网业有限公司
河北省衡水市枣强县肖张镇
邮编：053100
电话：0318－8489236、8481888
传真：0318－8489288
网址：www. hbhuaqiang. com
邮箱：13903283535@163. com
产品：造纸网

河北亚华胶辊集团有限公司
河北省冀州市兴华南大街1666号
邮编：053200
电话：0318－6829928、8629918
传真：0318－6829956
网址：www. yahuajiaogun. com
邮箱：yahua999999@sina. com
产品：造纸、冶金用胶辊

深州市王家井东斌胶件加工厂
河北省深州市王家井镇王庄
邮编：053873
电话：0318－3465347
产品：造纸橡胶、尼龙制品

河北亚圣实业股份有限公司
河北省枣强县富强县
邮编：053100
电话：0318－8233059
传真：0318－8233059
网址：www. hbyasheng. cn
www. yasheng. com
邮箱：sale@heyasheng. com
产品：刮刀

河北衡水长虹包装装潢有限公司
河北省衡水市南环东路远翔胡同68号
邮编：053000
电话：0318－2123321
传真：0318－2123321
经营：各种规格彩色印刷包装纸箱、纸盒、商标

河北宏泽锅炉制造有限责任公司
河北饶阳工业园区
邮编：053900
电话：0318－7251898、7257858、7251888
传真：0318－7251818、7251808
网址：www. hbhongze. com
邮箱：hongze@hbhongze. com
产品：压力容器的设计、制造、安装和技术咨询服务

河北枣强鼎好玻璃钢有限公司
河北省枣强县平原东街79号
邮编：053100
电话：0318－8233379
传真：0318－8229791
网址：www. hbzqdh. com
邮箱：hbzqdh@163. com
产品：制造各类清洁刮刀、夹具改造等一系列配套装置

河北宇之星科技开发有限公司
河北省枣强县城胜利南路1001号
邮编：053100
电话：0318－8223685
传真：0318－8235697
网址：www. hbyuzhixing. com
邮箱：hbyuzhixing@163. com
产品：刮刀系列、脱水元件系列

博索尼（河北）货叉制造有限公司
河北省景县龙华镇工业区
邮编：053511
电话：0318－5385388
网址：www. bolzoni－auramo. com. cn
邮箱：sales@bolzoni－auramo. com. cn
产品：叉车

河北博星胶辊有限公司
河北省衡水滨湖新区彭杜乡南赵常村
邮编：053000
电话：13803189996
产品：胶辊

山 西 省

晋中市

山西轻工机械厂
山西省晋中市榆次区经纬路136号
邮编：030600
电话：0354－2425934、13303544343
产品：造纸机械设备

内蒙古自治区

呼和浩特市

内蒙古轻纺工业设计研究院有限责任公司
内蒙古自治区呼和浩特市新城区艺术厅南街 82 号怡海明苑 B 座 3 楼
邮编：010010
电话：0471－6923184、6924816
邮箱：328021915@qq.com
业务：工程咨询、工程设计

内蒙古运筹工贸有限责任公司
内蒙古呼和浩特市赛罕区呼伦贝尔南路东达城市广场 11 楼
邮编：010010
电话：0471－4972179
传真：0471－4928061
网址：www.ych－itc.com
邮箱：wuyue5510@163.com
经营：俄罗斯色楞格可制浆造纸厂产品色楞格牛卡纸

呼伦贝尔市

满洲里市三都纸业有限公司
内蒙古自治区满洲里市市北区国旅秋林综合楼 6 单元 402 室
电话：0470－6233883
产品：进出口贸易

辽宁省

沈阳市

辽宁飞鸿达蒸汽节能设备有限公司
辽宁省抚顺经济开发区沈东二路 60 号
邮编：113122
电话：024－54319988、54319989
传真：024－54319990
网址：www.lnfhd.com
邮箱：syfhd@163.com
产品：纸机烘干热泵、蒸球乏汽回收成套装置、热泵式凝结水回收装置

沈阳春光造纸机械有限公司
（原沈阳市造纸机械厂）
辽宁省沈阳市于洪区洪汇路 177 号
邮编：110141
电话：024－89362156、89361260
邮箱：1253845408@qq.com
产品：浆泵、卫生纸机、压力泵、真空泵、除渣器

沈阳斯沃电器有限公司
沈阳市大东区蒲裕路 22 号
邮编：110122
电话：024－86413322
传真：024－28288803
网址：www.siwo.com.cn
经营：研发、设计、生产和销售低压电器

上海思百吉仪器系统有限公司沈阳分公司
沈阳市沈河区北站路 61 号财富中心 A 座 1718 室
邮编：110013
电话：024－31051770
网址：www.spectris.com.cn
经营：各类精密在线测量仪器、精密过程控制及测量仪器仪表及传感器和配件

斯普瑞喷雾系统有限公司沈阳办事处
沈阳市沈河区友好街 10 号新地中心 1 号楼 3504 室
邮编：100123
电话：024－23286590
传真：024－23286249
网址：www.spray.com.cn
产品：喷嘴

大连市

大连迈仕通机械有限公司
辽宁省大连市金州工业配套园区银泉街 3 号
邮编：116100
电话：0411－87663998
传真：0411－87663938
网址：www.microstone.com
邮箱：2003@microstone.com
产品：超微粉新型竖式立磨机、超微湿式研磨机、高效气流式分级系统、全自动精密过滤器、除铁过滤器、活性处理设备

大连明珠机械有限公司
辽宁省庄河市大营镇
邮编：116406
电话：0411－89400778、89400277
传真：0411－89400213
网址：www.dl-mz.cn

邮箱：zly3567@163. com
产品：造纸机械整饰设备、橡胶机械轧辊等

杜博林（大连）精密旋接器有限公司
辽宁省大连市开发区双 D 港双 D6 街 2 号
邮编：116620
电话：021 - 52980791
传真：0411 - 87549679
网址：www. deublin. com
邮箱：info@deublin. cn
产品：旋接器

大连宏亚泵业有限公司
大连市甘井子区夏家河 65711 部队工业园区 9 号
邮编：116035
电话：0411 - 86741808
网址：www. dlhongya. com
邮箱：863281824@qq. com
产品：研发、设计、生产及销售纸浆泵，淀粉泵，标准化工泵

丹东市

丹东博威磨片有限公司
辽宁省丹东市振安区武营路 99 号
邮编：118001
电话：0415 - 4189189、4189389
传真：0415 - 4188488
网址：www. ddbwix. com
邮箱：ddbwjx@163. com
产品：造纸磨片、淀粉磨片、密度板磨片

丹东东方轻工机械有限公司
辽宁省丹东市同兴镇龙兴街 69 号
邮编：118011
电话：0415 - 6135777、6135888
传真：0415 - 6135999
网址：www. ddf. com. cn
邮箱：dfqj999@126. com
产品：制浆造纸设备及零件

丹东市江城轻工机械有限公司
辽宁省丹东市振兴区安民镇
邮编：118004
电话：0415 - 7605017
传真：0415 - 7605017
邮箱：zhao20110101@126. com
产品：制浆造纸机械设备及零件

丹东鸭绿江磨片有限公司
辽宁省丹东市浪头镇
邮编：118009
电话：0415 - 6156110
传真：0415 - 6156158
网址：www. jinquan-disc. com
邮箱：jinquandisc@163. com
产品：高浓磨磨片

丹东兴和机械有限公司
辽宁省丹东市振兴区浪头镇天津街 201 号
邮编：118009
电话：0415 - 6155458
传真：0415 - 6155207、6279276
邮箱：dd - xh@126. com
产品：长网、叠网、圆网造纸机、涂布机、压光机、复卷机、切纸机、包装机

丹东山河技术有限公司
辽宁省丹东市汤池工业园区 35 号
邮编：118303
电话：0415 - 6256966、6256906
传真：0415 - 6256956
网址：www. sunhightech. com
邮箱：mail@sunhightech. com
sunhightech@163. com
产品：造纸过程传感器与控制系统

丹东烘缸制造厂（普通合伙）
辽宁省丹东市东港市前阳镇振阳大街 1 号
邮编：118301
电话：0415 - 7162062
传真：0415 - 7162062
网址：www. dd-honggang. cn
邮箱：dd-honggang@163. com
产品：烘缸、压榨辊

丹东新兴造纸机械有限公司
辽宁省丹东市东港市新城区刘家泡村
邮编：118300
电话：0415 - 7107177、7111197、7195777
传真：0415 - 7195567、7195777
网址：www. xinxingmachine. com
邮箱：www. xinxingmachine@163. com
产品：各种规格铸铁烘缸、钢制杨克烘缸、压榨辊

丹东市盛兴造纸机械有限公司
（原丹东市东港造纸机械厂）
辽宁省东港市前阳开发区

邮编：256220
电话：0415－7817666、15041556666
传真：0415－7817177
网址：www. shengxing-dryer. com
邮箱：shengxing0415@ 126. com
产品：造纸机械用烘缸、压辊等

辽阳市

辽阳造纸机械股份有限公司
辽宁省辽阳市铁西路 76 号
邮编：111004
电话：0419－3132329
传真：0419－3132877
邮箱：lyzj3136219@ 163. com
产品：纸机

辽阳天义造纸设备有限公司
辽宁省辽阳市太子河区望水台乡庞夹河村 10 号
邮编：111000
电话：0419－3229841、3991577
传真：0419－3229841
邮箱：tyzx123@ 163. com
产品：打包捆扎机、油压机、切板机、叠包机

鞍山市

鞍山钢峰风机有限责任公司
鞍山市千山区达旗街 9 号
邮编：114041
电话：0412－8481066、8481027
邮箱：afjt1066@ 163. com
产品：风机、除尘器、除渣机、采暖通风设备制造

吉　林　省

长春市

吉林省轻工业设计研究院
吉林省长春市飞跃路 2688 号
邮编：130021
电话：0431－85657719、85652015、85653595
传真：0431－85657579
网址：www. jlsqgy. com
邮箱：qgy@ public. cc. jl. cn
业务：工程咨询、工程设计、工程监理

长春纸张试验机有限责任公司
吉林省长春市安达街 1435 号
邮编：130061
电话：0431－88528095、18744113456
传真：0431－88527195
网址：www. cczzsyi. net
邮箱：xsk@ cczzsyj. net
产品：纸张物理检测仪器

长春市月明小型试验机有限责任公司
（原长春小型试验机厂）
吉林省长春市经济技术开发区会展大街（乐群街）906 号
邮编：130033
电话：0431－84627751、84627353
传真：0431－84627752
网址：www. ccxxsyj. com
产品：纸张检测仪器

长春市龙诚纸业有限公司
吉林省长春市南关区中环 12 区 50－1 栋
电话：0431－88713126、88741430
传真：0431－89302030
网址：www. longchengpaper. com
邮箱：tiecheng. qi@ longchengpaper. com
产品：隔油纸、黄牛皮纸、口杯淋膜纸、圣经纸

吉林市

吉林省吉林轻工业设计院有限公司
吉林省吉林市丰满区南山路 11 号
邮编：132002
电话：0432－6946813、6946842
传真：0432－2775622
网址：www. eli. cn
业务：工程设计、监理、咨询

吉林市诚信实业有限责任公司
吉林省吉林市永吉经济开发区重庆街 017 号
邮编：132200
电话：0432－64205083
传真：0432－64205066
网址：www. jlcxmp. com
邮箱：jlcx@ jlcxmp. com
产品：特钢磨片

四平市

四平市桦鑫包装有限公司
吉林省四平市铁东经济开发区南宁路 8055 号

邮编：136001
电话：0434－6966512、6966503
邮箱：sipinghuaxin2009@163.com
产品：纸制品

白城市

白城福佳科技有限公司
吉林省白城市西青龙路20号
电话：0436－3298950
传真：0436－3236183
网址：www.bcfjmm.com
邮箱：13624997001@163.com
产品：钢制杨克烘缸、TAD烘缸、真空辊、新月型卫生纸机、塑纹卫生纸机、特种纸纸机

黑龙江省

哈尔滨市

哈尔滨宇达电子技术有限公司
黑龙江省哈尔滨市动力区和兴路65号
邮编：150040
电话：0451－82131929
传真：0451－82120636
网址：www.yudadz.com
邮箱：544893590@qq.com
产品：纸张水分仪、稻麦草水分仪、纸浆浓度测定仪

黑龙江省轻工设计院
黑龙江省哈尔滨市动力区和平路121号
邮编：150040
电话：0451－82620961、13936436703
传真：0451－82655374
网址：www.hcel.cn
邮箱：post@hcel.cn
业务：工程设计、工程咨询与规划、工程勘察与监理

牡丹江市

黑龙江省造纸研究所有限公司
黑龙江省牡丹江市阳明区光华街5号
邮编：157013
电话：0453－6332195、13903638225
传真：0453－6330913
业务：工农业特种纸研制开发、制浆造纸技术的研究与开发

上 海 市

亚赛利中国
切利(上海)机械设备有限公司
上海市金山工业区九工路928号
邮编：201506
电话：021－67225070
传真：021－67225073
网址：www.acelli.it
邮箱：calvin.liu@acelli.cn
产品：卫生纸机、卫生纸生产线备浆系统、复卷机(适用于各种纸类及纸板生产线)

西尔伍德机械有限公司
上海市松江区九亭镇盛龙路8号
邮编：201615
电话：021－54961756
传真：021－54960279
网址：www.cellwood.se
邮箱：:frank.jiang@cellwood.se
产品：:KRIMA卡瑞吗热分散系统、Gurbbens固本碎浆机系统、Gurbbens固本浆渣分离器、Gurbbens固本高浓除渣器、Gurbbens固本纤维疏解机、Gurbbens固本热分散出口配套中浓泵、Agas微滤机系统

贝卡尔特管理(上海)有限公司
上海市大渡河路168弄31号E栋17楼
邮编：200062
电话：021－22197000
传真：021－62193158、62952234
网址：www.bekaert.com.cn
邮箱：shen.yijia@bekaert.com
产品：打包钢丝、非接触式干燥系统、装订钢丝

上海大晃泵业有限公司
上海市奉贤区南桥镇桥行工业区128号
邮编：201400
电话：021－57196294－16
传真：021－57196294－18
网址：www.shzz.org.cn
产品：多头螺旋离心泵、双螺杆泵系列

霍尼韦尔(中国)有限公司
中国(上海)自由贸易试验区环科路555弄1号楼10层
邮编：201203
电话：021－28942000、4008402233
网址：www.honeywell.com.cn

邮箱：jennifer. zhang@ honeywell. com
产品：自动化控制系统传感器与控制元件

布鲁奇维尔（上海）通风技术有限责任公司
上海市闵行区浦江镇三达路 25 号 2 号楼 509 室
邮编：201112
电话：021－37561023
网址：www. brunnschweiler. com
产品：气罩、风箱、冷凝水系统、热回收系统

上海光华爱而美特仪器有限公司
上海市闵行经济技术开发区东川路 3160 号
邮编：200245
电话：021－64300150
传真：021－64300812
产品：电磁流量计等

上海华阳检测仪器有限公司
上海市长宁区昭化路 515 号
邮编：200050
电话：021－62513784、4008207512
传真：021－62400193
网址：www. sh-huayang. com
邮箱：khfw@ sh-huayang. com
产品：造纸检测、测量仪器

帕克环保技术（上海）有限公司
上海市浦东新区秀浦路 3999 弄 35 号
邮编：201315
电话：021－38256088
传真：021－38256066
网址：www. paques. com. cn
邮箱：info@ paques. com. cn
业务：废水处理、厌氧处理技术

上海承天制浆造纸机械工程成套设备有限公司
上海市中山北路 1060 号 1501 室
邮编：200070
电话：021－56558038、56550377
传真：021－56558038
产品：工业滤纸成套设备、涂布机、浸渍机、二辊单压、四辊双压区、软压光机

上海泛邦自控技术研究所
上海市大木桥路 111 号 26D
邮编：200032
电话：021－64173777、64169325
传真：021－54520510
网址：www. sh-fbauto. com
邮箱：fbauto@ sina. com
fbzkjs@ shcei. com. cn
产品：高精度节能型恒温自控系统

上海弘纶工业用呢有限公司
上海市金山区枫泾镇纺织工业园区建安路 78 号
邮编：201502
电话：021－67360980、67361100
传真：021－57365916
产品：造纸毛毯、工业用呢

上海开港造纸机械制造有限公司
上海市幸福路 117 号
邮编：200052
电话：021－62803874
传真：021－62803871
邮箱：sh-kaigang@ 126. com
产品：喷嘴及其移动装置、常用制浆设备及配件

上海威尔泰工业自动化股份有限公司
上海市闵行区虹中路 263 号
邮编：201103
电话：021－64656465、8008206075、4008206075
传真：021－64659671
网址：www. welltech. com. cn
邮箱：sales@ welltech. com. cn
产品：自动化控制系统

上海赛德造纸机械电控技术有限公司
（原上海造纸机械电控技术研究所）
上海市宝山路 888 弄 2 号 306 室
邮编：200081
电话：021－65871936
传真：021－56716875
网址：www. sh-sied. com
产品：SIED 全数字交直流调速系统产品、抄纸车间集散控制系统

上海紫华企业有限公司
上海市闵行区北松路 999 号
邮编：201111
电话：021－51598533
传真：021－64090612
网址：www. zhpefilm. com
产品：PE 流延压纹膜、透气性流延膜和耐刺穿底膜

上海宏亚机泵制造有限公司
上海市交通西路 108 号 2 号
邮编：200065
电话：021－56533064、56089388
传真：021－56080539
网址：www. hongyapumps. com
邮箱：sales@ hongyapumps. com
产品：CZ 系列化工离心泵、G 型螺杆泵、WB 型旋涡泵、FCB 型不锈钢齿轮泵、TWZB 型无堵塞浆泵等

上海永锚泵业制造有限公司
上海市宝山区苏家浜路 388 弄 181 栋
邮编：201906
电话：021－63802299、63174466、63540676
传真：021－63537433
网址：www. ympumps. com
邮箱：sales@ ympumps. com
产品：G 型系列单螺杆泵，QBY 型气动隔膜泵，ISG 系列单级单吸立式管道离心泵，CQ 型磁力驱动泵，JMZ、FMZ 自吸泵等

上海爱凯思机械刀片有限公司
上海市青浦工业园区崧泽大道 7477 号
邮编：201707
电话：021－59869050
传真：021－59868220
网址：www. cn. iks-sh. com
邮箱：sales@ iks-sh. com
产品：打浆机刀具

上海新阿波隆数控设备有限公司
上海市嘉定区惠亚路 625 号
邮编：201802
电话：021－56488221、13917356288
传真：021－56438622
产品：数控及普通软压光机、配件

上海宝刀机械刀片厂
上海市青浦工业区盈秀路 253 号
邮编：201799
电话：021－59203592
产品：机械刀片

上海大禹自控阀门有限公司
上海市浦东新区航头镇大麦湾工业园区航川路 66 号
邮编：201204
电话：021－68220075
传真：021－68220798
网址：www. dayupv. com
www. shdyvalve. com
邮箱：sales@ dayupv. com
产品：调节阀门

上海高新造纸技术有限公司
上海市逸仙路 3901 号 65－17 幢 4 楼
邮编：200940
电话：021－66507871
网址：www. nhpaper. cn
邮箱：nhpaper@ sina. com
产品：上网成形器、特种纸机、流浆箱

上海汇隆工业网毯有限公司
（原上海工业用呢厂诸翟分厂）
上海市闵行区金辉路 1688 号
邮编：201107
电话：021－62211136、62211137
传真：021－62211449
网址：www. sh-willon. com
邮箱：shwillon@ sina. com
产品：工业用呢

上海化工机械厂有限公司
上海市奉贤区上海工业综合开发区肖南路 368 号
邮编：201401
电话：021－33655563、18001937220
传真：021－33655532
网址：www. scmp. net. cn
邮箱：sale@ scmp. net. cn
产品：过滤机、洗浆机、离心机

上海荟安筛网实业有限公司
上海市浦东新区龙安大道 5901 号
邮编：201201
电话：021－65278886、13801789202
传真：021－65278887
网址：www. huian. com. cn
邮箱：5616247@ qq. com
产品：丝网

上海吉井环保设备有限公司
上海市长宁区宋园路 16 号 101 室
邮编：200336
电话：021－62083399、13901827238
传真：021－62706689
网址：www. yosii. com. cn
邮箱：yosii@ sh163. net

yosii@ nikkiso. com. cn
产品：系列计量泵、输送泵、环保设备

上海金熊造纸网毯有限公司
上海市金山区枫泾镇兴塔建安路 78 号 2 栋
邮编：201502
电话：021 -67361666
传真：021 -67361071
网址：www. vanov. cn
产品：造纸毛毯、工业用呢

上海轻良实业有限公司
上海市青浦白鹤工业区鹤祥路 68 号
邮编：201709
电话：021 -59741536
传真：021 -59741437
网址：www. shqlsy. com
邮箱：shqlsy@ shqlsy. com
产品：造纸设备

上海瑞华(集团)有限公司
上海市嘉定区南翔工业园区惠申路 111 号
邮编：201802
电话：021 -69029108
传真：021 -39501036
网址：www. ruihuagroup. com. cn
邮箱：ruihua@ ruihuagroup. com. cn
产品：传动及控制系统、造纸机械

上海星空自动化仪表有限公司
上海市青浦工业园区新水路 575 号
邮编：201701
电话：021 -58959397
传真：021 -58959397
网址：www. sh-xk. com. cn
邮箱：xingkongybe@ 163. com
产品：流量计等仪表

上海新光明泵业制造有限公司
(原光明水泵厂)
上海市武定路 576 号
邮编：200040
电话：021 -62156413、62586878、62583382
传真：021 -62156276
网址：www. gmpumps. com
邮箱：info@ xinguangminggroup. com
产品：隔膜泵、高温油泵、清水离心泵、化工泵、污水泵

上海新华控制技术(集团)有限公司
上海市闵行区紫月路 968 号
邮编：200241
电话：021 -34292618
传真：021 -64847787
网址：www. xinhuagroup. com
邮箱：xhg@ xinhuagroup. com
产品：自动控制

上海金山中达工业用呢有限公司
上海市金山区吕巷镇新浜村 12 组 5000 号
邮编：201517
电话：021 -57371309、13901692179
传真：021 -57371242
邮箱：378135477@ qq. com
产品：工业用呢

中国海诚工程科技股份有限公司
中国轻工业上海工程咨询有限公司
上海市宝庆路 21 号
邮编：200031
电话：021 -64717908
传真：021 -64718347
网址：www. haisum. com
邮箱：info@ haisum. com
业务：工程设计、工程咨询、工程监理

埃梯梯(中国)投资有限公司上海分公司
ITT 工业公司
上海市遵义路 100 号虹桥城市中心 A 座 18 楼
邮编：200051
电话：021 -22312249、13912374322
网址：www. gouldspumps. com
www. pumpsmart. net
产品：泵

中国船舶重工集团公司第 704 研究所
上海市衡山路 10 号
邮编：200031
电话：021 -64330208
传真：021 -64330521
网址：www. smeri. com. cn
邮箱：jy704@ 21cn. com
产品：纸卷输送系统

柯尔柏机械设备(上海)有限公司
上海市外高桥保税区华京路 418 号 41 号楼 C 部位
邮编：200131

电话：021－50462933、50462822
传真：021－50462303
网址：www. kpl. net
www. koerberprocess. com
邮箱：mirjam. rolfe@ koerber. de
产品：复卷机、分切机

斯普瑞喷雾系统（上海）有限公司
上海市松江工业区书林路 21 号
邮编：201611
电话：021－57684882、67600882
传真：021－67600548
网址：www. spray. com. cn
www. autojet. com
邮箱：shanghai@ spray. com. cn
产品：喷嘴

上海乾丰轻工机械厂
上海市嘉定区江桥工业园区丰华公路 1580 号
邮编：201803
电话：021－59143443
传真：021－69111165
邮箱：chunginglu@ 126. com
产品：磨刀机、复卷机、除渣器

埃尔依（上海）工业设备有限公司
上海市虹口区四川北路 1666 号 2003－A 室
邮编：200080
电话：021－39115191
传真：021－39115192
网址：www. l-e. de
产品：纸机密闭气罩、袋通风与热回收系统、车间通风系统、涂布机干燥系统、蒸汽冷凝水系统

丹佛斯（上海）自动控制有限公司
上海市宜山路 900 号科技大楼 C 座 20 层
邮编：200233
电话：021－61513000、4000619988
传真：021－61513100
网址：www. danfoss. com/china
邮箱：shanghai@ danfoss. com
产品：变频器

上海东方泵业（集团）有限公司
上海市宝山区富联路 1588 号
邮编：201906
电话：021－33718888
传真：021－51678778
网址：www. eastpump. com
邮箱：eastpump@ 163. net
产品：泵

罗斯蒙特公司
艾默生过程控制有限公司
上海办事处：021－28929000
北京办事处：010－85726666
广州办事处：020－28838900
西安办事处：029－88650888
乌鲁木齐办事处：0991－5802277
网址：www. emersonprocess. com
邮箱：csc. china@ emerson. com
产品：压力变送器

西派克（上海）泵业有限公司
上海市浦东新区宣中路 399 号
邮编：201300
电话：021－38108888
传真：021－38108889
网址：www. seepex. com
邮箱：info. cn@ seepex. com
产品：泵

瑞士 BMB-Kroenert 集团公司
中国总代理香港捷成洋行有限公司
上海市延安东路 588 号东海商业中心 11 楼 C 座
邮编：200001
电话：021－63527002
传真：021－63527330
网址：www. bmbag. ch
产品：涂布加工设备

博索尼奥拉茂（上海）叉车属具有限公司
上海市闵行区陪昆路 206 号 B 区 11 号
邮编：201111
电话：021－64093050、64619932
传真：021－64093060
网址：www. bolzoni-auramo. com
产品：纸浆包夹、废纸包夹、纸箱夹

上海奥鼎机械设备成套有限公司
上海市浦东新区东方路 3539 号 7 号楼 2 层 270 室
邮编：201812
电话：021－62815511、13901749871
传真：021－52581476
网址：www. aoding. com
邮箱：info@ aoding. com

产品：造纸机械

深圳市联欧贸易发展有限公司上海分部
上海市浦东桃林路 18 号环球广场 B 座 702 室
邮编：200135
电话：021 - 68556062
传真：021 - 58214208
网址：www. euro-me. com
邮箱：euromesh@ euro-me. com
产品：纸机

铁姆肯(中国)投资有限公司总部
上海市虹桥路 1 号港汇中心 1 座 27 层
邮编：200030
电话：021 - 61138000、4008846536
传真：021 - 61138001
网址：www. timken. com
产品：轴承

伊顿工业过滤(上海)有限公司
上海市长宁区临虹路 280 弄 7 号楼
邮编：200335
电话：021 - 52000422
传真：021 - 22307240
网址：www. eaton. com. cn
邮箱：filtration@ eaton. com. cn
产品：造纸过滤设备

美国福瑞斯国际贸易有限公司
上海盛托瑞国际贸易有限公司
上海市定西路 988 号 507 室
邮编：200050
电话：021 - 62112130、62116810
传真：021 - 62120563
经营：牛卡纸、白牛皮纸、PE 口杯纸、彩色卡纸、轻涂纸、废纸

瑞典赛尔玛(CELLMARK)有限公司上海代表处
上海市茂名南路 205 号瑞金大厦 2007
邮编：200020
电话：021 - 64730266
传真：021 - 64730030
经营：漂白针叶木浆、桉木浆、漂白阔叶木浆、本色浆、化学机械浆、牛皮纸、牛皮卡纸、瓦楞原纸、涂布白卡纸、废纸

上海华宝物资实业有限公司
上海市真诚路 426 号
邮编：200331
电话：021 - 66270073、66270053
传真：021 - 66270090
经营：废纸、纸筒芯

上海云开纸业有限公司
上海市黄浦区绍兴路 17 弄 3 - 4 号底室 I6
邮编：201409
电话：021 - 59128010、59128011
传真：021 - 59128011
邮箱：yunkaizhiye@ 163. com
经营：牛皮纸、纸袋纸、白卡纸

上海万戈工贸发展有限公司
上海市宝山路月春路 629 号
邮编：201906
电话：021 - 51099553
传真：021 - 51879227
网址：www. wangesh. com
邮箱：1084328154@ qq. com
经营：卡纸

上海中立贸易发展有限公司
上海市杨浦区大连路 950 号海上海新城 8 号楼 407 室
邮编：200092
电话：021 - 55969137
传真：021 - 65625655
邮箱：yang@ zhanglitrade. com
经营：废纸

上海宾高纸业有限公司
上海市青浦区支家路 21 弄 3 号楼 105 室
邮编：201700
电话：021 - 59732802、13801662351
传真：021 - 59731297
网址：www. shbgzy. com
经营：牛卡纸、牛皮纸

香港经纶全讯(香港)有限公司上海代表处
上海市静安区万航渡路 888 号 21 层 M 室
邮编：200042
电话：021 - 22879887
经营：单面铜版纸

上海峰联浆纸有限公司
中国(上海)自由贸易试验区浦东南路 855 号世界广场 30H
邮编：200120

电话：021－58209888、58207888
传真：021－58888056
邮箱：283354109@ qq. com
经营：漂白针叶木浆

上海年瑞进出口有限公司
上海市浦东崂山路 528 号江苏大厦（紫金山大酒店）14 楼 A5 室
邮编：200122
电话：021－58358662、68868850
传真：021－58358676、68868577
网址：www. yearich. com
邮箱：poster@ yearich. com
经营：牛皮纸

上海伟忠纸业有限公司
上海市金山区朱泾镇罗星南路 303 弄 84 号 101
邮编：201599
电话：021－57318921
经营：废纸

上海吉圣包装纸业有限公司
上海市南翔镇蕰北公路 1755 弄 22 号 3 层 A3228 室
邮编：201702
电话：021－52983071、13391329070
邮箱：jpc528@ 163. com
经营：牛卡纸、牛皮纸

上海华臻绫术文化传播有限公司
上海市沪太路 1128 号 A1－604 室
邮编：200072
电话：021－36030216、36030217、56034661
传真：021－56034661
邮箱：zhulixian2312@ sina. com
经营：双面灰纸板、白牛皮纸、未涂布白铜版卡纸

上海千悦贸易有限公司
上海市闵行区虹中路 115 号
邮编：200336
电话：021－62190989、62191189、62192806
传真：021－62192806
邮箱：32901135@ qq. com
经营：白卡纸

上海田源纸业有限公司
上海市徐汇区斜土路 2451 号 1 幢 405 室
邮编：200030
电话：021－64077805、64073270、64077842
经营：铜版纸

大仓纸业商事（上海）有限公司
中国（上海）自由贸易试验区台中南路 2 号新贸楼 214 室
邮编：200336
电话：021－62700643、62700645、62700644
传真：021－62700645
网址：www. okurash. com
邮箱：homepage@ okurash. com
经营：白纸板

日惠得造纸器材（上海）贸易有限公司
上海市长宁区娄山关路 85 号东方国际大厦 C1108 室
邮编：200336
电话：021－62350159
传真：021－62195442
网址：www. felt. co. jp
邮箱：lqding@ felt. co. jp
产品：制浆造纸用毛毯、网以及其他工业用塑料织物

上海晶杨商贸有限公司
上海市建国西路 91 弄 5 号楼 902 室
邮编：200020
电话：021－63049414、51532091、51532092、51532093
传真：021－63049974
网址：www. sha-jingyang. com
邮箱：jysm@ sha-jingyang. com
经营：液体染料、有机颜料分散液、进口 Manildra 造纸专用系列淀粉、进口荧光增白剂、测色仪器、在线颜色测色系统

上海景兴实业投资有限公司
上海市崇明区堡镇大通路 527 号 4 幢 3 楼 305－1 室
邮编：202157
电话：021－68591312
传真：021－62887671
网址：www. zjjxjt. com
邮箱：shanghaijingxing@ 163. com
经营：废纸、木浆、纸板、瓦楞原纸、胶版纸

上海思百吉仪器系统有限公司
上海市闵行区元山路号优络盟城市工业园 9 号楼
邮编：201108
电话：021－64426488
传真：021－64426498
网址：www. spectris. com. cn

经营：各类精密在线测量仪器、精密过程控制及测量仪器仪表及传感器和配件

上海康普艾压缩机有限公司
上海市青浦区外青松公路 5045 号 507 – W 室
电话：021 – 31276300
网址：www. gardnerdenver. com. cn
邮箱：daisy. liu@ gardnerdenver. com. cn
经营：空气压缩机、压缩空气净化设备、风机、泵、制浆造纸设备

拜玛机械制造(上海)有限公司
上海市松江区昆港公路 1088 号 3 – A 座
邮编：201614
电话：021 – 57850940、13524337454
传真：021 – 57850949
网址：www. bellmer. com. cn
邮箱：sun@ bellmer. com. cn
产品：机械设备及其零配件、五金产品、工具及其零配件的生产、加工、组装、仓储及销售自产产品，并提供相关产品的售后服务

上海霸弗自动化科技有限公司
（台湾西捷克科技股份有限公司）
上海市青浦区华徐公路 888 号 1 号楼 C303 室
电话：021 – 39887729、13601661759
传真：021 – 39887739
网址：www. c-jac. com
邮箱：19863932@ qq. com
产品：油压缓动器、精密稳速器、空气诱导止回阀、气动元件

莱克勒(天津)国际贸易有限公司上海分公司
中国(上海)自由贸易试验区德堡路 38 号 1 幢 6 层 601 –49 室
电话：021 – 64011868
邮箱：tengxf@ lechler. com. cn
产品：国际贸易，机械设备的批发

鲍利葛国际贸易(上海)有限公司
中国(上海)自由贸易试验区英伦路 38 号衡山国际商务楼 7 层 716 室
电话：021 – 33568200、62183260
邮箱：zhujin@ ciicsh. com
经营：木浆及其他纤维素浆

上海晓国刀片有限公司
上海宝山区罗店镇罗太路 237 号
邮编：201908
电话：021 – 56815618
传真：021 – 66247578
网址：www. shxgdp. cn
邮箱：307557152@ qq. com
产品：气压分条刀、分纸刀、气压剪切刀、分条刀、分切刀

韵绮国际贸易(上海)有限公司
上海市普陀区祁连山南路 2727 弄 78 号 1001 室
邮编：200331
电话：021 – 52752004、18661762833
邮箱：wjm741211@ 163. com
经营：提供制浆造纸专用设备配件

上海胜禹环境工程有限公司
上海宝山区顾北东路 365 号 A 区 126
电话：18621766385
邮箱：shanghaishengyu@ vip. 163. com
产品：原水预处理、水的软化处理及纯水制备、废水处理及回用、工业循环水处理等

维美德(中国)有限公司
上海市嘉定区徐行镇宝凤路 688 号
邮编：201809
电话：021 – 39975000
传真：021 – 39975100
网址：www. valmet. com
产品：造纸机械

维美德造纸机械(上海)有限公司
中国(上海)自由贸易试验区富特东一路 168 号 B 座
邮编：200131
电话：021 – 39975000
传真：021 – 58682343
网址：www. valmet. com
产品：造纸机械

维美德自动化(上海)有限公司
上海自由贸易试验区美约路 261 号
邮编：200131
电话：021 – 39975000
传真：021 – 39975039
网址：www. valmet. com
产品：造纸机械

上海费奥多节能环保科技有限公司
上海市徐汇区喜泰路 237 号 8 号楼 202

邮编：200232
电话：021 - 63456555
传真：021 - 34160387
网址：www. fadim. com. cn
邮箱：lqy@ fadim. com. cn
产品：造纸热泵蒸汽冷凝水系统的设计和相关技术服务

上海金旋旋转接头制造公司
上海市嘉定区曹安公路 4188 号
邮编：201804
电话：021 - 39596828、39597818
传真：021 - 39597838
网址：www. shjinxuan. com
邮箱：jinxuan@ shjinxuan. com
产品：专业从事旋转接头及配套产品的设计，研发，制造

上海旗仁实业有限公司
上海市浦东新区航鹤路 1699 弄 8 支弄 74 号
邮编：200000
电话：13621799114
邮箱：13621799114@ 126. com
产品：压部无绳引纸、单挂无绳引纸、双挂烘缸无绳引纸、断纸系统、真空引纸系统

康拓国际贸易（上海）有限公司
上海市徐汇区凯旋路 3500 号华苑大厦 1 号楼 5E
邮编：200030
电话：021 - 51098200
传真：021 - 64282542
网址：www. kandas. com. tw
邮箱：sl@ hzsljg. com
业务：从事制浆造纸工业各类产品销售及技术咨询

益加义传感技术（上海）有限公司
上海市翔殷路 1088 号凯迪金融大厦 18 层
邮编：200433
电话：021 - 61176129
传真：021 - 60400109
网址：www. epluse. com
邮箱：info@ epluse. com
产品：温度、湿度、CO_2、油中水分，露点温度、风速、风量和压力等传感器

上海惠达造纸科技有限公司
上海市浦东南路 1036 号隆宇大厦 1604 号
电话：13776319228
网址：www. indolegend. com
邮箱：Kelvin. liao@ indolegend. com
产品：造纸机械自动化设备技术开发、生产制造

斯普钠工业有限公司
电话：021 - 24261815 13917637586
网址：www. spooner. co. uk
邮箱：rliu@ spooner. co. uk
产品：气浮式烘箱、气冲式烘箱、气浮转向器等

上海金萃激光技术有限公司
上海市青浦区汇金路 958 号
邮编：201707
电话：021 - 59207200
网址：www. giantreelaser. com
邮箱：info@ giantreelaser. com
产品：提供耐磨、耐腐蚀、耐高温的金属涂层加工服务

上海海斯特叉车制造有限公司
上海市浦东新区榕桥路 588 号
邮编：201206
电话：021 - 61605188
传真：021 - 58349666
网址：www. hyster. com. cn
邮箱：coco. song@ hyster - yale. com
产品：叉车

法索拉斯干燥技术（上海）有限公司
（原法国红太阳）
上海市普陀区大渡河路 168 弄 31 号 E 栋北岸长风 1006A 室
邮编：200062
电话：13816751979
传真：021 - 22197100
网址：www. ircon-solaronics. com
邮箱：huang. hai@ bekaert. com
产品：燃气/电红外干燥和热风干燥

爱色丽德国分公司
上海市长宁区福泉北路 518 号二期 1 座 6 楼
邮编：200335
电话：021 - 32796666
传真：021 - 32796666
网址：www. xrite. com. cn
www. erx50. com
邮箱：sqiu@ xrite. com

产品：自动闭环颜色控制系统

明答克商贸(上海)有限公司
上海市长宁区仙霞路 319 号远东国际 A 栋 1111 室
邮编：200050
电话：021－62709701
传真：021－62709704
网址：www. maintech-china. com
www. maintech-papertech. com
邮箱：liu-lijun@ maintech-china. com
产品：研发纸机脏污防止技术

未泽流体技术(上海)有限公司
上海市奉贤区青港经济园区奉永路 399 号
邮编：201414
电话：021－58089028
传真：021－58089028
网址：www. vozefluid. com
邮箱：vozefluid@ 163. com
产品：不锈钢材质的液压卡套接头，气路卡套接头，精密无缝钢管，焊接接头，过渡接头，胶管接头，管夹，法兰，快速接头以及球阀

上海斐卓喷雾系统有限公司
上海市闵行区中春路 7001 号 E 栋 702(明谷科技园)
电话：021－57675090
传真：021－57675115
网址：www. feizhouspray. com
邮箱：feizhuo@ feizhuo. net
产品：工业喷嘴、脱硝喷枪、喷雾系统

上海浓金自动化设备有限公司
上海市普陀区交暨路 185 号 8 号楼 203 室
邮编：200333
电话：021－66289887　13801804663
传真：021－66289887
网址：www. nongjin－auto. com
邮箱：changzheng. zhao@ nongjin－auto. com
业务：工业过程自动化控制

上海信舒机电设备有限公司
上海市嘉定区外网镇恒永路 328 弄 58 号楼
邮编：201806
电话：021－51088285
传真：021－51872520
网址：www. xsindustry. cn
邮箱：info@ xsindustrycn

产品：机电，流体动力，隔振产品的研发，组装，销售，分销和技术支持

欧瑞康美科表面技术(上海)有限公司
上海市嘉定区百安路 539 号第 1、2 幢
邮编：201814
电话：021－67087000
传真：021－67087001
网址：www. oerlikon. com
邮箱：shanghai. omcn@ oerlikon. com
产品：为纸浆和造纸行业提供广泛的表面解决方案，包括：纸浆蒸煮器的防腐蚀涂层，压延机及压光辊的防磨损涂层，控制喷涂后的表面效果

问泉环保技术(上海)有限公司
上海市徐汇区龙吴路 1500 号，上海交大科技园 A 座 615 室
邮编：200231
电话：021－54188991
传真：021－54188991
网址：www. wenquansh. com
邮箱：info@ wenquansh. com
产品：高浓度污水厌氧处理装置、大通道射流曝气装置

上海威驰过滤系统有限公司
上海市金山区漕泾工业园月工路 285 号
邮编：201507
电话：021－58999972、58999895
传真：021－58999717
网站：www. vithyfilter. com
邮箱：sales@ vithyfilter. com
产品：制造过滤设备与精密过滤元件

KTR 传动技术(中国)服务公司
上海市宝山区庆安路 79 号
电话：021－51693578
传真：021－57491016
网址：www. ktr-ktr. com
邮箱：shyaokai@ 163. com
产品：专业研制和生产各类机械联轴器

康吉诺(北京)科技有限公司上海分公司
上海市闵行区东川 555 号戌楼 5210 室
电话：021－33634373
网址：www. reliability. cc
邮箱：liumingjin@ reliability. cc

service@ reliability. cc
产品：ME140 系列综合分析仪、ME150 系列设备数据采集仪、ME170-1 通用设备的在线监测与诊断分析系统

上海雷诺尔科技股份有限公司
上海市嘉定区城北路 3988 号
电话：021 －59160000
传真：021 －59160987
网址：www. renle. com
邮箱：renle@ renle. com
产品：高低压电机软起动器、高低压变频调速器、高低压无功补偿及谐波治理装置、EPS 应急电源、智能化电气、新能源电气和高低压输变电成套设备等

上海林纸科学仪器有限公司
上海市真北路 915 号绿洲中环 1005 室
邮编：200333
电话：021 －52667916、52662268、13916341066
传真：021 －62575260
网址：www. forest-paper. com
邮箱：info@ forest-paper. com
经营：欧美及日本生产的实验检测和分析仪器

上海森明工业设备有限公司(总部)
上海市闵行区光华路 18 号晶森商务楼 B 座 310
电话：021 －33508226
传真：021 －51079363
网址：www. surmach. com
邮箱：sales@ surmach. com
产品：纠偏控制系统，卷材除尘系统，粘度控制系统，张力系统，气动制动器，弧形辊等

昂礼曼机械设备(上海)有限公司
上海市徐汇区天钥桥路 329 号 802. 06 －2 室
邮编：200030
电话：021 －24193244、68412807
邮箱：villainL@ allimand. com
经营：造纸机械设备

安德里茨(中国)有限公司上海分公司
上海杨浦区大连路 588 号宝地广场 B 座 15 层
邮编：200082
电话：021 －31089388
网址：www. andritz. com
邮箱：marketing. china@ andritz. com
产品：制浆造纸、金属成形工艺

上海项凡自动化有限公司
上海市松江区新桥镇九新公路 2888 号 4 幢 1 层 C 区 115 室
邮编：201612
电话：021 －60514339、13671542541
传真：021 －60514339
网址：www. shianfine. com
邮箱：sales@ shianfine. com
产品：在线分析测试，工艺过程自动化控制设备

英特奈国际纸业贸易(上海)有限公司
上海市嘉定区南翔镇沪宜公路 1188 号 20 幢 125 室
邮编：200235
电话：021 －61139637、61133200
邮箱：emily. duan@ ipaper. com
经营：纸业贸易

上海佳竞机械有限公司
上海闸北区江场西路 299 弄 6 号楼 9 层
电话：021 －68563495、13918564011
传真：021 －58338367
网址：www. shjiajing. com
邮箱：jiajing805@ shjiajing. com
产品：包装机械、环保机械、包装材料

瑞光(上海)电气设备有限公司
上海市嘉定工业区兴邦路 328 号
邮编：201815
电话：021 －69169492
传真：021 －69169495
网址：www. zuiko-sh. com
邮箱：admi5@ zuiko-sh. com
产品：研发、制造、组装卫生用品生产设备、包装设备、无纺布产品生产设备、电气控制装置等机械设备和零部件

上海宏昱造纸技术有限公司
上海市曹安公路 4188 号
电话：021 －39596828
传真：021 －39597838
网址：www. paper-clean. com
邮箱：E-clean@ shjinxuan. com
产品：造纸机网毯清洗设备研发制造

本真能源科技(上海)有限公司
上海琛丹环保科技有限公司
本真智能制造(嘉兴)有限公司
上海市浦东新区东方路 1988 号华南大厦 507 室

邮编：201600
电话：021－50388211、13636385277
传真：021－50388211
网址：www.k-htc.cn
邮箱：lijun@k-htc.cn
产品：废气处理、污泥烘干、热回收节能

上海高质泵有限公司
上海浦东新区富特西一路 135 号
邮编：200000
电话：021－58660008
邮箱：clara.li@itt.com
产品：高质泵及泵的零配件

上海华宝纤维制品有限公司
上海市嘉定区曹安路 3962 号(17 号桥)
邮编：201804
电话：021－39596593、13501628228
传真：021－39597625
网址：www.huabaopack.com
产品：多层牛皮纸袋、纸塑复合袋等

思智浆纸贸易(上海)有限公司
上海市徐汇区长乐路 989 号 36 楼 05－06A 单元
邮编：200031
电话：021－61280118
邮箱：janehong@cng-chn.com
经营：纸张、纸浆、纸巾批发

江　苏　省

南京市

中国林业科学研究院林产化学工业研究所
国家林业化学工程技术研究中心
江苏省南京市锁金五村 16 号
邮编：210042
电话：025－85482401、85482666
传真：025－85413445
网址：icifp.caf.ac.cn
邮箱：admin@icifp.cn
业务：木质和非木质林产品化学加工与利用

江苏凤凰文化贸易集团有限公司
(原江苏省出版印刷物资公司)
江苏省南京市中央路 276－1 易发五洲大厦 2 楼 208 室
邮编：210037
电话：025－83112687、83113505
网址：www.ppmfhwm.com
邮箱：wm@ppm.cn
经营：卷筒纸、铜版纸、双胶纸、木浆

松林国际刮刀锯制造有限公司
江苏省南京市中山北路 281 号虹桥新城市广场 01 幢 1815 室
邮编：210003
电话：025－58811772、83171371
传真：025－58812039
网址：www.paperblade-ssl.com
邮箱：ssl@paperblade-ssl.com
产品：刮刀、圆刀、切刀、开槽刀、专用磨床

南京神克隆环保科技有限公司
南京神克隆科技有限公司
江苏省南京市江宁区淳化街道工业集中区
邮编：211122
电话：025－52196484
传真：025－52196654
网址：www.shenkelong.com
www.shenkelonghuanbao.com
邮箱：fenhuang2005@163.com
产品：废水处理

南京君昇包装有限公司
(原南京纸箱总厂纸板圆桶分厂)
江苏省南京市江宁区江宁街道上湖工业园
邮编：210000
电话：025－52803452
传真：025－52803452
网址：www.nxzt.com
邮箱：lhj@nxzt.com
产品：环保纸板圆桶及各类纸罐

江苏苏宁新技术应用研究所
江苏省南京市虎踞南路 46 号 403 室
邮编：210013
电话：025－83739114
产品：新型臭氧发生器、废水处理设备

南京奈研新材料有限公司
南京市雨花台区六朝路 11 号证大喜玛拉雅 G 座 601 室
邮编：211100
电话：025－87738918
传真：025－87738928
网址：www.naiom.com
邮箱：sq.chen@naiom.com

产品：高精度研磨、抛光技术

南京神童特种玻璃技术有限公司
南京市六合经济开发区新浦六路神童玻璃工业园
邮编：210000
电话：025－57051866、13913881132
传真：025－57051670
网址：www. shentong168. com
邮箱：13913881132@ 163. com
产品：专业化生产高温高压玻璃、高压液位计铝硅玻璃、耐碱超高压玻璃、防爆炸玻璃、防弹防砸玻璃、耐高温高压防爆玻璃、红外及紫外线光学玻璃、压力容器视镜等

无锡市

无锡锐帆技术有限公司
地址：江苏无锡新吴区硕放工业园新农路 6 号
邮编：214028
电话：0510－85256299、18661014966
邮箱：di. wu@ refine-tech. cn
网址：www. refine-tech. cn
产品：提供制浆造纸设备维修和改进服务、各类辊子维护及升级改造

无锡沪东麦斯特环境科技股份有限公司
（原无锡沪东麦斯特环境工程有限公司）
江苏省无锡市国家高新技术开发区硕放工业园
邮编：214142
电话：0510－85300555、85300777
传真：0510－85300878
网址：www. chinahudong. com
邮箱：krofta@ mstwater. com
产品：气浮设备、废水处理设备

敷岛工业织物（无锡）有限公司
江苏省无锡市国家高新技术产业开发区 B-18-G 号
邮编：214012
电话：0510－85258665
传真：0510－85258607
网址：www. shikibo. co. jp
邮箱：yysun@ shikishima-wuxi. com
产品：造纸用干网

宜兴华都琥珀环保机械制造有限公司
江苏省宜兴市高塍镇滆湖路 8 号
邮编：214214
电话：0510－87894476、87894478
传真：0510－87894478
网址：www. hdhb. com. cn
邮箱：mail@ hdhb. com. cn
产品：废水处理设备

江阴市国光轧光机纤维辊有限公司
江苏省江阴市利港镇西利路 86 号
邮编：214444
电话：0510－86631242
传真：0510－86631051
网址：www. cngrand. cn
邮箱：cngrand@ yahoo. cn
产品：压光机、辊筒

江阴市利伟轧辊印染机械有限公司
（原江阴市利港针织印染机械厂）
江苏省江阴市利港镇新街村 38 号
邮编：214444
电话：0510－86631469、86631479
传真：0510－86092290
网址：www. jylw. cn
邮箱：info@ jylw. cn
产品：压花辊、轧光辊、纤维辊、橡胶辊、羊毛辊

江阴市双叶化工机械有限公司
江苏省江阴市北外北国镇北新街 48 号
邮编：214413
电话：0510－86351528、86351508、86354777
传真：0510－86951386、86351029、86351030
网址：www. shuangye. cn
邮箱：shuangye@ shaungye. cn
产品：高岭土研磨设备

无锡德华彩印包装有限公司
江苏省无锡市锡山区鹅湖镇锡甘路 32 号
邮编：214116
电话：0510－88748181
传真：0510－88741377
网址：www. wuxiteckwah. com
邮箱：wuxi_ info@ teckwah. com. cn
产品：彩印包装产品

无锡市鸿顺机械制造有限公司
江苏省无锡市锡山区鸿声镇鸿后路 8 号
邮编：214115
电话：0510－88580441
传真：0510－88585062
网址：www. wxhsjx. cn

邮箱：sales@ wxhsjx. cn
产品：真空辊、漂白设备、废纸处理设备

江苏滕旋科技股份有限公司
（原无锡腾旋技术有限公司）
江苏省无锡市新区梅村工业集中区新都路 6 号
邮编：214112
电话：0510－68787000、88159440、4008099616
传真：0510－88159405
网址：www. tengxuan. net
邮箱：chenghj@ tengxuan. net
产品：旋转接头

凯登约翰逊（无锡）技术有限公司
江苏省无锡市新区闽江路 1 号
邮编：214028
电话：0510－85212218
传真：0510－85212038
网址：www. kadantjohnson. com. cn
产品：蒸汽冷凝水系统、烘干部检测、烘干部系统优化软件、虹吸器、旋转接头、扰流棒、热泵、过热蒸汽降温器、汽水分离器工作站、金属软管、视镜、安装服务

无锡市林州干燥设备有限公司
（原无锡林州干燥机厂）
江苏省无锡市前洲镇塘村
邮编：214181
电话：0510－83391436、83391336
传真：0510－83391442
网址：www. linzhou. com
www. linzhou. net
邮箱：87129504@ qq. com
产品：干燥设备

无锡市德意机电设备制造有限公司
（原江苏省宜兴市第三纺织机械厂）
江苏省宜兴市屺亭镇骏马路 90 号
邮编：214213
电话：0510－87861769、87861868、87868222
传真：0510－87861769、87867909
网址：www. deyijidian. com
邮箱：deyi@ deyijidian. com
产品：无级变速系列、调速电机系列、防爆电机系列

铁姆肯（中国）投资有限公司无锡分公司
江苏省无锡市锡锦路 8 号
邮编：214028
电话：0510－85523888
传真：0510－85523885
网址：www. timken. com
邮箱：jingjing. wu@ . timken. com
产品：轴承

无锡中联造纸机械有限公司
江苏省无锡市新吴区鸿山街道鸿声振兴南路 49 号
邮编：214115
电话：0510－88580431
传真：0510－88580719
邮箱：2454006810@ qq. com
产品：真空辊、压榨辊、吸移辊

无锡市天元轧辊有限公司
（原锡山天元轧辊厂）
江苏省无锡市湖滨区雪浪街道锡南路 13 号
邮编：214000
电话：0510－85952034、13606185981
产品：造纸胶辊

无锡东亭气动自动化设备厂
江苏省无锡市东亭二泉东路 228 号
邮编：214101
电话：0510－88700891、13606180952
传真：0510－88700891
网址：www. wxyyzdh. com
邮箱：info@ wxyyzdh. com
产品：电磁阀

无锡市阿丹纸业有限公司
江苏省无锡市田基浜 24 号之一
邮编：214000
电话：0510－82447047、13961831870
传真：0510－82447047
邮箱：346080796@ qq. com
经营：各类书写纸、有光纸、双胶纸

苏州汇川技术有限公司
苏州市吴中区越溪友翔路 16 号
邮编：215104
电话：0512－66376666
传真：0512－62856720
网址：www. inovance. com
产品：变频器、工业互联网

博路威机械江苏有限公司
江阴市璜土工业园小湖路 19 号

邮编：214445
电话：0510－86055338
传真：0510－86055338
网址：www. broadenwin. com
邮箱：info@ broadenwin. com
产品：无级调压均匀轧光机、双压型无级调压均匀轧光机、分区可控中高轧光机、均匀热轧机、烧毛轧光机、摩擦轧光机、超级压光机、可控中高软压光机、可控中高硬压光机、高效节能轧液辊、涂油辊、挤油辊、热油烫光辊、均匀轧车

无锡欲力机械有限公司
江苏省无锡市惠山区洛社开发区新顺路 88 号
邮编：214187
电话：0510－83831711
传真：0510－83832443
网址：www. yueli. com. tw
邮箱：sales@ mail. yueli. com. tw
产品：研发、设计制造抄纸及纸器生产相关设备

无锡市斯凯浮机械制造有限公司
无锡市惠山区洛社杨市环镇北路 10 号
邮编：214100
电话：0510－83319906、13951506315
传真：0510－83317570
网址：www. jssk88. com
邮箱：sikaifu88@ 163. com
产品：科研设计、制造高端控制阀

无锡维科通风机械有限公司
无锡市滨湖区华庄街道苏锡西路 101 号
邮编：214131
电话：0510－85603178
传真：0510－85603178
网址：www. westtech. com. cn
邮箱：westtechwx@ 163. com
产品：从事造纸机密闭汽罩及热回收系统等纸机通风设备

无锡动视科技有限公司
江苏省无锡市金山北工业园金山四支路 11 号 2 号楼
邮编：214000
电话：0510－85840726
传真：0510－85840727
网址：www. dynavisiontek. com
邮箱：15190292434@ 163. com
产品：纸张表面瑕疵检测系统

博索尼奥拉茂(无锡)叉车属具有限公司
江苏省无锡市锡山经济技术开发区安泰二路 2566 号
邮编：214106
电话：0510－88789395、4006905305
传真：0510－88535635
网址：www. bolzoni-auramo. com. cn
邮箱：sales@ bolzoni-auramo. com. cn
产品：叉车属具、货叉以及升降平台

无锡市洪成造纸机械有限公司
江苏省无锡市新吴区振发三路 3 号
邮编：214142
电话：0510－85261971、13665105588
网址：www. wuxihc. com
邮箱：yhl@ wuxihc. com
产品：真空压榨辊、真空网笼、真空托辊、真空伏辊

徐州市

徐州三环工业用呢科技有限责任公司
江苏省徐州市泉山区时代大道 7 号
邮编：221141
电话：0516－66692385　66692306
传真：0516－85794143
网址：www. xz3h. com
邮箱：gm@ xz3h. com
产品：造纸毛毯、螺旋干网、成型网

江苏四方锅炉有限公司
徐州市铜山华润工业园
电话：0516－85532708、85871846
网址：www. jssfgl. com
邮箱：sfjt@ jssfgl. com
产品：A 级锅炉、A1 级压力容器

常州市

艾博(常州)机械科技有限公司
(PMP 集团中国分公司)
江苏省常州市武进高新区龙翔路 7 号
邮编：213164
电话：0519－86225355、86225356
传真：0519－86225320
网址：www. pmpgroup. com
产品：造纸设备

安德里茨胶辊(常州)有限公司
(原佩姆派(常州)造纸设备有限公司)
江苏省常州市新北区天山路 49 号

邮编：213022
电话：0519－88222808
传真：0519－88222812
产品：造纸设备

常州市伯山机械有限公司
江苏省常州市新北区薛家工业园
邮编：213125
电话：0519－85951315
传真：0519－85951315
网址：www. czboshan. com
邮箱：boshanjixie@163. com
产品：辊筒、压光机、施胶机

常州市优力干燥设备有限公司
江苏省常州市青龙路61号
邮编：213017
电话：0519－85332655、13775029149
传真：0519－85351388
网址：www. you-ly. com
邮箱：youxiaod@gmail. com
产品：纸机干燥设备

常州市科艺钢印花辊厂
江苏省常州市马杭大路工业园
邮编：213162
电话：0519－86700665、13306128233
传真：0519－86700757
网址：www. kyhg. com
邮箱：kyhg@kyhg. com
产品：压花辊

江苏五龙机械有限公司
江苏省常州市湟里镇镇北开发区
邮编：213151
电话：0519－83341024、83346278
传真：0519－83341556
网址：www. china-wulong. com
邮箱：wulong@china-wulong. com
产品：污泥脱水机、压滤机

江苏保龙机电制造有限公司
江苏省溧阳市经济开发区昆仑北路75号
邮编：213300
电话：0519－87301885、87302016、87303618、87305803
传真：0519－87301886
网址：www. jsbaolong. com
邮箱：baolongco@163. com
产品：剥皮设备、削片机、摇筛、输送设备、料仓

普瑞米尔(常州)机械制造有限公司
江苏省常州市新北区罗溪镇汤庄宝塔山路106号
邮编：213133
电话：0519－85787688
传真：0519－85782188
邮箱：info@premiermachinery. cn
产品：分区可控中高压光机

常州凯捷特水射流科技有限公司
江苏省常州新北区河海西路271号
电话：0519－85806380
网址：www. kjt-tech. com
邮箱：sales@kjt-tech. com
产品：水射流设备研发

常州市金坛长城轻工机械厂
常州市金坛区薛埠镇茅东大街
邮编：213245
电话：0519－82661148
邮箱：JTCCQG@163. COM
产品：金属切削机床及配件制造

江苏健达干燥工程有限公司
江苏省常州市东青镇
邮编：213114
电话：0519－88962888
传真：0519－88963888
网址：www. jian-da. com
邮箱：jianda@jian-da. com
产品：造纸污泥干燥系统

溧阳市江南烘缸制造有限公司
江苏省溧阳市戴埠镇南工业区竹海大道88号
邮编：213331
电话：0519－87913588、87906282、87902888
传真：0519－87913588、87906282
网址：www. jndryercn. com
www. weimeijx. com
邮箱：hgxpj@weimeijx. com
产品：杨克烘缸

苏州市

江苏华机集团
江苏省张家港市江苏经济开发区振兴路5号

邮编：215600
电话：0512－58189158、58951518
传真：0512－58989366、58951518
网址：www. jshuaji. com
邮箱：hjjt@ public1. sz. js. cn
产品：湿法备料及连续蒸煮系统、黑液蒸发器、二氧化氯制备系统、碱回收苛化系统

江苏华机环保设备股份有限公司
江苏省张家港市民营科技园振兴路 5 号
邮编：215600
电话：0512－58189158
传真：0512－58989366
网址：www. jshuaji. com
产品：黑液蒸发器、冷凝器、换热器

铨展环能设备(昆山)有限公司
江苏省昆山市东部工业区珠竹路 18 号
邮编：215331
电话：0512－57874691、57874692、57874693
传真：0512－57874791
网址：www. cjks. com. cn
邮箱：support@ cjks. com. cn
产品：气罩、隔音罩、热回收和通风系统

苏州工业区亚太纸品加工有限公司
江苏省苏州市跨塘镇镇北路 212 号
邮编：215122
电话：0512－62743888
传真：0512－62742005
邮箱：wangmin@ ascend－china. com. cn
产品：双胶纸、白卡纸(全木浆各种规格)、办公用纸

苏州静冈刀具有限公司
江苏省太仓市郑和东路 55 号
邮编：215400
电话：0512－53569377、53570761
传真：0512－53569376
网址：www. shizuoka. com. cn
产品：刮刀

苏州苏福马机械有限公司
江苏省苏州市新区何山路 378 号
邮编：215129
电话：0512－66627621、66627806、66627810
传真：0512－66627620、66627818
网址：www. sufoma. com
产品：削片机、剥皮生产线

苏州杰而固造纸技术有限公司
苏州工业园区嘉瑞巷 8 号乐嘉大厦 401 室
邮编：215021
电话：0512－67066181
邮箱：zhouxiang1973@ foxmail. com
产品：从事造纸与化工设备、备件和原料、仪器仪表、工量刃具、机电设备的研发

远东化工(集团)
中国业务总部电话：021－63048833
苏州办事处电话：13706212929
珠海办事处电话：0756－3351082、3351102
济南办事处电话：13706410637
网址：www. chemcentralgroup. com. cn
产品：实验室涂布机

太仓嫦娥工业用呢有限公司
江苏省太仓市沙溪镇新北西路 132 号
邮编：215421
电话：0512－53229690
邮箱：change@ vip. 163. com
产品：造纸毛毯

太仓沪太嫦娥造纸设备有限公司
江苏省太仓市沙溪镇新北西路 130 号
邮编：215421
电话：0512－53221907、53229628、53212629
传真：0512－53212993
网址：www. tchtce. cn
产品：纸机、复卷机、卷纸机、压光机、烘缸

太仓市兴良造纸制浆成套设备有限公司
江苏省太仓市沙溪镇民营科技园区 2 号
邮编：226000
电话：0512－53221744
传真：0512－53221758
网址：www. xlpaper. com. cn
邮箱：sxywd_ 1@ 163. com
产品：圆网浓缩机、复式纤维分离机、高浓压力筛、内流压力筛、不锈钢片式圆网笼、喷浆成形器

张家港市巨桥造纸毛毯有限公司
江苏省张家港市鹿苑镇
邮编：215616
电话：0512－58477789、58474683
产品：造纸毛毯

太仓市宇航造纸机械厂
江苏省太仓市璜泾镇王秀管理区
邮编：215426
电话：0512－53857323
产品：水印辊、真空辊、浓缩机

吴江凯富纺织工业有限公司
江苏省吴江市平望镇
邮编：215221
电话：0512－63661058、63663224
传真：0512－63661801
产品：造纸毛毯、石棉板、管板毯及工业用过滤材料

江苏鸿新密封科技有限公司
（原张家港市鸿新机械密封件有限公司）
江苏省张家港市德积镇
邮编：215635
电话：0512－58751485
传真：0512－58726022
网址：www. zjghxmf. com
邮箱：sales@ zjghxmf. com
产品：机械密封件

张家港市华杭造纸机械设备有限公司
江苏省张家港市民营科技园振兴路5号
邮编：215600
电话：0512－58189666
产品：湿法备料、连续蒸煮制浆生产线、真空洗浆机、碱性过氧化氢机械浆生产线（APMP）

昆山福乐国际贸易有限公司
江苏省昆山市长江南路1128号日月星城国际商务广场三楼307室
邮编：215300
电话：0512－86165538
传真：0512－86165539
网址：www. formulaintl. com
经营：热敏纸、镜面铜版纸、黄牛皮纸

江苏华东造纸机械有限公司
江苏省昆山市玉山镇古城中路368号
邮编：215300
电话：0512－57800000
传真：0512－57800001
网址：www. kszlzz. com
邮箱：kszllgq@ 163. com
kszljjg@ 126. com
产品：成套造纸装备

福伊特造纸（中国）有限公司
江苏省昆山市高新技术产业园区晨丰路199号
邮编：215300
电话：0512－57993600
传真：0512－57993611
网址：www. voith. com
邮箱：hanson. zhao@ voith. com
产品：提供整线造纸设备

汉思福德（苏州）测控技术有限公司
江苏省昆山市祖冲之路1666号清华科技园科技大厦203
邮编：215300
电话：0512－57685771
传真：0512－57385771
网址：www. paperspares. com
邮箱：marketing_ cn@ paperspares. com
产品：提供各类进口设备备品备件、工艺消耗品、纸机性能优化产品、维修、升级改造等

迪蔼姆国际贸易（上海）有限公司
中国江苏昆山经济技术开发区大通路1189号
邮编：215333
电话：0512－57001571
传真：0512－57001570
网址：www. tmsystems. cn
邮箱：info@ tmsystems. cn
产品：造纸通风及污染控制系统，提供各类造纸相关通风设备

昆山陆联力华胶辊有限公司
花桥镇姚南路280号
电话：0512－57070369
传真：0512－57697638
网址：www. rollianzlihua. cn
邮箱：services@ rollianzlihua. cn（技术服务）
sales@ rollianzlihua. cn（销售专线）
产品：胶辊研发及销售

昆山映树达包装机械有限公司
江苏省昆山市开发区陆泾路108号
邮编：215300
电话：13338056845
传真：0512－55380196
网址：www. yingshuda. com
邮箱：sales@ yingshuda. com
产品：制造原纸切割机、纸芯粉碎机

昆山亚欧梭耶机械设备有限公司
江苏省昆山市伟业路 8 号 B1504
邮编：215300
电话：0512－86186263
传真：0512－36823823
网址：www. ks-yosy. com
邮箱：bil. shi@ ks-yosy. com
经营：浆料制备品：流浆箱扩散盘块，飘片，管束，除渣器；德国进口脱水元件：HDPE 脱水元件；陶瓷高分子脱水元件；真空辊：石墨橡胶密封条、石墨高分子密封条、高分子密封条，真空辊气胎；旋转接头石墨密封环，刮刀片，涂布刮刀；施胶涂布系统：计量棒，计量棒座，涂布端封；喷嘴，干网清洗喷嘴，水针喷嘴；校正器，张紧器，纠偏装置；弧型辊特氟隆套；骨架油封；空气弹簧，施胶加载气胎 P-1，G-1，G-2，刮刀气囊

昆山福步工业设备有限公司
江苏省昆山市玉山镇宝益路 93 号
邮编：215300
电话：0512－57997668
传真：0512－57997660
网址：www. fbuseals. com. cn
邮箱：sales@ fbuseals. com
产品：专业设计制造高标准、高精密机械密封以及密封辅助系统

昆山优源胜机械有限公司
江苏省昆山市玉山镇虹桥路 1188 号帝宝工业园 B 栋
邮编：215300
电话：0512－50172148
传真：0512－50175917
网址：www. yys-machineey. com
邮箱：sales@ yys-machinery. com
产品：专业生产瓦楞原纸分切机、原纸剖切机等

科麦德智能科技有限公司
江苏省昆山市巴城镇石牌立基路 398 号 2 号房
电话：0512－50166671、13773147661
传真：0512－55186047
网址：www. khemed. com
邮箱：khemed@ khemed. com
产品：各种剪切刀具，各式气动分切刀具

上海森明工业设备有限公司（苏州办事处）
苏州工业园区春辉路 5 号跨春工业坊 2B 森明工业
邮编：215122
电话：0512－66100609
传真：021－51079363
网址：www. surmach. com
邮箱：sales@ surmach. com
产品：纠偏控制系统，卷材除尘系统，粘度控制系统，张力系统，气动制动器，弧形辊等

苏州市三都纸业有限公司
苏州市工业园区四区唯胜公路东、强胜路南
电话：13915583654
邮箱：jundecw@ 163. com
产品：高档纸制品后端加工

海默生测量设备（昆山）有限公司
上海市嘉定区安驰路 488 号
电话：13661956095
网址：www. bpress. cn
产品：在线黏度计、在线密度计、在线酸酯分析仪、原油水分分析仪等

苏州工业园区太得隆机械有限公司
苏州工业园区胜浦镇界浦路 53 号
邮编：215126
电话：0512－69367716
传真：0512－69367656
网址：www. sztdl. com
邮箱：sztdL@ sztdL. com
产品：3520/600 优良文化纸机、2730/600 长网多缸无碳复写原纸机、3950/500 长网多缸新闻纸机、4500/500 长网多缸板纸机、4400/420 超成型多缸板纸机、2740/300 五叠网涂布白板造纸机、3200/400 四叠网多缸纸杯原纸造纸机、3300/500 长网多缸精制牛皮伸性袋纸机、1350/500 长网多缸装饰原纸、2640/500 长网多缸装饰原纸纸机

苏州谱若塔控工程咨询有限公司
苏州工业园区金鸡湖大道苏州纳米城西北区 20 幢 502 室
电话：15604726793
邮箱：18936066971@ 163. com
经营：工程咨询、电气机械设计

苏州嘉诺环境工程有限公司
江苏省苏州市吴江经济技术开发区龙桥路 558 号
邮编：215200
电话：0512－86668090
传真：0512－86668089
网址：www. jonogroup. cn
邮箱：yym@ jonogroup. cn

产品：固废处理

万特赛传动系统（中国）有限公司
（原：吉凯恩传动技术（太仓）有限公司）
太仓经济开发区广州东路188号
电话：0512－53581343
邮箱：linda. sheng@ watescheid. com
产品：制动器、离合器、联轴器、传动轴、限位开关及零部件

圣坦撒罗齿轮箱（苏州）有限公司
江苏省苏州工业园区金陵东路88号金陵工业园7号厂房
邮编：215121
电话：0512－69362198
传真：0512－69362136
网址：www. santasalo. com
邮箱：suzhou@ dbsantasalo. com
产品：工业减速机

苏州嘉研橡胶工业科技有限公司
苏州市吴中区胥口茅蓬路518号
邮编：215164
电话：0512－66930360、66930361
传真：0512－66935997
邮箱：jiayan1888@ 163. com
产品：提供解决产线上卷绕设备除皱方案，研发、生产、销售胶辊、机械零配件、铁芯

昆山悦智律自动化机械设备有限公司
昆山市陆家镇金阳东路20号
邮编：215331
电话：0512－83639579
邮箱：info@ onemech. net
产品：纸张分切机，纸张复卷机，薄膜分条机，胶带切卷机，磨刀機

江苏众志新禹环境科技有限公司
（原苏州新众禹环境科技有限公司）
苏州市高新区鹿山路369号国家环保产业园29幢103室
电话：0512－52765877、18518633377、13811285083
传真：0512－52765877
网址：www. zyzdmtech. cn
www. nzyhj. com
邮箱：sales@ zyzdmtech. com
service@ zyzdmtech. com
产品：从事水处理设备研发、生产

昆山东美自动化设备科技有限公司
昆山市周市镇陆杨金茂路1333号2号房
邮编：215314
电话：0512－50155128
网址：www. ksdmt. com
邮箱：dmt@ ksdmt. com
产品：自动化清洁设备

江苏苏州市亚华胶辊有限公司
常熟市辛庄工业园区长盛路中段
邮编：215562
电话：0512－52471198、52477868
网址：www. yahuajiaogun. cn
产品：胶辊

清来永机械（昆山）有限公司
江苏省昆山市张浦镇新吴街888号海尚商务广场1号楼224室
邮编：215300
电话：0512－50170168
传真：0512－50175828
邮箱：clm@ chinglai. com
产品：新型造纸机械（含纸浆）设备、机床设备、机电设备

太仓市新达造纸机械厂
新塘杨桥村
邮编：215436
电话：0512－53620447
邮箱：lydcz@ 126. com
产品：制造、加工造纸机械配件

太仓市申新造纸机械厂
浏河镇新塘新谊西路30号
邮编：215436
电话：0512－53627014、13962622628
产品：制造、加工造纸机械配件

太仓市永泰造纸机械有限公司
太仓市沙溪镇周泾路2号
邮编：215421
电话：0512－53225688、13862277090
产品：造纸专用设备及配件

太仓市远东造纸机械有限公司
太仓市浏河镇
邮编：215400
电话：0512－53620912

邮箱：87093480@ qq. com
产品：造纸机械

太仓市金龙造纸机械有限公司
太仓市沙溪镇中荷村
邮编：215421
电话：0512－53215717、13806245135
产品：造纸机械设备、无纺布

太仓嫦娥宇洋过滤材料有限公司
太仓市沙溪镇新北西路 132 号
邮编：215421
电话：0512－53214871、18662312346
传真：0512－53214871
网址：www. tcceyy. com
邮箱：yangzi_ liu@ 126. com
产品：经销工业用呢、网类制品、纺织专用设备、造纸机械设备及配件

恩斯克投资有限公司
江苏省昆山市花桥镇恩斯克路 8 号
邮编：215332
电话：0512－57963000
网址：www. cn. nsk. com
邮箱：wang－hong@ nsk. com
产品：造纸设备专用轴承

南通市

海安县金剑轻工机械刀片有限公司
（原海安县轻工机械刀片厂）
江苏省南通市海安县鑫来路 80 号
邮编：226600
电话：0513－88921192、88911573
传真：0513－88833485、88921192
邮箱：794104263@ qq. com
产品：打浆刀片

海门市造纸毛毯厂
江苏省海门市三条桥
邮编：226132
电话：0513－82181369
产品：造纸毛毯

江苏金呢工程织物股份有限公司
江苏海门市悦来三条桥工业区
邮编：226113
电话：0513－8218130、0513－82181600
传真：0513－82181100
网址：www. jsjinni. cn
产品：成形网、干网、造纸毛毯

海门市工业用呢厂
江苏省海门市麒麟镇通海路 129 号
邮编：226125
电话：0513－82615001
传真：0513－82615001
网址：www. hmgyyn. cn
邮箱：info@ hmgyyn. cn
产品：造纸毛毯

南通中包投资有限公司
江苏省南通市港闸区长和路 89 号
邮编：226002
电话：0513－89020060
传真：0513－85535490
网址：www. nantongpack. com
邮箱：sales16@ nantongpack. com
经营：加工裁切、复卷和分条

南通华严磨片有限公司
南通华严铸造有限公司
江苏省如东县岔河镇兴河工业园
邮编：226403
电话：0513－84830097、13222131116
传真：0513－84377485
网址：www. nthuayan. cn
邮箱：13222131116@ 163. com
产品：各类磨片研究开发

南通三友环保科技有限公司
南通市人民中路 196 号
电话：0513－85922725、85924148、18205013366
传真：0513－85920873
网址：www. ntsyhb. cn
邮箱：ntsyhb@ 163. com
产品：生产空气净化材料和水处理材料等系列产品

南通佳宝机械有限公司
如皋市城南街道新源东一路 1 号
邮编：226557
电话：0513－87733555
网址：www. nantongjiabao. com
邮箱：469718507@ qq. com
产品：半自动、全自动压缩打包机、废料排废系统

布鲁奇维尔通风设备启东有限公司
江苏省启东高新技术产业开发区海虹路
邮编：226236
电话：0513－83266330　021－37561023
邮箱：wendy@ brunnschweiler. com
产品：气罩、风箱、冷凝水系统、热回收系统

连云港市

江苏省连云港市机电设备总厂
江苏省连云港市新浦区康泰南中 55 号
邮编：222004
电话：0518－85413716
产品：生活用纸加工设备

连云港根深纸制品有限公司
江苏省连云港市连云开发区云山企业园晕宿路 258 号
邮编：222043
电话：0518－82341648、82340456
传真：0518－82346812、82802223
网址：www. genshen. net. cn
产品：淋膜口杯纸、瓦楞纸板、纸箱

连云港市精达计量泵有限公司
江苏省连云港市灌南县六塘街东首
邮编：222506
电话：0518－83463999、83462888
传真：0518－83461697
网址：www. gn900. com
www. lygjlb. cn
邮箱：lygjdjlb@ 163. com
产品：单、双缸计量泵

淮安市

江苏淮安第一出版印刷物资有限公司
江苏省淮安市(原淮阴市)爱民路 38 号
邮编：223001
电话：0517－83676058、83939915
传真：0517－83650488、83939915
网址：www. jspmc. com
邮箱：jspmc@ 163. com
经营：胶版纸、铜版纸、铜版卡纸

盐城市

盐城市宏宇造纸机械有限公司
江苏省盐城市盐都区楼王镇人民路 188 号
邮编：224031
电话：0515－88658777、18105100099
传真：0515－88659588
网址：www. hongyugs. cn
邮箱：hongyugs@ 126. com
产品：脱水元件、流浆箱

盐城市佳诚机械有限公司
江苏省盐城市秦南工业园区泽夫南路 1 号
邮编：224000
电话：0515－88605333、15251071248
传真：0515－89806278、89806378
网址：www. jxmachine. com
邮箱：jcsw000001@ 163. com
jcsw000002@ 163. com
产品：流浆箱、卫生纸机、成形板、刮水板、吸水箱

江苏正伟机械有限公司
江苏省盐城市建湖县建阳石油装备产业园润阳路 88 号
邮编：224700
电话：0515－86568818、13601420366
传真：0515－86568633
网址：www. zwzzjx. com
邮箱：zwjx0077@ 163. com
产品：真空压榨辊、真空伏辊、真空吸移辊、真空托辊、真空网笼、复合辊、压榨辊、卷纸辊、导辊等辊类

扬州市

尚宝罗江苏节能科技股份有限公司
(原扬州市尚宝罗泵业有限公司)
江苏省扬州市宝应城西(二桥)工业集中区尚宝罗路 1 号
邮编：225800
电话：0514－88209222、13901440177
传真：0514－88224929
网址：www. sblpump. com
邮箱：sblpump@ 163. com
产品：泵

江苏新风网业有限公司
(原江都新风造纸网业有限公司)
江苏省江都市真武镇真武路 59 号
邮编：225265
电话：0514－86271080、86278901
传真：0514－86271080
网址：www. lkxf. com

邮箱：57511235@ qq. com
产品：造纸铜网

扬州双扬机械有限责任公司
江苏省扬州市维扬经济开发区司徒庙路 498 号
邮编：225003
电话：0514 – 87246044
传真：0514 – 87243768
网址：www. yzsyjx. com. cn
邮箱：sym@ yzsy. com. cn
xsb@ yzsy. com. cn
产品：切纸机、减速机

江苏迎浪科技集团有限公司
江苏省扬州市宝应县北郊工业区
邮编：225806
电话：0514 – 88366888、88366999
传真：0514 – 88366111、88366777
网址：www. ylcasting. com
邮箱：1102710368@ qq. com
产品：造纸用泵

扬州四启环保设备有限公司
江苏省扬州仪征市新城镇新华路 6 号
电话：0514 – 83646368
网址：www. sqepe. com
邮箱：sales@ sqepe. com
产品：液压活塞式增压泵的研发、设计、生产、销售和服务

江苏凯恩斯泵阀有限公司
江苏省宝应县泾河镇曹坝工业集中区
邮编：225806
电话：0514 – 88240518
传真：0514 – 88242118
网址：www. kespump. com
邮箱：yzkes@ kespump. com
产品：各类高效节能型纸浆泵和清水泵、多级泵、污水泵以及阀门

镇江市

金顺重机(江苏)有限公司
江苏省镇江市大港兴港东路 18 号
邮编：212132
电话：0511 – 88998082、88998026
传真：0511 – 88998988
邮箱：goldsun@ goldsunmachinery. com
产品：高速卫生纸机、复卷机、烘缸、纸机改造工程

镇江恒星科技有限公司
江苏省镇江市中山西路 89 号凯旋广场 5 号楼
邮编：212000
电话：0511 – 85033178
传真：0511 – 85033178
网址：www. hx-kj. com
邮箱：china@ hx-kj. com
产品：烘缸堵漏

镇江澳志金茂机械有限公司
江苏省镇江市丹徒区阳谷镇镇南工业集中区宝路 1 号
邮编：212143
电话：0511 – 85935601、13905280958
传真：0511 – 85935602
网址：www. zjjinmao. com
邮箱：zjjinmao@ 263. net
产品：备料、制浆、输运设备

江苏大唐机械有限公司
(原江苏大唐机械制造有限公司)
江苏省镇江市润州民营开发区镇句路东 88 号
邮编：212021
电话：0511 – 85621574、85992667
传真：0511 – 85621574
网址：www. jzdt. net
邮箱：info@ dwoods. cn
产品：备料设备

镇江中富马机械有限公司
江苏省镇江市丹徒新区兴园路 1 号
邮编：212127
电话：0511 – 88798188、88798618、88781320
传真：0511 – 88798066、88781062
网址：www. zjzfm. com
邮箱：zjzfm@ jsmail. com. cn
zjzfmyxb@ 126. com
产品：造纸备料设备

镇江金龙包装材料有限公司
江苏省镇江新区机电工业园
邮编：212132
电话：0511 – 83378588、83172088
邮箱：gelon_ group@ 163. com
经营：包装纸

句容市兴文包装有限公司
江苏省句容市经济开发区航北路 108 号
邮编：212400
电话：0511－87266201、87271390
传真：0511－87262705
网址：www. xingwen. com
产品：瓦楞纸板、纸箱、彩印包装

泰州市

泰州市永达绳业器材厂
江苏省泰州市高港科技创业园高港区许田路许南
邮编：225324
电话：0523－86110982、13801432315
传真：0523－86116788
网址：www. yongkui. com
邮箱：admin@ yongkui. com
产品：引纸绳、柔性吊带、吊钩系列、起重链条系列

江苏理工大学轻工泵研究所靖江耐腐蚀泵厂
江苏省靖江市新港套闸西首
邮编：214518
电话：0523－84211906
邮箱：crr@ hetun. com
产品：浆泵、泵阀

靖江市飞驰环保实业有限公司
江苏省靖江市四墩子北大街
邮编：214536
电话：0523－84331256、13901425562
传真：0523－84331256
网址：www. jjfchb. com
邮箱：jjalsune@ 163. com
产品：废水处理设备

江苏苏东化工机械有限公司
江苏省泰兴市古溪镇溪镇工业园区苏东路 1 号
邮编：225417
电话：0523－87791016
传真：0523－87795139
网址：www. sdyli. cn
www. jssdhg. cn
邮箱：jssdec@ 163. com
产品：造纸环保设备

泰兴市金鑫筛板制造有限公司
江苏省泰兴市江平北路杨庄桥北收费站南 200 米
邮编：225400
电话：0523－87685583
传真：0523－87739428
网址：www. txjxsb. com
产品：造纸机械配件

江苏蓝电环保股份有限公司
（原江苏省泰兴市电除尘设备厂）
江苏省泰兴市城区工业园振兴路 6 号
邮编：225400
电话：0523－87683876、87683865
传真：0523－8686865
网址：www. landiancn. com
邮箱：lddccq@ landiancn. com
产品：造纸碱回收除尘器

泰兴市仕宁机械有限公司
江苏省泰兴市城区工业园碾坊路 19 号
邮编：225401
电话：0523－87996032、13815972614
传真：0523－87996031
网址：www. jsshining. cn
邮箱：shining@ jsshining. cn
产品：压力筛鼓、平筛、多孔板、鳞形板、装饰消声板

江苏鑫龙吊装器材有限公司
江苏省泰州市高港区田河振兴北路 53 号
邮编：225322
电话：0523－86938626
传真：0523－86933199
网址：www. js-xinlong. com
邮箱：info@ js-xinlong. com
产品：吊装备品、引纸绳等

兴化市造纸网厂
江苏省兴化市阳山西路西首（昭阳工业园区）
邮编：225700
电话：0523－83266368、88328158
传真：0523－83263581
产品：聚乙烯（尼龙）网、各种工业网带、塑料传送链板

泰兴市瑞和纸业有限公司
江苏省泰兴市江平北路 178 号
邮编：225400
电话：0523－87688777
传真：0523－87688888
网址：www. ruihepaper. com

经营：各种纸张

江苏三辉环保科技有限公司
公司地址：江苏省泰州市姜堰区高新科技产业园 32 号
商务地址：江苏省泰州市姜堰区南环西路 999 号 A 座
邮编：225500
电话：0523－88280008
传真：0523－88282008
网址：www. sanshine-china. com
邮箱：sales@ sanshine-china. com
产品：专业从事固液分离设备的研发、制造及销售

江苏金利马重工机械制造有限公司
靖江市东兴镇环镇南路 8 号
邮编：214533
电话：0523－84686988
网址：www. jjjlm. com
邮箱：1137962959@ qq. com
产品：造纸专用设备

浙　江　省

杭州市

杭州北辰轻工机械有限公司
浙江省杭州市桐庐县风川开发区风翔路 88 号
邮编：311500
电话：0571－58509003
传真：0571－64219785
网址：ww. fcjpm. com
邮箱：2015463070@ qq. com
产品：纸板机，膜转移施胶机，高速涂布机，顶网成型器，空气转向器等造纸成套及零配件设计、生产

杭州顺隆胶辊有限公司
浙江省杭州市余杭区余杭街道禹航路 66－5 号
邮编：311121
电话：0571－88660399、89052708、89052981
传真：0571－88672288
网址：www. hzsljg. com
邮箱：sl@ hzsljg. com
产品：造纸胶辊

杭州碱泵有限公司
浙江省杭州市西湖区三墩西湖科技园西园五路 12 号
邮编：310030
电话：0571－89905760、89905601
传真：0571－89905602
网址：www. alkalipump. com
邮箱：sales@ alkalipump. com
产品：泵

杭州富阳武林机械有限公司
浙江省富阳市劳动路 10 号
邮编：311400
电话：0571－63369991
产品：压光机、涂布机

杭州大路实业有限公司
浙江省杭州市萧山区红山农场创业路 635 号
邮编：311234
电话：0571－82609073、83699325
传真：0571－83699331
网址：www. chinalulutong. com
邮箱：lulutong168@ hotmail. com
产品：工业泵、盘磨机、浆泵

杭州美辰纸业技术有限公司
浙江省杭州市建国北路 586 号 1601 室
邮编：310004
电话：0571－85096526
传真：0571－85096527
网址：www. papermech. com
邮箱：headbox@ 126. com
产品：流浆箱、成型器、摇振机、蒸汽加湿器

杭州高新自动化仪器仪表公司
浙江省杭州市西湖区教工路 2 号
邮编：310023
电话：0571－88802636、15372095374
产品：物理检测仪器

浙江华章科技有限公司
浙江省杭州市祥园路 99 号运河广告产业大厦 2 号楼 11 楼
邮编：310019
电话：0571－88994499
传真：0571－88994466
网址：www. hzeg. com
邮箱：hzt@ hzeg，com
产品：综合自动化系统（传动、DCS、MCC、MCS、信息化系统及数字化工厂），环保产品（污水处理、压滤机、废气除臭、RDF），纸机改造及项目总包，设备维保及供应链管理服务

浙江中控技术股份有限公司
浙江省杭州市滨江区六合路 309 号中控科技园
邮编：310053
电话：0571 - 88851888
传真：0571 - 86667506
网址：www. supcontech. com
邮箱：supcon@ supcon. com
产品：自动化

杭州华加造纸机械有限公司
浙江省杭州市文晖路大塘新村 20 号
邮编：310005
电话：0571 - 88801313、88801222
传真：0571 - 88801222
网址：www. hzhuajia. com
邮箱：yeke@ mail. hz. zj. cn
产品：流浆箱、斜网成形器

中建材轻工业自动化研究所有限公司
（原杭州轻通博科自动化技术有限公司、中国轻工业自动化研究所）
浙江省杭州市舟山东路 66 号
邮编：310015
电话：0571 - 88293902、88026010、88023152、13858178172（蒋经理）
传真：0571 - 88290716
网址：www. qgyzdh. com
www. qtboke. com
产品：造纸检测仪器、传感器、智能仪器仪表、生产过程自动控制装置和系统机电一体化产品

杭州萧山美特轻工机械有限公司
浙江省杭州市萧山区坎山大道 265 号（萧山国际机场旁）
邮编：311243
电话：0571 - 82519727、83510265
传真：0571 - 82519726
网址：www. mtqj. cn
邮箱：mtqj@ 163. com
产品：滤液泵、高浓除渣器

杭州西湖阀门厂
浙江省杭州市临安区高虹镇曙光路 3 号
邮编：311307
电话：0571 - 85225864、15888800223
传真：0571 - 85220115
网址：www. hzxhfmc. com
邮箱：hzxhfmc@ 163. com
产品：蒸汽阀门、疏水阀、止回阀

杭州新余宏机械有限公司
浙江省杭州市瓶窑镇风都工业区岭山路 1 号
邮编：311115
电话：0571 - 88541156、88542958
传真：0571 - 88543365
网址：www. yhjg. com
产品：生活用纸机设备

浙江省桐庐造纸机械设备有限公司
浙江省杭州市桐庐县横村镇
邮编：311512
电话：0571 - 64671024、13606602210
产品：造纸设备

杭州振兴工业泵制造有限公司
浙江省杭州市萧山区新街科创园
邮编：311217
电话：0571 - 82699701、82609230
传真：0571 - 82699329、82609808
网址：www. zhenxingpump. com
邮箱：2050134232@ qq. com
产品：泵

浙江双元科技开发有限公司
浙江省杭州市莫干山路 1418 号
邮编：310015
电话：0571 - 88867823
传真：0571 - 88910049
网址：www. zjusy. com
邮箱：info_ zjusy@ 163. com
产品：自动控制系统

轻工业杭州机电设计研究院有限公司
杭州市余杭区高教路 970 号 4 号楼
邮编：310007
电话：0571 - 85158560
传真：0571 - 85282565
网址：www. hmei. com. cn
邮箱：53956717@ qq. com
产品：从事制浆造纸、日用化工、食品包装等轻工相关行业科研开发、工程设计、新技术新设备研制、设备成套、技术服务和工程总承包等业务

杭州董氏工贸有限公司
浙江省杭州市拱墅区康桥街道康政路 26 号 1 号楼 2 楼
邮编：310015

电话：0571－85380786、85383445
传真：0571－85386423
邮箱：522174828@ qq. com
经营：灰底白纸板、白卡纸、瓦楞原纸、箱纸板、铜版纸、双灰纸、包装牛皮纸、双胶纸、书写纸、拷贝纸

浙江省普瑞科技有限公司
浙江省杭州市萧山经济技术开发区鸿兴路 181 号
邮编：311125
电话：0571－88170685
传真：0571－88173641
经营：隔膜纸、过滤纸

杭州力魄锐航空科技有限公司
公司地址：杭州市余杭区良渚街道古墩路 1359－3 号 1 幢 1507 室
研发基地：浙江省金华市浦江县一点红大道 966 号浦江科创园 A 幢 2 楼 018 室
电话：0571－86699203、13811997780（方先生）
传真：0571－86699203
网址：www. liporihk. com
邮箱：lipori@ lipori. com
产品：变频高速离心真空泵、直驱式高速离心真空泵

杭州品享科技有限公司
浙江省杭州市下城区东新路 948 号 2 幢 6 楼
邮编：310022
电话：0571－88351253
传真：0571－88351253
网址：www. pnshar. com
邮箱：pnshar@ pnshar. com
产品：纸制品物理性能检测仪器的研发、生产、销售

杭州和利时自动化有限公司
杭州下沙经济开发区 12 号大街 M10－15－7 地块
电话：0571－81633600
传真：0571－81633700
网址：www. hollsys. com
邮箱：yanglina@ hollsys. com
产品：制造控制系统与平台，过程自动化系统

杭州创新轻工机械有限公司
浙江省富阳市场口镇工业园区
电话：0571－63519688
传真：0571－63519799
网址：www. cxmachines. com
邮箱：cxjx0309@ 163. com
产品：造纸机整机、涂布机、化学品制备系统、环保设备等

杭州萧山美特轻工机械有限公司
浙江省杭州市瓜沥镇坎山大道 265 号
邮编：311243
电话：0571－82519727、83510265
传真：0571－82519726
网址：www. mtqj. cn
邮箱：mtqj@ 163. com
产品：KZ 型宽流道纸浆泵，FJ 型低脉冲冲浆泵，KH 型化工流程泵，MZJ 型系列浆池浆塔搅拌器，DDM 型液压双盘磨，HFF 型高频疏解机，GLS 型气液分离器及 FPB 型滤液泵，各种非标槽罐等

杭州奥荣科技有限公司
杭州市余杭区余杭街道金星工业园华一路 1－1 号 3 幢 3 层
邮编：311121
电话：0571－81110868、81110083
传真：0571－81110878
网址：www. hzaorong. com
邮箱：Info@ hzaorong. com
经营：水刺用聚酯网帘，打孔用网帘，造纸业用高速网帘等

浙江远盟自动化技术有限公司
杭州市拱墅区花园岗区 113 号金通大厦 A 座 1103 室
邮编：310015
电话：0571－85020080
传真：0571－87812870
网址：www. ym-autocontrol. com
邮箱：xufei@ ym-autocontrol. com
产品：专业的设备状态监测系统，提供无线智能振动预测、在线振动故障分析系统、大数据云振动诊断，让制造生产更智能化

杭州彩谱科技有限公司
杭州市江干区文渊北路 166 号华银大厦 7 楼
邮编：310018
电话：4000727281、13732210605
传真：0571－85888727
网址：www. hzcaipu. com
邮箱：baobei@ colorspec. cn
产品：从事颜色检测设备的研发、生产和销售，产品包括便携式色差仪、手持式分光测色仪、台式分光测色仪、粉末分光测色仪、透射分光测色仪、光泽度仪、雾度计、油漆油墨配色软件

杭州四鑫工业泵制造有限公司
浙江省杭州市萧山区河庄街道同一村
邮编：311222
电话：0571－82516282、13906715120
传真：0571－82516285
网址：www.sixinpump.com
邮箱：13906715120@163.com
hzxscx@163.com
产品：专业生产高速离心风机、纸浆泵、真空泵、离心泵、化工泵、搅拌器等工业泵及其零配件

杭州纸邦自动化技术有限公司
（原杭州纸邦仪器有限公司）
杭州市滨江区信庭路 99 号
电话：0571－81603239、89935128、88050351、88050356
传真：0571－81603202
网址：www.hzzhibang.com
邮箱：master@hzzhibang.com
1697105593@qq.com
产品：行业检测仪器

浙江正泰中自控制工程有限公司
杭州经济技术开发区 6 号路 260 号中自科技园
电话：0571－28993200、4006320073
传真：0571－28993277
网址：www.chitic.com
邮箱：chitic@chitic.com
产品：自动化

杭州富伦生态科技有限公司
浙江省杭州市富阳区灵桥镇光明村
邮编：311418
电话：0571－63551944
邮箱：fulun@fulunpaper.com
产品：资源再生利用技术研发；再生资源加工；再生资源回收

杭州绿世源机械设备有限公司
浙江省杭州市桐庐县凤川街道陈山路 111 号
邮编：311508
电话：13777539528
产品：造纸机械设备；造纸技术服务

宁波市

宁波港口机械有限公司
宁波伟隆传动机械有限公司
浙江省宁波市东钱湖梅湖创新工业区四香路 1 号
邮编：315121
电话：0574－88372266（总机）、88370604、88373131
传真：0574－88372264
网址：www.weilongme.com.cn
邮箱：weilong@weilongme.com.cn
产品：传动机械

宁波新宁菱机器制造有限公司
浙江省宁波市海曙区集士港镇科盛路 128 号
邮编：315171
电话：0574－88213463、88215639
传真：0574－88213753
网址：www.nbningling.com
产品：分切机、涂布机

宁波市奇兴无纺布有限公司
浙江省慈溪市掌起工业开发区
邮编：315313
电话：0574－63751607、63742606、63751608
传真：0574－63740408
产品：无纺布、无尘纸及其生产线、一次性卫生制品、湿面巾、生活及工业用各种擦拭布

浙江高度环保科技有限公司
宁波高度纸业有限公司
浙江省宁波市奉化区尚田镇下田塔高度路 1 号
邮编：315500
电话：0574－88662195
传真：0574－88662196
网站：www.greendogroup.com
邮箱：444572877@qq.com
产品：纸板定制

宁波邦威泵业有限公司
浙江省余姚市河姆渡镇罗江工业区
电话：0574－62962899
传真：0574－62962898
网址：www.bvwww.com
邮箱：bonvepumps@aliyun.com
产品：造纸涂料专用泵、造纸施胶剂专用泵、造纸化学品专用泵

宁波得利时泵业有限公司
宁波市鄞州经济开发区岐山路 118 号
邮编：315145
电话：0574－87771111－8318
传真：0574－87761066

网址：www. durrex-pump. com
邮箱：nboffice@ durrex-pump. com
产品：泵

宁波博美纸业有限公司
浙江省宁波市海曙区集士港镇董家桥村
邮编：315171
电话：0574－88192619
经营：纸张、纸浆、纸制品

宁波市联成机械有限责任公司
浙江省宁波市镇海区骆驼街道机电园区汇锦路 28 号
邮编：315202
电话：0574－86593020
邮箱：ZGF@ LC-MACHINE. COM
产品：造纸机械及配件

温州市

瑞安市金斯顿喷淋机械有限公司
浙江省瑞安市塘下镇上金工业区
邮编：325204
电话：0577－65500050、65354710
传真：0577－65380926
网址：www. jinsidun. cn
邮箱：jinsidun123@ tom. com
产品：喷头、喷嘴、校网器

浙江瑞萌控制阀有限公司
（原瑞安调节阀厂）
浙江省瑞安市国际汽摩配产业基地
邮编：325204
电话：0577－65500100、65102626
传真：0577－65505510
网址：www. rmvalve. com
邮箱：rtf@ cn-rtf. com
产品：调节阀

瑞安市金邦喷淋技术有限公司
浙江省瑞安市塘下镇里北垟村旺垟东路 84 号
邮编：325204
电话：0577－65380305、65359286
传真：0577－65380306
网址：www. jinwenpin. com
www. gfss. cn
邮箱：gfssnozzle@ 163. com
jw@ jinwenping. com
产品：喷嘴、除渣器头

瑞安市远洋机电有限公司
浙江省瑞安市塘下镇上金工业区 5 号地
邮编：325204
电话：0577－65390539
传真：0577－65397900
产品：轴承退卸套、紧定套、切草机、飞刀、底刀、喷嘴、匀浆机、卷纸辊、磨浆机主轴、浆泵衬套、浆泵叶轮、烘缸刮刀、疏水阀

温州金虎包装材料有限公司
浙江省温州市平阳县敖江机电工业园区 104 国道 130 号
邮编：325401
电话：0577－63018373、63696666、63696601
传真：0577－63696606
产品：纸塑复合包装及塑料复合包装

温州市曙光起动设备有限公司
浙江省乐清经济开发区纬十五路 218 号
邮编：325604
电话：0577－62726973、61720973
传真：0577－62721973
网址：www. china－shuguang. com
邮箱：info@ china－shuguang. com
产品：起动器

温州市利普自控设备有限公司
温州市鹿城区炬光园中路 125 号
邮编：325007
电话：0571－88608601 13906651052
网址：www. 利普自控 . com
邮箱：wzlipu@ 163. com
产品：制造电动、气动控制阀

温州仪器仪表有限公司
浙江省温州市经济技术开发区玉苍东路 30 号
邮编：325011
电话：0577－86533644、86557399
传真：0577－86554149
产品：光学分析仪器、白度计

温州市华威机械有限公司
浙江省温州市龙湾区沙城镇南片工业区永工南路 6 号
邮编：325025
电话：0577－86810726、86817863
传真：0577－86821728
网址：www. hwd-cn. com
邮箱：zhangchao6698@ vip. sina. com

产品：压力筛、分散槽、弧形筛、过滤器

温州银翼造纸筛选设备有限公司
浙江省温州市高新技术园区炬光园（牛山北路）
邮编：302529
电话：0577－88608866
传真：0577－88608862、88608861
产品：压力筛、除节机、过滤机、分级筛

浙江力诺流体控制科技股份有限公司
（原浙江力诺阀门有限公司）
浙江省瑞安市高新技术（阁巷）园区围一路
邮编：325211
电话：0577－65099770、65099778
传真：0577－65386988
网址：www.linuovalve.com
邮箱：linuo@linuovalve.com
产品：造纸控制阀

浙江飞润贸易有限公司
（原浙江亚达不锈钢制造有限公司）
浙江省温州市龙湾区沙城工业园区
邮编：325025
电话：0577－86812378、86817313
传真：0577－86810869
网址：www.cnyada.net
产品：不锈钢输送管道及管件阀门

温州巨顺机械有限公司
浙江省温州市郭溪街道长城路 20 号
邮编：325017
电话：0577－86106117、13600666117
传真：0577－86110931
网址：www.cnjushun.cn
邮箱：master@cnjushun.cn
产品：G 型单螺杆泵、浓浆泵、刀型闸阀、浆液阀、浆料阀、气动插板阀、疏水阀、造纸机专用螺丝、喷淋管、喷嘴

丰华科技发展有限公司
浙江省温州市龙港市新城巴曹工业启动区时代大道 892 号
邮编：325802
电话：0577－64562111、64561700
传真：0577－64575088
网址：www.cn-fenghua.com
邮箱：fh@cn-fenghua.com
经营：不干胶系列产品

浙江豪盛印刷机械有限公司
浙江省瑞安市潘岱街道芦浦工业区
邮编：325000
电话：0577－65873666（销售）
传真：0577－65802228
网址：www.china-ruifeng.com
邮箱：ruifeng@china-ruifeng.com
产品：卷筒纸切纸机、电脑横切机

浙江海盾特种阀门有限公司
永嘉县瓯北镇东瓯工业区安丰工业园
邮编：325102
电话：0577－66993300
传真：0577－66993318
网址：www.hitonsv.cn
邮箱：2756416077@qq.com
sale@hitonsv.cn
产品：研发、生产、销售、服务于一体的专业流体控制阀：球阀系列、刀闸阀系列、蝶阀系列、气动执行器

浙江锐步流体控制设备有限公司
浙江省温州市经济技术开发区滨海园区海棠路 227 号
邮编：3252025
电话：0577－85820777、13511487553
传真：0577－85821528
网址：www.ruibuvalve.com
邮箱：zjruibu@163.com
产品：研发、制造工业过程控制阀门

浙江冠力阀门有限公司
浙江省永嘉县瓯北镇东瓯工业园林浦路
邮编：325105
电话：0577－21815077、21815088
传真：0577－67377166
网址：www.guanlivalve.com.cn
邮箱：jyt@guanlivalve.com
产品：刀型闸阀、刀闸阀、V 型球阀、矿浆阀、浆液阀、美标阀、闸阀、闸门、截止阀、止回阀、蝶阀、球阀等

瑞安市登峰喷淋技术有限公司
浙江省瑞安市上望街道东安村
邮编：325200
电话：0577－65166077、18958801181
传真：0577－65166099
网址：www.chinadengfeng.com
邮箱：ruiandengfeng@aliyun.com
产品：螺旋喷嘴、工业喷嘴、冶金喷嘴、喷淋杆、喷

淋装置、过滤器、移动头及喷淋技术咨询

浙江同普自控设备有限公司
浙江省温州市瓯海经济开发区青松路 2 号
邮编：325014
电话：0577－86083083
传真：0577－86082082
邮箱：tongpu@ zjtongpu. com
产品：阀门

温州威尔斯钢业有限公司
温州市龙湾区永中街道永定路 1188 号万达商业广场 7 幢 12 层 1201 室
邮编：325000
电话：0577－86573231
邮箱：425558604@ qq. com
经营：阀门

中诚阀门集团有限公司
浙江省永嘉县瓯北镇安丰工业区礁华路
邮编：325105
电话：0577－67986808、67339333
传真：0577－67986806
网址：www. zf-v. cn
邮箱：sales@ zf-v. cn
产品：阀门
生产地址：浙江省丽水市莲都区水阁工业区江南路 793 号

嘉兴市

浙江德威不锈钢管业股份有限公司
浙江省嘉兴市南湖区新丰镇嘉港路 889 号
邮编：314005
电话：0573－82222229、4008875966
传真：0573－83839524
网址：www. dwbxg. com
邮箱：info@ deweigroup. cn
产品：不锈钢大、中、小口径焊管及不锈钢管件

海宁市浙宁印刷包装机械有限公司
(原海宁市伊桥轻工机械厂)
浙江省海宁市联合路 292 号
邮编：314400
电话：0573－87224695
传真：0573－87222033
产品：电脑凹版印刷机、盘纸分切机、纸膜横切机、金卡纸印刷机

平湖市青云建材机械股份有限公司
(原平湖市建材机械厂)
浙江省平湖市通界桥
邮编：314215
电话：0573－85944078、13706739400
传真：0573－85944032
网址：www. phqyjc. com
邮箱：phgy1997@ 163. com
产品：输送机、捆包机

嘉兴市欧博特造纸设备科技有限公司
平湖市兴达环保科技设备厂
浙江省平湖市六店大桥东埦北侧
邮编：314200
电话：0573－85945036
传真：0573－86863815
网址：www. jxoubote. com
邮箱：obe2016@ 163. com
产品：污泥浓缩螺旋、轻渣螺旋压榨脱水机、造纸烘干部屋顶排风装置

浙江嘉科流体机械有限公司
嘉善县环球机械密封件厂
浙江省嘉善县魏塘镇工业区银秀路 22 号
邮编：314100
电话：0573－84062810、84062820
传真：0573－84062800
网址：www. hqmf. com
邮箱：tlw@ hqmf. com
产品：污水泵、离心泵等机械密封、大轴径釜用机械密封、高压釜用密封、金属波纹管机械密封等中大型机械密封，以及各种橡胶波纹管等轻型机械密封

嘉兴埃富得机械有限公司
浙江省嘉兴市云海路 500 号
邮编：314000
电话：0573－83913268
传真：0573－83913298
网址：www. aft-global. com
邮箱：Jerry. yu@ aft-global. com
产品：制浆造纸领域的筛选设计、制造

川之江造纸机械(嘉兴)有限公司
浙江省嘉兴市秀洲区嘉北街道南陶浜路 99 号
邮编：314033
电话：0573－82217800
邮箱：shaozhuoyuan@ kawanoe-jx. com

产品：新型造纸机械（含纸浆）成套设备及其配件的制造

湖州市

安吉美伦纸业设备有限公司
浙江省湖州市安吉县递铺镇阳光工业园区
邮编：313300
电话：0572－5302977、5302966
传真：0572－5302977
网址：www. china-meilun. com
邮箱：qmf@ china-meilun. com
产品：饰面辊

浙江峥嵘瑞达辊业有限公司
浙江省湖州市德清县武康经济开发区长虹西街 118 号
邮编：313200
电话：0572－8028555
传真：0572－8837700
网址：jzzrrdgy. 51pla. com
邮箱：18368491840@ 163. com
产品：胶辊

振欣透平机械有限公司
浙江省湖州市安吉县天子湖镇现代工业园区
邮编：313310
电话：0572－5667199、5667066
传真：0572－5667066
网址：www. zhenxingpump. com
邮箱：forpump@ 163. com
产品：气体压缩机械制造

浙江省德清县胶辊实业有限公司
浙江省湖州市德清武康县镇三桥
邮编：313205
电话：0572－8027911、8027898
传真：0572－8027918
产品：胶辊

浙江升祥辊业制造有限公司
浙江德清县经济开发区中兴北路 1052 号
邮箱：313200
电话：0572－8089599
传真：0572－8089598
网址：www. sxroller. com
邮箱：info@ sxroller. com
产品：造纸机包覆层　辊子机械服务

诸暨市

浙江省诸暨市中太造纸机械有限公司
浙江省诸暨市牌头镇工业区
邮编：311825
电话：0575－87052818、13867515688
传真：0575－87057716
网址：www. zjzhongtai. cn
邮箱：lingfeng_ z@ 163. com
产品：流浆箱、透平机

诸暨市造纸机械厂（普通合伙）
浙江省诸暨市牌头五一路
邮编：311825
电话：0575－87051260、13606569826
网址：www. zjzzj. cn
邮箱：zjzzj@ zjzzj. cn
产品：切纸机

绍兴市

绍兴市恒申纸业有限公司
浙江省绍兴市袍江工业区郡贤路南区 A 块群贤路
邮编：312071
电话：0575－88037678、88035588
经营：工业用纸管、化纤

浙江古纤道新材料股份有限公司
浙江绍兴袍江工业区越东路 2 号
邮编：312070
电话：0575－88136815、88138187
传真：0575－88138071
网址：www. guxiandao. com
邮箱：info@ guxiandao. com
产品：涤纶工业纤维

浙江鹏翔暖通设备有限公司
浙江省绍兴市上虞区丰惠镇创业路 1 号
邮编：312361
电话：0575－82590988、13606573578
传真：0575－82590099
网址：www. zjpxnt. com
邮箱：px@ sypxnt. com
产品：专业通风设备制造，集方案提供、研发、设计、生产和销售为一体

嵊州市恒丰纸业有限公司
浙江省绍兴市嵊州市仙岩镇
邮编：312459
电话：0575－83795396
经营：造纸；包装用纸及纸板销售；废纸收购

金华市

浙江武义华东实业有限公司
（原武义华东印刷机械有限公司）
浙江省金华市武义县文教旅游工业园区
邮编：321200
电话：0579－87625769、13905895196
传真：0579－87622188
网址：www. wyhdpm. com
邮箱：303373352@ qq. com
产品：扑克机械、包装机械

衢州市

中国制浆造纸研究院衢州分院
浙江省衢州市柯城区九华北大道 78 号
邮编：324000
电话：13811032279、18305706495
传真：0570－2951000
邮箱：bestflow@ 163. com
paperli@ 126. com
经营：政策咨询、工程设计、标准化研究、分析检测

台州市

临海市新王开机筛有限公司
浙江省临海经济开发区东方大道 138 号
邮编：317000
电话：0576－85121181、85121418
传真：0576－85121428
网址：www. wangkai. com
邮箱：hengwei@ wangkai. com
产品：筛板、筛鼓

温岭市南方粉体设备制造厂
浙江省温岭市肖家桥工业区
邮编：317502
电话：0576－86580583、86581283
传真：0576－86580283
网址：www. nf-sb. com
邮箱：nf-sb@ nf-sb. com
产品：振动筛分机、高效混合机、加热搅拌机、制粒机、输送机、乳化机、溶解机

台州兴达隆润滑设备有限公司
浙江省玉环环东工业区
邮编：317600
电话：0576－87279796、87242722
传真：0576－87241510
网址：www. xingdalong. cn
邮箱：286147107@ qq. com
产品：给油分配器、报警流量分配器、张紧器、校正器、信号传感器、喷淋管、过滤器等

鑫磊压缩机股份有限公司
浙江省台州市温岭市城西工业园区
邮编：317500
电话：0576－89966666
传真：0576－89969999
网址：www. xinlei. com
邮箱：xinlei@ xinlei. com
产品：从事空气压缩机、鼓风机的研发、制造、销售、服务

丽水市

浙江正诺机械有限公司
浙江省丽水市莲都区水阁工业园区仙霞路 102 号
邮编：323000
电话：0578－2766666
传真：0578－2766699
产品：双螺旋刀伺服驱动电脑分切机、滚刀式伺服驱动电脑切纸机

安　徽　省

合肥市

中轻建设（安徽）设计工程有限公司
（原安徽省轻工设计院有限公司）
安徽省合肥市马鞍山南路富成大厦 10 层
邮编：230001
电话：0551－62677951、62673909、62628422
传真：0551－62673755
网址：www. ahlidi. com
邮箱：ahlidi@ 163. com
业务：工程设计、咨询、监理、环境工程、总承包

芜湖市

安徽华辰造纸网股份有限公司
安徽省芜湖市开发区港湾路 33 号
邮编：241006
电话：0553－5848295、13365536089
传真：0553－5848747
网址：www. ahhczzw. com
邮箱：360757545@ qq. com
产品：聚酯网、铜网

安庆市

安庆市朝阳胶辊密封件有限责任公司
安徽省安庆市十里乡吴嘴村 206 国道旁
邮编：246005
电话：0556－5369004、13866620177
邮箱：249241793@ qq. com
产品：造纸胶辊、油封件

滁州市

安徽省天马泵阀集团有限公司
安徽省天长市新河北路 53 号
邮编：239300
电话：0550－7321888、7031888、4008899558
传真：0550－7321688
网址：www. ahtmbv. com
邮箱：sales@ ahtmbv. com
产品：泵及泵阀

安徽天康(集团)股份有限公司
天长市仁和南路 20 号
电话：0550－7555880
传真：0550－7555866
邮箱：tkdzsw@ 163. com
网址：www. tian－kang. com. cn
产品：温度仪表

阜阳市

安徽太平洋特种网业有限公司
安徽省阜阳市太和县城关镇工业园内
邮编：236000
电话：0558－8639313
传真：0558－8655653
网址：www. 0558tpy. com
邮箱：thliulin@ 126. com
lqg100805@ 163. com
产品：造纸成型网、干网、方孔网、工业滤布

安徽宇航网业有限公司
安徽省阜阳市太和县郭庙乡富民路 8 号
电话：13718560575
邮箱：13718560575@ 163. com
经营：滤布、滤网、金属筛网、造纸网

池州市

池州新辰包装科技有限公司
安徽省池州市青阳县新河工业园区
邮编：244000
电话：0566－5755676
网址：www. sincheen. com
邮箱：1394403307@ qq. com
产品：包装机械材料

马鞍山市

马鞍山市精螺机械科技有限公司
马鞍山市博望区博望镇科技创业园
邮编：243131
电话：0555－6764532
传真：0555－6769398
网址：www. masjlkj. com
邮箱：479077119@ qq. com
产品：螺纹元件、开口螺旋刀、筒体、衬套、芯轴等

福　建　省

福州市

福建省浆纸质量监督检验站
福建省福州市台江区上海东市场 2 层
邮编：350005
电话：0591－83334751
传真：0591－83362442
业务：浆、纸和纸板及纸制品的检测

福建省建筑轻纺设计院
福建省福州市东大路华源大厦
邮编：350001
电话：0591－87550637
传真：0591－87520875
网址：www. fjaltdi. com

邮箱：admin@ fjaltdi. com
fjaltdi@ 163. com
业务：造纸工程设计、咨询

福建省造纸工业公司
福建省福州市省府路 1 号金皇大厦 13 层
邮编：350001
电话：0591 – 87521242
经营：造纸原料、造纸设备、仪器仪表

福建星光造纸新技术研究开发中心
福建省福州市工业路祥坂第三工业区 8 号楼
邮编：325002
电话：0591 – 8069830、83821184
网址：www. linbaohua. com
邮箱：fjxglbh@ 163. com
产品：造纸脱水器材

福建省轻工机械设备有限公司
福建省福州市闽侯县铁岭北路 3 号
邮编：350100
电话：0591 – 22079888、22079666
传真：0591 – 22079777
网址：www. fjqj. com
邮箱：fjqj@ fjqj. com
fjqj_ yxb@ vip. 163. com
业务：提供年产 30 万吨废纸 OCC 浆、年产 15 万吨废纸脱墨浆和化学机械浆全套设备，高浓水力碎浆机、脱墨浮选机、双网挤浆机、盘式热风散等设备，项目咨询、工艺设计、设备制造、安装、试车、人员培训等全套交钥匙工程服务

福建省轻纺(控股)有限责任公司
福建省福州市省府路 1 号金皇大厦 18 楼
邮编：350001
电话：0591 – 87510902
传真：0591 – 87510902
网址：www. fjqfkg. com
业务：设计、安装、科研、环保治理等

厦门市

卡斯卡特(厦门)叉车属具有限公司
福建省厦门市海沧区阳光路 668 号
邮编：361026
电话：0592 – 6512500、6512570、6885363
传真：0592 – 6512571
网址：www. cascorp. com. cn
邮箱：cascade@ cascorp. com. cn
产品：侧移器、纸卷夹、纸箱夹、旋转器

厦门乘工阀门制造有限公司
福建省自由贸易试验区厦门片区翔云一路 102 号
邮编：361000
电话：13806030138
邮箱：13806030138@ 139. com
产品：造纸专用系列阀门

厦门永顺纸业开发有限公司
福建省厦门市湖里区禾山圆山工业区 2 号厂房
邮编：361009
电话：0592 – 5521851、5521852、5521853
传真：0592 – 5520291
经营：纸制品印制

厦门新友联贸易有限公司
厦门市思明区后埭溪路 22 号中国供销大厦 4 楼 07 单元
邮编：361000
电话：0592 – 5166709、5166716
传真：0592 – 5166707
经营：文化用纸

厦门鸿益顺环保科技有限公司
福建省厦门市海沧区南海路 689 号
邮编：361000
电话：0592 – 6533699
传真：0592 – 6583966
网址：www. hyshchina. com
邮箱：2404344267@ qq. com
产品：造纸行业专用水煤浆

厦门百霖净水科技有限公司
福建省厦门市同安工业集中区思明园 305 号
电话：0592 – 7117808
网址：www. filtertech-water. com
邮箱：filter@ filtertech-water. com
产品：水处理设备研发和产品制造

厦门鼎立纸业有限公司
福建省厦门市海沧区锦里村西片 139 号
邮编：36500
电话：0592 – 5055711
传真：0592 – 5099331
邮箱：116511664@ qq. com
经营：分切及销售各种纸张

厦门市金鸿峰特种纸业有限公司
厦门市湖里区后坑前社 31 号
电话：0592－5509999
传真：0592－5509998
邮箱：10000paper@163.com
经营：纸及纸制品制造、加工

莆田市

福建东南艺术纸品股份有限公司
（原莆田市东南纸业工贸有限公司）
福建省莆田市华林经济开发区
邮编：351100
电话：0594－2060139
传真：0594－2060196
网址：www.ptdnzy.com
邮箱：gmanager@ptdnzy.com
产品：彩色薄页纸、彩色纸巾纸、彩色皱纹纸、彩色印刷工艺花纸、彩色碎纸条、金银印刷工艺纸

国家浆纸产品质量监督检验中心
福建省莆田市东圳东路三亭街
邮编：351100
电话：0594－2692330
邮箱：gz2692330@126.com
业务：食品包装用纸及容器、纸板，生活用纸，印刷用纸和纸板，文化、办公用纸和纸板及其他制浆造纸类产品的检测

三明市

福建省三明三洋造纸机械设备有限公司
福建省三明市列东高岩新村一幢 402 室
邮编：365000
电话：0598－8245329
产品：制浆设备

泉州市

福建省石狮市锦兴机械制造有限责任公司
福建省石狮市厝仔工业区
邮编：362700
电话：0595－88918188、13655979979
产品：瓦楞纸板生产设备

漳州市

华发纸业（福建）股份有限公司
（原华发（福建）实业有限公司）
福建省龙海市东园镇厚境华发纸地
邮编：363102
电话：0596－6708260、13860866511
传真：0596－6709811
邮箱：403515459@qq.com
经营：原纸

南平市

福建南平星光机械制造安装有限公司
福建省南平市滨江北路 177 号
邮编：353000
电话：0599－8810277
传真：0599－8810277
业务：制浆、造纸设备制造、安装维修

福建顺昌蓝海轻工机械设备有限公司
福建省南平市顺昌县新屯工业园
邮编：353200
电话：0599－7832036、13656966006
传真：0599－7824116
邮箱：1725207208@qq.com
产品：碎浆机、筛、除渣器、废水处理设备

福建南平福一轻工机械有限公司
福建省南平市江南新区工业园祥瑞路 17 号
邮编：353000
电话：0599－8635577、8635262、8614448
传真：0599－8635416
业务：造纸制浆设备、年产 20 万吨废纸 OCC 浆处理系统成套设备和年产 10 万吨废纸脱墨浆处理系统成套设备

龙岩市

长汀县宝顺纸品厂
福建省龙岩市长汀县汀州镇中心坝变电站路 2 号
邮编：366300
电话：0597－6831545
传真：0597－6831545
产品：瓦楞纸箱

宁德市

福安市城阳磨片厂
福建省福安市大溪边
邮编：355000
电话：0593－6381286、13905933634
产品：盘磨机磨片

福安市轻工机械一厂
福建省福安市城北荷塘坪 89 号
邮编：355000
电话：0593－6588531、13459308103
传真：0593－6382472
邮箱：352640988@ qq. com
产品：打浆机、纸机配件

江　西　省

南昌市

江西洪都精工机械有限公司
南昌市青云谱区中航工业洪都昌南工业园南园（新建751#厂房）
邮编：330001
电话：0791－88298706
传真：0791－88200626
邮箱：jlb@ jxhdjg. com
产品：压力筛、水力碎浆机

江西省轻工业研究所
江西省南昌市北京东路 138 号
邮编：330029
电话：0791－8333891
传真：0791－8329214
业务：相关油墨制品研发、造纸相关研究

江西省纸张质量监督检验站
江西省南昌市北京东路 138 号
邮编：330029
电话：0791－8333891
传真：0791－8329214
业务：纸张质量检验

南昌轻工机械厂
江西省南昌市迎宾大道 305 号
邮编：330030
电话：0791－5212116
产品：纸机打浆机、碱回收设备

江西省轻工业设计院
江西省南昌市青云谱区抚河南路 677 号
邮编：330002
电话：0791－87182810、87182830
邮箱：jxqgysjy@ qq. com
业务：轻工技术服务、工程咨询

宜春市

江西德源胶辊有限公司
江西省宜春市上高县五里岭工业园
邮编：336400
电话：0795－2577599
传真：0795－2577699
网址：www. cn-deyuan. com
邮箱：cn-deyuan2008@ 163. com
产品：工业胶辊

江西特种电机股份有限公司
江西省宜春市城南工业园环城南路 581 号
邮编：336000
电话：0795－3272270、3288595
传真：0795－3274523
网址：www. jiangte. com. cn
邮箱：jtsales@ 263. net
产品：变频调速电机

江西高安市金辉毯业科技有限公司
江西省宜春市高安市工业园（兰坊镇）
邮编：330800
电话：0795－5716666、15707951369
邮箱：373532@ qq. com
产品：工业用丝、网毯、无纺布生产

山　东　省

济南市

山东绿泉环保科技股份有限公司
山东省济南市高新区舜华路 2000 号舜泰广场 6#1602
邮编：250101
电话：0531－83530711、83531398
传真：0531－83530922
网址：www. lvquan. cn
邮箱：sdlqhb@ 126. com
产品：废水处理工艺流程及配套设施

山东金拓亨机械制造有限公司
山东省济南市经济开发区南园国道路 6001 号
邮编：250301
电话：0531－87229688、13905411910
传真：0531－87229188
网址：www. jintuoheng. com
邮箱：jintuoheng@ 163. com

产品：造纸机械、制浆设备、筛选设备

济南华章实业有限公司
山东省济南市天桥区东宇大广街以西
邮编：250032
电话：0531－85719751、85704203
传真：0531－85704203
网址：www. jinanhuazhang. com
www. jinanhuike. com
邮箱：jnhuazhang@163. com
产品：纸机部件

济南机械装备实业公司
山东省济南市经十路388号
邮编：250022
电话：0531－87966524
传真：0531－87957271
产品：纸机、涂布机、拉幅机

济南兰光机电技术有限公司
山东省济南市无影山路144号
邮编：250031
电话：0531－58702626
传真：0531－85062108
网址：www. labthink. cn
邮箱：marketing@labthink. cn
产品：胶黏剂检测试验仪器、包装印刷检测仪器

济南市长清区育才机械厂
山东省济南市长清区城南孙庄村
邮编：250300
电话：0531－87263421、13964085328
产品：打浆备件

济南鑫泰液压机械有限公司
山东省济南市济北工业园
邮编：251400
电话：0531－81171588、81171599
传真：0531－81171599
网址：www. xtsjj. com
www. xintaijixie. com
产品：液压平台

济南成东机械制造有限公司
山东省济南市章丘区曹范街道潘王路与旅游路交叉口北
邮编：250101
电话：0531－88882576、80993478
传真：0531－88882576
网址：www. dongchengchina. com
邮箱：896803394@qq. com
产品：螺旋卷管机、封灌机、制袋机、铸涂机、挤出复合机、贴标机

济南兴宏远造纸机械有限公司
山东省章丘市官庄开发区
邮编：250217
电话：0531－83320728、18678826957
邮箱：3416244189@qq. com
产品：复卷机、切纸机、卷纸机等造纸完成系列设备

山东造纸机械厂有限公司
山东省济南市高新技术产业开发区机场路7617号
邮编：250100
电话：0531－88265149、88263157
传真：0531－88263129
网址：www. sdzzjxc. com
邮箱：szj@sd-zzjx. com
产品：压榨辊、分切机、切纸机、复卷机、卷纸机、压光机、接纸台

山东省造纸工业研究设计院
山东省济南市工业南路101号
邮编：250100
电话：0531－88952358、88590459
传真：0531－88934142
网址：www. sprd. cc
邮箱：sprd@163. com
产品：离心甩浆机

山东章丘大星造纸机械有限公司
山东省章丘市埠村镇商业街南首
邮编：250215
电话：0531－83711050、13356683703
传真：0531－83713868
网址：www. sd-daxing. com
邮箱：3711050@sd-daxing. com
sdzqdaxing@163. com
产品：铸造压榨压光系列辊、卷纸缸

山东省章丘市造纸机械厂
山东省章丘市枣园大站村
邮编：250214
电话：0531－83651411、83657068
传真：0531－83651869
邮箱：zzjx@zq－zzjx. com

产品：压光机、卷纸机、复卷机、单，双刀切纸机、接纸台、退纸架、理纸机、施胶机、打包机、分切机

济南吉祥造纸机械有限公司
山东省济南市长清区城南孙庄
邮编：250300
电话：0531－87263639
传真：0531－87263639
产品：造纸机械

济南恒振兴造纸机械有限责任公司
山东省济南市长清区城南
邮编：250300
电话：0531－87263412、13964085676
传真：0531－87263418
邮箱：hengzhenxing@126.com
产品：筛选设备、浓缩机、双盘磨浆机

济南瑞科造纸机械有限公司
济南市历下区龙奥北路8号玉兰广场2号楼702
邮编：250011
电话：0531－86510507
传真：0531－86510507
邮箱：xinfuyang@126.com
经营：纸机核心零部件

济南苏优阀门有限公司
山东省济南市市中区泉景天沅鸿园2号楼21层
电话：0531－87956757
传真：0531－87977161
网址：www.sdsuyou.com
产品：各类阀门

山东瑞中智能科技股份有限公司
山东省济南市天桥区明湖西路777号明湖广场3号楼809室
邮编：250000
电话：0531－85927936
传真：0531－85928936
网址：www.richzone.com.cn
邮箱：richzone@vip.163.cn
产品：检测水分；环保设备及配件销售安装

山东奥凯机电设备有限公司
山东省济南市天桥区黄岗工业园3区1994－1号
邮编：250032
电话：0531－85891163
传真：0531－85762436
网址：www.aokai369.goepe.com
邮箱：aokaipaper@163.com
产品：干网在线清洗系统、高压旋转喷淋洗涤系统、全自动反冲洗过滤器、纸边回收系统、数控驱动器、自动引纸割刀、自动引纸水针、自动校正器、传感阀、纸幅稳定器

济南济传机械科技有限公司
山东省济南市天桥区药山街道办事处新徐工业园268号
邮编：250000
电话：0531－85971957
传真：0531－85971957
网址：www.jnjcjxgm.com
邮箱：735952340@qq.com
产品：十字轴式万向轴、联轴器、传动轴

青岛市

麦斯凯包装系统（青岛）有限公司
山东省青岛市南京路2号绮丽大厦1803室
邮编：266000
电话：0532－85797620
传真：0532－85797619
网址：www.msk-covertech.cn
邮箱：info@msk-covertech.cn
产品：燃气热缩包装机

青岛恩东防锈技术有限公司
（原青岛恩东物产有限公司）
山东省青岛市胶州经济技术开发区永定河路2号
邮编：266200
电话：0532－84908347、84908348
传真：0532－84908349
网址：www.efvci.com
邮箱：info@eundong.com
产品：气化性防锈膜、防锈纸、防锈粉末、防锈液

青岛乾坤机械有限公司
山东省青岛市市北区威海路362路228室
邮编：266001
电话：0532－85820485、13105324229
邮箱：2859976@qq.com
产品：化学品计量泵

青岛欧美进出口有限公司
山东省青岛市市南区东海西路35号4栋12层
邮编：266071

电话：0532－85757515
传真：0532－85710992
网址：www.qea.cn
邮箱：qea@qea.cn
经营：桉木浆、蔗浆、漂白阔叶木浆、漂白针叶木浆、本色木浆、脱墨浆

青岛特利尔环保集团股份有限公司
青岛市市南区银川西路67号E座四层
电话：0532－68850393、68850030
传真：0532－82880686
网址：www.qdclear.com
邮箱：clear@qdclear.com
产品：煤基清洁燃料制备、煤炭清洁高效燃烧技术、环保锅炉装备工程技术、锅炉尾气治理

青岛雷勒过滤科技有限公司
山东省青岛市黄岛区飞宇路358号
邮编：266405
电话：0532－87117999
传真：0532－87151555
网址：www.lehler.com
邮箱：13335049999@163.com
info@lehler.com
产品：研发、生产不锈钢过滤网、楔形滤芯、涂料压力筛、滤袋等

康吉诺(青岛)科技有限公司
康吉诺(青岛)工业设备研究院
青岛市崂山区科苑纬一路1号创新园
电话：0532－66750637
网址：www.reliability.cc
邮箱：liumingjin@reliability.cc
service@reliability.cc
产品：ME140系列综合分析仪、ME150系列设备数据采集仪、ME170-1通用设备的在线监测与诊断分析系统

淄博市

淄博浩瀚陶瓷科技有限公司
山东省淄博市淄川区昆仑镇磁村工业园
邮编：255192
电话：0533－5553606、13626448388
传真：0533－5553606
网址：www.zbhhtc.com
www.zbhhkj.com
产品：除渣器整组及其配件、耐磨陶瓷管道

山东恒星股份有限公司
山东省淄博市周村区恒星路98号
邮编：255300
电话：0533－6556087
传真：0533－6556520
网址：www.ihengxing.com
邮箱：sdhxfcw@163.com
yingye@ihengxing.com
产品：各种型号、系列造纸机，板纸机，超级压光机等

山东晨钟机械股份有限公司
山东省淄博市桓台县周荆路2608号
邮编：256402
电话：0533－8580059
传真：0533－8588059
网址：www.chenzhong.com.cn
邮箱：chenzhong@chenzhong.com.cn
产品：DD系列双盘磨浆机、锥形磨浆机、水力碎浆机、压力筛、高浓磨浆机、盘式热分散系统、污泥挤压脱水系统

山东海天造纸机械有限公司
山东省淄博市王村兴华路320号
邮编：255311
电话：0533－6682999、6682000
传真：0533－6680898
网址：www.haitianjx.com
邮箱：haitianjx@126.com
产品：1760～4400毫米系列长网多缸文化用纸机，2400～4400毫米系列圆网压力成形器，超短网成形器纸板机，2400～4400毫米系列长网多缸瓦楞原纸机，2400～4400毫米系列三叠网、四叠网纸板机

山东硅元新型材料股份有限公司
(原山东省硅酸盐研究设计院)
山东省淄博市高新区柳泉路286号
邮编：255086
电话：0533－3582419
传真：0533－3582244
网址：www.sicer.com
邮箱：sicer@sicer.com
产品：陶瓷系列脱水器件、除砂器、除杂器

山东富安集团真空科技有限公司
山东省淄博市博山区富安工业园
邮编：255200
电话：0533－4208888、4208666

传真：0533－4208999
网址：www. shandongfuan. com
邮箱：shandongfuan@ sina. com
产品：真空泵

佶缔纳士机械有限公司
（原纳西姆工业（中国）有限公司）
山东省博山经济开发区纬五路 18 号
邮编：255213
电话：0533－4650168、4009001066
传真：0533－4651466、4650166
网址：www. gdnash. com. cn
邮箱：mk. gdnc@ gardnerdenver. com
产品：系列真空泵、压缩机

淄博国信轻工机械股份有限公司
山东省淄博市桓台新城镇张田路 8799 号
邮编：256403
电话：0533－8880446、8886989、13706430959
传真：0533－8880440
网址：www. gxqj. net
邮箱：gxxs@ gxjdkj. com. cn
产品：转鼓式碎浆机等废纸制浆设备

淄博锦秀电气自动化有限公司
山东省淄博市周村区正阳路北首
邮编：255339
电话：0533－6531786、6536726、6536797
传真：0533－6531786
网址：www. zbjxdq. com
邮箱：zbjxdq@ 163. com
产品：制浆 DCS 系统、变频传动系统、定量水分析

淄博泰鼎造纸机械有限公司
山东省淄博市周村区恒星路 98 号
邮编：255300
电话：0533－6556085
传真：0533－6557368
网址：www. zbtd. com. cn
邮箱：sdzbtd@ sina. com
产品：超级压光机系列

淄博市周村庆宁过滤设备厂
山东省淄博市周村区米河路北首
邮编：255300
电话：13508941831
邮箱：1355885759@ qq. com
产品：过滤设备

淄博全通机械有限公司
山东省淄博市王村南 309 国道西
邮编：255311
电话：0533－6680247、6681128
传真：0533－6680249
邮箱：quantongjixie@ 163. com
产品：双螺旋高效挤浆机、纸板机、复合纸机、软辊压光机

淄博市临淄春光机电有限公司
山东省淄博市临淄区凤凰镇温江路 11 号
邮编：255420
电话：0533－7666048
传真：0533－7669098
网址：www. cgjd. com
邮箱：cgjd@ cgjd. com
产品：造纸网毯洗涤器及其驱动装置，中、低浓双盘磨浆机，长网双辊挤浆机，长网洗浆机

淄博水环真空泵厂有限公司
山东省淄博市博山区西过境路 299 号
邮编：255200
电话：0533－4178155、4175945
传真：0533－4179957
网址：www. shzkb. com
邮箱：shzkb@ shzkb. com
产品：2BEC、2BEA、2BVA、SZ、SZB、SK、2SK、2SK-P 等系列水环式真空泵，压缩机及真空机组，HZN 柠檬酸强制循环泵

淄博八方圆包装制品有限公司
山东省淄博市临淄区金岭镇金岭南路 1905 号
邮编：255410
电话：0533－7480058、13409077555
传真：0533－7480128
邮箱：292713471@ qq. com
产品：纸杯、纸碗、纸餐盒

淄博百纳新材料科技有限公司
山东省淄博市张店区新材料交易中心 A402 室
邮编：255000
电话：0533－2801410
传真：0533－2801460
网址：www. bannor. net
邮箱：bannor@ foxmail. com
经营：高性能涂布机、透气性测试仪、聚乳酸纤维_聚酯成型网

淄博君道纸业有限公司
淄博市张店区南定镇大旦村昌盛路 8 号
电话：17860955119
网址：www. zbjdbz. com
产品：瓦楞纸箱、彩印纸盒等

淄博九鹿纸业有限公司
山东省淄博市淄川区般阳路街道办事处张博路立交桥西路北
邮编：255100
电话：13573367829
邮箱：jiuluzhiye@ 163. com
产品：纸制品、木材加工、销售；机制纸、纸板、特种纸；废旧物资收购、销售

山东华成中德传动设备有限公司
山东省淄博市博山区经济开发区
邮编：255200
电话：0533 –4661008
传真：0533 –4661009
网址：www. hczd. cn
邮箱：hczd@ hczd. cn
产品：以模块化精密减速器、大功率重载齿轮箱、减速电机、风力发电齿轮箱及高端齿轮箱替代、再制造为主

维美德造纸机械技术(中国)有限公司淄博分公司
山东省淄博市淄博高新区民祥路 43 号
邮编：255035
电话：0533 –3982331
传真：0533 –3588332
网址：www. valmet. com
产品：造纸机械

淄博天阳造纸机械有限公司
山东淄博市周村区王村镇天阳路 8 号
电话：0533 –6683978、6680199
传真：0533 –6683978
网址：www. tianyangzhiji. net
邮箱：tianyangzhiji@ 163. com
产品：特种纸设备研发、制造、销售

山东金润德新材料科技股份有限公司
山东省淄博市周村区周隆路 7077 号
邮编：255300
电话：0533 –6069010、18615108063
传真：0533 –6069006
网址：www. jinrunde. cn
邮箱：sdjrdxcl@ 126. com
产品：不锈钢工业焊管、钛合金、高镍合金管

淄博昌平机械有限公司
山东省淄博市周村区王村镇大尚工业园
邮编：255311
电话：13953321325
传真：0533 –6683763
邮箱：zbcp6699889@ 163. com
产品：生产研发棒条式筛鼓、水碎叶轮、旋翼、给油分配器、毛布纠偏器、校正器、张紧器、刮刀等造纸配件

淄博威泰轻工机械有限公司
山东省淄博市桓台县唐山镇邢家村
邮编：256401
电话：13706438700、13869395868
邮箱：13869395868@ 163. com
产品：制造、销售环保设备、造纸机械配件

枣庄市

山东明源智能装备科技有限公司
山东省枣庄市台儿庄经济开发区阿里山路
邮编：277400
电话：0632 –6715666
传真：0632 –6715888
网址：www. mingyuan. com
邮箱：mingyuan_ jx@ 163. com
产品：造纸机械(软辊压光机，可控中高压光机、无冲击高频摇网器、膜转移施胶机等)、造纸机械数控系统、工业自动控制系统、物联网技术服务

山东鲁台集团枣庄市凯利得数控设备有限公司
山东省枣庄市台儿庄区经济开发区
邮编：277400
电话：0632 –6662998、13563212738
传真：0632 –6662998
邮箱：6662999@ 163. com
产品：数控软压光机、数控传动

山东鲁台造纸机械集团有限公司
山东省枣庄市台儿庄工业园鲁台路 1 号
邮编：277400
电话：0632 –6681888、6681999、13561113888
传真：0632 –6611569
网址：www. lutaijt. com
邮箱：lutaigroup@ 163. com

产品：SD 压滤机、造纸机、碎浆机、烘缸

枣庄市亿利达造纸机械有限公司
山东省枣庄台儿庄区长捷西路
邮编：277400
电话：0632－6618989、13562227029
传真：0632－6612639
邮箱：13562227029@163. com
产品：软压光机、污泥脱水机、湿抄机、造纸机

枣庄市得盛机械设备有限公司
山东省枣庄市驻地西昌路
邮编：277100
电话：0632－3318777、13361438256
传真：0632－3555558
邮箱：127. zz@163. com
产品：流浆箱、污泥脱水机、烘缸、压光机、压榨洗涤过滤机

枣庄市汉森造纸数控设备有限公司
山东省枣庄市台儿庄区台北路西首
邮编：277400
电话：0632－6637338、13906326595
传真：0632－6602988
网址：www. hastenzz. com
邮箱：hastenzz@126. com
hs@hastenzz. com
产品：压光机

山东中力高压阀门股份有限公司
（原山东中力机械制造股份有限公司）
山东省枣庄市薛城区茂源路 655 号
邮编：277800
电话：0632－7652078、7652079
传真：0632－5197509
网址：www. zonygroup. com
邮箱：duqiang@zonygroup. com
产品：阀门

滕州市

滕州市德源高新辊业有限公司
山东省滕州市恒远路经济开发区 299 号
邮编：277500
电话：0632－515518
传真：0632－515519
网址：ww. cn-deyuan. com
邮箱：cn-deyuan2008@163. com
产品：工业胶辊

滕州市润升辊业有限公司
滕州市洪绪镇龙园大道南 200 米
邮编：277500
电话：0632－5912071、1876320588
传真：0632－5915884
网址：www. trsy. 1688. com
产品：软压光辊、聚氨酯盲孔沟纹辊、斜列式和膜转移施胶辊、真空压榨辊、高速导辊

滕州市臻宇造纸环保设备有限公司
山东省滕州市春藤路 289 号
邮编：277500
电话：0632－5573861
传真：0632－5573861
邮箱：lvcx@163. com
产品：黑液提取设备、浆液分离机

滕州市科创轻工机械有限公司
山东省滕州市机械工业园区鲁班大道大地路
邮编：277500
电话：0632－5687391、5687390
传真：0632－5687390
网址：www. sdkechuang. com
邮箱：tzkechuang@163. com
产品：制浆造纸废水处理、废纸脱墨设备

滕州力华米泰克斯胶辊有限公司
山东省滕州市平行南路 76 号
邮编：277500
电话：0632－5699298、5699450
传真：0632－5699275
网址：www. sdlihua. com
邮箱：salihua@vip. 163. com
lihua@sdlihua. com
产品：工业胶辊、其他金属零件覆胶

滕州市晨光波纹管有限公司
晨光金属软管旋转接头制造厂
山东省枣庄市滕州市荆河街道鲁班大道 18 号质监局南 100 米
邮编：277500
电话：0632－5552837
传真：0632－5552171
网址：www. cgbwg. com
邮箱：chengguanggongsi@126. com
产品：旋转接头、波纹补偿器

滕州市东方波纹管有限公司
山东省滕州市平行北路 41 号
邮编：277500
电话：0632－5512430
传真：0632－5513248
网址：www. tzdfbwg. com
邮箱：dfjs2008@ 163. com
产品：金属软管、旋转接头

滕州市锻压机床二厂
滕州市龙山西路 1 号(北立交桥东)
邮编：277500
电话：0632－5512006、5596009
传真：0632－5599753
邮箱：tz2d@ sina. com
产品：挤浆机、洗浆机、污泥脱水

滕州市华方旋转接头有限责任公司
山东省滕州市鲁班大道大地路 2 号
邮编：277500
电话：0632－5525608、5594683
传真：0632－5528571
网址：www. 5525608. com
邮箱：5525608@ 163. com
产品：旋转接头及不锈钢金属软管

滕州市金旋波纹管有限责任公司
山东省滕州市平行南路 88 号
邮编：277500
电话：0632－5553666、5553999
传真：0632－5586527
网址：www. xzjt. com
邮箱：tzjinxuan@ 163. com
产品：金属软管、旋转接头

滕州飞旋旋转接头制造有限公司
原：滕州约翰逊旋转接头制造有限公司
山东省滕州市经济开发区广源东路 299 号
邮编：277500
电话：0632－5513203、5512111
传真：0632－5516244
网址：www. fxxzjt. com
邮箱：qiu. feng@ kadant. com
产品：各种规格、型号的旋转接头及配套金属软管、疏水阀

山东奥旋旋转接头制造有限公司
山东省滕州市善南街道海特西路
邮编：277599
电话：0632－5568999
传真：0632－5825899
网址：www. axgs. com
邮箱：ml_ 1221@ 163. com
产品：旋转接头，金属软管及管道补偿器

烟台市

烟台市造纸机械总厂
山东省烟台市莱山区解甲庄镇驻地
邮编：264003
电话：0535－6752322、15065721559
邮箱：admin@ jiangbei. net
产品：磨浆、浓缩、除渣、真空系列浆泵

莱州市永丰造纸机械有限公司
山东省莱州市平里店镇驻地
邮编：261414
电话：0535－2615565、2615564、2615566
传真：0535－2615567
邮箱：yf@ 163. com
产品：制浆造纸设备、单/复式纤维分离机、外流式高浓压力筛、双锥体高浓除渣器、方浆池推进器、浆池搅拌器、卧/立式水力碎浆机、自洗式振动平筛、槽式打浆机、出口五金工具、硬度计、工业纸板、纸塑制品

蓬莱市自控设备成套厂
山东省烟台市蓬莱市南王街道淮海路 8 号
邮编：265600
电话：0535－5641224、5631224
传真：0535－5601224
邮箱：plwzq@ 163. com
产品：汽水分离、冷凝水排出

烟台大为环保科技有限公司
烟台市高新技术产业园区
邮编：264630
电话：0535－3943058、13685358722
传真：0535－3943056
网址：www. daweihuanbao. com
邮箱：ytdw77@ 163. com
产品：固体废弃物处理、废纸制浆、废纸脱墨设备

潍坊市

山东科力华电磁设备有限公司
(原山东省临朐县科力电磁设备厂)
山东省潍坊市临朐县城南工业园

邮编：262600
电话：0536－3181088、3399235、3399239、13953602126
传真：0536－3181099
网址：www. sdklh. cn
www. sdklh. com
邮箱：kelidianci@ hotmail. com
产品：电磁除铁器、磁滚筒、永磁铁、金属探测仪

潍坊同步造纸技术有限公司
（原潍坊信诺机械有限公司）
山东省安丘市经济开发区
邮编：262100
电话：0536－4733666、4224610、13953661000
传真：0536－4733667
邮箱：1019185930@ qq. com
产品：纸幅横向水分调节系统、纸幅横向定量调节系统、刮刀、空气转向器、纸幅稳定器、洗涤器、分条机，水力式流浆箱等

潍坊天宏机械制造有限公司
山东省安丘市石堆镇东城工业园
邮编：262100
电话：0536－4256398、13606466230
传真：0536－4256397
网址：www. wfth. cn
邮箱：th6230@ sohu. com
产品：除渣器

山东华特磁电科技股份有限公司
山东省潍坊市临朐县华特路 6999 号
邮编：262600
电话：0536－3214543、3158877、3112577
传真：0536－3110552
网址：www. sdhuate. com
邮箱：htcd@ chinahuate. com
产品：除铁器、给料

潍坊凯信机械有限公司
山东省潍坊市高新技术开发区银通街 6677 号
邮编：261061
电话：0536－2966966、2966902、2966908
传真：0536－2966999
网址：www. hicredit. net. cn
邮箱：wfkxzp@ 163. com
产品：造纸机械成套设备及相关自控系统、气垫式干燥浆板机

潍坊市石辊厂
山东省安丘市红沙沟街
邮编：262124
电话：0536－4671466　13793613148
传真：0536－4671957
网址：www. wfsgc. com
邮箱：wfsgc98@ 163. com
产品：纸机用辊

潍坊扬帆机械有限公司
山东省潍坊市淮昌路以北官路村
邮编：261011
电话：0536－8552655、8552366、8553689
传真：0536－8550840
邮箱：yfjxyxgs@ 126. com
产品：备料、制浆设备，废水处理设备

潍坊科创浆纸工程有限公司
山东省安丘市经济开发区青云大街 701 号
邮编：262123
电话：0536－5127188
传真：0536－2269700
网址：www. wfkc. cn
邮箱：cppe21th@ 126. com
产品：除渣器、螺旋挤浆机、搅拌器

青州市益丰造纸机械有限公司
山东省青州市弥河镇闫刘村
邮编：262500
电话：0536－3810143
传真：0536－3811611
邮箱：2390005040@ qq. com
产品：备料、制浆设备

山东青州市鸿立造纸机械有限公司
山东省青州市云门山街道办事处房家社区
邮编：262500
电话：0536－3201582
传真：0536－3205539
邮箱：myrtle@ 126. com
产品：制浆、备料设备

诸城市明大机械有限公司
山东省诸城市皇华工业园
邮编：262233
电话：0536－6342866、13906460330、15169409878
传真：0536－6342866
网址：www. mingdasd. com

邮箱：mdjixie330@163. com
产品：水处理设备

山东汉通奥特机械有限公司
山东省诸城市龙都街道西十里村
邮编：262200
电话：0536－6218640、6113828
传真：0536－6589968
网址：www. chinahantong. cn
邮箱：aote7910@163. com
产品：制浆设备、卫生纸机、废水处理设备

诸城市中天机械有限公司
山东省诸城市西土墙工业园
邮编：262200
电话：0536－6358676、6358673
传真：0536－6358679、6358675
网址：www. zhongtianjixie. com
邮箱：443411956@qq. com
产品：环保设备、造纸设备、承接环保工程

诸城市金隆机械制造有限责任公司
山东省诸城市德利斯大道中段
邮编：262216
电话：0536－6081808、4006086787
传真：0536－6081808
网址：www. cnjinlongjixie. com
www. cnjlhb. com
邮箱：jinlonghuanbao@163. com
产品：打浆设备、磨浆设备、筛选净化设备、浮选脱墨设备、浓缩洗浆设备、废水处理设备、高速卫生纸机、机械制浆设备、热分散系统、浆泵、推进器

山东诸城市东泰造纸机械有限公司
山东省诸城市西外环中段化肥厂西300米
邮编：262200
电话：0536－6017669、6018669、13505369679
网址：www. dongtaijixie. com
邮箱：dongtai6018669@126. com
产品：筛、除渣器、污泥压滤机、气浮废水处理、纸机、湿抄机、脱墨设备、洗涤磨浆设备、磨浆机、爆破制浆技术及设备

山东省诸城市新日东机械厂
山东省诸城市皇华工业园
邮编：262233
电话：0536－6067736、6067737
传真：0536－6060796
网址：www. xrdjx. com
邮箱：xinridong@126. com
产品：脱墨机、碎浆机、磨浆机、洗浆机、搓磨分丝机、纤维分离机、卫生纸机、压力筛

诸城市中泰机械有限公司
山东省潍坊市诸城市高新园芦河大道3399号
邮编：262202
电话：0536－6857526、6184887
传真：0536－6356235
网址：www. zhongtaijixie. com
www. zhongtaijixie. net
邮箱：771098085@qq. com
产品：加工造纸机械

潍坊日东环保装备有限公司
（原山东省诸城市金日东造纸机械有限公司）
山东省诸城市开发区压山路18号
邮编：262200
电话：0536－6213740、6213221、158661833988
传真：0536－6213221
网址：www. ridong. com
邮箱：33187831@qq. com
产品：卫生纸机、螺旋网带洗浆机、环保设备

诸城市天工造纸机械有限公司
山东省诸城市开发区顺都路263号
邮编：262233
电话：0536－6805066、6805088
传真：0536－6805000
网址：www. tgjixie. com
邮箱：tgjx@vip. 163. com
产品：废纸处理设备、制浆设备、环保设备

诸城市增益环保设备有限公司
山东省诸城市密州路东首外贸街9号
邮编：262200
电话：0536－6066260、6065123
传真：0536－6065719
网址：www. sdzengyi. com
邮箱：zengyishebei@163. com
产品：碎浆机、筛浆机、脱墨机、浓缩机、废水处理设备和纸机

山东惠祥专利造纸机械有限公司
（原山东省诸城市专利造纸机械厂）
齐鲁工业大学造纸机械研究所
山东省诸城市辛兴镇兴中路38号

邮编：277400
电话：0536－6011600、13562615220
传真：0536－6011800
网址：huixiangzhuanli. icoc. in
邮箱：zlzzjx@163. com
产品：工业废水处理设备、包装袋纸、造纸助剂

诸城市宏升机械有限公司
山东省诸城市东城工业项目区（昌城行寺路南）
邮编：262216
电话：0536－6406869、6402998
传真：0536－6407989
网址：www. hongshengjixie. com
邮箱：hsjx@hongshengjixie. com
产品：制浆造纸设备

山东旭日东机械有限责任公司
山东省潍坊市诸城市密州街道铁园路 68 号
邮编：262200
电话：0536－6081238、2163005
传真：0536－6087785
网址：www. xuridong. com
邮箱：mail@xuridong. com
产品：制浆、抄纸、纸加工、废水处理设备

诸城市大正机械有限公司
山东省潍坊市诸城市密州街道工业大道与兴华路东首交叉路口东 200 米
邮编：262200
电话：0536－6329913、15095299364
传真：0536－6056488
邮箱：1070687916@qq. com
产品：链式压滤机、卫生纸机

山东明硕新能源科技有限公司
山东潍坊市临朐县冶源镇西环路 8 号
邮编：262605
电话：0536－3498999
传真：0536－3498818
网址：www. sdmingshuo. com
邮箱：sdmssjm@sdmingshuo. com
产品：脱硫设备

潍坊恒诚祥精密机械科技有限公司
潍坊市西夏庄工业园
电话：0536－5171586、13608959227
网址：www. hengchengxiang. com
邮箱：hcx@hengchengxiang. com
产品：纸张加工机械研发和制造

山东天瑞重工有限公司
山东省潍坊市高新区银通街 6699 号
邮编：261061
电话：0536－7519269
传真：0536－8803865
网址：www. tianrui99. com
邮箱：tr9909@126. com
产品：磁悬浮离心鼓风机

诸城市利丰机械有限公司
山东省诸城市兴华东路 7218 号
电话：0536－6061832、4001183918
传真：0536－6060832
网址：www. lifengzaozhi. com
www. lfzzjx. com
www. lifenghuanbao. com
www. shandonglifeng. com
www. qingjiezhijiang. com
邮箱：lfsyjx@163. com
产品：废纸脱墨制浆设备

潍坊康吉诺电子科技有限公司
山东省寿光市五星大厦东座 9 楼
电话：0536－5235511
传真：0536－5235511
网址：www. reliability. cc
邮箱：liumingjin@reliability. cc
service@reliability. cc
产品：ME140 系列综合分析仪、ME150 系列设备数据采集仪、ME170-1 通用设备的在线监测与诊断分析系统

潍坊贝德机械有限公司
寿光市化龙镇丰城商业街西首 666 号
电话：0536－5509910、15864569852
网址：www. bestd. cn
邮箱：sunruihua@126. com
产品：软压光包胶、超压包胶

青州市凯拓机械有限公司
山东省青州市东坝街道办事处
邮编：262517
电话：0536－3531298
传真：0536－3533888
网址：www. kaituojixie. net
邮箱：kt1298@163. com

产品：造纸机械设备

诸城市博瑞德造纸机械厂
山东省诸城市西土墙工业园
邮编：262200
电话：0536－6560123
传真：0536－6091850
网址：www.zcboruide.com
邮箱：boruide@163.com
产品：造纸机械、环保机械

诸城市宏宇轻机机械有限公司
山东省诸城市皇华工业园
邮编：262233
电话：0536－6581600
传真：0536－6189592
网址：www.zchongyu.com
邮箱：zchyqj@163.com
产品：浮选脱墨设备、碎浆磨浆设备、洗浆浓缩设备、筛选设备、制浆成套设备、净化设备 纸塑分离成套设备、浆池搅拌器、高浓漂白系统

寿光市

山东荣光不锈钢制品有限公司
寿光市开发区科技工业园东环路与北环路交叉路口北500米路西
邮编：262711
电话：0536－5196955、5589877
传真：0536－5109897
邮箱：sdrongguang@vip.163.com
产品：造纸容器

实耐格（潍坊）包装有限公司
寿光市晨鸣工业园
邮编：262702
电话：0536－5211111、5211755
传真：0536－5211611
邮箱：weixiang.han@sonoco.com
产品：纸芯、纸管

安丘市

汶瑞机械（山东）有限公司
山东省安丘市青龙湖西路21号
邮编：262100
电话：0536－4372632、4933616
传真：0536－4362807
网址：www.wenrui.com.cn
邮箱：info_ wr@wenrui.com.cn
产品：黑液提取碱回收设备、双螺杆制浆机

安丘市石辊厂
山东省潍坊市安丘市凌河镇红沙沟村东
邮编：262124
电话：0536－4671098、13606462366
传真：0536－4671065
邮箱：285106002@qq.com
产品：石辊、盘磨、打浆机刀片

山东科扬环保股份有限公司
（原安丘科扬机械有限公司）
山东科扬机械有限公司
山东省安丘市东城工业园
邮编：262100
电话：0536－4261398、4709888
传真：0536－4252598、4709889
网址：www.sdkyjx.cn
邮箱：keyang108@163.com
产品：气浮、净水器、洗浆机、换热器、搅拌器

山东天利机械制造有限公司
（原安丘市天利机械制造有限公司）
山东省安丘市南工业园石泉路口
邮编：262100
电话：0536－4252808、4252805
传真：0536－4252809
网址：www.sdtljx.com
邮箱：tljx808@163.com
产品：除渣器、压力筛、苛化器、挤浆机

安丘天瑞机械制造有限公司
山东省安丘经济开发区闰成街西首
邮编：262100
电话：0536－4250801、13964701658
传真：0536－4255979
网址：www.aqtianrui.com
邮箱：tianruijixie@163.com
产品：制浆设备

安丘市峰胜永安机械有限责任公司
山东省安丘市东外环路南首
邮编：262100
电话：0536－4381608
传真：0536－4381608
产品：洗浆机、碎浆机、脱墨、除渣器

安丘市信金机械制造有限公司
山东省安丘市兴安街道南环路 1 号
邮编：262100
电话：0536－4262678、4295119
传真：0536－4265977
邮箱：gxn@ shine-sinjin. com
产品：除渣器系列、造纸机械

安丘市瑞一机械有限公司
山东省安丘市青龙湖西路 110 号
电话：0536－4375097
传真：0536－4375099
邮箱：mikelang1977@ 163. com
产品：鼓式真空洗浆机、双辊挤浆机、单螺旋挤浆机、中浓漂白设备、碱回收苛化成套设备、化机浆成套设备、白水回收、浆料浓缩多盘过滤机、压力筛、压力除节机、黑液压力过滤机

济宁市

济宁安联轻工机械有限公司
山东省济宁市经济开发区嘉诚路东（景昊机械公司北侧）
邮编：272400
电话：0537－3218138、3218139
传真：0537－3218137
网址：www. alqj. com
邮箱：alqjx@ 163. com
产品：碎浆机、纤维分离机、粗选机、压力筛、黑液过滤机、纸机流送系统、除渣器、除气器、苛化器

山东高新机械设备有限公司
山东省邹城市经济开发区兴业路 618 号
邮编：273500
电话：0537－5342256、5353899　13605374858
传真：0537－5344036
邮箱：13605374858@ 163. com
产品：压力筛、除杂器等

山东华利环保工程有限公司
山东省济宁市任城区海能国际 B 座 910 室
邮编：272400
电话：0537－3160670、15963790825
传真：0537－3160670
网址：www. hualihuanbao. com
邮箱：15963790825@ 126. com
产品：环保设备施工；节能设备研发

济宁华隆机械制造有限公司
山东济宁经济开发区嘉诚路北首
邮编：272400
电话：0537－6988589、6988588
传真：0537－6988588
网址：www. jnhualong. com
邮箱：HLJXWFP@ 163. com
产品：专业生产制浆造纸设备

泰安市

泰安市松源网业有限公司
泰安市省庄工业园年华南街 97 号
邮编：271000
电话：0538－6515551、6515526、8335105
传真：0538－8332939
网址：www. tasywy. com
邮箱：sywy1998@ 163. com
产品：造纸用聚酯成形网、双层网、双层半网、聚酯干网、螺旋网、洗浆网、压滤网、造纸铜网

威海市

威海市金贝壳新材料有限公司
山东省威海临港经济技术开发区江苏东路碳纤维产业园 4 号产业孵化区
电话：0631－5588535、13336310707
传真：0631－5800558
网址：www. whjbeik. cn
邮箱：shengfg3323@ 163. com
产品：碳纤维清洁刮刀片；863TT 刮刀片；玻璃纤维刮刀片；合金陶瓷等刀片、夹具

山东丰信科技发展有限公司
山东临清市高科工业园（新华办事处）
邮编：252600
电话：0635－2531988
传真：0635－2532688
网址：www. cnfengxin. cn
邮箱：fengxin@ cnfengxin. com
产品：专门从事造纸通风技术及设备开发、研制、生产

临沂市

山东华源锅炉有限公司
山东省临沂市枣沟头镇永安路 55 号
邮编：276004

电话：0539－8162423、7673500、8162151
传真：0539－8164060、7673511
网址：www. hyboiler. cn
邮箱：0539glc@163. com
产品：固体废弃物焚烧锅炉

山东沂春机械股份有限公司
山东省临沂市费县胜利街
邮编：273400
电话：0539－5221036、13305393717
邮箱：ypf5015881@sina. com
产品：纸机、分切机、真空泵

聊城诚信造纸技术服务有限公司
山东省聊城市何官屯新村
邮编：252000
电话：0635－8315880、8973915
传真：0635－8315880
产品：专利技术及设备

山东信和造纸工程股份有限公司
山东省聊城开发区黄河路 26 号
邮编：252000
电话：0635－2933333
传真：0635－2938777
网址：www. sdxinhe. cn
邮箱：Lcxinhe@163. com
产品：长网、圆网纸机

山东华林机械有限公司
山东省聊城市风凰工业园纬一路 8 号
邮编：252000
电话：0635－2126008、2126001
传真：0635－2126006、2126001
网址：www. cnchanghua. com
邮箱：hmcqin@163. com
产品：中高速卫生纸机

山东欧佩德昌华华林造纸机械有限公司
山东省聊城市凤凰工业园南外环路 178 号
邮编：252000
电话：0635－2128866、2126218　2126017
传真：0635－2128877
邮箱：zzf-ok@163. com
产品：1760～5280 系列文化用纸机、2850～6000 系列长网瓦楞原纸机、2640～4800 系列叠网纸板机、烘缸、气垫式流浆箱、BM 成形器、宽压区压榨

高唐绿荫环保科技有限公司
山东省聊城市高唐县光明东路 15 号
邮编：252800
电话：0635－3963993、4006661468
传真：0635－3963993
网址：www. lvyinjixie. cn
邮箱：lvyinmachine@aliyun. com
产品：制浆造纸生产线的碎草机、真空洗浆机、双辊挤浆机、卫生纸机和各类压力容器等

滨州市

山东省阳信县黄河玻璃钢制品厂
山东省滨州市阳信县城南
邮编：251800
电话：0543－8231322、13145437999
产品：除渣器

山东博兴铁龙泵业有限责任公司
山东省滨州市博兴县兴福镇
邮编：256510
电话：0543－2422457、2888863
邮箱：scy298@163. com
产品：LJ、WLJ 系列纸浆泵、Y 型醪料泵

滨州东瑞机械有限公司
山东省滨州市博兴县曹王镇纬中路 113 号
邮编：256509
电话：0543－2413186、2411079
传真：0543－2413186
网址：www. dr-pumps. com
邮箱：bzdrjx@163. com
产品：中高端纸浆泵系列

山东长星集团有限公司
山东省滨州市邹平县长山镇三里河
邮编：256206
电话：0543－4851225、4833888
传真：0543－4819128、4369999
邮箱：zpxwqlsjgcyy@163. com
产品：真空辊

山东省邹平兴忠光泽缸有限公司
（原山东省邹平兴忠光泽缸表面处理厂）
山东省滨州市邹平县临池镇南山村南
邮编：256200
电话：0543－4537555、13605336222
传真：0543－4537777

网址：www. sdxzdd. com
邮箱：guanzegang888@ 163. com
产品：各种规格镀铬辊、印花辊等及烘缸修复翻新

山东杰锋机械制造有限公司
山东省滨州市邹平县长山工业园
邮编：256206
电话：0543 – 4851388
传真：0543 – 4851918
网址：www. jiefeng100. com
邮箱：13793881026@ jiefeng00. com
产品：中高端压力筛、浓缩机

邹平忠明造纸设备机械厂
(原邹平县电镀厂)
山东省滨州市邹平县临池镇东黄村
邮编：256200
电话：0543 – 4531538、13506442159
传真：0543 – 4531538
邮箱：442159@ qq. com
产品：电镀烘缸、电镀辊

山东北方造纸机械有限公司
山东省邹平北方起重机设备有限公司
山东省滨州市邹平县临池镇古城村
邮编：256220
电话：0543 – 4534999、13708946611
传真：0543 – 6809678
邮箱：bfjxliucong@ 163. com
产品：纸机、起重机、烘缸表面处理

邹平鲁伟机械有限公司
山东省滨州市邹平县长山镇开发区
邮编：256206
电话：0543 – 4859777、13465050999
传真：0543 – 4819666
网址：www. lwjixie. com
邮箱：627464456@ qq. com
产品：切草机、切竹机、劈木机、剥皮机、削片机

邹平县顺鑫造纸机械有限责任公司
邹平县顺鑫机械有限责任公司
山东捷登机械制造有限公司
山东省滨州市邹平县好生镇工业园
邮编：256219
电话：0543 – 4502588、13805431944
传真：0543 – 4504999
网址：www. sdshunxin. com
邮箱：sdzp1944@ 163. com
产品：制浆成套设备及配件

德州市

德州市巨星暖通造纸设备有限公司
山东省德州市南经济开发区
邮编：253000
电话：0534 – 6597333
传真：0534 – 6596668
网址：www. sdjuxing. com
邮箱：sdjuxing08@ 163. com
产品：从事造纸机通风干燥设备的研发与生产

兖州市

山东长江机械设备有限公司
山东兖州市经济开发区泰安东路
邮编：272100
电话：0537 – 3858777、3415567
传真：0537 – 3488577
网址：www. szchm. com
邮件：sales@ szchm. com
产品：分切机

河　南　省

郑州市

河南轻工业设计院有限公司
河南省郑州市纬四路 12 号
邮编：450003
电话：0371 – 65944137、65944125
传真：0371 – 65944137
网址：www. yqsj78. com
邮箱：hnqgsjy@ 163. com
业务：造纸工业项目设计、咨询

河南博奥泵业有限公司
河南省郑州市上街区阀门产业园锦江南路
邮编：450041
电话：0371 – 63279998
传真：0371 – 63279995
网址：www. suaop. com
邮箱：suaop@ 126. com
产品：纸浆泵、废水泵、浆渣泵

郑州磊展科技造纸机械有限公司
河南省新密市弘达造纸设备有限公司
河南省郑州市新密大隗镇河屯工业区
邮编：452383
电话：0371－69288115、69272219
传真：0371－69271850
网址：www. hahongda. com
邮箱：hahongda@163. com
产品：制浆设备

郑州运达造纸设备有限公司
河南省郑州国际机场薛店工业园世纪大道 168 号
邮编：451162
电话：0371－62586196
传真：0371－62581811
网址：www. zzyuda. com
产品：制浆设备

郑州非尔特网毯有限公司
河南省新密市袁庄村工业园
邮编：452370
电话：0371－69821471、69875777
传真：0371－69875000
网址：www. hnyn. com
邮箱：3321838@qq. com
产品：造纸毛毯

河南润扬环境科技有限公司
郑州市金水区东明路 41 号 3 号楼 401 号
邮编：450000
电话：0371－86662338　86662368
传真：0371－86662338
邮箱：2966246409@qq. com
产品：环保设备及工程安装

河南亚神环保科技有限公司
郑州市管城区航海东路 39 号
邮编：450000
电话：0371－66832103、66832102
传真：0371－66832103
邮箱：ys65951721@126. com
产品：环保设备及工程安装

郑州驰诺机械有限公司
河南省郑州市中原区六厂东街 7 号楼 1 号
邮编：450007
电话：0371－60990584、13838199774
网址：www. zzchinuo. com
邮箱：1145502607@qq. com
产品：高精度不锈钢筛板

河南曙光泵业科技有限公司
巩义市米河镇两刘公路
邮编：451263
电话：0371－64339546
邮箱：hngylxl@sohu. com
产品：泵、阀门、机械设备及配件

开封市

开封市第四机床厂
河南省开封市城隍庙后街 3 号
邮编：475001
电话：0378－5696872、5696409
传真：0378－5696500
网址：www. kfdsjcc. com
产品："两相流"纸浆泵、除渣器、盘磨机、螺旋推进器、水力碎浆机、纤维回收机

安阳市

中国联合装备集团安阳机械有限公司
河南省安阳市长江大道 158 号
邮编：455000
电话：0372－2160928、2160926、2160918
传真：0372－2160900
网址：www. ayqj. com
邮箱：ayjxc_ qgb@126. com
产品：多圆盘过滤机、蒸煮锅、喷放锅、真空洗浆机

安阳鑫炬环保设备制造有限公司
汤阴县产业集聚区汤伏路与众品大道交叉口东南
邮编：456150
电话：0372－5527868
传真：0372－3625997
网址：www. xjhbgs. com
邮箱：13783689479@163. com
产品：锅炉配套设备

河南华森超声波科技有限公司
（原安阳华森纸业有限责任公司）
河南省滑县文明路南段
邮编：456400
电话：0372－8113988、18236961773
邮箱：huaxianyubei2009@163. com
产品：制浆设备、造纸设备、环保设备

鹤壁市

河南省淇县双盘磨造纸设备厂
河南省鹤壁市淇县铁西工业区袁庄路口
邮编：456750
电话：0392－7271329、7270989
传真：0392－7222118
网址：www. qxspm. com
邮箱：402994713@ qq. com
产品：纸浆高浓磨

新乡市

新乡市蓝海环境科技有限公司
（原新乡市蓝海环保机械有限公司）
新乡市古固寨产业聚集区玉源路 8 号
邮编：453700
电话：0373－5756788、2661999、18537335858
传真：0373－5795916
网址：www. lhhjgc. com
邮箱：lanhaiep@ 163. com
业务：环保工程的设计、施工、销售、服务

辉县市机械制造有限公司
辉县市卫柿路中段路北
邮编：453600
电话：0373－6883299、13707651058
邮箱：13707651058@ 163. com
产品：造纸机械

新乡市工业泵厂有限公司
河南省新乡市牧野区吕村工业区
邮编：453000
电话：0373－3692900、3692901
传真：0373－3692906
网址：www. xxgyb. com
邮箱：cnxxgyb@ 163. com
产品：纸浆泵

新乡工神锅炉有限公司
河南省新乡市北环 386 号
邮编：453002
电话：0373－2693893、2694016
传真：0373－2694276
网址：www. gongshen. cn
邮箱：gongshen@ gongshen. cn
产品：工业锅炉

新乡市高服机械股份有限公司
河南省新乡市朗公庙 107 国道立交桥北
邮编：453000
电话：4000373685、0373－5701115
网址：www. zhendongshai. com. cn
产品：振动筛

河南人从众机械制造有限公司
新乡市牧野区寺庄顶工业园 36－3 号
电话：0373－6395603、18638319063
网址：www. zyzgqz. com
邮箱：853243505@ qq. com
产品：振动筛/震动筛、超声波振动筛，以及各类提升机、输送机、给料机、振动电机、振动平台等

新乡市伟良筛分机械有限公司
新乡县朗公庙镇原庄村东头
电话：0373－5717668
网址：www. wlzds. com
邮箱：472165517@ qq. com
产品：振动设备生产、销售及维修服务

新乡市圣达轻工机械有限公司
河南省新乡市牧野区北环路栗屯加油站后面
邮编：453000
电话：0373－2634639
传真：0373－2515905
网址：www. sdqj. com
产品：固液分离设备：螺旋式压榨机及相关配套产品

焦作市

焦作市崇义轻工机械有限公司
河南省沁阳市崇义镇崇义村崇义工业区
邮编：454582
电话：0391－5611928、13939103559
传真：0391－5611928
邮箱：ctzjcwb@ 163. com
产品：纸机、涂布机

河南省德沁高新辊业有限公司
河南省沁阳市葛村工业区
邮编：454586
电话：0391－5937908
传真：0391－5937908
邮箱：huogujin@ 163. com
产品：胶辊包胶

沁阳市第一造纸机械有限公司
河南省沁阳市葛村工业区
邮编：454500
电话：0391 –5936384、5936945
传真：0391 –5936384
网址：www. qyyj. en. alibaba. com
邮箱：qinyqangyiji@ 126. com
产品：纸机

河南大指造纸装备集成工程有限公司
河南省焦作市武陟县迎宾大道 388 号
邮编：454950
电话：0391 –7268787、7268933
传真：0391 –7268787
网址：www. dazhipaper. com
邮箱：dazhi@ dazhipaper. . com
产品：化学机械浆生产线，高速纸机、特种纸涂布机

沁阳市兴华造纸机械有限公司
河南沁阳市柏香工业园
邮编：454550
电话：13939137109
传真：0391 –5937222
网址：www. xinghua-papermachine. com
邮箱：272558212@ qq. com
产品：各种高强瓦楞/牛皮箱板纸机（用于生产各类纸质包装）、文化纸机（用于生产打印纸、无碳复写纸等）、卫生纸机（用于生产高档生活用纸、餐巾纸、面巾纸等），同时我们还可以根据客户需求定制部分或完整的生产线设备

沁阳市沁科造纸机械有限公司
河南省沁阳市屹峰大道南王庄村口
邮编：454550
电话：13629856655
传真：0391 –5681988
网址：www. qkzzjx. com
邮箱：qkzzjx@ foxmailk. com
产品：造纸机械整套装备及相关备品备件的生产加工业务，可为国内市场提供车速在 1000 米/分以下的，生产各类纸张的圆网，长网和叠网造纸机；幅面 12 米以下的造纸机用铸铁烘缸；相关备品备件包括各类辊，刮刀，张紧器，校正器等

沁阳市平安轻工机械有限公司
河南省沁阳市王曲乡里村
邮编：454580
电话：0391 –5660485
传真：0391 –5660485
网址：www. qyzzjx. com
邮箱：1940697263@ qq. com
产品：各种高强瓦楞/牛皮箱板纸机（用于生产各类纸质包装）、文化纸机（用于生产打印纸、无碳复写纸等）、卫生纸机（用于生产高档生活用纸、餐巾纸、面巾纸等）、各种精密网笼、槽式打浆机等造纸制浆设备

沁阳市永辉机械厂
河南省沁阳市里村工业区
邮编：454580
电话：0391 –5660533、13839177697
网址：www. zgxjzzsb. com
邮箱：13839177697@ 163. com
产品：新旧造纸设备

许昌市

许昌嘉恒工业智能装备股份有限公司
（原许昌中亚工业智能装备股份有限公司）
子公司：河南中亚智能科技股份有限公司
许昌尚集产业集聚区昌盛路与许开路交叉口向南 200 米
电话：0374 –5707966、5707969、5707995
传真：0374 –5707998、5707988
网址：www. zypme. com
邮箱：xczygyzn@ 163. com
产品：造纸装备

许昌曼迪纸业股份有限公司
许昌市建安区小召乡新元大道北侧
邮编：461000
电话：0374 –7599610、7331312
邮箱：952002782@ qq. com
经营：原纸复卷、分切

漯河市

漯河市宇龙工业用呢有限公司
河南省漯河市临颍县颍腾路东段南侧
邮编：462600
电话：0395 –8662688
传真：0395 –8662688
网址：www. hnylwt. com
邮箱：799229162@ qq. com
产品：工业用呢

周口市

河南锦弘网业有限公司
河南省周口市沈丘县北郊开发区
邮编：466300
电话：0394－5206586
传真：0394－5206586
邮箱：2584616831@ qq. com
产品：聚酯干网、螺旋网

河南华丰网业科技股份有限公司
（原河南省华丰网业有限公司）
河南省周口市沈丘县工业园区
邮编：466300
电话：0394－5108788
传真：0394－5108588
网址：www. huafeng999. com
邮箱：henanhuafeng999@ 163. com
产品：聚酯干网、螺旋网

河南晶鑫科技股份有限公司
（原河南晶鑫网业科技有限公司）
邮编：466300
电话：0394－5228866
传真：0394－5106388
网址：www. jxwykj. com. cn
邮箱：jxwykj5228866@ 126. com
产品：环保用网、三层网

驻马店市

驻马店市安装工程有限公司
河南省驻马店市雪松路 16 号
邮编：463000
电话：0396－3813750
传真：0396－3816510
网址：www. zmdaz. com
邮箱：zmdsazgs@ 163. com
产品：碱回收设备安装

驻马店市红星网业有限公司
河南省驻马店市文化路西段刘阁工业园
邮编：463000
电话：0396－2873188、2873288
传真：0396－2873588
邮箱：hnzmdhxwy@ 163. com
产品：造纸毛毯

湖 北 省

随州市

湖北双剑鼓风机股份有限公司
湖北省随州市广水市经济技术开发区
邮编：432721
电话：0722－6430098、6430068、13886856858
传真：0722－6430444
网址：www. hbfj. cn
邮箱：hbss@ sohu. com
产品：鼓风机、通风机

武汉市

武汉船用机械有限责任公司
湖北省武汉市武昌青山区武东街 9 号
邮编：430084
电话：027－68867118、68867028、68867088
传真：027－68867461、68867462
网址：www. wmmp. com. cn
邮箱：whcj@ wmmp. com. cn
产品：浆料推进器

武汉同力智能系统股份有限公司
（原武汉同力机电有限公司）
湖北省武汉市洪山区武昌珞狮路 122 号武汉理工大学东院内
湖北省武汉市东西湖九支沟武汉中小企业城内（厂址）
邮编：430070
电话：027－82666969、87217887、87877876、87874226
传真：027－87663469
网址：www. whtem. com
邮箱：tlem@ whtem. com
产品：传动控制

武汉研发张力自动控制有限公司
湖北省武汉市江岸区黄浦大街 25 号
邮编：430010
电话：027－82410195
传真：027－82430572
网址：www. yfzl. com
邮箱：yfzl@ yfzl. com
产品：张力控制装置

武汉中轻机械有限公司
（原武汉轻工业机械厂）
湖北省武汉经济技术开发区枫树二路 21 号
邮编：430056
电话：027－84655615、84951276
传真：027－83831892
网址：www.cwlm.com.cn
邮箱：357959512@qq.com
产品：聚氨酯成套设备、复合薄膜包装设备

武汉市红桥橡胶厂
黄陂区武湖工业园发展北路新华大道特 8 号
邮编：430015
电话：027－82630814
传真：027－61818278
网址：www.whhqxjc.com
邮箱：hqxj@whhqxjc.com
产品：胶辊、密封件、减震制品、耐腐蚀橡胶衬里

武汉武锅能源工程有限公司
武汉市江夏区大桥新区何家湖街与工业二路交界处
邮编：430223
电话：027－87655092、87657401
传真：027－87655494
网址：www.whtzgl.com
邮箱：273912184@qq.com
产品：碱回收炉及其系列配套辅助设备

武汉宇通仪表有限公司
江岸区江大路 4－3 号
邮编：430019
电话：027－82432896
邮箱：whytyb@163.com
产品：纸浆浓度变送器

中国轻工业武汉设计工程有限责任公司
湖北省武昌市首义路 176 号
邮编：430060
电话：027－88071223、88075956
传真：027－88041709
网址：www.qgsj.com
邮箱：qgsj@qgsj.com
业务：工程设计、工程咨询、工程监理

武汉中轻工程设计有限公司
湖北省武汉市新华路 231 号阳光新天地大厦 20 层
邮编：430022
电话：027－59811291、59811292
传真：027－59811290
网址：www.chinalid.net
邮箱：zqdesi@chinalid.net
zhaopin@chinalid.net
业务：工程设计、工程咨询

湖北省轻工业科学研究设计院有限公司
湖北省武汉市汉阳区杨泗港路 1 号
邮编：430052
电话：027－84523440、84520283
传真：027－84523440
网址：www.hbqgy.com
邮箱：hbqgy@163.com
业务：科研、工程设计、工程监理

武汉金申伦科技发展有限公司
武汉经济技术开发区沌口街纸厂福东七楼 615－5－10
邮编：430056
电话：027－84476245、13667299525
传真：027－84476289
邮箱：404864121@qq.com
产品：造纸相关产品

上海思百吉仪器系统有限公司武汉分公司
武汉市武昌区洛瑜路 889 号光谷国际广场 B 座 2203 室
邮编：430074
电话：027－87387548
传真：027－87387608
网址：www.spectris.com.cn
经营：各类精密在线测量仪器、精密过程控制及测量仪器仪表及传感器和配件

深圳市联欧贸易发展有限公司武汉办事处
武汉市汉阳区汉阳大道 140 号闽东·国际城 3B－1505 室
邮编：430022
电话：027－85428586
传真：027－84801921
网址：www.euro-me.com
邮箱：euromeWH@euro-me.com
经营：驱动传动、流体控制、液压气动、工厂自动化等

荆门市

荆门市万泰机械有限公司
湖北省荆门市掇刀区深圳大道 34 号
邮编：448000
电话：0724－2447008
传真：0724－2447007

网址：www. jmwt. cn
邮箱：198346774@ qq. com
产品：固体废弃物处理装备

孝感市

应城市恒达工业用呢有限公司
湖北省应城市民营经济园
邮编：432400
电话：0712 – 3251880
传真：0712 – 3251885
邮箱：616794750@ qq. com
产品：造纸毛毯

荆州市

荆州市江海泵业机械有限公司
湖北省荆州市开发区江津东路与红光路交汇处
邮编：434000
电话：0716 – 8311559、8337320
传真：0716 – 8311008、8337318
网址：www. gaokecn. com
邮箱：info@ gaokecn. com
9031593@ qq. com
产品：造纸用泵

沙市轻工机械有限公司
湖北省荆州市汇湖路 21 号
邮编：434000
电话：0716 – 8524393、8524381、4314148
传真：0716 – 8103654、8524375、4314109
网址：www. slmc. com. cn
邮箱：slmc@ vip. 163. com
产品：涂布机，制浆、造纸设备

黄冈市

武穴市精华机械制造有限公司
武穴市刘家巷 168 号
邮编：435400
电话：0713 – 6222250
邮箱：283223617@ qq. com
产品：离心机

仙桃市

仙桃市华伟造纸机械有限公司
仙桃市龙华山办事处仙源大道
邮编：433000
电话：0728 – 3206053
传真：0728 – 3206053
邮箱：13512345678@ qq. com
产品：纸机配件、橡胶胶辊

广水市

湖北三峰透平装备股份有限公司
(原湖北省风机厂有限公司)
湖北省广水市十里河工业区 001 号
邮编：432700
电话：0722 – 6265666、13872855618
传真：0722 – 6249222
网址：www. hbfan. com
邮箱：hbfan777@ 163. com
产品：纸机真空系统透平风机、废水处理风机

湖 南 省

长沙市

湖南三匠人科技有限公司
办公地址：长沙市雨花区万家丽中路 36 号喜盈门国际大厦 2213 室
邮编：410009
电话：0731 – 85783480、13974881396、13607318509
传真：0731 – 85783481
网址：www. hnsjrtech. com
邮箱：info@ hnsjrtech. com
生产基地：长沙市湘江新区鑫迪科技园
产品：双网热风干燥浆板机，TAD 穿透式热风干燥系统、特种涂布机及涂布热风干燥系统、多缸纸机密闭气罩以及通风系统、扬克气罩以及通风系统、气罩排风尾气除雾装置

长沙长泰智能装备有限公司
湖南省长沙市湖南环保科技产业园新兴路 118 号
邮编：410117
电话：0731 – 85651518、88238288
传真：0731 – 85570597、88238287
网址：www. chaint. net
邮箱：info@ chaint. net
产品：造纸输送包装设备

湖南正大轻科机械有限公司
湖南省长沙市雨花区洞井镇桃阳村环保科技产业园
邮编：410116
电话：0731 – 82883828

传真：0731－82883812
网址：www. zdqk. com
邮箱：cszdjrqc@ vip. sina. com
产品：纸机烘干部通风、干燥系统

中国海诚长沙工程院
中国轻工业长沙工程有限公司
湖南省长沙市雨花区环保科技园新兴路 268 号
邮编：410114
电话：0731－85770333
传真：0731－85584415
网址：www. cecchina. com
业务：制浆造纸工程咨询、设计

湖南省轻纺设计院有限公司
湖南省长沙市向东南路 168 号
邮编：410005
电话：0731－85152081
传真：0731－85153047
网址：www. xqfs. cn
业务：制浆造纸工程咨询、设计

湖南永佳裕工程建设有限公司
湖南省长沙市岳麓区梅溪湖金茂悦创新中心 405
邮编：410006
电话：0731－82681566
传真：0731－82681766
网址：www. yongjiayu. com
邮箱：yjyaz@ gongjiayu. com
产品：设备安装、工程咨询

湖南正达纤科机械制造有限公司
湖南省长沙市高新区谷苑路 166 号
邮编：410205
电话：0731－85220287
传真：0731－89875626
网址：www. gendafs. com
邮箱：xs@ gendafs. com
产品：高浓磨浆机、无空磨专利磨片、带式浓缩机、散料输送螺旋等成套设备

株洲市

株洲新时代输送机械有限公司
湖南省株洲市栗雨工业园 E 区
邮编：412007
电话：0731－22877833、22877838
传真：0731－22877822
网址：www. nte. com. cn
邮箱：shusong@ nte. com. cn
产品：链式拉木输送机、剥皮鼓、辊式输送机、皮带输送机、沙石输送机、脱水输送机、木片螺旋输送机

岳阳市

中轻国泰机械有限公司
湖南省岳阳市康王经济开发区
邮编：414000
电话：0730－8751198、8751169
传真：0730－8751192
网址：www. gtjx. cn
邮箱：yygtj@ guotaijx. com
产品：纸机

湘潭市

湖南中勤热科技术有限公司
湖南省湘潭市九华经济开发区湘望路 9 号
邮编：411100
电话：0731－52665156
网址：www. hnzqrk. com
邮箱：zqznkj@ 163. com
产品：造纸通风技术、干燥技术、热能开发技术及设备研发、制造

广　东　省

广州市

广东省造纸研究所有限公司
（原广东省造纸研究所）
广东省广州市海珠区新港西路 154 号
邮编：510300
电话：020－34300599、34300901
传真：020－34301273、34300613
邮箱：zaozhisuo@ qq. com
产品：离型纸、黏胶带纸、防霉纸、扬声器用黑纸、黑白钢纸、涂布纱面纸、涂布彩纸、湿水胶带纸、无碳复写原纸、水稻育秧纸、唛架纸、电脑绣花纸、食用油滤纸、清新香片、PPE 湿强剂、干强剂、剥离剂、分散松香乳液、脱墨剂

斯普瑞喷雾系统（上海）有限公司广州分公司
广东省广州市科学城彩频路 11 号 D 座 302 室
邮编：510045
电话：020－83546866

传真：020－83546829
产品：喷嘴

广州华工环源绿色包装技术有限公司
广州高新技术产业开发区科学城科汇四街1号1101－2房
邮编：510640
电话：020－62327808
传真：020－62327809
网址：www. pulpmoldingchina. cn
邮箱：hghy@ hghuanyuan. com
产品：纸浆模塑设备

广州广一泵业有限公司
（原广州市第一水泵厂）
广东省广州市科韵南路133号
邮编：510320
电话：020－66834613、66834616、66834618
传真：020－66834619
网址：www. gygcn. com
www. gypump. com
邮箱：sales@ gygcn. com
产品：泵

华南理工大学造纸与污染控制国家工程研究中心
广东省广州市天河区五山路华南理工大学造纸与环境工程楼
邮编：510640
电话：020－87112614、87112982
传真：020－87113840
网址：www. pperc. com
产品：成形器、技术服务

广州市番禺市沙西造纸机械有限公司
广东省广州市番禺区沙湾镇拱桥路1号
邮编：511483
电话：020－84732328
产品：碎浆机、分离机、打孔机

中国轻工业广州工程有限公司
办公地址：广州市创启路63号清华科技园9号楼
注册地址：广东省广州市盘福路医国后街1号
邮编：511447
电话：020－81326513
传真：020－81325759
网址：www. gdecn. com
邮箱：gzgs@ gdecn. com
业务：工程设计、工程咨询、工程管理

广东省轻纺建筑设计院有限公司
广东省广州市越秀区东风东路744号
邮编：510080
电话：020－87621909
传真：020－87621911
网址：gladi. website6534. yizhanwei. com
邮箱：641840468@ qq. com
业务：工程设计、工程咨询、工程管理

广州约顿电子科技有限公司
广州市天河区车陂大岗路18号1020房
邮编：510000
电话：020－28065028、82003423
传真：020－28065018
产品：恒温恒湿空调机

瑞辰星生物技术（广州）有限公司
（原广州瑞辰盛达生物技术有限公司）
广州市黄埔区开源大道11号B5栋第一层至第二层
邮编：510530
电话：020－32203968
传真：020－32203392
网址：www. risingstar-biotech. com
邮箱：rcsd118@ 163. com
产品：聚能酶TM纤维改性技术

奥伯尼国际（中国）有限责任公司
广东省广州市番禺区化龙镇工业路
邮编：511434
电话：020－39225091
网址：www. albanydoors. com
邮箱：Wenying. Xu@ albint. com
产品：化纤织造

合众创亚（广州）包装有限公司
（原国际纸业（广州）包装有限公司）
广东省广州市新滘仑头村工业区2号
邮编：510320
电话：020－34088208
邮箱：Fortune. Yan@ ucpsolution. com
产品：瓦楞纸箱、纸板

广州市同昌纸品有限公司
广东省广州市花都区莲塘村
邮编：510800
电话：020－36822020、36822198
产品：瓦楞纸板、纸箱

广州市浚龙贸易有限公司
广州市番禺区沙头街禺山西路 329 号 1 座 202 号
邮编：510000
电话：020－34733083、18926214427
传真：020－34736613
邮箱：pywscw@163.com
经营：衬纸、环保纸、丝毛棉、稻香纸、纯质纸、莱妮纹、云彩纸、虎皮纹、自在纹、古石纹、色书纸、彩色描图纸、牛油纸

广州市百孚纸业有限公司
广东省增城区新塘镇甘湖工业区
邮编：511340
电话：020－66265114
邮箱：897550995@qq.com
经营：特种纸

上海思百吉仪器系统有限公司广州分公司
广东省广州市天河路 240 号丰兴广场 C 座 22 楼
邮编：510620
电话：020－28873800
传真：020－28873848
网址：www.spectris.com.cn
经营：各类精密在线测量仪器、精密过程控制及测量仪器仪表及传感器和配件

广州热尔热工设备有限公司
(原广州力和换热设备有限公司)
广州市白云区嘉禾竹仔园
邮编：510440
电话：020－86099023、86097959、86098701
传真：020－86099578
网址：www.gzreer.com
邮箱：reer@gzreer.com
产品：节水环保系统(换热器)

广州康亦联纸业有限公司
广东省广州市天河区大灵山路 18 号裕景工业园 5 栋 201
邮编：510663
电话：020－32031658
传真：020－38617931
邮箱：237281666@qq.com
经营：进口牛皮纸系列、印刷用纸、高档透明纸张

广州市金祥盛纸业有限公司
广州市天河区中山大道中路 38 号加悦大厦 602A 室
邮编：510660
电话：020－82306608
传真：020－82309093
经营：双胶纸、复合牛皮纸、轻型纸、白牛皮纸、书写纸；无碳原纸；热敏原纸
淋膜纸

维美德造纸机械技术(广州)有限公司广州服务中心
广东省经济技术开发区永和经济区木古路 1 号
邮编：511356
电话：020－32225061
传真：020－32225062
网址：www.vaimet.com
产品：造纸机械

广州博依特智能信息科技有限公司
广州市黄埔区保利中科广场 B 座 401－406
邮编：510000
电话：020－82006717
网址：www.poi-t.com
邮箱：jijun.liu@poi-t.com
产品：长期从事流程工业的过程建模、模拟与优化的深入研究和应用实践。提升用户生产效率，集成生产到管理，为企业及客户提供安全、精准和全方位的服务

广州振通机械有限公司
办公地址：广州市海珠区后滘西大街 18 号 3 楼
工厂地址：广州市番禺区沙湾镇紫坭村紫善路横十六巷 3 号
邮编：510288
电话：020－84212309、84040181
传真：020－84042929
网址：www.gzztcd.com
邮箱：gzzt163@163.com
产品：机械传动件的研发和设计，主导产品有“振通传动”牌联轴器、安全扭力限制器、胀紧套、锁紧盘、“万联”牌十字万向节和十字万向传动轴等

深圳市联欧贸易发展有限公司广州办事处
广州市天河北路 616 号金海花园金灏阁 607 室
邮编：510630
电话：020－38735296
传真：020－38735297
网址：www.euro-me.com
邮箱：euromeGZ@euro-me.com
经营：驱动传动、流体控制、液压气动、工厂自动化等

伊顿工业过滤(上海)有限公司广州办事处
广州市环市东路 362－366 好世界广场 2507 室
邮编：510060
电话：020－83878936
传真：020－83848178
网址：www. eaton. com. cn
邮箱：filtration@ eaton. com
产品：造纸过滤设备

韶关市

韶能集团广东绿洲生态科技有限公司
(原广东绿洲纸模包装制品有限公司)
广东省南雄市全安镇营堡前
邮编：512426
电话：0751－3703663、3703885
网址：www. gdlz. com
邮箱：sales@ gdlz. com
产品：一次性纸盘、一次性纸饭盒、一次性纸托盘、一次性纸碗等

深圳市

深圳光荣机械贸易有限公司
深圳市福田区上梅林华茂苑 5 栋 203
邮编：518049
电话：0755－83318564、83310794
传真：0755－83310783
网址：www. koeiind. com. cn
邮箱：sz_ koei@ 126. com. cn
工厂地址：深圳市龙华区清湖街道雪岗北路 376 号辉盛达工业区
产品：电动执行器

深圳市长江机械设备股份有限公司
深圳市宝安区沙井街道蚝四林坡坑工业区 A7 厂房
邮编：518104
电话：0755－29887628
传真：0755－29887628
网址：www. szchm. com
邮箱：sales@ szchm. com
产品：卷筒纸分切机、卷筒切纸机、复印纸分切机

广东新环环保产业集团有限公司
(原深圳市新环机械工程设备有限公司)
广东省深圳市福田区彩田南路中深花园 B 栋 2103 室
邮编：518033
电话：0755－82997309、82997256
传真：0755－82995262、82996258
网址：www. sznecn. com
邮箱：szxh@ sznecn. com
产品：机械和电气控制设施的研发、环保工程

深圳市联欧贸易发展有限公司
深圳市深南大道 6029 号车公庙世纪豪庭 11 层 C 座
邮编：518040
电话：0755－83842750、83842764、83842049
传真：0755－83842050、83842051、83842121
网址：www. euro-me. com
邮箱：Bmd@ euro-me. com
经营：驱动传动、流体控制、液压气动、工厂自动化等

鸿源实业(深圳)有限公司
广东省深圳市布吉镇上水径恒通工业城 6 栋 2 楼
邮编：518112
电话：0755－28522898、13603029858
邮箱：weijc2@ 163. com
经营：卫生纸、盒装面纸、手帕纸、妇女卫生巾

安兴纸业(深圳)有限公司
广东省深圳市布吉镇甘坑村同富裕工业园
邮编：518112
电话：0755－28557320、84175706、18145802180
经营：复印纸、传真纸

深圳市永利隆纸品有限公司
深圳市龙岗区南湾街道上李朗方鑫路 10 号莱茵工业区第一排五栋一层中间
邮编：518112
电话：0755－89702138、89702581
传真：0755－89702117
邮箱：399610532@ 126. com
经营：瓦楞原纸、纸箱、彩盒

深圳市悦声纸业有限公司
广东省深圳市龙华镇龙城工业区 12 幢 1 楼
邮编：518109
电话：0755－84829421、81700523
传真：0755－84829421
网址：www. chinahys. com
经营：花纹纸

元丰纸业(深圳)有限公司
广东省深圳市宝安区松岗镇沙埔围第二工业区
邮编：518105

电话：0755－27052676、27052675
传真：0755－27052259
邮箱：zxq@ yuanfengpaper. com
经营：瓦楞原纸、牛皮纸

深圳市汇川技术股份有限公司
深圳市宝安区宝城70区留仙二路鸿威工业园E栋
邮编：518101
电话：0755－29799595
传真：0755－29619897
网址：www. inovance. com
产品：变频器、工业互联网

上海思百吉仪器系统有限公司深圳分公司
深圳南山区登良路23号汉京大厦5D
邮编：518052
电话：0755－86332368
传真：0755－86331637
网址：www. spectris. com. cn
经营：各类精密在线测量仪器、精密过程控制及测量仪器仪表及传感器和配件

深圳市灏颖纸业有限公司
广东省深圳市光明新区公明街道西田
电话：0755－84861890
传真：0755－84861890
网址：www. hynpz. com
邮箱：282312708@ qq. com
经营：牛皮纸、牛卡纸、白牛皮纸、包装牛皮纸

德国默斯技术有限公司中国办事处
深圳默斯测控技术有限公司
深圳市宝安区西乡大道正泰来商务大厦1003室
邮编：518000
电话：0755－23316335、13828735316
传真：0755－33670525
网址：www. mosye. com
邮箱：info@ mosye. com
产品：在线水分仪销售和技术服务

深圳蓝博检测仪器有限公司
深圳市宝安区沙井后亭同方文化创意产业园2栋
邮编：518104
电话：0755－21620199
传真：0755－21620129
网址：www. labtmi. com
邮箱：sales@ labtmi. com
产品：质量控制和工艺改进涉及检测仪器、试验分析软件和实验室解决方案

深圳市普力源自动化设备有限公司
深圳市龙华新区民治街道牛栏前大厦12楼C1228
电话：0755－27218392、15622811005
传真：0755－27218392
网址：www. pooliy. com
邮箱：pausource@ 163. com
产品：纠偏系统、除尘系统、除静电系统

珠海市

珠海凌丰机械有限公司
广东省珠海市前山梅溪双龙山工业区B18之4栋厂房
邮编：519070
电话：0756－8508438
传真：0756－8532585
产品：复卷机、分切机

广东天章信息纸品有限公司
珠海市香洲区吉大海滨南路52号中信南航国际广场33楼
邮编：519000
电话：0756－2629000、2629026
传真：0756－8157555、2629012
网址：www. tzpaper. com
邮箱：fangminyang@ tzpaper. com
经营：复印纸、打印纸、传真纸、收银纸

珠海市宏进纸业发展有限公司
广东省珠海市斗门区乾务镇西富山工业区
邮编：519100
电话：0756－5655777、5655778
传真：0756－5652576
经营：瓦楞原纸

汕头市

汕头市金平区国平纸类包装厂有限公司
广东省汕头市光华北二路15号
邮编：515000
电话：0754－88222129
传真：0754－88113762
邮箱：110510286@ qq. com
产品：彩箱、彩盒、纸筒、胶纸

汕头市化建纸业公司
广东省汕头市濠江区磊广大道珠浦南区物资大市场右

畔 D、E 幢
邮编：515071
电话：0754 - 87380165
传真：0754 - 87360788
经营：黄纸板、灰纸板、复合纸板、白纸板、双胶印刷纸、热压纸板、书写纸

汕头市中联胜贸易有限公司
广东省汕头市龙湖区丹阳庄西三区 17 幢丽涛大厦 B 座 1902 室
邮编：515041
电话：0754 - 88736835、88873996
传真：0754 - 88736535
邮箱：1109292780@ qq. com
经营：糖纸、轻涂纸、防水单铜纸、牛皮纸、标签纸、玻璃卡纸

佛山市

广东包庄科技有限公司
(原南海新兴利合成纤维有限公司)
(原佛山市南海新兴利合成纤维有限公司)
广东省佛山市南海区丹灶镇横江环保工业园
邮编：528216
电话：0757 - 85407817、85407816
传真：0757 - 85443278
网址：www. fbi007. cn
邮箱：fbi0073@ vip. 163. com
产品：塑钢带、打包机

安德里茨(中国)有限公司
广东省佛山市禅城区古新路 70 号安德里茨中国总部大楼 13 - 16 层
邮编：528000
电话：0757 - 82969257
传真：0757 - 82969209
网址：www. andritz. cn
邮箱：marketing. china@ andritz. com
产品：制浆造纸设备

佛山市南海区德昌誉机械制造有限公司
广东省佛山市南海区罗村大桥南侧镇岐岗工业区内
邮编：528227
电话：0757 - 86435166
传真：0757 - 86435199
网址：www. dechangyu. com
www. dechangyu. cn
邮箱：master@ dechangyu. com
产品：卫生纸加工设备

佛山市顺德区光阳机械有限公司
广东省佛山市顺德区北滘镇碧江集约工业区
邮编：528311
电话：0757 - 26633488、18924822113
产品：纸箱、纸品包装机械

佛山市精拓机械设备有限公司
广东省佛山市顺德陈村镇赤花工业区 4 路南 2 号
邮编：528313
电话：0757 - 23301128
传真：0757 - 23301128
网址：www. jingtuo. net
邮箱：jt2007best@ 163. com
产品：卷筒纸包装机

佛山市宝索机械制造有限公司
广东省佛山市南海区平洲夏南一工业区
邮编：528252
电话：0757 - 82777529、86799938
传真：0757 - 86785529
网址：www. baosuo. com. cn
邮箱：master@ baosuo. com
产品：生活用纸设备

佛山市南海区宝拓造纸设备有限公司
广东宝拓科技股份有限公司
广东省佛山市南海区平洲夏南一工业区
邮编：528251
电话：0757 - 81273377
网址：www. baotuo. com. cn
邮箱：master@ baotuo. com
产品：生活用纸设备

佛山科琎精密机械有限公司
广东省佛山市南海区狮山镇罗村务庄荣星工业区荣二路二街 5 号
邮编：528000
电话：0757 - 81809695、81809696、81036335
传真：0757 - 81809697
网址：www. fskejin. com
邮箱：yunshan027@ 163. com
产品：耐磨制品热喷涂，金属件修复及 m 耐磨产品制作

安德里茨(中国)有限公司三水分公司
广东省佛山市三水区乐平工业区乐信路 83 号 B 区

邮编：528137
电话：0757－66633101
网址：www. andritz. com
邮箱：marketing. china@ andritz. com
产品：泵、烘缸

广东顺德亚华胶辊有限公司
广东佛山市顺德区北滘镇黄涌工业区
电话：0757－26321588、2632286
传真：0757－26322865
网址：www. yahuajiaogun. cn
产品：胶辊

江门市

江门鸿荣新材料科技有限公司
广东省江门市蓬江区杜阮镇井根骑龙山工业区杜阮南路33号
邮编：529000
电话：0750－2632699、2632683
传真：0750－3598787
网址：www. gd-hr. cn
产品：三层成型网、二层半成型网、单层成型网、扁丝干网、圆丝干网

江门市新会远东网业有限公司
江门市新会区会城潮兴路62号
邮编：529100
电话：0750－6100456
传真：0750－6126202
邮箱：crisitnye@ 163. com
产品：聚酯成形网、干网

江门市新会中新造纸网厂有限公司
广东省江门市新会区会城镇城东工业开发区
邮编：529100
电话：0570－6100456、6101108
传真：0570－6126202
网址：www. xhzhongxin. com
邮箱：admin@ xhzhongxin. com
产品：聚酯成型网、干网

开平市水口镇宏兴造纸机械配件厂
广东省开平市水口镇台山路段
邮编：529321
电话：0750－2732222、2718889、2732838
传真：0750－2726619
网址：www. hxjidun. cn
邮箱：110250766@ qq. com
产品：磨浆机、磨片、碎浆机、筛浆机、筛、脱墨机、洗浆机、纤维分离机、浆池推进器、除砂机

江门欧佩德晶华轻工机械有限公司
广东省江门市江海区科苑路16号
邮编：529000
电话：0750－3234318、13828080220、18138008667
传真：0750－3234318
网址：www. jm－jinghua. com
邮箱：3979999@ jmjhqj. com
产品：各类型号的造纸设备和备品备件

广东瑞全传动技术有限公司
江门市新会区会城奇榜地苑工业区33号
电话：0750－2642800
传真：0750－2642900
网址：www. gdrqcd. com
邮箱：gdrqcd@ 126. com
产品：造纸机械的液压、气动、链、带传动、动力传动等整机和配件，切纸机全套设备生产及维修，浆泵叶轮生产及维修

湛江市

广东伟兴机械制造有限公司
广东省湛江市坡头区麻坡路
邮编：524057
电话：0759－3957568
邮箱：weixing88@ 21cn. com
产品：造纸设备

东莞市

东莞市佳鸣机械制造有限公司
广东省东莞市沙田镇民田工业区
邮编：523991
电话：0769－88862099、88866210、88864360、88688201
传真：0769－88862066
网址：www. jumping. com
邮箱：jumping@ jumping. com. cn
产品：卫生纸机及后加工设备

东莞市业兴网毯有限公司
广东省东莞市高埗镇护安围管理区
邮编：523279
电话：0769－88731749、88734262、13922962663

传真：0769－88737340
网址：www. dgyexing. com
邮箱：yxwf1991@ 163. com
产品：造纸毛毯、特种工业用呢、电热衬毯、螺旋网、聚酯网

东莞市中堂金峰造纸机械配件经营部
广东省东莞市中堂镇中兴路 1－2 号
邮编：523220
电话：0769－88895138
产品：制浆造纸专用通用设备、水力碎浆机、纤维热碎解机、双圆盘磨浆机、纤维分离机、压力筛、除渣器等

国家纸制品质量监督检验中心
广东省东莞市松山湖科技产业园区工业南路 2 号
邮编：523808
电话：0769－23077232
传真：0769－23077238
网址：www. dqtpaper. com
邮箱：ltz@ gddqt. com
业务：专业从事纸制品质量检测

东莞市宝松纸业有限公司
东莞市长安镇涌头塘下工业区涌盛东路 7 号
邮编：523848
电话：0769－81559828、81559838、81559848
传真：0769－85301380
网址：www. baosongpaper. com
邮箱：13600283413@ 163. com
经营：全系列白牛皮纸

东莞伽立实业投资有限公司
广东省东莞市厚街镇陈屋东路 6 号
邮编：523900
电话：0769－85038511
传真：0769－85901468
网址：www. cnnpz. com
邮箱：2880177548@ qq. com
经营：牛皮纸、牛卡纸、白牛皮纸、涂布牛卡纸、压合牛卡纸、白面牛卡纸、包装牛皮纸、黑卡纸

安美科技股份有限公司
广东省东莞市松山湖科技园工业西路 6 号
邮编：523000
电话：400－8877－123、13553807153
传真：0769－83213234
网址：www. amer. cn
邮箱：service@ amer. cn
产品：工业润滑油、金属加工油、清洗剂、润滑脂等

东莞市商达软件开发有限公司
东莞市樟木头镇中心区蓓蕾街 16 号
邮编：523620
电话：0769－88800840
传真：0769－82106987
网址：www. 688soft. com
邮箱：shangdasoft@ 163. com
产品：造纸厂 ERP 管理系统

东莞市勤达仪器有限公司
广东省东莞市洪梅镇尧均村涌鑫工业园
邮编：523160
电话：0769－88438685
传真：0769－88433120
网址：www. china－qindayq. com
邮箱：89505708@ gq. com
产品：专业从事研发、生产造纸，印刷，包装，薄膜，油墨，环境类等检测仪器

东莞市华星胶辊有限公司
（原东莞市高埗镇华星胶辊厂）
东莞市高埗镇凌屋村工业区（高埗镇绿化中路）
邮编：523270
电话：0769－88875798、88878878、88780118
传真：0769－88872431
网址：www. hxdg. cn
邮箱：hxdg8888@ 126. com
产品：造纸胶辊包胶、维修

东莞桦桠刀具有限公司
东莞市望牛墩镇扶涌村如意路 01 号
邮编：523201
电话：0769－88566023
传真：0769－88566013
邮箱：gzhuya@ 163. com
Zhu_ yan_ fang@ 163. com
产品：研发生产销售造纸、纸箱、纸板、包装等行业精密刀具

东莞市莞桦纸品有限公司
东莞市中堂镇潢涌村
邮编：523221
电话：0769－81200388
邮箱：guanhua168@ 163. com
产品：纸箱

广东友华新材料科技有限公司
东莞市中堂镇蕉利村前进围
电话：0769－88882212、18576968808
网址：www.yhxcl.com.cn
邮箱：qiuzhongkun@yhxcl.com.cn
产品：标签材料

东莞市东杰纸箱机械设备有限公司
广东省东莞市桥头镇粮仓新围路 2 号 102 室
邮编：523539
电话：0769－86936631、15920684565
网址：www.djzxsb.com
邮箱：913746072@qq.com
产品：纸箱机械设备

东莞市骏兴机械科技有限公司
东莞市桥头镇桥新西一路桥泰街 2 号
邮编：523000
电话：0769－87000881
传真：0769－81278288
邮件：sales@szchm.com
产品：卷筒纸分切机、卷筒切纸机、复印纸分切机

中山市

中山斯瑞德环保科技有限公司
广东省中山市火炬开发区敬业路 6 号
邮编：528400
电话：0760－89935422
传真：0760－87601102
网址：www.lajiposuiji.com
邮箱：srd@siruide.com
产品：固废破碎机、固废处置系统设备，包括：单轴、双轴、四轴破碎机，粗破碎机、移动式破碎机

广西壮族自治区

南宁市

广西轻工业科学技术研究院有限公司
广西壮族自治区南宁市国家经济技术开发区迎凯路 8 号
邮编：530031
电话：0771－4518909
传真：0771－4518912
网址：www.gxliri.com
邮箱：gx-qgy@qq.com
业务：科研、设计

广西壮族自治区国营林场开发公司
广西壮族自治区南宁市东葛路 107 号
邮编：530022
电话：0771－5633460、5633461
传真：0771－5633460
邮箱：85428608@qq.com
产品：原木、板材

中国轻工业南宁设计工程有限公司
广西壮族自治区南宁市星光大道 42 号
邮编：530031
电话：0771－4800448、4800493
传真：0771－4830802、4800493
网址：www.zqnn.cn
www.ndcchina.com
邮箱：cnec@vip.163.com
业务：制浆造纸工程咨询、设计、监理和总承包

南宁市庆维造纸设备有限公司
广西壮族自治区南宁市良庆区银海大道西四里六巷 20 号
邮编：530200
电话：0771－4535350、13978727590
产品：高浓磨浆机，高、低浓或 D 型水力碎浆机，立、卧推进器，中、低浓抽浆泵，除砂器，压滤机，压力筛，文化用纸机，卫生纸机，塑料网槽，压力成形器以及二手造纸机设备

广西横县华宇工贸有限公司
广西壮族自治区南宁市六景工业园区
邮编：530313
电话：0771－7265998
传真：0771－7265998
邮箱：2725232157@qq.com
产品：五色有光纸、高级卫生纸

南宁市乖仔工贸有限责任公司
广西壮族自治区南宁市福建路 15－1 号
邮编：530031
电话：0771－4885918、4885968、4885998
传真：0771－4885968
网址：www.nngzgm.com
邮箱：1195173656@qq.com
产品：生活用纸、纸巾、纸盒

广西博世科环保科技股份有限公司
广西南宁市高新区科兴路 12 号
邮箱：530007

电话：0771－3299118
传真：0771－4960252
网址：www. bossco. cc
邮箱：bsk@ bossco. cc
产品：环保设备制造

广西理丰纸业有限公司
南宁市青秀区东葛路 118 号南宁青秀万达广场 2 栋 3118 号
电话：0771－5572855
网址：www. lifengpapergx. com
邮箱：88058802@ qq. com
产品：销售纸业、环保业、化工业；投资开发、研究

重 庆 市

重庆造纸工业研究设计院有限责任公司
重庆市南岸区茶园新区蔷薇路 26 号
邮编：401336
电话：023－63862408
传真：023－63609345
网址：www. cqzzgy. com
邮箱：cqzz666@ 163. com
业务：科技服务、咨询服务、生产玻璃纤维纸系列产品和特种工业用纸

四 川 省

自贡市

华西能源工业股份有限公司
四川省自贡市高新工业园荣川路 66 号
邮编：643001
电话：0813－666666
传真：0813－473222
网址：www. cwpc. com. cn
邮箱：cwpc@ cwpc. com. Cn
产品：循环流化床锅炉、自然循环燃煤粉锅炉、污泥焚烧锅炉、生物质燃料锡炉、碱回收锅炉、高炉煤气锅炉、垃圾焚烧锅炉、油泥砂锅炉、余热锅炉

四川亦海科机械设备制造有限公司（南方基地）
四川省自贡市高新区汇川路南湖国际 6－1－251
邮编：643000
电话：0813－8120893、13990062483
传真：0813－8120893
网址：www. ehik. com. cn
邮箱：dbzgwh@ 163. com
产品：专业从事滞止增压节能泵、旋转喷射泵

成都市

四川环龙技术织物有限公司
四川省成都市温江区成都海峡两岸科技产业开发园新华西路 519 号
邮编：611130
电话：028－82782930
传真：028－82782615
网址：www. vanov. cn
邮箱：trade@ vanov. cn
产品：压榨毛毯

成都拓世达科技有限公司
成都市双流县西南航空港经济开发区空港三路 739 号
邮编：610000
电话：028－85873022、13980938373
邮箱：cdtopstar@ 163. com
产品：变频器、纸机传动设备

希望森兰科技股份有限公司
四川省成都市双流区西航港空港二路二段 1599 号
邮编：610207
电话：028－85964751、85960127、85963211
传真：028－85962488
网址：www. chinavvvf. com
邮箱：markd@ chinavvvf. com
产品：变频器

昊华化工科技集团股份有限公司
（原四川天一科技股份有限公司）
成都高新区高朋大道 5 号成都高新区技术创新服务中心
邮编：610200
电话：028－85961516、85884329
传真：028－85884329
邮箱：zjb@ tianke. com
产品：制氮机、制氧机、浓缩乙烯、提纯氢气、提纯一氧化碳、提纯二氧化碳

四川省纸联浆纸有限公司
四川省成都市福兴街 30 号
邮编：610016
电话：028－86753238
经营：造纸纤维原料及专、辅材料

都江堰华西轻工机械有限责任公司
四川省成都市都江堰市奎光塔街道张家湾社区二组灌温路 1811 号
邮编：611830
电话：028－87284625
传真：028－87283997
网址：www.schxqgjx.com
邮箱：hx87284625@163.com
产品：真空泵、浆泵

中国轻工业成都设计工程有限公司
四川省成都市少城路 9 号
邮编：610015
电话：028－86630940、028－86634360
传真：028－86643706、028－8664360
网址：www.qrsj.com
业务：工程设计、工程咨询、工程总承包、环境影响评价

重庆银桥工程设计(集团)有限公司四川分公司
(原重庆银桥建筑设计有限公司四川分公司)
四川省成都市金牛区一环路北一段 88 号新熙门财富中心 11 楼
电话：028－87769978、13981761368
传真：028－87539315
邮箱：576189573@qq.com
经营：轻工业工程设计、技术咨询；制浆、造纸设备改造；纸制品技术开发

上海思百吉仪器系统有限公司四川分公司
四川省成都市锦江区下东大街 216 号喜年广场 A 座 3601 室
邮编：610051
电话：028－65009088
传真：028－65009099
网址：www.spectris.com.cn
经营：各类精密在线测量仪器、精密过程控制及测量仪器仪表及传感器和配件

四川中轻纸业有限公司
成都市锦江区红星路三段 16 号正熙国际 1905 室
邮编：610011
电话：028－86201906
传真：028－86201916
网址：www.sczqzy.com.cn
邮箱：sczq1905@163.com
业务：新技术推广、技改、环保、化学药品、助剂

斯普瑞喷雾系统有限公司成都办事处
四川省成都市高新区天府大道 28 号茂业中心 A2002
邮编：610041
电话：028－85403976
传真：028－85403938
网址：www.spray.com.cn
产品：喷嘴

深圳市联欧贸易发展有限公司成都办事处
四川省成都市武侯区成科路 12 号 1 单元 201 室
邮编：610041
电话：028－85218011
传真：028－85210982
网址：www.euro-me.com
邮箱：euromeCD@euro-me.com
经营：驱动传动、流体控制、液压气动、工厂自动化等

绵阳市

绵阳同成智能装备股份有限公司
四川省绵阳市高新新区河平路 68 号
邮编：621000
电话：0816－2536111、2544738
传真：0816－2543408
网址：www.tchigh－tec.com
产品：自动化产品研制、集成应用、工程项目服务、高端造纸装备研制开发

四川高达科技有限公司
四川省绵阳高新区虹盛路
邮编：621000
电话：0816－2829259
传真：0816－2250099
网址：www.scgdkj.com
邮箱：gd@scgdkj.com
产品：自动化技术

内江市

四川省资中县隆升机械有限公司
(原资中轻工机械厂)
四川省内江市资中县城区永兴路 28 号
邮编：641200
电话：0832－5510532、5529418
传真：0832－5529419
网址：www.zzlsjx.com
邮箱：zzlsjx@126.com

产品：制浆设备、黑液及中段废水处理设备，城市生活污水处理设备，中小型制糖设备的设计、制造和研发

乐山市

四川省井研轻工机械厂
四川省乐山市井研县研城镇和平街 117 号
邮编：613100
电话：0833－3711707、3710357
传真：0833－3711459
邮箱：Rongde. mao@ 163. com
产品：新闻纸机、文化用纸机、特种纸机、浆板机、箱纸板机、瓦楞原纸机、涂布白纸板机、涂布白卡纸机、纸机后续整饰完成设备

四川成发造纸机械有限公司
（原乐山市成发造纸机械有限公司）
四川乐山市鹤翔路 1005 号汇丰国际 16 楼
邮箱：61400
电话：0833－3206001、13981308207
传真：0833－2490062
网址：www. sccfzz. com
邮箱：chenming@ sccfzz. com
产品：箱板纸机、瓦楞纸机、灰板纸机、涂布白板（白卡）纸机、文化纸机、各类特种纸机

宜宾市

四川长江造纸仪器有限责任公司
四川省宜宾市翠屏区中元路 21 号
邮编：644004
电话：0831－3601740、3601481
传真：0831－3601481、3601496
网址：www. cjyq. net
邮箱：fuwu@ cjyq. net
zhangrong@ cjyq. net
产品：造纸检测仪器

宜宾市纺织器材厂
四川省宜宾市南岸东区叙府路西段 10 号
邮编：644002
电话：13309097527
产品：聚四氟乙烯密封件、机械密封圈、管套、轴套、复卷机轴承、烘缸旋转进汽接头、蒸球进汽和喷放接头

中国联合装备集团宜宾机械有限公司
四川省宜宾市宜宾县城北新区
邮编：644600
电话：0831－6233663、6233518、6233528
传真：0831－6233669
邮箱：cnpmc@ 263. net
产品：文化用纸机、包装纸机、卫生纸机、箱纸板机、浆板机和特种纸机

宜宾长泰轻工设计工程有限公司
宜宾市翠屏区安阜红丰东路北侧 4 号沁禾商业广场 17 层 209 号
邮编：644000
电话：13309090819
业务：轻工业工程设计、技术咨询；制浆、造纸设备改造；纸制品技术开发

贵 州 省

遵义市

凤冈县天河纸业股份合作公司
贵州省遵义市凤冈县龙泉镇
邮编：564200
电话：0858－5222597
产品：造纸机械及行业设备、纸加工机械

云 南 省

昆明市

昆明克林轻工机械有限责任公司
昆明市国家高新技术开发区科技路 211 号
邮编：650102
电话：0871－8307251
传真：0871－8307295
网址：www. klim. com. cn
邮箱：klimxzb@ 163. com
产品：造纸设备、碱回收机、压力容器

云南省轻纺工业设计院
云南省昆明市东风东路 169 号
邮编：650041
电话：0871－63315932
传真：0871－63315482
邮箱：qf@ ynqfy. com
业务：工程设计、咨询、承包

云南省玉溪市兴伦纸业有限公司
云南省玉溪市红塔区红塔工业园区观音山4号
邮编：653100
电话：0877－2050233、2050592
邮箱：2384804252@qq.com
产品：纸制品加工、销售，浆料回收，废纸收购、分选、加工

陕西省

西安市

中国轻工业西安设计工程有限责任公司
西安市碑林区东大街8号商联大厦
邮编：710001
电话：029－82487813、82477822
传真：029－82487815
网址：www.haisum－xa.com
邮箱：webmaster@haisum－xa.com
业务：工程设计、咨询

维美德造纸机械技术（西安）有限公司
陕西省西安市阿房四路
邮编：710086
电话：029－84363155
传真：029－84363433
网址：www.valmet.com
产品：造纸机械

轻工业西安机械设计研究院有限公司
（原轻工业西安机械设计研究院）
陕西省西安市阿房四路6号
邮编：710086
电话：029－84363407、84369596
传真：029－84369035
网址：www.xaqys.com
邮箱：xaqys@126.com
产品：全自动纸箱封箱机、圆孔打孔机

凯德（西安）造纸机械织物有限公司
陕西省西安市长安区马王街办沣京中路9号
邮编：710115
电话：029－85850947
传真：029－85851282
邮箱：794188730@qq.com
产品：聚酯网

斯普瑞喷雾系统有限公司西安办事处
陕西省西安市二环南路西段88号老三届世纪星大厦9D
邮编：710065
电话：029－88360145
传真：029－88360442
网址：www.spray.com.cn
邮箱：xian@spray.com.cn
产品：喷嘴

安德里茨胶辊（西安）有限公司
（原贝诺西贝胶辊有限公司）
陕西省西咸新区沣东新城阿房四路二号
邮编：710086
电话：029－84623445、84628294
传真：029－84514448
产品：造纸胶辊

西安维亚造纸机械有限公司
陕西省西安市沣东新城三桥镇孙围墙村北头8号
邮编：710086
电话：029－84517451
传真：029－84517451－803
网址：www.xawyjx.com
邮箱：602093463@qq.com
产品：70～1200米/分不同车速的水力式、气垫式、开启式流浆箱

陕西科技大学造纸环保研究所
陕西省西安市未央区大学园
邮编：710021
电话：029－86168229
传真：029－86168230
网址：www.susthbs.com
邮箱：susthbs@126.com
经营：造纸工业废水生物处理技术及设备、废水深度处理及回用技术和设备

西安力源光电科技有限责任公司
陕西省西安市高新区科技二路77号西安光电园A209
邮编：710075
电话：029－88452568
传真：029－88452578
网址：www.xalygd.cn
邮箱：xalygd95@126.com
产品：DCS、QCS控制系统

陕西欧润造纸机械有限公司
陕西省西安市雁塔区鱼化工业园三排1号
邮编：710077

电话：029－84686114、84217343
传真：029－84686114
网址：www. all－run. com
邮箱：dan. li@ all－run. com
产品：脱水元件、张紧器、校正器

上海思百吉仪器系统有限公司西安分公司
西安市长安北路 89 号中信大厦 7 楼 B 座
邮编：710061
电话：029－87983351
传真：029－87983353
网址：www. spectris. com. cn
经营：各类精密在线测量仪器、精密过程控制及测量仪器仪表及传感器和配件

西安兴晟造纸不锈钢网有限公司
西安市沣渭新区丰产路 80 号
邮编：710086
电话：029－84526600
传真：029－84524666
网址：www. xs－zz. com
邮箱：xingshengzaozhi@ 163. com
产品：5 目扁丝到 100 目条纹钢网

西安迈拓机械制造有限公司
陕西省西安沣京工业园振兴北路以东沣二东路以北
邮编：710300
电话：029－84847855、13992810904
传真：029－84847856
网址：www. maitocn. com
邮箱：lixiaohu@ maitocn. com
产品：生产成套设备、高速宽幅造纸机械辊

咸阳市

咸阳通达轻工设备有限公司
（原陕西科技大学机械厂）
陕西省咸阳市人民西路 49 号
邮编：712081
电话：029－33617016、4006989690
传真：029－33617775
网址：www. tdqg. cn
邮箱：xy3361@ 163. com
产品：实验蒸煮器、蒸煮小群罐、漂洗机、筛浆机、实验室打浆机、PFI 磨浆机、打浆度测定仪、纸页成形器、纸页压榨机、实验纸机、水力碎浆机、浮选脱墨机、纤维筛分仪、纤维标准疏解机、离心脱水机、回转干燥机

陕西西微测控工程有限公司
陕西省西咸新区沣西新城总部经济园区先河之星 1－18－3
邮编：712000
电话：029－33577113
传真：029－33577920
网址：www. xiweicekong. com
邮箱：qywjs@ 163. com
产品：高速卫生纸控制系统、DCS 控制系统、纸机 QCS 控制系统

兴平市中通试验装备有限公司
陕西省咸阳市兴平市南关路综合市场北排 8 号
邮编：713100
电话：0910－38822022、18220070547、18691049730
传真：029－38832639
产品：造纸实验打浆机、全自动抄取器、纸页成型器、蒸煮锅、PFI 磨浆机、手动抄取器、漂洗机、筛浆机、浮选脱墨机、浆料脱水机、鲍尔筛分仪

陕西科达电气有限公司
陕西省咸阳市秦都区马泉街道办事处渭店村马泉供电所南侧
邮编：712000
电话：029－33619049、38100691
传真：029－38100693
产品：造纸机的变频传动、复卷机的传动控制、DCS 和 QCS

汉中市

汉中聚贤日化产品商贸有限公司
陕西省汉中市西环路民航路
邮编：723000
电话：0916－2237171
传真：0916－2237171
邮箱：juxianrihua@ 163. com
经营：纸张、纸制品

甘　肃　省

兰州市

甘肃省轻工研究院有限责任公司
（原甘肃省轻工业科学研究所）
兰州市金昌南路 101 号
邮编：730000
电话：0931－8126511、8126515

传真：0931－8124557
网址：www. gsqgyjy. com
业务：工程设计、工程咨询

耐驰(兰州)泵业有限公司
甘肃省兰州高新技术产业开发区刘家滩 506 号
邮编：730010
电话：0931－4260000、4260123
传真：0931－4260089
网址：www. netzschpump. cn
邮箱：info. nlp@ netzsch. com
产品：单螺杆泵

国内造纸化学品企业名录

Directory of Domestic Papermaking Chemicals Enterprises

北京市

瓦克化学(中国)有限公司北京分公司
北京市朝阳区太阳宫中路 12 号太阳宫大厦 1108 室
邮编：100028
电话：010－84439700
传真：010－67877107
网址：www. wacker. com
邮箱：Jenny. xiao@ wacke. com
产品：VAE 乳液、聚合物树脂、多晶硅、聚乙烯醇溶液、硅烷及硅酸盐、有机硅树脂等

陶氏化学(中国)投资有限公司北京分公司
北京东城区东长安街 1 号东方广场东方经贸城西三办公室 11 层 1101 室
邮编：100738
电话：010－85279203
传真：010－85279299
网址：www. dow. com
邮箱：HXCHEN@ dow. com
产品：丁苯胶乳、造纸用杀菌剂

恩赛华垦(北京)科技有限公司
北京市大兴区庞各庄镇东中堡村村委会西北方向 500 米
邮编：102601
电话：13301208768
邮箱：1259891234@ qq. com
产品：化工产品

中粮集团有限公司
北京市朝阳区朝阳门南大街 8 号中粮福临门大厦
邮编：100020
电话：010－85006688
传真：010－85612800
网址：www. cofco. com
邮箱：cofco－news@ cofco. com
产品：玉米淀粉、L 乳酸

杜邦中国集团有限公司北京分公司
北京市朝阳区建国路 91 号金地中心 A 座 18 层
邮编：100022
电话：010－85571000
传真：010－85571888、85571999
网址：www. dupont. com
邮箱：amy. zeng@ dupont. com
产品：纸浆、纸张防油剂，化工制剂

北京兴美亚化工有限公司
北京市朝阳区北苑路 170 号凯旋城 3 号楼 C 座 2002
邮编：100101
电话：010－59273092
传真：010－59273091
网址：www. xmyhg. com
邮箱：wlh@ xmyhg. com
代理：罗地亚、陶氏化学等公司助剂

巴斯夫(中国)有限公司北京分公司
北京市朝阳区东三环北路霞光里 18 号 1 号楼 A 座 25 层 BCDE 单元
邮编：100027
电话：010－56831500
传真：010－56831751
网址：www. greater-china. basf. com
邮箱：grace. zhang@ basf. com
产品：化学品、功能性聚合物、特性化学品、聚氨酯

信汇集团
北京信汇生物能源科技有限公司
北京市海淀区西小口路 66 号东升科技园北领地 C1 三层
邮编：100192
电话：010－82156616
传真：010－82156606
网址：www. cenway. com
邮箱：dyestuff@ cenway. com
产品：液体荧光增白剂、直接染料、酸性染料

诺维信(中国)投资有限公司
北京市海淀区上地信息路 14 号
邮编：100085
电话：010－62987888
传真：010－62981281
网址：www. novozymes. com
邮箱：jia@ novozymes. com
产品：造纸工业酶制剂等

北京施澳德瑞科技有限公司
北京市大兴区旧桥路 25 号院 2 号楼 9 层 903
邮编：100076
电话：010－87877215、63031356
传真：010－63031356
邮箱：shifangwu@ 126. com
经营：销售化工产品

北京达瑞森化工有限责任公司
北京市通州区永乐店工业开发区东路 1 号
邮编：101105
电话：010－51674293、51674259
邮箱：fbt6637_ cn@ sina. com
产品：聚丙烯酰胺粉末状（液状）絮凝剂、造纸分散剂、纸张增强剂、助留助滤剂

北京瑞普特商贸有限公司
朝阳区西大望路 27 号
北京市平谷区平谷镇西寺渠村
邮编：100021
电话：010－87704710、13439605558
传真：010－67768643
邮箱：943795495@ qq. com
经营：白乳胶、聚乙烯醇

北京恒聚化工集团有限责任公司
北京市通州区漷县工业开发区
邮编：101109
电话：010－80589588
传真：010－80587077
网址：www. hengju. com. cn
www. hengju. cn
邮箱：hengju@ hengju. com. cn
产品：助留助滤剂、增强剂、聚合氯化铝、絮凝剂、聚丙烯酰胺

北京天使专用化学技术有限公司
北京市通州工业开发区广源东街 4 号
邮编：101114
电话：010－61502710
传真：010－61503113
邮箱：ning_ yu@ solenis. com
产品：助留助滤剂、纸张干强剂、还原性漂白剂、消泡剂、除气剂、多功能水质稳定剂、絮凝剂

北京昌化精细化工厂
北京市昌平区阳坊镇中心南街 37 号
邮编：102205
电话：010－66758087
邮箱：bjchwhd@ 126. com
产品：卡波树脂增稠剂、防腐杀菌剂、消泡抑泡剂

北京天擎化工有限公司
北京市平谷区中关村科技园区平谷园兴谷 A 区兴谷西路 3－5 号
邮编：101200
电话：13718775727
邮箱：22948751@ qq. com
产品：纸浆防腐剂、造纸污泥及沉淀物控制剂、纸机系统清洗助剂、造纸网毯保洁剂、浆块及树脂障碍控制剂

北京众城建材集团有限公司
（原北京市化工建材厂）
北京市密云县国际游乐场南
邮编：101500
电话：010－89031991、89031998
传真：010－89031992
网址：www. bjhj. cn
邮箱：sale@ bjhj. cn
产品：超细碳酸钙

北京东方亚科力化工科技有限公司
（北京化学工业集团有限责任公司旗下）
北京市通州区张家湾镇通州工业开发区光华路 16 号 B 栋 3 层 010 号
邮编：101104
电话：010－61567412
传真：010－61567410
邮箱：yklcwb@ 163. com
经营：化工产品的技术开发、技术转让、技术咨询

双日（中国）有限公司
北京市朝阳区曙光西里甲 5 号凤凰置地广场 H 座写字楼 8 层
邮编：100028
电话：010－57322500
传真：010－56383093
网址：www. sojitz. cn
产品：化工，合成树脂

北京柯斯元科技有限公司
北京市通州区中关村科技园区通州园金桥科技产业基地景盛南四街 15 号 28 号楼
电话：010－59770506、17718501080
网址：www. kesiyuan. com
邮箱：sales@ kesi－security. com
产品：变色纤维、放大识别防伪标签、特种纸防伪标签、纹理防伪标签、防伪纤维产品

北京汇能橡塑化工有限公司
公司地址：北京市房山区启航国际天星街 1 号院 14 号楼西区 1613 室
公司电话：010－89369577

生产基地：北京市房山区城关镇洪寺村北
邮编：102488
传真：010－60305918
网址：www.bjhnxs.com.cn
产品：合成树脂

北京兴普精细化工技术开发有限公司
北京市昌平区城区镇白浮泉路 1 号
邮编：102200
电话：010－82369759、62311765
邮箱：panzhuo.ripp@sinopec.com
产品：化学助剂

天津市

天津市合成材料工业研究所有限公司
天津市河西区洞庭路 29 号
邮编：300220
电话：022－28341651
传真：022－28340113
网址：www.tsmri.cn
邮箱：tonerchem@tsmri-bh.com
产品：阳离子表面施胶剂、阳离子中性施胶剂、湿强剂等

天津市中兴天泰科技发展有限公司
天津市滨海新区大港海洋石化科技园区
邮编：300270
电话：022－63234988、18087728878
传真：022－63234988
邮箱：ly@163.com
产品：多硫化钠蒸煮助剂、防腐杀菌剂

天津迪赛福商贸有限公司
（原天津迪赛福技术有限公司）
天津市滨海新区大港经济开发区仁祥街 186 号
邮编：300270
电话：022－63100717、18920459488
邮箱：18920459488@163.com
产品：工业杀菌剂、脱硫剂生产及技术开发

天津赛菲化学科技发展有限公司
天津赫普菲乐新材料有限公司
天津市武清区曹子里镇正华道 2 号增 1 号 207 室
邮编：301727
电话：022－82910355
传真：022－23062515
网址：www.surfychem.com
邮箱：shane@surfychem.com
产品：水性分散剂、消泡剂

诺维信（中国）生物技术有限公司
天津经济技术开发区南海路 150 号
邮编：300457
电话：022－25322062
传真：022－25322064
网址：www.novozymes.com
邮箱：mxu@novozymes.com
产品：造纸工业酶制剂

天津市尤奈特科技发展有限公司
天津市南开区华苑产业区物化道 2 号 A 座 3065 室
邮编：300384
电话：022－23728608、15522206969
传真：022－23728608
邮箱：1789494951@qq.com
产品：防水剂、纸箱防潮剂、阻燃剂、特种纸防油剂、杀菌灭藻剂

天津市昌维生物科技有限公司
天津市津南经济开发区（西区）香港街 3 号 A 座 405－147
邮编：300500
电话：022－84459017
传真：022－84459017
邮箱：cw@changzyme.com
产品：生物酶加工

天津亚东集团
天津市亚东化工有限公司
天津市滨海新区（大港）中塘镇东河筒村
邮编：300221
电话：022－63132064
传真：022－63131296
网址：www.yadongchem.com
邮箱：yadongchem@tjyadong.cn
产品：直接染料、纸用染料、活性染料

天津市雄冠科技发展有限公司
天津市滨海新区海滨街道南春园小区原钻井二公司小学院内
邮编：300405
电话：022－86852685、86852666
传真：022－86852381
网址：www.xgkj.com
邮箱：zuoyarong@xgkj.com.cn

产品：废纸脱墨剂、造纸毛毯清洁剂、消泡剂 GPS 系列、抑泡剂 PS 系列

中海油天津化工研究设计院
天津市红桥区丁字沽三号路 85 号
邮编：300131
电话：022－26689009、26689058
传真：022－26689070、26689067
网址：www. trici. cn
邮箱：trici_ cnooc@ 163. com
产品：分散剂、絮凝剂、清洗剂、杀菌剂

天津天女化工集团股份有限公司
天津市河东区八经路 68 号
邮编：300012
电话：022－84783830、84781332
传真：022－84783658
网址：www. angeichem. com
邮箱：postmaster@ angeichem. com
产品：颜料、表面活性剂

天津达一琦精细化工有限公司办事处
天津市南开区水上公园路 46 号
邮编：300480
电话：022－67162002
传真：022－67162001
产品：造纸助剂、脱墨剂、表面活性剂

中化塑料有限公司天津分公司
天津市河西区南京路 58 号
邮编：300042
电话：022－58536349
邮箱：huixiaoyi@ sinochem. com
产品：染料、颜料、助剂（荧光增白剂、阻燃剂、硅油）

天津市祥瑞染料有限公司
办公地址：天津市河西区洞庭路美年广场 4 座 11 层 05
工厂地址：天津市西青经济技术开发区大寺工业园区鸿泽路 21 号
邮编：300385
电话：022－23973592、87920609（总机）
传真：022－23882789
网址：www. xiangruidye. com
邮箱：liudehai@ xiangruidye. com
产品：直接染料、酸性染料、碱性染料

双日（中国）有限公司天津分公司
天津市和平区南京路 75 号天津国际大厦 1910 室
邮编：300050
电话：022－23312202
传真：022－23314693
网址：www. sojitz. cn
产品：化工、合成树脂

天津市轻工业化学研究所有限公司
津南区双港柳林东津沽路北
邮编：300222
电话：022－28342791、18920783970
邮箱：bingxuemimi@ 126. com
产品：精细化工产品制造

河 北 省

石家庄市

石家庄通力化学品有限公司
石家庄市鹿泉区北降壁
邮编：050225
电话：0311－83823893
传真：0311－83823893
邮箱：309183213@ qq. com
产品：湿强剂，助留增强剂，AKD 中、碱性施胶剂，消泡剂等

石家庄市乔多造纸化工助剂有限公司
河北省石家庄市新华区中华北大街 298 号颐宏大厦 02 单元 0816
邮编：050061
电话：0311－87721245、13833175940
传真：0311－87709314
邮箱：1467713860@ qq. com
产品：湿强剂、漂白助剂、助留剂、消泡剂、分散剂、荧光增白剂 VBL 等

石家庄德旺科技有限公司
河北石家庄市元氏县天山国际制造产业园伟业路 1 号
邮编：051130
电话：0311－84531706、13731103560
传真：0311－83993905
网址：www. wangzhitech. com
邮箱：707238527@ qq. com
产品：表面施胶剂、中性胶、高效助留剂

河北星宇化工有限公司
河北省石家庄市鹿泉区获鹿镇石柏南大街 9 号
邮编：050200
电话：0311－69122813、69122831、69122926、13284485526
传真：0311－69122838、69122813
网址：www. xingyuchem. com
邮箱：jacky@ xingyuchem. com
产品：荧光增白剂及其中间体系列、碱性染料及其中间体系列、二氧化硫脲

石家庄市三兴钙业有限公司
河北省石家庄市井陉县北固底工业区
邮编：050300
电话：0311－82359777、18631145438、13473787469
传真：0311－82359555
网址：www. sjzssxgy. com
邮箱：sjzssxgy@ 163. com
产品：轻质碳酸钙、轻质活性碳酸钙、沉淀碳酸钙

石家庄冀亨助剂有限公司
河北省石家庄市赵县新寨店工业区
邮编：051530
电话：0311－85941169、13932106423
传真：0311－85941136、67660963
网址：ww. hbjh. com. cni
邮箱：sjyhgyshe@ 163. com
产品：湿强剂、AKD 等造纸助剂

晋州市富强精细化工有限公司
河北省晋州市后彭头工业开发区
邮编：052260
电话：0311－84358066
传真：0311－84359666
网址：www. cellulose-cn. com
邮箱：fuqiang@ cellulose-cn. com
产品：非离子型纤维素醚、阳离子醚化淀粉、表面施胶淀粉、磷酸酯淀粉、增强助留剂

晋州市大成变性淀粉有限公司
河北省晋州市后彭头工业开发区
邮编：052260
电话：0311－84359111
传真：0311－84359555
网址：www. dachengcn. cn
邮箱：dacheng@ dachengcn. cn
dc@ dachengcn. cn
产品：氧化淀粉、阳离子淀粉、表面施胶剂、助留剂、蜡乳液等

晋州市三木助剂纸品厂
河北省晋州市总十庄镇东台工业开发区
邮编：052260
电话：0311－84301148
传真：0311－84301138
邮箱：10753985262@ qq. com
产品：AKD 蜡粉、AKD 中性施胶剂、PAW 湿强剂、助留剂、烘缸剥离剂等

晋州市荣达建筑科技有限公司
（原晋州万达纸业材料有限公司）
河北省石家庄市晋州市总十庄镇总十庄村村北
邮编：052261
电话：0311－84301296
传真：0311－84301296
产品：中性施胶剂、PAE 湿强剂、AKD 乳液、阳离子松香胶、阳离子松香胶乳化剂

河北兴泰纤维素有限公司
河北省石家庄市晋州小樵开发区
邮编：052260
电话：0311－85128833、1383210317、18931111383
传真：0311－85125050、84404728
网址：www. heber. cn
www. xingtalxws. com
邮箱：youlangte@ yahoo. com. cn
hbxtxws666@ 126. com
产品：羧甲基纤维素、羟丙基甲基纤维素等

河北省晋州市染化厂
石家庄市中汇化工有限公司
河北瑞兴进出口有限公司
石家庄市广安大街 77 号安侨商务 1002 室
邮编：050011
电话：0311－85520176、85520177、85520178
传真：0311－85520175
网址：www. zhonghuidyes. com
www. risingdyes. com
邮箱：yanhui@ zhonghuidyes. com
产品：直接染料、碱性染料、酸性染料

唐山市

唐山奥东化工有限公司
河北省唐山市唐海县孙家林北
邮编：063200

电话：0315－8713056、8711511
传真：0315－8711512
邮箱：adk100@ tom. com
产品：荧光增白剂，阴离子松香系列中性施胶剂，阳离子松香系列施胶剂，AKD 中、碱性施胶剂

唐山天盈化工有限公司
河北省唐山市古冶区京华道北
邮编：063100
电话：0315－3533257、3530191
产品：超细碳酸钙

玉田县天源造纸助剂材料制造有限公司
玉田县青庄坞村
邮编：064105
电话：0315－6563226、13933306898
产品：聚合氯化铝液体、聚丙烯酰胺液体

秦皇岛市

秦皇岛市金佳絮凝剂有限公司
河北省秦皇岛市高新经济技术开发区昆仑山北路 1 号
邮编：066004
电话：0335－8017709、8017706
传真：0335－8500609
网址：www. jinjiaxnj. com
邮箱：jinjiaxnj@ 163. com
产品：羟丙基瓜尔胶、聚丙烯酰胺助留剂、助滤剂

邯郸市

河北信佳生物淀粉科技有限公司
成安县邯大路南城西工业小区
邮编：056700
电话：0310－5231201、5231206
传真：0310－5231200
邮箱：530603760@ qq. com
产品：复合改性淀粉辅料（造纸表面施胶机）、阳离子改性淀粉辅料（造纸浆内添加及涂布）

河北汇泉化工科技有限公司
邯郸汇泉造纸助剂加工有限公司
邯郸市滏东北大街远大国门 A 座 1702 室
邮编：056001
电话：0310－3185820、13832072779
传真：0310－3187827
网址：www. hbhqhgkj. com
邮箱：hdhuiquan@ 126. com
产品：造纸助剂

邢台市

沙河市矿产品加工厂
河北省沙河市桥东大街路南
邮编：054100
电话：0319－8802504
产品：涂布瓷土、超细碳酸钙

沙河市白错利恒造纸瓷土厂
河北省邢台市沙河市八里庄村西
邮编：654100
电话：031－872871、13623290251
产品：造纸瓷土加工、销售

沙河市远辉造纸瓷土厂
河北省邢台市沙河市白错村北
邮编：054102
电话：0319－8891056、13198861361
产品：造纸瓷土加工、销售

沙河市富源造纸瓷土厂
河北省邢台市沙河市新城镇新城村东
邮编：054102
电话：0319－8886925
产品：造纸瓷土、涂布纸

沙河市顺达造纸瓷土厂
河北省邢台市沙河市白错村东北（沙河市第二运输公司院内）
邮编：054102
电话：0319－8889256
传真：0319－8889256
邮箱：13653337518@ 139. com
产品：瓷土加工

邢台文源染料有限公司
河北邢台市南和县三召乡工业区
电话：13931956850、13503196786
网址：www. wenyuanranliao. cn
产品：各种造纸染料

沙河市造纸瓷土有限责任公司
沙河市京广路 72 号
邮编：054100
电话：0319－8822192
产品：造纸瓷土产品、涂料

保定市

保定市徐水区双圆纤维素厂
河北省保定市徐水县漕河镇河西村
邮编：072556
电话：0312－85202406
产品：羧甲基纤维素、羧甲基淀粉、变性淀粉、氧化淀粉、阳离子淀粉等

保定市阳光精细化工有限公司
徐水县 107 国道徐水收费站北侧
邮编：072556
电话：0312－8502325、8505605
传真：0312－8505606
邮箱：lvan0514@126.com
产品：造纸防腐杀菌剂

沧州市

沧州康宏化工有限公司
河北省沧州市献县河街支路 8 号（老化肥厂院内）
邮编：062250
电话：0317－4601777
传真：0317－4601666
网址：www.kanghongchem.com
邮箱：khhg2016@126.com
产品：羟基丁苯胶乳、丁二烯、苯乙烯、丙烯酸

河北昊泽化工有限公司
沧州临港经济技术开发区西区化工大道以南、经四路以东
邮编：061108
电话：0317－5838277，5601366
传真：0317－5838277，5601369
网址：www.haozechem.cn
邮箱：hebeihaozehuagong@163.com
产品：羧基丁苯胶乳、纯丙胶乳、醋丙胶乳、苯丙胶乳、水性粘合剂、丁腈胶乳、液体橡胶、固体热熔胶（特种橡胶）

河北威尔化工有限公司
河北省河间市束城工业园区
邮编：062450
电话：0317－3219668、3219588、15622233566
传真：0317－3219778
产品：改性造纸施胶剂、湿强剂、干强剂

任丘市万方化工有限公司
河北省任丘市辛安庄工业区
邮编：062555
电话：0317－2225851、13333363038
传真：0317－2212299、2913788
产品：聚丙烯酰胺、分散剂、复合型高效废水处理剂、絮凝剂、聚丙烯酸钠

廊坊市

廊坊市盛源化工有限责任公司
河北省廊坊市开发区鸿润道 20 号
邮编：065001
电话：0316－6070320、6070319、6086611
传真：0316－6060808
网址：www.lfsychem.com
邮箱：service@lfsychem.com
产品：干、湿增强剂、聚丙烯酰胺、助留剂、助滤剂、分散剂、废水处理剂、染料

文安县亿源化工有限公司
文安县孙氏镇四村
邮编：065812
电话：0316－5011968、5012199
传真：0316－5012368
产品：造纸专用分散剂、造纸助剂、废水处理剂，并代理日本三井株式会社产品

廊坊亚太龙兴化工有限公司
河北省廊坊市大城县东汪工业园
邮编：065903
电话：0316－5708338、5706548
传真：0316－5709699、5706338
网址：www.ytlx－chem.com
邮箱：15128678801@163.com
13833673703@163.com
ytlxchem@163.com
产品：氯化钙、高纯度硫酸亚铁

山西省

太原市

山西长庆化工有限公司
太原市晋源区西峪西街琳龙苑小区西侧 100 米处
邮编：030001
电话：0351－4050417、13834241203
传真：0351－4168444

邮箱：253817331@qq.com
产品：钛白粉

晋城市

晋城市思科煅烧高岭土有限公司
山西省晋城市泽州县川底乡下麓工业园
邮编：048019
电话：0356－3824342
传真：0356－3824706
网址：www.sxsike.ypb.cn
邮箱：836229660@qq.com
产品：轻、重质碳酸钙，煅烧高岭土

晋中市

山西琚丰新材料科技有限公司
（原山西琚丰高岭土有限公司）
山西省晋中市山西示范区晋中开发区汇通产业园区兴业街 320 号
邮编：030600
电话：0354－2666606、2666608
传真：0354－2666607
网址：www.sxjufengkj.com
邮箱：2461770665@qq.com
产品：煅烧高岭土

忻州市

山西金洋煅烧高岭土有限公司
忻州忻府区京原路兰村乡北场村
邮编：034001
电话：0350－2641111、2136542
传真：0350－2136958、2136245
网址：www.jinyanggaolintu.com
邮箱：385112061@qq.com
产品：涂布级煅烧高岭土

内蒙古自治区

鄂尔多斯市

内蒙古蒙西高岭粉体股份有限公司
内蒙古自治区鄂尔多斯市鄂托克旗碱柜镇 110 国道东千钢路北
邮编：016062
电话：0473－2552358、0477－8966679、15774775121
邮箱：654858429@qq.com
产品：高岭土

内蒙古鹏博高岭土有限责任公司
内蒙古自治区鄂尔多斯市准格尔旗薛家湾镇工业开发区
邮编：010300
电话：15149516555
邮箱：1243851198@qq.com
产品：高白度煅烧高岭土

内蒙古乌海亚东精细化工有限公司
内蒙古自治区乌海市海南区经济开发区（西来峰项目区）
邮编：016030
电话：0473－3138777
传真：0473－3138555
网址：www.yadongchem.com
邮箱：1052240391@qq.com
产品：染料

阿拉善

内蒙古新亚化工有限公司
内蒙古自治区盟腾格里经济技术开发区经五路以东（纬十一路以北）
邮编：750314
电话：0483－8692255
传真：0483－8692200
网址：www.yadongchem.com
邮箱：13629557818@163.com
产品：染料

辽　宁　省

沈阳市

诺维信（沈阳）生物技术有限公司
沈阳经济技术开发区沧海路 39－1 号
邮编：110141
电话：024－25813137
传真：024－25813147
网址：www.novozymes.com
邮箱：nxma@novozymes.com
产品：造纸工业酶制剂

大连市

大连星原精细化工有限公司
辽宁省大连市西岗区新开路 99 号珠江国际大厦

1205 室
邮编：116011
电话：0411－83702309、83702329
传真：0411－83702319
网址：www. dlxingyuan. com
邮箱：info@ dlxingyuan. com
产品：异噻唑啉酮、有机溴等系列杀菌防腐剂

大连汇邦化学有限公司
辽宁省大连市甘井子区玉境路 74 号 1－6
邮编：116038
电话：13840816566
邮箱：975026126@ qq. com
产品：防腐剂、杀菌灭藻剂、水处理剂、防霉剂、杀菌剂、异噻唑啉酮

双日（大连）有限公司
辽宁省大连市西岗区中山路 147 号森茂大厦 7 层
邮编：116011
电话：0411－83601177
传真：0411－83607708
网址：www. sojitz. cn
产品：化工、合成树脂

鞍山市

合山化工（辽宁）有限公司
辽宁省海城市经济技术开发区黄河大街 5 号
邮编：114200
电话：0412－3600699
传真：0412－3600325
网址：www. microstone. cn
邮箱：microstone@ 126. com
产品：超细碳酸钙粉、超微细造纸滑石粉

海城市合成微细钼石粉厂
辽宁省海城市牌楼镇北铁村滑石工业区
邮编：114207
电话：13841222785
邮箱：547897179@ qq. com
产品：滑石粉、轻烧镁粉、氧化镁粉、硅石粉、重质碳酸钙粉

辽宁东宇化矿集团有限公司
辽宁东宇新材料有限公司
辽宁省海城市英落镇草庙工业园
邮编：114213
电话：0412－3199680、3199683、4000412126
网址：www. cnlndy. com
邮箱：xnxr@ 163. com
产品：滑石粉

海城市天瑞滑镁制品有限公司
辽宁省鞍山市海城市兴海管理区铁西街兴工委 65 栋 1 号
邮编：114200
电话：13238177599、13998010576
网址：www. mhsytalc. com
邮箱：648290063@ qq. com
产品：造纸级滑石粉、涂料级滑石粉

海城市他山滑石粉厂
辽宁省海城市感王镇他山村
电话：0412－3798028、13104224338
网址：www. tshsf. con
邮箱：tshsf@ tshsf. com
产品：滑石粉

辽宁艾海滑石份有限公司
辽宁省海城市马凤镇范家堡
电话：0412－3268999、3268928
网址：www. aihaitalc. com
邮箱：zhoujm@ aihaitalc. com
产品：滑石粉

海城市品扬滑石矿业有限公司
海城市英落镇赵卜村
电话：0412－3271422
网址：www. pinyangtalc. com
邮箱：13065490999@ 163. com
产品：滑石粉

辽宁海城越芳矿产粉体制造有限公司
辽宁省海城市英落镇草甸村
电话：0412－3729882
传真：0412－3729882
网址：www. yfmining. com
邮箱：1789016669@ qq. com
产品：滑石粉

抚顺市

佳化化学股份有限公司
辽宁省抚顺市顺城区方晓工业园
客户服务中心：上海市浦东新区锦康路 258 号陆家嘴世纪金融广场 1201&1204 室

电话：4001263636
网址：www. jiahua-china. com
邮箱：sales@ jiahua-china. com
产品：表面施胶

锦州市

辽宁沈宏集团股份有限公司
锦州宏塔高岭土开发有限公司
辽宁省凌海市班吉塔镇（锦朝高速公路路口）
邮编：121225
电话：0416－8840495、8845688
传真：0416－8840495
邮箱：369179517@ qq. com
产品：超细煅烧高岭土、耐火级煅烧高岭土

辽阳市

辽宁佳龙化工集团有限公司
（原辽阳佳龙化工有限公司）
辽宁省辽阳市南常路 58 号
邮编：111003
电话：0419－2385858、15241985858
传真：0419－2385858
网址：www. jialonggroup. cn
邮箱：3389829100@ qq. com
产品：抗水剂（改性三聚氰胺甲醛树脂）、无醛抗水剂、分散剂

辽宁科隆精细化工股份有限公司
辽宁省辽阳市宏伟区万和七路 36 号（公司总部）
辽宁省辽阳市宏伟区东环路 8 号
邮编：111003
电话：0419－5589880、40015556878
传真：0419－5589837
网址：www. kelongchem. com
产品：反应型乳化剂、表面活性剂

辽阳奥克化学股份有限公司
辽宁省辽阳市宏伟区万和七路 38 号
邮编：111003
电话：0419－5160978、5161428
传真：0419－5314298
网址：www. oxiranchem. com
产品：OX 消泡剂系列、脱墨剂

辽宁华兴集团化工股份公司
辽宁省灯塔市西马镇新生开发区
邮编：111302
电话：0419－2702699、8321888
传真：0419－8320808
邮箱：278032647@ qq. com
产品：废纸脱墨剂、脂肪醇、脂肪醇聚氧乙烯醚、壬基酚聚氧乙烯醚、聚乙二醇

盘锦市

盘锦兴建助剂有限公司
兴隆台区工业开发区
邮编：124010
电话：13942736677
邮箱：330622894@ qq. com
产品：聚丙烯酰胺助留剂、助滤剂、干/湿增强剂、净水剂

辽宁赛菲化学有限公司
辽宁盘锦辽东湾新区精细与石油化工园区峨嵋街与闾山路交口
电话：022－82910322、18622186875
网址：www. surfychem. com
邮箱：hanwei@ surfychem. com
产品：水性分散剂、消泡剂

铁岭市

铁岭纸缘科技有限公司
辽宁省铁岭市清河区向阳街货郎屯村
邮编：112003
电话：13604103588
邮箱：165204910@ qq. com
产品：增强助留剂（阳离子淀粉）、烘缸剥离剂、PAE 造纸湿强剂、中性施胶剂、废纸脱墨剂、瓦楞原纸增强剂

吉 林 省

长春市

吉林省正豪改性淀粉科技开发有限公司
吉林省长春高新技术产业开发区创新路 761 号
邮编：130012
电话：0431－81076900、13844832181
传真：0431－86773875
网址：www. jilinzh. com
邮箱：ccyuhuai2005@ sina. com
产品：酯化淀粉、氧化淀粉、酸变性淀粉

吉林中粮生化能源销售有限公司
长春市解放大路 2677 号光大大厦 20 层
邮编：130033
电话：0431 －81891278
传真：0431 －81891278
网址：www. cofco. com
邮箱：xunan@ cofco. com
经营：玉米淀粉

吉林中粮生化有限公司
长春市经济技术开发区仙台大街 1717 号
邮编：130033
电话：0431 －85883055
网址：www. cofco. com
邮箱：zhangyuchi@ cofco. com
产品：玉米及其深加工方面的工程化研究、技术开发、信息咨询及产品检测

长春大成实业集团有限公司
吉林省长春市西环城公路 886 号
邮编：130062
电话：0431 －81133111、87879944
传真：0431 －87870773
网址：www. ccdacheng. com
邮箱：2323845648@ qq. com
产品：表面施胶剂、喷淋淀粉、涂布淀粉、浆内添加淀粉

长春市大地精细化工有限责任公司
吉林省长春市二道区三道镇卫星工业小区
邮编：130123
电话：17804312934
邮箱：1132603226@ qq. com
产品：化学助剂、精细化工产品

吉林市

吉林市莲花化工厂
吉林省吉林市昌邑区珲春北街 6 号 2 号厂房
邮编：132001
电话：0432 －62430720
邮箱：1042129428@ qq. com
产品：蒸煮助剂

松原市

嘉吉生化有限公司
（原华润赛力事达玉米工业有限公司）
吉林省松原经济技术开发区江南工业园区
邮编：138000
电话：0438 －2779061、2779096
传真：0438 －2779027、2779063
邮箱：ping_ yu@ cargill. com
产品：氧化淀粉、表面施胶剂、阳离子玉米变性淀粉

黑龙江省

牡丹江市

牡丹江市华新化工助剂有限责任公司
黑龙江省牡丹江市阳明区裕民路 159 －1 号
邮编：157031
电话：0453 －6380608
传真：0453 －6380608
网址：www. huaxinchem. com. cn
邮箱：mdjyls@ 126. com
产品：造纸助剂

绥化市

兰西县国文造纸助剂加工厂
黑龙江省兰西县粮食路 118 号
邮编：151500
电话：0455 －5620787
传真：0455 －5620787
网址：www. guowenchem. com
产品：爆破制浆促进剂、蒸煮助剂、纸品挺硬剂、纸品拉力增强剂、消泡剂、脱墨剂

上　海　市

陶氏有机硅（上海）有限公司
（原道康宁（上海）有限公司）
上海市松江区荣乐东路 448 号
邮编：201613
电话：021 －37741000、23065500、4000418388
传真：021 －63507200、63512600
网址：www. dow. com
邮箱：fenglan. xu@ dow. com
产品：有机硅

上海吉康生化技术有限公司
中国（上海）自由贸易试验区临港新片区环湖西二路 888 号 A 楼 408 室
上海市黄家路 18 号 15 楼（中华路口）
邮编：200010
电话：021 －63761515

传真：021 - 63767366
网址：www. shluckychem. com
邮箱：luo@ shluckychem. com
产品：热敏、压敏色素（结晶紫内酯），感光及电子化学品，染料，助剂

上海诺成药业股份有限公司
（原上海大宇生化有限公司）
工厂地址：上海市古浪路 1631 号
上海市淮海中路 887 号永新大厦 6007 室
邮编：200020
电话：021 - 64310031、64317611、64376567、64749208
传真：021 - 64379012
网址：www. nuopharm. com
邮箱：sales@ caco3. cn
产品：工业用碳酸钙系列产品

杜邦中国集团有限公司上海分公司特殊化学品部
上海市浦东新区张江高科技园科苑路 399 号 11 号楼
邮编：201203
电话：021 - 38622888、63866366 - 2007
传真：021 - 38622889
网址：www. dupont. com
邮箱：Techy-n. l. Du@ chn. dupont. com
产品：防油剂、大豆蛋白聚合物

索理思（上海）化工有限公司
中国（上海）自由贸易试验区马吉路 28 号东华金融大厦 20 层 2003F 室
邮编：201108
电话：021 - 54422323、54425533、54422085、80235650
传真：021 - 54424580
邮箱：JiZhang@ solenis. com
产品：水处理化学品与技术、造纸助剂

陶氏化学（中国）投资有限公司
上海市浦东张江高科技园区张衡路 936 号
邮编：201203
电话：021 - 23019436、38511000
传真：021 - 53535508、58951818
网址：www. dow. com
产品：丁苯胶乳、造纸用杀菌剂

池上交易株式会社
浪速包装（上海）有限公司
上海市黄浦区宁海东路 200 号申鑫大厦 1809 室
邮编：200021
电话：021 - 63743992、63743993
传真：021 - 63747978
网址：www. ikegamikoeki. com
邮箱：ikegamib@ public. bta. net. cn
产品：分散剂、脱墨剂、消泡剂、柔软剂、絮凝剂

名远化工贸易（上海）有限公司
徐汇区肇嘉浜路 388 号华泰大厦 6B
邮编：200023
电话：021 - 63048833
传真：021 - 63048822
邮箱：cgshaccount01@ chemcentralgroup. com. cn
产品：湿部、施胶及涂布用淀粉，CMC，瓷土

圣诺普科（上海）贸易有限公司
中国（上海）自由贸易试验区富特北路 211 号 302 部位 368 室
邮编：200031
电话：021 - 64662391 - 106
传真：021 - 64662393
网址：www. sannopco-sh. com
邮箱：shen-y@ sannopco-sh. com
产品：消泡剂、抑泡剂、分散剂、润滑剂、分离剂

美鑫投资（中国）有限公司
上海市长宁区江苏路 369 号兆丰世贸大厦 7 楼 F 座
邮编：200050
电话：021 - 62093279
网址：www. mineralstech. com
邮箱：kenny. lin@ mineralstech. com
产品：轻质碳酸钙

星悦精细化工商贸（上海）有限公司
上海市静安区恒丰路 638 号 1201 室
邮编：200040
电话：021 - 52283211
传真：021 - 62187200
网址：www. seikopmc. co. jp
邮箱：yin-xianzhong@ seikopmc. co. jp
产品：抗水剂、表面施胶剂、干强剂

上海欣盛颜料化工有限公司
上海市松江区天马山镇经济开发区
邮编：201603
电话：13601734366
邮箱：370693179@ qq. com
产品：造纸调色剂、乳胶着色剂

上海恒谊化工有限公司
上海市青浦区工业园区郏一工业区 7 号 3 幢 1 层 H 区 121 室
上海恒谊化工有限公司分公司
嘉定区江桥镇华江路 668 弄 11 号 6 幢
邮编：201803
电话：021 - 59117391 - 8101
邮箱：13916567166@ 139. com
产品：湿强剂、干强剂、助留助滤剂、纸浆专用分散剂、苯丙乳液、烘缸剥离剂

上海埃格环保科技有限公司
上海市静安区共和新路 912 号 701A - 17 室
邮编：200431
电话：021 - 61390611、18621550669
网址：www. accele-tech. com
邮箱：zhuyq@ accele-tech. com
产品：废水生化处理

上海湘宏化工有限公司
(原上海青草地环保科技有限公司)
上海市虹口区海伦路 178 号 3 楼
邮编：200086
电话：15961186328
邮箱：498701421@ qq. com
产品：聚合硫酸镁、聚双酸铝铁、聚丙烯酰胺、复合混凝剂、高效脱色剂、钛白粉、造纸助留助滤剂

凯米拉化学品(上海)有限公司
中国(上海)自由贸易试验区富特北路 358 号 402 室
邮编：200233
电话：021 - 60375999
网址：www. kemira. com
邮箱：Communications_ APAC@ kemira. com
产品：助留剂、杀菌剂、毛毯清洗剂、固着剂、分散剂、AKD、ASA、松香施胶剂、水处理用化学剂

凯米拉(上海)管理有限公司
上海市徐汇区古美路 1528 号 6 幢 9 层
邮编：200233
电话：021 - 60375999
网址：www. kemira. com
邮箱：Communications_ APAC@ kemira. com
产品：施胶剂、助留剂、消泡剂、粘合剂

三井化学(中国)管理有限公司
(原三井化学(上海)有限公司)
静安区恒通路 268 号凯德星贸大厦 2102 室
邮编：200070
电话：021 - 58886336
传真：021 - 58886337
网址：www. mitsuichemicals. cn
邮箱：shenqi@ mcs. mitsui-chem. com
产品：助留剂、分散剂、高分子絮凝剂聚丙烯酰胺

上海谊久化工有限公司
上海市浦东新区行南路 1288 号 2 号门
邮编：200137
电话：021 - 50122360、18918588703
网址：www. 19chem. com
邮箱：info@ 19chem. com
产品：造纸专用阴离子、阳离子、非离子乳化蜡，造纸用特效防水剂，表面施胶乳化蜡，纸内施胶乳化蜡

上海新诺化工有限公司
上海舜雅化工有限公司
上海市奉贤区楚华北路 858 号
邮编：200417
电话：021 - 68660222
传真：021 - 58612099
网址：www. sinowax. com
邮箱：root@ sinowax. com
产品：乳化蜡、施胶剂、防水剂、上光剂、分散剂

上海高桥-巴斯夫分散体有限公司
上海市浦东新区浦东北路 1929 弄 99 号
邮编：200137
电话：021 - 20680846
邮箱：hur@ sgbd. com
产品：涂布用胶乳(羧基丁苯胶乳)、塑性颜料

巴斯夫(中国)有限公司
上海市浦东新区江心沙路 300 号
邮编：200137
电话：021 - 20391000
传真：021 - 20394306
网址：www. basf. com
邮箱：lydia. a. wang@ basf. com
产品：化学品、功能性聚合物、特性化学品、聚氨酯

日华化学(中国)有限公司上海分公司
(原浙江日华化学有限公司上海分公司)
上海市松江区民益路 201 号 12 幢 301 室
邮编：201612
电话：021 - 54277300
传真：021 - 54277377

网址：www. nicca. cn
邮箱：f-wang@ niccachemical. com
产品：表面活性剂、螯合分散剂、低聚物分散剂、渗透剂、消泡剂、柔软剂、固色剂、平滑剂、防水剂

科莱恩化工(中国)有限公司
上海市长宁区临虹路 168 弄 2 号 4 层
邮编：200335
电话：021 - 22483000
网址：www. navigance. cn
　　　www. clariant. com
邮箱：GTChinaAdmin@ clariant. com
产品：染料、增白剂、防油剂

巴斯夫特性产品有限公司
上海市漕河泾开发区田州路 99 号 13 号楼 202 室
邮编：200137
电话：021 - 38106331、20391072
邮箱：jessie. wei@ basf. com
产品：染料、助留助滤剂、涂布胶乳、施胶剂

上海东升新材料有限公司
上海市田林路 388 号 1 幢楼 7 层
邮编：200233
电话：021 - 64838680
传真：021 - 64518499
网址：www. dssun. com
邮箱：dssun@ dssun. com
产品：PCC、GCC、苯丙胶乳、瓜尔胶、干强剂、阴离子捕捉剂、AKD 中性施胶剂、分散剂、絮凝剂、脱墨剂、润滑剂

上海恩脉化学有限公司
上海恩脉实业有限公司
生产地址：上海市宝山工业园上大路 218 号
销售地址：上海市宝山区市台路 408 号 823 室
邮编：200436
电话：021 - 66516340、60962322、60962092
传真：021 - 56670591
网址：www. enmai888. com
邮箱：dfyu8728@ 126. com
产品：荧光增白剂、干强剂、湿强剂、中性施胶剂、表面施胶剂

上海浩天变性淀粉有限公司
上海市宝山区共康路 651 号
邮编：200443
电话：021 - 56416150
传真：021 - 56433814
邮箱：1807829713@ qq. com
产品：涂布淀粉系列、湿部淀粉、特种表面施胶淀粉

卡马斯化工(上海)有限公司
上海市松江区沪亭北路 78 号(翠立商务中心)313 室
邮编：201615
电话：021 - 37622595
邮箱：vickywu@ calmaxchemical. com
产品：毛毯、成形网、干网保洁剂、杀菌剂、消泡剂、抑泡剂、胶黏物处理剂

上海源泉石油化工有限公司
浦东新区向城路 29 号 A27D
邮编：200122
电话：13916394777
邮箱：yqpcc@ 163. com
产品：淀粉、湿强剂、干强剂、表面施胶剂、湿强离解剂、高强表面增强剂

上海吉臣化工有限公司
上海市浦东新区金港路 333 号 1738 室
邮编：201206
电话：021 - 58341051、18917194316、18917198346
传真：021 - 58341052
网址：www. jichenchem. com
邮箱：jichen@ jichenchem. com
产品：烘缸剥离剂、干/湿强剂、脱墨剂、湿强解离剂、助留助滤剂、柔软剂、抗水剂、杀菌剂、水处理絮凝剂

上海联胜化工有限公司
上海市浦东曹路华东路 1259 弄 51 号
邮编：201209
电话：021 - 68680248、68681055
传真：021 - 68681497
网址：www. peo. com. cn
　　　www. liansheng-chemical. com
邮箱：liansheng@ lainsheng-chemical. com
产品：PEO 分散剂、PEA 湿强剂、剥离剂、消泡剂、助留助滤剂、抗水剂、杀菌剂、水处理絮凝剂

上海天坛助剂有限公司
上海市星火开发区浦星公路 9500 号
邮编：201419
电话：021 - 57502198
传真：021 - 57502679
网址：www. chinasam. com

邮箱：atc@ chinasam. com
产品：BLA 液体增白剂、脱墨剂、柔软剂、涂料分散剂、消泡剂、渗透剂

巴克曼实验室化工(上海)有限公司
上海市青浦工业区崧泽大道 8500 号
邮编：201707
电话：021－69210188
传真：021－69210500
网址：www. buckman. com
邮箱：hjxu@ buckman. com
产品：胶黏物控制酶、沉积物控制剂、蒸煮助剂、洗涤助剂、系统清洗与网毯保洁剂、湿部及涂料消泡剂、除垢剂、抑垢剂、助留助滤剂、干/湿强剂

久联化学工业(上海)有限公司
中国(上海)自由贸易试验区芬菊路 152 号
邮编：200131
电话：021－50481691
传真：021－50480635
网址：www. croslene. com
邮箱：chencaihua@ croslene. com
产品：造纸涂料、地毯背胶、食品包装用胶黏剂

上海湛和实业有限公司(总部)
上海市徐汇区南丹东路 188 号久隆大厦 21 层
邮编：200030
电话：021－64873737
传真：021－64873700
网址：www. zhanhegroup. com
邮箱：ly_ zhang@ zhanhegroup. com
经营：从事精细化学品国际贸易和研发

上海恒皓创新酰胺有限公司
上海市杨浦区定海港路 434 号
邮编：200090
电话：021－65660734
传真：021－65660735
邮箱：39506797@ qq. com
产品：聚丙烯酰胺系列产品

上海宏达着色剂厂
上海市共和新路 3737 号 B 栋 706－708 室
邮编：200435
电话：021－36360002
传真：021－66530468
邮箱：1399246954@ qq. com
产品：造纸用调色、增白剂

上海化工研究院有限公司
上海市普陀区云岭东路 345 号
邮编：200062
电话：021－52815377
传真：021－52808504
网址：www. srici. com
邮箱：sricibgs@ 126. com
产品：杀菌剂

上海碳酸钙厂有限公司
上海市嘉定区安亭镇翔方公路 2900 号
邮编：200025
电话：021－64158822、53530310
传真：021－64673933
网址：www. shcaco3. com
邮箱：sales8@ shcaco3. com
产品：造纸用碳酸钙

创恩国际贸易(上海)有限公司
上海市白兰路 137 号 B 座 2604 室
邮编：200063
电话：021－62863397
传真：021－62863389
网址：www. tronchemical. com. cn
邮箱：inquiry@ tronchemical. com
产品：瓷土、瓜尔胶、CMC、保水增稠剂、抗水剂、印刷适应改良剂、消泡剂

三菱商事(中国)有限公司
上海市浦东新区迎春路 96 号三菱商事办公楼
邮编：200127
电话：021－68543030
传真：021－68541911
网址：www. mitsubishicorp. com. cn
邮箱：dong. wu@ mitsubishicorp. com
产品：化学品

瓦克化学(中国)有限公司
上海漕河泾开发区虹梅路 1535 号 3 号楼
邮编：200233
电话：021－61302000、8006279800
传真：021－61302500
网址：www. wacker. com
邮箱：cindy_ xie@ wacker. com
产品：造纸助剂

上海瑞治贸易有限公司
上海市长宁区遵义南路 8 号锦明大厦 5D

电话：021－62592075 62592076
传真：021－62592162
网址：www. mariocottach. com
邮箱：smsh@ switchmeans. com
经营：各类软性材料的复卷采裁切设备及配件；Mario Cotta 高速度裁切设备及其配件；Svecom 搬运系统，支撑机构，气涨轴，夹头；MB 大圆刀

上海格纳斯化工有限公司
上海市长宁区水城路 45 弄 21 支弄 31 号 501 室
邮编：200336
电话：021－54132280
传真：021－54132280
邮箱：byjcn@ 163. com
产品：杀菌剂、防腐剂、防霉剂、水处理剂

上海怡括贸易有限公司
上海市金山区廊下镇漕廊公路 6825 弄 504 号 319 室
邮编：201702
电话：021－56180872
产品：化工原料及产品

可乐丽国际贸易(上海)有限公司
上海市徐汇区虹桥路 3 号港汇中心二座 2307 单元
邮编：200030
电话：021－61198111/2305
传真：021－6198585
网址：www. kuraray-sh. com. cn
邮箱：liming_ zhu@ kuraray. co. jp
产品：聚乙烯醇、聚乙烯醇缩丁醛

惠彩化学材料(上海)有限公司
上海漕河泾开发区钦州北路 1066 号 70 幢 8333 室
邮编：200233
电话：021－54037399、54039929
网址：www. hccchem. com
邮箱：yuqing@ hccchem. com
产品：助留助滤剂、消泡剂、絮凝剂、控制与定着剂、表面施胶剂、染料与颜料、羧基丁苯胶乳、丙苯胶乳

爱森(中国)絮凝剂有限公司
上海市北京西路 1465 号国立大厦 1401
邮编：200040
电话：021－52120049
传真：021－52120057
网址：www. snfchina. com
邮箱：shanghai. info@ snfchina. com
产品：絮凝剂

埃肯有机硅(上海)有限公司
(原蓝星有机硅(上海)有限公司)
上海市莘庄工业区金都路 3966 号
邮编：201108
电话：021－54426600
传真：021－54423733
网址：www. elkem-silicones. cn
邮箱：maria. shen@ elkem. com
产品：有机硅

栗田工业(大连)有限公司上海分公司
上海市长宁区长宁路 1133 号 3308、3309 室
邮编：200051
电话：021－58873948
传真：021－58876867
网址：www. kurita. cn
邮箱：kdcl@ kurita-chemical. com
产品：造纸助剂、造纸废水处理

宁柏迪特种化学(上海)有限公司
上海市化学工业区北银河路 100 号
邮编：201507
电话：021－67121696
邮箱：jany. gao@ lamberti－cn. com
产品：开发和生产染料，颜料，聚合物，聚合物添加剂，有机及无机粉末，表面活性剂，水处理剂

拓纳贸易(上海)有限公司
上海市吴中路 1099 号吴中商务大楼 701－704 室
邮编：201103
电话：021－61271988
传真：021－61202900
网址：www. tanatexchemicals. com
邮箱：zoey. zou@ tanatexchemicals. com
经营：化工产品的批发

路博润管理(上海)有限公司
上海自由贸易试验区马吉路 28 号 15 层 1506A 室
邮编：201204
电话：021－38660366
传真：021－58876987
网址：www. lubrizol. com
邮箱：lily. wang@ lubrizol. com
产品：树脂、助剂、丙烯酸树脂、黏合剂

路博润特种化工制造(上海)有限公司
上海市松江区书慧路 300 号
邮编：201611
电话：021 – 37744888
网址：www. lubrizol. com
邮箱：martin. shi@ lubrizol. com
产品：树脂及基料、丙烯酸树脂、聚氨酯树脂、助剂及溶剂、防结皮剂、表面活性剂及分散剂、流变改进剂、流平剂、增滑助剂及滑润剂

盛禧奥聚合物(张家港)有限公司上海分公司
中国(上海)自由贸易试验区华佗路 68 号 10 幢
邮编：201203
电话：021 – 38520568、38520512
传真：021 – 38520601、33847657
网址：www. cn. trinseo. com
邮箱：angela. zhang@ trinseo. com
产品：丁苯胶乳

上海埃玛森化学品有限公司
上海市松江区乐都路 251 号 15C 座 1501 室
邮编：201600
电话：021 – 6209009
邮箱：guwenbiao@ amazon-papyrus. com
产品：树脂、沉积物控制剂、黄色染料及包裹型树脂分散剂、毛布清洗剂

上海孚惠德工业油净化科技有限公司
中国(上海)自由贸易试验区美盛路 171 号 3 幢 4 层 4209 室
邮编：201612
电话：021 – 57655791
邮箱：zhangdl_ fhd@ 163. com
产品：工业油净化技术、水处理技术专业领域内的技术开发，水处理设备、环保设备

赢创特种化学(上海)有限公司
上海市闵行区春东路 68 号
邮编：201108
电话：021 – 61191032
传真：021 – 61191473
网址：www. evonik. com
邮箱：violin. huang@ evonik. com
产品：有机硅表面活性剂等化学品

双日(上海)有限公司
上海市静安区天目西路 128 号嘉里企业中心第一座 7 楼
邮编：200070
电话：021 – 52034111
传真：021 – 52034169
网址：www. sojitz. cn
产品：化工、合成树脂

可乐丽贸易(上海)有限公司
上海市徐汇区虹桥路 3 号港汇中心二座 2106 单元
邮编：200020
电话：021 – 64079182
传真：021 – 64078051
邮箱：fei. yuan@ kuraray. com
产品：乙烯 – 乙烯醇共聚物

上海申伦科技发展有限公司
上海市虹口区汶水东路 181 弄 2 号楼 1608 室
邮编：200437
电话：021 – 65360566、69891670
传真：021 – 65605707、69891169
邮箱：1500840986@ qq. com
产品：表面施胶剂、高电荷密度的水性树脂、除气消泡剂、造纸增强树脂、合成涂布增稠剂与涂料辅助粘合剂、颜料涂布用涂料消泡、抑泡剂、颜料涂布用 PH 稳定剂

上海世展化工科技有限公司
上海市钦州北路 1199 号 88 幢 8 楼
邮编：200233
电话：021 – 54277770
传真：021 – 54277771
产品：造纸助剂

诺维信(中国)投资有限公司上海分公司
上海娄山关路 55 号新虹桥大厦 1201 室
邮编：200336
电话：021 – 62701770
传真：021 – 62701773
网址：www. novozymes. com
邮箱：TIZ@ Novozymes. com
经营：销售和技术支持

威百莱纤维(上海)有限公司
上海市青浦区新生路 238 号 4 栋
邮编：201712
电话：021 – 59228389
传真：021 – 51062535
网址：www. barnet. com
邮箱：saies@ barnet-pacific. com

产品：化学超短纤维、特种纤维

上海真略环保科技有限公司
上海真略供应链管理有限公司
上海市静安区平型关路 138 号 108 创意广场银座 1817 号
邮编：200070
电话：021－66056250
传真：021－66056632
网址：www. shzhenlve. com
邮箱：1203710001@ qq. com
产品：柔软剂、消泡剂、甘油、食品级染料、絮凝剂、贴缸剂、剥离剂、改良剂、杀菌剂、清洗剂、干强剂、湿强剂、分散剂、抑垢剂、树脂控制剂

兰精纤维（上海）有限公司
上海市北京西路 968 号嘉地中心 15 楼 05－08 单元
邮编：200041
电话：021－33152468
传真：021－63410007
网址：www. lenzing. com
邮箱：shanghai@ lenzing. com
产品：植物纤维素纤维

先拓新型材料（上海）有限公司（R&D）
上海市松江区民益路 201 号 19 幢 602 室
邮编：201612
电话：021－67898757、67898773
传真：021－67898837

上海先拓精细化工有限公司（生产基地）
上海市金山区金山卫镇金环路 650 号
邮编：201512
电话：021－37285700、37283738、37285660
传真：021－37285590

上海染料研究所有限公司
生产地址：上海染料研究所有限公司南通分公司（南通市南通经济开发区通达路 28 号）
办公地址：上海市普陀区中山北路 1238 号
邮编：200065
电话：021－56086210（总机）
传真：021－56084790
网址：www. shi-tou. com
邮箱：shitou@ shi-tou. com
产品：食品级染料

丸红（中国）有限公司
上海自由贸易试验区基隆路 1 号汤臣国际贸易大楼 717 室
邮编：200040
电话：021－68411932
传真：021－68412378
网址：www. marubeni. com
邮箱：shalgal@ marubeni. com
产品：化学品、纸张纸浆

太平洋化学品有限公司（PPT）
上海聚源造纸技术有限公司
上海市浦东新区东方路 8 号
邮编：200000
电话：021－58778995、58778992
传真：021－58778996
网址：www. chinappt. net
邮箱：shanghaijuyuan@ yahoo. com. cn
产品：制浆造纸化学品研发及生产

上海志泓化工材料有限公司
上海市宝山区月罗路 559 号 W－2148 室
邮编：200942
电话：021－69115253、15221486086
网址：www. zhihong-china. com
邮箱：zhihong-eav@ 126. com
经营：涤纶短纤，主要用于湿法抄纸领域，用于制作膜基材，空气滤纸、油滤纸等

信汇聚合物（上海）有限公司
中国（上海）自由贸易试验区世纪大道 1196 号 10 层 1033
邮编：200120
电话：021－50683551
邮箱：shenmei. jin@ cenwaymaterials. com
产品：从事化工专业科技领域内的技术咨询、技术服务

江　苏　省

南京市

南京艾普拉斯化工有限公司
江苏省南京市广州路 188 号苏宁环球大厦 2109 室
邮编：210024
电话：025－66051077、83203063
传真：025－83203093
网址：www. all－plus. net

邮箱：lindaxing@ all-plus. net
产品：危险化学品

江苏精科嘉益工业技术有限公司
江苏省南京市溧水区中兴东路 1 号创业园 07 幢
邮编：211200
电话：025－56213201
传真：025－56213608
网址：www. jts. cn
邮箱：zhuangbo@ all-plus. net
产品：杀菌防腐剂、施胶剂、微生物和黏泥控制剂、助留助滤剂、脱气剂、消泡剂、胶黏物树脂控制剂、干/湿强剂

南京四新科技应用研究所有限公司(迁出)
江苏省南京市中央北路 168 号盛景园 1 幢 304－306 室
邮编：210028
电话：025－85080901、85080914、85080928、85080923
传真：025－85080900、85080904
网址：www. sixinchem. com
邮箱：sixin@ sixinchem. com
产品：制浆及黑液工序、湿部及白水循环脱水、涂布、废水处理用消泡剂

南京四诺精细化学品有限公司
江苏省南京市江东北路 91 号典雅居大厦 1506 室
江苏省南京市雨花工业区(厂址)
邮编：210036
电话：025－86472370
传真：025－86473843
邮箱：snowchem@ 163. com
产品：分散剂、助留助滤剂、干强剂、施胶剂、脱墨剂、废水处理剂、污泥脱水剂

南京东正化轻有限公司
南京市鼓楼区建宁路 61 号中央金地广场 1 幢 1605 室
邮编：210037
电话：025－85634308
传真：025－85619676
邮箱：fu@ njdz. com. cn
产品：分散剂、水处理剂、纸浆黑液专用消泡剂、助留剂、高吸水树脂

沙索(中国)化学有限公司
江苏省南京市化学工业园方水路 68 号
邮编：210047
电话：025－58391111－2806
传真：025－58392285、58392222
邮箱：zhengwen. xiong@ cn. sasol. com
产品：表面活性剂、消泡剂

南京宏桥精细化工科技开发有限公司
江苏省南京市高新技术产业开发区经一北路 17 幢
邮编：210061
电话：025－58840197、57673881
传真：025－57673881、57672881
邮箱：tomchemical@ 163. com
产品：造纸白水浮选剂、无泡沫生物黏泥剥离剂、有机溴氯杀菌灭藻剂

南京嘉昊化工有限公司
浦口区万汇城(北区)1 幢 1 单元 805 室
邮编：210000
电话：025－52268146、18921979609
邮箱：614078221@ qq. com
产品：化工产品批发

瓦克化学(南京)有限公司
(原瓦克聚合物系列(南京)有限公司)
南京化学工业园区小营河南路 169 号
邮编：210047
电话：025－66626400、57795918
网址：www. wacker. com
邮箱：info. china@ wacker. com
产品：胶粘剂、高性能涂料、助剂(可再分散乳胶粉类)、聚醋酸乙烯酯(食品级)、聚醋酸乙烯酯(工业级)及其相关产品的制造和加工

无锡市

无锡神洲化工新材料有限公司
(原无锡市滨湖南泉造纸助剂有限公司)
江苏省无锡市滨湖区雪浪街道南泉村
邮编：214128
电话：0510－85958678
邮箱：545039605@ qq. com
产品：阴离子/阳离子松香胶、增强剂、分散剂

无锡市盈卓化工材料经营部
(原无锡市兴顺助剂化工厂)
江苏省无锡市锡山区东港镇河南庄村
邮编：214199
电话：13951509592
邮箱：723972447@ qq. com
产品：阳离子乳液松香中性施胶剂、环压增强剂、助

留氯剂及聚合氧化铝

宜兴市绿波水处理化学品有限公司
宜兴市新街街道新城路 1 号 1015 室
邮编：214200
电话：0510－87975887、13961551989
邮箱：343922443@ qq. com
产品：阳离子高效有机混凝剂、聚合氯化铝、聚合硫酸铁、高效脱色絮凝剂、杀菌灭藻剂、高效消泡剂

宜兴市天使合成化学有限公司
江苏省宜兴市芳庄镇
邮编：214226
电话：0510－87674303、87678600
传真：0510－87671303、87673440
网址：www. jsjhc. com
邮箱：lzj@ jsjhc. com
产品：光稳定剂、抗氧剂、聚合氯化铝、净水剂、水处理化学品

宜兴市绿科环保科技有限公司
宜兴市周铁镇下邾街
邮编：214262
电话：0510－87572928、87578602
传真：0510－87572929
邮箱：1831542325@ qq. com
产品：废水处理脱色剂、絮凝剂、消泡剂、分散剂

江苏琪朗生物科技有限公司
（原宜兴市汇通化工有限公司）
江苏省宜兴市芳桥镇工业开发区虎皇大道
邮编：214200
电话：0510－87541510
传真：0510－87542088
网址：www. jsqlhb. cn
邮箱：327000697@ qq. com
产品：工业水处理药剂

江阴市恒达新材料科技有限公司
江苏省江阴市华士镇红星路 188 号
邮编：214400
电话：0510－86201304
传真：0510－86215337
网址：www. hansstar. com
邮箱：info@ evereaching. com
产品：造纸专用 CMC

宜兴市路创新材料科技有限公司
（原宜兴市通达化学有限公司）
江苏立成化学有限公司
江苏省宜兴市分水镇
邮编：214262
电话：0510－87551228、87551127
传真：0510－87552143
网址：www. yycmc. com
邮箱：tongda@ yycmc. com
产品：CMC、高效絮凝剂

无锡市德美化工技术有限公司
无锡国家高新技术产业开发区湘江路 10 号
邮编：214028
电话：0510－85220855、85220666
网址：www. dymatic. com
邮箱：jifang@ dymatic. com
产品：造纸助剂

江苏傲伦达科技实业股份有限公司
江苏省宜兴市周铁镇分水
邮编：214262
电话：0510－87557060、87551757
传真：0510－87557060
网址：www. aolunda. com
邮箱：zxf@ aolunda. com
产品：双酚 S 及其衍生物、热敏纸涂层用新材料中间体

徐州市

北方世纪（江苏）纤维素材料有限公司
睢宁县宁江工业园兴业路一号厂房
电话：0516－69095503、15262135789
邮箱：1617178566@ qq. com
经营：纤维素材料技术研发、生产、销售

常州市

科威天使环保科技集团股份有限公司
（原常州科威天使环保科技股份有限公司）
常州市天宁区郑陆镇武澄工业园舜山路 8 号
邮编：213114
电话：0519－88107275、85776760（销售）、81299588（总机）
传真：0519－85575580
网址：www. kwtsep. com
邮箱：office@ kwtsep. com

产品：高分子絮凝剂（聚丙烯酰胺阴、非、阳离子系列）、生物药剂系列高效水处理产品、表面施胶剂、杀菌剂

常州市欧凡路实业有限公司
常州市武青北路 1 号 –4
邮编：213000
电话：0519 –85316777
邮箱：497977470@ qq. com
产品：高分子絮凝剂（聚丙烯酰胺阴、非、阳离子系列）、生物药剂系列高效水处理产品、表面施胶剂、杀菌剂

江苏汉诺斯化学品有限公司
常州市金坛区金城镇后阳化工园 2 号
邮编：213215
电话：0519 –82619388、82619888、13685231531
传真：0519 –82619000
网址：www. hanschina. cn
邮箱：admin@ hans-china. com
产品：纤维素纤维改性剂、涂料染色阳离子改性剂、功能性整理剂

常州市梅港淀粉有限公司
戚墅堰丁堰镇梅港庄基村 111 号
邮编：213011
电话：0519 –88773640
邮箱：81678454@ qq. com
产品：变性淀粉产品（表面施胶淀粉、喷淋淀粉、磷酸酯淀粉、阳离子淀粉、PVA 替代品）

江苏精科霞峰环保科技有限公司
（原常州精科霞峰精细化工有限公司）
江苏省常州市新北区长江中路 29 号
邮编：213022
电话：0519 –86189330、85130788、85132088（总机）
传真：0519 –85133788
网址：www. jincoxf. com
邮箱：hjfang@ jincoxf. com
产品：清洗剂、除垢剂、分散剂、缓蚀剂、杀菌剂等系列产品

常州碳酸钙有限公司
池州市升化碳酸钙有限公司（分公司）
江苏省常州市洛阳镇
邮编：213104
电话：0519 –88791230、4008281882
传真：0519 –88522128
网址：www. cn-wunan. com
邮箱：wunan8@ hi2000. com
产品：纳米碳酸钙、微细活性碳酸钙、轻质活性碳酸钙、轻质（沉淀）碳酸钙、重质及重质活性碳酸钙

江海环保有限公司
江苏省常州市武进区焦溪镇武澄工业区
邮编：213116
电话：0519 –88902294、88902792
传真：0519 –88909316
网址：www. jhhg. com
邮箱：jhhg@ . jhhg. com
产品：水处理剂、杀菌灭藻剂

江苏永葆环保科技有限公司
（原常州市武进友邦净水材料有限公司）
常州市武进区横山桥镇朝阳路西侧
邮编：213163
电话：0519 –86396688、13906118999
传真：0519 –86390093
网址：www. jsyongbao. com
邮箱：yangxb@ jsyongbao. com
产品：聚合氯化铝、聚合氯化铝铁、聚丙烯酰胺

常州市武进运波化工有限公司
江苏省常州市前黄镇运村
邮编：213175
电话：0519 –86131034
传真：0519 –86134317
邮箱：info@ yunbochem. cn
产品：无甲醛抗水剂、改性三聚氰胺甲醛树脂抗水剂、润滑剂、表面施胶剂、分散剂、纸品乳液、PAE 湿强剂

苏州市

苏州市恒康造纸助剂技术有限公司
苏州恒康新材料有限公司
江苏省苏州市高新区浒墅关工业园道安路 9 号
邮编：215000
电话：0512 –67209673、66623310
传真：0512 –67202673
网址：www. szhkzj. cn
邮箱：rainbow_ 2525@ 163. com
产品：丝光柔顺剂、剥离增光剂、造纸湿强剂、卫生纸多元增强剂、防腐杀菌剂、纸浆分散剂、树脂控制剂

苏州汇鸿复合材料有限公司
苏州市石路 29 号 8 单元 556 室
邮编：215008
电话：0512 – 62037751、18904049800
网址：www. cmccms. com
邮箱：1064896561@ qq. com
产品：羧甲基纤维素钠、对羟基苯甲醛、苯亚磺酸钠

纳尔科工业服务（苏州）有限公司
（原纳尔科化学（苏州）有限公司）
江苏省苏州市苏州新区塔园路 88 号
邮编：215125
电话：0512 – 88169869
南京：025 – 57912289
网址：www. nalco. com
邮箱：sophia. liu@ ecolab. com
产品：蒸煮剂、增强剂、助留助滤剂、消泡剂及助洗剂、树脂控制剂、微生物/沉积物控制剂、涂布添加剂、废水处理剂

天禾软件科技（苏州）有限公司
（原天禾化学品（苏州）有限公司）
苏州高新区浒青路 122 号
邮编：215115
电话：0512 – 68098830、66160660
传真：0512 – 68240792
网址：www. tianmapharma. com
邮箱：stock@ gcstgroup. com
产品：AKD 中性施胶剂、阳离子松香胶、表面施胶剂、助留助滤剂、阳离子醚化剂、湿强剂、脱气剂、杀菌防腐剂

苏州佑震化工有限公司
江苏省苏州市吴中区木渎镇西跨塘
邮编：215101
电话：0512 – 66518325
邮箱：lili138148@ sina. cn
产品：表面施胶剂、抄纸用脱水剂、干强剂、助留剂、树脂分散剂等浆内添加和表面处理用药品，以及润滑剂、保水剂、分散剂等

诺力昂新材料（苏州）有限公司
（原依卡化学品（苏州）有限公司）
江苏省苏州工业园区苏虹中路 302 号
邮编：215122
电话：0512 – 62582276
传真：0512 – 62586772
网址：www. akzonobel. com
邮箱：Irene. Jiang@ akzonobel. com
产品：制浆化学品、施胶剂

苏州高峰淀粉科技有限公司
（原苏州高峰精细化工有限公司）
江苏省苏州市吴中经济开发区双桥工业园
邮编：215128
电话：0512 – 65654153
传真：0512 – 65629401
网址：www. gaofeng88. com
邮箱：business@ gaofeng. com
产品：阳离子表面施胶淀粉、变性淀粉

苏州市峰达精细化工有限公司
苏州市相城区黄桥街道生田村金峰厂区 1 号路 9 号
邮编：215132
电话：0512 – 65461729
传真：0512 – 65461729
邮箱：841033295@ qq. com
产品：杀菌防腐剂、抄纸分散剂、湿增强剂、沉积物控制剂、消泡剂、烘缸剥离剂、助留助滤剂、网毯保洁剂

苏州联胜化工有限公司
江苏省苏州市相城区渭塘镇渭西沿渭路 99 号
邮编：215134
电话：0512 – 65907588
传真：0512 – 65901660
网址：www. lshx. cn
邮箱：service@ lshx. cn
产品：羟乙基乙二胺、乙二胺四乙酸四钠

密友集团有限公司
（原昆山密友实业有限公司）
江苏密友粉体新装备制造有限公司
昆山密友机械密封有限公司
昆山中聚纳米润滑新技术有限公司
江苏省昆山市玉山镇玉城中路 1 号
邮编：215316
电话：0512 – 55782893、55176688、4008859398
传真：0512 – 57791241
网址：www. miyou. com. cn
邮箱：miyou@ miyou. com. cn
产品：重质微细碳酸钙、重质微细碳酸钙（研磨）浆、超细滑石粉

常熟市支塘粮油食品厂
江苏省常熟市支塘镇林园路 6 号

邮编：215531
电话：0512－52551634
邮箱：610769836@ qq. com
产品：阳离子淀粉

欧米亚钙业(常熟)有限公司
江苏省苏州市常熟市碧溪镇沿江工业园通港路长春路18 号
邮编：215537
电话：13812829828
邮箱：tony. cao@ omya. com
产品：碳酸钙精制加工

安拓思纳米技术(苏州)有限公司
苏州工业园区星湖街 218 号生物纳米园 A4 楼 106 室
电话：0512－62767886
传真：0512－62761582
网址：www. atshph. com
邮箱：webmaster@ atshph. com
产品：纳米制剂技术，生物工程技术，纳米化工技术

苏州宝时凯门精细化工有限公司
江苏省苏州高新区塘西路 23 号
邮编：215151
电话：0512－66161999
传真：0512－65320906
网址：www. prox-chem. com
邮箱：jay. gao@ prox-chem. com
产品：造纸分散剂

苏州昕能胶体技术有限公司
苏州市昆山开发区同丰东路 988 号
邮编：215300
电话：0512－36911415
传真：0512－36910409
网址：www. synerguar. com
邮箱：Michael@ synerguar. com
产品：瓜尔胶、决明胶、魔芋胶、卡拉胶、香豆胶等多个品种的天然胶体

苏州宏达制酶有限公司
江苏省苏州市太仓市沙溪镇
邮编：215421
电话：0512－53211506
传真：0512－53216794
网址：www. novozymes. com
邮箱：hlqi@ novozymes. com
产品：造纸工业酶制剂

张家港市

星光精细化工(张家港)有限公司
江苏扬子江国际化学工业园南海路 58 号
邮编：215634
电话：0512－58937250、58937260
传真：0512－58937601
邮箱：yin－xianzhong@ seikopmc. co. jp
产品：印刷适性改良剂、干强剂、表面施胶剂、湿强剂、起皱剂、抗水剂

张家港市一星日化厂
江苏省张家港市凤凰镇
邮编：215613
电话：0512－58496121
产品：CMC

瓦克化学(张家港)有限公司
江苏扬子江国际化学工业园长江路 78 号
邮编：215633
电话：0512－81642012
网址：www. wacker. com
邮箱：qiuxiang. liu@ wacker. com
产品：有机硅胶粘剂(有机硅环体，聚硅氧烷，含氢硅油，高/中/低粘度硅油，功能性硅油，高温硫化硅橡胶，室温硫化有机硅密封胶)

南通市

海安县正达化工有限公司
海安华思表面活性剂有限公司
江苏省南通市海安县海化路 28 号
邮编：226600
电话：0513－88832111、88862662
传真：0513－88866940、80326908
网址：www. zhendachem. com
邮箱：978753294@ qq. com
13901478300@ 139. com
产品：乳化剂、洗净剂、消泡剂

江苏昌九农科化工有限公司
江苏如东洋口港经济开发区
邮编：226413
电话：0513－84950988
邮箱：1341716223@ qq. com
产品：微生物法丙烯酰胺生产

三大雅精细化学品(南通)有限公司
南通经济技术开发区新开南路 5 号
邮编: 226009
电话: 0513 - 85981251
邮箱: jl. qian@ san-dia. cn
产品: 高吸水性树脂

镇江市

镇江市天亿化工研究设计院有限公司
江苏省镇江市千秋桥街 16 号
邮编: 212001
电话: 0511 - 85033207、13775546539
传真: 0511 - 85030898
网址: www. tianyichemcorp. com
邮箱: zjzhuhb@ vip. sohu. com
产品: 干强剂、湿强剂、中性施胶剂 AKD 乳液、AKD 乳化剂

镇江科力生物技术有限公司
江苏省镇江市丁卯桥路 118 号
邮编: 212009
电话: 15006102770
邮箱: xiqing1019@ hotmail. com
产品: 杀菌剂、防霉剂

扬州市

中国石化仪征化纤有限责任公司
江苏省仪征市胥浦
邮编: 211900
电话: 0514 - 83234265、83232235
网址: ycfc. sinopec. com
邮箱: danzn. yzhx@ sinopec. com
产品: 聚酯切片、聚酯瓶片、涤纶短纤维、涤纶中空、力纶 HPPE、芳纶 1414 产品、PBT 树脂产品、BDO 系列产品

泰州市

江苏聚成精细化工有限公司
泰兴市古溪工业园区
邮编: 225417
电话: 15152484468
邮箱: 15152484468@ 139. com
产品: 聚丙烯酰胺, 阳、阴、非离子高分子絮凝剂, 水处理剂, 甲基丙烯酸二甲氨乙酯(DM), 甲基丙烯酰氧乙基三甲基氯化铵(DMC)

泰兴中纺兴泰新材料有限公司
(原泰兴市中纺助剂厂)
泰兴市济川街道三联村高埂组
邮编: 225441
电话: 0523 - 87626328、87906508
传真: 0523 - 87623833
网址: www. txchem. cn
邮箱: 1372665621@ qq. com
产品: 水性聚氨酯固化剂、水性分散剂

恒达科技泰兴有限公司
泰兴市经济开发区滨江北路 5 号
邮编: 225400
电话: 18861629265
邮箱: zhoujie@ hansstar. com
产品: 木浆、棉浆、PP 编织袋、聚阴离子纤维素(PAC)、羧甲基淀粉钠(CMS)、保水剂、增强剂、涂层新材料、改性纤维素、羟基乙酸、药用辅料、工业盐生产销售

恒达亲水胶体泰州有限公司
江苏省泰州市高港区永安洲镇裕兴路 8 号
邮编: 225300
电话: 0523 - 86987999、86897759
传真: 0523 - 86987999、86897751
网址: www. hansstar. com
邮箱: info@ hansstar. com
产品: 造纸专用 CMC

盐城市

江苏康乐佳材料有限公司
(原江苏康乐新材料科技有限公司)
滨海县经济开发区沿海工业园中山三路东侧 - 2
邮编: 224500
电话: 0515 - 89112079、88334667、88203550、13905106432
传真: 0515 - 88243418
网址: www. whpharm. com
邮箱: winterjin@ chinaimidazole. com
产品: 叔丁基二甲基氯硅烷、5-溴吲哚、1-乙烯基咪唑、咪唑醛、咪唑、2-甲基咪唑、1、2-二甲基咪唑、N-甲基咪唑、4-硝基咪唑、HD-100 交联剂、盐酸、硫酸、甲醇

浙　江　省

杭州市

杭州杭化哈利玛化工有限公司

浙江省杭州市萧山经济技术开发区鸿达路87号
邮编：311231
电话：0571－82696228、82697060、82695370
传真：0571－82695381
网址：www. hh-harima. com
产品：干增强剂、湿增强剂、浆内施胶剂、表面施胶剂、涂布造纸助剂、特种纸化学品

浙江金科日化原料有限公司

浙江金科化工有限公司
浙江省绍兴市上虞区杭州湾经济技术开发区纬九路五号
邮编：312369
电话：0571－85812300、82735515
传真：0571－82731666
网址：www. jinke－chem. com
邮箱：zwz@ jinkegroup. com
产品：低温漂白活性剂、过碳酸钠、过硼酸钠、过氧化钙、过氧化乙酸消毒剂

杭州德高化工开发有限公司

浙江省杭州市余杭区闲林街道工业区嘉企路4号
邮编：311122
电话：0571－87831038、87832038
传真：0571－87989060、87827833
网址：www. dekao. com
邮箱：dekao@ 163. com
产品：杀菌防腐剂、脱墨剂、消泡剂、增白剂、螯合剂

杭州银湖化工有限公司

浙江省杭州市天目山路224号中融城市花园2幢1单元1201室
邮编：310012
电话：0571－85028645、85028646、85028945、15372010799
传真：0571－85028640
网址：www. yinhuchem. com
邮箱：yinhuchem@ yinhuchem. com
产品：纸用导电剂、助留剂、纸浆分散剂、湿强剂、抗水剂、杀菌灭藻剂、消泡剂、絮凝剂

杭州纸友科技有限公司

浙江省杭州市下沙经济技术开发区白杨街道3号大街50号
邮编：310018
电话：0571－86911227、86912268、86840952
传真：0571－86913870
网址：www. hzzykj. cn
邮箱：zykjgs@ mail. hz. zj. cn
　　　zykj@ hzzykj. cn
产品：湿部添加淀粉、层间或表面喷雾淀粉、聚合物表面施胶剂、彩喷纸专用淀粉

杭州绿兴环保材料有限公司

杭州绿色助剂研究所
浙江省杭州市石桥路永华街127号
邮编：310022
电话：0571－85818982
传真：0571－85818953
网址：www. hzlvxinghuanbao. cn
邮箱：green@ greenadditive. com
产品：烘缸剥离剂、柔软剂、消泡剂、固色剂、促白剂

杭州格林费尔科技有限公司
（原杭州格林费尔生化技术有限公司）

浙江省杭州市滨江区长河街道立业路339号1－3幢
邮编：310052
电话：0571－86697238、86696238－1660
传真：0571－86697618、86697628
邮箱：greenphile@ aliyun. com
产品：生物酶树脂控制剂、生物酶脱墨剂、生物酶助漂剂、生物酶腐浆控制剂

杭州绿典科技有限公司
（原杭州绿典化工有限公司）

浙江省杭州市萧山区新街镇双圩村
邮编：311217
电话：0571－82853800、82853881、4000－016－982
传真：0571－82853883
网址：www. ldchemical. com
邮箱：ld@ ldchemical. com
产品：荧光增白剂、脱墨剂、固色剂、柔软剂

杭州凯丽化工有限公司

浙江省杭州市萧山区河庄镇一工段
邮编：311241
电话：0571－82962668、82961777、86961555
传真：0571－82962777、82965706

网址：www. kalichemical. com
邮箱：sales@ kailichemical. com
产品：彩色纸专用色浆、造纸调色剂、装饰纸用色浆

浙江传化华洋化工有限公司
浙江省杭州市萧山经济技术开发区鸿达路 125 号
邮编：311231
电话：0571－82696688、82695822
传真：0571－82696488
网址：www. transfarwhyyon. com
邮箱：whyyon@ etransfar. com
产品：荧光增白剂、染料、脱墨剂、网毯清洗保洁剂、助留助滤剂

日华化学(中国)有限公司
浙江省杭州市萧山经济技术开发区桥南区鸿达路289 号
邮编：311231
电话：0571－82697550、82869990
传真：0571－82697551
网址：www. nicca. cn
邮箱：ncn@ niccachemical. com
产品：纸用固色剂、分散剂、柔软剂、膨松剂、脱墨剂、消泡剂

杭州致远印染助剂有限公司
浙江省杭州市萧山区瓜沥镇临港工业配套园区
邮编：311234
电话：13906719012
产品：荧光增白剂

临安荣盛科技有限公司
(原临安市荣盛化工有限公司)
浙江省临安市於潜镇衡横山工业区
邮编：311311
电话：0571－63885968
传真：0571－63888819
邮箱：rs968@ 163. com
产品：表面施胶剂、涂布抗水剂、干/湿强剂、中性施胶剂

杭州富阳宏帆化工有限公司
浙江省杭州市富阳富春街道春华村
邮编：311400
电话：13606513988
产品：超细轻质碳酸钙、分散剂、抗水剂、润滑增光剂、硬脂酸盐

杭州先进科技化工有限公司
浙江省富阳市富春街道春华村
邮编：311401
电话：0571－23299008
产品：纳米级轻质碳酸钙

杭州富阳万通化工有限公司
杭州富阳区春江街道山建村
邮编：311413
电话：0571－23258821
邮箱：tbh0788@ 163. com
产品：松香施胶剂、表面施胶剂、消泡剂

杭州蓝诚新材料有限公司
(原浙江三力星化学品有限公司)
浙江省杭州市富阳区春江街道春江街道工业功能区
邮编：311421
电话：0571－63585115
邮箱：857080826@ qq. com
产品：浆内施胶剂、助留剂、表面施胶剂、杀菌剂、清洗剂

杭州富阳固能粉体材料有限公司
浙江省富阳市春江造纸工业园区
邮编：311421
电话：0571－63587761
传真：0571－63587763
产品：超细重质碳酸钙

桐庐贝斯特化工有限公司
浙江省杭州市桐庐县横村镇方埠工业园区
邮编：311502
电话：0571－56986630
产品：浆内消泡剂、纸张隔离剂

谢菲尔考克碳酸钙(杭州)有限公司
浙江省杭州市和睦路 555 号
邮编：310011
电话：0571－88186161
产品：碳酸钙

国家造纸化学品工程技术研究中心
杭州市化工研究院有限公司
浙江杭化新材料科技有限公司
浙江省杭州市湖墅石灰坝 7 号
邮编：310014
电话：0571－88315584　88313137
传真：0571－88310157

网址：www. hhs. cn
www. netrcpc. cn
邮箱：hhskyb@ mail. hz. zj. cn hhs@ hhs. cn
产品：特种造纸化学品、淀粉衍生物等

杭州颜料化工有限公司
浙江省杭州市萧山区义莲镇外六工段
邮编：311226
电话：0571 －82989789
邮箱：sli@ chinapigment － dye. com
产品：颜料、染料、中间体

杭州思坦颜料化工有限公司
浙江省杭州市萧山区南阳经济开发区
邮编：311200
电话：0571 －85465220
传真：0571 －86574586
网址：www. steniccolor. com
邮箱：sales@ steniccolor. com
产品：颜料

浙江省化工进出口有限公司
浙江省杭州市庆春路 37 号
邮编：310009
电话：0571 －28968508、87046080
网址：www. zhechem. com
经营：精细化工

宁波市

宁波天源科技有限公司
(原宁波天源化学有限公司)
浙江省宁波市鄞州区经济开发区启航南路 818 号
邮编：315192
电话：0574 －88216239、83036873
传真：0574 －88216417
网址：www. tianyuan818. com
邮箱：sale@ tianyuan818. com
产品：造纸润滑剂、耐水化剂、PAE 湿强剂、纸用上光涂料(水性油光)、流变改质剂

嘉兴市

嘉兴市瑞升化工贸易有限公司
嘉兴市秀洲新区龙盛．右岸美墅枫叶苑 125 号
邮编：314001
电话：0573 －83297923
邮箱：lhj93004@ 126. com
产品：分散剂聚丙烯酰胺产品、助留剂、瓜尔胶、烟草薄片助留剂

明仁精细化工(嘉兴)有限公司
浙江省嘉兴市经济技术开发区岗山路 350 号
邮编：314001
电话：0573 －83912660
传真：0573 －83912656
网址：www. mypolymer-tech. com
邮箱：hlc022@ 163. com
产品：含氟防水防油剂、防水透湿聚氨酯树脂 PU

浙江信汇新材料股份有限公司
嘉兴港区乍浦经济开发区三期围堤内
邮编：314201
电话：0573 －85580600、4008190321
网址：www. cenwaymaterials. com
邮箱：xiamin. zeng@ cenwaymaterials. com
产品：生产化学品

嘉兴奥兹化工有限公司
嘉兴市秀洲区新塍镇旗星村季家浜 29 号
邮编：314000
电话：0573 －82823280
产品：化工产品及原料

浙江津膜环境科技有限公司
浙江省绍兴市柯桥区柯桥经济开发区科创大厦 B 座七楼
邮编：312000
电话：0575 －89967321、89967320
网址：www. dr － water. com. cn
邮箱：yfshen@ motimo. com. cn
产品：提供工业污水处理有关技术开发、技术服务、技术咨询、技术指导、污水处理设备调试服务

湖州市

浙江杭化科技股份有限公司
(原浙江杭华科技有限公司)
浙江省湖州市德清县武康镇长虹街 333 号科技创业园内
邮编：313200
杭州办事处地址：浙江省杭州市拱墅区石灰坝 7 号
邮编：310014
电话：0572 －8285135(公司部)
0571 －88315573(杭州办事处)
传真：0572 －8085077(公司部)

0571－88315573（杭州办事处）
网址：www. zjhktech. com
邮箱：hk1818cn@ aliyun. com
经营：乙烯分离和粗苯在加氢精制过程中用阻聚剂、HK 系列乙烯分离过程用除垢剂、HK 破乳剂

浙江金加浩绿色纳米材料股份有限公司
浙江省龙游经济开发区金星大道 37－1 号
电话：0570－7569680
邮箱：mengyu@ cnjinjiahao. com
产品：纳米纤维、特种纸、纸制品研发及销售

绍兴市

浙江捷发科技股份有限公司
绍兴市滨海新城畅和路 15 号
邮箱：3132366
电话：0575－88087616、13305757751、15957573148
传真：0575－88087636
网址：www. zjjiefa. com
邮箱：zjjiefa@ 163. com
产品：木质素磺酸钠、碱木质素、分散剂

浙江弘利新材料有限公司
（原浙江弘利防渗胶有限公司）
浙江省绍兴市柯桥区滨海工业区
邮编：312073
电话：0575－85523027、13805756278
传真：0575－85523022
网址：www. zjhlxcl. com
邮箱：zjhl001@ hongli－nm. com
产品：中性造纸施胶剂、表面施胶剂、中性施胶 AKD 乳液、助留助滤剂、阴/阳离子高分散
松香胶

绍兴市南方化工有限公司
浙江省绍兴市嵊州市剡湖街道东塘村
邮编：312400
电话：0575－83102159
产品：系列防腐杀菌剂

金华市

兰溪泛仕达新材料科技有限公司
（原兰溪市泛士达造纸化学品厂）
浙江省金华市兰溪市兰江街道织女路 1066 号
邮编：321100
电话：0579－88823238、15867955566
传真：0579－88823238
网址：www. zjfanshida. com
产品：脱墨剂、蜡乳液、润滑增光剂、消泡剂、中性表面施胶剂、网毯清洗剂、絮凝剂

浙江益纸淀粉科技股份有限公司
（原浙江益纸淀粉有限公司）
浙江省金华市金磐开发区（新区）尖山路 1 号
邮编：321016
电话：0579－84662081、89171868、15958407336
传真：0579－84669939
网址：www. zjyzgf. com
邮箱：410894075@ qq. com
zjyzdf@ 163. com
产品：增强剂、新闻纸专用增强剂、中性施胶剂、季铵型阳离子淀粉、阳离子助留助滤剂、喷雾淀粉

衢州市

龙游富田造纸精化有限公司
浙江省衢州市龙游县城南开发区德贤路 29 号
邮编：324400
电话：0570－7389555、13905705801
传真：0570－7389555
网址：www. futianchemical. com
邮箱：futian@ futianchemical. com
产品：AKD 中性施胶剂、阳离子分散松香胶、表面施胶剂、明矾、造纸复合型保留助剂、胶乳、抗水剂、杀菌剂、脱气剂、湿强剂

奥仕集团有限公司
（原浙江奥仕化学有限公司）
浙江省江山市经济开发区江东区兴工七路 2 号
邮编：324123
电话：0570－4351770、17857650956
传真：0570－4351772、4351775
网址：www. chinaositer. com
邮箱：catherine－zhu@ foxmail. com
产品：荧光增白剂

丽水市

浙江和新化工有限公司
（原浙江池禾化工有限公司）
浙江省丽水市遂昌县东城工业园区大桥区块
邮编：323300
电话：0578－8170374、8171055
传真：0578－8170685

网址：www. chihechem. com
邮箱：zjb@ zjchihe. com
产品：纸板增强剂、湿强剂、柔软剂、阳离子松香胶、表面施胶剂、分散剂、润滑剂、耐水剂、烘缸剥离剂

安 徽 省

合肥市

合肥健坤化工有限公司
安徽省合肥市蜀山区长江西路 499 号丰乐世纪公寓 2 幢 802 室
邮编：230022
电话：0551－64932213、13855184642
邮箱：20666468@ qq. com
产品：硅藻土、高岭土、碳酸钙、造纸废水处理净化剂、纳米碳酸钙

芜湖市

芜湖华仁科技有限公司
安徽省芜湖市高新技术开发区珩琅山路 24 号
邮编：241000
电话：0553－5842013
传真：0553－5843138
网址：www. huarensh. com
邮箱：sale@ huarensh. com
产品：施胶剂、消泡剂、助留剂、助滤剂、液体荧光增白剂

马鞍山市

马鞍山市华吉实业有限公司
安徽省马鞍山市当涂县城关东门经济开发区
邮编：243100
电话：0555－6727155
邮箱：985407366@ qq. com
产品：松香胶、阳离子分散松香胶、湿强剂、干强剂、AKD 中性施胶剂、中/碱性施胶剂、表面施胶剂

淮北市

安徽巨成精细化工有限公司
安徽省淮北市濉溪开发区玉兰大道 99 号
邮编：235102
电话：0561－6063636、6063673、6063588
传真：0561－6065121
网址：www. cjccchem. com
邮箱：sales@ cjccchem. com
产品：分散剂、水处理絮凝剂、聚丙烯酰胺

滁州市

明光市曼迪矿业科技有限公司
安徽省明光市池河大道 98 号
邮编：239400
电话：0550－8153100、8582888
传真：0550－8156979、8582999
网址：www. medyfk. com
邮箱：mgmd@ medyfk. com
产品：膨润土系列、硅藻土系列、碳酸钙系列

宿州市

安徽金兄弟环保科技股份有限公司
（原安徽砀山金兄弟实业科技有限公司）
安徽省宿州市砀山县赵屯镇张新庄
邮编：235300
电话：0557－8181111、15955725222
传真：0557－8186688
网址：www. additchem. com
邮箱：15955725222@ 163. com
产品：多元助留增强剂、分散剂、中性施胶剂、脱墨剂、增柔膨化剂、聚丙烯酰胺、荧光增白剂、丁苯乳液、苯丙乳液

池州市

安徽绿微康生物科技有限公司
安徽省池州市经济技术开发区双龙路 1 号
邮编：247000
电话：0566－3396558
邮箱：baoln@ leveking. com
产品：生物酶脱墨剂

铜陵市

铜陵瑞莱科技有限公司
安徽省铜陵市铜官大道南段 868 号
邮编：244000
电话：0562－3867641
传真：0562－3867641
网址：www. tlrely. cn
邮箱：jprince@ 126. com
产品：氧化铁系列颜料研发生产

福建省

福州市

威尔(福建)生物有限公司
福州市连江县连江经济开发区山岗园区
邮编：350502
电话：0591－26203188、13763860246
传真：0591－26207018、26207366
网址：www. welltouch. com. cn
邮箱：welltouch@ 163. com
产品：消泡剂、脱墨剂、稳定剂

福建大学环境与资源学院
福建省福州市闽侯上街大学城内
邮编：350108
电话：0591－22866078
传真：0591－22866070
网址：www. er. fzu. edu. cn
产品：水处理化学品(絮凝剂、吸附剂、除油剂、还原剂、阻垢剂、缓蚀剂)、印染助剂、水煤浆添加剂、染料分散剂、油田降黏剂、胶黏剂等

三明市

福建省纯杰绿色科技有限公司
(原福建省嘉丰生物化工有限公司)
福建省永安市尼葛开发区尼葛路 2233 号
邮编：366000
电话：0598－5132233
邮箱：707984131@ qq. com
产品：生物脱墨酶 JFM-958、脱墨剂 F-80、脱墨剂 F-80A

泉州市

福建省南安市应用化学研究所有限公司
福建省南安市帽山工业区
邮编：362300
电话：0595－86353508、13905066005
产品：中性松香胶、强化松香胶、分散松香胶、助留剂、表面施胶剂

福建省晋江市银响精细化工科技开发有限公司
福建省晋江市永和镇英墩沪坑工业区 7 号
邮编：362235
电话：0595－88081961
传真：0595－88022901
网址：www. yinxiang-cn. com
邮箱：webmaster@ yinxiang-cn. com
产品：湿强剂、剥离剂、分散剂、消泡剂、柔顺剂、FAS 纸浆漂白剂、造纸固色剂、打浆酶、生物施胶酶、防腐杀菌剂、漂水、水玻璃、水处理剂等造纸化学品

南平市

福建亮晶晶新材料有限公司
福建省邵武市金塘工业园区行岭平台燕岭路 8 号
电话：13312229891
传真：0599－6667288
网址：www. ljjxc. cn
产品：丁苯胶乳、丙烯酸乳液、胶粘剂、粉末丁腈、固体丙烯酸树脂、表面活性剂及其他化工产品

龙岩市

龙岩高岭土股份有限公司
福建省龙岩市龙岩大道 260 号
邮编：364000
电话：0597－2302568、2303371(精矿)、2300624(原矿)
传真：0597－2300624
网址：www. longgaogf. com
产品：高岭土原矿、水洗高岭土

龙岩市三虹科技有限公司
福建省龙岩市新罗区适中工业区
邮编：364011
电话：13806998898
产品：硅灰石造纸专用复合材料系列、造纸用超细重钙系列、纳米碳酸钙系列、超细研磨碳酸钙

福建省漳平市振幅化工有限公司
福建省龙岩市漳平市永福工贸小区
邮编：364401
电话：18950869565
邮箱：923771346@ qq. com
产品：脱墨剂、涂布润滑剂、高效废水处理剂、无水硅酸铝、超细硅酸铝

江西省

南昌市

江西省兴沪助剂有限公司
江西省南昌市安义县龙津镇东门路 18 号

邮编：330500
电话：1380703833300
邮箱：287116682@ qq. com
产品：湿强剂、脱墨剂、增白剂、分散剂、生活用纸调色剂、乳化剂

南昌市龙然实业有限公司
江西省南昌市长堎外商投资工业区物华路 229 号
邮编：330100
电话：0791 －83671127
邮箱：admin@ longranshiye. com
产品：松香胶、AKD 乳液、中/碱性施胶剂、干强剂

江西东永实业有限公司
江西省南昌市莲塘龚南路 3 号
邮编：330200
电话：0791 －85712083、13607068596
邮箱：13607068596@ qq. com
产品：变性淀粉

萍乡市

萍乡市碳酸钙实业有限公司
江西省萍乡市湘东镇狮形山工业区道田村
邮编：337019
电话：0799 －3375368
邮箱：3730808682@ qq. com
产品：轻质碳酸钙、活性碳酸钙、纳米碳酸钙

抚州市

江西博大化工有限公司
江西省抚州市东乡县(省级)经济开发区
邮编：331800
电话：0794 －4380168、4380619
传真：0794 －4380166
网址：www. jxbdhg. com
邮箱：bodahg2007@ 163. com
产品：变性淀粉，纸箱黏合剂，增强、助留助滤剂，新闻纸专用增强剂，表面施胶剂

江西顺昌隆实业有限公司
江西省抚州市东乡县大富岗工业开发区
邮编：331800
电话：0794 －4382066
邮箱：zhihai@ 126. com
产品：变性淀粉

江西宏大化工有限公司
江西省抚州市东乡区经济开发区东升工业园渊山岗片区南京路 9 号
邮编：331801
电话：0794 －4330506
传真：0794 －4330508
邮箱：hongdachem@ 163. com
产品：阳离子淀粉、表面施胶淀粉、喷雾淀粉、涂布淀粉、浆内添加淀粉、纸箱黏合剂

江西添光化工有限责任公司
江西省抚州市临川区抚北镇安塘路 4 号
邮编：344001
电话：0794 －8352192
邮箱：396984736@ qq. com
产品：钛白粉、硫酸、精制硫酸铝、硫酸亚铁、普钙

江西红星变性淀粉有限公司
江西省抚州市东乡县红星省级经济开发区
邮编：331801
电话：0794 －4383169、4383013、4383014
邮箱：jxhxdscl@ 126. com
产品：变性淀粉

山　东　省

济南市

济南塑邦精细化工有限公司
济南市历城区华龙路 399 号 10 号楼 1 －1001 室
邮编：250100
电话：0531 －81901282、69958468、18615577916
传真：0531 －81901283
网址：www. sbchem. com
邮箱：18854199495@ 163. com
产品：荧光增白剂、有机颜料、染料中间体及有机胺催化剂

山东达盛科技有限公司
山东省章丘市圣井镇高科技园
邮编：250101
电话：0531 －88025118
产品：消泡剂、脱墨剂、润滑剂、分散剂、脱墨剂、施胶剂

济南圣泉集团股份有限公司
山东省济南市章丘区刁镇工业经济开发区
电话：0531 －83511076

网址：www. shengquan. com
邮箱：yinpengfei@ shengquan. com
产品：各类植物秸秆的研究开发与综合利用

济南赛沃贸易有限公司
济南市市中区舜耕路 217 号九城尚都 A 座 1015 室
邮编：250002
电话：0531 – 86920759
传真：0531 – 86920839
网址：www. jinansilver. cn
经营：造纸化学品

青岛市

青岛市海大化工有限公司
山东省青岛市新泰安路 27 号如意大厦 2105 室
邮编：266001
电话：0532 – 82867216、13405321077
传真：0532 – 82867217
邮箱：qingdaoyy@ 126. com
产品：造纸专用特种色素碳黑系列、阻燃剂、钛白粉、荧光增白剂、煅烧高岭土、防水剂

青岛三中化成精密有限公司
山东省青岛市城阳区流亭街道双元路与恒鸣路东200 米
邮编：266108
电话：0532 – 87733585
传真：0532 – 87733631
邮箱：176654541@ qq. com
产品：脱墨剂、毛毯清洗剂、消泡剂、污染防治剂、凝固剂

青岛市创合佳机电工程有限公司
（原青岛圣博生物科技有限公司）
山东省青岛市胶州市中云工业园
邮编：260000
电话：18669780660
邮箱：qdchj_ wq@ 163. com
经营：聚合物分散剂、减水剂、灭菌剂、杀菌防腐剂、阻垢剂

青岛如相科技有限公司
（原青岛如相化工有限公司）
青岛平度市同康路 6 号
邮编：266700
电话：0532 – 82696059、13863963803
传真：0532 – 89639158
网址：www. ruxiangchemical. com
邮箱：ruxiangchemical@ 163. com
产品：防腐杀菌剂、工业灭藻剂、网毯清洗剂、水处理剂、消泡剂、荧光增白剂

双日（中国）有限公司青岛分公司
山东省青岛市市南区香港中路 10 号颐和国际 A 座 23A06
邮编：266071
电话：0532 – 85715101
传真：0532 – 66777229
网址：www. sojitz. cn
产品：化工、合成树脂

中国科学院青岛生物能源与过程研究所
山东省青岛市崂山区松岭路 189 号
邮编：266102
电话：0532 – 80662776、80662797
传真：0532 – 80662778
网址：www. qibebt. cas. cn
邮箱：info@ qibebt. ac. cn
业务：生物工程、材料工程、化学工程

淄博市

淄博万科化工有限公司
山东省淄博市桓台县果里工业园聚荣东路 35 号
邮编：255047
电话：0533 – 8401300、3189100、13805331381
传真：0533 – 8401301、3189100
网址：www. wankechem. com
邮箱：ieeternal@ vip. sina. com
产品：抗氧化剂、PAE 湿强剂、湿强废纸再生剂、助留助滤剂

淄博振河塑胶化工有限公司
张店昌国路东段（沣水供电站南邻）
邮编：255071
电话：0533 – 2092016、2091859
传真：0533 – 2091839
邮箱：zbzhaozhenhe@ 163. com
产品：聚合氯化铝、聚丙烯酰胺、聚合硫酸铁系列净水剂、助留剂、表面施胶剂、消泡剂等造纸助剂

淄博东方聚合物有限公司
山东省淄博市张店区昌国路良乡工业园 6 – 25 号
邮编：255071
电话：0533 – 2090527、13853371189

传真：0533 - 2090799
网址：www.eastpolymer.com
邮箱：info@eastpolymer.com
产品：聚丙烯酰胺、高吸水性树脂、N-羟甲基产品丙烯酰胺

淄博张店东方化学股份有限公司
山东省淄博市张店区沣水镇寨子村东南
邮编：255071
电话：0533 - 2081515、2092156、2082185
传真：0533 - 2081047
网址：www.orientchem.com
邮箱：zhaijun@orientchem.com
产品：助留剂、废水处理剂

淄博爱普浆纸科技有限公司
山东省淄博市高新区柳泉路 111 号创业火炬广场 5 号楼 613 室
邮编：255086
电话：13780871005
邮箱：786997665@qq.com
产品：脱墨剂、中性施胶剂、阴离子分散松香剂、表面处理剂、助留助滤剂、制浆造纸设备

山东金龙水处理科技有限公司
（原山东省桓台县金龙化工有限公司）
山东省淄博市桓台县新城镇昝家村
邮编：256403
电话：0533 - 8886555、3151273
传真：0533 - 8886555
邮箱：huantaijinlong@163.com
产品：水处理药剂、水质稳定剂系列、高效杀菌剂、灭藻剂

淄博津利精细化工厂
山东省淄博市周村区南郊镇永和村东路北
邮编：255302
电话：0533 - 6067116
邮箱：zbjlzj2008@163.com
产品：造纸助剂

山东聚鑫化工有限公司
山东省淄博市桓台县唐山镇徐店村
邮编：256401
电话：0533 - 8519329
邮箱：juxin@juxinchem.cn
产品：聚丙烯酰胺干粉、胶体

淄博金科力特种纤维有限公司
山东省淄博市淄川经济开发区马莲山路 10 号
邮编：255130
电话：0533 - 5310399
传真：0533 - 5313399
网址：www.cnjinkeli.com
邮箱：jkl@jinkela.com
产品：聚酯类（PET、PBT、PPT）、聚烯烃类（PE、FP、PVA、PAN）、粘胶类、皮芯类、彩色纤维等

枣庄市

枣庄林美发展有限公司
山东省枣庄市峄城经济开发区福兴中路 7 号
邮编：277300
电话：0632 - 7789888、7732999
传真：0632 - 7721388
网址：www.linmeichem.com
邮箱：271044506@qq.com
产品：变性淀粉系列、涂布黏合剂、湿部添加剂、表面施胶剂、羧甲基纤维素钠、固体胶乳胶黏剂

山东神州翔宇科技集团股份有限公司
山东省枣庄市台儿庄区马兰屯镇淀粉工业园
邮编：277412
电话：0632 - 6712518
传真：0632 - 6711999
网址：www.szxykjjt.com
邮箱：lichaozy@126.com
产品：醋酸酯淀粉、磷酸酯淀粉、氧化淀粉、阳离子淀粉、阳离子表面施胶剂

东营市

东营得胜实业有限责任公司
（原东营市德胜化工有限公司）
山东省东营市东营开发区大渡河路 251 号
邮编：257091
电话：0546 - 8327709、13562291998
传真：0546 - 8327709
网址：www.dshindustry.com
邮箱：weifang0616@163.com
产品：表面施胶剂、塑性颜料、湿强剂、废纸再生剂、分散剂、剥离剂、抗水剂、消泡剂

东营华泰精细化工有限责任公司
山东省东营市东营开发区东二路 2 号
邮编：257091
电话：0546 - 7086399、7752122

传真：0546－7086967
网址：www.huatai.com
邮箱：sp0546@sohu.com
产品：增白剂、废纸脱墨剂、螯合剂、中性表面施胶剂、杀菌灭藻剂、废水处理剂

山东瑞特精细化工有限公司
山东省东营市广饶县经济开发区
邮编：257300
电话：0546－6925269
邮箱：419197736@qq.com
产品：废水处理剂、助留助滤剂、湿强剂、纸张增强剂、施胶剂、聚丙烯酰胺乳液

东营市三龙精细化工有限责任公司
广饶县李鹊镇政府驻地
邮编：257333
电话：0546－6286210、6287111
传真：0546－6286268
邮箱：992797389@qq.com
产品：表面施胶剂、脱气剂、树脂控制剂、杀菌剂、助留助滤剂、AKD施胶剂、淀粉硬化及纸粉防止剂、保水剂、阳离子松香胶

烟台市

万华化学集团股份有限公司
山东省烟台市经济技术开发区天山路17号
邮编：264006
电话：0535－3388000、8202349
网址：www.whchem.com
邮箱：support@whchem.com
产品：异氰酸酯系列产品、芳香多胺系列产品、热塑性聚氨酯弹性体系列产品

烟台达斯特克化工有限公司
山东省烟台市芝罘区化工路59号
邮编：264002
电话：0535－6530669
传真：0535－6530939
网址：www.dasteck.com
邮箱：ytd@dasteck.com
产品：造纸漂白剂

潍坊市

潍坊信业化学有限公司
潍坊经济开发区永康街以北、友爱路以西
邮编：261000
电话：13805368373
邮箱：2180194157@qq.com
产品：无甲醛抗水剂、聚酰胺聚脲（PAPU）抗水剂、涂布用抗水剂、湿强剂、消泡剂、防腐杀菌剂、螯合剂、有机分散剂

潍坊润丰造纸助剂有限公司
山东省潍坊市玄武东街123号
邮编：261031
电话：0536－8661277
传真：0536－8662837
邮箱：a8661277@163.om
产品：醚化剂、PPE、助留助滤剂、脱墨剂、制浆消泡剂、网毯清洗剂、挺度剂、涂布润滑剂、抗水剂

潍坊瑞光化工有限公司
山东省潍坊市寒亭区东环路南首
邮编：261100
电话：0536－7262976、7252436、4000079692
传真：0536－7270136
网址：www.ruiguangchem.com
邮箱：ruiguang@ruiguangchem.com
产品：颜料分散剂、有机硅消泡剂、柔软剂、脱墨剂、涂料色浆、表面活性剂、增强剂

潍坊华普化学股份有限公司
山东省安丘市新材料产业园
邮编：262122
电话：0536－4331198
传真：0536－4331198
网址：www.huapuchem.com
邮箱：mail@huapuchem.com
产品：显（助）白剂、抄纸消泡剂、玻璃纸用保湿剂、AKD中碱性施胶剂、松香施胶剂、防腐杀菌剂

昌乐润利工贸有限公司
（原潍坊浩鑫造纸助剂有限公司）
山东省潍坊市昌乐县孤山街159号4号楼415室
邮编：262400
电话：0536－6260228
传真：0536－6260228
邮箱：1602381390@qq.com
产品：纸板挺度剂、高效生物酶脱墨剂、纸张表面强度剂、阳离子淀粉、喷淋淀粉、阳离子助留增强剂

青州市晨鸣变性淀粉有限公司
青州市自来水场南临
邮编：262500

电话：13964688878
邮箱：1239597246@ qq. com
产品：表面施胶剂、喷淋淀粉、涂布淀粉、石膏板增强剂

潍坊兆冠药业有限公司
山东省潍坊市临朐县经济技术开发区秦池路 38 号
邮编：262600
电话：0536－3212680、3121055
传真：0536－3120817
网址：www. zhaoguan. com
邮箱：mail@ zhaoguan. com
产品：二氧化氯、消毒剂、杀菌剂、保鲜剂、漂白剂、防腐剂、除臭剂、脱色剂

山东万豪集团临朐纸业化工有限公司
山东省临朐县冶源镇冶石路 2 号
邮编：262605
电话：0536－3631262
传真：0536－3631262
网址：www. wanhao. com
邮箱：wanhaochem@ 163. com
产品：分散剂、胶乳、润滑剂

寿光蔡伦申兴精细化工有限公司
山东省寿光市晨鸣工业区
邮编：262700
电话：0536－2156339、2156421
传真：0536－2156416
产品：中性施胶剂、重质碳酸钙、AKD 乳液、松香胶、增白剂、消泡剂

寿光金远东变性淀粉有限公司
寿光市古城街道安顺街以北、兴源路以西
邮编：262700
电话：0536－5185032
邮箱：jymqhb@ 163. com
产品：表面施胶淀粉、湿部添加剂、多元变性淀粉、漂白淀粉、阳离子淀粉

潍坊天方圣鸿化学有限公司
潍坊滨海开发区科技项目区内，柳贤街以北、华商路以西
邮编：262737
电话：0536－5305998
传真：0536－5305997
网址：www. tfshchem. com
邮箱：wftfsh@ 163. com
产品：湿强剂、表面施胶剂、抗水剂、消泡剂、润滑剂、无甲醛抗水剂、柔软剂、湿强解离剂、中性施胶剂

青州市北联淀粉有限公司
山东省青州市海军路 568 号
邮编：262500
电话：0536－3265090
邮箱：bldf@ 163. com
产品：造纸用淀粉

山东省铭初新材料科技有限公司
（原潍坊中瑞造纸纺织助剂有限公司）
山东省潍坊经济技术开发区友谊工业园
电话：0536－8650278、8660276、4008878276
传真：0536－8650278
网址：www. wfzrzj. com
邮箱：zhongrui@ wfzrzj. com
产品：各种型号淀粉精、造纸化学品、湿强剂、表面施胶剂、阳离子絮凝剂等

山东恒联化学有限公司
潍坊滨海经济开发区香江西二街 26 号恒联化学工业园
电话：0536－7575606
网址：www. sdhenglianchem. com
邮箱：hlhxwangwei@ 163. com
产品：生产清洁燃料油、甲醇汽油、添加剂

潍坊恒联特种纤维素科技有限公司
潍坊市寒亭区海龙路 1526 号
邮编：261100
电话：0536－7283299
传真：0536－7283159
邮箱：zhbgs@ hengliangroup－tx. com
产品：特种、高端纤维素

济宁市

济宁华天化工有限公司
（原济宁新华天机械有限公司）
济宁市火炬路北首（李营镇工业园区）
邮编：272000
电话：0537－2481588、17554201958
传真：0537－2481598
邮箱：2285451486@ qq. com
产品：造纸助剂

济宁新格瑞水处理有限公司
山东省济宁市嘉祥工业园
邮编：272415
电话：0537－6985888、6988006
传真：0537－6988088
网址：www. protecmbc. com
邮箱：xingerui@ 126. com
产品：施胶剂、系统清洗剂、系统除垢剂、阻垢缓蚀剂、生物酶脱墨剂、聚丙烯酰胺、废水絮凝剂、杀菌消毒剂、消泡剂

山东阳光颜料有限公司
(原济宁市阳光颜料助剂有限责任公司)
山东省济宁市车站南路
邮编：272000
电话：0537－2317897、2311908、15064701629
传真：0537－2311908
网址：www. sino－pigment. com
邮箱：zqh2009@ 163. com
产品：有机颜料、无机颜料、荧光颜料、高档彩色专用色浆

济宁华强科技有限公司
(原济宁市华强化工有限公司)
山东省济宁市任城区开发区济邹路南接庄镇政府西 1 公里
邮编：272015
电话：0537－2631588、2631088
传真：0537－2631088
邮箱：hqkj166@ 163. com
产品：高效造纸助留剂、多功能造纸增强剂、絮凝剂

济宁市信慧化工科技有限公司
山东省济宁市任城经济开发区山博路
邮编：272100
电话：0537－2600560、6588288、6588295
传真：0537－2333786
网址：www. cenwise. cn
邮箱：sales@ cenwise. cn
产品：增白剂、松香胶、液体染料、PAM 干强剂

山东天成化工有限公司
山东省兖州市北站西路 66 号
邮编：272117
电话：0537－7927888、7928777、1356273039
传真：0537－3414528
网址：www. yztchg. com
邮箱：info@ yztchg. com
产品：AKD、干/湿增强剂、复合型中性胶

东升新材料(山东)有限公司
(原兖州东升精细化工有限公司)
山东省兖州市兴隆庄镇驻地
邮编：272101
电话：0537－3873264、3873331、3873483
传真：0537－3873918
网址：www. dssun. com
产品：表面施胶剂、PP 塑性颜料、阳离子胶乳、分散剂、AKD 施胶剂、脱墨剂、净水剂、废水絮凝剂、超细重质碳酸钙、超细轻质碳酸钙、高白度高岭土、润滑剂

济宁红日轻化助剂有限公司
(原济宁市中区轻化助剂厂)
山东省济宁市 105 国道与 327 国道交汇处
邮编：272141
电话：0537－2270516
产品：造纸制浆催化剂、高效消泡剂系列、柔软剂

济宁明升新材料有限公司
济宁市兖州区兴隆庄镇工业园
电话：0537－3873008－816、3873310
网址：www. dssun. com
邮箱：bianguangli@ dssun. com
产品：丙苯胶乳、丁苯胶乳产品及胶乳类产品(包括水性乳液、溶液、粉体、瓜尔胶、生物胶乳、分散剂、润滑剂、施胶剂、表面施胶剂、湿强剂、抗水剂、阳离子淀粉溶液的研发、生产与销售

山东泰华高科新材料有限公司
山东济宁市兖州区中御桥南路
邮编：272100
电话：0537－3422111
传真：0537－3401002
网址：www. sdtava. com
邮箱：sdtava@ 163. com
产品：制浆造纸化学品

山东远联化工股份有限公司
山东省济宁市生物产业园新民路 1 号
邮编：272409
电话：0537－3379962、3379964
传真：0537－3379963
网址：www. yuanlianhuagong. com
邮箱：yuanlianhuagong@ 126. com
产品：染料助剂、水处理剂

泰安市奇能化工科技有限公司
山东省泰安市岱岳区旭日大厦 611
邮编：271000
电话：18660861991
邮箱：18606861991@ qq. com
产品：防水乳液、纸制品化工原料

泰安市

泰安市海岳助剂销售中心
(原泰安市东岳助剂厂)
山东省泰安市泰汶路 199 号
邮编：271000
电话：13805486696
邮箱：583121660@ qq. com
产品：抄纸分散剂、增白剂系列、废纸脱墨剂、助留助滤剂、蒸煮助剂、聚丙烯酰胺、树脂障碍消除剂、消泡剂、废水处理剂

新泰市兰泰化工有限公司
山东省新泰市翟镇西 1 公里
邮编：271204
电话：0538 －7787111
传真：0538 －7787111
邮箱：13562487123@ 139. com
产品：硫酸铝、AKD 乳液、中碱性造纸施胶剂、分散松香胶

山东一滕新材料股份有限公司
(原山东一滕化工有限责任公司)
肥城市石横镇八号路西
邮编：271600
电话：0538 －3368999、3368666
传真：0538 －3366289
网址：www. yitengchem. cn
邮箱：yitengkfb@ 163. com
产品：聚阴离子纤维(PAC)、羧甲基纤维素(CMC)、羟丙基甲基纤维素(HPMC)

山东鲁岳化工集团有限公司
山东省肥城市化工产业园区
邮编：271603
电话：0538 －3680358、3682528
传真：0538 －3680358、3682528
网址：www. luyue. com
邮箱：xinfeng@ luyue. com
产品：二烯丙二甲氯化铵、助留助滤剂、干湿增强剂、阴离子导电剂、阳离子熟化促进剂

泰安市金山口环保化工厂
山东省泰安市岱岳区山口镇
邮编：271038
电话：15318128076
邮箱：8616056@ 163. com
产品：净水剂

威海市

威海凯瑞造纸技术有限公司
威海市少年路 - 附 15 号
邮编：264200
电话：15163106688
邮箱：yuanjieli638@ 163. com
产品：表面施胶剂、表面处理剂、浆料预处理剂、树脂控制剂、生物助留剂

临沂市

临沂三水科技有限公司
山东省临沂市临沭县经济开发区朝阳街道路北
邮编：276700
电话：0539 －6341066
传真：0539 －6341099
产品：表面施胶剂、脱气剂、固着剂、胶粘物控制剂、淀粉增强剂、网毯清洗剂等造纸用化学品

临沂北方爱森化工有限公司
山东省临沂市兰山区临西十一路与双岭路交汇东南原材料电子商务城 247 号
邮编：276000
电话：13954957959
邮箱：1262709409@ qq. com
产品：聚丙烯酰胺阳离子、阴离子、非离子系列，造纸分散剂，造纸助留助滤剂

临沂市天科工贸有限公司(迁出)
临沂市兰山区育才路东段
邮编：276000
电话：13355020138
邮箱：yuemingqiang@ hotmail. com
产品：废纸胶黏物去除剂、瓦楞纸杯环压增强剂、纸浆分散剂、助留助滤剂、干强剂、脱墨剂、絮凝剂

临沂成丰化工有限公司
山东省临沂市兰山区临西十一路鲁南化工市场 A 区 143 号
邮编：276000

电话：13869966239
邮箱：503877727@ qq. com
产品：荧光增白剂、蒸煮助剂、消泡剂、防腐杀菌剂、ABC 调色剂、高效分散剂、脱墨剂、湿强剂

临沂欧贝化学有限公司
山东省临沂市临沭县白旄镇周官庄村
邮编：276715
电话：0539－6341066、6341099
邮箱：oubei66@ sina. com
产品：表面施胶剂、脱墨剂、过氧化氢稳定剂、干强剂、纸力增强剂、助留剂、杀菌剂、涂布纸用料、消泡剂、脱气剂

德州市

陵县双星染料化工厂
陵县陵城镇东街
邮编：253500
电话：13953467109
邮箱：1724825911@ qq. com
产品：染料、染料中间体

聊城市

山东阳光化工科技有限公司
山东省聊城阳谷县城西工业园区化工路
邮编：252300
电话：0635－2156566、13706356175
传真：0635－6324198
网址：www. sinosunshine. com
邮箱：13706356175@ 139. com
产品：聚丙烯酰胺、造纸助剂、硫酸铵、羧甲基纤维素、聚丙烯酸钾、二氯异氰尿酸钠

滨州市

山东沾化奥仕化学有限公司
山东省沾化县城北工业园泽河一路 18 号
邮编：256800
电话：0543－2273192、2273177
传真：0543－2273199
网址：www. sdzhoshx. com
邮箱：47540582@ qq. com
产品：氨基树脂系列产品

博兴县天元化工有限公司
博兴县博兴镇董初村
邮编：256500
电话：0543－2303345
传真：0543－2303345
邮箱：BXKL2008@ 163. com
产品：造纸用中性施胶剂 AKD 蜡粉、AKD 乳液、AKD 专用乳化剂及系列产品

山东滨州嘉源环保有限责任公司
山东省滨州市滨城区黄山五路 858 号 4 号楼 101
邮编：256619
电话：0543－2118158、2118000
传真：0543－3312324
邮箱：yuxiaolin3309@ 163. com
产品：二甲基二烯丙基氯化铵、有机高分子絮凝剂、阳离子絮凝剂系列、脱色剂、复合絮凝剂、反相破乳剂

菏泽市

山东菏泽阿可迪化工科技有限公司
菏泽市牡丹区万福办事处工业园泰山路西段
邮编：274000
电话：0530－5644488
传真：0530－5644488
邮箱：15253038898@ qq. com
产品：AKD 蜡粉、表面施胶剂、高效干增强剂、湿强剂、乳液松香施胶剂

山东润鑫精细化工有限公司
山东省菏泽市定陶县东外环路南段路东
邮编：274100
电话：0530－2263168、2264981
传真：0530－2264466
网址：www. runxinchemical. com
邮箱：kelvinsong1982@ runxinchem. com
salesdirector@ runxinchem. com
产品：2-溴丁酸甲酯、DT 杀菌灭藻剂、N-4-异噻唑-3-酮

河 南 省

郑州市

郑州市中瑞洁水化工原料有限公司
郑州市中原区陇海路南、桐柏路东、文化宫路西金中环 5 幢 20 层 2008 号
邮编：450000
电话：19903714029

邮箱：18530091333@163. com
产品：水处理药剂、聚丙烯酰胺

河南南浦化工有限公司
郑州市金水区玉凤路 361 号南浦国际金融中心 4 层 401 号
邮编：450002
电话：0371－65655608、86560100、86560977
传真：0371－65655609
网址：www. nanpuhuagong. com
邮箱：web@jiezhifen. com
产品：阴、阳、非和两性离子聚丙烯酰胺，无机高分子絮凝剂，XM 系列浮选剂，PFS 聚合硫酸铁（液体），PFS 聚合硫酸铁（固体），PAC 聚合氯化铝

郑州易和精细化学品有限公司
（原河南省道纯化工技术有限公司）
河南省郑州市新郑市人民路与神州路交叉口向北 1500 米路东
邮编：450002
电话：0371－63563761、63563764、4006808890
传真：0371－63563936
网址：www. dchg. com. cn
邮箱：dchgyx@163. com
产品：施胶剂、氧漂稳定剂、蒸煮助剂、脱墨剂、消泡剂、氧漂激活剂、分散剂、湿强剂、杀菌剂、显白剂、乳化剂

郑州金源微粉材料有限公司
河南有色金源实业有限公司（子公司）
河南省开封市尉氏县新尉工业园区
邮编：475500
电话：0371－23219988、23219967
传真：0371－23219986
网址：www. jywf. net
产品：长石粉、硅微粉、铝矾土、氢氧化铝、复合填料和高岭土

郑州市恒茂昌贸易有限公司
河南省郑州市南阳路 170 号清华园商贸楼 16 楼 167 室
郑州市郑州市惠济区新城街道固城村南（厂址）
邮编：450053
电话：13608680253
网址：www. hengmaochang. com
邮箱：zzhmc@sina. cn
产品：分散剂、助留剂、生物酶脱墨剂、湿强剂、干强剂、表面施胶剂、染料、聚丙烯酰胺

巩义市奥林滤材有限公司
河南省巩义市嵩山路
邮编：451200
电话：0371－85602626、13733196885、15981995698
传真：0371－85602626
网址：www. aolinlc. com
邮箱：aolinlc@163. com
产品：阻垢分散剂、杀菌灭藻剂、净水药剂系列、活性炭系列

巩义市益民淀粉有限公司
河南省巩义市 808 路
邮编：451250
电话：0371－64371718
邮箱：512892893@qq. com
产品：变性淀粉、磷酸酯淀粉、酸化淀粉、玉米氧化淀粉、阳离子淀粉、醋酸酯淀粉

巩义市清滢精细化工厂
河南省巩义市康店镇黑石关 665 仓库（康店镇工业园区）
邮编：451200
电话：13137735819
邮箱：hngyqy@126. com
产品：防腐杀菌剂、润滑增光施胶剂、消泡剂、絮凝剂聚合氯化铝

巩义市宇清净水材料有限公司
河南省巩义市河洛镇古桥镇
邮编：451251
电话：0371－64156198、64150000、13607650597
传真：0371－64156198
网址：www. yqjs. com
邮箱：yqjs1995@163. com
产品：聚合氯化铝、聚合氯化铝铁、复合铝铁、硫酸铝、铝酸钙粉、结晶氯化铝

巩义市恒豪净化材料有限公司
河南省巩义市芝田镇羽林庄工业区
邮编：451252
电话：0371－64138889、64138777
邮箱：henghao@hnhenghao. com
产品：聚合氯化铝、碱式氯化铝、聚丙烯酰胺、活性炭、铝酸钙粉

巩义市豫泉净化材料有限公司
巩义市芝田镇八陵村
邮编：451200
电话：0371－64136999、13607650597

传真：0371－64139555
网址：www. henanyuquan. com
邮箱：1029988360@ qq. com
产品：聚合氯化铝、聚氯化铝铁、聚合硫酸铁、碱式氯化铝、活性炭、聚丙烯酰胺、纯碱，消泡剂

郑州华旗助剂有限公司
河南省新密市大隗工业区黄湾寨
邮编：452383
电话：13849076206
邮箱：1766758919@ qq. com
产品：松香系列施胶剂、中性施胶剂、湿强剂、助留剂、剥离剂、乳化剂

巩义市华麟化工有限公司
河南省巩义市西村镇
邮编：451281
电话：0371－64032111、64031888
传真：0371－64031999
邮箱：331531888@ qq. com
产品：水处理剂

洛阳市

洛阳市太学染化有限公司
工厂地址：河南省洛阳市伊滨区东大郊工业园区
电话：0379－67436138
传真：0379－67436438
国际市场部：河南省洛阳市洛龙区开元大道 258 号
邮编：471000
电话：0379－69967377
传真：0379－69828598
网址：www. chinataixue. com
邮箱：sales@ chinataixue. com
产品：造纸专业染料

河南科高辐射化工科技有限公司
河南省洛阳市洛龙区洛龙科技园路 1 号
邮编：471023
电话：0379－65936155、65936309
传真：0379－65936133
网址：www. kegaor. com
邮箱：hnkgfshg@ 163. com
产品：化工技术、新材料研发

安阳市

河南省安阳荧迪化工有限责任公司
河南省安阳市龙安区烟厂路
邮编：455004
电话：0372－3928294
邮箱：ayyd@ 163. com
产品：荧光增白剂、染料中间体 DSD 酸

新乡市

卫辉市通达变性淀粉有限公司
河南省卫辉市唐庄工业开发区 107 国道旁(代庄村)
邮编：453100
电话：0373－4221908
传真：0373－4221908
邮箱：tongdadianfen@ 163. com
产品：氧化淀粉、AKD 乳化剂离子型专用淀粉、涂布淀粉、多元变性淀粉、磷酸酯淀粉、接枝淀粉、氧化醋酸淀粉、阳离子淀粉

新乡永平助剂厂
河南省新乡市大召营镇文营村
邮编：453700
电话：0373－5470178
传真：0373－5469308
网址：www. xxypzj. com
邮箱：ypwyy@ 126. com
产品：液体荧光增白剂、显白剂、脱墨剂

新乡市瑞丰化工有限责任公司
河南省新乡市新乡县大召营镇(新获路北)工业园
邮编：453700
电话：0373－5466556、5466665
传真：0373－5466665
网址：www. sinoruifeng. com
邮箱：sale@ sinoruifeng. com
产品：无碳复写纸树脂显色剂、活性白土显色剂、阳离子醚化剂、高碱性硫化烷基酚钙

新乡市聚创化工有限公司
新乡市卫滨区平原乡梁任旺村
邮编：453000
电话：0373－5799989、15936596710
网址：www. 55pam. com
邮箱：2664411@ qq. com
产品：聚丙烯酰胺、高效聚合引发剂、聚二甲基二烯丙基氯化铵

焦作市

龙蟒佰利联集团股份有限公司
(原河南佰利联化学股份有限公司)

河南省焦作市中站区冯封办事处
邮编：454191
电话：0391－3126553、3126699、3126626
传真：0391－3126818
网址：www. lomonbillions. com
邮箱：yangminwei@ lomonbillions. com
产品：钛白粉、硫酸铝、二氧化锆、碳酸锆

沁阳市新兴化工有限公司
河南省沁阳市崇义镇小金陵村北
邮编：454550
电话：0391－5055071、13703912520
传真：0391－5055042
网址：www. qysxxhg. com
邮箱：qyxxhg@ 163. com
产品：涂布淀粉、造纸淀粉、卫生纸增韧剂、助留助滤剂

武陟县智辉科技有限公司
（原河南省武陟县智辉化工有限责任公司）
河南省焦作市武陟县城东占泗路北贾桥西
邮编：454950
电话：0391－7268190、13938136632
传真：0391－7268193
网址：www. zhihuichem. com
邮箱：zhgjb@ zhihuichem. com
产品：无碳复写纸专用树脂显色剂、活性白土显色剂、微胶囊、无碳压敏染料溶剂油、微胶囊专用分散乳化剂、石蜡乳液

温县宏泰水处理材料厂
河南省焦作市温县岳村工业区 66 号
邮编：454800
电话：0371－66551601、15093403073
传真：0371－66551602
网址：www. wxhtgs. com
邮箱：wxhtscl@ 163. com
产品：聚合氯化铝、碱式氯化铝、活性炭系列、填充系列

濮阳市

濮阳市中润聚合物有限公司
河南省濮阳市东高新技术开发区前县徐岭村南
邮编：457600
电话：13839267866
邮箱：115139550@ qq. com
产品：污泥脱水剂、分散剂、助留剂、聚丙烯酰胺、羧甲基纤维素

许昌市

许昌凯特精细化工厂
许昌市建安区张潘化工工业园
邮编：461000
电话：0374－8306077
传真：0374－8306091
网址：www. xckate. com
邮箱：xckate@ outlook. com
产品：消泡剂

漯河市

漯河市天马化工有限公司
河南省漯河市人民东路 73 号
邮编：462000
电话：0395－2637388
邮箱：252135285@ qq. com
产品：AKD 中性施胶剂、阳离子分散松香胶、硅溶胶、分散剂、乳化剂

济源市

河南清水源科技股份有限公司
河南省济源市高新区康桥路与王屋路交叉口清水源研发大楼（集团总部）
邮编：454650
电话：0391－6089345、6082121、6088788
网址：www. qywt. com. cn
邮箱：bgs@ qywt. com. cn
产品：水处理剂产品（单体）和复配剂、提供配方筛选和水处理技术服务

湖　北　省

武汉市

湖北省化学工业研究设计院
武汉市洪山区关山大道 330 号
邮编：430074
电话：027－87439315
传真：027－87439315
网址：www. hbhyychem. cn
业务：科研开发、工程咨询、信息服务、产品检测、节能评估

武汉德美精细化工有限公司
武汉市江夏区江夏大道江郡华府 3 栋 2 单元 101 室
邮编：430200
电话：027－81825186
网址：www.dymatic.com
邮箱：yanggs@dymatic.com
经营：造纸助剂

武汉华东化工有限公司
湖北省武汉市汉口竹叶山东恒星集团 A 栋 8 楼 5 号
邮编：430012
电话：027－85267625、13986037010
传真：027－85267625
网址：www.ecch.com.cn
邮箱：lignincn@ecch.com.cn(公司邮箱)
产品：木质素磺酸钙、碱木质素、木质素磺酸盐、羧甲基淀粉钠

武汉新大地环保材料股份有限公司
湖北省武汉市硚口区南泥湾 8 号长丰科技产业园(西区)8 号
邮编：430034
电话：027－83305573、83305579、83305591
传真：027－83305570
网址：www.newlandchem.com
邮箱：13396066976@163.com
产品：防腐杀菌剂

武汉市羽佳化工有限公司
湖北省武汉市东湖高新开发区大学园路 11 号
邮编：430074
电话：027－52101188
传真：027－52101188
网址：www.yj1188.com
邮箱：yj11882000@yahoo.com.cn
产品：干强剂、水处理剂、消泡剂

武汉市雨田高分子材料有限公司
湖北省武汉市蔡甸区永安街万岭特 1 号
邮编：430105
电话：027－69305728、59843713
传真：027－69304916
邮箱：2685014692@qq.com
产品：CMC、脱墨剂、润滑剂、抗水剂、分散剂

武汉市新洲区耀华化工有限公司
武汉市新洲区阳逻街新阳大道
邮编：430415
电话：027－86963113
传真：027－86963113
邮箱：670725974@qq.com
产品：新型造纸制浆蒸煮剂、脱墨剂、固体/液体消泡剂、剥离剂、助留剂

武汉葛化集团有限公司
湖北省武汉市洪山区葛化街化工路 31 号
邮编：430078
电话：027－87602513
传真：027－87600357
网址：www.whghjt.com
邮箱：173428654@qq.com
产品：烧碱、液氯

宜昌市

湖北宜化集团有限责任公司
湖北省宜昌市沿江大道 52 号
邮编：443000
电话：0717－8868298、8868222
传真：0717－8868298
网址：www.hbyihua.cn
邮箱：yhflxt@163.com
产品：烧碱

襄樊市

襄樊惠邦化工有限公司
湖北省襄樊市江汉路 25 号
邮编：441002
电话：0710－3955939、13307279512
传真：0710－3112389
产品：分散剂、胶黏剂

湖北新四海化工股份有限公司
湖北省枣阳市南城王家湾社区居委会五组 3 幢
邮编：441200
电话：0710－6241188
邮箱：42966532@qq.com
产品：消泡剂、抗水剂、润滑剂

荆门市

钟祥市金汉江纤维素有限公司
湖北省荆门市钟祥市南湖新区富水路
邮编：431938
电话：0724－4238472、4236034

传真：0724－4223212
网址：www. chinajhj. com
邮箱：jhj@ chinajhj. com
产品：精制棉、CMC

荆州市

荆州科瑞伟业化工有限公司
荆州市沙市区经济开发区
邮编：434000
电话：13593809310
邮箱：13593809310@ qq. com
产品：涂布专用 CMC、润滑剂、纳米级微粒高效造纸助留助滤剂

荆州市旭升化工助剂有限公司
湖北省荆州市荆州区拍马工业园
邮编：434020
电话：0716－8416699、18986708588、13607219187
传真：0716－8416699
网址：www. jzsxshg. com
邮箱：xshg2002@ 163. com
产品：阳离子淀粉、助留助滤剂、交联表面施胶剂、高效废纸脱墨剂、阴离子分散松香胶、中碱性施胶剂、蒸煮助剂、湿强剂

咸宁市

湖北中之天科技股份有限公司
（原嘉鱼县中天化工有限责任公司）
湖北省咸宁市嘉鱼县鱼岳镇徐家庄 167 号
邮编：437200
电话：0715－6329868
传真：0715－6329868
邮箱：13807247197@ vip. 163. com
产品：蒸煮助剂、高效漂白剂、荧光增白剂、脱墨剂、湿强剂、显白剂

仙桃市

仙桃市闻捷福工贸有限责任公司
湖北省仙桃市经济开发区青鱼湖路 16 号
邮编：433000
电话：0728－3273000、13512345678
产品：脱墨剂、蒸煮助剂

湖北嘉韵化工科技有限公司
（原仙桃贝斯特化学品有限公司）
湖北省仙桃市刘口工业园叶河二路 1 号
邮编：433000
电话：0728－3255688、3601188、3601199
传真：0728－3255601
网址：www. jiayunchem. com
邮箱：jiayunchem01@ 163. com
产品：环氧聚酯湿强剂、蒸煮催化剂、固着剂、AKD 中性施胶剂、表面施胶剂、助留助滤剂、防腐杀菌剂、干增强剂、抗水剂、柔软剂、剥离剂

湖北新恒兴材料科技有限公司
湖北省仙桃市郭河工业园区
邮编：433013
电话：0728－87654321
邮箱：13507226918@ qq. com
产品：阳离子中碱性施胶剂、阳离子中性表面施胶剂、新型涂料胶乳、湿强剂、干强剂

湖 南 省

长沙市

内蒙古超牌建材科技有限公司
湖南省长沙市芙蓉中路二段 198 号新世纪大厦 9003 室
邮编：410015
电话：0731－85179028、85179029、85819266
传真：0731－85179099
网址：www. hnsuper. com. cn
www. nmsuper. com
邮箱：cpdcx@ superkaolin. com
产品：超细研磨碳酸钙、超细煅烧高岭土

长沙市力波化工有限公司
长沙市芙蓉区火星街道远大一路 418 号建安新商汇 2601 室
邮编：410001
电话：0731－84786498、84735309
传真：0731－82862601
网址：www. lbsun. com
邮箱：sales@ lbsun. com
产品：分散剂、脱墨剂、光亮剂、施胶剂等造纸化学品及各种羧甲基纤维素、甲基纤维素、羟丙基甲基纤维素、聚合氯化铝、聚丙烯酰胺、染料

湖南美莱精化有限公司
长沙高新开发区桐梓坡西路 229 号麓谷国际工业园 C 栋 12 楼
邮编：410013
电话：13908495512

邮箱：237839757@qq.com
产品：造纸助剂

株洲市

湖南省醴陵市华中化工有限公司
湖南省醴陵市王仙科技工业园
邮编：412200
电话：0733－23518818、13974115257
传真：0733－23518818
产品：分散松香胶、干强剂、脱墨剂、毛毯洗净剂、松香、乳化剂

湘潭市

湖南森泰生物科技有限公司
湖南省湘潭天易示范区吴家港工业区
邮编：411228
电话：0731－57788978
传真：0731－57788978
网址：www.xtsentai.com
邮箱：1126343262@qq.com
产品：羧甲基纤维素钠（CMC）、羧甲基淀粉钠（CMS）、甲基纤维素（MC）、羟丙基甲基纤维素（HPMC）、涂布黏合剂

湘潭市麓安造纸材料研究所有限公司
湖南省湘潭市先锋工业园
邮编：411100
电话：13170327039
邮箱：15200353375@163.com
产品：造纸化学品

衡阳市

湖南超牌化工有限公司
耒阳市水东江街道办事处鹿岐居委会振兴路明理坳89号
邮编：421800
电话：0734－4370523、13975440918
传真：0734－4370470
邮箱：hncphg@163.com
产品：超细GCC、高岭土

岳阳市

湖南海正生物科技有限公司
岳阳经济技术开发区木里港大道现代工业产业园7栋1楼
邮编：414000
电话：0730－8118899、15990098899
传真：0730－8831188
网址：www.hnhisun.com
邮箱：hzgs8899@163.com
产品：打浆酶、滤水酶、胶粘物控制酶、施胶酶、脱墨酶、助漂酶、木片预处理酶、除臭酶、溶解浆用酶、树脂控制酶、木粉软化酶

广 东 省

广州市

广州纬森普化工科技有限公司
广州市番禺区桥南街福德路341号2306
邮编：510000
电话：020－87362138
传真：020－87371198
邮箱：1154483587@qq.com
产品：湿强剂

广东迪美生物技术有限公司
广东省广州市先烈中路100号62栋205（广东省微生物研究所）
邮编：510075
电话：020－87688093、87688061
传真：020－87688093
网址：www.gd－demay.com
邮箱：sales@gd－demay.com
产品：防腐剂、防霉剂、抗藻剂、消毒剂

广州宇洁化工有限公司
广东省广州市海珠区宝岗大道268号中新大厦12楼12－13B室
邮编：510240
电话：020－34371818、34371600、13922255156
传真：020－34141884
网址：www.yujiechem.cn
邮箱：gzyujie2010@163.com
产品：聚丙烯酰胺、丙烯酰胺、聚合氯化铝、脱色剂

广州精细化学工业公司
广州市海珠区宝岗路郊坛顶17号之五
邮编：510240
电话：020－34370939
邮箱：867138744@qq.com
产品：聚丙烯酰胺、分散剂、湿强剂、助留助滤剂、

水处理絮凝剂、脱水剂、表面活性剂

广州市黄埔天泰化轻有限公司

广东省广州市东山区五羊新城寺右新马路 111 号五羊新城广场 2209 室
邮编：510600
电话：020 – 87391185、87391810
传真：020 – 87382704
网址：www. tt020. com
邮箱：hr87391810@ 163. com
产品：纸浆专用防霉防腐杀菌剂、荧光增白剂、钛白粉、超细滑石粉

广州兰泉环保科技有限公司

广州高新技术产业开发区开创大道 2707 号自编 B1 栋 1612 房(不可作厂房使用)
邮编：510700
电话：020 – 82318552、15989182360
网址：www. lanquanhuanbao. com
邮箱：846339279@ qq. com、409835805@ qq. com
产品：废水处理药剂、循环冷却水处理药剂、RO 膜反渗透水处理剂

广州市华夏助剂化工有限公司

广州市天河区体育东路 122 号羊城国贸东塔 1806
邮编：510620
电话：020 – 38661006、38661009、38661209
传真：020 – 38661036
网址：www. huaxiaadd. com
邮箱：350387875@ qq. com
产品：国外系列涂料助剂、华夏品牌助剂

广州市君伦化工科技有限公司

广州市天河区沙太路 268 号 802、80A 房(仅限办公用途)
邮编：510635
电话：020 – 38470568、22832058
传真：020 – 38470569
网址：www. junlunchem. com
邮箱：gz – kingdom@ 163. com
产品：杀菌防腐剂、流程清洗剂、系统保洁剂、杀菌抑菌剥离剂

广州智尚化工技术开发有限公司

广州市天河区天河北路 559 号 2301 自编 A21 房
邮编：510640
电话：020 – 84546214
邮箱：123@ 163. com
产品：水处理用水溶性消泡剂、异噻唑啉酮类、季铵盐类杀菌防腐剂、缓蚀阻垢剂、造纸用杀菌防腐剂、絮凝剂、新型含氟聚有机硅氧烷类油溶性流平剂

广州慧谷化学有限公司

广东省广州市萝岗区永和经济区新业路 62 号
邮编：511356
电话：020 – 32222928
传真：020 – 32222928 – 6026

广州慧谷工程材料有限公司

广州市增城中新镇大田村风门坳(土名)
邮编：511365
电话：020 – 32968222
传真：020 – 32968222 – 2035
网址：www. humanchem. com
邮箱：hg@ huamanchem. com
产品：水性涂料、特种金属卷材涂料、高分子树脂和无机材料、彩色喷墨打印纸涂料、胶浆涂料

广州市瑞洋表面活性剂有限公司

广州市番禺区大龙街新桥村西沙岗新环中路七号之一
邮编：511450
电话：020 – 84551143
产品：乳化剂、消泡剂、杀菌防腐剂

广州市灏洋水处理材料有限公司

广州市番禺区大龙街新桥村泰安路西横六街 3 号
邮编：511450
电话：020 – 84559143、84553577
传真：020 – 84553788
网址：www. how188. com
邮箱：sales@ how188. com
产品：净水剂、水质稳定剂、絮凝剂和清洁剂

中科院广州化学有限公司

中国科学院广州化学研究所
广东省广州市天河区兴科路 368 号广州化学研究所
邮编：510650
电话：020 – 85231815、85231230
传真：85231119
网址：www. gic. ac. cn
邮箱：bgs@ gic. ac. cn
产品：胶黏剂

广州日华化学有限公司

广东省广州市广州经济技术开发区明珠路 15 号
编码：510730

电话：020－82211314
网址：www. nicca. cn
邮箱：gnc@ niccachemical. com
产品：纸用固色剂、分散剂、柔软剂、膨松剂、脱墨剂、消泡剂

荒川化学合成（上海）有限公司广州分公司
广州市天河区体育西路 191 号 B 塔 4716，4717
邮编：510610
电话：020－38083169
传真：020－38083169
网址：www. arakawachem. com. cn
邮箱：guo@ arakawachem. com. cn
产品：化工产品批发

双日（广州）有限公司
广东省广州市天河区体育东路 138 号金利来数码网络大厦 1807A 室
邮编：510620
电话：020－38781206
传真：020－38780466
网址：www. sojitz. cn
产品：化工、合成树脂

诺维信（中国）投资有限公司广州分公司
广州环市东路 403 号广州国际电子大厦 2203 室
邮编：510095
电话：020－87320177
传真：020－83752113
网址：www. novozymes. com
邮箱：ds4401040011518@ unit. gzemail. cn
经营：工业酶制剂和工业微生物制剂销售和技术支持

深圳市

深圳市三力星聚合同创科技发展有限公司
深圳市福田区梅林街道北环路梅林多丽工业区 1 栋 409
邮编：518000
电话：0755－83733558
传真：0755－83733596
邮箱：Lindazheng@ szpolyco. com
产品：助留助滤剂、增强剂、表面施胶剂、染料、颜料、中性施胶剂、清洗剂、消泡/抑泡剂、脱墨剂、防腐杀菌剂、分散松香胶、纸张成形剂

深圳市华苏科技发展有限公司
广东省深圳市南山区南山大道南海大厦 B 栋 6G
邮编：518054
电话：0755－86250096
传真：0755－86250096
网址：www. tengtuo. com
邮箱：314729111@ qq. com
产品：杀菌防腐剂、荧光增白剂、水处理药剂、甲基纤维素、羟乙基纤维素、聚乙烯醇、分散剂

深圳绿微康生物科技有限公司
深圳市南山区龙珠大道龙珠三路光前工业区 21 栋 7 楼
邮编：518055
电话：0755－26031010
传真：0755－26031910
网址：www. leveking. com
产品：生物脱墨剂、胶黏物处理剂、废水处理剂

深圳市索雷亿科技有限公司
广东省深圳市宝安区宝民一路碧涛苑 1 栋 B 座 103 室
邮编：518133
电话：13714344454
邮箱：solate@ 21cn. com
产品：过氧化物引发剂系列、抗氧化剂、紫外线吸收剂、光引发剂系列、防腐剂、抗静电剂

深圳清源净水器材有限公司
广东省深圳市南山区南海大道水务集团南山大楼 8 楼
邮编：518052
电话：0755－26978809、26978819、26978633
传真：0755－26978825
邮箱：qingyuan@ qingyuansz. com
产品：聚合氯化铝废水处理剂、造纸施胶剂、杀菌灭藻剂、重金属捕集剂

珠海市

珠海市骏兆丰进出口有限公司
广东省珠海市红山路 288 号珠海国际科技大厦 B508 室
邮编：519000
电话：0756－3331388
传真：0756－3362737
网址：www. bikin. cn
邮箱：info@ bikin. cn
产品：造纸化工涂料

广东溢多利生物科技股份有限公司
广东省珠海市南屏科技工业园屏北一路 8 号
邮编：519060
电话：0756－8676888

传真：0756－8673999
邮箱：vtr@ vip. 163. com
产品：生物酶

佛山市

佛山市华昊华丰淀粉有限公司
佛山市禅城区富盈路 11 号首层 37 号
邮编：528000
电话：0757－82817979
邮箱：fxpxf@ 163. com
产品：湿部添加剂、涂布黏合剂、表面施胶剂、阳离子淀粉、纸制品再湿胶黏剂

佛山市南海大田化学有限公司
广东省佛山市南海区狮山科技工业园 B 区科园路 1 号
邮编：528000
电话：0757－82726800、4008083187
传真：0757－86698585
网址：www. dtdefoamer. com
邮箱：datian@ dtdefoamer. com
产品：纸浆、涂布、废水处理用消泡剂

佛山市特森化工有限公司
广东省佛山市同华西 2 路南华 1 街 13 号首层 1 号铺之一
邮编：528000
电话：13809816227
产品：净水剂、聚丙烯酰胺、高效脱色剂、聚合硫酸铁、硫酸铝

佛山市南海区骏能造纸材料厂
佛山市南海区狮山镇罗村芦塘工业区
邮编：511400
电话：0757－86410016
传真：0757－88395329
网址：junneng668. com
邮箱：183647235@ qq. com
产品：纸张增强、施胶、防水、助留助滤、消泡剂、防腐杀菌剂等
福建厂：0595－23883388
江门厂：0750－3655066
河北厂：0311－87372100
临安厂：0751－63865760
重庆厂：023－46289139

广东奇力士环保能源股份有限公司
（原广东奇力士石油化工有限公司）
广东省佛山市顺德区大良大门堤围路 8 号
邮编：528333
电话：0757－22329333
传真：0757－22329308
邮箱：dijiajiyou@ 163. com
产品：聚硅氯化铝、聚硅氯化铝铁、硫酸铝、聚丙烯酰胺、无铁硫酸铝、复合聚硅氯化铝、复合聚硅氯化铝铁

佛山市高明区友本化工有限公司
广东省佛山市高明区明城镇城十路 99 号
邮编：528518
电话：0757－88930638
传真：0757－88836686
邮箱：415747442@ qq. com
产品：中性施胶剂、干/湿增强剂、离缸剂、助虑增强剂

广东银洋环保新材料有限公司
广东省佛山市三水区乐平镇范湖经济开发区
邮编：528138
电话：0757－87366666
传真：0757－87360388
网址：www. yinyangresin. com
产品：水性乳液和粉末涂料用聚酯

广东顺德蓝亚化工有限公司
广东佛山市顺德区大良成业路 4 号金粤宏泰大厦 2 栋 202
电话：0757－22332111、22332118
网站：www. blueasia. cn
邮箱：lanyatrade@ 126. com
产品：涂布增强剂、高岭土、抗氧剂、光敏感剂、硬脂酸剂、硬脂酸剂润滑剂（乳液）等

广东德美精细化工集团股份有限公司
（原广东德美精细化工股份有限公司）
广东省佛山市顺德高新区科技产业园朝桂南路
邮编：528305
电话：0757－28399088
网址：www. dymatic. com
邮箱：liuzf@ dymatic. com
产品：造纸助剂

江门市

江门市新会区天盛生物科技有限公司
（原江门市新会区辉昊化工有限公司）
江门市新会区大泽镇李苑路口

邮编：529100
电话：0750－6116733
传真：0750－6116733
邮箱：232695820@qq.com
产品：干强剂、分散剂、脱墨剂、助留助滤剂

江门市大中科技企业发展有限公司
广东省江门市礼乐文昌花园99座首层
邮编：529060
电话：0750－36157630
邮箱：741941778@qq.com
产品：造纸化学品

江门市南化实业有限公司
广东省江门市新会区睦洲镇新沙工业区
电话：0750－6228298
传真：0750－6709678
网址：www.jmzghg.com
邮箱：jmzghg@163.com
产品：湿强解离剂、湿强固着剂、抗静电剂、剥离剂、电荷调节剂等

茂名市

茂名市银华高岭土实业有限公司
广东省茂名市茂南区新坡镇黄塘管理区白银窝村
邮编：525011
电话：0668－2717589、2717189
传真：0668－2717889
网址：www.mmyhkaolin.cn
邮箱：522912856@qq.com
产品：高岭土

肇庆市

高要宝时化工有限公司
广东省肇庆市高要市南岸镇上元路37号
邮编：526100
电话：18807580333
邮箱：2625301498@qq.com
产品：EDTA、DTPA、表面施胶剂、湿强剂、网毯清洗剂、双氧水稳定剂、胶黏物控制剂、涂布分散剂、涂料润滑剂、涂料耐水剂

惠州市

惠州联宏化工有限公司
广东省惠州市大亚湾石油化学工业区H2地块西南角
邮编：516081
电话：0752－5599101、5599888
传真：0752－5599180
网址：www.lianhonghuagong.com
邮箱：xiehj@bestgrandchem.com
产品：表面施胶剂

清远市

大和(清远)石矿化工有限公司
广东省清远市禾云镇107国道旁
邮编：511875
电话：0763－5672399
产品：滑石粉、碳酸钙

清远慧谷新材料技术有限公司
地址：广东省清远市英德市东华镇清远华侨工业园创业大道1号
邮编：511058
电话：0763－2689089
传真：0763－2689089
网址：www.humanchem.com
邮箱：pangshiping@humanchem.com
产品：水性涂料、特种金属卷材涂料、高分子树脂和无机材料、彩色喷墨打印纸涂料、胶浆涂料

东莞市

广东诚铭化工科技有限公司
广东省东莞市松山湖高新技术产业开发区科技10路5号国际金融IT研发中心19栋B座
邮编：523808
电话：0769－38851966
传真：0769－38851968
网址：www.chengming.com
产品：造纸制浆、造纸过程助剂、功能助剂、丁苯胶乳等涂料加工助剂、纸用染料和水处理等化学品

东莞博高化工有限公司
广东省东莞市南城街道莞太路南城段275号阳光天地商务中心6栋602室
邮编：523000
电话：0769－26387872、13827209837
传真：0769－26387870
网址：www.bogaohg.com
产品：分散剂、润湿剂、防腐剂、防霉剂

东莞市粤星纸业助染有限公司
广东省东莞市万江石美管理区商住楼地下 8－9 号
邮编：523040
电话：0769－22272839、22279289
传真：0769－22272839
网址：www. yuexingdg. com
邮箱：yuexing@ yuexingdg. com
产品：造纸染料、分散剂、增白剂、施胶剂、湿强剂、剥离剂、柔软剂、脱墨剂、絮凝剂

广东中成化工有限公司
广东省东莞市麻涌镇第二工业区
邮编：523130
电话：0769－66200048
邮箱：403233491@ qq. com
产品：双氧水、保险粉、过氧碳酸钠、焦亚硫酸钠、亚硫酸盐

广东汇美淀粉科技有限公司
广东省东莞市麻涌镇大步工业区
邮编：523143
电话：0769－88286638、88287996
传真：0769－88287332
网址：www. huimei-starch. com
www. hmdf. cn
邮箱：hmdfkj@ 126. com
产品：两性淀粉、涂布胶黏淀粉、表面喷雾淀粉、湿部添加阳离子淀粉、层间喷雾淀粉、表面施胶淀粉

东莞市中堂华兴造纸材料厂
广东省东莞市中堂镇江南远兴工业区
邮编：523230
电话：0769－88186095
传真：0769－88186095
邮箱：zthxzz@ 163. com
产品：分散松香胶、中性施胶剂、增白剂

东莞东美食品有限公司
广东省东莞市高埗镇护安围工业区
邮编：523279
电话：0769－88731228、88878488
传真：0769－88874888
网址：www. dm－starch. com
邮箱：dmstarch@ 126. com
产品：表面施胶淀粉、涂布淀粉、草木浆增强淀粉、两性淀粉、层间喷雾淀粉、阳离子淀粉、生活用纸增强淀粉、表面喷雾淀粉

东莞市嘉宏有机硅科技有限公司
广东省东莞市松山湖工业北一路 7 号
邮编：523000
电话：13929266192
邮箱：1628722442@ qq. com
产品：有机硅、高分子材料、高性能助剂

东莞市古粤水性助剂有限公司
东莞市中堂镇江南工业西区二环路 8 号
编码：523230
电话：0769－81295677
传真：0769－81295676
网址：www. guyuezj. com
邮箱：sales@ guyuezj. com
产品：制浆造纸助剂

中山市

中山市杰西卡化工有限公司
中山市南头镇南和西路 122 号(二处临街楼首层)10、11 号
邮编：528427
电话：0760－23121036、23121039
经营：化工产品

广西壮族自治区

南宁市

广西林业集团桂谷实业有限公司
南宁市双拥路 30 号南湖名都广场 A 栋 28 层 2804－2805
邮编：530022
电话：0771－2874376
传真：0771－2874376
网址：www. gxguigu. cn
产品：销售甲醇、甲醛等

南宁巨港水处理科技有限公司
广西壮族自治区南宁市白沙大道 30 号
邮编：530003
电话：0771－4918536
传真：0771－4918536
邮箱：260748326@ qq. com
产品：杀菌剂、保洁剂、清洗剂、表面施胶剂、阳离子分散松香胶、中性施胶剂、助留助滤剂、消泡剂、湿/干强剂、黏缸剂/剥离剂、柔软剂、树脂控制剂

南宁春城助剂有限责任公司
广西壮族自治区南宁市五一西路 61 号
邮编：530045
电话：0771－4864243、13768411113
传真：0771－4861026
邮箱：13768411113@163.com
产品：消泡剂、乳化剂、表面活性剂、松香高分散施胶剂

广西南宁市武鸣县安宁淀粉有限公司
广西壮族自治区南宁市武鸣县罗波镇商业城
邮编：530112
电话：0771－6082170
传真：0771－6082170
邮箱：wmandf@163.com
产品：木薯淀粉、层间喷淋淀粉、涂布胶黏剂、表面施胶剂、复合木薯变性淀粉、阳离子淀粉

广西农垦明阳生化集团股份有限公司
（原广西明阳生化科技股份有限公司）
广西壮族自治区南宁市江南区明阳工业开发区
邮编：530226
电话：0771－4818083
邮箱：42167292@163.com
产品：涂布黏合剂、阴离子/阳离子表面施胶淀粉、新型湿部添加用两性淀粉、湿部添加增强/助留剂、新闻纸专用增强剂、层间或表面喷雾淀粉、卷烟专用聚合物

梧州市

广西梧州荒川化学工业有限公司
梧州市外向型工业园区五路一号
邮编：543002
电话：0774－3830388
传真：0774－3830386
网址：www.gxwzarakawa.com.cn
邮箱：gxwzarakawa@gxwzarakawa.com.cn
产品：分散松香、树胶酯

北海市

北海宏泉淀粉科技有限公司
广西壮族自治区北海市平头岭工业开发区
邮编：536005
电话：0779－2081122
传真：0779－2081123
邮箱：bhhq1995@163.com
产品：表面施胶剂、涂布胶黏剂、层间喷涂剂、增强剂、淀粉

玉林市

广西壮族自治区玉林松脂厂
广西壮族自治区玉林市石岭子工业区
邮编：537000
电话：0775－3870038
邮箱：552166388@qq.com
产品：松香胶、马来松香

海南省

海口市

海南洋浦椰岛淀粉工业有限公司
海南省洋浦经济开发区工业十区
邮编：578101
电话：0898－26532900
网址：www.yedao.com
邮箱：66532908@163.com
产品：阳离子/阴离子表面施胶剂、增强剂、阳离子助留助滤剂、阳离子淀粉、层间喷淋淀粉、涂布淀粉、木薯变性淀粉

重庆市

重庆力宏精细化工有限公司
重庆市南岸区江峡路 6 号
邮编：401336
电话：023－62950127
传真：023－62500141
网址：www.lihong.net
邮箱：office@lihong.net
产品：羧甲基纤维素钠（CMC）

中国石化集团重庆川维化工有限公司
重庆市长寿区维江路 36 号
邮编：401254
电话：023－68974625、68974061
传真：023－68974094
邮箱：cqsvw.swnl@sinopec.com
产品：聚乙烯醇树脂（PVA）

重庆新华化工有限公司
重庆市潼南区桂林街道办事处产业三支路 560 号
邮编：402660

电话：023－87288005
传真：023－87288006
网址：www.xinhuachemical.com
邮箱：xhhgxzb@163.com
产品：高档锐钛型钛白粉

双日（中国）有限公司重庆分公司
重庆市渝中区民生路235号重庆JW万豪酒店803室
邮编：400010
电话：023－63996778
传真：023－63996779
网址：www.sojitz.cn
产品：化工、合成树脂

四　川　省

成都市

成都嘉丰精化有限公司
四川省成都市福兴街30号四川轻工大厦11楼
邮编：610016
电话：028－86622199
传真：028－86616160
网址：www.jiafengchina.net
邮箱：jiaxiaolui@jiafengchina.net
产品：阳离子助留剂、着色剂、液体增白剂、阳离子分散松香胶、助留助滤剂、改性皂土、脱气剂、絮凝剂、纸张刚挺剂、表面施胶剂

四川蓉丰化工有限责任公司
成都市双林路22号仁禾商务楼
邮编：610041
电话：028－84397018
传真：028－84397058
邮箱：510000000105856@163.com
产品：分散剂、填料、钛白粉

都江堰钙品股份有限公司
四川省都江堰市青城工业区（灌温路239号）
邮编：611830
电话：028－87283139
传真：028－87283339
产品：造纸专用碳酸钙

中国科学院成都有机化学有限公司
（原中国科学院成都有机化学研究所）
四川省成都市一环路南二段16号
电话：028－85222143
传真：028－85223978
网址：www.cocc.cn
邮箱：bgs@cicc.ac.cn
产品：纳米材料

自贡市

四川中光化工科技有限责任公司
（原自贡市中光精细化工有限公司）
自贡市大安区牛佛镇群光村（芝麻山）
邮编：643208
电话：18978870936
产品：中性施胶剂

德阳市

广汉微纳钙业有限公司
四川省广汉市向阳镇顺江南路
邮编：618300
电话：0838－6098030
邮箱：12488190@qq.com
产品：碳酸钙加工

陕　西　省

西安市

陕西华润实业有限公司
陕西省西安市莲湖区西北二路1号512室
邮编：710003
电话：029－87333574、15399029830
传真：029－87335479
网址：www.sxhuarun.cn
邮箱：service@sxhuarun.cn
产品：杀菌剂、分散剂、消泡剂、荧光增白剂、助留剂、高效废纸脱墨剂、光亮柔软剂、水处理剂
华南（广州）：15361772800
华南（汕头）：13025202760
华北区域：15389433867
西南区域：18284593345
西北区域：15353698533

西安道尔达化工有限公司
西安市莲湖区大兴西路9号办公楼401、402室
邮编：710077
电话：029－88620362、88620853、13772007219
传真：029－88620853
网址：www.kldhg.cn
邮箱：565395622@qq.com
产品：膨化剂、杀菌剂

西安吉利电子化工有限公司
陕西省西安市高新区丈八街办科技路创业广场 B 座 709 室
邮编：710075
电话：029－88212585、81887015
传真：029－88231475
网址：www. xajili. com
邮箱：yangjing_ cg@ 126. com
产品：杀菌防腐剂、沉积物分散剂、系统清洗剂、柔顺剂、蒸煮助剂、脱墨剂、高档卷烟纸包灰剂

陕西省石油化工研究设计院
陕西省西安市西延路 61 号
邮编：710054
电话：029－85542590、85542624、85542602
传真：029－85542625、85542591
网址：www. shaanxipci. com
邮箱：pciyingxiao@ 126. com
产品：杀菌防腐剂、增白剂、水处理剂

西安市美佳化工有限公司
西安市长安区王莽街道韦一村
邮编：710103
电话：029－85889228、85889310
传真：029－85889228
网址：www. xamjhg. com
邮箱：xamjhggs@ 163. com
产品：助留助滤剂、表面施胶剂、分散剂、显白剂

西安三业新材料股份有限公司
(原西安三业精细化工有限责任公司)
西安市高新区丈八一路绿地 SOHO 同盟 A 座 1804－1805 工厂
地址：咸阳市三原县重工业园冶金大道 5 号
电话：029－68668401，68668402，68668403
传真：029－68668403
网址：www. xasuny. com
邮箱：sanye@ xasuny. com. cn
产品：消泡剂、杀菌剂、水处理药剂等化工助剂产品

咸阳市

咸阳陶瓷研究设计院有限公司
陕西省咸阳市渭阳西路 35 号
邮编：712000
电话：029－38136155、33576575
传真：029－33572148
网址：www. xytcy. com
邮箱：xyyyblxh@ 163. com
产品：填料、涂料

甘 肃 省

兰州市

兰州新宇化工有限责任公司
兰州市西固区合水路 43－352 号
邮编：730060
电话：0931－7365092
邮箱：9473019192@ qq. com
产品：水处理剂

兰州新区化工商贸有限公司
甘肃省兰州市兰州新区瑞玲雅苑 44 号楼 6 楼
邮编：730300
电话：0931－8251815
邮箱：374889050@ qq. com
产品：化学原料和化学制品

兰州助剂厂有限责任公司
甘肃省兰州市安宁区沙井驿南坡坪 358 号
邮编：730079
电话：0931－7713656、7766493、7713137
传真：0931－7766467、7713658
网址：www. lanquan. com
邮箱：info@ lanquan. com
产品：过氧化物系列，酰氯化系列，萘磺酸阴离子表面活性剂系列，阻聚剂系列，过氧化氢系列

嘉峪关市

中核华原钛白股份有限公司
甘肃省嘉峪关市东湖国际 2 栋 1 单元 401
电话：0937－6211779、6211775
网址：www. sinotio2. com. cn
邮箱：TIOXHUA@ pubic. cn
产品：钛白粉

青 海 省

西宁市

青海威思顿薯业集团有限责任公司
(原青海威思顿生物工程有限公司)
青海生物科技产业园经二路 62 号三江国际大厦 4 楼
邮编：810016

电话：0971－5317182、8318736、13997029979
传真：0971－5317162、5317821
网址：www.qhwsd.com
邮箱：weisidun5584@sina.com
产品：马铃薯淀粉

宁夏回族自治区

银川市

银川吉龙纸业助剂有限责任公司
银川高新区科技创新园 83 号楼
邮编：750006
电话：13909599786
邮箱：1052322235@qq.com
产品：分散松香胶

中卫市

中卫嘉邦精化有限公司
中卫市沙坡头区香山西街通达商贸三号楼
邮编：755000
电话：0955－7018809
邮箱：764789250@qq.com
产品：造纸工业用整理剂、助剂

新疆维吾尔自治区

乌鲁木齐市

乌鲁木齐智达化工有限公司
新疆维吾尔自治区乌鲁木齐市沙依巴克区环卫南路585 号
邮编：830000
电话：181293515751
邮箱：596150628@qq.com
产品：AKD 中性胶、分散松香胶

伊犁哈萨克自治州

尼勒克县雪龙精淀粉有限责任公司
新疆伊犁州尼勒克县喀什河南岸
邮编：835700
电话：15809997820
邮箱：1099385792@qq.com
产品：淀粉

昭苏县雪龙精淀粉有限责任公司
新疆伊犁州昭苏县七十六团
邮编：835609
电话：0999－6296126
邮箱：1360025027@qq.com
产品：马铃薯淀粉

金太阳® GOLDEN SUN　华夏太阳® HUAXIA SUN　天阳® BRILLIANT SUN　幸福阳光®

老挝基地

老挝育苗基地一角

老挝林地

老挝厂区

山东基地

世界先进的造纸生产线

高档生活用纸生产线

国家企业技术中心

广西基地

广西太阳纸业开工奠基

项目施工现场

山东欧佩德昌华华林造纸机械有限公司是国内大型造纸机械供应商，其前身为山东昌华机械科技有限公司。主要生产幅宽10m以内，车速1800m/min以内的各种规格的文化纸机、包装纸机、特种纸机及生活用纸纸机。近年来公司顺应市场变化，加大研发投入，相继开发了靴型压榨、膜转移施胶机、高频摇振器、DST刮刀及无绳引纸系统等纸机关键部件，多项填补过国内空白。

山东欧佩德昌华华林造纸机械有限公司

Shandong OPD Changhua Hualin Paper Machinery Co.,Ltd

地　址：山东省聊城市东昌府区凤凰工业园南外环路178号
电　话：0635-2128866 2126218 2126026 2128877(FAX)
联系人：谢庆文 13806351172

恒达科技泰兴有限公司
HANSSTAR TECHNOLOGY TAIXING CO., LTD

恒达亲水胶体泰州有限公司
HANSSTAR TAIZHOU TEXTURAL INGREDIENTS CO., LTD

江阴市恒达新材料科技有限公司
JIANGYIN HANSSTAR NEW MATERIAL TECHNOLOGY CO., LTD

恒達 Perseverance leads to glory

ISO9001质量管理体系认证企业

专业研发、生产、销售造纸级羧甲基纤维素钠（CMC）

恒达在CMC生产、控制和应用领域拥有逾40年的经验，造纸级CMC产品被广泛应用于涂布添加、浆内添加、表面施胶等多个造纸工序，目前已在百余家造纸企业获得成功的应用。

企业认证证书

涂布 Coating

- 高保水能力
- 改善流变学特性
- 荧光增白剂的高效载体
- 叶片润滑作用，能减少刀片上的条纹和划痕
- 良好的分散性
- 干混性添加剂，允许涂布颜料具有很高的固体性
- 高剪切率下粘度变稀，剪切变稀性
- 作辅助胶粘剂，极好的粘合力

可应用纸种：

白板纸、铜版纸、铜板卡、白卡纸、热升华转印纸、热敏纸、标签纸

表面施胶Top Sizing

- 可以与多种氧化或酶转化表面施胶淀粉一起使用，用于增强淀粉表面施胶的效果
- 与淀粉具有相互促进的作用，可提高表胶胶液的成膜性，控制胶液的无效渗透，减少胶液消耗量
- 提高纸张的表面强度和耐磨性

可应用纸种：

格拉辛纸、高档文化用纸等

恒达愿景

- 致力于可持续发展，CMC可自然降解，对环境无污染
- 致力于提供优质安全持续稳定的产品及应用解决方案，为广大客户创造价值
- 致力于成为中华民族制造业一颗明星

湿部Wet end

湿部涂料是一个复杂的动态体系，如今正作为一个促进效率、降低废水负荷以及提高造纸机器利润的因素日益受到关注。

通过以下机制改善纸张强度：

- 通过在纤维和其它化学成分之间形成键合，增大键合面积。CMC分子停留在纤维表面，增加有效活性基团的数量
- 分散和润滑微纤维，从而增大键合面积
- 通过分散纤维，减小纤维间的摩擦力

在工艺和质量上的优势：

- 节省精磨能耗
- 改善了阳离子活性物的保留度
- 最大填料级别
- 使生产商可使用较脆弱或较廉价的纤维素做原料
- 控制电荷平衡来得到理想的运转性
- 可调节的使用量
- 改善运转性
- 较少起泡（尤其是在PAE存在时）

可应用纸种：

标签纸、装饰原纸、卷烟纸、生活用纸、瓦楞纸、箱板纸、钞票纸、铜版纸等

联系方式

- 联系人：周渊超

电话：0523-86897700　手机：13706167683

- 业务联系人：徐建平

电话：0523-86897759　手机：18505101211

- 网址：http://www.hansstar.com

永丰余纸业

公司简介
Company Profile

永丰余企业之前身，系1923年成立于台南之永丰商店，至1950年春，何传先生昆仲为发展文化事业，乃创建永丰余造纸公司，建厂于高雄县大树乡久堂村，为台湾省民营造纸业之先驱。

永丰余造纸(扬州)有限公司于2004年成立，主营瓦楞芯纸及各种中高档牛皮挂面纸。成立至今，公司一直以清洁生产，循环再利用为核心，注重节能环保工作，生产过程严格按照国际质量环境安全管理体系的要求执行。陆续取得ISO9001、ISO14001、ISO4500、FSC-COC产销监管链国际认证，以及能源管理体系之认证。

员工是公司最重要的资产，扬州厂除了有新颖而先进的硬设备外，并强化安全、健康、舒适的工作环境中，仍不断地力求改善并加强员工安全教育训练，以期达到工作零灾害及绿色工厂的目标。

新研发NPulp纸浆：代表产品

nPulp纸浆模塑手机支架

npulp纸塑-咖啡机

nPulp纸浆牛皮纸&面纸

地址：江苏省扬州市经济技术开发区春江路168号
电话：0514-82686458

运达SSC&SSF超级筛

YUNDA SSC&SSF SUPER SCREEN

科学的流体阻力设计，令压力筛**超低能耗**

充分的纤维流态设计，令压力筛**超高效率**

生活用纸专用筛

（有效筛选面积0.4~7.38m²）

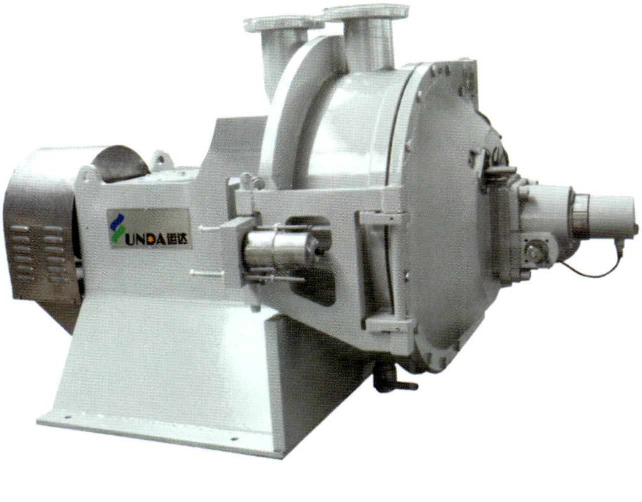

双盘磨浆机

（磨盘直径20~48in）

芬欧汇川

可持续发展的领导者

芬欧汇川提供可再生和负责任的解决方案，以创新驱动一个超越化石能源的未来。我们的业务遍布六大领域：芬欧汇川生物精炼、芬欧汇川能源、芬欧蓝泰标签、芬欧汇川特种纸纸业、芬欧汇川传媒用纸纸业以及芬欧汇川胶合板。集团在全球拥有18,700名员工，年销售额约102亿欧元。集团股票在纳斯达克-OMX集团赫尔辛基证券交易所上市。2019年9月，芬欧汇川第七次位列道琼斯欧洲和世界可持续发展指数（DJSI）2019-2020年度森林和纸业行业领袖。

自1998年进入中国以来，芬欧汇川在华业务发展迅速，累计投资超过20亿美元，在位于江苏省常熟经济技术开发区的厂区内，相继建成包括文化用纸和标签材料等生产企业以及亚洲研发机构，并建有完备的配套设施。芬欧汇川（中国）有限公司【前身为芬欧汇川（常熟）纸业有限公司，2011年9月1日更名】，产品包括印刷、办公用纸和特种纸，现有三条生产线分别于1999年、2005年和2015年建成，年生产能力达140万吨，是芬兰在华最大的单项投资项目，也是中国最大的全化学木浆胶版纸和复印纸生产企业之一。公司不断利用现有设备进行技术改造和产品升级换代，2019年12月常熟工厂三号纸机获得食品相关产品的生产许可（QS）。2020年6月，三号纸机成功获得了FSSC 22000和ISO 22000食品安全管理体系认证。常熟工厂已建立全新、全面、权威监管的食品安全管理体系，并能充分满足全球客户在食品安全方面的要求。

芬欧汇川集团一贯坚持可持续发展的原则，不断提升自身的经济、社会和环境表现。凭借始终如一的良好的环保表现，芬欧汇川（中国）有限公司于2005年被国家环保总局授予了中国环保最高殊荣——“国家环境友好企业”称号。2008年，芬欧汇川（中国）有限公司率先成为首家持有中国环境标志的复印纸生产企业。2009年6月1日，获得中国环境标志的“新绿佳印”复印纸以其复印纸品牌第一个“十环标志”产品代表复印纸被正式纳入中国政府绿色采购清单第四批目录。2018年初，芬欧汇川成为第一批获得“中国环境标志产品认证证书”的文化用纸生产企业之一。2019年初，芬欧汇川常熟纸厂“2号纸机真空系统升级改造项目”获批江苏省“2018年度第二批省级工业和信息产业转型升级项目”。2020年，芬欧汇川（中国）有限公司在2020年度重点用水企业水效领跑者引领行动遴选中，再次入围国家级水效领跑者企业评选。

不仅如此，集团也在投身中国社会公益事业方面做出了积极努力。从1999年开始，集团相继与北京惠黎基金会、北京桂馨慈善基金会以及《环境教育》杂志社合作开展了生态助学、桂馨书屋、桂馨小科学家实验室以及绿书架项目。此外，常熟工厂于2010年启动了“关爱绿色未来”项目。目前，项目遍及陕西、江苏、四川、贵州、云南、河南和山西等地的几十所学校，受益学生累计近两万人次，极大地推动了贫困地区基础教育的改善，促进了环保理念的宣传。

芬欧汇川愿积极参与中国的发展，助力中国走向经济和社会全面可持续发展的未来！

可持续发展

自 1992 年以来，APP 将“林浆纸一体化”的先进理念引入中国，从生态营林到环保制浆，再到绿色造纸，已经形成了“以林养纸、以纸促林、林纸结合”的“林浆纸一体化”绿色大循环。

APP（中国）重视企业可持续发展管理，从战略层面到执行层面全面契合可持续发展理念，通过保障利益相关方的有效参与，不断优化自身运营与管理，致力于实现企业与利益相关方在经济、社会及环境方面的共同发展，助力造纸工业朝着低耗、环保、高效的现代化大工业方向不断前进。

林·浆·纸
一体化
www.app.com.cn

福建三洋 SYPM

用户的需求　我们的追求

福建省三明市三洋造纸机械设备有限公司

洗浆机

洗浆机

福建省三明市三洋造纸机械设备有限公司是一家提供制浆造纸可持续性技术服务和产品的供应商。公司成立于1995年，占地面积近9万平方米，注册资本5000万元，主营业务为制浆造纸专业设备和压力容器专用设备等。

公司技术研发实力雄厚，通过了ISO 9001质量体系认证和OHSAS 18001 职业健康安全管理体系认证，被评为省级高新技术企业。此外，公司与各设计院紧密协作，共同开展制浆装备和工艺的研发工作。公司浆纸机械制造项目在2012年被列入国家战略性新兴产业，享受国家重点政策扶持。

公司产品覆盖备料以及制浆全线，主要有剥皮机、自动堆取料堆、地坑螺旋、摇筛、高（低）压喂料器、纤维回收机、紧凑型双辊压榨洗浆机、浆泵以及其他各类非标设备，其中紧凑型双辊压榨洗浆机获得整机发明专利，在国产洗浆机产品上市场占有率达90%以上，主要用户有重庆理文、贵州赤天化、海南金海、山东太阳、四川凤生、四川环龙、四川永丰等，年销售业绩过亿元，始终将优秀的产品质量和一流的技术服务放在首位，并将用户对生产和操作的特制化要求融入到产品开发设计和具体制作的全过程中，持续提供技术咨询与改进方案，致力于为用户创造更高效、更环保、更具经济与社会效益的制浆装备。

主要产品系列

剥皮机

摇 筛

木片输送系统

木片堆取料系统

洗浆机

高压喂料器

中浓泵

混合器

抽吸压辊

吴忠仪表有限责任公司
中國自動化
Wuzhong Instrument Co.,Ltd.

企业简介 Enterprise Brief Introduction

吴忠仪表成立于1959年，1980年、2002年两次全面引进日本、德国控制阀制造技术，通过引进技术再创新，吴忠仪表控制阀生产制造工艺达到了国际先进水平，拥有发明专利和实用新型及外观专利300多项，高端控制阀关键技术等7项产品获得国家及省部级科技进步奖。公司产品业已通过了质量、环境、安全和计量检测体系认证以及美国石油学会API 6D和607、AP16FA切断球阀防火认证、德国TüV-SIL认证、欧共体PED、挪威船级社DNV、中国船级社CCS和中国欧盟承压设备指令条例认证等。作为国家高新技术企业，吴忠仪表技术中心被认定为国家级企业技术中心，同时也是全国知识产权示范企业和全国制造业信息化示范企业。公司设有博士后科研工作站，有教授级高级工程师和高级工程师22人，高级技师4人、工程师78人，其中博士2人、硕士18人，享受国务院津贴和政府补贴8人。

公司产品及技术广泛应用于石油、化工、电站、冶金、轻工、造纸、医药等行业，为用户装置“安、稳、长、满、优、环、节”运行提供可靠的高质量产品及定制化的解决方案，在同行业中享有较高的声誉。

加工中心

智能制造

智能仓储

制浆造纸装置
蒸煮置换系统控制阀应用方案

锅盖阀

放锅阀

技术特点 Technical Characteristics

- 采用单向浮动球全通径球阀芯的密封方式，有效减小了球芯和阀座的磨损。
- 内件硬化处理采用HVOF超音速喷焊硬质粉末合金，大幅提高耐磨性能。
- 阀座密封面刮刀结构，具有锋利的剪切作用。
- 特有的高频球芯加工工艺，使球芯圆度控制在0.01mm以内。
- 采用磨削和滚压的方法，将主轴表面光洁度提高到0.8以下，确保阀门高频动作流畅和密封性能。

地址：宁夏吴忠市利通区中国自动化（吴忠）产业园
电话：0953-2239016　　传真：0953-2239014

http://www.wzyb.com.cn

山东华利环保工程有限公司
SHANDONG HUALI ENVIRONMENTAL PROTECTION ENGINEERING CO. LTD

纸浆压榨烘干成型工艺 Pulp press drying molding process

污泥干化资源化处理 Sludge drying and resource treatment

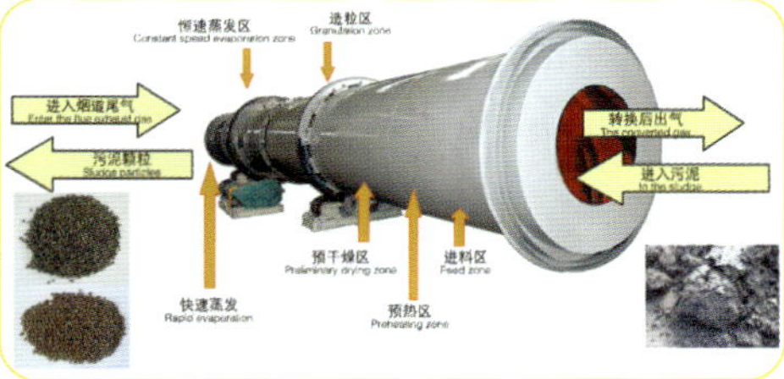

典型业绩 Typical performance

地址：山东省济宁市任城区海能国际
电话：19953303281 17853706699
联系人：15963790825
邮箱：15963790825@126.com
国际邮箱：hl@sdhlep.com

Address: Hai Neng International, Rencheng District, Jining, Shandong
Telephone: 19953303281 17853706699
Contact: Mr. Wang, 15963790825
E-mail: 15963790825 @126.com
International email: hl@sdhlep.com

APP（中国）纸浆事业部

APP（中国）纸浆事业部主要包括海南金海浆纸业有限公司（简称“海南金海”）以及广西金桂浆纸业有限公司（简称“广西金桂”）。

作为中国最大的纸浆厂之一，海南金海主要使用化学工艺制浆，年产100万吨化学漂白硫酸盐桉木浆。广西金桂是目前国内最大的桉木化机浆生产企业之一，主要使用机械化学技术制浆，其生产的“金钱豹”桉木化机浆具备松厚度高、不透明度高的特性，可用于多种纸和纸板的抄造。

APP（中国）纸浆事业部始终坚持“绿色制浆，保护环境”的理念，在采购设备时已充分考量环境保护要求，均以国内外先进环保标准和最新科技成果严格要求供应商，设计和制造在环境保护方面系统、完善的设备和工艺体系，同时已经建成整套清洁生产体系，确保在生产过程中提高资源利用率，降低污染物产生，充分体现循环经济的价值。

www.app.com.cn

APP（中国）大纸事业部

APP（中国）旗下大纸事业部，包括工业用纸和文化用纸两个部分。

其中，工业用纸产品主要包括用来制造纸箱、纸盒、纸杯、纸盘等，需要再经加工的纸张或纸板。APP（中国）为客户提供各类高档工业用纸产品，以满足不同的生产和再加工需求。

APP（中国）主要有三大工厂生产工业用纸：宁波亚洲浆纸业有限公司（简称“宁波亚浆”）、宁波中华纸业有限公司（简称“宁波中华”）及广西金桂浆纸业有限公司，主要产品包括各类高档涂布白卡，可用于食品、药品、化妆品、香烟等产品的包装，以及铜板卡、白板纸、扑克牌专用纸等，主要品牌包括知名的“金贝”“金鸥”“彩蝶”等，鉴于优异的工艺和先进的技术，APP（中国）的工业用纸产品和品牌获得过多个奖项和认证。

文化用纸形式多样，往往与印刷业密切相关，承担着传递资讯、传承文明的重要作用。

APP(中国)的文化用纸产品线广泛，产品远销全球各地。主要的生产工厂有：金东纸业(江苏)股份有限公司(简称“金东纸业”)、海南金海浆纸业有限公司及金华盛纸业(苏州工业园区)有限公司(简称“金华盛纸业”)，提供铜版纸／卡、双胶纸、数码专用纸、手袋专用纸、办公用纸和无碳复写纸等多种产品。APP(中国)在文化用纸领域积累深厚，旗下多个产品和品牌屡获殊荣，在国内外均得到高度认可。

www.app.com.cn

APP（中国）生活用纸事业部

无论是个人居家还是外出，面巾纸、卫生纸、湿巾等生活用纸已然成为所有人生活中不可分割的一部分。自 APP（中国）旗下生活用纸事业部成立以来，生产的各类生活用纸产品已经走入了千家万户。产品全部使用 100% 原生木浆，原纸经超高温处理，绝不含荧光剂，带给广大消费者安全、舒适、柔韧的生活用纸体验，满足了全方位高品质的生活需求。

生活用纸事业部已打造了“唯洁雅”“清风”“真真”“铂丽雅”4 大品牌。“唯洁雅”致力于满足高端消费者对顶级品质纸巾的需求，“清风”提供中高品质生活用纸，为中国万千家庭打造品质生活；“真真”为追求高产品性价比的消费者提供经济实惠又安心的生活用纸。2017 年 5 月 15 日，定位于高端轻奢的“EMPORIA 铂丽雅”纸巾品牌在上海外滩 3 号举行了品牌上市发布会，将“活出心艺”的生活理念带给更多中国高端女性。

如今，生活用纸事业部旗下金红叶纸业已成为生活用纸市场的领导者，其产品荣获江苏省名牌产品和苏州名牌产品称号，“唯洁雅”和“清风”更已成为江苏省著名商标。

www.app.com.cn

纸和造纸

PAPER AND PAPER MAKING

ISSN 1001-6309
CN 11-2709/TS
邮发代码：62-111

《中国学术期刊综合评价数据库》来源期刊 · 中国科协优秀期刊

《纸和造纸》(双月刊)系中国造纸学会主办，四川省造纸学会和四川工商职业技术学院联办，以知识性、实用性、导向性、科学性为特色的制浆造纸专业权威性科技期刊。自1982年创刊以来始终坚持以普及制浆造纸科技知识，介绍先进适用的生产工艺、装备技术和管理经验，沟通相关信息，促进造纸工业的科技进步和持续发展，提高造纸、用纸从业人员的素质服务的办刊宗旨。曾被原国家轻工业部、中国科学技术协会评为优秀期刊，并连续多年入选“中文核心期刊”“《中国学术期刊综合评价数据库》来源期刊”，是知名度很高，发行量很大和影响面很广的造纸科技期刊。《纸和造纸》全成报道有关造纸的新知识、新技术、新原料、新产品、新装备，以及中国造纸工业的方针政策和技术经济信息、市场动态、纸制品等方面内容。

BRIEF INTRODUCTION OF PAPER AND PAPER MAKING

PAPER AND PAPER MAKING, the most popular and authoritative paper magazine in Chinese pulp and paper industries, with knowledge, practical, leading and scientific for feature, is sponsored by China Technical Association of Paper Industry, Sichuan Technical Association of Paper Industry and Sichuan Technology & Business College. Since established in 1982, it has insisted consistently on popularizing and introducing advanced and applicable manufacturing technology, advanced equipment and administration experiences in the world for promoting the technical advancement and sustained development of Chinese paper industry. It also helps the paper stuff and paper users to improve their diathesis, and to exchange the technical and economical information between paper industry to related trade, manufacture, research, design and education. It is an excellent periodical rated by Former Ministry of Light Industry and China Science & Technology Association, and selected for the Core Chinese Journals and China Academic Journal Comprehensive Evaluation Database Source Journals in the past years.

PAPER AND PAPER MAKING full coverage new knowledge, new technology, new material, new product, new equipment of pulping and paper making. And reports guidelines and policies, technology and economy information, market dynamics of China Paper Industry.

邮编：611830
地址：四川都江堰市四川工商职业技术学院内
单位：都江堰《纸和造纸》编辑广告发行部
电话：（028）87267806（广告、发行）
87281943（编辑）

国家造纸化学品工程技术研究中心
杭州市化工研究院

国家造纸化学品工程技术研究中心于2009年由国家科技部批准依托杭州市化工研究院组建，落户浙江省青山湖科技城，占地40亩，建筑面积3.9万米^2，是浙江省第九个国家级工程研究中心。拥有享受国务院特殊津贴专家7人、中国化工学会会士1人、省特级专家1人、省有突出贡献专家2人、省千人专家1人、省“151”人才8人，合作院士6人，海外团队4个，建有2个院士工作站。

中心重点开展造纸化学品、淀粉衍生物、水溶性高分子及功能性新材料的研发和产业化，造纸化学品转化能力50万吨/年，并能根据造纸企业的需求开展造纸化学品全面服务管理及分析检测服务。建有杭州纸友科技、杭化哈利玛、杭化新材料、杭实科技发展、杭州科湾等成果转化基地。

国家造纸化学品工程技术研究中心

地址：浙江杭州临安青山湖科技城钱坞路168号

邮编：311305

电话：（0571）88310157

传真：（0571）88310157

网址：www.netrcpc.cn

杭州纸友科技有限公司是国家高新技术企业、浙江省首届绿色低碳标兵企业和专利示范企业、杭州市十佳高新技术企业以及最具成长型企业，拥有省级高新技术研究开发中心、企业技术中心和企业研究院。35年来专业从事淀粉衍生物系列产品开发，获包括国家科技进步二等奖在内的各级科技成果奖33项，发明专利15项，国家级新产品10个，被中国造纸行业评为中华蔡伦奖领军企业。在浙江、吉林、山东创建了四个成果产业化基地，已形成年产40万吨生产能力。

公司造纸用变性淀粉产品有增强剂系列、助留助滤剂系列、中性施胶系列、层间喷雾剂系列、表面施胶系列、涂布粘合剂系列以及转移印花纸专用系列、高分子系列等50多个品种。

杭州纸友科技有限公司

地址：浙江杭州市钱塘新区三号大街50号

邮编：310018

电话：（0571）86911227 86912268-8105

传真：（0571）86913870

网址：www.hzzykj.cn

杭州杭化哈利玛化工公司是国家高新技术企业，成立于1997年，由杭州市化工研究院与日本哈利玛化成株式会社投资组建，注册资本680万美元，是一家专注于造纸化学品研发、生产、销售和技术服务的企业，在广东、山东等地设有全资子公司，年产造纸化学品13.6万吨。建有省级高新技术企业研究开发中心，被杭州市萧山区政府评为“创新成长之星企业”，连续多年被中国造纸化学品工业协会评为“造纸化学品行业最佳客户服务企业”，被中国造纸行业评为中华蔡伦奖领军企业。

公司产品有造纸用干增强剂系列、湿强剂系列、乳液松香施胶剂系列、表面施胶剂系列、涂布助剂系列等30多个品种。

杭州杭化哈利玛化工有限公司

地址：浙江杭州市钱塘新区鸿达路87号

邮编：311231

电话：(0571) 82697060 82695381

传真：(0571) 82697129

网址：www.hh-harima.com

华 星 胶 辊
HUA XING ROLLER
专注于辊子包胶技术
Commitment to Roll Cover Technology
东莞市华星胶辊有限公司
HuaXing Roller Tech.Co., Ltd

联盛纸业（龙海）有限公司

公司简介

联盛纸业厂区一角

联盛纸业（龙海）有限公司于2010年在福建省漳州台商投资区建厂，是一家以再生资源废纸为主要原料的环保型造纸与热电联产为一体的福建省龙头企业。历经磨砺，如今已发展成为集产品研发、废纸回收、废纸制浆、造纸、销售、物流为一体的现代化造纸企业。

公司位于毗邻厦门的漳州台商投资区，旗下有联盛纸业（龙海）有限公司、漳州市联益废纸购销有限公司、漳州市益盛能源环保有限公司、福建省联盛物流有限公司、厦门玖立纸业进出口有限公司等多家子公司。拥有员工2300余人，占地面积1500多亩，年产包装纸年产能260万吨。

联盛纸“年产70万吨”涂布白板纸生产线

多年来，联盛纸业一贯践行企业发展和社会责任并重的经营理念，坚定不移走低碳、节能、环保的循环经济发展道路，以可循环使用的废纸为生产原料，采用国内外最先进的生产工艺和设备，采用一流的环保设施，生产绿色环保产品。主导产品包括涂布白板纸、涂布牛卡纸、高强瓦楞纸、高档牛卡纸、纱管原纸、灰版纸、白面牛卡纸等7个品种多个级别的包装纸，产品被誉为“福建省名牌产品”。

公司已全面实现自动化、信息化管理，先后通过ISO9001质量管理、ISO14001环境管理、OHSAS 18001职业健康管理、FSC-C O C森林认证以及成熟的人力资源管理等体系认证，为公司可持续性发展夯实了稳固的基础。

面对全球经济一体化的机遇与挑战，联盛纸业坚持“以诚为本、优质服务”的经营方针，以“务实、简单、高效、卓越”为发展主题，以创新为动力，通过产品多元化及高端产品研发，走出一条具有自身特色可持续发展道路，确立在行业中的独特优势，致力跻身国内造纸前列，为我国经济、社会发展做出更大的贡献。

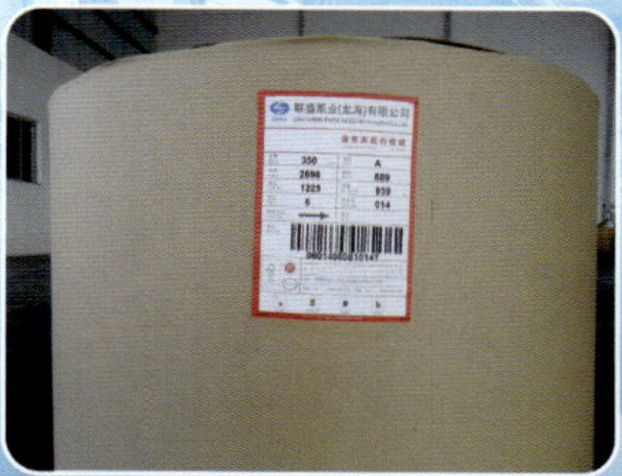